CHINA COPYRIGHT YEARBOOK

中国版权年鉴 2010

中国版权年鉴编委会 编

中国人民大学出版社
·北京·

2009年2月16日，新闻出版总署署长、国家版权局局长柳斌杰（后排左四），新闻出版总署副署长、国家版权局副局长阎晓宏（后排左三）出席北京市东城区人民政府、中国版权保护中心和北京产权交易所战略合作协议书签署仪式。

2009年2月16日，在“国家版权贸易基地”授牌仪式上，新闻出版总署副署长、国家版权局副局长阎晓宏（右）为北京市东城区雍和园国际版权交易中心授牌。

2009年2月26日，中国原创网络文学版权保护研讨会在北京举行。中国人民大学知识产权学院院长刘春田作主题发言。

2009年3月17日，新闻出版总署署长、国家版权局局长柳斌杰（中）在北京会见欧洲委员会驻华代表团大使赛日安博（右六）一行。

2009年3月26日，世界知识产权组织版权保护优秀案例示范点调研项目专家会议暨合作协议签约仪式在南通举行。

2009年4月22日，新闻出版总署署长、国家版权局局长柳斌杰（中），新闻出版总署副署长、国家版权局副局长阎晓宏（右六）在北京会见微软首席研究及战略官克瑞格·蒙迪（左五）一行。

2009年4月22日，全国31个省、自治区、直辖市同时举行2009年全国侵权盗版制品及各类非法出版物集中销毁活动。全国“扫黄打非”工作小组副组长、新闻出版总署署长、国家版权局局长柳斌杰（中）出席北京主会场的销毁活动。

2009年4月26日，由国家版权局主办，并与中央电视台文艺频道“欢乐中国行”栏目合作的“版权创造财富——版权在我身边”大型文艺晚会，在中央电视台第3套节目播出。

在国家版权局与中央电视台社会与法频道合作启动的《大家看法》“4·26”特别节目上，新闻出版总署署长、国家版权局局长柳斌杰（左三）向著名电影导演陆川和纵贯线乐队颁发“反盗版形象大使”聘书。

2009年5月25~26日，2009BIBF北京国际版权贸易研讨会在北京举行。新闻出版总署副署长、国家版权局副局长阎晓宏（中）出席研讨会并作主题报告。

2009年6月18～19日，中国国家版权局和欧盟在银川市联合举办中欧网络版权保护研讨会。新闻出版总署副署长、国家版权局副局长阎晓宏（右三），欧洲使团贸易与投资处参赞安东尼・赛阳出席并致辞。

2009年6月30日，中国国家版权局、中国商务部与美国专利商标局、美国版权局在北京共同举办互联网与版权保护圆桌会议。

2009年9月3日，在第十六届北京国际图书博览会上，中国版权保护中心与韩国著作权委员会签署修订后的《版权协作合作意向书》。

2009年9月3日，新闻出版总署署长、国家版权局局长柳斌杰（右三），新闻出版总署副署长、国家版权局副局长阎晓宏（左四）等领导以及圣智集团总裁兼首席执行官罗纳德·艰恩（左五）出席“前进中的中国版权事业”展览开幕式暨“中国版权服务站”启动仪式。

2009年10月24日，全国人大常委会副委员长路甬祥（中），新闻出版总署署长、国家版权局局长柳斌杰（左二），世界知识产权组织副总干事王彬颖（右二）为第二届中国国际版权博览会揭幕。

2009年10月24日，中国电影著作权协会和美国电影协会合作谅解备忘录签字仪式暨“爱电影 反偷拍”宣传海报揭幕仪式在第二届中国国际版权博览会上举行。

2009年11月18~19日，国家版权局举办著作权保护发展趋势国际研讨会。新闻出版总署副署长、国家版权局副局长阎晓宏（左一）出席开幕式并发表演讲。

2009年11月20~21日，2009中国版权年会在北京举行。新闻出版总署副署长、国家版权局副局长阎晓宏（左三），原新闻出版署署长、国家版权局原局长宋木文（左一）、于友先（左二），中国版权协会理事长沈仁干（右一），国家知识产权局原局长高卢麟（右二）等出席开幕式。

2009年11月29日～12月6日，中国版权协会首次组团赴台湾进行版权保护交流。原新闻出版署署长、国家版权局原局长宋木文，中国版权协会理事长沈仁干，台湾商业总会理事长张平沼，“台湾智慧财产局局长”王美花等出席2009两岸著作权论坛。

2009年12月11日，中国人民大学国家版权贸易基地举行中关村版权联盟成立仪式。

2009年12月17日，全国版权交易共同市场发起方签约仪式在北京举行。新闻出版总署副署长李东东（后排中）出席签约仪式。

中国版权年鉴

2010

（总第二卷）

中国版权年鉴编委会　编

中国人民大学出版社
·北京·

图书在版编目（CIP）数据

中国版权年鉴．2010/中国版权年鉴编委会编．—北京：中国人民大学出版社，2010.12
ISBN 978-7-300-13047-7

Ⅰ.①中…　Ⅱ.①中…　Ⅲ.①版权-中国-2010-年鉴　Ⅳ.①D923.41-54

中国版本图书馆CIP数据核字（2010）第226404号

中国版权年鉴2010（总第二卷）
中国版权年鉴编委会　编

出版发行	中国人民大学出版社		
社　　址	北京中关村大街31号	邮政编码	100080
电　　话	010－62511242（总编室）		010－62511398（质管部）
	010－82501766（邮购部）		010－62514148（门市部）
	010－62515195（发行公司）		010－62515275（盗版举报）
网　　址	http：//www.crup.com.cn		
	http：//www.ttrnet.com（人大教研网）		
经　　销	新华书店		
印　　刷	北京华联印刷有限公司		
规　　格	210 mm×297 mm　16开本	版　　次	2011年3月第1版
印　　张	39.5 插页 21	印　　次	2011年3月第1次印刷
字　　数	1 184 000	定　　价	300.00元
广告经营许可证	京海工商广字第0086号		

《中国版权年鉴》编纂委员会

朱昌平　宁夏回族自治区版权局局长
孙　明　新闻出版总署财务司司长
余昌祥　新闻出版总署人事司司长
肖占鹏　天津市版权局副局长
吴尚之　新闻出版总署出版管理司司长
吴绍阶　重庆市版权局副局长
邹　忭　中国软件联盟秘书长
张洪波　中国文字著作权协会常务副总干事
张建华　国务院法制办教科文卫司司长
张福海　新闻出版总署对外交流与合作司司长
张毅君　新闻出版总署科技与数字出版司司长
陈　伟　工业和信息化部软件服务业司司长
林　涛　中国摄影著作权协会副总干事
罗东川　最高人民法院研究室副主任、应用法学研究所所长
周慧琳　新闻出版总署反非法和违禁出版物司司长
屈景明　中国音乐著作权协会总干事
胡宪武　吉林省版权局局长
段桂鉴　中国版权保护中心主任
姚　红　全国人大法工委民法室主任
贺耀敏　中国人民大学出版社社长
钱永红　广东省版权局副局长
彭　翊　中国人民大学文化科技园办公室主任
朝永进　文化部政策法规司司长
焦　扬　上海市版权局局长

《中国版权年鉴》特约编辑

（按姓氏笔画为序）

于晓白　最高人民法院知识产权庭审判长
马云虹　云南省版权局版权处处长
马继超　中国音像著作权集体管理协会副总干事
王少朋　工业和信息化部软件服务业司处长
王少杰　浙江省版权局版权处处长
王兴凤　山东省版权局版权处主任科员
王建华　文化部政策法规司法规处处长
王泽平　河南省版权局版权处副主任科员
邓　坪　山西省版权局版权处调研员
左　佳　中国音乐著作权协会网络主管
左　丽　陕西省版权局版权处主任科员
史文霞　中国电影著作权协会副秘书长
付成久　青海省版权局版权处主任科员
冯献省　北京市版权局版权处处长
刘　俐　国家广播电影电视总局法规司办公室主任
刘义成　中国版权协会副秘书长
次　仁　西藏自治区版权局版权处处长
孙　雷　全国人大教科文卫委员会文化室处长
孙　悦　中国版权保护中心《中国版权》杂志执行主编
孙金海　天津市版权局版权处调研员
李冬群　河北省版权局版权处主任科员
杨波久　辽宁省版权局版权处处长
杨建新　新疆维吾尔自治区版权局版权处主任科员
吴安宁　安徽省版权局版权处处长
邱鸿程　黑龙江省版权局版权处副处长
何红庆　宁夏回族自治区版权局版权处处长
宋　亮　湖南省版权局版权处主任科员
张宏涛　江西省版权保护中心副主任
张万富　四川省版权局版权处处长
陈　辉　甘肃省版权局版权处科员
金武卫　国务院法制办教科文卫司一处处长

《中国版权年鉴》编辑部

主　　编：阎晓宏
执 行 主 编：牛维麟　王自强
执行副主编：孟　超　彭　翊
编辑部主任：孔　伟
责 任 编 辑：王宏霞　张继清　李方丽　王瑞玥
装 帧 设 计：池海玉

编 纂 说 明

一、《中国版权年鉴》由国家版权局组织编纂，中国人民大学出版社和中国人民大学国家版权贸易基地编辑出版，是我国唯一全面系统反映中国版权创造、运用、保护和管理基本概貌的大型专业性工具书。本年鉴于2009年创刊，每年编纂、出版一卷，2010年卷为第二卷。

二、全书主要汇辑2009年全国版权保护与版权相关产业发展的综合概况、动态信息、文献资料和统计数据，并增添港澳台版权和国际版权的信息。

三、本卷年鉴采用分类编辑法。根据2009年我国版权创造、运用、保护和管理的基本情况与主要特点，采取类目、分目和条目的结构，以文章、条目、条文和图表的形式表述。全书在2009年卷框架的基础上作了调整，共设17个部类，分列40个分目或次分目。

1. 特载：刊登国务院印发的《文化产业振兴规划》和国家版权局关于贯彻《国家知识产权战略纲要》的实施意见。

2. 专文：记载全国人大副委员长路甬祥、国家版权局局长柳斌杰在2009国际版权论坛上的致辞和主题讲演，国家版权局副局长阎晓宏阐述我们有能力解决网络环境下的版权问题。

3. 要闻：记录2009年我国版权领域有影响的主要活动和社会关注的事件。

4. 版权工作概览：全面介绍2009年我国各级版权行政管理机构、版权管理与社会服务组织开展的版权工作概况。

5. 版权扫描：主要刊载2009年全国性和地方的版权纪事，以及与版权相关的立法、司法、行政管理、宣传教育、交流研讨、社会管理与服务、国际交流与合作等方面的动态信息。另外，新增加2009年港澳台版权工作的相关信息。

6. 版权相关产业与贸易：反映2009年我国新闻出版、广播影视、软件、动漫、网络游戏、数字出版等版权相关产业与图书版权贸易的基本状况与发展趋势。

7. 版权相关产业研究课题：系本卷新增设的类目，主要收载世界知识产权组织与我国国家版权局联合组织“中国版权相关产业的经济贡献”、“加强版权保护对中国南通家纺产业发展的影响”的课题调研报告，以及“上海版权产业报告”。

8. 典型案件选编：刊登2009年度由最高人民法院公布的有关著作权司法保护案件、国家版权局公布的打击网络侵权盗版案件，以及地方版权行政执法案件。

9. 规章文件：汇辑2009年人大常委会和国家版权局印发的有关版权工作的行政规章和规范性文件。

10. 表彰评奖：介绍2009年版权界受到表彰的优秀人物和先进单位，以及由国家版权局主办的第二届全国大学生版权论文征文评奖活动。

11. 学术论坛：集中反映2009年我国版权领域的学术研究成果，主要内容包括综述我国著作权法的研究、摘录学术论文、简介相关图书，以及汇编图书、文章目录索引。

12. 国际版权信息：系本卷新增设的类目，介绍2009年国外主要的版权立法、版权管理、重大版权案件和版权动态等方面的情况。

13. 统计资料：收集2009年全国版权管理和版权贸易的统计数据。

14. 名录：刊登本卷年鉴付印前国家与地方版权行政管理部门、版权社会管理和社会服务机构、版权协会、著作权集体管理组织、版权代理公司，以及国家级版权贸易基地的最新通联信息。

15. 全国知识产权学院简介：系本卷新增设的类目，简介现已成立的全国知识产权学院的情况。

16. 索引：采用主题词检索的方式，按汉语拼音字母顺序编制本卷内容的主题索引。

17. 宣传广告：以彩色图文展现2009年与版权相关的重要活动，并宣传展示版权行政管理部门与版权相关企事业单位。

四、本卷年鉴中所载内容无特别说明外，均按时间先后顺序排列；涉及各省（自治区、直辖市）的内容，均按全国行政区划为序。因组稿条件有限，本卷年鉴未包括香港、澳门特别行政区和台湾省的有关版权工作概况和相关统计数据。

五、本卷年鉴配备双重检索系统：书前刊有详细目录，书后备有主题索引。

六、本卷年鉴中全国版权管理与版权贸易的统计数据由新闻出版总署信息中心提供，各省（自治区、直辖市）版权局的统计数据已由该局领导确认。

七、本卷年鉴同时出版电子版（光盘），采用多媒体和全文检索技术，并随年鉴附赠。

八、本卷年鉴在组稿和编辑过程中，得到了国家版权局版权管理司、新闻出版总署办公厅文秘处档案室、中国人民大学·国家版权贸易基地、版权相关单位，以及地方版权局版权处的大力支持和帮助，在此一并谨致谢意。

九、因编辑部人员的水平和能力所限，本卷年鉴中定存有疏漏与错误之处，诚请版权界同仁和广大读者给予批评、指正。

目　　录

特　　载

专　　文

要　　闻

版权工作概览

版权扫描

社会管理与服务

国际交流与合作

版权相关产业与贸易

版权相关产业研究课题

典型案件选编

规章文件

表彰评奖

国际版权信息

版权立法和版权管理

版权立法

版权管理

重大版权案件

全国知识产权学院简介

索　　引

宣传广告

Contents

Features

Special Articles

Important News

An Overview of Copyright Work

Copyright Scanning

Copyright-Based Industries and Copyright Trade

Research Subjects of Copyright-Based Industries

Typical Cases

Rules and Legal Documents

Honors & Awards

Academic Forum

International Copyright Information

Major Copyright Cases

Brief Introduction to China Intellectual Property School and Institute

Index

Publicity and Advertisement

版权

特载

TE ZAI

文化产业振兴规划

（2009年7月22日国务院常务会议讨论并原则通过）

党的十七大明确提出，要积极发展公益性文化事业，大力发展文化产业，激发全民族文化创造活力，更加自觉、更加主动地推动文化大发展大繁荣。为贯彻落实中央精神，在重视发展公益性文化事业的同时，加快振兴文化产业，充分发挥文化产业在调整结构、扩大内需、增加就业、推动发展中的重要作用，结合当前应对国际金融危机的新形势和文化领域改革发展的迫切需要，特制定本规划。

一、加快文化产业振兴的重要性紧迫性

文化产业是市场经济条件下繁荣发展社会主义文化的重要载体，是满足人民群众多样化、多层次、多方面精神文化需求的重要途径，也是推动经济结构调整、转变经济发展方式的重要着力点。党的十六大以来，党中央、国务院高度重视发展文化产业，采取了一系列政策措施，深入推进文化体制改革，加快推动文化产业发展。国有经营性文化单位转企改制取得重要进展，涌现出一批具有较强实力和竞争力的文化企业和企业集团，文化产业规模逐步壮大，以公有制为主体、多种所有制共同发展的文化产业格局初步形成。文化"走出去"步伐加快，文化进出口贸易逆差逐步缩小，我国文化产业的国际竞争力不断增强。总的看，我国文化产业呈现出健康向上、蓬勃发展的良好态势，正在成为推动社会主义文化大发展大繁荣的重要引擎和经济发展新的增长点。

同时要看到，我国文化产业的发展水平还不高、活力还不强，与人民群众日益增长的精神文化需求还不相适应，与日趋完善的社会主义市场经济体制还不相适应，与现代科学技术迅猛发展及广泛应用还不相适应，与我国对外开放不断扩大的新形势还不相适应。当前，国际金融危机仍未见底，并对文化产业发展产生诸多影响，但困难和挑战中蕴含着新的机遇和有利条件，文化具有反向调节功能，面对经济下滑，文化产业有逆势而上的特点，这为创新文化体制机制、做大做强文化产业带来了契机。要抓住机遇，大力振兴文化产业，为"保增长、扩内需、调结构、促改革、惠民生"作出贡献。

二、指导思想、基本原则和规划目标

（一）指导思想。全面贯彻党的十七大精神，坚持以邓小平理论和"三个代表"重要思想为指导，深入贯彻落实科学发展观，紧紧围绕《国家"十一五"时期文化发展规划纲要》确定的文化产业发展的各项目标任务和当前文化体制改革的重点，大力培育市场主体，加快转变文化产业发展方式，进一步解放和发展文化生产力，切实维护我国文化安全，推动文化产业又好又快发展，将文化产业培育成国民经济新的增长点。

（二）基本原则。坚持把社会效益放在首位，努力实现社会效益和经济效益的统一；坚持以体制改革和科技进步为动力，增强文化产业发展活力，提升文化创新能力；坚持走中国特色文化产业发展道路，学习借鉴世界优秀文化，积极推动中华民族文化繁荣发展；

坚持以结构调整为主线，加快推进重大工程项目，扩大产业规模，增强文化产业整体实力和竞争力；坚持内外并举，积极开拓国内国际文化市场，增强中华文化在国际上的影响力。

（三）规划目标。完成经营性文化单位转企改制，文化市场主体进一步完善，活力进一步增强，文化产业规模不断扩大，推动经济社会发展的功能和作用得到较好发挥。

1. 文化市场主体进一步完善。按照创新体制、转换机制、面向市场、增强活力的原则，基本完成经营性文化单位转企改制，文化市场主体进一步完善，活力进一步增强。

2. 文化产业结构进一步优化。重点行业和项目对文化的拉动作用明显增强，文化创意、影视制作、出版发行、印刷复制、广告、演艺娱乐、文化会展、数字内容和动漫等产业得到较快发展，以资本为纽带推进文化企业兼并重组取得重要进展，力争形成一批跨地区跨行业经营、有较强市场竞争力、产值超百亿的骨干文化企业和企业集团。

3. 文化创新能力进一步提升。文化体制机制创新取得实质性进展，文化产业发展活力明显增强，以企业为主体、市场为导向、产学研相结合的文化创新体系初步形成，文化原创能力进一步提高，数字化、网络化技术广泛运用，文化企业装备水平和科技含量显著提高。

4. 现代文化市场体系进一步完善。市场在文化资源配置中的基础性作用得到更好的发挥，文化产品和生产要素合理流动，城乡文化市场进一步发展，现代流通组织和流通形式逐步成为文化流通领域的主要力量，文化消费领域不断拓展，在城乡居民消费结构中的比重明显增加。

5. 文化产品和服务出口进一步扩大。一批外向型骨干文化企业和国际知名品牌初步形成，对外文化贸易渠道和网络进一步拓展，文化产品和服务出口大幅增长，文化贸易逆差明显缩小，成为我国服务贸易出口的重要增长点。

三、重点任务

当前和今后一个时期，要着力做好以下八个方面工作：

（一）发展重点文化产业。以文化创意、影视制作、出版发行、印刷复制、广告、演艺娱乐、文化会展、数字内容和动漫等产业为重点，加大扶持力度，完善产业政策体系，实现跨越式发展。文化创意产业要着重发展文化科技、音乐制作、艺术创作、动漫游戏等企业，增强影响力和带动力，拉动相关服务业和制造业的发展。影视制作业要提升影片、电视剧和电视节目的生产能力，扩大影视制作、发行、播映和后产品开发，满足多种媒体、多种终端对影视数字内容的需求。出版业要推动产业结构调整和升级，加快从主要依赖传统纸介质出版物向多种介质形态出版物的数字出版产业转型。出版物发行业要积极开展跨地区、跨行业、跨所有制经营，形成若干大型发行集团，提高整体实力和竞争力。印刷复制业要发展高新技术印刷、特色印刷，建成若干各具特色、技术先进的印刷复制基地。演艺业要加快形成一批大型演艺集团，加强演出网络建设。动漫产业要着力打造深受观众喜爱的国际化动漫形象和品牌，成为文化产业的重要增长点。

（二）实施重大项目带动战略。以文化企业为主体，加大政策扶持力度，充分调动社会各方面的力量，加快建设一批具有重大示范效应和产业拉动作用的重大文化产业项目。继续推进国产动漫振兴工程、国家数字电影制作基地建设工程、多媒体数据库和经济信息平台、“中华字库”工程、国家“知识资源数据库”出版工程等重大文化建设项目。选择一批具备实施条件的重点项目给予支持。

（三）培育骨干文化企业。着力培育一批有实力、有竞争力的骨干文化企业，增强我国文化产业的整体实力和国际竞争力。坚持政府引导、市场运作，科学规划、合理布局，在重点文化产业中选择一批成长性好、竞争力强的文化企业或企业集团，加大政策扶持力度，推动跨地区、跨行业联合或重组，尽快壮大企业规模，提高集约化经营水平，促进文化领域资源整合和结构调整。鼓励和引导有条件的文化企业面向资本市场融资，培育一批文化领域战略投资者，实现低成本扩张，进一步做大做强。

（四）加快文化产业园区和基地建设。加强对文化产业园区和基地布局的统筹规划，坚持标准、突出特色、提高水平，促进各种资源合理配置和产业分工。对符合规划的产业园区和基地，在基础设施建设、土地使用、税收政策等方面给予支持。建设若干辐射全国的区域文化产品物流中心，建设一批文化创意、影视制作、出版发行、印刷复制、演艺娱乐和动漫等产业示范基地，支持和加快发展具有地域和民族特色的文化产业群。

（五）扩大文化消费。不断适应当前城乡居民消费结构的新变化和审美的新需求，创新文化产品和服务，提高文化消费意识，培育新的消费热点。加强原创性作品的创作，打造一批具有核心竞争力的知名文化品牌。努力降低成本，提供价格合理、丰富多样的精神文化产品和服务。加快建设具有自主知识产权、科技含量高、富有中国文化特色的主题公园。开发与文化结合的教育培训、健身、旅游、休闲等服务性消费，带动相关产业发展。

（六）建设现代文化市场体系。建立健全门类齐全的文化产品市场和文化要素市场，促进文化产品和生产要素的合理流动。重点建设传输快捷、覆盖广泛的文化传播渠道。发展文艺演出院线，推动主要城市演出场所连锁经营。支持全国文化票务网络建设。推进有线电视网络整合，鼓励通过并购、重组等方式，进行广电网络的区域整合和跨地区经营。推进电影院线、数字电影院线的跨地区整合以及数字影院的建设和改造。支持国有出版发行企业以资本为纽带实行跨地区兼并重组。鼓励非公有资本进入文化创意、影视制作、演艺娱乐、动漫等领域。支持优先选用拥有自主知识产权、产品质量水平高的文化设备及产品。

（七）发展新兴文化业态。采用数字、网络等高新技术，大力推动文化产业升级。支持发展移动多媒体广播电视、网络广播影视、数字多媒体广播、手机广播电视，开发移动文化信息服务、数字娱乐产品等增值业务，为各种便携显示终端提供内容服务。加快广播电视传播和电影放映数字化进程。积极推进下一代广播电视网建设，发挥第三代移动通信网络、宽带光纤接入网络等网络基础设施的作用，制定和完善网络标准，促进互联互通和资源共享，推进三网融合。积极发展纸质有声读物、电子书、手机报和网络出版物等新兴出版发行业态。发展高新技术印刷。运用高新技术改造传统娱乐设施和舞台技术，鼓励文化设备提供商研发新型电影院、数字电影娱乐设备、便携式音响系统、流动演出系统及多功能集成化音响产品。加强数字技术、数字内容、网络技术等核心技术的研发，加快关键技术设备改造更新。

（八）扩大对外文化贸易。落实国家鼓励和支持文化产品和服务出口的优惠政策，在市场开拓、技术创新、海关通关等方面给予支持。制定《2009—2010年度国家文化出口重点企业和项目目录》，形成鼓励、支持文化产品和服务出口的长效机制。重点扶持具有民族特色的文化艺术、展览、电影、电视剧、动画片、网络游戏、出版物、民族音乐舞蹈和杂技等产品和服务的出口，抓好国际营销网络建设。支持动漫、网络游戏、电子出版物等文化产品进入国际市场。鼓励文化企业通过独资、合资、控股、参股等多种形式，在国外兴办文化实体，建立文化产品营销网点，实现落地经营。办好国家重点支持的文化会展，通过中国（深圳）国际文化产业博览会、中国国际广播影视博览会、北京国际图书博览会等推动文化产品和服务出口。支持文化企业参加境外图书展、影视展、艺术节等国际大型展会和文化活动。

四、政策措施

（一）降低准入门槛。落实国家关于非公有资本、外资进入文化产业的有关规定，根据文化产业不同类别，通过独资、合资、合作等多种途径，积极吸收社会资本和外资进入政策允许的文化产业领域，参与国有文化企业的股份制改造，形成以公有制为主体、多种所有制共同发展的文化产业格局。

（二）加大政府投入。中央和地方各级人民政府要加大对文化产业的投入，通过贷款贴息、项目补贴、补充资本金等方式，支持国家级文化产业基地建设，支持文化产业重点项目及跨区域整合，支持国有控股文化企业股份制改造，支持文化领域新产品、新技术的研发。支持大宗文化产品和服务的出口。大幅增加中央财政“扶持文化产业发展专项资金”和文化体制改革专项资金规模，不断加大对文化产业发展和文化体制改革的支持力度。

（三）落实税收政策。贯彻落实《国务院办公厅关于印发文化体制改革中经营性文化事业单位转制为企业和支持文化企业发展两个规定的通知》中的相关税收优惠政策，研究确定文化产业支撑技术的具体范围，加大税收扶持力度，支持文化产业发展。

（四）加大金融支持。鼓励银行业金融机构加大对文化企业的金融支持力度。积极倡导鼓励担保和再担保机构大力开发支持文化产业发展、文化企业“走出去”的贷款担保业务品种。支持有条件的文化企业进入主板、创业板上市融资，鼓励已上市文化企业通过公开增发、定向增发等再融资方式进行并购和重组，迅速做大做强。支持符合条件的文化企业发行企业债券。

（五）设立中国文化产业投资基金。按照有关管理办法，由中央财政注资引导，吸收国有骨干文化企业、大型国有企业和金融机构认购。基金由专门机构进行管理，实行市场化运作，通过股权投资等方式，推动资源重组和结构调整，促进国家文化发展战略目标的实现。

五、保障条件

（一）加强组织领导。地方各级人民政府要按照科学发展观的要求，切实将《规划》的实施列入重要议事日程，把《规划》提出的目标任务纳入经济社会发展总体规划，建立相关的考核、评价和责任制度，作为评价地区发展水平、衡量发展质量和领导干部工作实绩的重要内容。文化行政主管部门在党委宣传部门协调指导下，具体组织实施，相关部门密切配合，确保《规划》提出的各项任务落到实处。

（二）深化文化体制改革。通过深化文化体制改革，进一步解放和发展文化生产力，激发全社会的文化创造活力。要紧紧抓住转企改制、重塑市场主体这个中心环节，加快推进出版发行单位转企改制和兼并重组，加快电影制片、发行、放映单位和文艺院团转企改制，抓好党报党刊发行体制和广播电视节目制播分离改革。大力推动行政管理体制改革和政府职能转变，建立统一高效的文化市场综合执法机构。

（三）培养文化产业人才。继续抓好全国宣传文化系统“四个一批”人才培养工程，着力加强领军人物和各类专门人才的培养。继续办好经营管理人才培训班，培养一批熟悉市场经济规律，懂经营、善管理的人才。吸引财经、金融、科技等领域的优秀人才进入文化产业领域。注重海外文化创意、研发、管理等高端人才的引进，为我国文化产业发展提供强有力的人才保障。

（四）加强立法工作。进一步完善法律体系，依法加强对文化产业发展的规范管理。完善国家知识产权保护体系，严厉打击各类盗版侵权行为，促进国家文化创新能力建设。

国家版权局关于贯彻
国家知识产权战略纲要的实施意见

（国版发［2009］2号，2009年12月24日国家版权局颁布）

为深入贯彻落实《国家知识产权战略纲要》（以下简称《纲要》），进一步明确版权战略的各项任务，全面提升我国版权创造、运用、保护和管理能力，制定本实施意见。

一、深入贯彻落实《纲要》，扎实推进版权战略

（1）进入21世纪，知识经济深入发展，经济全球化进程明显加快，以信息技术为代表的高新技术日新月异，知识产权日益成为国家发展的战略性资源和国际竞争力的核心要素。实施《纲要》，是提高自主创新能力、增强综合国力、建设创新型国家的制度保障和政策基础。版权是公民、法人或其他组织因创作文学、艺术和科学作品享有的专有权利，是知识产权的重要组成部分。版权保护作为开发、利用和保护知识资源，促进经济、文化、科技和社会发展，提升国家核心竞争力的重要制度，对促进中国文化在世界范围的传播，增进世界对中国的了解，提高中国的文化软实力、国家综合竞争力，具有不可替代的作用，其地位越来越重要，作用越来越突出。实施版权战略，是深入贯彻落实《纲要》的必然要求。

（2）改革开放以来，我国版权保护事业取得了显著成就。版权法律制度基本成型，版权执法机制不断完善，版权公共服务体系日益成熟，版权公众意识明显提高，版权产业实力显著增强，版权国际交往不断扩大，为我国经济文化社会发展做出了重要贡献。三十年来版权保护事业取得的巨大成就和积累的宝贵经验，为深入贯彻落实《纲要》、实施版权战略奠定了坚实基础。

（3）由于我国建立现代版权制度的历史较短，版权制度建设和管理水平总体上仍处于起步阶段，社会版权观念、版权意识有待提高，侵权盗版现象还比较突出，版权保护依然面临巨大的国内、国际压力；市场主体的版权保护、管理和运用能力存在不足，版权产业发展受到制约；全球经济一体化和科技的迅猛发展为版权保护提出了更高要求，版权制度对经济文化社会发展的促进作用尚未得到充分发挥。深入贯彻落实《纲要》的根本要求，加紧推进版权战略的实施工作，进一步加强版权保护工作，有利于规范社会主义市场经济秩序和建立诚信社会，有利于提升我国版权创造、运用、保护和管理能力，有利于增强我国企业的市场竞争力和提高国家核心竞争力，有利于深化扩大对外开放和实施文化“走出去”战略。

二、版权领域贯彻战略纲要的指导思想、总体目标和基本原则

（一）指导思想

（4）坚持以邓小平理论和“三个代表”重要思想为指导，深入贯彻落实科学发展观，紧紧围绕《纲要》的基本原则和版权专项任务，按照激励创造、有效运用、依法保护、科

学管理的方针，完善版权法律制度，加强版权保护，强化公共服务，积极营造良好的版权法治环境、市场环境、文化环境，大幅度提升版权的创造、运用、保护和管理能力，促进版权产业又好又快发展，推动经济、文化、科技事业的发展与繁荣，为建设创新型国家和全面建设小康社会服务。

（二）总体目标

（5）到2020年，我国版权法治环境得到大幅度改善，版权法律制度更加完备，版权监管机制与执法机构更为健全，版权公共服务体系和功能进一步加强，版权产业得到繁荣发展。通过激励创新与加强保护，作品的创作、管理、保护和运用能力不断增强，一批规模较大、在国内外有重大影响的版权产业企业脱颖而出，核心版权产业产值占国内生产总值的比重明显提高，全民尊重创作、拒绝盗版的文明素养和版权意识不断提高，侵权盗版显著下降，维权成本逐步降低，滥用权利明显减少，版权保护的社会环境和版权产业发展的市场环境全面改善，为我国进入创新型国家行列打下坚实基础。

（三）基本原则

（6）贯彻落实《纲要》，推进实施版权战略，必须立足于我国经济社会发展的阶段性特征和实际情况，借鉴国外有益经验，坚持以发展、繁荣我国经济、文化和科技为根本，以完善法律制度为基础，以提高执法能力为手段，以提升我国版权相关产业的国际竞争力为目标，加大对创作者、传播者合法权益的保护力度，努力实现创作者、传播者和社会公众的利益平衡。

三、版权领域实施战略纲要的工作重点

（一）进一步完善版权法律体系

（7）加强版权法制建设。推动《著作权法》的修订工作，着重解决数字技术和互联网发展给版权保护带来的新问题，积极探索建立适应新媒体和新技术发展需要的、公平合理的制度体系。积极推进《民间文学艺术著作权保护条例》的立法工作，推动《信息网络传播权保护条例》等法规的修订，建立健全以法律、法规、规章为架构的、多层次的版权法律体系，努力推动我国的版权保护制度适应社会主义市场经济体制的发展进程，顺应全球经济一体化和科技迅猛发展的需要。切实保护创作者的权益，促进智力成果的创新和运用。平衡权利人、使用者和社会公众的利益，营造各方利益共赢的制度环境。

（8）完善版权政策体系。协调国家相关部门，建立和完善版权行政管理政策指导和保障体系，实现产业政策、区域政策、科技政策、贸易政策等与版权战略的有效衔接，强化版权保护在促进经济文化社会发展中的作用。进一步完善版权贸易、版权质押、作品登记和法定许可付酬标准等制度，拓展版权利用方式，降低版权交易成本和风险，为各类作品的创作、运用、保护和管理提供完善的政策和制度保障。

（9）鼓励和支持地方立法。大力支持地方各级人大、政府制定促进当地经济社会文化发展的地方性法规和政府规章，制定和实施版权保护和版权产业发展的相关政策，以版权产业为抓手，培育地区特色版权产业，推动地方经济发展。

（二）大力促进版权的创造和运用

（10）促进版权产业发展。综合运用经济、法律、政策和市场等手段，积极扶持各类版权作品的创作、使用与传播，充分发挥其在新闻出版、广播影视、文学艺术、文化娱乐、广告设计、工艺美术、计算机软件、信息网络等核心版权产业中基本资源的作用，以文化创意、影视制作、出版发行、印刷复制、广告、演艺娱乐、文化会展、数字内容和动漫等产业为重点，使核心版权产业产值在国民经济中的比重逐年提高，版权产业的就业人数逐步增加。开展版权产业调研，完善版权产业对经济贡献率的统计调查方法，建立版权

产业统计制度。加强行业主管部门之间的合作，争取财政、金融、投资、政府采购政策以及其他产业政策和各类政策性资金的支持，推动建立"最具有价值版权产品"等奖励制度，鼓励具有鲜明民族特色、时代特点作品的创作、传播与运用，扶持难以参与市场竞争的优秀作品的创作。

（11）完善版权运用的市场机制。坚持政府引导和市场机制相结合，努力实现版权法律法规与版权产业政策之间的衔接，大力改善版权市场环境。进一步完善版权的市场运用机制，引导和支持市场主体创造和运用版权，积极推动著作权人以及权利人组织成为版权运用的主体，促进版权市场化。充分发挥版权集体管理组织、行业协会、代理机构等中介服务组织在版权市场化中的作用，通过作品版权的商品化、市场化、产业化，引导市场主体采取版权转让、许可、质押等方式实现版权的市场价值。

（12）构建综合性版权要素市场。加强版权贸易的基础性建设，支持有条件的地区建设综合性的版权交易平台，为作品传播和运用创造条件，促进版权要素的市场流动，大力推动版权贸易。鼓励民营资本和社会力量参与版权贸易，支持版权代理、版权评估等各类市场主体依法参与版权交易活动，逐步完善版权贸易市场化机制。充分利用国内外重大图书、影视、软件博览会交易平台等开展版权交易活动，重点支持北京国际图书博览会、全国图书交易博览会、北京国际版权博览会、中国（南京）国际软件博览会等大型展会的版权贸易活动。

（13）发挥先进典型的引领示范效应。推动"版权保护示范单位"的创建工作，充分发挥中心城市在版权保护中的示范作用，引导和建成5至8个版权保护示范城市；充分发挥文化创意园区、动漫创作基地、影视创作基地、数字出版基地、印刷复制基地和软件开发园区等产业集群，在促进版权创造和运用、推动版权产业发展中的基础作用，扶持建设一批国家版权贸易基地、版权产业发展基地、版权科研教学基地和版权保护示范单位，增强我国版权产业的自主创新和市场竞争能力。支持地方各级政府出台各项优惠措施，扶持建设版权产业园区。

（14）积极参与国际竞争。充分利用两种资源、两个市场，在更大范围、更广领域和更高层次上开展国际版权贸易，积极参与国际竞争。鼓励通过合资、合作等多种方式开展版权贸易相关业务，扩大版权产品的输出，以"经典中国国际出版工程"等重大对外出版项目为主导，为推动中华文化"走出去"战略提供支撑和保障。

（三）加大版权行政执法的力度

（15）进一步完善版权行政执法体制。根据中央深化文化体制改革的精神，大力推进文化市场综合执法改革。各级版权行政管理部门要认真履行《著作权法》赋予的行政管理职责，加强版权行政监管和行政执法的力度。国务院著作权行政管理部门要加强对全国版权执法工作的宏观协调、指导与监督；省级版权行政管理部门要充分发挥对全省的版权执法工作的部署、协调、指导和监督作用，加大对重大案件和跨地区案件的协调、督导和查处力度；省级以下的版权行政管理部门主要承担行政执法和市场监管工作。在文化市场综合执法改革中要进一步明确市（地）、县级版权行政执法的主体、职能和责任，充实版权执法力量，强化版权执法地位，将版权行政执法和市场监管落到实处。

（16）建立高效的版权行政执法机制。因地制宜，创新版权行政管理手段和行政执法模式，不断加大打击侵权盗版行为的力度，有效遏制盗版现象。坚持日常监管与专项治理相结合，针对网络、软件等重点领域和重点环节，充分发挥推进企业使用正版软件部际联席会议制度和工作机制，有计划、有步骤地推进软件正版化工作和开展网络版权保护专项行动。建立权责一致、分工合理、决策科学、执行顺畅、监督有力的版权行政执法机制，发挥版权、公安、工商、文化、海关等部门联合执法的职能优势，完善部门、区域联合执法与协作制度，增强执法协作效能，形成打击侵权盗版行为的合力。完善版权行政执法机关向刑事司法机关移送版权刑事案件的机制。积极配合司法机关加大侵权盗版刑事案件侦办力度，依法严厉打击大规模制售、传播盗版产品的违法犯罪行为。建立版权保护预警应急机制，妥善应对和积极处理涉及面广、社会影响大的版权纠纷、争端和突发事件。

（17）充分利用技术手段加强版权行政监管。充分发挥技术手段在版权行政监管和执法中的作用，变被动执法为主动执法，提高版权行政监管和行政执法的效率。加快建设全国统一、规范的数字网络版权监管平台，地方版权行政管理部门要根据国家版权监管平台的建设运行情况，积极配合建设符合当地实际需要的数字网络版权监管平台。积极建立版权行政执法与刑事司法“网上衔接，信息共享”机制。

（18）鼓励社会力量参与版权保护。进一步完善举报、查处侵权盗版行为的奖励制度，建立投诉、举报案件快速办理反应机制，设立专项资金，加大对举报、查处侵权盗版行为的奖励力度，激发社会公众树立维权意识。支持和鼓励著作权人及权利人组织开展维权和打击侵权盗版行为，充分调动社会力量参与版权保护工作。

（四）积极构建版权公共服务和版权社会服务体系

（19）进一步完善版权公共服务体系。加强各级版权公共服务机构的组织建设，强化版权公共服务的职能，规范版权公共服务行为，提高版权公共服务队伍素质，在进一步规范作品登记、版权交易合同备案等工作的基础上，不断开发、扩充新的版权公共服务项目，切实提高版权公共服务水平。构建国家基础版权信息公共服务平台，为相关部门和社会公众提供更多的版权信息服务。

（20）大力建设版权社会服务体系。推进版权社会服务相关机构建设，构建统一、规范的版权社会服务运行机制。扶持建立一批在国内外有一定影响的版权行业协会、著作权集体管理机构、版权市场中介机构，充分发挥其在版权市场化中的作用，为版权保护和版权产业发展提供各类版权服务。探索建立版权争议调解、仲裁机制。

（21）规范版权执业资质管理。探索建立版权交易、版权代理、版权鉴定、版权评估及其他版权经纪人职业资格认定制度，规范执业资质管理，加强执业培训。

（五）加强版权宣传教育培训工作

（22）继续加强版权宣传、教育、培训工作。拓宽宣传渠道，创新宣传方式，丰富宣传手段，找准宣传对象，提高宣传培训的效果和影响力，不断提升社会公众的版权保护意识，为版权保护和版权产业发展创造良好的社会环境。

（23）建立政府主导、新闻媒体支持、社会公众广泛参与的版权宣传普及教育常态机制。各级版权行政管理部门要在版权宣传、教育、培训中发挥主导作用，争取将版权宣传教育纳入国民教育体系、精神文明创建活动和国家普法教育活动。制定常年培训规划，分类开展版权知识培训，增强党政领导干部、企业管理层和社会公众的版权保护意识，提高企业等各类版权产业经济主体的版权创造、运用和管理能力。加紧培养青少年尤其是在校学生的版权保护意识，加强版权保护公益宣传工作，力争在全社会形成“尊重知识、尊重劳动、尊重创作、尊重版权”的良好氛围。

（24）开展形式多样的宣传活动。利用“4·26”知识产权宣传周、世界图书和版权日以及国家重大节庆或纪念日，借助大型书展、博览会等各种平台，集中开展版权保护宣传活动，形成强大的版权保护宣传声势。建立版权重大信息新闻发布制度，让社会了解有关版权保护的重大事件。加强对外宣传工作，使互利共赢的中外版权保护关系在国外具有社会和民意基础。

（六）加强版权国际交流与合作

（25）加强与国际组织的交流与合作。与世界知识产权组织、联合国教科文组织以及世界贸易组织、亚太经合组织的知识产权工作机制等国际组织加强交流与合作，信守承诺，履行义务，做负责任的大国。积极参与国际版权新秩序的构建，争取更多的国际话语权，在新的版权国际规则制定过程中发挥更大的作用，扩大我国在版权领域的国际影响，维护国家的经济和文化权益。

（26）深入开展版权的多双边交流与合作。建立固定、畅通的多双边版权交流渠道，进一步完善涉外版权工作应对机制和涉外版权信息沟通交流机制，制定符合我国国情及切合实际的版权对外交流与合作政策，为深化对外开放、扩大对外贸易创造良好的环境。

（27）加强对重点国家和地区版权法律制度发展趋势的研究。组建由理论和实务专家组成的版权咨询委员会，跟踪了解国际版权保护和版权产业发展状况，提供涉外版权业务咨询服务，提高涉外版权工作的决策和应对水平。逐步建立版权海外维权投诉协调机制，保护我国企业和公民在国外的版权权益。

四、版权领域推进实施版权战略的保障措施

（28）发挥中央和地方两个层面的积极性，深入贯彻落实《纲要》，扎实推进实施版权战略。国家版权局成立版权战略实施工作领导小组，统一部署版权战略实施工作，加紧建立科学有效的版权战略实施工作评价体系，适时开展版权战略实施情况的评估工作，强化对版权战略实施工作的监督、指导与考核。加强同国家知识产权战略实施工作部际联席会议相关主要成员单位的沟通衔接，密切协作，充分利用已有的工作基础实现资源共享，增强各部门实施战略的合力。及时研究、解决贯彻落实《纲要》、实施版权战略过程中遇到的新情况和新问题，确保完成《纲要》规定的各项版权工作任务。

（29）省级版权行政管理部门要因地制宜、从实际出发，结合本地区特点和实际情况，制定、落实本区域关于贯彻落实《纲要》、推进实施版权战略的年度工作计划，检查、指导、督促下级版权行政管理部门的贯彻落实工作情况，协调解决本区域版权战略实施过程中的各种问题。建立目标责任制考核体系，落实各项工作要求，确保版权战略各项工作任务的落实。

（30）各地版权行政管理部门要积极争取当地党委政府的支持，把版权保护工作纳入当地经济社会发展的总体战略规划和全局工作的重要议事日程，加大政府对版权保护和版权产业的投入力度，确保版权行政管理机构、人员、经费等方面政策的落实，建立与党和国家工作大局及本地经济社会发展水平相适应的版权保护队伍，建立财政对加强版权保护和发展版权产业投入的稳定增长机制，不断提高版权保护能力和版权产业实力，为促进当地经济、文化、科技的繁荣与发展服务。

（31）大力加强版权人才队伍建设，建设版权人才培训基地和版权人才库、专家库。以版权人才能力建设为核心，加强对各级版权行政管理部门管理和执法人员的培训工作，更新知识，拓宽视野，不断提高版权行政管理、执法队伍的综合素质，提升行政执法水平。加强版权贸易、市场运用和涉外版权人才队伍建设，造就一批具有世界眼光和现代版权理论的高层次人才队伍。

（32）建立版权战略实施工作奖励机制。建立并完善与世界知识产权组织在中国联合开展的版权创意奖励推荐评选工作机制。建立科学的评奖办法，对加强版权保护和发展版权产业的先进单位与个人进行表彰奖励。

（33）建立并完善版权战略实施经费专项预算和拨付制度，确保贯彻落实《纲要》、实施版权战略各项工作的开展。

版权

专　文

ZHUAN　WEN

版权价值的实现及其国际化

——在第二届中国国际版权博览会国际版权论坛上的致辞

（2009年10月24日）

全国人大常委会副委员长　路甬祥

我们刚刚隆重庆祝了中华人民共和国成立60周年。60年来，中国的面貌发生了翻天覆地的变化。特别是改革开放30年来，中国经济年均增长达9.8%，经济总量已跃居世界第三位，综合国力显著增强，人民生活总体上达到小康水平，迸发出前所未有的活力和创造力。与此同时，我国的版权事业也随着改革开放的不断深入快速发展，取得了举世瞩目的成就：我国制定了符合中国国情、与国际通行规则相协调、较为完备的著作权法律法规，建立了司法、行政双轨保护制度，版权执法水平不断提高，版权公共服务和社会中介体系建设取得长足进展，版权资源在推动文化创意产业发展中的核心作用日益显现，全社会的版权保护意识逐步提高。中国特色版权制度的建立和实施，为规范市场经济秩序，激励科学、文化创新，促进对外开放，推动经济发展和文化繁荣，发挥了积极而显著的作用。

当前，在国际社会共同努力下，世界经济出现了回暖迹象。中国政府推出一系列政策措施，着力加强经济社会发展薄弱环节，破解国民经济瓶颈制约，在积极促进内需拉动的同时，加强产业结构调整和发展方式转变的步伐，特别是着力加强技术改造和科技创新，支持战略性新兴产业发展，以此增强中国经济的可持续发展能力，取得了初步成效。2009年前三季度，国内生产总值同比增长7.7%。在金融危机影响实体经济的不利形势下，很多拥有自主知识产权的企业表现出较强的抗风险能力和市场竞争力，出版、动漫、影视、软件、网络与计算机服务等以版权资源为核心的文化创意产业更是出现了明显的逆势发展趋势。2009年上半年，图书销售增长20%，新媒体出版增长超过40%，产业增值约30%，投资增长约36%；中国电影票房总收入为23亿元，比去年同期净增7.2亿元，增幅近46%；中国主营和兼营动漫业务的企业已超过1万家。

文化创意产业逆势增长的实践从一个侧面表明，大量消耗不可再生自然资源和破坏生态环境的传统发展模式难以为继，只有依靠创新探索新的发展模式，充分开发利用知识与科学技术资源，走自主创新的发展之路，大力提高自主创新能力，才能走出危机，实现协调可持续的发展。在这一过程中，知识产权保护制度激励创新的作用将进一步彰显。应对国际金融危机，实际上已成为一场新的科技竞赛、知识产权竞赛。要战胜当前这场严重的国际金融危机，必须更加注重依靠创新寻求突破、依靠科技促进发展，建设创新型国家和知识型社会。

我们充分认识到，知识产权是决定经济发展的战略性资源，知识产权制度是激励创新、推动经济发展方式转变的基本保障。可以说，当今世界经济的竞争从根本上讲是科学技术的竞争，是知识产权的竞争。面向未来，谁创造并占有更多的知识产权，谁就占有竞争的先机，谁就会得到合理的回报。

版权作为知识产权的重要组成部分，它不仅具有激励创作、推动文化创新发展、促进文明进步的功能，而且正在成为越来越重要的生产要素和财富资源，对推动产业发展、促进经济增长的贡献率越来越高。如何实现版权的价值，如何充分发挥版权制度对推动经济社会发展的积极重要作用，全面提升我国自主知识产权的能力，这需要政府、社会、企业的共同努力。要通过完善知识产权法律制度，认真贯彻实施《国家知识产权战略纲要》，大力提高版权的创造、运用、保护、管理水平，为知识资源的创造与运用提供持续的动力机制、良好的市场环境和社会文化氛围。这主要涉及以下几个方面的工作：

一是按照科学发展、协调发展的总要求，紧密结合我国经济社会发展的实际需要，进一步完善知识产权制度，进一步完善与版权相关的法律法规，健全版权执法和管理体制，充分发挥我国司法和行政双轨机制的特点，进一步强化版权及相关知识产权在我国经济建设、文化建设中的重要作用。我国政府已经制定并出台了《国家知识产权战略纲要》，我们要按照《纲要》所提出的明确目标，到 2020 年把我国建设成为知识产权创造、运用、保护和管理更加完善的国家。知识产权法治环境进一步完善，市场主体创造、运用、保护和管理知识产权的能力显著增强，知识产权意识更加深入人心，自主知识产权的水平和拥有量能够有效支撑创新型国家建设的需要，知识产权制度对经济发展、文化繁荣和社会建设的促进作用充分显现。

二是大力推进版权的运用和产业化，促进版权和其他知识产权的创造和实现。积极采取包括财政、税收、金融政策在内的多种政策，鼓励、支持和保障市场主体积极运用版权并使之产业化。2009 年 7 月，我国政府制定并发布了《文化产业振兴规划》，财政部、国家税务总局、新闻出版总署等部门也分别下发了有关扶持出版产业、动漫产业发展的一系列政策措施，国家还建立了各种基金来扶持文化领域的重大工程项目。政府各部门要组织实施好这些重大文化工程；要积极推动版权交易，大力培育版权贸易市场并使之规范化、常态化、成熟化。全面提升知识产权运用能力和应对知识产权全球竞争的能力，促进我国文化产业的大繁荣、大发展。

三是大力加强版权的保护，加强版权的管理工作。侵权盗版活动不仅侵害权利人的合法权利，也严重阻碍文化产业的健康发展。要进一步加强知识产权司法与行政执法工作，健全知识产权执法和管理体制，加强司法保护体系和行政执法体系建设，进一步加大依法打击侵权盗版活动的力度。政府各部门要加强对版权行业和企业的指导，制定并实施地区和行业知识产权战略。充分调动版权行业协会和相关中介组织的积极性并发挥其作用，进一步扩大知识产权对外交流合作。

论坛的主题是“版权影响世界”，这一主题既凸显了知识产权对推动世界文明进步的价值，也蕴涵了知识产权所具有的国际化特征。一直以来，在知识产权领域，中国与世界各国以及世界知识产权组织等国际组织都有着良好的合作关系，互相协作，共同推动版权保护和版权贸易的发展。中国改革开放 30 年来的经验告诉我们，中国的发展离不开世界，世界的发展也离不开中国。只有积极参与国际交流合作，中国的发展道路才会越走越宽广。因为中国的参与，世界的版权事业与全球的版权市场将会变得更加繁荣和更加丰富多彩。我相信，通过与会各位朋友的共同努力，这次论坛一定能在促进知识产权国际交流、深化合作方面取得积极成果，为共同推进全球知识产权事业的发展作出我们的贡献。

版权影响世界

——在第二届中国国际版权博览会国际版权论坛上的演讲

（2009年10月24日）

新闻出版总署署长、国家版权局局长　柳斌杰

一、版权制度深刻影响世界

版权制度由来已久。早在中国宋代，就有防止擅自复印图书的“翻版禁令”，许多刻板书上已印有“版权所有”、“翻印必究”的字样。然而，这一版权保护的萌芽，由于在当时中国没有茁壮成长的肥沃土壤，以至于长期停留在原始、初级的水平上。直至18世纪初期，西方社会诞生了现代版权制度，并在技术进步与社会需求的推动下，得到广泛应用与发展，这就深刻地影响着我们这个世界。主要表现在以下方面：

——*版权制度更新社会观念*。古代社会，文化贫瘠，大量引用和摘录先贤著作是世界各国文化创造行为的一个显著特征，因此，复制他人作品不但不会受到谴责，反而会受到尊重和鼓励。尤其在古代中国，传统儒家思想主张自然和谐，强调知识共享的观念，倡导以传播知识和道德为己任，鼓励人们转述和引用作品，并不认为自己的作品被抄袭或未经许可使用是对自身权利的侵害。

版权制度的诞生和在世界范围内的广泛应用，彻底改变了人们“知识没有产权”的陈旧观念，人们逐渐意识到“智力”生产是一种劳动，“知识”也是一种财富。这种财富在法律的规范和保护之下，会形成诸多权利，并与有形的私有物产一样，神圣不可侵犯。“尊重知识、尊重劳动、尊重创造，保护知识产权”的观念开始成为主流，加快了知识产权的法制化和规范化，并为公众所共同遵循，这就改变了知识生产的基本模式。

——*版权制度激发创造热情*。创新是一个民族进步的灵魂，是国家兴旺发达的不竭动力。一个没有创新能力的民族，是没有希望的民族，难以屹立于世界民族之林。而创新的能力，则是实现创新的关键问题。

版权制度正是保护创新能力、激励自主创新的基础性制度，通过确定创作者的专有权利，使得权利人可以通过作品的传播和使用获得应有的回报和扩大再生产。这种从产权角度进行激励的制度，充分体现了对智力创造的尊重和肯定，极大地激发起人们的创新热情，从而激励知识劳动者创作出更多、更优秀的版权作品，为人类知识宝库增添无数精神财富。反过来讲，日益丰富和不断创造的智力作品也对版权保护产生了越来越大的需求，使得版权制度不断适应创新的要求。鼓励创新、完善保护、合理流动就成为必然趋势，由此确定了在知识创新活动中大家必须共同遵守的行为规则，有效保护知识创造各个领域的创新成果。数百年来的实践，充分证明了版权制度与创新两者相辅相成、共同发展，提高了社会的创新能力。

——*版权制度推动文化繁荣*。促进知识传播与文化科学发展是版权保护的首要目的，现代版权保护制度以保护智力成果、激励创作为基本出发点，以促进文学、艺术、科学事业和产业的繁荣与发展为目标。完善的版权制度有效维护了文学、艺术和科学作品创作者和传播者的合法权益，促进了文化的自我表达与公共传播，支持了科学和艺术创新，极大地促进了文化繁荣。三百年来版权制度价值功能的演变和递进历程，有这样一条清晰的脉络：赋予权利——激励创作——鼓励传播——繁荣文化。

中国文化发展的历史实践也证明，以版权资源为智力支持的新闻出版、广播影视、文学艺术、文化娱乐和建筑艺术、工业外观设计等版权产业是文

化创新力、文化生产力和文化持续力的承载者，为社会公众提供了必需的精神食粮，促进了文化、科学繁荣，培育了民族精神，推动了社会全面进步，创造了不朽的精神财富和物质财富。

——**版权制度促进经济增长**。在版权制度的框架下，版权被定义为作品创作的财产权——“智力成果权”。作为财产权，作品版权具有可计量的价值，这种价值使得版权可以被交易并充分参与经济活动。如今，版权已成为越来越重要的物质生产要素和财富资源。

20 世纪七八十年代，随着新的传播方式发生革命性变化，催生了以智力成果为资源，以知识创新为动力，以受版权保护作品的创新、生产、传播、使用和消费为基础的产业形态。这一全新的产业形态，主要体现在文学艺术、新闻出版、广播影视、文化娱乐业，以及与现代科技紧密相连的信息网络、计算机软件业、建筑、汽车、纺织、陶瓷等行业，并且发展迅猛。其发展速度远远超出了传统制造业，不但形成了一定规模的产业群，还带动了传统产业的改造与升级，大大促进了生产力的快速发展，对经济增长的贡献越来越大。

据世界知识产权组织调查，发达国家国内生产总值（GDP）中版权产业所占份额大约平均在 6%左右，部分发展中国家也达到了 3%以上。版权产业被视为 21 世纪的“朝阳产业”，加快发展版权产业，已经成为众多国家的共识。

由此可以看出，版权正是以其独特的智力和产业属性，在促进文化、科学繁荣和经济技术发展与推动社会的全面文明和进步方面，都对世界产生了积极影响。

二、中国版权制度的建设和实践

经过 30 年的不懈努力，中国的版权保护工作取得了巨大成就，为促进经济、文化和社会发展作出了积极的贡献。

一是建立了一个适合中国国情并与国际规则接轨的较为完整的版权法律体系。1990 年以来，中国先后颁布了版权“一法四条例”，执法、司法已经步入正轨。从 1992 年起中国先后加入了《伯尔尼公约》、TRIPs、WCT 和 WPPT 等重要的国际公约。中国的版权保护整体水平不断提高，达到了国际通行标准，并积极承担了相应的国际义务。

二是确立了版权管理和保护体制，基本形成了版权公共服务、社会服务框架体系。经过十几年的发展，由版权协会、版权保护中心，以及音乐、音像、文字和摄影著作权集体管理组织等构成的中国版权社会服务体系已经初具规模。日益完善的服务机构，充分发挥着服务社会、服务产业的重要作用，逐步形成了政府监督管理、社团自我维权、企业依法经营的良性互动机制。

三是在版权行政管理部门的主导下，深入持续地开展版权宣传教育工作，全社会的版权保护意识有了明显提高。中国各级版权行政管理部门始终坚持开展版权法律知识的宣传、普及与教育活动，以“4·26”世界知识产权日和重大版权事件为契机，以新闻媒体为主要渠道，通过公益广告、研讨会、演讲、征文、影视竞赛等多种形式全面展开版权保护知识的宣传、普及活动，使得版权知识逐步走入百姓生活，成为大众文化的一部分。

四是促进版权国际交流与合作，充分发挥作为第三世界负责任大国的重要作用。中国与国际社会建立了广泛、深入的版权多双边关系，并一直得到世界知识产权组织的大力支持和无私帮助，自 2006 年起连续 3 年共同举办“国际版权论坛”，并于 2008 年开展首届“世界知识产权组织版权创意金奖（中国）”评奖及颁奖活动。目前双方正在联合开展“中国版权相关产业的经济贡献”项目调研和“中国南通 WIPO 版权产业优秀案例示范点”调研活动。

五是版权产业快速发展，成为国民经济中的支柱产业。在中国发展市场经济和知识经济过程中，以新闻出版、广播影视、信息网络等产业为重点的版权产业迅速发展，有的已具有相当的规模和实力，成为国民经济新的增长点和新经济中的支柱产业。根据国家版权局与世界知识产权组织合作“中国版权相关产业的经济贡献”调研项目的统计数据所进行的初步核算，2006 年，中国核心版权产业的总产值约占当年 GDP 的 3.3%，全部版权产业约占当年 GDP 的 6.4%。

三、中国政府高度重视版权保护工作

中国政府一贯重视版权保护工作，把它纳入重要工作日程。2008 年 6 月，中国政府制定了《国家知识产权战略纲要》，实施这一新战略是中国知识产权保护制度的里程碑，将促进中国创新型国家的建设，对中国的经济和社会发展产生了深远影响，也为开展版权保护和发展版权产业指明了方向、提供了保障。

作为负责任的发展中国家，我们在保护本国智力作品的同时，也积极承担着国际版权保护义务。当然，相对于发达国家来说，发展中国家的版权相关产业还属于弱势产业，缺乏国内市场的整合能力和国际市场的竞争力。因此，发展中国家不能盲目照搬发达国家的做法，而需要根据自己的国情来建立与本国经济发展相适应的版权制度。

我们将在世界知识产权组织和其他国际组织的协助下，与其他国家一起，致力于通过加强版权保护，推进以版权为基础的产业的发展，从而带动经济发展和社会进步。

首先，进一步加大版权保护力度。依法严厉打击侵权盗版行为，切实保护版权权利人的利益，为版权产业的发展创造公平竞争的环境，为全民族自主创新能力的提升、建设创新型国家的战略目标服务。

其次，进一步完善版权法律体系。适时启动《著作权法》的修订工作，顺应全球经济一体化和科技迅猛发展的新形势，着重解决数字技术和互联网发展给版权保护带来的新问题，努力创造一个权利人、使用人和社会公众等各方利益和谐发展的制度环境。

第三，大力促进版权的市场化。进一步完善版权运用的市场机制，引导和支持市场主体创造和运用版权，充分发挥版权集体管理组织、行业协会、代理机构等中介组织在版权市场化中的作用，引导市场主体采取版权转让、许可、质押等方式实现版权的市场价值。

第四，大力提升社会公众的版权保护意识。我们将通过培养和树立社会公众的版权意识和规则意识，使“尊重知识、崇尚创新、诚实守信”的文化，成为社会群体思维方式和评价体系的重要构成部分，逐步形成有利于创新、有利于和谐社会建设、适应市场竞争、维护经济秩序的良好的知识产权文化氛围。

我们将一如既往地高举保护知识产权的旗帜，履行承诺，树立中国政府讲信誉、负责任的良好形象，为开展国际文化经贸交流、深化国际文化经贸合作创造良好的环境。

多年来，世界知识产权组织一直大力倡导并积极推动各成员国树立这样一种理念：努力确保知识产权制度为各自国家的社会建设与经济发展作出充分的贡献。实践将进一步证明，随着版权制度的不断完善，知识和创造力的潜在价值得以全面认识和提升，版权产业终将会为促进本国经济和社会的快速发展作出重要贡献。

我相信，随着市场经济不断规范，随着中国版权制度的不断完善以及版权国际化合作的不断深化，有着五千年文明历史的中华民族，依靠自己的勤劳和智慧，一定会为推动知识创新作出贡献，中国的版权产业也将呈现出独特的魅力和广阔的前景。

希望与会的各位朋友，今后在版权保护方面有更多的沟通和交流，为促成版权领域的更好合作，为建设公正、合理的国际版权秩序而共同努力。

我们有能力解决网络环境下的版权问题

新闻出版总署副署长、国家版权局副局长　阎晓宏

1709 年，英国议会通过了世界上第一部著作权法——《安娜法》。三百年来，在技术进步和社会需求两个轮子的推动下现代版权制度发生了巨大的变化。首先是版权保护作品的种类、权利的种类日益丰富，从版权制度刚刚诞生时仅限于图书这样单一的作品介质，发展到声光电等作品介质，现在又发展到网络环境下的作品和权利。版权权利人、使用者的范围也已经扩展到社会大众。在中国，版权制度起步较晚，1910 年清政府颁布了《大清著作权律》，但这是一部没有真正实施的法律。新中国成立以后，真正开始实施版权保护是在改革开放之后。

改革开放到现在，已有 30 年的时间，这对一个人来讲是非常漫长的，但在历史进程中却是非常短暂的。我们回想一下，30 年前版权在中国是一个什么样的情形，20 年前、10 年前是一个什么样的情形，我们可以深切感受到版权制度在中国发生了巨大的变化，版权在深刻地影响着社会。时代在进步，中国的版权事业也得到了快速发展。我们现在感觉到，版权已经是一个任何人都不能忽视的问题，这不仅仅在于我们每个人都需要使用版权作品，另外很重要的一个方面，就是我们不能忽视版权给经济生活、社会生活所带来的巨大变化。现在人们已经不仅仅把版权作为个人的权利或者文化的消费品，我们越来越清醒地看到，版权对经济发展的推动作用也是越来越大，版权日益成为经济发展的战略性资源和国际竞争力的核心要素。我最近看到美国国际知识产权联盟的统计显示，美国版权产业在 GDP 和就业率中的比重已经超过了 6% 和 4%，对 2007 年美国经济总体增长的贡献率达到了 22%，成为国民经济各行业中生产率最高、成长最快的行业之一。所以，版权已经不仅仅是个人的权利，同时也成为推动社会进步的一支重要力量。

我们已经充分认识到，保护包括版权在内的知识产权，是中国转变经济发展方式、缓解环境资源约束、提升国家核心竞争力的内在要求，加强知识产权保护，符合中国自身发展的长远利益。2008 年 6 月，国务院颁布《国家知识产权战略纲要》，把知识产权问题上升到国家发展战略的层面，这是前所未有的。在 2009 年的政府工作报告中，温家宝总理把知识产权战略、科教兴国战略和人才战略并称为推动中国建立创新型国家的三大战略。所以，我们一方面感到版权事业取得很大成绩，面临着很好的机遇，前途非常光明，但同时也感到责任和压力很大，也还存在着很多的问题。我们这次年会的主题是“数字环境下的版权资源开发和价值提升”，我想，从这个主题中也能看出版权工作面临着前所未有的机遇和挑战。

目前，我国互联网用户已经有 3 亿多，其中绝大多数是宽带用户，手机上网用户也超过 1.5 亿，显示出巨大的市场规模和发展潜力。根据互联网实验室的分析，到 2011 年前后互联网的发展会迈上一个新的台阶，中国的网民将达到 5～6 亿，网络将深入到社会生活的方方面面，互联网将深刻地改变人们的思维和生活方式。但与此同时，互联网改变了传统的信息拥有者、传播者和使用者之间的利益格局，网络环境下的版权问题也越来越凸显出来。

第一，大量的数字作品在互联网上使用，应该遵循一个什么样的原则？这是我们不能回避的现实问题。经过几年的发展实践，大家都已经意识到，在互联网发展的过程中，版权是绕不开的一个话题。第二，互联网给版权带来了什么问题？互联网给传统版权制度带来的挑战，是一个需要全球共同面对的问题。在 2009 年的世界知识产权组织成员国大会上，总干事加利先生在工作报告中指出，世界知识产权组织现在面临最大的问题是互联网环境下的知识产权问题，而不是传统意义上的南北争议。互联网环境下的知识产权问题是什么？大家都知道，主要是版权问题。大家最近都很关注 Google 的问题，

很多人认为Google的问题是中国和美国的问题，实际上Google的问题是美国的传统出版者、作者与数字产业的冲突问题，这样的争议延展到世界各国也包括中国，所以这是一个全球性的问题。解决的方式是什么？答案不是取消版权制度，而是发展它。我想著作权制度发展三百年，它的包容性是很强的，制度在不断地完善，包容了更多的人类知识要素，并促使这些知识要素在市场条件下有序流动和结合。因此，互联网现在面临的版权问题也需要我们用一种积极的态度来看待。人类创造了互联网，就应该有能力来解决互联网的问题。

现在，无论是政府层面还是学术界的层面，无论是产业界还是权利人组织，都开始思考这个问题并逐步达成共识，从过多的指责开始进行合作。我们在一些最重要的问题上得到了趋同，大家共同认识到解决这个问题必须在遵循著作权制度的基本原则的前提下解决，而不能寻求其他的模式，不是在虚拟世界有一个著作权制度，而在现实生活中又有一套著作权制度。因为著作权制度从产生到现在来看，它是不断适应人类实践的发展，并在不断地解决前进中的问题。

现在大家讲到的困惑是什么？一方面作品授权的基本原则是不能发生变化的，这是著作权的基础；另一方面，我们在网络环境下按原有的方式又不能解决授权使用问题，似乎形成了一个悖论。我们非常赞成现在知识产权界以及相关产业界就这个问题开展的积极讨论，这种积极的讨论使我们认识到，我们必须在著作权制度的基本原则基础上寻求新的观念突破、新的理论建构和新的制度设计。要有创新和突破才能破局，但这种创新和突破不能背离著作权制度的基本精神。著作权基本的精神是什么？是鼓励创新、鼓励知识创造，而且在尊重知识创造的前提下寻求各种授权的使用方式，这是最基本的原则。另一个原则是我们需要找到一个平衡点，使权利人和使用人之间达到一个平衡。找不到这个平衡点的话，我们可能难以解决问题，找到这个平衡点，就能促使网络环境下的版权问题向前进一步。

所以，我们赞成修订现有的著作权法。法律制度不是墨守成规的，要根据实际情况进行创新和突破。在这样的前提下，我们特别希望大家都能够充分认识到在互联网环境下版权的价值。挖掘版权的价值首先要承认版权作品（各种形式的版权作品）是人们智力的成果，要承认版权的价值，要尊重智力成果的创造。同时，要加强对互联网环境下版权的保护力度，对恶意、随意大量使用他人作品的使用者，要按照现行法律法规进行查处，否则网络环境下的版权秩序就会发生混乱。当然，我们还要不断完善版权中介和社会服务体系，积极地解决授权问题，以利于科学文化作品在网络环境下的广泛传播。我相信，通过我们大家的共同努力，网络环境下的版权创造、运用、保护和管理水平必将大大提高，必将推动互联网产业的大发展。

（本文根据阎晓宏副局长于2009年11月20日在2009中国版权年会上的讲话录音整理而成。）

版权

要闻

YAO WEN

国务院常务会议
原则通过《文化产业振兴规划》

2009年7月22日国务院总理温家宝主持召开国务院常务会议，讨论并原则通过《文化产业振兴规划》（以下简称《规划》）。《规划》强调，要积极发展公益性文化事业，大力发展文化产业，激发全民族文化创造活力，更加自觉、更加主动地推动文化大发展大繁荣。为贯彻落实中央精神，在重视发展公益性文化事业的同时，加快振兴文化产业，充分发挥文化产业在调整结构、扩大内需、增加就业、推动发展中的重要作用，结合当前应对国际金融危机的新形势和文化领域改革发展的迫切需要，制定振兴文化产业的规划。

《规划》分为“加快文化产业振兴的重要性紧迫性”，“指导思想、基本原则和规划目标”，“重点任务”，“政策措施”和“保障条件”等五部分。

文化产业是市场经济条件下繁荣发展社会主义文化的重要载体，是满足人民群众多样化、多层次、多方面精神文化需求的重要途径，也是推动经济结构调整、转变经济发展方式的重要着力点。党的十六大以来，党中央、国务院高度重视发展文化产业，采取了一系列政策措施，深入推进文化体制改革，加快推动文化产业发展。国有经营性文化单位转企改制取得重要进展，涌现出一批具有较强实力和竞争力的文化企业和企业集团，文化产业规模逐步壮大，以公有制为主体、多种所有制共同发展的文化产业格局初步形成。文化“走出去”步伐加快，文化进出口贸易逆差逐步缩小，我国文化产业的国际竞争力不断增强。同时要看到，我国文化产业的发展水平还不高、活力还不强，与人民群众日益增长的精神文化需求还不相适应，与日趋完善的社会主义市场经济体制还不相适应，与现代科学技术迅猛发展及广泛应用还不相适应，与我国对外开放不断扩大的新形势还不相适应。当前，国际金融危机仍未见底，并对文化产业发展产生诸多影响，但困难和挑战中蕴涵着新的机遇和有利条件，文化具有反向调节功能，面对经济下滑，文化产业有逆势而上的特点，这为创新文化体制机制、做大做强文化产业带来了契机。要抓住机遇，大力振兴文化产业，为“保增长、扩内需、调结构、促改革、惠民生”作出贡献。

《规划》的目标是完成经营性文化单位转企改制，文化市场主体进一步完善，活力进一步增强，文化产业规模不断扩大，推动经济社会发展的功能和作用得到较好发挥。即文化市场主体进一步完善、文化产业结构进一步优化、文化创新能力进一步提升、现代文化市场体系进一步完善、文化产品和服务出口进一步扩大。

在“重点任务”中，《规划》明确，当前和今后一个时期要着力做好发展重点文化产业、实施重大项目带动战略、培育骨干文化企业、加快文化产业园区和基地建设、扩大文化消费、建设现代文化市场体系、发展新兴文化业态、扩大对外文化贸易八个方面的重点任务。

在“政策措施”部分，提出降低准入门槛、加大政府投入、落实税收政策、加大金融支持、设立中国文化产业投资基金等措施，促进国家文化发展战略目标的实现。

在“保障条件”部分，《规划》提出，加强组织领导、深化文化体制改革、培养文化产业人才、加强立法工作，促进国家文化创新能力建设。

总的来看，我国文化产业呈现出健康向上、蓬勃发展的良好态势，这成为推动社会主义文化大发展大繁荣的重要引擎和经济发展新的增长点。

（注：《文化产业振兴规划》全文参见本卷年鉴《特载》栏目。）

世界知识产权组织跨区域知识产权高级论坛在北京举办

2009 年 3 月 30 日，由世界知识产权组织和中国国家知识产权局、国家工商行政管理总局、国家版权局等单位主办的世界知识产权组织跨区域知识产权高级论坛在北京开幕。国务院副总理王岐山、世界知识产权组织总干事弗朗西斯·加利出席开幕式并致辞。来自 27 个国家和 6 个国际组织的代表以及国务院有关部门负责同志参加了论坛。

王岐山指出，改革开放以来，中国知识产权发展取得了巨大成就。为了深入贯彻落实科学发展观和建设创新型国家，中国政府将继续全面实施知识产权战略，完善知识产权法律法规和各项制度，加大执法力度，营造保护知识产权的法制、市场和文化环境。中国保护知识产权的立场是坚定不移的，这不仅是对国际社会的承诺，更是提高自主创新能力、加快转变发展方式的自身需要。大力提升知识产权创造、运用、保护和管理能力，推动建立平衡有效的知识产权制度，已成为世界各国共同关注的重大课题。为此，应当深化对知识产权制度的理解，把激励创新、推动发展作为制度建设的目的；尊重各国国情，兼顾各方特别是发展中国家的利益；在平等互利的基础上加强对话与合作，增进共识，共同营造有利于激励创新、促进技术合作与贸易的环境。

王岐山表示，中国作为发展中大国和世界知识产权组织的一员，愿继续与各国一道，推动建立平衡有效的知识产权制度，促进全球共同发展和人类文明不断进步。

世界知识产权组织总干事弗朗西斯·加利说，中国在技术创新和知识产权保护领域的发展速度非常快，甚至改变了世界的创新版图。现在整个世界都在关注中国的发展。希望中国不断推进创新战略，未来继续参与国际政策研究和制定过程，为世界知识产权发展和技术创新作出更多贡献。

加利表示，中国重视保护知识产权，对于整个世界具有重要意义。重视知识产权保护和创新是中国国家战略的组成部分，这为其他国家树立了一个典范。为实现这个目的，中国在知识产权保护的各个方面作出了不懈努力，采取的多项措施令人“印象深刻”。

世界贸易组织裁定中美知识产权争端

2007 年 4 月 10 日，美国就中国知识产权保护问题诉诸世界贸易组织（WTO）争端解决机构，美国提出的诉求内容主要包括：(1) 中国关于知识产权保护的有关法律规定与其入世承诺不符；(2) 中国对商业规模的假冒和盗版产品的惩罚力度不够，缺乏刑事制裁程序，违反了其在《与贸易有关的知识产权协定》第 41.1 和第 61 条项下的义务；(3) 侵权商品进入商业流通渠道，违反了协定第 46 和第 59 条。

2007 年 4 月 20 日，中国商务部接受了美方的磋商请求。6 月上旬，中美双方在日内瓦进行了为期 3 天的磋商。

2007 年 8 月 13 日，美国贸易代表办公室发表声明，说美国已要求世界贸易组织设立专家组，对其提出的中国知识产权保护不力的诉讼作出裁决。9 月，美国再次提出设立专家组的要求，按照世贸规则，专家组自动成立。

2009 年 3 月 20 日，世界贸易组织争端解决机构会议审议并通过了世界贸易组织中美知识产权争端案专家组报告，报告驳回了美方的绝大部分主张，广泛肯定了中国的知识产权制度：一、知识产权犯罪的刑事门槛问题。我国相关法规规定，销售盗版光盘等盗版产品达到一定数量将受到刑事处罚，美国认为这一数量门槛的设置让盗版产品销售商很容易逃脱刑事处罚。专家组裁定，美国没能证明中国有关刑事门槛儿的规定不符合 WTO《与贸易有关的知识产权协定》。二、海关处置侵权货物的措施问题。中国海关曾将罚没的进口冒牌产品在摘除非法标志后进行捐赠或者卖给权利人，而美方认为此类产品不应该再进入市场。专家组认为，虽然海关对进口冒牌货仅摘除非法标志的处置方式不符合《与贸易有关的知识产权协定》，但美国没能证明将该产品进行捐赠等处置不符合《与贸易有关的知识产权协定》。三、依法禁止出版传播作品的著作权保护问题。专家组认为，虽然对未能通过审查的作品及通过审查的作品中被删除的部分不提供著作权保护，不符合《与贸易有关的知识产权协定》和《伯尔尼公约》，但美国未能证明从未提交审查的作品、在等待审查结果的作品、通过审查作品之未修改版本等不符合《与贸易有关的知识产权协定》。专家组还强调，其裁决不影响中国的内容审查权。

阿根廷、澳大利亚、巴西、加拿大、欧盟、印度、日本、韩国、墨西哥、中国台湾、泰国和土耳其，作为第三方参与该案。

广播电台电视台播放录音制品付酬办法出台

2009年5月6日，国务院第62次常务会议通过《广播电台电视台播放录音制品支付报酬暂行办法》（以下简称《付酬办法》），温家宝总理于2009年11月10日签署国务院令第566号，予以公布，自2010年1月1日起施行。该办法由国务院法制办、国家版权局、国家广电总局共同起草制定，历经8年，权利人与使用者最终达成一致。它的颁布标志着广播电视组织使用音乐作品不付酬的历史宣告终结。

《中华人民共和国著作权法》第四十三条规定："广播电台、电视台播放已经出版的录音制品，可以不经著作权人许可，但应当支付报酬。当事人另有约定的除外。具体办法由国务院规定。"为保障著作权人依法行使广播权，方便广播电台、电视台播放录音制品，根据我国《著作权法》第四十三条规定，国务院决定制定广播电台、电视台播放录音制品付酬办法。

根据《付酬办法》，广播电台、电视台可以就播放已经发表的音乐作品，向著作权人支付报酬的方式、数额等有关事项与管理相关权利的著作权集体管理组织进行约定。广播电台、电视台播放已经出版的录音制品，已经与著作权人订立许可使用合同的，按照合同约定的方式和标准支付报酬。广播电台、电视台依照《著作权法》第四十三条的规定，未经著作权人的许可播放已经出版的录音制品的，依照《付酬办法》向著作权人支付报酬。

《付酬办法》规定了三种计酬方式，供当事人选择，作为约定或者协商支付报酬的基础：一是由广播电台、电视台与相关著作权集体管理组织约定每年向著作权人支付固定数额的报酬；二是按广播电台、电视台广告收入的一定比例计酬；三是按广播电台、电视台播放录音制品的时间多少计酬。

《付酬办法》规定了两种具体的付酬标准：如果按广告收入的一定比例计酬，自本办法施行之日起5年内，播放录音制品的时间占播放节目总时间的比例不足1%的，付酬标准为0.01%；播放比例1%～3%付酬0.02%；播放比例3%～6%付酬0.09%～0.15%，以此类推，播放比例80%以上的付酬标准为0.8%。自本办法施行届满5年之日起，付酬标准作相应提高。如果按播放时间计酬，广播电台的单位时间付酬标准为每分钟0.30元；电视台的单位时间付酬标准自办法施行之日起5年内为每分钟1.50元，自办法施行届满5年之日起为每分钟2元。

《付酬办法》指出，中部地区的广播电台、电视台依照本办法规定方式向著作权人支付报酬的数额，自本办法实施之日5年内，按照依据本办法规定计算出的数额的50%计算。西部地区的广播电台、电视台以及全国专门对少年儿童、少数民族和农村地区等播出的专业频道（频率），依照本办法规定方式向著作权人支付报酬的数额，自本办法实施之日起5年内，按照依据本办法规定计算出的数额的10%计算；自本办法施行届满5年之日起，按照依据本办法规定计算出的数额的50%计算。

《付酬办法》规定，广播电台、电视台依照本办法规定将应当向著作权人支付的报酬交给著作权集体管理组织后，对著作权集体管理组织与著作权人之间的纠纷不承担责任。

（注：《广播电台电视台播放录音制品支付报酬暂行办法》全文参见本卷年鉴《规章文件》栏目。）

四部门要求加强图书馆著作权保护工作

为认真贯彻落实党中央、国务院关于保护知识产权的战略部署，加大知识产权保护力度，有效维护著作权人合法权益，促进文学艺术、科学作品的合法传播，依法进一步加强对图书馆使用和传播作品行为的管理，更好地发挥图书馆传播知识、传承文化、启迪智慧、保障人民群众基本文化需要的重要作用，国家版权局、文化部、教育部、全国“扫黄打非”工作小组办公室等四部门于2009年10月28日联合下发《关于加强图书馆著作权保护工作的通知》(以下简称《通知》)，要求加强图书馆著作权保护工作。

《通知》明确指出，图书馆要严格遵守《中华人民共和国著作权法》、《中华人民共和国著作权法实施条例》、《信息网络传播权保护条例》等法律法规，除法律法规明确规定的例外情况，未经著作权人许可，不得擅自复制或通过信息网络传播他人享有著作权的作品。

《通知》提出，各地文化、教育行政部门要组织所属图书馆开展自查，发现存在未经许可复制传播行为的，要及时予以纠正。同时，图书馆要依照著作权法律法规，按照“先授权、后传播”的作品使用原则，建立完善合法使用作品的工作制度和有效机制，清除侵权盗版隐患，杜绝未经许可复制或通过信息网络传播他人作品的行为。各地要及时将自查自纠情况通过上级主管部门报国家版权局。

《通知》要求各地版权、文化、教育行政部门及“扫黄打非”办公室对当地图书馆的作品使用情况进行联合抽查、检查。对发现存在未经授权复制或通过信息网络传播他人作品违法行为的，版权行政部门要依法严肃处理。同时要求各地文化、教育行政部门对图书馆著作权保护工作加强日常监管，指导图书馆建立著作权管理行业自律机制，增强守法诚信意识，自觉杜绝未经许可复制或通过信息网络传播他人作品的行为。

这是中国首次针对图书馆版权保护出台的专门文件，涉及近万家图书馆。

(注：《关于加强图书馆著作权保护工作的通知》全文参见本卷年鉴《规章文件》栏目。)

中国版权相关产业的经济贡献调研课题结题

2007年初，中国国家版权局与世界知识产权组织（WIPO）合作、委托中国出版科学研究所开展“中国版权相关产业的经济贡献”调研项目。2009年11月，该项目结题，并形成了《中国版权相关产业的经济贡献》的调研报告。

参照世界知识产权组织的界定与分类，中国版权相关产业是指全部或部分活动与中国版权法保护的作品或其他受版权法保护的客体相关的产业。这些活动包括创作、制作、表演、广播、传播以及展览或者发行和销售。依据对版权的依赖程度，这些产业分为核心版权产业、相互依存的版权产业、部分版权产业、非专用支持产业四个产业组。对中国版权相关产业进行量化分析的指标，包括行业增加值、就业人数和出口贸易额及其在全国总量中所占比重三类六项指标。研究分析的数据来源主要是国家统计数据。

调研报告对中国版权相关产业对国民经济贡献的测算结果为：

2004年度行业增加值7 884亿元人民币，占全国GDP的4.9%；就业人数616万人，占全国总就业人数的5.6%；商品出口总额922亿美元，占全国出口总值的15.5%；核心版权产业增加值3 189亿元人民币，占全国GDP的2.0%。

2006年度行业增加值13 197亿元人民币，占全国GDP的6.4%；就业人数763万人，占全国总就业人数的6.5%；商品出口总额1 493亿美元，占全国出口总值的15.4%；核心版权产业增加值6 472亿元人民币，占全国GDP的3.1%。

调研报告认为，就行业增加值而言，整个版权相关产业对国民经济的贡献居于各门类前列，核心版权产业的贡献居于中间水平。但是版权相关产业不是一个新的产业部门，只是国民经济中与版权相关的产业的集合。同时，中国核心版权产业的经济贡献尚处中游地位，低于发达国家的总体水平。以出口贸易额衡量，中国核心版权产业与发达国家的差距则更大。

调研报告指出，从整体上看，中国版权相关产业初具规模，已经对国民经济产生了和继续产生着较为显著的影响。从各国的研究结果看，版权相关产业的行业增加值年增长率高于GDP年增长率，版权相关产业，特别是创意活动、新技术以及软件服务等是经济活动中最具有活力的领域之一，在推动经济增长方面具有重要作用。与其他国家相比，中国全部版权相关产业对经济的贡献率较高，但核心版权产业还有较大上升空间，部分版权产业因版权而产生的经济贡献还较低。

关于中国版权相关产业的发展环境，调研报告认为，从宏观上看，中国已经建立起比较完善的版权保护制度，为版权相关产业的发展奠定了基础，各级政府也出台了一系列促进版权相关产业发展的政策措施，版权相关产业的发展正得到越来越多的关注。但版权相关产业还需要更多的政策引导与扶持，发展环境还需要进一步优化。部分版权产业从业人员的版权意识还比较薄弱，侵权盗版现象还比较严重，这在一定程度上抑制了企业的自主创新能力，影响了版权相关产业的发展。

这是我国首次对版权相关产业的国民经济贡献进行定量研究，对推动中国版权相关产业的发展将产生十分重要的作用。

（注：《中国版权相关产业的经济贡献》全文参见本卷年鉴《版权相关产业研究课题》栏目。）

2009年打击网络侵权盗版专项治理行动成效显著

为实施《国家知识产权战略纲要》，加大力度打击网络侵权盗版，净化网络文化环境，2009年7月30日，国家版权局、公安部、工业和信息化部联合下发通知，决定在全国范围内联合开展为期4个月的2009年打击网络侵权盗版专项治理行动（以下简称专项行动）。这是三部门自2005年以来开展的第五次打击网络侵权盗版专项治理行动，历时4个月，是历年来最长的一次专项治理行动。

2009年12月，专项行动顺利结束。2010年1月20日下午，2009年全国打击网络侵权盗版专项行动新闻发布会在北京召开，国家版权局版权管理司司长王自强代表三部门通报了2009年打击网络侵权盗版专项行动情况并回答了记者提问。

专项行动期间，各地共对3 029家重点网站实施主动监管，各级版权行政执法部门及公安、通信管理部门共查办网络侵权案件541起，关闭非法网站362个，采取责令删除或屏蔽侵权内容的临时性执法措施556次，罚款总计128万余元，没收服务器154台。此外，向司法机关移送24起涉嫌构成刑事犯罪的重大案件。专项行动取得了明显的成效，有效遏制了网络侵权盗版行为。

专项行动呈现出三个特点：一是针对网站内容传播的新特点，通过版权手段加强内容管理。此次专项行动将同时存在侵权盗版又传播淫秽色情和非法违禁内容的网站作为重点治理对象，通过部门协调，整合执法资源，予以严厉打击。在专项行动中，各级版权部门共查处40多个侵权内容与淫秽色情、非法违禁内容并存的非法网站，查定的此类网站占整个专项行动的12%，其中江西的A199网站、tom500网站和山东的中国宽带影视网站传播侵权及淫秽内容案，在依据著作权法予以严厉处理的同时，已移送公安部门追究刑事责任。

二是加强网站主动监管，建立和完善打击网络侵权盗版的长效机制。2009年专项行动重视规范互联网企业和网站使用作品行为，各地版权部门实施主动监管的重点网站达到3 129家，包括淘宝网、百度、搜狐、新浪、迅雷、优酷等具有全国影响的知名网站。

三是提高技术监管能力，进一步提高网络版权执法的主动性、有效性。针对网络与数字条件下作品使用和传播容量大、传输快、容易复制、隐蔽性和可变性强等特点，国家版权局和各级版权部门切实加强技术监管能力。国家版权局帮助各地版权部门配置网络侵权取证等技术监控设备，加强与专业公司的技术合作，对重点作品、重点网站的传播行为进行实时监控，提高了对网络侵权行为的主动发现能力，改变了过去依赖权利人投诉和公众举报被动执法的局面，增强了网络执法的主动性、有效性和精准性，适应了互联网环境下的版权执法，为全面、主动、有效、点对点的网络版权执法提供了有效的经验。

文著协代表中国著作权人向谷歌数字图书馆维权

自2004年以来，谷歌在全球范围内进行图书数字化，试图建立全球最大的数字图书馆，并通过谷歌图书搜索提供四种图书预览方式：（1）无预览，即只提供图书的概述、书评、作者、出版商、ISBN等周边信息。（2）显示摘要，即在无预览方式的基础上，还提供图书的片段视图。根据搜索关键字显示全书中包含此关键字的三段文字，每段文字有2至3行。（3）有限预览，这种方式比显示摘要提供更多公开的内容，至少20%甚至一半的图书是可以预览的。有限预览时，谷歌图书搜索页面会显示“××出版商许可在此显示这些书页”的字样。（4）书预览，即如果一本书已超过版权保护期或者在版权保护期内且经出版商许可使用的，可以看到图书的全文。

5年时间里，谷歌将全球尚存有著作权的近千万种图书扫描收入其数字图书馆，而没有通报著作权所有者本人。谷歌此举，引起很多国家的强烈反响。2005年4月27日，由法国国家图书馆牵头的欧洲19所国家图书馆负责人，在巴黎发表联合共建欧洲数字图书馆的声明，以对抗谷歌的“文化入侵”。

2005年9月，美国多家图书出版商和美国作家协会起诉谷歌，指控其图书扫描项目侵犯作家版权。2008年10月，谷歌与美国作家协会和美国出版商协会达成和解协议，计划为图书版权登记者支付共计1.25亿美元。据此，作家和出版商在谷歌登记他们的出版物，每部作品将会收到60美元以及63%的收入。

2009年6月，中国文字著作权协会收到国际复制权组织协会关于协助转发关于在谷歌数字图书馆侵权事件中维护中国文字著作权人权益通知的函。据文著协9月1日公布的初步抽样调查结果，5年之内，至少有570位中国作者的17 922种作品，在作者毫不知情的情况下被谷歌数字图书馆扫描收录，这个数字还在不断扩大。

10月16日，中国文著协通过中国作家网发布《就谷歌侵权致著作权人通知书》，呼吁“中国权利人应该有组织地与谷歌交涉，维护中国权利人的正当权利”。11月2日，谷歌与中国文著协举行首次正面会谈，未取得协商结果。

11月18日，中国作家协会在其官方网站发布了《中国作家协会维权通告》，要求谷歌公司须在一个月之内向中国作家协会提供已经扫描收录使用的中国作家作品清单；即日起谷歌公司未经合法授权不得再以任何形式扫描收录使用中国作家作品；对此前未经授权扫描收录使用的中国作家作品，谷歌须在2009年12月31日前向中国作家协会提交处理方案并尽快办理赔偿事宜。

11月20日，谷歌与中国文著协进行第二轮会谈，谷歌同意把谷歌数字图书馆扫描、收录中国图书的清单在12月份提供给中国文著协。

12月14日，中国知名作家棉棉以谷歌图书馆擅自收录其作品为由正式起诉谷歌，索赔6万元。这是谷歌“侵权门”事件发生以来，国内首例以个人名义起诉谷歌的维权案件。

12月22日，谷歌与文著协结束第三轮会谈，双方约定于2010年1月举行第四轮会谈。此前谷歌向中国文著协提供了其数字图书馆收录中国著作权人作品的初步清单8万种。

针对谷歌数字图书馆侵权事件，国家版权局表示，谷歌公司在使用中国作者和各类权利人的作品时，应该事先得到他们的许可，然后再使用作品。国家版权局支持中国作家、中国文字著作权协会、中国作家协会依据法律和事实进行维权。

第二届中国国际版权博览会在京举行

由新闻出版总署、国家版权局、中国国际贸易促进委员会和北京市人民政府共同主办的第二届中国国际版权博览会，于2009年10月24～27日在北京国家会议中心举行。全国人大常委会副委员长路甬祥、世界知识产权组织副总干事王彬颖、国家版权局局长柳斌杰、中国国际贸易促进委员会秘书长徐沪滨等出席，并启动开幕式。

开幕式由中国版权协会副理事长、著名节目主持人陈铎主持，国家版权局副局长阎晓宏致辞，北京市政府副秘书长鲁勇代表北京市政府致欢迎辞。来自40多个国家和地区的版权管理机构、版权投融资机构、知名版权企业和专业服务机构、驻华使领馆、代表处及版权业界的专家、学者等参加了开幕式。

阎晓宏在致辞中表示，目前，我国版权产业呈现出良好的发展态势，版权作为产权化的智力成果所具有的财富属性、产品属性和高附加值属性，在推动产业发展方面发挥着越来越重要的作用。中国国际版权博览会正是从版权的创作、交易、生产、流通、消费的全过程着眼，积极搭建国际版权贸易平台，是建立和完善中国中外版权资本要素市场、有效构建版权投融资平台的有益探索。

第二届中国国际版权博览会以交流、合作、创新、发展为主旨，与上届相比，规模更大、内容更丰富、专业化水平更高、活动更务实。以中国版权"走出去"战略为契机，围绕"版权影响世界"展开深入交流和研讨，并重点突出版权产业交流、交易环节，为全球版权贸易合作提供全方位服务平台。博览会主要内容包括国际版权论坛、产业展览、主题活动和文化演出等四大板块，共设11个展区。在为期4天的展览中，分别举行了中国文化产业项目投融资洽谈会、中国国际影像文化节、中国国际数字音乐节、中国网络文学节、中国国际数字娱乐领袖峰会、中国优秀游戏制作人评选颁奖盛典、中国国际软件版权高峰论坛等7项主题活动。

中国国际版权博览会自2008年起每年举办一次，本届首次实行主宾国机制，以促进国际文化交流和版权贸易流通。韩国作为2009年的主宾国，在其专设展区内准备了丰富的图书、音乐、动漫、游戏、影视剧等版权作品。

作为我国版权产业唯一的国家级综合性博览会，中国国际版权博览会在展示版权成果、提高全民版权保护意识、挖掘版权市场潜力、多元开发中国版权交易渠道、积极培育版权资本要素市场、有效构建版权投融资平台等方面，作出了积极有益的探索。

"番茄花园"网站案审结

自2004年底以来，犯罪人洪磊通过创办"番茄花园"网站，向公众提供未经著作权人授权的盗版软件。在"番茄花园"网站页面上有关于Windows、Office、Adobe、Photoshop、IIIustrator系列的侵权内容，基本涵盖微软等知名软件公司的主要软件产品。其先后制作50余款侵权计算机软件，利用互联网向公众大量提供下载。而孙显忠等人先后利用四川网联互动广告公司、成都共软网络科技有限公司、成都红果科技有限公司的名义，以在"番茄花园"软件中捆绑其他公司软件、修改浏览器主页、默认搜索页面、网站刊登付费广告等形式，直接或间接获取利益近千万元人民币。"番茄花园"网站不仅在国内网民中很有影响，而且国际影响极为恶劣。

2008年8月，微软（中国）公司以"番茄花园"网站盗版软件严重损害了微软的权益，向国家版权局和公安部进行了投诉。

2009年8月20日，苏州市虎丘区人民法院对"番茄花园"网站案作出了一审判决。"番茄花园"网站修改版Windows XP作者、"番茄花园"网站负责人洪磊被判处有期徒刑三年六个月，并处罚金100万元人民币；全面策划并操控"番茄花园"网站商业运作的主犯孙显忠被判处有期徒刑三年六个月，并处罚金100万元人民币；成都共软市场总监张天平被判处有期徒刑二年，并处罚金10万元人民币；参与开发和制作"番茄花园"网站盗版软件的被告梁焯勇被判处有期徒刑二年，并处罚金10万元人民币；以侵犯著作权罪判处成都共软网络科技有限公司罚金人民币877万余元人民币，并罚没违法所得292万余元人民币。

此案是我国第一起打击大规模网络软件盗版行为的成功刑事案例，其司法判决受到国际版权界广泛关注。此案的判决，充分体现了法院依法保护软件权利人的合法权益，也为今后相似案件的审理提供了有益的参考和借鉴。同时，也例证了中国行政、司法部门打击网络盗版犯罪的决心和能力，展现了中国政府在知识产权保护方面的切实举措。本案也告诫那些以软件开发为主营的单位，一定要尊重他人的著作权，不要把快速致富的梦想建立在抄袭或复制他人作品的基础上。

中国首次成为法兰克福书展的主宾国

2009 年 10 月 13～19 日，具有“世界出版界的奥运会”之称的法兰克福国际书展隆重举行。这是中国首次以主宾国身份亮相具有 600 多年历史的法兰克福书展，是新中国成立以来中国出版业在境外举办的规模最大、影响最大的文化交流活动，也是继北京奥运会之后我国举办的最重要的对外文化展示活动。

2009 年 10 月，正在德国进行正式访问的中国国家副主席习近平与德国总理默克尔共同出席了法兰克福国际书展开幕式，并发表了题为《加强文化交流　促进世界和平》的重要演讲。

默克尔在致辞中欢迎习副主席出席开幕式，祝贺中国成为法兰克福书展主宾国，相信书展必将增进文化大国中国与世界的相互理解与信任。

习近平在《加强文化交流　促进世界和平》的演讲中指出，能以主宾国身份参与本届法兰克福国际书展，这既为中国全面领略和认知世界各国文化精品提供了一个重要契机，也给世界各国朋友们近距离观察和感知中华文化打开了一扇重要窗口。我们愿意通过积极参与这一国际文化交流活动，让中国文化进一步走向世界，也让世界各国优秀文化进一步走进中国。

在开幕式上，中国新闻出版总署署长、国家版权局局长柳斌杰向德国国家图书馆总馆长尼格曼女士赠送了《钦定四库全书荟要》。

开幕式后，习近平在德国国务部长诺伊曼等陪同下参观了中国主题馆，并出席了中国主宾国活动，亲自按亮了以“书”字为造型的背景彩灯。

柳斌杰在讲话中指出，我国坚持“百家争鸣、百花齐放”的文艺工作方针和开放包容、共同发展的文化政策，激发了人们的改革创新精神。中国 2008 年生产图书 27.5 万种、发行总量 70 亿册，引进各国图书 3 万多种、上千万册，各个国家的各种畅销书都会在中国以最快的速度面市，满足了各类人群的阅读需要。这是中国特色社会主义文化不断改革开放、繁荣发展的见证。13 亿人口的图书消费市场，也为世界出版业带来了巨大市场和发展机遇，我们真诚希望为应对全球金融危机作出贡献。

为贯彻国家“走出去”战略，全景展现新中国成立 60 周年特别是改革开放以来我国版权事业取得的辉煌成就，进一步将我国的各类版权服务推向国际市场，帮助国际社会了解中国的版权制度和版权产业发展现状，促进我国版权界与国际相关机构开展更为广泛的交流与合作，中国版权保护中心在 2009 年法兰克福国际书展期间首次设立“中国版权服务站”，并将依托服务站开展各类宣传推广活动。今后，中国版权服务站还将有可能陆续出现在其他主要国际书展和版权博览会上。

参加本次德国法兰克福书展的中国代表团规模创下新的纪录。参展的中国内地出版机构有 272 家，来自台湾的有 26 家，来自香港的有 15 家，出版、文化等各界人士超过 2 000 人。其中，仅由全国 196 家出版单位联合组成的中国出版代表团就超过 1 000 人，展品总计 7 600 余种。自 13 日晚书展开幕起的 5 天里，举行了主宾国开幕仪式、大型文艺演出、大型招待酒会、出版专业交流、作家交流和艺术展览等，总活动数量近 300 场，可谓好戏连台。

经过 30 多年改革开放，中国已形成了以优秀民族文化为基础、同时积极吸收外来有益文明成果的文化发展格局。从出版事业来看，现在中国已同全球近 200 个国家和地区建立了图书、版权交往，同 35 个国家签订了相互翻译对方经典作品的协定。2008 年，中国共出版图书 27.5 万种，从国外引进图书版权近 1.7 万种。中国出版事业正在不断扩大对外开放中呈现百花齐放、繁荣发展的局面。

版权工作概览

BAN QUAN GONG ZUO GAI LAN

2009年全国版权行政管理工作

国家版权局版权管理司

2009年，版权工作以邓小平理论、“三个代表”重要思想为指导，深入贯彻落实科学发展观，高举旗帜、围绕大局、服务人民、改革创新，按照“提高自主创新能力，建设创新型国家”的要求，以贯彻落实《国家知识产权战略纲要》为动力，以提高版权工作水平为目标，以推动版权工作六大体系建设为抓手，创新工作方式、突出工作重点，提高服务管理水平，紧紧围绕促进经济发展和文化繁荣，在新的历史起点上推动版权工作向纵深发展。版权工作推进制度创新，版权战略制定和法律体系建设有新进展；大力强化监管，版权监管执法水平有新提高；坚持服务大局，促进版权产业发展有新举措；密切联系实际，公共服务和社会参与体系有新突破；创新工作思路，版权社会影响有新扩展；维护国家利益，版权国际交流合作呈现新局面。

一、版权战略制定和法律体系建设有新进展

2009年，国务院颁布了《广播电台电视台播放录音制品支付报酬暂行办法》，该办法兼顾了权利人与使用者等各方利益，解决了长期以来广播电视组织使用录音制品缺乏付酬标准依据的问题；启动了《著作权法》有关条文的修订工作。国家版权局制定颁发了《国家版权局关于贯彻国家知识产权战略纲要的实施意见》，对贯彻《国家知识产权战略纲要》和今后10年的版权工作进行了整体规划；修订颁发了《著作权行政处罚实施办法》；积极推动《教材法定许可付酬标准》、《著作权质押合同登记办法》、《著作权合同登记和备案管理办法》等行政规章和规范性文件的起草工作；颁布了《创建版权保护示范城市、示范园区、示范单位管理办法》。江苏、浙江、安徽等省（区市）颁布实施了著作权管理办法，地方性著作权立法工作取得新进展。

二、版权监管执法水平有新提高

2009年，各级版权行政管理部门认真履行职责，创新工作思路，依法行政，严格监管，坚持日常监管与专项行动相结合，加大执法力度，在加强对图书、音像等传统领域的版权日常监管工作基础上，重点做好打击网络和软件领域侵权盗版专项治理。

在开展第五次全国范围的打击网络侵权盗版专项治理行动中，一是加强主动监管，各级版权管理部门通过约谈、网络实时监控、实地检查、签订责任书等多种形式，加强对在各地区有影响的互联网企业和网站的监管，有效规范网络版权秩序，监管网站达到3 029家，包括搜狐、淘宝网、百度、优酷等知名网站；二是充分发挥版权、公安、电信三部门网络专项治理协作机制的作用，坚决打击网络影视、网络文学、网络游戏等领域侵权盗版行为。各地共查办网络侵权案件541起，关闭非法网站362个，罚款128万余元，没收服务器154台，并向司法机关移送24起涉嫌构成刑事犯罪的重大案件。在专项行动中，各地重点打击了存在淫秽色情、非法违禁和侵权盗版内容的网站，查处40多个侵权内容与淫秽色情、非法违禁内容并存的非法网站，占到关闭网站总量的12%。由版权行政管理部门立案查处并移送司法机关依法审判的全国第一起打击大规模网络软件盗版行为成功刑事案例“番茄花园软件盗版案”在国内外引起积极反响，对网络侵权盗版行为产生了巨大的震慑作用。

国家版权局联合全国“扫黄打非”办公室、文化部和教育部出台《关于加强图书馆著作权保护工作的通知》，切实加强图书馆著作权保护工作，提高

了我国图书馆的版权管理和版权保护水平。北京、上海、陕西、吉林、广东、河北、江苏等地积极探索版权日常监管新机制，通过建立版权调解机制、检查出版合同、开展警示教育、倡导自律行为等多种形式，进一步强化了版权经营者的版权意识，规范了版权经营秩序。

扎实推进企业软件正版化工作。充分发挥部际联席会议制度作用，针对全球金融危机和国内外市场受冲击的实际，认真筹划，创新工作方式，积极稳妥地推进软件正版化工作。大型企业的正版软件使用率明显提高，目前已有两批共 10 399 家企业列入年度完成使用正版软件的阶段性目标，其中，9 254家企业完成自查自纠，受检企业均已基本完成使用正版软件工作目标。其中，国资委系统 129 家中央企业集团总部已经全部实现了正版化，100 家中央企业的二级企业也基本实现正版化。完成了第二批“全国软件正版化工作示范单位”评选工作，评选出 257 家示范单位，较第一批示范单位同比增加 52%。建立完善处理突发事件的应对机制，妥善处理了乌鲁木齐“3·06”网吧事件。企业使用正版软件工作取得阶段性成效。

三、版权公共服务和社会服务体系有新突破

2009 年，国家版权局加强基础建设，提高版权公共服务水平。积极支持中国版权保护中心完成“版权登记受理大厅”建设，建立起了硬件一流、技术先进、环境良好、程序规范、便捷高效的版权登记服务体系，极大地提高了版权登记备案工作效率。全国 32 家作品登记主体积极开展作品登记工作，作品著作权登记、合同备案数量稳步增长，版权质押融资取得新突破。特别是开展推进软件正版化工作以来，2009 年计算机软件登记实现较大增长，激发了国家软件生产企业的创新能力，推动了民族软件产业的健康发展。2009 年，全年各类申请软件登记总量 70 965 件，同比增长 49.75%，实现了软件销售收入从 2006 年的 4 800 亿元增长到 2009 年底的近 10 000 亿元。其中，软件著作权登记量为 67 912 件，同比增长 48.6%，占软件登记总量的 95.7%，相当于 2007 年和 2008 年登记量的总和；软件著作权转让和专有许可合同登记 182 件，同比增长 26.38%；变更或补充登记 2 752 件，同比增长 91.64%；计算机软件著作权质押合同登记 119 件，同比增长 9.17%。

颁布了《全国版权示范城市、示范单位和示范园区（基地）管理办法》，大力推进版权保护示范工作，发挥示范单位引导作用，促进版权产业发展。批准成都、青岛两个“创建全国版权示范城市”；授予广交会为“全国展会版权示范单位”；授予北京大学“国家数字版权研究基地”称号；授予北京国际版权交易中心、中关村科技园区雍和园“国家版权贸易基地”称号。

进一步完善集体管理制度建设，促进版权作品的有序传播。批准成立了中国电影著作权协会，形成了包括音乐、音像、文字、摄影、电影等比较完备的著作权集体管理组织架构。广播电视使用录音制品支付报酬取得实质性进展，卡拉 OK 版权许可与报酬收取分配取得新进展，中国文字著作权协会在“谷歌版权门”事件中积极开展维权活动，受到国内外普遍关注。

四、版权宣传教育有新扩展

2009 年，国家版权局坚持以“4·26”知识产权宣传周和重大节庆活动为平台，创新宣传手段和形式，提高宣传活动的层次和水平，取得了理想的效果。围绕“4·26”知识产权宣传周，与中央电视台合作举办主题为“版权在我身边，版权创造财富”的大型文艺晚会，联合全国“扫黄打非”办公室、中央电视台共同启动了“绿书签行动 2009——拒绝盗版，从我做起”活动，举办“全国青少年版权保护读书活动暨版权保护知识竞赛”，提高青少年自觉抵制侵权盗版的法律意识，在社会公众中进一步扩大了版权工作的影响力。积极参与“建国 60 周年大型展览”、“中国知识产权保护状况新闻发布会”等活动，先后在第 16 届北京国际图书博览会（BIBF）和第 61 届法兰克福书展上设立了版权宣传服务站，并在 BIBF 和由国家版权局、贸促会、北京市共同举办的第二届国际版权贸易博览会上分别举办了“版权保护在中国”及“版权创造价值，版本见证历史”展览等，充分展示了新中国成立 60 年来版权保护制度从无到有、逐步完善的历程，彰显我国版权保护的伟大成就，在国际上进一步树立我国保护知识产权的正面形象。首次编辑出版《中国版权年鉴》，系统反映了我国现代版权制度的发展历程。

2009 年，国家版权局在党政领导干部、版权管理执法人员和企事业管理人员版权培训方面取得新突破。为贯彻落实《国家知识产权战略纲要》，提高

城市版权工作主管领导对我国版权法律制度、行政管理体系、司法审判体制、国内外版权相关产业发展状况及版权保护示范城市、单位先进典型经验的了解，根据中组部安排，首次将版权培训专题列入中组部的培训抽调计划，与中组部联合举办了“国家版权工作专题研究班”，对来自全国各地主管版权工作的副市长和中央相关部委司局长共42人进行了培训。针对基层版权执法人员，在山东、江西、内蒙古等地举办了三期全国基层版权执法培训班，增强了基层执法人员做好工作的信心和能力。为加强企业培训工作，增强企业推进软件正版化工作的自觉性和主动性，2009年6月、9月，企业使用正版软件部际联席会议办公室分别在北京、深圳与国资委联合举办中央企业软件正版化培训班，培训各企业软件正版化工作人员近800人。版权培训工作的广泛开展，为推进版权保护工作奠定了良好的基础。

五、版权国际交流合作呈现新局面

2009年，版权国际交流与合作工作紧紧围绕坚持对外开放、拓展对外经贸关系这一大局，发展对外关系，维护国家利益，取得了积极成效。一是妥善处理世界贸易组织（WTO）有关版权问题。配合有关部门认真做好美方诉我知识产权争端案的应对工作，并在内容审查制度、刑事责任门槛等实质性问题上有效维护了国家核心利益。圆满完成了WTO对我第8次过渡性审议工作，以及两年一次的政策性审议的准备工作。二是积极拓展与WIPO的合作领域，加强了双方的交流与合作关系，在WIPO有关民间文艺、发展与知识产权、版权与相关权等重大议题上，反映中国政府的有关立场；与WIPO合作完成的“中国版权相关产业的经济贡献”项目调研，不仅对中国版权相关产业经济贡献进行了调查并提供量化分析，更提升了社会对版权产业的认识，凸显了版权产业的重大潜力；与WIPO合作开展的版权保护优秀案例示范调研——《南通家纺市场版权保护情况调研报告》的研究工作，突出说明了版权保护对于促进和保障智力劳动成果的创新和运用，带动产业链的形成和社会生产力的提高，推动地方经济的繁荣发展起到了重要的作用；与WIPO合作在我国举办了新技术环境下著作权集体管理研讨会，研究合法使用作品的新途径。三是版权多双边合作取得新进展。积极应对亚太经合组织（APEC）框架下有关版权问题的挑战；积极参与中美战略与经济对话和中欧知识产权对话，妥善处理中美、中欧、中日等重要版权双边关系；积极参与中挪、中哥自由贸易区谈判和中巴、中俄经贸分委会知识产权工作组会议工作，加强与东盟国家在版权领域的合作。

2009 年中国版权司法保护工作

最高人民法院政策研究室副主任 罗东川

2009 年，在版权案件数量持续大幅上升、新类型案件不断涌现、重大疑难复杂案件增多、案件审理难度加大的情况下，全国法院知识产权审判人员紧紧围绕党和国家的工作大局，深入贯彻落实科学发展观，全面贯彻落实国家知识产权战略，高度重视版权审判中的新情况、新问题，认真抓好版权司法保护工作的重点，努力创新版权司法保护工作方式，坚持执法办案第一要务，注重加强对案件的监督指导，圆满完成了繁重的审判任务，实现了版权司法保护工作的新发展。

一、对版权案件审判工作的指导不断加强

2009 年，最高人民法院积极服务应对国际金融危机和实施国家知识产权战略的工作大局，及时发布《关于当前经济形势下知识产权审判服务大局若干问题的意见》和《关于贯彻实施国家知识产权战略若干问题的意见》，明确了知识产权司法保护的若干重大政策，出台了一系列加强知识产权审判的工作措施。其中，《关于贯彻实施国家知识产权战略若干问题的意见》（以下简称《意见》）强调指出，在当前经济形势下，知识产权司法保护只能加强和提升，不能削弱和放松，及时回应和澄清了社会上对于在国际金融危机形势下是否还要加强知识产权保护的争论。

《意见》明确要求加强版权司法保护，维护版权人合法权益，提升国家文化软实力。要严厉制裁盗版、抄袭等侵犯版权行为，加大侵权赔偿力度，提高全社会的版权保护意识。要依法合理界定版权保护与合理使用、法定许可的关系，平衡处理创作者、传播者和利用者之间的利益关系，确保私人权利与公共利益的平衡，保障广大人民群众的文化权益。要加强对新闻出版、广播影视、文学艺术、文化娱乐、广告设计、工艺美术、计算机软件、信息网络等领域的版权案件审判，推动版权相关产业健康有序发展，推进文化创新，增强文化发展活力，繁荣文化市场。要有效应对互联网等新技术发展对版权保护的挑战，准确把握网络环境下版权司法保护的尺度，妥善处理保护版权与保障信息传播的关系，既要有利于网络新技术和新商业模式的开发和运用，促进信息传播，又要充分考虑网络侵权的特点和维权的困难，完善网络环境下的证据规则，有效保护版权。要加大对计算机软件产业的司法保护力度，积极帮助企业开拓软件市场，促进软件相关服务外包产业的成长。

多年来，最高人民法院针对知识产权审判工作中的突出问题，注重通过制定有关法律适用的司法解释，明确知识产权案件审判规则，加强对知识产权审判工作的指导。目前知识产权司法解释已覆盖知识产权审判的各个领域，涉及专利、商标、版权、植物新品种、集成电路布图设计、不正当竞争、权利冲突、诉前禁令等各个方面。审理版权案件的相关司法解释有效解决了版权司法保护中的尺度标准和法律适用问题。

根据知识产权审判工作需要，最高人民法院和地方高级人民法院不断创新审判指导方式，充分发挥典型案例的宣传效果和指引作用。在 2009 年全国知识产权宣传周期间，第一次发布了《最高人民法院知识产权案件年度报告（2008）》，公布了 2008 年中国知识产权司法保护十大案件和 50 件典型案件，产生了很大影响。2010 年 4 月，最高人民法院首度发布《中国法院知识产权司法保护状况（2009 年）》，发布《最高人民法院知识产权案件年度报告（2009）》，公布了 2009 年中国法院知识产权司法保护十大案件和 50 件典型案例。北京、广东、上海、江苏、浙江等地许多高级人民法院，也在 2009 年世界知识产权日期间相继发布其辖区法院审理的有重大影响的典型案件。这些典型案件的裁决体现了人民法院在努力实现司法公正、维护私人利益和公共利益的平衡、实现法律效果和社会效果的统一方面所作出的创造性努力。《最高人民法院知识产权案件年度报告》是最高人民法院对自身审理的典型知识产权案件的集中展示，是创新审判指导方式的探索和尝试，也是推进司法公开、接受各界监督的重大举措。它对于总结审判经验，加强审判监督和指导，完善和统一法律适用标准，具有重大意义。最高人民法院将把知识产权案件年度报告的发布工作常态化，使其成为指导我国知识产权审判工作的重要载体和社会公众了解最高人

民法院知识产权审判工作的重要窗口。

二、版权司法保护工作机制不断完善

（一）“三审合一”试点工作取得明显进展

为形成知识产权司法保护的整体合力，最高人民法院切实贯彻实施《国家知识产权战略纲要》，发布了《关于贯彻实施国家知识产权战略纲要若干问题的意见》，进一步在全国部分法院推行知识产权民事、刑事和行政案件统一由知识产权庭审理的“三审合一”试点工作。2009年最高人民法院批复同意江苏省高级人民法院、内蒙古自治区法院系统、河南省高级人民法院与所辖郑州、洛阳两个中级人民法院及天津市和平区人民法院开展“三审合一”试点。截至2009年12月底，全国已有5个高级人民法院、44个中级人民法院和29个基层人民法院开展了“三审合一”试点工作。这是一项崭新的工作，对我国包括版权在内的知识产权司法保护将产生深远的影响。

（二）完善知识产权管辖制度，科学配置知识产权审判资源

2009年5月，最高人民法院发出《关于做好调整和完善知识产权案件管辖制度相关工作的通知》，要求地方法院在继续坚持技术类案件指定管辖制度、严格控制新增专利案件管辖权中级人民法院数量的同时，按照既方便当事人诉讼又方便法院审理原则，积极开展中、基层法院跨区管辖工作。

截至2009年12月底，经过最高人民法院批准，全国具有专利、植物新品种、集成电路布图设计案件和涉及驰名商标认定案件管辖权的中级法院分别为76个、41个、46个和40个，可以审理一般知识产权民事案件的基层法院已经达到92个。

从上述管辖调整情况可知，版权纠纷案件主要集中在基层和中级人民法院审理。

三、2009年全国法院审理版权案件的基本情况

（一）版权案件数量

全国法院充分发挥审判职能作用，依法保护版权，公正高效地审理了大量版权纠纷案件。近年来人民法院审理版权案件的数量每年均超过10 000起。2009年人民法院新收版权案件达15 302起，比上年增长39.73%，占知识产权民事案件近一半[①]。其中，版权侵权案件10 235起，版权权属案件988起，邻接权案件194起，版权合同案件1 013起，计算机软件版权案件887起，其他版权纠纷1 985起。2009年全国人民法院审结版权案件15 180起。

（二）版权案件特点

2009年的版权案件除呈现新类型案件和重大复杂疑难案件增多、案件专业技术性增强、涉外案件比重增大等特点外，还具有以下特点：

1. 侵权案件比重高，占版权案件数量的66%。随着文化创意产业的蓬勃发展，版权保护已经超出传统的文化意义而更多地向经济领域拓展，版权的经济价值、财产价值凸显，以营利为目的而违法使用他人作品产生的侵权案件明显增多。

2. 网络版权纠纷增多。在传统著作权案件继续保持快速增长的同时，版权案件扩展到互联网、计算机软件、民间文学艺术等领域，尤其是涉及网络的版权案件迅猛增加，网络成为版权案件的高发地带。与网络技术开发和应用有关的版权纠纷受到业界的高度关注，加强版权保护与促进新商业模式发展的平衡显得空前重要，案件审理难度加大。

3. 音像盗版、卡拉OK等领域产生的版权纠纷，因涉及音乐、音像等版权集体管理组织行使权利，产生的版权串案和关联案件较多。

4. 版权案件仍然主要集中在经济文化和科技比较发达的地区，例如北京、上海、江苏、广东、浙江等地区受理的版权案件占了全国版权案件的绝大部分[②]。

5. 涉外版权案件不断增加，反映出在激烈的全球竞争态势下发达国家力图在文化科技领域获得竞

① 2009年全国地方各级法院共新收和审结知识产权民事一审案件30 626起和30 509起，分别比上年增长25.49%和29.73%。2009年全国人民法院共新收和审结知识产权民事二审案件5 340起和5 492起，分别比上年增长12.21%和16.88%；2009年全国法院共新收和审结再审案件100起和107起，分别比上年下降1.96%和增长50.7%。2009年最高人民法院知识产权庭共新收知识产权民事行政案件297起，加上2008年旧存的143起，共有各类在审案件440起，比2008年增长33.7%；全年共审结各类知识产权案件390起，比2008年增长111.96%。各级人民法院加大力度，严厉打击各类知识产权侵权犯罪行为。2009年全国地方各级人民法院共审结涉及知识产权侵权的刑事案件3 660起，比上年上升10.04%；判决发生法律效力5 836人，比上年上升8.31%，其中有罪判决5 832人，比上年上升8.28%。

② 2009年北京市三级法院知识产权庭共受理各类知识产权一审民事案件6 262起，同比上升31.89%，审结6 115起，同比上升35.9%。2009年广东省三级法院知识产权庭共受理各类知识产权一审民事案件6 144起，同比增长38.78%，审结6 067起，同比上升40.96%。2009年江苏省三级法院新收一审知识产权民事案件2 985起，同比上升31.44%。2009年浙江省三级法院共新收和审结知识产权一审民事案件2 838起和2 598起。2009年山东省三级法院共受理一、二审知识产权民事案件2 541起，审结2 605起，收案数量同比上升14%。

争优势和经济利益[①]。

（三）版权案件发展趋势

1. 随着文化创意产业和信息网络产业的迅猛发展，传统版权案件和新类型版权案件数量都将持续增长。

2. 随着案件数量增加，审判压力加大，版权案件将向基层人民法院分流。目前全国已有 90 多个基层人民法院可以审理版权纠纷案件，过去版权纠纷案件主要由中级以上人民法院审理。日后根据案件增长情况，还可能扩大审理知识产权案件的基层人民法院数量。

3. 版权案件法律问题尤其是网络侵权法律问题不断涌现，值得深入研究。例如，如何界定信息网络传播行为，网络定时播放、网络直播是否属于信息网络传播，如何理解“交互性”与“个人选定的时间、地点”的关系，网吧侵犯信息网络传播权的问题，网络服务提供者之间的合作关系的侵权问题，搜索、链接服务的侵权问题，网络服务提供者的免责条件，P2P 服务的侵权问题等，都是困扰版权司法审判的突出问题。

4. 针对知识产权纠纷诉讼成本提高、诉讼周期长的情况，在版权纠纷中，当事人开始逐步尝试寻求调解等非诉讼方式解决纠纷。2009 年北京市高级人民法院与中国互联网协会网络调解中心建立了网络纠纷案件委托调解工作机制，规定在当事人同意的前提下，人民法院对网络纠纷可以先委托具有专业知识和经验的协会进行调解。不仅如此，人民法院坚持将“调解优先、调判结合”工作原则贯穿于知识产权审判全过程，案件调解率有较大的提升。对于案情和法律关系比较简单的版权纠纷，采取和解、调解等方式有利于当事人较快地解决纠纷，当事人的合法权益能够及时获得法律上的保护。

四、版权司法保护工作的要求

在新时期，版权司法保护工作面临新的挑战和机遇，任务繁重而艰巨。版权司法保护工作必须从实际出发，更加准确地把握国内外情况，妥善处理好各类版权纠纷，优化版权保护环境，激励自主创新，促进科技进步，提升国家的知识产权综合能力和国际竞争力。

随着国家经济社会和科技文化快速发展和创新型国家建设进程的加快，对自主创新成果的保护需求日益强烈，司法保护的主渠道作用更加凸显。版权司法保护必须以提高自主创新能力和国家核心竞争力为重要出发点和基本立足点，保障作品权利人利益的充分实现，防止版权滥用，构建公平合理的发展环境和市场秩序。

积极实施国家知识产权战略，进一步发挥版权司法保护主导作用。人民法院要强化大局意识，要坚持为大局服务，坚持能动司法，围绕加快转变经济发展方式和建设创新型国家的需要，进一步增强服务大局的针对性、能动性和坚定性，为提高自主创新能力、建设创新型国家和促进经济社会又好又快发展提供更加有力的司法保障。要紧紧围绕促进新商业模式的发展和文化创意产业的繁荣，加强版权保护；紧紧围绕保障国家重大活动的顺利举行，依法审理好涉及重大专项活动的版权案件；紧紧围绕营造良好的贸易和投资环境，加强平等保护。要以贯彻实施新制定的《侵权责任法》为契机，加强版权保护，继续加大版权损害赔偿力度，有效发挥诉前临时措施保护版权的独特作用，并坚决遏制地方保护倾向，在加强保护的同时注意防止滥用权利。

要强化改革意识，积极推动知识产权审判体制和工作机制的改革和完善，进一步加强知识产权审判体系建设。积极有序推进由知识产权审判庭统一受理知识产权民事、行政和刑事案件的试点工作，准确把握“调解优先、调判结合”原则，建立健全适合版权案件特点的纠纷解决机制，继续完善版权案件管辖布局。

要大力推进版权司法公开与透明，坚持审判公开，进一步提高裁判文书质量，加强版权司法保护宣传。切实强化知识产权审判队伍廉政建设，坚持“公正、廉洁、为民”的司法核心价值观，确保公正廉洁司法。

---

① 2009 年人民法院共审结一审涉外知识产权民事案件 1 361 起，比上年增长 19.49%；2009 年人民法院共审结一审涉港澳台知识产权民事案件 353 起，比上年增长 56.89%。

2009年地方版权工作

北 京 市

2009年，在北京市委、市政府正确领导及国家版权局具体指导下，北京市版权局以党的十七大报告提出的文化大发展、大繁荣为指导，认真贯彻落实市委、市政府关于2009年新闻出版（版权）工作的指示要求，紧紧围绕服务首都经济建设大局，强化管理效能、提高履职效率、提升服务效果、推进创新创意工作，扎实推进各项职能落实，在版权普法宣传、企业软件正版化、正版产品示范体系建设、版权贸易等多个方面取得了显著成效。

一、采取多种形式、多种手段，深入开展版权普法宣传工作，市民版权意识得到明显提高

加强普法宣传教育、提高广大群众的版权保护意识，是版权保护工作的一项基础性工作。为此，北京市版权局结合“4·26”世界知识产权日，采取多种形式，有效组织了丰富多彩的版权普法宣传活动。

4月8日，市版权局、市文化局、市工商局、市文化执法总队等相关部门，在西单图书大厦广场共同举办了“保护版权，打击侵权”宣传咨询活动。向市民发放“著作权法普法手册”、“提高公众版权意识”图册等宣传资料5 000余份，并开展街头咨询宣传活动，现场解答群众的版权法律问题。此次活动，宣传了版权保护法律法规，提高了市民版权意识，普及了识别盗版制品知识，对于提高广大市民购买和使用正版产品自觉性，拒绝盗版，净化首都版权市场环境，树立首都良好国际形象，繁荣首都文化创意产业，具有重要意义，收到了良好的社会效果。

4月16日，在中国人民大学组织了“百城联动、千家网站”版权保护宣传工作启动仪式。由北京市版权局牵头，向全国版权行业政府管理部门、相关企业发出了“百城联动、千家网站”版权保护倡议，国家版权局版权管理司司长王自强，北京市版权局副局长王野霏，来自政府管理部门的有关人员，知名作家，歌星艺人，清华大学、北京大学、中国人民大学、北京联合大学、中国农业大学、中央民族大学、中国政法大学学生，以及参与版权保护网络宣传活动的互联网企业代表等总计约300人参加了启动仪式，并在启动仪式上组织了首都高校版权保护知识辩论赛。倡议发出后，先后得到全国112个城市、860余家网站积极响应。为配合“百城联动、千家网站”版权保护活动的开展，市版权局以版权保护为主题，主办了“北京版权保护动漫设计大赛”。大赛以动漫艺术和电子技术为依托，集专业性、艺术性、参与性、娱乐性于一体，将版权保护与技术创新相结合，寓教于乐，以社会公众更为喜闻乐见的形式宣传普及版权保护常识，使版权保护、版权维权理念更加深入人心。在面向社会公开征稿的2个多月时间里，组委会共收到参赛作品400余件，其中动画类作品180余件，平面类作品260余幅。参赛作者遍及全国，涵盖了各年龄段和众多专业领域人士。经过专家评选，共计有27个动画类作品、平面设计类作品分别获得动画类和平面类金奖、银奖及优秀奖。

5月，又面向全市组织了首届“十佳版权维权律师”评选活动，先后收到北京市注册律师从业单位近百名律师积极报名。经过反复筛选及评比，最终评出了北京市首届“十佳版权维权律师”，并在相关媒体上宣传“十佳版权维权律师”的维权事迹，扩大了版权工作社会影响，激发了法律工作者从事和关心版权维权的积极性。

10月，积极参与和组织了由新闻出版总署、国家版权局、北京市人民政府、中国国际贸易促进会共同主办，北京市版权局和朝阳区人民政府共同承办的第二届“中国国际版权博览会”的相关工作。博览会以中国版权“走出去”战略为契机，着眼于国际经济大环境下中国版权产业的实际发展，分为开幕式、主题论坛、主题展会、主题活动、主题演出五个部分，邀请了海外版权组织、国内版权管理机构、版权投融资机构、知名版权企业和专业服务机构、驻华使馆、代表处及国际版权业界人士、专家学者等1 000余人参加。全国人大常委会副委员长路甬祥，世界知识产权组织副总干事王彬颖，国家新闻出版总署署长、国家版权局局长柳斌杰，市人大常委会副主任赵凤山，著名经济学家厉以宁，“世界创意产业之父”约翰·霍金斯等出席开幕式，并在“国际版权论坛”上发表演讲。博览会既有版权作品及成果展示，也有行业间的交流研讨，更有版权企业与融资机构的合作洽谈；既积极探索推进版权创造、使用、管理和保护的新思维、新方法，进一步完善版权服务体系建设，同时，又为搭建现代化国际版权贸易平台、打造具有中国特色和国际影响力的常年性的版权贸易展会积累了经验。

为推动3G时代的数字消费与版权保护，促进中国版权产业的繁荣发展，2009年11月27日，北京市版权局和中国北京国际文化创意产业博览会组委会办公室联合主办了“2009中国（北京）国际版权论坛”。本次论坛是第四届中国北京国际文化创意产业博览会论坛的重要组成部分，政府管理部门、创意产业企业、机构和媒体等各界代表齐聚一堂，围绕论坛主题“3G时代的数字消费与版权保护”深入探讨，为未来版权业的发展出谋划策。国家版权局王自强司长、美国国际知识产权联盟主席埃瑞克·史密斯、北京市版权局局长冯俊科、BMI（美国广播音乐协会）主席戴尔·R·布莱恩特等13名专家及嘉宾分别发表了演讲。本次国际版权论坛是从理论和实践两个方面，紧紧结合当前我国3G产业发展面临的主要问题召开的又一次国际版权专业研讨，必将对我国特别是首都3G产业繁荣发展以及版权保护事业，产生深远的积极影响。

二、立足实际，突出重点，稳步推进，企业软件正版化工作取得了新的成效

根据国务院九部委《关于推进企业使用正版软件工作的实施方案》（国权联［2006］2号）文件精神，以及国家版权局《2009年推进企业使用正版软件工作计划》的要求，版权管理处作为北京市软件正版化工作联席会议办公室，在认真调研分析基础上，制订了《2009年北京市推进企业使用正版软件工作方案》，并向软件正版化工作联席会议成员单位以及各区县人民政府广泛征求了意见。4月16日，市版权局组织市科委、商务委员会、国有资产监督管理委员会、知识产权局、工商联、中关村管理委员会、经济和信息化委员会、文化执法总队等单位，召开了软件正版化联席会议预备会。各成员单位在会议上针对工作方案提出具体意见和建议，并就下一步工作重点、工作方针达成了一致意见。

8月27日，在市政府第一会议室召开了北京市软件正版化工作会议，研究部署了推进企业使用正版软件工作。软件正版化联席会议各成员单位、各区县软件正版化领导小组主管领导共30余人参加会议。王野霏代表北京市软件正版化联席会议办公室回顾2008年以来北京市软件正版化工作的整体情况，分析了所面临的形势和工作任务，并对下一步的工作内容和工作重点作了部署。北京市经济和信息化委员会副主任俞慈声结合国产软件在推进企业软件正版化工作中的作用，介绍了提升企业信息化水平和提高国产软件使用率的经验。北京市政府侯玉兰副秘书长对企业软件正版化工作提出了具体要求：各部门、各区县要从提高自主创新能力、实施知识产权战略的高度认识软件正版化工作。企业软件正版化工作牵涉面广、情况复杂，特别是2009年又遇到国际金融危机，扩内需、保增长的形势很严峻。在这种情况下，要做到既完成国务院对于企业软件正版化的工作要求，又通过软件正版化工作提升企业的信息化水平、为企业增产增收服务，就必须高度重视、认真调研、周密部署、相互配合。做好企业软件正版化工作，将为北京市率先建成创新型城市贡献新的力量。9～10月，北京市对纳入2009年企业软件正版化工作范围的100家企业进行了软件资产管理和版权知识培训，并组织相关企业开展了自查自纠工作。

三、积极培育社会诚信意识，不断推进“正版产品示范体系”建设工作深入开展

按照一手抓打击治理，一手抓宣传教育，既查处侵权案件，又组织示范引路，坚持疏堵结合的工作思路，在前几年开展工作基础之上，2009年，北京市版权局以巩固已有成果，确保挂牌“正版产品销售示范单位”诚信经营为重点，在全市版权产品销售领域中继续开展了“正版产品销售示范单位”评选工作。北京市版权局统一组织了两次集中动员，各区县文化委员会针对辖区内版权制品销售单位，采取多种形式进行广泛宣传动员，进一步提高了版权业界参与、申报“正版产品销售示范单位”的积极性、主动性。截至2009年10月底，全市累计已有402家有规模、有影响的图书、音像销售单位被评为北京市“正版产品销售示范单位”。正版产品示范体系建设工作，为北京市民购买使用正版产品提供了放心可靠的购物场所，提高了市民版权意识，在首都文化市场弘扬了正气，规范了市场秩序，挤压了盗版制品市场空间。

四、着眼服务网络产业繁荣，积极参加了首都网络相关重点企业调研

根据市领导指示，7月份，参加了由市科委牵头，市科委、文化局、新闻出版局、工商局、中关村管委会、文化行政执法总队等部门组织的首都网络相关重点企业调研，先后深入搜狐、新浪、百度等8个知名网络企业，围绕数字时代如何促进现代网络企业繁荣发展进行了全面调查研究，就优化企业发展环境，特别是加强网络环境下数字版权保护工作，规范数字版权传播秩序，先后撰写出了6份版权管理部门意见建议，为政府相关部门制定“一企一策”提供了参考。

五、加强版权贸易工作指导，促进版权产业发展

根据《北京市“十一五”时期文化创意产业发展规划》及《2009年北京市文化创意产业重点工作安排》，结合北京市文化创意产业实际，着眼长远发展，围绕制定北京市鼓励版权输出相关政策，指定专人负责，先后深入北京地区多家出版发行单位及版权代理社会中介组织，进行了广泛调研，并两次召开了专家研讨会，在反复讨论修改的基础上，向北京市文化创意产业领导小组办公室上报了“北京市鼓励版权输出若干政策”建议。此外，通过组织输出图书优秀书目评审筛选、版权贸易“双十佳”单位（个人）评选以及组织出版发行中介代理机构积极参加北京国际图书博览会、法兰克福国际书展、海峡两岸图书交易洽谈会等国内外著名版权交易活动，使北京地区版权贸易在全球金融危机的背景下，取得了新的发展。

六、搭建公共服务平台，提高公共服务水平，版权登记量迅速增长

为促进国内版权与国际版权的合作交流，畅通版权交易渠道，为广大著作权人、版权经理人和社会公众提供一个版权资源信息发布、检索、展示平台，2009年，扎实推进了北京版权资源信息中心项目建设。该平台现已搭建完成并顺利通过初次验收，为整合版权资源，提高版权产业服务水平奠定了基础。2009年，北京版权保护中心共完成作品自愿登记303 525件；版权合同登记共8 298项（其中北京地区图书（期刊）出版单位引进版权8 018项，涉外电子出版物和计算机软件著作权合同登记280项）。北京计算机软件登记中心共完成软件著作权登记6 871件，有效帮助了软件企业享受增值税退税优惠政策，并促进了软件产业实现销售收入的增长。

七、开展构建北京著作权调解体系的政策调研工作，进一步加大版权调解的力度和影响

鉴于当前著作权纠纷激增，法院不堪重负，著作权民事案件审理大量积压的实际情况，为最大限度地发挥版权调解成本较低、程序简单、方便快捷的优势，缓解司法机关的压力，保护权利人的合法权益，化解纠纷，平息矛盾，维护社会和谐，2009年，北京市版权局经与法院系统积极沟通，在北京地区建立了一个由政府版权部门牵头，法院、版权保护协会和权利人组织等直接参与，并聘请专家学者参加的“北京著作权调解中心”。中心旨在对重点行业、重点地区、热点案件加大著作权纠纷的调解力度，并以解决一些重大问题、热点问题为突破口，在音乐作品、视频作品的链接、收看、下载问题上推动唱片公司、影视公司以及权利人组织与百度、优酷、中搜等搜索引擎和资源共享网站的谈判取得成果，使版权调解工作上一个新台阶。先后召开了4个研讨会，并走访一批权利人组织和网络企业，并与司法机关和有关方面达成了共识。12月，市版权局收到上海世博会组委会事务协调局的电函称，北京王府井商业街一食品销售亭在做“五谷道场”广告中，涉嫌侵犯了上海世博会中国馆建筑外观设计的著作权，要求停止侵权，消除影响。市版权局及时与王府井地区管委会联系，实地查看情况，仅在一周内，就协调商户拆除了涉嫌侵权的建筑外观设计，更新了内容，有效维护了上海世博会中国馆建筑外观设计的著作权，赢得上海世博会组委会的赞誉。2009年，中心共受理调解案件16起，已结案15起。

八、积极开展网络侵权信息监控，启动重点版权企业护航工程，构筑首都北京版权保护工作的新格局

从2008年下半年起，市版权局对搜狐、央视国际、金山等一些新媒体和新技术企业以及IFBI、MPA等权利人组织进行了走访和调研，听取他们的意见和要求，为他们量身定做版权保护方案。2009年，市版权局和搜狐公司合作，积极开展网络侵权信息监控工作，对优酷、酷6、一听、天线等30家音乐和视频网站进行了跟踪调查，形成了对这些网站涉及侵权情况的专题调查报告。在这些专题调查报告中，涉及资源共享视频网站的专题调查已报国家版权局进行专题研究。有的网站被列为2009年全国打击网络侵权盗版专项行动的查处专案，有的被作为重点刑事案件移送公安机关。市版权局还积极帮助金山和IFBI制订版权保护方案。通过对重点企业、重大活动的著作权保护的“护航工程”，推动北京版权保护工作迈上了一个新台阶。

（冯献省）

天 津 市

2009年，天津市版权局坚持以科学发展观为指导，认真贯彻落实《国家知识产权战略纲要》，根据国家版权局和天津市委、市政府对版权工作的要求，稳步推进版权法制体系建设，大力开展版权行政执法工作，加强版权宣传教育培训，积极拓展版权对外交流合作，进一步改进管理和服务方式，努力促进文化繁荣与发展，使天津市版权管理工作取得新进展。

一、科学规划，建立健全各项管理制度

1. 2009年初，天津市知识产权战略纲要领导小组成立，全市31个部门的领导同志为领导小组成员，在《国家知识产权战略纲要》和《国家版权局关于贯彻国家知识产权战略纲要的实施意见》精神指导下，省版权局会同专利局、商标局等部门共同协作，通过广泛征求各方面意见、邀请专家座谈论证等方式，经过多次修改、完善和丰富，最终完成了《天津市知识产权战略纲要》，报请市政府审批（现已发布）。该纲要的制定，不仅完善了天津市知识产权保护的重要举措，而且对促进版权相关产业的发展将起到积极推动作用。

2. 2009年，天津市版权局与市新闻出版局结合行政执法工作中的实际情况，制定了《关于在行政执法检查中适用处罚“三步式”的意见》等4项制度，重新修改了《行政执法责任制考核评议办法》等3项制度，逐步形成了较为完善的依法行政制度体系。

二、强化版权监管，对侵权盗版保持高压态势

2009年，天津市版权局坚持日常监管与专项治理活动相结合，认真履行社会监管职能，依法查处、打击各类损害公共利益的侵权盗版行为，维护正常的社会经济秩序，效果显著。

（一）打击网络侵权盗版专项治理工作

按照国家版权局的工作部署，天津市版权局会同市公安局、市通讯管理局召开联席工作会议，制定了《2009年打击网络侵权盗版专项治理行动工作计划（方案）》。根据工作计划安排，市版权局首先对网站经营者开展宣传教育活动，向他们介绍版权保护的法律、法规与相关政策，宣传治理网络侵权盗版专项行动的意义和内容，布置各个网站首先进行自查自纠工作。同时注意收集案件线索，根据举报线索对一些涉嫌侵权盗版案件进行追踪调查。其次，市版权局对重点网站及重点地区进行主动监管抽查。在天津市的4万多个网站中初步选出800个网站进行观察，又从800个网站中筛选出与版权有关的39个网站，市版权、公安、通讯管理三个部门对这39个网站进行联合执法检查，要求其强化版权意识，建立健全各项经营管理措施，规范经营秩序。在这次打击网络侵权盗版专项治理行动中，市版权局、公安局、通讯管理局通过不断探索，建立和完善了多部门联合执法和快速反应机制，采取教育和惩罚相结合、日常监管和集中执法相结合的综合治理工作方式，探索和建立了一项科学合理的长效监管机制，对于巩固治理成果、净化网络版权保护环境起到了积极的作用。这次活动还首批确定了40家网站为长期监管网站，10月20日至11月10日期间，市版权局对重点网站进行了监管抽查，检查结果反映出专项治理行动成果比较明显。

（二）加强图书馆版权保护工作

为了进一步加强对图书馆使用和传播作品行为的管理，更好地发挥图书馆传播知识、传承文化、启迪智慧、保障人民群众基本文化需要的重要作用，加强对天津市各类图书馆著作权法律法规的宣传教育，市版权局会同市文化广播影视局、市教育委员会、市“扫黄打非”工作领导小组办公室，四部门联合商议、协调行动，向全市及各区、县图书馆，各大、中学校图书馆转发文件，要求他们强化版权保护意识，提高工作管理水平。此次专项行动共分三个阶段进行：首先，要求各个图书馆对照文件要求，做好自查自纠工作；其次，要求各区县版权、文化、教育行政管理部门对各管辖区域内图书馆的作品使用情况进行检查；最后，各区县有关行政管理部门对本区县图书馆的管理和著作权保护情况汇总上报，并加强对本辖区图书馆著作权保护工作的日常监管。

（三）积极推进企业使用正版软件工作

天津市版权局是天津市企业使用正版软件推动工作领导小组的牵头单位，在组织协调、督导检查和调查研究工作中，始终坚持把服务放在首位，充分发挥服务平台作用，通过精心策划、热心组织、加强协调，增强了领导小组成员单位的合作，推动了天津市企业软件正版化工作的进展。2009年，市版权局会同有关部门制订了全市第二批企业使用正版软件工作实施方案，确定了推进软件正版化的企业名单，并先后组织了三期培训，受训人数达到近500人。在督导检查工作中，市版权局还聘请软件专业技术人员参加联合检查组，对重点行业和重点单位进行督导检查，促使大型企业的正版软件使用率明显提高。2009年，天津市40家勘察设计企业、集团公司的CAD软件正版化工作如期完成，推进企业使用正版软件工作取得了阶段性成果。

（四）加强版权日常行政执法

2009年，天津市各级版权行政管理部门坚持日常监管与专项治理相结合，认真履行社会监管职责，依法打击各类侵权盗版行为，维护社会经济秩序，成果显著。在按照国家版权局的部署抓好各项专项行动的同时，还注意加强对软件、背景音乐、书刊等侵权盗版行为的调查处理，对举报线索进行认真调查，及时处理。

为了强化经营企业的版权意识，规范版权经营秩序，营造和谐市场环境，版权局对侵权问题认识态度较好的单位在进行宣传教育的同时，还对他们的纠纷进行调解工作。2009年市版权局调解版权纠纷10余起，如某软件公司与证券公司因使用盗版软件产生纠纷，经版权局调解后，该软件公司和证券公司双方和解，既有效维护了著作权人的合法权益，更为推进企业使用正版软件工作营造了良好环境。还有对于音著协与某超市背景音乐付酬纠纷的调解，在解决问题的同时，也提高了版权局工作人员化解矛盾的能力。

三、创新工作方式，加强版权宣传

1. 开展“4·26”世界知识产权日宣传周活动。4月22日，市版权局参加了天津市集中销毁侵权盗版制品活动，共销毁侵权盗版制品及各类非法出版物62万余件；市版权局分别与天津经济技术开发区、天津市南开区新闻出版局、版权局联合举办“保护知识产权，打击侵权盗版”宣传活动；宣传周期间，在北马路大胡同商业圈、银河广场、南京路伊势丹商贸区、图书大厦等主要街口的大型电子显示牌上滚动播放“尊重知识、保护版权”、“加大知识产权战略纲要的实施，构建和谐社会”等宣传标语，在社会公众中进一步扩大了版权保护宣传的影响力。

2. 加强针对青少年的版权宣传。6月1日是儿童节，也是《中华人民共和国著作权法》颁布实施18周年，借此契机，天津市版权局与北辰区政府联合举办了庆六一“版权从娃娃抓起”的宣传庆祝活动，通过演出生动活泼的儿童剧，发放《儿童节致同学们的一封信》，制作20块宣传展牌宣传版权知识和法律知识，以及台上台下互动的形式，向小朋友和同学们宣传版权法律知识。这些活动通过新闻媒体多角度的宣传报道，使青少年版权主题教育活动的受众面进一步扩大，增加了青少年自觉抵制侵权盗版的法律意识。

3. 组织全市青少年参加2009年“全国青少年版权保护读书活动暨版权保护知识竞赛”。市版权局联合市教委和共青团天津市委，组织参加了2009年“全国青少年版权保护读书活动暨版权保护知识竞赛”工作。版权局印制竞赛试题、答题卡，分发到各区县学校，回收有效答题卡5 000余份。在这次活动中，天津市获得全国青少年版权保护知识竞赛活动一等奖2名、二等奖11名、三等奖15名，另有7个单位和学校荣获优秀组织奖。为了进一步推动做好这项工作，市版权局与团市委、市教委联合对往年工作情况进行总结评比，对2005年以来开展“创新与未来——青少年版权保护主题教育活动”中表现突出的优秀组织单位和先进个人予以表彰，12个优秀组织单位获颁奖牌，17名先进个人获颁证书和奖金。

4. 与中国音像协会等部门合作，联合召开“维护音像著作权，卡拉OK版权使用正版化模范企业表彰大会”，向全市12家先进企业授牌。

四、完善版权服务，促进对外版权贸易交流

1. 做好政府信息公开工作，严格落实政府信息公开值班制度，及时更新国家和有关部门版权管理方面的各类公开信息，并认真做好自查工作。2009年通过天津政务网公开版权的各类规范文件7件。

2. 提高行政审批工作效率。按照市委、市政府关于行政审批大提速、促进产业发展的要求，对原有的审批登记项目进行反复论证，缩短每个审批事项办理时限，提高行政审批工作效率。2009年审批引进图书著作权登记合同208件、引进涉外电子出版物合同3件、引进境外音像复录加工合同19件；审核引进境外软件合同认证登记批复30件；接待来访、解答版权法律咨询100余件。

3. 组织全市各出版单位参加北京国际图书博览会。在筹备工作期间，市版权局对各出版社选择参展书目、制作中外语言对照书目等工作提出要求，对展台布局拟定装饰方案进行规划；参展期间，对个别版权贸易人员少的出版单位给予协助指导，推动其对外联络交流，尽量拓展贸易成果。2009年北京国际图书博览会期间，天津市达成版权贸易82种152册（其中：合作意向70个，签订合同12个；引进63种，输出19种）。天津新蕾出版社的引进版图书已形成系列、品牌，其“国际大奖小说系列”的62个品种，几年来发行600多万册，成为业界公认的畅销书。

（孙金海）

河　北　省

2009年，河北省各级版权行政管理部门以省委、省政府开展的“干部作风建设年”活动为契机，深入贯彻落实《国家知识产权战略纲要》精神，结合工作实际，进一步贴近基层，服务社会大众，强化版权法律法规宣传，规范版权行业市场秩序，推动和扶持版权产业发展，使全省的版权工作水平不断提高，产生了广泛而深远的社会影响。

一、加大著作权法宣传力度，增强相关部门、行业以及社会公众的版权法律意识，进一步形成和巩固了版权保护的社会共识

作为2009年河北省保护知识产权宣传周的一项重要活动，4月26～27日，经过认真谋划和积极筹备，河北省版权局与河北省高级人民法院在石家庄市联合举办了“网络著作权行政、司法保护论坛”。省政协副主席王玉梅参加论坛并发表重要讲话，省版权局李晓明局长致辞。在为期两天的论坛中，来自北京、上海和香港的4位著名知识产权学者和网络版权专家发表了主题演讲，来自全省的版权执法人员、法官、公安干警以及来自京、津两地的部分法官共计150多人参加论坛。这次论坛使与会代表增长了网络版权知识，开阔了版权执法视野，密切了京、津、冀三地相关部门在版权执法方面的交流与协作，而且通过《法制日报》、《中国新闻出版报》、《河北日报》、《河北青年报》、《石家庄日报》、《燕赵晚报》、石家庄电视台等媒体的宣传报道，增强了社会公众的网络版权意识。

在此次宣传周期间，河北省各级版权行政管理部门纷纷走上街头，通过各种形式宣传著作权法；省版权局也组织工作人员上街，参加了河北省保护知识产权工作领导小组办公室（以下简称省保知办）统一组织的大型知识产权宣传活动，现场散发宣传材料3 000余份，回答各类版权问题20多个，受到群众的好评和省保知办的充分肯定。

6月初，经过充分谋划和细致准备，省版权局在石家庄市召开了2009河北端阳诗会暨文字作品版权保护座谈会，省内50多位知名作家和文学爱好者参加了会议，李晓明局长到会发表了重要讲话，省作协副主席王力平致辞，中国文字著作权协会副总干事张洪波向与会代表介绍了文字作品版权保护的基本知识。通过专家授课和与专家现场交流、互动等方式，代表们更加懂得了文字作品版权保护的意义和重要性，达到了普及版权保护法律法规的目的。在这次会议上，建立了中国文著协首家京外办事机构——河北办事处，密切了省版权部门与中国文字著作权协会之间的联系，加强了省版权界和创作界的联系与沟通，在作家和诗人当中进一步宣传普及了版权保护意识。会议通过《中国新闻出版报》、《文艺报》、《河北日报》、《燕赵都市报》、《河北青年报》、《石家庄日报》等多家媒体的积极报道，使广大的社会公众对版权保护的丰富性有了更多的了解。

此外，河北省各级版权行政管理部门还充分利用各种形式宣传和普及版权保护的知识，如通过省内媒体公布河北省2008年度版权行政执法十大案件，积极参加河北省政府组织的“阳光热线”节目，举办知识产权专家座谈会和关于贯彻《国家知识产权战略纲要》实施意见的新闻发布会，在直播间和会议现场解答群众和媒体提出的问题，等等。石家庄市版权局组织市内四区版权局进学校、进社区、进科研单位、进企业，面向基层大力开展形式多样的版权宣传，普及版权知识，提供版权服务。

二、立足既有条件，积极谋划和推动版权产业发展，切实为著作权人和基层组织提供优质的版权服务

2月初，为进一步发掘和弘扬河北省的优秀原创作品，迎接建国60周年大庆，省版权局经过认真谋划，制订了“河北省首届优秀原创作品展”及“版权保护与创意河北”的策划和实施方案。为办好论坛，省版权局还派人专程到北京参观了中国非物质文化遗产传统技艺大展。其后由于种种原因活动没能如期举办，但这些前期准备工作为今后举办类似活动提供了宝贵的经验。

5月，在完成“关于2008年河北省版权产业对经济贡献”调研的基础上，省版权局有关领导和工作人员陪同中国版权协会沈仁干理事长到张家口、唐山两地，对多家剪纸、陶瓷和皮影企业版权保护及发展的情况进行调研，并派人参加了唐山陶瓷博览会，进一步掌握了省内版权产业的发展现状，为制定相关规划与措施打下了基础。

2009年上半年，省版权局根据省政府指示，与省知识产权局、省工商局等多家单位共同起草《河北省知识产权战略纲要》。为高质量地完成这项工作，省版权局多次派人参加相关会议，研究如何结合河北省实际，制定具有指导意义的省版权发展战略，历经多次修改和完善，最后提交出水平较高的文字材料，获得了省政府的好评。

在谋划版权产业发展的同时，省版权局按照建立服务型政府的要求，将服务放在第一位，贯穿于日常工作的方方面面，积极为著作权人和基层群众排忧解难。2009年上半年，省版权局两次派员赶赴北京，为河北省著名作家韩羽先生维权，在经过大量协调工作后，韩羽先生终于收到拖欠已久的图书稿费11.8万元。2009年下半年，河北省版权局又妥善解决了北京沈以淡和江西李有观分别投诉河北省内两家报社拖欠稿费之事，经过协调，事情很快得到圆满解决。此外，省版权局还多次为河北教育出版社、李思慎等单位和个人提供出版合同的版权咨询，完成省内出版社出版国外和港澳台图书、音像、电子出版物著作权合同审核、登记及备案27件，办理包括文字、音乐、美术等类作品著作权登记362件。

为鼓励和支持省版权产业的发展，省版权局还深入省内玛雅影视有限公司、深度动画公司等企业调查研究，上门提供面对面的指导和服务，解答他们提出的有关版权的疑问，为企业发展提供版权保护。

三、加强版权行政执法，指导和规范版权执法行为，坚决打击、震慑和遏制各类侵权盗版行为

为提高版权执法人员素质，建立良好的版权执法环境，激励先进，激发热情，省版权局版权处提出了评选年度省级版权管理工作先进集体和先进工作者的建议，得到局领导批准后，即对2008年度全省版权管理工作先进集体和先进工作者进行了评比并通报表彰。为规范执法行为，省版权局除积极与国家版权局联系，为各设区市版权行政执法人员申请办理版权执法证件外，还及时制止了某版权司法鉴定中心随意抽检省内报刊的不当行为，受到了基层单位的欢迎。

1月中旬，省版权局工作人员在对省内报刊的审读过程中，发现《河北青年报》刊登消息，称将免费为读者提供某类音乐作品服务。省局立即着手对这一涉嫌侵犯音乐作品著作权的事件进行了调查，之后根据调查结果，责令该报社立即停止侵权，进行认真的反思和整改，并拿出具体的整改措施。

6月中旬，省版权局收到台湾著作权人柯清水投诉河北宠物网侵权的材料，经过一段时间的网上跟踪，在收集并固定了该网站的侵权证据后，对其进行了立案和查处，并依据著作权法律法规作出停止侵权、责令关闭侵权网站、罚款1 000元的行政处罚。此案的查处受到了台湾著作权人的高度赞誉，其专门发来致谢信，肯定和赞赏大陆版权部门执法力度和能力，树立了大陆版权管理部门良好的执法形象。其后《燕赵晚报》对此事进行了整版宣传，在社会上产生了广泛的影响。

8月，国家版权局组织的2009年打击网络侵权盗版专项治理行动正式启动，河北省版权局积极与各设区市版权部门联系，要求其主动监管本地的主要网站，查处侵权盗版的涉案网站。在省局的带领和督办下，此次专项行动期间，全省各级版权行政管理部门主动监管的网站达33个，查处网络侵权盗版案件11起，没收侵权盗版服务器2台，关闭侵权盗版网站5个，责令停止侵权行为11起。其中，省局指导邯郸市版权局查处了“我爱去听”音乐歌曲网侵权案件，指导衡水市版权局查处了“极速中文网”侵权案件。石家庄市版权局组织查办了“追读网”、“EB网”两家侵权盗版网站和北京万通嘉业科技有限责任公司侵权案。

9月16日，省版权局在接到国家版权局通知后，紧急出动，带领石家庄市版权局执法人员赶到石家庄市南三条金茂图书市场，查处淘宝网中涉及的文海书店、gaoxihai88店等5家河北网站售卖盗版《朱镕基答记者问》图书的案件，经对涉案摊点的检查，执法人员及时制止了侵权行为。随后，省局根据情况指定石家庄市版权局对涉案网站进行了后续调查和处理，及时将侵权行为遏制在萌芽状态。

此外，邯郸市版权局配合市公安局破获了盗印《新华字典》、《牛津高阶英汉双解字典》案；省版权局妥善处理了网尚公司投诉邯郸之窗、邯郸在线侵权案，国际唱片业协会诉久久音乐网侵权盗版案，赴秦皇岛市参与调查了一起非法出版案；唐山市版权局查处了古今书店、编辑家书店和宏缘书店经营盗版《司马彦字帖》案；保定市文化市场稽查队查处了蒋小二侵犯美术作品案；沧州市版权执法部门查处了“淘宝小屋网”侵权盗版案件等。

四、认真落实国家版权局要求，积极推进软件正版化工作，努力规范与软件版权保护有关的市场经济秩序

继2008年确定首批40家企业集中开展软件正版化工作后，2009年年初，河北省版权局即着手筹划全省的正版化工作。4月初，省局起草并向各设区市版权局下发了《河北省2009年推进企业使用正版软件工作计划》的有关通知，要求各市上报10～20家软件正版化企业名单。之后，省局组织省使用正版软件工作领导小组各成员单位召开会议，研究并确定了40家省直企业，加上各设区市版权局报送的120家企业，最终确定了160家企业作为河北省第二批集中推进软件正版化工作的实施单位。

6 月，省版权局根据全国推进企业使用正版软件工作部际联席会议办公室的要求，在企业积极参与的情况下，评选出 2 家软件正版化工作成绩显著的企业——华北制药集团有限责任公司和诺斯克（河北）纸业有限公司参评全国企业软件正版化工作示范单位。

2009 年上半年，河北省版权局接到了美国微软公司针对河北省 4 家企业商业性使用微软盗版软件的投诉后，采取了相应的措施。通过与 4 家被投诉企业负责人谈话，不仅对其普及了软件著作权法律保护的知识，而且督促其与投诉人通过协商达成了和解。

为督促企业软件正版化工作的进展，河北省版权局克服了人员少、任务重的困难，先后实地抽查了 3 家企业，其正版化工作达到了既定的要求。

在河北省版权局的工作指导下，2009 年 4 月，石家庄市版权局在太和电子商城组织 200 多家计算机预装商户和企业参加了“版权保护与预装计算机软件行业的健康快速发展”论坛；6 月 17 日，与建设部门面向勘察设计行业召开软件正版化会议暨版权服务培训班，120 多家企业参加了培训。通过举办论坛和组织培训，有效地提高了企业的版权认知度，达到了为企业排忧解难、化解风险的目的，受到了企业的广泛好评。承德市版权局结合实际，继续在印刷复制企业中推行软件正版化工作计划。为切实贯彻执行该计划，他们组织行业从业人员认真学习著作权法律法规及软件业务知识，提高了自身素质，同时对印刷复制企业逐家逐户进行调查摸底，对其使用计算机的数量及安装软件的情况进行详细检查和登记，督促其完成软件使用的正版化。此外，唐山、邢台、保定、邯郸等市版权局也充分利用多种场合和多种形式，积极向辖区内企业宣传软件正版化的必要性；邢台等市版权局还与省版权局一起到企业检查软件正版化工作，为开展好下一阶段的工作打下了良好的基础。

（李冬群）

山 西 省

2009 年，山西省版权局按照国家版权局的部署，以纪念“4·26”世界知识产权日为契机，开展了著作权法律知识的宣传与普及；以全省版权工作暨推进企业软件正版化工作会议为依托，积极推进企业使用正版软件工作；以打击各类侵权盗版活动为重点，营造良好的知识产权保护环境；贯彻实施“走出去”战略，促进版权贸易增长。一年来，各方面的工作都取得了较好的成绩。

一、以纪念“4·26”世界知识产权日为契机，开展著作权法律知识的宣传与普及

为增强全社会知识产权保护意识，营造自主创新和对外开放的良好社会环境，按照国家版权局的统一安排，山西省版权局紧紧围绕“文化、战略、发展”主题，与各兄弟单位协作，在 4 月中、下旬开展了一系列宣传活动，为弘扬先进文化、促进山西经济社会和谐发展作出贡献。

4 月 20 日，山西省版权局、省知识产权局、各相关中介服务机构在山西省科技大楼前举行大型宣传咨询活动暨 12330 知识产权维权援助电话开通仪式。

4 月 20～26 日，山西省版权局、省知识产权局在全省范围内组织开展了以“保护知识产权，促进创新发展”为主题的“保护知识产权宣传周”活动。全省分为南北两队，山西电视台、山西日报等主要媒体记者随行，在山西省科技厅楼前举办了大型知识产权宣传、咨询活动，赴长治医学院开展了“知识产权与大学生在一起”宣传咨询活动，在全省范围内举行“送知识产权到企业”活动，到太原高新区举办知识产权讲座，开展现场咨询服务，在太原市滨河体育中心举行侵权盗版制品及各类非法出版物全国统一销毁活动，销毁盗版及非法书报刊等 61 万余件，与广播电影电视管理干部学院共同举办了一期“版权保护走进大学生”为主题的讲座，在长风街沃尔玛广场举行大型宣传活动，在太原市 480 多个社区开展版权进社区活动，在各社区的宣传专栏张贴版权宣传资料。

二、以全省版权工作暨推进企业软件正版化工作会议为依托，积极推进企业使用正版软件工作

5 月 26 日，山西省版权局在太原市山西饭店召开山西省版权暨推进企业软件正版化工作会议。会议总结了改革开放 30 年来山西省版权工作的历程和 2008 年的各项工作，安排部署 2009 年全省版权和推进企业使用正版软件工作，对荣获山西省推进企业使用正版软件工作的有功单位和个人、版权工作先进集体和个人予以表彰。

此次会议上，山西省副省长张平对山西省版权工作和推进企业软件正版化工作给予了充分的肯定。他说，山西版权工作既要满足国家对版权保护工作的总体要求，又要着眼于山西省经济和社会发展的需要，要为“实现三个转变，走出四条路子”，为建设经济强省、文化强省的战略目标提供良好的服务和有力的保障。为了实现这一目标，首先，要坚决查处各种侵权盗版行为，努力为自主创新和文化产业发展提供良好有序的环境。其次，要自觉坚持为促进山西省经济又好又快发展服务，大力促进文化产业的发展。通过有力的版权保护和版权服务，催生更多的有竞争力的文化产业主体，促进文化创新产品、创意产品的产业化、规模化发展。

针对目前开展的推进企业软件正版化工作，张平副省长还指出，各级政府要进一步提高认识，切实加强对这项工作的领导，要把推进企业软件正版化工作纳入政府部门工作业绩考评体系，以增强政府部门的责任感。各相关职能部门、行业主管部门及行业协会，都要着眼于大局，自觉以推进软件正版化工作为己任，要重视发挥山西省推进企业使用正版软件工作联席会议成员单位的管理权限和职能，努力形成“统一领导、行业监管、属地管理、协会辅助”的工作格局，动员和整合社会资源积极支持和参与软件正版化，为提高国家的核心竞争力、促进国民经济又好又快发展，提供良好的市场环境。

2009年，山西全省共举办企业软件正版化培训19次，有543家企业、903人参加了培训，已完成正版化验收的企业124家，更换软件4 025套。

三、以打击各类侵权盗版活动为重点，营造良好的知识产权保护环境

2009年，山西省版权局执法人员先后查办了以下投诉和案件：受理科亿尔数码科技（上海）有限公司投诉，对山西省美术印刷分公司等6家单位进行执法检查，经执法人员现场查证，被诉单位均未经授权私自安装、使用了Coreldraw计算机软件，构成了侵权行为，省版权局对此进行了调解处理；受理微软公司投诉，对山西威奇达药业有限公司计算机软件涉嫌侵权进行了调查，并在媒体予以曝光，督促该企业采购正版金山软件300余套，积极推进使用软件正版化；受理国际唱片业协会投诉，对涉嫌侵权的“听酒吧音乐”网站进行了调查，执法人员先后赴山西省吕梁市、江西省九江市、天津市进行取证，已查清了该网站侵权事实，并确定了该网站服务器的物理位置；受理著作权人投诉，对拖欠作者稿费的《学习方法》报社和《新作文》、《中国医学》等杂志社进行了调查处理，责令它们给作者发放所有稿费，维护了著作权人的合法权益；10月下旬，执法人员配合太原市公安局小店分局，严厉打击以领导和上级机关名义高价销售盗版实用工具类图书案件，抓获犯罪嫌疑人2人，没收14种（类）盗版图书88套，计363册。

在2009年打击网络侵权盗版专项治理行动中，山西省版权局共取缔专业从事侵权盗版活动的非法网站3家，异地封存服务器2个，对16家网站处以行政罚款。

2009年8月，全国教辅大报——《语文报》报社向山西省版权局举报说近年来屡遭盗版，且盗版情况愈演愈烈，在东起浙江、西到乌鲁木齐、南达广东广西、北到黑龙江、西南到四川，甚至北京、上海以及语文报社总部所在地山西太原和运城等地，都出现了数量较大的盗版报纸，严重侵犯了报社的合法权益，而且盗版者的手段越发嚣张，活动近似于公开，盗版的队伍规模庞大、组织严密、分工明确，盗版队伍在全国范围内不断蔓延，拥有规模较大的印刷企业和独立的仓库，盗印的报纸足可乱真。经报社多方暗查，盗版《语文报》的源头集中指向山东聊城，盗版队伍的核心人员、印刷企业、发行人员基本聚集在山东聊城市市区，据估算，每年的盗版量在50万份、金额在2 500万元左右。接到报社举报后，山西省版权局领导非常重视，迅速成立了由副局长王吉敏任组长，版权处处长吉平、调研员邓坪组成的专案组。12月14日，副局长王吉敏亲自带领专案组赶赴山东省调查《语文报》盗版案件。在山东省版权局的帮助下，专案组与山东省公安厅及聊城市公安局经侦部门进行沟通，交换了各自掌握的案件信息。山东省的有关方面也非常重视此案，指派了专业骨干负责侦查。目前已初步掌握了盗版的印刷厂、部分仓库地址和部分发行人员的交通工具、通讯号码的情况，案件侦破工作正向纵深发展。

2009年，山西省版权局答复社会咨询近280人次，受理侵权投诉43件，成功调解38件，移交司法机关2件。

四、贯彻实施“走出去”战略，促进版权贸易增长

近年来，山西省积极响应“中国图书走出去”战略，促进版权贸易增长。在版权贸易活动中，省版权局本着“服务前移”的宗旨，积极为出版单位出谋划策，提供国内外最新信息，并帮助他们严格把关涉外贸易合同，引导山西希望出版社、山西书海出版社、山西教育出版社等出版社参加国际版权贸易研讨会、国家图书展销会等涉外活动，并且选送山西省的输出版、引进版优秀图书参加评奖，推荐全国优秀版权经理人，争取在版权贸易中扩大山西省的影响，取得了良好的经济效益和社会效益。

2009年，山西省成功举办了出版物版权贸易工作人员业务培训，对出版集团领导，各出版社分管版权工作的副社长及负责版权贸易的工作人员进行了业务培训。对推动山西省出版单位的版权贸易工作起了积极推动作用。

2009 年，山西省的版权社会管理和服务工作也比往年有新的提高。全年共计办理各类作品著作权登记 130 件，计算机软件代理登记 21 件，版权贸易合同备案 8 件。

（邓　坪）

内蒙古自治区

2009 年，内蒙古自治区版权局以邓小平理论、"三个代表"重要思想为指导，深入贯彻落实科学发展观，在国家版权局总体工作安排和部署下，创新工作方式，突出工作重点，提高服务管理水平，力求体现版权工作的时代性，围绕经济发展和文化繁荣，推动全区版权工作向纵深发展。

一、深入调研，反复论证，全力推进地方性著作权管理办法的制定，完善内蒙古自治区版权法律制度建设

2009 年，为了根据内蒙古自治区版权管理、服务、执法等方面的具体实际细化和明确国家版权法律法规，自治区版权局会同自治区政府法制办启动了《内蒙古自治区著作权管理办法》的立项、调研、论证、草拟等工作，并将起草说明连同草案一并提交自治区政府常务会议审议（注：2010 年 5 月 25 日已由自治区主席签发主席令颁行，于 2010 年 6 月 25 日正式生效）。《内蒙古自治区著作权管理办法》的出台必将在加强自治区版权法律意识、强化版权执法、完善版权公共服务、推动版权相关产业发展等方面发挥重要作用。自治区版权局还就版权行政执法的主体、程序、权限范围、责任等专门制定了规范性文件，对执法责任追究专门制定了处理办法，建立了举报投诉制度、案卷制度等，完善了自治区版权制度建设。

二、强化服务意识，多形式、多渠道促进版权贸易和版权产业发展

把促进版权发展放到突出的位置，大力提升版权创造、运用、保护和管理能力。内蒙古自治区版权局在 4 月份开展了对自治区民族工艺品行业的集中调查，针对这个行业无序发展、低水平模仿等制约产业化发展问题召开了多次座谈会，广泛宣传版权保护、鼓励创新、创造财富的理念，并协助行业协会制定了《维护版权自律公约》，受到行业一致好评。

9 月，自治区版权局协助自治区政府办公厅成功举办全区旅游商品大奖赛，鼓励引导全行业尊重他人创造性劳动成果，使版权促进产业发展取得了明显的实效。2009 年，自治区版权局还成功地组织了区内出版行业参加第 16 届北京图书博览会和法兰克福国际书展，版权贸易实现新的增长，输出版权 4 件。2009 年的版权作品登记的数量，也较往年有明显的提高。

三、加强执法，严厉打击侵权盗版，净化版权产品市场

2009 年，内蒙古自治区版权局按全国统一要求，着力开展打击网络侵权专项治理行动，部署全区重点监测网站 45 家，发出内蒙古重点网络企业和网站加强版权自律通知，并重点抽查了 8 家网站。到 10 月底，全区共查处侵权盗版案件 164 起，实施行政处罚 86 起。在版权行政执法、案件侦破上开拓新领域、实现新突破的典型案件是"北京星线空间网络侵权案"。这是一起有全国影响的大案，自治区版权局已完成前期证据收集工作，移送自治区公安厅，并参加专案组继续配合该案的进一步侦破。

在金融危机的背景下，自治区版权局服务大局，注意工作方法，在企业软件正版化工作方面取得了新的进展。围绕呼、包、鄂国家工业化、信息化两个融合示范区建设，全年又有 30 家大中企业基本完成通用软件正版化。

四、加强培训、学习和宣传教育

通过培训、学习和宣传教育，培养全社会的版权法律意识和保护意识，提升自治区各级版权行政部门的行政执法水平及版权公共服务职能，强化版权执法力量，科学管理，为自治区版权产业的繁荣发展保驾护航。

五、加强与兄弟省（自治区、直辖市）的交流

加强与兄弟省（自治区、直辖市）在版权工作方面的信息互通和经验交流，相互支持、相互协助，实现全国版权工作一盘棋，并积极展示自治区版权工作的可喜成果和版权市场的良好对外形象。

（志　民）

辽　宁　省

2009 年，辽宁省版权局以邓小平理论、"三个代表"重要思想为指导，深入贯彻落实科学发展观，一手抓科学监管、一手抓创新发展，版权六大体系建设都取得了一定成效。

一、深入开展版权执法与社会监管，不断完善版权行政管理体系

深入开展行政执法与社会监管是版权局行政管理工作的重心所在。4月，省版权局组织全省各级版权行政机关积极查缴电影《南京！南京！》盗版音像制品，在全省范围内有效打击了侵权盗版行为，保护了该部作品的版权，维护了著作权人的合法权益。

5月31日～6月7日，省版权局派出工作人员赴辽西进行版权专项治理督导检查工作。在阜新市、朝阳市进行督导检查的近8天时间里，检查人员与当地版权执法人员同心协力，通过对高校、市场、车站等版权案件多发地区的不间断巡查，有效地打击和警示了侵权盗版行为，维护了当地版权贸易市场的正常秩序。

6月，省版权局开展2008～2009年度全省新闻出版行政执法证件年检注册工作，全省共年检注册1 100多个执法证。通过对全省各级新闻出版行政执法单位中的行政执法人员所持的执法证进行年检注册，对全省现有和新增新闻出版行政执法人员的具体情况进行进一步统计核查，不断健全执法证档案管理制度，并切实加强对持证上岗制度的监管。

二、加大版权宣传和培训力度，提高社会公众版权保护意识

4月20～26日，省版权局以“尊重版权，振兴辽宁”为主题，结合全国统一销毁行动，积极组织全省开展“4·26”保护知识产权宣传周活动。宣传周期间，通过开展张贴和悬挂保护知识产权的宣传标语，宣讲版权法律法规，版权问题现场咨询，散发印有“著作权行政指南”及“以版权工作促产业发展”的宣传品，组织“打击侵权盗版、保护知识产权”签名活动和派发“绿书签”，与辽宁省人民政府新闻办、省知识产权局、省工商局和省高级人民法院联合召开2008年知识产权保护状况新闻发布会，启动全省青少年版权保护读书活动暨知识竞赛等系列活动，宣传版权工作和版权知识，提高社会公众版权法律意识，传达辽宁省保护版权的决心和力度，在全省范围内营造良好的版权保护氛围。

11月12日和12月8日，为表彰辽宁省被评为2006～2007年度全国版权工作先进集体、先进个人及2008年度全国查处侵权盗版案件有功单位、有功个人的优秀版权工作单位及版权工作者，省版权局先后召开了辽宁省版权工作先进表彰会和辽宁省查处侵权盗版案件有功单位及个人表彰会，全省共表彰7个单位和10名个人，鼓励各级版权行政机关以及广大版权工作人员以受到表彰的单位和个人为榜样，紧紧围绕服务经济和社会发展大局，进一步解放思想、转变观念，开拓性做好版权工作。

三、设立版权工作站，探索和构建版权公共服务体系

版权公共服务体系是版权工作六大体系之一，努力构建版权公共服务体系，既是版权行政管理部门的职责，也是促进智力成果创新、运用、保护和管理的客观需要。

为结合辽宁省实际，探索和构建具有本省特色的版权公共服务体系，省版权局在对沈阳音乐学院深入调查研究基础上，设立了全国首家艺术类院校版权工作站——“辽宁省版权局沈阳音乐学院版权工作站”。沈阳音乐学院是辽宁省音乐舞蹈艺术学术与创作重镇，原创作品数量丰富，在该院设立版权工作站有利于普及版权法律知识，增强师生版权保护意识，维护版权所有人合法权益，促进艺术作品创作，推动版权事业与版权产业发展，从而不断繁荣东北地区文化市场。

5月22日，省版权局又在版权实务比较集中的辽宁工程技术大学设立了辽西地区首家版权工作站——“辽宁省版权局辽宁工程技术大学版权工作站”，使教学科研机构等非政府部门积极参与到版权保护、版权运用、版权服务和版权研究等工作中来。

四、开展评选表彰活动，以引导、渐进的方式稳步推进企业软件正版化工作

企业软件正版化工作具有长期性、艰巨性的特点，为贯彻落实党中央、国务院关于“保护知识产权，促进民族软件产业发展”的战略部署，结合本省经济发展水平和当前国际金融危机冲击的现实情况，省版权局在开展该项工作时，采取有计划、分步骤、积极稳妥的方式，以引导、渐进的方式稳步推进本省企业使用正版软件工作。

6月1～15日，为响应国家版权局的号召，发挥使用正版软件典型企业的示范作用，深入推进企业使用正版软件工作，省版权局在全省范围内开展第二批“全国软件正版化工作示范单位”评选表彰工作，并将评选结果报送国务院推进企业使用正版软件工作部际联席会议办公室。

10月，省版权局牵头组织辽宁省推进企业使用正版软件工作领导小组各成员组成检查验收组，分赴各市进行督导检查。检查过程中，督导组首先听取了企业相关负责人的工作汇报，详细了解计算机和各类软件的购买、使用情况。认真查阅了软件购买合同、发票、授权证书等相关资料，并现场抽查若干计算机中安装的软件，对下一步工作提出意见和建议，有效督促和增强了企业使用正版软件的积极性。

五、拓展版权保护工作领域，不断推动版权产业快速发展

为加速东北老工业基地振兴、促进辽宁经济发展，省版权局不断拓展版权保护工作的领域和范围，努力促进辽宁省版权产业快速发展。

动漫产业作为新兴产业，是辽宁省重点扶持的版权产业之一。为进一步做好对动漫产业的版权保护工作，2 月 23 日，在省版权局马述君局长的带队下，省版权局工作人员来到沈阳浑南高新区动漫产业基地进行考察和调研，并针对动漫企业在发展中存在的版权问题提出针对性的意见和建议。6 月中旬，为进一步提高高新技术企业版权保护水平，省版权局到位于沈阳浑南高新区的沈阳四维数码科技有限公司考察调研，并现场办公，针对该企业发展过程中涉及的版权问题进行解答，提出见解和意见，帮助企业建立健全版权保护制度，使其能够充分发挥创新精神，将创意和高新技术相融合并逐步应用到版权产业中去，在避免相关侵权纠纷的同时，自身不断发展壮大。

9 月 3～7 日，省版权局组织北方联合出版传媒（集团）股份有限公司 6 家出版社和大连地区 3 家出版社组成辽宁省展团参加第十六届北京国际图书博览会，并于展会期间在国家版权局、图博会办公室及辽宁省展团各成员单位之间积极协调，有效促进了辽宁省版权贸易的增长。据统计，此届图博会辽宁展团共与外商签订版权贸易合同 55 件、意向 164 件、合作出版项目 6 件。其中输出合同 47 件、引进合同 8 件；输出意向 75 件、引进意向 34 件。

作品登记工作能够避免权属争议，降低应诉成本和风险，是促进版权广泛运用的重要手段。省版权局不断扩大版权登记辐射范围，力争提高作品登记数量，2009 年全年共办理作品版权登记 1 060 件，引进境外图书合同 340 件，向境外输出图书版权 86 件。另外，为了大力扶持辽宁省传统文化、民族艺术，省版权局主动服务，相继为中国书法家协会副主席、辽宁省书法家协会主席、辽宁省文联副主席、著名书法家聂成文的《聂成文书画集》，原辽宁省文史馆、辽宁省博物馆名誉馆长、已故著名书画鉴赏家杨仁恺的《沐雨楼书法引玉集》，中国书法家协会副主席、全国政协委员、中国艺术研究院中国书法院特邀研究员、中国人民大学徐悲鸿艺术学院书法教授邵秉仁的《邵秉仁书岳阳楼记》，中国美协会员、鲁迅美术学院教授、国画大师晏少翔的《晏少翔画选》等中国传统书法、国画作品办理版权登记。同时，为提升本地传统文化艺术的认同感，促进全省版权产业的发展，省版权局还大力扶持历史悠久、群众喜闻乐见、以赵本山为传承人的东北二人转，为著名剧作家、辽宁省曲协副主席、辽宁省文联副主席崔凯主编的《中国传统二人转大全》以及数十件二人转作品办理了版权登记。这不仅体现了对传统文化艺术作品创作者成就的认可和尊重，也提高了传统文化艺术作品被侵权时得到赔偿的几率，保障了创作者的合法权益，有利于激发其创作热情和传承意识，促使更多精品力作的产生。

（田大鹏　石　帅）

吉　林　省

2009 年，吉林省版权局在认真贯彻国家版权局及省委、省政府指示精神，深入落实版权保护工作任务的基础上，在版权宣传、版权执法、版权服务和软件正版化方面开展了一系列活动，取得了显著成效，得到了国家版权局的肯定和嘉奖。其中省版权局版权处被国家版权局评为“2008 年度查处侵权盗版案件有功单位”。

一、拓展宣传途径，版权宣传工作成效明显

第一是开展活动宣传。为纪念第 9 个“世界知识产权日”，4 月 26 日，吉林省版权局等有关单位在长春市重庆路街心花园组织开展了以“文化·战略·发展”为主题的纪念世界知识产权日系列宣传活动。现场受理版权咨询，向市民发放著作权法宣传单 2 000 多张，较好地宣传了著作权法，提高了社会公众的版权保护意识。

第二是结合专项治理宣传。根据国家版权局的工作部署和吉林省 2009 年度版权工作安排，吉林省版权局在全省范围内开展了“打击盗版音像制品、电子产品专项行动”、“打击生产经营领域使用盗版计算机软件专项行动”、“打击网络侵权盗版专项治理行动”等专项行动。《中国新闻出版报》、《吉林日报》、《新文化报》、吉林电视台、吉林广播电台等媒体都对几个专项行动进行了报道，通过开展这些专项行动，震慑了侵权盗版行为，强化了相关从业人员的版权保护意识。

在打击网络侵权盗版专项治理行动中，中央电视台、《中国知识产权报》、《中国新闻出版报》等中央媒体及《新文化报》、《城市晚报》等省内媒体专程对延吉市两起网络侵权案件进行了实地采访报道，新华社以《吉林：查处两起跨国网络侵权案》为题转发了通稿，在国内引起了强烈反响。《中国新闻出版报》以《吉林严打网络侵权盗版　全方位遏制"毒瘤"》为题，以半个版的篇幅全面详细地报道了吉林省打击网络侵权盗版工作的经验做法。

第三是行政执法跟踪宣传。吉林省版权局定期面向省内各大主流媒体召开新闻发布会，省内各主要媒体对省版权局"打击网络侵权盗版专项治理行动"，打击盗版音像制品、电子产品专项行动等执法行动，都进行了跟踪宣传报道。在打击盗版音像制品、电子产品专项行动中，省版权局邀请吉林电视台、《新文化报》等媒体进行现场跟踪，吉林电视台《新闻联播》节目对这一执法检查行动进行了现场跟踪报道，对全省的版权执法起到了良好的宣传和导向作用。

第四是通过会议形式培训宣传。吉林省版权局抓住全省新闻出版工作会议、版权执法工作会议以及举办各类培训的机会，对与会人员进行版权工作培训和著作权法律知识培训。9月，吉林省版权局召开了全省版权执法经验交流会，副局长董维仁在会上作了《加大版权执法力度　开创版权保护工作新局面》的专题讲话；国家版权局版权司执法处处长赵秀玲应邀参会并代表国家版权局发表讲话，为全省一线版权执法人员作了专题执法培训；与会省内法律专家结合案例讲解了著作权法；各市（州）版权管理部门代表在大会上作了版权执法工作经验交流。全省各级版权管理部门共计120多人参加了经验交流会。通过经验交流，全省各地区版权管理部门之间相互取长补短、相互学习借鉴，不但加强了地区间的沟通联系，也有利于全省版权管理部门联合执法，形成执法合力，进而构建全省联动的快速反应机制。

第五是充分利用媒体宣传。为了深入宣传著作权相关法律法规，全省各级版权管理部门充分利用报纸、网络、电视、广播等新闻媒体，广泛开展版权宣传。2009年，在《中国新闻出版报》、《中国知识产权报》、《吉林日报》、《新文化报》、吉林电视台、吉林人民广播电台和各类网站共发表稿件50余篇，取得了较好的宣传效果。

二、加大执法力度，强化监管效能

第一是开展反盗版集中治理行动。为了切实整顿和规范文化市场秩序，创造和谐稳定的社会文化环境，庆祝新中国成立60周年，吉林省版权局对全省图书、音像电子制品、计算机软件、网络传播等侵权盗版严重的领域展开拉网式大检查，对长春市区及其周边城市的图书、音像电子制品等进行了执法检查，行动当日共收缴盗版音像制品10 000多件，盗版图书4 000余册。

第二是开展打击盗版音像制品、电子产品专项行动。7月6日，吉林省版权局下发《关于加强对盗版音像制品和盗版电子产品监管的通知》，要求全省各级版权管理部门日常监管要以贩卖盗版音像电子制品较集中的大型科技商城、电子商场等为重点，加强日常检查监督，加大执法和查处力度，发现一起查处一起，并加大对盗版行为的曝光力度，对不法分子起到强有力的震慑作用。在监管过程中，探索建立了监管部门、商城、经营者"三位一体"的长效监管机制。

第三是开展打击网络侵权盗版专项行动。为贯彻落实国家版权局、公安部、工业和信息化部联合下发的《2009年打击网络侵权盗版专项治理行动方案》的要求，吉林省版权局联合省公安厅、省通信管理局开展了打击网络侵权盗版专项行动。分级成立了"打击网络侵权盗版专项行动领导小组"，制订了《吉林省2009年打击网络侵权盗版专项治理行动方案》，采取了有效措施，查处各类网络侵权案件64起，没收侵权服务器20台，移送司法机关3起。

在此次专项行动期间，省版权局加大对属地大型网站及专门从事传播音乐、电影、软件、图书、游戏等网站的主动监管力度，做到日常在线浏览检查与上门检查相结合，实行打击处理和建章立制并举。对省内影响范围较大的网站进行登记管理，建立责任人制度，要求网站签订"禁止网络侵权盗版行为责任书"，建立长效监管机制。

吉林省版权局在开展执法工作中注意采取和公安、通信管理等部门横向协调、与各地区相关部门纵向配合的方式开展联合执法，横向联合到位、纵向配合到底，形成执法合力。在查处延吉市O2SKY、IMDJ两个网站侵权案件过程中，省版权局联合了省公安厅、省通信管理局、延边州版权局、延吉市版权管理部门、延吉市公安局网络安全保卫大队等部门，组成专案组，开展联合执法。这两起案件涉嫌侵犯韩国权利人的合法权益，侵权行为非常严重，非法经营额数量巨大，引起了国家版权局的高度重视。这两起案件均已移送给当地公安部门立案处理。

第四是搞好春秋两季打击盗版教材、教辅集中治理活动。吉林省版权局协调全省各级版权管理部门集中开展春秋两季专项检查活动，清理检查出版物市场、校园内及周边流动书摊和书店，防止盗版教材、教辅流入课堂。根据群众举报，吉林省版权局执法人员查处了辽源两个书店大量销售盗版教辅和网络小说案件，没收盗版教辅及其他图书10 000多册；还联合扶余县版权管理部门查获盗版教辅书籍《中华金卷》、《状元之星》12 000多册，严厉打击了侵权盗版行为。

第五是完善举报制度，坚决查处举报案件。为进一步畅通社会监督渠道、建立群治联防的监督机制，吉林省版权局建立了完善的投诉举报制度，宣传投诉举报热线，网上设立举报信箱，积极搜集案件线索。对所有举报线索，统一建立举报档案，按照发现一起、核实一起、查处一起的要求，做到了件件举报有调查记录，查证属实有处理结果。

三、更新服务理念，优化服务方式，提高服务水平

第一是建立版权产业发展服务平台。

1. 以社会化为基础，整合社会各方力量，建立推动版权产业发展诉求征集机制。设立了反馈专线电话，通过政府网站发布征集通告，对外公开电话、网上邮箱地址，搜集整理所有有关版权产业发展的问题、建议。

2. 以全面覆盖为原则，建立了省、市、县三级推动版权产业发展工作站。在省、市、县三级版权信息工作站的基础上，建立了推动版权产业发展工作站，变自己主抓推动版权产业发展为全省互动、分层推进、主体发展。

3. 以保护创新为目的，建立了版权行政执法快速反应机制。建立工作制度，执法人员根据工作分工，分别承担预警信息、现场处置、后勤保障和机动预备等工作任务，并开展了模拟演练。

4. 以服务为宗旨，建立吉林省版权产业法律咨询及纠纷调解中心。吉林省版权局加挂了“著作权纠纷调解办公室”牌子，制定了调解中心工作制度，指定专人负责，积极开展法律咨询及调解工作，2009年共调解著作权纠纷9起。调解中心还积极指导全省各级版权管理部门做好法律咨询及调解工作。

5. 以信息化为支撑，建立吉林省版权产业信息档案。建立了各类登记流程管理体制，设立专门责任人对各类作品登记进行科学管理。对近三年的外版图书引进登记、作品自愿登记和计算机软件代办登记档案实行微机化管理，实现了科学高效的信息储存、调档查阅、分类管理。

6. 以激励为导向，在版权产业中建立网点式版权产业发展示范单位。在全省生产经营领域开展评选表彰活动，下发了《关于在全省生产经营领域开展百家“无盗版示范单位”评选活动的通知》，对同行业中有榜样作用的企业进行表彰，授予“无盗版示范单位”称号，并推荐其参加国家版权局开展的“全国软件正版化工作示范单位”的评选，对获得称号的企业颁发“无盗版示范单位”牌匾，并在全省通报表扬和广泛宣传。

7. 以指定的法律服务机构为依托，建立吉林省版权产业发展法律服务中心。吉林省版权局与长春市大华铭仁律师事务所联合建立了法律服务中心，签订了法律服务协议，制定了工作制度，细化了法律服务内容。

第二是建立起网点式“版权保护教育基地”。2007年，吉林省版权局在吉林大学建立了省内第一个“版权保护教育基地”，收到了很好的效果。为建立起网点式“版权保护教育基地”，2009年3月，吉林省版权局、共青团吉林省委又联合下发了《关于在全省建立“版权保护教育基地”的通知》，决定在全省大中专院校联合开展建立“版权保护教育基地”的活动。5月，吉林省版权局、共青团吉林省委、东北师范大学共同在东北师范大学礼堂举行了“吉林省版权保护教育基地”成立暨揭牌仪式。省版权局局长胡宪武、共青团吉林省委书记谢忠岩、东北师范大学党委书记盛连喜、省版权局副局长董维仁等领导出席，东北师范大学的几百名学生也踊跃地参加了揭牌仪式。会上，省版权局向东北师范大学师生赠送了《著作权常用法律法规汇编》。

11月，在具备条件的吉林师范大学、长春工业大学、吉林艺术学院等三所高校也建立了“版权保护教育基地”，争取三年内在全省大中专院校建立起网点式“版权保护教育基地”，使著作权法真正走进大学校园，切实加强在校大学生的版权保护意识。

第三是建立起网点式“无盗版示范单位”。吉林省版权局在加大打击侵权盗版非法行为的同时，努力培育版权保护促进经济发展的先进典型，在全省生产经营领域开展了“无盗版示范单位”的评选工作。12月28日，吉林省版权局下发《关于授予吉林银行等首批三十家企业“无盗版示范单位”称号的决定》，表彰30家被评为“无盗版示范单位”的企业，在全省生产经营领域内建立起了网点式“无盗版示范单位”，扎实推进了全省企业软件正版化工作的深入开展。

第四是做好版权咨询和版权纠纷调解工作。为了给著作权人、版权相关企业提供良好的版权服务，2009年吉林省版权局以服务为宗旨，以吉林省版权保护协会为依托，建立吉林省“著作权咨询调解办公室”。办公室制定工作制度，指定专人负责，开展法律宣传教育，增强公众维权意识，提供法律咨询服务，帮助著作权人及版权相关产业企业解决各类版权纠纷。

吉林省版权局一直把规范工作流程、加强工作人员专业素质、热情接待著作权人电话、来访咨询和处理好版权纠纷调解工作当做一件大事来抓。一年来全省共接受版权咨询近千人次，成功调解著作权纠纷案9起，较好地为著作权人提供了正确导向性服务，切实做到了维护著作权人的合法权益。

四、突出工作重点，扎实推进企业软件正版化工作

第一是以执法检查为手段推进软件正版化。吉林省版权局不断加大对企业使用软件情况的检查督导力度，派专人组成检查组，将使用盗版软件情况严重、经宣传教育仍不及时整改的企业列入“黑名单”并进行曝光。对软件正版化工作不够重视，整改措施落实不到位，屡禁不止，使用盗版软件情况非常严重的企业，坚决予以处罚。《中国新闻出版报》以半个版的篇幅并配有“编者按”详细报道了吉林省企业软件正版化工作的经验做法。

2月19日，省版权局联合省公安厅共同下发《关于开展集中打击生产经营领域使用盗版计算机软件专项行动的通知》，在全省范围内开展为期5个月的集中打击生产经营领域使用盗版计算机软件专项行动。专项行动成立了以吉林省版权局局长胡宪武为组长的领导小组，与公安部门共同建立了信息共享、情况通报、联席会议等协调机制。省版权局和省公安厅还统一印制下发了《关于严禁使用盗版计算机软件的通告》，发放给全省近5 000家生产经营单位。

在集中治理阶段，吉林省版权局突出重点，加强主动监管，强化对重点地区、重点领域和重点环节的监管，对22家使用盗版软件严重的企业下发了“限期整改通知书”，并要求这22家企业严格按照省版权局的要求制订整改方案，并按规定日期实现软件正版化。

第二是以宣传表彰为动力引导推进软件正版化。吉林省版权局在加大版权行政执法力度、靠法制力量强化社会监管的同时，注重表彰示范的引导作用，靠激励机制强化企业自我约束、自我规范。在打击生产经营领域使用盗版计算机软件专项行动结束后，省版权局又接续开展了评选表彰活动，下发了《关于在全省生产经营领域开展百家“无盗版示范单位”评选活动的通知》。经过企业主动申报、部门推荐、省版权局终审评定，授予吉林银行等30家企业为吉林省首批“无盗版示范单位”称号，并下发了《关于授予吉林银行等首批三十家企业“无盗版示范单位”称号的决定》，以下发表彰文件、授予“无盗版示范单位”称号等方式对同行业中有榜样作用的企业进行了表彰。省版权局积极推荐吉林省企业单位参加国家开展的“全国软件正版化工作示范单位”的评选，对获得称号的单位在全省通报表扬和广泛宣传，以此来激发企业的积极性和主动性。

（姜俊玉）

黑龙江省

2009年，黑龙江省各级版权行政管理部门以科学发展观为指导，认真贯彻落实国家及省政府的有关版权工作精神，积极开展版权保护各项工作，各方面的工作都迈上了新台阶。

一、开展著作权法律法规宣传

1. 版权动态宣传。2009年，黑龙江省版权局结合版权工作的需要和阶段性的工作进展，利用广播电台、电视台、报纸、网站等多种媒体进行形式多样的版权宣传活动。《黑龙江晨报》、《哈尔滨日报》、《新晚报》多次综合报道了黑龙江省版权工作的情况；黑龙江省电视台、哈尔滨市电视台多次跟踪报道哈尔滨市开展打击侵权盗版专项行动的情况，在省纠风办、哈尔滨人民广播电台联合举办的“行风热线”节目中制作专题宣传1次。2009年，省版权局还与国家反盗版12390免费举报投诉电话进行了联网，加大了对侵权盗版行为进行举报奖励的宣传力度，在全省营造出反对盗版、保护知识产权的良好氛围。

2. 版权主题宣传。按照国家版权局的工作部署，省版权局在2009年知识产权保护宣传周期间开展了一系列的主题宣传活动。

4月22日，黑龙江省暨哈尔滨市盗版非法出版物集中销毁现场大会在哈尔滨市人民体育场举行。黑龙江省副省长程幼东参加了集中销毁活动并在大会上讲话。这次销毁大会对2008年以来收缴的52万件走私及盗版音像制品、盗版软件及电子出版物、盗版及非法出版书报刊进行公开集中销毁。同时启动了市民及青少年“打击侵权盗版，保护知识产权”的签名和“拒绝盗版，从我做起”绿书签派发活动。黑龙江省、市领导带头在写有“打击侵权盗版，保护知识产权”的条幅上签名，数百名市民和青少年也踊跃参加了此次签名和绿书签派发活动。省、市版权局还在现场开展了版权法律法规咨询宣传活动，并发放宣传材料及绿书签1 000余份、宣传画200余幅。

4月26日，省版权局以“文化·战略·发展”为主题，开展“4·26”知识产权保护日宣传活动。省版权局在哈尔滨市防洪纪念塔现场进行大型政策法规咨询宣传，发放宣传材料2 000余份，解答群众咨询500人次。版权局的工作人员对知识产权保护，著作权纠纷案件调解，受理侵权盗版投诉，鉴别真伪图书、音像制品等版权相关问题为市民作了详尽解答。

3. **版权典型宣传**。2009年黑龙江省开展了“正版产品经营示范单位”评选活动，授予省内20家图书经营单位“正版产品经营示范单位”称号。通过在全省主要媒体和网站上公布信息等方式，向社会大力宣传获奖单位的先进事迹，扩大了典型宣传辐射面，树立了全省正版产品经营单位的良好形象。

4. **版权教育宣传**。2009年，黑龙江省版权局、哈尔滨市版权局与共青团哈尔滨市委、市教育局联合开展了“创新与未来——青少年版权保护主题教育活动”。10月13日，在哈尔滨市第6中学举行“创新与未来——青少年版权保护主题教育活动”暨“支持正版，抵制盗版”签名仪式，3 500多名师生出席此次活动，向全市青少年发出倡议，号召同学们“拒绝盗版，从我做起”。通过这些活动，使同学们对知识产权保护有了较明确的认识，形成“版权促进创新，创新保障发展，发展才有未来”的共识，进而带动了全社会公众版权保护意识的提升。

二、强化市场监管

1. **开展查堵侵权盗版出版物专项行动，对侵犯著作权的违法犯罪行为保持高压态势**。2009年初以来，黑龙江省版权局联合省工商、公安等部门严厉查处全省的侵权盗版和非法政治性出版物销售活动，重点是对哈尔滨市南岗区建设街步行街、哈尔滨火车站地下及街头游商销售侵权盗版、非法政治性出版物的行为进行了严厉查处。省公安机关对相关责任人进行了传唤，并在上述违法犯罪行为多发地区进行布控。

2. **开展节日市场检查专项行动，保证节日市场健康繁荣**。省版权局在版权执法工作中，注意狠抓节日市场的监管工作，分别在元旦、春节、“五一”、“十一”等重要节假日期间组织开展了大规模的市场检查活动，确保哈尔滨市民有一个健康的文化环境。据统计，2009年节假日期间，省版权局累计出动车辆30余台次，人员150余人次，收缴非法出版物8 900余册（盘）。

3. **开展校园周边环境治理专项行动，继续实施“文化环保”工程**。2009年，省版权局以实施“文化环保”工程为平台，继续加强校园周边环境治理，狠打销售贩卖盗版教材、教辅图书的活动，先后查处了位于哈西服装城长期经营盗版教材教辅图书的黄金书店、红太阳书店等。与此同时，还协助相关部门查处校园周边游商地摊16处，全年收缴盗版教材、教辅图书3 000余册。

4. **开展查堵源头专项行动，封堵印刷环节漏洞**。为有效打击制售盗版出版物等非法行为，从源头治理出版物市场，省版权局在相关管理部门的配合下，严查印刷企业违法违规印刷活动，先后查处了双华印刷厂违规印刷案、红炎印刷厂非法盗印音乐教材案等多起案件，其中“7·15”红炎印刷厂非法盗印音乐教材案被移送公安机关追究其刑事责任。

5. **组织开展打击制售盗版教材教辅图书专项行动**。根据国家版权局统一安排，2009年省版权局组织开展全省教材教辅图书市场集中清理整顿：8月中旬开始重点检查印刷复制单位，特别是城乡接合部的中小型印刷企业；8月下旬重点检查教材教辅图书集中经营场所，查明货源，查清教材教辅相关发行手续；9月上旬重点检查各中小学校，查明教材教辅进货渠道和相关手续。各地版权行政管理部门积极争取当地教育管理部门的支持与配合，组织执法人员对辖区复制、发行单位及中小学校进行了全面检查，并通过新闻媒体宣传版权法律法规，提高了广大中小学师生和社会公众的版权保护意识。

6. **组织开展打击网络侵权盗版专项行动**。根据国家版权局的统一部署，黑龙江省版权局与省公安厅、省通信管理局制订了《黑龙江省2009年打击网络侵权盗版专项治理行动方案》，从8月到11月，在全省组织开展打击网络侵权盗版专项治理行动。围绕网络影视传播、文学网站、网络新闻转载等重点领域，加强对75家重点网站的监管。在此次专项行动中，省版权局共接到并处理各类投诉16起，关闭了“华人音乐网”、“西山影院”、“音乐在线”、“音乐宝贝”等4家网站。

7. 全面启动卡拉OK版权收费工作。2009年3月27日，哈尔滨市版权局向两家大型卡拉OK场所下发“关于涉嫌侵犯著作权进行调查的通知书”，这标志着黑龙江省开始全面启动卡拉OK版权收费工作，一场大规模的“维权风暴”在全省掀起。4月到5月，一家音乐公司以涉嫌侵犯其音乐版权将哈尔滨市两家娱乐场所告上法庭，这是自2007年1月1日国家颁布《卡拉OK经营行业版权使用费标准》以来，黑龙江省首批被起诉的卡拉OK经营场所。卡拉OK版权收费工作的大规模启动，对于深化社会公众的版权保护意识、维护著作权人的合法权益起到了积极的教育示范作用。

2009年，黑龙江省版权管理部门共收缴各类非法出版物459 119册（盘），其中盗版音像制品95 545盘，盗版软件及电子出版物17 062余盘，盗版图书、教材教辅读物346 512册，取缔违法经营单位222处，查获地下窝点17家，行政立案处罚案件37起，移送公安机关追究刑事责任案件2起。

三、推进企业软件正版化工作

2009年初，黑龙江省政府将推进企业软件正版化工作列为省政府督办工作项目。省版权局作为牵头部门，积极协调省软件正版化工作领导小组各成员单位，按照省政府督查室的工作任务分解计划，落实工作目标。在省版权局主要领导的协调下，组织召开了由主管副省长参加的督办工作会议，对推进黑龙江省企业软件正版化工作提出了具体实施意见。版权局的工作人员在主管局领导的带领下走访企业，落实省版权局承担的省政府督查室分解的工作任务，根据黑龙江省企业软件正版化工作的实际，在自愿参评、综合考核的基础上，向国家版权局推荐了黑龙江省齐重数控装备股份有限责任公司、黑河辰能西沟水电有限责任公司等8家企业为软件正版化工作先进企业。

根据国家版权局的统一部署，结合2009年黑龙江省的经济形势和实际情况，省版权局拟定了《黑龙江省推进新闻出版行业使用正版软件工作实施方案》，报省软件正版化工作领导小组同意，经省政府批准，于8月下发各市（地）人民政府、新闻出版（版权）局及相关企事业单位，在新闻出版单位、出版物印刷企业、地市级以上新华书店和民营书刊批发单位积极稳妥地推进软件正版化。

四、提高版权公共服务水平

2009年，黑龙江省各级版权行政管理部门共登记图书版权合同112件、文学作品99件、音乐作品90件、美术作品28件、摄影作品2件、影视作品4件、设计图8件、地图4件、其他7件。

7月23日，黑龙江省版权局组织省内版权相关产业的单位召开了省版权贸易与版权保护座谈会，围绕版权贸易与版权保护两个主题展开讨论，对于提高全省版权保护水平，引导企业实施“走出去”战略，进行了认真研讨，并提出了具体的实施意见。

（闫　石）

上　海　市

2009年是上海市全面贯彻实施《国家知识产权战略纲要》的第一年，更是备战世博会的冲刺年，上海市版权局在国家版权局和上海市委、市政府的领导下，在市知识产权联席会议办公室的统一协调下，认真贯彻实施《国家知识产权战略纲要》和市政府《关于实施〈国家知识产权战略纲要〉的若干意见》，按照国家版权局推进版权工作六大体系建设的要求以及2009年上海版权工作要求，紧紧围绕上海改革开放和经济建设大局，坚持一手抓版权保护、一手抓版权产业发展服务的工作方针，着力加强版权执法，大力推进版权公共服务体系建设，为世博会成功举办、为促进版权产业发展作出了积极贡献。

一、主动服务世博，版权净化工程取得新成果

2009年，上海市各相关管理和执法部门紧紧围绕加强世博会版权保护的目标，继续发挥相互协作、联合作战的优良传统，以实施专项行动为重点，推进实施世博版权净化工程，各项工作取得重要进展。市版权局、市文化市场行政执法总队、市城管执法局、市城市交通行政执法总队等部门联合开展版权保护专项执法行动和“迎世博反盗版护城工程”，针对制售盗版制品集中的场所以及各进出上海的公路道口和打包托运站等重点区域，进行集中查堵整治工作，共查堵拦截35次（批），缴获116万张盗版制品，进一步规范了市场经营秩序。上海世博会出版物市场整治与版权保护专项治理行动也取得阶段性成果。从 2009 年 3 月开始，上海市区两级执法部门共出动检查人员 6 559 人次，检查出版物市场中店档摊点 3 230 个，检查印刷复制企业 762 家次，取缔关闭出版物市场中店档摊点 229 个；查办侵权盗版出版物案件 59 起；查缴盗版音像制品 70 余万件，盗版图书 3.2 万册，盗版电子出版物 6 153 份。

9 月，为了迎接世博会、净化市场空间、营造正版氛围，集中整治上海市窗口地区盗版地图销售的状况。上海市版权局会同上海市测绘院，对上海南站的南北广场、南浦大桥旅游集散中心周边地区、沪太路长途汽车站周边地区进行突击检查。在检查的 20 多家商店、摊位、报亭中，有十几家被查到违法销售盗版地图，共查获、收缴 3 个种类的盗版地图约 600 多张。

另外，为了提升上海版权保护与服务水平，预防发生重大世博会版权侵权事件，积极有效地应对突发性重大版权侵权行为，根据《保护世博会知识产权专项行动方案》的要求与部署，上海市版权局拟定了《上海市版权局保护世博会版权专项行动计划》与《世博会版权突发事件预警应急方案》。

在市版权局的积极推动下，上海世博会事务协调局与中国音乐著作权协会签署了《中国 2010 年上海世博会音乐著作权合作备忘录》，世博会使用音乐作品授权和版权费问题得到了成功解决。为了给世博会版权服务提供全面的基础支撑，市版权局和上海版权服务中心建立了与世博会参展者知识产权服务中心对接的工作机制。本着“高效便捷”的原则，市版权局为世博会版权作品的自愿登记及合同备案开辟“绿色通道”，进一步提高工作效率，帮助世博会参展方及相关权利人维权，有效预防并降低版权侵权风险。最后，上海市版权局还联合江浙两省版权管理部门，组建长三角区域世博会版权法律专家咨询组，为世博会举办地和分论坛所在地提供有关版权法律咨询服务。

2009 年，上海市版权局开展了一系列以世博版权为主题的宣传教育活动。除了按照国家版权局的部署，策划组织“4·26”知识产权宣传周版权保护主题教育活动外，市版权局还联合上海市法院系统连续多年开展年度上海十大版权典型案件的推选，并在知识产权宣传周期间通过媒体向社会公布，形成较大社会反响。4 月 22 日，上海市举行了侵权盗版及非法出版物集中销毁活动，现场共销毁侵权盗版音像制品、盗版软件及电子出版物 12.5 万件；在宣传周期间，市版权局还启动了上海“绿书签行动 2010”，倡导公众加入正版行列，并组织上海市主要网络媒体，开展世博会网络版权保护主题宣传活动，提高广大网民的世博会版权保护意识。

二、版权执法和版权保护工作有新进展

2009 年，上海市版权局共接到侵权盗版举报投诉案件线索超百起，检查经营单位 81 家，作出行政处罚案件 20 起，收缴违法所得和罚款共计 161 000 元，收缴地图、电子出版物、软件、图书等盗版制品 25 489 册（张）。

在开展打击网络侵权盗版与非法预装计算机软件专项治理行动中，上海市成立了由市版权局、市通信管理局、市文化市场行政执法总队以及市网宣办等五部门组成的上海市网络版权综合治理领导小组，发挥联合执法优势，提高行政监管效能，进一步加强互联网版权市场的综合治理，初步建立网络版权保护长效治理机制。

2009 年，上海市版权局结合知识产权示范企业创建活动开展企业使用正版软件工作，在知识产权示范企业的创建工作中，把使用正版软件作为硬指标，不达标的企业将“一票否决”，不能被评定为知识产权示范企业。在参与争创的 91 家企业中，大多数企业都达到了使用正版软件的要求，少数未达标的企业在“推进办”的指导下制订了使用正版软件的计划方案。上海版权保护协会还与美国商业软件联盟、日本计算机软件著作权协会联合举办了“上海市（日资）企业使用正版软件守法诚信企业授牌活动”，该项活动主要面向日本上市公司在华分公司或合资企业，30 多家参与企业在活动过程中提高了使用正版软件的理念和意识，规范了企业软件资产管理的流程，其中 7 家企业经考核获第一批授牌。该项活动引起的反响较为积极，效果很好。

2009 年，上海市版权局开展企业使用正版软件工作取得了一定的成效，上海软件版权保护的环境不断改善，微软、Autodesk 等国际知名软件和金山、中标、中望等国产软件在上海的销售额均占全国的 15%～20%，远高于上海的 GDP 占全国的份额，充分反映了上海市大部分企业无论是从正版化意识还是对国产软件的认同方面都是走在中国前列的，这也反映了上海推进企业使用正版软件工作的情况也比较好。

2009 年年底，国家推进企业使用正版软件工作部际联席会议派检查组对上海市推进企业使用正版软件工作的情况进行了专项督导检查，对上海市企业使用正版软件工作给予了高度评价。

三、长三角区域版权协作实现新突破

2009年，江浙沪两省一市版权局建立了长三角区域城市版权工作协作网，以及区域版权相关产业发展协作、版权侵权投诉异地受理、版权行政执法调查取证协作、跨省市重大侵权案件联合执法等机制。为做好世博会版权保护工作，三地版权管理部门还建立了长三角区域世博会版权行政执法快速反应机制，联合组建了世博会版权法律专家咨询组。在上海世博会举办期间，三地版权管理部门将加强配合，及时查处有关侵犯上海世博会会徽、会歌、吉祥物、口号及参赛作品版权的侵权行为，积极防范和查处损害国家利益和形象的重大侵权盗版活动，为上海世博会营造良好的知识产权保护环境。

四、版权公共服务建设开创新局面

为了建立健全版权公共服务政策体系，上海市版权局先后制定《版权服务工作站扶持和指导办法》、《上海市版权公开交易管理办法》等规范性文件，积极推进版权质押评估管理办法和技术规范的研究制定。鼓励计算机软件登记，推进上海市软件著作权登记资助，2009年共资助软件著作权登记5 000多件。组织出版企业申报“中国图书对外推广计划”项目，共有2批39种出版物入选。指导相关企业积极参加“上海市知识产权示范企业创建活动”，在创建活动中实现跨越式发展。加强产业信息发布，组织开展版权产业统计，在全国率先完成并发布《上海版权产业报告（2004—2007年）》。

为了拓展服务职能，延伸服务领域，2009年，上海市版权局在长宁、徐汇、杨浦、虹口四个区和浦东新区设立了第一批5家版权服务工作站，活跃在文化创意园区、数字出版基地、软件开发园区等版权产业集聚区，为企业提供版权公共服务。此外，版权局还进一步规范作品登记和合同备案流程，提高服务质量和效率。2009年共为上海市权利人办理软件著作权登记5 475件，同比增长15.78%；其他作品登记2 217件，同比增长142%。为了鼓励和支持行业协会、集体管理组织等中介组织广泛参与版权社会服务，市版权局启动了上海版权中介服务业发展情况调研项目，并积极筹建上海版权服务中心、上海版权综合信息平台等，为社会和公众提供版权公益服务。

6月15日，上海版权交易中心正式挂牌运营。上海版权交易中心将依托上海文化产权交易所搭建的版权交易技术平台，组织开展版权的许可使用和转让交易，也包括以版权为主要资产的企业的产权、股权交易，以及与版权有关的权利交易。2009年，上海版权交易中心实现融资、股权转让、咨询服务等各类文化产权交易11.5亿元，实现主营业务利润84.05万元。探索建立版权质押融资工作机制，杨浦、闵行、浦东等区已取得成功经验。上海市鼓励支持区县政府部门参与版权基础建设，浦东、杨浦、长宁、虹口、徐汇、卢湾、闸北、普陀等区政府结合区域特色，不断完善各项服务配套设施，大力推进版权相关产业基地建设，形成各具特色的版权产业集群。加强版权贸易平台建设，大力培育版权贸易市场，力促上海成为全国版权贸易的重要集聚地。重视版权交易渠道，支持相关产业参加版权相关展会，积极推进涉外版权贸易。在第16届北京国际图书博览会和第61届法兰克福书展上，上海展团接连实现版权输出的“顺差”。2009年，上海市出版物、影视、软件等对外版权贸易稳步发展，共达成涉外版权贸易2 839项，其中版权引进1 634项，版权输出1 205项，版权贸易成果位居全国前列。相关单位不断创新版权贸易方式方法，形成了多元化的版权贸易渠道，2009年有35种图书和20种图书分别被评为市“优秀输出版图书”和“引进版图书”。企业版权管理工作得到加强，东方传媒集团（原文广新闻传媒集团，SMG）、盛大文学等企业组建版权中心，建立版权管理和运营机制，为企业发展注入了新的竞争活力。

五、版权行政管理体系建设取得新成果

按照“横向理顺关系，明确定位；纵向落实责任，加强力量”的要求，上海市版权局、“扫黄打非”办、公安、文化执法等部门加强沟通合作，整合行政执法资源，形成联合执法的常态机制。同时，区县版权管理体系试点工作逐步推进，杨浦、长宁、虹口、浦东等试点区积极推进版权管理机构建设，浦东新区和杨浦区政府在新一轮政府机构“三定”改革中，将版权工作职责明确纳入区文化（文广）局工作职责中，并在区文化（文广）局增设版权管理部门。

（王　骞）

江　苏　省

2009年，江苏省版权局认真落实国家版权局和省委、省政府对知识产权保护工作的总体要求，以提高版权工作水平为目标，围绕工作大局，创新工作方式，突出工作重点，转变工作作风，不断提高版权管理和服务水平，促进科技文化创新，推动版权产业发展，为全省“两个率先”——率先全面建成小康社会、率先基本实现现代化，作出了应有的贡献。

一、抓好典型，服务发展，圆满完成世界知识产权组织南通优秀案例示范点调研工作

3月26日，国家版权局与世界知识产权组织在江苏省南通市举行了“世界知识产权组织版权保护优秀案例示范点调研项目专家会议暨合作协议签约仪式”，标志着南通调研项目正式启动。世界知识产权组织官员对调研的方式、内容和时间安排提出了具体要求。根据国家版权局要求，于4月初成立了调研组，制定了调研计划和提纲，并提交中方专家进行了修改审定。4～6月，调研组根据协议精神和调研计划，多次赴南通组织实施调研任务，7月如期完成调研报告的初稿；在此基础上，进一步听取地方党委、政府的意见，9月完成征求意见稿，召开了专家论证会。10～11月，对调研报告进行了反复修改并报国家版权局审定通过。12月10～12日，应世界知识产权组织创意产业司司长根切夫的邀请，受国家版权局委托，省版权局局长徐毅英率中国版权代表团一行11人专程赴日内瓦访问世界知识产权组织总部，正式向世界知识产权组织提交《南通家纺市场版权保护调研报告》。该组织副总干事王彬颖、助理总干事克拉克分别会见了代表团全体成员；创意产业司司长根切夫博士组织有关专家听取了调研情况的汇报，并对此项调研在预定的时间内保质保量成功实施给予积极评价。

二、讲究方法，普及法律法规，扎实推进企业使用正版软件工作

协调省使用正版软件工作领导小组及其办公室各有关部门，按职责抓好重点企业正版软件的安装使用和检查验收、表彰奖励工作。4月召开了25家被投诉企业座谈会，5月上门走访了7家整改缓慢的企业。6月开展了“企业使用正版化软件示范单位”评选工作，共评出推荐给国家版权局表彰的先进单位15个。12月省使用正版软件工作领导小组办公室举办了33家企业参加的软件正版化培训班。各市根据本地实际制定了相应的正版化工作计划，并认真组织实施。苏州市采用资金资助的方式引导本地企事业单位使用正版软件，完善软件资产管理制度，提高软件使用效益，全年共推进106家企业完成了正版化。淮安市对年内计划完成的46家企业进行了检查验收，除1家企业因搬迁停产外，其余45家企业均完成正版化。徐州市把推进重点放在工程机械行业和勘察设计单位，全年完成19家企业的软件正版化。连云港市新推进了20家制造业企业使用正版软件，新增正版化投入资金超过300万元。昆山市制定并实施了《昆山市企业软件正版化资助项目与示范单位评定奖励暂行办法》，对15家软件正版化工作成绩显著的企业给予了资金奖励。2009年，江苏省由各市局牵头共举办企业使用正版软件培训班21期，参加培训企业698家、1 032人次；完成自查自纠企业341家，列入年度阶段性目标企业292家，完成检查验收214家，督查企业247家，查处企业7家。

三、强化监管，注重实效，依法查处各类侵权盗版案件

2009年全省各级版权行政部门坚持日常监管与专项治理相结合，认真履行社会监管职责，始终保持对侵权盗版的高压态势，严密组织，突出重点，依法查处，成效显著。根据国家版权局、公安部、工业和信息化部统一部署，省版权局会同省公安厅、省通信管理局，在全省范围内深入开展了打击网络侵权盗版专项行动，共查处网络侵权盗版案件102起，责令停止侵权176家，关闭网站102个，没收服务器14台，罚款41.4万元，移送公安机关7起。先后协调南通、扬州、镇江市版权局查处3起“天龙八部”私服案，没收了服务器，维护了权利人的合法权益，北京畅游公司（搜狐网）对省版权局严厉打击“私服”“外挂”表示感谢，赠送了“版权卫士，大公无私”的锦旗。根据苏州大学出版社投诉，省版权局查获南京中译图书有限公司销售盗版苏大版计算机类图书11种9 800余册，码洋18万余元，应苏大社要求，经调解，侵权销售者赔偿苏大社经济损失31万元。根据福建省版权局协查请求，江苏省版权局在全省范围内组织开展了为期20天的查处“中华魔域”私服案件；根据美国电影协会和电影频道的投诉，查处了“旺旺影院”和“NETEIGA”网站侵权播映影片案。2009年9月，省版权局在淮安市召开了打击网络侵权盗版专项行动总结会暨2008年度全国版权执法先进表彰会，江苏省受国家版权局表彰的有功单位8个、有功个人6名，在全国居于前列。

2009年全省共查办行政处罚案件108起，移送公安机关14起，收缴各类侵权盗版制品273.174 4

万册（张），罚款90.19万元，在执法力度不减的情况下同比均呈下降趋势。

四、研究问题，完善措施，着力加强版权服务，促进版权产业繁荣有序发展

认真做好出版合同检查调研工作。省版权局对全省出版社近年来签订的出版合同进行了检查和调研，撰写了调研报告，回顾和总结近年来图书出版合同管理的经验和遇到的问题，并提出下一步工作思路，为出版单位提供指导和服务。会同上海市和浙江省版权局签署了《关于建立长三角区域版权保护和版权服务协作机制的合作协议》，搭建了长三角区域版权业互相促进、共同繁荣、科学发展的合作平台。

抓好江苏省版权综合服务中心信息平台建设。2009年上半年对平台建设进行了调研和规划，下半年完成了平台的招标、签约和软、硬件采购工作，年底前完成了第一期系统研发工作，平台正处于测试阶段，2010年上半年正式启动运行。建成后的信息平台，将是全国第一个集版权登记、版权信息管理、版权贸易、作品检索、版权鉴定和反盗版于一体的省级版权综合服务平台，对于促进版权产业的发展将发挥重要作用。

全年共受理一般作品登记6 077件，同比增长11.2%；计算机软件著作权登记4 321件，同比增长47.2%；著作权合同备案登记600件，同比增长37.9%。

五、推进立法，普及法规，公众版权保护意识不断增强

扎实推进版权地方立法工作。2009年初，省版权局就《江苏省著作权保护与促进条例（草案）》（以下简称《条例》）召开了专家论证会，确定了第一稿送审稿。积极与省人大相关部门和省政府法制办沟通协调，省人大科教文委和省版权局共同启动了该项法规的调研。调研后，根据省人大科教文委的建议，省版权局将《条例》改成《办法》，申请列入省政府2010年行政立法计划。

制定实施《著作权合同备案试行办法》，向社会提供著作权合同备案服务，全年软件企业共申请了85份计算机软件著作权合同备案。

扎实开展“保护知识产权宣传周”活动。全省各市紧紧围绕“文化·战略·发展”这一主题，在“4·26”保护知识产权宣传周期间，举行“打击侵权盗版，保护知识产权”签名暨“绿书签”发放活动。宣传活动以面向群众、街头宣传为主，以“尊重知识、崇尚创新、诚信守法”为主要内容，着重围绕六个方面展开：一是宣传国家鼓励自主创新和知识产权保护的政策措施；二是宣传知识产权法律法规知识；三是宣传知识产权保护取得的成果和典型案例；四是宣传企业创造自主品牌和自主知识产权的成就；五是宣传相关部门在指导推进企业知识产权建设等方面所做的工作及取得的成效；六是公开销毁非法出版物、盗版音像制品、盗版软件。在宣传周期间，全省各版权部门共发放宣传资料36 500份。组织全省101所学校的中小学生参加了“全国青少年版权保护读书活动暨版权保护知识竞赛”，全省收回有效答卷51 221份，共获得组织奖22个、一等奖5个、二等奖28个、三等奖46个，居全国前列。

六、精心组织，缜密筹划，加强版权贸易基础建设，全面展示版权产业发展成果

2009年9月，省版权局组织相关单位参加了第16届北京国际图书博览会，充分利用国际版权贸易研讨会平台，结合江苏出版“走出去”活动的开展，积极推动版权贸易。全省共有参展单位16家，展台24个，参展图书1 200多种。签订版权贸易合同515项，比上年增长49.28%，位居全国第二。其中，引进121项，位居全国第一；输出99项，位居全国第二；达成合作意向295种，比上年增长26.96%。

协助做好第四届南京国际软件博览会的相关工作，重点做好展会期间的著作权法宣传普及、执法监督以及软件作品登记和相关咨询工作。

10月下旬，组织南通、苏州、昆山等地25家企业参加了第二届中国国际版权博览会。在这次博览会上，江苏省参展团队规格最高、面积最大（占地318平方米），全方位展示了江苏版权管理、服务和版权产业发展的情况，展台特色鲜明、展品丰富多彩、展示亮点突出，成为博览会上最吸引人的展区之一。全国人大常委会副委员长路甬祥，世界知识产权组织副总干事王彬颖，国家版权局局长柳斌杰、副局长阎晓宏先后莅临江苏展区参观。王彬颖女士专为昆山蚂蚁童车题词“蚂蚁小轮车，多拉快跑向世界”，蚂蚁公司成交订单200多万元，42部展示样车被抢购一空。

指导、协调、规范省版权协会、凤凰版权事务公司和有关群众性维权社团的工作。省版权协会、凤凰版权事务公司全年共完成各类著作权登记1 399件，同比增长53.9%。省版权协会全年共举办著作权登记、版权保护监督员、青少年版权保护、合法使用音乐作品、网络作品供需交流等各类专题培训6期、2 775人次。

（谭松枝）

浙 江 省

2009年，浙江省版权局在国家版权局和浙江省委、省政府的领导和支持下，深入学习实践科学发展观，按照“创业富民、创新强省”总战略，将版权保护作为切实维护国家、企业和权利人利益的重要工作抓紧抓好，继续为浙江省经济发展、社会进步、文化繁荣作出了贡献。

一、继续稳步推进全省企业软件正版化工作，重点行业首批骨干企业软件正版化工作任务基本完成

按照省使用正版软件工作领导小组的要求和全省第二批企业软件正版化工作的具体安排，作为省使用正版软件工作领导小组成员单位的省版权局、省经贸委、省外经贸厅、省国资委、省工商联等组成联合检查验收组，分期分批对全省11个市第二批推进软件正版化工作的企业进行了检查验收。为更好地促进全省各县（市、区）企业软件正版化工作的开展，此次检查验收的27家企业都在县一级。在检查中，各市、县（市、区）使用正版软件工作领导小组及其办公室都作了认真汇报，对工作中遇到的问题，尤其是金融危机给部分企业带来的困难进行了汇报和分析。从检查的总体情况看，除极少数纯外向型企业由于受金融危机影响较大面临生存困境外，列入2008年第二批软件正版化名单的300多家企业绝大多数工作进展良好，全省第二批推进企业软件正版化任务基本完成。

2009年，浙江省按照中央有关精神，确定了推进重点行业企业软件正版化工作目标。省政府副秘书长、省使用正版软件工作领导小组副组长冯波声召集省版权局、省经信委、省建设厅、省工商局、省旅游局等有关部门以及省勘察设计行业协会、省饭店业协会、省广告协会、省软件行业协会有关负责人，召开了全省推进重点行业企业软件正版化工作协调会。会议确定了下一步深入推进软件正版化的重点行业，明确省政府各有关主管部门及相关行业协会的职责分工。省政府六部门随即联合下发了《浙江省推进重点行业软件正版化工作实施方案》。从8月下旬到9月下旬，对组织列入第一批重点行业软件正版化名单的近200家企业召开了5次动员培训会。全省推进重点行业软件正版化工作稳步展开，并形成了“统一领导、行业监管、属地管理、协会辅助”的工作格局。12月24～25日，由国家版权局、工业和信息化部、银监会、证监会等部门人员组成的企业软件正版化督导检查组，对浙江省开展全省企业软件正版化工作情况进行督导检查，听取浙江省近三年开展企业软件正版化工作的专题汇报，实地抽查了浙江东南网架股份有限公司、浙江中控技术股份有限公司等企业。中央督导检查组对浙江省几年来开展企业软件正版化工作的思路和做法表示充分肯定，并对取得的工作成绩给予了高度评价。

二、组织开展“4·26”知识产权宣传周活动，协调建立长三角版权协作机制

4月24日，浙江省版权局和杭州市版权局一起在杭州颐高数码广场举行浙江省暨杭州市“4·26”世界知识产权日版权宣传活动启动仪式。省、市版权局领导分别讲话，学生代表宣读“拒绝盗版，从我做起”倡议书，公众在“拒绝盗版，从我做起”宣传横幅上签名，并向参加活动的市民和学生赠送“拒绝盗版，从我做起”绿书签，张贴了“拒绝盗版，从我做起”海报。“4·26”知识产权宣传周期间，全省其他市、县（市、区）也大都通过制作宣传展板、发放版权手册、手机公益短信、免费咨询等形式开展了丰富多彩的宣传活动。

积极参与举办长三角地区知识产权发展与保护新闻发布会。4月下旬，由江、浙、沪两省一市知识产权领导小组（联席会议）办公室携版权、专利、商标行政管理部门及公安、海关、法院共同在上海举办新闻发布会，并与中外企业代表进行对话。在此之前，浙江、江苏、上海两省一市版权局经过多次协商讨论，共同签署了《关于建立长三角区域版权保护和版权服务协作机制的合作协议》。协议内容包括：建立两省一市版权工作联席会议制度、建立长三角区域城市版权工作协作网、建立长三角区域版权相关产业发展协作机制、建立版权侵权投诉异地受理机制、建立版权行政执法调查取证协助机制、建立跨省市重大侵权案件联合执法机制、建立和推动版权合同备案及作品登记就近办理机制、建立版权公共服务资源共建共享机制、建立长三角区域版权对外交流与合作机制、建立世博会区域版权保护快速反应机制等十个方面。

三、普及宣传《浙江省著作权管理办法》，开展全省著作权知识竞赛活动

4～6月，为配合2009年1月1日开始施行的

《浙江省著作权管理办法》的普及宣传，由省版权局主办，省版权协会、《钱江晚报》协办开展了全省性的著作权知识竞赛活动，竞赛活动题目全部出自《浙江省著作权管理办法》。本次竞赛活动为普及著作权法律法规起到了很好的促进作用，除了大量社会公众踊跃参加之外，许多单位还积极组织人员集体参赛，不少社会公众专门向知识竞赛办公室来信来电进行咨询，使竞赛活动取得了预期的普法效果。整个竞赛期间，共收到有效答卷7 848份，经认真评选和公证抽奖，评选出优秀组织奖单位10个，公证抽出一等奖3名、二等奖20名、三等奖50名和纪念奖300名，分别给予精神和物质奖励。

另外，省版权局还在《浙江法制报》上以答记者问的形式详细解读了《浙江省著作权管理办法》，并在《浙江日报》、《钱江晚报》上全文刊登了该办法。

四、组织开展打击网络侵权盗版专项治理行动

8～11月，根据国家版权局、公安部、工业和信息化部制订的《2009年打击网络侵权盗版专项治理行动方案》要求，省版权局会同省公安厅、省通信管理局部署开展了全省打击网络侵权盗版专项行动。据统计，专项治理行动期间，全省各级版权行政管理部门共受理上级移交和自行收集的案件线索共47个，涉及服务器50台。其中，国家版权局交办的案件13起，各级版权行政管理部门自行收集34起；有40起案件已经结案（其中行政处罚8起，没收违法所得29.25万元，共计罚款5.16万元）；关闭违法网站24个。主要案件查处情况如下：

1. 淘宝网上销售《朱镕基答记者问》盗版图书案。9月10日，省版权局接到国家版权局通知，要求核查105家在淘宝网销售《朱镕基答记者问》盗版图书的店家有关信息。在认真分析淘宝网上违法销售盗版图书的情况后，根据中央专案组的要求，省版权局对此案作出了认真处理。经杭州、温州两地版权行政管理部门查实，陆某某等7名卖家通过淘宝网网店共销售侵权盗版出版物《朱镕基答记者问》170本。两地版权行政管理部门随后分别对涉案人作出相应的处理。

2. “炎黄互动”案。10月15日，省版权局接国家版权局移转函，称“炎黄互动”网站涉嫌侵权。金华市文化广电新闻出版局对该公司作出停止侵权行为、罚款4 000元的行政处罚。

3. “八宝音乐”案。湖州市文化广电新闻出版局根据当事人举报，查实杭州锐科漫德信息科技有限公司开设的“八宝音乐”网站（www.8box.cn）未经权利人许可，擅自将权利人拥有版权的音乐作品通过互联网向公众传播，湖州市文化广电新闻出版局对该公司作出责令停止侵权、罚款15 000元的行政处罚。

4. “天龙八部网络游戏”案。绍兴市文化广电新闻出版局接北京畅游时代数码技术有限公司投诉，称宁波揽众网络有限公司未经同意，私设服务器，侵犯了该公司的著作权。经查实后，绍兴市文化广电新闻出版局对该公司作出停止侵权行为、罚款20 000元的行政处罚。

5. 12月1日，根据淘宝网提供的线索，省版权局向湖州市文化广电新闻出版局交办了淘宝网卖家tamgche（店铺名：四而书屋）涉嫌销售盗版图书的案件。在查清事实的基础上，湖州市文化广电新闻出版局对侵权行为人作出了责令停止侵权行为、罚款10万元的行政处罚。

据统计，2009年浙江全省各地共查办版权侵权案件90起，其中行政处罚47起，没收违法所得8 129.25元，罚款232 500元，移送公安机关1起，关闭违法侵权网站28个。

五、开展对外交流合作活动，推动出版“走出去”步伐

5月下旬至6月初，省版权局会同省政府新闻办组织了浙江省版权贸易代表团访问美国，与美国出版业同行开展了一系列版权合作及图书出版发行交流活动。5月28日，“2009美国浙江版权贸易图书展”在纽约法拉盛新华书店举行，近千种浙版新书同时亮相。继《灿烂佛宫》之后，浙江少儿出版社又与美方出版社正式签订了《海宝传奇》（四册）的版权输出协议，这是浙版原创动漫图书首次以英文版形式在美国出版。《绘本中国故事》全套12本的翻译工作也取得新进展。浙江版权贸易代表团访美，引起了美国主要华文媒体的关注，《世界日报》、《星岛日报》、美国中文电视及英文报纸《拉斯亚图市报》等对代表团在美的交流活动均作了报道。

在省版权局的精心组织下，全省14家图书出版社及浙江华硕国际贸易有限责任公司、浙江广博集团有限公司9月上旬集体亮相北京国际图书博览会，1 200多种浙版精品图书在博览会上集中展示。据统计，博览会期间，浙江省出版社与美国、意大利、韩国、越南以及港台地区的出版机构签订了5项版权引进合同、6项版权输出合同、4项合作出版合同，达成版权引进意向 174 项、版权输出意向 221 项，合同签约数、意向数都超过往届博览会。

六、组织举办全省出版社、报刊社版权保护培训班

8 月 10～12 日，省版权局、省版权协会在杭州举办了全省出版社版权保护和版权贸易培训班、全省报刊社版权保护培训班。全省 18 家出版社和 50 多家报刊社的相关负责人近 100 人参加了培训。此次培训的目的，是全面回顾近年来全省版权保护和版权贸易工作情况，分析形势，加强对著作权法律法规包括 2009 年 1 月起施行的《浙江省著作权管理办法》的学习，进一步增强全省出版单位版权保护意识，更好地维护自身合法权益，预防和减少侵权问题的发生，同时加快浙江新闻出版业“走出去”步伐。本次培训内容丰富，授课教师分别就版权保护面临的形势和任务、著作权法律法规释疑、英语编辑的有关问题和涉外选题策划、版权贸易、报刊社版权保护、文字著作权集体管理及案例分析、出版合同问题等内容进行了精彩讲解。全体学员上课专心致志、提问积极踊跃、考试严肃认真，解决了出版单位许多实际工作中碰到的疑难问题。

七、改组成立浙江省版权协会，各项工作渐有起色

为切实完善浙江省版权创新、版权保护和版权服务体系建设，促进全省版权相关产业又好又快发展，在认真总结省反盗版联合会工作的基础上，经过半年多时间的筹备，顺利改组成立浙江省版权协会。3 月 31 日，浙江省版权协会第一次会员代表大会在杭州召开。会议通过了协会章程，选举产生了首届省版权协会的领导机构和工作机构。省版权局副局长单烈当选首届省版权协会会长。省版权局局长钟桂松、省政府副秘书长冯波声出席会议并讲话。来自全省政府各有关部门、学术团体、行业协会和版权产业界的代表共 110 多人参加会议。协会更名改组之后开展了许多工作，如作为《浙江省著作权管理办法》知识竞赛协办单位，省版权协会积极开展答题统计回收、评阅和奖金奖品发放等具体工作；会同省版权局组织开展了版权保护和版权贸易培训班；召开了 2009 年省版权协会理事会；编印了两期协会会刊。

2009 年开始，省版权协会下设的浙江版权服务中心受省版权局委托，具体承担了全省作品自愿登记的受理、审核和代发证书工作。截至 12 月底，共登记除计算机软件外的其他各类作品 6 815 件，再创历史新高。中国版权保护中心数据显示，2009 年浙江省共登记软件 4 759 件，比上年增长 15.2%，居全国第四。

2009 年，省版权局共核准登记出版境外图书合同 147 件，办理涉外音像制品、电子出版物、图书出版物和计算机软件合同登记 604 件。此外，还接待了大量来人、来电、来函和网上咨询。

（王少杰）

安 徽 省

2009 年，安徽省版权局深入贯彻落实科学发展观，以提高版权工作水平为目标，创新工作方式，突出工作重点，提高服务管理水平，紧紧围绕促进经济发展和文化繁荣，推动版权工作向纵深发展。

一、推进制度创新，版权法规体系和制度建设有新进展

版权法律制度建设是版权保护的基础性工作。2009 年，安徽省版权局为《著作权行政处罚实施办法》、《教科书法定许可付酬办法》、《广播电台电视台播放录音制品支付报酬暂行办法》等法规的起草、修订和实施工作积极建言献策；为《安徽省黄梅戏作品著作权管理办法》的起草做了大量工作，取得了明显成效。

在认真调查研究的基础上，安徽省版权局开展了《安徽省黄梅戏作品著作权管理办法》（以下简称《办法》）初稿的修改论证工作，于 2009 年 8 月在巢湖召开了征求意见座谈会，来自相关部门及产业单位的近 30 名代表出席了会议。在认真整理、归纳、修正、充实各方面的意见和建议的基础上，形成《办法》的送审稿，报送省政府法制办，已经省政府批准立项。

此外，省版权局还组织编写了《安徽省版权保护手册》，收集汇编了与著作权保护有关的最新颁布的法律、法规、规章和政策性文件，为广大版权工作者和著作权人提供了必要的指导。

二、迎难而上，推进企业软件正版化工作有新举措

2009 年，省版权局针对全球金融危机和国内外市场受冲击的实际，认真筹划，创新工作方式，积极稳妥地推进软件正版化工作。为使企业使用正版软件工作顺利推进、取得实效，由安徽省版权局牵头成立的安徽省企业使用正版软件工作联席会议办公室联合下发了《2009 年安徽省企业使用正版软件工作实施方案》，把银行、保险、煤炭、旅游饭店、勘察设计等行业作为重点来抓。为此，制定了详尽的分批次培训计划，共举办相关培训班30余次，参训企业数量100多家，培训人数近200人；组织开展了5次大型企业调研、座谈活动，使企业增强了对版权保护工作的认同感；组织编写了四期工作简报，及时向国家版权局、各相关单位和企业通报情况，起到了良好的宣传、沟通、推动作用。目前企业的正版软件使用率明显提高，特别是大型国有企业正版软件的覆盖率显著增加，已有130家企业单位完成了使用正版软件工作。

12月23～24日，国务院推进企业使用正版软件工作督查组来安徽省检查企业使用正版软件工作，并深入徽商银行、华泰集团、马钢设计院等企业查看计算机的种类、数量和软件授权书等文件。在听取汇报和实地检查后，督查组一行对安徽省企业软件正版化工作给予了高度评价，认为该省工作扎实，成效明显，亮点颇多：一是结合省情创造性地、有针对性地开展工作；二是在建立长效机制上进行了有益的探索，一手抓用户、一手抓市场，很有特色，值得推广；三是初步开展了软件资产管理工作，这也正是2010年国家版权局将要重点推进的工作。

三、拓宽领域，版权行政执法工作有新成效

在2009年查办盗版大要案和打击软件、网络侵权盗版专项行动中，安徽省版权局精心组织、周密部署、创新工作模式、积极协调相关部门齐抓共管，始终保持对侵权盗版活动的高压态势，打掉了一批策划、制作、贩卖侵权盗版出版物的犯罪团伙，捣毁了一批制作、贩卖盗版出版物的窝点，摧毁了一批储存、运输、贩卖盗版出版物的网络，侦破了一批大案要案，严惩了一批违法犯罪分子，逐步建立完善行政执法机关向公安机关快速移送侵犯知识产权案件的制度，形成协调一致、运转高效的打击侵权盗版违法犯罪活动长效工作机制。2009年，安徽省版权局直接查处和成功指导、协调并参与查处22起侵权盗版大案要案，其中办结17起，移送司法机关4起，判决1起；共没收服务器17台、电脑5台、刻录机2台，罚款103.5万元。省版权局查办的“一点智慧”盗版软件案被国家版权局选入2009年全国网络侵权盗版十大典型案件。

1. 版权执法体系初步建立，执法队伍逐步优化。加大执法力度，提高执法水平，首要一条是加强对执法队伍的培训，进一步规范法律文书，严格办案程序，规范执法行为，防止“越位”乱作为和“缺位”不作为。2009年，安徽省版权局组织各市一线版权工作人员参加了9月召开的华东地区版权行政执法省际协作座谈会和国家版权局举办的全国基层版权执法培训工作会议，培训专业知识，交流工作经验，极大促进了全省版权执法工作。

2. 加强沟通协调，形成执法合力。在查处侵权行为、打击盗版分子过程中，省版权局十分重视以侦破国家版权局督办案件为契机，在执法中注意和公安、工商、“扫黄打非”等部门采取横向协调，与各地区相关部门采取纵向配合的方式开展联合执法，积极调动社会各方面力量做好版权执法工作。2009年在打击网络侵权盗版专项行动中，主动与公安部门、通信部门建立了“打击网络侵权盗版行动领导小组”，直接查办了网站私挂服务器、私自架设网络游戏服务器等网络侵权盗版案件，在社会上引起了强烈反响。2009年全省各级版权管理部门共检查各类经营单位800余家，取缔违法经营单位10余家，收缴各类盗版制品30余万件，严厉打击了侵权盗版等非法行为。

3. 积极查处利用高科技盗版案。4月，接到合肥两家网站销售“一点智慧”盗版软件的举报后，省版权局与合肥市版权、公安部门共同组成专案组，一举抓获销售侵权盗版软件的犯罪嫌疑人汪某和蒋某，当场查获盗版软件100余张、作案工具笔记本电脑1台、涉案赃款6万余元；并根据查获的案件线索，查获犯罪嫌疑人汪某私刻的新点软件有限公司公章和业务章各1枚、销售台账20本、新点盗版软件光盘200余张、加密锁55个、刻录机1台、电脑1台等涉案物品。根据销售台账提供的信息，已查实经济往来发生额累计达200余万元。该案目前已移送检察机关提起诉讼。

9月，省版权局深入太和县，对“太和‘9·11’高科技盗版案”进行查办和指导。这是一起利用校内电脑刻录机等设备从网上下载视频节目，私自刻录专辑，肆意盗版中央电视台春节晚会、同一首歌等节目，并进行网络销售的盗版案件。根据其店内的销售记录，共销售光盘达到26 000张，销售地区远至河南信阳、湖南株洲等地。版权执法人员会同公安部门迅速出击，查获盗版碟片约3 000张，收缴裸盘3 600张，没收刻录光盘的计算机2台，以及相关设备、盘面标签和涉及销售记录的账本等证据。目前该案已移送公安部门。

11月，省版权局具体指导阜阳市局对阜阳市两家网吧擅自安装上海网众无盘网吧系统管理软件案件进行查处。经过调查，这是一起网吧经营业主未经著作权人许可，故意删除或者改变软件著作权人的权利管理电子信息的侵权案件。

4. 联合“扫黄打非”办公室、省文化厅和教育厅转发《关于加强图书馆著作权保护工作的通知》，切实加强图书馆著作权保护工作，提高了图书馆的版权管理和版权保护水平，将版权保护向社会更深层次延伸。

四、加强宣传，营造良好版权保护社会氛围有新特点

在2009年的“3·15”消费者权益日、“4·26”世界知识产权日，安徽省版权局联系各地举办了报告会、研讨会、培训班、论坛，开展广场版权法律咨询，与安徽省消费者协会、安徽省委宣传部等11个部门和单位在安徽大剧院广场举办面向社会公众和青少年学生的普法宣传教育活动；认真组织收看国家版权局“版权在我身边”大型文艺晚会等宣传活动；公布了打击网络侵权盗版十大典型案例；会同省教育厅，对全省中小学教师宣讲数字版权法律知识；联合相关部门在全省成功组织开展了“安徽省知识产权知识竞赛”活动。

随着著作权意识的不断提高，安徽省著作权人和版权产业从业者用法律武器维护自己权益的意愿越来越强烈。根据这一特点，省版权局及时调整工作目标，加强相关的法律援助，服务安徽省的版权产业。

五、服务支持，促进版权相关产业健康发展有新经验

一是积极推动出版单位开展版权贸易。通过帮助出版单位研究制定版权输出战略，支持出版社成立对外合作机构，举办版权贸易培训班，提供版权贸易信息和版权法律知识咨询服务，推动了省版权贸易工作的有效开展。在2009年的北京国际图书博览会期间，安徽省出版社共签订版权贸易合同190项，达成版权贸易意向327项，版贸输出合同143项，数量居全国第一位。

二是深入开展调研，努力加强对重点、特色文化品牌的版权保护。安徽省版权局把黄梅戏作为版权产业的重点保护对象，寻计问策，配合有关部门组织对黄梅戏产业发展状况进行重点调研，提出建议并付诸实施。

三是拓展服务领域，改进服务方式，提高服务水平。2009年为全省版权产业单位和著作权人进行版权登记600余件，办理涉外版权合同140多件。

四是积极调解著作权纠纷，切实维护著作权人的合法权益。省版权局先后成功地调解了20余件侵权纠纷，受到了权利人的广泛好评和高度赞扬。

五是经安徽省版权局、安徽省版权保护协会积极推荐，安徽出版集团在11月20日被国家版权局、中国版权协会评选为“2009中国版权产业最具影响力企业”。

六是深入合作，共建安徽省版权教育示范基地。2009年7月24日，安徽省版权局和中国科技大学共建的“版权教育基地”正式揭牌成立。国家版权局副局长阎晓宏专门发来贺信。10月，与安徽省高院、中科大共同在安徽省版权教育基地举办一期网络著作权司法保护理论与实务培训班。省版权教育基地已开办首届版权法律硕士研究生课程班，培养高层次版权法律人才。

（吴安宁）

福　建　省

2009年，在福建省委、省政府和国家版权局的正确领导下，福建省版权局积极进取，不断开拓创新，做到了突出特色抓版权宣传、突出重点抓行政执法、突破领域抓产业发展，进一步提高了版权保护和管理工作的水平。

一、突出特色，创新版权宣传方式

为了进一步宣传版权法律知识，展示福建省版权产业发展的成果，2009年4月17～19日，福建省版权局联合福建省保护知识产权工作领导小组办公室、福建省工艺美术研究院在省博物院成功举办“首届福建版权创意精品展”。中国版权协会理事长沈仁干，福建省委常委、宣传部长唐国忠，福建省委常委、副省长陈桦，福建省政协副主席、省版权局局长郭振家等领导，福建省委、省人大、省政府、省政协有关部门领导，部分省直单位负责人以及专家学者、高校师生、企业代表等共600多人参加了开幕式。

本次精品展集中展示了福建德化、莆田两地近年来自主创作、拥有版权的333件陶瓷、木雕精品。通过专家评选和群众投票，评出金奖作品20件、银奖作品29件、铜奖作品45件。这些精品设计饱含创新理念、主题内涵丰富、形式匠心独运、制作工艺精湛，具有很高的艺术价值和经济价值。

展会期间，省版权局还向第三批25家省版权保护重点企业授牌，举办了版权保护与产业发展高峰论坛。中国版权协会理事长、国家版权局原副局长沈仁干，德化县副县长黄耀昆，莆田美诚达工艺美术有限公司董事长李凤强以及台湾法蓝瓷总裁陈立恒参加论坛的主题演讲，对加强两岸版权交流，进一步促进福建省版权产业发展，提高公众版权保护意识，引导企业走创新之路，提供了大量精辟的见解。

根据福建省领导在此次展会上的指示精神，5月，省版权局积极参加了福建省文化体制改革和文化产业发展配套政策宣讲团，在全省9个设区市巡回宣讲版权法律知识。在福州举行的首场报告会上，福建省委常委、宣传部部长、省文化体制改革领导小组组长唐国忠出席并讲话，福建省委常委、副省长、省文化体制改革领导小组副组长陈桦主持会议，福建省版权局巡视员李玉光就版权保护和产业发展作了宣讲，省直、市直有关部门负责人和文化事业单位干部职工近500人参加了报告会。此后，用近一个月时间，宣讲团陆续在全省其他8个设区市巡回宣讲。这次宣讲活动的规模大、范围广、层次高，在福建省尚属首次。

2009年，福建省各级版权管理部门还以“4·26”知识产权宣传周为平台，积极开展形式多样的宣传活动，扩大公众对版权保护的认同感和参与度。省版权局参加了全省知识产权保护新闻发布会和在福州市五一广场举行的主题为“增强法治观念，保护知识产权”的法制宣传活动，并和相关设区市版权局以福州“5·18”博览会、厦门“9·08”投洽会、莆田艺博会为平台，现场设立版权服务台，调解版权纠纷、受理版权登记和提供法律咨询。福州市版权局结合软件正版化工作，厦门市版权局通过“鹭岛书香”活动，开展版权宣传和教育活动；三明市通过发放1 000多份“绿书签”向市民宣传版权知识，营造版权保护良好的社会氛围。

二、抓住重点，提高版权行政执法水平

2009年，福建省各级版权管理部门认真履行职责，坚持日常监管和专项治理相结合，不断拓宽监管思路，创新监管方式，突出执法重点，版权行政执法和社会监管工作取得了明显成效，版权执法和监管水平有了新的提高。

据统计，2009年福建省各级版权管理部门共受理查处侵权案件213起，移送司法机关11起，收缴各种侵权盗版制品70多万件，有力地打击了盗版分子的嚣张气焰。

在开展打击网络侵权盗版专项行动中，各级版权管理部门抓住重点、措施到位、部门协作、主动出击，出动了执法人员156人次，查处侵权案件32起，关闭侵权盗版网站40家，删除侵权盗版内容、切断侵权链接98条，查处网络私服游戏网站5家，没收服务器18台，有力打击了网络侵权盗版行为，保护了权利人合法权益。其中，厦门市版权局主动介入，积极配合司法机关对陈某批销盗版地图案追究刑事责任，这是福建省首例以侵犯著作权罪判处的盗版地图批销案。三明市版权局紧密联系公安、电信部门，重在预防，对全市100多家网站摸底调查，关闭了12家网站。福州、泉州、漳州、莆田、南平、宁德市版权局也查处了一批侵权案件。

2009年，全省按照“统一领导、行业监管、属地管理、协会辅助”的原则，充分发挥联席会议制度作用，着重在勘察设计行业和网吧开展第三批企业软件正版化工作。福州、漳州等市克服金融危机的不利影响，积极推进网吧软件正版化工作，取得了很大进展。

三、因地制宜，大力发展版权产业

2009年，福建省版权管理部门继续把发展版权产业作为一项重要工作，一手抓版权管理，打击侵权盗版；一手抓版权保护，促进产业发展。福建省陶瓷、树脂等工艺品产业发展水平进一步得到提升；软件、动漫游戏产业发展迅速，在国内占有重要地位；木雕、藤铁、家装等领域的版权产业稳步发展。福建省的版权产业已经逐步实现了由传统工艺美术行业向智力创新行业拓展、从沿海产业集中地区向其他地区延伸的良好态势，形成了门类比较齐全、特色比较明显的良好发展格局。

在深入学习和实践科学发展观的活动中，福建省版权局领导带领有关处室人员下基层、进企业、摸实情，与企业座谈应对金融危机的办法和措施，及时出台了版权服务10条措施，对于提高版权服务质量、促进版权产业发展起到了积极作用。

“福建省版权保护与产业发展状况调研”是福建省政协2009年的重点调研课题。2009年2～7月，由福建省政协副主席郭振家带队，省政协提案委员会、省财政厅、省教育厅、省经贸委、省版权局等部门负责人组成的调研组，分别到福州、泉州、莆田、厦门等地调研藤铁、陶瓷、木雕、软件产业的版权保护与版权产业发展情况。调研组在调研地举行了7场座谈会，详细听取政府相关部门、企业代表的意见和建议。目前，已形成《福建省版权保护与产业发展调研报告》，并由省政协报送省委、省政府，其中提出的对策和建议将有助于进一步推动福建省版权产业的发展。

2009 年，福建全省各市因地制宜，大力发展版权产业。厦门市版权局在软件园区设立服务窗口，将版权服务延伸到园区。泉州、莆田、德化在积极组织企业参加精品展的同时，改进服务方式，实现服务进企业，受到了企业的好评。4 月，在第四届中国（莆田）海峡工艺品博览会开幕式上，莆田工艺美术城被省版权局设为全省首个“版权产业基地”。

2009 年，在福建省版权局自愿登记的作品达 6 829件，比 2008 年增长 45%，再创历史新高，连续 9 年居全国第二位。同时，经过省版权局的争取，境外版权登记的授权条款也写入了《新闻出版总署（国家版权局）福建省人民政府共同推进海峡西岸经济区新闻出版业建设合作协议》，省版权局据此率先直接受理登记除计算机软件之外的台、港、澳作品的版权，并已受理登记了台、港、澳个人作品 20 件，企业法人作品 150 件，大大方便了上述地区权利人在闽行使版权，在全国开了先河。

为了配合《福建省知识产权战略》的顺利实施，明确今后五年乃至相当长时间内的版权管理和版权产业发展目标、任务，促进福建省版权产业持续、健康发展，福建省版权局承担并独立完成了《福建版权战略研究报告》的起草工作。福建版权战略是《福建省知识产权战略》的主要组成部分，从福建总体发展的战略高度，确定了版权创造、运用、保护和管理的指导方针，是指导福建省至 2020 年版权工作的纲领性文件。它的制定和实施将进一步推动全省版权事业的全面发展，为建设创新型省份和推动海峡西岸经济区建设提供更加有力的支撑。

四、完善机构，加强版权执法队伍建设

福建省委、省政府对版权工作高度重视。4 月，在出席“首届福建版权创意精品展”后，省委常委、宣传部长唐国忠，省委常委、副省长陈桦召开现场座谈会，研究解决版权工作中的相关问题；9 月，省委常委、副省长陈桦带领省委编制办等有关部门到省版权局开展专题调研；省委、省政府领导就加强版权机构、队伍建设，发展版权产业作出了重要指示，要求相关部门协调落实。

为了进一步提高基层版权干部的执法水平，6 月，省版权局在德化举办了全省版权保护重点企业和版权中介机构业务人员培训班，福州海关、省版权局版权处的人员就海关版权保护、作品版权登记的相关知识以及规范中介组织代理行为等方面的内容对学员进行了培训。

7 月，省版权局在泰宁召开了全省版权业务培训暨工作交流会，针对新修订的《著作权行政处罚实施办法》进行业务培训，提高执法人员的执法水平。

2009 年，福建省版权局通过一系列创新举措，为促进海峡西岸经济区又好又快发展作出了应有贡献。

（郑开辟）

江 西 省

2009 年，江西省版权工作紧紧围绕中央“三保一弘扬”的精神和要求，服务全省工作大局，按照“宣传、维权、发展”的工作思路，在大力宣传普及版权保护知识、严厉打击侵权盗版行为、积极推进软件正版化、提供有效版权公共服务、促进版权相关产业发展等方面不断推进各项工作。

一、版权工作概况

江西省版权局始终把增强社会公众的版权意识作为版权管理工作的治本之策，加强全省新闻出版单位的依法经营教育，组织开展了全省新闻出版行业的版权警示教育专题活动。在“4·26”世界知识产权宣传周期间，省版权局与江西人民广播电台共同制作，在黄金时段播出了“今日关注——版权保护”专题访谈互动节目，吸引了社会公众热情参与，取得了良好的社会影响。

2009 年，省版权局把严厉打击侵权盗版作为加强版权管理工作的重中之重，保持主动出击、严格监管的态势。以开展专项行动和查处侵权盗版重点案件为突破口，牢牢掌握主动权，组织开展了打击网络侵权盗版专项行动、打击盗版教材教辅读物专项行动，查缴了一批盗版侵权复制品，查处了一批重点案件，遏制了侵权盗版行为泛滥的势头，切实地保护了著作权人的合法权益，促进了江西省版权产业健康有序地发展。据统计，全年共查处侵权盗版案件 64 起，其中网络侵权案件 36 起；收缴盗版音像制品 174 178 件、盗版软件及电子出版物10 996件、盗版教材教辅 230 263 件，关闭侵权网站 11 家，收缴服务器 6 台。在严厉打击各种侵权盗版行为的同时，全省各级版权管理部门把加强日常监管作为加强版权保护的有力措施，努力探索版权保护工作的长效机制。逐步建立了打击侵权盗版工作责任制度、量化考核制度等，把打击侵权盗版、加强版权保护的各项任务量化指标，层层分解，认真考核，落到实处，调动了各地加强版权市场监管的主动性和自觉性。

省版权局积极推进企业软件正版化工作，对软件正版化示范单位进行公开表彰，充实调整了省使用正版软件工作领导小组成员单位，完成了2009年出版发行、勘察设计和城乡信用社三个行业256家企业的动员、培训、自查、采购阶段性工作任务，覆盖了3 200余台电脑。

省版权局始终把服务地方特色版权产业的发展作为版权工作的出发点和归宿，把服务发展作为版权工作的第一要务，结合侵权纠纷案件的调解和查处，探索建立促进发展的版权保护机制，积极为省内各出版社开展国际版权贸易搭建平台。在2009年第16届北京国际图书博览会上，江西省正式签约版权贸易协议89项，并举办了赣版图书对外推广宣传专题活动；在2009年第61届法兰克福国际书展上，江西省出版单位签订了版权输出合同67种（不含港澳台地区）。会展期间，江西美术出版社与法国Utopiarts理想出版公司签署图书《循序渐进学汉字》和《外国人巧学汉字》合作出版协议。21世纪出版社举办了"'彩乌鸦'与中德当代儿童文学"座谈会，德国青少年文学院院长、作家以及中国著名作家参加，中央电视台对此活动进行了专门报道。

以作品登记为切入点，积极推进版权保护，重点推动陶瓷工艺美术行业的版权保护。省版权局在景德镇市陶瓷产品大市场设立了版权工作站，在陶瓷博览会上还专门派出工作人员设立版权服务站，为参展企业和人员提供优质版权服务，对陶瓷工艺美术作品进行现场登记。通过这些措施，着力加强具有江西地方特色的陶瓷版权保护工作，为地方特色产业发展服务。

二、大力推动"走出去"战略，促进版权贸易稳步发展

近年来，江西以对外版权输出为龙头，主动谋划，积极落实出版物"走出去"战略，大力促进赣版图书版权输出工作。通过长期不懈的努力，使图书版权输出从无到有，逐年稳步上升。

2009年，在受金融危机冲击、国际图书市场出现大幅度下滑的严峻形势下，全省图书对外版权输出和版权贸易总量，双双实现历史性突破。其中，图书对外版权输出首次突破百项大关，达126项，比上年增长69.7%；对外版权贸易总量突破400项大关，达412项，比上年增长97%。其中版权输出到非港澳台地区达71种，标志着赣版图书已经开始进入包括美国、英国、法国、德国在内的主要西方国家图书市场。

在推动对外版权贸易的工作中，江西省版权局采取倾斜扶持措施，积极落实"走出去"战略，实施"图书对外推广"计划。通过积极参加国际性书展、国际版权贸易博览会等活动，传播、推广中华优秀传统文化，打造赣版精品图书，加强了与国际的出版交流和合作，提升了出版产业的竞争力。江西出版集团在2008年荣获新闻出版总署"全国图书版权输出推进工作先进单位"后，省版权局积极扶持其成为国家文化出口重点企业。江西出版集团在2009年法兰克福书展期间，荣获组委会颁发"版权输出先进奖一等奖"。江西教育出版社的《绝色中文》输出到欧美地区，实现码洋40万美元，开拓了与民营合作实施"走出去"的新路。

为推动图书对外版权贸易，江西省版权局制定出台了《关于进一步加强图书版权贸易工作的若干意见》，采取了八项主要措施，通过加大对外向型出版的扶持，落实对出版单位"走出去"工作考核，精心组织参加国际性图书会展，积极挖掘版权贸易资源，加大外向型出版人才的培养，建立实行"走出去"激励机制等切实措施，将资源集中投入到促进出版"走出去"工作中，使本省出版"走出去"尤其是图书版权输出工作取得了长足发展。各图书出版社与国外和港澳台地区出版社建立了广泛、密切的联系，与一些国际著名出版机构建立了互信合作关系，通过版权贸易引进和输出的图书在数量、品种、质量方面均有很大提高。目前，赣版图书版权贸易对象已经扩展到美国、英国、法国、德国、日本、澳大利亚、以色列、新加坡、马来西亚、韩国、捷克等25个国家和地区，弘扬了中华民族优秀传统文化，繁荣了出版物市场，促进了出版业的开放与发展。

三、举办"与祖国同行，促江西崛起"首届全省读书暨版权宣传活动

为推动全民阅读，共建书香江西，2009年9月26日，江西省直机关工委、共青团江西省委、江西省新闻出版（版权）局共同主办了"与祖国同行，促江西崛起"首届全省读书暨版权宣传活动。

活动期间，全省各地围绕活动主题开展了形式多样的活动。其中包括：优惠售书活动，共向社会民众发放图书优惠券4万张，在全省新华书店实行八五折优惠售书，极大地拉动了图书市场消费；优秀图书进校园活动，在南昌大学新校区进行，有省内 18 家省属图书期刊出版社、新华书店、民营书店参加，对千余种优秀出版物进行了优惠展销；版权知识竞赛活动，在大江网上开辟专栏，共 1.4 万多网民参与；读书心得征文活动，共收到省直单位、大专院校、《南昌晚报》读者文章二百余篇，由专家评审组评出一、二、三等奖共 30 名进行表彰奖励；优秀图书推荐活动，分优秀畅销书籍、优秀赣版图书、优秀赣版青少年图书三期共一百余册面向社会进行推荐，在《南昌晚报》、大江网、江西省新闻出版局网站等媒体公布。

整个读书活动社会公众参与面广，渗透到社会各个层面。活动过程中，除全省各大出版社和新华书店外，民营文化工作室如金太阳教育有限公司等也主动以捐赠和让利等方式参与进来，实现其文化公益价值。本次读书活动真正实现了全民性。同时，围绕此次读书活动的主题，一些单位部门还根据自身特色举办了形式各样的活动。南昌各大高校积极举办各类活动，特色突出、成效显著。例如，江西师范大学举行“书香校园·悦读人生”第五届大学生读书节，先后开展大学生文化素质讲坛、好书推荐、图书漂流、读书沙龙、书签设计大赛、精品图书展销、书香学院评选等十项重点活动，为学校营造了浓厚的读书氛围，“书香校园”蔚然成风。

（张宏涛）

山　东　省

2009 年，山东省各级版权行政管理部门在国家版权局的指导和支持下，认真学习贯彻党的十七大和十七届四中全会精神，深入贯彻落实科学发展观，认真实施《国家知识产权战略纲要》，紧紧围绕“管理、发展、建设”的工作思路，突出行政监管、宣传教育、促进发展三个重点，加强版权行政管理，加大打击侵权盗版的执法力度，营造了有利于版权保护的社会舆论环境，圆满完成各项工作任务。

一、加强版权执法，打击侵权盗版成效显著

首先，在全省范围内开展了治理非法预装计算机软件专项行动。从 4 月 1 日至 5 月 15 日，山东省版权局在全省范围内组织开展了治理非法预装、销售计算机软件专项行动。3 月 27 日，省版权局下发了《关于开展治理非法预装、销售计算机软件专项行动的通知》，对开展专项行动进行了安排部署，明确了专项行动的目标和重点是围绕 2009 年在山东省召开的第 19 届全国图书博览会、“4·26”世界知识产权日宣传周活动，开展治理非法预装、销售计算机软件专项行动，严厉打击计算机生产、销售等领域未经授权预装盗版软件的非法行为，维护和规范软件预装、销售市场秩序。省版权局通过多种媒体对专项行动进行了广泛宣传。5 月初分别对济南、青岛开展专项行动的情况进行了督导检查，有力地促进了专项行动的开展。在此次治理非法预装计算机软件专项行动期间，山东省各市级版权管理部门统一思想、提高认识，制订了具体的行动方案，明确了行动的目标和任务，并向各县（市、区）下发了开展治理非法预装、销售计算机软件专项行动的通知，通过各种媒体对专项行动进行了适时宣传，公布举报电话，扩大了版权执法的社会影响力和专项活动的社会效果，形成抵制和打击预装和销售领域侵权盗版活动的良好氛围，并协调文化、公安、工商、城市管理等有关部门，对计算机软件销售市场进行了集中清理检查。据统计，全省在打击非法预装计算机软件专项行动中，共出动执法人员 1 987 人（次），检查计算机生产企业 4 家，电脑经销单位 328 家，查缴盗版软件 19 809 张，责令停止销售 93 家，罚款 14 000 元。

其次，在全省开展打击网络侵权盗版专项行动。根据国家版权局安排部署，山东省版权局、省公安厅、省通信管理局从 8～11 月在全省部署开展打击网络侵权盗版专项治理行动。8 月 26 日，省版权局在济南召开 2009 年打击网络侵权盗版专项行动工作会议，全面部署各项工作。全省各级版权行政管理部门积极组织专项治理行动，共检查网站、网吧 284 家，查处网络侵权盗版案件 56 起，其中国家版权局移交的案件 3 起，自行查处、受理举报案件 47 起，协查 6 起。查处的案件中，移送公安机关 1 起，责令停止侵权 49 起，关闭网站 38 家，没收服务器 18 台、打印机 2 台、刻录机 2 台，罚款 80 800 元。

二、注重宣传教育，全社会版权保护意识明显增强

首先，省版权局组织开展了 2009 年度保护知识产权宣传周活动，要求各市版权局根据省局年初下发《〈2009 年版权工作要点〉的通知》的部署，继续做好“4·26”知识产权宣传周的相关工作，围绕 2009 年在山东省召开的第 19 届全国图书博览会，结合治理非法预装计算机软件专项行动和本地实际，通过多种渠道、多种形式，采取生动活泼、通俗易懂的方式，宣传版权保护对提高民族自主创新能力、建设创新型国家的重要作用，增强宣传教育活动的影响力，提高公众的版权保护意识。在活动期间，各市组织开展了市场执法检查，严厉打击各类侵犯版权的违法活动，采取多种宣传形式，大力宣传国家保护知识产权的方针政策、原则立场、法律法规、工作成效和先进经验，掀起学习宣传著作权法的高潮，在全省形成了“尊重知识、鼓励创作、保护版权、促进发展”的良好社会氛围。

其次，做好“创新与未来——青少年版权保护主题教育活动”和“大学生与版权”征文活动的评选工作。2009年初，省版权局组织评审委员会对各高校在3 000多篇征文筛选出的70篇作品进行了评审，山东大学马龙等同学的5篇文章获一等奖，青岛大学唐行智等同学的10篇文章获二等奖，山东理工大学李云翔等同学的35篇文章获三等奖。山东大学、山东师范大学等12所高校获得组织奖。

第三，组织青少年参加“全国青少年版权保护读书活动暨版权保护知识竞赛”。6月2日，省版权局联合山东团省委向各市下发了《关于组织参加“全国青少年版权保护读书活动暨版权保护知识竞赛”的通知》，要求各市版权局和市团委要高度重视，结合各地青少年版权保护主题教育活动，成立相应工作机构，统一协调，精心组织，积极动员青少年踊跃参加。接到通知后，各市相关部门高度重视，认真组织积极动员青少年踊跃参加，利用暑假期间组织好竞赛活动。全省共收到答题卡3.3万份。山东省在此次竞赛中的获奖人数占全国获奖人数总数的1/3。

三、树立典型，认真组织版权示范单位评选工作

首先，山东省版权局继2007年在全省开展“正版产品经营示范单位”评选活动后，在2009年继续开展此项评选活动。2月20日，省版权局向各市下发了《山东省版权局关于在全省开展“正版产品经营示范单位”评选活动的通知》，要求各市要加强对开展“正版产品经营示范单位”活动的领导，根据申报单位的实际情况和范围，广泛征求意见，邀请相关行业的主管部门参与评选活动，保证评选活动的公开、公平、公正和权威性。同时要加强对“正版产品经营示范单位”的监督指导，建立“正版产品经营示范单位”动态管理制度，做好跟踪监督和检查工作。省版权局要求各市对2007年获得“正版产品经营示范单位”称号的企业进行检查，发现存在经营侵权盗版产品等违法行为的，一律撤销“正版产品经营示范单位”称号。通知下发后，经各市推荐和省版权局审核，确定了济南市新华书店等48家经营单位为全省第二批“正版产品经营示范单位”，青岛第六印染厂等3家企业被评为“版权兴业示范单位”。

其次，组织了第二批“全国软件正版化工作示范单位”推荐工作。5月31日，省版权局转发了《关于转发国家版权局〈关于开展第二批“全国软件正版化工作示范单位”评选表彰工作的通知〉的通知》，对山东省的评选推荐工作做了安排部署。经过各成员单位、各市版权局推荐，省版权局审核研究，确定推荐兖矿集团有限公司等18家单位为第二批“全国软件正版化工作示范单位”。

四、创新服务机制，促进版权管理和服务水平大幅提升

首先是简化作品登记程序，方便权利人行使权利。为了方便作者和其他著作权人办理作品登记，结合山东省版权登记工作的实际情况，4月13日，省版权局下发了《山东省版权局关于印发〈关于作品登记工作的管理办法〉的通知》，对各市承办作品自愿登记提出了具体要求。通知下发后，青岛、日照两市开始办理作品登记工作，青岛市在不到一年的时间里共办理作品登记433件。2009年，山东省全省作品登记数量再创新高，共办理作品登记1 501件，涉外版权贸易合同登记195件，版权合同登记日益规范。

其次是受理群众投诉，维护著作权人的合法权益。全年共受理各类投诉案件17起，涉及网络、计算机软件、图书盗版侵权等各个方面，所有案件均在年内查清结案。

（王兴凤）

河南省

2009年，河南省版权管理工作坚持以科学发展观为统领，在提升行政监管执法能力上下工夫，在提高公共服务水平上求创新，在推动版权产业发展上求突破，为维护社会稳定、繁荣社会文化、激励智力创新、促进经济发展发挥了积极的作用。

一、版权监管执法工作

2009年，全省共立案查处各类著作权侵权盗版案件389起，查缴各类侵权盗版出版物72.3万件，查扣各类侵权盗版设备11件套，取缔非法经营单位、摊点 984 个，打掉地下黑窝点 11 个，关闭非法网站 29 个，收缴非法网站服务器及相关设备 138 件，移送司法机关案件 4 起，7 人被追究刑事责任。

1. **扎实开展打击网络侵权盗版专项整治行动**。为切实加强网络环境下的版权行政监管执法，维护良好的网络版权环境，促进互联网产业的健康发展，按照国家版权局、公安部、工业和信息化部《2009 年打击网络侵权盗版专项行动实施方案》的统一部署，2009 年 8 月至 11 月在全省范围内集中开展了为期 4 个月的打击网络侵权盗版专项治理行动，共查处网络侵权案件 17 起，关闭不法网站 12 个，查扣涉案网站服务器 9 个，清理有害信息 230 余条，责令部分存在问题的网站限期进行整改。专项行动中，把网络游戏、音乐作品、影视作品、计算机软件等作为重点监管内容，把存在侵权盗版、淫秽色情和非法违禁内容的不法网站及“三无”网站作为重点查处对象，加大了行政打击和刑事移送力度。

2. **严肃查处侵权盗版大案要案**。堵源头、打窝点、办大案，对侵权盗版保持高压态势。2009 年，全省查处了一批侵权盗版重大案件，在社会上引起了积极的反响。河南创始广告有限公司未经授权，利用互联网、灯箱、户外巨幅广告牌等多种形式非法使用他人的摄影作品进行商业广告宣传，严重侵犯了著作权人的合法权益，扰乱了正常的社会经济秩序，省版权局依法予以查处，并将此案移送公安机关。郑州市版权局与当地公安部门联合执法，在位于郑州市区城乡接合部的数个村庄内连续查获 6 个用于储存侵权盗版图书的地下仓库，共查缴各类侵权盗版出版物 100 余种、11.2 万册。犯罪嫌疑人被判处有期徒刑 1 年，缓刑 2 年，并处罚金 7 万元。郑州市文化市场综合执法支队在一都市村庄内查获一个专门经营盗版教辅资料的黑窝点，现场收缴各类盗版教辅图书 6.6 万册，涉案码洋 200.9 万元。濮阳市版权局根据举报，一举打掉一个隐藏在居民区内长期从事印刷盗版图书的无证印刷厂，现场查获非法印刷的侵权盗版图书 6 万余册，涉及 20 多个种类，犯罪嫌疑人被移送公安机关。此外，省版权局与公安、电信等部门密切配合，成功查处了 9 起国家版权局及其他相关部门交办、转办的侵权案件。通过对侵权盗版大案要案的查处，有效地打击了侵权盗版违法行为，对从事侵权盗版的不法分子起到了有力的震慑作用。

二、版权业务培训工作

近年来，河南省版权局始终坚持在加强队伍建设上下工夫，不断完善培训教育长效机制，努力提高全省版权监管执法人员的业务能力和综合素质。2009 年，先后 4 次组织全省版权行政管理部门的主管领导和部分业务骨干参加国家版权局及相关部门组织的业务培训；安排省版权局业务骨干参加省辖市版权部门组织的版权业务交流、辅导，帮助和指导省辖市版权执法部门查办各类侵权盗版案件；省版权局首次协调、组织部分省辖市主管版权的副市长参加了由国家版权局与中组部联合举办的“国家版权工作专题研究班”的培训。目前，18 个省辖市版权局的主管领导全部参加过由国家版权局组织的业务培训，各省辖市的大部分版权执法业务骨干参加过由国家、省版权局组织的培训，全省版权执法人员都参加过由当地版权部门组织的业务培训，全省的版权监管能力和执法水平有了明显提高。

同时，河南省版权局注重加强与法院等有关部门的交流和合作，多次派人参加河南省高级人民法院、郑州市中级人民法院组织的著作权案件剖析，应邀旁听了多起著作权侵权案件的现场审理。2009 年 6 月，省版权局邀请河南省高级人民法院、郑州市中级人民法院知识产权庭的领导、主审法官与部分版权监管执法人员一起参加了由国家版权局、欧盟知识产权保护机构组织的中欧网络版权保护研讨会。通过开展交流活动，既提高了业务技能，又加强了版权部门与司法部门之间的相互学习和沟通。

三、版权普法宣传工作

认真组织开展了“4·26”知识产权宣传周活动。河南省版权局与省委宣传部、省高级人民法院等 25 家单位联合举办了主题为“文化·战略·发展”的“2009 年河南省知识产权宣传周”活动。活动中，采取制作专题展版、发放宣传材料、现场咨询解答、典型案例剖析等多种形式宣传版权法律法规和版权常识。各省辖市版权管理部门充分发挥当地电台、电视台、平面媒体、互联网等多种媒体资源传播速度快、覆盖范围广等优势，通过举办知识竞赛、主题晚会、权利人现身说法、公益广告等多种群众喜闻乐见的形式进行著作权普法宣传，积极营造“尊重知识、尊重劳动、尊重创造、尊重版权”的社会氛围。宣传活动中，全省统一组织集中销毁收缴的侵权盗版出版物行动，在社会上引起了积极的反响。深入开展版权宣传“进校园、进社区、进单位、进乡村”活动，不断拓宽宣传渠道，创新宣传形式，扩大普法宣传覆盖面。通过一系列形式多样的普法宣传活动，展示了河南省在版权保护工作上所取得的成果，宣传了版权保护的政策和法律法规，显示了政府打击侵权盗版、保护知识产权的信心和决心，对提高社会公众的版权保护意识起到了积极的作用。

四、企业软件正版化工作

2009年，在全球性金融危机的影响下，企业经济效益普遍出现下滑，给企业软件正版化工作带来了新的矛盾和困难。河南省省委、省政府对此高度重视，省委常委、宣传部长、副省长孔玉芳多次听取全省推进企业使用正版软件工作的情况汇报，及时指导和帮助解决推进过程中遇到的突出矛盾和问题，为企业软件正版化工作的稳步推进创造积极的条件。省版权局坚持经常性的督导检查，认真分析研究各省辖市反馈的情况，掌握全省企业软件正版化工作的进展，及时调整部署，形成“统筹安排、统一领导、属地推进、行业参与、协会辅助”的工作模式，积极稳妥地推进全省企业软件正版化工作。各省辖市版权部门迎难而上、积极应对，确保企业软件正版化工作稳步推进。在全省版权部门的共同努力和相关部门的支持配合下，河南省第二批企业软件正版化工作取得了阶段性成果，得到了国家推进企业使用正版软件工作检查验收组的肯定。

为确保第二批企业使用正版软件工作的顺利开展，2009年5月，河南省推进企业使用正版软件工作联席会议在郑州召开了企业软件正版化工作表彰大会，全面总结第一批企业软件正版化工作情况，推广了工作中取得的成功经验，表彰了在第一批推进企业软件正版化工作中取得突出成绩的9个单位，为50家示范企业和163家企业分别颁发了“软件正版化示范单位”、“软件正版化单位”奖牌，对第二批企业软件正版化工作进行了认真部署。这次会议为河南省探索和建立企业软件正版化工作长效机制、稳步推进第二批企业软件正版化起到了积极的作用。

五、版权公共服务工作

一是积极做好版权登记工作。“十一五”期间，河南省的作品著作权登记数量明显增加，共受理各类作品著作权登记近万件，为维护著作权人的合法权益、解决因版权归属引起的纠纷、调动社会版权创造积极性和促进公众版权意识的提高发挥了积极的作用。随着《著作权法》宣传教育的逐步深入，著作权人自我保护意识不断增强，版权登记范围不断扩大，版权登记在保护合法权益、推动版权创造与传播中发挥的作用也越来越明显。为进一步做好作品著作权自愿登记工作，2009年河南省建立了作品著作权登记网上申请、公示平台，对外地或不便亲自领取“作品著作权登记证书”的人实行免费邮寄，为著作权登记人员提供了方便快捷的服务。

二是认真落实登记备案制度，促进版权贸易发展。2009年共审核登记从国（境）外引进的各类版权贸易合同116件，确保了审核登记备案制度的统一性、权威性和严肃性，降低了出版单位在对外版权贸易和交流中的风险。在提升公共服务水平的同时，省版权局积极推动版权贸易的发展。海燕出版社从法国引进的《小兔汤姆》图画书，经过精心打造，网上销售量超过了百万册，不仅创下省内出版界单本图书销售量新高，而且创下国内出版界同类读物销售量新高，先后获得国家新闻出版总署“引进版社科类优秀图书奖”、“冰心儿童图书奖”，并入选全国“改革开放30年最具影响力图书”备选书目。

三是积极探索新形势下打击侵权盗版的有效方法。省版权局制定打击侵权盗版基础数据月报和大案要案即报制度，为准确掌握全省打击侵权盗版情况、及时调整监管执法重点提供了有利的依据。洛阳市版权局抓住流通这一关键环节，在市区大型图书批发市场内设立管理办公室，对所有进入市场的图书进行审查登记备案，未经售前审查的图书严禁上架销售，并加强检查监督力度，及时查缴侵权盗版图书，严厉打击侵权盗版行为，坚持关口前移、惩防并举，强化了对侵权盗版图书流通渠道的有效管控。

四是加强展会的知识产权保护措施。3月，郑州市知识产权局、市版权局、市商务局、市工商局联合印发《关于加强郑州市会展业知识产权管理与保护工作的意见》，明确提出加强展会上的知识产权保护措施。要求会展活动举办者要把知识产权保护纳入会展活动整体策划内容中，并指派熟悉知识产权法律、法规的专业人员参与会展活动的管理工作。展会时间在3天以上，或展览面积2万平方米以上的展会，会展管理、知识产权、工商和版权部门应派员进驻会展活动场所，开展知识产权咨询服务与保护工作，受理投诉。对于由政府主办的大型或国际性展会，会展管理、知识产权、工商和版权部门应作为会展活动组织成员单位之一，并负责组建会展活动知识产权保护投诉机构。展会期间，会展管理部门可会同知识产权、工商和版权部门依法进行知识产权执法检查，对涉嫌侵权展品，可依法进行暂扣、没收和封存。

六、版权工作制度建设

为全面落实《国家知识产权战略纲要》，提高自主创新能力、推动经济转型，建设创新型社会，河南省相继制定了《河南省知识产权战略纲要》、《河南省自主创新体系建设和发展规划（2009—2020年）》、《实施河南省知识产权战略纲要任务分工》等一系列规范性文件。2009年4月，河南省召开了实施知识产权战略工作会议，就全省发展知识产权产业、实施知识产权战略进行了专题研究和部署。这些措施的出台，有力地推动了全省知识产权产业的健康发展，从制度上确保了河南省知识产权战略的实施。

七、版权产业发展情况

近年来，河南省在加大对钧瓷、汴绣、木板年画、泥塑、玉雕等传统版权产业保护的同时，积极推动计算机软件、动漫、新闻出版、影视制作、广告设计等新型版权产业的发展。目前，中部软件园、河南省软件园、郑州软件园、洛阳软件园等四个计算机软件园区日趋成熟，商丘王公庄画虎基地初具规模，影视制作发展迅速。2009年，开封朱仙镇木版年画被外交部正式指定为“国礼”，专供驻外大使馆作为外交礼品及赠送给来访外国首脑；中原出版传媒集团实现利税4.26亿元；三维动画《独脚乐园》和图书《大瓷商》荣获中宣部第十一届“五个一工程”奖；总规模1 128册的鸿篇巨制“民国史料丛刊”被国内文化界誉为“图书的长城”；《大秦帝国》累计发行4万余册；《河南手机报》订阅用户突破120万人；小樱桃动漫基地落户郑州。版权产业的发展，有力地促进了河南经济结构的调整，推动了全省经济又好又快地发展。

（王泽平）

湖　北　省

2009年，湖北省版权行政管理工作围绕中心、服务大局，认真贯彻落实国家版权局工作部署，严厉打击侵权盗版行为，积极推进企业使用正版软件，大力宣传著作权法，热忱提供公共服务，各项工作取得新的进展。

一、认真制定湖北省版权战略，为提高知识产权工作水平提供制度保障

2009年初，湖北省启动了知识产权战略纲要制定工作，版权战略作为知识产权战略纲要下的专题，由省版权局牵头组织拟定。省版权局组织省文化厅、省广播电视局、省高级人民法院、省经济信息委员会、省公安厅等部门参与，委托武汉大学高级知识产权研究中心研究起草。2月24日，湖北省版权战略纲要开题，在纲要起草的过程中，专题组按照“政府主导、专家参与、部门牵头、行业认可”的要求，结合湖北省经济社会和版权保护实际状况，广泛征求相关政府部门及版权产业单位意见，积极借鉴国内外版权战略的成功经验和成果，数易其稿，高标准完成了战略的制定，率先通过了湖北省知识产权战略制定工作领导小组办公室组织的评审验收。湖北省版权战略的制定和颁布，将对建立和完善与湖北省经济、社会和文化发展相适应的版权制度体系，鼓励自主创新，增强版权创造、保护、管理与运用能力提供有力支撑。

二、切实加强版权行政执法，营造良好的版权保护市场环境

1. *打击网络侵权盗版专项治理行动取得显著成效。*按照国家版权局、公安部、工业和信息化部《关于印发〈2009年打击网络侵权盗版专项治理行动方案〉的通知》要求，湖北省版权局及时联合省公安厅、省通信管理局印发了《关于在全省开展打击网络侵权盗版专项治理行动的通知》，明确了专项行动的工作目标、主要任务、职责分工及实施步骤，形成了版权、公安、通信管理部门各司其职、密切配合的工作机制。经过精心部署和认真组织，在2009年打击网络侵权盗版专项治理行动中，全省共对30多家互联网企业和网站进行了主动监管，办结网络侵权案件10起，关闭网站7家，没收服务器4台，罚款5.9万元。

2009年，湖北省版权局编印了《湖北省网络侵权盗版案例选编》，将近来年湖北省查处的网络侵权盗版案件汇编成册，向各地版权行政管理部门及社会广泛分发，既有效指导了各地专项治理行动的正常开展，又在社会上形成了打击网络侵权盗版的强大宣传声势。根据专项行动关于“加强对互联网企业和网站主动监管”的要求，省、市版权部门确定了在全省和各地对具有较大影响的网站进行主动监管，组织引导其开展“先授权、后传播”自查自纠活动。从10月下旬至11月中旬，湖北省和武汉市版权局会同公安、通信管理部门对列入主动监管名单的荆楚网、知音网、长江网、汉网、武汉热线等10余家知名网站进行了检查督导。督查组通过听取汇报、现场浏览网站内容、查验授权合同等方式，了解掌握了主动监管网站的作品传播情况。

2009年，湖北省版权局办结了全国“扫黄打非”办、国家版权局交办及国际唱片业协会（IFPI）、逐浪网、中文在线等权利人投诉的多起网络侵权盗版案件。其中比较典型的有“我爱音乐网”、“神奇影院”、“孔子文学网”、“133音乐网”、“玫瑰音乐网”、“迪克音乐门户网”等侵权案件。

2. 案件查处工作取得新进展。2009年，湖北省有9个单位、9名个人因成功查办侵权盗版大案要案被国家版权局评为2008年度查处侵权盗版案件有功单位及个人。各地版权机关与公安机关紧密协作，查办了一批侵权盗版刑事大案，如“9·04”案、“8·11”案、“3·05”案等，以侵犯著作权罪逮捕了相关犯罪嫌疑人，震慑了违法犯罪分子，维护了市场秩序。

三、稳妥推进企业使用正版软件工作，促进软件企业的发展

2009年初，湖北省使用正版软件工作领导小组办公室制定印发了《2009年推进企业使用正版软件工作计划》，明确了工作的指导思想、目标和任务，一年来，坚持正面引导，增强服务意识，加大执法力度，积极稳妥地推进了此项工作。

1. 继续做好湖北省级企业的软件正版化工作。湖北省使用正版软件工作领导小组办公室会同湖北省国资委、商务厅、保监局、银监局确定了省级第二批27家推进使用正版软件企业，向省级第二批推进使用正版软件企业发出《关于做好推进省级第二批企业使用正版软件工作的通知》，提出了具体要求，作出了相应部署。大部分企业按要求提出了正版化方案，逐步更换盗版软件，避免了使用盗版软件带来的法律和技术风险，提高了企业的信息化管理水平和整体形象。

2. 加大对市州企业软件正版化工作的指导力度。省版权局公布了市州80家推进使用正版软件企业名单，提出了阶段性目标。向各地发出《关于开展企业软件正版化工作检查及情况上报的通知》，对各地的工作进行督导。武汉、襄樊、黄石、黄冈、孝感、宜昌等地结合本地实际开展工作，取得了新的进展。

3. 扩大试点范围，在广告、卫生、旅游等行业推进企业软件正版化工作。2009年，省版权局版权处会同武汉市局版权处，联合武汉市工商行政管理部门对部分城区的广告企业使用计算机软件情况进行调查，共核查55家企业，指出存在的问题，督促删除盗版软件，更换正版。支持权利人对经调查认定使用盗版软件的3家广告公司提起民事诉讼。

同时，省版权局向市州版权局印发了《关于推进广告行业使用正版软件的通知》，列明广告行业使用软件的基本情况，详细介绍了推进广告行业使用正版软件的工作方法和步骤。经权利人投诉，襄樊、黄石、宜昌等地版权局查处了30多家广告、设计单位使用盗版科亿尔软件案，责令侵权人删除盗版软件近百套，价值70余万元，对14家侵权企业作出行政处罚。

2009年，武汉市使用正版软件工作领导小组办公室与市卫生局、市旅游局联合，在全市卫生、旅游行业启动软件正版化工作，联合召开了工作动员和培训会议，在企业自查的基础上，组成4个检查组对全市52家卫生医疗单位、39家旅游酒店进行了复查，确定了各企业应更换的正版软件数量，督促这些企业逐步更换了正版软件。

4. 加大对以软件作为生产资料的经营性企业的监管力度。2009年，湖北省版权局受理了微软（中国）有限公司、科亿尔（Corel）公司等多家权利人的多起投诉，对东风伟世通汽车系统有限公司、武汉市福星惠誉地产责任有限公司、江钻公司等单位使用盗版软件的行为，进行了调查处理。进行重点检查的10家企事业单位经调解均完成正版化工作，总计更换了价值71万元的正版软件。对个别侵权情节严重且拒不更换正版软件的企业，省版权局依法给予了行政处罚。

5. 宣传、推荐优秀国产软件，促进民族软件产业的发展。开展软件正版化工作的重要目的之一是促进软件行业特别是国产软件业的健康成长，为此，湖北省版权局将大力宣传、推介优秀国产软件作为自己的重点任务。省版权局定期在局政务网上公示国产软件许可合同，与省软件行业协会商讨提出本省优秀软件产品推荐目录，指导国产软件厂商上门向已上报企业软件正版化方案的公司提供产品；积极参加“国产CAD软件整体解决方案最新成果全国巡展武汉站活动”、CAXA“两化融合 创新中国”2009年度国产工业软件发展论坛暨新产品体验巡回活动、清华斯维尔公司建筑设计系列软件巡展，向与会者介绍了企业软件正版化工作的政策和情况，肯定国产软件在推进企业软件正版化中的作用，同时呼吁广大用户拒绝盗版、支持国产软件，共同促进民族软件产业的发展。

为了鼓励积极主动使用正版软件的企业，使它们发挥模范作用，省版权局推荐了13家省内企业参加第二批“企业软件正版化示范单位”评选。同时，对于被投诉企业，妥善处理其与权利人之间的关系，尽量做到以调解结案，不影响企业正常生产经营。2009年省版权局成功调解的主要投诉有：奥腾公司关于华中数控公司使用盗版Protel系列软件的投诉，中望公司关于天门、潜江设计单位使用盗版CAD设计软件的投诉，英国ARM公司关于湖北三环发展公司未经许可使用ADS系列软件的投诉等，对这些投诉版权局都促成了双方的和解。

四、加大公共服务力度，促进版权产业繁荣

*1. 作品登记、合同备案数量创新高。*2009年，湖北省版权局加大版权登记宣传力度，使更多著作权人了解版权登记的作用。全年作品自愿登记251件，出版外国图书合同备案136件，数量较上年有明显增长。

*2. 积极推动著作权集体管理工作。*2009年经多次商洽，中国文字著作权协会在湖北省设立了代表处。省版权局还与音集协在湖北省的委托收费单位——湖北天合文化公司经常性地进行沟通、联系，关注湖北省卡拉OK版权收费问题，做好相关协调工作，促成一些经营单位与音集协达成和解。

*3. 维护各类市场主体的合法利益。*省版权局注重为民营企业特别是民营书业提供版权保护，采取在媒体上登载“维权公告”、发布“侵权风险友情提示”等方式，为英才教程系列教辅图书、清华斯维尔公司系列建筑设计软件、《完美拼贴》系列畅销书维权，促进其业务发展，扩大了市场份额。此外，还推荐江通动画、海豚传媒参加2009年版权业最具影响力企业评选，组织有关企业参加中国版权年会、国际版权博览会等活动，开阔了企业视野，促进版权作品实现市场价值。

*4. 认真处理各类版权咨询、投诉。*2009年湖北省版权局处理各类民事范畴的版权侵权投诉30多起，涉及出版者未经许可不付酬使用作品、网站未经许可转载作品、合作作者单独申请作品登记、企业或个人剽窃作者作品等各个方面，版权局对于各种投诉一一进行了核实，并按法律规定要求侵权方停止侵权、支付报酬、给予赔偿，较好维护了著作权人的合法权益。

*5. 促进版权贸易发展。*湖北省出版单位组团参加第16届北京国际图书博览会和第61届法兰克福国际书展，共达成版权贸易259项，取得三项突破：一是版权输出从以华语地区为主转向以欧美国家为主；二是除版权输出外，增加了图书成品的输出；三是与西方的出版公司、出版协会就印刷方面的合作达成了意向。同时，开拓境外发展空间取得新进展。知音传媒集团成功收购台湾一家出版机构。有两家出版单位分别在英、法注册成立出版机构。湖北天一国际文化有限公司策划的“创新中国系列丛书”被评为国家文化出口重点项目。

五、深入开展版权宣传工作，提高公众版权保护意识

在“4·26”世界知识产权日前后，湖北省版权局开展了一系列有影响的宣传活动。4月21日向社会公布了“湖北省2008年十大侵权盗版案件”，对此《中国新闻出版报》、《楚天都市报》、《长江日报》、《长江商报》、新华网、荆楚网等媒体都用较大篇幅进行了报道，在社会上引起了强烈反响。设计发布了主题为“版权登记，维护您的权益”公益广告牌175块，在光谷创业街、光谷地区写字楼、音乐学院、美术学院、软件学院等目标人群密集场所张挂，收到了良好效果。此外，版权局还组织媒体对典型盗版案件查办情况进行采访，通过以案普法，提高大众的版权意识。

根据国家版权局统一部署，湖北省版权局在全省组织开展了“青少年版权保护读书活动暨版权保护知识竞赛”，省版权局购买了大量《版权保护小卫士》，免费提供给广大中小学生学习参考，印制了几万份试卷，基本做到了各县（市）都有学生参赛。在全省各级版权行政部门的组织动员下，青少年参赛踊跃。据统计，全省共有2万余名中小学生参加了竞赛，收到竞赛答题卡20 201份。此次竞赛活动的开展，提高了广大中小学生自觉抵制侵权盗版的法律意识，在社会上掀起了普及版权保护知识的新热潮。

2009年，省版权局将国家版权局新修订的《著作权行政处罚实施办法》印发至各县、市版权局（新闻出版局），并就学习、运用“实施办法”提出意见。派员对恩施各县（市）分管副局长及印刷发行单位负责人100余人进行了版权保护法律知识培训。组织了10个市共10名版权管理干部参加国家版权局在内蒙古举办的“基层版权执法培训工作会议”，并应国家版权局版权司要求，派员作查办网络侵权盗版案件的经验交流。组织基层版权管理干部参加了“数字网络环境下版权管理与保护培训班”、“影视音乐版权保护”研讨班。

（胡　磊）

湖 南 省

2009年，湖南省各级版权行政管理部门以邓小平理论、“三个代表”重要思想为指导，深入学习实践科学发展观，围绕中心、服务大局，坚持加强执法和促进发展并举的思路，创新工作方式、突出工作重点，提高服务管理水平，不断完善版权工作六大体系建设，推动版权工作取得了新的进展，为实现科学发展、提升自主创新能力、构建创新型湖南作出了新的贡献。

一、严格监管，切实维护权利人的合法权益

1. 加强版权市场日常监管工作。各地版权部门以网吧、电脑培训学校、电脑城、出版物经营单位为重点，采取备案登记、实地检查、订立责任状等工作措施，认真履行监管职责，有效规范市场秩序。一年来，湖南省各级版权部门共检查经营单位8 058家，立案查处侵权盗版案件259起，移送司法机关案件10起，收缴盗版软件光盘、电子出版物、图书等各类侵权盗版制品75.4万件（册），进一步净化了市场环境，维护了著作权人的合法权益。

2. 开展打击网络侵权盗版专项行动。召开工作会议，制定湖南省打击网络侵权盗版专项行动实施方案，设立并公布了举报电话。针对网络侵权盗版的特点，通过在线浏览、检查作品授权书等方式，对红网等34家门户网站实施了主动监管，及时掌握了这些网站使用作品的情况。指导网站健全版权管理制度，引导星辰在线等网站成立了负责版权事务的法务部门，指定专人审查版权授权合同。常德、怀化等市对学校局域网进行了全面清理，防范“三无网站”和侵权盗版内容的接入。衡阳市在当地大型网站设置虚拟网络警察，方便上网用户及时在线举报侵权盗版信息。通过采取多种技术措施，版权部门提高了网络环境下的执法效能和精准度。此次专项行动期间，湖南省共查处各类网络侵权盗版案件33起，没收侵权服务器14台，关闭非法网站26家；查处了世纪影院网站侵犯影视作品著作权案、心连心网络会所侵犯影视作品著作权案、肖某通过网络销售盗版软件案、魔域游戏私服案、天龙八部游戏私服案等一批重大网络案件，有力打击了网络侵权盗版违法行为。

3. 规范图书馆作品传播秩序。根据国家版权局等中央四部门《关于加强图书馆著作权保护工作的通知》，重点组织16家社会公共图书馆和38家普通高等学校图书馆、62家高等职业技术学校图书馆认真开展版权授权自查自纠，督促各图书馆建立健全版权管理与保护制度，提高版权管理和版权保护水平，形成良好的作品使用和传播秩序。

二、克服困难，努力推进企业软件正版化工作

2009年，湖南省列入软件正版化年度工作目标的企业共有500家，是全国各省区平均任务的1.5倍，工作量大、任务重。由于受到金融危机影响，一些企业的经营情况不容乐观，资金压力增大，企业软件正版化工作面临着新的挑战。省版权局克服种种不利因素的影响，认真筹划，积极推进。一年来，全省共举办各类正版化培训班21次，培训企业人员1 712人次，进一步提高了企业对版权保护的认识。株洲市把推进企业软件正版化纳入政府部门工作业绩考评体系，不断强化政府相关部门的工作责任。长沙、衡阳、怀化等市将软件权利人投诉集中的医药卫生、酒店、设计行业相关企业纳入到正版化工作范围，并将其行业主管部门增补为正版化工作领导小组成员，增强对企业指导的针对性。常德、郴州等市对被投诉的企业，在进行诫勉谈话的同时，指导其制订解决方案，帮助企业有效化解法律风险。岳阳、邵阳等市实施正版化“回头看”机制，定期对已经完成正版化工作的企业进行回访，重点检查盗版软件卸载和正版软件更新的情况，防止软件盗版出现反弹。

通过各级版权部门扎实有效的工作，湖南省企业软件正版化工作取得了新的进展。截至2009年底，列入年度目标的500家企业中，402家企业共投入资金3 126万元，采购、安装正版软件3万余套，正版化率超过90%。正版化工作的强力推进，为软件企业的发展营造了一个公平、有序的市场环境，有效激发了企业的创新潜能。2009年湖南省软件著作权登记1 327件，比上年增长113%，增长速度首次位居全国第一，登记数量首次进入全国前十强行列。

三、围绕大局，着力推动版权相关产业发展

把推动“版权兴业”作为版权工作落实《湖南省知识产权战略实施纲要》的重要任务和专项工程。组织开展版权战略研究，成立了由版权管理部门、企业代表和专家学者组成的“湖南版权战略研究”课题组，对湖南省版权产业的现状和存在的问题进行了调研，同时借鉴外省版权产业发展的成功经验，形成了《湖南版权战略研究报告》，提出了以现代出版传媒等核心版权产业为支撑，以网络、动漫游戏、广告装潢、工业品外观设计等新兴版权产业为新增长点，以长株潭地区为重点区域，培育和发展湖南省版权企业自主创新能力和综合竞争力，提高版权创造、管理、保护和运用综合能力的发展思路。推动版权产业基地建设，在充分座谈调研的基础上，指导长沙晚报报业集团启动了湖南出版创意产业园区的筹建工作，初步完成了园区方案的设计和前期论证，为项目申报和组织实施奠定了基础。加强对企业版权工作的指导，先后赴湖南美术出版社、湖南科技出版社和梦洁、宏梦、三辰、拓维信息等全国知名的版权企业以及株洲醴陵陶瓷产业基地进行调研，了解企业作品创作和版权登记、管理、使用的情况，指导帮助其建立健全版权管理制度，形成开发版权、拥有版权、经营版权、保护版权并重的经营模式。促进版权作品的创造与使用，不断提高工作效率和服务水平，全年共办理引进版权合同登记 171 件，办理各类版权作品登记 438 件，较上年增长 47%。组织企业参加各种版权贸易活动，推荐湖南卫视参加“2009 中国版权产业最具影响力企业”评选并成功入选。

四、讲求实效，大力开展版权法制宣传和教育培训

协助拍摄了“知识产权在湖南”专题电视片，宣传了湖南省版权保护工作的成就。围绕“4·26”保护知识产权宣传周，与省知识产权局、省工商局一起组织开展了以“保护知识产权，促进创新发展”为主题的大型宣传活动，发布了《湖南知识产权保护白皮书》，扩大了版权工作的社会影响。加强校园宣传，努力推动版权教育进校园，在省教育厅的大力支持下，结合学校的日常教学工作，通过举行主题班、队会和出板报、墙报等方式，在湖南省中小学生中开展了版权教育活动，提高了青少年自觉抵制侵权盗版的法律意识。加强执法培训，积极组织各市州版权执法人员参加国家版权局、中国版权保护协会等举办的执法培训班和研讨会，促进其业务素质的提升。针对网络版权执法技术性、专业性强，基层执法人员执法经验普遍不足的问题，首次举办了湖南省网络版权执法培训班，国家版权局的领导和国内知名的版权法律专家以及省公安厅网监总队的技术专家，分别就网络版权行政执法实务、网络版权法理论、网络调查与取证技术等内容进行了专题讲座，70 余名市县的执法人员参加培训，收到了良好的效果。

（宋　亮）

广　东　省

2009 年，在国家版权局和广东省委、省政府的领导下，广东省版权局开拓创新、锐意进取，各项工作迈上了新台阶。

一、“版权兴业工程”迈出坚实一步

1. 继续培育省“版权兴业示范基地”。根据《广东省版权兴业发展纲要》的规划和部署，2009 年省版权局继续在全省范围内开展“广东省版权兴业示范基地”的推荐工作。在各市的积极扶持、培育和推荐下，中山市古镇镇灯饰产业集群、广东原创动力文化传播有限公司等 6 个产业集群和企业被省版权局授予“2009 年度广东省版权兴业示范基地”，使目前广东省“版权兴业示范基地”总数增至 42 个。

2. 启动版权基层工作站建设试点工作。2005～2008 年，广东省“版权兴业工程”的重点是开拓工作领域、扩大版权兴业的辐射面，这期间全省共设立了 36 个示范基地，“辐射战略”取得阶段性成效。2008 年底，国务院颁布实施《珠江三角洲地区改革发展规划纲要》（以下简称《规划纲要》），明确要求广东要着力打造具有国际影响力的区域品牌、做大做强产业集群。为贯彻落实《规划纲要》的精神，考虑到经过几年的推进，广东省版权兴业工作已具备了相当的基础和成效，6 月，省版权局适时启动“布点战略”，开始在条件相对成熟的版权产业集群、产业园区建立“版权基层工作站”，从而由面上扩张向区域（行业）布点方向迈出了坚实的一步。通过启动版权基层工作站建设，比较有效地整合了政府、企业、行业协会和社会中介服务机构等各方力量，企业也从这种多方合作的机制中得到了服务、扶持和帮助，满足了自身发展的需求。

值得一提的是，作为首批试点的中山古镇和港口的两个版权基层工作站，在其整个建设过程中，都得到了中山市及古镇镇、港口镇党委和政府有关部门的高度重视和大力支持。两个镇的政府部门解决了工作站的办公场所、人员、经费等问题。在建立版权基层工作站之初，组织相关工作人员赴华东地区进行对口考察、学习，同时与广州市版权协会合作，委托其对版权基层工作站的相关人员进行业务培训。这一切，为工作站的正常运转创造了条件、奠定了基础。

3. 争取多方支持，为“版权兴业工程”提供政策和资金保障。2009 年，广东省版权局利用各种机会为“版权兴业工程”争取政策和资金保障。省版权局于年中向省政府报送的《关于进一步推进我省版权工作的报告》，就广东推进版权产业发展的情况和取得的成效向省政府进行了专题汇报。同时，积极与有关部门沟通和磋商，谋求建立并落实政府资助激励机制，以扶持、资助作品创作。经过广东省版权局不懈的努力，版权兴业工作得到了省委宣传部的大力支持，2009年，广东省委宣传部专门划拨一笔资金，用于资助原创作品、扶持“版权基层工作站”建设等与“版权兴业工程”相关的项目，“版权兴业工程”获得了首笔扶持资金。

4. **积极开展版权产业调研**。为加快广东省乡镇等基层版权服务机构建设，提高基层版权管理部门服务产业的能力与水平，广东省版权局牵头组织中山市版权局及中山市古镇镇、港口镇的有关人员赴上海、江苏、浙江、福建等4省（市）开展版权产业园区专题调研活动，实地学习、观摩和借鉴它们在推进版权产业园区版权管理与服务方面的好经验、好做法，了解它们出台的推动版权产业发展的主要文件、激励政策和措施，以及当地政府与相关行业协会、商会、专业市场等在建立版权基层服务机构、提供版权管理与服务等方面的具体做法，实地观摩有关产业园区的版权交易、版权质押等服务工作，交流作品自愿登记工作的情况等。通过调研，既开阔了视野，又拓展了思路。

二、珠三角地区和粤港版权合作进一步加强

为抓住实施《珠江三角洲地区改革发展规划纲要》的有利契机，在省版权局的倡议下，珠三角地区9市版权局于6月签署了《广东省珠江三角洲地区版权协作框架协议》（以下简称《协议》）。包括建立5个协作机制和完善版权公共服务体系等内容，旨在整合珠三角区域版权行政管理资源，提高版权保护和版权公共服务的水平，促进区域相关产业又好又快发展。按照该《协议》的精神，珠三角9市版权局立足珠三角，在版权产业发展、粤港澳版权协作、企业软件正版化推进、版权执法协作、版权公共服务体系建设、版权对外交流与合作，以及展会版权保护快速反应等方面完善区域版权协作机制。《协议》签订后，9市版权局纷纷开展了区域内的合作，取得了可喜的成果，如广州、中山、东莞等市在作品著作权登记、版权社会服务、展会版权执法等方面密切合作、共享资源、互促互进，使各方从中获得了利益。12月，按照《协议》的约定，广州市版权局组织召开了首届广东省珠三角地区版权工作联席会议，就珠三角地区版权交流培训、版权行政执法和版权公共服务等问题达成了具体的合作意见。

粤港版权协作也有了一个良好的开局。10月，由广东省版权局钱永红副局长带队，广东省版权局及深圳市市场监督管理局、珠海市版权局有关人员组成的4人小组，赴香港与香港知识产权署、香港海关版权及商标调查科的同行们，就版权法律知识普及、完善版权立法、合作打击跨境网络侵权行为等问题进行了交流与探讨。

三、作品著作权自愿登记工作得到进一步规范

为规范广东作品登记工作，促使作品登记为发展区域版权产业集群、繁荣区域作品版权贸易服务，按照国家版权局“扶持版权产业发展，支持优秀作品创作，完善制度，促进版权市场化”的要求，广东省版权局向全省各地级以上市版权行政管理部门和有关单位印发了《关于进一步规范我省作品著作权自愿登记工作的通知》（以下简称《通知》），对广东省作品登记工作进行调整，进一步完善和规范了本省作品自愿登记制度。按该《通知》要求，各市根据版权产业发展的需要，与省局共同指定作品登记代理机构，为本地产业集群和企业的作品登记提供帮助，使广东省作品登记工作与服务版权产业发展得到有机的结合。

四、展会版权保护工作进一步完善

2009年广东省各级版权行政管理部门在展会版权保护方面做了大量的工作：

1. **积极打造广东展会版权保护品牌**。广东省是会展业大省，大型展会都不同程度地涉及版权保护，展会版权保护已成为该省版权保护工作的重要组成部分。近年来，广东省版权局从规范执法行为入手，不断强化展会版权保护工作，全力服务广东省经济强省、文化大省的建设大局。在每年春秋两季广交会、深圳文博会、全国音像制品博览会、南国书香节等相关展会举办之际，广东省版权局或派员进驻展馆，或积极协调、指导有关市版权局调配执法力量参与展会版权执法，一方面提供现场法律咨询，派发版权宣传资料，接受版权侵权投诉；另一方面随时监控展场情况，防止展销侵权产品行为的发生。素有“中国第一展”美誉的广交会是广东省展会版权保护的主战场，也是展示和检验广东乃至全国版权保护工作的重要平台及窗口。从2003年第93届广交会开始，广州市版权局每届均派员进驻广交会投诉站，负责办理展会期间的版权侵权案件，此项工作至今已开展了13届。目前，广州市版权局已经形成了一整套的展会版权保护措施与制度。2009年，广东省版权局会同广州市版权局，积极向国家版权局汇报多年来广交会开展展会版权保护的情况和取得的成绩，经国家版权局实地调查和批准，在 2009 年 4 月举行的第 105 届广交会上举行了授牌仪式，广交会被国家版权局授予“全国展会版权示范单位”的称号。这将是一个里程碑，标志着中国的展会版权保护登上了一个新的更高的台阶。

2. 规范展会版权执法工作。鉴于广东是全国的会展业大省，每年仅在全国起龙头作用的版权相关大型展会就有广交会、深圳高交会、文博会、音博会、玩具博览会、家纺展销会等，这些大型展会都不同程度地涉及版权保护。为维护作品权利人的合法权益，保护中外参展企业和客商的合法权益，营造广东良好的版权保护环境和形象，推动版权产业的创新发展和创作成果的转化，繁荣版权贸易，省版权局向全省各市版权行政管理部门和相关单位印发了《广东省展会版权保护工作指引》，指导全省尽快建立起全方位的展会版权保护体系，以确保版权产业的可持续发展。

3. 集中力量搞好在东莞市举办的“首届中国国际影视动漫版权保护和贸易博览会”的版权保护工作。2009 年 12 月 30 日至 2010 年 1 月 3 日，首届中国国际影视动漫版权保护和贸易博览会（以下简称博览会）在东莞举行。受博览会组委会邀请，广东省版权局和东莞市版权局成立博览会“版权服务工作站”，为本次博览会的参展作品免费提供作品著作权登记以及版权咨询、版权执法等服务。在省新闻出版局信息中心、省版权保护联合会、东莞印刷协会等单位的大力支持下，“版权服务工作站”以高度的责任感，为各参展单位提供高效优质的版权服务。由于本次博览会从筹备阶段开始，就十分重视版权保护问题，在展览会正式开幕前，省、市版权局的人员提前介入，采取收集作品版权来源信息、办理和张贴“作品著作权来源信息卡”、提供免费作品登记服务、部署现场版权行政执法等手段，针对展会期间可能出现的版权问题制定了相应的应对措施，确保了本届博览会的整个展出期间展馆内没有出现版权纠纷，也没有接到著作权人有关参展商侵犯著作权的投诉，圆满完成了既定任务。据统计，整个博览会期间，“版权服务工作站”通过与参展单位签署承诺书等方式，共核发“作品著作权来源信息卡”1 000 多个，受理参展作品著作权登记申请 237 项，接受版权业务咨询 160 多人次，派发著作权基础知识宣传活页、版权保护学生笔记本、版权保护知识书签、《东莞动漫》共 10 000多套（张）。

五、版权宣传力度进一步加大

1. 部署、组织开展全省 2009 年“保护著作权宣传周”活动。3 月初，广东省版权局制定并向全省各市版权行政管理部门印发了《2009 年保护著作权宣传周活动计划》，要求各市在“4·26”知识产权日期间开展“保护著作权宣传周”活动。各市版权行政管理部门按照通知要求，组织实施了多种多样、各具特色的宣传活动，积极开展版权法律知识的宣传普及工作。有的市举办了培训班、专题讲座和报告会，有的组织版权知识宣传推广活动，有的组织“广东省版权兴业示范基地”授牌仪式，有的针对版权产品市场组织行政执法大检查，各项活动都取得了良好的宣传效果。

2. 开展法律知识宣传培训工作。广州、深圳、珠海、东莞、中山等市结合本地实际，举办了各类版权相关的培训活动。省版权局钱永红副局长亲赴珠海、东莞和华南师范大学，为执法人员、企业和在校大学生等讲授版权相关知识。

3. 利用媒体宣传广东省版权管理状况。2009 年，省局通过报纸先后发表《广东省版权局加大展会版权保护力度——首家“全国展会版权示范单位”落户广东广交会》、《从管理到服务的转身——广东实施“版权兴业”工程纪实》等文章，从多个角度对外宣传广东省版权工作，加深了公众对广东版权行政管理工作的认识和了解。

4. 组织编辑印制版权知识学生笔记本。省版权局与广州市版权局合作，在宣传周期间编辑印制了版权知识学生笔记本 12 000 册，免费赠送给广东省有关单位和饶平县新塘镇全部中小学师生以及广州市第一中学、康有为纪念小学等 6 所版权教育示范学校。

5. 办好“版权保护在广东”专栏。宣传周期间，广东省版权局组织编辑了 10 篇专稿，通过广东省版权局政务信息网上的“版权保护在广东”专栏，对新获“广东省版权兴业示范基地”称号的企业（集群）进行宣传，对全省版权行政管理部门查处的著作权侵权案件、反映版权行政管理部门和企业做强做大版权产业的实例进行报道。

六、实施层级负责制，全省企业使用正版软件工作取得新成果

为稳步推进广东企业使用正版软件工作，广东省推进企业使用正版软件工作联席会议于 2009 年年初向全省各市使用正版软件领导小组（联席会议）下发有关通知，在全省建立推进企业使用正版软件月进度申报制度和层级负责制，对列入《2009 年度全省推进企业使用正版软件工作督办企业名录》的213家企业，要求企业所在市的推进企业使用正版软件工作领导小组（联席会议）办公室承担起督导责任，对辖区有关企业的软件正版化进展情况进行密切跟踪，逐月申报企业软件正版化的进度，以保证按时完成年度软件正版化工作计划。

11月，广东省根据年初工作安排，组成了由省版权局、国资委、财政厅、公安厅、信息产业厅、工商联、金融办、通信管理局等相关部门人员参加的3个工作组，对全省21个地级以上市推进企业使用正版软件工作的情况进行检查督导。重点检查各市开展推进企业使用正版软件工作的情况，特别是列入省推进企业使用正版软件工作联席会议办公室重点检查督导名录中的企业使用正版软件的情况；同时了解各市2010年推进企业使用正版软件的工作设想。

根据此次检查的情况，广州、深圳、汕头、惠州、河源、江门、云浮等市完成的情况比较好，成绩突出。全省共举办相关培训36次，培训人数4 684人次，在用计算机使用正版操作系统19 010套，使用正版办公软件17 637套，有241家企业完成了使用正版软件工作，超额完成了广东省年初预定的213家企业的工作目标。

七、网络侵权盗版行为得到进一步遏制

按照国家版权局、公安部、工业和信息化部的统一部署，广东省版权局联合省公安厅、省通信管理局在全省组织了2009年打击网络侵权盗版专项治理行动，对专项治理行动的组织领导、任务落实、检查督办、数据汇总、总结汇报等工作进行了部署。

为便于对各市开展专项治理行动进行统一指导协调，有效解决查处网络案件涉及的各部门相互配合及涉嫌犯罪案件移送等有关问题，提高网络执法效率，及时查处有重大影响的网络案件，省版权局牵头成立了“广东省打击网络侵权盗版专项治理行动工作办公室”，负责此次专项治理行动的组织、协调工作。

按照主动监管的要求，省版权局由主管领导钱永红副局长带队，先后前往南方新闻网、网易、腾讯网等省内9家主要门户网站进行相关调研和检查，要求有关网站在依法维护自身合法权益的同时，主动规范网站的版权授权、传播行为，从源头上防范侵权盗版行为的发生。

11月，省版权局与省公安厅、省通信管理局联合组成检查组，对全省21个地级以上市开展打击网络侵权盗版专项治理行动的情况进行了检查督导，其中广州、梅州等市在查办网络案件方面取得突破。专项行动期间，全省主动监管网站228家，查处网络侵权案件81起，没收服务器及其他设备数量9台（部），关闭网站53家，行政罚款109 300元，9起案件移送司法机关处理。

（郭秀文）

广西壮族自治区

2009年，广西版权工作坚持以邓小平理论和“三个代表”重要思想为指导，认真学习贯彻十七大精神；以科学发展观为指导，认真贯彻落实党中央、国务院关于加强知识产权保护战略部署。根据国家版权局的工作要点，在自治区版权局党组的正确领导下，不断强化版权社会监管，深入持久开展版权宣传普及教育活动，优化版权保护环境，增强版权服务意识，创新版权管理方式，开创版权保护工作新局面。

一、强化版权社会监管工作，严厉打击各种侵权盗版行为

坚持日常监管与专项行动相结合，严厉打击各种侵权盗版行为。全年共查处涉嫌网络侵权网站14个，涉案服务器36台，责令停止侵权14家，关闭网站16家；查缴各类侵权盗版图书588 654册；查缴侵权盗版光盘697 980张。其中，在5月22日的专项行动中，在南宁市民族商场一举查获17家涉嫌批销盗版光盘的经营单位，查缴侵权盗版及淫秽色情光盘414 791张，捣毁制作盗版窝点2个，抓获嫌疑人22人，行政拘留5人，刑事拘留2人；在钦州市查处的劳朝维非法制作盗版光盘案中，查缴盗版及淫秽光盘3 623张，劳朝维被钦州市灵山县人民法院判处有期徒刑3年6个月；在北海市“7·06”销售盗版光盘案件中，犯罪嫌疑人许梅兰被北海市合浦县人民法院判处有期徒刑3年，缓刑3年，并处罚金1万元。

二、进一步推进使用正版软件工作，创造良好的版权保护环境

在首批推进140家企业使用正版软件工作的基础上，又开展了针对第二批76家企业使用正版软件的推进工作，同时，对全区的300多家勘察设计企业，进行全行业的使用正版软件推进工作。11月，开展了加强和巩固县（区）政府机关使用正版软件工作，防止政府机关使用盗版软件现象的回潮。为激励地市和企业开展推进使用正版软件工作的积极性，自治区版权局和自治区使用正版软件工作领导小组办公室还开展了2009年度“广西使用正版软件工作优秀单位”和“推进企业使用正版软件工作组织推进奖”的评选工作，最后评出“使用正版软件工作优秀单位”43家，“使用正版软件工作组织推进奖”一、二、三等奖9个。

三、不断深入宣传版权法律知识，努力提高公众版权保护意识

提高公众的版权保护意识，是建设创新社会的根基，也是目前做好版权保护工作的基础。2009年，广西在版权宣传工作方面，努力拓宽宣传渠道，创新宣传方式，丰富宣传手段，找准宣传对象。一是创建并办好全国省级唯一公开发行的版权宣传杂志《版权战略》。二是制作大量的版权宣传环保布袋，扩大版权宣传的辐射面，不仅在政府机关、科研院所等宣传，而且在公众场所、菜市场也得到宣传；环保布袋不仅受到百姓的喜爱，也克服了过去印刷纸张浪费、短效的问题。在2009年广西知识产权宣传周暨青少年版权保护主题教育活动中，广西版权局向参加活动的青少年赠送套装的科技、励志以及版权保护方面的图书，组织小学生向社会发出了《版权保护广西红领巾宣言》，组织青少年开展拒绝盗版签名和版权保护知识竞赛等；在全国青少年版权知识竞赛中，广西共有170名学生分别获得一、二、三等奖，有22个单位获组织奖，排在全国的前列。

四、加强版权学习培训，建立高素质的版权管理队伍

版权保护工作是知识性、专业性很强的工作，不具备版权专业及相关知识，是无法开展好版权管理和版权执法工作的。9月，广西版权局和广西壮族自治区使用正版软件工作领导小组办公室专门举办了全区推进企业使用正版软件和打击网络侵权盗版工作培训班。把培训对象扩大到县、区一级，使基层一线的执法人员都能得到培训，提高了版权的执法水平。

五、实施走出去战略，扩大对外版权贸易

2009年，广西版权工作认真贯彻新闻出版总署、国家版权局的“走出去”战略，贯彻落实自治区党委、政府有关与东盟全面开放合作的工作部署，大力推进中国出版走向东盟。成功举办第二届越南、柬埔寨中国图书展销会暨版权贸易洽谈会，展销我国出版的优秀图书近万册，达成版权输出贸易合同和意向的图书66种，当场签约输出21种。在第六届中国—东盟博览会期间，广西新闻出版局和广西新华书店集团有限公司一起，成功举办2009年第二届中国—东盟书展暨图书馆业合作论坛，共展出我国及东盟各国图书1 912种5 000多册，实现订货码洋30多万元。

2009年，广西出版系统与国（境）外达成版权贸易的图书数量达357种，其中输出140种、引进217种，与2008年相比，版权输出数量增长300%，版权引进和输出比缩小至1.55∶1，版权输出数量创历史新高。

（陈朝明）

海　南　省

2009年，海南省版权工作坚持以科学发展观为统领，在国家版权局的指导下，根据海南省版权工作的实际，将打击侵权盗版与宣传教育公众并重，对侵权盗版行为给予严厉打击。同时稳步推进全省使用正版软件工作，积极开展版权公共服务，努力通过多种形式宣传版权保护知识，提高公众的版权保护意识，形成全社会保护版权的良好氛围。

一、认真开展版权产业调研，为版权企业发展做好服务工作

2月，省版权局版权处联合三亚市文体局、海口市文体局等市县文体局，围绕海南省的动漫、琼剧、黎族织锦等版权产品的研发、生产与销售进行了调研，鼓励企业在人才的引进和培养上下大力气，努力提高自主创新能力，在作品创作的数量和质量上都有新的突破。鼓励企业增强维权意识，与侵犯自身权利的不法企业和不法分子进行斗争，通过行政、司法程序等多种途径维护自身权利。加大侵权盗版的打击力度，联合当地文体局和文化市场稽查部门、公安部门，加大对市场上侵权盗版制品的查缴力度，同时认真查处群众举报的侵权盗版案件，以保护著作权人的合法权益。省版权局承诺将进一步简化程序，为企业作品自愿登记提供更便捷的服务。

二、多方联合严厉打击侵权盗版，保护著作权人的权利

1. 开展打击网络侵权盗版专项治理行动。8月1日至10月31日，根据国家版权局、公安部、工业和信息化部联合发出的《开展2009年打击网络侵权盗版专项治理行动的方案》，制订了海南省打击网络侵权盗版方案，并由省版权局、省公安厅、省通信管理局三部门联合发文给各市县，指导它们开展专项治理行动。同时通过报纸和网络公布了举报电话，呼吁广大市民积极参与。要求人民网海南视窗、南海网、凯迪网、海口晚报网、改革论坛、天涯在线等省内6家主要网站开展网站侵权盗版自查自纠，并对其自查情况进行了核实，对存在的问题提出了整改意见。组织对海南移动、海南电信、海南联通等公司的网站进行了抽查。专项治理行动期间，共组织检查20次，检查了14家网站，主动监管网站6家，责令1家网站停止侵权，关闭海南网等4家违规登载新闻严重侵犯权利人权益的网站。

2. 加强日常版权行政执法，打击侵权盗版行为。为加强对市场侵权盗版的日常监管，海南省版权局明确了对“重点区域”的“重点时段”采取“重点检查”的原则，以海口市明珠广场、解放西路和DC电脑城，三亚市解放路为全省查缴盗版制品的重点区域，以周末和傍晚时段为重点时段，加强日常巡查。2009年，全省共出动检查执法人员1万多人次，检查文化经营单位1 100家次，查缴盗版音像制品11万多张、盗版图书3万余册、盗版教辅读物7.1万册。

三、稳步推进软件正版化进程

根据海南省使用正版软件工作的现状，海南省使用正版软件工作领导小组办公室建议召开领导小组会议，研究安排2009年海南省软件正版化工作。4月23日，在省政府国兴办公区11楼会议室，林方略副省长主持召开了领导小组工作会议。省版权局、省使用正版软件工作领导小组办公室在会上向领导小组汇报了本省软件正版化工作的基本情况，并对下一步工作的开展提出了建议。林方略副省长在肯定了全省软件正版化取得的成绩后指示，做好软件正版化工作有利于赢得我国在国际上保护知识产权的良好声誉，同时有利于我国创新型国家的建设，形成保护知识产权良好氛围。他要求继续贯彻执行国家软件正版化部际联席会议关于企业使用正版软件工作的精神，稳步推进全省的软件正版化工作。会议通过了省使用正版化软件工作领导小组办公室拟定的2009年软件正版化年度工作方案，并由各成员单位共同推进。

5月，省使用正版软件工作领导小组办公室对2008年度全省完成软件正版化工作的企业进行了验收，并做好了全省完成企业软件正版化工作示范单位的推荐工作。9月15日，召开了海南省完成正版软件的国有企业座谈会，就完成软件正版化存在的问题和解决措施作了交流。

四、开展版权宣传活动，扩大版权保护的社会影响

为做好海南省“4·26”知识产权宣传周工作，让社会公众进一步了解版权、保护版权，省版权局委托三亚动漫基地制作了版权保护动漫广告片和故事片，以生动、新颖的形式，将版权保护知识巧妙地介绍给社会公众。宣传周期间，广告片和故事片在海南省电视台一频道的黄金时段播出，并在海南省版权局网站和海南最具影响力的南海网上传供网民浏览。这次活动获得了良好的社会影响，受到了社会的广泛关注。

2009年，海南省版权局组织全省各中学参加国家版权局举办的全国青少年版权保护知识竞赛活动，全省有屯昌中学、海南二中、万宁中学等十多所学校、一千多名中学生投寄了答案。通过这次活动，增进了全省青少年学生对版权知识的了解，激发了他们的创新欲望，为今后的创新发展奠定了思想基础。

五、积极组织版权行政执法人员参加培训，着力提高执法能力和执法水平

8月31日至9月3日，由国家版权局组织的第三期基层版权执法工作培训班在内蒙古自治区的包头市举办。海南省版权局积极联系各市县文体局、文化市场稽查部门负责人，组织各单位的工作人员参加培训，帮助他们进一步丰富版权相关知识，提高版权执法能力。

六、指导省版权协会做好作品自愿登记和涉外著作权合同备案工作

海南省作品自愿登记和涉外著作权合同备案工作由省版权局委托省版权协会办理。一年来，在省版权协会的努力下，全省办理作品自愿登记达143件，受理涉外著作权合同备案316个。

七、做好国家版权局的版权监管平台建设

根据国家版权局12月7日在北京召开的版权监管平台建设会议要求，省版权局派专人负责在版权监管平台专用电脑上安装相关文件，及时做好准备工作。

（曾伯林）

重　庆　市

2009年，重庆市版权局在国家版权局和重庆市领导的支持和指导下，锐意进取，不断创新，加强版权管理机构建设和队伍建设，在版权管理、版权服务、版权宣传和促进版权产业发展方面取得了丰硕的成果，促进了全市版权保护环境的持续改善和相关产业的科学发展。

一、优化版权管理

近年来，重庆市版权局积极探索行政执法和社会监管的长效机制，不断拓展版权监管领域，加强协调、改进方式、强化手段，对重点地区、重点领域和重点环节加大监管力度，加强版权监管平台建设。在2009年1月举行的全国版权工作会议上，重庆市版权局以会议材料的方式作了《大力加强版权保护，促进新闻出版产业科学发展》的经验交流；8月，在国家知识产权局举办的全国知识产权执法经验交流会上，又作了题为《创新机制，强化手段，务实高效开展版权执法工作》的经验交流发言。

2009年，重庆市版权局在优化版权管理方面主要做了下列工作：

1. **加强行政监管**。2009年，重庆市版权局牵头开展打击网络侵权盗版专项治理行动，依法查处网络侵权盗版案件15起，其中行政处罚13起，关闭网站12个，罚款1.5万元。此外，市版权局还牵头开展图书馆著作权专项治理工作，组织全市各公共图书馆和大中小学图书馆开展自查，纠正未经许可复制或通过信息网络传播他人作品的行为，建立完善合法使用作品的工作制度和有效机制，进一步推动图书馆事业健康、有序发展。

2. **推进软件正版化**。2009年，重庆市版权局积极稳妥地推进第三批115家大中型企业软件正版化工作，推进重点为国有、民营、外资企业和旅游饭店业等公共形象窗口行业。顺利完成检查验收，卸载盗版软件约3 200套，督促落实采购正版软件约1.1亿元，其中采购国产软件约3 400万元，占资金总额约31%，有力促进企业信息化建设，带动民族软件产业发展。

二、强化版权服务

1. **深入推进“百家重点企业版权保护工程”**。2009年，市版权局在西永微电子产业园、五里店工业设计中心设立版权服务工作站，由市、区两级行政部门联合管理，定期和不定期提供作品登记、法律服务、版权交易、教育培训“四个上门”服务，深受园区企业欢迎。全年走访大型企业114家，开展现场版权服务132次，派出版权专业人员约280人次。

2. **提高版权登记的质量和服务效率**。2009年，重庆市版权局全年办理各类作品著作权登记752件，其中计算机软件著作权登记365件，同比增长92.1%，对重庆科学和文化的繁荣、经济和社会的发展起到较大促进作用。

3. **加大对版权中介组织的指导**。市版权局指导版权中介组织依法开展版权保护工作，引导其加强版权代理、版权交易等社会化服务，提高权利人和权利人组织的自我管理能力，提高智力成果的商品化、产业化和市场化程度。

三、发展版权产业

1. **抓版权兴业，推动版权产业提档升级**。市版权局通过树立典型，以点带面，发挥典型的辐射带动作用，推动全市版权产业朝着规模化、规范化方向上台阶、大发展。2009年，市版权局与市知识产权局、市工商局联合确定西永微电子产业园、建桥工业园等8家企业为首批市级知识产权试点园区，并加强对试点园区的政策扶持。加强对重庆北部新区国家数字出版基地、重庆出版传媒创意区的扶持和服务力度，通过版权保护和版权服务促进高新企业步入自主创新、有序运行和持续发展的良性循环。

2. **抓版权贸易，着力扩大中华文化影响**。重庆市版权局深入走访调研、积极协调，解决制约重庆出版集团等重点新闻出版单位“走出去”的问题。2009年全市新闻出版单位开展版权贸易204项，比去年同期增长22.16%，合同总金额约269.8万元。2009年，重庆市版权贸易仍以图书贸易为主，共引进图书版权153项，同比增长21.43%；输出51项，同比增长64.52%，其中期刊实物出口1项，电子图书实物出口1项，对外印刷服务1项。引进输出比为3：1，版权贸易逆差连续第四年呈下降趋势。重庆出版集团公司、重庆日报报业集团产业有限责任公司、重庆维普资讯有限公司、重庆享弘数字影视有限公司被商务部、文化部、广电总局、新闻出版总署确定为2009～2010年国家文化出口重点企业；《格萨尔王》、《熊猫史诗》、《藏地密码》、《动物奥运会》、《重庆日报》(海外版)、《中文科技期刊数据库》、杂技《鼓动青春》、动画片《乐乐熊奇游记》等8项作品被确定为2009～2010年度国家文化出口重点项目；《发现中国系列》、《终极理论》等6种渝版图书被评为全国输出版、引进版优秀图书。2009年，重庆市版权局统一组团参加第61届法兰克福国际书展和第16届北京国际图书博览会，《民主社会主义评析》、《当代西方国家理论评析》、《格萨尔王》、《冈拉梅朵》等渝版精品图书成功输出英国、土耳其、印度等国家和地区。

四、加强版权宣传

2009年，重庆市版权局深入开展版权宣传教育，提高社会公众的版权保护意识，努力在全社会形成“尊重创新、抵制盗版”的良好氛围。全年举办大型版权培训3次，举办大型版权宣传活动4次，参与编辑《重庆知识产权》杂志4期。中央人民政府门户网站、《中国新闻出版报》、《中国知识产权报》、《重庆日报》等中央和市级媒体约80次报道了重庆市版权工作的开展情况。

2009年，市版权局继续扎实开展青少年版权保护主题教育活动，向各区县赠送适合青少年阅读的版权保护图书14 400册。举办“4·26”世界知识产权宣传周系列活动，发放宣传资料1 000余册(张)，接受咨询约300人次，引起较大社会反响。举办第二届重庆读书月版权宣传教育活动，在陈家坪会展中心开设版权服务区，为广大企业和市民提供版权登记、版权评估、版权代理、版权交易、法律咨询、版权保护等全方位一站式服务。

（许家伟）

四　川　省

2009年，四川省版权局以科学发展观统领全局，围绕推进“三个转变”，认真贯彻落实全国版权工作会议精神，强化行政监管，加强普法宣传，推进自主创新，实施社会服务，为坚持科学发展观，建设西部经济和文化发展高地作出了积极贡献。全年在推进企业使用正版软件工作、促进版权产业发展、强化版权执法、加强版权法律法规宣传、发展版权贸易等方面做了大量工作，取得一定成绩。

一、加强版权法律法规宣传

2009年，四川省版权局按照国家版权局的部署，结合四川省的具体情况，开展了一系列的版权法律法规宣传活动。

1. 编印《音乐音像著作权手册》，宣传《中华人民共和国著作权法》和《著作权集体管理条例》等法律法规，维护音乐作品创作者、卡拉OK音乐电视表演者和制作者的权利。

2. 按照国家版权局的部署，在4月20～26日，开展了“2009年知识产权宣传周”活动。其主要活动包括：

(1) 4月20日，四川省“2009年知识产权宣传周”活动启动仪式在成都红星路步行街广场举行。四川省人民政府副秘书长蔡竞在启动仪式上致辞并宣布四川省“2009年知识产权宣传周”开幕。启动仪式由四川省知识产权局副局长李敏主持，省版权局副局长张世金出席仪式，来自省高级人民法院、省工商局、省版权局、省知识产权局等20多个部门的省知识产权工作领导小组成员单位的代表100余人参加了启动仪式。

(2) 4月25日，省版权局与省商标局、省专利局等部门一起，以省政府新闻办名义召开新闻发布会，公布《四川省知识产权白皮书》、《四川省知识产权十大案例》。

3. 4月19日，四川省版权局向省内主要新闻媒体公布了“四川省2008年著作权行政处罚典型案件”。新闻出版总署副署长、国家版权局副局长阎晓宏对四川省评选2008年度著作权行政处罚典型案件工作进行了批示：“四川这项工作抓得好，既总结推动了版权执法，又扩大了社会影响。可建议没有开展这方面工作的地方借鉴。”

4. 由四川省版权局、共青团四川省委主办，各市州版权局、团委、《今日中学生》杂志社承办的“全省青少年版权保护读书征文活动暨版权保护知识竞赛”于2009年8月6日正式启动。活动期间，省版权局、共青团四川省委，各市州版权局、团委向全省21个市州的青少年免费发放《版权保护小卫士——青少年版权保护知识教育读本》1 500余册，并组织学生参加了国家版权局主办的“全国青少年版权保护读书活动暨版权保护知识竞赛”活动，共寄出答题卡1 500余份。

同时，四川省版权局还与《今日中学生》杂志开展了“我心目中的版权”征文活动，共收到全省25所中学1 520余份参赛稿件。在参加国家版权局主办的“全国青少年版权保护读书活动暨版权保护知识竞赛”活动中，杜恒等67名同学荣获个人奖，四川省版权局等8家单位荣获组织奖。在全省青少年版权保护读书征文活动中，阳晴川等9名同学荣获征文奖。

5. 加强对音乐作品著作权保护的宣传工作。

(1) 4月22日，四川省版权局召开了全省音乐作品著作权保护工作会议，对全省图书、音像、电子、互联网出版单位，影视制作单位，演出经纪公司，背景音乐使用单位的代表进行了音乐著作权知识的培训。中国音乐著作权协会许可证部主任杨东凯、省版权局副局长张世金、省委宣传部出版处处长孙先荣、省高级人民法院知识产权庭审判长刘巧英、省文联维权中心高敏等有关领导出席会议。来自全省图书、音像、电子、互联网出版单位，影视制作单位，演出经纪公司，背景音乐使用单位的代表共计130余人参加会议。

(2) 6月25日，四川省版权局、中国音乐著作权协会召开在川部分会员座谈会，黄虎威、郭万春、田逢俊等词曲作家出席了座谈会。会议就进一步加强音乐著作权管理、维护音乐著作权人权益、改进协会工作进行了交流和沟通。

(3) 12月1日,“四川省2010上海世博会优秀歌曲授权使用仪式”在成都举行。中国音乐著作权协会副总干事杨东锴、上海世博会事务协调局活动部主管许诺、四川参与上海世博会领导小组办公室(省贸促会)易炀、中国商业联合会科技质量部部长王越涛、四川省版权局徐登明等有关负责人出席会议,四川地区使用背景音乐的商场、酒店等企业60余家参加会议。中国音著协四川代表处为四川地区音乐使用单位授予40余首上海世博会优秀歌曲使用权。

二、加大版权行政执法力度

2009年,四川省版权行政管理部门共查处版权侵权案件407起,收缴各类盗版图书光盘1 854 286张(盘、册),检查经营单位76 319家,取缔违规经营单位146家,查获地下窝点31个,移送司法机关案件23起,罚款303 250元。

1. 开展为期3个月的全省打击非法预装盗版软件专项行动。根据四川省版权局下发的《关于开展打击非法预装计算机软件专项行动的通知》要求,各市州版权行政管理部门对辖区内计算机生产企业、计算机销售市场进行了执法检查。专项行动期间,省版权局与成都市版权局重点检查了成都市的@世界、成都数码广场等大型电脑商场,发放和张贴宣传资料500余份,要求经营业户充分了解专项行动的要求,进一步规范生产、销售计算机预装正版操作系统软件的行为。

2. 开展打击网络侵权盗版专项行动。根据国家版权局、公安部、工业和信息化部《关于印发〈2009年打击网络侵权盗版专项行动实施方案〉的通知》的部署,四川省版权局承担了国家版权局督办的1起网络侵权案件,根据权利人举报又查处了6起网络侵权案件,分别是新天空完美三区私服侵权案、QQ190音乐网站侵权案、学生之家音乐网站侵权案、天籁村音乐网站侵权案、幽冥完美私服侵权案、追风完美私服侵权案、酷侠完美私服侵权案。对于这7起案件的查处工作,省版权局高度重视,由分管副局长牵头,版权处、稽查总队会同相关市州版权局,从8月初开始对以上案件进行立案调查,到11月底全部结案,并分别作出了相应处理。

3. 开展了2008年度全国版权执法有功集体及有功个人推荐工作。四川省推荐23起案件给国家版权局参加候评。国家版权局向社会公布了《关于表彰奖励2008年度查处侵权盗版案件有功单位及个人的决定》,对2008年在查处侵权盗版案件工作中作出突出贡献的奥运反盗版工作组等173家有功单位、马跃等166名有功个人给予表彰奖励,其中四川省有19家单位和8位个人获得表彰奖励。

4. 召开全省版权行政执法暨2009年度网络侵权盗版专项治理行动工作会议。11月16～17日,全省版权行政执法暨2009年度网络侵权盗版专项治理行动工作会议在成都金河宾馆召开。国家版权局版权司司长王自强、版权司执法处处长赵秀玲,省公安厅副厅长岳德松、省版权局副局长段建玲、省通信管理局市场处处长孟澜等领导出席会议。来自全省21个市州版权执法部门以及公安、通信部门的代表共计70余人参加。会议对全省2009年度版权执法进行了总结,表彰了荣获全国版权行政执法有功集体和个人的19家单位和8位个人。

三、推进使用正版软件工作

7月24日,四川省政府推进使用正版软件工作领导小组办公室在成都召开了四川省企业软件正版化培训工作会议,省政府推进使用正版软件工作领导小组各成员单位的联络员以及60余家企业的负责人参加了这次培训工作会。会议对省政府推进使用正版软件工作领导小组部署的全省第二批试点企业软件正版化工作作了进一步落实。国务院推进正版软件部际联席会议办公室专家、中国软件联盟(CSA)常务副理事长邹汴,商业软件联盟(BSA)市场部经理王莉分别在会上作了软件资产管理和使用正版软件有关政策法规讲解。

会议就完成第二批试点企业软件正版化工作进行了具体部署。要求从7月24日开始,列入第二批软件正版化试点企业要确定专门的部门和人员负责此项工作,用一个月的时间完成软件使用情况自查工作,并于8月30日前将自查情况以及负责此项工作的部门和联络人员名单、电话报送省政府推进使用正版软件领导小组办公室和所在厅局部委,再用一个月时间完成涉嫌侵权软件的更换工作。9月底,省领导小组将组织技术力量,对第二批各个试点企业进行检查验收。

在这次会上,四川省国资委、省经委、省国防科工办等三家省领导小组成员单位的代表分别通报了本系统第二批企业软件正版化工作的进展情况以及下一步的工作安排。省国资委的代表在发言中要求国资委系统的企业在加强自身信息化建设的同时,要认真贯彻落实省政府关于《四川省推进企业使用正版软件工作实施方案》,把企业的信息化建设和企业使用软件正版化工作有机地结合起来,凡列入第二批试点的企业要认真完成正版化任务,原第一批完成了正版化任务的各集团公司，在完成了集团本部的软件正版化工作后，要进一步解决分公司、子公司的软件正版化问题。

11月9日，省政府推进使用正版软件工作领导小组发出《关于开展全省第二批软件正版化试点企业验收和工作督查的通知》，通知对省级成员单位试点企事业单位的验收以及对市州企事业单位软件正版化工作的督查和验收工作提出了明确要求。各成员单位组成五个检查组分别对省属企业和市州软件正版化工作进行检查验收和督导。

12月22日，由国家国资委办公厅巡视员刘长虹带队的国务院推进企业使用正版软件工作部际联席会议督导检查组一行6人到成都，督导检查四川省推进企业使用正版软件工作。22日下午，省政府推进使用正版软件工作领导小组召开了四川省推进使用正版软件工作汇报会，省领导小组各成员负责人和联络员参加汇报会。会议由省政府推进使用正版软件工作领导小组副组长、省政府副秘书长陈保明主持，省领导小组副组长、省版权局局长周国良汇报了四川省近年来推进政府和企事业单位使用正版软件工作所取得的成效、经验以及下一阶段工作的安排。省国资委、省经委等成员单位也就本系统推进软件正版化工作情况作了汇报，并对今后进一步做好软件正版化工作，尤其是国产软件的推进使用提出了建议。检查组对四川省近几年来推进使用正版软件工作所取得的成绩予以肯定，认为四川省在推进企业使用正版软件工作中领导重视、方法得当、工作扎实、成效明显，希望今后在推进使用软件正版化工作中，要认真贯彻落实国家信息化战略和知识产权发展战略的总体要求，进一步帮助企业建立和完善软件资产管理制度，提高国产软件的使用率，促进民族软件产业的发展。

四、促进版权产业发展

1. 完成“四川省版权产业发展战略及对策研究”课题。为建立和完善四川省现代产业体系，四川省版权局、省人民政府研究室、省统计局、省社会科学院决定联合成立“四川省版权产业发展战略及对策研究”课题组，对四川省版权产业进行实证研究。四部门和单位抽派人员参加课题，省社科院具体承担研究任务。3月23日，由国家版权局、中国出版科学研究所、四川省省委宣传部、省发改委、省经委、省经济发展研究院、四川大学、西南财经大学等有关部门和单位的专家组成的评审委员会，对“四川省版权产业发展战略及对策研究”课题成果进行了评审。评审结果认为，由四川省版权局等四部门和单位用一年多时间完成的40余万字的研究报告，思路清晰、技术路线正确、内容丰富、资料翔实、研究方法科学，是一份具有较高价值的研究成果，评审委员会一致同意通过评审。四川省人民政府副秘书长、省政府研究室主任万鹏龙在“四川省版权产业发展战略及对策研究”课题评审会上，要求省发改委、省经委、省版权局等有关部门和单位，要进一步做好研究成果的转化工作，找准切入点，完善和落实有关政策，促进全省版权产业的发展。国家版权局版权司司长王自强、中国出版科学研究所副所长辛广伟、省委宣传部文化事业处处长王春良、省发改委社会发展处处长彭跃、省经委产业处处长黄朝阳等，就发展四川版权产业提出了许多建设性意见。西南财经大学副校长丁任重教授、四川大学经济学院院长李天德教授、省发展研究院院长王小刚研究员等专家学者就四川版权产业发展战略问题发表了意见。在评审会上，课题具体承担单位省社科院院长侯水平研究员要求课题组人员认真按照评审委员会意见修改定稿。课题牵头单位四川省版权局张世金副局长表示，为促进全省版权产业的发展，要加强与各个相关部门的联系和沟通，进一步做好版权服务、实施版权保护等工作。12月底，《四川版权产业发展战略研究》一书由四川人民出版社出版发行。

2. 图书版权贸易取得突破进展。2009年，四川省图书、软件、影视、工艺美术品等版权产品生产和贸易取得了可喜成绩，尤其是图书版权贸易和实物出口得到了快速增长。9月，在为期5天的第16届北京国际图书博览会上，四川省输出版权8种，有3种图书获奖，其中，四川科学技术出版社的《说食——关于中华美食的十面解读》被评为输出版优秀图书；四川科学技术出版社的《提升之战》和四川教育出版社的《课堂行为管理的实用诀窍》被评为引进版社科类优秀图书。博览会期间，四川教育出版社还与美国圣智学习出版集团签订了《大地震后，四川依然美丽》和《简明中国历史》的对外合作出版协议。

在2009年第61届法兰克福书展上，四川出版集团版权输出取得历史最好成绩，共有4家出版单位与越南、韩国、新加坡等国家和中国台湾、香港地区的出版单位签订了版权输出合同，共计输出图书版权69种，3家出版社与美国圣智学习出版集团签署了2个出版项目合作协议。此外，集团旗下的出版单位还与韩国、越南、新加坡等国家和香港地区达成版权引进意向图书20余种。开创了四川出版界版权输出历史之最，也取得了四川出版集团成立以来的最好成绩。

12 月 24 日，四川省版权局发出川版权［2009］15 号文件，表彰 2009 年度版权贸易工作先进单位和补贴输出项目。2009 年，全省图书版权贸易合同项目达 177 项，其中，引进 75 项，输出 100 项，合作出版 2 项；实物出口 10 462 册，码洋 965 651 元。四川人民出版社等 10 家出版社被评为 2009 年度版权贸易工作先进单位；《中国历史读本》（川教社与圣智学习出版集团）等 2 个合作出版项目，《雪人的故事》等 27 个版权输出项目获得补贴。

2009 年，四川省全年作品登记的情况是：总计 905 件，其中文字作品 319 件、音乐作品 41 件、美术作品 511 件、摄影作品 15 件、影视作品 5 件、设计图 12 件，其他 2 件。

（徐　漫）

贵　州　省

2009 年，贵州省各级版权行政管理部门在贵州省版权局党组的领导下，结合本省实际情况，积极开展版权保护工作，努力为实现全省经济社会、文化事业的全面发展服务。

一、深入开展著作权法宣传教育工作

2009 年 3 月，贵州省版权局向全省各市（地、州）下发了内部明电，具体部署了贵州省“4·26”知识产权宣传周的活动。按照明电的要求，全省各地在“4·26”世界知识产权日开展了丰富多彩、形式多样的著作权法律法规宣传活动，全省 9 个市（地、州）政府分管领导都参加了当地宣传周活动，有力地推动了版权法律知识的普及。省版权局与省知识产权联席会议办公室成员单位联合在贵阳市人民广场开展了大型宣传活动，发放《著作权法》及相关宣传资料 3 000 余份，组织过往行人参与知识产权法律有奖竞猜活动。

为了积极拓展宣传渠道，贵州省版权局制作了“打击盗版 维护版权”公益短片，在“4·26”知识产权宣传周期间，连续 15 天在“贵州联迅传媒”楼宇电视中滚动播出，播出面覆盖贵阳市 300 多幢楼宇。据传媒公司调查，该片受众逾 10 万人次。

2009 年，贵州省版权局参加起草《2008 年贵州省知识产权保护状况白皮书》，并配合省政府召开白皮书的新闻发布会，有重点地宣传贵州省的版权行政执法工作。

此外，省版权局还组织全省各地学校参加国家版权局组织的“全国青少年版权保护读书活动暨版权保护知识竞赛”，下发《版权保护小卫士——青少年版权保护知识教育读本》8 000 册，在 2009 年的竞赛中全省获得各类奖项 27 个。

二、稳步推进企业使用正版软件工作

企业软件正版化工作是贵州省版权局近几年工作的重点，贵州省版权局通过积极推进企业软件正版化工作，力求扎实有效，既实现企业软件使用的正版化，又真正让企业受益，增强企业的竞争力。

按照贵州省企业软件正版化工作总体安排，2009 年，省版权局对贵州省 2008 年第一批软件正版化企业进行了检查验收，发现有 23 家企业未开展或未按要求完成使用正版软件工作任务，经贵州省企业软件正版化工作领导小组联络员办公会议研究，决定对这 23 家企业实施整改措施，发出整改通知，并组织协调贵阳市版权局共同对这些企业进行了检查。通过耐心细致的教育说理工作，多数企业已完成使用正版软件工作的任务。

三、加强版权行政执法，认真部署打击侵权盗版专项行动

根据国家版权局、公安部、工业和信息化部打击网络侵权盗版专项行动的统一部署，贵州省版权局与省公安厅、省通信管理局联合部署了专项行动，并按照要求对省内规模较大的 5 家综合性网站实施了主动监管。2009 年，贵州省版权局坚持日常监管和专项治理相结合，全年检查经营单位 32 553个，取缔违法经营单位 175 个，查获地下窝点 6 个，移送司法机关案件 4 起，收缴各类盗版品 170 万件。

四、维护著作权人利益，大力开展维权工作

维护著作权人的合法权益是著作权法的核心，也是版权工作的重点。按照国家版权局有关领导提出要积极支持中国音乐著作权协会、中国音像著作权集体管理协会的工作的要求，2009 年贵州省背景音乐版权许可使用费收取、卡拉 OK 版权许可使用费收取工作相继开展，已有多家使用单位支付了背景音乐版权费，取得了使用背景音乐许可权。省版权局版权处指导贵州省版权保护协会与贵州省娱乐行业协会，组织贵阳市部分卡拉 OK 业主，开展了集体签订许可协议的活动，现场有 5 家卡拉 OK 业主签订了许可协议。至 2009 年底，贵阳市卡拉 OK 使用音乐作品版权费收取工作已顺利开展。

五、积极开展作品自愿登记工作

贵州省版权局把作品登记工作作为服务地方经济发展的手段，在工作中注重作品登记与促进版权产业发展相结合。同时根据省情，努力扩大省内民族民间艺术作品登记量，有针对性地对省内部分非物质文化遗产版权保护进行调研，强调对非物质文化遗产民族民间作品进行版权登记的重要性。2009年，贵州省全年登记各类作品40件。

以作品自愿登记作为切入点，省版权局注意加大对省内非物质文化遗产版权保护。经过几年的努力，到2009年，非物质文化遗产“安顺蜡染”版权保护初见成效，产业发展趋势显现。安顺蜡染市场随意仿制的盗版侵权现象基本遏制，市场发展健康有序，有力促进了地方经济的发展。

（徐　梅）

云　南　省

2009年，在云南省委、省政府的正确领导下，云南省版权工作以“保增长、保民生、保稳定”为工作主线，高举旗帜、围绕中心、服务大局、改革创新，按照“提高自主创新能力，建设创新型国家”的要求，以贯彻落实《国家知识产权战略纲要》为动力，以提高版权工作水平为目标，以推动“六大体系”建设为抓手，创新工作方式、突出工作重点，提高服务管理水平，在新的历史起点上推动版权保护工作向纵深发展，为促进云南省经济发展和文化繁荣作出积极贡献。

一、版权管理体系建设有新进展

版权行政管理体系建设不断加强。目前，云南省的昆明市、普洱市、红河州、大理州、德宏州、文山州、怒江州、楚雄州、玉溪市、保山市、临沧市等11个州市都加挂了版权局的牌子，进一步完善了版权管理体系。

二、大力强化监管，版权监管执法水平有新提高

严厉打击网络侵权盗版活动。为贯彻落实国家版权局、公安部、工业与信息化部关于开展2009年度打击网络侵权盗版专项行动工作的有关精神，云南省版权局结合云南实际，及时动员部署全省打击网络侵权盗版的相关工作，成立云南省打击网络侵权盗版专项治理工作领导小组，制订了《云南省2009年打击网络侵权盗版专项治理行动方案》，开展了为期4个月的专项治理行动。云南省各级版权行政管理部门上下联动，主要针对网络影视传播、文学网站、网络新闻转载等重点领域，对云南省有影响的33家网站进行了主动监管，并引导互联网企业认真开展了自查自纠，帮助互联网企业和网站在使用作品时树立“先授权、后传播”的法律意识，自觉遵守著作权法等法律法规。在打击网络侵权盗版专项治理活动中，对被权利人投诉的1起网络侵权行为作出行政处罚，对网络侵权盗版行为产生极大震慑作用。

加强版权日常监管工作，打击各类侵权盗版取得重大成效。版权行政执法和社会监管是版权管理工作的核心，云南省各级版权行政管理部门坚持日常监管与专项治理相结合，始终保持对打击侵权盗版的高压态势，成效显著，亮点突出。按照国家版权局的要求，云南省版权工作始终把软件、网络、音像电子出版物、教材教辅等作为监管和执法的重点领域。2009年，云南省共查处版权侵权案件717起，移送司法机关4起，出动执法人员3 000人次，检查经营单位73 781个，查获地下窝点46个，收缴各类盗版制品共904 107件，行政罚款共350 750元，有效遏制了云南省的侵权盗版现象。通过版权执法和社会监管，推动文化市场建立起诚信守法、竞争有序的秩序，促进作品的创作和文化的繁荣。

积极推进企业软件正版化工作。按照国家版权局《2009年推进企业使用正版软件工作计划》的要求，云南省版权局坚持“以大型企业为重点，以国有、外商投资、民营大型企业在先、中小企业在后依次推进”的原则，有计划、分步骤，积极稳妥推进企业使用正版软件工作。2009年，云南省有近70家大中型企业完成了软件正版化工作。在检查验收的基础上，经云南省版权局推荐，云南铜业（集团）有限公司、云天化集团有限责任公司、昆明星耀集团实业有限公司三家企业被国家版权局评为“全国软件正版化工作示范单位”，在企业中营造了尊重知识、鼓励创新的良好风气，也促进了软件产业的发展。

三、创新工作思路，促进版权保护有新举措

建设“云南省数字版权管理系统”，提高版权管理工作水平。随着社会的进步和科技的发展，数字环境下的侵权盗版活动呈现传播面广、传播速度快、侵权影响恶劣的特点，传统的版权保护监管手段已经不能适应新的需要。为有效保护知识产权，打击侵权盗版、维护市场秩序、保障文化的自主创新动力，维护民族文化大省和强省的形象，按照国家版权局的要求，云南省版权局积极开展了“数字版权管理平台”的建设工作。现阶段此项工作已经取得实质性进展，正在稳步推进中。“数字版权管理平台”的建设将充分发挥技术手段在版权行政监管和执法中的作用，大大提高版权行政监管和行政执法的效率。

四、加大宣传和培训力度，公众对版权的认知度有新提高

公众版权意识进一步提高。2009 年，利用“4·26”世界知识产权保护宣传周，开展版权保护工作的社会宣传。根据云南省著作权保护工作现状，云南省版权局首次印制了《著作权知识问答》2 000余份，发到云南省主要音像批发市场和计算机软件、硬件销售市场，开展著作权法律知识宣传。并针对网吧、印刷包装、汽车销售等不同行业，先后多次组织了版权保护知识宣传培训班，共对 765 家单位、2 000 余人次进行了著作权法律法规的宣传培训，取得了较好的宣传效果。同时，云南省版权局积极与相关学校联系，组织云南省部分中小学参加了由国家版权局和《中国新闻出版报》主办的全国青少年版权保护读书活动暨版权保护知识竞赛活动，共向相关学校学生赠送《版权保护小卫士——青少年版权保护知识教育读本》图书6 000余册，并收取知识竞赛答题卡 6 000 余份，在本省青少年中普及了著作权法律知识，提高青少年自觉抵制侵权盗版的法律意识。

五、密切联系实际，版权公共服务有新突破

作品登记、备案等公共服务工作取得突破性进展。作品登记工作是版权行政管理部门的一项重要公共服务工作，为鼓励云南省作品的创作和使用，云南省版权局加大作品登记工作宣传力度，开设作品登记绿色通道，提高登记工作效率，尽量缩短登记审核时间，为权利人提供优质、快捷的服务。2009 年，共登记作品 240 件，比 2008 年有较大幅度的增长。在调研的基础上，应云南省广大软件开发企业的要求，积极为软件企业做好服务工作。依托云南省著作权保护协会开展软件著作权登记的代办服务工作，2009 年共代办云南省自主开发的软件登记 30 余件，为云南省拥有自主知识产权的软件开发者减少了登记过程中的麻烦，解决了他们的后顾之忧，受到广大软件开发者的好评。

2009 年，云南省版权局共完成图书引进合同备案登记 54 件，严把图书版权引进合同关，大大降低了出版单位在图书引进过程中的版权纠纷风险，同时提高出版单位版权自律守法意识。开展版权咨询工作，全年共接待各类咨询 700 余件。对云南省大案、要案中涉嫌版权侵权制品进行版权鉴定共计 300 盘（册）。

积极推动对外版权贸易。2009 年，我国是法兰克福国际书展的主宾国，云南省组织相关出版单位参加了法兰克福国际书展，取得较好的对外宣传效果，对进一步促进云南省对外版权贸易起到积极作用。根据商务部、新闻出版总署等四部门的通知，云南省版权局与云南省商务厅协商，积极组织开展云南省 2009～2010 年度国家文化出口重点企业和项目的申报工作，为云南省出版文化企业争取最大限度的政策支持。通过上述推动工作，2009 年，在全球金融危机的大环境下，云南省图书版权输出 14 项、版权引进 54 项，对外版权贸易工作仍保持了较好发展态势。

（马云虹）

西藏自治区

2009 年，西藏自治区版权局在自治区党委、政府的领导和国家版权局的工作指导下，深入学习贯彻落实科学发展观，按照“高举旗帜、围绕大局、服务人民、改革创新”的总体要求，紧紧围绕自治区党委、政府的中心工作，采取有效措施，强化监管力度，提高服务水平，扎实开展各项工作，为西藏的经济发展、社会稳定作出了新的贡献。

一、行政管理机构建设得到加强，行政管理能力进一步加强

2009 年，西藏自治区新闻出版（版权）系统是大事多、喜事多的一年，在新一轮地方政府机构改革中，在自治区党委、政府的高度重视下，新闻出版（版权）行政管理机构得到加强，全面提升了新闻出版（版权）行政管理能力。一是根据中共中央办公厅、国务院办公厅《关于印发西藏自治区人民政府机构改革方案》的精神，设立西藏自治区新闻出版局（版权局）（正厅级），为自治区人民政府直属机构，升格后的自治区新闻出版局（版权局）职能、职责、内设机构和人员编制得到了进一步加强。二是按照自治区党委办公厅、政府办公厅《关于印发西藏自治区人民政府机构改革方案的实施意见》的精神，全区七地（市）文化局新闻出版（版权）局实行一个机构两块牌子，各县（市、区）成立文化广电新闻出版局，彻底改变了西藏新闻出版（版权）行政管理高位截瘫的状况，行政管理体制更加理顺，行政管理能力进一步加强。

二、强化版权执法力度，严厉打击各种侵权盗版行为

突出工作重点，认真开展打击网络侵权盗版专项治理行动。根据《2009 年中国保护知识产权行动规划》和国家版权局、公安部、工业和信息化部《关于印发〈2009年打击网络侵权盗版专项治理行动方案〉的通知》的工作部署和要求，西藏自治区版权局联合自治区有关部门，认真开展打击网络侵权盗版专项行动。

一是高度重视，周密部署。接到《关于印发〈2009年打击网络侵权盗版专项治理行动方案〉的通知》（以下简称《通知》）后，西藏自治区版权局及时召开了2009年打击网络侵权盗版专项行动工作会议。会议转达了《通知》精神，结合西藏实际，认真研究自治区互联网侵权盗版问题，精心部署打击网络侵权盗版专项行动工作。会后，制订了《西藏自治区2009年打击网络侵权盗版专项行动方案》（以下简称《行动方案》），《行动方案》明确了工作思路、目标及工作责任，提出了专项行动的工作措施。同时，自治区版权局挑选熟悉著作权法律法规、掌握互联网技术的工作人员，组建2009年打击网络侵权盗版专项行动小组，做好各项准备工作，积极推进专项行动。

二是加强制度建设，建立长效机制，进一步完善联合执法的工作机制。根据完善多部门联合执法机制的工作要求，由自治区版权局牵头联合自治区公安厅、自治区通信管理局共同建立联合执法工作机制。联合执法工作机制规定，自治区版权局负责对区内的互联网网站非法传播影视、音乐、文学、新闻等作品活动进行监控，受理相关侵权投诉；通信管理部门根据自治区版权执法部门的要求，对未经许可备案的网站以及已经许可或者备案的直接提供内容服务的网站的非法转播行为实施停止接入、关闭网站等措施；公安机关负责网络侵权盗版刑事案件的查办工作，依法配合版权执法部门现场执法、通过技术手段获取证据、接受版权部门查处的涉嫌犯罪的网络侵权盗版案件的移送并侦查办理。

三是突出重点，加强监管，打击网络侵权盗版行动成效明显。专项行动紧紧围绕网络影视传播、文学网站、网络新闻转载等重点领域，加强对大型网站及专门从事传播音乐、电影、软件、图书、游戏等内容的网站的监管。累计出动200余人次，清查、检查各类网站2 300余家，进一步规范互联网传播作品行为，切实维护了正常的互联网传播作品秩序，保护了权利人的合法权益。

注重常态化管理，加强版权日常监管工作。在开展各种专项行动的同时，根据自治区出版物市场的实际情况，采取多种措施，加强版权日常监管工作，使版权保护工作常态化。一是组织执法人员，采取随机取样、集中鉴定等方式，定期或不定期地对出版物市场上的书刊、音像制品以及计算机软件等进行检查，把握侵权盗版出版物的动态，追查盗版出版物的来源，为版权执法提供依据。二是开展清查盗版音像制品、盗版计算机软件以及各种书刊的执法行动。组织执法人员对区内图书报刊、音像制品以及计算机软件市场进行检查，清查侵权盗版出版物。三是根据国家版权局、全国“扫黄打非”办公室、文化部和教育部《关于加强图书馆著作权保护工作的通知》精神，联合自治区文化厅、教育厅，向全区各级图书馆下发了《关于加强图书馆著作权保护的通知》，切实加强了图书馆著作权保护工作，提高了图书馆版权管理和版权保护水平。据统计，2009年，自治区版权局共出动执法人员300余人次，清查各类出版物经营单位和场所650多家，查缴侵权盗版出版物305 206册（张），其中图书、期刊14 822册，音像制品267 457张，计算机软件14 793张，电子出版物8 134张。通过常态化管理，进一步整顿和规范了出版物市场，有力维护了著作权人的合法权益。

三、强化宣传力度，大力宣传著作权法律法规

注重宣传工作，转变宣传理念，改变宣传方式，开展了内容丰富、形式多样的著作权法律法规宣传活动，营造了尊重劳动、尊重知识、尊重人才、尊重创造的良好社会氛围。一是充分利用报刊、电视、广播等媒体，通过专题报道、案件分析、介绍版权知识等多种形式，积极向社会公众宣传著作权法律法规知识。二是在“3 • 15”消费者权益保护日、“4 • 26”世界知识产权日、“12 • 4”法制宣传日等重要宣传活动期间，在拉萨市等主要城镇开展集中宣传活动。通过设立法律法规咨询点，向社会公众介绍识别侵权盗版出版物知识，提供著作权法律法规咨询，发放宣传材料，大力宣传改革开放三十多年来我国知识产权保护工作取得的成果和我国政府保护知识产权的政策措施，增强全社会的版权保护意识。三是结合版权执法活动，强化日常宣传工作。结合专项治理行动和日常监管活动，在查处侵权案件、调解版权纠纷、开展著作权登记等过程中，努力向当事人讲解著作权法律法规。

2009年，在各项宣传活动中，向社会公众发放《中华人民共和国著作权法》、《中华人民共和国著作权法实施条例》、《计算机软件保护条例》、《出版管理条例》、《印刷业管理条例》等宣传资料共计

1 800余册（张），接受群众咨询300多人次，提供各种法律法规咨询500人次，营造了良好的版权宣传氛围。

（次　仁）

陕　西　省

2009年，陕西省版权局认真贯彻落实科学发展观，锐意进取，开拓创新，在版权保护、版权贸易、版权宣传、版权管理、软件正版化、“走出去”等方面都取得新的进展。

一、加强版权管理和执法，严厉打击侵权盗版行为，提高版权保护水平

1. 开展打击网络侵权盗版专项行动。2009年，陕西省版权局与省公安厅、省通信管理局联合部署，发出《关于印发〈陕西省2009年打击网络侵权盗版专项治理行动方案〉的通知》，在全省组织开展打击网络侵权盗版专项行动。省版权局通过与相关部门协商，确定了主动监管重点网站的名单，发出《关于加强网络版权管理依法传播使用作品的通知》，开展对网站的主动监管工作。在这次深入开展打击网络侵权盗版专项行动中，省版权局还依据国际唱片业协会、逐浪网等投诉，处理7家网站版权纠纷，对省内大型网站进行检查监管，并指导全省各地开展专项治理行动。

2. 支持和指导著作权集体管理组织在陕西省分支机构开展工作，规范作品使用秩序，维护著作权人的合法权益，遏止侵权盗版行为。

3. 提高版权行政执法人员素质，积极组织执法人员参加培训学习。2009年，省版权局组织版权行政执法、司法人员参加中国与欧盟联合举办的中欧网络版权保护研讨会，并组织全省各市版权执法人员参加国家版权局举办的基层版权执法人员培训班。

二、积极开展版权贸易，推动对外交流，促进版权产业发展

1. 2009年，陕西省版权局组织省内出版单位参加第16届北京国际图书博览会。陕西省出版单位在此届展会上共达成51种图书的版权输出意向，31种图书的版权引进意向，签订版权引进合同1项，签约意向总量超过上届26种，版权输出意向数量首次超过引进数量。版权输出的种类涉及社科、少儿、教育等，如《图解经典图书系列》、《中国自助游》、《两宋风云》、《梦幻的军团》、《小学奥数举一反三》、《令孩子着迷的100个地球真相》、《百科小问号》、《大学物理》、《雅思考试》等，输出地有韩国、俄罗斯、荷兰、越南等国家和中国台湾地区。

2. 进行陕西版权贸易中心筹建工作。省版权局通过深入分析论证，不断丰富和完善版权贸易中心的架构和内容设计。一方面积极争取政府立项，争取政策扶持；另一方面通过中国（深圳）国际文化产业博览交易会等渠道进行宣传推介，招商引资，寻求合作伙伴。

3. 规范版权贸易秩序，消除版权贸易纠纷隐患，开展法律咨询与服务，2009年全年共审核登记版权贸易合同155项。

4. 加强网络信息发布，充实陕西省政府网站的版权贸易网页，及时更新版权贸易信息，推介版权贸易出版物，发布版权贸易公告，为企业开展版权贸易提供信息交流平台。

三、稳妥扎实推进企业软件正版化工作

陕西省推进企业使用正版软件工作联席会议是陕西省推进企业使用正版软件工作的组织协调机构，由省版权局、省工业和信息化厅、省商务厅、省财政厅、省国资委、省工商联、省银监局、省证监局、省保监局等九部门联合组成，省版权局承担联席会议办公室职能。

1. 通过协调陕西省推进企业使用正版软件工作联席会议有关部门，督导第二批省级软件正版化企业按计划推进工作。一方面通过建章立制，完善管理，另一方面积极多方筹措资金，购置正版软件并及时更换，确保第二批省级软件正版化企业使用正版软件工作扎实推进。

2. 全面部署2009年陕西省企业软件正版化工作。向全省各市（区）和省推进企业使用正版软件工作联席会议成员单位印发《陕西省2009年推进企业使用正版软件工作实施方案》，提出要结合实际，积极分析新情况，解决新问题，确保推进企业使用正版软件工作，为国家信息化战略建设服务，为促进民族软件产业发展服务；要坚持“以大型企业为重点，以国有、外商投资、民营大型企业在先，中小企业在后依次推进”的原则，突出重点，逐步推进，明确推进企业使用正版软件工作的阶段性目标；要加强领导，密切协作，完善推进企业使用正版软件工作机制，进一步健全和完善省推进企业使用正版软件工作联席会议制度，加强各成员单位之间的协作，有效组织和指导全省推进企业使用正版软件工作；要加强培训宣传，动员社会力量，做好推进企业使用正版软件服务工作。

3. 协调省企业软件正版化联席会议各成员单位，确定52家企业作为2009年推进软件正版化工作的对象，发出《关于开展企业使用正版软件工作的通知》，对企业使用软件的自查、更换等工作进行了统一部署，提出明确要求，认真组织推进。

4. 为鼓励使用正版软件企业的积极性，发挥使用正版软件典型企业的示范作用，根据国家推进企业使用正版软件工作部际联席会议办公室的安排，开展陕西省第二批“全国软件正版化工作示范单位”评选和推荐工作。

5. 开展全省企业使用正版软件情况调研，进一步梳理全省企业使用软件状况，分析问题，提出切实可行的软件正版化工作措施。

四、扩大对外宣传和交流，积极实施“走出去”战略

2009年，陕西省版权局省内企业组织参加第五届中国（深圳）国际文化产业博览交易会，推介出版产业项目，招商引资，展示陕西省近年来出版产业的发展。组织了西安印刷包装产业基地中小企业工业园、中国版本图书馆音像出版物数据库综合平台、西北出版物物流配送中心、陕西版权贸易中心、《中华知识库》大型教育软件、图书电子数据有声化、可耐儿系列之《中华上下五千年》动画片、陕西印刷技工学校扩建升格项目、高清地方戏曲艺术片、渭南新闻大厦及报社院内开发项目等10个重点项目参会推介。通过开展交流、音像演示、散发宣传册、展板展示等多种宣传方式，扩大了陕西省新闻出版重点项目的知名度和吸引力，为这些项目的发展起到良好的推动作用。

在第五届中国（深圳）国际文化产业博览交易会上，由国家新闻出版总署科技与数字出版司、总署信息中心、陕西省新闻出版局（陕西省版权局）主办，西安高新区管委会、陕西出版集团、陕西旅游集团联合承办的“陕西数字出版展望暨中国版本图书馆项目战略合作”协议的签约仪式，在深圳会展中心举行。新闻出版总署文化教育音像出版物数据库项目落户西安高新区，进一步推动了陕西省数字出版产业的发展。

五、加强版权宣传，提高社会各界的版权保护意识

1. 开展“4·26”保护知识产权宣传周活动。2009年4月21日，为迎接第九个世界知识产权日，陕西省人民政府新闻办公室举行陕西省知识产权保护状况新闻发布会，公布《2008年陕西省知识产权保护状况》，陕西省新闻出版局（版权局）副局长吴丰宽出席发布会并介绍了全省版权保护工作情况，境内外30多家媒体40余名中外记者参加了新闻发布会。

2. 在“4·26”保护知识产权宣传周期间，与省市知识产权、工商、公安和质监部门联合在西安市大雁塔广场开展宣传活动，散发宣传材料，回答群众咨询。

3. 参加省“扫黄打非”办举办的侵权盗版及非法出版物集中销毁活动，开展版权保护咨询宣传。

4. 组织行业各单位收看国家版权局主办的“版权在我身边”大型主题晚会。

5. 与团省委加强协作，开展青少年版权保护知识竞赛活动。

六、做好版权管理和服务工作

1. 做好作品自愿登记工作。加强引导和宣传，认真审核，严格把关，全年登记各类作品147件。

2. 指导陕西省版权保护协会开展培训、宣传等工作。

（沙庆超　李林杰）

甘 肃 省

2009年，甘肃省版权局认真贯彻落实上级领导的各项工作部署，围绕宣传、贯彻、落实著作权法律法规，扎实有效地开展版权保护和服务工作，取得了丰硕成果，获得了上级领导的嘉奖。其中，省版权局版权处荣获全国“查处侵权盗版案件有功集体”三等奖和“全国版权工作先进集体”称号。

一、开展多种形式的版权保护宣传活动

根据《2009年甘肃省知识产权宣传周活动方案》精神，甘肃省版权局会同省里18个相关部门组织开展了2009年全省“保护知识产权宣传周”的各项活动。具体包括：

1. 组织和参加了甘肃省知识产权保护状况新闻发布会，向媒体通报了2008年甘肃省版权保护基本状况和侵权盗版典型案件。

2. 结合企业实际，组织出版社、书店等单位编印发有关版权保护的宣传资料，以电子屏幕等形式在公共场所展示。

3. 组织版权局机关干部、兰州市文化出版局及部分出版社、书店等单位参加在兰州市东方红广场举行的“保护知识产权宣传周”启动仪式暨大型公共宣传活动。

4. 参加甘肃省“扫黄打非”办等部门在兰州市东方红广场举行的公开销毁盗版及非法出版物仪式，

组织了“打击侵权盗版，保护知识产权”公众签名活动。

5. 在第 15 届兰州贸易洽谈会期间，组编版权宣传专栏，向参会的代表就作品创作登记制度进行现场宣传。同时，会同省整规办、公安、工商等部门设立保护知识产权巡察组，检查参会企业存在的知识产权问题，并提供法律咨询服务。

6. 国家知识产权局在兰州举办全国知识产权维权援助培训班，组织图书、音像、电子出版物、印刷单位等经营单位负责人参加了培训。

二、积极推进企业软件正版化工作

2009 年 8 月，甘肃省人民政府办公厅印发了《甘肃省推进企业使用正版软件工作实施方案》（以下简称《实施方案》），成立了由省政府主管副秘书长任组长，省版权局局长张余胜任副组长，省版权局、工信委、商务厅、财政厅、国资委、工商联、银监局、证监局、保监局九部门为成员单位的甘肃省推进企业使用正版软件工作领导小组，以及版权局副局长袁爱华为主任的甘肃省推进企业使用正版软件工作联席会议，全面领导甘肃省企业使用正版软件工作。领导小组和联席会议办公室设在省版权局，由省版权局负责日常工作。此次企业软件正版化工作采取统一规划、分批实施的方式，计划用两年左右的时间，重点推进中央驻甘企业、省属大型企业和市州所属中型企业以及通信、互联网接入服务、互联网信息服务、工程设计企业等普遍使用计算机进行生产经营活动的企业使用正版软件工作。

《实施方案》下发后，省版权局主要做了三方面工作：一是及时与省推进企业使用正版软件工作联席会议成员单位进行沟通协调，进一步明确了相关部门的工作职责，拟定第一批推进软件正版化企业名单及实施方案，筹备相关动员培训会议及申请专项工作经费等。二是分别与中国勘察设计协会和微软合作，在兰州举办的国产 CAD 软件峰会以及微软组织的产品推介会上，向 500 余家省内外企业代表传达了甘肃省企业软件正版化工作精神。三是根据权利人的投诉，及时查处各个侵权盗版案件。此外，省版权局还注意加强正面引导，积极组织推荐甘肃省软件正版化先进单位参加“全国企业软件正版化工作示范单位”的评选。

三、加强版权行政执法与社会监管，打击各种侵权盗版行为

1. 专项行动方面。根据国家版权局、公安部、工业和信息化部联合发布的《2009 年打击网络侵权盗版专项治理行动方案》的要求，省版权局结合工作实际，及时制订并向 14 个市州下发了《2009 年甘肃省打击网络侵权盗版专项治理行动方案》，从 8 月开始，围绕网络影视传播、文学网站、网络新闻转载等重点领域，开展了专项治理行动。为加强对专项治理行动的组织领导，省版权局会同省公安厅、省通信管理局成立“全省专项治理工作领导小组”，全面领导全省专项治理工作，并充分利用国家版权局网站举报平台、12390 反盗版举报电话等途径，组织动员权利人和社会公众投诉举报网络侵权盗版行为。此次专项行动历时 4 个月，全省 14 个市州版权行政管理部门积极会同公安、电信部门开展联合执法，共出动执法人员 996 人次，检查经营单位及场所 422 家，删除不良游戏和信息累计达 1 300 余条，查处案件 18 起，责令停止侵权 17 家。此次行动经过集中执法和督查验收，基本达到了专项治理行动方案的要求。

2. 日常行政监管方面。省版权局根据微软公司对兰州正林公司等 3 家单位，科亿尔数码科技北京分公司对兰州公交集团万众广告彩印有限公司等 5 家公司，未经授权非法复制使用其享有著作权的软件的投诉，依法审查立案后，进行了查处。

8 月，根据兰州大学申请，对其被外省著作权人诉称侵权一案进行了圆满调处。

9 月，应《丝绸之路》杂志社申请，对其杂志在外省被侵权一案提供了版权保护服务。

2009 年，甘肃省全省共查处版权侵权案件 187 起，检查经营户 14 104 家，查处违法经营单位（个体户）1 687 家，收缴盗版音像制品 42.5 万件，盗版图书、盗版教材教辅读物 42.8 万件，盗版软件及电子出版物 7.4 万件。

四、积极研究制定《甘肃省版权战略纲要》

2009 年 1 月至 12 月，甘肃省版权局结合甘肃省版权保护工作实际，积极研究制订并下发了《甘肃省版权战略研究工作方案》，成立了由版权局副局长袁爱华任组长，局长助理马永强、版权管理处处长夏玲任副组长，各市州文化出版局有关领导、读者集团有关负责人为成员的甘肃省版权战略研究项目组。历经广泛调研和论证，八易其稿，起草了《甘肃省版权战略纲要》（以下简称《纲要》），首次站在全省版权事业、版权产业发展的宏观角度，结合甘肃省文化、经济、贸易等领域的发展情况，以促进版权事业、版权产业发展为目标，对全省版权现状及问题进行了梳理分析。

《纲要》明确了全省版权发展的指导思想、基本原则、基本定位、战略目标、工作重点等纲领性要素，提出了未来10年版权保护、版权产业发展的总体目标和近5年发展的阶段性目标，从完善版权制度等四个方面确定了7项工作重点，从大力推进版权产业社会服务体系建设等八个方面提出了23项战略措施，是甘肃省版权保护工作的任务书、时间表和路线图。

《纲要》中提出的整合甘肃省现有版权资源，搭建全省版权产业社会服务体系，是符合甘肃实际、现实可行的措施；借助外省现有信息网络服务交易平台，实现甘肃版权产业向省外、向国际“走出去”的发展战略，是经济高效的措施；建立版权事业发展的专门研究机构，是从根本上解决甘肃省版权事业宏观协调、科学发展的长效措施；建立版权经纪人制度则是甘肃省版权战略的创新措施。

（王志广）

青　海　省

2009年，青海省版权局在青海省委、省政府的领导和国家版权局的指导下，深入贯彻落实科学发展观，按照“宣传、打击、引导、服务”的总体工作思路，围绕职能、顾全大局、搞好服务、促进发展，在著作权保护、法律法规宣传、打击侵权盗版等方面取得了明显成效。

一、加强宣传，提升公众版权意识

围绕提升公众版权意识，营造尊重知识、尊重创造的良好氛围，不断创新工作思路，加大版权宣传培训力度。

1. 大力开展版权知识竞赛活动。2009年1月，青海省版权局和团省委联合开展了中学生版权知识竞赛活动，组织西宁市20所中学93个班级的7 000多名中学生参加，并在活动结束后，对获得奖项的同学和单位分别进行了奖励和表彰。通过版权法律法规知识竞赛活动，使广大青少年受到了一次深刻的版权知识教育，增强了版权法律意识，收到了良好的宣传普及效果。

2. 充分利用新闻媒体进行版权法律法规知识宣传。自2月下旬开始，省版权局在《西海都市报》设立“版权法律法规知识问答”专栏，每周刊登1～2期版权法律法规知识问答，每期解答5个问题，近2 000字，全年刊登了42期、210个版权知识问答，共计60 000余字。同时，通过省广播电台经济台、综合新闻台举办的政风行风热线直播节目，向全省听众介绍了版权法律法规知识，并回答了听众提问。

3. 积极组织参加全省“知识产权保护宣传周”活动。在“4·26”世界知识产权保护宣传周期间，共制作版权法律法规宣传展板15幅，接受群众版权知识咨询150余人次，散发《企业使用正版软件指南》、《保护知识产权、贯彻著作权法》、《计算机软件保护条例》、《信息网络传播权保护条例》、《卡拉OK经营行业著作权许可使用及服务手册》、《著作权常识问答》等版权法律法规知识宣传资料3 700余份。使版权宣传工作在宣传内容、宣传广度和宣传范围上有了较大的提高，受到了社会公众的欢迎。

4. 积极组织青少年参加国家版权局组织的“全国青少年版权保护读书活动暨版权保护知识竞赛”活动。根据国家版权局《关于举办“全国青少年版权保护读书活动暨版权保护知识竞赛”的通知》精神，精心组织1 600余名青少年参加了竞赛活动，省版权局获得优秀组织奖，西宁市第七中学的25名青少年获得了竞赛三等奖。同时，免费向全省中小学发放了《版权保护小卫士——青少年版权保护知识教育读本》5 000册，取得了良好的宣传教育效果。

二、强化监管，打击侵权盗版行为

1月，省版权局会同省文化和新闻出版厅文化市场处、西宁市文体广电局联合对西宁市壹加壹、富荣华等30多家卡拉OK经营单位缴纳版权使用费情况进行了督促检查，对拒不缴纳版权使用费的爱悦、金帝、英皇、天香K王等8家卡拉OK经营单位下达了《关于涉嫌侵犯著作权进行调查的通知书》，要求上述卡拉OK经营单位的有关负责人连同有关证明材料报送省版权局接受调查。同时，进行了相关法律法规的宣传教育，要求各卡拉OK经营单位积极配合这项工作，主动申请作品使用许可，依法经营、合法经营，切实做好版权使用费的缴纳工作。

3月，根据黑龙江版权局《关于协查侵权音像制品的函》，组织执法人员对胜利路电子商城、古城台数码广场、华联超市音像销售区等音像销售场所进行了执法检查，共查缴侵权盗版音像制品《小沈阳最新专辑》、《小沈阳说唱浪》等30余盘（张），切实维护了权利人的合法权益。

4月10日，根据中国音像著作权集体管理协会的投诉，对西域钱柜卡拉OK经营单位送达了《关于涉嫌侵犯著作权进行调查的通知书》，要求其负责人携带有关证明材料于4月17日前到省版权局接受调查。调查期间，省版权局对其负责人进行了有关著作权法律法规宣传教育，并限期停止侵权行为，在依法取得授权后再进行经营活动。但该卡拉 OK 经营单位截至 27 日仍在未获得授权的情况下违法经营，且拒付版权使用费。对此，省版权局于 4 月 28 日联合省文化和新闻出版厅文化市场处、省公安厅、西宁市公安局、西宁市城中区社会发展局等部门对该卡拉 OK 经营单位进行了版权执法检查，根据其违法经营行为，依法进行了查处。

8～11 月，省版权局组织在全省开展了打击网络侵权盗版专项治理行动，依法规范了青海省互联网站作品使用秩序，初步建立了“先授权，后传播”的网络数字作品使用原则。

为了加强对出版物市场的日常监管，元旦、“五一”等重大节日期间，省版权局会同省“扫黄打非”办、省公安厅、省工商局等部门，对西宁市胜利路电子商城、古城台数码广场、华联超市音像销售区、原声音像批发中心等音像电子出版物销售场所进行集中检查，对内容低俗、侵权盗版严重的进行了严厉打击，依法查缴。据统计，全年共查缴盗版音像制品 12 000 余盘（张），盗版软件 1 100 余张（盘），淫秽色情光盘 170 余张（盘），从而有力地打击了盗版行为，维护了著作权人的合法权益。

三、克服困难，推进企业软件正版化工作

省版权局作为全省企业使用正版软件工作联席会议的牵头部门，采取多种形式督促推进省内各大、中型企业使用正版软件工作。5 月 11 日，根据国家版权局《关于开展第二批“全国软件正版化工作示范单位”评选表彰工作的通知》精神，结合青海省各大、中型企业使用正版软件工作情况，积极组织推荐了中国石油青海油田公司、中国移动通信集团青海有限公司、西部矿业股份有限公司三家大型企业为“全国软件正版化工作示范单位”。

7 月，省版权局联合省建设厅、深圳市斯维尔科技有限公司在西宁市举办了建筑行业软件正版培训活动。全省有关建筑设计单位、青海大学、青海建筑职业技术学院的 80 余名工作人员及学生参加了培训。培训活动除深圳市斯维尔科技有限公司介绍清华斯维尔建筑设计类软件、建筑经济类软件、项目管理类软件、电子政务解决方案等设计软件外，省版权局还就中央关于企业使用正版软件的有关精神、国家有关保护知识产权的法律法规知识进行了详细讲解，为促进青海省建筑行业软件正版化工作起到了积极的推动作用。

四、加强培训，提高版权行政执法能力

2 月，对 2008 年度在出版物市场监管、打击侵权盗版行为以及《著作权法》、《计算机软件保护条例》等法律法规的宣传普及和管理工作中，作出突出贡献的西宁市文广局新闻出版发行处等四家单位以及李顺东等九名同志进行了通报表彰和奖励，并授予青海省新闻出版（版权）行政执法工作先进集体、先进个人荣誉称号。

4 月，为提高基层版权行政执法人员的业务素质，省版权局在西宁举办了全省版权行政执法培训班，全省各州（地、市）、县文体广电（社会发展）局版权执法人员共 30 人参加了培训。

6～7 月，组织基层 18 名版权行政执法人员，分别参加了国家版权局在银川举办的中欧网络版权保护研讨会、在山东威海举办的 2009 年第一期基层版权执法培训工作会议，取得了较好的宣传普及和培训效果。

五、认真做好版权登记工作

由于版权宣传教育活动的广泛开展，社会公众的版权意识日益提高，作品版权自愿登记和涉外著作权合同登记数量日益增多。全年共完成作品登记 10 件，接受来人、来电、来函和版权咨询 80 人次，有效地维护了权利人的合法权益。

（付成久）

宁夏回族自治区

2009 年，宁夏回族自治区版权局在自治区党委、政府和国家版权局的领导下，深入学习贯彻落实科学发展观，紧紧围绕中心工作，服务大局。依照《著作权法》、《著作权法实施条例》等相关的法律、法规，加大宣传力度，强化版权行政管理工作，完善版权管理制度；积极推进软件正版化工作，坚决打击侵权盗版行为，调解处理版权纠纷，维护权利人合法权益。宁夏版权局被评为 2009 年度全国版权工作先进集体；宁夏版权局版权管理处被评为 2009 年度全国打击侵权盗版先进集体、2008～2009 年度全区依法打击网络淫秽色情专项行动先进集体、2009 年度全区“扫黄打非”先进集体。

一、加大宣传培训力度，提高公众的版权保护意识

3 月 3 日，自治区版权局在宁夏行政中心二楼中心会议室举办了银川地区出版物经营业主法规培训班，银川地区经营图书、音像批发、零售业务的业主共计 400 余人参加了培训。

4 月 21 日，自治区版权局在宁夏出版大厦组织召开了“2009 年全区侵权盗版及各类非法出版物集中销毁活动”新闻发布会，为“4·22”销毁活动进行宣传造势，《宁夏日报》、《新消息报》、《银川晚报》、宁夏广播电视总台、宁夏新闻网等10家媒体参加了新闻发布会。4月22日，在银川市光明广场与全国同步统一举行侵权盗版及各类非法出版物集中销毁活动，销毁量突破历史新高，共计324 396册（张、盘），其中，音像制品119 457盘、软件及电子出版物41 936张、图书报刊163 003册。

4月26日是世界知识产权日，自治区版权局与宁夏图书馆联合，在宁夏图书馆一楼展览厅举办了“2009年‘世界知识产权日’保护知识产权大型展览”活动，参观人数达1 900余人。展览活动以专题展板、影视资料播放等形式，展示自治区近年来打击侵权盗版、保护知识产权的成果；以侵权盗版的图书、期刊、光盘等实物，让观众近距离了解什么是侵权盗版制品；活动中发放了知识产权宣传资料，并开展了现场咨询活动。

按照国家版权局组织“全国青少年版权保护读书活动暨版权保护知识竞赛”的要求，自治区版权局联合自治区团委、自治区教育厅组织实施“全区青少年版权保护知识竞赛”，向全区五市发放试卷12 000份、《版权保护小卫士——青少年版权保护知识教育读本》5 000册，近万名学生参加了这一竞赛活动。在此次竞赛活动中，有1人获得一等奖、37人获得三等奖，自治区版权局等13家单位获优秀组织奖。

2009年，自治区版权局还编辑出版了《著作权案例评析》一书。该书精选了数十种典型的版权案例，用深入浅出的分析使公众对版权保护有了具体的认识，对群众运用法律武器保护自身合法权益起到了一定的指导作用。国家版权局副局长阎晓宏为本书作序。

二、加大行政执法力度，严厉打击各种侵权盗版行为

自治区版权局定期召开公安、工商、文化等部门情况通报会议，在组织查处大案要案及专项行动中，与公安、工商、文化等部门协同作战，密切配合，形成了强大的工作合力，打击侵权盗版行为。加大对重点区域、重点环节、重点对象的监管力度，将制售、传播盗版教材教辅、音像制品、计算机软件、报刊及网络侵权盗版行为作为重点打击对象，有效地遏制了侵权盗版行为。

2009年，自治区版权局查处了党的十七届四中全会《中共中央关于加强和改进新形势下党的建设若干重大问题的决定》读本和辅导材料在自治区的盗版书籍，收缴盗版书籍300本，对相关的银川市拓荒者文化传播有限公司暂扣了出版物经营许可证，等候甘肃相关案件查处情况再给予行政处罚。

此外，还组织查处了宁夏道路运输协会银川办事处购买使用盗版书籍一案，收缴盗版《道路运输驾驶员从业资格培训教材》2 864本、《汽车电器维修技术》500本，行政罚款5 000元；查处了宁夏道路运输协会银川办事处非法印刷《银川道路运输》杂志一案。配合印刷发行处检查印刷企业2家，收缴非法印刷品《现代》专刊1万册、《故事会》2009年第六期1.5万册。

2009年，自治区版权局共鉴定图书、音像制品等27批次，其中非法书报刊426种、光盘287种。受理作品自愿登记39件。对200家农家书屋配送的千余种图书进行抽检。检查各类出版物市场856家（次）、游商地摊6个。收缴盗版图书22 000余册，非法报纸95份，DVD-9、压缩DVD等盗版音像制品35 000余张，淫秽色情光盘200余张。

三、积极推进企业软件正版化

结合自治区软件正版化工作的实际，2009年7月，自治区新闻出版局、自治区版权局分别与自治区住房和城乡建设厅、自治区经济和信息化委员会联合发文，在全区开展装饰企业和机械制造行业软件正版化工作，涉及企业近300家。

在“有计划，分步骤”稳步推进企业软件正版化工作的同时，自治区版权局进一步强化企业使用正版软件的监管。根据相关软件权利人的投诉，本着教育为主和企业自查自纠为先的原则，对使用未经授权的计算机软件行为的企业进行检查，并促使其实现软件正版化。

按照国家版权局的要求，自治区版权局推荐上报了软件正版化示范单位，宁夏银行、宁夏电力公司、宁夏共享集团有限责任公司、银川卧龙变压器有限公司被评为第二批全国软件正版化工作示范单位。

四、加强队伍建设，提高行政执法水平

自治区版权局始终注意加大对新闻出版（版权）执法人员的培养力度，加强政治理论、科学文化知识、新闻出版形势任务和法律法规培训，不断提高执法水平，进一步推进科学行政、依法行政、民主行政，加强廉政建设，端正行业风气，不断提升著作权保护工作在人民群众心目中的地位。

6月18～19日，自治区版权局协助国家版权局在银川举办中欧网络版权保护研讨会。在此次会议上，来自国内外的专家对未来数字环境下版权保护发展的趋势和如何应对网络环境下的侵权行为进行了研讨，宁夏法院系统、各市新闻出版局均派人参加。这次会议对于执法人员加强学习，提高业务水平起到了很好的推进作用。

（何红庆　王高阳）

新疆维吾尔自治区

2009 年，在新疆维吾尔自治区党委和政府的正确领导下，在国家版权局的精心指导下，新疆维吾尔自治区版权局紧紧围绕版权公共服务体系建设的主题，坚持将版权保护和版权管理工作与学习实践科学发展观相结合，促进版权保护水平和服务水平的不断提升。在乌鲁木齐发生“7·5”严重暴力犯罪事件的不利环境下，自治区版权局领导各级版权行政管理部门，克服了人员少、任务重、工作头绪多的困难，团结拼搏，取得了良好成绩。

一、着眼科学发展，制定《新疆版权战略》

2008 年国务院颁布实施《国家知识产权战略纲要》后，自治区人民政府开始着手制定新疆维吾尔自治区的知识产权战略，力图通过制定实施自治区的知识产权战略，提高新疆自治区全区的知识产权保护水平，以保护促创新，为自治区走新型工业化发展道路提供强有力的法律保障。《新疆版权战略》作为新疆知识产权战略的重要组成部分之一，由自治区版权局牵头，联合自治区的文化局、广电局、科技厅、信息产业厅、工商局等部门组成版权战略研究小组，并与新疆大学法学院签订了课题研究协议。

在《新疆版权战略》制定的过程中，为了确保各项统计数据翔实、准确，自治区版权局多次与新疆大学法学院的课题研究人员沟通，根据他们的需要，搜集、整理和提供自治区版权管理和保护情况的报告以及自治区版权产业发展的相关数据。同时，还召开专题调研会，向战略研究小组的成员单位介绍数据统计的要求，根据各单位所涉及的版权相关产业，有针对性地发放调研提纲。为了保障在规定的期限内完成版权战略的初稿，区版权局多次召开会议，对获得的数据进行研究，及时提出需要增补的数据，并与相关部门联络沟通。

在参与课题各方的共同努力下，2009 年底，《新疆版权战略》初稿 5 万字顺利完成。自治区版权局对《新疆版权战略》初稿进行研究和讨论，并提出了一些修改意见。为了使《新疆版权战略》能够顺利结稿，自治区版权局还将修改稿送交自治区知识产权战略制定领导小组推荐的专家进行审读，并于 2009 年底邀请自治区科技、文化、信息产业等方面的专家召开课题评审会，向自治区知识产权战略制定领导小组提交结题报告，通过了课题验收。

二、加大宣传力度，提高全社会版权保护意识

第一，采取开办讲座的方式，大力提高新闻出版行业从业人员的版权保护意识。在全区 2009 年度举办的四期新闻采编人员培训班、一期出版专业技术人员继续教育培训班、两期全区县市区新闻出版局长培训班以及阿勒泰地区新闻出版局长书记新闻出版法律法规培训班上，向大家讲授著作权法律法规以及《信息网络传播权保护条例》。

第二，采取多种方式积极向企业宣传著作权法律法规。自治区版权局的工作人员在乌鲁木齐市、克拉玛依市、奎屯市举办 KTV 娱乐企业座谈会，向企业老总宣传介绍《著作权集体管理条例》，并为他们答疑解惑，推动了自治区娱乐行业自觉缴纳音乐作品版税的工作。同时，在大型企业、网吧、勘察设计部门以及网站经营者中采取发放相关法律法规资料，举办座谈会、培训班的方式，讲授著作权法及其实施条例、《计算机软件保护条例》和《信息网络传播权保护条例》。通过作品登记、合同登记以及版权鉴定等工作，向作者、传播者和使用者提供版权知识咨询。通过新广行风热线、新疆新闻出版网站解答公众提出的有关版权问题，促进版权法律法规的宣传走进基层执法单位、走进企业、走进校园。4 月 23 日，区版权局会同区文化厅对“天界丽都”、“同期声”两家 KTV 经营企业颁发了“自治区 KTV 行业版权保护示范单位”的牌子，对两家企业率先缴纳 KTV 版权费的做法进行表彰。

第三，以“4·26”知识产权宣传周的有利契机以及国家版权局组织的全国性活动，向全社会普及版权保护的法律法规。首先，自治区版权局制作了知识产权宣传周的宣传资料：《版权知识问答》、《“扫黄打非”问答》、《电子出版物制作知识》、《音像制品制作管理规定》等，并向各地州市新闻出版局（版权局）下发，这种统一提供相关宣传资料的方式，使全区范围的版权宣传更具影响力和权威性。其次，组织新疆人民出版社、新疆电子出版社、新华印刷厂等 8 家单位，制作了 10 块知识产权宣传展板，在乌鲁木齐市人民广场进行展示。此外，在知识产权宣传周期间，自治区版权局通过媒体向社会通报著作权保护情况，发布著作权侵权典型案例，增强了社会公众对版权保护的关注度。4 月 19 日，在自治区知识产权领导小组办公室的组织下，区版权局派5名工作人员参加了在乌鲁木齐市人民广场举行的大型知识产权宣传咨询活动，发放宣传资料1 000多份，同时还组织新疆人民出版社、新疆青少年出版社、新疆电子音像出版社、乌鲁木齐市新华书店等单位进行了图书、音像电子出版物的展销活动。区版权局作为成员单位，参加了在新疆大学举行的“大学生知识产权沙龙”，现场解答了大学生关注的版权问题；同时作为评委单位，参加了在昌吉举办的企业知识产权知识竞赛、新疆农业大学的大学生知识产权竞赛，以及新疆财经大学举办的大学生知识产权演讲比赛。按照国家版权局的安排，自治区版权局积极组织区内青少年参加“全国青少年版权保护读书活动暨版权保护知识竞赛”，向乌鲁木齐市、克拉玛依市、喀什地区、伊犁州、巴州等地州市下发参赛试题及答卷卡，向全区青少年捐赠《版权保护小卫士——青少年版权保护知识教育读本》图书8 000册。在2009年全国青少年版权保护知识竞赛中，自治区有8个学校获得优秀组织奖，近80名中学生获奖。

2009年，自治区参加过著作权法律知识讲座的人数近2 000人，自治区版权局接待来访并提供法律咨询近500人次。

第四，加强与司法部门的配合，共同做好著作权保护和宣传工作。自治区版权局的工作人员作为乌鲁木齐市中级法院民三厅的陪审员，充分发挥著作权管理的专业优势，共同参与陪审著作权侵权案件6起。在一些涉及面较大、社会影响较广的著作权案件的审判中，区版权局还组织乌鲁木齐市的基层版权执法部门以及相关行业的从业者进行旁听，对KTV行业和网吧推广和使用正版作品起到了一定的宣传教育作用。

三、积极稳妥，推进企业软件正版化工作

在推进企业软件正版化的工作中，自治区版权局始终以宣传为先、服务为先，在坚持法律原则的基础上，以认真负责的积极工作态度，赢得了企业的信任，使企业软件正版化工作进展顺利。为全面完成首批企业软件正版化工作，及时帮助企业解决相关的问题，区版权局深入新疆有色集团、新疆华源集团和中华联合保险等3家未能按期完成正版化工作的企业，了解它们在实施中遇到的困难，帮助它们澄清认识上的误区，并积极与3家企业的上级主管部门联系，请它们协调并最终促成企业完成了软件正版化工作，为全区企业作出了表率。为了确保正版化工作的效果，区版权局会同自治区的保监局、国资委、工业和信息化委等单位进行了检查验收，确保首批企业软件正版化工作圆满完成。

在第二批软件正版化工作中，区版权局一方面着眼于扩大正版化工作的普及面，将企业软件正版化工作向地州市推进；另一方面着力提高地州市新闻出版（版权）管理部门的正版化工作推进能力，为今后企业正版化工作的全面铺开积累经验。在网吧软件正版化工作中，自治区版权局会同自治区文化厅严格按照国家版权局关于推进企业使用正版软件通知的要求，加强与行业主管部门的配合与协作，从大到小，渐次推进。目前，全区已有喀什、和田、阿勒泰、克拉玛依、克州、阿克苏、石河子、昌吉完成了网吧软件正版化工作。同时，根据国家版权局的要求，以及“7·5”严重暴力事件发生后自治区信息网络管制的具体情况，及时调整工作进程，以使这项工作更适应自治区的实际。

此外，区版权局还出面协调相关软件厂商，帮助自治区新华书店、新疆教育出版社低成本采购了正版软件，实现了软件正版化。根据Autodesk公司投诉，对乌鲁木齐、奎屯、哈密3家勘察设计企业发出停止侵权的通知，其中2家企业已经通过书面和电话表示愿意尽快实现软件正版化工作。

2009年，自治区版权局推荐新疆教育出版社、宏源证券股份有限公司、自治区新华书店、农一师设计院、新疆电力公司等5家企业为第二批全国软件正版化工作示范单位，并将相关材料报国家版权局。

四、加强执法力度，版权保护工作取得新成绩

2009年，自治区版权局把版权保护工作的重点放在对新疆本地音乐视频网站的治理上，尤其是加大了对具有新疆特色和自主版权的民族音乐和电视节目作品的保护力度。根据新疆卡尔罗文化传播有限公司的申请，区版权局对该公司享有信息网络传播权的维语音乐电视栏目《纳瓦》被众多维语网站侵权传播的案件，作为2009年打击网络侵权盗版的重点，指导权利人依法取证，向通信管理部门通报侵权网站的侵权状况。同时，按照侵权网站的备案信息，逐个向侵权网站下发“停止侵权的通知”，并及时对网络进行监控，联系各侵权网站的负责人，要求他们立即对侵权内容予以删除。区版权局还对一些继续侵权的网站提请通信管理局予以停止接入服务的处理，极大地遏制了少数民族语言网站侵权现象。

根据南京逐浪网的投诉，自治区版权局向乌鲁木齐“我看书斋”网站负责人下发停止侵权传播逐浪网享有信息网络传播权的小说的通知，要求该网站删除侵权作品，并向逐浪网赔礼道歉，督促双方友好协商解决了此起侵权案件。

在KTV版权保护方面，区版权局对中国音乐著作权协会关于在新疆设立办事处的请示给予复函；根据中国音集协投诉，通过乌鲁木齐、伊犁、巴州、克拉玛依市等地州市新闻出版局对四地州市的25家KTV经营者发出停止侵权的通知；促成乌鲁木齐3家KTV企业与音集协签订了授权许可协议，并缴纳音乐作品使用费100多万元。2009年11月，经自治区版权局督促，克拉玛依市的4家企业和奎屯市的3家企业分别与中国音集协签订了授权许可协议，并按标准缴纳了版权使用费。为此，自治区版权局会同自治区文化厅专赴两地为这些支持正版的企业颁发了授权证书，并与两地的70多家KTV经营企业进行座谈，向它们宣传版权保护的相关知识。

2009年5月初，自治区版权局根据夏迪力克有限公司的诉求，对恒远中惠公司委托印制其享有版权的请柬图案的案件进行执法检查，查扣盗版制品上千件，责令恒远中惠公司与委托人协商解决。

为打造新疆版权保护基地，使版权保护为建设创新型社会服务，2009年5月，自治区版权局前往乌鲁木齐市水磨沟区七坊街创意产业园区进行调研，并计划会同水磨沟区七坊街稳步开展版权保护基地的创建工作。

五、健全机构，加强管理，提高版权服务水平

为了加强新疆新闻出版管理工作，自治区新闻出版局积极争取自治区党委、人民政府的支持，2003年成立了自治区出版物市场稽查队。为适应自治区经济社会文化事业的发展，经自治区党委、人民政府同意，自治区编办批准，2004年在全区各地州市文体局加挂了新闻出版（版权）局的牌子，行使新闻出版管理职能，使新闻出版管理进一步向下延伸。地州市新闻出版（版权）局挂牌以来，克服困难，为属地新闻出版管理做了大量的工作。截至3月12日，全区95个县市全部成立了县级新闻出版局，这标志着新疆新闻出版事业和出版物市场管理工作迈上了一个新台阶。从此，全疆各县市都有了独立的新闻出版局，可更好地发挥新闻出版工作的监管和服务职能。

自治区版权局在加强监管的同时，进一步增强服务能力，提高服务水平。按照“走出去”工程的要求，积极指导出版单位做好版权贸易工作，完善著作权合同登记备案，力求做到高效率、严把关，全年登记备案版权贸易合同67件。自治区的作品登记工作在提高著作权人的自我保护意识、帮助著作权人维权方面的作用越来越大，作品登记数量稳步增长，全年已经达到320多件。与此同时，作品登记种类也在扩大，新疆民族特色的实用艺术作品登记量有了较大增长，通过对这类作品的登记，规范了新疆民族特色旅游工艺品市场，使市场竞争更趋有序。

新的著作权法修改后，版权行政管理部门虽然没有著作权纠纷的行政调解权，但作为版权管理部门，区版权局发挥专业优势，根据著作权人的要求，对包括《女人一生的七个智慧》等4起著作权纠纷进行了调解，赢得了著作权人和出版单位的赞扬。其中，自治区版权局根据外交部和国家版权局的要求，成功地对新疆青少年出版社侵权出版吉尔吉斯共和国作品《断箭》一书的纠纷进行了调解。另外，还应自治区文联的请求，对新疆人民出版社出版柯尔克孜族史诗巨著《玛纳斯》一书过程中出现的版权纠纷进行调解，避免了这一重点出版项目在出版过程中产生版权纠纷。

2009年，自治区版权局组织乌鲁木齐市、克拉玛依市、石河子市等地州市参加中国版权保护协会举办的版权产业培训班，组织乌鲁木齐市、克拉玛依市、石河子市、阿克苏地区新闻出版局以及自治区高级法院、乌鲁木齐市中级法院参加了在银川举办的中欧网络版权保护研讨会。5月，派员参加了北京国际图书版权贸易研讨会。8月，为了做好东风工程二期项目的申报和评估工作，自治区版权局专门召集乌鲁木齐地区的10余家动漫企业进行座谈，听取它们的意见，以便从版权保护的角度扶持自治区的动漫产业。9月，召集乌鲁木齐地区的各出版社总编以及总编室主任，了解自治区出版单位在“走出去”工程和对外版权贸易方面存在的困难，根据他们的需要，将版权贸易扶持项目列入向东风办申请的东风工程二期项目中。

（杨建新）

2009年版权社会服务组织工作

中国版权保护中心

2009年，中国版权保护中心（以下简称中心）在新闻出版总署党组的关怀下，在国家版权局的强有力领导下，以科学发展观为指导，深入贯彻落实总署党组的战略部署和工作要求，保持基本工作思路不动摇，紧紧抓住文化创意产业发展的历史机遇，进一步明确了国家版权公共服务机构的定位，积极开拓、创新，着力提升版权公共服务能力，扎实推进版权四大服务体系和科学管理体系建设，锐意进取，求真务实，各项重点工作进展顺利，成绩显著。全年实现各项收入总额4 200万元，比2008年2 923万元增长43.69%；实现上缴国库软件著作权登记费2 084万元，比2008年1 372万元增长51.90%；自营收入比2008年增长78.44%。中心整体发展实力进一步增强。

一、版权公共服务

版权公共服务是中心的核心业务。2009年，在版权公共服务领域中心做了大量的调研、探索和实践，在创新版权公共服务方式、提高版权公共服务能力、拓展版权公共服务内容等方面，积累了许多有益的经验，为长远发展奠定了基础。

（一）进一步明确国家版权公共服务机构职能定位

2009年，中心坚持按照科学发展观的要求，认真贯彻落实总署党组对版权工作的战略部署和柳斌杰局长“3·14”讲话精神，树立和坚持了正确的版权公共服务理念，深入相关产业了解产业的版权服务实际需求，不断创新业务模式、服务方法，发挥版权专业优势，提升服务价值，切实为文化创意产业提供高效、优质的服务。在国家版权局的指导下，进一步明确国家版权公共服务机构职能定位，努力建设我国规模最大、功能最强、值得信赖的版权公共服务机构。

（二）创新版权公共服务方式，版权登记工作质量大幅提升

2009年，中心通过改善服务手段、创新公共服务方式，使版权登记工作质量大幅提升。2月16日，CPCC版权登记大厅和著作权登记系统开始启用，实现了版权登记工作的规范化、标准化、信息化，提升了版权登记工作的质量。按照柳斌杰局长在视察期间提出的“版权登记大厅的服务要比照银行营业大厅，做到规范有序、井井有条”的要求，中心专门成立了营业部，负责大厅的日常管理，制定了一系列规章制度，确保窗口服务的高效有序。2009年全年除接待申请登记的著作权人6万余人次外，还接待了国内外考察团组近100个共6 000余人，产生了巨大的社会影响。

2009年，中心在“著作权登记管理信息系统”（一期）使用基础上，启动了二期项目的建设，增强服务功能、规范登记流程、提高登记效率，以满足广大著作权人对登记工作更高效、更公正、更透明的要求。同时，使登记统计功能更加完善，登记作品（特别是软件作品）数据的分析更加细化，及时反映我国软件行业和其他文化产业发展情况。在版权登记信息化建设的同时，对登记工作制度化建设同步进行，推动《著作权质押登记办法》的修订工作，制定《计算机软件著作权登记档案查询办法》等规章制度，更加规范了版权登记和查询等工作流程。

（三）提高版权公共服务能力，版权登记数量再创新高

面对“一站式”窗口服务和信息化登记给工作带来的新变化，以及快速增长的作品登记申请带来的繁重工作压力，承担登记工作的两个部门积极转变服务理念和工作作风，强化管理和服务意识。他们一方面发扬奉献精神，不怕疲劳，任劳任怨地利用周末双休日以及工作之余加班加点工作；另一方面积极开动脑筋，打破传统的岗位固定制，研究并实行轮岗制，使每位职工都熟练掌握从受理、审查到复审、制证的登记全过程，实现一人多能，逐步建立起与信息化登记和窗口服务相适应的工作机制和工作方法，及时满足了权利人的需求，得到了著作权人和申请者的好评。

中心全年共完成各类软件登记70 965件，同比增长49.75%，其中软件著作权登记量67 912件，同比增长48.60%，占软件登记总量的95.70%；软件著作权转让合同登记和专有许可合同登记182件，同比增长26.38%；软件著作权质押合同登记

119 件，同比增长 9.17%；变更补充登记 2 752 件，同比增长 91.64%。接受软件登记查询共 6 130 件，源代码封存保管 13 件。

完成作品著作权登记 6 749 件（系列），涉及作品 67 281 件；出版复制境外音像制品合同登记1 474 件；著作权合同备案 531 件，涉及作品5 162件；重印国外期刊 28 件；电视播放权登记 178 件；质押登记 82 件，同比增长 88%；各类登记共涉及作品 74 205件，比 2008 年翻了一番。

（四）拓展版权公共服务内容，完善版权公共服务功能

中心在提升传统版权服务质量的基础上，还根据新的社会需求拓展版权公共服务内容，完善版权公共服务功能。针对广告、纺织、小商品等工业设计类作品种类繁多、数量巨大，但研发和价值周期较短这一特点，积极研究作品保管业务，设计了简便、高效的业务模式，以满足这些行业对版权证明的特殊需求；与相关机构合作，以解决互联网证据保全中普遍存在的锁定侵权行为困难、动态监控困难等问题为突破口，探索网络环境下第三方调查取证业务；基本完成版权纠纷调解委员会设立的前期准备工作，研究并起草了方案报告、调解委员会章程、调解规则、调解员守则、收费办法等规则。

为提高版权公共服务工作的科学性，中心还成立了版权产业研究与测评部，为版权产业发展提供智力支持，开展了版权作品价值评估、区域版权产业经济贡献分析等多项课题的研究工作，并取得了一定成果。初步确立了区域版权相关产业的分类标准和方法，逐步建立起相应的数据库，具备了对版权产业进行宏观监测和调查分析，为国家及各地区制定版权产业引导、推进和扶持政策提供咨询意见的能力；在建立版权作品价值评估基本研究框架的基础上，开展了具体行业评估流程及模式研究，并着手典型评估案例数据库的建设工作。

二、版权社会服务与市场服务

（一）以管理促发展，中华版权代理总公司业绩增长显著

2009 年，中华版权代理中心确定了总公司各事业部经济指标增长 30%的目标，并与各事业部签订了业绩责任书。总公司各事业部积极转变理念，主动走向市场，深入行业实际，了解行业需求，围绕法律服务、出版代理、动漫游戏、音乐影视、登记代理等业务领域，不断创新业务模式、服务方式和工作方法，通过深入挖掘和整合已有服务项目，制定项目齐全、功能完备的一揽子大客户服务协议，以及从客户角度反向梳理服务流程等方法，切实提高了服务质量和效率，业务范围不断扩大，客户的信赖度不断提高。在发生全球金融危机的不利经济形势下，各事业部全部超额完成了年初制定的增长目标。

（二）以版权鉴定、法律咨询为主导的版权社会服务工作水平进一步提升

全年完成了北京市海淀区人民法院、中山市公安局、成都市中级人民法院、武汉市中级人民法院、湖北省版权局等多家单位委托的版权鉴定十余件，涉及文字作品、美术作品、计算机软件等多种类型的作品及录音制品。出具的鉴定报告在程序和实体内容方面均未出现任何错误。免费接待来电、来函版权咨询数千件。虽然为免费服务，但是接待人员均能以饱满的工作热情，耐心解答每一个琐细的问题。中心工作人员的工作态度、专业水平得到了咨询者的一致认可，提高了公众对中心的信赖度。

（三）与地方政府加强战略合作，为区域版权产业发展提供专业服务

随着版权相关产业在各地的异军突起，各级地方政府对版权产业日益重视，专业化、综合性的版权服务需求日益增长。中心利用自身优势，分别与成都市版权局和深圳市版权局签订了《版权战略合作框架协议》和相关业务合作协议，在两地区建立了登记代理工作站，为所在地区著作权人和软件企业提供申请版权登记等相关版权服务，取得了良好的社会效益和经济效益。

（四）国际版权交易中心业务全面推进，常态化平台集聚效应初显

中心不断深化与东城区政府的合作，努力将国际版权交易中心打造成为常态化版权交易场所。交易中心各项业务体系建设进展顺利，挂牌交易和投融资项目渐次展开，版权交易量初具规模，截至 2009 年 12 月底，国际版权交易中心版权交易总额近 1 亿元，其中影视类交易额 4 000 余万元，动漫类版权交易额近 4 000 万元，图文类版权交易额 1 000余万元，其他版权交易额 800 万元。在信息披露渠道和意向征询网络建设方面，已经建立起六大类二十二种信息披露渠道和业已拥有 6 000 多个会员并且还在持续增加的意向征询网络。

三、版权宣传

（一）策划实施大型宣传活动，服务国家版权工作大局

受国家版权局委托，中心承办了在第 16 届北京国际图书博览会和第61届法兰克福国际书展上设立“中国版权服务站”的工作。中心抽调专门人员，组成项目团队，广泛调研、精心筹备，以国际化的标准设计各项活动内容。法兰克福国际书展期间，服务站共接待和解答国际版权界、出版界参展人员的各类咨询千余次，发放英文版《中国版权服务指南》上千份。同时，中心还承办了北京国际图书博览会上“前进中的中国版权事业”展览活动，以图文并茂的形式全景展现了蓬勃发展的中国版权事业和产业。这些活动成效显著，社会反响良好，得到了国家版权局、国务院新闻办公室和中宣部等部门领导的一致好评。

（二）依托专业优势，精心打造常态化版权宣传和交流平台

在总结2008年“CPCC十大中国著作权人年度评选”活动经验的基础上，中心成立了专门的评选办公室，制订了完整的工作方案和规范的工作指南，将活动宣传、组织推荐工作贯穿全年。12月17～18日，2009CPCC中国版权服务年会顺利举行，年会以“引领中国版权服务”为主题，由2009CPCC十大中国著作权人年度颁奖典礼、区域版权产业研究座谈会、中日著作权实务研讨会、中美互联网版权热点和前沿问题论坛、动漫版权服务周启动仪式等五大项内容组成。活动过程中，人民网和新浪财经对年会开幕式和具体分项目进行了网上直播，几十家媒体对年会进行了跟踪报道。

此外，中心高度重视国家版权局网站的维护工作，制定了网站管理维护的规章制度，并组建专业团队负责此项工作，以确保重要版权资讯的及时上传；在总结首届全国大学生版权论文征文评选活动成功经验的基础上，举办了第二届全国大学生版权论文征文评选活动；启动了“版权走进企业和科研院所”活动。

四、国际交流与合作

（一）不断深化与韩国、日本等国的版权合作关系

成功举办了第五届中韩著作权研讨会，来自中韩两国的政府、企业和集体管理组织代表，围绕“数字网络环境下中韩版权合作模式”的主题，进行了深入交流和沟通，为推进两国版权领域的经济合作打下了良好基础。在第16届北京国际图书博览会上，中心与韩国著作权委员会签署了修订后的《版权协作合作意向书》，进一步加强双方在卡通、网络游戏、软件等领域的版权合作，并建立有关作品登记、纠纷调解的新工作机制。

中心设立对日服务窗口后，积极开拓日本版权服务市场，在涉外版权登记、版权法律服务、文化交流和版权贸易方面取得优异成绩。成功地将中国原创漫画《三国演义》版权输出日本，并积极推动其进入日本所有中小学校的课堂、图书馆以及面向大众读者的书店、便利店等，促进中国传统文化的传播；日本最大的玩具制造商多美公司已将其系列玩具在中心进行了版权登记，并积极与中心磋商其玩具作品在中国的版权保护问题。中心对日服务窗口在日本的影响不断扩大，得到了日本政府机构和相关企业的高度关注。

在总结设立对日服务窗口的经验基础上，中心与英国AI签订独家窗口业务授权协议和战略合作协议，将在版权产业各领域开展深入合作。接待了韩国著作权委员会、日本经济产业省、日本贸易振兴机构、朝鲜版权考察团等十几个外事团体的来访。与美国广播音乐协会、澳大利亚版权代理公司（CAL）和全球知名视频网站Metacafe等国际知名版权机构和企业建立了密切的合作关系，就版权的国际保护与运用进行了深入探讨。11月，美国国际知识产权联盟主席埃瑞克·史密斯等国际知识产权领域权威人士来中心进行了访问。中心在国际上的影响不断扩大。

（二）开辟版权贸易新领域

积极利用自身优势，努力扩大与各方的交流，在巩固与俄罗斯、乌克兰等东欧国家的版权代理业务基础上，不断开辟版权贸易新领域。2009年共签订合同214份，同比增长58.6%。成功将阿来、央珍、扎西达娃等10位作家的作品输出到匈牙利，进一步加深了与匈牙利出版机构的联系；将化学工业出版社5本园林设计类图书输出到俄罗斯，巩固了与俄罗斯出版机构的合作；积极探索与期刊社和手机游戏开发商的版权合作；成功将香港辣椒出版公司的《DIGI数码双周》引进内地。

（韩　璐）

中国版权协会

2009年，中国版权协会（以下简称版权协会）深入学习贯彻落实科学发展观，按照国家版权局的工作部署，努力发挥版权协会的职能作用，增强服务意识，拓展工作思路，为推动版权保护做了大量工作。

一、版权协会自身建设

（一）增设3个分支机构，广泛吸纳会员

2009年，为适应版权保护工作的要求，经理事会审议通过，报请新闻出版总署同意，民政部准予登记，新成立了法律事务委员会、软件版权保护委员会、教育委员会，并于6月4日正式挂牌工作。经民政部同意后调整了新技术委员会的领导机构。

8月4日，版权协会召开各分支机构负责人会议，学习《中国版权协会加强对分支机构管理暂行规定》，交流各分支机构开展工作的情况和日后的工作计划。

随着社会版权保护意识的增强、版权协会社会影响力的扩大，版权相关企业和著作权人积极加入版权协会，使会员队伍进一步发展壮大。2009年，共吸纳团体会员8个、个人会员4名。

（二）加强版权协会内部交流，提高民主管理水平

2009年，版权协会召开理事大会1次，常务理事大会3次，理事长办公会议3次，秘书长办公会议4次。年度工作报告和工作计划、重大活动项目、机构调整、增选理事和常务理事等事项，都按照协会管理规定召开相应的会议，审议通过后再具体实施。

2月6日，版权协会主办了2009版权之春联谊会。国家版权局副局长阎晓宏，国家版权局原局长宋木文、于友先，中国版权协会理事长沈仁干以及版权协会在京常务理事、理事、会员单位代表共300多人参加了联谊会。此次联谊会审议通过了版权协会2008年度工作总结暨2009年度工作计划，并审议决定增选3家常务理事单位、2家理事单位。

二、搭建行业交流平台

（一）主办2009中国版权年会

秉承“版权工作要为整个国家的经济建设、政治建设、文化建设、社会建设服务”的宗旨，版权协会于2009年10月20日主办了2009中国版权年会。国家版权局副局长阎晓宏出席开幕和颁奖仪式，并作了主题演讲。中国版权协会理事长沈仁干致辞。此次年会以“数字环境下的版权资源开发和价值提升”为主题，探讨了金融危机对传统产业的严峻挑战和创新企业的战略机遇、3G产业的兴起和互联网发展所面临的版权问题、版权资源的开发和价值提升等问题。

年会还举行了“2009中国版权产业风云人物”、“2009中国版权产业最具影响力企业”和“第二届全国大学生版权论文征文”的颁奖仪式。冯小刚、姜昆、陈一丹、杨红樱等11位个人荣膺“2009中国版权产业风云人物”；央视网、中国出版集团、汉王科技股份有限公司等16家单位捧走了“2009中国版权产业最具影响力企业”的奖杯。

国家版权局原局长宋木文、于友先，中国文联书记处书记廖奔，中央编译局局长韦建桦，国家知识产权局原局长高卢麟，北京市版权局、中国互联网协会、中国通讯企业协会、中国移动通讯联合会、北京市版权协会等协办单位的领导，以及版权界的专家学者，相关企业的负责人也出席了年会。

（二）举办“文化创意产业推介会”暨知识产权论坛

2009年11月25～29日，由新闻出版总署、文化部、广播电影电视总局、北京市人民政府共同主办的第四届中国北京国际文化创意产业博览会在北京举行。在文化创意产业推介会期间，版权协会联合文博会组委会办公室、文化部市场管理司等单位举办了以“加强版权保护促进文化创意产业发展”为主题的论坛，以增强文化创意产业版权保护意识，倡导走上“创意＋版权＝财富”的发展道路。

（三）举办2009中国新媒体盛典（第二届新媒体节）

在“第四届中国北京国际文化创意产业博览会”期间，版权协会联合中国电子商会、中国知识产权研究会、中国少数民族文化艺术基金会、中国经济报刊协会、新媒体产业委员会等单位，共同主办了2009中国新媒体盛典（第二届新媒体节），本次活动以宣传知识产权保护为主题，分别举办主题报告会、新媒体联合年会、展览与洽谈、创意大赛等。把宣传知识产权保护贯穿各项活动的始终，以推动文化创意产业和新媒体的健康发展。同时为新媒体产业提供了一个交流的平台。

三、版权保护宣传教育

（一）承办“版权在我身边”大型文艺晚会

2009年4月26日晚，中央电视台第三套节目播出了“版权在我身边”大型文艺晚会，该晚会由国家版权局主办，中国版权协会、中国版权保护中心等共同承办，这是中央电视台首次播出以版权为主题的文艺晚会。新闻出版总署署长、国家版权局局长柳斌杰，新闻出版总署副署长、国家版权局副局长阎晓宏，中央宣传部出版局局长张小影，国家版权局原局长、中国版权协会顾问宋木文、于友先，中国版权协会理事长沈仁干，知识产权局原局长、中国互联网协会副理事长高卢麟，《人民日报》原副总编、中国摄影家协会主席李仁臣，全国政协委员、中国电影文学协会会长王兴东，有关协会和著作权集体管理协会负责人，著名作曲家谷建芬、徐沛东，著名电影演员刘晓庆，著名作家蔡志忠，以及社会各界人士 800 多人现场观看了文艺晚会。

本次活动得到了新闻出版总署、国家版权局充分肯定。新闻出版总署署长、国家版权局局长柳斌杰 5 月 22 日批示："这件事办得好。路子很对，节目安排也很好，争取成为品牌"。新闻出版总署副署长、国家版权局副局长阎晓宏 5 月 19 日批示："拟对协会组织实施的有关同志予以表扬，争取继续办下去，办出品牌"。

（二）发起"抵制低俗、坚持正版——绿色网络行动"

版权协会联合中国互联网协会网络版权联盟召集人民网、新浪、搜狐、腾讯、网易、央视网、盛大网络、第一视频共同发起了"抵制低俗、坚持正版——绿色网络行动"，并于 2009 年 4 月 17 日在北京举行启动仪式。国家版权局版权管理司司长王自强、中国互联网协会副理事长高卢麟、中国版权协会常务副理事长张秀平、国家版权局版权管理司版权处处长段玉萍以及各发起网站领导参加了启动仪式，在"抵制低俗、坚持正版"的口号声中，共同点亮象征绿色网络的"水晶球"。

（三）在第 16 届北京国际图书博览会期间举办"前进中的中国版权事业"展览

2009 年 9 月 3～7 日，版权协会与中国版权保护中心联合举办了"前进中的中国版权事业"展览，"中国版权服务站"也在该展览上首次设立。

9 月 3 日，展览开幕式暨"中国版权服务站"启动仪式在中国国际展览中心一号馆三层举行。国家新闻出版总署署长、国家版权局局长柳斌杰，中国文联书记处书记廖奔，国家知识产权局副局长鲍红，中宣部出版局局长张小影，中国版权协会理事长沈仁干，中国摄影著作权协会主席李仁臣等出席了展览新闻发布会并为"中国版权服务站"启动剪彩。新闻出版总署副署长、国家版权局副局长阎晓宏在发布会上讲话，沈仁干介绍了展览的相关情况。中国版权保护中心主任段桂鉴主持了新闻发布会和剪彩仪式。

"前进中的中国版权事业"展览，以图文并茂的形式从版权立法体系、版权保护制度、版权贸易、版权国际合作与交流、版权公共和社会服务体系、社会公众版权意识和版权产业发展等方面，展现了蓬勃发展的中国现代版权保护事业和版权产业；还对获得世界知识产权组织版权创意金奖的单位、版权示范城市、国家版权贸易基地、国家版权数字基地等作了介绍。除了图文为主的展区外，本次展览还有剪纸、内画等现场表演，让观众对保护版权有了更直接的认识。

（四）举办第三届尚德杯中国青少年创意大赛暨知识产权宣传教育活动

2009 年，版权协会与中国教育学会、国家工商管理总局商标局共同主办了第三届尚德杯中国青少年创意大赛暨知识产权宣传教育活动，并于 4 月 22 日在无锡市举行启动仪式，7 月 18～20 日在济南市进行总决赛。中国青少年创意大赛是一项以"普及知识产权教育、实施国家知识产权战略、培养创新型人才"为宗旨的大型科技创新赛事活动。2009 年中国青少年创意大赛区域选拔赛遍布全国 26 个省市 37 个区域，近 2 000 所中小学校、100 万学生参与。在本次大赛中有很多中小学生认真阅读《版权保护小卫士——青少年版权保护知识教育读本》等知识产权学习资料，有 100 万中小学生填写了知识产权基本知识答卷。

（五）《中国版权》办刊有进步

2009 年，《中国版权》杂志又有新变化。编辑部人员认真领会办刊宗旨和思路，力求在文风上更加活泼，通过加强热点问题的策划与组稿使稿件更有针对性、可读性、适应性。围绕国家版权局的重要工作和活动，及时组织了国家版权局和地方版权局领导谈版权的系列报道，增加了版权信息的版面，加强了对版权产业相关问题的关注和讨论。

（六）组织"第二届全国大学生版权论文征文"评选活动

2009 年，版权协会组织并举办了"第二届全国大学生版权论文征文"评选活动，并于 11 月 20 日举行了颁奖会。本届征文活动较 2008 年有了很大的提升，体现出四大亮点：一是参与的地域范围辐射到漳州、信阳等中小城市及西藏等偏远地区，甚至还吸引了香港大学和香港中文大学的学生参加；二是参与院系从法学专业等文科院校扩展到理工科院校及解放军院校；三是论文质量更高，涉及主题更广；四是选题视角既有微观的研判，又有宏观的布局分析，选题创新性增强。

四、交流研讨与立法调研

（一）举办"2009 中外企业知识产权高层论坛"

2009 年 4 月 24～26 日，版权协会与中华商标协会、中国知识产权研究会、中国经济报刊协会在北京联合主办了"2009 中外企业知识产权高层论坛"，政府部门各主办单位有关领导及来自国内外版权产业代表 200 余人出席了高层论坛。

（二）首次组团赴台湾进行版权保护交流

应海峡两岸商务协调会会长张平沼先生的邀请，以中国版权协会理事长沈仁干为团长、常务副理事长张秀平为副团长的中国版权协会代表团，于 2009 年 11 月 29 日至 12 月 6 日对台湾进行了友好访问与交流。

此次代表团一行共 24 人，既有来自国家版权局、地方版权局和全国人大教科文卫委员会文化室、最高人民检察院的官员，也有集体管理组织和版权相关企事业单位的负责人、高等院校的教授及专职从事版权法律服务的律师等。

代表团与台湾有关方面共同举办了有 300 多人参加的 2009 年两岸著作权保护论坛，中国版权协会顾问、国家版权局原局长宋木文应邀出席了论坛开幕式，中国版权协会理事长沈仁干、海峡两岸商务协调会会长张平沼分别致辞，国家版权局副巡视员翟丽凤在会上宣读了新闻出版总署副署长、国家版权局副局长阎晓宏的贺信。

论坛分著作权法制发展及重要实务问题介绍、版权贸易及著作权集体管理实务问题介绍、版权制度及执法政策经验分享三个单元进行，双方各自由 3 位专家分别介绍了大陆和台湾在这三个方面的做法及经验。

代表团还与台湾工商企业界 50 多位代表进行了著作权保护座谈，介绍了大陆版权行政执法及司法保护方面的有关情况，并回答了部分代表的提问。

代表团同台湾的著作权集体管理团体召开了座谈交流会，了解了台湾著作权集体管理组织的基本情况，倾听了他们渴望加强两岸著作权集体管理组织交流与合作的意见和建议，并回答了他们提出的问题。

代表团部分成员还与台湾版权行政管理部门的同行进行了信息交流与沟通，并就两岸著作权的相互认证、联合打击互联网侵权盗版、两岸各个对应的部门和机构建立固定的协调与合作机制等问题进行了洽谈。双方商定，就今后如何开展全方位的合作问题，各自将继续进行调研，以便在 2010 年两岸著作权论坛期间进一步洽商，力求找出解决方案。

代表团此次出访，进一步增进了海峡两岸版权界的了解与友谊，也使得台湾版权管理部门的行政管理人员、警官，工商企业界的人士，集体管理组织及版权界的部分专家、教授，对大陆的版权保护工作快速发展以及法律体系建设、版权行政执法、版权贸易等情况有了一个全新的认识。双方商定，2010 年两岸版权论坛将于 2010 年 10 月至 11 月间在大陆继续举办。

（三）完成修订《著作权法》的调研

为积极推进《著作权法》的修订工作，版权协会按照国家版权局的部署，两次召开座谈会，邀请全国人大法工委、全国人大教科文卫文化室、最高人民法院、国务院法制办、国家版权局、中国社会科学院、中国版权保护中心、中国作家协会、中国电影家协会、中国摄影著作权协会、中国人民大学、中国政法大学等单位的官员、专家与学者座谈。与会代表从各个不同的角度发表了中肯的意见，主要涉及修订法律的紧迫性、法律的实用性以及条款的明晰化等。协会将调研的情况及时报告了国家版权局。

（刘义成）

中国音乐著作权协会

2009 年，中国音乐著作权协会（以下简称音著协）始终坚持科学发展观，以党的十七大精神为指导，本着适应国情和市场的思路开展工作，不断学习新知识、新技术，开拓新业务，较好地完成了各项指标和工作任务。

一、会员发展与管理

（一）会员发展

2009 年，音著协会员发展工作的重点依然是提高会员质量，吸纳知名且高产的创作者，同时也努力争取会员数量的提升。全年新发展会员 355 人（家），其中词作者 139 人、曲作者 200 人、继承人 11 人、出版公司 5 家。至此，音著协会员总数达 5 789人（家）。

在坚持以往会员发展渠道及手段的基础上，2009 年的会员发展工作还通过积极联络北京及各地的音乐团体和院校，如中国音乐家协会、四川音乐学院、广东韩山师范学院以及各军区文工团等创作和演出团体，从中吸纳优秀的词曲创作者加入音著协；积极联系国内外知名的出版公司，向其发出合作的邀请，促成多家公司与音著协签约；此外，还努力通过现有会员对其合作者开展入会动员工作，把他们发展成为新会员。在 2009 年度新发展的会员中，有陈其钢、林乔、金鼓等不同音乐风格的知名创作者。同时，索雅、北京竹书房、鸟人等知名音乐出版公司的加盟也大大增加了音著协的授权歌曲范围。

（二）会员管理与服务

2009 年，音著协继续加强会员管理与服务工作。音著协向 5 700 余名会员及知名音乐院校和音乐人寄发 2008 年年报；将近 6 000 名会员的新、旧版合同及补充协议整理归档，统一存放，以便查询及借阅；组织召开两次常务理事会，探讨广播电台

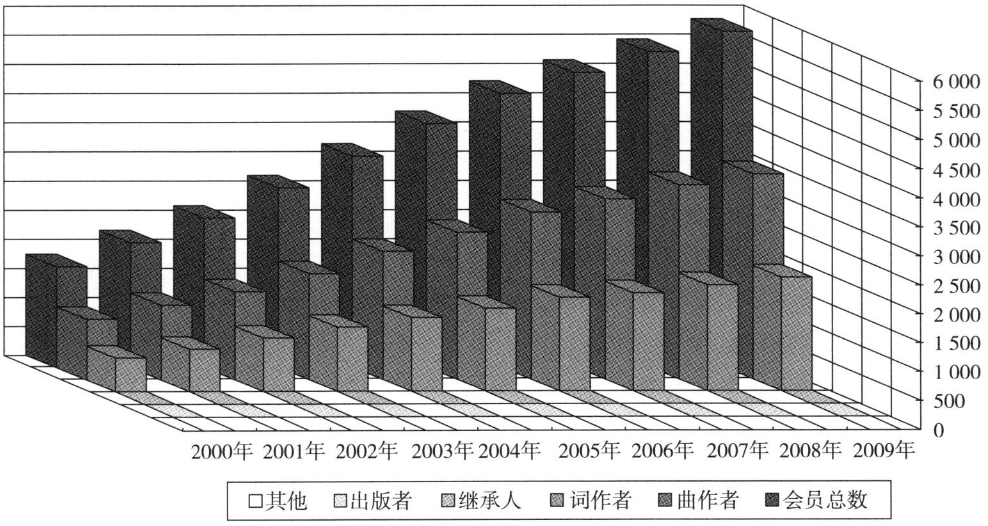

音著协会员发展统计图

电视台播放录音制品付费问题；并加强了会员 IPI 申请和 DIVA 系统的录入工作。

5 月 15 日，音著协召开第三届五次常务理事会，国务院法制办副主任袁曙宏，新闻出版总署副署长、国家版权局副局长阎晓宏，音著协主席王立平、副主席谷建芬、名誉主席乔羽、总干事屈景明等 13 人参加了会议，会议围绕广播电台电视台播放录音制品的收费标准和计算方式展开了热烈的讨论。此次常务理事会议的召开，对于推进我国广播电台电视台播放录音制品收费工作的开展起着重要作用，最大限度地为广大著作权人争取了利益，为 11 月 10 日《广播电台电视台播放录音制品支付报酬暂行办法》的颁布奠定了坚实的基础。

6 月 25 日，音著协四川地区会员代表见面会在四川省版权局举行。黄虎威、郭万春、李官明、罗晓音、吴飞等四川地区 11 位音著协知名会员代表参加了会议。各个领域的会员代表纷纷阐述了自己对当前中国音乐产业界的一些看法，并就一些具体音乐版权问题的处理发表了意见。此次会议是音著协成立后在北京以外地区召开的首次代表见面会。

8 月 19 日，音著协召开第三届六次常务理事会议，王立平主席、谷建芬副主席、乔羽名誉主席、屈景明总干事、王世光常务理事、张丕基常务理事等 8 人参加了会议。会议主要总结了 5 月 15 日会议关于广播电台电视台播放录音制品收费问题讨论的成果，进一步探讨相应细则，并就 2009 年上半年的工作情况进行总结汇报，研究热点工作问题。

2009 年，音著协加强了会员 IPI 号申请和DIVA 系统中个人信息与权利信息录入工作，通过不断研究和熟悉 IPI 和 DIVA 系统，频繁地与 CASH 等兄弟协会进行学习交流，完善和规范了系统中原有的内容，提高了 IPI 申请与 DIVA 录入的效率，为许可、分配等工作开展提供了更多便利。

（三）会员拓展项目

除了一如既往地做好会员发展、管理与服务工作外，音著协还进行了与业务相关的拓展尝试。

8 月 21 日，音著协参与主办“红动中国”青春红歌会。通过此次红歌会的宣传和演出，一方面为红色经典歌曲的著作权人争取了版税收益，另一方面宣传了版权保护的相关内容。

10 月 24～27 日，第二届中国国际版权博览会在国家会议中心举办，音著协在博览会现场为相关产业界的人士解答有关入会、会员管理、会员服务以及国际合作等一系列问题。

二、音乐作品许可使用工作

（一）表演权许可工作

2009 年，音著协总部收取表演权许可使用费约 1 816万元，同比增加约 316 万元，增幅为 21%。收费增加的主要原因在于，中国音像著作权集体管理协会向音著协分配卡拉 OK 著作权使用费 1 000 万元整。另外，现场表演方面收费超过 327 万元，增加 127 万元左右，增幅超过 36%。同时，2008 年 12 月至 2009 年 11 月，地方办事处许可收费共计 711 万元左右，与上年相比略有增长。

1. 背景音乐。背景音乐许可服务项目从 2008 年的 12 个城市扩展到 14 个省市，上千家企业的许可店面享受到音乐服务内容。受金融危机的影响，很多大型连锁企业要求下调年度使用费，有的企业要求下调的幅度相当大，但是通过音著协耐心细致的工作，对个别受影响较大的企业采取了一定的优惠措施，整体续约工作 100%完成。全年共完成许可 223 件，收取费用 1 489 万元左右。

为有效推动背景音乐的许可收费工作，音著协加强了与各相关行业协会的合作。继与上海饭店业协会成功签约后，与广州、深圳、浙江等地的饭店业协会以及江苏的餐饮业协会均有不同程度的接触，有望在 2010 年形成合作。同时，音著协与中国商业联合会就在商业企业内推广、宣传著作权法律法规以及解决其所属会员单位在经营场所内使用音乐作品所涉及的著作权问题进行了深入磋商，并达成共识，希望通过双方的合作，整体提高商业行业的版权保护水平。

此外，音著协还加强了与航空公司的合作。2009 年，除南航外，音著协与四大航空公司的续约工作全部顺利完成，南航的续约也已达成共识；与上航和川航也已基本达成一致，与深航、山航均在洽谈中。

2. 现场表演。由音著协各地方工作团队负责的大型商业演出，基本上能够及时解决许可收费问题。江苏等地方工作团队在保证所属区域许可工作的同时，还积极利用各种资源，探索新的工作方法与工作模式，积极拓展市场空间。音著协全年共发放演出许可 234 件，收费 327 万多元，其中总部负责的小演出许可发放数量有明显增加。

3. 与上海世博局成功合作。2009 年 4 月，音著协与上海世博会事务协调局（以下简称“世博局”）就整体解决上海世博会期间组织者和参展者表演使用他人音乐作品的合法性问题，签署了《中国 2010 年上海世博会音乐著作权合作备忘录》，由音著协对于上海世博会期间组织者和参展者使用第三方音乐作品进行一揽子许可，从总体上解决了相关的知识产权问题。除此以外，双方的合作内容还包括音著协为世博局提供音乐著作权方面的法律咨询服务、音乐作品版权信息查询服务等内容。

（二）复制权许可使用工作

2009 年，对音著协复制权许可工作来说是挑战与机遇并存。受产业日益萎缩的影响，复制权许可业务收入已连续三年处于下滑状态，再加上国际金融危机的冲击，奇声电子、夏新电子、金正电子等一批大中型家用 DVD 点歌机项目退出市场，同时万利达、步步高、新科等大的合作项目尚未确定，2009 年整年度业务的统筹安排及业绩目标的实现遇到了很多困难。然而，2009 年恰逢国庆 60 周年，大量红色经典歌曲被广泛使用，音著协紧紧抓住机会，在音像、影视、图书、广告等方面进行了规划，尽力扭转萎缩的传统音乐使用市场。2009 年全年复制权许可使用费总收入约 908.46 万元，其中录音 671.10 万元、录像 40.85 万元、图书 63.63 万元、影视广告 130.33 万元、其他 2.55 万元。

（三）广播权许可使用工作

2009 年，音著协广播权许可使用工作主要集中在两个方面。一方面，在《广播电台电视台播放录音制品支付报酬暂行方法》出台前，进行了大量准备工作，主要集中在对广播组织整体情况的资料搜集与比较分析等方面。另一方面，在《暂行办法》于 11 月 10 日颁布后，向全国百余家广播组织寄送了《关于协商解决贵单位广播使用音乐作品所涉著作权问题的函》。

三、音乐作品许可使用费分配

2009 年音著协进行了 7 次分配，共计参与分配金额 4 475 万元。音著协在按照分配计划进行分配工作的同时，不断完善分配系统。

一是在 DIVA 中建立协会付款系统，并通过最初阶段的运行和后期磨合，为国外协会的财务分配增添了一个强大的助手，给海外分配的报表也更加臻于完善。另外，在对外银行申请报表的针式打印实施过程中，也灵活有效地剔除了不完善的汇款结算等细小环节。

二是在 DIVA 中建立会员付款管理系统。这是对分配结果由手工查询到程序自动返回结果的质的飞跃。虽然初期阶段会遇到一系列问题，如非会员银行信息的添加、继承人问题等，这些问题有些是历史遗留问题，有些是音著协的特有问题，通过具体问题具体分析，音著协的分配程序将更加优化、更加完善。

三是表演权对全世界的自主分配。利用卡拉 OK 开始收费并提供使用清单的契机，音著协在表演权方面的收费开始有明细地对世界各协会进行分配。随着广播权收费的进行，音著协将增加对广播电台、电视台节目的资料管理，提高表演权分配的覆盖面。

四、音乐作品诉讼维权工作

2009 年，音著协共承办民事诉讼案件 35 起，指导外地律师事务所代理的诉讼 13 起，通过诉讼等方式共索赔和追回著作权使用费（已到账）达人民币 126.77 万元，待执行款 26.95 万元，诉讼花费总支出为 26.77 万元，继续保持了较高的诉讼效率。比较成功的典型案件主要有：会员宋继勇向音著协投诉其作品《芒花》的首次录制权被侵犯，音著协为其进行维权诉讼，历经两级法院 4 次审理，侵权使用者被判赔13 000余元；北京市多个法院针对侵权使用会员作品的数码电子琴厂家展开诉讼，促使侵权厂家主动联系协会磋商缴费，其中数家厂商的缴费额达到每年近10万元。

2009年，接到会员投诉32件，比上年有明显的减少，处理投诉7件，赔付总金额达19 700元。现场表演方面，申请诉讼12起（其中发法律部函2起），协商解决1起，未结11起。2008年提起的3起诉讼在2009年均以和解的方式结案。另已取证未提出诉讼申请的6起，需考虑具体情况再确定是否提起诉讼申请。背景音乐方面，新提起诉讼9起，连同2008年未结案的“深圳茂业百货诉讼”，2009年共结案6起，其中调解5起，判决1起。由于诉讼准备工作做得充分，所以结案结果均有利于音著协。但是背景音乐的诉讼还存在着取证难、周期长、耗精力、相对收益低的问题，不利于地方办事处工作团队和合作律师事务所发挥积极性，对此音著协拟通过调整诉讼合作方式逐步予以解决。

五、音乐作品资料管理

2009年2月，音著协通过国际标准音乐作品编码（ISWC）国际总代理机构的严格审查，与之签订了分代理协议。自此，音著协成为国际标准音乐作品编码（ISWC）在中国大陆的唯一代理机构，全权负责ISWC编码在中国大陆地区的登记、发放和管理等工作。这为在中国大陆地区通过有效标识对浩如烟海的音乐作品进行规模、规范的管理和使用，开辟了更为准确、高效的途径。

为配合音乐作品许可使用并及时准确地将许可使用费分配到会员手中，音著协广泛收集、认真整理并及时更新了有关会员的作品资料，并为作品使用许可、使用费分配和诉讼维权等项工作提供准确翔实、高效便捷的查询服务。利用与海外协会签订复制权协议的契机，主动扩大资料库信息量，加强外国歌曲库的建设，丰富作品的覆盖量。同时，继续补充完善奥运歌曲的资料，重新确认奥运歌曲的版权，扩大作品资料的国际交流，确保许可授权及海外版税收益。

（左　佳）

中国音像著作权集体管理协会

2009年是中国音像著作权集体管理协会（以下简称音集协）开局之年。在这一年里，在国家版权局的指导下，音集协以“服务会员、服务社会”为宗旨，紧紧依靠音像权利人的支持，在发展会员、许可收费、使用费分配、诉讼维权等方面开展了大量卓有成效的工作。

一、会员发展工作

截至2009年12月31日，音集协共发展会员60家，涉及权利人单位112家，取得授权歌曲83 686首。授权歌曲数目较成立之初的18 291首有了大幅增加。

二、许可收费工作

国家版权局一再强调，协会成立之后，要负责任地开展工作，使之成为卡拉OK版权使用费的收费主体。针对卡拉OK经营场所许可收费工作，截至2009年12月31日，音集协已在全国的30个省、自治区、直辖市建立了负责收取卡拉OK版权使用费的机构，其中26个机构正式启动了收费工作。

2009年，音集协共向约2 000家卡拉OK经营场所发放了“音像著作权使用许可证”，收取卡拉OK版权使用费总计1.233 4亿元，收费工作取得初步成效。

此外，音集协还积极探讨在数字环境下，如何通过集体管理的方式更好地维护音像权利人的权益，探索发展音乐产业的模式。

三、使用费分配工作

为了做到使用费分配的科学、准确、公正，音集协在总结以前分配经验的基础上，专门开发了一套分配专用软件。该套软件能够将歌厅提供的点播记录表单内注明的歌曲记录权利人信息、歌曲名称及演唱者字段信息与音集协得到授权歌曲记录相应字段进行多方位比对，以求提取出尽可能科学、准确、公正的分配数据。此外，针对权属模糊的歌曲，音集协则采用多方调研、通知认领等多种方式，理清权属问题，并在此基础上于2009年底制订了《卡拉OK著作权使用费分配方案》。

四、诉讼维权工作

为了促进音集协已经开展的卡拉OK和电脑伴唱机版权许可使用工作，音集协投入了大量的人力物力进行行政投诉、民事诉讼等维权工作，为版权收费工作起到了积极的推动作用。

2009年音集协分别在浙江、云南、广东、福建、四川等12个省市就KTV侵权事件提起了213例行政投诉。

音集协还在全国各地对800多家侵权KTV商家提起了民事诉讼。其中，以北京地区诉讼成果尤为显著。

音集协于2009年4月正式启动针对卡拉OK电脑伴唱机的维权行动，在广州、深圳、昆明、北京等地采取了行政和民事诉讼手段进行维权。如在广东省对 21 个销售含有盗版歌曲的电脑伴唱机的商行提起了行政投诉。

截至 2009 年 12 月 31 日，音集协已向 10 家涉诉会员分配了侵权诉讼获赔款。

五、推动立法工作

音集协作为专门保护音像权利人合法权益的集体管理组织，通过与中国音像协会和国际唱片业协会（IFPI）中国代表处共同合作，为推动赋予唱片公司广播权和表演权的立法做了大量的调研工作，并通过各种形式提出立法建议。

六、信息公示工作

2009 年初，音集协对网站进行了全面改版，扩大了音集协网站的服务功能，充分发挥了网站的窗口作用。

网站设有会员专区，会员可以通过音集协分配的用户名和密码登录，查看和修改基本信息，上传新曲目，了解最新分配信息及协会工作，对协会工作提出意见和建议。

根据《著作权集体管理条例》的相关规定，音集协决定将取得的 MV 作品授权信息通过网络向社会公示。2009 年 4 月 24 日，协会正式开通授权音乐电视作品信息网上查询系统。截至 2009 年 12 月 31 日，音集协共整理上传曲目 83 686 首，制作画面截图 15 716 个。

七、制作正版曲库工作

随着卡拉 OK 收费工作逐步打开局面，为卡拉 OK 经营者提供正版曲库的紧迫性日益凸显。音集协组建了十几人的工作团队专职着手正版曲库的建设工作，前期投入了大量的人力物力搜集歌曲文件，并对其逐一进行格式转换、增加卡拉 OK 字幕等工作，截至 2009 年 12 月 31 日已基本完成当前娱乐场所、网络等领域正在使用的 4 万首常用曲目的编辑和制作工作。

八、对外交流工作

著作权集体管理在国外经历了较长时间的发展历史，积累了大量宝贵经验。音集协非常重视与海外著作权组织的交流与合作，已先后与香港音像版权公司（PPSEAL）、澳大利亚音乐著作权协会（APRA）、日本唱片协会（RIAJ）、韩国音乐著作权协会（KOMCA）、韩国音原制作者协会（KAPP）、韩国音乐实演者联合会（FKMP）等建立了联络渠道，为今后进一步合作打下了良好的基础。

九、存在的主要问题

根据我国现行著作权法的规定，唱片公司没有广播权和表演权，因而无法分享广播电台、电视台和播放音乐的经营场所因大量使用唱片而带来的经济利益。这不仅给唱片公司造成巨大的经济损失，也严重挫伤了唱片公司创作新作品的积极性，影响了音乐产业的发展。音集协也因此无法开展广播权和表演权的集体管理，无法在更大的范围内维护音像权利人的合法权益。

根据《著作权法》和《著作权集体管理条例》的规定，著作权集体管理组织必须得到权利人的授权才能开展业务。在卡拉 OK 授权业务中，尽管音集协的会员授权的作品已占到市场使用率 90%以上的歌曲，但在发放一揽子许可时，被许可人还有可能面临被非音集协会员起诉侵权的风险。对此，音集协向卡拉 OK 歌厅承诺负责解决所有的版权问题，但这不是解决问题的最好选择。政府应该建立一种制度，集体管理组织在发放放映权和表演权等小权利的授权时，可以代表非会员发放一揽子许可，但在分配使用费时，要以与会员同等的待遇处理非会员的权利。建立这样的一种机制，更有利于权利人的权利保护和方便使用者的使用，充分发挥集体管理组织的作用。

（马继超）

中国文字著作权协会

2009 年，中国文字著作权协会（以下简称文著协）的工作主要集中在队伍建设、建章立制、探索业务等方面。一年来，在国家版权局的领导和关怀下，很快完成社团登记和组建工作，各项工作逐渐步入正轨。

一、社团登记与会员发展

2009 年 2 月 18 日，民政部正式下达《关于核准中国文字著作权协会进行社团登记的批复》（民函［2009］57 号）文件，并颁发“社会团体法人登记证书”。按照《中华人民共和国著作权法》、国务院《著作权集体管理条例》、《社会团体登记管理条例》等规定，文著协先后取得了国家版权局《关于同意成立“中国文字著作权协会”的批复》（2007 年 6 月 6 日，国权［2007］18 号）、民政部《关于中国文字著作权协会筹备成立的批复》（2008 年 7 月 17 日，民函［2008］217 号）和民政部《关于核准中国文字著作权协会进行社团登记的批复》等批复文件，取得了国家版权局“著作权集体管理许可证”（2007 年 6 月 6 日）、民政部“社会团体法人登记证书”（2009 年 2 月 18 日）。

经民政部核准，中国文字著作权协会的业务范围包括：集体管理、授权许可、稿酬收转、登记确认、版权贸易、培训研讨、法律服务、国际合作。

正式成立后的第一年，文著协共发展会员2000多名，其中不乏著名作家、院士、学部委员、文化名人、著名记者。

二、报刊转载和教科书"法定许可"稿酬收转

2009年7月30日，国家版权局下发了《关于明确中国文字著作权协会"法定许可"使用费收转职能的复函》(国版办字［2009］25号)，明确中国文字著作权协会是向著作权人转付报刊转载、教材"法定许可"使用费的法定机构。

截至2009年底，文著协已与《英语文摘》、《英语沙龙》(系列)、《知音》系列期刊、《作家文摘报》、《青年文学》、《老友》、《教师博览》、《海外文摘·寰球华商》、《中外生活广场》和《江西画报》等文摘类报刊签订稿酬收转协议。

12月11日，文著协与人民教育出版社签署教科书法定许可稿酬收转协议，人民教育出版社每年需要交给文著协的教科书稿费有100余万元。此外，文著协还与高等教育出版社、山东教育出版社签订了教科书"法定许可"稿酬转付协议。

三、汇编作品一年授权百种

文著协利用掌握的6万多作者信息，为教育部基础教育课程教材发展中心、人民教育出版社、高等教育出版社、中国人事出版社、光明日版出版社、新世界出版社、中国戏剧出版社、北京出版社、广东教育出版社、四川少儿出版社、湖南科技出版社、山东教育出版社、华东师大出版社以及一些文化公司解决了近百本汇编作品收入单篇文章的作者授权问题，涉及作者逾千人，较好地维护了作者的权益，并化解了出版社编写出版汇编作品的授权风险，赢得会员和出版社的信任与赞誉。

四、开拓数字版权服务业务

4月20日，文著协与汉王科技股份有限公司(以下简称汉王科技)正式签约，结成内容数字化版权采购战略合作伙伴关系。根据双方协议，文著协作为国内唯一的文字著作权集体管理组织，将向汉王手持阅读器内容提供合法有效的版权服务，以及根据市场需求，提供有针对性的策划方案；汉王手持阅读器也将成为文著协所管理的数字化版权内容发行的核心通路与终端。届时用户可以借助手持阅读器阅读大量受到版权保护的文字作品。文著协同时还在与其他电子书厂商接触，建立合作关系。

五、代表中国广大著作权人向谷歌维权

6月，文著协收到国际影印复制权组织协会(IFRRO)秘书长奥拉夫先生关于协助转发关于在谷歌数字图书馆侵权事件中维护中国文字著作权人权益通知的函，文著协即向12家发起单位及会员转发了谷歌和解协议的有关通告。之后，文著协陆续收到很多权利人的反馈意见，反映由于和解协议过于复杂、提交权利声明操作繁琐，愿意委托文著协帮助其主张权利。于是，文著协对谷歌擅自扫描中国著作权人的图书进行了抽样调查。截至2008年，谷歌数字图书馆即已收纳了700万部图书，其中有大量中国著作权人的作品。9月1日，文著协召开媒体通气会，公布初步抽样调查结果，有570位中国权利人的17 922部图书在谷歌的数字图书馆计划之内，其中有75名为文著协会员，涉及图书1 961部。这一信息通过30多家媒体报道出去之后，立即引起国内外媒体和广大权利人的广泛关注。

9月24日，文著协邀请版权法律专家就如何应对谷歌侵权扫描中国著作权人图书的问题，进行专门研讨。专家一致认为，谷歌数字图书馆的行为属于侵权，文著协应该发挥著作权集体管理组织的优势，代表中国作者有组织地向谷歌维权，切实维护广大著作权人的合法权益。

随后，谷歌主动与文著协建立了联系。文著协与谷歌分别于11月2日、11月20日和12月22日举行了三次正式谈判。迫于权利人的呼吁和媒体的压力，谷歌缩小了和解协议的适用范围，称该和解协议不适用于中国。除了正式谈判外，文著协还与谷歌代表进行多次沟通和磋商。在第三次谈判之后，应文著协要求，谷歌提交了致中国作家的道歉声明和扫描收入中国作家图书清单。

六、举办系列宣传交流与立法调研活动

(一)主办"2009年两岸(四地)出版交流展望"座谈会

1月8日，文著协与中国出版工作者协会、《书香两岸》杂志社、台湾图书发行协进会、台湾数位出版联盟在北京共同主办了"2009年两岸(四地)出版交流展望"座谈会。会上，新闻出版总署港澳台办主任谢爱伟作了《整合两岸(四地)出版智力资源，推动中华文化走出去》的主题发言。来自两岸(四地)的相关协会负责人、出版社领导和民营机构代表70余人参会。

座谈会以"两岸(四地)出版合作模式"、"整合两岸(四地)出版智力资源，推动中华文化走出去"等为主题，组织两岸(四地)出版界重要人士探讨2009年两岸（四地）出版交流、文字著作权保护和中华文化“走出去”的努力方向和具体做法。

（二）主办网络文学版权研讨会

12月17日，在北京市版权局的指导下，文著协与盛大文学在北京共同主办了网络文学版权研讨会。中国作协副主席张抗抗，著名评论家张颐武，全国工商联书业商会常务副会长侯耀东，新闻出版总署科技与数字出版司副司长寇晓伟、反非法和违禁出版物司副司长黄晓新、版权管理司版权处处长段玉萍，北京市版权局副局长王野霏，中国作协权益保障办公室处长吕洁，中国音乐著作权协会法律部副主任樊煜，清华大学法学院副教授吴伟光，上海大学知识产权学院副教授许春明，知名IT评论家刘兴亮、康国平，作家孙睿、宁肯以及媒体记者等近百人出席研讨会。

研讨会针对在互联网服务和数字出版领域存在由来已久的一些焦点问题进行了专题讨论，对包括避风港原则、红旗原则与侵权内容删除时间在内的话题等进行了探讨。会议呼吁，反对滥用避风港原则，高扛红旗原则维护自身权益。会议对删除侵权内容的响应时间以及如何合理对网络数字作品的侵权进行赔偿等提出了看法。

研讨会还发起了“反盗版宣言”活动，得到莫言、韩寒、石康、麦家、虹影、陆天明、王宛平、石钟山等近百名著名作家和网络作家的签名支持。中国作协、中国文著协、中国音著协也为盛大文学“反盗版”发来了《声援信》。另外，盛大文学合作律师事务所律师代表在研讨会上发布维权声明，宣布将对百度提起诉讼。

（三）承办《教科书法定许可付酬办法》调研座谈会

国家版权局曾于2002年向社会公布了《教材“法定许可”付酬办法》征求意见稿，但由于种种原因，该办法没有正式出台。2009年国家版权局开展了一系列调研工作，广泛征求作者和出版单位的意见，以推动《教科书法定许可付酬办法》的正式出台。作为报刊、教材“法定许可”使用费收转法定机构，文著协与浙江省版权协会承办了9月15～17日的中东部地区调研座谈会，与北京市版权局承办了9月22日的北京地区调研座谈会。两次座谈会上，与会人员均达成了教科书使用作品必须付费的共识，对付费的标准和方式问题进行了探讨，对《教科书法定许可付酬办法》（讨论稿）提出了意见和建议。

（四）协办第二届中国国际版权博览会

10月24～27日，由国家版权局、北京市政府、中国贸促会北京分会主办的第二届中国国际版权博览会在北京举行。文著协参与协办，并在博览会上设立了展台，向公众发放本会的宣传品和会员入会材料，接待公众咨询。同时，文著协与有关单位共同承办了该博览会的主要活动——第二届中国网络文学节及颁奖活动。

（五）在第16届北京国际图书博览会期间举办版权宣传活动

9月3～7日，第16届北京国际图书博览会（BIBF）在中国国际展览中心举行。文著协会首次作为新闻出版总署直属单位参加，举办了版权百题有奖竞猜、版权沙龙讲座。

针对广大作者比较关心的、与切身利益比较紧密的版权问题，文著权提前设计了100道问答题，在每天的“版权沙龙”讲座中穿插举行“版权百题有奖竞猜”活动。用通俗的语言，以问答、选择、判断等多种方式，宣传著作权法、图书出版等基本知识，寓教于乐，努力营造加强版权保护的氛围。

针对当下出版界主编与主编作品的版权纠纷，名家作品“一女二嫁”，作家出版合同纠纷，编剧与原作者版权纠纷，出版界、翻译界抄袭事件频出等热点问题，文著协组织了一系列版权宣传活动。邀请了著名编剧汪海林、著名儿童文学作家杨红樱、著名作家彭学明、法国文学翻译家吴岳添等参加版权热点问题研讨、作家版权沙龙、图书出版合同讲座、版权贸易实务讲座等活动，并与现场观众互动，解答观众提出的问题，同时向公众免费发放著作权宣传资料。

（六）举办谷歌版权问题系列专题座谈会

自谷歌“版权门”事件发生后，文著协分别联合天津市作家协会、江西省作家协会、湖北省作家协会召开了作家维权与谷歌“版权门”问题专题座谈会。地方作协表示，在数字网络环境下，地方作家在推广作品和维护自身合法权益尤其是向谷歌维权方面，亟须文著协这样的专业机构发挥作用，维护作家的合法权益。

文著协常务副总干事张洪波还应邀参加了国家版权局与世界知识产权组织共同主办的数字环境下版权和相关权集体管理国际区域研讨会（北京）、国家版权局与中国欧盟知识产权保护项目二期（IPR-2）主办的著作权保护发展趋势国际研讨会（武汉）、中国科技协会会员日活动、中国版权协会举办的数字版权管理与版权贸易培训班（北海）、上海文联主办的文艺工作者权益问题高峰论坛、北京大学与厦门大学合办的海峡两岸网络版权保护研讨会（厦门）、河北省版权协会与河北省作协举办的2009河北省端阳诗会及文字著作权保护座谈会等活动，就谷歌“版权门”问题和数字网络环境下版权保护问题进行演讲。

七、加强国际交流与合作

为了加强国际交流与合作、学习其他国家和地区著作权集体管理的先进经验和成熟做法，展示中国著作权集体管理组织的国际形象，在国家版权局的大力支持下，文著协与国际复制权组织协会（IFFRO）、美国版权结算中心（CCC）、墨西哥版权保护与促进中心（CemPro）、俄罗斯著作权协会、俄罗斯复制权协会、澳大利亚版权代理机构（CAL）、挪威影印复制权协会（KOPINOR）、乌克兰版权及邻接权代理机构，以及台湾地区中华语文著作权中介协会等有关集体管理组织建立了联系，探讨加入国际复制权组织协会、与有关集体管理组织签订相互代表协议或合作协议等问题。6月，文著协与台湾地区中华语文著作权中介协会签署了合作备忘录。

2月22日～3月3日，文著协领导参加国家版权局组织的美国、墨西哥集体管理考察团，详细考察了两国集体管理的情况。

6月24～29日，文著协领导陪同新闻出版总署领导访问俄罗斯，考察俄罗斯图书出版市场和著作权集体管理。

9月27日～10月3日，文著协代表新闻出版总署，带队组团参加土库曼斯坦国际书展。

11月29日～12月6日，文著协领导赴台参加由中国版权协会和海峡两岸商务协调会共同主办的2009海峡两岸版权保护研讨会，并作演讲。

2009年，文著协接待了国际影印复制权组织协会（IFRRO）非洲和中东发展委员会主席、挪威影印复制权协会（KOPINOR）发展基金部经理约翰·威利·鲁道夫、中国欧盟知识产权保护项目二期（IPR-2）代表团、澳大利亚版权代理机构（CAL）代表团（董事长Brian Johns、首席执行官Jim Alexander、总经理Caroline Morgan）的来访。

（张洪波）

中国摄影著作权协会

中国摄影著作权协会（以下简称摄著协）于2008年11月21日召开成立大会，2009年3月19日，收到民政部同意进行社团登记的批复文件，5月5日，拿到了社团法人登记证书。摄著协成立后，在国家版权局、中国文学艺术界联合会和中国摄影家协会的大力支持下，各项工作开展顺利。

一、会员发展与服务

摄著协自成立以来，立足实际，充分发挥著作权集体管理组织的桥梁和纽带作用，一手抓摄影作品著作权保护，一手抓会员的发展与服务工作。

摄著协大力加强会员发展工作，积极吸纳摄影人及已故著名摄影家的继承人，邀请其加入协会，以此拓展保护老一辈摄影家著作权的范围。

在积极发展会员的同时，摄著协不断深化会员服务工作，帮助会员推广作品许可，并开展维权工作。4月，摄著协成功为北京中海福文化发展有限公司联系新华社、中国新闻社、中共中央文献研究室等单位的摄影作者并联系退休在家的老摄影家，帮助其征集相关摄影作品并发放授权；还为北京国道黄金有限公司发放摄影作品授权许可。同时，摄著协与律师事务所合作，协助办理会员投诉的侵权案件。

二、开展版权宣传工作

“4·26”知识产权宣传周期间，摄著协开展了版权宣传工作。4月19日，摄著协主席李仁臣、总干事解海龙参加了由国家版权局和中央电视台联合举办的《版权在我身边》特别节目。协会部分工作人员还参加了由国家版权局和央视3套联合录制的《绿书签行动》专题节目。这些活动为动员全社会保护知识产权、学习法律知识、提高法律意识做了积极努力。

11月24～27日，摄著协在第二届中国国际版权博览会上设展，新闻出版总署署长、国家版权局局长柳斌杰于博览会开幕当天专程到摄著协的展位，饶有兴致地观看了展位中陈列的图片和文字。当看到墙面上所展示的2009年法兰克福国际书展中国主宾国各项活动的图片报道后，他对摄著协及时快速的工作表示赞赏。

三、参与国际交流活动

作为一个新成立的著作权集体管理组织，摄著协积极参与各项国际交流活动，以借鉴世界各国优秀的摄影作品集体管理经验。2月21日～3月5日，由国家版权局组织的中国版权代表团对美国和墨西哥进行了访问，摄著协以代表团成员的身份随同访问。8月8～28日，摄著协参加了世界知识产权组织和瑞典政府联合举办的全球经济下的版权及相关权利研讨会高端培训项目，学习可资借鉴的经验和操作模式。

（吕　文）

中国电影著作权协会

2009年，在国家广播电影电视总局、国家版权局和民政部的正确领导下，在会员单位的大力支持下，经过协会工作人员的艰苦努力，中国电影版权保护协会终于由行业维权组织转变为著作权集体管理组织，并更名为中国电影著作权协会（以下简称影著协）。影著协成立后，在维权、调研、宣传和国际交流等方面做了大量工作，完成了 2009 年的工作计划。

一、筹建电影著作权集体管理组织

2009 年影著协的重点工作就是努力完成协会从行业维权组织转变为著作权集体管理组织各项报备审批工作。主要包括两个方面：一方面，积极主动地向国家广播电影电视总局、国家版权局、民政部等上级主管部门汇报、请示和沟通，加快筹备工作的进度。为此，协会多次到电影局、版权司、民间组织管理局汇报，汇总各方面意见，有针对性地做好相应工作。7 月 20 日终于获得新闻出版总署批准，并于 10 月 23 日在民政部完成变更登记。另一方面，进一步修改和完善《中国电影著作权协会章程》、《电影作品著作权集体管理使用费收取标准》、《电影作品著作权集体管理使用费转付办法》等有关文件，使之更准确稳妥、更具操作性。

与此同时，影著协为开展电影著作权许可收费积极做好准备工作。一是就可能遇到的问题向国家版权局、国家广电总局、文化部等有关政府部门请示，同时还向最高人民法院知识产权庭等司法部门请教，希望获得各方面的指导和支持。二是邀请各兄弟集体管理组织到协会座谈或上门请教，学习他们的工作经验，并共同研究、解决著作权集体管理工作中仍然存在的实际问题。三是与使用者沟通，登门拜访并邀请网尚、网乐、五洲回响、宽域等向网吧提供电影作品的网络公司到会座谈，共同探讨向网吧收取电影版权使用费的相关事宜，并达成了合作意向。四是与山西、内蒙古、辽宁、江苏、四川、上海、广东、北京以及河北等地的版权、电影、文化、交通等主管部门、相关行业协会、使用者团体等进行联系，洽谈电影作品版权使用费收取工作，并与山西等地达成使用费收取合作意向。五是为及早公告章程、收费标准和转付办法等有关文件，为开展收费业务做好准备，协会经向国家版权局版权管理司领导汇报后，向会员单位发函，再次征求他们对《中国电影著作权协会章程》、《电影作品著作权集体管理使用费收取标准》、《电影作品著作权集体管理使用费转付办法》等文件的意见，并请其法人代表以书面形式进行反馈。截至 2009 年底，已收到 56 家会员的同意函，超过会员总数的 2/3。

二、为广大电影著作权人维权

为切实有效地维护广大电影著作权人的权益，影著协与最高人民法院知识产权庭沟通，征询制定电影著作权侵权赔偿最低标准的意见和建议。影著协专门致函最高人民法院并附调研报告，采取“请进家、走上门”的方法与最高人民法院知识产权庭进行多次沟通。7 月，影著协邀请最高人民法院及北京市高级人民法院、中级人民法院的法官与权利人、使用者代表到协会座谈，就出台电影作品侵权赔偿相关指导意见或司法解释的迫切性和必要性，以及判赔标准、具体数额等问题进行商议。12 月，协会领导又到最高人民法院知识产权庭与相关领导和法官进行沟通。最高人民法院希望协会能尽快公告电影著作权集体管理收费标准，这样最高人民法院或将通过内部文件的形式，请各地方法院参照收费标准进行判赔。

2009 年影著协发出维权信函 18 件，这些案件大多以和解的方式了结。尽管获赔不多，但是遏制侵权的效果明显。在协会主要监播的电视台中，盗版率下降 50%左右。

三、广泛开展相关调研活动

为提升自身的维权能力与著作权集体管理能力，影著协广泛开展了系列调研工作。

9～11 月，遵从中央领导对“影视版权 2.0 时代”的有关批示，协会受国家广电总局指派参与由赵实、田进副局长主持，法规司牵头，网络传媒管理司、监管中心参加的新媒体版权课题组的调研工作。课题组先后走访了央视网、中国广播网（中广在线）、优酷、中国国际广播电台、国家广播电影电视总局广播科学研究院、中国电影科研所、电影频道、中央人民广播电台、中央电视台、中影集团、上海文广新闻传媒集团、上海众源网络有限公司（PPS）、上海聚力传媒技术有限公司（PPL）、北京高级人民法院等 14 家单位，并撰写调研报告，上报中央领导。

根据李长春同志关于“影视剧在什么媒体播出，广播电影电视总局作为行业主管部门的职责就要延伸到哪里，当前要切实加强对新媒体影视节目的管理”的批示，影著协开展了关于新媒体播放电影作品的调研，积极搜索相关数据资料，走访了中国互联网络信息中心、新传媒产业联盟等相关机构，形成了调研材料，汇总了相关信息，对新媒体播放电影的情况有了一个较详细的了解，对于协会日后开展网络播放电影的监控和打击盗版进行维权的工作有一定参考价值。

四、加强电影著作权保护宣传

电影著作权集体管理制度的形成，一定程度上有赖于社会公众版权保护意识的增强。因此，影著协在电影著作权保护与电影著作权集体管理方面加大了宣传力度。8～12月，与《中国电影报》合作开辟了《电影版权保护系列》专栏，分18期，发表10篇文章，累计达36 000余字，内容涉及著作权法、著作权集体管理条例、电影著作权集体管理组织、电影作品著作权使用费收取标准、电影作品的维权、网络时代的机遇与挑战、著作权法的修改、版权中介等多个方面。继发布以成龙、姚明为代言人的反盗版海报之后，协会继续与美国电影协会合作，又印发了以电影界群星共同呼吁维权为主旨的第三张公益宣传海报，发送到全国所有电影院线张贴。协会与大学生电影节组委会和美国电影协会共同举办了第16届大学生电影节第10届大学生短片大赛的子项目“公益短片竞赛单元”，借此宣传电影版权保护工作，此项活动已经连续开展3个年头。此外，协会还参加了第二届北京国际版权博览会，并在国际版权论坛上作主题演讲，宣传电影著作权保护和集体管理相关内容。

五、积极开展国际交流与合作

为更好地做好电影著作权集体管理工作，影著协还积极开展了国际交流与合作。10月，与美国电影协会在2006年谅解备忘录的基础上重新签署了谅解备忘录，以推动双方在电影版权保护方面的合作；协会受中国电影导演协会和中国电影文学学会及其会员的委托，代表中国的导演和编剧与西班牙著作权人和音乐人协会签署协议，委托西班牙协会代理中国导演和编剧在欧洲的版权事宜；11月，朝鲜著作权工作者代表应国家版权局的邀请访问中国时到协会交流，双方交换了各自的情况并愿意以此次访问为契机，建立日常性的联系，加强中朝两国在电影著作权方面的沟通与交流。

（史文霞）

中国互联网协会网络版权联盟

2009年，中国互联网协会网络版权联盟（以下简称网络版权联盟）以开展版权保护、督促行业自律、推动正版合作为重点，较好地为会员单位提供了一系列专项服务。同时中国互联网协会调解中心的成立，有效化解了权利人与互联网企业之间的矛盾，为互联网企业健康稳定的发展起到了一定积极作用。

一、积极发展会员

网络版权联盟在中国互联网协会授权的范围内，通过组织丰富的行业交流活动，积极发展成员单位，壮大网络版权联盟力量，夯实工作基础。2009年，新申请加入网络版权联盟的单位共有12家，包括上海期货交易所、深圳证券交易所、中国证券登记结算有限责任公司等金融机构，以及浙江天搜科技股份有限公司、北京暴风网际科技有限公司、北京世纪摇篮网络技术有限公司、四川新闻网等互联网运营单位。截至2009年底，网络版权联盟的会员单位已达86家。网络版权联盟以加强行业自律、树立行业形象、增强行业凝聚力为工作目标，坚持为会员及行业发展服务，较好地发挥了行业组织的纽带作用。

二、服务行业发展

（一）加强互联网金融信息服务

随着网络信息技术的发展，金融服务信息的传播也越来越广泛，互联网更是演变为信息传播和舆情汇集的重要媒体。一方面，互联网促使信息公开化，金融市场透明化，为网民提供了更多可供选择的金融服务信息；另一方面，海量的金融服务信息有时候也让网民无所适从，很难甄选正确、有用的信息。如何加强互联网整合金融服务信息的能力，为广大网民提供真实、准确的金融服务信息，是亟待解决的一个问题。为了促进互联网与金融行业走向深度融合，规范金融服务信息的有效传播和权威发布，2009年，网络版权联盟走访了上海证券交易所并与其达成共识，推动其与国内互联网站建立战略合作关系。12月22日，上海证券交易所与新浪、搜狐、网易、腾讯、和讯、东方财富网等6家互联网企业签署了战略合作备忘录，两大行业在专业财经资讯和个性化金融信息服务等领域走向了融合。

（二）倡导成立“网络影视发展CEO联席会”

为推动互联网播出影视节目的规范发展、加强影视节目的网络版权保护、建立有序的影视节目版权交易市场、促进影视制作和网络播出两个行业的合作与发展，网络版权联盟联合中国广播电视协会电视制片委员会联合倡导成立“网络影视发展CEO联席会”，从而建立制片单位与互联网企业之间的战略合作关系，解决版权合作难的问题。

11月3日，第一届网络影视发展CEO联席会在北京召开，来自中影集团、长春电影制片厂、八一电影制片厂、北京电视剧制作中心、新浪、优酷、PPlive等20余家企业的高层领导共聚一堂，共同探讨版权合作和行业发展的问题，加深业内及行业间的理解和认识，为可持续发展提供更多的商业机会。

（三）组织行业交流活动

4月17日，网络版权联盟联合中国版权协会，召集人民网、新浪、搜狐、腾讯、网易、央视网、盛大网络、第一视频等8家网站共同发起的“抵制低俗、坚持正版——绿色网络行动”启动仪式在北京举行。国家版权局版权管理司司长王自强、中国互联网协会副理事长高卢麟等领导及各发起网站负责人参加了启动仪式。

6月12日，网络版权联盟受最高人民法院知识产权庭委托，组织互联网技术专家在最高人民法院对法官进行技术培训。最高人民法院副院长奚晓明，知识产权庭副庭长孔祥俊以及知识产权庭的法官、书记员共19人参加了此次培训。

7月3日，网络版权联盟组织包括最高人民法院、北京市高级人民法院、北京市第二中级人民法院在内的司法机关的代表深入阿里巴巴集团进行司法调研，阿里巴巴向司法机关代表介绍电子商务在中国的发展状况，双方针对电子商务发展中遇到的法律问题进行了探讨。

9月17日，网络版权联盟针对“互联网传播未经行政审批境外节目法律问题”，组织国家版权局、文化部、国家广电总局、北京市各级人民法院、上海市高级人民法院、上海市浦东区人民法院、上海市卢湾区人民法院及互联网企业在北京召开研讨会，就未经行政审批境外作品在网络传播过程中的权利认证、侵权赔偿等法律问题进行了探讨。

11月3日，网络版权联盟在北京举办了2009网络版权高峰论坛。此次论坛作为2009中国互联网大会的组成部分，旨在深度探讨互联网版权保护与产业发展的平衡点，研究有效的互联网知识产权纠纷解决方案，加强权利人与互联网之间的交流合作。在会议现场，北京市高级人民法院知识产权庭庭长陈锦川、北京市第二中级人民法院知识产权庭庭长邵明艳分别与中国互联网协会调解中心主任高卢麟签署了委托调解协议，此协议的签署，意味着调解中心的调解范围覆盖了全北京地区，并依托行业协会的调解职能来促进知识产权纠纷的快速解决。

三、版权保护与纠纷调解

（一）开展版权公告服务

为影视运营单位及成员单位提供发布正版作品公告服务，在保障版权所有者合法权益的同时，加快正版作品在互联网领域的传播，形成联动效应。截至发文时，已有包括华谊兄弟、央视国际、电影频道节目中心等多家公司通过网络版权联盟的平台发布了版权公告。网络版权联盟通过发布及时、透明的互联网版权信息，通报重大典型作品版权的归属情况，逐步建立互联网业界共同遵循的版权秩序。

（二）建立全国调解网络，解决版权纠纷

为了促进权利人与互联网企业之间稳定合作，解决行业间频发的知识产权纠纷，网络版权联盟通过与北京市各级人民法院联动，深入开展互联网知识产权纠纷的调解工作。同时，还与北京、天津、广西、湖南、江苏、辽宁、四川、陕西、云南、江西、河南、福建等12个省（市）互联网协会联合建立了调解机制，形成了覆盖全国的调解网络。通过及时有效地对互联网领域的知识产权纠纷进行调解，在节约国家司法资源的同时，也为互联网行业的良性发展奠定了基石。

四、调研与培训

（一）协助全国人大法工委进行立法调研

3月25日，网络版权联盟秘书长王斌参加了由全国人大常委会法制工作委员会民法室在人民大会堂举行的《中华人民共和国侵权责任法》立法调研会，从行业组织的角度发表了相关意见。为了让立法机构深入了解互联网的发展情况，进一步完善网络侵权责任的认定，网络版权联盟分别于4月29日和5月15日，组织全国人大法工委相关领导及工作人员对迅雷、百度、新浪、搜狐、PPlive、UUsee、PPS、优酷、酷6、土豆等互联网企业开展了立法调研工作。

（二）组织开展企业网络版权运营风险防范培训

为推动会员单位提升版权管理水平，规避网络版权运营风险，更好地应对互联网版权民事纠纷出现的新情况、新问题，6～8月，网络版权联盟分别与江苏、四川、天津、北京、陕西、海南六省（市）互联网协会联合召开了企业网络版权运营风险防范专题会议。参加专题会的企业达到400余家，各省通信管理局、省委宣传部、省文化厅、省工商局、省版权局等政府部门非常重视互联网的发展问题，也参加了专题会议。在专题会议上，网络版权联盟提出了与各省互联网协会、政府主管部门、互联网运营单位建立全国调解网络的设想，得到了各地的积极响应。

（张　丹）

中国软件联盟

2009年，中国软件联盟（以下简称软件联盟）以推进企业使用正版软件为中心，以服务于相关政府部门、广大软件企业和软件用户为宗旨，开展了一系列卓有成效的工作。

一、为企业软件正版化提供咨询意见

2008年6月，受推进企业使用正版软件工作部际联席会议办公室（以下简称部际联席会议）的委托，软件联盟成立了软件正版化专家咨询组，积极配合部际联席会议的工作，为其推进企业使用正版软件提供咨询意见。

2009年3月18日，软件联盟出席国家版权局召开的企业软件正版化及版权执法专题工作会议，研究部署了2009年推进企业使用正版软件工作。

8月28日，软件联盟参加部际联席会议召开的办公室成员和联络员会议，研究了向国务院报告的事项。新闻出版总署副署长、国家版权局副局长阎晓宏等政府官员出席会议。

11月，软件联盟参加部际联席会议召开的办公室成员和联络员会议，研究了软件正版化示范单位名单和软件联盟向部际联席会议报告的事项。同时，软件联盟组织专家咨询组成员赴各省（直辖市、自治区）督查软件正版化工作。

此外，根据部际联席会议的安排，软件联盟的专家参加了全国企业正版化检查工作。

二、成立企业软件正版化推广部

2006年《关于推进企业使用正版软件工作的实施方案》公布后，国家版权局、工业和信息化部等九部委分工协作、扎实有力地推进企业软件正版化工作，经过三年的努力，取得了较好的效果。但由于软件正版化工作涉及到权利人、用户和版权执法部门等各方面，利益关系复杂，正版化工作过程中还存在一些问题，如用户版权知识和软件资产管理知识不足、技术选型不科学、资金压力较大且使用效率较低、厂商对正版用户服务不到位等。

针对软件正版化工作中存在的上述问题，经过与权利人及有关专家深入沟通，2009年3月，软件联盟成立了由版权、技术和商务方面的人员组成的企业软件正版化推广部，为政府、权利人和企业用户提供知识产权、技术、软件资产管理、软件选型等方面的咨询服务。其工作内容主要包括：（1）组织系列讲座，加强软件版权保护和软件资产管理等宣传；（2）加强与用户沟通，为用户提供软件技术与选型服务；（3）建立监督机制，强化对正版化用户的服务；（4）建立沟通平台，协调权利人与用户的争议；（5）保持与部际联席会议办公室的密切沟通，及时汇报情况。

三、加强企业软件正版化宣传

（一）定期编辑《CSA通讯——软件正版化解决方案简报》

2009年，根据软件正版化工作的需要，软件联盟对《CSA通讯》进行了改版。全年共编辑了8期《CSA通讯——软件正版化解决方案简报》，围绕推进企业使用正版软件的工作需要，除介绍软件联盟的工作动态外，还大量刊发软件企业、软件用户在软件正版化工作中的成功案例，介绍软件正版化的经验。改版后的《CSA通讯》免费向各省（市、区）版权部门、国资委、工商联等政府部门和有关企业进行邮寄，起到了良好的效果，宣传了企业软件正版化工作。

（二）联合会员参展上海建筑设计与城市规划展览会

6月10～12日，2009上海建筑设计与城市规划展览会在上海举行。软件联盟组织北京数码大方科技有限公司、北京神州数码在线科技有限公司、北京思智泰克技术有限公司、苏州浩辰科技发展有限公司四家会员单位参加了展会，宣传企业的软件产品，并进行业内交流。

（三）举办中国国际软件版权高峰论坛

10月27日，软件联盟与第二届中国国际版权博览会组委会在北京国家会议中心共同举办了中国国际软件版权高峰论坛。国家版权局、中国国际贸易促进委员会、北京市人民政府、国内外版权行业协会的有关领导和专家出席了论坛，就软件版权问题进行了深入探讨。软件联盟秘书长孙彦主持论坛并发表演讲。

四、开展企业软件正版化培训

在各地版权管理部门的主办下，软件联盟与相关组织先后协办了系列企业软件正版化培训活动。

7月7日，由广州市版权局主办，广州市版权协会、中国软件联盟协办的广州市企业软件正版化培训在广州举行。软件联盟常务副理事长邹忭出席，广州市企业相关负责人共120多人参加。邹忭副理事长重点介绍了全国软件正版化工作的新特点、国家出台的新政策，以及企业软件正版化工作相关的法律法规。

7月24日，四川省政府推进企业使用正版软件工作领导小组办公室在成都召开了四川省企业软件正版化培训工作会议。软件联盟常务副理事长邹忭出席会议，并作了软件资产管理和使用正版软件有关政策法规讲解。

7月29日，深圳市企业软件正版化培训工作会议举行，软件联盟为参加培训的企业举行了软件资产管理、软件正版化相关的政策法规等方面的讲座。

12月，由杭州市版权局主办、软件联盟等单位共同协办的杭州市企业软件正版化培训活动在杭州举行。软件联盟的专家对软件资产管理和软件正版化政策法规等问题进行了详细讲解。80多家杭州企业的代表参加了本次培训。

五、针对国内大型制造企业开展调研活动

为全面了解企业软件正版化情况，总结推广经验，进一步研究解决企业软件正版化工作中存在的问题，4～6月，软件联盟对国内大型制造企业进行走访和调研，先后走访了海尔集团、远大集团、沈阳鼓风机厂，听取了各企业负责人关于软件正版化工作的汇报。

在调研过程中，软件联盟发现，推进企业使用正版软件工作开展以来，确实取得了十分可喜的进展。沈阳鼓风机厂、北京石油机械厂等大型企业已将软件正版化作为企业自身发展的需要，同时在软件正版化过程中坚持走首选国产软件的道路，为企业节约了大笔资金，并与软件企业建立了相当密切的合作关系。

过去企业软件正版化工作主要从政府和软件权利人的角度出发，而企业用户大多处于被动的状态。有鉴于此，软件联盟积极与各地方版权部门、软件企业、用户进行沟通，以客观、公正的角度与海尔等国内具有影响力和代表性的企业用户进行了交流，从为企业服务、解决问题、了解企业对软件正版化工作的真实感受出发，总结了软件用户和软件企业在正版化过程中遇到的主要问题和困惑：

1. 部分国外软件的经销人员利用软件正版化大势和政府打击盗版的力度，随意提高价格，随意修改服务承诺。

2. 有一些国外软件公司采取销售最新版本的方式，使企业分阶段购买的软件版本不同，且价格昂贵，无法统一平台，导致仍旧使用盗版。

3. 部分国产软件不够成熟，企业为了应付政府打击盗版而买了这些国产软件，但存在不用或者无法使用的情况，使企业正版化工作走了弯路，造成资金浪费。

4. 有部分软件企业服务不到位，用户买了软件得不到应有的服务，甚至个别经销商提供服务的目的是为了获取企业更多的信息，进而进一步推销其正版产品。

5. 企业用户经常接到不同软件厂商所谓法务人员的“骚扰”电话，影响企业正常生产经营。

6. 企业用户对部分国外软件使用中的安全保密性产生一定顾虑，而国内软件的知识产权拥有程度也具有不确定性（如开源软件在安全性和稳定性方面的风险等），应该让企业预先了解。

7. 企业用户与软件厂商之间存在信息不对称的现象，因此企业用户在正版化过程中难以获得公平公正的市场待遇。

8. 企业重复购买，资源浪费严重。

9. 企业普遍存在软件应用杂乱、版本繁多、品种繁多的现象，这导致最终形成的电子文档，在历史数据复用出现错误时，无法追溯是何平台、何版本建立的历史数据，软件管理混乱导致数据管理的安全性和效率大大降低。由于软件正版化涉及的基本都是企业各类数据源的产生工具，所以正版化工作是信息化的数据源和安全性的基础，正版化的成功将为信息化奠定基础，如果正版化失败，信息化必然失败。

10. 企业在购买软件过程中应该享有得到服务的权利，但在实际操作中，企业只是被简单地“正版化”，并没有享受到应有的服务。同时，企业用户在正版化过程中经常遇到软件销售商不规范的销售行为的困扰。

软件联盟认为，我国建立现代版权保护制度的时间不长，企业使用盗版软件具有普遍性，是一个多种因素导致、多年积累下来的复杂问题。解决这个问题必须坚持实事求是的思想路线，坚持“教育为主、突出重点、先易后难、逐步推进”的原则，并在推广模式和服务模式上大胆创新。

六、组建中国工程建设行业软件产业联合体

7月17日，软件联盟宣布成立中国工程建设行业软件产业联合体。国家版权局王自强司长、工业与信息化部王少朋处长、住房和城乡建设部苗喜梅副处长等政府官员，中国勘察设计协会王子牛常务副秘书长、中国勘察设计协会计算机工作委员会杨荣坚副秘书长、陈超熙副秘书长等行业协会代表出席成立大会。中国工程建设行业软件产业联合体成立后，将共同向工程建筑行业用户提供软件正版化工作解决方案。

王自强司长在成立大会上强调，中国工程建设产业在国民经济里面占据十分重要地位，要提升工程建设行业整体水平必须走信息化道路。我们必须要有自主产权的软件产品，没有可控的自主产权的软件产品，我们的行业发展将受制于人。值得欣慰的是，在工程建设行业，我们不但有了自主知识产权的软件产品，而且这些产品在市场上已经形成了一定的竞争力。中国工程建设行业软件产业联合体的成立实现了强强联合、优势互补、资源共享，这是振兴民族软件的实实在在的步骤。

（孙　彦）

版权扫描

BAN QUAN SAO MIAO

2009年全国版权纪事

[编者按] 本专栏用条文的形式，记载了2009年我国版权行政管理部门开展全国性版权保护工作的主要活动。纪事以月、日为序；同一时间有多个条文，在首条写明时间，后面的条首则用“◇”号表示同一时间发生的事情。

1　月

1日　中国音乐著作权协会与上海市旅游行业协会签订的《音乐著作权使用许可协议》实施。

5日　激动网、北京保利博纳、北京橙天娱乐、北京吉安永嘉、上影英皇、上海银润等80多家版权方宣布联合组建“反盗版联盟”。

6日　北京海淀法院对中国音乐著作权协会诉北京美廉美连锁商业有限公司背景音乐侵权案进行宣判，判决美廉美赔偿经济损失500元，支付维权的合理开支1 200元。这是全国首例超市背景音乐侵权案。

8日　推进企业使用正版软件工作九部门部际联席会议第三次全体会议在北京召开。会议通报了2008年推进企业使用正版软件工作开展情况，审议了《2009年推进企业使用正版软件工作计划》。2月12日，印发《2008年推进企业使用正版软件工作总结》、《2009年推进企业使用正版软件工作计划》，对全国推进企业使用正版软件工作进行总结部署。

10日　由国家版权局支持、北京图书订货会组委会主办、中华版权代理总公司承办的第四届全国作品版权交易会圆满结束。本次交易会上不但现场交易成果可观，而且举行了各种特色鲜明的专场沙龙活动，聚焦当下书业热点，吸引了全国不少出版机构的目光。

13日　2009年全国版权工作会议在京召开。新闻出版总署署长、国家版权局局长柳斌杰作题为《深入贯彻落实科学发展观　全面推进版权工作六大体系建设　在时代的高起点上开创版权工作新局面》的报告，新闻出版总署副署长、国家版权局副局长阎晓宏对报告进行了阐释，各省（自治区、直辖市）版权局局长对报告进行了讨论。

2　月

6日　中国版权协会在京理事会议召开。会议审议了中国版权协会2008年工作总结与2009年工作要点，审议并通过理事单位、常务理事单位及设立“中国版权协会教育委员会”的议题。

9日　国家版权局正式为北京国际版权交易中心授予“国家版权贸易基地”称号。

11日　由国际保护知识产权论坛派出的日本保护知识产权官民联合高层访华团部分成员与中国国家版权局代表在京举行会谈，双方就两国在版权方面建立互惠互利的合作机制交换了意见。双方表示，希望在尊重知识产权背景下进一步加强中日两国间的经济合作。

15～16日　全国各省（自治区、直辖市）“扫黄打非”办公室主任会议在广州召开。会议强调，“扫黄打非”工作重点在于狠抓落实，当前要把侵权盗版“反弹”势头打压下去。百余位来自中宣部、公安部、新闻出版总署、国家版权局及全国各地“扫黄打非”工作部门的主要负责人出席会议。

16日　由中国版权保护中心主办的“2008 CPCC十大中国著作权人年度评选活动”在北京举行了颁奖典礼。

◇　国家版权局向中关村科技园区雍和园授予了“国家版权贸易基地”称号，新闻出版总署副署长、国家版权局副局长阎晓宏出席授牌仪式。国家版权贸易基地项目之一的中国版权保护中心版权登记大厅于2月15日正式启用。

26日　“京版十五社反盗版联盟”在京召开2008年工作年会。2008年是“京版十五社反盗版联盟”队伍最庞大的一年：联盟单位增到24家；维权足迹遍及全国29个省（自治区、直辖市）的100余个地、县，取得了丰硕的维权成果。

27日　全国知识产权宣传周活动组委会第一次办公会议在国家知识产权局召开，组委会的24个成员单位共同就2009年全国知识产权宣传周活动方案及各项宣传内容进行了讨论。2009年全国知识产权宣传周活动定于4月20～26日举办，组委会将在全国开展以启动、报道、宣讲、服务、纪念等为主题的多项活动。

3 月

2 日 中国版权保护中心著作权登记管理信息系统正式启用。该系统具有在线填报、登记受理、审查、审批、发证、公告等功能。

4～5 日 国家版权局开展网络环境下版权执法的调研工作，赴优酷网、盛大文学网、土豆网等网站，就视频分享类网站、文学网站行业发展情况，网站经营中遇到的版权问题，进行深入调研。

5 日 国务院总理温家宝在第十一届全国人民代表大会第二次会议上作政府工作报告时指出，要继续实施科教兴国战略、人才强国战略和知识产权战略。其中提到要提高知识产权创造、运用、保护和管理水平。

14～15 日 由中国版权协会举办的 2009 年版权产业发展研讨会在北京召开，会议就版权产业和版权保护的相关问题进行了深入研讨。

17 日 中国音乐著作权协会与万豪亚太管理有限公司就其饭店背景音乐使用达成了音乐著作权许可使用协议。

18～19 日 企业软件正版化及版权执法专题工作会议在北京召开。新闻出版总署副署长、国家版权局副局长阎晓宏出席会议并讲话。会议对 2009 年企业软件正版化工作和 2009 年版权执法与社会监管重点工作进行具体部署。来自全国 31 个省（自治区、直辖市）及广州、青岛、石家庄、杭州等 19 个中心城市版权管理部门的相关负责人参加会议。

19 日 国家知识产权战略实施工作部际联席会议办公室牵头制定的《2009 年国家知识产权战略实施推进计划》正式印发实施。《推进计划》结合中央部署和 2009 年经济形势，明确提出了 2009 年知识产权战略实施工作要点和总体要求，并提出了 240 条具体举措。

20 日 国家版权局在北京召开《〈国家知识产权战略纲要〉实施意见》专题研讨会。

◇ 世界贸易组织（WTO）争端解决机构（DSB）会议审议并通过了中美知识产权 WTO 争端案专家组报告，历时近两年的中美知识产权 WTO 争端结束。这进一步表明，中国以“一法五条例”框架的著作权法律体系与国际规则接轨，符合国际公约的基本原则。

22 日 《国务院关于落实〈政府工作报告〉重点工作部门分工的意见》发布，将“继续实施知识产权战略”列入 2009 年的重点工作。其第四部分明确提出，要完善知识产权法律法规体系；加强知识产权公共服务体系建设，提高知识产权审查质量和效率；继续开展保护知识产权专项行动；加大知识产权宣传教育力度；推进知识产权对外交流与合作，加强对外贸易和国内市场知识产权预警及维权工作。

23 日 新闻出版总署副署长、国家版权局副局长阎晓宏在会见微软大中华区副总裁刘凤鸣时表示，软件产业是信息产业的核心和灵魂，是国民经济发展的基础性和战略性产业，是信息化建设的关键环节，加强版权保护对软件产业的创新发展具有重要的意义。

◇ 国家版权局与世界知识产权组织（WIPO）合作举办版权产业对国民经济贡献项目调研中期评估会。

25 日 在国家版权局版权管理司司长王自强等陪同下，世界知识产权组织创意产业司代司长根切夫一行专程到成都天府软件园考察园区软件研发、游戏动漫以及服务外包企业，着重了解天府软件园版权工作站助推产业发展的情况。

26 日 浙江省杭州市中级人民法院已经正式受理中国音乐著作权协会诉杭州华溥实业有限公司凯悦酒店分公司侵犯著作权纠纷案。这是全国首例酒店和餐饮行业侵权使用背景音乐案件。

◇ 世界知识产权组织创意产业司代司长根切夫与中国国家版权局版权管理司司长王自强在江苏南通市签署了《世界知识产权组织版权保护优秀案例示范点调研项目合作协议》。这是WIPO首次在全球针对一个国家特定地区的一个行业而进行的版权保护微观调研项目。

29 日 最高人民法院发布《最高人民法院关于贯彻实施国家知识产权战略若干问题的意见》，对人民法院贯彻实施国家知识产权战略作出全面部署和要求。《意见》分为六大部分，共计 36 条具体意见。其中提到，将加强对新闻出版、广播影视、文学艺术、文化娱乐、广告设计、工艺美术、计算机软件、信息网络等领域的著作权案件审判，推动版权相关产业健康有序发展；有效应对互联网等新技术发展对著作权保护的挑战，准确把握网络环境下著作权司法保护的尺度。

30 日 由世界知识产权组织（WIPO）和中国国家知识产权局、国家工商行政管理总局、国家版权局等单位主办的世界知识产权组织跨区域知识产权高级论坛在北京开幕。国务院副总理王岐山、世界知识产权组织总干事弗朗西斯·加利出席开幕式并致辞。来自 27 个国家和 6 个国际组织的代表以及国务院有关部门负责同志参加论坛。

◇ 北京市朝阳区法院与中国互联网协会举行建立知识产权联合调解机制合作签约仪式。这是中国互联网协会继2008年12月与北京市海淀区法院签订委托调解协议后，再次与基层法院合作。

31日 新闻出版总署副署长、国家版权局副局长阎晓宏在北京会见了世界知识产权组织总干事弗朗西斯·加利一行。阎晓宏介绍了国家版权局的组织结构、主要职能以及中国版权工作的最新情况，期待能与WIPO在未来开展更深入的合作。加利表示，中国是一个高度重视知识产权的国家，保护知识产权和创新是中国国家战略的组成部分，这为其他国家树立了一个典范。

4 月

1日 国务院总理温家宝在中南海紫光阁会见了世界知识产权组织总干事弗朗西斯·加利。温家宝表示，中国政府将不断加强知识产权保护工作，实施知识产权战略，以促进科技创新、经济发展、文化繁荣和社会进步。加利高度评价了中国在保护知识产权方面取得的巨大进步，并表示世界知识产权组织愿与中国一道为推动全球知识产权保护作出贡献。

6～26日 北京大学生电影节举办，连续第三年设立"爱电影、爱原创、尊重劳动创造"的公益短片竞赛，要求参赛者用1分钟的参赛短片以大胆创新、不拘一格的形式，表达鲜明的反盗版主题。篮坛"小巨人"姚明应邀出任公益短片大赛"反盗版"竞赛单元的形象代言人。

8日 北京市海淀区全面启动海淀园核心区建设。从2009年开始，海淀区每年将安排总规模不少于8亿元的发展专项资金，支持高新技术产业发展。全国技术交易中心、中国技术交易所、国家版权交易中心将落户中关村西区。

9日 首都大学生保护知识产权志愿者招募启动仪式在北京举行。首批保护知识产权志愿者将在北京大学、清华大学等18所高校中立志于保护知识产权的法学专业大学生里通过知识竞赛的形式选拔产生。

13日 国家版权局决定对2006～2007年度在各项版权工作中取得突出成绩、作出突出贡献的北京市版权局版权管理处等45个版权工作先进集体、韩志宇等62名先进个人予以表彰。

13～14日 长三角新闻出版（版权）协作第一次会议在上海举行。江、浙、沪两省一市新闻出版（版权）局局长齐聚一堂，深入探讨在全国率先开展区域性新闻出版（版权）工作的全面合作机制。会议最终达成共识，并签署了《关于长三角区域新闻出版合作发展的框架协议》和《关于建立长三角区域版权保护和版权服务协作机制的合作协议》。新闻出版总署副署长、国家版权局副局长阎晓宏出席会议并讲话。

14日 在即将迎来2010年上海世博会倒计时一周年的特殊时刻，上海市版权局召开版权工作会议，新闻出版总署副署长、国家版权局副局长阎晓宏出席会议并作了《围绕六大体系建设，推动版权工作取得新进展》的报告。

16日 中国出版工作者协会国际合作出版工作委员会在北京举行国际合作出版工作研讨会暨对外合作20年优秀工作者表彰会。科学出版社国际合作部主任王春香等28名从事对外合作出版工作20年以上、业绩突出的优秀工作者受到表彰。新闻出版总署副署长、国家版权局副局长阎晓宏到会祝贺。来自70家出版社的版权贸易一线人员参加了会议。

20日 2009年全国知识产权宣传周启动仪式在北京举行。国家知识产权局局长田力普，新闻出版总署副署长、国家版权局副局长阎晓宏等24个部门相关负责人出席启动仪式。世界知识产权组织总干事弗朗西斯·加利通过视频致贺。

◇ 由国家版权局版权管理司、北京市版权局、海淀区人民政府联合主办的"百座城市、千家网站"版权保护联动启动仪式在中国人民大学举办。

◇ 中国文字著作权协会与汉王科技通过签约结成内容数字化版权采购战略合作伙伴关系。

21日 国务院新闻办在北京召开新闻发布会，国家知识产权局局长田力普，国家工商行政管理总局商标局局长李建昌和国家版权局新闻发言人、版权管理司司长王自强向媒体通报了2008年中国知识产权保护状况的有关情况，并回答了中外记者的提问。

◇ 按照国家知识产权战略实施工作部际联席会议工作安排，联席会议成员单位共同制定的《2009年中国保护知识产权行动计划》正式印发实施。《行动计划》包括九个方面的内容、170项具体措施。

◇ 新闻出版总署副署长、国家版权局副局长阎晓宏做客人民网，就文化和版权的关系、电台电视台使用音乐作品如何支付音乐版权费、互联网版权保护、"山寨文化"、软件正版化等问题，与网友进行在线交流。

22日 由全国"扫黄打非"办、国家版权局和中央电视台联合主办的"绿书签"活动在北京启动。该活动以特别设计制作的绿书签为载体，以"拒绝盗版，从我做起"为宣传口号，倡导公众尊重创意、支持正版，在全社会掀起营造繁荣、健康、有序文化市场环境热潮。中国电影导演陆川和纵贯线乐队

(由李宗盛、罗大佑、周华健、张震岳组成)担任反盗版形象大使。

◇ 全国“扫黄打非”工作小组组织全国31个省(自治区、直辖市)同时举行了2009年全国侵权盗版制品及各类非法出版物集中销毁活动。4 685万件盗版及走私音像制品、盗版软件及电子出版物、盗版图书及非法报刊随着粉碎机隆隆的轰鸣声化为齑粉。全国“扫黄打非”工作小组副组长、新闻出版总署署长、国家版权局局长柳斌杰出席销毁活动北京主会场,并宣布启动全国千万市民“打击侵权盗版、保护知识产权”签名活动和发放“拒绝盗版、从我做起”绿书签活动。

◇ 新闻出版总署署长、国家版权局局长柳斌杰在北京会见微软首席研究及战略官克瑞格·蒙迪一行。双方就如何在当前经济形势下加强软件知识产权保护方面的合作等话题进行交流。新闻出版总署副署长、国家版权局副局长阎晓宏参加会见。

◇ 新闻出版总署署长、国家版权局局长柳斌杰在京会见国际唱片业协会主席约翰·肯尼迪一行。双方就音乐产业发展及音乐版权保护等问题进行了交流。

24日 国家版权局新闻发言人、版权管理司司长王自强在北京会见世界五大唱片公司中的亚洲华纳音乐、索尼音乐、百代(EMI)音乐公司的亚太地区、中华区高管。他建议,积极构建权利人与使用者之间的合理授权机制,以达到双赢,并以此有效遏制网络侵权盗版行为。

◇ 上海世博会事务协调局与中国音乐著作权协会签署了《中国2010年上海世博会音乐著作权合作备忘录》。

25～26日 由国家版权局主办的2009中外企业知识产权高层论坛在北京举行。论坛以“知识产权创新发展与核心竞争力”为主题,同时举办知识产权与商标国际论坛、知识产权与版权保护论坛、新媒体与知识产权圆桌会议等专场会议,解读知识产权战略、商标战略以及版权产业发展趋势,深入探讨自主创新与核心竞争力、网络版权保护及案例分析、新媒体与知识产权等议题。

26日 由国家版权局主办,中国版权协会、中国版权保护中心等共同策划承办的大型文艺晚会“版权在我身边”于当晚在央视3套播出。这是央视首台以版权为主题的晚会。

28日 中国国际漫画节组委会在杭州举行介绍会,向海内外动漫业界及媒体通报第二届中国国际漫画节的筹备情况。由新闻出版总署和广东省人民政府共同主办的第二届中国国际漫画节,将沿用和谐、创新、首善的主题,于2009年8月底举办。漫画节以第三届ACG穗港澳动漫游戏展、动漫版权交易会、中国原版连环画展为主线,将举行为期6天的系列活动。在动漫交易展及消费展的活动平台上,将融合金龙奖颁奖、中国漫画家大会、大学生原创动画大赛作品及人才展示等内容。

5 月

5日 国家版权局授予广交会“全国展会版权示范单位”匾牌,广交会由此成为全国首家展会版权示范单位。

6日 社会各界关注的《广播电台电视台播放录音制品支付报酬暂行办法》经国务院第62次常务会议通过,2009年11月10日正式公布,自2010年1月1日起施行。

◇ 国家版权局版权管理司在北京召开侵权盗版案件移送工作协调会,最高人民法院、最高人民检察院、公安部等部门,以及北京、吉林等地方版权局相关负责人出席会议,就网络、数字化环境下“未经著作权人”证据证明、侵犯著作权罪追诉标准、网站非法经营额和违法所得额认定、推动相关司法解释早日出台等问题达成初步共识。

6～10日 国家版权局版权管理司副司长许超随王岐山副总理赴比利时参加第二次中欧经贸高层对话。

7日 新闻出版总署署长、国家版权局局长柳斌杰分别签署国家版权局令第6号、第7号,公布《著作权行政处罚实施办法》(2009年6月15日起施行)和《国家版权局废止第三批规章、规范性文件的决定》(自公布之日起生效)。国家版权局2003年9月1日发布的《著作权行政处罚实施办法》同时废止。

8日 由中国光华科技基金会与国际版权交易中心共同主办的2009中国(北京)版权价值开发协作发展论坛在北京举行。论坛以“互动·协作·共赢”为主题,通过各有关行业代表自由深入的交流沟通,促成跨行业、跨领域的灵活合作;通过携手共同开发具有商业价值的优秀版权而实现多方的共赢,从而带动产业的合理化运转以及版权经济的繁荣发展。这是中国创意产业版权价值开发协作联盟成立后的首次活动。

◇ 首个国家级版权交易系统在国际版权交易中心正式开通,北京版权产业融资平台也同步启动。交易系统开通首日,总额超过1亿元的30个项目挂牌交易,覆盖影视、音乐、动漫等版权项目。新闻出版总署副署长、国家版权局副局长阎晓宏等出席开通仪式。

15日 第五届中国（深圳）国际文化产业博览交易会（简称文博会）开幕。文博会主论坛——中欧文化产业论坛在深圳会展中心举行。论坛以“加强对话、共谋发展”为主题，突出国际性、高规格、高端化。来自文化部、新闻出版总署、商务部、国家广电总局以及欧盟各国文化机构的200余位政要和专家学者汇聚一堂，共同探讨中欧文化产业的合作与发展。

18日 国家版权局下发《关于开展第二批“全国软件正版化工作示范单位”评选表彰工作的通知》，启动第二批软件正版化示范企业评选表彰工作。经过初评、复评、终评三个阶段，共评选出260家示范单位。

20～21日 国家版权局与香港海关在北京举行会谈，回顾《保护版权及打击盗版光碟合作互助安排》2008年执行情况，就打击网络侵权盗版领域的新合作达成广泛共识。

25～26日 2009BIBF北京国际版权贸易研讨会在北京举行。新闻出版总署副署长、国家版权局副局长阎晓宏出席并发表主题报告。他指出，要促进版权贸易，应从以下几点入手：提高对版权贸易的认识，正确评价版权价值；从政府层面加大对版权贸易政策扶持力度；从版权的创造、运用、管理、保护四个环节推动版权贸易的发展，在公共服务平台建设上下工夫；搭建常态性的版权贸易平台；引入战略投资者，优化资源配置；利用新技术提升版权贸易的深度和广度；在引进和输出方面，不仅重数量，更要重质量；建立一批专业化的版权代理机构。

6　月

2日 以“全面实施国家知识产权战略，大力提升核心竞争力”为主题的纪念《国家知识产权战略纲要》颁布实施一周年座谈会在北京召开。国务院发展研究中心副主任侯云春、中国作家协会副主席张抗抗、中国工程院院士倪光南、中南财经政法大学校长吴汉东、国家版权局版权管理司司长王自强等40余名代表出席会议，围绕主题交流了对知识产权战略的认识和《纲要》实施一周年的工作体会。

3日 由中国社会科学院知识产权中心和全国律师协会知识产权委员会主办的民族版权产业保护研讨会在北京举行，就通过司法和行政手段加强对网络视频的版权保护等话题进行探讨。

◇ 新闻出版总署署长、国家版权局局长柳斌杰在北京会见来访的英国知识产权局局长伊恩·弗莱德，双方就启动签署双边合作框架协议进行磋商，并就版权制度的调整与发展等问题进行了深入探讨。新闻出版总署副署长、国家版权局副局长阎晓宏参加会见。

5日 中国文字著作权协会河北首席代表处正式成立。这是文著协在地方设立的第一个常驻办事机构。

5～6日 中国版权协会主办的推进《著作权法》二次修订研讨会在北京召开。会议经讨论认为，我国应加快推进《著作权法》的二次修订工作。

7日 由中国国务院副总理王岐山和日本外务大臣中曾根弘文共同主持的第二次中日经济高层对话在日本东京举行。中日双方签署了《关于知识产权保护交流与合作的备忘录》，将成立中日知识产权工作组，加强知识产权立法和执法经验交流，开展人才交流与培训及技术援助等合作。

11日 中华版权代理中心深圳工作站揭牌仪式暨广东省版权兴业示范基地授匾仪式在深圳举行。该工作站的成立是深圳市与中国版权保护中心在推动版权公共服务、完善社会服务方面的一次创新实践。

◇ 国家版权局联合国资委在北京举办2009年企业软件正版化工作第一期培训班，围绕计算机软件版权保护、软件资产管理、企业软件正版化工作典型经验介绍等领域对中央企业二级企业和勘察设计行业企业进行培训，提高企业开展软件正版化工作的积极性和主动性。

15日 由上海联合产权交易所、解放日报报业集团、上海精文投资公司联合投资创立的上海文化产权交易所正式揭牌。这是国内首家文化产权交易所，该交易所将以各类文化产权的交易为核心，发挥上海金融优势，整合全国文化要素，力争成为全国性、综合性的文化产业交易平台。

15～16日 欧盟和中国国家版权局在哈尔滨市联合举办中欧网络版权保护研讨会。来自黑龙江、吉林、辽宁、河南、福建等省（区、市）版权局、文化执法大队、法院的基层代表参加研讨会。

17日 由中国国家版权局和韩国文化观光部主办的第五届中韩版权研讨会在北京召开。研讨会以“数字网络环境下的中韩版权合作模式”为主题，意在探索促进中韩两国版权保护及版权贸易发展合作方案，中韩两国音乐、电影电视、网游动漫领域百余名专家参加会议。

18～19日 中国国家版权局和欧盟在宁夏银川市联合举办中欧网络版权保护研讨会。欧盟与中国政府自1995年开始合作开展中国—欧盟知识产权保护项目，中欧网络版权保护研讨会是该项目的二期项目之一。新闻出版总署副署长、国家版权局副局长阎晓宏、欧洲使团贸易与投资处参赞安东尼·赛阳出席开幕式并致辞。宁夏回族自治区党委常委、宣传部部长杨春光，商务部部长助理崇泉等一同出席开幕式。

24 日　上海文广新闻传媒集团（SMG）版权中心正式挂牌，这是国内地方媒体中首家成立的版权中心。新闻出版总署副署长、国家版权局副局长阎晓宏和国家广电总局副局长赵实分别发来贺信。

27 日　国家广播电影电视总局授予北京市海淀区、石景山区和通州区三个文化创意产业聚集区为国家动画产业基地，旨在进一步推动北京动画产业发展。

29 日　国家数字版权研究基地正式落户北京大学，新闻出版总署副署长、国家版权局副局长阎晓宏和北京大学副校长张国有共同为基地揭牌。基地成立后，将创建数字版权理论研究平台，关注国际数字版权保护动向及国际组织发展动态，积极参与数字版权国际公约及相关国际规则的研究，以提高我国数字版权研究水平；同时也为政府部门提供立法和政策咨询，为相关产业提供版权实务培训。

30 日　中国商务部、中国国家版权局与美国专利商标局、美国版权局在北京共同主办互联网与版权保护圆桌会议。近百位来自中国、美国、欧盟、日本政府部门、权利人组织和互联网企业的嘉宾，就用户生成内容网站（UGC）的版权问题、P2P 服务产生的版权问题、互联网链接涉及的版权问题及与网吧有关的版权问题等四个议题进行热烈讨论。

7　月

1 日　由中国资产评估协会制定的涉及知识产权资产评估的两项新准则：《资产评估准则——无形资产》、《专利资产评估指导意见》正式施行。

3 日　新闻出版总署署长、国家版权局局长柳斌杰会见来京参加全球智库峰会的世界知识产权组织总干事弗朗西斯·加利及副总干事王彬颖一行。

8～9 日　国家版权局在山东省威海市举行 2009 年第一期基层版权执法培训工作会议。百余名来自西北、西南 10 个省（自治区、直辖市）的一线执法人员参加培训。

9 日　我国首个提供完备的中英双语知识产权法律资料汇集且供用户免费查询的系统——中国知识产权法律检索系统在北京启动。商务部、欧盟驻华代表团有关官员及北京大学的资深学者共同出席启动仪式。这是一个与中国知识产权保护和实施相关的法律法规新平台。

16 日　由北京国际版权交易中心和中华全国律师协会知识产权专业委员会发起成立的全国知识产权维权平台在北京正式启动。

20 日　国家版权局批准中国电影版权保护协会更名为中国电影著作权协会，并由维权组织转变为著作权集体管理组织。至此，我国已经建立了覆盖音乐、音像、文字、摄影、电影等作品广泛使用领域的五个著作权集体管理组织，著作权集体管理组织架构基本形成。

◇　安徽省合肥市中级人民法院根据原告申请，对北京天语同声信息技术有限公司和中音传播（深圳）有限公司两家权利人公司诉合肥市五家卡拉 OK 经营场所侵权案作出财产保全裁定。21 日，五家被诉卡拉 OK 经营场所被执行财产保全。这是全国首次在卡拉 OK 经营场所侵权诉讼案中执行财产保全。

22 日　国务院总理温家宝主持召开国务院常务会议，讨论并原则通过《文化产业振兴规划》。《规划》提出设立文化产业投资基金，鼓励企业在国外办文化实体，推进下一代广播电视网与 3G 网络等融合，严厉打击各类盗版侵权行为，促进国家文化创新能力建设。

23 日　新闻出版总署署长、国家版权局局长柳斌杰一行先后到香港知识产权署、香港海关，分别与谢肃方署长、袁铭辉关长举行工作会谈。柳斌杰指出，随着科技的进步和互联网的发展，版权保护问题遇到了新的挑战，希望内地与香港进一步采取切实措施，密切合作，积极探索建立一种互联网环境下版权保护合作新机制，严厉打击各种侵权盗版行为。

30 日　国家版权局、公安部、工业和信息化部联合下发通知，决定在全国范围内联合开展为期 4 个月的 2009 年打击网络侵权盗版专项治理行动。这是三部门自 2005 年以来开展的第五次打击网络侵权盗版专项治理行动，也是历年来时间最长的一次专项治理行动。

8　月

10 日　由贵阳市人民政府、贵州省经济和信息化委员会联合主办的亚洲青年动漫大赛在贵州省贵阳市落下帷幕。这是亚太地区唯一以青年为主体的大型国际动漫文化、数字内容交流活动。此次大赛吸引了来自美国、韩国、日本、印度、中国等 26 个国家和地区的 400 余名动漫界专业人士、100 多家全球知名动漫企业代表。作为大赛重点环节之一的版权买家专场暨经贸洽谈会吸引了来自全国近20家企业及国内外买家参与。

11日 在浙江省报刊社版权保护培训班开班仪式上，中国文字著作权协会浙江省代表处正式宣告成立。这对于规范全省报刊社、出版社的出版行为，维护浙江省著作权人的合法权益，将起到积极的促进作用。

12日 国家版权局向社会公布《表彰奖励2008年度查处侵权盗版案件有功单位及个人决定》，对在2008年查处侵权盗版案件工作中作出突出贡献的奥运反盗版工作组等173家有功单位和马跃等166名有功个人给予表彰奖励。

13日 我国建筑行业首例软件侵权案件——深圳市斯维尔科技有限公司诉北京天正工程软件公司软件著作权侵权案件终审结果在协同设计软件联盟成立大会上进行通报，法院终审判决被告向原告斯维尔公司赔偿人民币60万元。

18日 由国家版权局、中国作家协会共同举办的作家版权保护座谈会在北京召开。新闻出版总署副署长、国家版权局副局长阎晓宏，作协副主席高洪波、张抗抗，李鸣生、杨红樱等作家代表及出版界代表参加会议，共同探讨新形势下作家版权保护的新问题、新现象、新办法。

19日 央视网与凤凰网在北京梅地亚中心联合举办“网络视频版权保护联盟”的启动仪式，签署《2009年版权保护宣言》，呼吁加强视频新媒体产业的版权保护。

19～20日 国家版权局在江西省井冈山市举办2009年第二期基层版权执法培训工作会议。来自黑龙江、吉林、辽宁、河北、山西、内蒙古、新疆、北京、天津等9个省（自治区、直辖市）的百余名一线版权执法人员参加培训。

20日 苏州市虎丘区人民法院对“番茄花园”案主犯侵犯著作权案作出一审判决，“番茄花园”网站负责人洪磊被判处有期徒刑三年六个月，并处罚金100万元人民币；策划并操控“番茄花园”商业运作的主犯孙显忠被判处有期徒刑三年六个月，并处罚金100万元人民币；成都共软市场总监张天平被判处有期徒刑二年，并处罚金10万元人民币；参与开发和制作“番茄花园”盗版软件的被告梁焯勇被判处有期徒刑二年，并处罚金10万元人民币。被告单位成都共软被判处罚金877万余元，并罚没违法所得292万余元。

9　月

1～2日 国家版权局2009年第三期基层版权执法培训工作会议在内蒙古自治区包头市举行。来自华东、华南、华中地区12个省（区、市）的百余名一线执法人员参加培训。

3日 中国版权保护中心主任段桂鉴、韩国著作权委员会委员长李普京分别代表两家机构在北京签署《版权协作合作意向书》。国家版权局版权管理司司长王自强等出席签约仪式。新签署的中韩《版权协作合作意向书》约定，中国版权保护中心与韩国著作权委员会将进一步加强在卡通、网络游戏、软件等领域的版权合作，并建立在作品登记、纠纷调解方面的新合作机制。

3～7日 作为第16届北京国际图书博览会的一项重要内容，由国家版权局主办，中国版权协会、中国版权保护中心承办的“前进中的中国版权事业”大型展览在中国国际展览中心开幕。展览分九个部分介绍了我国的著作权法律体系、版权保护制度、打击各类侵权盗版取得的重大成效、版权相关产业的蓬勃发展、版权国际合作与交流等方面的内容。图博会期间共达成中外版权贸易意向与协议12 656项，比上年增长10.52%。其中，达成版权意向11 264项，达成版权合同1 392项。在已达成的版权合同中，引进与输出之比为1∶1.29。

4日 新闻出版总署副署长、国家版权局副局长阎晓宏在北京会见英国出版商协会首席执行官西蒙·茱顿一行，双方就图书及网络版权保护的相关问题进行了交流。

◇ 由中国出版工作者协会、国际合作出版工作委员会、中国出版科学研究所、《出版参考》杂志社联合主办的第八届（2008年度）输出版、引进版优秀图书评选活动在北京揭晓，并举行颁奖仪式。《代代流传的教子故事》等76种输出版图书、《如何听？如何说》等100种社科类引进版图书和《社会生物学》等50种科技类引进版图书，共计226种图书获奖。30名推动版权输出引进的典型人物、优秀版权经理人同时获得表彰。新闻出版总署副署长、国家版权局副局长阎晓宏参加颁奖仪式。

8日 国际版权交易中心发起并统筹的全国版权维权协作平台正式启动。

14日 新闻出版总署副署长、国家版权局副局长阎晓宏会见商业软件联盟（BSA）主席兼首席执行官罗伯特·霍利曼、全球副总裁兼亚太地区总监杰夫·哈迪一行。双方就加强合作，共同促进软件版权的创造、运用、保护和管理水平的提高等问题进行了交流。

16日 国家版权局在北京举办2009年打击网络侵权盗版专项治理行动工作交流会。会议表示，非法传播影视、文学、新闻等作品的侵权盗版行为是打击整治的重点，政府部门鼓励权利人和社会公众积极投诉、举报网络侵权盗版行为和线索。

21 日 由世界知识产权组织（WIPO）与中国国家版权局主持召开的世界知识产权组织版权保护优秀案例示范点项目调研报告专家论证会议在江苏省南京市举行。会议对《南通家纺市场版权保护情况的调研报告》进行了论证。

22 日 国家版权局《教科书法定许可付酬办法》北京地区调研座谈会召开。新闻出版总署副署长、国家版权局副局长阎晓宏、中国文字著作权协会会长陈建功出席并致辞。新闻出版署原副署长梁衡，金波、雷抒雁、张胜友、郭平英等 11 位著名作家及文著协、音著协、音集协、摄著协和 10 家在京出版社的相关负责人，就教科书支付稿费的情况和存在的问题，围绕国家版权局起草的《教科书法定许可付酬办法（征求意见稿）》进行讨论。

25 日 新闻出版总署在北京启动中国原创动漫作品版权保护工作项目，以推动国产动漫产业发展，解决国内动漫产业版权保护机制不完善的问题。

◇ 中国出版工作者协会版权保护工作委员会换届工作会议在北京召开，段桂鉴担任新一届委员会主任委员。

29 日～10 月 5 日 由新闻出版总署和广东省人民政府主办的第二届中国国际漫画节在广州拉开帷幕，广东省委常委、广州市委书记朱小丹，新闻出版总署出版产业发展司司长范卫平等为漫画节揭幕。

10 月

12 日 新闻出版总署、国家版权局、全国“扫黄打非”工作小组办公室联合发出《关于贯彻落实国务院〈“三定”规定〉和中央编办有关解释，进一步加强网络游戏前置审批和进口网络游戏审批管理的通知》，要求进一步加强网络游戏前置审批和进口网络游戏审批管理。

13 日 国家副主席习近平与德国总理默克尔共同出席以中国为主宾国的第 61 届法兰克福国际书展开幕式，并发表了题为《加强文化交流　促进世界和平》的重要演讲。

13～19 日 中国版权保护中心在 2009 年法兰克福国际书展期间承办并首次设立中国版权服务站，开展各类宣传推广活动。

16 日 由新闻出版总署、国家版权局主办，新闻出版报社承办的“中华文明，走向世界”庆祝中华人民共和国成立 60 周年新闻出版（版权）知识竞赛获奖结果揭晓，贺德生等 175 人获奖，广东省新闻出版局等 10 个单位获最佳组织奖。

16～19 日 新闻出版总署署长、国家版权局局长柳斌杰率团访问世界知识产权组织（WIPO）。柳斌杰在会见 WIPO 总干事弗朗西斯·加利先生时表示，感谢 WIPO 对中国版权保护事业的关注和支持，希望双方继续加强交流与合作。

21～25 日 由新闻出版总署、国家版权局主办的国家版权工作专题研究班在国家行政学院正式开班，29 个省会城市、计划单列市分管版权工作的负责同志和 14 位来自教育部、司法部、国资委、银监会等中央相关部门的负责同志参加了研究班。这是版权专题首次纳入中央组织部培训计划。新闻出版总署署长、国家版权局局长柳斌杰出席了专题讨论，新闻出版总署副署长、国家版权局副局长阎晓宏主持开幕式和闭幕式，并就“贯彻《国家知识产权战略纲要》，推动版权事业发展”专题进行授课。

23 日 经国家广播电影电视总局同意，新闻出版总署（国家版权局）批准，民政部核准并变更登记，中国电影版权保护协会由行业维权组织转变为著作权集体管理组织，更名为中国电影著作权协会。

◇ 韩国 KBS 电视台版权合作部部长马基坚、MBC 电视台商务部经理李华荣、SBS 电视台企划部部长金善东等一行 10 人，对中国版权保护中心进行访问。双方就共同关心的影视作品版权保护等问题交换意见。

23～26 日 第二届中国国际动漫创意产业交易会在安徽省芜湖市举行。这次交易会由新闻出版总署、文化部、国家广播电影电视总局、安徽省人民政府共同主办，本着“实效、特色、精致、节俭”的原则，将围绕动漫产业原创产品的产权交易、动漫产业相关行业的投资合作、国内一流的动漫机构和原创产品的积聚展示，组织开展项目推介、专项合作洽谈和签约、高峰论坛、展览展示、展映展播等形式多样的活动。

24～27 日 由国家版权局、中国国际贸易促进委员会和北京市人民政府共同主办的第二届中国国际版权博览会在北京国家会议中心举行。24 日，全国人大常委会副委员长路甬祥，世界知识产权组织副总干事王彬颖，新闻出版总署署长、国家版权局局长柳斌杰，中国国际贸易促进委员会秘书长徐沪滨等出席并启动开幕式。博览会以“交流、合作、创新、发展”为主旨，内容主要包括国际版权论坛、产业展览、主题活动和文化演出等四大板块。

24 日 在第二届中国国际版权博览会现场，中国电影著作权协会与美国电影协会签署合作谅解备忘录。中国电影著作权协会理事长朱永德、美国电影协会全球总裁兼首席运营官鲍勃·皮萨诺、中国电影发行放映协会会长杨步亭等出席仪式。

28日 国家版权局、文化部、教育部、全国“扫黄打非”工作小组办公室下发《关于加强图书馆著作权保护工作的通知》，要求各地文化、教育行政部门组织所属图书馆开展自查，发现存在未经许可复制传播行为的，及时予以纠正。各地版权、文化、教育、行政部门及“扫黄打非”办公室要对当地图书馆的作品使用情况进行联合抽查、检查。

29日 新闻出版总署副署长、国家版权局副局长阎晓宏在新加坡出席由世界知识产权组织、新加坡知识产权局和新加坡外交部联合举办的版权及相关权亚太论坛，并发表主题演讲。阎晓宏介绍了中国在版权事业方面的新进展，并提出亚太地区加强合作的三点建议。

11 月

3日 由中国互联网协会主办的2009网络版权高峰论坛在北京举行。论坛深入探讨了互联网版权保护与产业发展的平衡点、有效的互联网知识产权纠纷解决方案，同时对有利于互联网产业发展的力量进行整合，力争构建正版的、健康的、和谐的网络传播环境。

11～12日 由北京大学知识产权学院、国家数字版权研究基地、北京大学法学院互联网法律中心联合主办的两岸四地版权法律制度研讨会在厦门大学召开，来自海峡两岸的我国大陆、台湾、香港、澳门四个WTO成员方的近百名著作权专家和学者参加会议。

13日 国家版权局围绕“加大刑事打击力度、提高网络行政监管与执法水平”等主题，启动“侵犯著作权违法犯罪对策研究”、“网络环境下版权行政监管及执法调研”等研究课题。

16日 北京市第一中级人民法院宣判微软侵犯我国中易公司的知识产权，涉及中易宋体、黑体两套字库共约4万多个汉字的著作权。这也是微软首次在中国遭遇知识产权诉讼。

18日 针对谷歌公司未经授权扫描收录使用中国作家的图书作品，中国作家协会发布维权通告，要求谷歌必须在2009年12月31日前提交处理方案并办理赔偿事宜，否则将坚决维权到底。

18～19日 国家版权局在武汉举办著作权保护发展趋势国际研讨会。新闻出版总署副署长、国家版权局副局长阎晓宏，欧盟驻华使团副团长傅马克，中南财经政法大学校长吴汉东，美国商会大中华区总监王杰，中国外商投资企业协会优质品牌保护委员会副主席王晓平，美国驻中国知识产权专员南茜·克雷默斯等出席开幕式。在研讨会上，阎晓宏作了题为《国际著作权保护发展：机遇与挑战并存》的主题演讲。

20日 谷歌代表与中国文字著作权协会就备受关注的谷歌数字图书馆侵权一事，在北京进行第二轮正式会谈。谷歌图书搜索战略合作部亚太区首席代表艾瑞克·哈特曼代表谷歌表示，将在12月提供数字图书馆扫描的中国作家作品清单。

20～21日 由国家版权局指导、中国版权协会主办的2009中国版权年会在北京举行，年会围绕“数字环境下的版权资源开发和价值提升”的主题进行了讨论。新闻出版总署副署长、国家版权局副局长阎晓宏出席年会开幕式并发表演讲。2009中国版权产业风云人物、2009中国版权产业最具影响力企业、大学生版权征文结果都在年会上揭晓。

22日 国家版权局版权管理司司长王自强在接受某网站专访时首次对“谷歌侵权门”事件表态。他表示，国家版权局支持中国作协和中国文字著作权协会就谷歌图书侵权一事依据法律和事实进行维权。

26日 新闻出版总署署长、国家版权局局长柳斌杰，新闻出版总署副署长、副局长阎晓宏在北京会见美国国际知识产权联盟主席埃瑞克·史密斯一行。双方就互联网环境下版权保护的挑战和应对等问题进行深入探讨。

27日 作为第四届中国北京国际文化创意产业博览会的重要组成部分，2009中国（北京）国际版权论坛举行。论坛围绕“3G时代的数字消费与版权保护”的主题，以报告和对话的形式展开深入探讨，为版权业的未来发展出谋划策。

◇ 中国人民大学知识产权学院正式宣布成立，中国人民大学校长纪宝成与世界知识产权组织副总干事王彬颖共同为学院揭牌。世界知识产权组织总干事弗朗西斯·加利发来贺信。刘春田教授担任首任院长。

30日 由台湾“商业总会”主办的两岸著作权论坛在台北举行，两岸出版界专家学者齐聚一堂，戮力推动两岸知识产权制度的完善。

11月 国家版权局与世界知识产权组织为期三年的《中国版权相关产业的经济贡献》调研课题结题。调研结果显示，2006年，中国核心版权产业的总产值约占当年 GDP 的 3.3%，全部版权产业约占当年 GDP 的 6.4%，以版权为主要资源的版权相关产业蓬勃发展，已成为国民经济新的增长点。

12 月

1 日 新闻出版总署副署长、国家版权局副局长阎晓宏在北京会见索尼集团董事长兼首席执行官霍华德·斯金格爵士一行。双方就音乐、电影、光盘复制产业发展和版权保护等问题进行深入探讨。

◇ 由中国版权保护中心与日本贸易振兴机构（JETRO）联合主办的中日著作权实务研讨会在北京召开。其主题为“中日著作权交易与合作模式探索”。会议围绕著作权交易及版权开发保护等展开讨论。

2～3 日 由世界知识产权组织（WIPO）和中国国家版权局共同举办的数字环境下版权和相关权集体管理研讨会在北京召开。此次会议分享了世界各国著作权集体管理组织的先进经验，共同探讨数字环境下著作权集体管理制度面临的机遇、挑战以及发展趋势。新闻出版总署副署长、国家版权局副局长阎晓宏出席并发表演讲。

11 日 中关村版权联盟成立仪式在中国人民大学文化大厦举行。该联盟由中国人民大学国家版权贸易基地等 33 家单位共同发起组建，是由政府有关部门、版权行业企业及其他相关组织、机构自愿组成的非营利性组织。联盟将以提升中国版权相关产业的合作交流能力为己任，整合政府、企业、学术界的版权优势资源并充分发挥各自优势，推动版权保护，促进创新和产业链融合，并服务于中国版权相关产业，提高其整体发展水平。

◇ 中国文字著作权协会与人民教育出版社在北京签署《教科书法定许可稿酬收转协议》。根据协议，文著协将按人教社提供的作品清单联系作者并进行稿酬分配。新闻出版总署副署长、国家版权局副局长阎晓宏、中国文字著作权协会会长陈建功出席签字仪式。

14 日 国家版权局印发《国家版权局关于贯彻国家知识产权战略纲要的实施意见》。该实施意见从全局性、战略性的高度，对我国版权工作今后十年的指导思想、总体目标、基本原则、工作重点、保障措施等作了全面规划。

17～18 日 由国家版权局指导、中国版权保护中心主办的 2009 CPCC 中国版权服务年会在北京召开。年会举行 2009 CPCC 十大中国著作权人年度评选颁奖典礼和全国版权交易共同市场启动仪式，并公布了 2009 年中国版权十大事件。新闻出版总署副署长李东东出席开幕式并发表讲话。年会期间，还举办中美互联网版权保护的前沿和热点问题论坛、中日著作权实务研讨会、区域版权产业研究座谈会、动漫版权服务周启动仪式等活动。

18 日 国家版权局在中美互联网版权保护前沿和热点问题论坛上公布第五次打击网络侵权盗版专项治理行动成果和 10 起典型案件。自 8 月开展行动始截至 11 月 20 日，各地共对 3 029 家重点网站实施主动监管，共查办网络侵权案件 541 起，关闭非法网站 362 个，没收服务器 154 台，采取责令删除或屏蔽侵权内容的临时性执法措施 552 次，罚款总计 1 282 500 元。

22 日 谷歌与文著协举行第三轮会谈。谷歌方面已提供了其数字图书馆收录中国作家作品的初步清单。

23 日 太原中级人民法院作出决定，针对该市福客楼 KTV 违法使用他人音乐电视作品而拒不履行判决的行为，采取强制执行措施，查封整个店面。因侵犯音乐版权而查封 KTV 经营场所的情况，在全国尚属首次。

23～31 日 国家版权局开展 2009 年企业软件正版化督查检查工作。协调部际联席会议相关成员单位组成三个联合工作组，赴陕西、四川、上海、浙江、河南、安徽等地进行督导检查，指出存在的问题，提出下一步工作建议，推动了地方企业软件正版化工作的健康发展。

30 日 中国互联网协会网络版权工作委员会在北京举行成立大会。该委员会是由互联网内容服务提供商、著作权人及版权代理机构、金融信息服务机构、政府相关部门共同发起的全国性、非营利性行业组织，是中国互联网协会下属的二级分支工作机构。中国互联网协会副理事长高卢麟当选主任委员。

◇ 由国家广播电影电视总局和广东省人民政府联合主办的首届中国国际影视动漫版权保护和贸易博览会在广东省东莞开幕。中国 20 多家具有动漫版权的机构共同发布《动漫版权自律宣言》。

31 日 国家版权局印发《关于印发〈全国版权示范城市、示范单位和示范园区（基地）管理办法〉的通知》。《全国版权示范城市、示范单位和示范园区（基地）管理办法》正式发布，并将于 2010 年 1 月 1 日实施。

2009年地方版权纪事

天津市

1月15日 天津市推动企业使用正版软件推动组成员单位会议召开，确定40家勘察设计企业为软件正版化推动重点单位。1月份开展企业自查自纠工作。

2月11日 市知识产权战略领导小组会议召开，制定并印发《天津市知识产权战略制订工作方案》，确定天津市知识产权战略整体框架和内容。

3月17日 市版权局作为第六届东亚运动会筹备组成员单位，参加筹备工作会，商讨征稿及对征集作品版权保护等问题。

4月22日 市版权局在天津礼堂前广场举行2009年侵权盗版制品及各类非法出版物集中销毁活动。天津市委常委、市委宣传部部长、市“扫黄打非”工作领导小组组长肖怀远出席活动并宣布销毁令。此次集中销毁活动共销毁侵权盗版制品及各类非法出版物62万余件。市“扫黄打非”办公室、市公安局、市文化局、市新闻出版局、市版权局、市工商局、市通信管理局、天津海关、市城市管理综合执法局等部门200余人参加此次活动。

4月 市版权局走访典型企业，推荐第二批企业使用正版软件示范单位。

5月5日 市版权局参加第六届东亚运动会会徽、会歌、口号、吉祥物征集新闻发布会，对第六届东亚运动会筹备工作中涉及的版权保护问题予以解答咨询，提供建设性意见。

5月22日 市知识产权战略研究专家论证会召开，通过《天津市制定和实施知识产权战略的国内外环境研究》等10个战略研究专题。

6月1日 市版权局与北辰区政府联合举行庆六一“版权从娃娃抓起”宣传庆祝活动。

6月18日 市知识产权战略制定工作组会议召开，讨论《天津市知识产权战略纲要》的框架及主要内容。

6月29日 《天津市知识产权战略纲要(2009—2020年)》通过专家委员会咨询论证。

7月15日 市版权局召开参加第16届北京国际图书博览会筹备工作会，对参展单位提出优选参展图书、制作中外语言对照书目工作要求。

7月29日和8月4日 市版权局分别研究、议定了第16届北京国际图书博览会展位装饰设计方案。

7月 按照国家版权局的工作部署要求，市版权局会同市公安局、市通讯管理局召开联席工作会，研究并制定2009年打击网络侵权盗版专项治理行动工作方案。

8月3～22日 市版权局对企业使用正版软件情况进行督导检查。

8月30日～9月7日 组织天津市出版社参加第16届北京国际图书博览会，达成版权贸易82种、152册。

9月22日 市版权局联合共青团天津市委、市教委，召开天津市青少年版权保护主题教育活动表彰会。

9～10月 按照2009年打击网络侵权专项治理行动的要求，市版权局对网站进行宣传，讲解专项治理内容，布置自查自纠等工作。

10～11月 市版权局对重点网站进行监管抽查。

11月9～26日 市版权局组织两个检查组，对列入天津市企业软件正版化工作的40家重点单位进行检查验收。为期17天，抽查计算机510台，对8家企业存在的问题提出整改意见。

12月1日 市知识产权战略制定工作组全体会议召开，对纲要进行修改，形成《天津市知识产权战略纲要》征求意见稿，广泛征求各方面、各部门的意见。

12月14日 市版权局、市文化广播影视局、市教委、市“扫黄打非”领导小组办公室等四部门联合发文，转发国家四部委《关于加强图书馆著作权保护工作的通知》。

辽宁省

2月23日 省版权局局长马述君率队赴沈阳浑南高新区动漫产业基地考察和调研。

3月31日 省版权局发布《关于开展2009年辽宁省版权保护和“扫黄打非”宣传周活动的通知》，部署2009年保护知识产权宣传周活动，明确本届宣传周活动的主题是“尊重版权，振兴辽宁”。

4月9日 省版权局赴葫芦岛市及辽宁工程技

术大学考察调研。

4月22日 省版权局举行全省版权保护和"扫黄打非"宣传周开周仪式暨集中销毁活动。集中销毁了全省各地2008年以来收缴的各类盗版音像制品、计算机软件以及非法出版物等共计98万盘(册)。

4月23日 省版权局与省政府新闻办、省知识产权局、省工商局和省高级人民法院联合召开2008年知识产权保护状况新闻发布会。中央电视台等中央驻辽媒体记者、香港驻辽媒体记者以及省内多家媒体出席会议。

◇ 省版权局组织开展全省《南京!南京!》盗版音像制品专项查缴行动。通过转发总署关于做好《〈南京!南京!〉盗版音像制品查缴工作的通知》,在全省范围内统一部署专项查缴工作的相关事宜。

5月13日 辽宁省版权局沈阳音乐学院版权工作站揭牌仪式在沈阳音乐学院主校区举行。这是全国首个艺术类院校版权工作站。

5月20日 省版权局组织全省开展"全国青少年版权保护读书活动暨版权保护知识竞赛"。

5月31日～6月7日 省版权局对阜新市、朝阳市特别整治期出版物市场专项检查工作进行督导检查。

6月1～15日 省版权局组织开展辽宁省第二批"全国软件正版化工作示范单位"评选表彰工作。

6月15～16日 省版权局组织省内部分版权行政执法骨干参加国家版权局和欧盟知识产权组织联合举办的中欧网络版权保护研讨会。

7月3日 省版权局与江苏省考察团交流版权管理工作。

7月9日 辽宁工程技术大学版权工作站宣告挂牌成立。该版权工作站是辽西地区首家版权工作站。

8月5日 大连地区版权管理工作座谈会在东北财经大学出版社举行,大连地区五家出版社负责人及大连市版权局有关人员参加。

8月19～20日 省版权局组织省内基层版权执法人员参加国家版权局业务培训。

11月12日 辽宁省版权局表彰会在沈阳召开,表彰本省荣获2006～2007年度全国版权工作先进集体、先进个人的1家单位和2名个人。

12月8日 辽宁省2008年度全国查处侵权盗版案件有功单位及个人表彰会在沈阳举行,6家单位和8名个人获得表彰。

吉 林 省

2月19日 吉林省版权局联合省公安厅共同下发《关于开展集中打击生产经营领域使用盗版计算机软件专项行动的通知》。在全省范围内开展为期5个月的集中打击生产经营领域使用盗版计算机软件专项行动。

3月 省版权局协调全省各级版权管理部门集中开展春季专项检查活动,清理检查出版物市场、校园内及周边流动书摊及书店,防止盗版教材、教辅流入课堂。查处了辽源两个书店大量销售盗版教辅书籍和网络小说案件,联合扶余县版权管理部门查获盗版教辅书籍案件。

◇ 省版权局、共青团吉林省委联合下发《关于在全省建立"版权保护教育基地"的通知》,决定在全省大中专院校联合开展建立"版权保护教育基地"的活动。

4月26日 为纪念第9个"世界知识产权日",省版权局等有关单位在长春市重庆路街心花园组织开展以"文化·战略·发展"为主题的"纪念世界知识产权日"系列宣传活动。

5月 省版权局、共青团吉林省委、东北师范大学共同在东北师范大学礼堂举行"吉林省版权保护教育基地"成立暨揭牌仪式。

7月6日 省版权局下发《关于加强对盗版音像制品和盗版电子产品监管的通知》,要求全省各级版权管理部门开展打击盗版音像制品和电子产品的大检查。

7月15日～10月20日 省版权局联合省公安厅、省通信管理局开展打击网络侵权盗版专项行动。分级成立"打击网络侵权盗版专项行动领导小组",制订《吉林省2009年打击网络侵权盗版专项治理行动方案》,查处了各类网络侵权案件64起,没收侵权服务器20台,移送司法机关3起。

8月1日～9月20日 省版权局对全省图书、音像电子制品、计算机软件、网络传播等侵权盗版严重的领域展开拉网式大检查。

9月9～12日 省版权局召开全省版权执法经验交流会,全省各级版权管理部门共计120多人参加。

10月15日 省版权局联合省公安厅、省通信管理局、延边州版权局、延吉市版权管理部门、延吉市公安局网络安全保卫大队等部门,组成专案组,查获延吉市O2SKY、IMDJ两个网站侵权案件。该两起案件涉嫌侵犯韩国权利人的合法权益,侵权行为严重,非法经营数额巨大,引起了国家版权局的高度重视。目前,该两起案件均已移送当地公安部门立案处理。

11月 省版权局在吉林师范大学、长春工业大学、吉林艺术学院等三所高校建立“版权保护教育基地”。

12月28日 省版权局在全省生产经营领域开展评选表彰活动，下发《关于在全省生产经营领域开展百家“无盗版示范单位”评选活动的通知》，对同行业中有榜样作用的企业进行表彰，授予“无盗版示范单位”称号。

安徽省

2月10日 美国驻上海总领事馆经济领事林迈（Michael Layne）和知识产权律师林旭一行，专程到安徽省调研知识产权保护状况，并出席由省直部分单位参加的中美知识产权座谈会。

3月15日 由安徽省纪念“3·15”活动组委会主办的纪念“3·15”国际消费者权益日大型现场宣传咨询活动在安徽大剧院广场举行。省新闻出版（版权）局作为活动组委会成员单位，开设现场宣传咨询台，在“3·15”活动专刊上刊发了《加强版权监管优化市场环境》的专文。活动现场，工作人员向消费者发放了大量宣传资料，宣讲法律法规和保护正版打击盗版的意义，接受广大市民的咨询，取得良好效果。

4月 在“4·26”知识产权宣传周期间，省版权局决定向社会公布全省版权行政管理部门2008年以来查处的十大网络侵权案件，以引起社会共同关注，警示侵权盗版分子，普及版权法制知识，鼓励社会公众广泛参与版权法制环境建设。

◇ 接到合肥两家网站销售一点智慧盗版软件的举报后，省版权局与合肥市版权、公安部门共同组成专案组，一举抓获销售侵权盗版软件的犯罪嫌疑人汪某和蒋某。

7月24日 省版权局和中国科技大学共建的版权教育基地正式揭牌成立。新闻出版总署副署长、国家版权局副局长阎晓宏专致贺信。

8月13日 《安徽省黄梅戏作品著作权管理办法》征求意见座谈会在巢湖市和县召开。会议主要议题是征求对《安徽省黄梅戏作品著作权管理办法（初稿）》的意见和建议，确保《办法》的出台能够切实维护黄梅戏作品创作者的合法权益，符合黄梅戏产业发展的实际需要。著名黄梅戏艺术家韩再芬为会议的召开专致贺信。来自省人大教科文卫委、省政府法制办、省版权局、省文化厅、省广电局、省通信管理局、合肥市中级法院、安徽日报、省黄梅戏剧院、安徽音像出版社、黄梅戏艺术杂志社、黄梅戏作品创作者代表等30余人参会。

9月 省版权局深入太和县，对“太和‘9·11’高科技盗版案”进行查办和指导。

10月 省版权局与省高院、中科大共同在安徽省版权教育基地举办一期网络著作权司法保护理论与实务培训班。

11月20日 安徽出版集团在2009中国版权年会上被评选为“2009中国版权产业最具影响力企业”。

11月 省版权局具体指导阜阳市版权局，对阜阳市两家网吧擅自安装上海网众无盘网吧系统管理软件案件进行查处。

12月5日 省版权教育基地开办首届版权法律硕士研究生班，面向全国新闻出版、版权系统及相关产业单位，培养版权方面的高级法律人才。

12月17日 全省软件正版化暨打击网络侵权盗版工作会议召开。会议总结了2009年全省推进企业使用正版软件工作以及开展打击网络侵权盗版专项治理行动情况，明确2010年版权工作思路和重点领域，并进行相关法律知识培训。会上，还为获得国家版权局表彰的查处侵权盗版案件有功单位及个人颁发获奖证书。

12月23～24日 国家工业和信息化部软件司副司长陈英率国务院推进企业使用正版软件工作部际联席会议办公室的有关人员，来本省督导检查企业使用正版软件工作。

山东省

1月 省版权局完成“创新与未来——青少年版权保护主题教育活动”和“大学生与版权”征文活动的评选工作。

2月20日 省版权局向各市下发《山东省版权局关于在全省开展“正版产品经营示范单位”评选活动的通知》。

3月27日 省版权局下发《关于开展治理非法预装、销售计算机软件专项行动的通知》。

4月1日～5月15日 省版权局在全省范围内组织开展治理非法预装、销售计算机软件专项行动，严厉打击计算机生产、销售等领域未经授权预装盗版软件的非法行为，维护和规范软件预装、销售市场秩序。

4月13日 省版权局下发《山东省版权局关于印发〈关于作品登记工作的管理办法〉的通知》，对各市承办作品自愿登记提出了具体要求。

4月20～27日 省版权局组织开展“保护知识产权宣传周”活动。围绕在山东召开的第19届全国图书博览会，结合治理非法预装计算机软件专项行动和本地实际，通过多种渠道、多种形式，开展市场执法检查等多项活动，提高公众的版权保护意识。

5月31日 省版权局转发《国家版权局〈关于开展第二批“全国软件正版化工作示范单位”评选表彰工作的通知〉》，对山东省的评选推荐工作作了安排部署。

6月2日 省版权局联合共青团山东团省委向各市下发《关于组织参加“全国青少年版权保护读书活动暨版权保护知识竞赛”的通知》，组织省内的青少年参加“全国青少年版权保护读书活动暨版权保护知识竞赛”。全省共30家单位获得组织奖，占全国获奖总数的1/3。

◇ 省版权局确定济南市新华书店等48家经营单位为全省第二批“正版产品经营示范单位”，确定青岛第六印染厂等3家企业为“版权兴业示范单位”。

8月26日 省版权局在济南召开2009年打击网络侵权盗版专项行动工作会议，全面部署专项行动的工作。

8～11月 省版权局会同省公安厅、省通信管理局，在全省部署开展打击网络侵权盗版专项治理行动。

河　南　省

3月 郑州市知识产权局、版权局、商务局、工商局联合印发《关于加强郑州市会展业知识产权管理与保护工作的意见》，明确提出加强展会上的知识产权保护措施。

4月 省版权局召开全省实施知识产权战略工作会议，就全省发展知识产权产业、实施知识产权战略进行了专题研究和部署。

◇ 省政府制定《实施河南省知识产权战略纲要任务分工》。

◇ 第二次河南省推进企业使用正版软件工作联席会议召开。会议总结全省首批推进企业使用正版软件工作，研究和部署第二批推进企业使用正版软件工作。

5月 全省首批推进企业使用正版软件工作表彰大会召开。会议总结全省第一批企业软件正版化工作，表彰工作中取得突出成绩的先进典型，对第二批企业软件正版化工作进行了部署。

6月12日 河南省卡拉OK行业宣传保护知识产权暨版权许可工作会在郑州召开，宣告河南省卡拉OK版权许可使用工作全面启动。

6月 在政府机构改革中增设省版权局专职副局长编制。来有功同志任河南省版权局副局长。

7月 河南第一宗卡拉OK版权费纠纷案调解结案。此案的原告方为代表中国音像协会负责河南KTV市场各类音乐著作权管理、收费的北京天语同声信息技术有限公司，被告方为经营娱乐场所的郑州火豹文化发展管理有限公司，涉案歌曲共3首。

9月 省政府颁布《河南省自主创新体系建设和发展规划（2009～2020年）》。

◇ 王晓军同志任河南省版权局版权管理处处长。

12月 国家推进企业使用正版软件工作部际联席会议工作组对河南省第二批企业软件正版化工作进行了检查验收。

湖　南　省

2月24～27日 省版权局赴株洲、常德和张家界进行调研，了解市州版权局落实全省新闻出版版权工作会议精神，以及当地版权产业发展的情况。

3月5日 省版权局赴永州江永考察有关图书版权保护的情况。

3月10～17日 省版权局赴北京、上海、江苏和广东，调研版权保护工作和版权产业发展的情况。

3月20日 省版权局到省湘绣研究所、湖南梦洁调研版权产业发展情况。

3月23日 省版权局到三辰影库调研动漫企业版权保护的情况。

4月20日 省知识产权协调领导小组在湖南大学举行“4·26”世界知识产权日宣传周启动仪式，省版权局负责人出席该仪式。

4月24日 省版权局与省委宣传部、省教育厅、团省委联合发文，在全省范围内开展一次针对中小学生的版权知识教育活动，并购买3 000册《版权我懂——中学生版权知识主题教育活动读本》免费发给全省中小学校。

4月30日 省版权局到位于岳麓区的湖南锦绣潇湘文化创意产业园，考察园区内的文化创意中心、创意列车等项目的建设情况。

5月4日 省版权局到长沙出版物交易中心考察，调研雨花区创意产业发展和交易中心经营的有关情况。长沙市版权局的有关负责人一同参加了调研。

5月5日 省版权局到长沙市芙蓉区金沙里社区考察，调研社区“书香街”项目建设的有关情况。长沙市版权局负责人参加了该次调研。

7月31日 省版权局赴湖南宏梦卡通信息传播有限公司调研，了解该企业作品创作以及版权登记、使用和保护的情况。

8月19日 省版权局与省公安厅、省通信管理局联合召开全省打击网络侵权盗版工作会议，部署打击网络侵权盗版专项治理相关工作。

8月27日 省版权局到湖南美术出版社调研版权管理和版权贸易工作。

8月28日 省版权局到湖南科技出版社调研版权管理和版权贸易工作。

9月23～24日 省版权局赴岳阳调研版权工作，并到华能电力和华润集团检查企业软件正版化工作。

9月25日 省版权局与长沙市新闻出版局、长沙市书报刊协会的有关负责人进行座谈，听取他们对筹建出版创意产业园的意见和建议。

10月14日 省版权局到长沙市版权局检查企业软件正版化和打击网络侵权盗版专项治理工作。

10月15～16日 省版权局赴怀化检查企业软件正版化和打击网络侵权盗版专项治理工作，并到辰州矿业实地督察企业软件正版化工作。

10月24日 省版权局与长沙市版权局、长沙晚报集团有关负责人，就筹建出版创意园的相关工作进行座谈。

11月20～21日 省版权局参加在北京召开的中国版权协会2009年年会。

11月25～27日 省版权局到湘西自治州进行调研。

12月2～3日 省版权局到益阳调研打击网络侵权盗版专项治理和软件正版化工作。

12月25日 省版权局赴湖南拓维信息有限公司调研。

12月27～28日 省版权局在长沙举办全省网络版权执法培训班。各市州和部分县区的75名版权执法人员参加了培训。

广西壮族自治区

1月 自治区版权局查处钦州市劳朝维非法制作盗版光盘案，劳朝维被判处有期徒刑3年6个月。

◇ 自治区版权局查处南宁市灵丰印刷厂盗版教材教辅案，查缴盗版图书322 806册。

4月18日 自治区版权局在广西科技馆广场举办2009年广西知识产权宣传周暨青少年科技创新大赛开幕式活动。

4月 自治区版权局协同自治区知识产权办公会议办公室对《广西壮族自治区人民政府关于贯彻实施〈国家知识产权战略纲要〉的意见（征求意见稿）》进行了认真研究和修订。

◇ 根据自治区知识产权办公会议的要求，自治区版权局撰写《广西知识产权保护状况白皮书》著作权保护部分的内容，并于“4·26”世界知识产权日向社会发布。

◇ 自治区版权局会同自治区知识产权局等部门开展了“4·26”知识产权宣传周等系列活动。

◇ 广西自治区版权局版权管理处获国家版权局授予的“2006～2007年度全国版权工作先进集体”称号。

4～11月 组织全区14个市及部分县（区）开展音像电子出版物市场、图书市场以及企业使用正版软件工作检查。

5月22日 自治区版权局协同自治区“扫黄打非”工作领导小组办公室组织南宁市版权局、南宁市公安局，对南宁市民族商场的铺面和仓库进行全面突击检查，一举查获25家非法经营单位，查缴侵权盗版及淫秽色情光盘414 791张，捣毁制作盗版窝点2个，抓获嫌疑人22人，行政拘留5人，刑事拘留2人。

5月 对全国“扫黄打非”办公室督办的桂林市鸿瑞科技有限公司涉嫌侵权盗版光盘案进行调查处理。

◇ 举办2009年全区新闻出版、版权及“扫黄打非”行政执法培训班，对全区新闻出版和版权相关人员进行了培训。

6月11日 第五届泛珠三角区域知识产权联席会暨论坛在广西南宁举行，泛珠三角区域“9＋2”各方代表100余人共商知识产权合作事宜。

6月 自治区版权局会同团区委等组织开展广西青少年版权保护主题教育活动。将国家版权局赠送的12 000本《版权保护小卫士——青少年版权保护知识教育读本》分送至全区14个市的中小学生，组织学生开展“拒绝盗版”签名、全国青少年版权知识竞赛活动，并向社会发出了“广西红领巾版权宣言”。最终广西共有170名学生获全国青少年版权知识竞赛一、二、三等奖，有22个单位获组织奖。

◇ 根据国家版权局、公安部、工业和信息化部《关于印发〈2009年打击网络侵权盗版专项治理行动方案〉的通知》，自治区组织开展为期4个月的打击网络侵权盗版专项行动。共查处涉嫌网络侵权网站14个，涉案服务器36台，责令停止侵权14家，关闭网站16个。

7月 查处北海市许梅兰销售盗版光盘案，许梅兰被判处有期徒刑3年，缓刑3年，并处罚金1万元。

9月 根据国家版权局指示，协同自治区“扫黄打非”办组织全区开展《朱镕基答记者问》盗版图书的查缴工作。

◇ 在广西贵港市举办全区推进企业使用正版软件工作和打击网络侵权工作培训班，培训工作扩大至县、区级。

12月 办理涉外图书版权贸易合同登记备案217份，办理作品著作权自愿登记114件。

海 南 省

1月15～19日 省版权局组织检查组对列入海南省第二批完成软件正版化的企业进行检查，了解企业完成情况。

2月25日～3月4日 省版权局对海南省版权产业开展调研，重点是省动漫基地和大致坡琼剧基地，探索海南省版权产业发展方向。

3月31日 省版权局召开会议，讨论新疆网吧软件正版化事件对海南省网吧使用正版软件工作的影响，并根据文化部、国家版权局对网吧正版化工作的指导意见，确定海南省“科学指导、业主自愿、稳步推进”的工作原则。

4月23日 省使用正版软件工作领导小组召开会议，研究部署2009年海南省软件正版化工作。领导小组组长、副省长林方略出席会议。

6月11日 省版权局对参评“全国软件正版化工作示范单位”申报材料进行筛选，在结合检查验收结果的基础上，确定了海南产权交易所和海南亚太酿酒有限公司作为海南省参评企业。

6月19日 海口市召开全市网吧业主大会，宣传软件版权保护知识，提高网吧业主保护版权的自觉意识，推动网吧业使用正版软件工作的进一步发展。

8月1日～11月15日 省版权局联合省通信管理局、省公安厅开展打击网络侵权盗版专项治理行动。行动期间，共组织检查20次，检查了14个网站，主动监管网站6个，责令1个网站停止侵权，关闭海南网等4个违规登载新闻严重侵犯权利人权益的网站。

9月15日 省国资委召开国有企业软件正版化工作会议，23家国有企业代表参加会议。各企业代表汇报了企业软件正版化工作进展情况和下一步的工作打算。省版权局、省工信厅职能处室负责人参加会议，并对国有企业软件正版化工作提出了推进建议。

10月26日 海南省举办卡拉OK版权收费启动仪式，中国音像协会副会长王化鹏出席并讲话。共有60多家卡拉OK业主参加启动仪式。

重 庆 市

3月3日 重庆市首个版权服务工作站揭牌仪式在沙坪坝区西永微电子产业园管委会举行，为重庆市进一步强化版权公共服务、创建知识产权模范城市打开新的篇章。重庆市版权局局长杨恩芳、沙坪坝区副区长蔡道静为工作站揭牌。

4月26日 市版权局在重庆人民广场举行版权保护宣传咨询活动，发放版权保护书籍100册、宣传资料1 000余册（张），接受咨询约300人次，接受版权预登记11件，现场受理版权举报投诉2件，引起较大社会反响。

5月7日 由市版权局主办、江北区科委承办的五里店工业设计中心版权服务工作站正式设立。这是重庆市第二个版权服务工作站。市版权局党组成员郑定渝、江北区副区长曹东根为服务站授牌。

8月1～9日 市版权局在陈家坪会展中心为参加第二届重庆读书月活动的广大企业和市民提供版权登记、版权评估、版权代理、版权交易、法律咨询、版权保护等全方位一站式服务。活动期间共接受咨询近300人次，向市民赠送版权保护书籍120册，发放宣传资料近1万份，接受作品登记23件，受理维权投诉1件，版权交易（含意向性）26件。

8月7日 市版权局、市公安局、市通信管理局、市文化市场行政执法总队联合下发通知，决定在全市范围内联合开展为期4个月的打击网络侵权盗版专项治理行动。这是重庆市自2005年以来开展的第五次打击网络侵权盗版专项行动，也是全市版权执法历时最长的专项行动。

10月14～18日 市版权局首次统一组织市内8家书报刊出版单位组成重庆展团，整体亮相法兰克福书展。展会期间，重庆展团共与土耳其、印度、英国、荷兰、韩国、泰国、越南等非华语国家和中国台湾的19家知名出版机构签署了46项版权输出合同。

四　川　省

1月6日　省政府推进使用正版软件工作领导小组办公室督察组一行3人对广安市第二批企事业单位软件正版化工作的进展情况进行督察。

2月25日　成都市创建全国版权示范城市启动仪式在成都市世纪城国际会展中心举行。新闻出版总署副署长、国家版权局副局长阎晓宏，成都市委书记李春城等领导和各界代表共计200余人参加启动仪式。

3月23日　由国家版权局、中国出版科研所、省委宣传部、省发改委、省经委、省经济发展研究院、四川大学、西南财经大学等有关部门和单位的专家组成的评审委员会，对《四川省版权产业发展战略及对策研究》课题成果进行评审。

◇　世界知识产权组织、国家版权局在成都召开"中国版权产业经济贡献率"调研会。世界知识产权组织创意产业司司长根切夫、美国经济学家联合会首席经济师塞维科、新加坡知识产权研究院高级研究员周洁梅、国家版权局版权管理司司长王自强、中国出版科学研究所副所长辛广伟等领导和专家学者参加会议。会议期间，代表们参观视察了天府软件园和青神中国竹艺城。

3月24日　第80届春季全国糖酒商品交易会在成都召开。展会期间，省知识产权局、省版权局、省商标局等部门在展会中心设立了"知识产权投诉工作站"。

4月10日　成都市副市长王忠林在成都会见微软大中华区正版软件事业部总经理柯安力一行，双方就推进创建全国版权示范城市、加强合作交流、促进成都经济发展交换了意见。

4月17日　省版权局向省内主要新闻媒体公布"四川省2008年著作权行政处罚典型案件"。

4月20日　四川省"2009年知识产权宣传周"活动启动仪式在成都红星路步行街广场举行。

◇　省版权局对陈实未经北京完美时空网络技术有限公司许可，通过私自架设服务器开办的"新天空完美三区"（IP：61.188.39.80），复制、传播北京完美时空网络技术有限公司拥有著作权的《完美世界2》网络游戏，并进行营利的行为进行了行政处罚。

4月22日　省版权局召开全省音乐作品著作权保护工作会议。

4月23日　省知识产权工作领导小组召开保护知识产权座谈会。省法院、省检察院、省经委、省教育厅、省科技厅、省公安厅、省司法厅、省农业厅、省林业厅、省商务厅、省文化厅、省国资委、省工商局、省版权局、省质监局、省知识产权局等部门和单位60余人参加会议。

4月26日　由省版权局牵头，省公安厅、省知识产权局、省工商局、省质监局参加的检查小组重点对成都市"@世界"数码广场进行执法检查，对正在销售的侵权盗版音像制品和电脑操作系统光盘等当场进行收缴。

5月22日　新闻出版总署副署长、国家版权局副局长阎晓宏对四川省评选2008年度著作权行政处罚典型案件工作进行批示："四川这项工作抓得好，既总结推动了版权执法，又扩大了社会影响。可建议没有开展这方面工作的地方借鉴。"

6月9～11日　第14期中德知识产权法（四川）培训班在成都沃特酒店举行。此次培训由四川省整规办承办。培训内容有：欧盟知识产权法简介和TRIPS解析、海外维权面临的挑战及应对策略、知识产权法案例分析等。省高级人民法院、省检察院、省食品药品监督管理局、省公安厅、省知识产权局、省版权局、省工商局及部分市州相关单位人员参加了培训。

6月10日　省版权局根据权利人举报，在成都市北站市场一仓库查获一批"百变机兽"玩具侵权复制品，共计13箱624个。

6月17日　省商务厅、省版权局联合发出川商技［2009］12号文件，组织四川以出版社为主的出版单位参加2009年法兰克福书展。

6月18日　省知识产权局、省版权局、省工商局等7部门联合在成都太成宾馆举办四川省知识产权战略纲要学习培训会，全省各市州版权、商标、专利等相关部门负责人参加学习。

6月23日　省版权局有关负责人陪同中国音乐著作权协会总干事屈景明一行3人，到汶川县城受灾会员杨国庆和廖必钊家中，将音著协给予的补助18 000元和19 500元，送到他们的手里。

6月25日　针对《四川教育》杂志投诉《成都晚报》侵犯著作权案，省版权局组织双方进行调解。

◇　省版权局、中国音乐著作权协会召开在川部分会员座谈会。

7月8～9日　国家版权局在山东省威海市举办

2009年基层版权执法培训会议。省版权局版权处高斌以及局稽查总队，成都、广安、乐山、达州、泸州、广元、中江、叙永等市县版权局共11人参加培训。

7月14日 省文学艺术界联合会在成都召开2009年四川省文学艺术界维权工作会议，就进一步加强对文学艺术家的著作权权益保护进行研究和部署。省高级人民法院、省版权局有关负责人和律师事务所、省文联各成员单位负责人参加了会议。

7月20日 成都市版权局和成都高新区社会事业局主动搭建服务平台，在天府软件园举办2009年企业版权专题培训会。成都高新区创建全国版权示范城市各成员单位和40余家企业代表参加培训。

7月24日 省政府推进使用正版软件工作领导小组办公室在成都召开四川省企业软件正版化培训工作会议。

8月6日 省版权局、共青团四川省委联合发出《关于开展"全省青少年版权保护读书征文活动暨版权保护知识竞赛"的通知》。同时，在《今日中学生》杂志开展"我心目中的版权"征文活动。

8月11日 省版权局和省商务厅联合召开版权贸易工作暨法兰克福书展四川展团筹备会会议，四川出版集团、四川新华文轩连锁股份有限公司等图书出版单位和法兰克福书展参展单位的代表参加会议。会上，省版权局版权处徐登明处长通报了近年来四川省版权贸易情况，对2009年的版权贸易工作提出了要求。

8月28日 国家版权局发布《关于表彰奖励2008年度查处侵权盗版案件有功单位及个人决定》，对2008年在查处侵权盗版案件工作中作出突出贡献的奥运反盗版工作组和个人给予表彰奖励。四川省有19家单位和8位个人获得表彰奖励。

9月4日 中国出版工作者协会举行第八届（2008年度）输出版、引进版优秀图书的评选颁奖大会，四川省有3种图书获奖。

9月6～9日 国家版权局在贵州召开贯彻落实国家知识产权战略纲要意见座谈会，上海、浙江、福建、四川、江西、安徽、山东、广西、湖南等省（区市）局版权处长和太原、成都市版权局长由国家版权局点名参加会议。会议就《贯彻落实国家知识产权战略纲要的意见》进行了讨论修改。

10月10日 成都市教育局、版权局、团市委联合在成都高新实验中学举办"版权孩子工程'千百万'行动计划"启动仪式。至此，版权保护知识进入成都市千所中小学校，开始覆盖全市百万中小学生。为实施国家知识产权战略，成都市教育局制定了知识产权进校园活动方案，全面启动"版权孩子工程"。全市确定了40所学校为版权教育重点学校。市教育局要求各中小学要充分利用学校的广播、专刊、专栏等，广泛开展中小学版权知识竞赛、原创征文等主题教育活动，培养青少年版权意识。

10月12～20日 第十届西部博览会在成都市举行。省版权局、省商标局、省知识产权局等部门在展会联合设立知识产权投诉点，负责受理西博会现场有关知识产权投诉，提供知识产权保护咨询服务等。

10月15日 省版权局专案组在南充市版权局和乐山市版权局的配合下，分别对"天籁村音乐网站"位于南充和乐山的服务器共计6台进行查扣，并责令网站暂停运营。遂宁市版权局对"天籁村音乐网站"位于遂宁的1台服务器也进行了查扣。

10月21日 省新闻出版局（省版权局）中心组前往天府软件园参观，高新区社会事业局吕毅局长介绍高新区版权工作及为天府软件园提供版权服务的情况。中心组还观看了软件园的宣传片，参观了腾讯成都公司、恒峰动漫、吉胜科技等软件、动漫和外包服务公司。

◇ 省版权局组织省高级人民法院、成都市中级人民法院、四川大学法学院、西南民族大学法学院、四川省社会科学院法学所、四川省版权产业课题组、四川出版集团、四川泽坤律师事务所等单位的有关专家，就《中华人民共和国著作权法》修正案（建议稿）进行座谈。与会专家就著作权出质、著作权行政管理、作品著作权登记以及复制权、著作权合理使用等条款提出了修改意见。

11月5日 由四川省纪委、省委宣传部、省监察厅、省广电局主办的"阳光政务"节目就四川版权保护和"扫黄打非"工作组织专题访谈。省"扫黄打非"办胡革副主任和省版权局版权处处长徐登明接受节目访谈，就四川省版权管理工作的情况、版权保护的政策和措施、互联网版权保护情况、计算机软件保护、当前版权保护的难点和问题以及如何促进版权的应用等6个专题，直接对听众进行解答。

11月9日 省政府推进使用正版软件工作领导小组发出《关于开展全省第二批软件正版化试点企业验收和工作督查的通知》，通知对省级成员单位试点企事业单位的验收以及对市州企事业单位软件正版化工作的督查和验收工作提出明确要求。各成员单位组成五个检查组分别对省属企业和市州软件正版化工作进行检查验收和督导。

11月16～17日 全省版权行政执法暨2009年度网络侵权盗版专项治理行动工作会议在成都金河宾馆召开。

11月30日 省版权局针对成都电子科技大学团委未经国际唱片业协会会员许可，在其开办的“学生之家音乐频道”网站（http://music.stuhome.com）上载、传播国际唱片业协会会员拥有著作权的《一个旅人》等40 000余首音乐作品的行为给予行政处罚。

12月1日 四川省2010上海世博会优秀歌曲授权使用仪式在成都举行。

12月22日 国务院推进使用正版软件部际联席会议办公室督察组来川检查全省软件正版化工作情况。国务院督察组由国家国资委巡视员刘长虹，国家版权局高思处长、张德军，以及国家保监局、中国软件联盟技术专家共6人组成。

12月24日 省版权局发出文件，表彰2009年度版权贸易工作先进单位。

12月29日 省政府新闻办召开互联网违法和不良信息举报联动机制工作协调会，省公安厅、省文化厅、省卫生厅、省工商局、省新闻出版局、省版权局、省“扫黄打非”办、省文明办等部门参加。会议形成《纪要》，决定建设举报工作平台、确立举报联动组织架构、建立举报联动工作机制，并探索举报奖励办法。

甘　肃　省

4月16日 省版权局等24个厅局和40家中央驻甘及省、市各大新闻媒体联合在兰州市宁卧庄宾馆召开知识产权宣传周活动新闻发布会，省版权局向媒体通报2008年甘肃省版权保护基本状况，并发布了“西部影视帝国”网站网络侵权盗版案、“4·07”盗版教辅图书案等侵权盗版典型案件。

4月21日 省版权局参加省“扫黄打非”办等部门在兰州东方红广场举行的公开销毁盗版及非法出版物仪式，并组织“打击侵权盗版，保护知识产权”万人签名活动。

5月 省版权局根据微软公司投诉，向兰州正林农垦食品有限公司、兰州方大炭素新材料科技股份有限公司、腾达西北铁合金有限责任公司等3家单位下达《行政建议书》，要求该3家企业积极开展自查整改工作。

8月 省版权局根据兰州大学申请，对其被外省著作权人诉称侵权一案进行调处。经调解，双方达成了调解协议，纠纷得以圆满解决。

◇ 省版权局向各市州下发《2009年甘肃省打击网络侵权盗版专项治理行动方案》，确定从2009年8月开始，历时4个月，分准备、自查自纠和收集案源、集中治理、督查总结四个阶段，围绕网络影视传播、文学网站、网络新闻转载等重点领域开展专项治理行动。

◇ 省人民政府办公厅印发《甘肃省推进企业使用正版软件工作实施方案》，成立了甘肃省推进企业使用正版软件工作领导小组和甘肃省推进企业使用正版软件工作联席会议，全面领导甘肃省企业使用正版软件工作。

◇ 省版权局配合省电视台录制了6集电视专题片《自主知识产权——甘肃的支撑》。

9月 科亿尔数码科技有限公司北京分公司就兰州公交集团万众广告彩印有限公司等5家公司未经授权，非法复制使用其享有著作权的Corel软件向省版权局进行投诉。省版权局经过核查，对有侵权行为的企业依法作出了处理。

◇ 省版权局应《丝绸之路》杂志社申请，对其杂志被他人非法盗用外装帧设计进行了法律咨询，并帮助其从非法出版物角度另案申请处理。

11月3日、27日 省版权局分别于中国勘察设计协会在兰州举办的国产CAD软件峰会和微软在兰州举办的产品推介会上，向参加会议的省内外500余家企业代表介绍了甘肃省企业软件正版化工作精神。

版权界动态

◆立　法

【于永湛和石峰两位全国政协委员就《著作权法》修订问题向全国政协会议提交提案】 我国现行的《著作权法》规定，录音录像制作者对其制作的录音录像制品只享有复制权、发行权、出租权和信息网络传播权等4种权利，而一般的作品则被赋予了多达17项著作权。音像制品的权利人认为，此种规定相对弱化了对音像制品的保护，也和国际上多数国家和地区（美国除外）的著作权保护立法和实践相悖。自2007年起，唱片公司及相关协会就发出了“尽快修改《著作权法》，赋予录音录像制作者广播权和表演权”的呼声。有鉴于此，在2009年3月全国政协十一届二次会议期间，新闻出版总署原副署长于永湛、石峰两位全国政协委员分别就此问题提交了提案。

于永湛认为，限于当时的经济技术发展水平和修法调研时间，2001年对《著作权法》的修订，对如何促进相关产业的发展和实现利益平衡等方面法律关系的调整，考虑不够充分。尤其是《著作权法》实施8年以来，互联网技术的飞速发展和相关产业的调整，使得《著作权法》的保护不足和产业的发展之间的矛盾更加突出。

我国的广播电台和播放音乐的场所使用原创音乐和传统优秀民族音乐作品的比例较大，赋予录音制作者广播权和表演权有利于鼓励国内原创和保护传统优秀音乐作品，抵御外来不良文化的侵袭。从国际社会看，世界上绝大多数有著作权制度的国家和地区，都赋予了录音制作者广播权和表演权。由于我国《著作权法》没有赋予录音制作者上述两项权利，也没有加入《罗马公约》，使我国制作的优秀音乐产品在其他国家和地区得不到保护，影响了我国文化产品“走出去”政策的实施和文化产业尤其是音乐产业的发展。

于永湛据此建议：（1）国务院法制办应尽快研究《著作权法》修订的问题，提请国务院将《著作权法》的修订尽快纳入2010年的立法计划，完善我国的著作权保护制度。（2）修改现行《著作权法》第四十一条，增加录音制作者的表演权，修改为：“录音录像制作者对其制作的录音录像制品，享有许可他人复制、发行、表演、出租、通过信息网络向公众传播并获得报酬的权利；权利的保护期为75年，截止于该制品首次制作完成后第75年的12月31日。”（3）修改现行《著作权法》第四十三条，增加录音制作者的广播权，修改为：“广播电台、电视台播放已经出版的录音制品，可以不经著作权人、录音制作者许可，但应当支付报酬。当事人另有约定的除外。具体办法由国务院规定。”

石峰在提案中指出，《著作权法》是我国知识产权保护体系的重要组成部分。我国现行的《著作权法》是1991年6月1日施行的，2001年为适应加入WTO的需要，进行过一次修订。近20年来，《著作权法》的实施取得了显著成绩，维护了版权所有者的合法权益，保障了作品的创作与传播，促进了社会主义文化和科学事业的发展与繁荣。但是在社会、经济、文化和科技快速发展的今天，我国现行的《著作权法》已不能适应当前形势发展的需要，出现了一些有待解决的问题，如广播电台、电视台使用已经出版的录音制品付费标准，民间文学艺术保护以及有关网络环境下著作权保护的规定等。应尽快通过修订《著作权法》，进一步完善著作权保护体系。

石峰还在提案中指出，2008年6月5日国务院印发的《国家知识产权战略纲要》，已经将及时修订包括《著作权法》在内的知识产权专门法律及有关法规列为了战略重点。目前，《专利法》的修订工作已经完成，《商标法》的修订也将在2009年完成。但是《著作权法》的修订工作却没有列入新的5年立法计划，将会使著作权保护与实际需要越来越不适应，最终将影响经济、社会、文化的发展。

【国家版权局公布《著作权行政处罚实施办法》】 2009年5月7日，新闻出版总署署长、国家版权局局长柳斌杰分别签署国家版权局令第6号、第7号，公布《著作权行政处罚实施办法》和《国家版权局废止第三批规章、规范性文件的决定》。

《著作权行政处罚实施办法》（以下简称《实施办法》）于1997年1月28日由国家版权局制定并发布，2003年9月1日重新发布，是《著作权法》的配套行政规章，是规范著作权行政管理部门行政处罚行为的重要依据。此次发布的《实施办法》根据相关条例规定扩充了应予行政处罚的违法行为，如增加了《信息网络传播权保护条例》第十八条同时损害公共利益的侵权行为；第十九条、第二十五条所列举的侵权行为；《著作权集体管理条例》第四十一条、第四十四条规定的应予行政处罚的行为；等等。根据《行政处罚法》和著作权法律法规的规定，《实施办法》增加了“警告”、“没收侵权制品”和“没收安装存储侵权制品的设备”等三项新的行政处罚。

此外，考虑到行政部门的有限人力资源，针对网络环境下的版权侵权案件，规定侵犯信息网络传播权的违法行为由侵权人住所地、实施侵权行为的网络服务器等设备所在地或侵权网站备案登记地的著作权行政管理部门负责查处。

在2002年和2003年，国家版权局先后以令第2号和第4号分两批集中废止了36件著作权规章、规范性文件。此次发布的《国家版权局决定废止的第三批规章、规范性文件目录》，含有著作权管理的13件规章、规范性文件。

（朱　珊）

【中国版权协会举办推进《著作权法》二次修订研讨会】 2009年6月5～6日，在中国版权协会主办的推进《著作权法》二次修订研讨会上，中国版权协会理事长沈仁干及30余位来自各界的中国版权协会理事一致认为：《著作权法》自2001年第一次修订至今，已历经8年，在这8年中，国际环境、我国的经济社会发展和立法环境都发生了很大的变化，我国应加快推进《著作权法》的二次修订工作。

与会人员分别从不同角度对《著作权法》二次修订的必要性进行了探讨。他们在发言中谈到，上次修订时主要对与世贸组织知识产权协议协调以及回应互联网等新技术对传统版权制度的挑战考虑较多，而对从整体上完善法律注意不够，有许多问题遗留下来亟待解决。与会人士建议：要充分认识到，进一步完善《著作权法》是我国版权事业和版权产业发展的内在需求，当前要加强舆论宣传、凝聚各界共识。修法必须从中国实际情况出发，要在满足国际公约最低保护标准的同时，鼓励作品的创作和传播、满足社会的广泛需求，着力解决我们建设创新型国家所面临的问题。同时，修法不一定是“大修”，可以根据实际情况，不失时机地对现行《著作权法》进行部分修改，以解决当前存在的突出问题。他们还指出，知识产权制度、版权制度要与时俱进，世界上不少国家和地区的著作权法律修改频繁，可以为我们修订法律提供借鉴。与会者还就《著作权法》中一些不合时宜的条文以及亟须修改的规定进行了初步研讨。

《商标法》、《专利法》这两部与《著作权法》前后一起修订过的知识产权法律目前又在进行修订，而《著作权法》的二次修订尚未被纳入全国人大的五年立法规划。近年来，版权业界、学术界希望对《著作权法》进行二次修订的呼声很高，国家版权局也于2007年开始启动了《著作权法》二次修订的相关调查研究工作。

中国版权协会常务副理事长杨德炎、张秀平，全国人大教科文卫文化室主任朱兵，国务院法制办科教文卫司司长张建华，国家版权局版权管理司司长王自强、法规司副司长于慈珂，北京市高级人民法院知识产权庭庭长陈锦川，最高人民法院知识产权庭审判长于晓白，中国电影版权保护协会理事长朱永德，中国人民大学教授刘春田，中国社会科学院教授李顺德，中国政法大学教授张今，中国作家协会吕杰等出席了研讨会。

（慧　文）

【国家版权局在北京召开《教科书法定许可付酬办法》调研座谈会】 2009年9月22日，国家版权局召开《教科书法定许可付酬办法》北京地区调研座谈会。新闻出版总署副署长、国家版权局副局长阎晓宏，中国文字著作权协会会长陈建功出席并致辞。原新闻出版署副署长梁衡，金波、雷抒雁、张胜友、郭平英等11位著名作家及文著协、音著协、音集协、摄著协和10家在京出版社的相关负责人，就教科书支付稿费的情况和存在的问题，围绕国家版权局起草的《教科书法定许可付酬办法（征求意见稿）》进行了讨论。座谈会由国家版权局版权管理司司长王自强主持。

据王自强介绍，《著作权法》第二十三条规定了教科书法定许可付酬制度，即教科书使用已发表的作品片段或短小的文字作品、音乐作品或单幅的美术作品、摄影作品，可以不经权利人的许可，但必须支付报酬，该报酬标准由国家版权局制定。2008年10月，经过国家版权局、民政部审批，中国文字著作权协会成立。按照《著作权集体管理条例》第四十七条的规定，教科书法定许可报酬的收转工作是该协会的一项核心工作。2009年7月30日，国家版权局下发了《关于明确中国文字著作权协会“法定许可”使用费收转职能的复函》，明确了文著协承担报刊转载、教材“法定许可”使用费转付的法定职能，即文著协是向作者转付报刊转载、教科书法定许可使用费的唯一法定机构。实践中，文著协和权利人以及其他权利人组织却不断遇到了因教科书法定许可使用其享有版权的作品而无法获得报酬的难题，纷纷要求国家版权局加快立法进度，尽快制定《教科书法定许可付酬办法》，以维护著作权法赋予著作权人的相关权利，同时解决教科书编写、出版单位因法定许可使用已发表的作品而面临的法律风险。

座谈会上，阎晓宏表示，目前教科书付酬遇到的问题主要是标准和方式的问题。出版单位离不开作者，作者也离不开出版单位，因此，双方必须建立在相互尊重、相互理解的基础上，制定一个恰当的标准，寻找一个对双方都比较便捷并且有利的付酬方式。

国家版权局曾经在 2002 年向社会公布了《教材“法定许可”付酬办法》征求意见稿，由于各方面分歧较大，该规定迟迟没有出台。但是实践中，只有人民教育出版社、高等教育出版社等个别出版社参照执行，而绝大多数出版社以国家没有正式的教材稿酬标准为由，以较低的标准向作者付酬，有的甚至没有向作者付酬，很多出版社在教材“租型”过程中也没有考虑作者的稿酬。鉴于作为报刊转载、教材“法定许可”使用费收转法定机构的中国文字著作权协会已经成立，所以针对这种情况，国家版权局已经启动《教材“法定许可”付酬办法》调研工作，广泛征求作者和出版单位的意见。

（张洪波）

◆ 司　法

【中国手机游戏侵权第一案判决】　2009 年 1 月 4 日，北京市海淀区人民法院对审理的第一款手机游戏侵权案“武林奇侠——九眼天珠”作出了一审判决。法院判决当乐公司及其股东张俊彦共同向中科亚创公司承担侵犯著作权之责任，向权利人支付 5 万元赔偿金。北京当乐信息技术有限公司及其股东张俊彦侵犯北京中科亚创科技有限责任公司 13 款手机游戏软件著作权案件，经北京市海淀区法院研究分为 13 个侵权案进行审理。

中科亚创公司代理人、北京市盛廷律师事务所李海霞律师介绍，中科亚创一共有 13 款手机游戏软件被当乐公司及张俊彦侵权，由于侵权事实和侵权过程相同，“武林奇侠——九眼天珠”一款手机游戏的审理结果也就预示着其他 12 款侵权产品的审理结果应基本相同，也就是说侵权方至少需要向中科亚创赔付共计 65 万元赔偿金。根据法院的判决书，这个数额是法院考虑到软件性质及独创性程度、网站提供免费下载软件的人气信息和当乐公司及张俊彦的过错承担与侵权情节等综合因素确定的。

案件诉讼过程中，就曾有多家外国手机游戏厂家前来咨询，并在积极地收集证据，准备通过法律途径维护自己的合法权利。所以，这个诉讼是第一个手机游戏软件侵权的胜诉案件，而且绝对不是最后一个。

【全国首例酒店餐饮背景音乐侵权案获法院受理】　2009 年 3 月 26 日，中国音乐著作权协会（以下简称音著协）以侵犯著作权人音乐作品表演权为由，将杭州华溥实业有限公司凯悦酒店分公司（以下简称凯悦酒店）和杭州九佰碗连锁餐饮食品有限公司（以下简称九佰碗）告上法庭，浙江省杭州市中级人民法院已经正式受理此案。该案是全国首例酒店和餐饮行业侵权使用背景音乐案件。

音著协诉称，凯悦酒店和九佰碗在没有征得其许可、没有缴纳著作权使用费的情况下，分别长期公开使用音著协管理的音乐作品作为场所的背景音乐。音著协分别于 2008 年 6 月和 7 月委托公证机关对凯悦酒店和九佰碗使用侵权歌曲的行为进行了公证。音著协认为，两被告未经许可，为了经营需要，公开表演播放音著协管理的歌曲，其行为侵犯了著作权人音乐作品的表演权。故诉至法院，要求两被告立即停止公开播放未经许可的歌曲，并且各自赔偿经济损失及相关合理费用各 3.5 万元。

【法院判太白文艺出版社停止发行《一千零一夜》并赔偿经济损失】　2009 年 6 月，北京市海淀区人民法院审结了对外经济贸易大学阿拉伯语系 6 位学者以侵犯著作权为由分别将太白文艺出版社、北京第三极书局有限公司诉至法院一案。

2005 年，太白文艺出版社未经翻译者许可，将其翻译的作品更换译者姓名后也出版了《一千零一夜》一书，书中被诉侵权的故事除个别语句在表述和语序上有细微区别外，内容基本与北京燕山出版社出版的《一千零一夜》相同，北京第三极书局销售了被诉侵权的书籍。为此，6 位学者将太白文艺出版社、北京第三极书局有限公司诉至法院，要求二被告立即停止出版发行，收回、销毁该书尚未售出的部分，公开赔礼道歉并赔偿经济损失、精神损害抚慰金和维权费用。

法院审理认为，在作品上署名的6位原告为涉案故事的翻译权人，太白文艺出版社未经著作权人的授权即出版侵权图书的行为构成对6位原告著作权的侵犯，法院依法判令太白文艺出版社自判决生效之日起，删除侵权内容，不得出版发行2005年1月版《一千零一夜》，并在《人民法院报》上刊登声明，就其侵权行为向原告公开赔礼道歉，给付原告精神损害抚慰金5 000元不等，赔偿原告经济损失及诉讼合理支出2.6万余元，并承担案件诉讼费用。北京第三极书局有限公司虽有合法的进货途径，没有主观过错，但为了消除侵权行为所造成的影响，法院判令其从判决生效之日起停止销售侵权图书。

【卡拉OK经营场所侵权案首次执行财产保全】 2009年7月20日，安徽省合肥市中级人民法院根据原告申请，对北京天语同声信息技术有限公司和中音传播（深圳）有限公司两家权利人公司诉合肥市5家卡拉OK经营场所侵权案作出财产保全裁定。21日，5家被诉卡拉OK经营场所被执行财产保全。这是我国首次在卡拉OK经营场所侵权诉讼案中执行财产保全。

两原告发现合肥市阿波罗音乐茶饮有限公司、时代广场商业管理有限公司、快乐老家音乐茶饮有限公司等5家卡拉OK经营场所未经许可擅自使用自己享有著作权的音乐电视作品进行经营活动，与其交涉未果后，将这5家卡拉OK经营场所告上法庭，要求被告停止使用侵权的音乐电视作品，并分别赔偿经济损失12万余元。

与此同时，原告向合肥市中级人民法院提出财产保全申请，请求法院分别冻结每家被告银行账户15万元或查封其他等值财产，原告在申请财产保全同时向法院提供了担保。7月20日，合肥市中级人民法院作出财产保全裁定并立即执行。执行当天，时代广场商业管理有限公司所被冻结款项为15万元，阿波罗音乐茶饮有限公司被冻结13.1万元，维果餐饮娱乐投资有限公司被冻结1万余元；此外，快乐老家音乐茶饮有限公司和欧风街钱柜餐饮娱乐有限公司因账户问题未能冻结存款，法院查封了两家15万元等值财产。

（刘　超　王晓勇）

【水浒人物穿上“七匹狼”　画家获赔10万元】 2009年7月，北京市海淀区人民法院审结了叶先生诉福建七匹狼实业股份有限公司（以下简称七匹狼公司）、厦门大峡谷影视有限公司（以下简称大峡谷公司）侵犯著作权纠纷一案。法院判决七匹狼公司、大峡谷公司向叶先生公开赔礼道歉，大峡谷公司赔偿叶先生10万元，七匹狼公司对其中的4.3万元承担连带责任。

叶先生称，自己创作了《水浒一百零八将》人物绘画作品，并于2001年由百家出版社出版发行。

为宣传“七匹狼”服装，七匹狼公司委托大峡谷公司创作“好汉篇”动画贺岁片广告，于2008年春节期间在中央电视台一套播出。该广告使用了叶先生的水浒人物26个，其中有12个人物保留了水浒人物头像，但穿着“七匹狼”服装；其余人物中大部分修改了手持物品、衣服颜色。叶先生认为，七匹狼公司的行为侵犯了其著作权，大峡谷公司制作了涉案广告，与七匹狼公司共同构成侵权，故诉至法院，要求判令七匹狼公司和大峡谷公司向其公开赔礼道歉，赔偿经济损失及合理支出共计30万元。

七匹狼公司辩称涉案广告由大峡谷公司制作，且获得了大峡谷公司提供的14个完整人物的创作底稿，其尽到了合理审查义务，不构成侵权。

大峡谷公司辩称其员工参考临摹了叶先生作品制作涉案广告，没有直接使用叶先生的作品；对于12个仅使用了叶先生作品人物头像的作品，他们认为人物头像不是广告人物的实质性部分，故其行为不构成侵权。

法院经审理认为，叶先生享有《水浒一百零八将》人物画像的著作权，涉案广告人物与叶先生作品构成了实质性相似。虽然大峡谷公司否认其对“好汉”人物头像的使用属于广告人物形象的实质性部分，但头像在以人物为模特的广告中占有举足轻重的地位，缺少了头像，难以成为人物模特广告。大峡谷公司作为商业广告制作者，未经许可使用叶先生的美术作品，且擅自修改了叶先生作品人物形象，还令12个水浒人物穿着“七匹狼”服装，歪曲叶先生作品中的小说人物造型，侵犯了叶先生享有的复制权、修改权和保护作品完整权。

七匹狼公司作为广告主，在未审查广告人物是否由大峡谷公司独立创作的情况下，便使用12个身着“七匹狼”服装的“好汉”人物，未尽到合理的审查义务，与大峡谷公司共同侵犯了叶先生享有的著作权。

由于广告是公开播放的，法院支持了叶先生提出的公开赔礼道歉的主张，并根据叶先生作品的影响力、广告播出媒体、时段以及七匹狼公司的侵权情节等因素酌定了赔偿数额和诉讼合理支出。

（邹　韧）

【我国建筑行业首例软件侵权案终审判决】 2009 年 8 月 13 日，在业界引起广泛关注的我国建筑行业首例软件侵权案件——深圳市斯维尔科技有限公司（以下简称斯维尔公司）诉北京天正工程软件公司（以下简称天正公司）天正建筑设计等软件著作权侵权案审结，法院终审认定天正软件构成著作权侵权，判令停止侵权行为，并向原告斯维尔公司赔偿人民币 60 万元。

2004 年 1 月，斯维尔公司通过协议获得了一种软件的源程序代码，并在此基础上自主开发出建筑设计软件，且进行了版权登记。后经该公司调查发现，深圳市南山区一家书店销售的天正公司系列建筑设计软件大量使用了斯维尔公司建筑设计软件的源程序代码。斯维尔公司认为，天正公司涉嫌侵权软件与被侵权软件存在大量相同或者相似的功能界面，侵犯了自己的著作权，遂将天正公司告上法庭。

2006 年 6 月，斯维尔公司对北京天正建筑设计系列软件侵权案提起诉讼。在历时两年的审理过程中，深圳市南山区人民法院委托具有国家规定的知识产权司法鉴定资格的专业司法鉴定机关，进行包括软件源程序比较在内的相同或实质相似性鉴定。经过专业司法鉴定机关的比较鉴定，结果显示：双方开发语言相同、软件架构相似，双方源程序的基础类库中存在相当数量的完全相同和实质相似的代码，另外有部分完全相同和实质相似的代码分散于其他的模块中。法院据此认定：天正软件构成侵权。天正公司被判立即停止侵权行为并向斯维尔公司赔偿 60 万元。天正公司不服此判决，提起上诉。

深圳市中级人民法院作出终审判决：驳回天正公司上诉，维持原判。

判决作出后，斯维尔公司在其网站上发布声明：根据法律规定，计算机软件用户使用侵权软件的，应承担停止侵害、赔偿损失等民事责任；将保留对于侵权软件（包括基于侵权软件开发的任何衍生或后续软件产品）的复制、发行、使用者继续依法追究的权利。这意味着，天正建筑设计软件用户必须立即停止使用侵权软件并面临其他诸多潜在法律风险。

（方　圆）

【我国已基本建立了具有中国特色的知识产权司法保护制度】 2009 年 8 月 14 日，最高人民法院知识产权庭法官秦元明在北京召开的知识产权执法经验交流会上表示，我国已基本建立了能够适应国家发展需要、履行国际条约义务、体系比较完整的具有中国特色的知识产权司法保护制度，人民法院正在通过行使民事、行政和刑事三种审判职能，对知识产权提供全方位的司法保护。

改革开放以来，人民法院依法受理和审结了大量知识产权民事案件，充分发挥了民事审判在保护知识产权和激励自主创新中的主导作用。从 2007 年至 2009 年 6 月底，全国法院共受理和审结知识产权民事一审案件 53 592 起和 47 681 起。其中，受理专利民事案件 10 191 起，商标民事案件 13 478 起，著作权民事案件 25 039 起，技术合同案件 1 702 起，其他知识产权民事案件 3 182 起。

2009 年上半年，全国法院共受理和审结知识产权民事一审案件 13 698 起和 9 208 起，比上年同期分别增长 23.11%和 20.95%。

在行政审判方面，我国法院认真履行对涉及专利、商标等授权确权案件和知识产权行政执法案件的司法复审职能，依法有效地监督和促进了知识产权行政机关的依法行政。从 2007 年至 2009 年 6 月底，全国法院共受理和审结知识产权行政一审案件 7 608 起和 7 020 起。

在刑事审判方面，近年来，人民法院受理和审结的涉及知识产权侵权的刑事案件明显增加。2008 年全国地方法院共审结涉及知识产权侵权的刑事案件 3 326 起，判决发生法律效力 6 439 人。

（崔　静）

【音集协为 46 首音乐电视作品维权终审获胜】 2009 年 8 月，北京市第二中级人民法院审结了中国音像著作权集体管理协会（以下简称音集协）以侵犯著作权为由，将北京金夜良宵陶然娱乐有限公司（以下简称金夜娱乐公司）告上法庭一案。二中院终审判决，驳回金夜娱乐公司的上诉，维持一审法院作出的判决：金夜娱乐公司停止使用涉案音乐电视作品，支付赔偿金及合理费用共计 4.8 万余元，驳回音集协其他诉讼请求。

音集协诉称，该协会于 2008 年 7 月 22 日至 2008 年 11 月 13 日先后与北京鸟人艺术推广有限责任公司、北京星工场音乐娱乐有限公司、广州市新时代影音公司等多家音像公司签订《音像著作权授权合同》，取得了音乐电视作品的放映权、出租权、广播权、复制权，以及以自己的名义提起维权诉讼的相关权利。音集协认为，金夜娱乐公司在未缴纳作品使用费的情况下，在其经营的卡拉 OK 歌厅中使用音集协管理的 46 首音乐电视作品的行为，侵犯了权利人的放映权、复制权，故诉至法院，要求判令金夜娱乐公司停止侵权、删除涉案音乐电视作品，赔偿经济损失及合理费用共计 20 万元。

金夜娱乐公司辩称，该公司经营的营业场所中确实使用了这 46 首音乐电视作品，但这是该公司更换的设备中自带的。目前，该公司已经删除了上述歌曲，并同意支付使用费，但是对于音集协主张的 20 万元，该公司认为没有依据，不同意该赔偿数额。

一审法院经审理，判令金夜娱乐公司停止使用侵权音乐电视作品，并向音集协支付赔偿金 4.2 万元，赔偿音集协为制止侵权行为支出的合理费用 2 000余元，驳回音集协其他诉讼请求。一审判决后，金夜娱乐公司对赔偿数额不服，上诉至二中院。

二中院经审理认为，原审法院综合考虑音乐电视作品的数量和知名度、作品的具体使用方式、歌厅的经营规模等因素，酌情确定的赔偿数额并无不妥。原审判决认定事实清楚，适用法律正确，处理结果适当，二中院据此作出上述判决。

（邹　韧）

【卡拉 OK 版权许可首例违约诉讼在北京审理】 2009 年 9 月，因认为对方违约拖欠卡拉 OK 版权使用费，中国音像著作权集体管理协会（以下简称音集协）与云南天合世纪文化传播有限公司（以下简称云南天合）将云南大明星欢乐园娱乐有限公司（以下简称云南大明星）告上法庭，要求云南大明星支付版权使用费及违约金近 29 万元。北京市朝阳区人民法院受理了此案。

音集协与云南天合诉称，2008 年 8 月 25 日，音集协、云南天合及中国音乐著作权协会与云南大明星签订了 3 份《著作权许可使用及服务合同》。合同规定："中国音像著作权集体管理协会、中国音乐著作权协会许可云南大明星欢乐园娱乐有限公司在其所属卡拉 OK 场所使用其管理范围内的音像作品；云南大明星欢乐园娱乐有限公司应按照合同规定，将版权使用费汇至云南天合世纪文化传播有限公司指定账号"。同日，云南天合还和云南大明星就版权使用费的具体收费事宜达成了协议，云南大明星对其所属 3 家 KTV 场所 2008 年度应交版权使用费的数额进行了确认，其中云南大明星所属欢乐园店、大拇指店、楚雄店总金额为358 072.68元。2008 年 8 月 29 日，云南天合又和云南大明星签了一份"情况说明"，对云南大明星应缴纳的版权使用费数额进行了变更，双方确认云南大明星实际应缴纳的版权使用费总额为332 496.06元。然而，云南大明星仅在 2008 年 9 月 12 日和 12 月 1 日共缴纳了70 000元后，余款262 496.06元虽经云南天合多次催缴，云南大明星却一直拒付。原告故诉至法院，要求云南大明星按照合同规定支付版权使用费262 496.06元，及逾期交付版权使用费的违约金27 224.46元，共计289 720.52元。目前此案正在审理中。此案是我国卡拉 OK 版权许可工作首例违约诉讼。

（邹　韧）

【我国首次对卡拉 OK 侵权经营场所执行证据保全】 2009 年 10 月 30 日，中国音像著作权集体管理协会发布消息，根据权利人申请，湖北省宜昌市中级人民法院依法裁定，对该市 7 家卡拉 OK 经营场所侵权使用他人音乐电视作品的行为，执行证据保全。

这是我国首次对卡拉 OK 侵权经营场所执行证据保全，此举有利于减少权利人维权成本的支出，有利于解决权利人取证难的问题。

诉前证据保全，是指当证据可能灭失或以后难以取得时，法院根据申请人的申请或依职权对证据加以固定和保护的制度。在本案中，法院通过司法程序固定并保存了这 7 家卡拉 OK 经营场所侵权使用的百余首音乐电视作品的证据，以备法庭审理过程中使用。

此前，在我国的卡拉 OK 侵权维权案件中，权利人一般采用公证方式固定证据，但权利人在其间付出的经济和时间成本一直是维权诉讼中的重负。如何解决权利人维权难、取证难一直是司法部门力求突破的难点。

中国版权协会副理事长蒋志培说，证据保全是法律的应有之义，但在我国司法实践中从未在卡拉 OK 版权保护中应用。宜昌市中院的尝试是积极有益的探索，实现了司法理论和实践的结合，填补了我国司法实践在保护卡拉 OK 版权领域的空白。

（江时强　吴　植）

【微软在中国首次被判侵权】 2009 年 11 月 16 日，北京市第一中级人民法院宣判，微软侵犯我国中易公司的知识产权，涉及中易宋体、黑体两套字库共约 4 万多个汉字的著作权。这也是微软首次在中国遭遇知识产权诉讼。

北京中易中标电子信息技术有限公司拥有郑码输入法和中易字库的相关知识产权。1994 年微软为了 Windows95 进入中国市场，使之成为中文版，于是微软与中易公司签订了特许授权协议，但授权仅限微软在 Windows95 中文版的范畴内使用。其后微软在 Windows98、2000、2003、XP 中文版及全球销售的多国语言版等产品中，在未经中易公司授权，未支付任何使用费用的情况下，大量使用了中易中标公司的中文字库。故 2007 年 4 月，中易公司便将微软告上法庭，起诉对方在没有获得授权的情况下，在 Windows98、Windows2000 以及 WindowsXP 等产品中预装郑码输入法和中易字库，期间，法院已有三次开庭审理。

根据审理结果，法院判决微软使用中易字体字库侵权，同时要求微软在判决生效之日起，立即停止生产、销售使用有中易字体字库的 Windows98、Windows2000 以及 WindowsXP 等 8 个版本的操作系统。

中易公司表示，在 1998 年微软为 Windows95 操作系统使用郑码付费后，已经有长达 10 年时间没有向该公司支付使用费。

对于判决结果，微软方面表示会考虑就字库一案的判决结果提请上诉。

业内分析人士指出，由于目前在国内市场 WindowsXP 操作系统仍占有相当大的比例，即便现在微软市面上主推的是 Windows7 操作系统，但法院的裁定对微软操作系统中文版的市场依然会产生一定的影响。

（蔡　伟）

【卡拉 OK 点歌机生产商首次成被告】 2009 年 11 月 24 日，中国音像著作权集体管理协会（以下简称音集协）以北京世纪优冠科技有限公司生产的卡拉 OK 点歌机内置音乐电视作品侵犯其管理的音乐电视作品著作权为由，向北京市海淀区人民法院正式提起诉讼，并将销售优冠点歌机的大中电器有限公司一并告上法庭。这是音集协提起的首例卡拉 OK 点歌机侵权民事诉讼。

音集协自 2008 年 10 月正式开展点歌机内置音乐电视作品授权许可工作以来，已有优必胜、金永、晶恒、比特龙、灵思、雷客等多家点歌机生产龙头企业向协会申请并获得了使用许可授权。但目前市面上销售的点歌机使用盗版音乐电视作品的情况还十分普遍。为此，音集协将把维权诉讼作为一项常态工作，并根据侵权厂商的不同特点采取相应的维权手段。此次诉讼是由于北京世纪优冠生产的优冠数字机顶盒（点歌机）中内置了数千首音乐电视作品，其中包括由音集协管理的众多作品，但未经授权且未向音集协支付报酬。音集协认为，这种行为侵犯了音集协旗下会员单位的复制权。目前，音集协已对北京各大电器城的侵权卡拉 OK 点歌机进行了证据保全，如果侵权商家及厂家不及时与协会进行协商解决版权许可问题，音集协将陆续对各侵权单位提起行政投诉或民事诉讼。此外，音集协对深圳、广州、昆明等城市的点歌机市场情况也进行了深入调查，并已对一批侵权厂商提起了行政投诉。

在以往的诉讼中，部分涉嫌侵权的 KTV 经营者称，在购买采用的点歌软件或点歌机时，已与销售公司签订有合同或协议，而且销售公司在合同书里已注明“保证合法的知识产权”。由于 KTV 经营者没有能力对所有歌曲进行权利归属查询，因此主观上并非故意侵权。鉴于此，音集协于 2009 年启动了针对点歌机生产企业的诉讼维权活动。

（赖名芳）

【首例侵权 KTV 被强制查封】 2009 年 12 月 23 日，中国音像著作权集体管理协会（以下简称音集协）根据权利人申请，太原市中级人民法院作出决定，针对该市福客楼 KTV 违法使用他人音乐电视作品而拒不履行判决的行为，采取强制执行措施，查封整个店面。因侵犯音乐版权而被查封 KTV 经营场所的情况，在新中国成立以来尚属首次。

2009 年 3 月，福客楼 KTV 未经权利人授权，以营利为目的，擅自在其经营的场所内以卡拉 OK 方式向公众播放 30 多部音乐电视作品，被权利人中音传播有限公司告上法庭。

7 月 20 日，太原市中级人民法院判决福客楼 KTV 侵权行为成立。判定被告福客楼每首歌赔偿 2 500元，并承担原告合理支出费用。

在之后的 5 个月时间里，福客楼 KTV 对判决置之不理。为了保护自身权益，权利人向法院申请了强制执行。

（王　荟）

◆ 行政管理

【全国版权工作会议在北京召开】 2009年1月13日，全国版权工作会议在北京召开。新闻出版总署署长、国家版权局局长柳斌杰作了题为《深入贯彻落实科学发展观 全面推进版权工作六大体系建设 在时代的高起点上开创版权工作新局面》的书面报告，新闻出版总署副署长、国家版权局副局长阎晓宏对报告进行了阐释性讲解。各省（自治区、直辖市）版权局局长对报告进行了讨论。

柳斌杰在报告中对改革开放30年来版权工作取得的历史性进步进行了总结，即建立起符合国情又与国际规则相衔接的著作权法律体系，确立了具有中国特色的司法与行政并行的版权保护制度，打击各类侵权盗版取得重大成效，版权相关产业蓬勃发展，版权公共和社会服务框架基本建立，版权国际合作与交流不断加强，社会公众的版权意识显著增强。

柳斌杰强调，要突出重点，统筹兼顾，高质量完成2009年版权工作。一是认真贯彻落实《国家知识产权战略纲要》，二是切实加强社会监管和行政执法工作，三是积极稳妥推进企业软件正版化工作，四是大力促进发展版权产业，五是深入开展宣传培训工作，六是妥善处理涉外版权关系。

（方　圆）

【我国将加大举报侵权盗版有功人员奖励力度】 2009年2月11日，在全国“扫黄打非”办举行的新闻通气会上，全国“扫黄打非”办、国家版权局宣布将继续按照2000年全国“扫黄打非”工作小组、财政部、公安部、新闻出版署、国家版权局联合颁发的《对举报“制黄”、“贩黄”、侵权盗版和其他非法出版活动有功人员奖励办法》（以下简称《奖励办法》）有关规定，加大对举报有功人员的奖励力度。同时，全国“扫黄打非”办将根据“扫黄打非”工作不断变化的形势需要，会同有关部门及时修订完善奖励举报办法，特别是要增加对于举报“假报刊、假记者、假记者站、假新闻”等“四假”情况，以及举报网络非法出版和网络“制黄”、“贩黄”、“传黄”等犯罪活动的奖励措施，以鼓励更多的人支持并参与“扫黄打非”、知识产权保护工作。

据全国“扫黄打非”办负责人介绍，对于一般举报有功人员，政府相关部门将按照《奖励办法》规定予以奖励。对于一般举报有功人员，举报非法出版活动的，按每案所涉及出版物经营额2%以内的奖励金予以奖励；举报非法出版活动的生产、经营和运输等设备的，按每案罚没款总额10%以内的奖励金予以奖励；举报非法从境外引进光盘生产线、非法复制光盘的，按每条（含一条双头）15万～30万元的奖励金予以奖励；举报采用相关设备组装非法光盘生产线、非法复制光盘的，按每条3万～10万元的奖励金予以奖励。同时，全国“扫黄打非”办将严格兑现保守“举报人”秘密的承诺，在核查举报案件情况属实后及时向举报人兑现奖励金。

（赖名芳）

【国家三机构举报中心合并】 2009年2月，根据工作需要，原有的全国“扫黄打非”办、新闻出版总署、国家版权局三个举报中心精简合并为“全国‘扫黄打非’办、新闻出版总署、国家版权局举报中心”，由全国“扫黄打非”办负责联合举报中心的日常工作，及时受理群众举报并督办落实。

目前，合并后的举报中心已正式开展工作。本着“统一受理，分头办理”的原则，原三个举报电话12390、65212870、65212787号码不变，职能相同，统一受理举报事宜。

据全国“扫黄打非”办专职副主任、国家新闻出版总署反非法和违禁出版物司司长李宝中介绍，举报中心承担举报受理、案件转办、汇总分析等职能，举报受理将包括电话举报、来信举报、来访举报以及网上举报。

（申　楠）

【企业软件正版化及版权执法专题工作会议在北京召开】 2009年3月18～19日，企业软件正版化及版权执法专题工作会议在北京召开。来自全国31个省（自治区、直辖市）及广州、青岛、石家庄、杭州等19个中心城市版权管理部门的相关负责人参加会议。新闻出版总署副署长、国家版权局副局长阎晓宏出席会议并讲话。

阎晓宏指出，要充分认识推进企业软件正版化工作的重要性和特殊性。软件产业是国民经济的基础性和战略性产业，是信息化的核心，软件正版化工作是实施知识产权战略、提高自主创新能力、建设创新型国家、促进民族软件产业发展的重要工作，我们必须坚定不移、毫不动摇地推进。各地要认真落实部际联席会议部署的《2009年推进企业使用正版软件工作计划》，坚持以大型企业为重点，以国有、外商投资、民营大型企业在先，中小企业在后依次推进的原则，突出重点，逐步推进，重点做好表彰、培训、软件资产管理等服务工作，积极倡导、鼓励、奖励企业使用正版软件，同时加大行政执法和舆论宣传力度，营造“拒绝盗版、使用正版”的良好社会氛围。

阎晓宏强调，目前版权工作要整体围绕版权工作六大体系建设全面推进。在当前的经济形势下，2009年版权工作应注意围绕中心，服务大局，要为“保增长、保民生、保稳定”的大局服务，突出工作的重点和亮点，积极改进版权工作方法，坚持依法行政，推动版权保护工作再上新台阶。

国资委信息化工作办公室副主任刘长虹在会议上透露，截至2008年年底，有112家中央企业集团总部实现软件正版化。2009年国资委将通过要求中央企业做好2009年工作计划、落实经费预算、完善工作体系、加强软件资产管理制度建设等措施，加快推进中央企业使用正版软件工作，确保实现两项硬性指标，即：各中央企业要全部实现集团总部使用软件正版化，中央企业二级企业基本实现使用软件正版化。

银监会信息中心主任吴跃说，2008年银监会首度开展了信息科技风险现场检查，并将软件正版化作为一项检查内容列入现场检查计划。结果显示，2008年现场被检查的银行业金融机构普遍重视软件正版化工作，软件正版化率达到100%。各银行业金融机构在软件正版化方面比2007年有了大幅度提高，基本实现了操作系统、数据库、中间件、办公软件、防病毒软件、财务软件以及辅助软件的正版化。

此外，北京市版权局副局长王野霏、中国软件联盟副理事长邹忭分别就北京市企业软件正版化工作及软件资产管理等情况作了介绍。与会者还就当前推进企业软件正版化、版权管理、涉外版权、版权执法和监管工作中存在的问题及解决方法进行了研讨。

（赖名芳）

【长三角建新闻出版（版权）全面合作机制】 2009年4月13～14日，长三角新闻出版（版权）协作第一次会议在上海举行。江、浙、沪两省一市新闻出版（版权）局局长齐聚一堂，深入探讨在全国率先开展区域性新闻出版（版权）工作的全面合作机制。会议最终达成共识，并签署了《关于长三角区域新闻出版合作发展的框架协议》和《关于建立长三角区域版权保护和版权服务协作机制的合作协议》。三地新闻出版局领导表示，今后将共同推动形成开放合作和互惠联动的新体制，形成长三角新闻出版业又好又快发展的新格局。

新闻出版总署副署长、国家版权局副局长阎晓宏，上海市政府副秘书长蒋卓庆，上海市委宣传部副部长宋超出席会议并讲话。阎晓宏代表新闻出版总署对江、浙、沪两省一市新闻出版局建立新闻出版合作出版机制的做法给予了高度评价，认为具有很强的创新意义和现实意义。他希望长三角区域新闻出版合作交流与发展在实践中不断推进、不断完善、不断深化，在推动新闻出版业大发展大繁荣中发挥更大的作用。

2008年9月，国务院出台了《关于进一步推进长江三角洲地区改革开放和经济社会发展的指导意见》，明确要求加快长三角地区一体化进程。为贯彻落实国务院这一精神，推动长三角区域新闻出版（版权）业的合作与发展，从2008年10月开始，江、浙、沪三地新闻出版局进行了广泛接触与沟通，大家一致认识到了长三角区域新闻出版（版权）加强合作、协调发展的重要性，并多次召开会议，就如何打破省市间地区壁垒，促进各种要素市场的一体化，推进区域共同发展进行了深入探讨。

《关于长三角区域新闻出版合作发展的框架协议》和《关于建立长三角区域版权保护和版权服务协作机制的合作协议》从起草、征求意见到最后定稿，经过了反复的研究、修改完善，合作内容涉及内容生产、行政审批、企业联合兼并重组、信息共享、公共文化、行业协会、人才交流、“走出去”、印刷复制、出版物市场、版权保护与服务等方面。例如，今后三地将建立世博会区域版权保护快速反应机制，加快建立区域城市版权工作协作网、版权侵权投诉异地受理、版权行政执法调查取证协作、跨省市重大侵权案件联合执法，还将全力打造长三角阅读圈，积极整合长三角区域版权（著作权）行政管理资源，搭建长三角版权业互相促进、共同繁荣、科学发展的合作平台等。

（全　鑫）

【国务院新闻办举行2008年知识产权保护状况新闻发布会】 2009年4月21日，国务院新闻办在北京召开新闻发布会，国家知识产权局局长田力普，国家工商行政管理总局商标局局长李建昌和国家版权局新闻发言人、版权管理司司长王自强向媒体通报了2008年中国知识产权保护状况的有关情况，并回答了中外记者的提问。

在立法方面，国家版权局2008年完成了《著作权法》第二次修改的调研工作，并加快了《民间文学艺术著作权保护条例》的起草工作。在知识产权审批登记工作方面，国家版权局大力推进计算机软件登记和版权合同登记及作品自愿登记工作，2008年全年软件登记量达49 087件，同比增长91.25%；版权合同登记量达12 002件；作品自愿登记量达1 040 454件。

在执法保护方面，中国政府以打击盗版、规范市场秩序为重点，有效地保护了奥运知识产权，严厉打击了各种侵犯知识产权的违法犯罪行为。特别是2008年6月至9月，国家版权局、公安部、工业和信息化部联合开展的为期4个月的打击网络侵权盗版专项行动，将打击非法转播奥运赛事及相关活动，以及视频类网站侵权盗版行为列为重点进行治理。国家版权局、工业和信息化部等还启动了处理非法转播奥运赛事案件快速反应机制，实施24小时适时监控，对百余家网站采取了立即关闭或停止接入、责令删除内容或停止侵权的执法措施。中国对奥运知识产权的保护成绩显著，得到了国际奥委会主席雅克·罗格的充分肯定及国际社会的广泛赞誉。

2008年，国家版权局在推进企业使用正版软件方面也取得了新进展，7 600家企业列入年度完成使用正版软件的工作目标。

在司法保护方面，我国检察机关共批准逮捕涉及侵犯知识产权犯罪案件1 210起、2 107人，起诉1 432起、2 697人。全国地方法院共新收和审结知识产权民事一审案件24 406起和23 518起；新收和审结知识产权民事二审案件4 759起和4 699起；审结涉及知识产权侵权的刑事案件3 326起；新收一审知识产权行政案件1 074起，审结1 032起。公安机关全年共破获侵犯知识产权犯罪案件1 455起，涉及总金额近16.5亿元人民币。同时，公安部门共破获侵权盗版等类非法出版物案件5 119起，收缴侵权盗版等类非法出版物1 391.7万余件，查获非法光盘生产线7条（自1996年以来，我国累计查获非法光盘生产线238条）。

在国际合作与交流方面，国家版权局积极参与版权保护国际新规则的制定，签署了中美《版权战略合作备忘录》，积极稳妥推进中欧、中日、中澳等重要版权双边关系。此外，还与世界知识产权组织合作在北京成功地举办了第三届国际版权论坛。

（赖名芳）

【2009年全国侵权盗版制品及各类非法出版物集中销毁】 2009年4月22日，为迎接“4·26”世界知识产权日，展示我国打击侵权盗版的重要成果，表明中国政府保护知识产权的立场和决心，推进创新型国家建设，全国“扫黄打非”工作小组组织全国31个省（自治区、直辖市）同时举行了2009年全国侵权盗版制品及各类非法出版物集中销毁活动。4 685万件盗版及走私音像制品、盗版软件及电子出版物、盗版图书及非法报刊随着粉碎机隆隆的轰鸣声化为齑粉。

全国“扫黄打非”工作小组副组长、新闻出版总署署长、国家版权局局长柳斌杰出席北京主会场的销毁活动，并宣布启动全国千万市民“打击侵权盗版、保护知识产权”签名活动和发放“拒绝盗版，从我做起”绿书签活动。全国“扫黄打非”工作小组副组长兼办公室主任、新闻出版总署副署长蒋建国在北京主会场讲话。全国“扫黄打非”工作小组成员、交通运输部副部长徐祖远主持销毁仪式。新闻出版总署副署长、国家版权局副局长阎晓宏，文化部部长助理丁伟，武警部队政治部副主任张补旺，国家邮政局副局长徐建洲等有关负责人出席北京主会场销毁活动。

与往年相比，此次销毁活动有三大特点：力度大、规模大、声势大。销毁活动得到了各级领导的高度重视。在北京主会场，全国“扫黄打非”工作小组及28个成员单位的负责人到场参加。北京市“扫黄打非”工作小组及成员单位的负责人，北京市各执法部门的工作人员及各界群众代表，欧盟、美国、法国等地区和国家驻华使馆文化参赞、知识产权保护官员，美国电影协会、国际唱片业协会等相关国际组织驻华机构代表等400余人共同参加了北京主会场的销毁活动。其他30个省（区、市）销毁活动分会场也都有省级党委、人大、政府、政协和“扫黄打非”工作领导小组的主要负责人参加。这说明2008年各地政府机构改革以来，普遍加强了“扫黄打非”工作机构建制和执法保障，推动“扫黄打非”工作迈上了一个新台阶。除了声势浩大的销毁活动外，2009年还同时启动全国千万市民“打击侵权盗版，保护知识产权”签名活动和发放“拒绝盗版，从我做起”绿书签活动。此外，各地还陆续开展了一系列丰富多彩、形式各样的反盗版宣传活动，尊重知识、尊重劳动、保护创新的观念蔚然成风。

（赖名芳）

【《2009年中国保护知识产权行动计划》印发实施】 2009年4月，为全面、系统地阐述我国政府为做好2009年保护知识产权工作所采取的各项重大举措，按照国家知识产权战略实施工作部际联席会议工作安排，联席会议成员单位共同制定了《2009年中国保护知识产权行动计划》（以下简称《行动计划》），并印发实施。

《行动计划》分为9个方面的内容，170项具体措施，包括：立法方面，修订、制定23个涉及商标、版权、专利以及海关知识产权保护等方面的法律、法规、规章和管理办法，起草制定3个司法解释；执法方面，针对知识产权侵权假冒等行为在全国开展9个专项整治行动，采取12项措施加强日常执法；审判工作方面，采取7项措施，有效解决工作中存在的突出问题，进一步加大司法保护力度；机制建设方面，采取23项措施，推动部门协作和区域互动的工作机制建设、加强部门知识产权管理；宣传方面，采取24项措施，通过开展大型宣传活动、召开新闻发布会、举办论坛等多种形式，营造全社会知识产权保护氛围；培训教育方面，通过举办各类培训班和讲座等19项措施，对执法司法人员、企事业单位人员、法律工作者和中小学生进行知识产权培训教育；国际交流与合作方面，采取18项措施，通过合作建设、论坛、研讨会等形式加强交流，扩大合作；推进企业知识产权保护方面，采取7项措施，引导企业完善知识产权制度，增强运用知识产权制度参与竞争的能力；为权利人服务方面，采取25项措施，提高知识产权公共服务水平，发展知识产权中介服务。

自2006年以来，我国连续3年发布《中国保护知识产权行动计划》，在国内外产生了广泛影响，对推动我国知识产权保护工作、宣传知识产权保护成就发挥了重要作用。

【广交会成为首家全国展会版权示范单位】 2009年5月5日，国家版权局授予广交会“全国展会版权示范单位”匾牌，广交会由此成为全国首家展会版权示范单位。

国家版权局版权管理司司长王自强在颁发仪式上表示，广交会作为世界规模最大的综合性国际展会中心，是检验我国知识产权保护工作的重要窗口，展会的版权保护工作已提到了重要议事日程。

从2003年第93届广交会开始，广州市版权局每届均派员进驻广交会投诉站，负责办理展会期间的版权侵权案件，此项工作至今已开展了13届。目前，大会已经制定实施了《广交会版权涉嫌侵权纠纷接受投诉处理流程》，使当事人和受理人员明确维权办理的路径。

广东省版权局副局长钱永红强调，在国际金融危机的冲击下，如何在产业升级转型和“腾笼换鸟”中为版权产业提供良好的发展环境成为当务之急，其中与版权产业密切相关的展会版权保护也是其中一个重要环节。广东省版权局将进一步加大力度，将广交会的版权保护模式全面应用到相关展会中。

（王　攀）

【阎晓宏出席广东省版权工作会议】 2009年6月12日，广东省召开全省版权工作会议。会议在总结近年来全省版权工作的基础上，全面部署了2009年的工作。新闻出版总署副署长、国家版权局副局长阎晓宏，广东省政府副秘书长江海燕出席会议并讲话。

阎晓宏指出，贯彻党中央、国务院的战略部署，积极应对国际金融危机的挑战，要从服务大局出发，深刻理解包括版权在内的各种知识产权的本质特征，从版权的创造、管理、保护和使用的角度全面把握，整体推进。我们更要重视知识和科技的力量，更要大力推进自主创新、提高自主创新能力，更要注重发挥版权的创新推动作用，这是应对危机更为根本和更具长远意义的举措，是版权工作围绕中心、服务大局的必然要求。

阎晓宏说，广东省作为改革开放的窗口，对外开放程度高，版权工作涉外性强、国际应对压力大，各级版权部门必须进一步增强政治意识、大局意识和责任意识，坚持围绕中心、服务大局，抓住全面实施国家知识产权战略的有利机遇，通过全面实施知识产权战略大力提升版权工作水平，充分发挥版权工作在推动自主创新、服务改革开放中的重要作用。

阎晓宏要求，当前和今后一段时期，广东各级版权行政管理部门要以版权兴业工程为抓手，加强版权公共服务体系建设，进一步推动版权产业发展；要以软件、网络领域为重点，切实抓好版权行政执法监管工作；要以提升宣传的传播力和影响力为目标，不断拓展宣传渠道，为版权保护营造良好的舆论氛围；要以提高服务与管理水平为中心，进一步加强版权行政能力建设。

广东省版权局于4年前提出版权兴业工程、创建版权兴业示范基地之后，现在又开始启动版权基层工作站建设计划。版权基层工作站将通过帮助成熟的版权产业集群、园区或企业建立版权基层工作平台，来提供更为直接方便的版权专业服务，以满足版权产业规范发展的需求。首批两个基层工作站试点分别设在中山市古镇镇和港口镇。

在会上，珠三角地区9个城市的版权局代表还共同签署了《广东省珠江三角洲地区版权协作框架协议》，包括5个协作机制和完善版权公共服务体系等内容，旨在整合珠三角区域版权行政管理资源，提高版权保护和版权公共服务的水平，促进区域相关产业又好又快发展。

（魏晓薇）

【第五次打击网络侵权盗版专项治理行动启动】 2009年7月30日，为实施《国家知识产权战略纲要》，加大力度打击网络侵权盗版，净化网络文化环境，国家版权局、公安部、工业和信息化部联合下发通知，决定于8～12月在全国范围内联合开展为期4个月的2009年打击网络侵权盗版专项治理行动（以下简称专项治理行动），这是三部门自2005年以来开展的第五次打击网络侵权盗版专项治理行动，历时4个月，也是历年来最长的一次专项治理行动。

国家版权局版权管理司司长王自强介绍，此次专项治理行动将采取规范合法网站与打击非法网站相结合的措施，在严厉打击各种网络侵权盗版行为的同时，注重规范重点互联网企业和网站使用作品行为，加大对各地区有影响的互联网企业和网站的主动监管，对网络影视传播、文学网站、网络新闻转载等涉及作品授权使用问题进行主动检查，通过宣传教育、自查自纠、限期整改等方式，树立互联网企业和网站“先授权、后传播”的法律意识，从源头上防范侵权盗版行为的发生。此外，将加强制度建设、运用技术手段，探索建立网络版权监管的长效机制。在专项治理行动期间，国家版权局、公安部实行联合挂牌督办制度，确保大案、要案查处工作落到实处；三部门还将组成联合督查组，对重点地区、重点企业进行督导检查，保证专项治理行动取得成效。

【文著协成为报刊稿酬收转法定机构】 2009年7月30日，国家版权局下发《关于明确中国文字著作权协会“法定许可”使用费收转职能的复函》（国版办字［2009］25号），明确文著协承担报刊转载、教材法定许可使用费转付的法定职能。此文件是针对目前报刊转载和教材汇编文字作品使用费支付较为混乱的局面而下发的。

1991年颁布的《中华人民共和国著作权法实施条例》规定，报刊转载法定许可稿酬由国家版权局指定的机构收转。国家版权局也曾经在1999年出台了《出版文字作品报酬规定》，指定中国版权保护中心从事报刊稿酬收转工作。2002年，《著作权法》及《实施条例》修订后，取消了由国家版权局指定专门机构开展法定许可报酬收转工作的相关规定，允许民事代理。2005年3月1日生效的《著作权集体管理条例》明确规定，著作权集体管理组织是负责报刊转载、教材“法定许可”使用费收转的法定机构。然而，负责报刊转载、教材“法定许可”使用费转付工作的文字著作权集体管理组织——中国文字著作权协会，自2006年经新闻出版总署批准筹备，但由于种种原因，直到2008年10月才正式成立。社会多家机构在文著协成立前从事稿酬收转代理，部分报刊社也借机拒不支付作者应得的转载稿酬。一些作者反映，向报刊社和代理机构索要稿费，到处碰壁，很难拿到报刊转载稿费，而且，代理机构竟然都不向社会公布报刊转载信息，作者根本无法查询文章被转载情况，严重地伤害了文字作品著作权人的创作积极性。

国家版权局的《复函》指出，《著作权集体管理条例》第四十七条规定，依照《著作权法》第二十三条、第三十二条第二款、第三十九条第三款的规定，使用他人作品，未能按照《著作权法实施条例》第三十二条的规定向权利人支付使用费的，应当将使用费连同邮资以及使用作品的有关情况送交管理相关权利的著作权集体管理组织，由该著作权集体管理组织将使用费转付给权利人。据此，中国文字著作权协会是向著作权人转付报刊转载、教材“法定许可”使用费的法定机构。文件同时指出，国家版权局在国务院《著作权集体管理条例》实施之前颁发的有关规章、规范性文件等相关规定，凡是与该条例相冲突的，以该条例的规定为准。希望中国文字著作权协会按照著作权相关法律法规的规定，认真履行法定义务，积极开展报刊转载、教材“法定许可”使用费的收转工作，为著作权人提供优质服务。

（张洪波）

【国家版权局在BIBF期间首设中国版权服务站】 2009年9月3～7日，作为第16届北京国际图书博览会的一项重要内容，“前进中的中国版权事业”大型展览在中国国际展览中心展出，以图文并茂的形式全景再现了蓬勃发展的中国版权事业和产业。

在“前进中的中国版权事业”展区，设立“中国版权服务站”，这是国家版权局在BIBF期间首设“中国版权服务站”。博览会期间，版权服务站由专业人员解答国际版权界和出版界的各项咨询，滚动播放中英文《中国版权概况》短片，通过直观的方式帮助国际社会了解中国版权制度和版权产业发展的基本情况。“中国版权服务站”具体由中国版权保护中心承办，还将在法兰克福国际书展等重大国际性展会中出现。

【中国原创动漫作品版权保护工作项目启动】 2009年9月25日，新闻出版总署启动了中国原创动漫作品版权保护工作项目，以推动国产动漫产业发展，解决国内动漫产业版权保护机制不完善的问题。这是新闻出版总署为推动国产动漫产业发展，继中国原创动漫出版扶持计划、青年原创动漫作品大赛之后，再次启动的工作项目。

在启动仪式上，新闻出版总署动漫工作领导小组副组长、出版产业发展司司长范卫平表示，中国动漫产业正处在蓬勃发展时期，面对发展中的问题，尤其是动漫作品的版权保护工作和动漫产业化发展等问题，政府一定要加大扶持力度，进一步提高全社会的版权保护意识，这是关系到整个动漫产业发展的十分重要的工作。

该项目旨在创立动漫版权保护机制，促进版权权利的流动和使用，提升动漫产品附加值，扩大动漫企业投融资渠道，进一步解决国内动漫产业版权保护机制不完善的问题，促进动漫产业发展。该项目将委托中国版权保护中心具体实施。

中国版权保护中心主任段桂鉴介绍说，该项目具体将围绕以下三方面展开：每年定期举办动漫版权服务周活动，推动动漫版权价值评估工作和扩大投融资渠道，深入开展著作权登记服务工作。中国版权保护中心党委书记邹建华说，中国原创动漫作品版权保护工作项目的实施，将有助于改善动漫的创新市场环境，规范动漫产业的经营模式，为动漫作品的市场化、产业化发展添加新的活力。

（方　圆）

【进一步加强网游审批管理落实“三定”】 2009年9月28日，新闻出版总署、国家版权局、全国“扫黄打非”工作小组办公室联合发出《关于贯彻落实国务院〈“三定”规定〉和中央编办有关解释，进一步加强网络游戏前置审批和进口网络游戏审批管理的通知》（以下简称《通知》），要求进一步加强网络游戏前置审批和进口网络游戏审批管理。该《通知》是目前依法规范管理网络游戏审批工作的重要文件。

《通知》就网络游戏前置审批明确了两项原则：一是关于网络游戏运营企业资质的前置审批。未经新闻出版总署前置审批并获得具有网络游戏经营范围的互联网出版许可证，任何机构和个人不得从事网络游戏运营服务。二是关于网络游戏上网的前置审批。未经新闻出版总署前置审批的网络游戏，一律不得上网。对经新闻出版总署前置审批过的网络游戏，可以上网使用，任何部门不再重复审批，文化、电信等管理部门应严格按新闻出版总署前置审批的内容管理。未经新闻出版总署前置审批上网运营或审批后擅自改变内容的网络游戏，将被责令停止运营服务，并依法予以查处。

对于广受业界关注的进口网络游戏审批问题，《通知》重申，根据国务院“三定”规定，新闻出版总署负责审批境外著作权人授权的进口网络游戏，并明确指出：从事未经境外著作权人合法授权的进口网络游戏运营的，属于侵权盗版行为，将由国家版权局依法立案查处。对未经新闻出版总署审批，擅自在中国境内提供进口网络游戏运营服务，或为境外网络游戏在中国境内提供运营推广服务的，将依法予以取缔，停止其运营，甚至取消接入服务，关闭网站。

【“2009全国打击网络侵权盗版专项行动新闻发布会”在北京举行】 2010年1月20日，由国家版权局、公安部、工业和信息化部联合召开的2009全国打击网络侵权盗版专项行动新闻发布会在北京举行。国家版权局版权管理司司长王自强代表三部委通报了2009年打击网络侵权盗版专项行动情况并回答了记者提问。公安部治安管理局副处长孙晓惠、工业和信息化部电信管理局处长许谦参加了发布会，版权管理司副司长王志成主持了发布会。

自2005年以来，国家版权局会同公安部、工业和信息化部等部门每年定期开展网络版权专项治理工作。2009年8月1日，三部委在总结以往专项治理工作经验的基础上共同开展了为期4个月（8～12月）的第五次打击网络侵权盗版专项行动。

王自强介绍说，本次专项行动主要围绕两方面开展工作，一是将网络影视传播、文学网站等领域的侵权盗版行为作为重点打击对象，同时将传播淫秽色情、非法违禁内容的侵权盗版案件作为重点打击案件，始终保持打击网络侵权盗版的高压态势。二是加强对互联网企业和网站的主动监管，即要求各地版权执法部门明确主动监管的对象，列出重点监管的网站名单，要求重点网站按照“先授权、后传播”的原则深入开展自查自纠，对其传播的作品是否取得授权进行主动检查，消除侵权盗版隐患，规范其网络使用作品的行为，从源头上防范侵权盗版行为的发生。

专项行动期间，各地共对3 029个重点网站实施主动监管，各级版权行政执法部门及公安、通信管理部门共查办网络侵权案件541起，关闭非法网站362个，采取责令删除或屏蔽侵权内容的临时性执法措施556次，罚款128万余元，没收服务器154台。此外，向司法机关移送24起涉嫌构成刑事犯罪的重大案件。专项行动取得了明显的成效，有效遏制了网络侵权盗版行为。

◆ 宣传教育

【姚明出任公益短片大赛“反盗版”形象代言人】 2009年3月，继成龙、施瓦辛格之后，篮坛“小巨人”姚明应邀加盟第16届北京大学生电影节，并出任公益短片大赛“反盗版”竞赛单元的形象代言人。公益短片大赛以“爱电影、爱原创、尊重劳动创造”为主题，参赛作品要求在时长1分钟的参赛短片中以大胆创新、不拘一格的形式，用大学生喜闻乐见的艺术创作手法和传播载体，普及保护电影版权、远离盗版的观念。

此次组委会选择姚明，是希望通过姚明在国内外的影响力，进一步宣传普及保护电影版权、远离盗版的观念，从而引导大学生们踊跃支持正版，在大学生中形成“保护原创，人人有责”，对盗版说“不”的良好风气。

（邹　韧）

【首都大学生保护知识产权志愿者招募启动】 2009年4月9日，首都大学生保护知识产权志愿者招募启动仪式在北京举行。此次活动以“知识产权与祖国同行”为主题，以“保护知识产权，志愿者在行动”为口号，通过举办大学生公益电影展映，保护知识产权知识竞赛及“蓝立方”保护知识产权志愿者公益宣传等系列活动，在首都大学生中招募保护知识产权志愿者，组建首都大学生保护知识产权志愿者队伍，建立保护知识产权志愿服务的长效机制。首批保护知识产权志愿者由北京大学、清华大学等18所高校有志于保护知识产权的法学专业大学生，通过知识竞赛形式选拔产生。

首批首都大学生保护知识产权志愿者将接受专业培训，持证上岗，从事知识产权知识的宣传、普及，定期开展知识产权市民认知度调查及提供侵犯知识产权违法线索等志愿服务工作。4月26日他们还举行了“世界知识产权日”主题宣讲与志愿服务活动。

（邹　韧）

【全国知识产权宣传周活动在北京启动】 2009年4月20日，全国知识产权宣传周启动仪式在北京奥林匹克公园庆典广场举行。宣传周组委会主任、国家知识产权局局长田力普致辞，世界知识产权组织总干事弗朗西斯·加利通过视频致贺，新闻出版总署副署长、国家版权局副局长阎晓宏等24个部门的相关负责人出席了启动仪式。

田力普在致辞中说，中国在每年4月26日世界知识产权日期间举行的庆祝和宣传活动是知识产权领域的一大盛事，也是我们增强国人知识产权意识的良好契机。他表示，当天的开幕式及随之展开的一系列以“文化·战略·发展”为主题的知识产权宣传活动，将有力地促进全社会知识产权意识的提高。

世界知识产权组织总干事弗朗西斯·加利在视频致贺中说，中国在这么短的时间内，在知识产权领域所取得的成就使全世界备受鼓舞。中国的快速发展改变了世界创新的版图，也极大地影响了其他国家。中国在发明创新方面堪称典范。

（方　圆）

【百城联动计划改善版权保护软环境】 2009年4月20日，由国家版权局版权管理司、北京市版权局、海淀区人民政府联合主办的“百座城市、千家网站”版权保护联动启动仪式在中国人民大学举行。国家版权局、北京市版权局的部分领导及文艺界人士出席了启动仪式。

此次“百座城市、千家网站”版权保护联动活动是由北京市版权局、北京版权保护协会、中国新闻出版报社、维权365网等单位联合发起的，目的是充分调动和发挥社会各界的力量，宣传我国版权保护的方针政策和法律法规，深入探索和构建适合中国国情的版权保护模式和机制，为建设创新型国家营造良好的版权保护法律环境。

“百城联动计划”的实质是一项合作计划，就是要倡议和推动国内各城市之间在版权保护上的交流、合作与共享——不仅包括各城市版权执法部门间的合作，也包括各城市著作权权利人、维权律师、相关媒体之间的合作，联合有关各方在版权保护问题上建立一个富有成效的合作平台和机制，改善版权保护的“软环境”。

在启动仪式上，北京市版权局副局长王野霏首先宣读了“百座城市、千家网站”版权保护联合行动网络行业倡议书。倡议书对联动计划的具体目标、工作重心及具体任务分别进行了介绍。“百座城市、千家网站”版权保护联合行动计划的工作重心是“合作”，强调“联合”。在诚信、公平的基础上，加强有关各方交流，以推动不同层次和范围内的联合发起、联合行动、联合声援。提倡和促使有关各方树立共享理念、经验、资源、成果，进而达成共同发展。具体任务主要是要建立一个具有多重功能的、网络化的平台，通过参与各方群策群力，发挥集体智慧与互补优势，共同探讨并建立一套卓有成效的运行机制和模式，使版权维权和服务的水平得到提高，最终真正实现帮助权利人反盗维权，促进版权产业发展的效果。

这次启动仪式的举行标志着“百座城市、千家网站”版权保护联动活动正式拉开帷幕。接下来，由国家版权局和北京市版权局主办、维权365网承办的一系列版权保护推进活动将陆续展开，内容包括“北京版权保护动漫设计大赛”、“首届京城十大版权维权律师评选”、“版权保护网络宣传月”等。

（方　圆）

【阎晓宏做客人民网：金融危机背景下更应保护版权】 2009年4月21日，国家版权局副局长阎晓宏做客人民网，分别就文化和版权的关系、电台电视台使用音乐作品如何支付音乐版权费、互联网版权保护、“山寨文化”、软件正版化等问题，与网友进行了在线交流。

针对网友提出“版权和文化的关系是什么”的问题，阎晓宏认为，文化和版权两者间的关系极其密切。文化产业着重于用文化满足人民群众的需求，被称为国家的软实力，在国际上普遍受到重视。文化产业的发展不仅提供精神产品，同时带动产业的发展。并且，从国际上的统计数据看，文化产业发展速度高于国家GDP的增长速度。

针对社会关注的电台电视台使用音乐作品的许可和付费问题，阎晓宏解释，电台、电视台在使用权利人作品的时候，事先可以不经许可但事后需要支付报酬。而KTV经营者必须先经过许可方能使用，这在法律规定中是有区别的。阎晓宏特别强调，收取版权费并不是行政收费，而是权利人在收取自己应得的版权报酬。所以我们要依靠著作权集体管理组织，即作者把权利授权给著作权集体管理组织后，著作权集体管理组织才有权对使用者进行收费。

对于网友提出的如何看待“‘山寨文化’与版权的关系”，阎晓宏表示，“山寨文化”问题不仅仅涉及版权，要能够以一种包容接纳的态度来看待。不能简单地否定“山寨文化”，它毕竟是社会的新生事物，有它存在的原因和社会根源，要对其进行具体分析。“山寨文化”是一个笼统的概念，具体分析来看，部分“山寨”作品本身也享有版权，是普通民众运用自己的智慧创作出来的，在这种情况下，“山寨”作品也受到著作权法保护。还有一类“山寨”，已经构成了侵权，需要按照法律协商解决。

对于网友询问的《著作权法》修订的主要原因，阎晓宏介绍说，互联网的发展所带来的新情况和新问题是修订的一个主要原因。《著作权法》的再一次修订受到国际和国内的普遍关注。我国《著作权法》是20世纪90年代初由全国人大颁布的，在2001年进行了修订，当时修订的主要目的是为了加入WTO，与国际规则相衔接，即国内法和国际法之间衔接。随着技术的飞速发展，目前确实有一些新的问题需要解决，这部法的有些内容是需要修订的，可以说互联网的发展技术带来的问题是目前修法的一个主要原因。另外，修订《著作权法》需要全国人大的批准，国家版权局正在为《著作权法》的下一次修订进行调研，并正在广泛地征求著作权人、权利人组织以及使用者的意见。

对于推进软件正版化的工作，阎晓宏谈到，对软件的知识产权保护应该是坚定不移的，在不同的阶段应该有不同的工作方法和目标，要从中国实际出发，要扎扎实实，也要注意推进工作的方式方法。在此基础上，我国在积极推行企业软件正版化工作，按照效益好的大型企业在先、中小企业在后的原则依次推进。国务院专门批复成立了由国家版权局和商务部、财政部、工业和信息化部、国资委、银监会、保监会、证监会、中华工商联组成的企业推进软件正版化联席会议制度。阎晓宏表示，软件在经济和社会发展中是很重要的，国务院对软件的知识产权保护非常重视，推进工作是坚定不移的。

（方　圆）

【拒绝盗版，从我做起——“绿书签”行动在全国展开】　2009年4月22日，在2009年全国侵权盗版制品及各类非法出版物集中销毁活动北京主会场，全国“扫黄打非”工作小组副组长、新闻出版总署署长、国家版权局局长柳斌杰向欧盟驻华机构代表、采访销毁活动的新闻记者发放了系着绿色丝带的绿色书签。这标志着具有特殊含义的“绿书签”行动在全国31个省（自治区、直辖市）同时启动。

书签是中国传统出版行业的副产品，也伴随和见证着中国最古老的文化出版业的繁荣和发展。“绿书签”的绿色象征着文化创意带给人类的勃勃生机，以书签形式传递的是人们尊重知识、尊重创意的心声，“绿书签”的寓意为“有生命力的、纯净的、充满希望的绿色文化环境”，表达了全社会同心协力共同营造一个繁荣、健康、有序的文化市场环境的意愿。

“绿书签”行动是以特别设计制作的绿书签为载体，以“拒绝盗版，从我做起”为宣传口号，倡导公众尊重创意、支持正版，在全社会掀起营造繁荣、健康、有序文化市场环境热潮的年度主题行动。

（赖名芳）

【王自强对话唱片公司代表】　2009年4月24日，国家版权局新闻发言人、版权管理司司长王自强在北京会见了世界五大唱片公司中的亚洲华纳音乐、索尼音乐、百代（EMI）音乐公司的亚太地区、中华区高管。在这次会见中，王自强司长和与会代表研讨了通过建立合理、科学、健康的授权机制来遏制互联网侵权盗版的问题。

国际唱片业协会（IFPI）中国区首席代表郭彪及华纳音乐大中华区总经理王蓓芬、百代音乐东南亚及大中华区业务发展副总裁周倩仪、索尼音乐中国区总经理黄小茂等在会见中均表示，唱片公司一直高度关注盗版问题，特别对目前互联网音乐免费下载等侵权现象对传统唱片业所产生的巨大冲击感到担忧。

对此，王自强表示，网络侵权盗版是当前版权领域的热点和难点问题。对于音乐著作权的保护，除了采取措施进行严厉打击外，国家版权局还建议权利人、著作权人把自己享有权利的作品通过合法渠道授予那些依法经营的使用者进行传播。

王自强还分析了构建网络合理授权机制会给唱片行业带来的好处。

对于如何建立合理授权机制，王自强建议，首先需要唱片公司改变传统观念，改变过去仅靠发行唱片赢利的运营模式；其次，需要著作权人、唱片公司与网络运营商、使用者等各方进行沟通、磨合，即在满足市场需求的前提下寻求合理的授权机制，以达到权利人与使用者之间的双赢。通过授权方式建立5个至10个合法大型音乐门户网站，就如同奥运赛事授权给央视、央视国际及其13个战略伙伴（大型网站）的运营模式，这些合法音乐网站可以覆盖整个网络音乐市场，完全可以满足公众对网络音乐的需求。

【全国青少年版权保护读书活动暨版权保护知识竞赛启动】　2009年4月26日，国家版权局主办的“全国青少年版权保护读书活动暨版权保护知识竞赛”正式启动。此次活动是国家版权局2008年开展的面向青少年的版权保护主题教育系列活动的延续。2008年4月9日，国家版权局、共青团中央印发了《关于开展“创新与未来——青少年版权保护主题教育”活动》的通知。通知下发后，各地版权行政管理机关和团组织已在全国各地陆续启动主题教育活动。根据活动方案的安排，国家版权局组织编写了《版权保护小卫士——青少年版权保护知识教育读本》，并决定将该读本作为青少年版权保护主题教育活动的重点推荐读物。

为使《版权保护小卫士——青少年版权保护知识教育读本》能够在青少年当中充分发挥普及版权保护的作用，国家版权局于2009年再次启动了“全国青少年版权保护读书活动暨版权保护知识竞赛”。活动为期半年，面向全国的青少年，通过竞赛和发放国家版权局编写的《版权保护小卫士——青少年版权保护知识教育读本》的形式让广大青少年了解版权保护的有关知识，认识版权保护的意义，提高全社会特别是广大中小学生自觉抵制侵权盗版的法律意识，营造良好的版权保护氛围，在青少年中掀起普及版权保护知识的新高潮。

此次竞赛的组委会设在中国新闻出版报社，竞赛内容主要参考《版权保护小卫士——青少年版权保护知识教育读本》。试题及答题卡刊登在《版权保护小卫士——青少年版权保护知识教育读本》和《中国新闻出版报》（2009 年 4 月 24 日，第 7 版）上。参赛者也可在国家版权局网站上直接下载附件中的试题。竞赛将评选出“个人奖”和“组织奖”两个奖项，并在竞赛结束后进行表彰。

同时，为了支援祖国西部地区建设，考虑到西部地区的实际情况，让祖国西部的青少年也能够充分参与到本次活动中来，国家版权局还将向西部十二省的青少年赠送 10 万册《版权保护小卫士》。

【“版权在我身边”文艺晚会在央视播出】 2009 年 4 月 26 日，在第九个世界知识产权日来临之际，由国家版权局主办，中国版权协会、中国版权保护中心等机构共同策划承办，与中央电视台文艺频道《欢乐中国行》栏目合作的“版权在我身边”大型文艺晚会，在中央电视台 3 套节目播出，这也是央视首台以版权为主题的晚会。

本次晚会以“版权在我身边、版权创造财富”为主题，运用人民群众喜闻乐见的宣传形式，采取文艺演出与嘉宾互动相结合的表现手法，在概述我国版权立法、司法、行政工作取得的成效后，通过一个个具体的故事，向公众呈现一个事实：版权制度并不等同于打击侵权盗版，它更大的作用在于鼓励创新，促进经济发展。

晚会组织了强大的演员和嘉宾阵容。谷建芬、徐沛东、刘晓庆、蔡志忠等嘉宾分别作为文字、音乐、影视等版权产业代表接受主持人的访谈；此外，还邀请央视主持人马东、王小丫、董倩、刘纯燕、撒贝宁等分别从文艺、经济、新闻、少儿、法治等不同侧重面与嘉宾和现场观众就版权问题进行互动。

与此同时，由中国版权协会和互联网协会召集，人民网、新浪网、央视网、第一视频等 8 家知名网站共同倡议的“抵制低俗、支持正版”绿色网络行动和“中国版权——世纪大远航”活动也在 4 月 17 日正式启动。

（赖名芳）

【柳斌杰做客央视“4·26”特别节目】 2009 年 4 月 26 日，全国“扫黄打非”办、国家版权局和中央电视台共同启动了“绿书签行动 2009——拒绝盗版，从我做起”活动。为此，中央电视台社会与法频道的《大家看法》栏目制作了“4·26”特别节目。新闻出版总署署长、国家版权局局长柳斌杰在节目中就中国知识产权保护的法律制度建设与完善、知识产权保护与创意文化产业之间的关系、如何打击盗版等话题，与节目主持人及部分来自“扫黄打非”、版权、司法工作一线的嘉宾进行了现场对话。

在回答节目主持人撒贝宁提出“目前中国保护知识产权难吗”的问题时，柳斌杰说，如果说我们在 20 多年前还是屈于国际社会的压力来保护知识产权的话，今天我们是站在国家自主创新的历史起点上自觉地要求保护民族的自主创新能力。保护知识产权是一项开创性的工作，目前在发展中国家是有一定难度的。从国家层面上讲，我国是从改革开放才开始的。我们首先启动的就是建立法律、法规，即建立起知识产权保护法律框架。在很短的时间里就制定和颁布了《专利法》、《商标法》、《著作权法》，这三部法律奠定了中国知识产权保护的法律体系基础。随后，我国在版权保护领域里相继出台了相关法规、条例，分门别类地对作品创作、流通、使用、保护作了法律上的规定。

虽然我国的法律制度已经建立起来了，但执法还需要一个漫长的过程，目前我国正在逐步加大执法力度，实行行政执法与刑事执法双轨制，加大对知识产权案件的司法审判力度。此外，还加大了人民群众的参与力度。奖励举报或查处侵犯版权案件的有功人员，目的在于吸引群众参加保护知识产权行动，提高广大公民的反盗版意识。

当主持人撒贝宁提出“保护知识产权与创意文化产业之间存在怎样的关系”问题时，柳斌杰回答说，二者之间是生死攸关的关系：没有知识产权的保护就不可能有文化创意产业，创意文化产业是继农业经济、工业经济之后产生的知识经济时代的必然结果。柳斌杰用一个公式来形容：创意＋版权＝

财富。

针对节目现场嘉宾和主持人提出的“目前如何治理盗版”问题，柳斌杰说，我们打击盗版的目标是以营利为目的的违法犯罪分子，而不涉及消费者。但从道德层面上讲，应引导、鼓励消费者自觉抵制盗版。治理盗版要从多方面进行。第一，要依靠法制，建立完善的知识产权保护法制体系。第二，要在公民中间提倡尊重知识、尊重创造、尊重劳动、尊重人才的意识。第三，政府管理部门、权利人、社会各界要共同构成反盗版保护知识产权的大格局，依靠大家的力量保护知识产权。第四，在孩子们中间培养尊重知识产权的意识，让他们从小养成正确的版权保护观念。

（赖名芳）

【电影导演陆川和纵贯线乐队被聘为反盗版形象大使】 2009年4月26日，在中央电视台社会与法频道播出的“绿书签行动2009——‘4·26’特别节目”中，新闻出版总署、国家版权局和全国“扫黄打非”工作小组办公室聘任中国电影导演陆川和纵贯线乐队（由李宗盛、罗大佑、周华健、张震岳组成）担任反盗版形象大使。新闻出版总署署长、国家版权局局长柳斌杰亲自为他们颁发聘书和奖牌。

【2009年第一期基层版权执法培训工作会议在威海市举行】 根据《国家知识产权战略纲要》推进计划及国家版权局2009年工作要点，2009年7月8～9日，国家版权局在山东省威海市举行2009年基层版权执法培训工作会议。这是国家版权局2009年开展的第一期基层版权执法培训活动，百余名来自甘肃、宁夏、四川、重庆、贵州等西北、西南10个省（自治区、直辖市）的一线执法人员参加了培训。

国家版权局主要是基于四方面的考虑而举办培训活动的。第一，是贯彻落实党中央、国务院关于建立创新型国家，提高知识产权保护水平，促进国民经济又好又快发展，推进社会主义文化大发展大繁荣的要求。版权保护作为鼓励创新和促进经济社会发展的重要知识产权制度之一，其作用和地位越来越重要。加强基层执法人员培训是提高版权保护人员业务素质和执法水平的重要途径。第二，是深化对外开放，维护国家利益的需要。改革开放30年来，我国经济发展取得了巨大成果，成为经济全球化的最大受益者。我们既然融入了全球化就要按照国际规则行事，如果处理不好知识产权问题，就会损害我国的对外形象，进而会损害我国的核心利益。因此，版权工作者应担负起相应的责任。第三，是适应和把握版权保护规律，提高版权执法水平的需要。作为版权执法人员，在认知和管理上也要与时俱进，不仅需要较高的法律理论水平，还要掌握现代技术和执法的基本技巧以适应新技术带来的变化。第四，也是基层版权管理部门面临的任务和责任。目前，我国的版权保护制度实行的是司法与行政执法双轨制。虽然司法手段是最基本、最强有力的方法，但就我国的国情而言，行政执法的成本低、效率高，具有不可替代的作用，如能解决好基层执法问题，就会极大地改善我国版权执法能力，进而解决侵权盗版问题，树立国家的良好形象。

（赖名芳）

【2009年第二期基层版权执法培训工作会议在井冈山市举行】 2009年8月19～20日，国家版权局在江西省井冈山市举办2009年第二期基层版权执法培训工作会议。来自黑龙江、吉林、辽宁、河北、山西、内蒙古、新疆、北京、天津等9个省（自治区、直辖市）的百余名一线版权执法人员，认真聆听了国家版权局、最高人民检察院侦查监督厅、公安部经侦局、央视国际等单位的8位版权专家关于著作权法律基础知识、版权保护工作面临的国际形势、版权执法程序性法律规定、版权行政执法与刑事执法衔接的若干问题、网络技术与版权监管和网络取证技术、执法实务与执法经验等内容的授课，并针对执法中遇到的疑难问题与专家们进行了交流。

【2009年第三期基层版权执法培训工作会议在包头市举行】 2009年9月1～2日，国家版权局第三期基层版权执法培训工作会议在内蒙古自治区包头市举行。来自华东、华南、华中地区12个省（自治区、直辖市）的百余名一线执法人员参加了培训。新闻出版总署副署长、国家版权局副局长阎晓宏出席开幕式并讲话。

阎晓宏指出，改革开放30年来，人们逐渐认识到知识产权的重要性，但目前对于版权价值的认识还十分有限。版权产业的发展离不开版权作品，就像脱离了书稿就不可能有出版业，没有花型美术设计作品就不可能有南通家纺产业一样。自2006年起，国家版权局与世界知识产权组织合作，从宏观角度研究版权产业对国民经济的贡献，对我国版权产业进行了分类，目前调查工作已基本完成，具体产值数据不久将对外公布。当前，我国知识产权保护水平和现状还不尽如人意，因此，必须加强版权保护以维护国家文化信息安全。提高基层版权执法人员的法律理论水平，以及在新技术条件下的网络版权执法行政能力、技术运用能力十分必要，这也是国家版权局今年的重要工作之一。

国家版权局版权管理司司长王自强主持会议。华东政法大学知识产权学院教授王迁、央视网技术总监秦雯，以及来自国家版权局，公安部经侦局、网监局的7位版权专家分别授课。内蒙古自治区新闻出版（版权）局局长杨红岩等出席开幕式。

【“前进中的中国版权事业”大型展览开幕】 2009年9月3日，作为第16届北京国际图书博览会的一项重要内容，“前进中的中国版权事业”大型展览在中国国际展览中心开幕。展览由国家版权局主办，中国版权协会、中国版权保护中心承办。新闻出版总署署长、国家版权局局长柳斌杰出席开幕式并参观了展览。

新闻出版总署副署长、国家版权局副局长阎晓宏在讲话时表示，新中国成立60年特别是改革开放30年来，中国的版权制度从无到有，逐步完善，版权事业取得了令世人瞩目的成就。前进中的中国版权事业展览，用大量的文字图片全景展现了新中国成立60年来特别是改革开放以来我国版权事业的光辉历程和辉煌成就，让观众对版权保护和版权事业有更深入的认识理解。

“前进中的中国版权事业”展览共分9个部分：符合国情又与国际规则相衔接的著作权法律体系的建立与完善、具有中国特色的司法与行政并行的版权保护制度、打击各类侵权盗版取得重大成效、版权相关产业蓬勃发展、版权公共和社会服务框架基本建立、版权国际合作与交流不断加强、社会公众的版权意识显著增强、版权贸易取得重大进展、软件正版化工作坚定稳妥推进。此外，展览还对获得世界知识产权组织版权创意金奖的单位、版权示范城市、国家版权贸易基地、国家版权数字基地等做了介绍。

除了图文为主的展区外，本次展览还在形式上作了创新，剪纸、内画等民间手工艺的现场表演和解说，让观众对版权保护有了更直观的认识。

（王大庆）

【首个国家版权工作专题研究班开班】 2009年10月21～25日，纳入中组部培训计划，由新闻出版总署、国家版权局主办的首个国家版权工作专题研究班在国家行政学院举办。太原、银川、青岛、厦门等29个省会城市、计划单列市分管版权工作的负责同志和14位来自教育部、司法部、国资委、银监会等中央相关部门的负责人参加研究班。新闻出版总署副署长、国家版权局副局长阎晓宏出席了10月21日举行的开班仪式。

为进一步提高省会城市、计划单列市分管版权工作的领导和中央相关部门司局长对加强知识产权保护、提高民族创新能力重要性的认识，更好地解决版权保护中存在的突出问题，妥善应对并处理好国际知识产权纠纷，为我国社会主义文化大发展大繁荣创造良好的文化市场环境，经中组部批准，根据《2009年中央组织部委托中央和国家机关有关部委抽调地方党政领导干部参加专题研究班计划》，新闻出版总署、国家版权局举办了此次研究班。在研究班举办期间，新闻出版总署副署长、国家版权局副局长阎晓宏，国家知识产权局局长田力普，国家工商总局副局长付双建，商务部副部长傅自应，工业和信息化部副部长娄勤俭等5位部级领导，分别就贯彻《国家知识产权战略纲要》，推动版权、专利、商标事业发展，我国知识产权保护的国际形势与应对，国内外软件产业的现状和发展趋势等课题亲自为学员授课。

国家版权局版权管理司司长王自强、最高人民法院民三庭庭长孔祥俊、中国人民大学法学院教授刘春田、中南财经政法大学校长吴汉东、北京大学国家数字版权研究基地主任张平等多位知识产权专家、学者，分别就《国家知识产权战略纲要》与我国版权保护的司法体制、中国的著作权法律制度、数字版权产业的利益机制等课题进行授课。40余位来自一线的地方政府负责人还围绕如何有效加强城市的版权工作、如何发挥版权在提升城市竞争力和推动城市经济社会发展的作用等主题，进行了广泛深入的交流。

【中国人民大学知识产权学院成立】 2009年11月26日，中国人民大学知识产权学院正式宣布成立。其目标是为建设创新型国家，实施国家知识产权战略培养更多知识产权高端人才。

学院成立仪式由中国人民大学知识产权学院首任院长刘春田教授主持，中国人民大学校长纪宝成教授与世界知识产权组织副总干事王彬颖女士共同为学院揭牌。世界知识产权组织总干事弗朗西斯·加利发来了贺信。

最高人民法院副院长张军、中国版权协会理事长沈仁干、中国人民大学法学院院长韩大元等出席仪式并致辞，美国约翰·马歇尔法学院、伦敦大学国王学院、新加坡知识产权学院、日本北海道大学等200余家境内外单位纷纷发来贺信或赠送花篮。德国马普知识产权研究所名誉主任施特劳斯教授作了“生物多样性与知识产权”主题演讲。

中国人民大学是中国知识产权教学与研究的“重镇”，在高等教育机构中一直处于领先地位。1986年成立的中国人民大学知识产权教学与研究中心是中国第一个知识产权教学和研究机构，被誉为新中国高等知识产权教育的奠基者、开拓者和工作母机，对新中国知识产权的学术研究、高等教育、法制建设和外交事业作出了杰出的贡献，是中国唯一获得世界知识产权组织创意金奖的高等教育机构。

（蒋安杰）

【2009年中国版权十大事件评出】 在广泛征求意见、认真讨论的基础上，《中国版权》杂志和《中国新闻出版报》联合评选出2009年中国版权十大事件，并于2009年12月17日在中国版权服务年会上揭晓。

入选的2009年版权十大事件：

1. 2009年3月20日，世界贸易组织争端解决机构会议审议并通过了中美知识产权WTO争端案专家组报告，历时近两年的中美知识产权WTO争端结束。专家组报告驳回了美方大部分主张，广泛肯定了我国的知识产权制度。这也进一步表明，中国以“一法五条例”为框架的著作权法律体系与国际规则接轨，符合国际公约的基本原则。

2. 2009年5月6日，社会各界关注的《广播电台电视台播放录音制品支付报酬暂行办法》经国务院第62次常务会议通过，2009年11月10日正式公布，自2010年1月1日起施行。该办法由国务院法制办、国家版权局、国家广电总局共同起草制定，历经8年，权利人与使用者最终达成一致。它的颁布标志着广播电视组织使用音乐、音像制品不付酬的历史宣告终结。

3. “番茄花园”网站侵犯软件著作权案一审判决生效，2009年8月20日苏州市虎丘区人民法院以侵犯著作权罪判处“番茄花园”网站负责人有期徒刑三年六个月，并处罚金100万元人民币。该案是我国第一起打击网络软件盗版的刑事案例，对网络侵权盗版产生了巨大的震慑作用，在国内外引起了高度关注和广泛反响。

4. 2009年9月，中国文字著作权协会发布《致广大著作权人通知书》，公布中国作家相关作品被谷歌擅自扫描收录情况，社会和广大作家广泛关注谷歌“版权门”事件。谷歌“版权门”事件是美国国内传统媒体与新媒体之间有关著作权的案件纠纷，之后延及包括中国在内的世界各国。该事件说明，在互联网和数字化时代，不管是发展中国家还是发达国家，在版权制度上都有很多事情仍未得到很好解决。各个国家应加强沟通与合作，努力解决互联网环境下著作权保护所面临的问题与挑战。

5. 2009年10月29日，国家版权局、文化部、教育部、全国“扫黄打非”工作小组办公室联合发布《关于加强图书馆著作权保护工作的通知》，切实加强图书馆著作权保护工作。这是中国首次针对图书馆版权保护专门出台的规定，涉及近万家图书馆，它不仅有利于提高我国图书馆的版权管理和版权保护水平，也说明我国版权保护已延伸到了社会更深层次。

6. 欧特克（Autodesk）公司启动“设计·飞越2010用户回馈计划”，自2009年10月14日至2010年1月22日，针对中国大陆市场2010版系列CAD软件采取大幅度降价政策，最高优惠幅度达80%。专家认为，该事件是在我国政府大力推进软件正版化工作，广大企事业单位使用正版软件自觉性逐步提高的背景下，欧特克公司为抑制我国民族软件崛起，保持其产品市场占有率而采取的一种不正当竞争行为。

7. 2009年10月13～19日，第61届法兰克福国际书展中国主宾国活动取得圆满成功，签订版权输出合同达2 417项，再创历史新高。本次书展是新中国成立以来我国在境外举办的最大规模的出版文化交流活动，得到了国际社会的广泛认可，标志着中国文化“走出去”战略迈出重要步伐。

8. 2009年11月，国家版权局与世界知识产权组织为期3年的《中国版权相关产业的经济贡献》调研课题结题。调研结果显示，2006年，中国核心版权产业的总产值约占当年GDP的3.3%，全部版权产业约占当年GDP的6.4%，以版权为主要资源的版权相关产业蓬勃发展，已成为国民经济新的增长点。

9. 由国家版权局、公安部、工业和信息化部共同组织开展的第五次打击网络侵权盗版专项治理行动取得了重要成果。截至 11 月 20 日，各地共对 3 029个重点网站实施主动监管，各级版权行政执法部门及公安、工信部门共查办网络侵权案件 541 起，关闭非法网站 362 个，采取责令删除或屏蔽侵权内容的临时性执法措施 552 次，罚款总计 128.25 万元，没收服务器 154 台。其中，向司法机关移送涉嫌构成刑事犯罪的重大案件 24 起。

10. 2009 年 12 月，我国首部《中国版权年鉴》正式出版发行。《中国版权年鉴》全面记录了中国 30 年来版权事业发展进程，系统反映了版权相关产业与贸易的发展状况，记录典型案例的情况，为我国版权事业的发展和研究提供了权威可靠的第一手资料，为世界了解中国版权保护现状提供了便捷的窗口和平台。

（方　圆）

◆ 交流研讨

【2009 中外企业知识产权高层论坛召开】 2009 年 4 月 25～26 日，在国家知识产权局等部门举办的“2009 中外企业知识产权高层论坛”上，新媒体与知识产权受到了重点关注。本届论坛以“知识产权创新发展与核心竞争力”为主题，同时举办知识产权与商标国际论坛、知识产权与版权保护论坛、新媒体与知识产权圆桌会议等专场会议，解读知识产权战略、商标战略以及版权产业发展趋势，深入探讨自主创新与核心竞争力、网络版权保护及案例分析、新媒体与知识产权等议题。

本届论坛将围绕《国家知识产权战略纲要》、实施国家知识产权战略、推进创新型国家建设的重要战略部署等，邀请国家知识产权局、国家工商总局、新闻出版总署、国家版权局等部门领导作报告；并邀请有关行业组织介绍最新政策信息及知识产权领域最前沿的研究成果，诠释知识产权司法审判与行政执法程序；同时还将邀请世界知识产权组织、欧、美、日等发达国家和地区知识产权专家与中外著名企业负责人作实施知识产权战略的经验介绍、案例分析；组织专场座谈，针对一些重点、难点、热点问题，由专家、学者、律师事务所、知识产权中介机构为企业答疑解难，探讨企业如何建立知识产权营销和品牌战略，如何利用知识产权提高企业竞争力，如何实施知识产权的开发和利用及如何有效遏制侵犯商标权、著作权、专利权、计算机软件保护、音像制品管理、植物新品种保护、知识产权司法保护与海关保护等一系列问题进行深入研讨和经验交流。本次论坛在全球金融危机大背景下，讨论企业如何运用知识产权战略，实现产业升级和转型，对加强中外企业间知识产权合作具有现实意义。

（曹　璇）

【2009 中国（北京）版权价值开发协作发展论坛举行】 2009 年 5 月 8 日，为加强中国文化创意产业版权价值开发，推动版权产品跨行业交易，由中国光华科技基金会与国际版权交易中心共同主办的 2009 中国（北京）版权价值开发协作发展论坛在北京举行。

作为“中国创意产业版权价值开发协作联盟”成立后的首次活动，本次发展论坛以“互动・协作・共赢”为主题，得到了社会各界人士的热切关注和大力支持，中华文化促进会、中国版权保护中心等机构负责人，以及华旗资讯、第一视频、卡酷卫视、盛大网络等知名企业代表应邀出席了本次论坛活动。

论坛举办期间，中国创意产业版权价值开发协作联盟理事会举行揭牌仪式。作为本次论坛亮点之一，在“版权互动开发与产业合作投资”高峰会谈上，与会代表分别就版权互动、版权价值协作开发，以及跨行业版权投资等热点话题进行了现场对话。

（方　圆）

【2009BIBF 北京国际版权贸易研讨会举办】 2009 年 5 月 25～26 日，作为第 16 届北京国际图书博览会（BIBF）的重要组成部分，2009BIBF 北京国际版权贸易研讨会在北京举行。本届研讨会由国家版权局主办，中国图书进出口（集团）总公司承办。针对 2009 年伊始全球金融危机的国际背景，本届研讨会的主题为“金融危机下的版权贸易”。新闻出版总署副署长、国家版权局副局长阎晓宏出席研讨会并作主题报告。

阎晓宏指出，改革开放催生了版权贸易，版权贸易在改革开放中不断发展。版权贸易作品的数量、品种、质量有较大的提高，版权贸易逆差在逐步缩小，版权贸易主体在不断扩大，版权贸易环境逐步改善，版权贸易的形式不断创新。阎晓宏指出，政府推动、企业主导、市场运作，是我国一贯坚持的开展版权贸易的基本机制。当前，怎样推动我国版权贸易全方位上一个台阶，怎样打开局面造就国际性的平台、产生国际性的影响，需要政府、社会、企业的共同努力。要促进版权贸易，接下来应从以下几点入手：提高对版权贸易的认识，正确评价版权价值；从政府层面加大对版权贸易政策扶持力度；从版权的创造、运用、管理、保护四个环节推动版权贸易的发展，在公共服务平台建设上下工夫；搭建常态性的版权贸易平台；引入战略投资者，优化资源配置；利用新技术提升版权贸易的深度和广度；在引进和输出方面，不仅重数量，更要重质量；建立一批专业化的版权代理机构。

（方　圆）

【纪念《国家知识产权战略纲要》颁布实施一周年座谈会举行】　2009年6月2日，以“全面实施国家知识产权战略，大力提升核心竞争力”为主题的纪念《国家知识产权战略纲要》（以下简称《纲要》）颁布实施一周年座谈会在京召开。国家知识产权战略实施工作部际联席会议召集人、国家知识产权局局长田力普在会上作主题发言。

田力普在发言中指出，虽然受到国际金融危机的影响，但在《纲要》的指导下，知识产权工作仍取得了很大的进展。《纲要》颁布一年来，国务院各有关部门按职能分工，积极落实配套政策；同时，各地方也结合自身特点，纷纷开展行动实施战略要求，有力地促进了战略工作的开展。在共同努力下，各项知识产权法律、法规纷纷出台，各项知识产权专项措施相继实施，各部门、各地区知识产权行政管理水平不断提高，知识产权社会文化氛围不断浓厚，知识产权对外交流合作不断拓展，知识产权战略工作呈现出全面推进的良好开端。

国务院发展研究中心副主任侯云春、中国作家协会副主席张抗抗、中国工程院院士倪光南、中南财经政法大学校长吴汉东、国家版权局版权管理司司长王自强等40余名代表出席会议，围绕主题并结合各自工作实际，交流了对知识产权战略的认识和《纲要》实施一周年的工作体会。与会代表普遍认为，要继续加强知识产权的统筹协调，加深对知识产权核心战略资源作用的认识，使其在应对国际金融危机、努力保持经济社会平稳较快发展中发挥更加重要的作用。

此次座谈会由国家知识产权战略实施工作部际联席会议办公室和经济日报社联合主办，目的是听取社会各界对知识产权战略实施工作的意见和建议，进一步扩大战略工作的社会影响力，进一步推动知识产权战略实施工作全面深入开展。

（方　圆）

【民族版权产业保护研讨会在北京召开】　2009年6月3日，由中国社科院知识产权中心和全国律师协会知识产权委员会主办的民族版权产业保护研讨会在北京举行。网络视频权利人、行政主管部门官员、法官和律师等业内相关人士参加了研讨会，并就通过司法和行政手段加强对网络视频的版权保护等话题进行了探讨。

央视网、星美、金牌大风等版权人针对目前版权案件判罚、赔偿额度偏低，版权人取证的成本过高，以及盗版者大肆侵权致使中国的网络视频版权交易环境日益恶化等问题进行了沟通，并呼吁行政部门和司法机关加大保护力度。

国家广电总局法规司司长才华认为，网络为文化产业提供了广阔的空间，也带来了更为复杂的版权保护问题。我们有信心通过司法和行政上的主动管理与协调，更好地解决新媒体产业现在面临的版权问题。北京高级人民法院知识产权庭庭长陈锦川表示，近年来网络版权的诉讼明显上升，已经占到北京法院系统版权案件的50%，法官们平均每3天就要处理一件相关诉讼。北京高级人民法院也正是根据最高法院的相关精神，针对侵权案件从严办案，加大处罚力度、加大版权保护力度。

（曹亚宁）

【内地与香港共同探索建立互联网环境下版权保护合作新机制】　2009年7月23日，新闻出版总署署长、国家版权局局长柳斌杰一行先后来到香港知识产权署、香港海关，分别与谢肃方署长、袁铭辉关长举行工作会谈。柳斌杰指出，随着科技的进步和互联网的发展，版权保护问题遇到了新的挑战，希望内地与香港进一步采取切实措施，密切合作，积极探索建立互联网环境下版权保护合作新机制，严厉打击各种侵权盗版行为。

柳斌杰首先听取了谢肃方署长对香港知识产权署主要工作情况、助理署长梁家丽对香港版权发展现状、助理署长冯淑卿对公民教育工作和国际合作情况的介绍。柳斌杰对香港知识产权署的有效工作给予了充分肯定，他说，保护知识产权是国家的一项重大战略，国际社会也非常关注，保护知识产权无论是对经济发展还是文明传播来说都非常重要。

在知识产权保护方面，香港的法律不断完善，保护水平不断提高。他认为，知识产权保护是世界性的问题，需要世界各国和地区加强合作，拓宽合作领域，协调立场，共同应对近年来出现的新情况、新问题。柳斌杰还向他们介绍了内地在加大打击侵权盗版力度、大力推进软件正版化工程、加强国际合作、加大青少年版权意识教育等知识产权保护方面开展的重点工作。

（冯文礼）

【作家版权保护座谈会在北京召开】 2009年8月18日，由国家版权局、中国作家协会共同举办的作家版权保护座谈会在北京召开。新闻出版总署副署长、国家版权局副局长阎晓宏，中国作家协会副主席高洪波、张抗抗，中国作家协会书记处书记张胜友，国家版权局版权管理司司长王自强等有关领导出席座谈会并讲话。

本次座谈会的主题是“加强版权保护，打击盗版侵权，维护作家权益”，这是中国作家协会继替毕淑敏、周国平、史铁生三位作家向知音杂志社发出维权通告之后的又一次大的维权行动。

高洪波说，随着网络信息时代到来，文学作品创作和传播方式发生重大变化，文学作品版权保护也面临许多新问题：网络侵权盗版恶性事件不断发生；图书出版合同纠纷日益复杂化；我国版权保护法律仍未完善，文学作品版权保护工作的推进还需要作家及社会各界共同努力和支持；还有个别作家人品、文品相背离，抄袭现象屡禁不止。面对当前版权保护工作的复杂性和紧迫性，中国作家协会把维护作家权益放到更加重要的位置上，将加大对作家维权工作的支持与投入，运用法律武器，充分利用社会力量，切实维护作家合法权益。

张抗抗多年来不断呼吁保护作家版权，她认为，一个国家的发展需要创新，文化的发展也要创新。因此，对原创文学作品版权的尊重与保护尤其重要。当今社会，原创作者是一个弱势群体，不断受到盗版侵权行为的打击。应当从立法、执法、作家普法等多个层面去开展维权工作，作家版权保护工作需要作家个人、民间组织和政府部门的共同努力。

与会者一致认为，增强作家版权知识，提高作家维权意识，是作家版权保护工作的当务之急。与会者还对中国作协的维权工作表示肯定并寄予厚望，希望今后中国作协更好地保护作家版权，为作家作品的创作和传播提供良好的环境。

阎晓宏代表国家版权局作总结发言。他表示，今后国家版权局将从执法和诚信两方面来加大版权保护力度。一方面，狠抓版权执法，特别是网络版权执法，第五次打击网络侵权盗版专项治理行动正在进行中，希望权利人、权利人组织及其他社会组织发挥作用，踊跃提供线索。另一方面，要在出版单位、网站与作者之间建立一种诚信关系，力争从源头上杜绝侵权盗版行为的发生。此外，国家版权局还将与中国作家协会加强联系与合作，开展对作家的版权普法培训等工作。

（付小悦）

【2009网络版权高峰论坛在北京举办】 2009年11月3日，2009网络版权高峰论坛在北京举行，论坛邀请政府部门、法院以及地方互联网协会的领导与正版作品内容提供商、国内优秀的互联网企业代表，共同深度探讨互联网版权保护与产业发展的平衡点，研究有效的互联网知识产权纠纷解决方案，以及如何对互联网版权产业发展的力量进行整合，从而构建正版的、健康的、和谐的网络传播环境。

互联网网络音视频业务经历了发展初期的艰难推广，到2009年已经迎来了高速发展的时期，主要的市场格局已经形成，用户和市场都日趋成熟，然而，互联网知识产权纠纷的快速增长，严重制约了互联网企业和著作权人依托网络发展的步伐。探讨互联网上的合作共赢的模式，使产业链上各环节的成员都能从中获益，建立长期可持续的发展模式已成为人们的普遍共识。

本次论坛有三大目标：中国互联网协会调解中心与北京市高级人民法院共建联合调解机制，依托行业协会的调解职能来促进知识产权纠纷的快速解决；中国互联网协会调解中心牵头组建全国范围的调解网络，通过与各省互联网协会签约，建立全国范围的、长期有效的纠纷解决机制；中国互联网协会网络版权联盟联手中国广播电视协会电视制片委员会揭开“网络影视发展CEO联席会”的序幕，并于日后不定期地召开高层联席会，从而建立制片单位与互联网企业之间的战略合作关系，从根本上解决版权合作难的问题。

（中国电子商务研究中心）

【两岸四地版权法律制度研讨会在厦门举行】 2009年11月11～12日，国家版权局法规司委托项目——两岸四地版权法律制度研讨会在厦门大学隆重举行。本次研讨会由北京大学知识产权学院、国家数字版权研究基地、北京大学法学院互联网法律中心共同主办，厦门市版权局、厦门大学知识产权研究院、厦门大学法学院共同承办。主办方邀请中国社会科学院、清华大学、中国人民大学、台湾政治大学、辅仁大学、香港大学等近20所高校、科研机构参加，来自中国大陆、台湾、香港、澳门的80多位版权业界专家、学者、政府官员参加了研讨会，30多位与会代表发表了主题演讲。

新闻出版总署副署长、国家版权局副局长阎晓宏专门为研讨会发来贺信，国家版权局法规司司长于慈珂在开幕式上宣读了贺信。阎晓宏在贺信中指出，当今世界版权制度不仅激励优秀文化作品的创造与传播，而且在推动经济发展中的作用日益凸显。他认为，随着数字技术的迅猛发展，两岸四地的版权法律制度面临着众多挑战，通过研讨会进一步加强交流与合作，有助于促进两岸四地经济、文化和科技事业的发展。

研讨会组织四场专题讨论会，集中分析了当前困扰版权司法、行政执法过程中产生的新问题，并对新技术、新媒介下的版权保护、民间文学艺术作品的版权保护、合理使用及补偿金制度的引入、著作权集体管理组织的运作等多个热点、难点议题进行了深入探讨。与会的专家学者和官员还针对现行著作权法的不相适应之处提出修法建议，为我国版权法律制度的完善建言献策。

（方　琛）

【2009中国版权年会在北京举行】　2009年11月20～21日，2009中国版权年会在北京举行。在本届年会上举行了“2009中国版权产业风云人物”、“2009中国版权产业最具影响力企业”、第二届“全国大学生版权征文”的颁奖仪式。新闻出版总署副署长、国家版权局副局长阎晓宏出席开幕式和颁奖仪式，并作主题演讲。中国版权协会理事长沈仁干致辞。

阎晓宏指出，当前互联网版权面临着一个困惑，即先授权后使用的交易原则与互联网作品的海量使用之间的矛盾。如何找出权利人和使用者之间的最佳平衡点，是破解这一难题的重要途径。著作权制度从产生到现在，一直在适应人类实践的发展并不断解决发展中出现的问题。法律制度也需要突破和创新，但一个根本性的原则是，必须充分肯定版权作品的价值并尊重人类智力劳动的成果。他表示，相关部门正在进一步加强网络环境下的版权保护力度，对于恶意、随意大量使用他人作品者进行相应的处罚，同时希望全社会共同参与到版权保护事业当中来。

中国版权协会理事长沈仁干也在致辞中表示，根据国内国际形势的发展和《国家知识产权战略纲要》、《文化产业振兴规划》的要求，有必要对《著作权法》作进一步的修订。

本届年会的主题确定为“数字环境下的版权资源开发和价值提升”。围绕这个主题，年会举办了两个分论坛，专家学者和相关产业人士，围绕3G产业的兴起给版权保护带来的新课题，以及版权产业中传统产业和新兴产业，如何在数字环境下更广泛地拓展版权资源开发的途径，进一步提升版权价值等相关问题，展开了深入而热烈的研讨。

经评选，冯小刚、姜昆、陈一丹、杨红樱等11人荣膺“2009中国版权产业风云人物”，央视网、中国出版集团、汉王科技股份有限公司等16家单位捧走了“2009中国版权产业最具影响力企业”的奖杯；由国家版权局、中国版权协会联合举办的第二届“全国大学生版权征文”活动结果揭晓，组委会从征稿中评选出一等奖10名、二等奖20名、三等奖30名、鼓励奖和组织奖若干名。年会向获奖个人和单位颁奖。

（方　圆）

【2009 CPCC中国版权服务年会在北京举行】
2009年12月17～18日，由国家版权局指导，中国版权保护中心主办，北京中关村科技园区雍和园国际版权交易中心、中华版权代理中心和中华版权代理总公司协办的2009 CPCC中国版权服务年会在北京举行。这是我国首次举办以版权公共服务为核心内容的公益性年度盛会。年会突出“服务”的主题，以“引领中国版权服务”为主旨，以研讨、论坛、推介、展示、交流等多种形式，展现全方位的版权服务内容。新闻出版总署副署长李东东出席开幕式并发表讲话。

李东东在致辞中指出，为推动我国版权制度的完善以及产业的发展，长期以来，国家版权局致力于完善我国版权法制体系、行政管理体系、社会参与体系和国际参与体系。同时，不断加大版权公共服务体系的建设力度，着力培育业务体系完备、功能强大的版权公共服务主体，为版权相关产业发展提供公正、高效、全面的版权服务，促进著作权人经济价值和社会价值的实现。李东东还指出，随着《国家知识产权战略纲要》的全面实施，近年来新闻出版总署（国家版权局）对构建版权公共服务体系提出了明确要求，中国版权保护中心认真贯彻落实总署党组和国家版权局的战略部署，围绕国家版权公共服务机构的定位，不断完善服务体系，强化服务功能，努力打造“值得信赖的国家版权公共服务机构”，以自身的优势和专业服务满足文化企业及权利人的需求，取得了显著的成绩。

中国版权保护中心副主任邹建华致欢迎辞。他说，2009 年金融危机肆虐全球，给世界经济带来巨大的冲击，然而，中国的版权产业在严峻的经济形势下逆势上扬，其突破性的发展让经济的寒冬涌现出阵阵暖意。中国版权保护中心举办中国版权服务年会，就是为了更好地总结经验，深入探讨版权服务在促进版权产业持续发展中的作用，增强信心，坚定使命，更好地迎接明天的挑战。

在开幕式上举行了“2009 CPCC 十大中国著作权人年度评选”颁奖典礼和“全国版权交易共同市场”启动仪式，并公布了“2009 年中国版权十大事件”。年会期间，还举办了中美互联网版权保护的前沿和热点问题论坛、中日著作权实务研讨会、区域版权产业研究座谈会、“中国原创动漫作品版权保护工作项目——动漫版权服务周”启动仪式等活动。

在此次区域版权产业研究座谈会上，发布了“区域版权产业经济贡献调研分析系统”的前导性成果。整个调研分析系统以中国当前法律框架为基准，在梳理了相关概念范畴和借鉴了国外优秀研究成果的基础上，以标准化的思路和方法，建立了符合区域特点的调研分析模式。在版权产业自身发展、对经济增长贡献、对就业贡献、对对外贸易贡献等方面，建立了比较完善的统计分析和计量分析方法与模型。与会领导、专家对该调研分析系统给予了高度评价，认为这是拓展版权公共服务领域方面的又一创新举措，是为制定版权产业政策提供参考依据的创新成果。

（刘　然）

【首届中国国际影视动漫版权保护与贸易博览会在东莞举行】　2009 年 12 月 30 日至 2010 年 1 月 3 日，首届中国国际影视动漫版权保护和贸易博览会在广东省东莞国际会展中心开幕。本届展会由国家广电总局和广东省政府联合主办，东莞市人民政府、广东省广播电影电视局、南方广播影视传媒集团、中国动画学会联合承办，是继“杭州动漫节”之后第二个国家级动漫展会。

本次博览会的主体活动主要包括：博览会影视动漫版权交易、博览会动漫衍生产品展销、全国电玩邀请赛、COSPLAY 大赛、动漫产业化高峰论坛、优秀影视动漫作品展映、年度最具价值动漫作品评选、年度最具价值动漫作品颁奖典礼等。通过此次活动，博览会计划长久落户东莞，将成为中国本土动漫版权交易的重要窗口和平台，其中奖励“年度最具价值动漫作品”将促进动漫产业链的完善。

同时，中国 20 多家动漫版权的机构共同发布了《动漫版权自律宣言》（以下简称《宣言》）。《宣言》称，中国动漫企业将利用“版权”这个链条，将动漫创意、制作、发行、衍生品开发的动漫产业环节联动起来，推动动漫产业的有序快速发展，推动动漫产业向着更加光明的未来进发。

《宣言》呼吁，中国原创动漫企业联合起来，运用一切法律手段打击生产、制作和销售盗版制品的行为，同时，呼吁司法机关和政府主管部门加大对动漫版权商业开发的监管，打造动漫版权保护机制，积极支持权利人开展维权活动。

《宣言》强调，加强版权维权的国际交流与合作，是提高中国动漫品牌在国际上的形象和地位的重要举措，版权保护拓展了中国动漫走出国门的发展空间。

◆ 社会管理与服务

【音著协与上海旅协签订的酒店背景音乐使用协议生效】　2009 年 1 月 1 日，中国音乐著作权协会与上海市旅游行业协会签订的《音乐著作权使用许可协议》生效。这是两协会经过反复交涉、协调以及听取广大会员意见后，代表行业利益，破解酒店背景音乐播放中侵权、维权难题，引导酒店会员单位守法经营的举措，既有利于提高服务质量，又有利于行业全面贯彻执行知识产权保护法规，实行行业自律。

这是音著协继之前与北京市、重庆市旅游协会就所属酒店会员单位达成音乐著作权许可整体合作后，又与一直辖市行业协会签约。这一合作对上海市旅游行业协会所属的酒店会员单位意味着：只需支付不多的年费就可以放心使用背景音乐而不用担心发生侵权问题，还可以根据自身需要选择使用音著协的免费专业化音乐服务。这一合作对推动行业协会与著作权集体管理组织之间深入开展版权合作起到了积极的促进作用。

上海市旅游行业协会与音著协一致认为，两协会合作降低了著作权保护的成本，使酒店行业以团购价取得了合法使用音乐的授权，而且可以免费享受相应的音乐服务，这是符合和谐社会理念的好事。

在公共场所播放背景音乐需要取得相应版权许可并支付一定费用既是国际通行的准则，也是我国著作权保护法律中的明确规定。目前，我国签约使用音乐作品并为之付费的各类经营场所已突破8 000家，音乐著作权保护工作已取得一定成果。

（邹　韧）

【作品版权交易会聚焦书业热点】 2009年1月10日，由国家版权局支持、北京图书订货会组委会主办、中华版权代理总公司承办的第4届全国作品版权交易会圆满结束。本次交易会上，不但现场交易成果可观，而且举行了各种特色鲜明的专场沙龙活动，聚焦当下书业热点，吸引了不少出版机构的目光。

民营书业唱主角。交易会期间，中华版权代理总公司从全国作者和“红袖添香”等知名文学网站中挑选具有出版潜力书稿和相关作品400余部，现场免费发放《版权推荐书目》300册、《书稿版权交易指南》1 200余册，并通过网络向全国出版单位和民营机构寄送电子《版权推荐书目》800余份；同时，免费接待现场版权法律咨询2 000多人次，现场受理100多位作家的版权代理信息，版权沙龙和专场活动现场听众累计近2 000人次。据统计，交易会上，各参展单位共达成版权合作意向200多项。

本届作品版权交易会紧紧围绕版权贸易和民营书业的主题，在“民营书业促出版产业繁荣发展”专场活动中，中国版权保护中心党委书记张秀平、北京宏文馆策划有限公司总编辑杨文轩、博集天卷图书公司董事长黄隽青与在场嘉宾畅谈民营书业如何规范发展。在回顾我国民营书业的发展历程后，杨文轩介绍到，在2008年图书销售码洋前10名的单位中，共和联动、新经典、博集天卷等民营企业代表已跻身前5位，体现出民营企业强有力的市场运作能力。他相信，在2009年政策环境更加好转的前提下，民营书业还将在图书市场上取得更辉煌的成绩。

（马立海）

【国家版权贸易基地正式落户北京国际版权交易中心】 2009年2月9日，国家版权局正式为北京国际版权交易中心授予国家级版权贸易基地称号，此次授牌也将成为2009年首都文化创意产业的一个重要开端。

国家级版权贸易基地将充分整合各类版权专业服务资源，为国内外版权机构、权利持有方和使用方提供专业化、功能化、系统化、国际化、全方位的专业服务，并使之成为版权展示、版权交易、版权投融资以及版权保护等各种版权专业活动的高端服务平台。

目前，已有多家文化创意产业的企业、机构及集体管理组织入驻位于CBD核心区东三环京广中心商务楼的北京国际版权交易中心的版权服务大厅内，其中包括中国音像著作权集体管理协会、中国摄影著作权协会和中国文字著作权协会等行业权威机构。此次获得国家级版权交易基地的殊荣，既是国家版权局对北京国际版权交易中心成功举办2008年首届中国国际版权博览会及其他版权专业工作的充分肯定，也为版权资本要素市场的建立创造了重要的国际化环境。

基地成立以后将为创作者、传播者、使用者提供规范化、系统化、专业化、法制化、国际化的全方位版权服务，为文化创意产业创建先进、完整、高效、便捷的版权化交易手段和渠道，使之形成统一开放、有序竞争、可持续发展的、永不落幕的版权商务、版权展示、版权交易和版权保护中央平台。

【中国版权保护中心登记大厅正式启用】 2009年2月15日，作为国际版权交易中心的核心建设项目的中国版权保护中心版权登记大厅正式启用。

大厅面积320平方米，分为软件作品登记和其他作品著作权登记两部分，为入驻单位和社会登记单位、版权登记代理机构提供受理、咨询、查询、审核和收费、发证的“一站式”版权登记服务。此外，在版权登记受理大厅还计划设立法律咨询、版权评估、版权代理服务台，为登记单位提供全面的版权社会服务。

为彻底解决登记工作“手工作业”模式效率低、数据分散、透明性差等弊病，中心将登记工作的信息化建设作为工作重点。通过“著作权登记管理信息系统（一期）”的开发，不仅重新梳理了登记工作的各项流程，进一步完善了登记受理、审查、制证等岗位规范以及申请表格等内容，而且在系统的测试与试运行过程中，建立起与信息化登记工作平台相适应的工作机制和工作方法，使登记工作的信息化水平迈上了新台阶。

（方　圆）

【国际版权交易中心落成　雍和园获授版权贸易基地】 2009年2月16日，由中国版权保护中心和东城区人民政府共同主办的2008CPCC十大中国著作权人颁奖典礼暨国际版权交易中心落成仪式在雍和大厦举行。与此同时，中关村科技园区雍和园被国家版权局授予了“国家版权贸易基地”称号。新闻出版总署署长、国家版权局局长柳斌杰，新闻出版总署副署长、国家版权局副局长阎晓宏，北京市副市长蔡赴朝等以及有关机构领导、法学界版权界专家、版权产业界知名人士出席了此次仪式。

仪式上，国家版权局版权管理司副司长许超宣读了国家版权局的授牌决定，阎晓宏向中关村科技园区雍和园颁授“国家版权贸易基地”牌匾，东城区区长杨艺文接受了牌匾。阎晓宏、蔡赴朝发表讲话。

阎晓宏在讲话中指出，新闻出版总署和国家版权局高度重视并全力支持地方政府与中央事业单位开展广泛合作，希望双方以国际版权交易中心为平台，在促进版权相关产业发展、开拓版权交易国内国际市场等领域齐心协力、优势互补、敢于创新、积累经验，为促进版权产业的繁荣与发展作出新的成绩和贡献。阎晓宏强调，由于我国开展版权贸易起步较晚、起点不高，版权交易市场还较为稚嫩，存在着诸多问题。在 2008 年 6 月举办的 BIBF 国际版权贸易研讨会上，柳斌杰局长提出要建设一个全年 365 天、每天 24 小时面向世界开展版权贸易的平台，如何将版权贸易常态化，是我们亟须研究的问题。仅仅过去半年时间，国际版权交易中心在东城区正式落成了，这是推动版权贸易常态化和实施出版“走出去”战略的重大进步，希望大家以此为契机，努力开拓创新，将我国的版权贸易推上新的台阶。

蔡赴朝在讲话中强调，国际版权交易中心的落成有三个方面的意义：第一，紧紧抓住了知识产权的产生、流转的关键环节，能够提纲挈领地促进创意产业的发展，推动科技创新；第二，有利于规范知识产权交易行为，打击盗版、侵权行为，保护知识产权人的合法权益，进一步优化北京市保护知识产权的环境；第三，有利于中心城区发挥自身优势，转变经济结构，促进经济社会协调发展。

由中国版权保护中心和北京市东城区人民政府共同建设的国际版权交易中心，“立足北京，辐射全国，连接世界”，其定位是建设国家级的版权交易所、国家级的版权产业要素市场，是提供“权威、公正、诚信、专业”的版权交易综合服务“常态化”的平台和场所。建设国际版权交易中心的主要目标是，完善版权商务环境，发展版权专业服务，构建版权交易体系，促进版权有序流动，放大版权商业价值，提升版权产业规模。国际版权交易中心将重点建设国家级著作权登记和认证信息平台、国际化版权交易综合服务平台、全国性版权产业交流合作平台、顶级版权专家组成的核心智力平台、国家级版权价值评估和资本运作平台、版权法律保护公共服务平台等六大功能平台，以及版权交易服务体系、版权专业服务体系、版权商务服务体系等三大服务体系。旨在搭建版权产业和文化创意产业“常态化”的版权交易平台和场所，更加充分地发挥中国版权保护中心承担的各项版权公共服务职能，建设国家级版权登记服务平台、版权产业合作交流平台、顶级版权专家的核心智力平台、版权法律保护公共服务平台，为入驻单位和全国版权业界提供全面、完善的系列版权服务。

仪式上，中国版权保护中心版权登记服务大厅作为首家进驻国际版权交易中心的单位举行了揭牌仪式。还有中华版权代理总公司、创意产业价值评估和交易公共服务平台、中国动漫作品版权服务平台、夸克电影正版网络联盟、中国创意产业版权价值开发协作联盟等版权企业和组织正式入驻。

【“京版十五社反盗版联盟”召开年会】 2009 年 2 月 26 日，“京版十五社反盗版联盟”（以下简称联盟）在北京召开 2008 年工作年会。2008 年是联盟自成立以来队伍最庞大的一年：联盟单位增到 24 家，维权足迹遍及我国 29 个省（自治区、直辖市）的 100 余个地、县，取得了丰硕的维权成果。

联盟理事长杨松涛介绍，2008 年联盟各成员单位配合各地公安、“扫黄打非”办、新闻出版局等行政执法部门共查获藏匿盗版图书窝点 13 个，查处销售盗版制品门店 701 家、盗印企业 7 家、使用盗版教材的各级各类学校 160 余所，收缴盗版图书、音像制品 56.06 万余册（盘），涉案码洋约 1 392 万元，协助司法机关追究刑事责任 16 人；对侵权单位进行民事诉讼 110 余起，其中网络侵权案件 37 起，其中有 3 起案件已审结，主犯已经获刑。

在年会上，联盟成员纷纷表示，以侵犯著作权罪将盗版分子绳之以法，彰显了国家对知识产权保护的决心和监管力度的加大。由于成功铲除盗版毒瘤，不少出版社正版图书的发行数量明显回升。

2008 年，联盟单位还成功策划组织了“武汉治理校园周边书店专项行动”、“河北打击各级各类学校使用盗版教材教辅专项行动”等活动，并与广西壮族自治区“扫黄打非”办举行了座谈会及市场巡查、与北京市文化市场执法总队组织了座谈等。

（邹　韧）

【我国首个较完备著作权登记系统正式启用】 2009 年 3 月 2 日，“中国版权保护中心著作权登记管理信息系统”正式启用，这是目前我国首个比较完备的著作权登记系统。该系统具有在线填报、登记受理、审查、审批、发证、公告等功能。系统的启用，初步实现了登记申请和登记业务办理的网络化。

系统启用后，申请中国版权保护中心所负责办理的各种著作权登记，如软件著作权、软件转让和专有许可合同、作品著作权登记、著作权合同备案、著作权质押合同等，均可采取在线填报的方式申请登记。申请人可在中国版权保护中心网站上注册用户后登录进行在线填报。另外，中国版权保护中心登记大厅也已投入使用。为了方便申请人填写登记申请表，登记大厅将提供专用电脑供申请人在线填报使用。

中国版权保护中心有关负责人表示，将在登记系统使用过程中，继续听取申请人的意见，总结经验，积累对该系统的新需求，在今后的系统完善中加以改进，力争尽快实现登记工作全面信息化。

（方　圆）

【中国互联网协会与朝阳法院建立联合调解机制】 2009年3月30日，北京市朝阳区法院与中国互联网协会举行建立知识产权联合调解机制合作签约仪式。这是中国互联网协会继2008年12月与北京市海淀区法院签订委托调解协议后，再次与基层法院合作。

近年来，法院受理的各种类型网络侵犯知识产权案大幅度增长。仅以版权案件为例，2007年，朝阳法院受理的涉及网络版权案件占全部版权案件的30%；2008年，该比例直线上升至80%。网络知识产权纠纷案件不仅增长趋势明显，而且涉及商标、著作权、不正当竞争等多个领域，呈现范围越来越广、新问题日益增多的态势。正是为了应对这一情况，法院与互联网协会建立联合调解机制，通过发挥互联网协会了解网络新技术、新模式的优势，促进知识产权纠纷快速和谐地解决。

（邹　韧）

【上海世博会与音著协达成“一揽子许可”】 2009年4月24日，上海世博会事务协调局与中国音乐著作权协会（以下简称音著协）签署《中国2010年上海世博会音乐著作权合作备忘录》。上海世博会将借鉴北京奥运会做法，与音著协达成了“一揽子许可”的合作，从整体上解决了音乐作品表演权合法性的问题。

“一揽子许可”的对象包括上海世博会组织者、各类参展者和上海世博会园区围栏内的其他参与者；权利范围主要限于音乐作品的表演权，包括现场表演权和机械表演权；时间期限涵盖了上海世博会举办的整个期间；地域范围主要为上海世博会的规划范围，包括开闭幕活动的会场。

“一揽子许可”涉及的使用费用由上海世博局统一向音著协缴纳，参展者涉及使用第三方音乐作品而需向音著协缴纳的使用费，由上海世博局代为收取。在缴纳费用之后，上海世博会组织者和参与者在许可范围内使用第三方音乐作品所引发的著作权纠纷，由音著协代为解决。

在以往各届世博会中，都没有对使用第三方音乐作品作出过明确规定。上海市政协副主席、上海世博会执委会副主任周汉民认为，上海世博会与音著协的合作是一个历史性的开创，标志着上海世博会知识产权保护工作形成了组织者、参展者和第三方知识产权“三位一体”的格局，是“依法办博”理念的重要体现。

（吴　宇　唐晓棣）

【国际版权交易中心开通版权交易系统】 2009年5月8日，首个国家级版权交易系统在国际版权交易中心正式开通，北京版权产业融资平台也同步启动。今后版权人可通过该交易系统转让版权，通过融资平台寻找资金。交易系统开通首日，总额超过1亿元的30个项目挂牌交易，覆盖影视、音乐、动漫等版权项目。新闻出版总署副署长、国家版权局副局长阎晓宏等出席仪式，并为交易系统鸣锣开通。

阎晓宏在开通仪式上表示，搭建常设性的版权交易平台，通过汇聚版权资源、便捷交易的模式，让更多的权利人和使用者以更为高效的途径展示作品、实现交易，是推进版权工作科学发展、具有前瞻性和现实意义的重要举措。随着我国知识产权战略的实施，版权的创造、管理、保护和运用体系将日臻完善，版权交易体系将在其中发挥不可替代的作用，也将有着广阔的发展空间。希望国际版权交易中心按照市场需求和现代企业制度，理顺关系、完善机制，不断提高交易中心市场化程度和服务水平，在推进版权流动、行业交流、跨界开发、扶持原创等方面发挥特有的作用，促进版权产业的健康发展。

对于版权交易系统的发展前景，国际版权交易中心总经理殷秩松表示，预计经过3年的发展，将实现年版权交易总额超过10亿元，版权及相关产业增加值超过100亿元，这将对知识产权保护和文化创意产业发展产生积极促进作用。

国际版权交易中心的第一批项目于5月8日挂牌交易。版权电子商务和数字版权分发平台等创新交易模式将陆续推出。中国版权保护中心党委书记张秀平认为，国际版权交易中心在建设常态化版权交易场所和平台方面居世界前列，作为国家级版权交易平台，其定位为权利人、受让方、中介之外的“第四方”，将会激发中介组织在版权市场化中的作用，必将带来中国版权中介机构大发展的春天。

北京版权产业融资平台也将于5月8日启动，众多从事文化创意的中小企业将从中受益，企业可通过版权信托即智力资产信托得到门槛较低的贷款。该平台是由北京东方文化资产经营公司与国家开发银行、北京银行、中信信托出资12亿元共同搭建的，旨在促进首都文化创意企业融资环境建设。北京版权产业融资平台通过征信建设和监管，重点以借款企业的版权信托作为保障，以对贷款项目全过程监控作为手段，为拥有自主版权的文化创意企业提供融资服务。国家开发银行北京分行副行长蒋道振表示，开发和延展文化创意企业的核心价值，使银行贷款在风险可控的前提下，走出目前重财产担保的固有模式，降低融资门槛，更好地支持文化创意企业发展，这种融资模式是开发性金融与商业性金融和政府的组织协调优势相结合的有益探索，必将促进区域经济发展。另外，该平台将通过版权信托的金融创新模式，规范版权交易、促进版权流动，不仅为广大创意企业的发展提供资金支持，而且也将对规范版权产业健康发展起到积极作用。

【文著协与汉王签约结成内容数字化版权采购战略伙伴关系】 2009年5月，中国文字著作权协会（以下简称文著协）与汉王科技（以下简称汉王）在北京举行了相关的签约仪式，结成内容数字化版权采购战略合作伙伴关系。

按照协议约定，在双方合作期间，汉王电纸书将成为文著协所管理的数字化版权内容发行的核心通路与终端，届时用户可以借助电纸书阅读大量具有版权保护的图书作品。这种由文著协直接将一揽子著作权输出给使用者的著作权交易方式，开创了版权输出领域一揽子版权交易B2C的先河，给数字出版产业提供了一种新思路。

与文著协的签约，意味着汉王将会继续大范围采购有版权保护的文字作品，并在数字化基础上，通过预装和汉王书城下载两个途径将更多正版内容源源不断地推送给电纸书用户。同时，根据《著作权集体管理条例》的相关规定，对侵犯协会管理的文字作品著作权的行为，文著协有权依法采取维权行动，提请著作权行政管理部门作出行政处罚或提起相应的法律诉讼。汉王与文著协的签约，也意味着在出现版权法律纠纷时，文著协将会为其代理一切法律纠纷。这将保证汉王以更充分的时间和精力，投入系列电纸书产品的生产、研发与销售。

（王佳欣）

【文著协在河北省设立首个地方机构】 2009年6月5日，在河北省平山县召开的2009河北端阳诗会暨文字作品版权保护座谈会上，河北省版权局版权处处长潘海波宣布，中国文字著作权协会（以下简称文著协）河北首席代表处正式成立，这也是文著协在地方设立的第一个常驻办事机构。河北省新闻出版（版权）局局长李晓明、文著协常务副总干事张洪波、河北省作协副主席王力平及作家、诗人代表出席了会议。

李晓明表示，完善文字作品的版权保护机制，其核心就是建立并实施文字著作权集体管理制度，从根本上解决文字作品使用和传播缺乏秩序的问题，切实维护好文字作品作者的合法权益。版权保护工作离不开社会各界的理解和支持，特别是广大著作权人的帮助和配合。此次文著协河北首席代表处的成立，必将对著作权人的保护大大向前推进一步。

张洪波介绍说，此次设立的文著协河北首席代表处为文著协设立的首个地方性办事机构，随后文著协还将在其他省市陆续设立分支机构。

【中华版权代理中心深圳版权代理工作站揭牌】 2009年6月11日，中华版权代理中心深圳工作站揭牌仪式在深圳举行。该工作站的成立是深圳市与中国版权保护中心在推动版权公共服务、完善社会服务方面的一次创新实践。新闻出版总署副署长、国家版权局副局长阎晓宏出席了揭牌仪式。

阎晓宏在揭牌仪式上指出，增强自主创新能力、实施《国家知识产权战略纲要》，是落实科学发展观的一项重大战略举措。在金融危机面前，注重自主创新与科技的力量，是克服经济困难、实现可持续发展的根本力量。中华版权代理中心深圳工作站的揭牌运作，是深圳版权领域的一件喜事。版权是知识产权的重要组成部分，不仅形式丰富多彩，应用还非常广泛，在经济社会发展中的贡献份额越来越高。他说，深圳是一座创新型城市，是版权产业聚集的城市，促进文化发展和经济发展具有天然优势和巨大的潜力。作为珠三角科技经贸文化的中心，深圳在贯彻珠三角规划纲要中，应力求在创造、使用、管理和保护版权及健全版权保护制度等方面取得更大成绩，为把深圳建成国家创新型城市和打造“创意之都”贡献力量。

据2008年的统计，深圳市共有1 521家软件企业，软件总收入1 080亿元，软件出口额为65亿美元，仅次于北京和江苏。但是，深圳的软件著作权登记量却只有2 466件，仅相当于北京的13.58%、上海的52.15%。中华版权代理中心深圳工作站的成立将为深圳的企业提供方便、快捷的软件著作权登记代办业务，有利于企业发展，对完善深圳自主创新机制、促进深圳市版权产业特别是软件产业的发展意义重大。

【上海率先建立文化产权交易所】 2009年6月15日，由上海联合产权交易所、解放日报报业集团、上海精文投资公司联合投资创立的上海文化产权交易所在上海外高桥保税区正式揭牌。这是在中央有关部门支持下，由上海市政府批准成立的国内首家文化产权交易所。它的成立，在文化产业与资本市场之间构筑起一座桥梁，促成了文化产业与各类资本的有效对接。

上海文化产权交易所的业务范围是：根据国家和本市有关法律法规和政策，开展各类版权、文化专有权益、公共文化服务政府采购等，以及其他文化产权的交易；为文化产业投资提供咨询、策划等服务。交易所将立足上海、服务全国，通过市场推动文化与资本、内资与外资、虚拟文化与实体产业、版权与资产的对接，促进各类文化产权跨行业、跨区域、跨国界、跨所有制的流动，努力使之成为面向世界、服务全国的国际化综合性文化产权市场。简单地说，上海文化产权交易所的工作就是把文化变为商品，把商品推进市场创造价值。

文化产权市场，其实就是一个上接政府、下接市场、中间有专家服务体系的资源集合与配置平台，它能让文化创意产品更便捷有效地寻找到投资人。上海文化产权交易所成立的意义在于，用在场交易打通文化产业链，这是我国文化产业发展的首次尝试。

【国家数字版权研究基地落户北京大学】 2009年6月29日，国家数字版权研究基地正式落户北京大学。新闻出版总署副署长、国家版权局副局长阎晓宏和北京大学副校长张国有共同为基地揭牌。

阎晓宏表示，开展数字版权研究基地建设工作，就是要充分发挥高校的科研优势，进一步加强我国版权理论研究机制的建设，提高版权创造、运用、保护和管理的能力，为促进版权相关产业发展、推动我国版权工作又好又快的发展服务。

国家版权局于2009年4月正式同意建立国家数字版权研究基地。该基地行政上隶属北京大学法学院，其行政和科研工作由北京大学法学院互联网法律中心负责实施。基地成立后，将创建数字版权理论研究平台，关注国际数字版权保护动向及国际组织发展动态，积极参与数字版权国际公约及相关国际规则的研究，以提高我国数字版权研究水平，同时也为政府部门提供立法和政策咨询，为相关产业提供版权实务培训。

国家数字版权基地主任、北京大学法学院教授张平代表基地发布了《版权自助协议》。该协议构建了多种可供选择的新型数字版权授权模式，旨在为互联网时代的版权保护和版权交易提供范本，为解决数字版权保护等方面问题提供可借鉴的思路。

【知识产权评估新规7月起正式施行】 2009年7月1日，涉及知识产权资产评估的两项新准则——《资产评估准则——无形资产》、《专利资产评估指导意见》正式施行。由中国资产评估协会制定的两项新规，对于规范专利等无形资产评估，促进知识产权质押融资具有重要的现实意义。

《资产评估准则——无形资产》科学界定了无形资产内涵，既包括专利权、商标权、著作权、专有技术、销售网络、客户关系、特许经营权、合同权益等可辨认无形资产，又包括商誉等不可辨认无形资产，同时将销售网络、客户关系等新型无形资产纳入规范范围。该规则要求注册资产评估师执行无形资产评估业务，应当根据评估目的、评估对象、价值类型、资料收集情况等相关条件，分析收益法、市场法和成本法的适用性，恰当选择一种或者多种资产评估方法。

《专利资产评估指导意见》根据《资产评估准则——无形资产》，明确了专利资产评估的对象是包括专利所有权和使用权的专利资产权益，填补目前资产评估法律、法规体系、准则的空白，并一一明确了专利资产评估的操作要求和披露要求。

（刘　仁）

【中国知识产权法律检索系统启动】 2009年7月9日，我国首个提供完备的中英双语知识产权法律资料汇集且供用户免费查询的系统——中国知识产权法律检索系统在北京启动。商务部、欧盟驻华代表团有关官员及北京大学的资深学者共同出席了启动仪式。

这是一个与中国知识产权保护和实施相关的法律法规新平台。作为一个免费的搜索工具和信息源，中国知识产权法律检索系统（网址为 www.ipr2.org/ipsearch）旨在帮助用户在当前中国知识产权保护和实施的法律框架内查找和获得法律资源。该系统囊括了 140 余个英文版的中国法律文本，其中包括法律法规、部门规章、司法解释等内容，涵盖了专利、商标、著作权、海关保护等知识产权。用户可通过关键词、选择知识产权特定领域、高级搜索（可通过有关领域、类别和立法主体搜索）三种不同途径搜索一部法律。所有用户都可免费使用系统资源，无须注册和获取密码，如版权允许，还可以下载每份资料的全套文档。

中国知识产权法律系统是中国—欧盟知识产权项目（二期）与中国国际电子商务中心共同倡导的一次合作。

【全国知识产权维权平台启动】 2009 年 7 月 16 日，由北京国际版权交易中心和中华全国律师协会知识产权专业委员会发起成立的全国知识产权维权平台在北京正式启动。

国家版权局和北京市相关部门领导出席了启动仪式并发表了讲话，对全国知识产权保护平台的启动寄予了极大的期望，同时也希望这个平台能够成为北京市乃至全国知识产权保护工作的示范，以实干、创新为方向，为版权产业的发展创造更大的发展空间。

活动现场由中华律师协会知识产权专业委员会同北京国际版权交易中心签署了共建维权平台协议，同时，盛大集团、外研社、中联华艺、热波传媒等知名企业也与北京国际版权交易中心签署了维权委托协议。

全国知识产权维权平台的启动实施，是在文化创意领域和版权领域的又一个重要举措。该平台以全国 84 家律师事务所、400 多名专业律师的强大法律维权专家队伍作后盾，为文化创意产业要素市场提供具有针对性的法律咨询和版权维权服务，从而有效保障创意版权产业的健康持续发展。

【中国版权保护中心与中国动画学会签署战略协议】 2009 年 7 月 28 日，为鼓励动漫作品创作，加强版权保护，积极维护著作权人合法权益，促进动画产业繁荣发展，中国版权保护中心与我国动画行业社团组织——中国动画学会正式签署战略合作协议。

根据协议，双方将共同推动动画领域版权公共服务，围绕中国动画学会会员及动画作品的著作权及相关权利的登记、保护维权、宣传推广等内容进行全方位合作。此事得到双方主管部门——国家版权局和国家广播电影电视总局的大力支持。中国版权保护中心主任段桂鉴与中国动画学会会长余培侠代表双方在协议上签字。

为实施合作协议，落实国家有关发展动画产业的政策措施，促进动画产业的健康发展，中国动画学会专门成立了中国动画版权维护中心，积极为会员及动画业界服务，围绕作品的创作、传播以及版权保护等内容，进一步组织并服务本会会员及动画产业。目前，全国有 17 个国家动画产业基地和动画教学基地、256 家中国动画学会团体会员和 900 多名个人会员，全国超过 60%的动画作品都将通过版权公共服务的方式，获得一个更加有利创作、开发和使用的环境。

目前，中国版权保护中心正在开发推动动画原创、扶持正版的国家资金支持项目，将通过积极贯彻实施著作权法律，落实国家版权战略，建立并完善我国版权公共服务体系。依托战略合作协议的签署，双方将通力合作，共同促进动画作品的创作与传播，促进动画产业的健康发展。

【文著协浙江省代表处成立】 2009 年 8 月 11 日，在浙江省报刊社版权保护培训班开班仪式上，中国文字著作权协会浙江省代表处正式宣告成立。

为了健全中国文字著作权协会的全国网络建设，更好地为浙江省著作权人和版权产业界服务，中国文字著作权协会与浙江省版权协会多次协商，并经浙江省版权局同意，决定在浙江省版权协会设立文著协浙江省代表处。文著协浙江省代表处的设立，对于规范全省报刊社、出版社的出版行为，维护浙江省著作权人的合法权益，将起到积极的促进作用。

中国文字著作权协会浙江省代表处的主要职能包括发展会员、收取有关费用、解决纠纷、普法宣传等。

（方　圆）

【央视网、凤凰网携手建“网络视频版权保护联盟”】 2009 年 8 月 19 日，央视网携手凤凰网在北京梅地亚中心联合举行“网络视频版权保护联盟”

启动仪式。除央视网、凤凰网以外，参与联盟启动仪式的还有上海文广东方宽频、湖南卫视金鹰网、北京电视台和深圳广电集团。国家版权局、工信部、国新办、国家广电总局、北京市网管办等政府部门领导也出席了仪式。

会上，作为主办方代表的央视网顾问赵立凡和凤凰网总编辑吴征先后发言，双方共同表示，网络视频产业未来将会有非常大的发展空间，而要保证该产业的健康发展，保护视频版权将成为该产业发展的重要前提。

会上签署了《2009 年版权保护宣言》。宣言呼吁政府主管部门和司法机构加大版权保护力度，为视频新媒体产业的健康发展营造良好的环境；同时，各加盟单位表示，将全力进行版权保护的协同运作，共同营造保护知识产权的舆论环境。

国家版权局版权管理司司长王自强强调，在版权领域，网络的版权问题社会关注度最高、影响范围最广、法律关系最复杂、矛盾最突出、社会反响也最强烈。他表示，版权行政管理机关始终把网络的版权保护问题作为重中之重的问题来对待，但仅仅依靠几次专项行动，解决不了互联网盗版，仅仅依靠有效行政资源也解决不了互联网存在的复杂问题，必须有社会广泛参与，特别是权利人和互联网企业的广泛参与。

【文著协首次亮相图博会，“版权百题有奖竞猜”活动受欢迎】 2009 年 9 月 3～7 日，第 16 届北京国际图书博览会（BIBF）在中国国际展览中心举行。中国文字著作权协会（以下简称文著协）首次参加图博会，版权百题有奖竞猜、版权沙龙讲座甫一亮相，即引起读者和媒体关注，广受好评。

文著协针对广大作者比较关心的、与切身利益关系比较紧密的版权问题，提前设计了 100 道问答题，在每天的“版权沙龙”讲座中穿插举行“版权百题有奖竞猜”活动。用通俗的语言，以问答、选择、判断等多种方式，宣传著作权法、图书出版等基本知识，如：版权和著作权是不是一回事？作品创作完成后是否必须登记才受保护？小学生作文是否受版权保护？出版高考作文集是否需要考生授权？报刊转载文章到哪里讨要稿费？让观众通过小问答、小案例了解著作权法相关知识，同时还能得到协会精心准备的小礼物。很多观众认真学习文著协现场发放的宣传资料，踊跃抢答。

针对当下出版界主编与主编作品的版权纠纷，名家作品“一女二嫁”，作家出版合同纠纷，编剧与原作者版权纠纷，出版界、翻译界抄袭事件频出等热点问题，中国文字著作权协会组织了一系列版权宣传活动。邀请了著名编剧汪海林、著名儿童文学作家杨红樱、著名作家彭学明、法国文学翻译家吴岳添、文著协常务副总干事张洪波和副总干事张树英，出席了“版权热点问题研讨”、“作家版权沙龙”、“图书出版合同讲座”、“版权贸易实务讲座”等活动，并与现场观众互动，解答观众提出的问题，同时向公众免费发放著作权宣传资料。

（张洪波）

【“版权走进企业和科研院所”活动在北京启动】 2009 年 9 月 4 日，由中国版权保护中心、国际版权交易中心联合举办的以“让版权走进企业、走进科研院所”为核心内容的大型版权宣传、咨询活动在北京启动。此活动的主要服务对象是在文化创新与传播过程中获得版权并需要利用版权的个人与机构，尤其是走在创新前沿并以版权为重要生产资源的产业部门，以及广大的科学研究与技术创造部门。

中国版权保护中心党委书记邹建华在启动仪式上指出，打造“版权咨询服务平台”，让版权走进企业、走进科研院所，是与当前我国加快文化体制改革、繁荣文化创意产业这一形势紧密相连的。通过这一活动，构建版权咨询服务平台，将有助于版权公共服务体系的全面建设，进而加强我国文化创意产业界利用版权进行创新的能力，增进版权的保护、管理与利用的实际效力。

（方　圆）

【中国版协版权保护工作委员会换届】 2009 年 9 月 25 日，中国出版工作者协会版权保护工作委员会换届工作会议在北京召开。会议选举并通过中国版权保护中心主任段桂鉴担任新一届委员会主任委员，选举江远、施宏俊、李陵申、曹宏举、赵舸、陈晓梅、王瑞明为副主任委员，委员会秘书长、副秘书长分别由马立海、杨冰皓担任，委员会秘书处设在中国版权保护中心。

段桂鉴表示，新一届版权保护工作委员会将依托中国版权保护中心国家级版权公共服务机构的职能优势，充分结合各会员单位的业务特点，找准定位，积极向立法、司法、行政管理机构反映我国出版和版权界的重大和普遍性问题，并为其提供政策建议。国家版权局版权管理司司长王自强、中国出版工作者协会副秘书长黄国荣等出席会议并讲话。

【中国国际漫画节增设版权保护交易展】 2009年9月29日～10月5日，由新闻出版总署和广东省人民政府共同主办的第二届中国国际漫画节在广州拉开了帷幕。本届漫画节特别推出动漫版权保护交易展，增设专业观众日。其目的就是在展示漫画、连环画、动画优秀作品的基础上，为海内外漫画、连环画、动画名家、创作人才、动漫企业、媒体采购商、衍生产品生产商搭建更为便捷、直接的交流和合作洽谈平台，以期加快对接动漫产品链的步伐，有力推动我国动漫行业的产业化。为此，主办方特邀请媒体采购团、原创团队及动漫产业链各类厂商参加，搭建漫画动画作品交易平台，促进创作方、投资商、衍生产品开发商的交流和交易，把中国国际漫画节办成综合性的动漫版权及动漫产品消费和交易展。

（方　圆）

【法兰克福书展首设"中国版权服务站"】 2009年10月13日，第61届法兰克福书展开幕。为贯彻国家"走出去"战略，全景展现新中国成立60周年特别是改革开放以来我国版权事业取得的辉煌成就，进一步将我国的各类版权服务推向国际市场，帮助国际社会了解中国的版权制度和版权产业发展现状，促进我国版权界与国际相关机构开展更为广泛的交流与合作，中国版权保护中心在2009年法兰克福国际书展期间承办并首次设立"中国版权服务站"，并依托服务站开展各类宣传推广活动。

本次书展期间设立的"中国版权服务站"位于法兰克福国际展览中心6号馆中国展团展区附近。书展开幕后，专业人员在现场全程解答国际出版界及版权界就中国版权事业发展的各方面咨询。此外服务站内还滚动播放英文版《中国版权概况》视频短片，通过直观的方式帮助国际社会了解中国版权制度和版权产业发展的基本情况。"中国版权服务站"工作人员和吉祥物人偶定时在书展各场馆内散发中英文《中国版权知识问答》，帮助外国人了解在中国办理各类版权事务的基本步骤和流程。此外，还向各国参展商散发英文版《中国版权服务指南》宣传手册，该手册内容涵盖中国版权概况、中国版权知识问答、中国版权机构联系方式等多方面信息，相对全面地向国际同行展现中国版权事业的各方面情况。

承办和设立"中国版权服务站"是中国版权保护中心拓展版权工作服务项目、开展版权国际交流与合作的一项积极尝试，"中国版权服务站"兼具的宣传咨询和信息采集功能，将使之逐步成为国际版权界了解中国版权制度、版权产业、版权市场的重要窗口。

【中国电影著作权协会成立】 经国家广播电影电视总局同意，新闻出版总署（国家版权局）批准，民政部核准并变更登记，"中国电影版权保护协会"于2009年10月23日起由行业维权组织转变为著作权集体管理组织，更名为"中国电影著作权协会"，协会办公地点也由北京市西城区新德街甲20号4层迁至北京市西城区北展北街5号5层。协会理事长、法定代表人是上海电影制片厂原厂长、上海电影集团原总裁朱永德。

新成立的中国电影著作权协会将依据《著作权法》和《著作权集体管理条例》，经权利人授权，集中行使电影作品的放映权、广播权、出租权、信息网络传播权、复制权等权利人自己难以有效行使的权利，并以自己的名义与使用者签订许可使用合同，向使用者收取使用费，向权利人转付使用费，进行涉及著作权或者与著作权有关的权利的诉讼、仲裁等活动。

【2009年网吧影视版权调查结果公布】 2009年11月18日，《中国网吧行业影视版权状况调查报告（2009）暨中国城市数字影视版权状况调查报告》（以下简称《调查》）结果发布，《调查》显示2009年网吧行业版权状况进一步恶化，网吧影视盗版泛滥没有得到有效遏制，同时，中国城市数字影视版权状况不容乐观，数字影视版权保护工作有待进一步加强。

由大度咨询及国内主流媒体共同发起的此项调查显示，我国网吧网民规模增长迅猛，网吧网民数量已达1.43亿，与2008年相比，增长26.5%。其中，上网时长达7小时以上的网民，其时间分配大部分为：前2～3小时玩游戏、网聊，其余时间欣赏影视节目。因此，网吧影视版权愈加成为网吧行业的焦点之一。

《调查》指出，将网吧中的盗版影视清除出网吧，不仅仅要对网吧提供盗版影视行为进行打击，而且要拓展打击盗版的领域，将城市中相关的影视盗版内容彻底清除。中国网吧行业影视盗版正呈现出向城市各领域蔓延的趋势。城市中网站、提供影视点播的酒店、KTV、学校、图书馆、小区宽带、小运营商、数字电视、手机下载及其他提供数字影视服务的单位公然进行侵权盗版的现象广泛存在。

我国大中型城市数字影视盗版问题严重，城市数字影视版权市场规模达百亿元，但版权人的收益只有不足10亿元。这表明，我国城市维权市场规模至少在90亿元。

《调查》结果显示，网吧影视盗版日益泛滥，网吧业主在其网吧内提供盗版影视节目采取了更为隐蔽的方式。《调查》分析，随着政府加大力度整治、行业协会的约束以及版权人的维权行动，网吧业主明目张胆的侵权行为受到了一定力度的惩治，不少网吧业主开始用移动硬盘提供盗版影视节目，或者收集在线影视播放网站的网址以便网民在线观看盗版影视节目。这对整个网吧行业影视版权市场造成极大的伤害，在对版权人造成了极大的经济损失的同时打击了版权人的积极性，不利于影视产业的健康发展。

【中关村版权联盟成立】 2009年12月11日，由中国人民大学·国家版权贸易基地、中国人民大学出版社、中国文字著作权协会、培生教育出版集团等33家机构发起组建的“中关村版权联盟”（以下简称联盟）在北京正式成立。该联盟将整合政府、企业、学术界的版权相关资源并充分发挥各自优势，推动版权保护，促进创新和产业链融合，服务于中国版权相关产业，提高整体发展水平。

根据联盟章程，该联盟是由政府有关部门、版权行业企业及其他相关机构自愿组成的非营利性组织。其主要业务范围包括发挥各方优势，促进资源共享和合作交流，争取行业效益最大化；组织开展版权相关产业理论及实践研究，开展各类咨询服务、专业及工作培训等；组织开展版权相关产业的企业经营和业务状况统计与调查、版权成果销售和贸易情况跟踪调查、市场需求分析，为国家的相关政策提供决策依据和参考等。

国家版权局、中国人民大学、中关村国家自主创新示范区、北京市海淀区的相关领导以及中关村版权联盟的发起单位代表共同参加了成立仪式。

【文著协与人教社签订教科书稿酬收转协议】 2009年12月11日，中国文字著作权协会与人民教育出版社教科书“法定许可”稿酬收转协议签字仪式在北京举行。新闻出版总署副署长、国家版权局副局长阎晓宏，中国文字著作权协会会长陈建功出席签约仪式并致辞。中国文字著作权协会常务副总干事张洪波与人民教育出版社社长李志军代表双方签字。国家版权局版权管理司副司长王志成、中国文字著作权协会副总干事张树英、人民教育出版社版权处处长张晓霞等出席了签约仪式。

此次文著协率先与人民教育出版社签订教科书“法定许可”稿酬收转协议，标志着中国文字著作权协会正式开始在全国征收教科书法定许可使用费。签约之后，文著协将按照人教社提供的使用作品清单整理核实，近期将在文著协网站上公布作品清单，积极主动联系作者，尽快开展稿酬分配工作。

（张洪波）

【全国版权交易共同市场启动】 2009年12月17日，全国版权交易共同市场在北京国际版权交易中心启动。共同市场由中国版权保护中心、国际版权交易中心、上海文化产权交易所、广东省南方文化产权交易所、深圳文化产权交易所五方联合发起。作为我国首个版权交易协同型联盟，共同市场将通过强大的渠道资源和公开市场影响力，高效地将优秀的版权作品推荐给需求方，促进版权价值开发的最大化。

自《国家知识产权战略纲要》和《文化产业振兴规划》颁布以来，各地结合实际，先后成立了文化产权交易所和版权交易中心。然而，我国当前版权交易多数属于圈内交易、私下交易，其结果是产生了大量暗箱操作，损害了国家和权利人的利益，更重要的是使大量优质版权价值无法得到有效开发，极大地限制了版权产业的规模化扩张。

要形成覆盖全国的版权产业要素市场的布局，必须解决全国性版权产业要素资源有序、高效流动的问题，需要各地联合起来整合优势资源，共同确定行业标准、技术标准等，这不是凭借一己之力就可以完成的。中国版权保护中心、国际版权交易中心等五方为此精心策划，共同发起设立共同市场，希望通过各成员单位紧密合作，统一版权交易制度和体系，整合版权交易资源和渠道，实现版权信息资源共享协作，共同建设一系列版权贸易公共服务平台，形成版权交易全国统一市场，推动全国版权交易市场的规范化，促进版权资源的跨界深度开发，促进版权中介组织的发展。

【中国互联网协会网络版权工作委员会成立】 2009年12月30日，中国互联网协会网络版权工作委员会在北京举行成立大会。国家版权局、中国互联网协会、上海证券交易所、人民网、新华网、中新网等首批50余家成员单位代表出席会议。中国互联网协会副理事长高卢麟当选主任委员。

网络版权工作委员会是由互联网内容服务提供商、著作权人及版权代理机构、金融信息服务机构、政府相关部门共同发起的全国性、非营利性行业组织，是中国互联网协会下属的二级分支工作机构。

中国互联网协会网络版权工作委员会的宗旨是：引导成员单位遵守国家法律法规和行业规范，通过行业自律开展网络版权保护和规范金融服务信息的有序传播，为广大互联网用户提供具有合法授权的内容和服务，营造和维护和谐健康的互联网发展环境。今后它将在协助政府部门立法调研、组织版权交流活动、开展版权知识宣传及培训、提供互联网内容信息核实服务、推动互联网企业与版权单位建立网络版权发行渠道、调解互联网知识产权纠纷以及建立金融服务信息网络传播预警机制、推动金融服务信息在互联网上的有序传播等方面开展工作。

◆ 国际交流与合作

【日本知识产权高层代表团访华】 2009年2月11日，由国际保护知识产权论坛（IIPPF）派出的日本保护知识产权官民联合高层访华团（以下简称访华团）部分成员与中国国家版权局代表在北京举行会谈，双方就两国在版权方面建立互惠互利的合作机制交换了意见。双方表示，希望在尊重知识产权背景下进一步加强中日两国间的经济合作。

国家版权局版权管理司副司长许超对日本代表团的来访表示欢迎，并介绍了2008年我国版权保护工作取得的进展。他指出，中国在加入世贸组织后，参照国际标准认真推进经济结构的调整，并持续快速发展，这与日本企业在中国的投资、扩大在中国的经济活动、日中贸易总额增大等有密切的联系。访华团副团长石坂敬一对中国在版权保护方面所取得的进步表示敬意。他指出，中国于2008年6月制定了《国家知识产权战略纲要》，向构建创新型国家前进了一大步。日方非常欢迎这个具有划时代意义的举措，同时也希望为中国这一举措的实施提供最大限度的支持。他表示，日方十分赞同和支持《国家知识产权战略纲要》中所提到的“大力提升知识产权创造、运用、保护和管理能力”这一发展目标，希望今后在打击侵权盗版方面加强两国政府间合作的同时，突出“有效运用知识产权”这一目标，进一步加强两国企业间的合作，在充分尊重知识产权的背景下促进两国间贸易的发展。

国际保护知识产权论坛是在日本经济产业省的支持下，以官民并举、跨行业联合“反假冒品”为目的，由日本78个团体和91家企业于2002年4月发起成立的民间组织。该组织在日本政府的支持下曾五次派遣代表团访华，就日中两国间知识产权保护合作达成协议。此次为IIPPF第六次组织派遣高层代表团访华。此次应我国贸促会邀请，以IIPPF主席、日本松下株式会社董事长中村邦夫为团长的高层访华团于2月10～13日访问我国北京等地，并与我国国家版权局、商务部、国家知识产权局等有关政府机构负责人对话。

（方　圆）

【柳斌杰会见欧洲委员会驻华代表团大使赛日安博】 2009年3月17日，新闻出版总署署长、国家版权局局长柳斌杰在北京会见了欧洲委员会驻华代表团大使赛日安博一行。柳斌杰赞赏欧盟在知识产权领域采取与中国积极沟通、合作的态度，感谢欧盟对中国政府在知识产权领域和版权保护方面做法的理解。他表示，侵权盗版问题是世界性问题，在知识产权保护方面国际间应沟通与合作，而不是消极对抗。中国政府在保护知识产权方面的态度是坚定不移的，我们鼓励创新，强调保护，这与欧盟国家的态度是一致的。

柳斌杰介绍，中欧知识产权合作项目开展以来，双方的合作是愉快和成功的，基础是良好的，希望双方在今后除了该项目的合作外，建立一套更加完善的长效合作机制，扩大彼此间的密切交流，借鉴双方版权保护的先进经验和做法。柳斌杰向赛日安博大使一行介绍了中国政府在加大版权保护力度方面开展的卓有成效的工作。他介绍说，中国已经选择了市场经济发展方向，我们在知识产权保护方面也相应地与国际社会保持一致。首先，中国在很短的时间内完成了知识产权法律的制定。其次，中国已经加入了世界知识产权保护最主要的公约，在版权保护领域中国与国际间的合作与交流是没有法律障碍的。再次，中国与世界知识产权组织（WIPO）保持着良好的合作关系。

赛日安博大使感谢柳斌杰局长的会见，并对中国知识产权保护所取得的成就表示高度赞赏。他表示，欧盟主张在知识产权领域加大与中国的合作和交流，而不是以诉讼的方式来处理问题。欧盟理解中国需要一定时间健全法律制度，规范文化市场。他希望双方在中欧知识产权合作项目第二阶段开展更多的合作。

双方还就国家版权局与欧盟加强交流合作等问题进行了沟通。陪同会见的中方人员有新闻出版总署版权管理司司长王自强、对外交流与合作司司长张福海。欧洲委员会驻华代表团参赞赛扬、知识产权官员潘大龙、中欧知识产权合作二期项目欧方组长潘凯洛等陪同赛日安博参加会见。

（赖名芳）

相关链接

中欧知识产权合作项目始自1995年，共经历了三个阶段：1995年至2004年为第一阶段，2005年至2009年为第二阶段，2007年至2011年为第三阶段，均由商务部牵头，国家版权局为项目单位。该项目是中国和欧盟在知识产权领域合作的最大、最重要的项目，实际是从2008年开始执行具体活动项目。在此项目框架下，国家版权局与欧盟合作先后召开了互联网相关立法研讨会，举办了网络版权培训班等。2009年，国家版权局继续与欧盟合作，在立法和执法方面开展互访、举办研讨会，探讨集体管理组织和网络版权问题，共同出资开发和建设集体管理数字平台等。

【阎晓宏会见微软大中华区副总裁刘凤鸣】 2009年3月23日，新闻出版总署副署长、国家版权局副局长阎晓宏会见微软大中华区副总裁刘凤鸣。

阎晓宏在会见中表示，软件产业是信息产业的核心和灵魂，是国民经济发展的基础性和战略性产业，是信息化建设的关键环节，加强版权保护对软件产业的创新发展具有重要的意义。近年来，国家版权局会同有关部门，不断加大对软件的版权保护力度，连续四年开展打击软件盗版、网络盗版和非法预装的专项行动，取得了较好的成效。2006年，在完成政府部门软件正版化的基础上启动了企业软件正版化工作，这不仅有助于提高企业依法经营意识和创新竞争能力，也对促进软件企业的发展具有重要作用。我国将积极稳妥地推进企业软件正版化工作。

阎晓宏指出，软件企业要在中国树立良好的企业形象，得到社会公众的认可非常重要。企业维权应注意方式方法，超越法律许可范围或维权方法欠妥，都可能带来负面影响。软件企业应进一步规范产品的定价和销售行为，使企业用户在公平合理的环境下购置软件产品，维护用户的正当权益。阎晓宏表示，微软与中国政府一直保持着良好的关系，在中国推进软件正版化工作中，微软也给予了积极的配合，希望软件企业在正版化工作中继续协助政府做好培训、软件资产管理等服务工作。

针对目前我国少数地区在软件正版化推进过程中出现的问题，阎晓宏指出，推进企业软件正版化工作应量力而行，不能给企业带来不切合实际的经济负担。在工作步骤和方法上，应本着从国情实际出发的原则，积极稳妥地推进，不可急于求成。目前仍应坚持以大型企业为重点，以国有、外商投资、民营大型企业在先，中小企业在后依次推进的原则，突出重点，逐步推进。

（方　圆）

【世界知识产权组织官员参观成都天府软件园】 2009年3月25日，在国家版权局版权管理司司长王自强等陪同下，世界知识产权组织创意产业司代司长根切夫一行专程到成都天府软件园考察参观了园区软件研发、游戏动漫以及服务外包企业，了解了天府软件园版权工作站助推产业发展的情况。

成都市版权局局长毛大付向考察组介绍了天府软件园版权保护和版权服务的基本情况。他指出，推进天府软件园版权服务与保护工作是成都市版权工作服务于核心版权产业发展的重要手段，建立和完善天府软件园版权工作站，是为了保障企业在园区内就能享受到版权登记、保护、咨询以及成果转化等优质服务，使企业在专注于其核心技术研发的同时，其成果得到政府最有力的保护和专业版权服务机构的专业服务。

根切夫高度评价了该工作站充分利用自身优势和省（自治区、直辖市）相关资源扩大服务领域的做法，即天府软件园版权工作站与市法院、公安、工商、知识产权局、律师协会等部门建立工作联系机制，在园区逐步形成企业、政府、工作站三位一体的服务格局。根切夫表示，世界知识产权组织很乐意和中国的地方版权部门及相关组织合作，对版权在促进特定领域发展工作进行研究，探寻更加适合本地区产业发展的模式，找到具有普遍意义的典型经验，使更多的企业受益。回程后，他将向总部汇报成都以及天府软件园的发展状况，多方促成合作。同时，世界知识产权组织将把成都和南通作为版权推动经济发展的两个典型来研究，成都也将是世界知识产权组织在中国优先考虑的合作对象。

建立和完善天府软件园版权保护工作站，是成都市版权工作服务于核心版权产业发展的重要手段，其内容包括：为园区企业提供便捷、高效、务实的版权保护和服务，使企业在园区内就能享受到版权登记、保护、咨询以及成果转化等优质服务。

【世界知识产权组织与国家版权局在南通签约】 2009年3月26日，世界知识产权组织（WIPO）创意产业司代司长根切夫与中国国家版权局版权管理司司长王自强分别代表 WIPO 与中国国家版权局，在江苏南通市签署了“世界知识产权组织版权保护优秀案例示范点调研项目合作协议”。这是 WIPO 首次在全球针对一个国家的特定地区的一个行业而进行的版权保护微观调研项目。此项目将开展为期 8 个月的调研，WIPO 将给予中国项目研究组总额 2 万美元的资助。

被誉为纺织之乡的南通，为了保护企业在花布花型等方面的版权，建立了全国第一个镇村级版权管理机构，设立了知识产权审判巡回法庭，并通过建立一整套打击盗版、保护创新的工作机制，保证了家纺产业的健康、良性发展。据不完全统计，2008 年南通家纺产业总产值达 800 亿元人民币。其中所属的通州志浩和海门叠石桥两大市场，年成交额 400 多亿元人民币，有经营户 8 000 余家，已成为继美国纽约第五大道和德国法兰克福之后的世界第三大家纺交易中心。2008 年 10 月，南通家纺市场因版权保护成绩显著而荣获“世界知识产权组织版权创意金奖”单位奖。

在签约仪式上，根切夫表示，中国南通家纺产业的发展繁荣得益于企业自下而上形成的较为完善的版权保护做法，同时也得益于政府对家用纺织品产业“一条龙”式的版权保护制度，它对推动和促进区域经济发展的成功经验具有极强的说服力。我们希望将这种经验上升到深度的理论研究，以便把它推荐给中国其他地区和世界其他国家和地区。根切夫还表示，该项目将围绕南通家纺市场版权保护的规范性研究、具体运作的方式以及确保版权保护体系正常运作的政策制定等三个方面进行调研。

王自强认为，南通的成功经验不仅可以在中国其他地区进行推广，而且也适合那些寻求版权保护、促进相关产业经济发展的广大发展中国家。国家版权局与 WIPO 签署此项协议，拓宽了国家版权局与 WIPO 的合作领域，也使双方的合作更具现实意义。

江苏省版权局局长徐毅英主持签约仪式。南通市委书记、市人大常委会主任罗一民，副市长杨展里，以及合作项目的外方专家、美国经济学家联合会首席经济师塞维克，中方专家、华东政法大学知识产权学院教授王迁等出席签约仪式。

（赖名芳）

【阎晓宏会见世界知识产权组织总干事弗朗西斯·加利】 2009 年 3 月 31 日，新闻出版总署副署长、国家版权局副局长阎晓宏在北京会见了世界知识产权组织总干事弗朗西斯·加利一行。

阎晓宏首先转达了柳斌杰局长对加利就任世界知识产权组织总干事的祝贺，并介绍了国家版权局的组织结构、主要职能以及中国版权工作的最新情况。阎晓宏表示，此次加利履新后首次访问中国，显示了 WIPO 对与中国开展知识产权合作的重视。自 1980 年 6 月 3 日中国加入 WIPO 以来，中国国家版权局与 WIPO 一直保持着非常友好的合作关系，WIPO 对我国版权立法、培训交流等各方面工作给予了大力支持和帮助。特别是近年来，国家版权局与 WIPO 在版权领域的交流合作进一步拓展：国家版权局与 WIPO 连续三年在北京举办国际版权论坛；联合在中国开展版权相关产业的经济贡献调研项目和中国南通——WIPO 版权保护优秀案例示范点调研活动；2008 年开展了首届世界知识产权组织版权创意金奖评奖及颁奖活动；还共同举办了多次专题会议以及教育培训等活动。阎晓宏对 WIPO 的大力支持表示感谢，并期待能与 WIPO 在未来开展更深入的合作。

加利表示，中国是一个高度重视知识产权的国家，保护知识产权和创新是中国国家战略的组成部分，这为其他国家树立了一个典范。中国在知识产权保护各方面采取的多项措施令人印象深刻，特别是在互联网版权保护方面富有经验、卓有成效。他同时指出，版权产业不仅为社会提供丰富的文化产品，也为社会带来财富。我们不仅要注重版权的保护，更要注重版权的创造与使用，在打击盗版、保护著作权人利益的同时，应充分发挥版权创造、运用对产业的推动作用。

阎晓宏对加利的看法表示赞同。他说，版权是民事权利，但版权产生的影响和作用远远超出民事私权范畴，涉及国家利益和公共利益。版权作品不仅能够不断满足公众的精神文化需求，而且版权作品的生产、传播也成为推动社会发展的动力。中国国家版权局将进一步加强与 WIPO 及世界各国的交流与合作，积极探讨版权创造、保护、使用与经济发展的关系，共同促进版权产业的繁荣与发展，为人类文明进步事业作出积极贡献。

世界知识产权组织助理总干事王彬颖，国家版权局版权管理司司长王自强、政策法规司副司长于慈珂、对外交流与合作司副司长陈英明，中国版权保护中心主任段桂鉴等参加了会见。

（方　圆）

【柳斌杰会见微软首席研究及战略官克瑞格·蒙迪】 2009 年 4 月 22 日，新闻出版总署署长、国家版权局局长柳斌杰在北京会见微软首席研究及战略官克瑞格·蒙迪一行。克瑞格·蒙迪对中国国家版权局在软件版权保护立法和执法方面所作的不懈努力和取得的积极成果表示感谢。双方就如何在当前经济形势下加强软件知识产权保护方面的合作等话题进行了交流。新闻出版总署副署长、国家版权局副局长阎晓宏参加会见。

克瑞格·蒙迪表示，尽管和其他大部分IT企业一样遭遇了经济困难，但微软2009年的研发投资仍增加到90亿美元。对创新的持续投入，不仅是微软长期知识产权战略的一部分，也是微软多年来稳健发展的基础。他认为，中国近年来的版权保护工作是卓有成效的，尤其在软件正版化方面成果显著。

柳斌杰对微软在经济不景气的情况下仍然加大研发投入、积极创新的做法表示赞赏。他指出，在中国，政府、社会打击盗版的气候和氛围已经形成。在立法方面，中国著作权相关的法律体系已经较为完备。在司法方面，中国已有156家法院设立了知识产权庭。在行政执法方面，打击侵权盗版的力度不断加强。同时，为了鼓励全社会参与维权行动，国家版权局设立了专门的举报、查处侵权盗版奖励基金。在软件正版化方面，截至2008年年底，已有1万多家大型企业实现了正版化，计算机预装正版软件工作也在大部分地区得到了落实。2009年，中国还计划对主要城市主管版权的官员进行培训。

柳斌杰表示，中小企业的正版化工作需要陆续推进，不能一蹴而就。他指出，为了从源头上遏制盗版，中国将进一步加强计算机预装正版软件工作，对组装机市场进行整顿，加强执法检查。他表示尊重微软等软件企业的创新成果，同时也建议微软多了解中国，从中国国情出发对软件进行定价，与消费者形成良好的互动。在维护企业利益方面，柳斌杰建议，微软在采用技术手段维权时，应多与中国相关部门、组织以及消费者进行沟通，以便促进供应商和消费者之间的相互理解。

（方　圆）

【柳斌杰会见国际唱片业协会主席约翰·肯尼迪】 2009年4月22日，新闻出版总署署长、国家版权局局长柳斌杰在北京会见国际唱片业协会主席约翰·肯尼迪一行。

约翰·肯尼迪先生首先介绍了全球唱片业的发展现状、新技术的普及对产业发展的推动，以及在国际金融危机情况下国际唱片产业发展面临的诸多问题，对中国国家版权局在音乐版权保护方面所采取的富有成效的措施表示赞许。

柳斌杰向客人介绍了中国音乐产业的发展态势，强调国际金融危机对于唱片产业来说既是挑战也是机遇。柳斌杰表示，在中国，通过互联网、手机等新媒体方式进行音乐消费促使音乐产业蓬勃发展，成为重要的音乐消费方式。中国超过4亿的互联网使用者和超过人口半数的手机用户，以及众多的卡拉OK爱好者，将构成中国音乐产业的庞大市场。中国政府正在研究出台促进文化、出版产业大发展的新举措。

对于外方关心的打击盗版问题，柳斌杰表示，中国政府一方面大力发展相关产业，一方面也在不断加强反盗版工作。4月22日适逢全国侵权盗版制品及各类非法出版物集中销毁活动成功举行，全国31个省（自治区、直辖市）在同一天集中销毁了4 685万件盗版和非法出版物。柳斌杰表示，希望国际唱片业协会与国家版权局深化交流与合作，巩固传统合作项目，开拓新的合作领域，特别是在网络反盗版以及相关产业数据统计等领域开展积极有效的技术合作。

（舒　辦）

【柳斌杰会见英国知识产权局局长伊恩·弗莱德】 2009年6月3日，新闻出版总署署长、国家版权局局长柳斌杰在北京会见来访的英国知识产权局局长伊恩·弗莱德（Ian Fletcher），双方就启动签署双边合作框架协议进行了磋商，并就版权制度的调整与发展等问题进行了深入探讨。新闻出版总署副署长、国家版权局副局长阎晓宏参加了会见。

柳斌杰向弗莱德介绍了中国版权保护的最新情况。他表示，中国用了不到30年的时间就建立了较为完善的版权法律保护体系，其中包括《计算机软件保护条例》和《信息网络传播权条例》等新技术环境下版权保护的相关法律法规，并形成了独具中国特色的司法保护与行政保护并行的版权保护体制，在打击网络侵权盗版和实施政府机构、大型企业软件正版化以及完善著作权集体管理等方面取得了显著成绩。对于加强版权保护，中国政府的态度和立场是坚定不移的，并始终以开放的心态与国际社会开展交流与合作，除了加入了主要的版权国际公约，还与欧盟、美国、日本、韩国等建立了固定的对话机制，以期与国际社会达成更多的共识，并借鉴各国在版权保护领域中好的经验和做法。

弗莱德对于中国版权保护工作取得的成就表示赞赏。他说，2009年是英国版权法颁布300周年。

历史和实践表明，版权制度的建立和实施对促进英国经济、社会和文化的发展起到了巨大的作用。目前，英国的音乐、游戏、电影、软件等版权产业具有非常重要的经济地位，约占英国国内总产值的8%。他认为，虽然英国的版权法已经实施了300年，但随着互联网等新技术的发展，以及人们关于文化产品消费模式的改变，这些因素对版权制度提出了新的挑战。为此，英国拟对版权法制度与实施效果进行重新评估并加以调整，以适应新技术的发展和平衡权利人与使用人之间的利益关系。弗莱德表示，中国在如此短的时间内建立了较为完善的版权法律体系和行之有效的版权保护体制，许多经验和做法值得英国学习和借鉴。他还认为，在新的技术环境下，全球版权保护制度面临着同样的问题和困难，发达国家与发展中国家应加强合作，共同迎接挑战，而不是忽视自身存在的问题，一味去指责他国。尤其是英中两国在版权保护方面有着共同的利益，也同样面临着新技术发展对版权制度的挑战，因此希望两局之间能签署一个框架协议，进一步深化和加强双方的交流与合作。

柳斌杰完全同意弗莱德关于版权法历史作用的分析，以及在新的形势下需要重新调整的判断；也非常赞成弗莱德先生关于两局签署合作协议的提议，并期待该协议的签署能成为双方深化交流与合作的新起点，以共同促进版权制度的完善和发展。

【第五届中韩版权研讨会在北京举行】 2009年6月17日，由中国国家版权局和韩国文化观光部主办的第五届中韩版权研讨会在北京中国国际版权交易中心召开。其主题为“数字网络环境下的中韩版权合作模式”，意在探索促进中韩两国版权保护及版权贸易发展合作方案。研讨会吸引了中韩两国音乐、电影电视、网游动漫领域百余名专家参加。

国家版权局版权管理司司长王自强在致辞中表示，中韩两国是友好近邻，有着相似的文化背景和民族习惯。面对经济全球化不断深化、科学技术迅猛发展的当今世界，中韩两国都认识到知识产权保护的重要作用，中韩两国间文化交流逐步深入，韩国在我国对外图书版权输出的国家中高居第一，充分显示了其在我国对外文化交流中的重要地位。

韩国文化观光部著作权政策课课长金晨坤介绍说，韩国通过几次修改著作权法，大幅度强化了互联网保护措施，其中包括互联网站过滤措施义务化、对非法上传用户处罚制度化等，韩国互联网音乐产业收入也因此大幅增加。

中韩两国于2006年签订了版权保护合作协议。2006年，中国向韩国输出图书版权322种，从韩国引进图书版权315种。2007年，中国向韩国输出图书版权334种，从韩国引进图书版权416种。至此，中韩版权贸易在中国对外图书版权输出的国家中，升至首位。

通过此次研讨会，将进一步加强中韩两国的企业在版权领域的合作，并有望在短期内建立完善的版权保护体系，以此吸引更多的海外优秀作品，更好地开展国际版权领域的合作。

（璩　静）

【中欧网络版权保护研讨会在银川召开】 2009年6月18～19日，中国国家版权局和欧盟在宁夏回族自治区银川市联合举办了中欧网络版权保护研讨会。欧盟与中国政府自1995年开始合作开展中国—欧盟知识产权保护项目，中欧网络版权保护研讨会是该项目的二期项目之一。新闻出版总署副署长、国家版权局副局长阎晓宏，欧洲使团贸易与投资处参赞安东尼·赛阳出席开幕式并致辞。宁夏回族自治区宣传部长杨春光、商务部部长助理崇泉等一同出席了开幕式。

阎晓宏在致辞中指出，在网络环境下如何有效实施版权保护，需要在版权制度的基本原则基础上寻求新的观念突破、新的理论建构和新的制度设计。他说，进入21世纪，数字技术和网络技术所具有的信息海量、传输迅速、复制容易、隐蔽性强等特点，使人们快捷方便获取信息的同时，也给版权保护带来了诸多问题。网络环境下版权保护的基本原则、保护机制、权利结构等问题，已引起了国内外版权界的高度关注。中国政府高度重视并坚定支持网络版权保护工作。在立法上，2006年5月中国颁布了《信息网络传播权保护条例》。2007年6月，《世界知识产权组织版权条约》（WCT）和《世界知识产权组织表演和录音制品条约》（WPPT）在中国正式生效，充分体现了中国政府保护知识产权的鲜明立场和坚定决心。与此同时，中国政府还不断加强法律的有效实施，严厉打击网络环境下的侵权盗版活动。自2005年以来，中国国家版权局、公安部、工信部连续4年开展打击网络侵权盗版的专项行动。2008年，三部门针对奥运知识产权保护开展了网络专项治理，对网络转播奥运赛事情况实行24小时监控，对发现的非法转播行为，依照快速反应机制在最短时间内予以删除，得到了国际奥委会和国际社会的高度评价，也为全球奥运反盗版工作树立了榜样。当然，打击网络侵权盗版的任务仍然十分艰巨，我们将在正面引导教育的同时，进一步加强网络版权执法，以更加坚决、积极果断的措施遏制网络侵权行为。此外，我们正在尽最大努力积极探索建立符合互联网特征的授权机制和使用机制，积极推进著作权集体管理组织的建立与完善，着力改变目前网络环境下作品授权难和使用难的状况，以促进互联网产业的健康、有序发展。

安东尼·赛阳在发言中强调，在数字环境下，欧洲也遭到了互联网盗版的侵袭，欧盟和中国同样面临共同挑战，因此，双方在网络版权保护方面互为合作伙伴关系。欧盟选择了一条和中国进行知识产权保护特别是版权保护的合作道路。欧盟—中国知识产权保护项目（二期）的开展，应该由中国和欧盟共同筹资和管理实施。这期项目的首要任务是切实迅速有效地打击盗版。奥运会期间打击盗版工作经验值得推广。欧盟委员会鼓励中国继续坚决打击互联网盗版。首先，要关闭侵权网站，特别是应用制裁和威慑工具打击盗版。当然，让年轻一代认识到打击盗版的意义也是一项重要的任务。欧盟将积极开展同中国文化部、教育部、国家广电总局、工信部、国家工商总局、公安部等部门和法院及其他机构的合作。

来自全国人大教科文卫委员会、最高人民法院、商务部、北京市高级人民法院知识产权庭、北京市一中院知识产权庭的专家、法官，以及中英两国的知识产权学者、律师，就网络环境下中欧版权保护所面临的挑战和机遇等问题进行了探讨。

（赖名芳）

【中美联合举办互联网与版权保护圆桌会议】 2009年6月30日，中国商务部、中国国家版权局与美国专利商标局、美国版权局在北京共同主办互联网与版权保护圆桌会议。近百位来自中国、美国、欧盟、日本政府部门、权利人组织和互联网企业的嘉宾，就用户生成内容网站（UGC）的版权问题、P2P服务产生的版权问题、互联网链接产生的版权问题及与网吧有关的版权问题等四个议题进行了讨论。

根据中国国家版权局和美国专利商标局、美国版权局于2008年10月25日签署的《版权战略合作备忘录》，此次圆桌会议中美双方紧紧围绕互联网与版权保护主题，从技术层面、法律层面、法律实施层面和宣传教育层面进行了广泛的研讨和交流。由于这次会议还邀请了欧盟、日本文化厅的相关官员与会，所以这次会议不仅是中美双边的，也是一次带有国际性质的盛会。

中国国家版权局版权管理司司长王自强代表主办方作总结发言时指出，互联网和数字技术的发展，对知识产权制度，特别是版权制度形成了巨大的冲击和挑战。实际上互联网的版权保护问题，已经成为国际社会在知识产权领域最为关注的问题之一。基于中国政府对这个问题的高度重视和高度关注，我们与多个国家、多个国际相关组织已建立了良好的合作关系。当前，我们必须承认，互联网技术对版权保护的冲击是巨大的，互联网技术的研发和广泛使用使利益主体多元化，而且权利义务关系也变得越来越复杂。在主体利益多元化和权利义务复杂化的背景下，如何构建一套科学合理的法律责任机制和授权机制，是当前世界各国政府、权利人及使用者遇到的一个突出问题。而这次圆桌会议的召开，与会嘉宾用智慧为我们以后研究解决问题提供了很多素材和材料。

中国国家版权局版权管理司副司长许超、中国商务部条法司副巡视员杨国华、美国专利商标局法律顾问苏珊·安东尼、美国版权局高级顾问史蒂夫·特普代表主办方对这次会议的召开给予了积极的评价，认为会议达到了预期效果，通过交流信息和经验，加强了版权保护的有效性。

（赖名芳）

【柳斌杰会见世界知识产权组织总干事弗朗西斯·加利】 2009年7月3日，新闻出版总署署长、国家版权局局长柳斌杰会见来北京参加全球智库峰会的世界知识产权组织（WIPO）总干事弗朗西斯·加利及副总干事王彬颖一行。

柳斌杰首先对加利的来访表示欢迎。他表示，中国知识产权工作近年来取得了很大进展，各部门正在积极贯彻落实《国家知识产权战略纲要》，推动国家知识产权战略实施工作深入开展。中国自1980年加入世界知识产权组织以来，国家版权局一直与其保持着良好、稳定的合作关系。WIPO对中国制定《著作权法》、拓展国际空间、培训版权专业人员等方面给予了大力支持和诸多帮助，尤其是近年来，国家版权局与WIPO开展了许多重要的合作项目，取得了良好的效果。例如，共同在北京举办国际版权论坛，开展中国版权产业经济贡献率调研，在中国评选“版权创意金奖”等。柳斌杰说，WIPO对中国版权事业的支持是一贯的，相信今后的合作会更加愉快。柳斌杰还强调指出，中国不仅是版权创造的大国，也是勇于承担义务和责任的大国，针对新媒体等领域出现的新的盗版问题，中国将下大力气采取措施进行整治。

加利表示，中国是知识产权大国，在国际版权领域中扮演着重要角色。他为与中国之间的良好合作感到骄傲。目前世界上出现了许多知识产权保护方面的新问题，需要包括中国在内的世界各国共同面对。

（方　圆）

【中国版权保护中心与韩国著作权委员会签署《版权协作合作意向书》】 2009 年 9 月 3 日，中国版权保护中心与韩国著作权委员会在北京签署《版权协作合作意向书》，这将成为中韩两国最大的版权公共服务机构未来开展合作的重要基础。中国版权保护中心主任段桂鉴、韩国著作权委员会委员长李普京分别代表两家机构在版权协作合作意向书上签字，国家版权局版权管理司司长王自强等出席签约仪式。

根据新签署的中韩《版权协作合作意向书》约定，中国版权保护中心与韩国著作权委员会将进一步加强卡通、网络游戏、软件等领域的版权合作，并建立在作品登记、纠纷调解方面的新工作机制。

段桂鉴介绍，2006 年 4 月，中国版权保护中心与韩国著作权委员会就签订了版权合作意向书，之后又共同发起签订了《促进中韩版权贸易与保护合作机制建立倡议书》。在此基础上，两家机构保持着密切的合作伙伴关系，连续成功承办了 4 届由两国政府著作权管理部门主办的中韩著作权研讨会活动，共同推进了多项卓有成效的业务合作。

2009 年，韩国著作权法进行了最新修订，原负责韩国软件著作权业务的韩国软件保护委员会并入韩国著作权委员会。在此背景下，为应对数字网络技术给传统版权制度带来的挑战，以及近几年来两国版权交流与合作出现的新问题、新变化，中国版权保护中心与韩国著作权委员会共同完成了对两家机构版权合作协作意向书的修订工作，并举办了此次新协议的签署仪式。

（刘　超）

【阎晓宏会见英国出版商协会代表】 2009 年 9 月 4 日，新闻出版总署副署长、国家版权局副局长阎晓宏在北京会见英国出版商协会首席执行官西蒙·茱顿一行。

阎晓宏说，经过多年努力，中国图书侵权盗版现象已得到有效遏制，这与中国政府不断健全法律体系、加大执法力度有关，也是出版社、作家、权利人组织维权意识不断增强、出版市场逐渐成熟的结果。阎晓宏指出，当前，互联网产业发展迅速，网民数量急剧增长，越来越多的社会、经济、文化活动转移到网络中进行。在此情况下，中国政府高度重视网络环境下的版权保护问题，自 2005 年开始连续 5 年开展治理网络侵权盗版的专项行动，不断加大对互联网侵权盗版的打击力度，维护中外权利人的合法权益。同时，网络版权保护是全世界面临的共同问题，中国政府愿意在此方面与国际组织加强合作。

西蒙·茱顿对中国网络出版的飞速发展表示赞赏，希望今后有机会在此领域与中国出版界加强合作，共同分享版权保护等方面的经验。西蒙·茱顿说，技术发展使出版业面临很多令人兴奋的现象，也使出版业面临一些新的挑战。他希望今后双方的合作能够取得积极进展。

国家版权局版权管理司司长王自强、科技与数字出版司副司长寇晓伟、对外交流与合作司副司长陈英明，英国出版商协会国际部负责人艾玛·豪斯等参加了会见。

（王玉梅）

【阎晓宏会见商业软件联盟代表】 2009 年 9 月 14 日，新闻出版总署副署长、国家版权局副局长阎晓宏会见商业软件联盟（BSA）主席兼首席执行官罗伯特·霍利曼、全球副总裁兼亚太地区总监杰夫·哈迪一行。

阎晓宏表示，软件产业是国民经济的基础性和战略性产业，是信息化的核心，进一步加大软件版权保护力度、营造健康规范的市场环境，对促进软件产业健康发展具有十分突出的意义。中国政府高度重视并将继续坚定不移、毫不动摇地推进软件版权保护工作，并将与 BSA 等权利人组织保持多方面的合作与交流，共同促进软件版权的创造、运用、保护和管理水平的提高。

阎晓宏介绍说，近年来，中国政府在推动软件版权保护方面做了大量工作：一是在完成政府部门软件正版化基础上，启动了企业软件正版化工作，建立了国家版权局、工信部、商务部等 9 部门组成的推进企业使用正版软件部际联席会议制度，加强了正版化工作的组织协调力度，企业软件正版化工作取得了显著成效，软件应用企业的正版软件使用率明显提高，特别是大型国有企业正版软件的覆盖率显著增加。下一步，将在继续加强国有企业软件正版化工作的基础上，把工作重点放在外资、民营企业领域，大力推动外资和民营企业的软件正版化工作。二是各级版权行政管理部门不断加大软件执法力度，每年都开展打击软件盗版的专项治理行动，软件市场秩序逐步改善。目前，2009 年打击软件盗版专项行动已经启动，欢迎 BSA 等权利人组织积极对软件盗版案件进行投诉。三是中国政府不断加大宣传力度，从中小学教育入手，让孩子们从小树立自觉使用正版、尊重版权的意识，在全社会营造拒绝盗版、使用正版的良好氛围。通过这些工作，企业的软件保护意识和版权管理能力显著增强，推动了软件产业的健康发展，进一步彰显了中国加强知识产权保护的态度和决心，得到了国际、国内的广泛关注与好评。

罗伯特·霍利曼对中国国家版权局在保护权利人利益和软件正版化、保护知识产权方面所作出的努力表示感谢，并表示 BSA 关注到“番茄花园”软件盗版案已依法判决，这表明了中国政府保护网络和软件知识产权的态度和决心。他对 BSA 与中国国家版权局之间的合作充满信心，相信随着中国对知识产权保护力度的进一步加大，政府和企业使用软件正版化工作的逐步落实，BSA 与国家版权局的进一步合作，将给外资在华软件企业以及中国软件企业带来更多的效益和发展机遇。

近年来，商业软件联盟一直在软件资产管理（SAM）和企业软件正版化培训方面与政府开展合作。其成员公司也在中国进行了大力投资，其中包括：提供大批高技能和高收入的职位，为政府增加税收；在中国开展研发并进行技术转让；以国际化的方式培养大批软件编程、生产、营销和商业管理等方面的工程师和年轻专业人才。商业软件联盟一直以来都倡导保护知识产权，并开展打击盗版、支持正版的宣传教育活动，旗下有微软、IBM、苹果、惠普等会员企业。除了日常的宣传教育外，商业软件联盟也会帮助会员进行在中国的维权活动。该组织曾在番茄花园案中起到作用。

【全球首个版权保护优秀案例示范点项目调研报告初步完成】 2009 年 9 月 21 日，由世界知识产权组织（WIPO）与中国国家版权局主持召开的世界知识产权组织版权保护优秀案例示范点项目调研报告专家论证会议在南京举行。

按照 2009 年 3 月 26 日 WIPO 与中国国家版权局在江苏省南通市签署的《世界知识产权组织版权保护优秀案例示范点调研项目合作协议》，由国家版权局、江苏省版权局和南通市政府、南通市版权局等相关部门成立的项目工作组，经过 6 个月的精心调研、分析、整理后，初步形成了《南通家纺市场版权保护情况的调研报告》（以下简称《报告》）初稿。这表明 WIPO 在全球首次针对一个国家的特定地区和一个行业而进行的关于版权保护对区域性经济促进成果的微观调研项目已取得初步成果。《报告》于 2009 年 11 月在听取各方面的意见修改后，形成最终结果。

WIPO 创意产业司代司长根切夫在致辞中指出，中国南通家纺产业的发展繁荣得益于企业自下而上形成的较为完善的版权保护做法，同时也得益于政府对家用纺织品产业版权保护制度，它的成功经验对推动和促进区域经济发展，具有极强的说服力。WIPO 之所以在全球首次进行这一合作调研项目，就是希望将版权保护对经济发展所起作用的调研成果向中国其他地区进行推荐。同时，也希望对世界其他国家和地区具有借鉴作用，因此，这个项目对于 WIPO 来说意义深远。

国家版权局版权管理司司长王自强在专家论证会上说，这个项目对 WIPO、对中国均意义深远，因为它不仅对中国的企业和经济发展具有示范作用，也对全球特别是发展中国家如何加强版权保护、推进经济产业发展具有示范作用。因此，《报告》必须是高水平、高质量的，是建立在实事求是、科学基础上的，能够真正反映南通的家纺市场在 10 余年的发展历程中版权保护制度对促进当地经济发展所起的巨大作用。WIPO 与国家版权局将南通作为世界知识产权组织版权保护优秀案例示范点进行系统调研，拓宽了国家版权局与 WIPO 的合作领域，也使其合作更具现实意义。

论证会上，江苏省版权局版权处处长、《报告》的执笔人陆幸生，从《报告》的基本情况，课题的调研方式、方法及《报告》的结构和内容等方面作了介绍。8 位中外专家提出了建设性意见。

江苏省版权局局长徐毅英主持会议。江苏省版权局副局长傅杰三、南通市副市长杨展里、南通市版权局局长范平及合作项目的专家学者参加了会议。

（赖名芳）

【柳斌杰率团访问世界知识产权组织】 2009 年 10 月 16～19 日，新闻出版总署署长、国家版权局局长柳斌杰率团访问了世界知识产权组织（WIPO）。柳斌杰在会见 WIPO 总干事弗朗西斯·加利先生时说，这次我率团到 WIPO 访问，一是表达对 WIPO 长期与中国政府开展积极有效合作的敬意，感谢 WIPO 对中国版权保护事业的关注和支持；二是希望双方继续开展深入交流，深化双方的友好关系，进一步加强合作。

柳斌杰首先向加利介绍了正在德国举行的法兰克福书展的情况。柳斌杰说，在庆祝中华人民共和国六十华诞之际，应法兰克福书展组委会之邀，中国成为第 61 届法兰克福国际书展主宾国，这是对中国以及中国出版界发展成就的认同和充分肯定，也是新中国成立 60 年来中国在国际社会上开展的最大一次文化展示交流活动。中国国家副主席习近平和德国总理默克尔亲临法兰克福出席书展开幕式并致辞。

柳斌杰还强调，我们以积极的姿态参加法兰克福书展，一方面是要通过法兰克福书展这个国际平台同世界各种文明对话，向世界介绍新中国成立 60 年来取得的伟大成就；另一方面在国际金融危机的冲击下，中国引领新闻出版业变“危”为“机”，有责任对世界出版业的发展作出贡献。国家版权局在展会上设立了版权工作站，积极宣传中国的知识产权保护制度，积极为中外参展商提供咨询服务，受到了广泛欢迎。

柳斌杰指出，国家版权局与 WIPO 的合作，真诚、务实、富有成效，双方都是合作的受益者。中国政府将一如既往地参与和支持 WIPO 开展的各项活动，支持 WIPO 在总干事的领导下推进改革，建立公正、合理的国际知识产权保护新秩序。我们将全面推进双方业已开展的合作项目，并积极拓展新的合作空间。

加利说，世界知识产权组织（WIPO）与中国有着非常密切的关系，作为主要成员国，中国国家版权局给予了 WIPO 及其本人积极有力的支持。加利充分肯定了双方正在进行的两个调研课题，表示将与国家版权局一道努力做好两年一度的北京国际版权论坛和 WIPO 创意金奖（中国）评选活动。同时进一步拓展双方合作的领域，如双方都关注的数字化和网络技术对版权制度的挑战等问题。加利对中方提出的加强人才培养计划表示赞同和支持。

柳斌杰和加利共同表示，双方将进一步加强交流与合作，共同关注和研究国际社会面临的版权保护新问题，为继续构建公正、合理的版权保护国际新秩序作出新的努力。

【韩国三大电视台访问中国版权保护中心】 2009 年 10 月 23 日，韩国 KBS 电视台版权合作部部长马基坚、MBC 电视台商务部经理李华荣、SBS 电视台企划部部长金善东等一行 10 人，在韩国著作权委员会北京办事处所长朴哲弘的陪同下，对中国版权保护中心进行了访问。

中国版权保护中心主任段桂鉴会见了韩国客人。双方就共同关心的影视作品版权保护等问题交换了意见。中方首先介绍了中国版权保护中心承担的版权公共服务职能和组织结构、业务体系，在国际版权交流中与韩国著作权委员会交流与合作的成果；就韩国关心的版权保护等问题，着重介绍了中国的版权制度以及中心已开展的版权纠纷调解业务模式，并回答了韩国代表关于中韩著作权纠纷调解委员会建设情况的多项咨询。

金善东和马基坚专门介绍了近期韩国 KBS、MBC、SBS 三大电视台在韩国文化体育观光部的大力推动下，与韩国部分 P2P 网站和网络影视作品版权使用机构签订协议，基本确定了授权许可及版权纠纷调解、诉讼工作流程的情况。上述工作大大推动了韩国网络影视版权使用与保护模式的建立。今后，将以此为契机，与中国开展更加广泛的交流与合作。

在会谈中，双方就以下问题取得了共识：其一，双方在互联网领域的合作可借鉴韩国电视台与网站签署的协议模式。其二，开展中韩两国文化交流，应积极建立正常的作品授权渠道，包括开展作品登记、备案、认证和鉴定等版权服务，双方应为此共同努力。其三，积极开展韩国作品在中国授权使用情况及案例调查，为更加广泛地合作做准备。其四，版权纠纷调解工作，按照中国的法律规定进行，进一步完善相关机构的组成、程序、规章等制度建设，建立更加权威、规范的调解中心。

（立　海）

【中国电影著作权协会与美国电影协会签署《合作谅解备忘录》】 2009 年 10 月 24 日，在第二届中国国际版权博览会现场，中国电影著作权协会与美国电影协会签署了《合作谅解备忘录》，这意味着中国在电影版权保护国际化进程中迈出了坚实的一步。中国电影著作权协会理事长朱永德、美国电影协会全球总裁兼首席运营官鲍勃·皮萨诺、中国电影发行放映协会会长杨步亭等出席仪式。

朱永德介绍，双方将加强中美双方电影版权保护活动中的沟通与合作，在提高打击盗版活动的效率和效力，相互提供预防侵权、版权查证及盗版的相关信息，以及支持中美双方打击盗版活动等方面作出努力。曾经掌管过米高梅、派拉蒙等好莱坞著名电影公司的皮萨诺先生在充分肯定中国电影长足进步的同时，也针对产业发展中存在的问题发表了自己的见解。他认为，完善的版权保护机制及民众版权意识，是电影乃至整个娱乐创意产业赖以生存的先决条件。

在仪式结束后，朱永德和鲍勃·皮萨诺还共同为“爱电影、反偷拍”宣传海报揭幕，这是美国电影协会最新推出的反盗版海报，也是继成龙、姚明反盗版海报后推出的第三张，目的是呼吁提高民众电影数字版权保护意识，对影院偷拍、网络非法传播等盗版行为说“不”。

（邹　韧）

【阎晓宏出席版权及相关权亚太论坛】 2009年10月29日，新闻出版总署副署长、国家版权局副局长阎晓宏在新加坡出席了世界知识产权组织、新加坡知识产权局和新加坡外交部联合举办的版权及相关权亚太论坛，并发表了主题演讲。

阎晓宏在演讲中向各国代表介绍了中国在版权建设方面的新进展：一是建立了与国际条约相一致的著作权法律制度，制定实施国家知识产权战略；二是版权执法和维权力度不断加大，特别是在打击网络侵权盗版和加大刑事处罚力度方面取得明显成效；三是中国已经开始扭转公众对版权的认识，全社会版权意识不断提高。

阎晓宏强调，当前知识产权领域面临着两大挑战：一是知识产权如何有助于缩小知识鸿沟，让发展中国家和发达国家共同受益于创新和知识产权；二是数字技术迅猛发展给知识产权带来严峻挑战，引发了著作权人、作品使用者和广大公众间的利益冲突。这需要各国加强对话与合作，共同寻求解决办法。对此，阎晓宏提出了亚太地区加强合作的三点建议：一是要充分利用、逐步完善现有的双边对话、东盟10＋1、APEC知识产权专家组等合作机制，加强各国对版权问题特别是新技术问题的沟通协调，增强战略互信，发展互利合作；二是积极推进企业、科研机构的合作，构建国际性的版权交易平台和信息平台，鼓励版权资源流通，共同促进知识产权质量和数量的提升，提高合作水平，实现共同发展；三是拓宽合作渠道，共同探讨开展版权人力资源建设的途径。

在新加坡访问期间，阎晓宏拜会了新加坡律政部、外交部、知识产权局、媒体发展管理局以及新加坡知识产权学院。在会见中，阎晓宏介绍了中国知识产权特别是版权工作的新进展，并与新加坡相关部门着重讨论了新技术条件下的版权保护、软件版权保护、版权贸易、版权宣传教育、新闻出版和版权合作等问题。双方表示愿意进一步加强两国新闻出版、版权的交流与合作，特别是加强新技术方面的合作，推动共同发展。

【著作权保护发展趋势国际研讨会在武汉举行】

2009年11月18～19日，国家版权局在武汉举办著作权保护发展趋势国际研讨会，旨在进一步提升我国著作权立法水平，加强著作权保护力度，促进著作权保护的国际交流与合作。新闻出版总署副署长、国家版权局副局长阎晓宏，欧盟驻华使团副团长傅马克，中南财经政法大学校长、知识产权研究中心主任吴汉东，美国商会大中华区总监王杰，中国外商投资企业协会优质品牌保护委员会副主席王晓平，美国驻中国知识产权专员南茜·克雷默斯出席开幕式并发表演讲。

阎晓宏作了题为《国际著作权保护发展：机遇与挑战并存》的主题演讲。他指出，中国重视与发达国家、发展中国家就加强著作权制度建设与保护开展多种形式的合作与交流，发达国家、发展中国家均面临提高自身知识产权创造、运用、保护和管理水平的严峻挑战，鼓励创新、加强版权保护是各国共同的主张和共同面临的任务。特别是当前网络环境下的著作权保护问题，更是国际社会共同面临的重大问题，而不能看成是南北之争。虽然各国国情不同，但保护知识产权、加快经济发展的目标是相同的，深化多双边合作、实现互利共赢的意愿是一致的。在经济全球化不断深入发展的今天，解决知识产权问题离不开国与国之间的合作，对话与合作应成为知识产权保护的潮流。当前全球合作应对金融危机的实践再次证明，唯有合作，我们才能够解决发展过程中存在的各种问题，克服前进中的各种障碍。

傅马克在演讲中表示，文化产业给各国经济带来了巨大收益，也体现出一个国家的软实力。互联网时代，人们的文化生活极大丰富，但同时全球也面临着侵权盗版的挑战。欧盟加大了国际间的合作，特别是与中国结成了合作伙伴关系，以解决新技术形势下的侵权盗版问题。很高兴看到中国在网络立法、执法工作中取得的初步成果。中国国家版权局等有关部门2009年开展了为期4个月的打击网上侵权盗版专项行动，这是对网络侵权行为最有效的刑事与行政处罚。欧盟非常愿意在网络立法、执法方面与中国合作。

国家版权局法规司司长于慈珂、版权管理司副司长王志成，湖北省版权局副局长陈峰等出席了会议。中国社科院知识产权中心主任李明德、华东政法大学知识产权学院教授王迁、美国国际知识产权联盟首席代表埃瑞克·史密斯、国际唱片业协会亚洲区法律顾问本杰明、奥地利音像著作权集体管理协会会长沃尔特·迪茨等 20 余位专家在研讨会上作了专题发言。

（赖名芳）

【柳斌杰会见美国国际知识产权联盟主席埃瑞克·史密斯】 2009 年 11 月 26 日，新闻出版总署署长、国家版权局局长柳斌杰，新闻出版总署副署长、国家版权局副局长阎晓宏在北京会见美国国际知识产权联盟主席埃瑞克·史密斯一行。双方就互联网环境下版权保护的挑战和应对等问题进行了深入探讨。

柳斌杰说，近年来，中国在版权保护方面取得了重要进展，法律体系逐步完善，版权保护的行政体系更加健全，版权公共服务体系日益完备，版权执法力度进一步加大，中国与国际版权领域的合作也日益增多。柳斌杰强调，目前，集团性、跨地区的侵权盗版在中国已经得到有效遏制，但与其他国家一样，中国也面临互联网、手机等新媒体侵权盗版的挑战，随着 3G 手机的逐渐普及，音频、视频盗版也不断发生。针对这些情况，中国正在采取一系列积极措施，打击、防范新媒体的侵权盗版行为。国家版权局已经启动了《著作权法》的修订工作，同时支持企业开发数字版权保护技术，解决网络盗版门槛太低的问题。柳斌杰谈到，中国正在制定落实《国家知识产权战略纲要》的具体办法，将通过建设基地、评选示范城市等措施促进各级政府和社会各界对知识产权保护的重视。中国愿意在版权保护领域与更多国际组织开展合作。2010 年，中国将与世界知识产权组织共同举办国际版权论坛，就音乐版权保护问题进行专题研讨。他透露，中国有关部门已开始调查手机等移动终端的侵权盗版情况。

埃瑞克·史密斯认为，中国的版权人和版权使用者的版权意识有了很大提高，他对中国版权事业对国民经济发展的巨大贡献深表赞赏，希望把这些经验带到联盟的各个成员单位。

就埃瑞克·史密斯提出的美国国际知识产权联盟成员在华遭遇网络侵权、希望拓展业务范围等问题，阎晓宏介绍了有关情况。他说，中国已经连续 5 年开展打击网络侵权盗版行动，成效显著。中国将根据具体情况及时处理有关单位的版权申诉，并将处理进展和最终结果及时反馈给申诉人。阎晓宏表示，国家版权局会同教育部、文化部等部委正在调查图书馆非法数字化馆藏图书的情况，目前正按照图书馆先自查、主管部门抽查的步骤有序推进，对涉及侵权的数字化行为将采取法律手段加以解决。

（王玉梅）

【2009 中国（北京）国际版权论坛举行】 2009 年 11 月 27 日，作为"第四届中国北京国际文化创意产业博览会"的重要组成部分，2009 中国（北京）国际版权论坛在北京举行。来自行业管理部门、企业、研究机构、新媒体的专家学者齐聚一堂，围绕"3G 时代的数字消费与版权保护"这一主题，以报告和对话的形式展开深入探讨，为版权业的未来发展出谋划策。

2008 年，中国数字内容产业持续高速的增长，成为全球关注的焦点。从整体产业发展来看，仍然保持了 30%左右的高速增长，3G 时代的开启更是拉动了移动互联网业务的发展，让这一领域焕发无限生机。但是数字内容的版权保护问题正随着时间和技术的推移越来越难以实现，因此建立一个新的版权保护系统来保证内容提供商的利益，乃至发行者的利益，是亟待解决的问题。3G 时代的数字消费和版权保护已成为当下最重要的课题。

新闻出版总署副署长、国家版权局副局长阎晓宏，国际知识产权联盟主席埃瑞克·史密斯，BMI（美国广播音乐协会）主席戴尔·R·布莱恩特，北京市版权局党组书记、局长冯俊科，中文在线总裁童之磊，激动网总裁张鹤，华友世纪副总裁杨浩宇，北京方正网络技术有限公司、番薯网副总经理郑铁男等嘉宾，分别从 3G 时代下中国版权产业面临的机遇与挑战、加强数字作品版权保护营造 3G 产业良好发展环境、3G 时代下的数字音乐市场、全媒体出版时代下的版权保护、视频互联网的正版之道、面向 3G 的音乐消费与版权保护、新阅读时代的数字版权保护等多个层面，发表了各自的意见。在对话环节中，中国音乐著作权协会总干事屈景明、中国文字著作权协会许可与法律部主任贾继峰、光线影业总裁张昭、秀满天下科技有限公司副总裁李檬以及夸克电影网董事长李璐瑒，从文学、影视、音乐、动漫几个方面对 3G 时代的版权内容传播和保护进行了激烈的思想交锋和有益探讨。

"中国（北京）国际版权论坛"已于2007年和2008年连续成功举办了两届。本次国际版权论坛是在前两届国际版权论坛的基础上，从理论和实践两个方面，针对当前面临的主要问题和发展趋势的又一次国际版权专业研讨。这无疑对未来优化产业发展环境、促进3G产业繁荣发展以及版权保护事业都将产生深远的影响，并有着积极的现实指导意义。

（甄　澄）

【阎晓宏会见索尼集团董事长兼首席执行官霍华德·斯金格】　2009年12月1日，新闻出版总署副署长、国家版权局副局长阎晓宏在北京会见了索尼集团董事长兼首席执行官霍华德·斯金格爵士一行。双方就音乐、电影、光盘复制产业发展和版权保护等问题进行了深入探讨。索尼希望与更多中国同行合作共事、共赢发展。

阎晓宏首先代表柳斌杰署长对斯金格爵士的来访表示欢迎。他指出，当前全球应对金融危机的实践表明，随着经济全球化的不断深入，只有加强国际间合作，才能解决发展中存在的各种问题。中国经济的发展有赖于包括跨国公司在华所有企业的共同努力。近年来，文化产业成为中国发展最为快速的产业之一，在国民经济中占有越来越大的比重。中国政府积极采取措施推动文化产业发展，也愿意与国外的文化企业开展合作。关于索尼公司关心的进口音像出版物的审批等问题，阎晓宏说，国务院新"三定"方案实施后，进口音像产品的管理由文化部移交给新闻出版总署，经过一段时间的交接磨合，新闻出版总署有关部门现在可在30日内完成审批手续，将来还会进一步提高审批效率，为推动产业发展提供支持。

关于知识产权问题，阎晓宏表示，中国政府非常重视版权保护，连续5年开展专项行动打击网络侵权盗版行为，并在全社会开展宣传教育活动，提高公众的版权保护意识，取得了很好的成效。2010年，由中国国家版权局和世界知识产权组织共同举办的国际版权论坛将聚焦"在线音乐版权保护"问题，因为网络环境下的版权问题不是一个南北问题，而是全球性问题。

霍华德·斯金格高度评价了中国在应对国际金融危机中的表现，称索尼中国公司是其全球公司中业绩最好的一个，索尼中国在音乐、影视、游戏、全媒体等方面均有所涉猎。他认为，中国在内容产业上拥有庞大的资源，索尼在技术和国际市场推广方面有较大优势，双方可加强在中国文化"走出去"方面的合作。双方还就电子阅读器进一步普及等议题交换了看法。

【数字环境下版权和相关权集体管理研讨会在京召开】　2009年12月2～3日，由世界知识产权组织（WIPO）和中国国家版权局共同举办的数字环境下版权和相关权集体管理研讨会在北京召开。此次会议意在分享世界各国著作权集体管理组织的先进经验，共同探讨数字环境下著作权集体管理制度面临的机遇、挑战以及发展趋势。

新闻出版总署副署长、国家版权局副局长阎晓宏在会上指出，著作权集体管理制度是著作权体系的重要组成部分，是衡量一个国家著作权管理、保护水平的重要标志。在数字和网络技术高速发展的今天，集体管理可能是解决网络环境下版权问题的关键。

阎晓宏指出，在传统领域，著作权集体管理制度有效解决了法律赋予权利人的权利、但权利人个人难以实现权利的难题。中国政府非常重视著作权集体管理制度的建立和完善，1992年就批准成立了第一家著作权集体管理组织——中国音乐著作权协会。《著作权集体管理条例》于2005年3月实施后，又相继批准了中国音像集体管理协会、中国文字著作权协会、中国摄影著作权协会和中国电影著作权协会等4家集体管理组织，基本覆盖了作品使用的主要领域，在保护著作权人权利、促进作品的广泛传播、增进国际间文化交流等方面都发挥了积极的作用，如音像集体管理协会在中国开展的收取卡拉OK版权使用费工作、文字著作权协会代表作家与谷歌进行的维权谈判等，都有很大的社会影响。

阎晓宏表示，著作权集体管理可能是解决网络环境下版权问题的关键。但著作权集体管理的管理模式、授权方式、收取和分配版权使用费的机制怎样适应数字网络技术的发展，还需要各方的共同合作。中国非常愿意借鉴国外著作权集体管理组织的成熟经验，也非常愿意与国际社会共同探索新技术条件下著作权集体管理的实现途径，以更好地发挥集体管理的功能与优势。

WIPO副总干事王彬颖在开幕式的致辞中表示，随着新技术的发展，集体管理的重要性与日俱增。中国的著作权集体管理起步较晚但发展迅速，其卓有成效的工作让公众对版权保护的概念日益了解和重视，也显示出中国政府对集体管理组织建立和发展的高度重视。

WIPO 著作权集体管理及相关事务司司长马苏也，亚太发展合作局高级顾问刘杰，中国国家版权局版权管理司司长王自强，来自国际作者作曲者协会联合会、国际唱片业协会、国际表演艺人权益集体管理协会、法国视觉艺术著作权人协会、国际影印复制权组织、新加坡作曲者和作者协会的代表，以及中国著作权集体管理组织代表出席了研讨会。

（方　圆）

【中美版权机构携手阻截影院偷拍】 从 2009 年 12 月 7 日开始，由秦怡、成龙、冯小刚、赵薇、李冰冰等电影人支持的“爱电影、反偷拍”明星海报将在全国各大院线张贴，呼吁大众提高电影版权意识、共同参与阻止影院偷拍的侵权行为。这是中国电影著作权协会联合美国电影协会在贺岁档之前加强维权的重要举措。

全球超过 90%的电影盗版都是来源于影院的非法录制（包括录像和手机拍摄）。在中国，贺岁档成为影院偷拍等盗版侵权活动最为猖獗的时期。由于电影制作公司全年收入很大程度上取决于贺岁档期间的影片上座率或票房表现，影院偷拍对行业带来的损失往往难以估算，不仅损害了广大电影制作人的劳动成果，由盗版带来的票房收入减少还直接影响到电影院线的投资回报及企业收益。

中美两国电影协会间的这种合作将有益于推动打击侵权盗版的行为，阻断盗版的传播源头。中国音像行业的产业规模也因为侵权盗版近年来持续下滑。作为“爱电影、反盗版”的协作方之一，中国音像协会也将通过各种渠道，在音像店等场所张贴海报进行宣传。

（邹　韧）

【中日著作权实务研讨会在北京召开】 2009 年 12 月 17 日，由国家版权局、日本经济产业省、日本文化厅共同指导，中国版权保护中心与日本贸易振兴机构（JETRO）联合主办的中日著作权实务研讨会在北京召开，共有来自中日两国版权和文化创意产业界的一百多名代表参加了本次会议。

本次研讨会主题为“中日著作权交易与合作模式探索”。会上，日本知名广告创意公司机构旭通 DK 公司媒体内容总部长篠田芳彦、日本规模最大的动漫玩具生产厂商——多美株式会社副社长佐藤庆太，分别结合各自实际与参会嘉宾交流了中日影视、动漫、衍生品开发等版权领域的成功合作案例。北京卡酷动画卫星频道有限公司副总经理、卡酷全卡通动漫文化有限公司总经理缪东，就卡酷频道在中国动漫品牌开发中的艰辛历程和成功经验进行了主题演讲。此外，国际版权交易中心的总经理殷秩松就其近期倡议启动的全国版权交易共同市场在国家版权保护与开发方面的推动作用进行了透彻的解析，并与到会嘉宾共同分享了版权交易第四方在开展国际版权贸易和实务合作中取得的成熟经验。

本次研讨会是中国版权保护中心与日本贸易振兴机构在专业培训和研讨交流领域的首次合作，今后两家机构还将在多个领域开展深入的版权国际交流与合作。

（力　海）

港澳台版权信息

◆香　港

【香港举办“我承诺”行动十周年音乐嘉年华】 2009年2月15日，由香港知识产权署及香港中华基督教青年会主办、香港音乐街文化发展协会协办的“我承诺”行动十周年音乐嘉年华在维多利亚公园举行。

嘉年华是庆祝“我承诺”行动成立十周年的活动之一，旨在提升大众尊重原创音乐及知识产权的意识。

知识产权署助理署长梁家丽女士在主持开幕式时表示：“创意和创新对于我们社会的发展极为重要。我们应该携手保护知识产权，以鼓励更多创新意念的产生，希望大家特别是青少年能够尽情发挥无穷创意。”来自香港中华基督教青年会、香港音乐街文化发展协会、社会福利署、东区区议会、香港警务处、香港作曲家及作词家协会、香港音像联盟有限公司及国际唱片业协会（香港会）有限公司的代表参加了此次活动。

活动免费招待公众入场，节目包括乐队表演、摊位游戏及歌星表演等，其中音乐马拉松更集合了十四队支持本地原创音乐的青少年乐队，彼此交流切磋。多位香港本地歌手及乐队亦出席活动，携手宣扬保护知识产权的意识。除表演外，他们亦与在场观众分享创作心得，并呼吁大家支持“我承诺”行动。

“我承诺”行动自1999年起推行以来，已吸引了超过9 000名市民参加并成为会员。会员承诺拒绝购买或使用盗版及冒牌产品，尊重他人的知识产权。

香港知识产权署于2006年4月修订了“我承诺”行动的约章，加入反互联网侵权行为的内容。“我承诺”行动已经举办了“真”“正”音乐会（2002年）、电影优惠活动（2003年和2004年）、迷你音乐会（2004年和2005年）、“青少年打击网上盗版大使”计划和“我承诺”行动誓师仪式（2006年）、“我承诺·青网大使”海洋公园派对（2007年）、“我承诺·原创”Live Band Show（2007年和2008年）等丰富多彩的活动。

（资料整理：高迎迎）

【调查显示香港市民保护知识产权意识不断提高】 2009年2月29日，香港知识产权署公布了其委托进行的一项调查，该调查显示，香港市民保护知识产权的意识不断提高。

自1999年调查展开以来，香港市民对知识产权的基本认知显著加深。受访者知道知识产权包括版权、专利、商标及外观设计的百分比，由2005年的84.7%上升至2008年的91.6%。大部分受访者（96.3%）认为知识产权在香港须受到保护，只有8.6%的受访者经常（0.2%）或较少（8.4%）购买盗版或冒牌产品，较2005年的15%显著减少。过去数年的调查数据显示，此情况一直在改善。

超过八成受访者正确指出售卖（98.2%）或购买（89.2%）盗版光盘或计算机软件、购买冒牌产品（87.5%）、在网上下载资料然后放网上让他人下载（85.1%）是侵犯知识产权的行为。对于购买正版光盘，然后转为MP3格式作私人用途的行为，大多数人认为这样做要承担民事责任，只有相对较少人士（40.7%）认为这是侵权行为。

大部分受访者（80.3%）认为未经授权网站许可下载资料是不道德的行为，但大部分有上网习惯的人士（78.6%）表示不会付款在合法网站进行下载。47%的人士认为网上购物不方便。

2008年的调查中，知识产权署增加了受访者对“正版正货承诺”计划的意见调查。50.1%的受访者表示认识此计划，超过8成认为计划有助增加消费者及游客在港购物的信心，巩固香港购物天堂的美誉（83.9%），并可推动尊重知识产权的风气（80.7%）。

调查还显示，接近七点七成的受访者是从电视上接触到保护知识产权的信息，比2005年的六成半高出一成多。

就市民对保护知识产权长远发展的意见，76%的受访者认为保护知识产权能促进本地创意产业发展，超过八成受访者认为长远来说政府应在保护知识产权方面投入更多资源。

（资料整理：高迎迎）

【香港相关调查显示：商业机构知识产权保护意识维持高水平】 2009年4月7日，香港公布了“香港商业机构知识产权意识调查”。其结果显示，商界对知识产权的认知程度维持高水平。这项调查由香港特区知识产权署委托进行，共有 1 001 家商业机构响应。

有超过 90%的受访者知道知识产权的基本知识，约一半机构认为，在遏制侵犯知识产权方面，政府应该担当最重要的角色，其次是教育团体及版权拥有者。

另外，超过 52%的机构认为，公司侵犯他人知识产权最严重的后果是“负刑事责任”，比 2006 年的 13.3%超过两倍，认为“负民事责任”的占 17.8%，认为“公司的声誉受损”的占 15.6%。有 49.5%的商业机构表示，知悉董事或合伙人就其公司业务中使用盗版软件须负刑事责任。

知识产权署署长谢肃方表示：大部分企业认识到保护知识产权的好处，并认为知识产权是公司的宝贵资产，是令人鼓舞的。知识产权署会继续致力于通过不同渠道向商界传递保护知识产权的信息。

（资料搜集、编译：刘丹、侯茗旭。

资料来源：http：//www.ipd.gov.hk/chi/whats_new/Press_Release_sc_2009.pdf）

【2009 年粤港知识产权与中小企业发展研讨会在广东中山举行】 为加强企业保护知识产权的意识和提高它们的竞争力，粤港双方于 2009 年 4 月 7 日在广东省中山市合办粤港知识产权与中小企业发展（中山）研讨会。在“以知识产权开拓商机”为主题的研讨会上，国家知识产权局副局长李玉光作了专题演讲。粤港两地政府知识产权部门、企业与知识产权服务机构的专家在会上介绍了国家知识产权战略的制定与实施、内地与香港知识产权制度最新进展、企业知识产权发展与有效保护经验分享、知识产权海关保护实务，以及企业进军海外的知识产权策略等内容。此次研讨会吸引了约 350 名粤港中小企业代表和政府官员参与，为两地中小企业提供了认识知识产权的最新发展平台。

“粤港知识产权与中小企业发展”系列研讨会是粤港保护知识产权合作专责小组开展的长期合作项目，也是粤港经济贸易合作的重要活动。自 2003 年以来，粤港双方已在深圳、东莞、韶关、佛山（顺德）、惠州、江门、湛江、珠海、汕头、中山等市，与各地市政府合作巡回举办了 10 次研讨会。

（资料搜集、整理：薛佳慧。

资料来源：http：//www.ipr.gov.cn/xwdt/gnxw/df/493461.shtml；http：//www.sipo.gov.cn/dfzz/guangdong/xwdt/ywdt/201006/t20100629_523401.htm）

【香港海关侦破互联网上载侵权电影案件】 2009 年 4 月，香港海关利用网线监察系统，侦破一宗利用 BT（点对点）技术在互联网分发怀疑侵权电影的案件，拘捕一名 38 岁男子。

海关反互联网盗版队在利用网线监察系统进行监察时，发现有人在一个本地的互联网讨论区上载两部怀疑侵权电影的 BT 种子，并通过 BT 网络分发这两部电影。海关人员随即展开调查，在互联网服务供应商的协助下，成功追踪涉案电脑的位置，并于 4 月 27 日采取行动，拘捕一名 38 岁男子，在其家中查获 1 台桌上电脑及有关设备，查获物品总值约 1 万元港币。该男子涉嫌触犯香港《版权条例》。

据版权调查组指挥官关煜群表示，自 2005 年 1 月“蛊惑天皇”陈乃明以 BT 程序上载电影供人下载，被裁定侵权罪判监 3 个月后，香港 BT 的上下载量大幅下降，其后上下载量虽然回升，但香港居民作为 BT 种子源头不多。香港海关在 2007 年 3 月开始使用“网线监察系统”，进行全天候自动监察网上的侵权活动，特别是各热门的网上讨论区的活动。自该系统推出以来，海关已成功侦破两宗在互联网上载侵权电影的案件。

（资料搜集、整理：高迎迎。

资料来源：http：//www.hksilicon.com/kb/articles/2944/1/BT-/Page1.html）

【香港海关侦破首宗侵权在线游戏私服器案】 2009 年 6 月 23 日，香港海关侦破首宗侵权在线游戏私服器案件。海关在东涌一住宅拘捕一名 34 岁男子，查获 7 台私服器及 5 台电脑，总值约 7.7 万元港币。

据香港海关版权调查组指挥官关煜群介绍，海关早前接获版权持有人举报，怀疑有人设立侵权的在线游戏私服器，供互联网用户使用。海关反互联网盗版队随即展开调查，发现有人建立网站供互联网用户下载侵权游戏程式，当用户下载并开启游戏程式后，其电脑会自动连接至侵权在线游戏私服器，登记成为会员后，便可成为该侵权在线游戏的玩家。

关煜群表示，初步认定有关网站及侵权在线游戏私服器已运作 7 个月以上，约有 3 万名登记会员，其运作模式与正版的在线游戏非常相似，区别在于该侵权游戏会提供银行账户，让玩家存钱以购买点数来获得虚拟网上武器，点数价钱亦比正版便宜。为逃避海关侦查，该分发网站登记设在美国，但贮存及分发侵权游戏程式的私服器则位于香港。

（资料整理：高迎迎）

【粤港签署知识产权合作协议（2009～2010）】 2009年7月16日，粤港保护知识产权合作专责小组（专责小组）在广州举行第八次会议，双方同意加强合作，进一步提高两地公众和企业对知识产权的保护意识。会上，双方签署了《2009～2010年粤港知识产权合作协议》。

根据该协议，宣传粤方在广州和深圳举办的全国专利代理人资格考试的考前培训课程；共同在香港举办专利法修改及实施研讨会；继续促进两地创意产业企业利用和管理知识产权；加强两地知识产权专业人士的业务交流。“正版正货承诺”计划亦将推展至广东省第三批试点城市，即佛山、中山和肇庆。此外，双方将继续在广东省举办粤港知识产权与中小企业发展研讨会，把服务范围拓展至当地企业和广东省的港资企业。

广东省代表团团长、广东省知识产权局局长陶凯元在会上表示，为贯彻落实广东省对港资企业应对金融危机和加快转型升级若干措施，双方将在广东省举办培训班，促进港资企业运用专利信息加快创新发展与转型升级。

粤港保护知识产权合作专责小组于2003年8月第六次粤港合作联席会议后成立，旨在加强粤港两地在知识产权不同领域的交流和合作，包括推广和教育、培训、执法、调查研究，以及信息发布。2008年，双方共同举办了知识产权战略宣讲会、知识产权中介服务机构交流活动和创意产业企业交流活动、粤港知识产权与中小企业发展研讨会等。粤港双方亦与澳门特区政府经济局共同编撰了《粤港澳知识产权简明手册》，为企业和公众提供有关广东省、香港和澳门的知识产权制度的信息。2008年，粤港两地的知识产权执法部门继续紧密合作，加强粤港知识产权案件协作处理机制。

广东省代表团由广东省知识产权局局长率领，成员包括省公安厅、省对外贸易经济合作厅、省工商行政管理局、省版权局、海关总署广东分署，以及省港澳事务办公室的官员；香港代表团则由知识产权署署长带领，成员包括商务及经济发展局和香港海关的官员。

（资料整理：高迎迎）

【香港就版权审裁处规则进行公众咨询】 2009年8月31日，香港政府就依据《版权条例》（第528章）第一百七十四（一）条而制定的新版权审裁处规则的草拟方式等进行公众咨询，截止日期为9月30日。

香港知识产权署就引用民事司法制度改革的相关原则作为审裁处解决争议的根本价值，就各类向审裁处作出的申请/转介订明统一的标准程序及表格，赋予审裁处权力积极管理案件，推广另类排解，赋予审裁处单一成员行使某些审裁权力，在适当情况下运用实务指示以规管法律程序，订明一套独立的规则等内容征询公众意见。

版权审裁处是根据《版权条例》而成立的一个独立和类似司法的机构，负责审理及解决有关使用或特许版权作品的某些争议。香港知识产权署发言人表示：政府致力提供一套既简明又易于使用的新规则，将审裁处的常规及程序现代化，以期在维护法律程序的公正外，还可在符合当代解决争议的常规下使程序尽可能灵活、方便及具成本效益。

（资料整理：高迎迎）

【香港海关打击网上售卖侵权电脑软件】 2009年10月26日，香港海关人员拘捕一名18岁男子，该名男子涉嫌通过互联网出售侵权电脑软件。

海关接获投诉指有人利用网上讨论区出售怀疑盗版电脑软件，海关反互联网盗版队调查后，于26日采取行动，拘捕该男子，并在其家中查获两部电脑。海关调查发现，有人在一个本地网上讨论区发放信息，以现金300元港币出售怀疑盗版软件，在收到款项后，再上载有关的侵权软件到网上讨论区，供客户下载。海关人员于是乔装顾客与该男子联络，并将款项存入有关的银行账户。26日上午，海关人员成功下载有关软件并确认为侵权版本，立即采取行动，到该名男子位于马鞍山的住宅单位搜查及将其拘捕，并以1 000元港币保释等候调查。

香港海关呼吁青少年要尊重知识产权，切勿以身试法。触犯任何网上侵权罪行除要负刑事责任外，亦有可能承担民事责任。根据香港《版权条例》，任何人士将侵犯版权物品做出售用途，或分发侵犯版权物品达到损害版权拥有人权利的程度，可被检控，最高刑罚为监禁4年及每件侵权物品罚款港币5万元。

（资料整理：高迎迎）

【世界知识产权组织地区研讨会在香港举行】 2009年10月29日，由世界知识产权组织举办的知识资本、知识资产和知识产权管理地区研讨会在香港开幕。世界知识产权组织助理总干事王彬颖、中国国家知识产权局国际合作司司长吕国良和香港特别行政区政府商务及经济发展局常任秘书长蔡莹璧一同主持开幕式。

来自中国内地、中国香港、美国、澳大利亚、荷兰、日本、列支敦士登、新加坡、泰国、英国及世界知识产权组织的业界专家，以实例讲解知识资本管理、知识资产管理和知识产权管理的原理，并介绍如何利用这些工具，协助亚太地区的中小企业更有效管理知识产权，享受其带来的好处。

蔡莹璧在开幕典礼上说：企业如能应用知识资本管理的概念，有系统地管理它们的知识资本，将会带来好处。因此，知识产权署和创新科技署及工业贸易署在 3 月展开的“知识资本管理顾问服务计划”，协助企业尽量发挥它们的业务潜能，在国际市场上增强竞争力。她强调，当企业清楚自己拥有的知识资产时，它们便能为创造价值制定更好的策略。

此次研讨会有逾二百名人士出席，包括政府官员、教育机构、知识产权机构和亚太区的中小企业代表，以及 19 个国家和地区的知识产权局高级代表。

（资料整理：高迎迎）

【香港就数字版权保护立法征询意见】 2006 年 12 月，香港立法会工商事务委员会就如何在数字环境中加强保护版权，征询公众意见。收集公众意见后，于 2008 年 4 月提出了初步意见。商务及经济发展局工商及旅游科于 2008 年 7 月举办了两次公众论坛，并在同年 8 月公众咨询期结束时，收到超过 60 份意见书。除此以外，还通过一个三方协作机制，收集持分者的意见。同时参考海外司法管辖区的经验和做法后，认为宜对部分初步建议作出修改。

2009 年 11 月，商务及经济发展局阐述经修订的整套建议及背后的考量，向立法会工商事务委员会提出建议。主要涉及到以下几方面：

（1）确认版权拥有人以任何电子传送模式传播作品的权利，并订定刑事罚则应付侵权活动。

为巩固这项权利，商务及经济发展局工商及旅游科建议增订刑事罚则，惩处在下列情况下未获授权而主动传播版权作品的人士：

(a) 有关作为是在牟利的业务过程中作出的；或

(b) 在业务过程以外，把版权作品以“串流”技术传播至接收者，而传播的程度足以损害版权拥有人的权利。

对此，权利人和使用者意见完全相反，使用者反对扩大刑责范围至业务过程以外的侵权活动。他们认为，现时的民事补偿机制已足以保护版权。

我们认为，保护数字技术环境下的版权目标是为通过任何技术在数字平台上传播的版权作品提供及时和足够的保护；我们同意早前提出的初步建议（即先针对“串流”技术，然后待任何可损害版权拥有人权益的新技术出现时再扩大刑网）未必是达致这个目标的最佳方法。

关于制定刑事罚则，建议惩处未获授权而在以下情况主动向公众传播版权作品的人：

(a) 有关作为是在牟利的业务过程中作出的；或

(b) 传播程度足以损害版权拥有人的权利。

使用者可能提出，(b) 段建议的刑事罚则或会对互联网资讯的自由流通带来负面影响。对此，会参考持分者的意见和海外经验，考虑增订恰当的例外情况，以便使用者合理使用版权作品。

（2）为推动互联网服务提供商处理网上盗版活动，增订限制其法律责任的法定制度。

我们认为法庭在判断互联网服务提供商是否有授权他人在其经营的服务平台进行侵权活动时，应考虑该互联网服务提供商是否遵从实务守则。在制订实务守则时，三方协作机制的成员认为当局未有提供适当诱因鼓励互联网服务提供商自愿遵从拟议实务守则。成员一致支持当局增订法定制度，只要互联网服务提供商符合若干订明的条件，在其服务平台打击网上侵权活动，则该互联网服务提供商只须为这些侵权活动承担有限的法律责任。

对于是否引入“三振出局”条款，有人认为，剥夺用户的互联网接达权利，是过重的惩罚。此外，欧洲议会已确认互联网接达是一项基本权利，如要对这项权利施加限制，须先由法庭作出裁决。我们认为目前并非考虑在香港推行该制度的适当时机，尤其是该制度的影响有多深远，还有待观察海外司法管辖区实施的经验。

（3）为互联网服务提供商暂时复制版权作品订定例外情况。

在初步建议中，提议为互联网服务提供商暂时复制版权作品订定例外情况，订明如为使传送过程顺畅，互联网服务提供商可制作短暂存在或附带的复制品。大部分互联网服务提供商和用户支持订定上述例外情况，认为会便利互联网上的数字传送。然而，版权拥有人担心例外情况的范围过阔，可能遭滥用。

我们建议实行这项建议，因为这是让互联网上快速传送信息的必要条件。我们会继续征询持分者的意见，并调整例外情况的适用范围和附带条件（例如在复制过程中不得修改原来版本所包含的内容）。

（4）在法例中订明其他因素，以协助法庭考虑判给额外损害赔偿。

该规定目的在于协助法庭厘定在网上侵权个案中应判给的损害赔偿水平，使该水平较为接近版权拥有人相当可能受到的损害程度。此举应有助减轻版权拥有人在证明实际损失时所遇到的困难，对于一些版权拥有继续争取增订法定损害赔偿，如何公平地就多类侵权个案订明一个（或多个）法定赔偿幅度。

（5）为声音记录的媒体转换订定例外情况。

使用者赞成增订例外情况的建议，让他们把版权材料转换成其他格式，方便他们在任何时间或地点享用作品。他们建议，新增例外情况应适用于所有作品类别。意见指出，如订定该例外情况，会妨碍业界在数字市场上推广新的业务模式。

此外，意见坚持：（a）引入不受法庭监察的披露侵权者身份的机制，以替代“Norwich Pharmacal”的原则；（b）就涉及互联网的侵权诉讼引入法定损害赔偿；以及（c）就未获授权下载活动和点对点档案分享活动，引入刑责。

（资料整理：高迎迎）

【香港《2009年版权（修订）条例》细化复制及分发罪量刑标准】 香港《2009年版权（修订）条例》于2009年11月26日公布，将于2010年7月16日正式施行。

香港《2007年版权（修订）条例》规定，任何人未获版权拥有人特许而为任何贸易或业务目的或在任何贸易或业务过程中，定期或频繁地为分发而制作或分发属刊印形式并载于书本、杂志、期刊或报章的版权作品的侵犯版权复制品，因而导致该版权拥有人蒙受经济损失，即构成复制及分发罪行。

而《2009年版权（修订）条例》在此修订基础上，订明两套不同的数字界限，适用于不同类别的作品，以界定复制及分发罪行、不适合的范围。

具体包括：（a）就报章、杂志及期刊（不包括指明期刊，指明期刊是指包含与某科学有关的学术性文章的期刊）而言，在任何14天内的最高数量为500版载有版权作品的侵权复制品的A4纸页面；及（b）就书本和指明期刊而言，在任何180天内的最高零售总值为6 000港元，如为分发而制作或分发超过一本书本（或者指明期刊）页数的25%或指明期刊中整篇文章（即使该篇文章的篇幅不多于该指明期刊25%的页面）的侵权复制品，该书本或者该指明期刊中的该篇完整文章的价值将分别计算在零售总值之内。

在草拟规例拟稿时，政府认为上述数字界限的表达方案可能与《版权条例》第119B（3）（a）、（19）及（20）条的赋权条文不一致。举例而言，赋权条文规定适用于每类版权作品的数字界限，须同时就侵权复制品的数量及价值作表述，而赋权条文亦没有把载于不同类别的印刷作品内的版权作品加以区分。为处理权限问题，香港政府修订第119B条，并在《2009年版权（修订）条例》中增订一条新附表以表明数字界限。

政府亦修订119B条，在《2009年版权（修订）条例》的另一个新附表把内联网（电子邮件及传真除外。内联网又称企业内联网，是用因特网技术建立的可支持企事业内部业务处理和信息交流的综合网络信息系统，通常采用一定的安全措施与企事业外部的因特网用户相隔离，对内部用户在信息使用的权限上也有严格的规定）豁除于有关条文的适用范围外，目的是提供充裕时间让有关的版权拥有人实施经由内联网的分发版权作品复制品的适当特许安排，以及让当局和版权拥有人制定有关的数字界限表述方案。

（资料搜集、整理：张静。

资料来源：http：//www.ipd.gov.hk/sc/intellectual _ property/ copyright/faqs _ copyright _ exemptions _ sc.pdf）

◆ 澳　门

【“澳门道教科仪音乐”等三项目拟申报国家级非物质文化遗产】 澳门非物质文化遗产的保护工作受到社会各界的广泛重视，为了在2009年6月前向国家递交两年一度的第三批国家级非物质文化遗产申报项目，澳门文化局下辖的澳门博物馆于3月邀请内地及本地专家评委，对澳门道教协会申报的“澳门道教科仪音乐”、澳门鲜鱼行总会申报的“澳门鱼行醉龙”及区均祥粤剧曲艺社申报的“广东南音”项目进行评审。评委一致同意上述三项符合列入澳门非物质文化遗产的条件，并建议申报国家级非物质文化遗产名录。

此次评审特别邀请了国家非物质文化遗产保护中心副主任田青、中国艺术研究院音乐研究所所长张振涛、中国少数民族舞蹈学会副会长马盛德连同澳门演艺学院两位专家担任评审工作。五位评委认为三个项目均具有浓郁的澳门地域特色和较高的传统文化价值，并有清晰的传承谱系，保存完整，有必要尽快开展保护工作。评委并建议区均祥粤剧曲艺社申报的“广东南音”改以原始的、更具有地方特色的“地水南音”为名。

除评委专家意见外，为更好地收集社会各界的意见，使项目具有广泛的民意，4 月 8 日至 5 月 8 日，澳门博物馆就上述三项目进行公众咨询。

澳门已有凉茶、粤剧和澳门神像雕刻三项非物质文化遗产项目入选中国国家级保护名录，其中，粤剧今年还被列入联合国教科文组织“人类非物质文化遗产代表作名录”。

（资料搜集、整理：高迎迎。

资料来源：http://www.gcs.gov.mo/showNews.php?DataUcn=37008；http://www.click2macau.com/viewcnews.php?recordID=1742；http://www.ipr.gov.cn/gndtarticle/updates/localupdates/200912/585810_1.html）

【澳门作曲家、作词家及出版社协会成立】 2009 年 11 月 6 日，澳门作曲家、作词家及出版社协会举行成立暨与澳门文化局音乐牌照合同发布会。该协会由国际艺创学家联合会与澳门本地作曲家合作组织，藉以管理一切公开音乐表演的使用权。该协会成立后，澳门本地机构公开播放或演出由该协会负责管理的音乐作品，须获该协会授权；其授权的音乐作品主要来自英国、美国、日本、葡萄牙等国家和中国香港、台湾地区。该协会目前会优先处理酒店及娱乐场所播放或者演出的音乐版权，进而推动澳门的版权意识的提高。

协会主席吴国恩表示，音乐作品是作曲及作词家的私有财产，公众负有尊重音乐版权的法律责任，应当缴付音乐版权费。音乐有版权保障，才能保障原创作品拥有者的权益，也能鼓励创意产业及文化发展更上一层楼。该协会代收的版权费，在扣除行政费用后，将全数分派予音乐作品版权持有人。自此，在澳门特区境内的用户需要经该协会取得音乐公开表演或播放的许可权。

（资料搜集、编译：张静。

资料来源：http://www.macaodaily.com/html/2009-11/07/content_387776.htm）

◆台　湾

【台湾举行音乐公共播放授权问题听证会】 台湾“智慧财产局”分别于 2009 年 3 月 5 日、5 月 6 日举行两次“著作权法部分条文修正草案”及“著作权中介团体条例再修正草案”听证会，参加会议的人员包括电视台、广播电台、旅馆、医院、美容业、旅游业等各个行业的代表、著作权中介团体和著作权权利人代表等。

听证会对公开播放的二次利用行为进行了讨论。营业场所公开播送的二次利用行为是指，旅馆、医院、美容院将其接收的电视信号，拉线接到每个房间或座位上，或大卖场、餐厅接收广播节目和电视节目后，利用扩大器等设备扩大播放效果以供客人欣赏等行为。依照台湾现行制度，这些行为必须重新得到著作权人授权。“智慧财产局”提出增加“著作权法”第三十七条之一将公开播送的二次利用授权纳入集体管理制度中行使权利。对此，会上反对意见较多，主要有如下几条：（1）不同类型著作的授权模式不同，统一将二次公开播放权利通过集体管理团体行使将影响现有市场秩序；（2）二次公开播放权利是否行使，系权利人的选择，权利人是否行使及如何行使其权利，应予尊重，不宜强制介入；（3）目前二次公开播放的争议实因权利人拥有刑事诉追的权利所致。

听证会还对“著作权中介团体条例”进行了讨论，主要形成以下几点修改意见：（1）经著作权专责机关审议或决定的报酬率，其不得变更期间修正为 3 年。（2）配合“民法”的修改，将“受辅助宣告的人”增列为著作权中介团体发起人的消极资格之一。（3）罚则部分修正：集体管理团体未遵照主管机关命令变更执业行为，或其他处理时，增加对其进行处罚的规定。

会后，“智慧财产局”作出决议，决定暂停推动第三十七条之一立法，并以修正第三十七条第六项作为替代方案，新增第三十七条第六项第二款及第三款，规定将原播送的著作再公开播送，或以扩音器或其他器材，将原播送的声音或影像向公众传达，所涉及的著作权争议仅有民事救济，排除其刑事救济。

（资料整理：薛佳慧）

【台湾召开公开播送使用报酬率意见交流会】 2009 年 3 月 12 日、3 月 19 日，台湾“智慧财产局”分别召开了中华有声出版录音著作权管理协会（简称 RPAT）新增公开播送使用报酬率意见交流会、社团法人中华音乐著作权协会（简称 MUST）新增/修正音乐著作公开播送使用报酬率意见交流会。

出席RPAT新增公开播送使用报酬率意见交流会的人员包括RPAT代表及相关利用人，会议从四个方面进行讨论：一是关于无线电视台非商业频道的新增费率，焦点集中在按照新修订的使用报酬率，电视台总收入包括活动收入、代制节目收入等五项，而公共电视反对计入；二是关于卫星电视台教育、宗教频道的费率修改，焦点集中在制播预算的认定问题上；三是关于卫星购物频道的新增费率，主要焦点集中在卫星购物频道的营业收入是指哪些收入，商业频道和购物频道在使用音乐的性质上有何不同；四是关于无线广播电台非营利性电台的费率修改，从以制播预算作为计费标准改为以频道数为计费标准是否合理。

出席MUST新增公开播送使用报酬率意见交流会的人员包括MUST代表及相关利用人，会议主要讨论了新增旅馆房间、医院病房的公开播送费用。现场主要意见有：医院的新增费率会转移到病人身上；医院和旅馆在很多方面情况并不相同，不宜采用同样的费率标准；医院本身也分为公益和营利两种，应该区分不同情况收取费用等。

（资料整理：薛佳慧）

【台港联合举办2009“短片由我创”制作大赛】 为了宣传尊重知识产权的理念、提倡创意文化，由台湾著作权保护基金会和香港知识产权会联合主办，台湾“智慧财产局”和香港知识产权署共同指导的跨地域创作比赛——“2009台港两地‘短片由我创’制作大赛”于2009年3月16日起正式开始。

“2009台港两地‘短片由我创’制作大赛”参赛对象针对台湾及香港居民，鼓励两地居民利用手中的DV拍摄创意短片，并提醒大家在数字信息快速流通的时代，尤其要注重知识产权的保护。比赛于2009年3月16日至6月1日接受报名，分为高中（职）组、大专院校组及社会组，初选及复选由台港两地各自聘请相关专业人士组成评审团，自参赛作品中评选出入围作品参加决赛；决赛则由两地专业人士联合组成评审团，自入围作品中评选出金、银、铜及优异奖，颁发奖牌及总价值达新台币50万元的奖品。除以上奖项外，还特别设置了网络票选“网上人气奖”，由台港两地居民投票选出他们最喜爱的短片。

大赛共收到270件创意作品，在历经长达3个月的初选及决赛，经过台港两地音乐、电影、动画及学术界等领域知名人士组成的评审团分两阶段的严格评选后，来自台湾及香港两地共计15件作品最终入围，并于2009年8月29日举行了颁奖典礼。

（资料整理：薛佳慧。

资料来源：http://www.ipsociety.com.hk/event_s.htm）

【台湾举行2009年世界知识产权日庆祝活动】 2009年4月25日，由台湾“智慧财产局”举办的世界知识产权日庆祝活动在台北市中山纪念馆隆重举行。

世界知识产权组织（WIPO）于2000年决定以《建立世界知识产权组织公约》生效日4月26日为“世界知识产权日”（World IP Day），并从2001年起每年举办庆祝活动，世界各国在这一天都会配合WIPO公布的主题，以贴近日常生活的方式举办各种类型的庆祝活动，促使人们对知识产权加以认识并给予尊重。2009年的活动主题为“绿色创新”（Promoting Green Innovation）。

当日活动现场设有30个摊位，“智慧财产局”邀请了“行政院消费者保护委员会”、台东池上乡农会、台湾著作权保护基金会、台湾打击不法药物行动联盟等18个单位参与展出，展示包括药品、酒类、服饰、文具用品等日常生活用品的真品与仿品，请专人讲授辨识真仿品的知识与技巧。现场还举办了“WIPO小学堂”知识竞赛活动，获奖者有机会获得总额达新台币10万元的奖金。活动当日还邀请了知名歌手担任“支持正版千人宣誓活动”代言人。

（资料整理：薛佳慧）

【台湾地区“著作权法”拟增订“三振出局”条款】 台湾地区“著作权法部分条文修正草案”（ISP业者的民事免责事由）已由台湾“立法院”于2009年4月21日三读审议通过，于2009年5月13日公布实施。为调和著作权人权益，促进网络产业发展，将建立网络服务提供者（ISP）责任避风港制度，并同时增订“三振出局”条款，对侵权达三次的使用者，互联网服务提供者（ISP）应终止其全部或部分网络服务。

修改主要内容：

（一）针对著作权人

（1）对侵害其著作权的行为，著作权人除了可以采取传统的司法途径对权利进行救济外，还可以依照此草案，通知ISP迅速移除侵权内容或相关信息，即启动通知/取下（Notice & Take Down）程序，使损害后果不再继续扩大，合法权利得到及时维护。

(2) 如果发现网民使用 P2P 软件侵害其权利，著作权人可通过提供联机服务的 ISP 向该 IP 地址使用者发送“警告信”。

(二) 针对 ISP

(1) ISP 只要配合权利人实行通知/取下 (Notice & Take Down) 程序，即可免于承担共同侵权责任，也免于对网络侵权人承担民事违约责任，即所谓的“责任避风港”。由于 ISP 不负有判断是否侵权的责任，依权利人通知或经其他渠道知悉侵权事实，善意移除涉嫌侵权的信息，或依使用者的“恢复通知”，恢复被移除的信息，对于权利人或使用者，均不负赔偿责任，即使事后证明该信息不构成侵权不应被移除，或该信息构成侵权，不应被回复，也不负赔偿责任。

(2) ISP 要想进入“责任避风港”，必须事前明确告知网民其著作权保护措施，被告知涉嫌著作权侵权达三次者，ISP 必须终止向其提供全部或部分服务。

(三) 针对网络使用者

(1) 网民如果在网络空间内任意上载、转贴，在网上拍卖盗版品或利用 P2P 软件非法传输未经授权的影片、音乐或文章，ISP 将删除这些侵权信息，同时对该 IP 地址使用者转发著作权人提出的“警告信”。经三次警告后，ISP 将会终止向该使用者提供全部或部分服务。

(2) 涉嫌侵权者如果认为自己有权使用被移除的数据时，可以提出“恢复通知”，要求网络服务提供者予以恢复，也可以向错发通知的权利人请求损害赔偿，以维护自身权益。被检举的侵权资料被移除后，如果被检举的网民并未提出“恢复通知”，那么 ISP 不能把该被检举网民的个人信息透露给权利人。

另外，草案相关实施办法“ISP 民事免责事由实施办法草案”于 2009 年 11 月 17 日发布实施。

具体条款修订情况：

依据修正的草案内容，将现行“著作权法”第三条第一项的规定，增订第十九款网络服务提供者的定义。在同法第九十条之三后，增订了第九十条之四之规定，网络服务提供者适用第六章之一民事免责事由的共同要件。其中第一项第二款修正为“以合同，电子传输，自动侦测系统或其他方式，告知使用者若有三次涉有侵权情事，应终止全部或部分服务”，此即“三振出局”条款。

此次修法最受瞩目的“责任避风港制度”，即于草案增订第九十条之五至第九十条之八规定，各类网络服务提供者，对使用者侵害他人著作权的行为，如确实遵守相关要求程序，将可以不负赔偿责任，此法参考了世界上一些国家“通知/移除”的机制。

此外，此次修法增订第九十条之九，回复通知机制；第九十条之十，ISP 依规定移除涉嫌侵害著作权的相关信息，对使用者免责的规定；第九十条之十一，不通知或回复通知而导致他人受损害，应就所生的损害负赔偿责任；第九十条之十二，授权主管机关以法规命令制定相关执行细节的法律依据。

(资料整理：刘燕南、薛佳慧。

资料来源：http://www.lawbank.com.tw/fnews/news.php?type_id=1&seq=15)

【台湾通过“光盘管理条例”部分条文修正草案】 2009 年 4 月 29 日，台湾地区“立法院经济委员会”审查通过了“光盘管理条例第十七条、第十八条及第二十条修正草案”，这将意味着今后对于过失违反该条例规定，但有合法授权的光盘制造者，主管机关应对其减轻处罚或给予其改正的机会。

为了遏制生产盗版光盘的行为，2001 年台湾通过的“光盘管理条例”规定预录式光盘制造许可文件记载事项有变更时，制造商应先向主管机关申请变更，并规定预录式光盘或母版应压印标示来源识别码，制造商如果违反上述规定，将受到 150 万元以上 300 万元以下新台币的罚金。

新通过的修正草案第十七条及第二十条规定：预录式光盘或母版，如因过失未压印标示来源识别码，但能提出权利人授权文件证明的，将罚金减少至三分之一；第十八条修正的部分为：预录式光盘制造许可文件记载事项有变更而未申请变更时，应于 15 日内申请补办，期满未申请补办者，才会受到处罚。

(资料整理：薛佳慧)

【2009 年特别 301 报告将中国台湾从“一般观察名单”除名】 美国贸易代表署 (简称 USTR) 于美国东部时间 2009 年 4 月 30 日公布了 2009 年度特别 301 报告，将中国台湾地区从“一般观察名单”除名，台湾“智慧财产局”对此表示欢迎。

美方在该报告中指出，将中国台湾地区和韩国从一般观察名单中除名，代表着美方肯定台湾地区和韩国从 2008 年到 2009 年年初，持续加强保护知识产权的努力。美方在报告中高度肯定了台湾在保护知识产权上的措施与成果，特别是 2008 年 7 月成立知识产权法院、“教育部”落实校园保护知识产权行动的成果、检察官在 P2P 问题上提起公诉，以及 2009 年 4 月 21 日三读通过的“著作权法”有关网络服务提供者（ISP）民事免责事由之修正草案等。但是对网络侵权、药品专利权与上市许可连结机制等问题仍表示关切。

台湾“智慧财产局”表示，保护知识产权不仅是中国台湾地区承担的国际义务，更关系着产业发展和国际竞争力的提升，台湾当局向来对此极为重视。近年来多项积极保护知识产权的政策与措施获得一定成果，受到国际社会的肯定。未来将在此基础上继续努力，预计于 2009 年完成“专利法”、“商标法”全面修改草案、“著作权法”部分条文修改草案及“著作权中介团体条例修改草案”，并送交台湾地区“立法院”审查等，以建立保护知识产权的良好法制环境。

（资料整理：薛佳慧）

【台湾“智慧财产局”建立著作权专属网站】 为了提供丰富的著作权相关信息，推广合法利用著作权的理念，2009 年 4 月，台湾“智慧财产局”建立了一个著作权专属网站——“好用网”（www. copyright. net. tw），网站主要针对普通民众，力求通俗易懂、丰富有趣，使民众在浏览网站的过程中意识到生活中很多事情都和著作权有联系，要分清著作权合法使用的范围。

为了使“好用网”更具有参与性和互动性，“智慧财产局”特别规划了游戏单元，以轻松有趣的方法推广著作权理念。其中，拼图小游戏“著作快拼手”，是将各片拼图散落在网站的文章中，网友必须阅读文章才能发现拼图的缺角，可以一边寻找拼图，一边吸收相关知识；“全民来找碴”采取漫画的形式，针对公众容易混淆的著作权概念虚拟情境，要让网友亲自分清是否属于著作权的合法使用。同时，著作权“好用网”还提供礼品给参与活动的网友。“好用网”还将陆续举行一系列的活动。

（资料整理：薛佳慧）

【张惠妹新专辑收录古调获部落授权】 2009 年 6 月 17 日，大巴六九部落召开了关于授权张惠妹《阿密特》新专辑几首歌的部落会议。部落全体无异议通过授权，并委由大巴六九文教发展协会依据保护与相关单位签订授权书，并商定由部落与唱片公司于 7 月 12 日（部落挨饿祭）办理授权仪式。

台湾卑南族歌手张惠妹日前发行的新专辑《阿密特》，收录了原住民传统古调，张惠妹所属的大巴六九部落，以部落名义将专辑收录的古调授权给唱片公司使用，除了鼓励原住民歌手演唱族语歌曲，也希望让各界重视原住民传统智慧财产权。

台湾原住民独特的传统歌舞，一直是台湾对外的代表文化之一，但是长期以来，其遭到侵权的例子时有发生，最有名的就是台东马兰部落的郭英男演唱的《老人饮酒歌》，曾被德国摇滚乐团（Enigma）节录部分，并成为亚特兰大奥运宣传曲。

台湾为了保障原住民传统智慧创作，于 2007 年底通过了“原住民族传统智慧创作保护条例”。本来依照规划，“条例”之下应该还有 4 个“子法”，包括传统智慧创作范围、专用权的保护、侵害排除及损害赔偿等，但是至今，“子法”尚未公布，被认为宣示意义更大。

此次授权过程，都是部落本身在进行讨论，对于部落而言，是一次摸索的尝试。此外，“行政院原住民族委员会”负责人表示，由于制度上能申请智慧创作知识产权保护者仅限于原住民族群和部落，个人不能登记为权利人，所以各部落和各族必须先组成相关组织，才能够申请保护，否则将空有条例，却无法顺利运行。

（资料搜集、整理：张静。

资料来源：http：//lihpao. shu. edu. tw/search. php? search _ ansr＝%E9%98%BF%E5%A6%B9%E5%B0%88%E8%BC%AF%E6%94%B6%E9%8C%84%E5%8F%A4%E8%AA%BF%2B%E7%8D%B2%E9%83%A8%E8%90%BD%E6%8E%88%E6%AC%8A&getauthor＝&getpage＝-1&advanced＝&start _ date＝&end _ date＝2009-12-13&pagenode＝0&art _ id＝32214；http：//tafalong. amis. net. tw/modules/discuss/main. asp? act＝show&id＝8664；Http：//www. tisc. com. tw/tisc/m-about/act _ 20091130. jsp）

【台湾举办“网路服务提供者民事免责事由实施办法草案”公听会】 2009 年 6 月 30 日，台湾“智慧财产局”召开“网路服务提供者民事免责事由实施办法草案”公听证会，会议由“智慧财产局副局长”陈淑美主持。

“著作权法”部分条文修正草案中的“网路服务提供者民事免责事由”已在 2009 年 5 月 13 日公布实施，根据台湾地区的有关规定，其相关“子法”应在 2009 年 11 月 12 日以前制定完成并发布实施。“网路服务提供者民事免责事由实施办法草案”公听会即在此背景下召开，各界人士在会上对草案内容进行意见交换，“智慧财产局”记录意见内容并将其作为草案修正的参考。

公听会上，与会人员对草案的7个条文逐条交换了意见，针对权利人发送通知的方式、格式要求、补正事项、通知的送达、ISP的答复时间、使用者回复通知是否给予期间限制等问题，进行了广泛而深入的交流。

（资料整理：周文婷）

【台湾就表演合同涉及著作权事项进行探讨】 2009年7月21日，台湾“智慧财产局”举办“表演合同涉及著作权事项”意见交流会，邀请台湾著名律师徐则钰与相关影视从业人员就表演合同涉及著作权事项进行交流，进一步了解各界关切的相关问题。

台湾“著作权法”对表演人的保护已符合国际标准，但表演人或演员在签订表演合同时，可能因不清楚著作权相关规定，未能及时主张应有权利。针对此问题，台湾在2009年4月14日召开“电视台重播综艺、戏剧节目，（演艺）表演者权益如何保障——台湾文化创意产业发展系列”公听会，“智慧财产局”出席了该次公听会。出席代表在会中承诺，将在6个月内邀请专家学者、表演人及包括演员在内的影视从业人员召开会议，提出法律层面的建议，包括签约应注意事项、合同著作权参考条文，以期能为解决该问题提供参考。

意见会围绕“电视台重播过去的戏剧、综艺节目，参与表演的表演者能否主张著作权”这一案由展开。台湾地区的“著作权法”第二十四条第一、二项分别规定：“著作人除本法另有规定外，专有公开播送其著作之权利”；“表演人就其经重制或公开播送后之表演，再公开播送者，不适用前项规定”。电视或网络重播之戏剧或综艺节目通常涉及视听著作（含表演）的公开播送，该戏剧或综艺节目不管是先录制再播出，或是现场播出，就表演著作的部分，只要之前的播出经过表演人的同意，则表演人对于后续的重播行为，依法是不能主张权利的。而该法第二十二条第二项规定：“表演人专有以录音、录影或摄影重制其表演之权利”。基于该条，对于已录制而成的戏剧节目或综艺节目在播出后加以重制拷贝加以贩售，可以主张重制权。当然，当事人之间仍然可以通过合同做特别约定。也就是说，演艺人员可通过谈判，针对各种利用形态，包括电视台重播等，将各种对自己有利的合同条款如分红或版税等纳入合同。台湾地区影视从业人员借此次意见会，踊跃提出协商表演合同时所遭遇的著作权相关问题，并进行交流，使“智慧财产局”进一步了解了大家关切的相关问题。

（资料整理：周文婷）

【台湾探讨著作权中介团体伴唱机公开演出市场占有率】 2009年7月26日，台湾“智慧财产局”在台北召开了著作权中介团体伴唱机公开演出市场占有率协商会议。

会议决定用计数器装置来统计市场占有率，因为计数器装置能计算歌曲实际点唱次数，而且音乐著作权人联合总会（简称MCAT）已经开发了相关设备，可适用于6种品牌的伴唱机。但是中华音乐著作权协会（简称MUST）对此决议提出保留，其主张计数器装置发展尚未成熟，仍应以重制率来计算市场占有率。

会议对三合一费率的实行进行了进一步协商。由于台湾授权市场多个授权团体并立，利用人很有可能不知向谁申请授权，或者存在只向其中一家申请授权的问题。三合一费率是指只向MCAT、TMCS、中华音乐词曲播放协会其中一家交费便可以获得全部授权。如果三合一费率能够推行，将有助于简化授权渠道，方便利用人取得授权，从而增加著作权中介团体的授权范围、减少授权成本，并且也有助于维护著作权人的权利。

（资料整理：薛佳慧）

【台湾研究统计2008年广播电台利用各音乐著作权中介团体著作权管理情况】 2009年8月3日，台湾“智慧财产局”召开会议，研究统计2008年广播电台利用各音乐著作权中介团体著作权管理的情况。

会议主要由台湾音乐著作权人联合总会（简称MCAT）和中华音乐著作权协会（简称MUST），分别对2008年AM调幅及中等功率广播电台提供的使用清单作出说明。MUST代表指出，目前清单存在的主要问题有：利用人所提供的使用清单日期标示不清，大约只有60%提供了演唱者的数据，10%～20%的利用人仅能提供词、曲作者，在这种情况下，进行分析会有困难。

MCAT代表指出，清单内容普遍缺失：词曲作者未标，难以判定词曲权利人；歌曲曲目错字过多，难以判定歌曲为何者所有；歌曲语言类别未标或标示错误，易造成歌曲判定错误；多数利用人未使用台湾“智慧财产局”所公布的清单格式，造成文书处理工作繁琐。

“智慧财产局”官员指出，利用人提供的使用清单，对于未来的单曲计费及了解广播电台利用各音乐著作权中介团体管理著作具有重要的意义。调查广播电台利用各音乐著作权中介团体管理著作的情形，是要了解利用人所给付概括授权合同的权利金是否合理。未来“著作权中介团体条例”修正草案中增订著作权中介团体在订定使用报酬率时需要有单曲计费方式，在执行上，利用人应配合提供正确的使用清单。

会议最后责成 MCAT 和 MUST 共同筛选出可供统计的对象，并将名单提供给“智慧财产局”。

（资料整理：薛佳慧）

【台湾“著作权集体管理团体条例”修改公布】

台湾“著作权中介团体条例”自 1997 年 11 月 5 日公布施行以来，已逾 10 年。为进一步满足实践需求，并参考日本、德国、加拿大等国的立法例均着重在著作权“集体管理”的本质，将名称修正为“著作权集体管理团体条例”，并对具体条款进行了修改。该条例草案经“行政院”第 3162 次院会审查通过，并于 2009 年 9 月 22 日函送“立法院”审议，同时撤回 1997 年 4 月送“立法院”审议之草案。2009 年 11 月 5 日，台湾“立法院”通过了“著作权集体管理团体条例”。

根据相关说明，此次修改主要有以下几个方面：

一、将“著作权中介团体”修正为“著作权集体管理团体”，“著作权中介业务”修正为“著作权集体管理业务”，并相应对第三条、第四条、第六条至第十二条、第十四条至第二十一条、第二十三条、第二十七条、第二十九条及第三十一条至第四十四条做出修改。

二、将主管机关修正为“经济部”，并由著作权专责机关办理相关业务。相应修正条文第二条、第四条、第八条、第九条及第四十条至第四十三条。

三、修正“著作权集体管理团体”及“著作权集体管理业务”之定义，删除需同类著作之著作财产权人始能组成著作权集体管理团体的限制。（修正条文第三条）

四、为解决多元团体各自收费且计费方式不一所造成之不便，增订二个以上集管团体订定“共同使用报酬率”之规定，并应由其中一个集管团体向利用人收取。（修正条文第三条及第三十条）

五、基于集管团体自治及集管团体实务运作之需要，将管理费之费率或金额、使用报酬率等重要文件变更之程序，增列为集管团体章程应载明之事项。（修正条文第四条、第七条及第十六条）

六、配合“民法”增订“辅助宣告”的规定，增列“受辅助宣告之人”为发起人消极资格之一。（修正条文第六条）

七、为适度管制集管团体数量，增订集管团体设立之条件，于市场上之集管团体已足以发挥集体管理之功能时，就新申请设立之团体，著作权专责机关不得许可其设立。（修正条文第八条）

八、删除禁止会员自行授权或另委托第三人代其授权之规定，由集管团体与会员依其章程或管理契约自行决定。（修正条文第十四条）

九、增订集管团体使用报酬率订定之参考因素。集管团体之使用报酬率订定或变更时，应公告并报请著作权专责机关备查，仅在利用人对其有异议时，得申请由著作权专责机关介入审议；在审议期间内，利用人得支付“暂付款”，其利用行为即得免除民、刑事侵权责任，于审议决定后，再按审议结果调整之。（修正条文第二十四条至第二十六条）

十、修正著作权集体管理团体所管理著作财产权信息提供的方式，不强制著作权集体管理团体应编造著作财产权目录及其格式，但就其管理著作财产权范围的相关信息，仍应应外界要求而提供。（修正条文第二十七条）

十一、修正利用人与著作权集体管理团体已签订的授权契约，于授权契约期间内，会员退会后，利用人不须再另行支付使用报酬予该退会会员；该退会会员得向原著作权集体管理团体请求分配使用报酬。（修正条文第三十一条）

十二、修正利用人提供使用清单的义务得以契约排除。（修正条文第三十七条）

十三、修正著作权集体管理团体得以自己之名义为会员提起刑事诉讼者，限于专属授权或信托让与之情形。（修正条文第三十九条）

十四、为强化对著作权集体管理团体进行监督、辅导的效果，增订未依著作权专责机关命令变更业务执行方法时，得处以罚款的规定。（修正条文第四十四条）

（资料整理：高迎迎）

【2009 年两岸著作权论坛在台湾地区举行】

2009 年 11 月 30 日～12 月 1 日，我国大陆与台湾地区共同举办的两岸著作权论坛在台北举行。此次论坛共包括两岸著作权研讨会、工商企业著作权保护座谈会、两岸著作权集管团体意见交流会及两岸主管机关业务交流座谈会四个组成部分，约有 400 人参加了论坛。

中国版权协会理事长沈仁干担任此次大陆赴台参访团的团长，团员包括国家版权局官员、中国人民大学法学院副院长以及人大立法机构、最高人民检察院、著作权中介团体、出版社、电视台、出版协会负责人等共计 29 位。台湾方面出席人员包括全国商业总会理事长张平沼、商总智财委员会主委赖文平，“智慧财产局局长”王美花、“副局长”陈淑美和该局所属官员。

论坛第一单元“两岸著作权研讨会”上，台湾商业总会张平沼理事长首先致词。“智慧财产局局长”王美花欢迎中国版权协会等贵宾的来访，指出两岸探讨著作权对大陆有积极的重要性，两岸同文同种也有合作的必要性。她指出论坛能反映出一些问题，希望能更深刻研析且面对面协商，通过这个平台和沟通机制，将有助于两岸解决已发生和未来可能发生的问题。沈仁干理事长表示，此次论坛能从版权或著作权保护上来发扬中华文化，从理论和实务进行深入研究，以奠定两岸制定世界共同认可的保护著作权法规。他指出，互联网的兴起确实对著作权有着相当大的冲击，因技术发展引发的课题值得两岸深入探讨。其后，国家版权局版权管理司执法处副处长赵秀玲、“智慧财产局著作权组科长”洪盛毅就著作权法制发展及重要实务问题进行了介绍；中国大百科出版社社长龚莉、“智慧财产局著作权组科长”孙玉达就著作权贸易及著作权集体管理实务问题进行介绍；中国人民大学法学院副院长刘春田、“智慧财产局副局长”陈淑美分享了著作权制度及执法方面的政策经验。

座谈会下半场，企业直接与中国版权协会及国家版权局官员面对面沟通。台湾地区有业者提出对唱片出版的行政事务建议，希望大陆缩减录音、录像作品审批时间，以遏止盗版的空间；也希望两岸建立直接的版权认证机构，并考量调整现行收费的分配比率，因唱片公司用于发行、广告方面成本偏高，现行 40∶60 的比例原则已不符实际情况。大陆官员指出使用音乐付费制度将自 2010 年 1 月 1 日开始实施，虽然初期付酬费用偏低，但跨出第一步总胜于没有踏出，未来会渐入佳境。

此次论坛涉及的交流项目极其多元化，对两岸人民、企业在著作权互相保护方面将产生积极而巨大的帮助与效益。论坛在延续 2008 年四川成都首届两岸著作权论坛的基础上，在交流一体上进行持续的深化和广化，旨在通过良性互动机制的建立，达成两岸协力保护著作权、提升台湾地区创意产业发展之双赢局面。

（资料搜集、整理：周文婷、薛佳慧。

资料来源：http：//www. tisc. com. tw/tisc/m-about/act _ 20091130. jsp；http：//www. showchina. org/jjzg/kx/200912/t481117. htm）

【台湾“智慧财产局”积极推动知识产权国际交流】 为了维护台商在外国的知识产权利益，台湾“智慧财产局”2009 年积极推动国际知识产权交流及合作，双边合作与多边合作共进。

2009 年，台湾“智慧财产局”与西班牙专利商标局、澳大利亚知识产权局积极沟通，并签署双边知识产权合作备忘录；积极接洽与英国知识产权局完成备忘录签署；还推动与加拿大、墨西哥、印度签署双边知识产权合作备忘录的可行性。

此外，近年来中国台湾地区在国际交流中取得的成果包括：与法国、菲律宾及中南美洲国家成功签署了知识产权产权合作协定或备忘录。其中，台湾地区与法国的《知识产权谅解备忘录》自 2004 年签署以来，除举行例行年度局长会议及信息交换外，法国工业产权局还持续派遣商标、著作及海关官员或专家来台湾授课，进行商标审查及查缉仿冒的经验交流。台湾地区与菲律宾的《知识产权谅解备忘录》于 2007 年签署。

（资料整理：薛佳慧）

版权相关产业与贸易

BAN QUAN XIANG GUAN CHAN YE YU MAO YI

2009 年新闻出版产业分析报告

新闻出版总署出版产业发展司

为全面掌握新闻出版产业发展规模，科学分析产品结构、产业结构、地区结构、企业结构等方面的情况，准确判断产业发展态势与结构特征，切实转变新闻出版业发展方式，实现从新闻出版大国向新闻出版强国迈进的目标，新闻出版总署自 2009 年 10 月至 2010 年 5 月，在全国范围内开展了新中国成立以来首次新闻出版产业调查。根据产业调查和 2009 年统计年报获得的基础数据，采用经济学和统计学分析方法，就 2009 年新闻出版产业基本情况分析如下。

一、行业总体情况

（一）总量规模

2009 年，新闻出版业全行业总产出① 为 10 668.86亿元；实现增加值② 3 099.74 亿元，占同期国内生产总值（GDP）的 0.9%；营业收入 10 341.20亿元；利润（结余）总额 893.28 亿元。不包括数字出版的全行业资产总额为 11 848.45 亿元，净资产（所有者权益）为 6 168.31 亿元，纳税总额为 620.29 亿元（见表 1）。

表 1　　新闻出版业主要经济指标　　单位：亿元

经济指标	金　额
行业总产出	10 668.86
行业增加值	3 099.74
资产总额	11 848.45
净资产（所有者权益）	6 168.31
营业收入	10 341.20
利润（结余）总额	893.28
纳税总额	620.29

说明：资产总额、净资产（所有者权益）、纳税总额均未包括数字出版。

2009 年，全国共出版图书 30.17 万种，其中新版图书 16.8 万种，重版、重印图书 13.3 万种，总印数 70.37 亿册（张），总印张 565.50 亿印张，定价总金额 848.04 亿元。图书出版总产出 477.73 亿元，实现增加值 188.52 亿元，营业收入 462.76 亿元，利润（结余）总额 74.77 亿元。

2009 年，全国共出版期刊 9 851 种，平均期印数 1.7 亿册，总印数 31.53 亿册，总印张 166.24 亿印张，定价总金额 202.35 亿元。期刊出版（包括相关广告业务）总产出 150.25 亿元，实现增加值 70.22 亿元，营业收入 145.90 亿元，利润（结余）总额 12.37 亿元。

2009 年，全国共出版报纸 1 937 种，平均期印数 2.1 亿份，总印数 439.11 亿份，总印张 1 969.40 亿印张，定价总金额 351.72 亿元。报纸出版（包括相关广告业务）总产出 646.02 亿元，实现增加值 280.37 亿元，营业收入 627.55 亿元，利润（结余）总额 70.44 亿元（见表 2）。

表 2　　图书、期刊、报纸出版总量规模

单位：种，亿册（张，份），亿印张，亿元

主要指标	图书出版	期刊出版	报纸出版
品　种	301 719	9 851	1 937
总印数	70.37	31.53	439.11
总印张	565.50	166.24	1 969.40
定价总金额	848.04	202.35	351.72
总产出	477.73	150.25	646.02
增加值	188.52	70.22	280.37
营业收入	462.76	145.90	627.55
利润（结余）总额	74.77	12.37	70.44

说明：期刊出版和报纸出版均包括相关广告业务。

2009 年，全国共出版录音制品 12 315 种，出版数量 2.4 亿盒（张），发行数量 2.6 亿盒（张），发行总金额 11.9 亿元；出版录像制品 13 069 种，出版数量 1.6 亿盒（张），发行数量 1.2 亿盒（张），发行总金额 8.1 亿元。音像制品出版总产出 19.97 亿元，实现增加值 7.65 亿元，营业收入 19.42 亿元，利润（结余）总额 2.28 亿元。

① 总产出是指国民经济各部门的常住单位在一定时期内生产的货物和服务的价值总和，反映国民经济各部门生产经营活动的总成果。目前在国家统计中，第三产业通常采用总产出指标，只有第一和第二产业（包括农业、工业和建筑业）采用总产值指标。

② 增加值是指国民经济各部门的常住单位在一定时期内生产出的全部最终产品和服务的价值。对于单一部门而言，称“行业增加值”；对于单一地区而言，称“地区增加值”；对于全国而言，称“国内生产总值”，即 GDP。

2009 年，全国共出版电子出版物 10 708 种、2.29 亿张。电子出版物出版总产出 6.47 亿元，实现增加值 2.02 亿元，营业收入 6.25 亿元，利润（结余）总额 0.58 亿元（见表 3）。

表 3　音像制品和电子出版物出版总量规模

单位：种，亿盒（张），亿元

主要指标	音像制品出版	电子出版物出版
品种	25 384	10 708
出版数量	3.92	2.29
发行数量	3.84	—
发行总金额	19.99	—
总产出	19.97	6.47
增加值	7.65	2.02
营业收入	19.42	6.25
利润（结余）总额	2.28	0.58

2009 年，数字出版总产出 799.40 亿元，实现增加值 234.62 亿元，营业收入 799.40 亿元，利润（结余）总额 63.91 亿元（见表 4）。

表 4　数字出版总量规模　单位：亿元

类　别	总产出	增加值	营业收入	利润（结余）总额
手机出版	314.00	92.16	314.00	25.10
网络游戏	256.20	75.19	256.20	20.48
数字期刊	6.00	1.76	6.00	0.48
电子书	14.00	4.11	14.00	1.12
数字报纸（网络版）	3.10	0.91	3.10	0.25
网络广告	206.10	60.49	206.10	16.48
合　计	799.40	234.62	799.40	63.91

2009 年，全国图书、报纸、其他出版物黑白印刷产量 2.7 亿令，彩色印刷产量 13.0 亿对开色令，书刊装订产量 3.6 亿令，印刷用纸 3.0 亿令。印刷复制（包括出版物印刷、包装装潢印刷、其他印刷品印刷、专项印刷、打字复印、复制和印刷物资供销）总产出 6 689.48 亿元，实现增加值 1 864.86 亿元，营业收入 6 457.90 亿元，利润（结余）总额 464.02 亿元（见表 5）。

表 5　印刷复制总量规模　单位：亿元

类　别	总产出	增加值	营业收入	利润（结余）总额
出版物印刷	1 073.05	326.69	1 030.19	71.05
包装装潢印刷	4 592.14	1 168.34	4 447.16	286.71
其他印刷品印刷	715.94	253.54	685.32	61.68
专项排版、制版、装订	71.71	27.18	68.84	5.70
打字复印	87.16	63.74	78.89	35.32
复制	63.26	19.37	62.20	1.68
印刷物资供销	86.21	6.00	85.30	1.88
合　计	6 689.48	1 864.86	6 457.90	464.02

2009 年，全国共有出版物发行网点 16.0 万处。其中国有书店和国有发行网点 9 953 处，供销社发行网点 1 636 处，出版社自办发行网点 508 处，文化、教育、广电、邮政系统发行网点 38 215 处，新华书店系统外批发网点 5 800 处，集个体零售网点 104 269 处。出版物发行总产出 1 815.58 亿元，实现增加值 441.43 亿元，营业收入 1 758.52 亿元，利润（结余）总额 201.31 亿元。

2009 年，全国出版物进出口经营单位累计出口图书、报纸、期刊、音像制品、电子出版物 92.01 万种次、896.17 万册（份、盒、张）、3 498.83 万美元，累计进口图书、报纸、期刊、音像制品、电子出版物 82.07 万种，2 811.27 万册（份、盒、张），31 032.33 万美元，进出口总额 34 531.16 万美元，逆差 27 533.50 万美元。出版物进出口总产出 53.61 亿元，实现增加值 6.62 亿元，营业收入 53.23 亿元，利润（结余）总额 2.84 亿元（见表 6、表 7）。

表 6　出版物发行和出版物进出口总量规模

单位：亿元

产业类别	总产出	增加值	营业收入	利润（结余）总额
出版物发行	1 815.58	441.43	1 758.52	201.31
出版物进出口	53.61	6.62	53.23	2.84

表 7　全国出版物进出口经营单位对外贸易情况

类　型		累计出口	累计进口	总　额	差　额
图书、报纸、期刊	种次	900 344	811 265	1 711 609	89 079
	数量（万册、份）	885.16	2 794.53	3 679.69	－1 909.37
	金额（万美元）	3 437.72	24 505.27	27 942.99	－21 067.60

续前表

类　型		累计出口	累计进口	总　额	差　额
音像制品、电子出版物	种次（万）	19 771	9 479	29 250	10 292
	数量（万盒、张）	10.01	16.74	26.75	－6.73
	金额（万美元）	61.11	6 527.06	6 588.17	－6 465.95
合　计	种次（万）	920 115	820 744	1 740 859	99 371
	金额（万美元）	3 498.83	31 032.33	34 531.16	－27 533.50

说明：差额为累计出口减去累计进口之差。正号表示出口大于进口，存在贸易顺差；负号表示出口小于进口，存在贸易逆差。

2009 年，全国共引进出版物版权 13 793 种（其中，图书 12 914 种，录音制品 262 种，录像制品 124 种，电子出版物 86 种，软件 249 种，电视节目 155 种，其他 3 种），共输出出版物版权 4 205 种（其中，图书 3 103 种，录音制品 77 种，电子出版物 34 种，电视节目 988 种，其他 3 种），版权贸易输出品种与引进品种比例是 1∶3.3（见表 8）。

表 8　　对外版权贸易情况　　单位：种

类型	引进	输出	总额	差额
图书	12 914	3 103	16 017	－9 811
录音制品	262	77	339	－185
录像制品	124	0	124	－124
电子出版物	86	34	120	－52
软件	249	0	249	－249
电视节目	155	988	1 143	833
其他	3	3	6	0
合计	13 793	4 205	17 998	－9 588

（二）单位数量与构成

2009 年，全国有新闻出版单位 35.73 万家（不包括数字出版单位），其中法人单位 11.96 万家，约占单位总数的 33.48%；非法人单位 1.49 万家，约占 4.16%；个体经营户 22.28 万家，约占 62.36%（见表 9、图 1）。

表 9　　新闻出版业单位数量与类型构成

类　型	数量（家）	比重（%）
法人单位	119 620	33.48
非法人单位	14 848	4.16
个体经营户	222 815	62.36
合　计	357 283	100.00

说明：不包括数字出版单位。

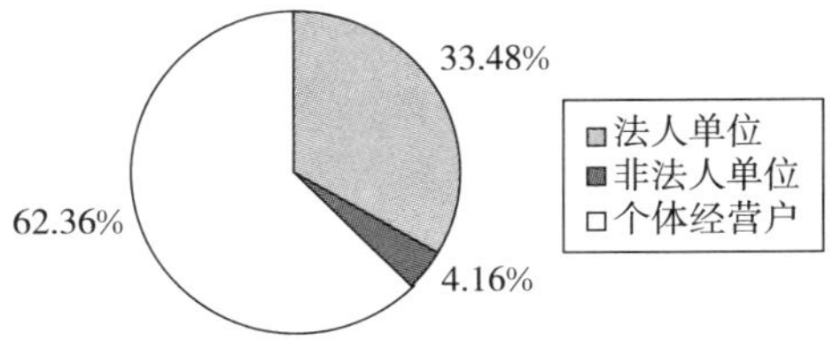

图 1　新闻出版业单位类型构成

（三）直接就业人员状况

2009 年，全国新闻出版业直接就业人数为 449.73 万人（不包含数字出版单位就业人员），其中男性 227.8 万人，女性 221.9 万人，分别占全行业直接就业人数的 50.67%、49.33%，男女比例基本平衡（见图 2、表 10）。

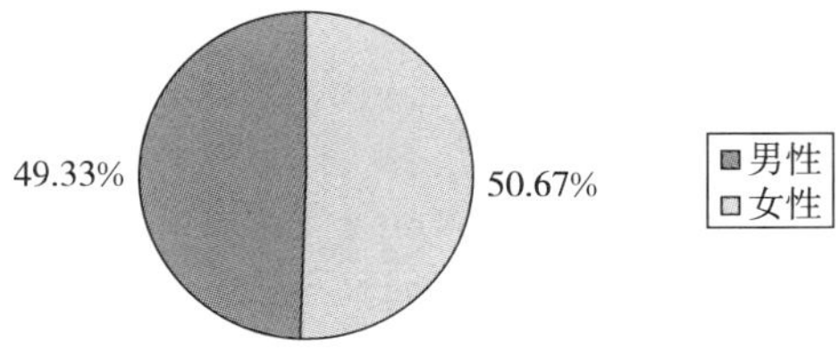

图 2　直接就业人员的性别构成

表 10　　直接就业人数的产业类别构成

产业类别	人数（万人）	比重（%）
图书出版	6.29	1.40
期刊出版	8.78	1.95
报纸出版	23.55	5.24
音像制品出版	0.60	0.13
电子出版物出版	0.15	0.03
印刷复制	337.63	75.07
出版物发行	70.97	15.78
出版物进出口	1.27	0.28
版权贸易与服务	0.01	0.00
行业服务与其他新闻出版业务	0.49	0.11
合　计	449.73	100.00

说明：
1. 因缺乏相关的全面数据，产业类别未列数字出版。
2. 版权贸易与服务包括版权贸易、版权代理与服务。
3. 行业服务与其他新闻出版业务包括内容的策划、制作和提供，行业服务和其他不属于已列举类别的新闻出版业务活动。

二、产品结构分析

（一）整体结构

品种数量：在 35.0 万种图书、期刊、报纸、音像制品和电子出版物中，图书的品种最多，占总量的 86.30%，其后依次为录像制品（3.74%）、录音制品（3.52%）、电子出版物（3.06%）和期刊（2.82%），报纸最少，占总量的 0.55%（见表 11）。

总印数（出版数量）：在 547.2 亿册（份、盒、张）图书、期刊、报纸、音像制品和电子出版物中，报纸的总印数最多，占总量的 80.24%，其次为图书（12.86%）和期刊（5.76%），三者合计占到总量的 98.86%；录音制品、录像制品和电子出版物的出版数量在总数中所占比重均不足 0.50%，录像制品最少，占 0.28%（见表 11）。

总印张数：在 2 701.1 亿印张图书、期刊和报纸中，同样是报纸所占比重最大，为 72.91%，其次为图书，占总量的 20.94%；期刊最小，占 6.15%（见表 11）。

表 11　各类出版物在全部出版物总量中所占比重（%）

出版物类型	品种	总印数（出版数量）	总印张	定价（出版）总金额
图书	86.30	12.86	20.94	59.59
期刊	2.82	5.76	6.15	14.22
报纸	0.55	80.24	72.91	24.71
录音制品	3.52	0.43	—	0.76
录像制品	3.74	0.28	—	0.72
电子出版物	3.06	0.42	—	—
合　计	100.00	100.00	100.00	100.00

说明：音像制品和电子出版物采用出版数量和出版总金额，出版总金额数值的测算公式为出版数量×（发行金额/发行数量）。

（二）图书结构

其中，书籍[①]的品种数量、总印数、总印张数和定价总金额最多，分别占总量的 79.17%、53.84%、55.25%和 66.89%；其次为课本[②]，分别占总量的 20.56%、45.98%、44.70%和 32.95%；书籍和课本合计，分别占到总量的 99.73%、99.82%、99.95%和 99.84%（见表 12）。新版图书与重版、重印图书品种之比为 1.3∶1。

书籍：社科人文类书籍在品种数量、总印数、总印张数和定价总金额中所占比重分别为 61.62%、48.89%、47.31%和 54.67%，居首位；与科学技术类书籍的品种数量之比为 3.6∶1，总印数之比为 10.5∶1，总印张之比为 6.5∶1，定价总金额之比为 5.1∶1。

课本：大专及大专以上课本的品种最多，占图书种数的 12.31%；中学课本的总印数、总印张数和定价总金额最大，分别占图书总印数、总印张数和定价总金额的 21.28%、21.03%和 12.66%；小学课本的总印数和总印张数名列第二，分别占图书总印数和总印张数的 18.65%和 11.74%，定价总金额少于大专及大专以上课本（8.67%），占图书定价总金额的 7.92%，居第三位。

表 12　图书产品结构　　单位：种，亿册（张），亿印张，亿元

类　型	品种		总印数		总印张		定价总金额	
	数量	比重（%）	数量	比重（%）	数量	比重（%）	数量	比重（%）
书籍	238 868	79.17	37.88	53.84	312.46	55.25	567.27	66.89
社科人文	185 923	61.62	34.40	48.89	267.53	47.31	463.61	54.67
科学技术	51 059	16.92	3.29	4.67	41.25	7.29	91.61	10.80
综合	1 886	0.63	0.19	0.27	2.28	0.40	7.33	0.86
课本	62 024	20.56	32.35	45.98	252.77	44.70	279.40	32.95
大专及大专以上	37 151	12.31	2.71	3.85	48.17	8.52	73.52	8.67
中学	5 623	1.86	14.97	21.28	118.95	21.03	107.34	12.66
小学	5 184	1.72	13.12	18.65	66.41	11.74	67.15	7.92
其他	14 066	4.66	1.55	2.21	19.23	3.40	31.38	3.70
图片	827	0.27	0.13	0.18	0.28	0.05	1.37	0.16
合计	301 719	100.00	70.36	100.00	565.51	100.00	848.04	100.00

说明：1. 书籍系指使用中国标准书号或统一书号，但不属于课本和图片的出版物。本表中，社科文艺类书籍系指属于中国图书分类法马克思主义列宁主义毛泽东思想、哲学、社会科学总论、政治法律、军事、经济、文化科学教育体育、语言文字、文学、艺术、历史地理 11 大类（A～K）的书籍，科学技术类书籍系指属于中国图书分类法自然科学总论、数理科学和化学、天文学和地理科学、生物科学、医学卫生、农业科学、工业技术、交通运输、航空航天、环境科学和劳动保护科学（安全科学）10 大类（N～X）的书籍，综合类书籍系指属于中国图书分类法最后一类（Z）的书籍。

2. 课本系指使用中国标准书号或统一书号的以下各类出版物：（1）由国家教育行政部门和中央各部委、各地区审定、规划的，列入教材征订目录，供高等学校、电视大学、函授大学等高等教育机构，中等专业学校（包括中等师范学校）、技工学校使用的教材、教材习题解答集，以及对成人进行政治、业务、文化教育所使用的课本，包括广播电台、电视台举办或与其他单位合办的业余讲座使用的课本及其他业余教育课本；（2）在国家教育行政部门每年春秋两季颁发的《全国普通中小学教学用书目录》和由各省、自治区、直辖市教育行政部门审定、补充下达的《中小学教学用书目录》中所列的课本、教学挂图和随课本作教材用的习题解答集，以及由省、自治区、直辖市以上教育行政机关统一规定为各级学校教员必须采用的"教学参考资料"及"教学大纲"（包括少数民族自治州出版社出版，由少数民族自治州教育行政机关规定的此类出版物）；（3）专供扫盲使用的课本。本表中，其他课本系指中专技校课本、成人教育课本、扫盲课本和教学用书。

3. 图片系指单张或折页的美术画片，包括绘画的印制品和摄影的印制品，年画也归入图片。

---

① 系指使用中国标准书号或统一书号，但不属于课本和图片的出版物。

② 系指使用中国标准书号或统一书号的大专及以上课本、中专技校课本、中小学课本、扫盲课本和教学用书。详见表 12 说明 2。

（三）期刊结构

品种数量：自然科学、技术类期刊最多，占期刊种数的50.01%；其次为哲学、社会科学类期刊和文化、教育类期刊，分别占24.93%和12.22%；三者合计，占到期刊种数的87.16%；画刊最少，占0.52%（见表13）。

总印数和总印张数：哲学、社会科学类刊物最多，分别占期刊总印数的34.76%和总印张数的35.02%，其次为文化、教育类期刊和自然科学、技术类期刊，分别占期刊总印数的18.31%和14.66%、总印张数的19.17%和18.88%；三者合计，占期刊总印数的67.83%和总印张数的73.07%；画刊最少，占期刊总印数的0.79%和总印张数的1.60%（见表13）。

表13　　期刊产品结构　　单位：种，亿册，亿印张

类　型	品　种		总印数		总印张	
	数量	比重（%）	数量	比重（%）	数量	比重（%）
综合	485	4.92	4.52	14.35	19.43	11.69
哲学、社会科学	2 456	24.93	10.96	34.76	58.22	35.02
自然科学、技术	4 926	50.01	4.62	14.66	31.39	18.88
文化、教育	1 204	12.22	5.77	18.31	31.87	19.17
文学、艺术	631	6.41	2.99	9.47	15.70	9.45
少儿读物	98	0.99	2.41	7.65	6.97	4.19
画刊	51	0.52	0.25	0.79	2.66	1.60
合计	9 851	100.00	31.53	100.00	166.24	100.00

（四）报纸结构

品种数量：地、市级报纸最多，占报纸种数的44.97%；其次为省级报纸，占42.59%；两者合计，占到报纸种数的87.56%；县级报纸最少，所占比重为0.83%。综合报纸和专业报纸品种数量之比为1∶1.4（见表14、表15）。

总印数和总印张：省级报纸最多，分别占报纸总印数和总印张数的54.09%和57.65%；其次为地、市级报纸，分别占31.16%和32.64%；两者合计，占报纸总印数的85.25%和总印张数的90.29%；县级报纸最少，占报纸总印数的0.20%和总印张数的0.08%。综合报纸和专业报纸总印数之比为2.2∶1，总印张数之比为4.9∶1。

表14　　报纸产品结构（各级报纸）　　单位：种，亿份，亿印张

类　型	品　种		总印数		总印张	
	数量	比重（%）	数量	比重（%）	数量	比重（%）
全国级报纸	225	11.62	63.86	14.54	189.61	9.63
省级报纸	825	42.59	237.52	54.09	1 135.33	57.65
地、市级报纸	871	44.97	136.83	31.16	642.78	32.64
县级报纸	16	0.83	0.90	0.20	1.67	0.08
合计	1 937	100.00	439.11	100.00	1 969.40	100.00

表15　　报纸产品结构（综合报纸与专业报纸）　　单位：种，亿份，亿印张

类　型	品　种		总印数		总印张	
	数量	比重（%）	数量	比重（%）	数量	比重（%）
综合报纸	806	41.61	301.43	68.65	1 636.26	83.08
专业报纸	1 131	58.39	137.68	31.35	333.14	16.92
合计	1 937	100.00	439.11	100.00	1 969.40	100.00

三、产业结构分析

（一）各产业类别总体经济规模综合评价

选取总产出、增加值、营业收入和利润（结余）总额四个经济规模指标，采用主成分分析方法（一种多元统计分析方法，可以将原有的多个变量中包含的信息，通过线性变换加以提取，建立起个数尽可能少的新变量，新变量尽可能多地保持了原有变量中包含的信息，通过新变量计算出的数值不具有任何实际意义，仅用于对比。在进行多项指标的综合评价和综合排名时往往用到该方法）对新闻出版各产业类别的总体经济规模进行综合评价，印刷复制、出版物发行和数字出版分居前三位（见表16），三者合计分别占到全行业总产出的87.2%、增加值的82.0%、营业收入的87.2%和利润（结余）总额的81.6%，印刷复制和出版物发行两个类别合计占全行业单位数量的94.8%、总产出的79.7%、增加值的74.4%、资产总额的80.7%、净资产（所有者权益）的76.7%、营业收入的79.5%、利润（结余）总额的74.5%、纳税总额的81.9%和直接就业人数的90.9%。

表16　　各产业类别经济规模综合排名

综合排名	产业类别	综合评价得分
1	印刷复制	2.863 5
2	出版物发行	0.502 0
3	数字出版	－0.092 6
4	报纸出版	－0.102 2
5	图书出版	－0.180 0
6	期刊出版	－0.428 6
7	出版物进出口	－0.499 3
8	音像制品出版	－0.508 5
9	行业服务与其他新闻出版业务	－0.515 5
10	电子出版物出版	－0.517 6
11	版权贸易与服务	－0.521 3

说明：综合评价得分系选取总产出、增加值、营业收入和利润（结余）总额四个指标，采用主成分分析中的回归方法通过SPSS直接计算所得，仅用来显示各产业类别的相对位置，负数并不代表负面评价。

（二）主要产业类别情况

图书出版：总产出和营业收入在全行业所占比重均为4.5%，增加值占全行业增加值的6.1%，皆位居第五；利润（结余）总额占全行业利润（结余）总额的8.4%，位居第三。图书出版首先集中于北京，其次为上海和江苏等省市。

期刊出版：总产出、营业收入和利润（结余）总额在全行业中所占比重均为1.4%，增加值占全行业增加值的2.3%，皆位居第六。北京期刊出版的各项经济规模指标大致占到全国总量的四成左右，优势明显。

报纸出版：总产出和营业收入在全行业中所占比重均为6.1%，利润（结余）总额占全行业利润（结余）总额的7.9%，皆位居第四；增加值占全行业增加值的9.0%，位居第三。报纸出版首先集中于北京，其次为广东、浙江和江苏。

音像制品出版：总产出和营业收入在全行业中所占比重均为0.2%，皆位居第八；增加值和利润（结余）总额在全行业所占比重均为0.3%，分别位居第七和第八位。音像制品出版首先集中在北京，其次为广东和上海。

电子出版物出版：总产出、增加值、营业收入和利润（结余）总额在全行业中所占比重均为0.1%，位居第十。

数字出版：总产出占全行业总产出的7.5%，营业收入占全行业营业收入的7.7%，均位居第三；增加值占全行业增加值的7.6%，位居第四；利润（结余）总额占全行业利润（结余）总额的7.2%，位居第五。数字出版主要集中于北京、上海、广东等省市，手机出版和网络游戏两项合计，占到整个数字出版的营业收入的43.9%。

出版物发行：总产出和营业收入在全行业中所占比重均17.0%，增加值占全行业增加值的14.2%，利润（结余）总额占全行业利润（结余）总额的22.5%；均位居第二。出版物发行明显集中于北京，其次为江苏、山东、浙江、上海、安徽、广东等省。

出版物进出口：总产出、营业收入和利润（结余）总额在全行业中所占比重分别为0.5%、0.5%和0.3%，均位居第七；增加值占全行业增加值的0.2%，位居第八。

印刷复制：总产出占全行业总产出的62.7%，增加值占全行业增加值的60.2%，营业收入占全行业营业收入的62.5%，利润（结余）总额占全行业利润（结余）总额的52.0%；均居全行业首位。全国印刷复制业约有40%集中于广东、浙江和江苏。包装装潢印刷和其他出版物印刷两者合计在整个印刷复制中占到50%以上。

四、地区结构分析

（一）各地区总体经济规模综合评价

选取总产出、增加值、资产总额、净资产（所有者权益）、营业收入、利润（结余）总额、纳税总额七项经济规模指标（因缺乏相关的全面数据，未包括数字出版），采用主成分分析方法对全国31个省、自治区、直辖市和新疆生产建设兵团新闻出版业的总体经济规模进行综合评价，广东、北京①、浙江、江苏、上海、山东、河北、四川、安徽、福建依次位居全国前十位（见表17），十省市合计分别占到全国行业总产出的76.4%、增加值的76.2%、资产总额的74.9%、净资产（所有者权益）的73.3%、营业收入的76.4%、利润（结余）总额的73.3%和纳税总额的76.9%。

表17　各地区总体经济规模综合评价（前十位）

综合排名	地区	综合评价得分
1	广东	3.100 7
2	北京	2.496 3
3	浙江	1.686 4
4	江苏	1.679 1
5	上海	1.102 0
6	山东	0.952 1
7	河北	0.251 9
8	四川	0.118 5
9	安徽	0.107 5
10	福建	0.083 7

说明：综合评价得分系选取总产出、增加值、资产总额、净资产（所有者权益）、营业收入、利润（结余）总额和纳税总额七项指标，采用主成分分析中的回归方法通过SPSS直接计算所得。因缺乏相关的全面数据，未包括数字出版。

其中，广东、北京、浙江、江苏、上海和山东六省市合计，分别占到行业总产出的62.1%、增加值的61.5%、资产总额的61.1%、净资产（所有者权益）的59.8%、营业收入的62.2%、利润（结余）总额的57.8%和纳税总额的60.6%。广东占全行业总产出的18.8%，增加值的15.6%、资产总额的15.0%，净资产（所有者权益）的13.4%，营业收入的18.9%，利润（结余）总额的10.2%和纳税总额的13.3%。北京占全行业总产出的8.9%，增加值的13.4%、资产总额的13.9%，净资产（所有者权益）的15.6%，营业收入的8.8%，利润（结余）总额的14.4%和纳税总额的12.8%。

（二）主要指标地区分布

总产出：广东、浙江、江苏、北京、山东和上海均超过600亿元，分居前六位，合计占到全国行业总产出的62.08%。总产出超过1 000亿元的省市有两个，即广东和浙江。青海、西藏和新疆生产建设兵团的总产出低于10亿元（见表18）。

表18　总产出的地区分布（前十位）

排名	地区	总产出（亿元）	在全国所占比重（%）	
			比重	累计比重
1	广东	1 850.98	18.75	18.75
2	浙江	1 019.03	10.33	29.08
3	江苏	931.79	9.44	38.52
4	北京	880.98	8.93	47.45
5	山东	746.32	7.56	55.01
6	上海	697.62	7.07	62.08
7	河北	403.75	4.09	66.17
8	福建	360.56	3.65	69.82
9	安徽	339.48	3.44	73.26
10	四川	309.60	3.14	76.40

说明：因缺乏相关的全面数据，未包括数字出版。

增加值：广东、北京、江苏、浙江和上海均超过200亿元，分居前五位，合计占到全国行业增加值的55.24%。广东超过400亿元，北京超过300亿元，宁夏、青海、西藏和新疆生产建设兵团的增加值低于5亿元（见表19）。

表19　增加值的地区分布（前十位）

排名	地区	增加值（亿元）	在全国所占比重（%）	
			比重	累计比重
1	广东	447.90	15.63	15.63
2	北京	385.02	13.44	29.07
3	江苏	275.70	9.62	38.69
4	浙江	266.02	9.28	47.98
5	上海	208.05	7.26	55.24
6	山东	179.39	6.26	61.50
7	河北	131.82	4.60	66.10
8	四川	101.39	3.54	69.64
9	安徽	99.10	3.46	73.10
10	福建	89.50	3.12	76.22

说明：因缺乏相关的全面数据，未包括数字出版。

资产总额：资产超过1 000亿元的省市有四个，降序依次为广东、北京、浙江和江苏，在500亿～999亿元之间的省市有两个，降序依次为上海和山东，上述六个省市的资产总额合计占到全国的61.12%（见表20）；青海的资产总额略超10亿元，西藏和新疆生产建设兵团不足10亿元。

① 北京新闻出版业总体经济规模，包含中央在京新闻出版单位。后同。

表 20　　资产总额的地区分布（前十位）

排名	地区	资产总额（亿元）	在全国所占比重（%）	
			比重	累计比重
1	广东	1 779.37	15.02	15.02
2	北京	1 640.60	13.85	28.86
3	浙江	1 235.74	10.43	39.29
4	江苏	1 009.47	8.52	47.81
5	上海	883.01	7.45	55.27
6	山东	693.71	5.85	61.12
7	河北	499.28	4.21	65.34
8	四川	421.51	3.56	68.89
9	福建	416.25	3.51	72.41
10	湖南	339.27	2.86	75.27

说明：因缺乏相关的全面数据，未包括数字出版。

净资产（所有者权益）：超过 800 亿元的省市有两个，依次为北京和广东，另有浙江、上海和江苏三个省市（降序）在 450 亿～600 亿元之间，这五个省市的净资产（所有者权益）合计占到全国的 53.40%（见表 21）；宁夏、青海的净资产（所有者权益）不足 10 亿元，西藏和新疆生产建设兵团不足 5 亿元。

表 21　净资产（所有者权益）的地区分布（前十位）

排名	地区	净资产（所有者权益）（亿元）	在全国所占比重（%）	
			比重	累计比重
1	北京	962.67	15.61	15.61
2	广东	828.62	13.43	29.04
3	浙江	554.88	9.00	38.04
4	上海	474.24	7.69	45.72
5	江苏	473.47	7.68	53.40
6	山东	394.93	6.40	59.80
7	河北	259.57	4.21	64.01
8	湖南	238.21	3.86	67.87
9	福建	221.88	3.60	71.47
10	四川	211.47	3.43	74.90

说明：因缺乏相关的全面数据，未包括数字出版。

营业收入：超过 1 000 亿元的省份只有广东一个。在 650 亿～1 000 亿元之间的省市有五个，降序依次为浙江、江苏、北京、山东和上海，这六个省市合计占到全国营业收入的 62.16%（见表 22）；不足 10 亿元的省区仍为青海、西藏，以及新疆生产建设兵团。

表 22　　营业收入的地区分布（前十位）

排名	地区	营业收入（亿元）	在全国所占比重（%）	
			比重	累计比重
1	广东	1 804.58	18.91	18.91
2	浙江	990.52	10.38	29.29
3	江苏	901.12	9.44	38.74
4	北京	842.80	8.83	47.57
5	山东	728.23	7.63	55.20
6	上海	664.22	6.96	62.16
7	河北	388.26	4.07	66.23
8	福建	347.75	3.64	69.88
9	安徽	324.96	3.41	73.28
10	四川	295.69	3.10	76.38

说明：因缺乏相关的全面数据，未包括数字出版。

利润（结余）总额：北京、江苏、广东、山东、浙江、上海、安徽七省市分居前七位，均超过 50 亿元，合计占到全国新闻出版业利润总额的 63.86%，超过 100 亿元的省市有一个，即北京（见表 23）；其余 24 个省、市均未达到 40 亿元，西藏、海南、宁夏、青海和新疆生产建设兵团不足 2 亿元。

表 23　利润（结余）总额的地区分布（前十位）

排名	地区	利润（结余）总额（亿元）	在全国所占比重（%）	
			比重	累计比重
1	北京	119.43	14.40	14.40
2	江苏	89.19	10.75	25.15
3	广东	84.30	10.16	35.32
4	山东	66.68	8.04	43.36
5	浙江	65.40	7.89	51.24
6	上海	54.11	6.52	57.77
7	安徽	50.50	6.09	63.86
8	四川	30.53	3.68	67.54
9	河北	28.94	3.49	71.03
10	湖北	26.06	3.14	74.17

说明：因缺乏相关的全面数据，未包括数字出版。

纳税总额：超过 80 亿元的只有广东一地，另有四个省市在 50 亿～80 亿元之间，降序依次为北京、江苏、浙江和上海，这五个省市的纳税总额合计占到全国的 55.02%（见表 24）；海南、甘肃、内蒙古、青海、新疆生产建设兵团和西藏不足 2 亿元。

表 24　　纳税总额的地区分布（前十位）

排名	地区	纳税总额（亿元）	在全国所占比重（%）	
			比重	累计比重
1	广东	82.41	13.29	13.29
2	北京	79.13	12.76	26.04
3	江苏	68.67	11.07	37.11
4	浙江	59.92	9.66	46.77
5	上海	51.13	8.24	55.02
6	山东	34.63	5.58	60.60
7	四川	27.96	4.51	65.11
8	福建	27.30	4.40	69.51
9	河北	24.42	3.94	73.45
10	安徽	21.62	3.49	76.93

说明：因缺乏相关的全面数据，未包括数字出版。

单位数量：广东、浙江、江苏、山东在 31 个省、自治区、直辖市中居于前四位，四者合计约占到全国新闻出版单位总数的 32.33%，约 11.12%的单位集中在广东（见表 25）。

表 25　　单位数量的地区分布（前十位）

排名	地区	单位数量（家）	在全国所占比重（%）	
			比重	累计比重
1	广东	39 717	11.12	11.12
2	浙江	30 715	8.60	19.71
3	江苏	25 874	7.24	26.96
4	山东	19 213	5.38	32.33
5	四川	17 425	4.88	37.21
6	辽宁	17 325	4.85	42.06
7	北京	16 041	4.49	46.55
8	河南	15 261	4.27	50.82
9	河北	15 239	4.27	55.09
10	吉林	15 020	4.20	59.29

说明：因缺乏相关的全面数据，未包括数字出版。

直接就业人数：全国新闻出版直接就业人数的 20.24%集中于广东，超过 90 万人；另有 9.91%集中于浙江。两省合计在全国新闻出版直接就业人数中占到 30.15%（见表 26）。

以上述指标衡量，几乎所有省（自治区、直辖市）经济规模最大的新闻出版产业类别都是印刷复制（多占当地新闻出版业经济规模的一半以上），其次是出版物发行。北京的出版物发行超过印刷复制，位列第一。

表 26　　直接就业人数的地区分布（前十位）

排名	地区	直接就业人数（万人）	在全国所占比重（%）	
			比重	累计比重
1	广东	91.01	20.24	20.24
2	浙江	44.57	9.91	30.15
3	江苏	33.75	7.50	37.65
4	山东	32.53	7.23	44.89
5	北京	25.20	5.60	50.49
6	上海	19.81	4.40	54.89
7	河北	19.14	4.26	59.15
8	福建	16.41	3.65	62.80
9	河南	15.42	3.43	66.23
10	湖北	15.13	3.36	69.59

说明：因缺乏相关的全面数据，未包括数字出版。

五、企业法人情况分析

（一）整体规模

2009 年，不包括数字出版企业，全国新闻出版企业法人单位共有 11.51 万家，占全行业法人单位和非法人单位（不包括个体经营户）总数的 85.62%；企业法人单位总产出 8 274.17 亿元，占全行业总产出的 83.84%；增加值 2 205.08 亿元，占全行业增加值的 76.96%；资产总额 10 117.37 亿元，占全行业的 85.39%；所有者权益 5 351.27 亿元，占全行业的 86.75%；营业收入 8 010.91 亿元，占全行业的 83.96%；利润总额 565.81 亿元，占全行业的 68.22%；纳税总额 500.93 亿元，占全行业的 80.76%（见表 27）。

表 27　　企业法人单位的整体规模

指标	数量	占全行业比重（%）
总产出（亿元）	8 274.17	83.84
增加值（亿元）	2 205.08	76.96
资产总额（亿元）	10 117.37	85.39
所有者权益（亿元）	5 351.27	86.75
营业收入（亿元）	8 010.91	83.96
利润总额（亿元）	565.81	68.22
纳税总额（亿元）	500.93	80.76
单位数量（家）	115 131	85.62

说明：因缺乏相关的全面数据，未包括数字出版企业。

（二）所有制结构

企业法人单位数量：国有全资[1]和集体企业[2]所占比重接近四分之一，民营企业[3]所占比重超过三分之二。具体来说，在 115 131 家企业法人单位中，国有全资企业 19 732 家，占 17.14%；集体企业 7 862 家，占 6.83%；民营企业 82 848 家，占 71.96%；港澳台商投资企业[4] 2 280 家，占 1.98%；外商投资企业[5] 1 992 家，占 1.73%；混合投资企业[6] 417 家，占 0.36%（见表 28、图 3）。

表 28　企业法人单位的所有制结构

	国有企业		集体企业	民营企业	外商投资	港澳台商投资	混合投资	合计
		国有全资						
数量（家）	20 600	19 732	7 862	82 848	1 992	2 280	417	115 131
比重（%）	—	17.14	6.83	71.96	1.73	1.98	0.36	100.00

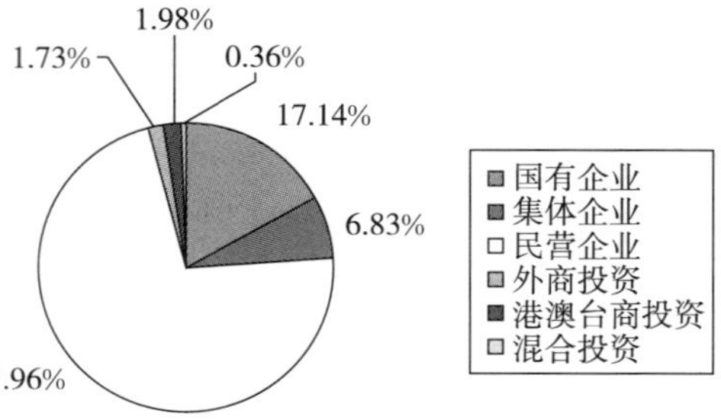

图 3　企业法人单位的所有制结构

总产出：在印刷复制企业中，国有全资企业占 9.74%，集体企业占 5.83%，民营企业占 76.86%，港澳台商投资企业占 3.79%，外商投资企业占 3.46%，混合投资企业占 0.32%；在出版物发行企业中，国有全资企业占 33.83%，集体企业占 3.88%，民营企业占 60.64%，港澳台商投资企业占 0.23%，外商投资企业占 0.29%，混合投资企业占 1.12%（见表 29、表 30）。

增加值：在印刷复制企业中，国有全资企业占 10.69%，集体企业占 6.28%，民营企业占 75.55%，港澳台商投资企业占 3.54%，外商投资企业占 3.61%，混合投资企业占 0.32%；在出版物发行企业中，国有全资企业占 30.90%，集体企业占 3.99%，民营企业占 62.95%，港澳台商投资企业占 0.40%，外商投资企业占 0.38%，混合投资企业占 1.37%（见表 29、表 30）。

资产总额：在印刷复制企业中，国有全资企业占 11.05%，集体企业占 6.09%，民营企业占 75.50%，港澳台商投资企业占 3.56%，外商投资企业占 3.48%，混合投资企业占 0.33%；在出版物发行企业中，国有全资企业占 29.72%，集体企业占 3.89%，民营企业占 64.34%，港澳台商投资企业占 0.27%，外商投资企业占 0.49%，混合投资企业占 1.37%（见表 29、表 30）。

净资产（所有者权益）：在印刷复制企业中，国有全资企业占 11.51%，集体企业占 6.39%，民营企业占 74.61%，港澳台商投资企业占 3.55%，外商投资企业占 3.60%，混合投资企业占 0.33%；在出版物发行企业中，国有全资企业占 30.55%，集体企业占 3.74%，民营企业占 63.44%，港澳台商投资企业占 0.26%，外商投资企业占 0.49%，混合投资企业占 1.52%（见表 29、表 30）。

---

① 包括：(1) 企业全部资产归国家所有，并按《中华人民共和国企业法人登记管理条例》规定登记注册的非公司制的经济组织；(2) 国有独资公司，即由国家授权的投资机构或者国家授权的部门单独投资设立的有限责任公司；(3) 国有联营企业；(4) 由以上三种类型经济组织单独设立的经济组织。

② 包括：(1) 企业资产归集体所有，并按《中华人民共和国企业法人登记管理条例》规定登记注册的经济组织；(2) 股份合作企业，指以合作制为基础，由企业职工共同出资入股，吸收一定比例的社会资产投资组建，实行自主经营，自负盈亏，共同劳动，民主管理，按劳分配与按股分红相结合的一种集体经济组织；(3) 集体联营企业；(4) 由以上三种类型经济组织单独设立的经济组织。

③ 由自然人投资设立或由自然人控股，以雇佣劳动为基础的营利性经济组织。包括按照《公司法》、《合伙企业法》、《私营企业暂行条例》以及《个人独资企业法》规定登记注册的私营独资企业、私营有限责任公司、私营股份有限公司、私营合伙企业和个人独资企业。

④ 包括：(1) 与港澳台商合资经营企业；(2) 与港澳台商合作经营企业；(3) 港澳台商独资经营企业；(4) 港澳台商投资股份有限公司，即指根据国家有关规定，经商务部（原外经贸部）批准设立，并且其中港、澳、台商的股本占公司注册资本的比例达 25%以上的股份有限公司。

⑤ 包括：(1) 中外合资经营企业；(2) 中外合作经营企业；(3) 外资企业；(4) 外商投资股份有限公司，即指根据国家有关规定，经商务部（原外经贸部）批准设立，并且其中外资的股本占公司注册资本的比例达 25%以上的股份有限公司。

⑥ 两个及两个以上不同经济性质的企业法人或事业单位法人，按自愿、平等、互利的原则，共同投资组成的经济组织。但不包括与港澳台商合作经营企业、与港澳台商合资经营企业、中外合作经营企业、中外合资经营企业、港澳台商的股本或外资股本占公司注册资本的比例达 25%以上的股份有限公司。

表 29　　印刷复制企业法人单位的所有制结构（%）

主要指标	国有全资	集体企业	民营企业	港澳台商投资	外商投资	混合投资	合计
总产出	9.74	5.83	76.86	3.79	3.46	0.32	100.00
增加值	10.69	6.28	75.55	3.54	3.61	0.32	100.00
资产总额	11.05	6.09	75.50	3.56	3.48	0.33	100.00
所有者权益	11.51	6.39	74.61	3.55	3.60	0.33	100.00
营业收入	9.70	5.82	76.92	3.80	3.44	0.32	100.00
利润总额	10.65	6.41	74.81	3.70	4.09	0.34	100.00
纳税总额	10.46	6.12	76.04	3.42	3.65	0.30	100.00

营业收入：在印刷复制企业中，国有全资企业占 9.70%，集体企业占 5.82%，民营企业占 76.92%，港澳台商投资企业占 3.80%，外商投资企业占 3.44%，混合投资企业占 0.32%；在出版物发行企业中，国有全资企业占 33.96%，集体企业占 3.88%，民营企业占 60.53%，港澳台商投资企业占 0.22%，外商投资企业占 0.29%，混合投资企业占 1.12%（见表 29、表 30）。

利润总额：在印刷复制企业中，国有全资企业占 10.65%，集体企业占 6.41%，民营企业占 74.81%，港澳台商投资企业占 3.70%，外商投资企业占 4.09%，混合投资企业占 0.34%；在出版物发行企业中，国有全资企业占 29.55%，集体企业占 3.43%，民营企业占 64.40%，港澳台商投资企业占 0.31%，外商投资企业占 0.42%，混合投资企业占 1.88%（见表 29、表 30）。

纳税总额：在印刷复制企业中，国有全资企业占 10.46%，集体企业占 6.12%，民营企业占 76.04%，港澳台商投资企业占 3.42%，外商投资企业占 3.65%，混合投资企业占 0.30%；在出版物发行企业中，国有全资企业占 29.18%，集体企业占 3.61%，民营企业占 64.90%，港澳台商投资企业占 0.46%，外商投资企业占 0.55%，混合投资企业占 1.30%（见表 29、表 30）。

表 30　　出版物发行企业法人单位的所有制结构（%）

主要指标	国有全资	集体企业	民营企业	港澳台商投资	外商投资	混合投资	合计
总产出	33.83	3.88	60.64	0.23	0.29	1.12	100.00
增加值	30.90	3.99	62.95	0.40	0.38	1.37	100.00
资产总额	29.72	3.89	64.34	0.27	0.47	1.30	100.00
所有者权益	30.55	3.74	63.44	0.26	0.49	1.52	100.00
营业收入	33.96	3.88	60.53	0.22	0.29	1.12	100.00
利润总额	29.55	3.43	64.40	0.31	0.42	1.88	100.00
纳税总额	29.18	3.61	64.90	0.46	0.55	1.30	100.00

六、集团与图书出版单位总体经济规模综合评价

（一）集团总体经济规模综合评价

选取资产总额、所有者权益、主营业务收入和利润总额四项经济规模指标，采用主成分分析方法，对出版集团、报业集团和发行集团的总体经济规模进行综合评价。

出版集团的前十名依次为江苏凤凰出版传媒集团、湖南出版投资控股集团、江西出版集团、浙江出版联合集团、山东出版集团、中原出版传媒投资控股集团、湖北长江出版集团、安徽出版集团、中国出版集团和河北出版集团（见表 31）。

表 31　出版集团总体经济规模综合评价（前十位）

综合排名	出版集团	综合评价得分
1	江苏凤凰出版传媒集团	3.199 3
2	湖南出版投资控股集团	1.448 7
3	江西出版集团	1.170 3
4	浙江出版联合集团	1.094 0
5	山东出版集团	1.086 2
6	中原出版传媒投资控股集团	0.801 4
7	湖北长江出版集团	0.684 2
8	安徽出版集团	0.445 5
9	中国出版集团	0.355 9
10	河北出版集团	0.108 2

说明：综合评价得分系选取资产总额、所有者权益、主营业务收入和利润总额四项指标，采用主成分分析中的回归方法通过 SPSS 直接计算所得，仅用来显示各地区的相对位置，负数并不代表负面评价。

报业集团的前十名依次为广州日报报业集团、解放日报报业集团、上海文新联合报业集团、成都日报报业集团、南方日报报业集团、浙江日报报业集团、杭州日报报业集团、北京日报报业集团、河南日报报业集团和山东大众报业集团（见表32）。

表 32　报业集团总体经济规模综合评价（前十位）

综合排名	报业集团	综合评价得分
1	广州日报报业集团	3.495 9
2	解放日报报业集团	2.834 5
3	上海文新联合报业集团	1.618 4
4	成都日报报业集团	1.347 8
5	南方报业传媒集团	0.966 9
6	浙江日报报业集团	0.818 6
7	杭州日报报业集团	0.711 9
8	北京日报报业集团	0.608 8
9	河南日报报业集团	0.601 7
10	山东大众报业集团	0.564 3

说明：同表 31。

发行集团的前十名依次为四川新华书店发行集团、江苏新华发行集团、浙江新华发行集团、安徽新华发行集团、上海新华发行集团、山东省新华书店集团、河南省新华发行集团、湖南省新华书店集团、江西省新华发行集团和河北省新华书店集团（见表33）。

表 33　发行集团总体经济规模综合评价（前十位）

综合排名	发行集团	综合评价得分
1	四川新华书店发行集团	2.368 6
2	江苏新华发行集团	2.294 9
3	浙江新华发行集团	1.457 1
4	安徽新华发行集团	1.214 0
5	上海新华发行集团	1.185 7
6	山东省新华书店集团	0.854 4
7	河南省新华发行集团	0.567 4
8	湖南省新华书店集团	0.545 8
9	江西省新华发行集团	0.317 4
10	河北省新华书店集团	0.090 5

说明：同表 31。

（二）图书出版单位经济规模综合评价

采用与集团综合评价相同的指标和方法，对全国图书出版单位的总体经济规模进行综合评价，前十名依次为人民教育出版社、高等教育出版社、重庆出版社、外语教学与研究出版社、江苏教育出版社、广西师范大学出版社、人民卫生出版社、科学出版社、机械工业出版社和人民邮电出版社（见表34）。

表 34　图书出版单位总体经济规模综合评价（前十位）

综合排名	图书出版单位	综合评价得分
1	人民教育出版社	12.137 9
2	高等教育出版社	7.625 9
3	重庆出版社	6.814 7
4	外语教学与研究出版社	6.461 5
5	江苏教育出版社	4.907 2
6	广西师范大学出版社	4.783 8
7	人民卫生出版社	4.741 5
8	科学出版社	4.169 0
9	机械工业出版社	3.208 0
10	人民邮电出版社	3.196 1

说明：同表 31。

其中，根据同一评价结果，中央各部门各单位图书出版社的前十名依次为人民教育出版社、高等教育出版社、人民卫生出版社、科学出版社、机械工业出版社、人民邮电出版社、中国地图出版社、教育科学出版社、知识产权出版社和中国劳动社会保障出版社（见表35）。

表 35　中央各部门各单位图书出版社总体经济规模综合评价（前十位）

综合排名	图书出版单位	综合评价得分
1	人民教育出版社	12.137 9
2	高等教育出版社	7.625 9
3	人民卫生出版社	4.741 5
4	科学出版社	4.169 0
5	机械工业出版社	3.208 0
6	人民邮电出版社	3.196 1
7	中国地图出版社	2.797 8
8	教育科学出版社	2.173 6
9	知识产权出版社	2.155 1
10	中国劳动社会保障出版社	1.800 7

说明：同表 31。

大学图书出版社的前十名依次为外语教学与研究出版社、广西师范大学出版社、北京师范大学出版社、清华大学出版社、上海外语教育出版社、中国人民大学出版社、北京大学出版社、中央广播电视大学出版社、华东师范大学出版社和复旦大学出版社（见表36）。

表 36　大学图书出版社总体经济规模综合评价（前十位）

综合排名	图书出版单位	综合评价得分
1	外语教学与研究出版社	6.461 5
2	广西师范大学出版社	4.783 8
3	北京师范大学出版社	2.711 7
4	清华大学出版社	2.426 4
5	上海外语教育出版社	2.093 8
6	中国人民大学出版社	1.739 7
7	北京大学出版社	1.613 2
8	中央广播电视大学出版社	1.442 7
9	华东师范大学出版社	0.911 2
10	复旦大学出版社	0.639 9

说明：同表 31。

地方图书出版社的前十名依次为重庆出版社、江苏教育出版社、浙江教育出版社、北京出版社、青岛出版社、内蒙古教育出版社、安徽教育出版社、上海文艺出版社、山东教育出版社和上海教育出版社（见表37）。

表37　地方图书出版社总体经济规模综合评价（前十位）

综合排名	图书出版单位	综合评价得分
1	重庆出版社	6.814 7
2	江苏教育出版社	4.907 2
3	浙江教育出版社	2.531 7
4	北京出版社	2.454 9
5	青岛出版社	1.873 8
6	内蒙古教育出版社	1.815 1
7	安徽教育出版社	1.593 9
8	上海文艺出版社	1.491 0
9	山东教育出版社	1.446 6
10	上海教育出版社	1.051 7

说明：同表31。

军队系统图书出版社的前十名依次为星球地图出版社、金盾出版社、解放军出版社、国防工业出版社、人民军医出版社、蓝天出版社、军事医学科学出版社、海潮出版社、第四军医大学出版社和军事科学出版社（见表38）。

表38　军队系统图书出版社总体经济规模综合评价（前十位）

综合排名	图书出版单位	综合评价得分
1	星球地图出版社	0.757 9
2	金盾出版社	0.531 7
3	解放军出版社	0.007 9
4	国防工业出版社	—0.127 2
5	人民军医出版社	—0.186 8
6	蓝天出版社	—0.317 3
7	军事医学科学出版社	—0.331 7
8	海潮出版社	—0.383 9
9	第四军医大学出版社	—0.385 7
10	军事科学出版社	—0.395 4

说明：同表31。

七、产业特点与存在的问题

近年来，新闻出版业紧紧围绕贯彻落实科学发展观，推动社会主义文化大发展大繁荣，不断深化体制改革，加快转变发展方式，积极实施结构调整和产业升级转型，大力促进产业发展，增强产业实力，努力提升国际竞争力，取得了显著的发展成绩，形成了若干产业特点，同时也存在着一些问题。

（一）产业特点

1. 新闻出版产业已具相当规模，成为文化产业的生力军。

2009年，新闻出版业全行业总产出突破1万亿元大关，实现增加值超过3 000亿元，占同期GDP的比重接近1%，各类出版物的出版、发行、印刷复制及相关活动的行业增加值超过1 660亿元，占同期文化产业核心层增加值[①]的60%以上，已成为文化产业中的生力军、国民经济中不可忽视的产业部门和重要力量，在推动经济发展方式转变过程中发挥着日益重要的作用。

2. 新闻出版体制改革成效显著，市场主体基本形成。

2009年，企业法人的单位数量占法人单位总数的96.3%，总产出、增加值、资产总额、所有者权益、营业收入、利润总额、纳税总额和直接就业人数在全行业中所占比重最低为66.0%，多超过80.0%，具有独立法人资格的企业作为市场主体，已在我国新闻出版产业活动中占据主导地位。

3. 产业转型成效初显，数字出版发展迅速。

2009年，数字出版总产出已达到799.4亿元，总体经济规模超过图书出版，初步形成了北京、上海、广东等数字出版产业集聚区；在数字出版内部，手机出版的营业收入已超过传统的网络游戏，占数字出版全部营业收入的24.2%，位居首位。新闻出版产业的总体格局在技术进步的带动下已发生初步改变。

4. 文化大省和东部沿海地区新闻出版业发展优势明显并已形成产业带，中西部地区骨干企业开始崛起。

就总体经济规模而言，全国新闻出版业总产出的54.5%、增加值的55.2%、资产总额的55.3%和营业收入的54.5%集中于北京、江浙沪“长三角”地区和广东“珠三角”等文化、经济发达地区，呈现出集聚态势；就具体产业类别而言，图书出版总产出的56.1%、增加值的73.7%、资产总额的50.6%和营业收入的56.1%集中于北京和江浙沪“长三角”地区，期刊出版总产出的38.8%、增加值的39.1%、资产总额的45.9%和营业收入的

① 根据国家统计局资料，2008年我国文化产业实现增加值7 630亿元，2009年预计实现增加值8 400亿元，增长10%；2008年文化产业核心层实现增加值2 512亿元，由此推算，2009年文化产业核心层增加值预计为2 763.2亿元。

39.1%集中于北京①，印刷复制总产出的 66.4%、增加值的 62.3%、资产总额的 64.1%和营业收入的 66.7%集中于广东“珠三角”地区、江浙沪“长三角”地区、北京和山东等地，产业带初具规模。与此同时，江西出版集团、安徽出版集团、河北出版集团在全国出版集团总体经济规模综合评价中分列第三、第八和第十名，一些中西部地区的骨干企业在当地党委和政府的大力支持下开始崛起，引人瞩目。

5. 市场更加开放，非公经济成分获得长足发展。

在全国 35.7 万家新闻出版单位中，包括个体经营户在内的非公有经济单位超过 32.4 万家，占到单位总数的 90.8%；72.0%的企业法人单位为民营企业，另有 3.7%的企业法人单位为港澳台商投资和外商投资企业。非公有企业（排除国有全资、国有控股②和集体企业）占有的资产总额、实现的增加值、营业收入和利润总额在印刷复制企业中已分别占到 82.3%、83.2%、84.1%和 84.7%，在出版物发行企业中已分别占到 69.0%、76.2%、69.3%和 80.5%。

6. 对外贸易状况有所改善，“走出去”取得积极成效。

全国版权贸易逆差比例进一步缩小，2009 年，版权贸易引进品种与输出品种比例降至 3.3∶1（2002 年为 15∶1，2008 年为 6.5∶1）；实物出口总量不断扩大，出版物进出口经营单位 2009 年累计出口图书、报纸、期刊 885 万多册（份），较 2008 年增长 10.4%，金额达到 3 400 多万美元。

（二）存在问题

1. 产品结构、产业结构不尽合理。

一是图书、报纸、期刊、音像制品、电子出版物和数字出版合计的总产出、增加值和营业收入在全行业中所占比重分别为 19.7%、25.3% 和 19.9%，版权贸易与服务和内容策划、制作与提供等业务收入在营业收入中所占比重不到 0.1%，尚不能充分、鲜明地体现新闻出版业作为现代内容产业的本质特征。二是手机出版和网络游戏的营业收入在数字出版营业收入中所占比重为 71.3%，数字期刊、电子书和数字报纸（网络版）三者营业收入所占比重不足 3%，数字出版内部结构有欠平衡。三是音像制品出版和电子出版物出版呈现萎缩态势，未来发展前景引人担忧，值得关注。

2. 骨干企业经济实力尚不够强。

综合经济规模最大的出版集团——江苏凤凰出版传媒集团 2009 年营业收入 68.1 亿元、利润总额 12.1 亿元，仅及英国培生集团（Pearson）2008 年销售收入的 11.0%和营业利润的 12.4%。③ 五家期刊集团的主营业务收入合计 7.1 亿元，仅占全国期刊出版主营业务收入的 5.3%；发行集团前四强的主营业务收入合计 196.9 亿元，在整个出版物发行的主营业务收入中也不过占 11.8%。反映出新闻出版产业在企业层面上仍存在“大而弱”、“小而散”的情况，骨干企业或集团的经济实力不明显、不突出，与国际水平比较差距较大。

3. 中西部地区发展基础普遍薄弱。

东部（13 个省市）、中部（6 个省份）和西部（12 个省区）新闻出版业总产出在全国所占比重分别为 76.1%、13.6%和 10.3%，增加值在全国所占比重分别为 75.4%、13.5%和 11.2%，资产总额所占比重分别为 75.3%、12.8%和 11.9%，营业收入所占比重分别为 76.2%、13.5%和 10.3%，除安徽以外的 5 个中部省份和除四川以外的 11 个西部省区各项经济规模指标均低于全国平均水平，青海、西藏、新疆、内蒙古、宁夏等省区甚至连全国平均水平的四分之一都不到。说明就整体而言，中西部地区新闻出版的经济规模仍然偏低，实力较为薄弱，尚需政府加大扶持力度。

4. 对外贸易结构有待进一步改进。

传统出版物（图书、报纸、期刊、音像制品、电子出版物）和版权的进出口贸易在总体数量和金额上仍存在着逆差，2009 年传统出版物贸易逆差为 1 946.1 万册（份、张、盒）、2.8 亿美元，相当于同期进出口总量的 52.9%和总金额的 79.7%；引进版权品种数量是输出数量的 3.3 倍，对外贸易结构有待进一步改进。

---

① 其他省份所占比重均不足 9%，大部分省份所占比重不足 4%。

② 在与港澳台商合作经营企业、与港澳台商合资经营企业、港澳台商投资股份有限公司、中外合作经营企业、中外合资经营企业、外商投资股份有限公司和混合投资企业中，（1）国有经济成分的出资人拥有的实收资本（股本）所占企业全部实收资本（股本）的比例大于 50%的国有绝对控股企业；（2）国有经济成分的出资人拥有的实收资本（股本）所占比例虽未大于 50%，但相对大于其他任何一方经济成分的出资人所占比例的国有相对控股企业；（3）或者虽不大于其他经济成分，但根据协议规定拥有企业实际控制权的国有协议控股企业。投资双方各占 50%，且未明确由谁绝对控股的企业，若其中一方为国有经济成分的，视为国有控股企业。

③ 培生集团为 2008 年全球出版业 50 强之首，根据其 2009 年年报披露，该集团 2008 年实现销售收入 48.1 亿英镑、营业利润 7.6 亿英镑，按同期平均汇率折算，分别为人民币 618.6 亿元和 97.8 亿元。

2009 年中国广播影视产业发展报告

国家广播电影电视总局发展研究中心

2009 年，中国广播影视产业保持总体上扬态势，全年全国广播电影电视总收入（含财政补助收入）达到 1 959.50 亿元，比 2008 年增长 17.53%。其中，电影综合收益突破 106 亿元，同比增长 26.47%，再创新高；广播电视创收收入 1 582.02 亿元，同比增长 17.18%。广告与有线网络收入在创收收入中所占比例分别为 49%和 26%。付费数字电视收入 18.17 亿元，同比增长 27.83%。

一、广播影视产业发展状况

（一）电影产业

故事片产量位列世界第三 2009 年，中国电影生产数量有较大幅度增加，全年故事片产量达到 456 部，仅次于印度、美国，位列世界第三。除故事片外，全年还生产动画片 27 部、纪录片 19 部、科教片 52 部，以及供电视播映的数字电影 110 部（见图 1）。

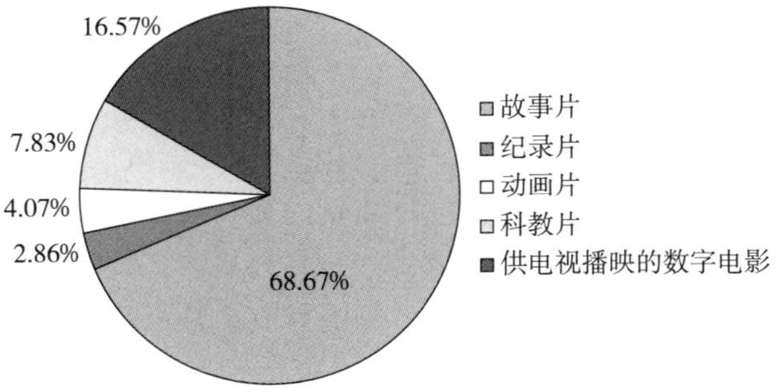

图 1 2009 年全国电影生产情况

电影票房大幅增长 2009 年，全国城市电影票房收入达到 62.06 亿元，同比增长 42.96%。至今，中国电影票房连续 6 年保持了 25%以上的增长率，成为全球票房增长速度最快的市场之一。国产电影在国内电影市场份额中达到 56.60%，累计有《建国大业》、《十月围城》、《赤壁》（下）、《三枪拍案惊奇》、《风声》等 12 部国产影片突破亿元票房。各种投资规模和票房收益的影片呈梯次分布，以国产主流影片为支柱、以商业大片为龙头、以中小成本影片为补充的市场格局正逐渐成形。2009 年，国产电影实现海外销售收入 27.70 亿元，全国各电影频道广告收入 16.89 亿元，全国电影综合效益 106.65 亿元，同比增长 26.47%（见图 2）。

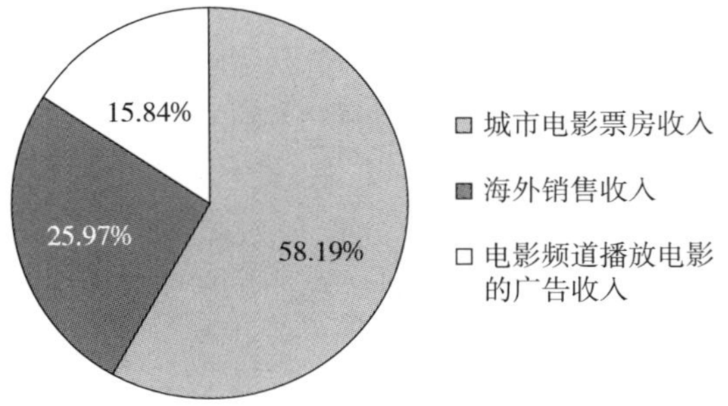

图 2 2009 年全国电影综合收益情况

电影放映终端市场活跃 2009 年，主流市场新增影院 142 家，全国城市院线影院总计达到1 687 家；新增银幕 626 块，平均每天增长 1.7 块银幕，全国主流院线银幕总计达到4 723块。在国家电影行政部门备案注册的城市电影院线达到 37 条，共有 14 条院线年度票房超过亿元，比 2008 年增加了 4 条，有 5 条院线票房突破 5 亿元，其中万达院线以 8.35 亿票房击败 2008 年票房冠军——中影星美升至第一名。与此同时，电影放映数字化程度全面提升，数字影厅达到 500 多个，约占新增影厅的 80%。

资本介入、影企上市成亮点 2009 年，金融机构加大了对电影企业的支持力度。年初，中国工商银行北京分行为华谊兄弟发放项目贷款 1.2 亿元用于该公司《风声》、《追影》等影片的制作和发行。2009 年 11 月 4 日，北京银行与八一电影制片厂达成战略合作协议，提供意向性授信 5 亿元支持其影视剧制作、发行等业务，并为其提供一揽子金融服务方案。11 月 26 日，中国建设银行浙江省分行与浙江横店集团签订战略合作协议，该行将在额度授信有效期内为横店集团提供 60 亿元的大额度融资信贷，其中 30 亿元用于影视业务的发展。与此同时，其他业外资本也积极介入电影业，2009年11月，盛大网络与湖南广电开始战略合作，双方共同出资6亿元成立盛视影业公司。乐视网则直接介入传统电影的制作，投资拍摄了《机器侠》、《决战刹马镇》。此外，2009年电影企业的上市也取得了突破性进展。11月1日，华谊兄弟传媒公司在创业板上市，募集资金12亿元，中影集团、上影集团、保利博纳等也加快了上市步伐。

3D数字电影成市场新宠 2009年暑期档，开始只在200余块3D数字银幕上映的《冰河世纪3》，首周票房创下3 800万元，超过《冰河世纪2》的总票房，从而引发3D银幕安装潮。业界人士普遍认为，尽管投资一块3D银幕的成本不低，但只要遇到1～2部《阿凡达》这样的大片，成本即可收回，投资回报十分可观。与此同时，国产3D数字电影《齐天大圣前传》、《乐火男孩》等也亮相各大影院数字银幕。截至2009年年底，全国有10个巨幕（IMAX）电影放映厅，分布在北京（3家）、上海、天津、武汉、长春、长沙、昆明、东莞等8个城市，票房产出5 750万元。

广电总局新政推动中小城市电影市场加快发展 2009年3月，国家广电总局出台《关于深入推进电影改革发展的若干措施》，对加快中小城市影院建设提出具体要求。后续下发了《关于进一步规范数字电影发行、放映和加强数字电影放映设备质量认定管理工作的通知》，积极探索中小城市影院发展新机制。依托电影数字节目管理中心的数字电影发行放映管理平台，国家广电总局大力推动具有自主知识产权的1.3K数字电影放映，扶持1.3K数字电影院线建设。中影星美在广东南海、顺德等中小城市发展的影院，分别取得300万～1 000万元不等的票房。北京万达院线已在惠州、东莞、晋江、株洲、蚌埠、汉中等全国各地中小城市拓展市场。广东大地数字电影院线，以在中小城市建2K连锁数字影院为突破点，以珠三角地区为根据地，面向广东全省中小城市推进，同时不断向浙江、上海、福建等长三角、广西等泛珠三角和环渤海区域挺进扩张，使中小城市观众可以与大城市观众同步看到首轮影片。

（二）电视剧产业

2009年，中国生产完成并获得《国产电视剧发行许可证》的剧目共402部12 910集，比2008年减少100部、1 588集。这是获得发行许可的国产电视剧数量自2005年连年攀升之后的首次回落。

电视剧市场开始以质取胜 与生产发行数量降低成反比，2009年电视剧销售收入达21亿元，比2008年的16亿元增加了5亿元，增长了31.25%，增幅为2005年以来最高。品质的提高带来了播出权销售价格的拉升。2009年热播剧《我的团长我的团》，电视台首轮播出单集售价100万元，首播实现销售额4 300万元，开创了中国电视剧首轮销售记录。

市场主体培育获得重大进展 各大电视台所属电视剧制作机构贯彻落实中央关于文化体制改革的部署，积极推进转企改制。中国电视剧制作中心已成功转企改制，由事业机构转变为中国电视剧制作中心有限责任公司，成为中国电视媒体推进制播分离改革、将经营性事业机构推向市场的重要标志。改制后，中国电视剧制作中心有限公司将引进战略投资进行股份制改造，并通过央视内部资源整合和兼并重组，成为大型综合性文化产业集团和影视剧产业国有控股核心企业。

其他电视剧制作机构稳步发展。2009年，全国共有《电视剧制作许可证（甲种）》持证机构132家，各类《广播电视节目制作经营许可证》持证机构4 057家，比2008年度增加714家，增幅为21.36%。

大片自制开辟竞争蓝海 2009年，东方卫视推出了几部自制剧，如《网球王子》、《加油！优雅》、《杜拉拉升职记》、《上海！上海！》等，制作费已经大大超过了往年。湖南卫视自制偶像剧《一起来看流星雨》创造了高收视率。安徽卫视的自制剧《王子变青蛙2》、《幸福一定强》也正在紧锣密鼓地制作中。浙江卫视正在拍摄《爱上女主播》等4部自制剧，并要打造浙派喜剧《我爱记歌词吧》。自制剧是从播出平台品牌特色出发的"量体裁衣"，这种订单化生产对电视剧整体质量的提高和市场秩序的规范非常有益。电视剧大片自制战略，从长期来看会促进制作水平的增强，影响和驱动整个市场的走向，推动传统电视剧产业的升级。

打造公开交易市场，网络版权价格提升 自2009年以来，广电行政部门和广电运营部门积极探索建立电视剧公开交易市场。2009年11月，深圳文化产权交易所挂牌，这是中国建立文化公开交易市场的重大步骤，对广电版权交易市场的建设具有借鉴意义。影视产业公开交易市场的建设被提到了国家广电主管部门的议事日程。北京市从2009年起，每年定时定点地举办两次电视剧推介会，打造全国性的电视剧版权公开交易平台。目前北京的电视剧生产能力和产业发展水平居全国首位，北京电视剧市场交易总额占全国的1/3左右。

2009年，随着影视剧营销从电视领域成功延展到网络视频领域，网络版权价格获得提升。以往一部电视剧的网络播出权每集只有几百、上千元，现在一部品质优秀的电视剧的网上播出权达到上万甚至数万元。例如，《古今大战秦俑情》网络版权的价格达270万元，一集达到8万元；《大秦帝国》、《神话》网络版权也都达到百万元。

多元化对接金融资本 2009年，全国电视剧制作机构通过贷款、广告赞助、风险投资、政府基金等渠道而获得资金的比重日益提高，电视剧制作投资额达36亿元，比2008年增长28.6%。例如，北京银行2009年以电视剧版权作为质押贷款，与北京光线传媒有限公司签署战略协议，向后者提供意向性授信2亿元影视打包贷款，开辟了影视版权和金融资本对接的通道。

（三）影视动画产业

影视动画产量、播出量、收视率同步提升 2009年，中国经各省广电行政部门审查通过的国产电视动画片达到322部，总产量达到17.18万分钟，比2008年增长31%。其中，国家动画产业基地自主制作完成国产动画片221部，13.23万分钟，约占全国总产量的77%。全国的动画电影产量达27部，较2008年的16部增长68.75%。2009年，全国34家少儿频道和北京卡酷、上海炫动、湖南金鹰、广东嘉佳等4家动画频道已成为推动国产动画健康发展的重要力量。中央电视台7个频道每天播出动画片约11.4小时；4家动画专业频道平均每天播出国产动画片超过10.8小时；全国共有300多家电视台具有固定的时段播放国产动画片，是2005年的3倍。动画频道、少儿频道收视份额逐年提升，以中央电视台少儿频道为例，截至2009年10月29日平均收视份额达到2.54%，进入全国上星频道前十①。

动画频道运营情况显著改善 2009年1～11月，上海炫动卡通频道总收入达到1.5亿元，北京卡酷动画频道收入达到1.2亿元，湖南金鹰卡通频道收入达到0.74亿元。部分运营状况不佳的少儿频道逐步实现扭亏为盈，比如，上海哈哈少儿频道2009年前11个月的收入达到7 000多万元，江苏少儿频道收入达到5 100多万元，天津少儿频道收入达到4 200万元，浙江少儿频道收入达到3 500多万元，中央电视台少儿频道收入已达3亿多元，均比上年度有明显增长②。

产业政策不断完善，收效显著 2009年1月20日，国家广电总局发出《关于2008年国产原创电视动画片及国产动画创作人才扶持项目申请事项的通知》，决定自2009年2月1日起，受理国产原创电视动画片及国产动画创作人才扶持项目申请。此后又于3月发布《关于加强互联网视听节目内容管理的通知》，意在促进影视剧与动画产业的健康发展。2009年8月，江苏省广电局提出采取完善相关政策、加强管理等五大举措，进一步推动当地影视动画产业快速发展。同月，河北省石家庄市出台支持动漫产业发展新政，对具有自主知识产权的动漫产品及衍生产品的生产和经营给予扶持。9月21日，湖北省政府办公厅下发文件，决定从2010年起连续3年每年安排2 000万元作为扶持动漫产业发展的专项资金，同时还出台了税收、贷款等方面的配套政策。10月，浙江省召开影视动画政府奖颁奖暨动画电影创作研讨会，就浙江省影视动画产业发展提出了5点意见，提出对优秀作品要“调动所有媒体进行集中宣传”。从整体上看，这些优惠扶持政策收效显著，一些主要城市动画片生产积极性持续增长。国产动画片创作生产数量位居前列的十大城市分别是：杭州、无锡、广州、长沙、沈阳、苏州、北京、南京、深圳、重庆。

动画3D技术与国际接轨 技术应用更加灵活 2009年，国产电视动画方面，大型古装系列动画《秦时明月》第三部《诸子百家》于年内播出，采用的3D制作技术较前两部又有很大提升，已经基本具备世界级3D电视动画水准。动画电影方面，获得第13届电影华表奖优秀动画片奖的《麋鹿王》在3D模型变形技术，视频动作数据采集、处理和合成研究以及群体动画分部与控制技术等方面实现了重大突破；斥资4 000万元人民币打造的《齐天大圣前传》作为中国首部3D立体动画电影，充分体现了中国动画企业已具备向国际最新数字技术看齐的技术实力。

与此同时，本土动画制作企业开始学会根据影视动画作品的内容和受众特点，更加灵活地选用或混合使用高、中、低端的各种技术，在符合作品定位的前提下，避免不必要的成本浪费。例如，《喜羊羊与灰太狼之牛气冲天》作为一部动画电影，并没有按照传统思路、盲目引入高端技术，而是延续了《喜羊羊与灰太狼》电视动画长片的制作手段，大量使用低端Flash技术，仅对少数场景进行了3D化处

①② 数据来源：《动漫壹周》，第163期，2010-01-12。

理，反而切合了其主要观众（儿童及女性）的审美标准，取得了令人瞩目的商业成功。此外，部分制作机构正在探索借鉴其他有特色的制作技术。2009年制作预计2010年上映的动画电影《草原小英雄》主要采用了传统木偶片的摆拍技术，但又辅以手绘场景及先进的3D渲染技术。

"走出去"工作成绩斐然 随着国产影视动画的高速发展，中国动画制作机构也越来越重视和熟悉国际市场。《喜羊羊与灰太狼》、《西游记》、《山猫与吉咪》、《虹猫蓝兔七侠传》、《郑和下西洋》等一批优秀的国产影视动画作品成功销售到东南亚、阿拉伯语地区、北美、非洲等海外市场。据不完全统计，2009年全国各影视机构共出口动画片79部，近9万分钟3 000多万美元。

（四）广播电视产业

全国广播电视发展主要指标 2009年，全国广播节目播出时间1 226.55万小时，比2008年增长5.47%；广播节目制作时间671.65万小时，比2008年增长3.43%；广播综合人口覆盖率为96.31%，其中无线广播综合人口覆盖率为93.75%；广播广告收入81.46亿元，比2008年增长12.79%（见表1）。

表1　2009年全国广播节目发展主要指标

广播节目播出时间（万小时）	广播节目制作时间（万小时）	广播综合人口覆盖率（%）	无线广播综合人口覆盖率（%）	广播广告收入（亿元）
1 226.55	671.65	96.31	93.75	81.46

2009年，全国电视节目播出时间1 577.68万小时，比2008年增长5.51%；电视节目制作时间265.36万小时，比2008年增长0.44%；电视综合人口覆盖率为97.23%，其中无线电视综合人口覆盖率为92.26%；有线广播电视用户17 522.73万户，比2008年增长6.86%，数字电视用户6 321.72万户，比2008年增长39.62%，付费数字电视用户712.80万户，比2008年增长58.63%；电视广告收入675.82亿元，比2008年增长10.94%（见表2）。

表2　2009年全国电视节目发展主要指标

电视节目播出时间（万小时）	电视节目制作时间（万小时）	电视综合人口覆盖率（%）	无线电视综合人口覆盖率（%）	有线广播电视用户（万户）	数字电视用户（万户）	付费数字电视用户（万户）	电视广告收入（亿元）
1 577.68	265.36	97.23	92.26	17 522.73	6 321.72	712.80	675.82

全国广播电视收入情况 2009年，全国广播电视总收入为1 852.85亿元，比2008年增长17.06%。其中，财政收入245.18亿元，占总数的13.23%；广告收入781.78亿元，占总数的42.19%；网络收入418.85亿元，占总数的22.61%；其他收入407.04亿元，占总数的21.97%（见图3）。

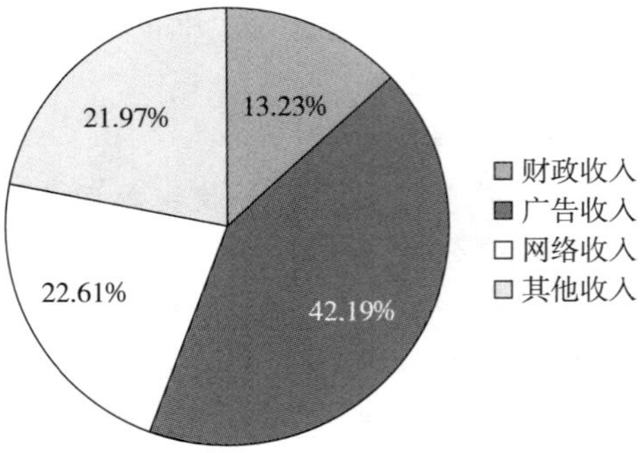

图3　2009年全国广播电视总收入情况

按照地区划分，中央直属广播电视机构收入357.06亿元，占总数的19.27%；东部地区收入856.98亿元，占总数的46.25%；中部地区收入361.61亿元，占总数的19.52%；西部地区收入277.20亿元，占总数的14.96%（见图4）。

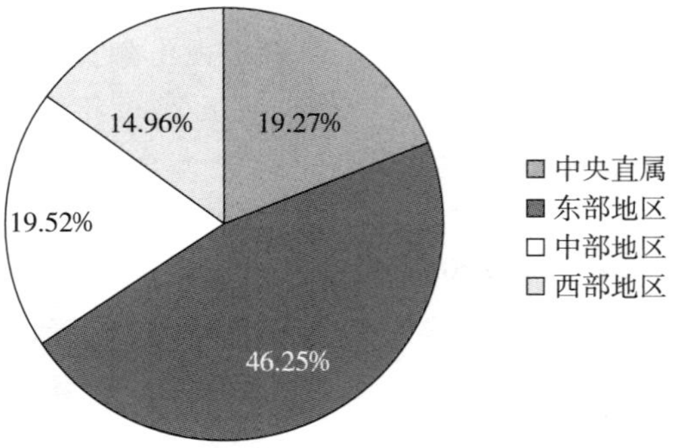

图4　2009年全国广播电视收入区域分布

就广告收入地区而言，中央直属广播电视机构广告收入190.52亿元，占总数的24.37%；东部地区广告收入344.53亿元，占总数的44.07%；中部地区广告收入166.32亿元，占总数的21.27%；西部地区广告收入80.41亿元，占总数的10.29%（见图5）。

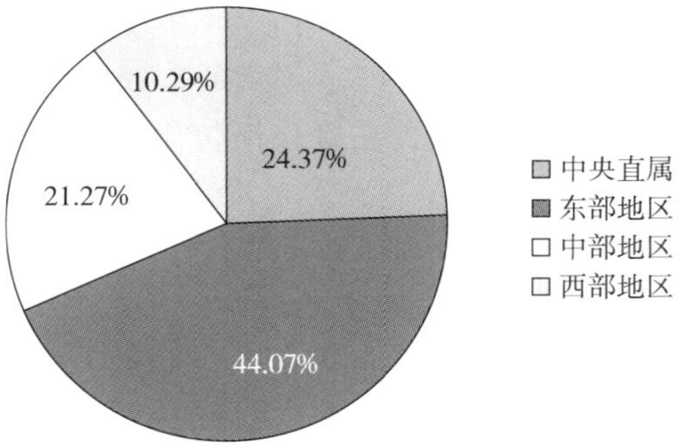

图 5　2009 年全国广播电视广告收入区域分布

按行政区划划分，中央直属广播电视机构收入 357.06 亿元，占总数的 19.27%；省级广播电视收入 855.48 亿元，占总数的 46.17%；地市级广播电视收入 383.71 亿元，占总数的 20.71%，县级广播电视收入 256.59 亿元，占总数的 13.85%（见图 6）。

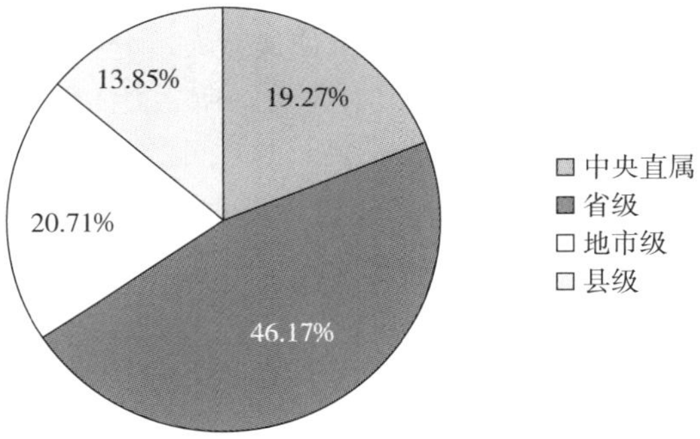

图 6　2009 年全国广播电视收入行政区划分布

就广告收入的行政区划来看，中央直属广播电视机构广告收入 190.52 亿元，占总数的 24.37%；省级广告收入 365.43 亿元，占总数的 46.74%；地市级广告收入 176.06 亿元，占总数的 22.52%；县级广告收入 49.76 亿元，占总数的 6.36%（见图 7）。

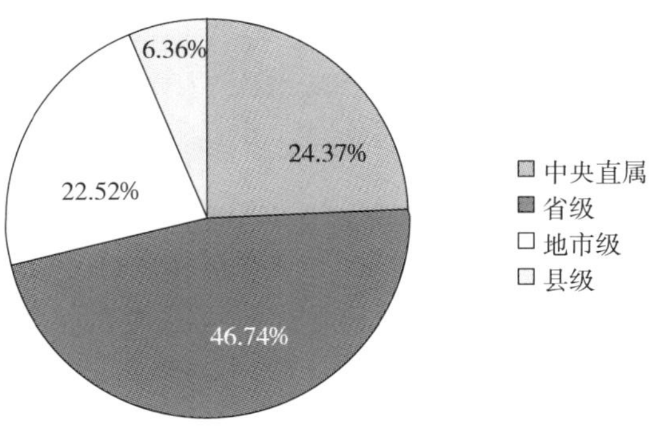

图 7　2009 年全国广播电视广告收入行政区划分布

广播电视节目制作情况　广播节目制作方面，综艺类、专题服务类、新闻资讯类节目仍然占据前三甲。2009 年，全国共制作广播节目 671.65 万小时。其中，制作综艺类节目 195.74 万小时，占总数的 29.14%；制作专题服务类节目 190.10 万小时，占总数的 28.30%；制作新闻资讯类节目 116.68 万小时，占总数的 17.37%；制作广告类节目 78.28 万小时，占总数的 11.65%；制作其他类节目 81.78 万小时，占总数的 12.18%（见图 8）。

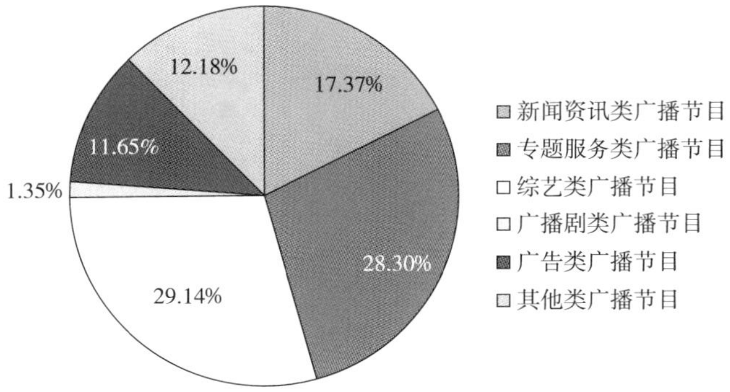

图 8　2009 年全国广播节目制作情况

电视节目制作方面，新闻资讯类、专题服务类、广告类节目占据前三甲。2009 年，全国共制作电视节目 265.36 万小时。其中，制作新闻资讯类节目 67.59 万小时，占总数的 25.47%；制作专题服务类节目 61.14 万小时，占总数的 23.04%；制作广告类节目 54.40 万小时，占总数的 20.50%；制作综艺类节目 40.27 万小时，占总数的 15.17%；制作其他类节目 35.27 万小时，占总数的 13.29%；制作影视剧类节目 6.69 万小时，占总数的 2.52%（见图 9）。

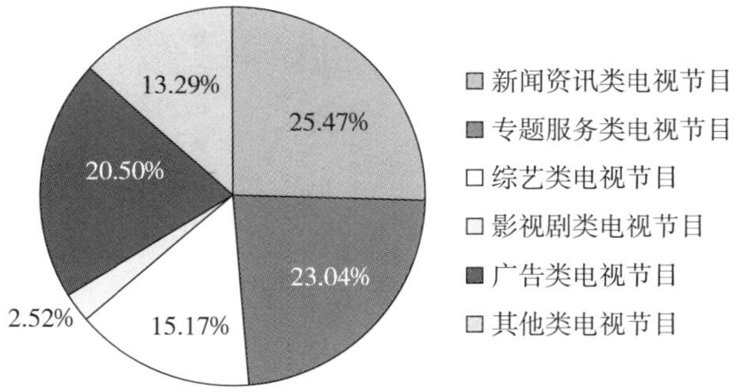

图 9　2009 年全国电视节目制作情况

广播电视节目播出情况　广播节目播出方面，综艺益智类、专题服务类、新闻资讯类占据前三甲。2009 年，全国共播出公共广播节目 1 226.55 万小时。其中，播出综艺益智类节目 349.52 万小时，占总数的 28.50%；播出专题服务类节目 273.80 万小时，占总数的 22.32%；播出新闻资讯类节目 241.63 万小时，占总数的 19.70%；播出广告类节目 113.54 万小时，占总数的 9.26%；播出广播剧类节目 53.85 万小时，占总数的 4.39%；播出其他类节目 194.21 万小时，占总数的 15.83%（见图 10）。

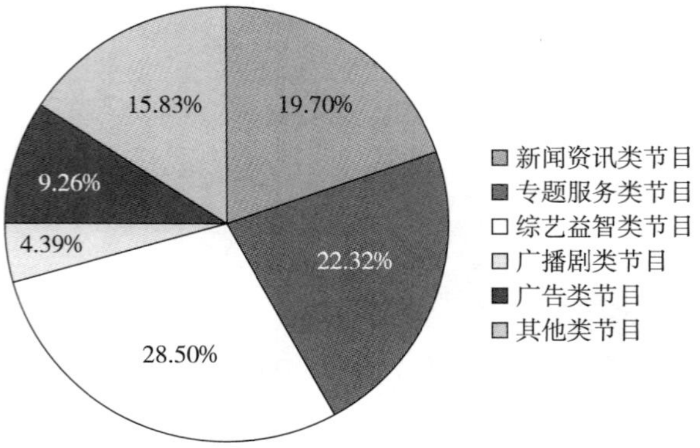

图 10　2009 年全国广播节目播出情况

电视节目播出方面，影视剧类、广告类、新闻资讯类占据前三甲。2009 年，全国共播出公共电视节目 1 577.68 万小时。其中，播出影视剧类节目 698.21 万小时，占总数的 44.26%；播出广告类节目 204.70 万小时，占总数的 12.98%；播出新闻资讯类节目 195.97 万小时，占总数的 12.42%；播出专题服务类节目 170.32 万小时，占总数的 10.80%；播出综艺益智类节目 131.47 万小时，占总数的 8.33%；播出其他类节目 177.00 万小时，占总数的 11.22%（见图 11）。

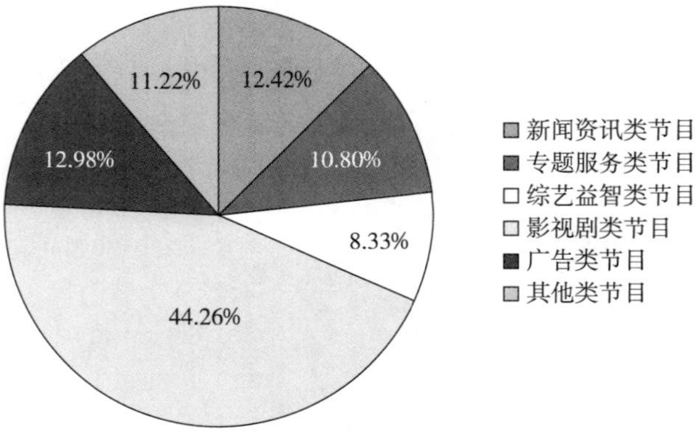

图 11　2009 年全国电视节目播出情况

二、广播影视产业从业人员状况

截至 2009 年年底，全国广播影视系统从业人员共 62.46 万人（含部分地方电影发行放映人员），比 2008 年增加了 3.41 万人，增长率为 5.77%。其中公务员为 2.03 万人，占人员总数的 3.25%；专业技术人员 33.9 万人（含在管理岗位工作的 4.35 万人），占人员总数的 54.27%；企业经营管理人员 1.69 万人，占人员总数的 2.70%；工勤人员 20.23 万人，占人员总数的 32.39%。

在专业技术人员中，从事采编岗位的 12.67 万人，占 37.37%；从事播音、主持岗位工作的 2.51 万人，占 7.4%；从事艺术岗位工作的 1.48 万人，占 4.37%；从事科研、工程技术岗位工作的 12.15 万人，占 35.84%；从事其他岗位工作 5.1 万人，占 15.04%。

从部门分类看，广播电台、电视台、广播电视台、传输覆盖、电影（含部分地方电影发行放映人员）从业人员分别为 4.62 万人、9.56 万人、13.32 万人、14.74 万人和 2.73 万人，所占比例分别为 7.40%、15.31%、21.32%、23.60%和 4.36%。机关、事业单位、国有企业单位从业人员分别为 2.26 万人、50.98 万人和 9.21 万人，所占比例分别为 3.62%、81.62%和 14.75%（见图 12）。事业单位中编制内、编制外人员分别为 37.91 万人和 13.07 万人，分别占全系统总人数的 60.7%和 20.93%。

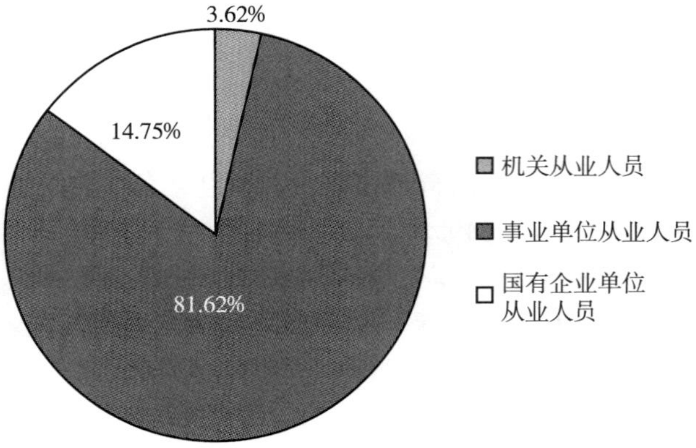

图 12　2009 年全国广播影视系统从业人员部门分类情况

（注：本文根据国家广播电影电视总局发展研究中心编著、新华出版社 2010 年 5 月出版的《2010 年中国广播电影电视发展报告》（广电蓝皮书）相关章节内容整理而成。）

2009 年中国软件产业发展报告

娄 邨

2009 年，面对国际金融危机的冲击，中国软件行业大力拓展国内市场，推进产业结构调整，总体保持平稳运行态势，产业规模继续扩大，结构和布局不断调整，行业应用水平和创新能力显著提升，在推动工业发展方式转变和经济结构调整中发挥着积极作用。

一、2009 年软件产业经济运行情况

（一）产业增速整体低于上年水平，三季度开始回升

2009 年，中国软件产业完成软件业务收入9 970 亿元，同比增长 25.6%，增速比上年低 4.2 个百分点。其中，月度增速自 3 月份起逐月下降，8 月份达到最低点后开始逐月回升，12 月当月完成软件业务收入 812 亿元，同比增长超过 50%，创全年月度最高水平，比上年高 30 个百分点（见图 1）。

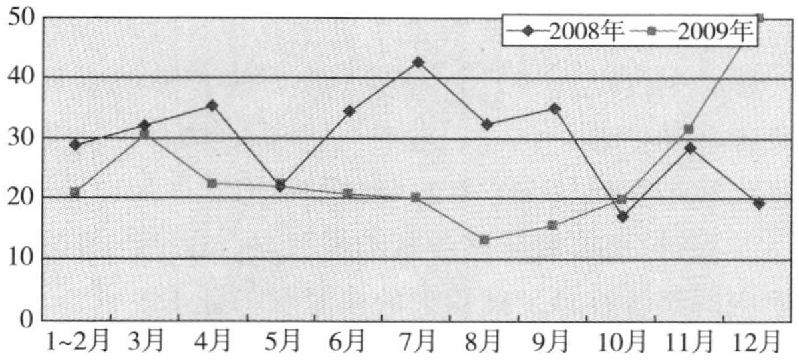

图 1 2008～2009 年软件产业收入每月增长情况

（二）软件技术服务增势明显，产业结构进一步优化

软件产品增长稳定。2009 年，全行业完成软件产品收入 3 288 亿元，同比增长 26.3%，增速高于全行业 0.7 个百分点，但比上年低 2.4 个百分点。

软件技术服务增势突出。全年完成软件技术服务收入2 126.3亿元，同比增长 31.4%，高于全行业 5.8 个百分点，占全行业收入比重 22.4%。其中外包服务收入 307 亿元，增长 35%。

系统集成增长放缓。2009 年系统集成收入 2 202.9亿元，同比增长 23.7%，低于上年增速 26.7 个百分点。

嵌入式软件和 IC 设计收入增长较为缓慢。全年嵌入式软件收入 1 673.6 亿元，同比增长 22.1%，低于全行业 3.5 个百分点；IC 设计业收入 222.2 亿元，同比增长 10.1%，低于全行业 15.5 个百分点。（见图 2）

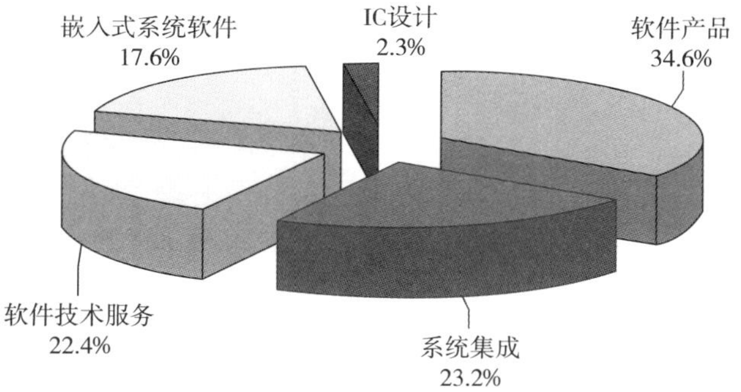

图 2 2009 年软件产业收入构成情况

（三）东部增速下半年回升，中西部增长稳定

东部地区增长前低后高，年中增速达到最低点后，下半年增速逐月回升，全年完成软件业务收入 8 066.9 亿元，同比增长 26.3%，增速比上年下降 2.5 个百分点，但高于全国 0.7 个百分点，占全国软件业务收入比重 84.8%。其中，江苏、辽宁等省增速达 30%左右。

2009 年西部地区完成软件业务收入 783.5 亿元，同比增长 19.6%，低于全国 6 个百分点，其中陕西和贵州等省增速超过 25%，成都软件园、西安软件园等增速超过 30%。

中部地区保持平稳增长，完成软件业务收入 662.6 亿元，同比增长 24.5%。（见图 3）

（四）出口和外包服务增长明显放缓

2009 年中国软件出口 185 亿美元，同比增长 14%，低于上年 44.2 个百分点；其中软件外包服务出口 24 亿美元，同比增长 15%，低于上年 86 个百分点。软件外包服务受到金融危机一定影响，出口增速逐季下降，其中对日外包下降较多，对欧美外包则保持一定增长。（见图 4）

（五）重点企业增长低于上年，部分企业业绩突出

2009 年，软件前百家企业完成软件业务收入超

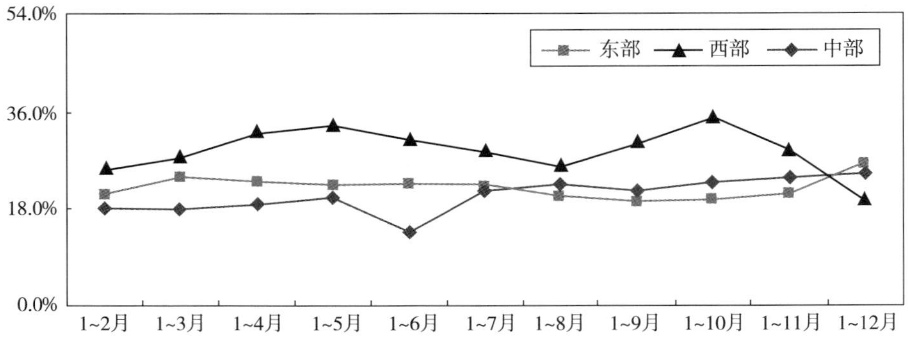

图 3　2009 年 1～12 月不同地区软件收入增长情况

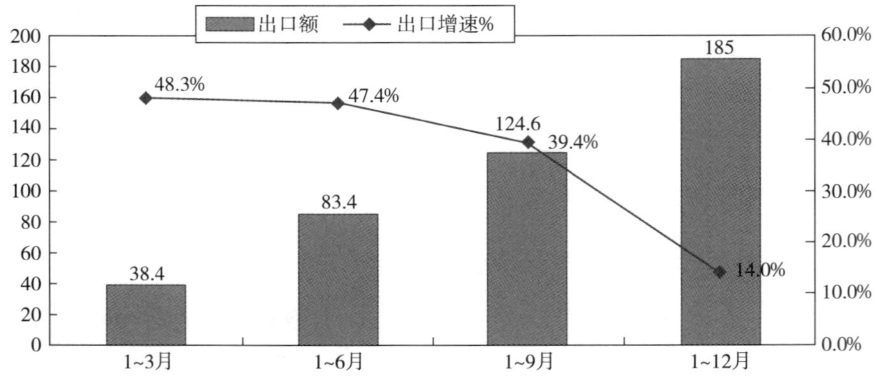

图 4　2009 年 1～12 月软件出口增长情况

过 2 000 亿元，比上年增长 15%以上，低于上年 5 个百分点，实现利润增长超过 20%。其中，以电信、金融行业业务为主的公司继续保持较快增长，如南京南瑞（电力）、广电运通（金融、交通）软件收入增速超过 35%；汽车、交通、电力行业，受国家基础设施建设的拉动，相关企业收入也保持 20%以上的增长。

二、2009 年软件产业发展重点工作

当前，软件系统加快向网络化、智能化和高可信的阶段迈进，软件服务是重要的发展方向。面对国际金融危机的影响和产业转型的趋势，软件产业发展既面临着挑战又面临难得的机遇。国务院颁布的电子信息产业调整和振兴规划提出，把增强软件产业自主发展能力，加快培育信息服务新模式、新业态等作为调整和振兴的主要任务。

（一）制定和加快软件服务业发展的指导意见，规范软件服务业的市场秩序

要营造良好的发展环境，加大协调支持力度，确保支持软件和集成电路发展的 18 号文件能继续实施，并进一步完善。制定和加快软件服务业发展的指导意见，支持钢铁、汽车、纺织、石化等重点行业。把软件和信息技术服务机构剥离，组建专业化的软件服务企业。进一步加强知识产权的保护工作，规范软件服务业的市场秩序。

（二）大力发展和推广工业软件，为企业的技术改造和技术进步提供支撑

落实电子信息等重点产业的调整和振兴规划，大力发展和推广工业软件、行业应用解决方案，为企业的技术改造和技术进步提供支撑。软件业的重要性并不仅仅在于它自身的发展，最重要的是在于软件业和工业的结合、和传统产业的结合，这是信息化和工业化结合非常重要的切入点。

（三）培育软件产业新的增长点，进一步开发适应中国经济社会发展需求的信息服务业务

培育软件产业新的增长点，扩大软件的网络化服务，培育电子商务、网络金融、网络教育等基于互联网的新兴业态，带动动漫、游戏等产业的发展，进一步开发适应中国经济社会发展需求的信息服务业务，满足广大消费者的需求。

（四）做好软件领域试点、示范工作，推动软件产业和传统产业的融合发展

做好软件领域试点、示范工作。实施信息技术服务创新工程，认定信息技术服务示范区，信息技术服务的骨干企业，实施国产软件应用行动规划，组织开展工业软件行业应用试点的示范工程，推动软件产业和传统产业的融合发展。

（五）加快人才战略实施，形成多层次的人才梯队

加快人才战略实施，进一步建立健全软件人才培

训体系，形成多层次的人才梯队，鼓励有实力的软件企业建立企业产品的培训认证服务，推动实用型人才培养，推动人才合作，加大国际化人才的引进力度。

三、2009年软件行业重要版权事件

1. 2009年1月9日，国家版权局版权管理司司长王自强在回顾2008年的工作情况时，认为其中三个重要内容是：我国打击非法盗播奥运赛事的行为获得国际奥委会高度评价，企业软件正版化工作取得新进展，版权监管平台一期工程项目开发基本完成并投入试运行。

2. 1月13日，全国版权工作会议在北京召开。新闻出版总署署长、国家版权局局长柳斌杰作题为《深入贯彻落实科学发展观　全面推进版权工作六大体系建设　在时代的高起点上开创版权工作新局面》的书面报告，新闻出版总署副署长、国家版权局副局长阎晓宏对报告进行了阐释性讲解。其中第三项重点工作是：积极稳妥推进企业软件正版化工作，开展评选第二批软件正版化示范单位活动，宣传推广示范单位的先进经验。

3. 3月18～19日，企业软件正版化及版权执法专题工作会议在北京召开。新闻出版总署副署长、国家版权局副局长阎晓宏出席会议并讲话。来自全国31个省（自治区、直辖市）及广州、青岛、石家庄、杭州等19个中心城市版权管理部门的相关负责人参加会议。

4. 4月，上海大亚信息产业有限公司因侵犯微软公司著作权，被上海二中院判处40万元罚金，本案也成为国内首例上市公司因其参股公司使用盗版软件被诉讼而进行信息披露的案件。

5. 5月10日，“2009年度中国软件产业盗版率调查”课题通过专家评审，并正式对外发布了2009年度中国软件盗版率数字。《2009年度中国软件盗版率调查报告》的研究结果显示，2009年相对于软件产业的价值，盗版率由2008年的15%下降为12%；按当年安装的应付费计算机软件套数计算，盗版率由2008年的47%下降为45%。

6. 6月11日，第十三届中国国际软件博览会在北京召开，其中中国软件服务业知识产权论坛首次亮相软博会，来自国家知识产权局、国防专利局与工业和信息化部的专家分享与交流了计算机软件、开源软件版权保护、许可规则、专利申请策略等热点问题，专业参会人员达250余人。

7. 6月，美国Solid Oak软件公司提出绿坝—花季护航软件涉及知识产权侵权，并引发绿坝软件安装的异议。

8. 7月，深圳市法院对台资企业豪佳电子侵犯奥多比、奥腾及微软3家软件公司的著作权案判以78万元高额赔偿。

9. 7月，广东某公司因侵犯微软公司著作权经佛山市南海区法院调解，最终赔偿微软公司50万元，同时采购100万元微软软件以满足正版化之需，双方达成长期合作。

10. 8月20日，苏州市虎丘区人民法院对“番茄花园”案主犯侵犯著作权案作出了一审判决。经营“番茄花园”网站的被告单位成都共软网络科技有限公司（以下简称“成都共软”）以及4个相关被告人孙显忠、洪磊、张天平、梁焯勇因未经著作权人许可复制发行计算机软件，以侵犯著作权罪被追究刑事责任。被告单位成都共软被判处罚金877万余元，并罚没违法所得292万余元。这是中国第一起打击大规模网络软件盗版行为的成功刑事案例。

11. 9月，深圳市中级人民法院对深圳市斯维尔公司诉北京天正工程软件公司天正建筑设计软件侵权案作出终审判决，被告被判赔60万元。

12. 9月，湖南时代阳光医药有限公司因侵犯微软公司著作权被判罚10万元，同时因毁灭证据及作伪证被长沙市中级人民法院处以8万元的民事制裁。

13. 10月29日，新闻出版总署副署长、国家版权局副局长阎晓宏在新加坡出席了世界知识产权组织、新加坡知识产权局和新加坡外交部联合举办的版权及相关权亚太论坛，并发表主题演讲，其中提出关注软件正版化是世界范围内的重要工作。

14. 11月26日，北京市高级人民法院就美国瑞尔数码公司（Real Networks，Inc. 以下简称瑞尔公司）诉北京暴风网际科技有限公司（以下简称暴风公司）著作权侵权案，作出判决，驳回暴风公司上诉，维持一审原判。暴风公司立即停止其侵犯著作权的行为；在判决生效之日起30日内在《计算机世界》刊登声明，消除影响；在判决生效之日起15日内赔偿瑞尔公司经济损失人民币20万元。

15. 12月31日，中国版权保护中心软件著作权登记部统计，软件版权登记快速增长，2009年软件版权登记量为67 912件，同比增长48.6%。

四、2010年软件产业发展形势展望

2010年，尽管金融危机的冲击不能马上消除，外部形势中不确定因素依然较多，国内软件企业结构调整升级中也存在不少困难和矛盾，但2010年国内软件市场的发展仍有很大空间，政策支持也将保持较大力度，国内外的多方面积极因素将推动软件产业继续增长。

（一）有利形势

1. 国际市场稳步回升。

国际经济复苏的迹象越来越明显，联合国于2009年12月发布的《2010年世界经济形势与展望》报告显示，世界经济将在2010年实现2.4%的低速增长。据Gartner公司预计，2010年全球IT支出将达到3.3万亿美元，比2009年增长3.3%，其中，北美地区可能继续轻微下滑，拉美和亚太地区将分别增长2.5%和4.3%；全球软件业支出将增长4.8%，其中全球安全软件市场将增长13%，相关软件与信息服务将保持两位数增长。

2. 国内市场保持快速增长。

国际市场状况难以在短期内改变，提高内需比重将成为我国拉动经济增长的重要战略。我国国内软件市场目前仍处于普及率和饱和度较低的水平，未来几年将继续处在高速成长的阶段。分领域来看：

一是金融、电信行业的需求将继续增长，2010年将是金融行业传统建设大年，国家将继续实施适度宽松的货币政策，银行业将继续扩张性战略，特别是区域性银行、投资银行增长迅猛。同时，电信行业投资将继续增长，重点用于3G系统建设和新业务开发，也将带来巨大的软件服务需求。

二是交通控制、电力控制、医疗等领域的信息化需求将大幅提高，受国家四万亿的基础建设投资的带动，一些新投资项目的IT应用从2009年下半年已经开始启动，2010年随着项目建设进入中后期，信息化需求将进一步释放。

三是电子商务、互联网增值服务、数据服务等新兴业态快速成长，移动互联网、物联网新模式下软件服务增长空间巨大。电子政务的发展带来政府IT采购继续扩大，同时增值税改革带来的金税工程、城市信息化带来的市民卡工程等更加大了政府采购规模。

3. 国内政策环境持续向好。

一是中央经济工作会议中将转变经济发展方式作为2010年工作重点，强调要加快信息咨询、软件和创意产业的发展，对软件产业发展提出了明确的要求，相关政策对软件业扶持力度会持续加大。

二是《电子信息产业调整和振兴规划》提出：以“提高软件产业自主创新能力，加快培育信息服务的新模式、新业态”，作为产业调整和振兴的主要任务；“软件和信息服务收入在电子信息产业中的比重从12%提高到15%”，为产业发展明确了方向和发展目标。各地方政府为落实振兴规划，纷纷出台和制定具有地方特色的支持政策和规划。

三是“核高基”重大专项的实施，将成为拉动国产基础软件的强力引擎。该项目国家和地方政府将持续15年每年投入40亿元，重点扶持大型骨干软件企业发展。

四是与信息技术相关政策法规的出台，创造新的市场机遇。2009年7月1日，《企业内部控制基本规范》在上市公司范围内开始施行，并鼓励非上市的其他大中型企业执行。《规范》对企业信息管理系统提出新要求，使IT管理、IT治理成为企业管理必要的步骤和目标，将直接推动企业IT管理软件的发展。

五是创业板市场推出，为软件企业提供新平台。国内创业板2009年开市，软件产业作为知识密集、智力密集、资金密集的快速发展的朝阳产业，受到国内外投资资本的青睐，特别是从事软件服务外包、嵌入式软件、网络游戏软件和行业应用软件的软件企业，有着广阔的发展空间和巨大的潜在市场。

（二）不利因素

软件产业面临的形势还很严峻，多方面的压力仍然存在：

一是国际经济环境并未完全好转，一些潜在的金融风险和因素都可能重新带来新的冲击，对软件出口特别是软件外包存在不利影响。

二是人民币升值压力加大，直接影响软件外包服务出口。

三是我国工业经济企稳回升的基础还不牢固，内生动力不足的问题持续存在，导致软件市场的潜在需求转化为现实需求的动力不足。

四是国际软件企业加紧对国内市场的争夺，竞争将进一步升级，国内优势企业被收购的威胁继续加大。

五是人员工资上涨较快，软件企业成本增加。

链　接

2009年中国软件业务收入前百强企业名单

1. 华为技术有限公司
2. 中兴通讯股份有限公司
3. 神州数码（中国）有限公司
4. 海尔集团公司
5. 北京北大方正集团公司
6. 熊猫电子集团有限公司
7. 浙大网新科技股份有限公司
8. 浪潮集团有限公司
9. 东软集团股份有限公司
10. 同方股份有限公司
11. 南京联创科技集团股份有限公司

12. 南京南瑞集团公司
13. 沈阳先锋计算机工程有限公司
14. 中冶赛迪工程技术股份有限公司
15. 航天信息股份有限公司
16. 中国银联股份有限公司
17. 中国软件与技术服务股份有限公司
18. 上海贝尔阿尔卡特软件有限公司
19. 用友软件股份有限公司
20. 杭州恒生电子集团有限公司
21. 福州福大自动化科技有限公司
22. 上海宝信软件股份有限公司
23. 中国民航信息网络股份有限公司
24. 株洲南车时代电气股份有限公司
25. 山东中创软件工程股份有限公司
26. 杭州海康威视数字技术股份有限公司
27. 北京华胜天成科技股份有限公司
28. 东华软件股份公司
29. 太极计算机股份有限公司
30. 上海华讯网络系统股份有限公司
31. 烽火通信科技股份有限公司
32. 启明信息技术股份有限公司
33. 烟台东方电子信息集团有限公司
34. 北京全路通信信号研究设计院
35. 海信集团有限公司
36. 深圳市金证科技股份有限公司
37. 青鸟软件股份有限公司
38. 中控科技集团有限公司
39. 中国华大集成电路设计集团有限公司
40. 珠海金山软件股份有限公司
41. 福建星网锐捷通讯股份有限公司
42. 金蝶软件（中国）有限公司
43. 南京南瑞继保电气有限公司
44. 沈阳东大自动化有限公司
45. 亿阳信通股份有限公司
46. 信雅达系统工程股份有限公司
47. 大连华信计算机技术股份有限公司
48. 广州广电运通金融电子股份有限公司
49. 大唐电信科技股份有限公司
50. 福建新大陆电脑股份有限公司
51. 中科软科技股份有限公司
52. 长城计算机软件与系统有限公司
53. 浙江大华技术股份有限公司
54. 石化盈科信息技术有限责任公司
55. 三维通信股份有限公司
56. 云南南天电子信息产业股份有限公司
57. 软通动力信息技术（集团）有限公司
58. 深圳市同洲电子股份有限公司
59. 北京神州泰岳软件股份有限公司
60. 北京联信永益信息技术有限公司
61. 北京四方继保自动化股份有限公司
62. 辽宁天久信息科技产业有限公司
63. 国脉科技股份有限公司
64. 上海华虹集成电路有限责任公司
65. 杭州和利时自动化有限公司
66. 北京首钢自动化信息技术有限公司
67. 航天恒星科技股份有限公司
68. 深圳市紫金支点技术股份有限公司
69. 中程科技有限公司
70. 先锋软件股份有限公司
71. 杭州士兰微电子股份有限公司
72. 北京联想软件有限公司
73. 威海北洋电气集团股份有限公司
74. 东信和平智能卡股份有限公司
75. 文思创新软件技术有限公司
76. 江苏南大苏富特科技股份有限公司
77. 深圳市南凌科技发展有限公司
78. 云南省通信产业服务有限公司
79. 福建富士通信息软件有限公司
80. 江苏集群信息产业股份有限公司
81. 东南融通（中国）系统工程有限公司
82. 沈阳新松机器人自动化股份有限公司
83. 浙江省公众信息产业有限公司
84. 昆明昆船物流信息产业有限公司
85. 江苏国光信息产业股份有限公司
86. 广州海格通信集团股份有限公司
87. 长城信息产业股份有限公司
88. 广州数控设备有限公司
89. 北京天融信科技有限公司
90. 江苏金智科技股份有限公司
91. 首都信息发展股份有限公司
92. 长江计算机（集团）公司
93. 中航网信（北京）科技有限公司
94. 山东正元地理信息工程有限责任公司
95. 南京城际在线信息技术有限公司
96. 思创数码科技股份有限公司
97. 中盈优创资讯科技有限公司
98. 山东雷音电子科技有限公司
99. 山东法因数控机械有限公司
100. 北京瑞星信息技术有限公司

（作者单位：中国软件行业协会）

2009 中国动漫产业发展报告

牛兴侦　齐　斌

2009 年，中国动漫产业保持着迅猛发展的良好势头，国产动漫数量大幅增长，质量进一步得到提升，一批优秀动漫企业和动漫品牌崭露头角，动漫产业链日益完善，动漫“走出去”步伐加快，动漫管理工作不断加强。

一、政府部门形成强大合力，助推动漫产业加速发展

当前动漫产业发展面临十分有利的条件，国务院出台《文化产业振兴规划》，将动漫产业列入国家重点发展的文化产业门类之一，为动漫产业发展提供了难得的机遇，使我国动漫产业有可能成为经济增长和产业发展的新亮点。

（一）动漫产业备受党和国家领导重视

国家将动漫产业作为新型产业给予了高度关注和大力扶持。在第十一届全国人大二次会议上，国务院总理温家宝首次在政府工作报告中提出积极发展网络、动漫等新型消费的工作任务，并在年内考察了一批动漫机构，极大地鼓舞了各地、各方发展动漫产业的信心。中共中央政治局常委李长春在参观了首届中国动漫艺术大展后，专门对动漫产业发展作出了重要指示。中央领导的指示充分体现了党和国家对动漫产业的重视与关心，可以说动漫产业正在受到前所未有的关注。

（二）《文化产业振兴规划》将动漫产业列为重点发展门类

国务院出台的《文化产业振兴规划》将动漫产业列入国家重点发展的八大文化产业门类之一，为动漫产业的发展提供了难得的机遇。《文化产业振兴规划》明确提出：动漫产业要着力打造深受观众喜爱的国际化动漫形象和品牌，成为文化产业的重要增长点；继续推进国产动漫振兴工程，实施重大项目带动战略；加快文化产业园区和基地建设，建设一批动漫产业示范基地；鼓励非公有资本进入动漫领域；支持动漫文化产品进入国际市场，扩大对外文化贸易等。《文化产业振兴规划》的出台，极大地促进和推动我国动漫产业的快速发展。

（三）部际联席会议发挥部门协作制度优势，形成推动动漫产业发展合力

动漫产业涉及面广、产业链长，扶持动漫产业发展的政策涉及多个部门。联席会议制度的建立，符合动漫产业发展规律，有利于协商和解决动漫产业在发展过程中遇到的重大问题，为推动动漫产业发展提供制度性保障。联席会议在 2009 年召开会议，传达学习中央领导同志关于动漫产业发展的一系列指示精神，通报了各成员单位自 2008 年下半年以来为推动动漫产业发展所做的工作，研究部署当前扶持动漫产业发展的各项措施。

（四）首届中国动漫艺术大展全面展现经典优秀动漫

文化部、财政部、教育部、科学技术部、工业和信息化部、商务部、税务总局、工商行政管理总局、广播电影电视总局和新闻出版总署共同举办了首届中国动漫艺术大展，以展览、展播、展映、展演四位一体的方式全方位地展示我国动漫产业的发展状况。大展涉及幽默讽刺漫画、连环画、新时期漫画、动画电影、动画短片、电视动画系列片和新媒体动漫等多个艺术领域，如此大规模、系统性地梳理新中国成立以来并适当兼顾建国前的各类动漫艺术作品，在中国尚属首次。首届中国动漫艺术大展的举办，得到了业内专家、专业人士和社会群众的一致好评，对于推动我国原创动漫艺术繁荣和动漫产业发展具有深远意义。

（五）文化部、财政部、税务总局积极推进动漫企业财税扶持

文化部、财政部、税务总局联合发布了《动漫企业认定管理办法（试行）》，规定了动漫企业认定的标准和程序，并从 2009 年 1 月 1 日起开始实施。为确保动漫企业认定工作顺利推进，文化部、财政部、税务总局还联合下发《关于实施〈动漫企业认定管理办法（试行）〉有关问题的通知》，财政部、税务总局联合发布了《关于扶持动漫产业发展有关税收政策问

题的通知》。12 月 30 日，文化部、财政部、税务总局联合公布了首批通过认定的全国百家动漫企业名单。在全国 23 家省级认定机构初审通过的 303 家企业中，共有 100 家企业通过文化部、财政部、税务总局的审核。首批通过认定的动漫企业，在获得由省级认定机构颁发的认定证书后，可到地方税务部门办理税收优惠手续，在增值税、企业所得税、营业税、进口关税、进口环节增值税等税种上切实受惠。

（六）动漫产业实施宏观调控，引导行业健康发展

动漫产业的发展离不开政府部门的有效管理，对动漫产业实施宏观调控，对于引导和推动动漫产业的科学有序健康发展具有积极作用。2009 年 9 月，中央编办再次重申，并明确了文化部是动漫产业的主管部门，对动漫进行统一的宏观管理和日常管理，包括相关产业规划、产业基地、项目建设、会展交易和市场监管。《文化产业振兴规划》出台后，文化部迅速出台了《关于加快文化产业发展的指导意见》和《文化产业投资指导目录》。《文化产业投资指导目录》鼓励社会资本进入动漫创作、动漫工作室、动漫文化推广、动漫技术开发与应用、动漫服务平台和动漫衍生产品开发等领域，限制进入国内大型动漫游戏会展类。为改变全国范围内的各类动漫游戏会展交易活动（含节庆、比赛、论坛等活动）过多的现状，文化部于 6 月份下发《关于加强动漫游戏会展交易节庆等活动管理的通知》，指出要严格控制和压缩政府参与主办的动漫游戏会展交易活动，并要求各级文化行政部门加强对动漫游戏会展交易产品和活动的监管，涉外和全国性动漫游戏会展交易节庆活动应按要求报文化部审批或备案。

（七）文化部连续实施“原创动漫扶持计划”和“中国原创动漫推广计划”

打造拥有自主知识产权的动漫品牌，是发展我国原创动漫的重中之重。文化部实施了“原创动漫扶持计划”和“原创动漫推广计划”，为我国动漫产业的发展推波助澜。“原创动漫扶持计划（2008）”共扶持了漫画、动漫演出（动漫舞台剧和 Cosplay）、网络动漫和手机动漫四大类别共 101 个项目，资助总额为 700 万元。“原创动漫扶持计划（2009）”投入资金近 1 400 万元，再次对原创作品 108 个项目进行扶持。“中国原创动漫推广计划”由文化部开展，旨在全社会广泛营造动漫文化氛围，宣传推介优秀原创动漫作品，倡导原创动漫文化，培育动漫市场，促进动漫文化消费，推动动漫产业发展。为使全国动漫业界和广大动漫爱好者充分感受到近年来我国原创动漫发展的成果，文化部组织在北京、上海、天津、深圳、贵阳和拉萨等地举办了“中国原创动漫推广计划”，同时编辑出版了《2008 中国原创动漫扶持计划成果》、《2009 中国原创动漫扶持计划成果》画集，向社会公众和业界人士集中展示优秀原创动漫作品。

（八）国家联合力量推动中国动漫走向世界

商务部、文化部等部门持续推进国家文化出口重点企业和重点项目评选工作。2009～2010 年度共评选出 211 个文化出口重点企业和 225 个文化出口重点项目，其中包括动漫类企业 36 家，动漫类项目 40 个。下一步，有关部门将调整《文化产品和服务出口指导目录》，进一步加强文化贸易统计工作，出台相关政策，完善现有政策体系，进一步加大对文化出口重点企业和重点项目的支持力度，培育一批中国文化出口品牌企业和品牌项目，加快提升文化出口企业的国际竞争力，推动我国文化贸易实现跨越式发展。此外，近两年文化部先后组织中国动漫企业参加了法国的昂古莱姆国际漫画节、东京国际动漫展、法国安纳西动画节等国外著名动漫节展，成为推动中国动漫走向世界的具体举措。第八届东京国际动漫展期间，中日两国 10 家动漫企业就 8 个项目签订合作协议，签约金额与合作意向将近 1 亿元人民币。

（九）大力培育动漫人才助推产业发展

2008 年以来，文化部组织举办了五届国家原创动漫高级研修班，研修班聘请国内外一流专家授课，先后培养了动漫剧作、动漫技术、动画导演、漫画创作、市场运营方面的高端人才 400 余名。为提高学校动漫类专业的人才培养质量，2009 年教育部、文化部联合组建了高等学校动漫类教材建设专家委员会，在研制专业规范、制定教材建设规划、评审教材建设项目、推荐优秀教材等方面开展工作。

（十）加强市场监管，保护动漫产权

2009 年 8～11 月，为规范动漫市场经营秩序，维护动漫市场文化安全，保护动漫产品知识产权，推动原创动漫产业发展，文化部、工商总局在全国范围内开展动漫市场专项整治行动。文化部还联合国家工商总局、国家知识产权局、国家版权局对我国动漫产业知识产权保护现状进行了专项研究，并着手研究制定相关措施加强动漫知识产权保护。

（十一）地方政府加大扶持力度，创造良好产业发展环境

地方政府继续加大推动动漫产业发展的力度，陆续出台了进一步扶持动漫产业发展的实施办法和具体举措，研究部署新形势下的工作任务。北京市发布《关于支持影视动画产业发展的实施办法（试行）》；江苏省利用2009年度文化产业引导资金，对《诺诺森林》等10余个动漫项目给予重大资金扶持；湖南省召开"湖南动漫产业面临的形势与对策"座谈会，客观分析面临的严峻形势，提出一系列建设性意见和措施；湖北省发布《关于推动全省动漫产业发展的意见》；广州市认定7家本省重点动漫企业，并到动漫龙头企业召开市长现场办公会，切实帮助企业解决实际困难；杭州市召开加快动漫产业发展专题会议，明确了2010年杭州市政府为促进动漫产业发展将推出的八大举措；福州市出台《关于推动动漫产业发展的若干政策》；济南市和青岛市分别出台《关于扶持济南市动漫产业发展的若干意见》和《关于鼓励和扶持动漫创意产业发展的实施意见》。

二、漫画出版初具规模，形成以期刊和图书为主的文化产业链

近年来，我国漫画作品日益丰富，产业自主良性发展的能力显著提高，逐步形成了具有民族特色和时代特色的发展观念，步入了健康有序、可持续发展的产业化发展道路。在经过多年的积累发展后，漫画在整个动漫产业中的地位日益突出。

（一）漫画期刊阵营日益强大，杂志品种明显增多

在优秀漫画期刊品牌的带动之下，漫画杂志数量激增，发行量一路走高，当然其中也不乏跟风之作。根据2009年11～12月份对全国漫画期刊批发零售市场调查情况，各地涌现出来的各类漫画期刊（其中不少是以图书形态出现）达到50余种。2009年，动漫期刊上演大阅兵，《花园宝宝》、《奇想EX》、《虹猫蓝兔》、《漫仔漫妞》、《喜羊羊与灰太狼》、《漫画SHOW》纷纷创刊，《北京卡通·大漫画》进行复刊，《读者爱动漫》等也在筹备新刊。

（二）漫画期刊整体市场规模明显放大

据北京开元策略信息咨询有限公司2009年第二期市场化报刊零售发行调查报告显示，在以发行为主要收入的杂志类别中，北京、上海、广州、深圳、南京、杭州、青岛、沈阳、武汉、成都等全国十大城市杂志零售市场单期发行量前30强中，共有12种漫画期刊。这12种漫画期刊在北京、上海、广州、深圳四大城市的销售指数占所有市场化杂志整体销售指数的6.02%，相比2009年第一期市场调查（4.57%）增加了1.46个百分点。不仅漫画期刊整体市场规模明显放大，知名漫画期刊发行量也在大幅递增，目前我国已经有两本漫画期刊月度发行总量超过100万册。根据刊社自己提供的数字，截止到2009年10月份，《漫画世界》和《知音漫客》月均发行量分别为116万册和134万册，这两本期刊在年底相继变身周刊之后月度发行量均超过150万册。

（三）优秀漫画期刊实力日益增强

在北京、上海、广州和深圳等四大城市，有七种漫画杂志进入四地合计杂志零售市场期发量前30强，名额占近四分之一。《幽默大师》、《漫画派对》、《小公主》、《漫画世界》、《米老鼠》、《漫友》和《新蕾·STORY100》等七种漫画杂志合计销售指数占四地合计杂志零售市场期发量前30强销售指数的9.12%。漫友文化成为漫画杂志经营的最大赢家，旗下《漫画世界》、《漫友》、《新蕾》和《乌龙院》四个项目的销售指数在所有漫画杂志当中所占比例达到35.01%。其中，幽默漫画期刊《漫画世界》期

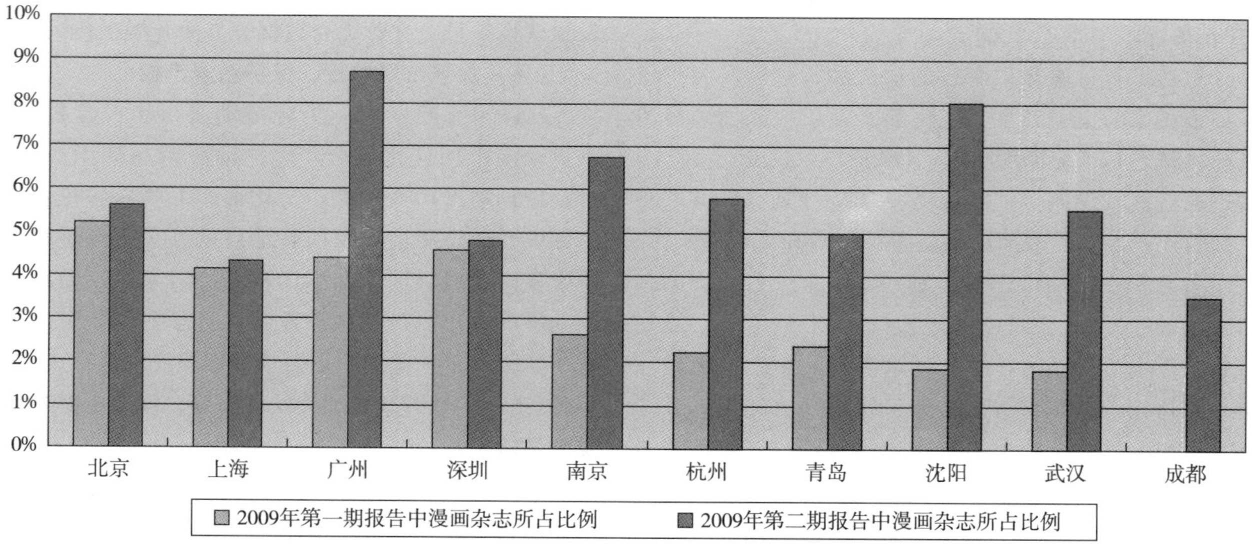

图1 全国十大城市漫画杂志占市场化杂志总销量比例

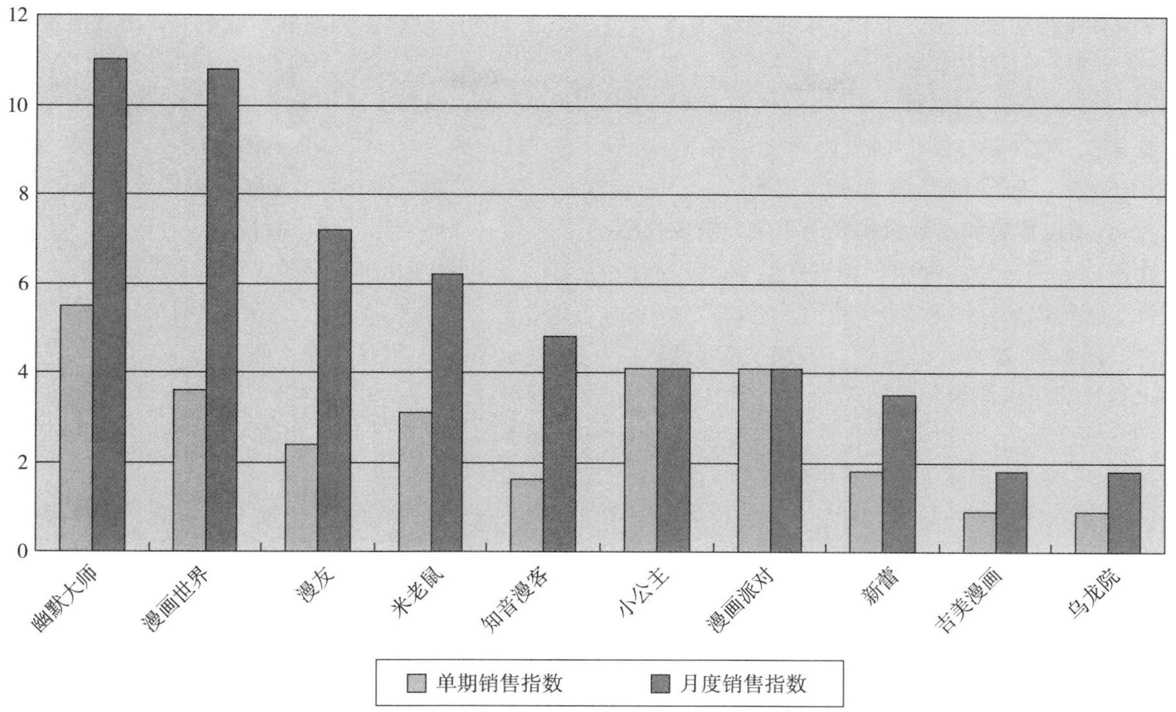

图 2　四大城市漫画杂志综合销售指数

发量明显增长，本期销售指数相比上期增幅高达63.64%，显示出超强的高增长性。此外，《漫画派对》也是漫画杂志阵营中的一大亮点，它在南京、杭州等六个城市的合计平均实销量大幅超越了《幽默大师》。

（四）中国漫画期刊进入周刊化时代

2009 年 11 月底，知音集团斥资改版旗下漫画刊物《知音漫客》，由原来每月三刊改版为每周一刊；12 月初，漫友文化紧接着将旗下幽默漫画旬刊《漫画世界》进行周刊化，并采取了大手笔的营销推广策略，首期周刊附送一期最新潮流漫画连载杂志《漫画 SHOW》。在相差不到一周的时间内，国内两大主力动漫期刊相继改版，引领中国漫画正式进入周刊时代。动漫期刊周刊化，有利于拉拢读者，有利于漫画作者和编辑向职业化转型，有利于提高广告盈利、降低运营成本，有利于形成“以刊带书”的良好局面。

（五）漫画期刊综合市场价值不断提升

漫画杂志的市场价值指数取决于杂志的期发量、刊期密度和定价，期发量越高、刊期越密集、定价越高，杂志的市场价值就越大。2009 年，《幽默大师》在单期销售指数上位列漫画杂志之首，而《漫友》杂志仍然是市场价值最高的漫画杂志。从月度销售指数来说，漫画杂志前三强依次为《幽默大师》、《漫画世界》和《漫友》，月度市场价值指数的前三强依次为《漫友》、《幽默大师》、《漫画世界》。综合看来，在近年来动漫产业利好政策的推动下，我国漫画杂志消费市场持续上扬，不仅整体销量突飞猛进，而且在整体市场化报刊的大盘中所占比例也在不断加重。

（六）期刊与图书形成出版联动，贯通内容产业链

漫画期刊是动漫行业先锋，引领形成了以期刊带动图书的运作模式。以此模式，《漫画世界》成功策划出品了《乌龙院》、《爆笑校园》、《泡面超人》、《兔子帮》、《无赖熊猫》等大量幽默漫画图书；《知音漫客》策划出品了《偷星九月天》、《暗夜协奏曲》、《神精榜》等单行本；《飒漫画》策划出品了《嘻哈小天才》、《嘻哈奇侠传》等；《漫画派对》策划出品了《阿衰 on line》、《戏游记》等卡通故事丛书。此外，《乌龙院》、《兔子帮》已经开始动画化，《乌龙院》年内即可推出同名动画片。漫画期刊在以漫画创意、形象和故事内容为核心，横跨期刊、图书、网络和手机等多种媒体传播，以及改编动画、开发衍生产品方面做了非常积极的产业化探索。

（七）动漫图书创作出版踊跃，销售火爆

由于目前尚无专门的动漫图书出版统计，我们只能从局部对漫画图书市场进行窥探。当当网是全球最大的综合性中文网上购物商城，其基于真实销售数据（推测以销售收入进行排序）形成的畅销图书排行榜是中文出版界的风向标。截至 2009 年底，该网站在销漫画图书共有 7 608 种，占图书总量（893 698 种）的 0.85%。在 2009 年图书畅销榜前

200位中有4种动漫图书，分别为：《绝对小孩2》、《父与子全集》、《我的错都是大人的错》、《绝对小孩》。其中，《绝对小孩2》和《我的错都是大人的错》是2009年的新作。根据对漫画图书畅销榜前200位的分析，有86种是2009年新品。

（八）重点作者和出版机构表现不俗，渐成规模

在前200个畅销品种中，拥有最多畅销作品的出版社是现代出版社，有31个品种入选，占其中的15.5%；陕西师范大学出版社、人民文学出版社、南海出版社和中国画报出版社分别排在第二至第五位，前三强合计所占份额为33.5%，前五强合计所占份额为45.5%，说明了市场集中度较高（见表1）。作为国内漫画出版领先企业，漫友文化此次有22个图书品种入选，所占份额为11%，充分证明了其策划出品的图书在市场中的影响力和竞争力。在前200席中，拥有最多畅销作品的作者是幾米（亦写作几米），有29个品种入选，占其中的14.5%；蔡志忠、黑背、高木直子和朱德庸分别排在第二至第五位，前三强合计所占份额为30%，前五强合计所占份额为39.5%（见表2）。

表1　当当网2009年动漫图书畅销榜（前200位）出版社构成

序号	出版社	品种数量	序号	出版社	品种数量
1	现代出版社	31	7	新世纪出版社	9
2	陕西师范大学出版社	22	8	商务印书馆	8
3	人民文学出版社	14	9	生活·读书·新知三联书店	8
4	南海出版社	13	10	上海锦绣文章出版社	7
5	中国画报出版社	11	11	上海人民出版社	5
6	黑龙江美术出版社	10	12	其他出版社	62

表2　当当网2009年动漫图书畅销榜（前200位）作者构成

序号	作者	品种数量	序号	作者	品种数量	序号	作者	品种数量
1	幾米	29	6	寂地	6	11	慕容引刀	4
2	蔡志忠	18	7	卜劳恩	5	12	钱海燕	4
3	黑背	13	8	韩露	5	13	阿桂	3
4	高木直子	10	9	查尔斯·舒尔茨	4	14	夏达	3
5	朱德庸	9	10	莫莉蓟野	4	15	其他作者	83

（九）动画抓帧图书不温不火，出版商爱恨交加

2009年，大批出版机构在动画抓帧图书领域重新出发，纷纷上马了多个与动画片配套的大型出版项目，如：《孔子》（青岛出版社）、《三国演义》（湖南少年儿童出版社）、“中国原创经典动漫·马兰花”系列（江苏少年儿童出版社）、《美猴王》（天天出版社）、《小牛向前冲》（浙江少年儿童出版社）、《家有儿女》（现代出版社）、《淘气包马小跳》系列（抓帧版）（接力出版社）等。动画图书与动画片的播放有着密切关系，可以说动画片的强势播放是动画图书最大的“免费宣传”和消费支撑。正是由于电视这种强势媒体的介入，以及动画图书系列化、册数多的特点，动画图书的销量十分可观。无论是早前的《哪吒传奇》，2007年的《虹猫蓝兔七侠传》、《小鲤鱼历险记》，还是2008年的《喜羊羊与灰太狼》系列，无一不是如此。当然，并非所有的动画片都能保障抓帧图书旺销，这也需要满足多方面的条件：在中央电视台少儿频道黄金时段播出，有足够的集数和时长等。湖南天闻与国内知名动漫企业宏梦、蓝猫等公司合作，力求让这些公司形成品牌的动画作品，以重新编排的方式在图书市场上再次焕发活力，在动画向漫画的转换上进行了积极的探索。

最近几年来，漫画期刊和图书逐步走上复兴之路，在书刊整体市场中所占的份额越来越大，逐步形成集群效应，正成为带动中国动漫产业崛起的先锋力量。日益强盛的漫画出版阵营正在成为中国出版业乃至文化产业的一支不可忽视的新锐力量。

三、影视动画产量和质量保持持续增长，优秀品牌彰显价值

国产电视动画片制作发行情况较为全面地反映了全国各地原创国产动画制作和播出的题材、内容、数量、趋势及发展情况，是全国各地动画产业发展状况的具体体现。2009年国产动画片保持了快速发展的势头，产量达到171 816分钟，质量得到进一步提高，品牌影响力日益扩大，在版权输出和品牌授权、开发衍生产品方面取得一定突破。

（一）电视动画产量快速增长，质量不断提高

2009年，全国国产电视动画片产量达到17万分钟，相比2008年的13万分钟，增幅为31%。动画产量是中国动画产业不断发展和进步的一个标志，国产动画产量和交易数量的大幅增长，一方面进一步丰富了我国各级电视频道的节目资源，更好地满足了广大观众尤其是少年儿童的收看需求；另一方面也为动画企业树立动画品牌，完成资金、人才、知

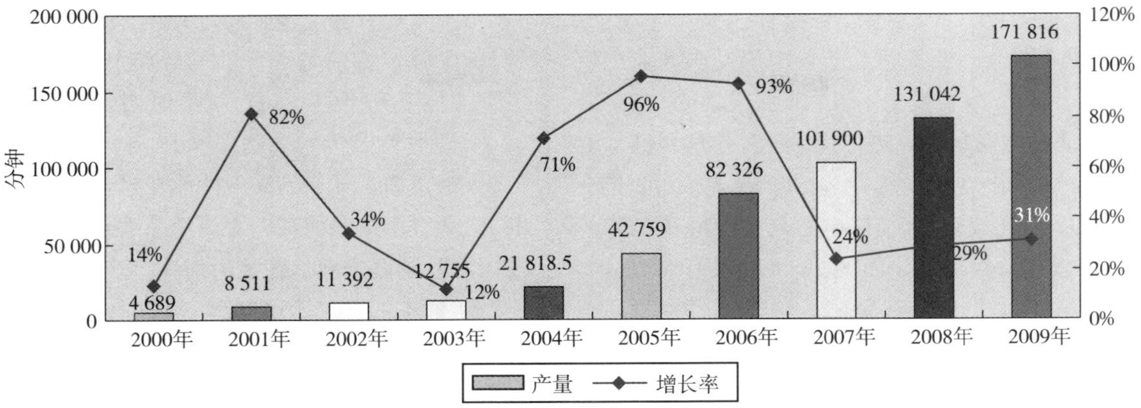

图 3　本世纪历年国产电视动画片产量增长

识和技术的积累提供了坚实基础。在产量迅猛增长的同时，国产动画片的创作水平和艺术质量也有所提高，一些优秀国产动画片受到观众欢迎，陆续出现了如《美猴王》、《西游记》、《孔子》、《郑和下西洋》等富有中国特色和中国风格的动画作品；《诺诺森林》、《月亮大马戏团》等构思精巧、制作精良的原创动画片也走入观众视野。此外，《福娃奥运漫游记》、《大耳朵图图》、《郑和下西洋》、《独脚乐园》、《喜羊羊与灰太狼》、《三国演义》6 部动画片获第 11 届“五个一工程”奖；2009 年共有 52 部优秀国产动画片被广电总局推荐播出。

（二）电视动画制作备案数量增长较快，题材较为集中

2009 年，全国国产电视动画片累计备案公示剧目数量达到 460 部、428 879 分钟，平均每月备案 38 部、3.6 万分钟，同比增长 19.79%和 32.81%。按所占比例大小排名，备案公示的国产电视动画片题材依次为：童话（146 部、133 942 分钟）、教育（130 部、128 210 分钟）、现实（49 部、41 869 分钟）、神话（31 部、26 194 分钟）、科幻（31 部、27 214分钟）、历史题材（31 部、26 679 分钟）和其他（42 部、30 652 分钟），题材选择仍然主要集中在童话、教育方面，这两类题材占了总体的 62%。

（三）全国各地竞相上马动画项目，动画大省实力强劲

2009 年，共有 21 个省份以及中央电视台生产制作了国产电视动画完成片，排在前五位的省份是：江苏、浙江、广东、湖南、辽宁。相较 2008 年增幅较大的省份分别是：辽宁、广东、江苏、浙江、福建；较 2008 年降幅较大的省份是湖南省（见表 3）。从制作备案情况来看，共有 27 个省份以及中直机构和中央电视台进行了制作备案，比 2008 年多了 6 省市。排在前五位的省份依次是江苏、浙江、辽宁、广东、北京，合计备案 290 941.5 分钟，占全国的 67.84%；江苏省以 96 部、87 428 分钟排名榜首，进一步巩固了其动画大省的地位。

表 3　　2009 年全国各省国产电视动画片生产情况

序号	省别	部数	分钟数	序号	省别	部数	分钟数
1	江苏	69	40 314	12	安徽	9	3 736
2	浙江	43	32 758	13	黑龙江	10	3 519
3	广东	40	23 487	14	河南	3	1 402
4	湖南	18	13 063	15	山东	4	1 380
5	辽宁	14	11 211	16	湖北	4	1 373
6	北京	25	9 357	17	山西	4	950
7	中央电视台及所属机构	15	8 478	18	河北	2	682
8	福建	16	6 299	19	广西	2	315
9	重庆	12	5 267	20	四川	1	60
10	天津	10	4 330	21	内蒙古	1	30
11	上海	19	3 787	22	陕西	1	18

（四）国产动画收视份额不断提升，动画频道实力不断增强

34 家少儿频道和 4 家动画频道已成为推动国产动画健康发展的重要平台。中央电视台 7 个频道每天播出动画片约 12 个小时，4 家动画专业频道平均每天播出国产动画片超过 12 小时，全国共有 300 多家电视台具有固定的时段播放国产动画片，是四年前的三倍。地面频道和上星频道两级市场的效应开始显现，现在有一大批省级电视台上星频道开始开设国产动画片的栏目，受到观众的普遍好评。动画频道、少儿频道收视份额逐年提升，截至 10 月 29 日，央视少儿频道平均收视份额达到 2.54%，列中央电视台第五位，全国上星频道第七位。与此同时，我国动画的播映体系日益完善，动画频道、少儿频道不断加强自身建设，积累了大量频道运营经验，并获得了良好的市场回报。央视少儿频道前 11 个月

收入达到 3 亿多元，2010 年广告招标达到 7.18 亿元。整个动画频道、少儿频道随着中国动画产业的迅猛发展，品质、效益发生了巨大的变化。

（五）动画电影制作火热，优秀影片票房飘红

2009 年，国产动画电影达到 27 部，较 2008 年的 16 部增长了 68.75%。经广电总局批准立项制作的国产动画电影为 61 部，而 2008 年度仅有 31 部，足见国内投资动画电影的热情之高。2009 年涌现出不少创作新颖、技术精湛、形象生动的动画电影，《快乐奔跑》、《淘气包马小跳》、《喜羊羊与灰太狼之牛气冲天》和《麋鹿王》四部动画电影获得第十三届中国电影华表奖，《马兰花》获得了第十八届金鸡百花电影节最佳美术片奖。最令人瞩目的是《喜羊羊与灰太狼之牛气冲天》总票房超过 1 亿元，再次刷新了国产动画片的票房记录，《麦兜响当当》、《马兰花》等影片也取得了较好的票房成绩。这些成绩刺激了不少动画人争相上马电影项目，仅国庆档就有《齐天大圣前传》、《神兵小将》和《麋鹿王》三部动画电影同期上映，但票房却不尽如人意。（见表 4）

表 4　2009 年中国票房收入 100 强（动画电影部分）

名次	片名	产地	票房收入（万元）	上映时间
9	《冰河世纪 3》	美国	15 690	7 月 8 日
18	《喜羊羊与灰太狼之牛气冲天》	内地	10 000	1 月 16 日
22	《飞屋环游记》	美国	9 070	8 月 4 日
23	《麦兜响当当》	香港	7 520	7 月 24 日
33	《阿童木》	香港	4 545	10 月 23 日
36	《马达加斯加 2》	美国	4 000	1 月 1 日
41	《豚鼠特工队》	美国	2 655	11 月 24 日
69	《月球大冒险》	比利时	1 140	5 月 28 日
79	《马兰花》	内地	800	6 月 19 日
89	《齐天大圣前传》	内地	450	9 月 29 日
92	《神兵小将》	内地	400	10 月 1 日
93	《哆啦 A 梦：大雄与绿巨人传》	日本	370	8 月 4 日

（截至 2009 年 12 月 27 日）

（六）国产动画品牌影响力显著上升

动漫产业的核心是原创，最大的利润却来自衍生品。在成功创作出知名动画片后，可以通过生产和销售动画片光碟、图书和带有动画形象的游戏、玩具、服装、文具、工艺品等衍生品获取更大利润。根据中文最大搜索引擎百度提供的统计数据，截止到 12 月 31 日，在中文搜索风云榜·动漫卡通排行榜 TOP50 中有 10 个国产动漫品牌。与一年前相比，国产动漫品牌影响力持续加强，排名显著上升，《喜羊羊与灰太狼》和《我叫 MT》两个国产原创动漫跻身前十强，特别是《喜羊羊与灰太狼》从一年前的第 14 位上升至第 4 位。《秦时明月》、《黑猫警长》、《隋唐英雄传》、《大耳朵图图》、《神兵小将》和《天书奇谭》等原创动漫持续在榜，《虹猫蓝兔光明剑》和《小牛向前冲》等国产品牌异军突起。

（七）动画产业运营能力增强，产业效益凸显

《美猴王》、《三国演义》、《喜羊羊与灰太狼》、《郑和下西洋》、《虹猫蓝兔光明剑》、《山猫和吉咪》等国产动画片在电视台播出获得了良好的收视效果，图书、音像、玩具、文具、服饰等衍生产品市场出现了大量的国产动画品牌，彻底改变了五年前境外动画片占据我国动画片播映市场和衍生产品市场的局面。喜羊羊借助电影创造的票房奇迹和知名影响，将其品牌渗透到各个领域。喜羊羊的衍生品授权合作商目前已达到 500 多家，衍生产品范围从主题音像图书、毛绒公仔、食品、日用品到 MSN 表情、手机桌面、屏保等。在《喜羊羊与灰太狼》的收入中，播出版权收益占 30%，其余 70%来自衍生产品的形象授权等方面。

（八）海外市场青睐中国动画，“走出去”工作获得重要突破

近年来，在“走出去”战略推动下，我国动画业在对外合作交流和版权贸易中得到了长足进步。2009 年，全国影视动画片出口 79 部 1 490 小时，占全国影视节目出口总时长的 14%；出口额 3 056.6 万美元，比 2008 年增长了 150%，占出口总金额的 51.9%。中东国家、非洲正逐渐成为我国动画出口的重要地区。一些民营动漫企业如湖南山猫卡通、宁波水木动画设计、江通动画等逐渐成为我国影视文化产品出口的重要力量。湖南山猫动画有限公司的山猫吉咪品牌系列衍生产品出口到美国、日本、韩国、俄罗斯等 50 多个国家和地区，累计出口创汇超过 2 000 多万美元。浙江中南集团卡通公司作品进入 63 个国家和地区，海外销售额达到 500 多万美元。三辰卡通公司的蓝猫系列已出口美国、韩国、中东等 20 多个国家及地区 5 万分钟，版权收入超过 300 万美元。此外，国内动画机构在中外共同投资设立企业和合拍项目等方面也取得了一定进展。由北京辉煌动画公司与日本未来行星株式会社合作拍摄的 52 集大型高清动画电视连续剧《三国演义》在中央电视台电视剧频道首轮播映后，在全国多家电视台同步播放；上海电影集团与汤姆逊集团联手，共同出资成立面向影视、广告、动画等行业提供后期制作的上影 THOMSON 合资公司。

四、以“大动漫产业观”开创中国动漫大未来

在文化部等部门共同主办的首届中国动漫艺术大展上，由文化部首先提出的“大动漫产业观”得到了社会的广泛关注以及业界强烈反响。“大动漫产业观”提出：动漫不仅是漫画和动画产品，而且是囊括出版、影视、演出、新媒体以及相关衍生产业的完整产业链，更是能够为社会生活方方面面服务的大产业（医疗、教学、设计、军事、气象等）；不仅是面向14岁以下孩子的，而且能够为全年龄段人民群众服务；不仅有教育和娱乐功能，而且具有很强的社会功能。以内容产品为核心，在此基础上做大整个产业。

（一）动漫产业加速融合，互动发展

动漫产业实现产业增值主要是通过动画、漫画或其他载体的广泛传播塑造出来的动漫形象进行商业开发，从而提升动漫作品的附加值，带动整个产业链发展。如今，与动漫相关联的产业已涉及和延伸到出版、音像、影视、广告、旅游、教育、食品、网络、数字娱乐、通讯、服饰、文具、玩具、服装等十几个行业或产业。从产业发展模式上看，进入动漫产业的切入点有漫画、电视动画、动画电影、网络动漫、游戏、玩具等多种模式，尽管动漫企业因自身优势和资源不同而采取了不同的进入策略，但随着发展壮大开始逐步向其他领域延伸。2009年，中国动漫产业正在加速融合发展，产业链上各个环节加强互动，共同发展。仅以动画片为例，既有《少林海宝》、《小樱桃》、《摇滚藏獒》、《绝对小孩》等漫画作品改编为动画片，又有《摩尔庄园》等网游改编为动画作品，还有《电击小子》、《铠甲勇士》等与玩具相关的动画片。

（二）新媒体动漫开始发力，未来前景向好

随着3G时代的到来，手机正日益成为一个承载海量信息的移动娱乐终端，手机动漫以其喜闻乐见的表达方式成为手机用户的“新宠”。由文化部、工业和信息化部、教育部、共青团中央、湖南省人民政府、中国移动共同主办的“中国原创手机动漫游戏大赛”已经举办了四届，取得了良好的社会效益和经济效益，拓维信息股份有限公司还通过承办该活动成功上市。目前，中国移动正在全国范围内建设八大内容基地，其中之一就是福建的手机动漫基地，这表明中国移动已经将手机动漫业务确立为未来重点发展的业务之一。第四届中国原创手机动漫游戏大赛参赛单位（企业、工作室）共计1 181家，其中动漫参赛单位865家；征集作品总数为107 046件，其中漫画类作品达79 364件、动画类作品达21 563件；参与大赛活动人数近2 000万人，参赛作品下载次数超过3 000万次。此外，包括拓维信息、索引互动、短讯神州、漫友文化、魔屏科技、开软科技、随手互动、口袋网、天狼星等在内的众多内容提供商和服务商纷纷发力手机动漫。

（三）动漫企业整体多、小、弱、杂，实力企业与日俱增

动漫企业是推动动漫产业发展的市场主体，根据工商总局对企业登记的信息检索，目前全国与动漫有关的企业达5 000多家，经营项目中兼营动漫的也有5 000家，这只是企业注册登记信息，但这些企业并不一定都从事动漫经营活动。根据统计，2009年度生产并取得“国产电视动画片发行许可证”的制作机构共有154家，进行国产电视动画片制作备案的机构共有260家，进行国产动画电影制作备案的有45家。虽然我国有数量比较庞大的动漫企业，但是总体而言，由于起步比较晚，普遍规模比较小，竞争力比较弱。在首批通过认定的百家动漫企业中，既有央视动画、辉煌动画、神界漫画、江通动画、宏梦卡通、中南卡通、漫友文化、奥飞文化等国内较大规模的动漫知名企业，也有为数不少的新兴中小型动漫企业。通过认定的企业注册资本（金）合计11.3亿元，注册资本（金）超过1 000万元的共有34家。2009年，政府部门继续加强对龙头企业的建设和扶持，并着力打造以国有资本为主体和主导的动漫企业，如中国动漫集团有限公司、吉林动漫集团等。

（四）玩具企业争相借力动漫拓展国内市场

据海关统计，2009年，我国出口玩具77.8亿美元，与2008年相比下降10%。在全球金融危机的冲击下，玩具企业积极应对，通过与动漫影视公司合作探索新型赢利模式，大力塑造品牌扩大市场，进而寻求实现转型升级。众多玩具企业争搭动漫车，或自主开发动漫作品带动产品销售，或代理知名动漫品牌授权的相关衍生品。2009年出品的不少玩具产品都富有动漫元素，如：奥迪的铠甲勇士和战龙四驱、灵动的爆丸小子、星杰的百变战兽Ⅱ和星原战记、小白龙的星际飚车Ⅱ、锦兴的旋风金刚、骅威的蛋神奇踪、飞轮的漂移少年、新动乐的铁腕骑士等等。不过，由于多部动画片主题雷同，衍生产品大同小异，因而并没有特别强势的领导品牌，反倒是“喜羊羊与灰太狼”的玩具火热了一整年。但是，奥飞动漫的成功上市无疑为整个行业打了一剂“强心针”，并为很多原创动漫企业的发展找到了新的出路。

（五）动漫产业深受资本追捧，投融资案例明显增多

动漫产业是非常典型的资本推动型行业，生产

周期长、回报时间长、风险大，但利润也高，比如动画片就是一次投入、多次收入，这就注定了动漫企业对于资金的庞大需求。2009年，最让动漫企业兴奋的大事件是被称为“动漫第一股”的A股首家动漫类上市公司奥飞动漫在深圳证券交易所正式挂牌交易。奥飞动漫公开发行4 000万股，发行价22.92元/股，募集资金超过9亿元，发行市盈率达58.3倍，为IPO重启以来深圳市场发行市盈率最高的新股。当天盘价达42.00元，收盘40.95元，全日升幅达78.66%，在同日登陆中小板的3只新股中涨幅最大。此外，广东高乐玩具股份有限公司的首发申请也已获得证监会发审委通过，在深交所发行3 800万股A股，江通动画申请创业板上市的申报材料已被证监会受理。在各级政府部门的推动下，包含动漫在内的文化产业投融资体制和平台不断完善，通过设立专项文化发展基金，组建国有文化产业投资控股集团公司，推进金融机构支持和服务体系建设，从而支持动漫文化产业发展，帮助企业解决融资难题。作为江苏省内首家注册资本达1亿元的动漫企业，江苏慈文紫光数字影视有限公司所获无锡市及新区两级政府的风险投资占到了注册资本的45%。浙江中南卡通影视有限公司获得了杭州银行提供的最高额为1 000万元的版权质押贷款，为提高动漫企业的融资能力开辟了新渠道。作为文化与金融结合的首个政策性文件，中宣部、中国人民银行、文化部等部门《关于金融支持文化产业振兴和发展繁荣的指导意见》于2010年3月正式出台，文化部将联合有关部门在贷款贴息、保险费补贴、投资基金、无形资产评估等配套机制方面实现对动漫企业的扶持，并通过金融机构的支持，加大对动漫企业融资的支持力度。

（六）动漫园区基地建设热度不减，亟待规范管理

与产业发展阶段相匹配的、适度的动漫产业基地园区的设立，对于推动动漫产业的发展具有积极作用。2009年，我国各地动漫园区基地建设依旧如火如荼，中央部委和各地方政府均在有选择地布局发展。文化部和北京市人民政府正式签署首都文化建设战略合作框架协议，共同建设中国动漫游戏城项目；文化部还和天津市签署文化发展战略合作框架协议，在滨海新区合作建设国家动漫产业综合示范园区，规划总建筑面积约62万平方米，预计3至5年建成。2009年，3个国家动画产业基地分别在厦门软件园，沈阳动漫产业基地，北京海淀、石景山和通州文化创意产业集聚区先后揭牌。绝大多数动画产业基地积极落实关于推动我国动画产业发展的举措，制定战略规划、完善服务设施、凝聚动画企业、培养动画人才、推进动画生产，取得了较好成绩。2009年度，国家动画产业基地自主制作完成国产动画片221部，132 325分钟，约占全国总产量的77%，比2008年增长30%。但也有一些基地未能达标，仅以国产动画片年产量达不到3 000分钟这一项硬性指标来衡量，就有长影集团等6家基地自2007年以来连续三年均未达标。此外，各地形形色色的动漫基地园区也在粉墨登场。鉴于目前国内动漫产业基地数量众多、分类庞杂，联席会议正在对全国基地现状进行调研，并拟出台国家级动漫产业基地评估认定管理办法，将对动漫产业基地的规划、认定、评估、管理、运营等方面制定明确标准，动漫基地粗放发展的模式有望由此得到改变。

（七）动漫节展、论坛大赛此起彼伏，需强化特色

2009年，动漫节展持续升温，尤其是假日期间更是此起彼伏，热闹非凡。据统计，2009年我国共举办各种动漫节展、大赛、博览会73次。举办动漫节展最多的3个省份分别为：北京14次、广东11次和江苏6次；举办动漫节展最多的3个月份依次为：12月12次、10月11次和7月11次。从举办届数来看，首届举办的动漫节展大赛依然占据主体地位，为42次；举办4届及以上的动漫节展大赛为14次。五花八门的动漫节展一方面丰富了当地动漫爱好者的娱乐生活，一定程度上推动了当地动漫产业的发展，另一方面也令国内知名动漫企业应接不暇，疲劳奔波于全国各地。目前来看，已经形成一定品牌影响的全国性动漫节展大赛主要有：中国国际动漫游戏博览会、中国原创手机动漫游戏大赛、中国国际动漫节、中国国际漫画节和中国（北京）国际大学生动画节等。除了对部分品牌展会加大力度扶持办成跨地域的综合性节展之外，区域性动漫活动应立足本地，努力打造独具特色的节展。动漫节展亦应少一些行政干预，多一些市场机制，在培育成熟之后早日回归到政府搭台、企业唱戏的运营模式。

动漫产业的核心本质在于“一鱼多吃”，即以动漫品牌形象借助内容传播形成的影响力，通过商业运营，实现在不同商业领域的多次销售，创造出高附加值。中国动漫的未来发展在很大程度上取决于我们能否形成一个完整的市场化投资、工业化生产、商品化发行和产业化开发的商业价值链条运作体系。对于我国动漫企业来说，树立“大动漫产业观”至关重要，唯有“大动漫”方可创造中国动漫的大未来。

（作者单位：牛兴侦，青岛市动漫创意产业协会研究室；齐斌，文化部文化产业司动漫处）

2009年中国网络游戏产业发展报告

方 濯 王瑞玥

一、2009年中国网络游戏产业发展基本状况

2009年第四季度，中国出版工作者协会游戏工作委员会（GPC）与国际数据公司（IDC）联合开展了2009年中国游戏产业调查活动，研究当前中国游戏产业发展现状与趋势，并在2009年中国游戏产业年会发布了《2009年中国游戏产业报告》。报告认为，在金融危机背景下，经过10年高速发展的中国网络游戏产业依然保持强劲增长。

1. 网络游戏销售收入增长快速，休闲网络游戏表现突出。

2009年，中国网络游戏市场实际销售收入为256.2亿元，比2008年增长了39.4%，但增速低于2008年同期的76.6%。其中，中国自主研发的民族网络游戏市场实际销售收入达165.25亿元，比2008年增长了50.1%，占中国网络游戏市场实际销售收入的64.5%；大型角色扮演类网络游戏市场的实际销售收入为184.3亿元，比2008年增长了22.2%；休闲网络游戏市场的实际销售收入为59.9亿元，比2008年增长了112.4%。

2. 网络游戏自主研发进一步加强，网游"走出去"见硕果。

在"中国民族网络游戏出版工程"等一系列政策和措施的推动下，截至2009年11月底，中国网络游戏自主研发企业（不包含网页游戏研发企业）数量已达161家，比2008年增长了22.9%。从全国区域分布来看，北京网络游戏自主研发企业数量达到47家，比2008年增长了23.7%；上海地区的网络游戏自主研发企业数量达到37家，比2008年增长了32.1%；广东地区网络游戏自主研发企业达到25家，比2008年增长了25%；福建地区的网络游戏自主研发企业数量为9家，比2008年减少了25%，是全国唯一出现负增长的地区。与此同时，中国网络游戏研发从业人员数量达到27 909人，比2008年增长了12.68%；中国网络游戏研发公司自主研发的网络游戏达到321款，比2008年增长了12.2%。

2009年，总计有29家中国网络游戏企业自主研发的64款游戏产品进入海外市场。实现销售收入1.09亿美元，比2008年增长了53.9%。与此同时，一些国内网络游戏企业在境外成立分公司运营自主研发的网络游戏，直接参与国际竞争。

3. 网络游戏用户规模高速增长，付费用户稳步攀升。

2009年，中国网络游戏用户数达到6 587万户，比2008年增加了33.46%。其中付费网络游戏用户数达到3 715万户，比2008年增加了22.1%。

4. 网络游戏持续助推相关产业发展。

2009年，网络游戏产业继续推动相关产业快速发展。其中，电信业务受网络游戏带动产生的直接收入达369.1亿元，比2008年增长了18%，为网络游戏市场实际销售收入的1.4倍；IT行业由此产生的直接收入达127.6亿元，比2008年增长了13.5%，为网络游戏市场实际销售收入的一半；出版和媒体行业产生的直接收入达到58.2亿元，比2008年增长了9.4%，主要来源是相关杂志书籍与网络媒体的广告销售收入。

二、网络游戏运营商分析

百度数据中心发布的网络游戏运营商关注度排名显示，2009年，腾讯以27.76%的超高关注度超越了2008年关注度头名——盛大，领跑百度网络游戏运营商关注度排名。盛大、网易和完美时空紧随其后，均保持着5%以上的关注度份额，而网易凭借《魔兽世界》积聚的强大号召力，在下半年甚至超越了盛大排名第二。与之相反，2008年关注度排名第三的第九城市，则由于失去了《魔兽世界》在中国内地的代理权，其关注度排名下跌至第五，并于下半年跌出了关注度前十。而从整体上看，由于大型运营商在游戏运营、新游戏推广和玩家服务等方面的优势，玩家的主动关注仍然以大型网游运营

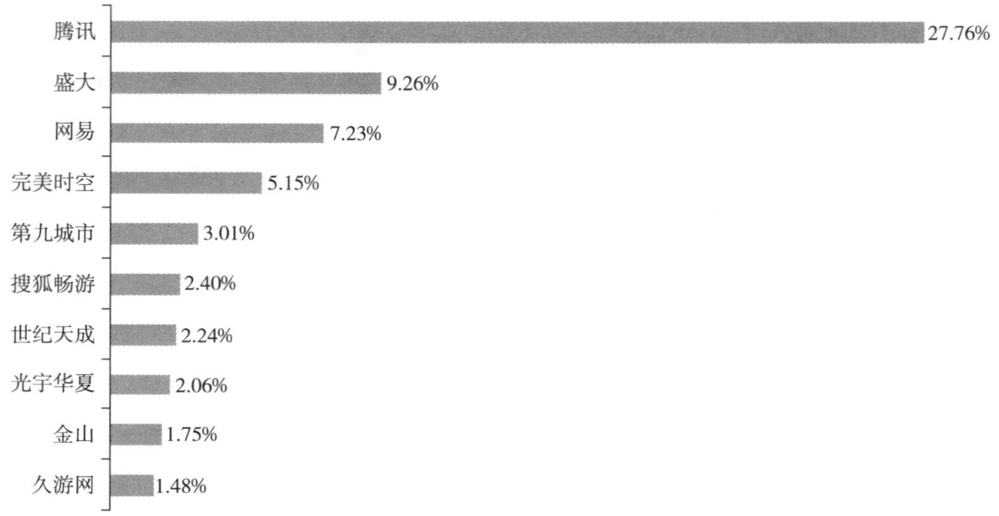

图 1　2009 年网络游戏运营商关注度 TOP10

（数据来源：百度数据研究中心，2010 年 1 月。）

商为主，前十位运营商的关注度总和稳定在 60%以上。但较之于 2008 年前十位运营商 80%的关注度仍然有较大下滑，这说明，前十运营商积累的品牌优势在金融危机的背景下并没有得到充分发挥（见图 1）。

1. 腾讯：主打休闲网游，多元化产品组合制胜

倚靠庞大的 QQ 平台优势和用户资源，凭借《地下城与勇士》、《穿越火线》、《QQ 炫舞》、《QQ 飞车》等多款优秀产品，2009 年，腾讯在市场份额、运营商关注度两项指标上均超越中国网游市场多年霸主——盛大，跃居第一名。其中，专注休闲网游领域并不断丰富产品构成是腾讯实现迅速“上位”的两大关键举措。百度数据显示，2009 年，虽然 MMORPG 类的网络游戏仍主导网游领域，关注度超过了 60%，但休闲网游增速最快，腾讯的五款主要产品均定位于休闲网游，这一方面避开 MMORPG 游戏领域各大公司的激烈竞争，在网游领域的新蓝海实现了突破；另一方面又通过在休闲网游领域打造代理与原创的结合，不断丰富网游类型，提升商业化程度，达到了分散运营风险、多点增收的目的。跻身百度 2009 年休闲网络游戏关注度 TOP10 以及 2009 年网游游戏关注度 TOP10 的《地下城与勇士》、《穿越火线》、《QQ 炫舞》、《QQ 飞车》这四款腾讯产品分别在横版动作过关网游、FPS 类型网游、舞蹈类休闲网游、竞速类休闲网游领域占据首位，前两款游戏属于代理游戏，而后两款则是腾讯自主研发产品。业内权威咨询机构——艾瑞咨询也指出，目前腾讯的游戏收入主要是由五至六款产品创造的，每款产品的贡献度在 15%～20%左右，腾讯虽然不是每款产品都成功，但是基本上保持着每成功一款产品，收入增加 15%的稳健增长趋势。此外，值得注意的是，2009 年末，腾讯开始尝试与巨人进行网络游戏联合运营，《绿色征途腾讯版》正是合作的第一炮。

2010 年初，腾讯发布了其截至 2009 年 12 月 31 日的年度财报。财报显示，腾讯 2009 年的互联网增值服务收入为 95.307 亿元。其中，网络游戏收入 53.854 亿元，较 2008 年 23.259 亿元的网络游戏收入增加了 131.5%。

2. 盛大：战略布局年

2009 年，盛大进一步贯彻其“网络游戏平台策略”，代理引进了韩国 NCSoft 开发的 3DMMORPG 游戏《永恒之塔》以及台湾中华网龙的《吞食天地 2》，均取得较好收益。《永恒之塔》更是凭借出色的游戏品质、合理的点卡收费模式以及盛大成功的运营推广，超越多款明星游戏，作为唯一一款入围的年度新上线游戏，跻身百度网络游戏关注度第三位。

而在自主研发这一传统软肋领域，盛大推出了《传奇归来》。虽然被认为是“新瓶装老酒”，但凭借推广、运营上的一贯优势以及“传奇”系列的影响力，依然让“传奇”系列粉丝趋之若鹜，营收告捷。此外，除通过 18 基金注资小团队外，盛大还与金山软件、暴雨娱乐、蓝港在线、麒麟游戏达成战略合作关系，联合运营了《剑侠》系列、《成吉思汗》等游戏，解决了对“传奇”系列的依赖以及营收单一、游戏老化的弊病，这也为盛大后续的自主研发奠定了基础。通过上述一系列的运营操作，盛大形成了国内最为完善的游戏产品线。

然而，盛大的战略布局还不止于此。2009 年 9 月，盛大网络分拆其游戏业务，盛大游戏在纳斯达克成功上市，将为网络游戏业务带来更多的研发基金，同时这也迈出了盛大网络集团化、多元化发展的第一步。

2010 年 3 月 1 日，盛大网络公布了其第四季度兼全年财务报告（见图 2）。财报显示，2009 年度盛大净营业收入达到 52.41 亿元（7.68 亿美元），较 2008 年增长 47%；游戏营业收入为 48.07 亿元（7.04 亿美元），较 2008 年增长 42%。

3. 网易：《魔兽世界》的新掌门

2009 年 4 月 16 日，美国暴雪娱乐公司宣布，在中国大陆地区《魔兽世界》现有运营权协议到期后，将其独家运营权授予网易旗下关联公司，为期 3 年。凭借《魔兽世界》这一 MMORPG 领域神作的超高人气，老牌网络游戏运营商网易在 2009 年下半年超越盛大，上升至百度网络游戏运营商关注度第二位。虽然获取《魔兽世界》国内代理权代价不菲，但网易的游戏运营收入较之 2008 年同期取得了较大增长。当然，收入的增加还与其旗下自主研发的两款游戏密切相关。2009 年 9 月，《天下 2》作为网易的首款 3D 网游大作正式上线，六年的精心打造加上人气明星代言，《天下 2》取得了满意的上线成绩，玩家数量、付费用户数量都达到了公测目标；与此同时，网易自主研发的《梦幻西游》在上线六年后，创造了国内同时在线网游的最高记录，最高同时在线人数达 256 万（2009 年 8 月 2 日 14 时 40 分）。该数据在彰显出这款旗舰游戏持续流行性和鲜活生命力的同时，也充分肯定了网易的游戏自主研发能力和游戏运营实力。

2010 年 2 月 25 日，网易公布了其 2009 年第四季度及年度未经审计财务报告（见图 3）。财报显示，2009 年网易总收入为 38 亿元（5.60 亿美元），其中，在线游戏收入为 34 亿元（4.94 亿美元），毛利润 28 亿元（4.11 亿美元）。

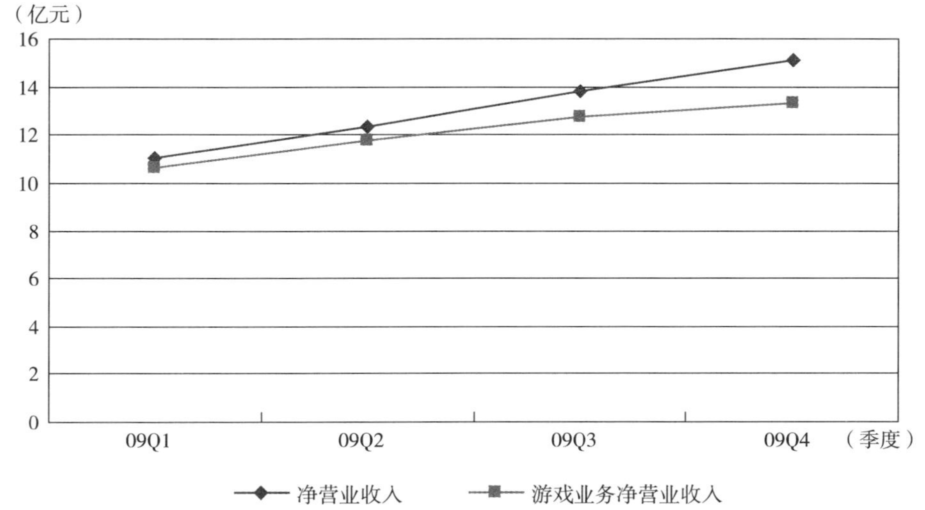

图 2　2009 年盛大收入走势图

（数据来源：盛大网络历次财报。）

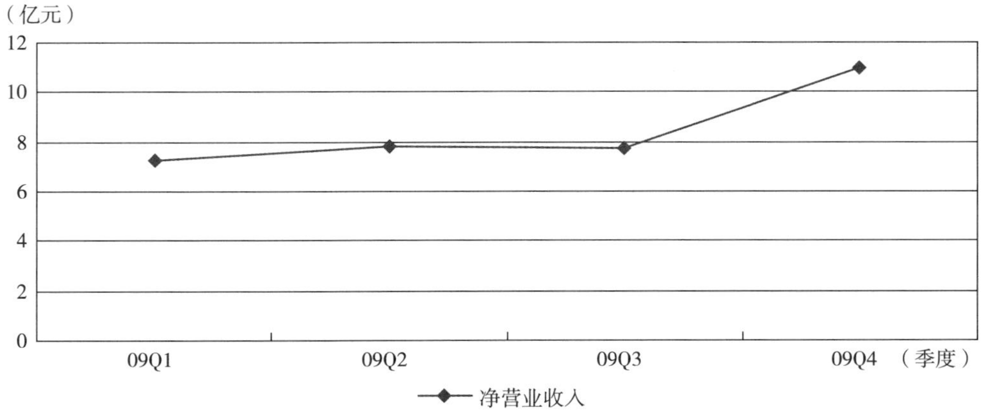

图 3　2009 年网易公司网游收入走势图

（数据来源：网易公司历次财报。）

4. 完美时空：坚持网游自主研发，初次涉足影视投资与营销

2009 年，完美时空的发展呈平稳上升态势，其关注度跃升至网络游戏运营商关注度第四位。作为一家以自主研发为主的游戏运营商，完美时空推出了两款新游戏以及两款经典游戏的更新版本。先是年初的《神鬼传奇》正式上线。作为完美时空的第一款 2.5D 魔幻探险网游，《神鬼传奇》借助年初没有网游大作推出的大好时机迅速占领市场，成功赢得玩家认可。之后，以 2D 市场为目标的《梦幻诛仙》借助“诛仙”系列累积的人气以及密集的宣传攻势，在公测时就创造了百万人同时在线的良好成绩，隐有赶超同类型网游《梦幻西游》之势。这两款新产品帮助以 3D 产品为主业的完美时空完成了在 2D 和 2.5D 市场的产品布局。与此同时，完美时空也不忘对自身优势资源——3D 网络游戏的开发，推出了 3D 游戏《诛仙 2》以及《完美世界》第三版——《完美世界前传》“人鱼传说”，同样为完美时空带来了喜人的业绩。

值得一提的是，2009 年，完美时空投资拍摄的电影《非常完美》也取得了良好的票房成绩，不仅为完美时空带来了 4 530 万元的收入，电影情节还内嵌了完美时空旗下网游《热舞派对 2》，帮助其进一步拓展了品牌影响力。同时，完美时空的海外业务也取得了较大成长，通过旗下美国全资子公司在北美推出的新游戏，使其在北美地区的运营业务有了显著的增长。从收入规模和地理覆盖区域上来看，完美时空已经成为了中国网络游戏出口的龙头企业。

2010 年 3 月 1 日，完美时空公布了其截至 2009 年 12 月 31 日的第四季度及 2009 年度未经审计的财务报告（见图 4）。财报显示，2009 年度，完美时空营业收入为 21.444 亿元（3.142 亿美元），比上年度的 14.372 亿元增加了 7.072 亿元，涨幅 49.2%。其中，在线游戏营业收入为 18.799 亿元（2.754 亿美元），比上年度的 12.510 亿元增加了 6.290 亿元，涨幅 50.3%；海外授权收入 2.146 亿元（0.314 亿美元），比上年度的 1.862 亿元增加了 0.284 亿元，涨幅 15.3%；影视及其他收入为 0.498 亿元（0.073 亿美元）。

5. 搜狐：上市助力畅游研发，代理研发内外双修

2009 年，搜狐子公司畅游的上市为其游戏业务带来了充足的资金和新的发展空间。畅游在正式登陆美国纳斯达克后获得了总融资额 1.2 亿美元的资金，帮助其陆续以“祈宝计划”的名义，代理了深圳网纤时代科技有限公司的《齐天大圣》、火石软件的《大话水浒》等多款网游。年末畅游还耗费 1 亿元人民币代理了中华网龙的《中华英雄 OL》。与此同时，继续自主研发《鹿鼎记》之外，搜狐畅游在海外推广方面也成绩斐然。号称“国产第一网络武侠游戏”的《天龙八部》在取得良好的国内营收业绩，受欢迎度日渐上升的同时，继成功出口越南、马来西亚后，还于年内签约出口泰国。

2010 年 2 月 1 日，畅游公布其 2009 年第四季度及 2009 年度未经审计财务报告（见图 5）。财报显示，畅游 2009 年的总收入达 2.676 亿美元，较上一年的 2.018 亿美元增长了 33%。其中，游戏运营收入达 2.598 亿美元，较上一年的 1.946 亿美元增长了 33%；海外代理收入 780 万美元，较上一年的 720 万美元增长了 8%。

6. 巨人：反思推出征途绿色版本

2009 年，巨人在珠海建立了第 4 个游戏研发基地；年中时，又进行了大规模的股权改造，将项目组独立拆分，巨人持股 51%，团队持股 49%，建立起统一的服务器资源调配体系。这一举措被认为是

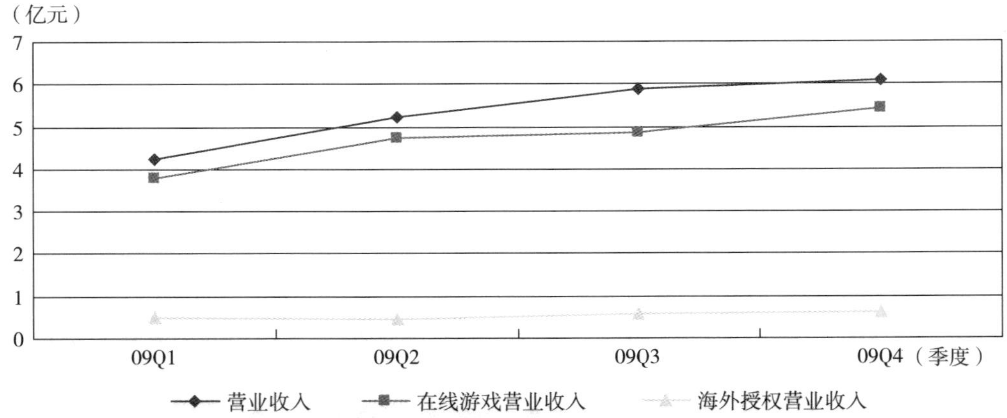

图 4　2009 年完美时空收入走势图

（数据来源：完美时空历次财报。）

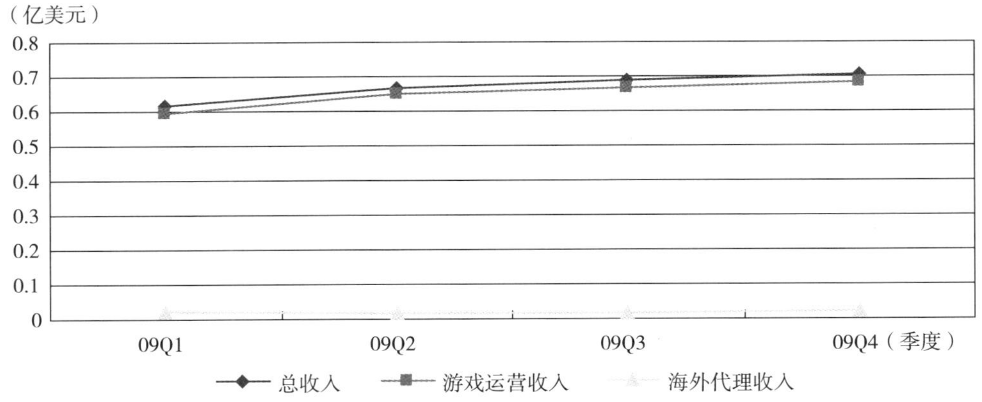

图5　2009年搜狐畅游收入走势图

（数据来源：搜狐畅游公司历次财报。）

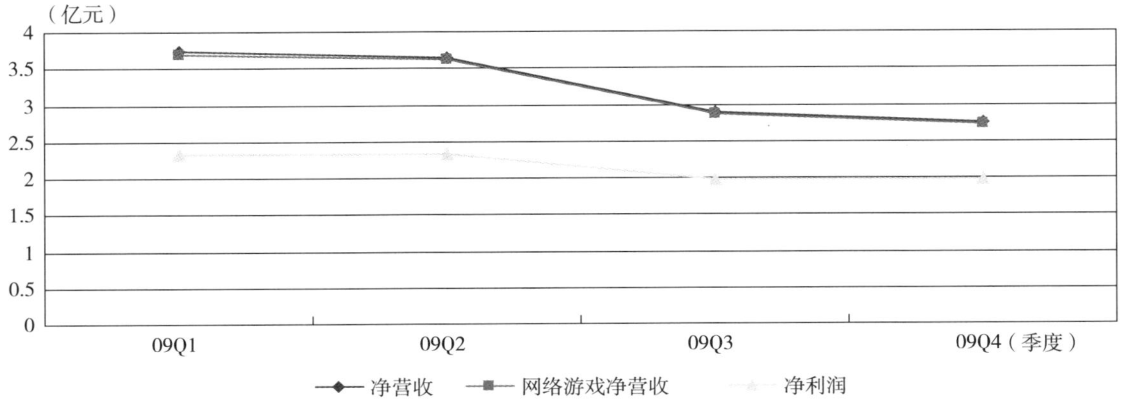

图6　2009年巨人收入走势图

（数据来源：巨人历次财报。）

巨人2009年最为成功的市场动作之一。而在产品方面，巨人推出了反思道具收费模式弊端的《绿色征途》，强调“不卖经验，不卖装备”，旨在改善免费游戏普遍存在的不公平问题。然而问题是，《绿色征途》仍然是换汤不换药的对“征途”系列的改编，巨人的其他产品仍然没有得到市场认可，财务业绩呈现下滑趋势。这也是巨人在下半年着手拓展其他运营途径的原因所在。2009年12月，巨人与腾讯宣布合作运营巨人网络新作《绿色征途》，网游企业中的大企业也加入了联合运营的大潮。

2010年3月4日，巨人公布其截至2009年12月31日未经审计的2009年第四季度和全年财务报告（见图6）。财报显示，2009年，巨人净营业收入下降18.2%，为13.038亿元（约合1.910亿美元）；毛利润下降20.1%，为10.998亿元（约合1.611亿美元）；净利润下降22.8%，仅为8.593亿元（约合1.259亿美元）。

7. 九城：成也魔兽，败也魔兽

2009年，曾经誓言超越盛大的游戏运营商第九城市在下半年失去《魔兽世界》的运营权后，收入同比下降超过50%。各方面的不足也同时暴露了出来：优质游戏缺乏、产品单一集中、与EA的合作收效甚微、自主研发能力不足……雪上加霜的是，九城于2009年新代理的《王者世界》和《FIFA OL2》两款游戏市场反应也远低于预期，没有如期改善九城窘迫的运营现状。

2010年4月，九城公布其截至2009年12月31日第四季度和全年财务报告（见图7）。财报显示，2009年，九城全年总收入8.026亿元（1.176亿美元），较2008年18.061亿元的总收入同比下降了55.6%。其中，在线游戏服务收入7.955亿元（约合1.165亿美元），较2008年18.003亿元下降55.8%；而2009年由《魔兽世界》产生的收入为7.103亿元（约合1.041亿美元），远低于2008年的16.511亿元。此外，九城在财报中表示，“由于未能续签《魔兽世界》授权协议，九城截至2009年12月31日净亏损4.099亿元（约合6 010万美元），并且预期未来可能继续亏损”。

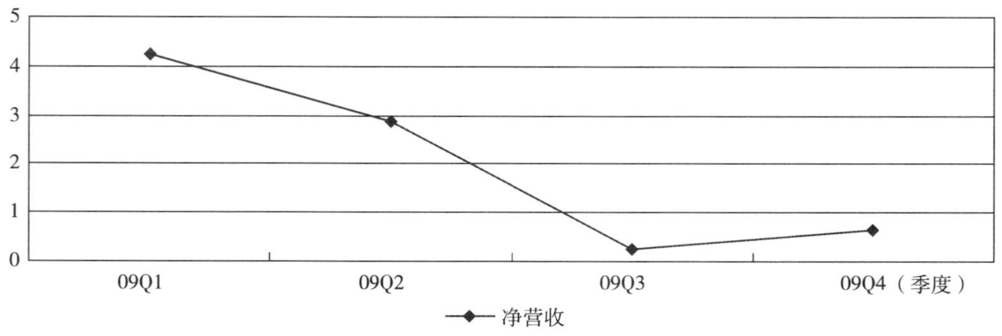

图 7　2009 年第九城市收入走势图

（数据来源：第九城市历次财报。）

8. 其他网游公司 2009 年业绩回顾

2009 年，以自主研发为旗帜的金山在年初就宣布与盛大合作运营旗下的《剑侠世界》和《剑侠情缘》。8 月，金山又推出了重磅产品《剑侠 3》，为其后半年的网游业务带来了强劲增长。此外，《剑侠世界》在越南的正式运营也帮助金山在第三季度收入持续稳增。据金山全年业绩公告显示，金山软件 2009 年网游业务营收为 6.842 亿元，同比增长 24%。

2009 年，为挽救前一年收入下滑颓势，网龙重新调整战略布局，大胆尝试新的游戏题材和游戏玩法。其自主研发运营的 Q 版网游《开心》在 3 月公测时，取得了在线人数十万的良好开局，并荣获 2009 年金翎奖最佳 Q 版网络游戏。此外，网龙也积极拓展海外市场，旗下《机战》、《魔域》、《投名状 online》三款游戏分别成功进军越南、俄罗斯、泰国、日本等地市场；《征服》还于年内推出了阿拉伯语版本，成为中国首款成功打入中东及北非市场的大型国产网游。据网龙 2009 年业绩公告显示，网龙全年收入 6.218 亿元，同比增长 4.3%。

2009 年，久游继续稳扎稳打，全年推出了《仙剑 OL》、《GT 劲舞团 2》、《劲爆篮球》等数款网络游戏。其中，《SD 敢达 Online》获得了 2009 年度优秀游戏评选大赛金翎奖“最佳 Q 版网络游戏”第一名。与此同时，久游还于 2009 年 4 月正式发布了酝酿四年之久的“中华武侠传世系列研发工程”。该研发工程旨在打造次世代国产 MMORPG 大制作精品网游。首批作品《神兵传奇》、《流星蝴蝶剑 OL》官网及首批内容也已向玩家公开。

2009 年，世纪天成的网游运营坎坷不断。虽然旗下旨在整合游戏资源的“爱·游”平台如期上线，核心产品《跑跑卡丁车》还荣获金翎奖玩家最喜爱十大网游。然而，9 月份爆出的《跑跑卡丁车》“棉花糖事件”以及世纪天成自身对《跑跑卡丁车》的运营不当，造成了其核心产品——《跑跑卡丁车》的用户数量持续下滑。百度网络游戏关注度 TOP10 数据显示，在 2009 年，腾讯的同类型网游产品《QQ 飞车》已经赶超《跑跑卡丁车》，而《跑跑卡丁车》的关注度排名也由 2008 年的第五位大幅下降至第十位。

虽然光宇华夏的招牌游戏《问道》在 2009 年百度关注度排名上出现了下滑，但这并不影响其在 2009 年中国游戏产业年会上拿下“十大最受欢迎网络游戏”、“十大最受欢迎民族网络游戏”两个奖项。与此同时，光宇华夏旗下的舞蹈网络游戏《炫舞吧》也获年会颁出的“十大最受欢迎休闲网游”奖项。2009 年末，光宇华夏还与目标软件正式签约代理广受业界、玩家期待的《天骄 3》，实现完美收官。

三、网络游戏产品分析

1. 从网络游戏关注度看，《地下城与勇士》大幅领先，《永恒之塔》成网游新贵。

百度的检测结果显示，2009 年最受关注的网络游戏中，《地下城与勇士》以 22.07%的关注度高居榜首。此外，在众多成熟、经典的老牌游戏夹击下，于 2009 年初上线的韩国网游《永恒之塔》还闯入了关注度 TOP10 排名，取得了第四名的佳绩。一方面彰显了游戏本身出色的品质，另一方面也显示出成熟、运营时间较长的网游产品对市场、用户的强大黏性，但也给新游戏在网游市场崭露头角带来了困难（见图 8）。

2. 从网游产品的类型来看，休闲游戏和网页游戏表现抢眼。

百度的监测数据显示，2009 年，MMORPG 网游虽然仍是网游行业的重心，关注度超过 60%，但相较于 2008 年 71.15%的高关注度已经有了一定下降。与之相反，休闲网游关注度则由 2008 年不足 30%上升至 38.59%。2009 年网络游戏关注度 TOP10

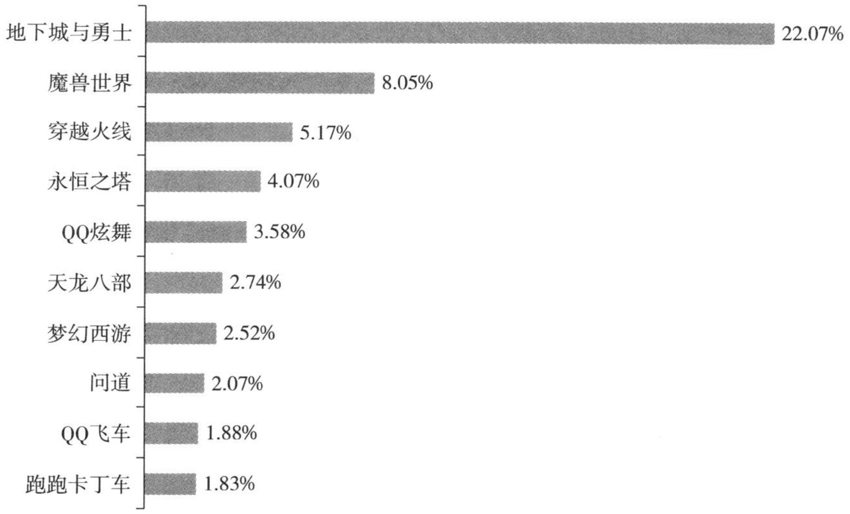

图 8　2009 年网络游戏关注度 TOP10

（数据来源：百度数据研究中心，2010 年 1 月。）

中，有 5 款都是休闲网游。休闲网游关注度的大幅上升带来的是销售收入的成倍攀升。中国出版工作者协会游戏工作委员会发布的调查报告显示，2009 年，中国休闲网络游戏市场的实际销售收入为 59.9 亿元，同比增长 112.4%，这很大程度上得益于休闲网游类型的丰富，口碑产品不断推出带来的玩家需求和消费的增加。与此同时，MMORPG 销售收入仅同比增长了 22.2%。同时期出现高速增长的还有网页游戏领域。网页游戏作为网络游戏一个分支兴起于 2007 年，截至 2009 年末市场规模已经达到了 12 亿元，同比增长 150%。

3. 从玩家对网络游戏画面的关注度看，2D 发力挤压 2.5D 网游市场，3D 仍最受关注。

百度的监测数据显示，2009 年，3D 网游仍然最受玩家关注，达到 46.42%，但较之 2008 年 46.83%的关注度仍稳中略有下降。与之相反，由于各大游戏企业加强了对 2D 网游画面风格的创新，与此同时，各大游戏厂商在 2009 年也推出了多款 2D 新游戏或者既有 2D 游戏的更新版本，甚至像完美时空这类专注 3D 游戏开发的厂商也在 2009 年推出了 2D 网游，导致 2009 年玩家对 2D 类网游关注度由 2008 年的 35.11%上升至 42.43%（见图 9）。

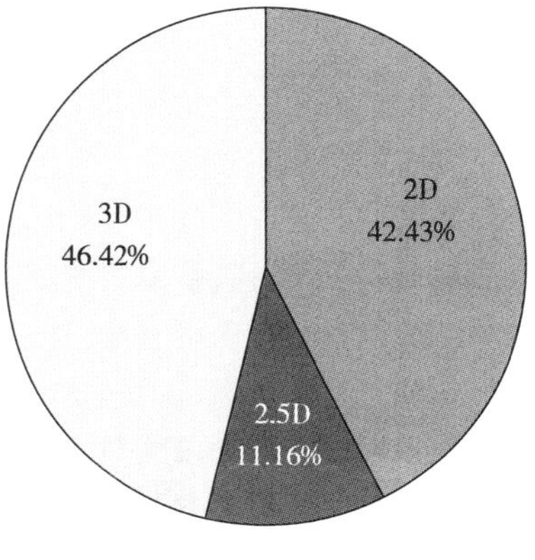

图 9　2009 年玩家关注的网游画面分布

（数据来源：百度数据研究中心，2010 年 1 月。）

4. 从对网络游戏产地的关注度看，韩国网游再次回归关注度第一。

2009 年，凭借《地下城与勇士》的持续高关注度以及新晋网游《永恒之塔》的爆发式表现，韩国网游重回百度产地分布关注度榜首，关注度占到了 47.58%。国产网游则凭借《天龙八部》、《梦幻西游》等自主研发的网游精品以 43.16%的关注比重占据第二位。而欧美地区的网游仅有《魔兽世界》等几款在中国市场正式运营，导致其关注度较低，为 8.34%（见图 10）。

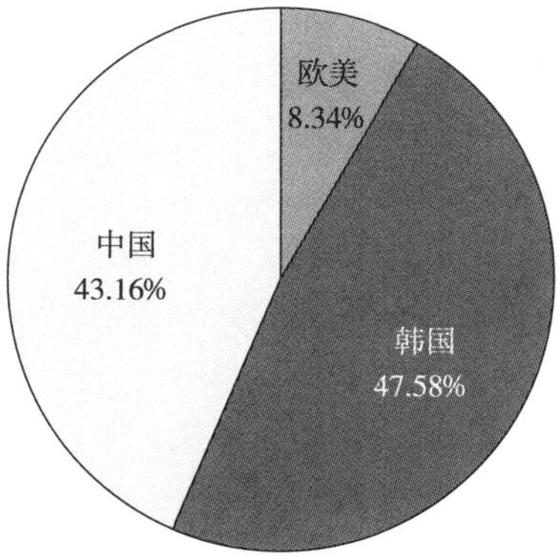

图 10　2009 年玩家关注的网游产地分布

（数据来源：百度数据研究中心，2010 年 1 月。）

四、网络游戏产业年度事件

1. 运营商资本运作频现，上市、收购步伐加快。

2009 年 4 月 2 日，上市公司搜狐将旗下游戏业务分拆，组建全资子公司搜狐畅游（CYOU），在美国纳斯达克上市。搜狐畅游（CYOU）每股定价16美元，发行750万股，总融资额为1.2亿美元。同年，盛大网络将旗下游戏业务分拆组建盛大游戏有限公司。9月26日，盛大游戏有限公司正式登陆美国纳斯达克股票市场，发行价为每股12.5美元，共计发行8 350万股美国存托股，其中1 304.35万股由盛大游戏发行，7 045.65万股由盛大网络发行，融资10.4亿美元。业界分析两家实力雄厚、资金充足的网游运营商分拆上市的主要目的并不是“圈钱”，更重要的是为团队开拓更大的发展空间，稳定团队；同时又能更合理地安排企业资源，给其他业务发展提供机会。

6月8日，盛大网络宣布，盛大网络旗下全资子公司将以每股美国存托凭证4.00美元的价格收购华友世纪51%的完全摊薄已发行普通股，交易作价约为4 620万美元。11月27日，华友世纪宣布，将以全股票交易形式收购酷6，合并完成后，酷6品牌将得以保存，并成为华友的全资子公司。

5月19日，完美时空董事长兼CEO池宇峰确认，该公司已以1 500万元入股成都一家网页游戏公司——叶网科技，以扩大完美时空的在线社区业务。

2.《魔兽世界》易主事件。

4月16日，《魔兽世界》的研发公司暴雪正式宣布与网易合作运营魔兽世界。失去《魔兽世界》运营权的九城收入同比下降93.8%，股价则跌去一半，损失惨重。而新代理商网易则承诺6月底对500万中国大陆玩家正式开放服务器。7月下旬，新闻出版总署称对《魔兽世界》的内容审查工作结束，并提出修改意见，允许从7月30日起进行内部测试，玩家可免费进行游戏，但并未允许网易收费运营。9月19日，网易宣布《魔兽世界》在中国大陆停运15周后，重新正式运营，玩家可自由创建创号，购买并充值游戏时间。

然而，事件的后续发展并没有像网易预想的那样顺畅。11月2日，新闻出版总署终止了《魔兽世界》审批，原因是网之易公司在未经新闻出版总署审批同意的情况下，于9月19日擅自收费并提供新账号注册的行为，已经造成事实上的公开运营服务，严重违反了国家关于网络游戏上网前须经新闻出版总署前置审批和境外著作权人授权规定。

3. 竞争对手成联合运营伙伴。

2009年初金山与盛大达成联运协议，联合运营金山自主研发的3D网游《剑侠世界》。同年12月2日，盛大游戏举行电话会议，CEO李瑜宣布已与金山签订通过盛大游戏平台运营3D MMORPG《剑网3》的协议，进一步加深双方的合作。业内人士分析，结合盛大的运营能力和金山的研发实力，双方合作所体现出来的优势互补，将会最大限度地保障双方的利益并支撑整个《剑网3》未来的可持续发展。而除与金山的合作之外，盛大在线还将正式与麒麟游戏联合运营《成吉思汗》的新资料片。12月8日，腾讯宣布与巨人网络联合运营《绿色征途》，《绿色征途腾讯版》也正式上线。联合运营早在2007年就开始被众多中小企业广泛应用，这种操作模式最大的优势是利用闲置资源达到利润最大化。业内人士认为，大型企业之间存在更多的竞争关系，这一模式是否能在大型企业之间得到长远发展还需要时间来验证。

4. 游戏企业跨行发展，着手影视互动营销。

11月12日盛大网络和湖南广电达成战略合作，成立盛世影业有限公司，双方将在影视制作发行和相关衍生业务领域展开合作。另一游戏运营商完美时空其旗下子公司北京完美时空文化传播有限公司于2009年暑期档推出了首部电影《非常完美》，为完美时空带来了千万利润，完美时空还将旗下热门网游《热舞派对2》嵌入电影剧情中，实现了品牌影响力的拓展。

与此同时，其他网游企业也着手模仿欧美网游公司，对热门网游进行改编影视剧的商业操作。如腾讯授权拍摄《寻仙》同名电影；网易也即将推出《梦幻西游》同名卡通片；金山则计划拍摄《剑侠情缘》同名电视剧等。艾瑞咨询分析，由于游戏和影视作品的用户群相对较为重合，将游戏改编成电影电视是充分挖掘游戏作品价值的最佳途径。

5.《绿色征途》引发网游收费模式新讨论。

10月，巨人网络推出号称“中国首款绿色网游”的新作《绿色征途》，采用全新商业模式，使利益全面倾向非付费玩家。例如：无功勋符、无宝箱、无经验促销活动；在游戏中即可自给自足，装备所需材料可靠打怪或任务获取，玩家普遍关心的贫富差距、游戏消耗、PK等问题都能得到解决。至于如何盈利，巨人的项目评测结果显示，在绿色版中，未来人均付费值将非常低，但是付费用户总量会大大提高，而巨人表示在未来发布的七款新游戏中，也将坚定不移地走绿色收费模式。一石激起千层浪，《绿色征途》引发了玩家、业界对当下网游收费模式的新讨论。业界分析，从《绿色征途》的推出可以看出，中国的网络游戏行业必将从强调自主研发、增强原创性、突出特色差异化等方面出发，走向一条免费的道路。

（注：本文第一部分的所有数据均来自中国出版协会游戏工委编制的《2009年中国游戏产业调查报告》。）

（作者单位：中国人民大学国家版权贸易基地）

2009 年我国数字出版产业发展报告

李广宇

一、2009 年中国数字出版产业发展总体状况及经济规模

数字出版是建立在计算机技术、通讯技术、网络技术、流媒体技术等高新技术基础上，融合传统出版内容而发展起来的新兴出版产业。数字出版产业具有出版快、传播广、费用低、交互性强、更新信息便捷等优点。近年来，伴随着经济的高速发展，互联网技术和移动通信技术的提高、应用和普及，以及国民阅读习惯和环境的明显变化，中国的数字出版产业在短短几年内产值突飞猛进，实现了跨越式发展，呈现出产值屡创新高、手机出版异军突起、电子阅读器风生水起、数字出版盈利模式不断创新等特点。

据统计，2009 年中国数字出版产业的收入达 799.4 亿元，比 2008 年增长 50.6%，产业继续保持高增长。其中数字期刊收入 6 亿元，电子书（包括内置内容的电子阅读器和 E-book）收入达 14 亿元，数字报（网络版）收入达 3.1 亿元，网络游戏收入达 256.2 亿元，网络广告达 206.1 亿元，手机出版（包括手机音乐、手机游戏、手机动漫、手机阅读）则达到 314 亿元。网络游戏、网络广告和手机出版成为数字出版产业名副其实的三巨头（见表 1）。

表 1　　2009 年我国数字出版产业收入情况

（单位：亿元）

行业		汇总数据
手机出版	手机音乐	314
	手机游戏	
	手机动漫	
	手机阅读	
网络游戏		256.2
数字期刊		6
电子书		14
数字报（网络版）		3.1
网络广告		206.1
合计		799.4

据统计，2006 年数字出版产业收入达 213 亿元，2007 年达 362.42 亿元，2008 年达 530.64 亿元。2009 年的收入是 2006 年收入的 3.75 倍，年均增长率超过 55%，大大高于其他行业，为国民经济的增长作出了重大贡献。数字出版行业发展日新月异，实现了跨越式发展（见图 1）。

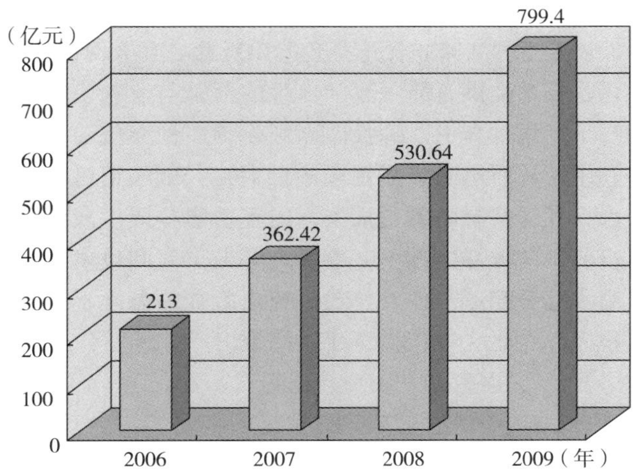

图 1　2006～2009 年中国数字出版产业收入图

二、2009 年中国数字出版产业发展主要特点

2009 年是中国数字出版业持续快速发展的一年。在国家政策、新技术和市场需求的多重推动下，一些传统出版单位和数字出版企业加快了前进的步伐，推动整个产业向前发展。

1. 政策引导加强，监管力度加大。

数字出版产业的发展离不开政策的支撑与引导。政府始终是我国数字出版产业发展的主导力量。2009 年，政府部门根据数字出版业的特点，进行了强有力的监管。

（1）为整治互联网和手机媒体淫秽色情及低俗信息，中央外宣办、全国“扫黄打非”办公室、工业与信息化部、公安部、新闻出版总署等中央 9 部门联合部署专项整治活动，有效地净化了网络环境，

保证了数字出版产业内容朝着积极向上的方向发展。

(2) 新闻出版总署、国家版权局、全国“扫黄打非”办公室根据国务院“三定”规定和中央编办有关解释，进一步加强对网络游戏的前置审批和进口网络游戏审批的管理，形成了网络游戏依法审批的良好开端，解决了长期以来在网络游戏管理中存在的“自设审批、重复审查的问题”①，有利于规范网络游戏产业秩序。

(3) 上海发布《关于本市从事数字出版业务工商登记有关问题的意见》，给全国提供了一个良好的示范。业界认为该意见有利于政府从行业管理角度对企业从事数字出版业务工商登记方面的工作进行规范。

2. 营销策略与盈利模式有所突破。

盈利模式不明朗，营销策略不成熟，一直以来是数字出版业的难题，也阻碍着数字出版业的飞速发展。近两年来，无论是传统出版社、互联网企业，还是技术提供商都对数字出版的营销与盈利模式进行了探索。其中，跨媒体出版强调多种介质的有效利用，从而达到传播效果的最大化；版权销售模式因为其易控制而备受推崇；内容销售分成模式由于目前诚信体系建设不完善、内容提供商和技术提供商收益分配不合理，导致传统出版社的态度不是很积极。除此之外，2009 年也涌现出一些新亮点。

(1) “湿营销”② 广受欢迎。

目前，社交网络发展迅速，形成了“湿营销”模式。“湿营销”是指借由互联网社区型网站聚合某个群体，并以某种方式将其转化为品牌的追随者，赋予消费者力量，鼓励他们以创造性的方式贡献和分享内容，从而影响商家的新产品开发、市场调研、品牌管理等营销新战略。“湿营销”的兴起表明社区型网站即将完成商业角色的转换，从 C2C 为主的生活化、娱乐化平台，转变为真正的虚拟社会、生态社区。

(2) 网游联合运营模式得到加大。

联合运营是指开发商将产品提供给许多有能力推广的合作者，并架设单独的服务器进行游戏运营，开发者和运营合作者分享游戏收益。这种运营模式由联众与成都梦工厂等企业开创。2009 年盛大与金山联合运营《剑网 3》，巨人与腾讯联合运营《绿色征途》，把这种合作模式推向新高度。

(3) 广告营销投入得到强化。

2009 年，汉王投入 4 800 万元买下央视黄金广告时段推销电纸书，并推出著名影星许晴任形象代言人，一改以往阅读终端产品不温不火的宣传策略，形成了一定影响力；巨人网络和腾讯公司于 2008 年和 2009 年相继以重金向央视的黄金时段投放广告，打“擦边球”来推广网络游戏和相关产品。

(4) “双网运营模式”浮出水面。

我国无线互联网市场快速增长，但由于仍未完全成熟，与有线互联网市场相比，规模差距甚远。以游戏市场为例，2008 年互联网游戏市场达到近 200 亿元的销售规模，但无线互联网游戏市场仅 13 亿元③。2009 年 12 月，空中网收购大承网络，试水“手机游戏＋互联网游戏”双网组合的游戏业务模式，寻求巩固空中网收入稳定性的新途径。

(5) 博客网站尝试多种运营思路。

因为自身造血能力不足，博客类网站面临着严峻的市场环境。除了继续深耕用户资源，博客类网站开始转换运营思路，在艰难探索中求变。如方兴东率领的博客网在历经多种盈利模式的摸索后，选择了将网页游戏和博客网站嫁接起来。在博客网首页悬挂的《战三国》网页游戏的巨幅广告，表明了博客网流量换现金的努力。

3. 手机出版受到前所未有的重视。

工信部 3G 牌照的发放，标志着我国正式进入 3G 时代。中国手机阅读用户的日渐增多，手机上网速度的不断提升，为手机阅读提供了广阔的发展空间，受到前所未有的重视。

(1) 全媒体出版崭露头角。

冯小刚的长篇小说《非诚勿扰》以及英国电影《贫民窟的百万富翁》同名原著（中文版）采用传统图书、互联网、手持阅读器、手机阅读平台等方式同步出版，开创了国内全媒体出版的先河。虽然全媒体出版只是一个商业概念，但是它将手持阅读器与手机阅读平台在众多出版渠道中凸显出来，值得我们关注。

(2) 电信运营商积极建设手机阅读基地，打造手机阅读产业链。

电信运营商前向整合内容资源，与拥有版权资

① 参见《新闻出版总署、国家版权局、全国“扫黄打非”工作小组办公室关于贯彻落实国务院〈“三定”规定〉和中央编办有关解释，进一步加强网络游戏前置审批和进口网络游戏审批管理的通知》，http://www.lawyee.net/Act/Act_Display.asp?RID=641342。

② 参见《“湿”营销，亲爱的粉丝，你好！》，载《成功营销》，2009 (8)。

③ 参见陆俊：《空中网试水“双网”游戏模式 改变单一游戏业务》，见大洋网—信息时报，http://it.sohu.com/20091223/n269147088.shtml。

源或丰富内容资源的企业合作，获取支撑手机阅读的内容资源，后向与终端厂商合作，定制电子阅读器终端。经由终端与内容的双向贯通，整合手机阅读产业链。2009年，中国移动计划投资5亿元建立手机阅读基地，并与浙江出版联合集团、盛大文学、方正网络、中文在线等10家出版单位和文学网站签署合作协议。随后，中国电信、中国联通也加入进来，前者将阅读基地设在浙江，后者与广东一家企业合作推广手机阅读业务。

4. **微博发展异军突起。**

2009年，互联网最红的是SNS、开心网和微博。微博即微博客，是新兴起的一类开放互联网社交服务。虽然微博因为“太琐碎”、“口水信息太多”而被一部分人诟病，但是它的出现可以说是互联网时代更深入人心的一种表现，推进了草根文化的发展。尽管微博客盈利模式还未明朗，但已经成为新浪等网站积极开发的业务。截至2009年底，新浪已经推出新浪微博，腾讯公司推出腾讯滔滔，搜狐微博及搜狐旗下的ChinaRen微博正在内测，网易也在考虑推出微博。门户网站的加入与此前国内涌现出的一大批Twitter模仿者，如嘀咕等，共同掀起了2009年度的微博热潮。

值得注意的是，最先在国内开展微博客业务的网站，如饭否、叽歪等因为一些特殊原因，曾处于“系统被维护中”的运营状态。可见，如果微博客尚没有完整及时的内容审核机制，将在运营上面临巨大的政策风险。

5. **网络规范与版权保护得到关注和改善。**

2009年，微软中文字库未付费案，谷歌图书馆侵权案，央视诉6家视频网站侵权，及由激动网、优朋普乐、搜狐视频3家共同发起的“中国网络视频反盗版联盟”所展开的维权行动，掀起了我国网络规范与版权保护的新一轮风暴。新闻出版总署、国家版权局、工信部等相关部委展开治理行动。治理行动采用“一手规范、一手打击”的措施，在严厉打击各种网络侵权盗版行为的同时，注重规范合法网站使用作品行为，督促网站对网络影视传播、网络文学频道、网络新闻转载等涉及作品授权使用问题进行自查，取得了丰硕成果。据统计，截至2009年10月中下旬，共有包括网络小说、手机小说在内的1 414种淫秽色情和低俗网络文学作品被查处，20家传播淫秽色情文学网站被关闭，累计删除各类淫秽色情文学网页链接3万余个[①]；截至2009年11月末，各级版权行政执法部门及公安、工信部门共查办网络侵权案件541起，关闭非法网站362个，采取责令删除或屏蔽侵权内容的临时性执法措施552次，罚款总计128.25万元[②]。有效的措施、强大的打击力度，给了数字出版商使用和保护正版、坚持走正版之路的信心。

6. **电子阅读器发展迅猛。**

2009年被称为数字阅读元年，电子阅读器元年。随着电子阅读器市场的日益火爆，越来越多的企业开始投身于电子阅读器行业。这终于使电子阅读器由市场上的“亮点”转变为“热点”。

（1）厂家驱动市场火爆。

不仅汉王科技推出“电纸书”，方正集团也联合卓望推出了“文房”阅读器，天津津科则推出“翰林”阅读器。此外，易博士、博朗、易迪欧等也推出了各自的电子阅读器产品。同时，以联想、纽曼、华旗等为代表的一批IT企业也涌入市场，就连经营主业为通信的中国三大运营商也已经或计划杀入电子阅读器领域。中国移动已于2009年5月联合汉王科技、华为等4家国内电子阅读器生产厂商，推出了G3电子书阅读器。电子阅读器市场一时间风生水起。

（2）“技术＋内容＋通路”完整商业价值链初步显现。

目前，一些企业已不再把所有精力倾注于硬件销售——只卖终端。它们在提供硬件技术的同时，也注重内容和通路的建设。汉王将购买到版权的电子书内置到阅读器中，与番薯网合作，获得部分数字化内容的授权；同时与中国移动合作推出G3电子阅读器。借助3G网络，用户可随时上网阅读小说、博客、新闻等内容，初步打通了“技术—内容—通路”这条产业链。方正也与中国移动旗下卓望公司合作，“文房”内置TD无线模块，用户可以在线下载网上“书城”中的图书。“文房”还可接收新闻和股市资讯（这些新闻与资讯均来自各大媒体与专业机构）。这两类信息由文房后台通过移动互联网向文房终端推送。

（3）产品支持电子文档的格式增多。

电子阅读器支持的文档格式越多，越有助于其提高市场竞争力。因此，各厂商努力提高对格式的技术支持。2009年底，索尼将旗下的电子书阅读器全部转换为支持开放标准的EPUB格式。目前大部

① 参见赖名芳：《2009“扫黄打非”大事回眸》，载《中国新闻出版报》，2009-12-21。

② 参见方圆：《2009版权保护要闻回顾》，载《中国新闻出版报》，2009-12-21。

分大容量的电子文档都是使用 PDF 格式，以往的 kindle 不支持 PDF 格式，用户只能通过较为复杂的手段进行文件格式的转换。2009 年推出的 kindleDX 和升级后的 global，让使用者无须转档，就可直接阅读原始 PDF 格式的专业和个人文件。

7. 传统出版集团（社）纷纷涉足数字出版。

目前，数字出版技术企业发展飞快，在数字出版方面已将传统出版社远远地甩在后面。迫于越来越大的压力，传统出版集团（社）不再坐而论道、迟疑观望，纷纷转型涉足数字出版（见表 2）。

表 2　　**2009 年出版集团数字出版转型建设情况一览**

出版集团	数字出版相关部门名称	项目名称	项目内容及进展情况	其他
中国出版集团	中国出版集团数字传媒有限公司	中国数字出版网	前期重大工程之一“中国出版集团数字资源总库”	“中国数字出版网”工程被列入第一批国家信息化试点
中国科学出版集团	数字出版中心	中国科学出版集团数字出版平台	第一期在 2009 年已经基本完成，即将进入第二期建设	集团计划在 2010 年，数字出版平台开始为用户提供服务
广东省出版集团	广东省出版集团数字出版有限公司	“电子书包”、教育出版数字化平台、广东新课程网、手机出版、广东数字出版基地	广东数字出版基地正式开工，其他项目已取得一定成绩	无
安徽出版集团	数字出版中心	数字出版及新媒体业务	建立校园和社区数字网络教育系统；开通“时代”网上教育平台；推出第一份教育类手机彩信报	无
江西省出版集团	数字出版中心	数字出版业务	计划实现：数字化出版流程管理、数字化内容出版、网络销售等，从传统的出版物提供者向数字时代的内容服务商转型	已与北大方正集团签署战略合作框架协议书
陕西出版集团	不详	中国版本图书馆——文化教育音像出版物数据库	已与国家图书馆签署协议	项目完成后，该数据库将是国内最权威、最完整的音视频资源数据库
浙江联合出版集团	数字传媒有限公司	数字出版业务	计划：出版资源数字化；建设全媒体出版平台；建立新的业务体系，实现数字内容的集成化服务和运营；拓展全媒体出版和按需出版	无

资料来源：田丽丽：《盘点 2009 年出版集团年度表现》，载《中国图书商报》，2010-01-05。

此外，作家出版社、春风文艺出版社等也纷纷采取行动，或成立数字出版部门，或上马数字出版项目。传统出版社进军数字出版的号角已经吹响。

尽管我国的数字出版产业仍然受困于版权保护力度不够、盈利模式不明晰、产业链建设不完善、复合型高端人才缺乏等诸多不利因素，但是戴着镣铐起舞的中国数字出版产业已经步入发展的快车道，根据相关数据显示，2010 年数字出版产业的收入有望突破1 000亿元大关。

（作者单位：中国出版科学研究所数字出版研究室）

2009 年中国图书版权贸易分析报告

彭　翊　李方丽

2009 年，对于中国图书业来说，除“转企改制”、“上市”、“收购”、“联合”、“数字出版”等热点话题外，“走出去”依然是重点探索的主题。这一年，文化出口作为重点目标之一被列入《文化产业振兴规划》，中国首次获邀成为法兰克福书展主宾国，新闻出版总署先后启动实施“中国文化著作翻译出版工程”与“经典中国国际出版工程”，各出版企业也使出浑身解数“走出去”，有的“造船出海”，在海外建立分支机构抢占国际市场，有的通过西方作家介绍中国，促进版权输出。

一、2009 年中国图书版权贸易基本情况

图书版权引进与输出保持平稳增长。2009 年，全国共引进图书版权 12 914 种，比 2008 年增加 2 137 种，增幅为 19.83%；输出图书版权 3 103 种，比 2008 年增加 663 种，增幅为 27.17%。自 2000 年以来的十年间，除 2003 年出现了一些波动外，全国图书版权引进与输出保持了较为平稳的增长趋势（见图 1）。

图书版权引进与输出比例呈缩小趋势。2009 年，全国图书版权引进与输出的比例为 4.16∶1，虽然未能超越 2007 年的 3.99∶1，但与 2008 年的 4.42∶1 相比有所回落。自 2000 年以来的十年间，除 2003 年出现反弹外，全国图书引进与输出比例呈缩小趋势（见图 2）。

西方发达国家与东亚文化圈是我国进行图书版权贸易的主要对象。从图书版权引进与输出的贸易总额看，2009 年我国图书版权贸易总共为 16 017 种，比 2008 年增加 2 800 种，增幅为 21.18%。其中，我国与美国的图书版权贸易总数为 4 800 种，占全部图书版权贸易总数的 29.97%，名列第一。我国大陆与台湾地区的图书版权贸易总数为 2 126 种，占全部版权贸易总数的 13.27%，名列第二。英国紧跟其后，为 2 067 种，占全部版权贸易总数的 12.91%。排名前三位的国家与地区版权贸易之和占全部版权贸易总数的 56.15%，表明我国图书版权贸易仍然主要集中在少数几个国家和地区（见图 3）。

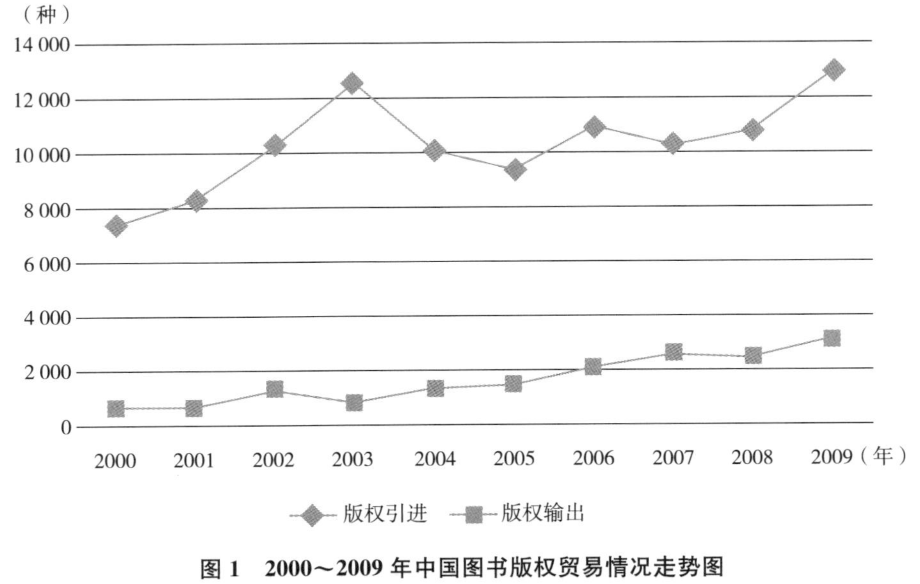

图 1　2000～2009 年中国图书版权贸易情况走势图

（数据来源：国家版权局历年统计。）

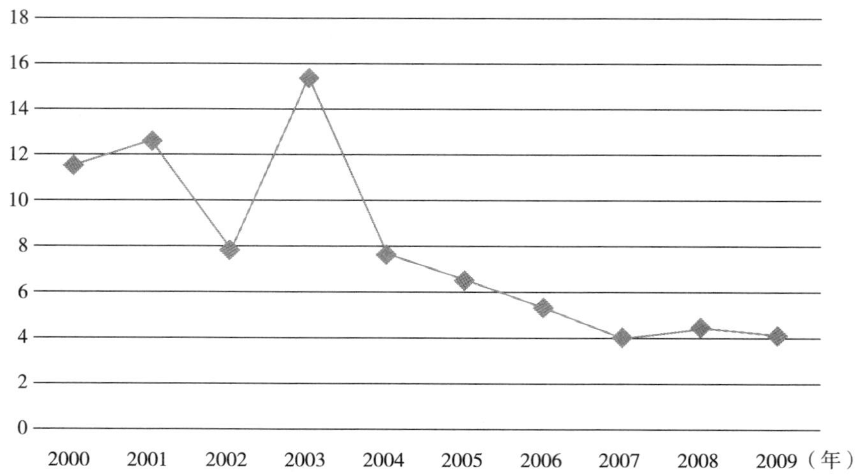

图 2　2000～2009 年中国图书版权引进与输出比例走势图

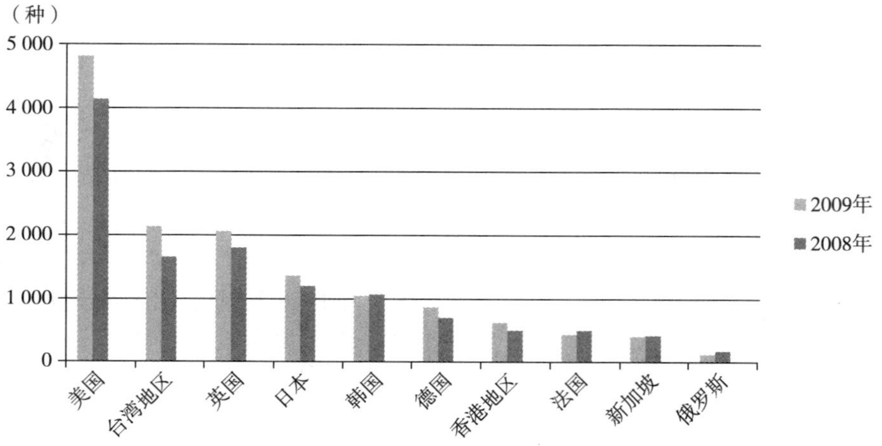

图 3　2008～2009 年中国版权贸易总数地区分布

2009 年，我国进行图书版权贸易的对象主要集中在美国、英国、日本、韩国、德国、法国、新加坡、俄罗斯等国家和香港、台湾地区，一方面反映了我国与西方发达国家经济文化交流的日益深入，另一方面反映了东亚文化圈的亲缘性与华文文化圈的历史认同。

从图书版权输出地看，2009 年我国大陆向台湾地区输出图书版权 682 种，比 2008 年增加 79 种，占全部输出总数的 21.98%，名列第一。美国超越韩国，排在第二位，我国向其输出图书版权 267 种，比 2008 年增加 145 种，占全部输出总数的 8.60%。韩国退居第三，我国向其输出图书版权 253 种，比 2008 年减少 44 种，占全部输出总数的 8.15%。我国大陆向台湾地区、美国、韩国输出的图书版权之和占全部输出总数的 38.74%，比 2008 年向台湾地区、韩国、香港地区占图书版权输出总数的 49.30%降低了 10 个百分点，表明 2009 年我国图书版权输出地的集中程度有所减弱（见图 4）。

从图书版权引进地看，2009 年我国大陆从美国引进图书版权 4 533 种，比 2008 年增加 522 种，占全部引进总数的 35.10%，排名第一；从英国引进图书版权 1 847 种，比 2008 年增加 93 种，占全部引进总数的 14.30%，排名第二；从台湾地区引进图书版权 1 444 种，比 2008 年减少 200 种，排名第三。前三名的图书版权引进之和为 7 824 种，占全部引进总数的 60.59%，表明我国图书版权引进地集中度仍然比较高（见图 5）。

从图书版权引进与输出比例看，我国与英国（41.04∶1）、美国（37.16∶1）、日本（22.52∶1）、法国（15.92∶1）等西方发达国家存在很大贸易逆差，这种逆差较之 2008 年有所扩大，甚至与新加坡（2.69∶1）、台湾地区（2.39∶1）、香港地区（1.34∶1）等华文文化圈也存在贸易逆差（见图 6）。

京沪依然是我国图书版权贸易的集中地，但版权输出呈各地开花态势。从图书版权引进与输出的总额看，2009 年全国图书版权引进与输出总额超过 500 种的省份共有 3 个。其中，北京引进与输出总

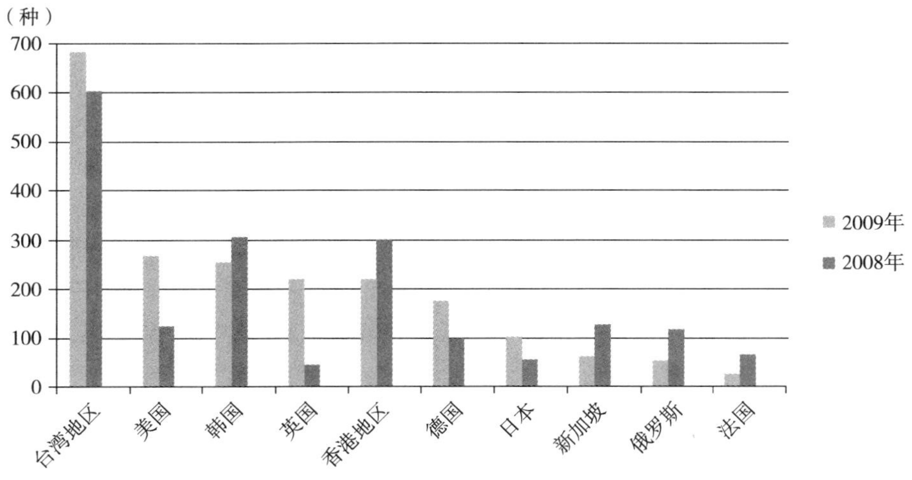

图 4　2008～2009 年中国图书版权输出地分布

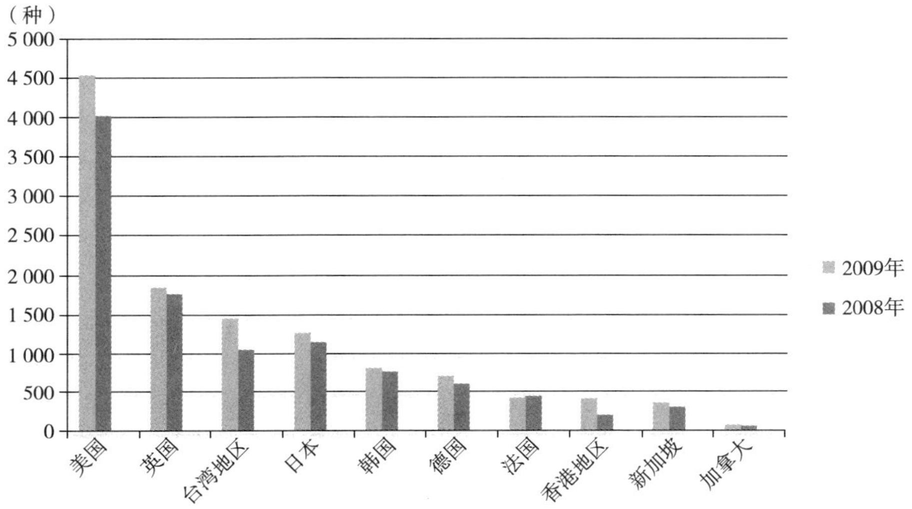

图 5　2008～2009 年中国图书版权引进地分布

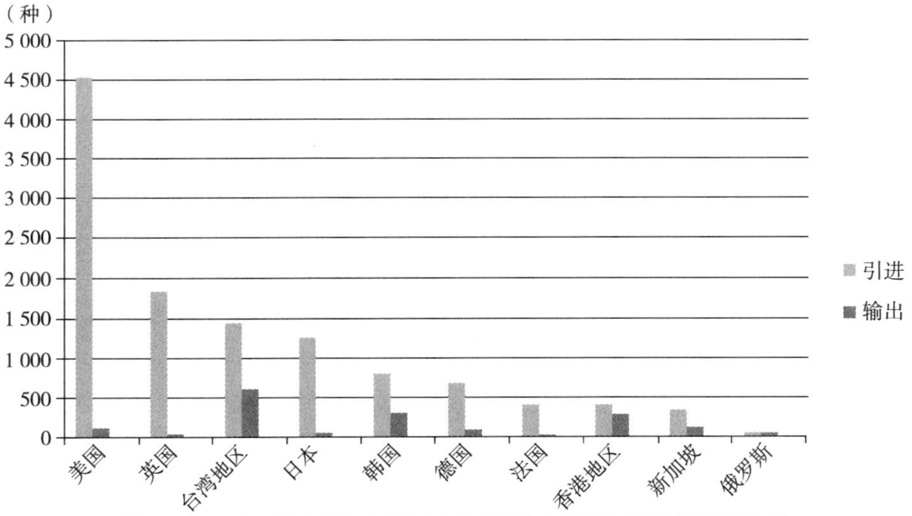

图 6　2009 年我国同各主要国家和地区图书版权引进与输出比较

和为 9 091 种，占全国图书版权贸易总数的 56.76%，比 2008 年约高出 18 个百分点；上海引进与输出总和为 1 536 种，占全国版权贸易总数的 9.59%，比 2008 年高出 2 个多百分点；江苏引进与输出总和为 951 种，占全国版权贸易总数的 5.94%，比 2008 年高出近 3 个百分点。图书版权贸易前三名之和占全国总数的 72.29%，比 2008 年增加 4 个多百分点，这表明全国图书版权贸易活动仍集中在京沪等地（见图 7）。

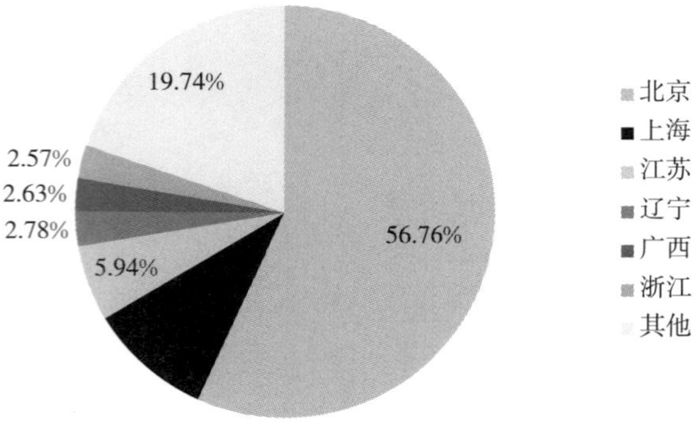

图 7　2009 年全国各省份图书版权贸易总数情况

说明：仅列出图书版权贸易总数超过 400 种以上的省份。

从图书版权引进方面看，2009 年全国引进图书版权 400 种以上的省份共 3 个。其中，北京引进 7 709种，占全国引进总数的 59.69%，比 2008 年增加约 21 个百分点；上海引进 1 304 种，占全国引进总数的 10.10%，比 2008 年增加约 3 个百分点；江苏引进 783 种，占全国引进总数的 6.06%，比 2008 年增加 3 个多百分点。图书版权引进前三名之和占全国引进总数的 75.86%，表明 2009 年我国图书引进主要集中在京沪等地（见图 8）。

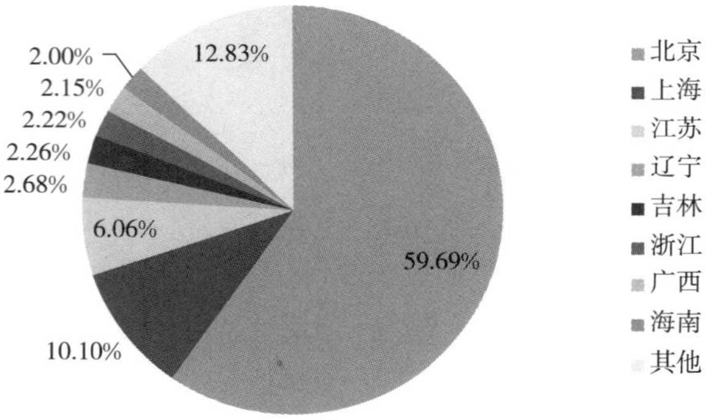

图 8　2009 年全国各省份图书版权引进情况

说明：仅列出图书版权引进 200 种以上的省份。

从图书版权输出方面看，2009 年全国输出图书版权 100 种以上的省份共 9 个，比 2008 年增加 4 个。其中，北京输出 1 382 种，占全国图书版权输出总数的 44.54%；上海输出 232 种，占全国输出总数的 7.48%；安徽输出 169 种，占全国输出总数的 5.45%；江苏输出 168 种，占全国输出总数的 5.41%；广西输出 144 种，占全国输出总数的 4.64%；江西输出 131 种，占全国输出总数的 4.22%；浙江输出 124 种，4.00%；湖南输出 114 种，占全国输出总数的 3.67%；四川输出 100 种，占全国输出总数的 3.22%。图书版权输出前三名之和占全国输出总数的 57.46%，比 2008 年下降了近 7 个百分点，表明 2009 年我国图书版权输出呈现各地开花态势（见图 9）。

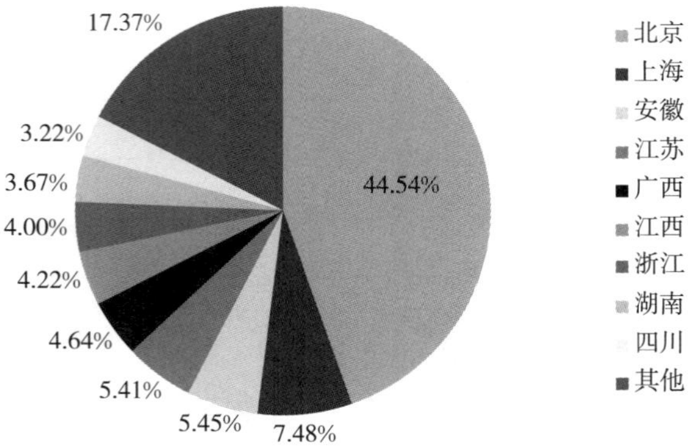

图 9　2009 年全国各省份图书版权输出情况

说明：仅列出图书版权输出 100 种以上的省份。

从图书版权引进与输出的比例看，2009 年，除山西（0.42）、安徽（0.65）、四川（0.75）、江西（0.76）实现贸易顺差外，全国绝大多数省份处于贸易逆差状态，逆差较小的有黑龙江（1.15）、河北（1.38）、湖南（1.5）、广东（1.65）、云南（1.86）、广西（1.93）等省，较大的有海南（36.86），天津（11.92）等省份，其他省份基本在全国平均水平左右。

二、2009 年中国推动版权“走出去”的重点工作

在全球化背景下，国际文化交流日益密切，作为文化交流的重要组成部分，各国之间的图书版权贸易也逐渐升温。而一个国家的图书版权输出的数量与质量，能体现一个国家出版业发展水平与文化影响力。因而，从加强我国图书在国际市场的竞争力与提升我国文化的国际影响力的角度看，加强图书版权“走出去”成为国家文化战略的一部分，也成为我国出版业集体努力的工作重点。

（一）加强版权输出与文化出口被列入国家战略

2009 年 7 月 22 日，国务院总理温家宝主持召开国务院常务会议，讨论并原则通过《文化产业振兴规划》（以下简称《规划》）。《规划》提出加强文化出口的目标，要求“文化产品和服务出口进一步扩大。一批外向型骨干文化企业和国际知名品牌初步形成，对外文化贸易渠道和网络进一步拓展，文化产品和服务出口大幅增长，文化贸易逆差明显缩小，成为我国服务贸易出口的重要增长点”。

在具体措施方面，《规划》提出要“扩大对外文化贸易。落实国家鼓励和支持文化产品和服务出口

的优惠政策，在市场开拓、技术创新、海关通关等方面给予支持。制定《2009—2010年度国家文化出口重点企业和项目目录》，形成鼓励、支持文化产品和服务出口的长效机制。重点扶持具有民族特色的文化艺术、展览、电影、电视剧、动画片、网络游戏、出版物、民族音乐舞蹈和杂技等产品和服务的出口，抓好国际营销网络建设。支持动漫、网络游戏、电子出版物等文化产品进入国际市场。鼓励文化企业通过独资、合资、控股、参股等多种形式，在国外兴办文化实体，建立文化产品营销网点，实现落地经营。办好国家重点支持的文化会展，通过中国（深圳）国际文化产业博览会、中国国际广播影视博览会、北京国际图书博览会等推动文化产品和服务出口。支持文化企业参加境外图书展、影视展、艺术节等国际大型展会和文化活动”。

（二）政府加大扶持力度，为中国图书“走出去”架桥铺路

自2002年我国大力实施“中国图书走出去工程”以来，政府采取了一系列措施助推图书“走出去”，如组织出版单位参加各主要国际书展，启动“中国图书对外推广计划”、“中国文化著作翻译出版工程”与“经典中国国际出版工程”等。

1. 中国首次受邀成为法兰克福书展主宾国。

2009年10月13日至18日，第61届法兰克福书展如期举行，中国首次受邀成为全球最大书展的主宾国。国家副主席习近平在德国总理默克尔的陪同下出席了13日举行的开幕式并发表演讲。他说，能以主宾国身份参加本届法兰克福国际书展，这既为中国全面领略和认知世界各国文化精品提供了一个重要契机，也给世界各国朋友们近距离观察和感知中华文化打开了一扇重要窗口。我们愿意通过积极参与这一国际文化交流活动，让中国文化进一步走向世界，也让世界各国优秀文化进一步走进中国。我们期待通过参与本届法兰克福国际书展，向世界展示底蕴深厚、具有独特魅力的中华文化，展示中国出版事业繁荣发展的崭新面貌。我们也期待通过参与本届法兰克福国际书展，学习和借鉴世界各国发展出版事业的成功经验，进一步促进中国出版界同各国出版界的交流与合作。

作为主宾国，我国共举办600余场活动，其中作家活动150多场，出版社交流活动300多场，出版专业活动近30场，展览活动10多场，各种文艺演出10多场，非物质文化遗产表演活动50多场，以充分展示我国源远流长的历史文化与当代中国的人文风貌。

除了精彩纷呈的主宾国活动外，在第61届法兰克福书展期间，中国的图书版权输出数量可观，共签订版权输出合同2 417项①。

2. “中国图书对外推广计划”收效明显。

2004年，新闻出版总署与国务院新闻办公室合作开展了“中国图书对外推广计划”，自2006年开始正式实施。该计划通过资助翻译的方式，在促进中国图书版权贸易、合作出版等方面取得了明显效果。

除通过资助翻译的方式推动版权输出外，“中国图书对外推广计划”工作小组还聘请了十几位外国专家参与计划，为中国出版与版权“走出去”出谋划策。其中，2009年聘请的外国专家就有美国哈珀·柯林斯出版集团总裁兼首席执行官布莱恩·莫雷、英国剑桥大学出版社首席执行官思蒂夫·博恩、新加坡圣智学习出版集团总裁兼首席执行官罗纳德·杜恩、英国斯坦林大学出版研究中心主任安德鲁。

截至2009年底，“中国图书对外推广计划”工作小组已同美国、英国、法国、德国、荷兰、俄罗斯、澳大利亚、日本、韩国、越南、巴西等46个国家和地区的246家出版社签订了1 350项资助出版协议，资助出版1 910种图书，涉及26个文版，协议资助金额达7 000万元人民币。目前已有559种图书在国外出版②。其中，2009年工作小组的28家单位共输出版权2 200项（不含港澳台地区），比2008年的1 350项增加了850项，成为工作小组成立4年来版权输出数量最高的一年③。

3. “中国文化著作翻译出版工程”与“经典中国国际出版工程”先后启动。

2009年，为加大中国版权输出的力度，政府先后启动了“中国文化著作翻译出版工程”与“经典中国国际出版工程”。

相对于“中国图书推广计划”侧重普及类读物、资助翻译费、项目多、资助面广的特点，“中国文化著作翻译出版工程”侧重高端出版物，注重重点扶持，以资助文化、文学、科技、国情等领域系列产品为主，不仅可以资助翻译费用，还可申请资助出版及推广费用，因而被称作“中国图书对外推广计划”的加强版。截至2009年底，共与6个国家的9

① 参见《法兰克福书展中国主宾国版权贸易统计》，载《中国新闻出版报》，2009-10-20。

② 参见徐楠：《中国出口图书有望获资金扶持》，载《北京商报》，2010-04-12。

③ 2010年3月25日上午，由国务院新闻办公室、新闻出版总署联合主办，时代出版传媒公司承办的“中国图书对外推广计划”工作小组第六次工作会议在安徽合肥召开，国家新闻出版总署党组成员、纪检组长宋明昌的演讲中提到该组数据。

家出版机构签署了10个系列171册图书，涉及4个文版，总金额为1 700万元的资助协议①。

为鼓励和支持适合国外市场需求的外向型优秀图书选题的出版，有效推动中国图书"走出去"，2009年10月初，新闻出版总署启动了"经典中国国际出版工程"。该工程采用项目管理方式资助外向型优秀图书选题的出版和翻译，重点资助社会科学、自然科学、文学、艺术、语言、少儿类优秀选题。选题应是各自领域最高水平的重要作品，以反映中国传统经典文化和当代中国政治、经济、科技、文化、社会等方面发展变化内容的精品图书为主。重点扶持"中国学术名著系列"和"名家名译系列"。工程启动实施后短短一个月内便收到161家出版社的555个项目申请②。

（三）企业唱主角，各显神通"走出去"

1. 西方作家介绍中国，推动中国文化"走出去"。

最为典型的是由吉林出版集团出版的《中国大趋势》。该书由未来学大师约翰·奈斯比特创作，提出了"中国新社会的八大支柱"理论，并由此总结出中国发展的大趋势。2009年10月，其德文版由德国汉斯出版社出版，创造了西方作家创作的畅销书首先在中国出版中文版而后再推出其他版本的首例。《中国大趋势》版权输出的成功表明，通过国际知名的西方作家向西方社会介绍中国是一种行之有效的办法。

2. 版权"走出去"向企业实体"走出去"跨越。

"造船出海"，在国外建分支机构直接做出版发行，实现版权"走出去"向企业实体"走出去"跨越，是近年来中国出版"走出去"战略的新举措。

目前国内已经有多家出版集团、出版社在国外设立了自己的出版发行机构或收购国外出版资源，以更好地参与国际市场竞争。例如，中国出版集团在法国、澳大利亚、美国与当地出版社合资创办出版社，收购法国百周年出版社，成立华语教学出版社伦敦分社；中国青年出版社设立伦敦分社；人民出版社计划在德国和俄国设立分支机构；湖南出版投资控股集团以购买股权的方式并购了韩国阿里泉株式会社。其中，中国出版集团在海外的机构已达到27家，除5家出版社之外，还包括书店和海外分公司。2009年，这些海外公司一共出版图书112种，内容涵盖中国文化、教育、学术、旅游、艺术等各个方面。

3. 利用"外脑"策划外向型选题。

作为中国图书版权贸易的主力军，中国外文局近年来积极加强国际交流与合作，举办"国际出版选题策划会"，邀请美、英、加、澳、法、德等国家的出版发行专家共同研讨和策划选题，充分利用"外脑"，策划外向型图书选题，以提升国际化水平。2009年，法兰克福书展期间，中国外文局（中国国际出版集团）签订版权输出合同332项，位列第一③。

三、中国图书"走出去"，需要各方共同努力

5月25日，在2009BIBF国际版权贸易研讨会上，新闻出版总署副署长、国家版权局副局长阎晓宏表示，推动我国版权贸易全方位上一个台阶，需要政府、社会、企业的共同努力，应加大政策扶持力度，搭建常态性的版权贸易平台，建立一批专业化的版权代理机构。

（一）政府资助

在国外，采用政府资助的方式推动图书版权出口，有较长的历史、较成熟的运作模式和较丰富的经验。如韩国政府1999年制定的《文化产业振兴基本法》就支持参加法兰克福图书展、支持购买优秀图书、支持优秀图书翻译出版、支持出版业进军海外，为出版产业奠定基础，为韩国图书版权出口培育了较好的环境。

为推动图书版权出口，我国政府也启动实施了一批资助项目，如"中国图书走出去工程"、"中国图书对外推广计划"、"中国文化著作翻译出版工程"及"经典中国国际出版工程"等，取得了良好的效果。

随着中国图书版权贸易状况的逐步改善，中国和世界出版形势的新变化，政府资助方式和范围可以适当地进行一些调整。一是拓展资助方式，对反映中国政治、经济和历史文化的经典作品，不仅资助翻译费用，还资助在国外进行宣传推广的费用，以加强版权输出的实质效果。二是扩大资助范围，不仅资助纸质图书版权输出，而且资助数字图书版权输出；不仅资助大社名社，而且资助中小出版社甚至民营机构，全方位调动版权输出的积极性。

（二）企业主导

近年来，很多出版社都成立了专门的版权贸易部门，主动推销自己的图书版权，但仍然有一些出版社尚缺乏版权输出的意识和能力。西方发达国家图书版权输出量多质好，国际影响力较大，除了其综合国力强大外，与其出版社在版权贸易方面的专业化运作是分不开的。我国图书要实现大步"走出去"，必须充分发挥出版企业的主导作用。

① 参见陈方：《中国出版"走出去"驶入加速发展快车道》，见http：//finance.sina.com.cn/roll/20100325/23427634657.shtml。

② 参见冯文礼：《"经典中国国际出版工程"专家评审会举行》，载《中国新闻出版报》，2009-11-18。

③ 参见《法兰克福书展中国主宾国版权贸易统计》，载《中国新闻出版报》，2009-10-20。

就出版社而言，一是要进行细致周密的市场调研，策划适合国外市场的图书选题。出版社需要了解目标市场的政治经济状况、阅读习惯、读者需求以及可合作出版社在该市场的影响力等因素，以确定外向型选题。二是要坚持专业的版权贸易运作程序。选题确定后，需要编制符合拟合作对象习惯的书目和简介，与合作出版机构进行交流，或寻求合适的国外代理机构。谈判时严格按照版权贸易的规则办事，准备的合同条款详尽细致等。三是要注重营销推广。一笔版权贸易业务，并非签订贸易合同就结束了，而要加强版权输出的实际效果，提高输出图书在国外市场的影响力，适当的营销推广是非常必要的。四是要注重提升输出图书的质量，打造一批常销书，树立国际知名品牌。这就需要出版社具有勇于开拓创新精神和国际战略思维。

（三）市场运作

近年来，虽然有《狼图腾》、《于丹〈论语〉心得》、《尘埃落定》、《中国读本》、《淘气包马小跳》等国内知名图书输出到多个国家，取得了比较好的成绩，但真正产生巨大国际影响力的图书却是凤毛麟角，即使版权输出到国外，也未必能取得好的市场业绩。因而，有些出版机构对输出版权并没有十足的动力，认为仅仅是响应国家文化“走出去”的号召而已，把版权输出当作一种责任和义务。

与国际出版传媒巨头相比，我国出版企业在图书版权贸易尤其是打造国际畅销书、常销书方面还有一定的差距，但并非意味着我们就要放弃国际市场。而要赢得国际市场，就必须遵循市场化的运作方式，就要追求经济效益，根据国际市场需求策划图书选题和营销方案，选取装帧形式，拓展销售渠道，进行资本运作甚至建立海外分支机构等。

（四）人才培养

近年来，尽管随着我国综合国力与国际影响力的提升，我国图书“走出去”的步伐在加快，但图书版权贸易依然存在逆差，其主要原因是翻译效果不佳与未找准国际市场需求，归根结底又是人才缺乏造成的，因而加强人才培养成为迫切需要解决的问题。

一是高端翻译人才的培养。中国图书要走向世界，语言翻译是必不可少的桥梁，中国图书乃至中国文化能否走向世界，很大程度上取决于翻译的质量。目前国内懂外语的人不少，但往往比较擅长的是将外文翻译成中文，而真正能用地道的外文和外国人能理解的方式贴切地表达中文原著的高、精、尖的翻译人才却严重不足。语言成了中国图书和中国文化“走出去”的重要障碍。因而，加强高端翻译人才的培养对中国图书“走出去”至关重要。可以在高校外语专业辟出一块，专门训练学生对中国文化著作的翻译能力，或者招募一批在国外长大但中国文化修养比较高的华人华侨专门从事中国图书的翻译工作。

二是版权代理人才的培养。在版权贸易中，既懂国内外出版又懂外语的高水平版权代理人才起着至关重要的作用。国外大型综合性出版社通常配备有非常专业的版权贸易人才，负责经营自己拥有的图书版权。另外，国外版权代理行业非常发达，其中与中国进行图书版权贸易最频繁的美国有600多家版权代理公司，英国有200多家，版权代理人会为作者操持几乎所有的事情。文学名著《尘埃落定》多年前曾卖出15万美元的版权，已向近30个国家输出版权，其作者阿来表示，版权输出后能在海外市场取得成功，与版权代理人对这本书的成功推荐和运作密不可分。因而，加强版权贸易人才的培养也是中国图书“走出去”的重要环节。这些人才需要具备精熟的外语功底、丰富的专业知识和综合知识储备、广泛的社会关系、良好的人际交往与公关能力，以及对国内外出版业务与市场的熟练把握。

（五）平台建设

新闻出版总署（国家版权局）一向重视版权贸易平台的建设，如每年组织各出版机构参加法兰克福书展、美国书展、伦敦书展、BIBF等主要国际书展，并自2007年始先后批复建设了3个国家版权贸易基地。其中，中国人民大学国家版权贸易基地定位于建设国家级版权相关产业要素市场与版权贸易高端服务平台，集聚了英国安德鲁纳伯格、培生教育出版集团、泰勒弗朗西斯等国际知名的出版机构和版权代理公司，并积极帮助国内出版机构寻求国际合作伙伴。

尽管国内对建设版权贸易平台的呼声很高，国家版权贸易基地也在物理空间和网络平台等方面为促进版权贸易进行了探索和尝试，取得了一些成果，但平台要真正发挥作用仍然需要进一步的努力。首先要能在出版业界扩大影响力，与出版机构建立良好的合作关系，获得出版业的积极响应；其次要切实地提供一些出版机构缺乏但自己又无法提供的专业服务，如建设国际版权数据库；再次要能培育一批版权代理人才和机构，最后是能在版权贸易实质业务方面提供服务项目，如合同审核、新闻发布等。

（作者单位：中国人民大学国家版权贸易基地）

版权相关产业研究课题

BAN QUAN XIANG GUAN CHAN YE YAN JIU KE TI

中国版权相关产业的经济贡献

中国版权相关产业的经济贡献课题组

引 言

一、研究背景

版权作为知识产权的一部分，是依法律而存在的①。因而，传统上人们多从法律角度对版权进行探讨和研究。近年来，随着版权理论与实践的迅速发展，人们对版权经济特性的认识与研究日益深入。

在学术研究领域，1960 年，罗纳德·H·科斯发表《社会成本问题》，这篇文章是此后许多法律经济学分析的基石，并成为罗纳德·H·科斯获得诺贝尔经济学奖的基础。此后，经济学对法学、对法律实践都产生了巨大的影响。1973 年，美国芝加哥大学法学院的波斯纳教授出版了《法律的经济分析》一书，标志着法律经济学运动的正式起步。今天，法律经济学不但在美国法学院占据了无可撼动的地位，甚至改变了美国的法律实务②。法律的实证性经济分析与规范性经济分析相互结合、相得益彰，已经并将更大地促进法学研究的发展③。“知识财产是法律经济学分析的一个天然领域，版权则是知识财产的一种重要形式”④。因而，“有关版权法学说的经济分析，一直是那些对经济学与法学之间的交互作用饶有兴趣的学者进行研究的主题”⑤。

当今社会，随着数字技术的发展，版权保护的客体大大扩展，由此带来的经济收益也达到了很高水平。在全球经济中，版权保护为诸如出版、音乐、电影、广播、软件等产业的迅速发展奠定了基础。因版权对经济日益广泛、深刻的影响，有关版权的观念也发生着巨大的变化。正如世界知识产权组织所指出的，一度被视为晦涩法律概念的版权，现在却与数量空前的人群的日常生活息息相关。正因为如此，中国国家版权局面向社会大众，提出了“版权创造财富”的口号。

可见，在知识经济迅速发展的今天，人们不再仅仅以法律制度的眼光来看待版权，也不再仅仅以文化艺术的眼光来看待版权保护的智力成果，人们开始用经济的眼光重新审视、分析版权。其中一项重要工作就是量化版权相关产业的经济贡献。

据世界知识产权组织（以下简称 WIPO）的统计，自 20 世纪 70 年代加拿大和瑞典首次进行版权相关产业经济贡献的研究以来，越来越多的国家开展了此类研究。到 20 世纪 90 年代，这类研究的数量与质量都有了很大提高。迄今为止，世界上已有 30 多个国家开展了版权相关产业经济贡献的研究。为了总结工作经验、为以后各成员国调研提供切实可行的工具，也为了增强各国之间的可比性，WIPO 于 2003 年组织编写了《版权相关产业的经济贡献调研指南》（以下简称《指南》）一书，从而大大推动了版权相关产业调研活动在国际上的广泛开展。

美国自 20 世纪 90 年代开始进行版权相关产业的经济贡献调研，是开展版权相关产业经济贡献调研最积极、最全面和最深入的国家。美国的调研方法和经验为后来很多国家开展此项调研提供了重要参照。美国的调研报告主要分为两种：一种是年度报告，一种是多年度的综合报告。在研究体系、方法、统计口径基本确定的情况下，年度报告会及时提供版权相关产业发展的最新信息和动态。多年度的综合报告则会对一个较长时间段内版权相关产业的发展趋势进行归纳和总结。同时，由于产业和统计口径的变化，多年度的综合报告也要反映版权相关产业调研体系的变化。因此，这两种报告的结合

① 参见郑成思：《知识产权法论》，3 版，2 页，北京，法律出版社，2003。

② 参见苏力：《孪生兄弟的不同命运》，载《比较法研究》，2002（2）。

③ 参见钱弘道：《法律的经济分析》，北京，清华大学出版社，2006。

④ 这方面代表性的论文有威廉·M·兰斯德、理查德·M·波斯纳：《版权法的经济分析》，转引自［美］德·A·威特曼编、苏力等译：《法律经济学文献精选》，北京，法律出版社，2006。

⑤ 世界知识产权组织：《版权相关产业的经济贡献调研指南》，6 页，北京，法律出版社，2006。

有利于全面深入地研究版权相关产业的现状与趋势。美国的调研方法已经基本成熟、稳定。1990 年出了第一份调研报告，1992 年出了 1977～1990 年的综合报告，然后是 1993 年的年度报告以及 1977～1993 年的综合报告。此后，美国发布的调研报告基本都是年度报告，目前已经发布的有 1996 年、1998 年、1999 年、2000 年、2002 年、2004 年以及 2006 年的年度报告。2009 年又发布了 2003～2007 年的综合报告①。

加拿大是国际上首个进行版权相关产业调研的国家，1977 年加拿大供应和服务部委托编拟了《加拿大的版权：法律修订建议》并出版，随后《加拿大专利报道者》又发表了《加拿大版权相关产业的规模》一文②。在 2004 年提交的调研报告中，加拿大选取了从 1991 到 2002 年 12 年度的统计数据作为研究对象，因此加拿大的研究具有连续性的特点。在加拿大的调研报告中，特别选取了美国和澳大利亚的数据与加拿大的数据做对比。整体上加拿大版权相关产业经济贡献的三个指标略高于澳大利亚，低于美国③。

新加坡是亚洲地区第一个依据 WIPO 方法开展版权相关产业经济贡献调研的国家，它自 2003 年 11 月开始进行调研，2004 年提交了首份报告。新加坡选取的时间跨度比较大，从 1986 到 2001 年 16 个年度，这中间又分成了 1986～1990 年、1990～1995 年、1995～2000 年、2000～2001 年几个时间段。通过年度数据的对比来深入反映新加坡版权相关产业的发展状况。除有多年的数据和增长率的对比之外，在报告中，新加坡按照 WIPO《指南》关于版权相关产业的分类，对各个类别下的行业小类也提供了相应年度的数据。新加坡的研究方法基本上以美国为参照，在数据对比上，新加坡选取了奥地利、比利时、法国、意大利、瑞典、英国以及欧盟等西方发达国家作为参照国家。2007 年新加坡国际知识产权研究院更新了版权相关产业经济贡献调研的数据，增加了 2002～2004 年的数据④。

二、研究意义

版权与经济的关系是一个非常复杂的课题，在经济生活中它涉及的领域极其广泛，在学术研究中它也是多学科交叉的地带。因而对版权相关产业经济贡献调研的目标、意义，WIPO 的表述既是积极的又是审慎的。WIPO《指南》强调，此类调研“仅限于对版权相关产业的经济贡献进行调查并提供量化分析”，而对版权法本身的经济影响、对版权的社会影响、对盗版行为后果的评价等等问题都未涉及。对于调研的意义，WIPO 强调——“在各国进行的版权相关产业调研的重大功绩，就是它提升了社会公众和政要对该问题的认识，并且凸显了创造和信息产业部门的重大潜力”，因为版权相关产业是以“独创性”为主要特点的“作品”的创作、传播为基础的，而“所有的调研结论都显示出版权相关产业的贡献高于公众的普遍认知水平”。正因为如此，一些国家的研究促进了新版权立法的通过和相关政策的制定。

这一点对于中国这样一个知识产权尚未得到充分重视、创新意识与能力都亟待提高的发展中国家尤为重要。从实践上看，经过二十多年的努力，中

① 参见 WIPO. National Studies on Assessing the Economic Contribution of the Copyright-Based Industries（WIPO Publication No. 624e 2006），以及来源于美国国际知识产权联盟网站（http：//www. iipa. com/copyright _ us _ economy. html）的以下报告：

Siwek and Furchgott-Roth. Copyright Industries in the U. S. Economy. Released in November 1990.

Siwek and Furchgott-Roth. Copyright Industries in the U. S. Economy：1977—1990. Released in September 1992.

Siwek and Furchgott-Roth. Copyright Industries in the U. S. Economy：1993 Perspective. Released in October 1993.

Siwek and Furchgott-Roth. Copyright Industries in the U. S. Economy：1977—1993. Released in January 1995.

Siwek and Furchgott-Roth. Copyright Industries in the U. S. Economy：The 1996 Report. Released in October 1996.

Siwek and Furchgott-Roth. Copyright Industries in the U. S. Economy：The 1998 Report. Released in May 1998.

Siwek. Copyright Industries in the U. S. Economy：The 1999 Report. Released in December 1999.

Siwek. Copyright Industries in the U. S. Economy：The 2000 Report. Released in December 2000.

Siwek. Copyright Industries in the U. S. Economy：The 2002 Report. Released in April 2002.

Siwek. Copyright Industries in the U. S. Economy：The 2004 Report. Released in October 2004.

② 参见世界知识产权组织：《版权相关产业的经济贡献调研指南》，8 页。

③ Wall Communications Inc. The Economic Contribution of Copyright-Based Industries in Canada：The 2004 Report，WIPO. National Studies on Assessing the Economic Contribution of the Copyright-Based Industries（WIPO Publication No. 624e 2006）.

④ Leo Kah Mun，Chow Kit Boey，Lee Kee Beng，Ong Chin Huat，Loy Wee Loon. The Economic Contribution of Copyright-Based Industries in Singapore：The 2004 Report，WIPO. National Studies on Assessing the Economic Contribution of the Copyright-Based Industries（WIPO Publication No. 624e 2006）. http：//www. ipacademy. com. sg/site/ipa _ cws/resource/executive%20sum-maries/Economic _ Contribution _ 2007 _ Exec _ Summary _ Oct%202008. pdf.

国建立了一套体系比较完整的版权法律制度，版权相关产业也在迅速发展。但社会公众对版权相关产业、对于创造性产业在经济发展中的重要作用还没有充分认识，版权意识还比较淡薄。

从研究层面上看，中国学者的研究仅限于对其他国家调研成果的介绍①和对中国版权相关产业概念的分析探讨②，而未开展过版权相关产业经济贡献的调查与量化研究。版权确实创造了财富，但版权究竟创造了多少财富？怎样才能创造更多的财富？在中国，这还是一个有待研究的问题。

因此，在中国开展版权相关产业经济贡献的调研，从理论到实践都有着重要意义。

第一，通过调研可以比较准确地掌握中国版权相关产业的基本规模、发展趋势及其在国民经济中的地位与作用，进而提升各级政府部门和社会公众对版权相关产业和版权保护重要性的认识。

第二，长期的跟踪调研有助于人们对版权相关产业发展规律的认识，为引导、扶植中国版权相关产业提供有益的经验和帮助，也为修订相关法律和制定相关公共政策提供参考数据。

第三，对于学术研究而言，正如《指南》所指出的，这项研究“绝不仅仅是一种统计实践”，也是采用量化的、多学科综合的研究方法就版权问题进行深入研究的起点。“传统法学由于缺乏统计学、经济学方面的训练而只能用语言而不能用详尽的实际统计资料来讨论法律效果问题，从而使法律效果这个在法学中处于十分重要地位的法律分析常常误入歧途。经济学和法学的交叉研究使得法律工作者多拥有一种方法和角度，并且将长期受益于交叉研究带来的好处”③。我们相信，随着研究的深入，如同版权相关产业巨大潜力逐渐被人们认识一样，这项研究在产业调研以外领域的学术价值也会逐渐显现出来。

为了充分吸收国际上版权相关产业经济贡献调研的经验，也为了增强与其他各国的可比性，中国版权相关产业的经济贡献调研遵循了 WIPO《指南》提供的框架与方法，参考了其他国家的调研经验。当然，这种遵循与参考不是机械的照搬，而是在 WIPO《指南》的方向与框架之内，既符合国际惯例亦反映中国实际的“中国路径”的调研。

三、研究目标

本项研究的目标就是对中国版权相关产业进行调查并提供量化分析。

（一）中国版权相关产业的界定

WIPO 对版权相关产业的定义为“版权可发挥显著作用的活动或产业”④，并将版权相关产业划分为四个产业组——核心版权产业、相互依存的版权产业、部分版权产业、非专用支持产业。

根据 WIPO 的界定，我们对中国的版权相关产业定义为：全部或部分活动与中国版权法保护的作品或其他受版权法保护的客体相关的产业。这些活动包括创作、制作、表演、广播、传播以及展览或者发行和销售。同时采用 WIPO 核心版权产业、相互依存的版权产业、部分版权产业、非专用支持产业四个产业组的分类。

核心版权产业是完全从事创作、制作和制造、表演、广播、传播和展览或销售和发行作品及其他受保护客体的产业。相互依存的版权产业是从事制作、制造和销售其功能完全或主要是为作品及其他受版权保护客体的创作、制作和使用提供便利的设备的产业。部分版权产业是部分活动与作品或其他受版权保护客体相关的产业。这些活动包括创作、制作和制造、表演、广播、传播以及展览或者发行和销售。非专用支持产业是部分活动与促进作品及其他版权保护客体的广播、传播、发行或销售相关且这些活动没有被纳入核心版权产业的产业。

（二）中国版权相关产业经济贡献量化分析的指标

1. 指标

根据各国对版权相关产业经济贡献的研究经验和 WIPO《指南》的建议，本项研究采用行业增加值、就业人数和出口贸易额及其在全国总量中所占比重这三类六项指标来衡量中国版权相关产业的经济贡献。

---

① 如叶新、樊文静：《2005 年美国版权相关产业简析》，载《出版发行研究》，2007 (2)；张勤：《美国版权相关产业及其对外贸易透视》，载《海淀走读大学学报》，2005 (1)；杨丽娅：《中美版权相关产业与版权制度之比较》，载《齐鲁艺苑》，2005 (4)；尚永：《美国的版权相关产业和版权贸易》，载《知识产权》，2002 (6)。

② 如胡知武：《版权相关产业在中国》，载《中国出版》，1998 (1)；宋慧献、周艳敏：《版权相关产业——世界与中国》，载《出版参考》，2002 (10)；王品华、徐春林：《版权相关产业的特殊性分析》，载《技术与创新管理》，2007 (4)。

③ 钱弘道：《法律的经济分析》，北京，清华大学出版社，2006。

④ 世界知识产权组织：《版权相关产业的经济贡献调研指南》，132 页。

具体而言，计量版权相关产业的行业增加值是一种以产业为中心的方法，与确定版权相关产业贡献的思路一致，同时这种方法有助于减少重复统计，数据也更容易获取。就业是对生产活动进行经济分析的一个非常重要的变量，对于中国这样一个人口众多的发展中国家来说，这一指标尤其重要。同样，版权相关产业在一个国家出口中的地位是一个重要指标，能够反映出经济发展的某种趋势①。

这些指标互相补充，比较全面地反映了一国版权相关产业的经济面貌和重要程度，同时也为其他国家所普遍采用，便于国际比较。因此，本项研究选取上述指标衡量中国版权相关产业的经济贡献。

2. 年度

中国版权相关产业经济贡献的测算，尤其是行业增加值的测算需要在国民经济行业小类（即四位分类代码）的层面上进行。而目前中国有关部门并不能提供较为全面、完整、系统的行业小类行业增加值数据，为测算增加值所需的行业小类数据只有在经济普查年度才能获得。因此本研究首先选择第一次开展全国经济普查的 2004 年度作为基准年度，对该年度中国版权相关产业的经济贡献进行调研。

为了下一步的动态研究，本报告又在 2004 年版权相关产业调研的基础上，对 2006 年度的版权相关产业进行了研究。由于缺乏非普查年度的行业小类（即四位分类代码）的有关数据，因此 2006 年度中国版权相关产业的增加值只能进行估算。

四、研究方法

（一）文献调研

1. 相关调研报告的研究与利用。对国内外有关版权相关产业调研的相关文献进行回顾，特别是对 WIPO《指南》和已开展此类调研的国家的报告进行系统查阅分析②，以确定本项研究的目标与方法。

2. 已公布的官方统计资料的研究与利用。对现有的、公开的统计资料特别是国家统计资料③进行汇编分析，建立数据库，确定可用的现有统计数据和需要进一步采集的统计数据。

3. 未公布的官方统计数据的研究与利用。在国家统计局普查中心、海关总署、国家外汇管理局及其他行业主管部门、行业协会的协助下，汇编相关行业、商品的原始数据并重新进行统计分析。

4. 补充统计数据的研究。由于官方统计资料不能完全满足研究的需要，本项研究也搜集整理了大

① 参见世界知识产权组织：《版权相关产业的经济贡献调研指南》，53～62 页。

② 这些报告包括：Stephen E. Siwek. Copyright Industries in the U. S. Economy.

WIPO. National Studies on Assessing the Economic Contribution of the Copyright-Based Industries（WIPO Publication No. 624e 2006).

Performance of Copyright Industries in Selected Arab Countries：Egypt，Jordan，Lebanon，Moroccl，Tunisia（WIPO Publication No. 916E 2003).

Japan Copyright Institute. Copyright White Paper—A View from the Perspective of Copyright Industries. Nov. 2005.

The Economic Importance of Copyright. Published by the Common Law Institute of Intellectual Property.

Prof. Robert G. Picard，Mikko Gronlund，Timo E. Toivonen. The Contribution of Copyright and Related Rights to the European Economy. 20 Oct. 2003.

③ 这方面的文献主要有：

国务院第一次全国经济普查领导小组办公室：《中国经济普查年鉴 2004》，北京，中国统计出版社，2006。

中华人民共和国国家统计局：《中国统计年鉴 2005》，北京，中国统计出版社，2005。

中华人民共和国国家统计局：《中国统计年鉴 2006》，北京，中国统计出版社，2006。

中华人民共和国国家统计局：《中国统计年鉴 2007》，北京，中国统计出版社，2007。

中华人民共和国国家统计局：《中国统计年鉴 2008》，北京，中国统计出版社，2008。

中华人民共和国国家统计局：《中国建筑业统计年鉴（2005 年版）》，北京，中国统计出版社，2006。

中华人民共和国国家统计局普查中心：《2000 中国第三产业统计资料汇编》，北京，中国统计出版社，2000。

中华人民共和国国家统计局、科学技术部：《中国科技统计年鉴 2006》，北京，中国统计出版社，2006。

中华人民共和国国家统计局、国家发展和改革委员会、科学技术部：《中国高技术产业统计年鉴 2006》，北京，中国统计出版社，2006。

海关总署关税征管司：《中华人民共和国海关统计商品目录（2006 年版）》，北京，中国海关出版社，2006。

海关总署关税征管司、综合统计司：《中华人民共和国海关统计商品目录（2007 年版）》，北京，中国海关出版社，2007。

海关总署关税征管司：《中华人民共和国海关统计商品目录（2009 年版）》，北京，中国海关出版社，2009。

中国印刷及设备器材工业协会、中国印刷年鉴社：《中国印刷年鉴 2005》，北京，中国印刷年鉴社，2005。

中国印刷及设备器材工业协会、中国印刷年鉴社：《中国印刷年鉴 2006》，北京，中国印刷年鉴社，2006。

中国印刷及设备器材工业协会、中国印刷年鉴社：《中国印刷年鉴 2007》，北京，中国印刷年鉴社，2007。

中华人民共和国信息产业部：《2005 中国通信统计年度报告》，北京，人民邮电出版社，2006。

中华人民共和国商务部：《中国服务贸易发展报告 2006》，北京，中国商务出版社，2006。

量非官方的统计数据——如一些行业协会与研究机构的相关产业报告[①]作为参考。但鉴于数据的权威性、统计口径等问题，本项研究在统计中基本未采用上述报告中的数据，只进行了对照研究。

（二）问卷调查

按照 WIPO《指南》的方法，在计量版权相关产业的经济贡献时，四个产业组的计量方法是有差别的。核心版权产业的经济贡献按 100%计入，相互依存版权产业、部分版权产业和非专用支持产业所创造的 GDP、就业人数和进出口额则要根据各国的实际及研究者的判断，按这些产业与版权的关联程度确定“版权因子”[②] 后按比例计入。

问卷调查主要是为获取部分版权产业的版权因子。研究中将部分版权产业划分为若干调查对象组，并与各对象组所在行业的主管部门或行业协会密切协作，选取若干代表性企业进行问卷调查，获取相关数据用于推算该企业所在行业的版权因子。

（三）实地调研

主要是对部分版权产业中的一些有代表性的企业进行实地研究，包括实地观察生产流程、对相关人员进行深度访谈，目的是更直观、更详尽地获取用于确定版权因子的资料。

（四）量化分析

将问卷调查与实地调研的资料统计整理后，进行量化分析，初步确定版权因子。

（五）比较研究

为了对中国版权相关产业的经济贡献作出更准确的定位，本报告将 2004 与 2006 年度中国版权相关产业的行业增加值同中国其他产业的行业增加值进行了比较，同时将中国版权相关产业的经济贡献与其他国家同类研究的成果进行了比较。

五、报告内容

鉴于中国是首次开展版权相关产业的调研，本报告在对中国版权相关产业的经济贡献进行描述之前，对方法论问题进行了较为详尽的说明。报告主要包括以下几方面的内容：中国版权相关产业的概念与范围；中国版权相关产业的分类；中国版权相关产业经济贡献的数据采集与测算；中国版权相关产业的经济贡献；国际对比；结论。

第一章 中国版权相关产业的概念与范围

一、中国版权相关产业的概念

（一）现有概念

在现有的研究当中，有很多内涵交叉的概念。除版权相关产业外，还有文化产业、创意产业、文化创意产业、内容产业等多种提法。它们有时作为同义词使用，但也各有侧重。

1. 版权相关产业的概念。

版权相关产业的概念首先由美国提出。1990 年美国国际知识产权联盟开始研究版权相关产业对国

---

① 这方面的文献主要有：

张晓明、胡惠林、章建刚主编：《2005 年：中国文化产业发展报告》，北京，社会科学文献出版社，2005。

张晓明、胡惠林、章建刚主编：《2007 年：中国文化产业发展报告》，北京，社会科学文献出版社，2007。

张晓明、胡惠林、章建刚主编：《2008 年：中国文化产业发展报告》，北京，社会科学文献出版社，2008。

崔保国主编：《2004—2005 年：中国传媒产业发展报告》，北京，社会科学文献出版社，2005。

崔保国主编：《2006 年：中国传媒产业发展报告》，北京，社会科学文献出版社，2006。

郝振省主编：《2006—2007 中国出版业发展报告》，北京，中国书籍出版社，2007。

郝振省主编：《2007—2008 中国出版业发展报告》，北京，中国书籍出版社，2008。

新闻出版总署图书出版管理司：《中国图书出版产业报告（2003—2004）》，北京，中国人民大学出版社，2006。

新闻出版总署图书出版管理司：《中国图书出版产业报告（2005—2006）》，北京，中国人民大学出版社，2008。

郝振省主编：《国际出版业发展报告（2008 版）》，北京，中国书籍出版社，2008。

郝振省主编：《2005—2006 中国数字出版产业年度报告》，北京，中国书籍出版社，2007。

郝振省主编：《2007—2008 中国数字出版产业年度报告》，北京，中国书籍出版社，2008。

叶朗主编：《2004 中国文化产业年度发展报告》，长沙，湖南人民出版社，2004。

北京大学文化产业研究所、国家文化产业创新与发展研究基地：《2005 中国文化产业年度发展报告》，长沙，湖南人民出版社，2005。

北京大学文化产业研究所、国家文化产业创新与发展研究基地：《2006 中国文化产业年度发展报告》，长沙，湖南人民出版社，2006。

何振虎、张君昌主编：《2005 中国广播电视品牌蓝皮书》，北京，中国广播电视出版社，2006。

李频主编：《中国期刊产业发展报告 No. 1：市场分析与方法求索》，北京，社会科学文献出版社，2005。

② 用百分比表示某一特定活动或产业中可以归因于版权活动的部分，有时也用权重表示。参见世界知识产权组织：《版权相关产业的经济贡献调研指南》，132 页。

民经济的贡献，发布了《美国经济中的版权相关产业》的报告。该份报告将版权相关产业分为核心版权产业、部分版权产业、发行产业及版权相关产业。此后许多国家采用“版权相关产业”概念进行研究，但分类方法不一而足。2002 年，WIPO 专家工作组在赫尔辛基召开会议，工作组最终在版权相关产业的定义与分类上达成一致意见，即版权相关产业为版权可发挥显著作用的活动或产业，分为核心版权产业（具体包括新闻和文学作品；音乐、戏剧制作、歌剧；电影与录像；广播电视；摄影；软件与数据库；视觉艺术与绘画艺术；广告服务；版权集体管理与服务）、相互依存的版权产业（具体包括电视机、收音机、录像机、CD 播放机、DVD 播放机、磁带播放机、电子游戏设备以及其他类似设备；计算机和有关设备；乐器；照相机和电影摄影器材；复印机；空白录音介质以及纸张）、部分版权产业（具体包括服装、纺织品与制鞋；珠宝与硬币；其他手工艺品；家具；家用物品、陶瓷和玻璃；墙纸与地毯；玩具与游戏；建筑、工程、调查；内部装修设计；博物馆）和非专用支持产业（具体包括发行版权产品的一般批发与零售；一般运输产业；电话与互联网产业）四大类①。2004 年开始，美国开始采用 WIPO 的分类方法，此后许多国家的研究也采用了这一分类方法，如加拿大、澳大利亚、俄罗斯、乌克兰、新加坡、菲律宾、荷兰、匈牙利等国②。

如前所述，此前中国学者的研究仅限于对其他国家调研成果的介绍和对中国版权相关产业概念的分析探讨，而未开展过版权相关产业经济贡献的调查与量化研究。近年来在国家版权局的倡导下，国家级及部分省市的研究开始展开。关于版权相关产业的概念，有的中国学者提出“所谓版权相关产业，是指有关个人或行业所从事的生产经营活动与享有版权的作品有关，并直接或间接受版权法律的规范”③。WIPO《指南》对版权相关产业的定义是“版权可发挥显著作用的活动或产业”④。这两个概念虽然都突出了“版权”的作用，但无法完全涵盖 WIPO《指南》界定的版权相关产业的范围。例如，依上述定义，相互依存的版权产业即被排除在外，因为虽然这些产业的主要功能是服务于版权保护的客体，但其产品本身与版权、与版权法的关联都不大。因而本项研究力图参照 WIPO《指南》的界定提出中国版权相关产业的概念。

2. 创意产业的概念。

创意产业的概念由英国首倡。1998 年《英国创意产业路径文件》中明确提出了“创意产业”的概念——“那些从个人的创造力、技能和天分中获取发展动力的企业，以及那些通过对知识产权的开发，可创造潜在财富和就业机会的活动”。英国对创意产业的界定，成为许多国家和地区制定“创意产业”分类体系的出发点。各国（地区）的产业分类基本都涉及广告、建筑、艺术与古玩、工艺、设计、时尚设计、软件设计、电影与录像、互动休闲软件、音乐、表演艺术、出版、电视与广播等 13 类业态⑤。

在中国，创意产业的概念近年来也被频频使用，一些省市提出要大力发展创意产业并出台了一系列政策规划。《北京市国民经济和社会发展第十一个五年规划纲要》中指出，创意产业又叫创造性产业、创意经济，是源自个人创意、技巧及才华，通过运用知识产权，创造财富和就业潜力的行业。通常包括广告、建筑、艺术及古董、漫画、电影、电视、音乐、表演艺术、出版和资讯科技服务等行业。

《上海创意产业发展“十一五”规划》对创意产业的界定是，以创新思想、技巧和先进技术等知识和智力密集型要素为核心，通过一系列创造活动，引起生产和消费环节的价值增值，为社会创造财富和提供广泛就业机会的产业，主要包括研发设计、文化艺术、咨询策划和时尚消费等几大类，涉及诸多行业。

不仅不同的国家、地区对创意产业的界定各异其趣，不同的学者及学术团体对创意产业也有不同的理解。但这些概念基本认同创意产业是以创造者、策划者、设计者为出发点的理念，强调创意者个人的创造力，同时又倾向于各国政策性的设计、规划和推动。

3. 文化产业的概念。

文化产业是一个“在历史上拓展多变、多维度、多层次、富于包容力的综合概念”，有学者统计，关

① 参见世界知识产权组织：《版权相关产业的经济贡献调研指南》，38 页。

② 详见本文表 5－1。

③ 李明德：《版权相关产业与知识经济》，载《知识产权》，2000（1）。

④ 参见世界知识产权组织：《版权相关产业的经济贡献调研指南》，132 页。

⑤ 参见张京成主编：《中国创意产业发展报告（2007）》，23 页，北京，中国经济出版社，2007。

于“文化”的概念有500多种[①]。目前多指应用性文化产业的理论和研究，即对文化产业的生产、流通、传播过程的研究[②]。联合国教科文组织将文化产业定义为：按照工业标准生产、再生产、储存以及分配文化产品和服务的一系列活动。具体包括：印刷、出版与多媒体，视听，录音与录影制作，以及工艺与设计；对有些国家，还包括建筑、视觉与表演艺术，运动，音乐器材制作，广告和文化旅游；传媒、卡通、娱乐、游戏、旅游、教育、网络及信息服务、音乐、戏剧、艺术博物馆。

中国文化产业概念的界定与使用同样是百花齐放。2004年4月，国家统计局发布了《关于印发〈文化及相关产业分类〉的通知》（国统字［2004］24号）[③]，从统计学的角度对我国文化产业的范围、分类作了明确界定。这一规定为规范中国的文化事业和文化产业提供了参考，对版权相关产业也有重要的参考价值。

该通知指出，从广义上讲，文化是指人类创造的一切物质产品和精神产品的总和；狭义上是指语言、文学、艺术及一切意识形态在内的精神产品。文化及相关产业是为社会公众提供文化、娱乐产品和服务的活动，以及与这些活动有关联的活动的集合。

根据上述界定，文化及相关产业的范围包括提供文化产品（如图书、音像制品等）、文化传播服务（如广播电视、文艺表演、博物馆等）和文化休闲娱乐（如游览、景区服务、室内娱乐活动、休闲健身娱乐活动等）活动，它们构成文化产业的主体；同时，还包括与文化产品、文化传播服务、文化休闲娱乐活动有直接关联的用品（如文具、乐器、玩具、印刷纸张、书写纸张、空白磁带、空白光盘、电影胶片、照相器材、摄影胶卷、游艺器材等）、设备（如新闻采编设备、广播设备、专业电视设备、电影设备、印刷专用设备、电视机、光碟机、收录机、音响设备等）的生产和销售活动以及相关文化产品（如工艺品、摄影作品、专业设计等）的生产和销售活动，它们构成文化产业的补充。

文化产业分类还可组合出文化产业核心层、文化产业外围层和相关文化产业层。文化产业核心层包括新闻服务，出版发行和版权服务，广播、电视、电影服务，文化艺术服务；文化产业外围层包括网络文化服务、文化休闲娱乐服务、其他文化服务；相关文化产业层包括文化用品、设备及相关文化产品的生产，文化用品、设备及相关文化产品的销售。

从上述分类可以看出，核心文化层与核心版权产业的范围类似，相关文化服务类与相互依存的版权产业类似，也包含了部分版权产业的一些内容。

4. WIPO对上述概念的界定。

在谈及上述概念时，WIPO《指南》指出：“当提及版权发挥明确作用的活动或产业时，‘以版权为基础’、‘创造性’和‘文化产业’往往作为同义词使用。但是我们必须认识到它们之间存在某些差异。‘文化产业’指那些以产业规模复制具有厚重文化内涵的产品的产业，其使用往往与大众传媒的制作相关。‘创造性产业’具有广泛的内涵，除文化产业以外，它还包括了所有文化和艺术生产‘无论现场表演还是以个体单位进行生产’，传统上，其使用与现场表演、文化遗产以及类似于‘高潮艺术’的活动有关”[④]。

（二）中国版权相关产业的概念

从WIPO的描述以及各国的界定可以看出，这几个概念的内涵有很多重叠、交叉处，主体内容类似，但各有各的出发点与侧重点，也各有各的作用与意义。“版权相关产业”更多地是从法律概念出发，最终落脚到相关产业对经济的影响上，其侧重点在于提高社会公众对有效的版权保护的重要性的认识上。尽管各国对版权相关产业的界定与分类不尽相同，但在以下几点高度一致[⑤]：

1. 各国法律都对版权及相关权作出了规定，这些规定赋予了受保护作品的版权所有人授权他人使用被保护作品的专有权，这些权利通常被视为经济权利。即版权法律制度是版权相关产业存在的前提，也是版权相关产业的概念区别于其他概念的根本所在。

2. 在使用受版权保护的作品的过程中，版权显示了它的经济功能并且对经济产生多重影响，其经济影响不但与作品的生产有联系，也与其发行和消费有关。版权对经济的影响是广泛的、多重的，与作品的创作、生产、发行、消费各个阶段都相关。

3. 全面估算版权对经济的影响（包括版权法本

① 参见张国有：《文化产业需要正确的发展战略》，见北京大学文化产业研究所、国家文化产业创新与发展研究基地主编：《中国文化产业年度发展报告（2006）》，6页，长沙，湖南人民出版社，2006。

② 参见北京大学文化产业研究所、国家文化产业创新与发展研究基地主编：《中国文化产业年度发展报告（2006）》。

③ 详见本文附件1。

④ 参见世界知识产权组织：《版权相关产业的经济贡献调研指南》，24页。

⑤ 参见世界知识产权组织：《版权相关产业的经济贡献调研指南》，14～35页。

身的经济影响、盗版行为后果的评价等问题）比较困难，因而现有的研究包括 WIPO《指南》仅限于对版权相关产业的经济贡献进行调查并提供量化分析。

从上述特点可以看出，“版权相关产业”不是一个新的产业部门，只是国民经济中与版权相关的产业的集合。这一产业的核心是版权，对其进行研究的目的是从产业的角度衡量版权对经济的影响。

基于以上共识，参照 WIPO《指南》关于版权相关产业的界定与分类，本项研究对中国版权相关产业的定义为：中国版权相关产业是全部或部分活动与中国版权法保护的作品或其他受版权法保护的客体相关的产业。这些活动包括创作、制作、表演、广播、传播以及展览或者发行和销售。

二、中国版权相关产业的范围

版权相关产业是“全部或部分活动与版权法相关的”，确定版权相关产业的范围就要以版权法为基础。“版权关乎权利，而对这些权利的保护，则构成了建立整个产业和相关经济活动的不可或缺的基础。”[①] 理解版权保护中的基本法律概念——版权法保护的作品及版权所有人所享有的财产权，“有助于更好地推定需调查和研究的经济活动”[②]。它们既是梳理版权相关产业种类的出发点，也是确定版权相关产业范围的边界线。只有与版权相关，才能列入版权相关产业的范围，否则就会夸大这类产业的经济贡献；只要与版权相关——无论是全部相关还是部分相关，就要列入版权相关产业的范围，否则就会低估这类产业的经济贡献。因此，要确定中国版权相关产业的范围，就要从梳理版权相关产业的法律基础——中国版权法入手。

（一）中国版权法律制度

1. 中国版权法律制度概述。

新中国的现代版权制度起步于 20 世纪 70 年代末。1986 年通过的《中华人民共和国民法通则》，首次从法律层面确认公民、法人对其作品享有版权。1990 年 9 月，《中华人民共和国著作权法》颁布并于第二年实施。1991 年，国务院相继颁布实施了《著作权法实施条例》和《计算机软件保护条例》。2001 年 10 月，第九届全国人大常委会第二十四次会议审议通过了著作权法修正案。据此，国务院于 2001 年 12 月颁布了新的《计算机软件保护条例》，2002 年 8 月颁布了新的《著作权法实施条例》。2004 年 12 月颁布了《著作权集体管理条例》，2006 年 5 月颁布了《信息网络传播权保护条例》。

在加强国内立法的同时，中国积极发展多双边版权合作关系。先后加入《保护文学和艺术作品伯尔尼公约》、《世界版权公约》、《保护录音制品制作者防止未经其许可复制其录音制品公约》、《与贸易有关的知识产权协议》等重要的版权国际公约。2007 年，中国又加入了世界知识产权组织两个重要的互联网条约《世界知识产权组织版权条约》和《世界知识产权组织表演和录音制品条约》。

中国经过 30 年来的不断努力，以著作权法为核心，以相关法规和国际公约为补充，建立起了一套符合中国国情和国际规则的现代版权法律制度，这为中国版权相关产业的发展奠定了基础。

2. 中国版权法保护的作品类型。

根据上述法律、法规的规定，在中国，受版权法保护的作品类型有：

（1）文字作品。指小说、诗词、散文、论文等以文字形式表现的作品。

（2）口述作品。指即兴的演说、授课、法庭辩论等以口头语言形式表现的作品。

（3）音乐、戏剧、曲艺、舞蹈、杂技艺术作品。音乐作品指歌曲、交响乐等能够演唱或者演奏的带词或者不带词的作品；戏剧作品指话剧、歌剧、地方戏等供舞台演出的作品；曲艺作品指相声、快书、大鼓、评书等以说唱为主要形式表演的作品；舞蹈作品指通过连续的动作、姿势、表情等表现思想情感的作品；杂技艺术作品指杂技、魔术、马戏等通过形体动作和技巧表现的作品。

（4）美术、建筑作品。美术作品指绘画、书法、雕塑等以线条、色彩或者其他方式构成的有审美意义的平面或者立体的造型艺术作品；建筑作品是指以建筑物或者构筑物形式表现的有审美意义的作品。

（5）摄影作品。指借助器械在感光材料或者其他介质上记录客观物体形象的艺术作品。

（6）电影作品和以类似摄制电影的方法创作的作品。指摄制在一定介质上，由一系列有伴音或者无伴音的画面组成，并且借助适当装置放映或者以

① 参见世界知识产权组织：《版权相关产业的经济贡献调研指南》，14 页。

② Jennifer Skilbeck：《版权的经济重要性》，国际出版社联合会，1988。转引自世界知识产权组织：《版权相关产业的经济贡献调研指南》，14 页。

其他方式传播的作品。

（7）工程设计图、产品设计图、地图、示意图等图形作品和模型作品。图形作品指为施工、生产绘制的工程设计图、产品设计图，以及反映地理现象、说明事物原理或者结构的地图、示意图等作品；模型作品指为展示、试验或者观测等用途，根据物体的形状和结构，按照一定比例制成的立体作品。

（8）计算机软件。

（9）法律、行政法规规定的其他作品。

3. 中国版权法赋予著作权人的专有权。

知识产权是以权利为标的的物权[①]，版权中的各种财产权为权利人提供了交易的法律框架。按照中国法律的规定，著作权人就上述作品所享有的财产权主要有：

（1）复制权，即以印刷、复印、拓印、录音、录像、翻录、翻拍等方式将作品制作一份或者多份的权利。

（2）发行权，即以出售或者赠与方式向公众提供作品的原件或者复制件的权利。

（3）出租权，即有偿许可他人临时使用电影作品和以类似摄制电影的方法创作的作品、计算机软件的权利，计算机软件不是出租的主要标的除外。

（4）展览权，即公开陈列美术作品、摄影作品的原件或者复制件的权利。

（5）表演权，即公开表演作品，以及用各种手段公开播送作品的表演的权利。

（6）放映权，即通过放映机、幻灯机等技术设备公开再现美术、摄影、电影和以类似摄制电影的方法创作的作品等的权利。

（7）广播权，即以无线方式公开广播或者传播作品，以有线传播或者转播的方式向公众传播广播的作品，以及通过扩音器或者其他传送符号、声音、图像的类似工具向公众传播广播的作品的权利。

（8）信息网络传播权，即以有线或者无线方式向公众提供作品，使公众可以在其个人选定的时间和地点获得作品的权利。

（9）摄制权，即以摄制电影或者以类似摄制电影的方法将作品固定在载体上的权利。

（10）改编权，即改变作品，创作出具有独创性的新作品的权利。

（11）翻译权，即将作品从一种语言文字转换成另一种语言文字的权利。

（12）汇编权，即将作品或者作品的片段通过选择或者编排，汇集成新作品的权利。

（13）应当由著作权人享有的其他权利。

著作权人可以许可他人行使上述权利，并获得报酬；也可以全部或者部分转让上述权利，并获得报酬。权利的保护期为作者终生及其死亡后五十年。

此外，中国的版权法还就邻接权——出版者权、表演者权、录音录像制作者权和广播者权及其期限作出了规定。

（二）中国法律框架下的版权市场

上述因作品而产生的各种权利提供了进行经济交易的法律框架。在现实生活中，“从作品的创作到作品的利用和传播，都体现了突出的经济特征”。对于作品的创作者，版权法直接保护着他们的经济利益，他们中很多人由此维持生计；至于作品的利用者，无论是复制作品或是传播作品，其首要的目的就是为了获得经济利益。在一个社会中，从图书出版商到报刊杂志社，从电影制片商到音像制品的制作者，从电台电视台到卫星广播业，再加上销售书籍、报刊和音像制品的零售商，都是依赖于享有版权的作品的交易而存在[②]。

通过上述权利的“交易”活动，版权发挥着其经济功能。通常一笔交易包含多种权利，在不同市场中这些权利的价值与使用方式也不尽相同。表1—1或许有助于我们理解版权法框架下的版权相关产业的市场范围[③]。

从表1—1我们可以看出，版权对经济的影响是多重的，这种影响不仅和作品的生产有关，也和作品的发行和消费有关。即法律对作品的创作、生产、发行各个阶段都给予保护，而这些活动都对经济有直接影响，当然影响的程度有很大差异。这就意味着，要比较全面、准确地计量版权相关产业的经济贡献，避免夸大或低估，在确定版权相关产业的范围与分类时就应该充分考虑以下因素：

第一，要尽可能地研究因版权对经济的多重影响而产生的活动——作者、权利持有者、发行者、使用者、设备制造者和广告商等社会群体的活动，要尽可能地把可以从经济角度说明问题的作品及其他受保护的客体的经济价值纳入统计之列。

① 参见郑成思：《知识产权法论》，3版，64页。

② 参见李明德：《版权相关产业与知识经济》，载《知识产权》，2000（1）。

③ 参见世界知识产权组织：《版权相关产业的经济贡献调研指南》，22页。

表 1—1　　中国版权法框架下的版权相关产业市场范围

作品类型	相关权利	市场范围
文字作品；口述作品；音乐、戏剧、曲艺、舞蹈、杂技艺术作品；美术、建筑作品；摄影作品；电影作品和以类似摄制电影的方法创作的作品；工程设计图、产品设计图、地图、示意图等图形作品和模型作品；计算机软件。	复制权	以物质或非物质形态复制作品，也可能包括对作品的改编。
	发行权	发行有形复制品、再销售、销售和出租以及出借下列作品的复制品：录音制品中的音乐作品、电影作品和计算机程序。也可能包括复制品的进口。
	向公众传播权	使用远程或者互动传播手段转播作品。也可能包括：向表演地以外公众成员进行转播、有线传播和在数字网络上传播作品。
	公开表演权	对公众现场表演其作品（包括以录音和录音制品的方式表演）。
	广播权	通过无线和非互动方式向公众播送作品，也包含卫星转播。

第二，在确定了拟研究的产业之后，要依据产业活动对版权的依赖程度将其归入适当的类别，以便按照不同的比例计量它们的经济贡献。现有的研究提供了不同的分类方法①，经过反复讨论与实践，WIPO 专家极力推崇用核心版权产业、相互依存版权产业、部分版权产业和非专用支持产业的方法进行初步分类。

本项研究采用了 WIPO《指南》提供的方法，将中国版权产业分为核心版权产业、相互依存的版权产业、部分版权产业和非专用支持产业四个类别。由于核心版权产业对版权的依赖程度更高，与其他三类版权相关产业有明显差异，为便于比较与表述，本报告将核心版权产业外的其他三类产业并称为“非核心版权产业”。

第二章
中国版权相关产业的分类

一、分类方法

按照 WIPO 的方法对版权相关产业进行四个产业组的分类后，为便于测算，还要对这四组版权相关产业进行细分。

本项研究的数据以国家统计数据为主，国家统计数据既是直接测算中国版权相关产业经济贡献的主体，也是进行间接测算或估算的主要依据。正如 WIPO《指南》指出的：官方统计数据是国家级调研的基础。因为这些数据的可靠度较高、定期发布，同时也有助于进行国际比较②。

产业的具体分类与数据的收集过程和数据的获取紧密相连。因此，要获取相关的国家数据，就要按照国家各类统计数据的分类体系对版权相关产业进行细分。根据本项研究的目标，需要对版权相关产业进行以下三种分类。

（一）与国民经济行业分类对应的版权相关产业分类

计量行业增加值和就业人数主要以国家统计局发布的统计数据为基础，所以就要将表 2—1 中依据版权法对版权相关产业作出的归纳分类与国家统计局的行业分类一一对应，以获取相关数据并进行统计核算。

本报告依据的国民经济行业分类是 2002 年国家统计局发布的、2004 年经济普查所采用的国家标准（GB/T 4754—2002）。按照这一分类标准，中国的国民经济分为 19 个门类、94 个大类、395 个中类、912 个小类。本报告行业分类的描述，参照表 2—1 确定的版权相关产业的范围，在国民经济行业分类中确定了纳入版权相关产业调研范围的 197 个类别（不同产业组有重复的行业小类，分别按比例计入）。

为了增强本项研究成果国际间的可比性，研究人员还根据 WIPO《指南》提供的、与版权相关产业对应的联合国产业分类（ISIC）代码③，与我国产业分类代码对照表一一对应，对上述行业小类逐项进行了对照核实。

（二）与海关统计商品分类对应的版权相关产业分类

鉴于国家统计局的数据中缺乏基于行业小类的商品贸易出口数据，因此要计量版权相关产业的商品贸易出口总额时只能依据海关统计。本项研究参照表 2—1 确定的版权相关产业的范围，从《中华人

① 参见世界知识产权组织：《版权相关产业的经济贡献调研指南》，37 页。
② 参见上书，67 页。
③ 参见上书，113 页。

民共和国海关统计商品目录》中的全部商品分类中筛选出220类四位代码商品，用以测算版权相关产业的商品贸易出口额。

（三）与国际收支统计分类对应的版权相关产业分类

同样鉴于国家统计局的数据中缺乏基于行业小类的服务贸易出口数据，因此要计量版权相关产业的服务贸易出口总额时只能依据国家外汇管理总局的国际收支统计。本项研究参照表2—1确定的版权相关产业的范围，从《国际收支统计手册》中的服务贸易项下筛选出四个类别，用以测算版权相关产业的服务贸易出口额的统计。

由于目前中国采用的国际收支统计体系对服务贸易的分类较粗，筛选出的四个类别均集中于核心版权产业，因此目前能够估算出服务贸易出口额的也只有核心版权产业的数据。

表2—1　　版权相关产业的分类①

产业分类	产业定义	具体范畴
核心版权产业	完全从事创作、制作和制造、表演、广播、传播和展览或销售和发行作品及其他受保护客体的产业	新闻和文学作品；音乐、戏剧制作、歌剧；电影与录像；广播电视；摄影；软件与数据库；视觉艺术与绘画艺术；广告服务；版权集体管理与服务。
相互依存的版权相关产业	从事制作、制造和销售其功能完全或主要是为作品及其他受版权保护客体的创作、制作和使用提供便利的设备的产业	电视机、收音机、录像机、CD播放机、DVD播放机、磁带播放机、电子游戏设备以及其他类似设备；计算机和有关设备；乐器；照相机和电影摄影器材；复印机；空白录音介质以及纸张。
部分版权产业	其部分活动与作品或其他受版权保护客体相关的产业	服装、纺织品和制鞋；珠宝和硬币；其他手工艺品；家具；家用物品、陶瓷和玻璃；墙纸与地毯；玩具与游戏；建筑、工程、调查；内部装修设计；博物馆。
非专用支持产业	其部分活动与促进作品及其他版权保护客体的广播、传播、发行或销售相关且这些活动没有被纳入核心版权产业的产业	为发行版权产品的一般批发与零售；一般运输产业；电话与互联网产业。

二、核心版权产业的分类

（一）核心版权产业的定义与分组

核心版权产业是完全从事创作、制作和制造、表演、广播、传播和展览或销售和发行作品及其他受保护客体的产业。WIPO《指南》认为，选择最符合“核心”版权相关产业定义的产业通常会从最依赖版权保护的最终产品清单入手。在比较不同的研究和方法的基础上，WIPO主张在研究中纳入九组核心版权产业。即：新闻和文学作品；音乐、戏剧制作、歌剧；电影与录像；广播电视；摄影；软件与数据库；视觉艺术与绘画艺术；广告服务；版权集体管理与服务。

结合中国著作权法对作品的分类，本项研究对WIPO分类作出如下调整：第一，将“新闻和文学作品”改为“文字作品”；第二，将“音乐、戏剧制作、歌剧”改为“音乐、戏剧制作、曲艺、舞蹈和杂技”；第三，将“视觉艺术与绘画艺术”改为“美术与建筑设计、图形和模型作品”。

（二）核心版权产业的分类

依照WIPO《指南》的界定，在细分核心版权产业时应注意以下几项原则。

（1）核心版权产业不仅包括生产（创作、制作和制造），也包括无形传播（表演、广播、传播和展览），以及有形传播（发行、销售和服务）。

（2）核心版权产业的全部活动都与作品或其他版权保护客体相关。

（3）因为没有作品或其他版权保护客体，核心版权产业将无法存在或有很大不同，因此核心版权产业的经济贡献按100%计算。

（4）在发行业中，只有那些完全致力于版权材料发行的行业份额可以归入核心版权产业。

依据这一原则，WIPO对上述九个子组也给出了指导性的细分。具体如下②：

（1）新闻和文学作品包括：A. 作家、作者和译者；B. 报纸；C. 新闻社；D. 杂志/期刊；E. 图书出版；F. 问候卡和地图；G. 工商名录和其他印刷

① 参见世界知识产权组织：《版权相关产业的经济贡献调研指南》，37页。

② 参见上书，41页。

品；H. 图书、杂志、报纸和广告材料的印前样和印后样；I. 报纸和文学作品的批发和零售；J. 图书馆。

（2）音乐、戏剧制作、歌剧包括：A. 曲作家、词作家、改编者、舞蹈指导、导演、演员和其他人员；B. 音乐作品的印制和出版；C. 音乐录音制品的制作和制造；D. 音乐录音制品的批发和零售；E. 艺术和文字创作和表述；F. 表演及相关机构。

（3）电影与录像包括：A. 编剧、导演、演员等；B. 电影和影带的制作和发行；C. 电影放映；D. 影带出租和销售，包括点播；E. 相关服务。

（4）广播电视包括：A. 国家广播和电视播放公司；B. 其他广播和电视组织；C. 独立制片人；D. 有线电视；E. 卫星电视；F. 相关服务。

（5）摄影包括：A. 工作室和商业摄影；B. 图片社和图书馆。

（6）软件与数据库包括：A. 规划、编程和设计；B. 生产、批发和零售预装软件（商业程序、视频游戏、教育程序等）；C. 数据库处理和出版。

（7）视觉艺术与绘画艺术：A. 艺术家；B. 画廊以及其他批发和零售；C. 画框和其他相关服务；D. 图形设计。

（8）广告服务包括广告代理机构、购买服务（不应包括发布广告费用）。

（9）版权集体管理与服务包括版权集体管理协会（不应包括营业额）。

根据上述分类方法，本项研究整理出与国民经济行业分类对应的中国核心版权产业，共计 53 个行业类别（不同产业组有重复的行业小类，分别按比例计入），具体内容见附件 2（表 B—1）；和与海关统计商品分类对应的中国核心版权产业，共计 17 类四位代码商品，具体内容见附件 2（表 B—2）。另有计算机和信息服务（软件和数据库），专有权利使用费和特许费（版权），广告、宣传和电影、音像四类国际收支统计体系类别构成与服务贸易相对应的核心版权产业。

三、相互依存的版权产业的分类

（一）相互依存的版权产业的定义

相互依存的版权产业是从事制作、制造和销售其功能完全或主要是为作品及其他受版权保护客体的创作、制作和使用提供便利的设备的产业。

根据他们对核心版权产业的支持程度，相互依存的版权产业可进一步划分为核心相互依存产业和部分相互依存产业。

（二）相互依存的版权产业的分类

核心相互依存产业包括以下设备的制造、批发和零售（销售和出租）——电视机、收音机、录像机、CD 播放机、DVD 播放机、磁带播放机、电子游戏设备以及其他类似设备，计算机和有关设备，以及乐器。这组产品是与核心版权产业的产品一起消费的。例如，没有电视机就不能收看电视节目。因此，它们也被称为“版权硬件”。

部分相互依存的版权产业包括以下产品的制造、批发和零售（销售和出租）——照相和电影摄影器材、复印机、空白录音介质以及纸张。它们的主要作用也是促进版权作品的使用。

这类产业与核心版权产业不同，它们是因为产品的用途，而不是因为产品本身包含版权成分而归入版权相关产业的。

根据相互依存版权产业的产业组细分，与国民经济行业分类对应的行业类别共计 44 个（不同产业组有重复的行业小类，分别按比例计入），具体内容见附件 2（表 B—3）；和与海关统计分类对应的四位代码商品共计 40 类，具体内容见附件 2（表 B—4）。

四、部分版权产业的分类

（一）部分版权产业的定义

部分版权产业是部分活动与作品或其他受版权保护客体相关的产业。统计这一类别的活动时，应只纳入那些应归因于作品和其他版权保护客体的相关部分。这些活动包括创作、制作和制造、表演、广播、传播以及展览或者发行和销售。

（二）部分版权产业的分类

按照 WIPO《指南》的分类，部分版权产业包括服装、纺织品与制鞋，珠宝和硬币，其他手工艺品，家具，家用物品、陶瓷和玻璃，墙纸与地毯，玩具与游戏，建筑、工程、调查，内部装修设计，博物馆十个子组。

部分版权产业与国民经济行业分类对应的行业类别共计 88 个（不同产业组有重复的行业小类，分别按比例计入），具体内容见附件 2（表 B—5）；和与海关统计分类对应的四位代码商品共计 163 类，具体内容见附件 2（表 B—6）。

五、非专用支持产业的分类

（一）非专用支持产业的定义

非专用支持产业是部分活动与促进作品及其他版权保护客体的广播、传播、发行或销售相关且这些活动没有被纳入核心版权产业的产业。这些产业计量的是远离核心版权产业的溢出效果，它们的职能是版权相关产业与其他产业共享的。

（二）非专用支持产业的分类

这些产业包括发行版权产品的一般批发与零售业、一般运输产业、电话与互联网产业。非专用支持产业与国民经济行业分类对应的行业类别共计12个，具体内容见附件2（表B—7）。

第三章 中国版权相关产业经济贡献的数据采集与测算

版权相关产业经济贡献的数据采集与测算工作主要包括两大部分——基础数据的采集测算与版权因子的选择确定。按照WIPO《指南》的分类，在统计上，核心版权产业与非核心版权产业是有区别的。核心版权产业的版权成分被认定为100%，而非核心版权产业所创造的GDP、就业人数和进出口额的版权份额要根据该产业对版权的依赖程度来确定，即要将版权成分与其他成分相剥离。WIPO称版权成分为“版权因子”。国内没有任何关于版权因子的研究与数据，只有通过对中国版权相关产业的调查分析、对其他国家调研结果的比较借鉴等方式确定。

一、基础数据

所谓基础数据，既包括版权相关产业各构成行业的行业增加值、就业人数、出口总额，也包括在不能获得这些直接数据时为测算它们所需要的间接数据。

（一）数据来源

如前所述，官方统计数据是国家级调研的基础。本项研究的基础数据也以国家统计数据为主。主要包括以下几种来源：

（1）国务院第一次全国经济普查领导小组办公室编、中国统计出版社出版的《中国经济普查年鉴2004》。

（2）中华人民共和国国家统计局编、中国统计出版社出版的相关年份的《中国统计年鉴》及其他统计年鉴。

（3）从国家工业和信息化部、文化部、广电总局、新闻出版总署等行业主管部门获取的2004年、2006年度相关行业统计数据。

（4）从国家统计局普查中心获取的2004年度经济普查数据。

（5）从海关总署获取的八位代码水平的2004年、2006年度进出口商品统计数据。

（6）从国家外汇管理局获取的2004、2006年度服务贸易统计数据。

（二）测算方法

1. 行业增加值的测算。

行业增加值的测算主要在行业小类的基础上，采用当年价格进行。

对于统计部门或行业主管部门能够直接提供行业增加值的行业，直接采用统计部门或行业主管部门提供的数据作为该行业的行业增加值。对于统计部门或行业主管部门不能直接提供行业增加值的行业，首先利用2004年经济普查获得的行业相关数据测算这些行业在2004年的行业增加值，再利用这些行业的增加值在2004年第二产业、第三产业行业增加值中所占比重及2006年全国第二产业、第三产业行业增加值，测算其在2006年的行业增加值。

2004年行业增加值的测算，采用WIPO《指南》中提供的收入法公式：

行业增加值＝劳动者收入＋生产性税金＋本年折旧＋经营盈余－生产或经营性补贴

公式中各构成部分的数据需要经过两个步骤——首先测算各类型法人单位的对应数据，再将该行业中存在的各类法人单位数值汇总。各类法人单位劳动者收入、生产性税金、本年折旧、经营盈余、生产或经营性补贴的测算，依据国家统计局经济核算司编著的《中国经济普查年度国内生产总值核算方法》提供的测算方法进行，详见表3—1。

2. 就业人数的测算。

就业人数的测算同样主要在行业小类的基础上进行。

对于统计部门或行业主管部门能够直接提供就业人数的行业，直接采用统计部门或行业主管部门提供的行业就业人数。

对于统计部门或行业主管部门不能直接提供就业人数的行业，首先利用2004年经济普查获得的行业内不同类型法人单位全年平均就业人数汇总得到这些行业在2004年的就业人数，再利用这些行业的就业人数在2004年对应行业门类中所占比重及2006年全国各行业门类就业人数，测算其在2006年的就业人数。

3. 出口总额的测算。

出口额用海关商品出口额表示，版权相关产业海关商品出口总额的测算，利用海关总署提供的2004年度和2006年度的海关商品出口统计数据，在海关进出口商品细目的基础上直接进行。服务贸

表 3—1　　　　行业增加值构成部分测算公式①

各构成部分	法人单位类型	测算公式
劳动者收入	规模以上工业企业	劳动、失业保险费＋养老保险和医疗保险费＋住房公积金和住房补贴＋本年应付工资总额＋本年应付福利费总额＋差旅费×64%＋工会会费×60%＋部分三项费用
	规模以下工业企业、限额以下批发和零售企业	从业人员劳动报酬＋劳动、失业保险费＋部分费用
	限额以上批发和零售企业	劳动、失业保险费＋住房公积金和住房补贴＋本年应付工资总额＋本年应付福利费总额＋差旅费×64%＋工会会费×60%＋部分三项费用
	服务业企业	从业人员劳动报酬＋劳动、失业保险费＋部分费用
	行政事业单位	人员支出＋福利费＋劳务费＋取暖费＋差旅费×64%＋对家庭和个人补助支出—助学金—抚恤和生活补助
生产性税金	规模以上工业企业	主营业务税金及附加＋税金（管理费用）＋本年应交增值税＋排污费＋部分三项费用
	规模以下工业企业	产品销售税金及附加＋部分费用
	限额以上批发和零售企业	主营业务税金及附加＋税金（管理费用）＋本年应交增值税＋部分三项费用
	限额以下批发和零售企业	主营业务税金及附加＋部分三项费用
	服务业企业	主营业务税金及附加＋部分三项费用
	行政事业单位	经营税金
固定资产折旧	规模以上工业企业、规模以下工业企业、交通和电信业企业、限额以上批发和零售企业、限额以下批发和零售企业、服务业企业	本年折旧
	行政事业单位	固定资产原价×4%
营业盈余	规模以上工业企业	营业利润×［主营业务收入/（主营业务收入＋其他业务收入）］＋工会会费×40%＋补贴收入＋部分三项费用
	规模以下工业企业	营业利润＋部分费用
	限额以上批发和零售企业	营业利润×（主营业务收入/营业收入合计）＋工会会费×40%＋部分三项费用
	限额以下批发和零售企业、服务业企业	营业利润×（主营业务收入/营业收入合计）＋部分费用
	行政事业单位	收支结余×［（经营收入＋事业收入）/本年收入合计］
生产或经营性补贴	规模以上工业企业	补贴收入

易出口总额的测算，利用国家外汇管理局提供的2004年度和2006年度的服务贸易统计数据，在相应分类的基础上直接进行。受分类条件限制，服务贸易出口总额的测算，只能限于核心版权产业。

4. **劈分问题。**

尽管行业小类、海关进出口商品细目等分类等级已是目前能够获得有效统计数据的最小层级，但对于某些版权相关产业的构成部门来说仍显过大。例如，摄影和扩印在国民经济行业分类中被统一归为一个行业小类，而只有摄影才被认为是版权相关产业的一个构成部分；再如，在服务贸易分类中只有涵盖了版权的专有权利使用和特许费一项，并没

① 参见国家统计局国民经济核算司编著：《中国经济普查年度国内生产总值核算方法》，北京，中国统计出版社，2007。

有对版权作出进一步细分。

为避免将非版权相关产业构成部门纳入版权相关产业经济贡献统计范畴，对于上述情况，选择适当比例对数据进行了劈分，只提取出其中的版权相关产业构成部门相关数据，将之作为测算版权相关产业经济贡献的基础。

二、版权因子

如上所述，WIPO将核心版权产业的版权因子确定为100%，其他三类版权相关产业——相互依存版权产业、部分版权产业、非专用支持版权相关产业的版权因子都是各国根据本国的实际情况分别研究确定。

本项研究版权因子主要通过抽样调查（问卷调查与特殊访谈）、国际比对[①]和量化计算几种方式确定。WIPO专家为本研究提供了十分详尽的其他国家的版权因子和相关计算公式，研究人员以此为参照，结合调查情况对中国版权相关产业的版权因子进行了测算。

（一）相互依存的版权产业

相互依存版权产业版权因子的确定，国际上有两种截然不同的做法。一种是直接将相互依存版权产业的版权因子认定为100%，如美国、英国、拉脱维亚、匈牙利、墨西哥、牙买加、保加利亚、黎巴嫩、哥伦比亚、克罗地亚；还有一种方法是在调研的基础上对不同的产业组确定了不同的版权因子，如新加坡、菲律宾、马来西亚、罗马尼亚、俄罗斯等国，版权因子的数值在20%～40%之间。

本项研究根据WIPO对相互依存的版权产业的分类，综合了上述两种方法，即核心相互依存的版权产业的版权因子均为100%，部分相互依存版权产业的版权因子依据其与版权产品的关联程度分别确定，具体数值见表3—2。

表3—2　相互依存版权产业的版权因子

主要产业组	版权因子
电视机、收音机、录像机、CD播放机、DVD播放机、磁带播放机、电子游戏设备以及其他类似设备	100%
计算机和有关设备	100%
乐器	100%
照相机和电影摄影器材	35%
复印机	30%
空白录音介质	25%
纸张	25%

（二）部分版权产业

部分版权产业的版权因子主要通过实地调查与问卷调查方式获取。研究人员先后到部分版权产业的数十家企事业单位进行了实地调查，此外还向部分版权产业其他的企事业单位发放调查问卷1 100份。

从访谈与调查问卷的结果看，多数单位对版权活动带来收益的估算随意性都很大，或表示对这样的问题难以回答。主要原因可能有如下两点：一是目前中国版权相关产业从业人员的版权认知率较低，无法从产业活动中识别版权活动；二是版权活动带来的收入比例确实难以估算。一些国家调查问卷的问题是"创造性活动给公司带来的收益在总收益中占多大比例"，这样受访者可能更容易回答一些，但研究者如何从中拆分出版权活动带来的收益仍然是个问题。

本项研究结合实地访谈与调查问卷的结果，对部分版权产业逐一进行了量化分析，并参照其他国家的调研成果确定了的部分版权产业的版权因子，具体数值见表3—3。各产业调查的详细情况见本报告附录部分。

表3—3　部分版权产业的版权因子

主要产业组	版权因子
服装、纺织品和制鞋	0.4%
珠宝和硬币	8%
其他手工艺品	40%
家具	5%
家用物品、陶瓷和玻璃	0.3%
墙纸与地毯	2%
玩具与游戏	40%
建筑、工程、调查	6%
内部装修设计	5%
博物馆	0.5%

（三）非专用支持产业

非专用支持产业版权因子根据WIPO提供的公式计算确定。计算行业增加值时的版权因子计算公式为：

非专用支持产业版权因子＝（核心版权产业行业增加值＋相互依存版权产业行业增加值＋部分版权产业行业增加值）÷非流通GDP

其中，非流通GDP＝GDP－运输、批发与零售、信息与通讯产业行业增加值＋核心、相互依存和部分版权产业中的流通行业（如新闻与文学作品、

① 参见世界知识产权组织：《版权相关产业的经济贡献调研指南》，86页。

音乐录音制品、盒装软件、电视机、收音机、纺织品、服装、鞋子和皮革商品的批发与零售业）的增加值。

计算就业人数时的版权因子计算公式为：

非专用支持产业版权因子＝（核心版权产业就业人数＋相互依存版权产业就业人数＋部分版权产业就业人数）÷非流通就业人数

其中，非流通就业人数＝全国就业人数－运输、批发与零售、信息与通讯产业就业人数＋核心、相互依存和部分版权产业中的流通行业的就业人数。

计算结果见表 3—4。

表 3—4　　非专用支持产业的版权因子

	2004 年		2006 年	
	GDP	就业人数	GDP	就业人数
非专用支持产业	4.94%	5.55%	6.37%	6.51%

第四章 中国版权相关产业的经济贡献

一、概述

（一）2004 年中国版权相关产业的经济贡献

2004 年中国版权相关产业的行业增加值约为 7 884亿元人民币，占全国 GDP（159 878.3 亿元①）的 4.9%；就业人数约为 616 万人，占全国单位就业总人数（11 098.9 万人②）的 5.6%；海关商品出口总额约为 922 亿美元，占全国海关商品出口总额（5 933.2亿美元③）的 15.5%。见表 4—1 和图 4—1、图 4—2、图 4—3。

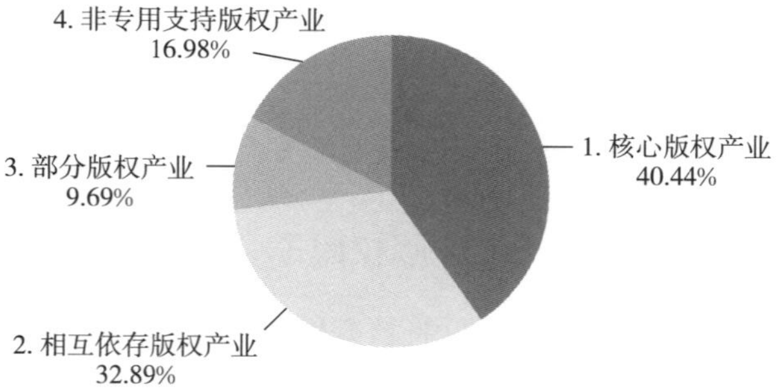

图 4—1　2004 年中国版权相关产业行业增加值构成图

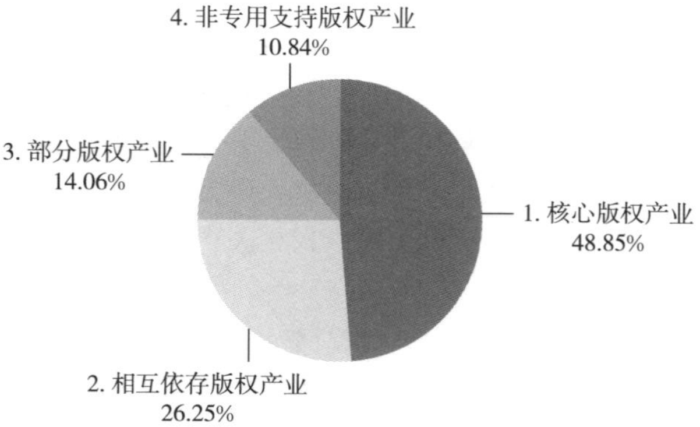

图 4—2　2004 年中国版权相关产业就业人数构成图

版权相关产业可分为核心版权产业和非核心版权产业两大部分。核心版权产业的经济贡献情况见本章第二部分。非核心版权产业由相互依存的版权产业、部分版权产业和非专用支持产业三部分构成。

表 4—1　　2004 年度中国版权相关产业的经济贡献

指标 / 分类	行业增加值		就业人数		商品出口总额	
	数值（亿元人民币）	比重（%）	数值（万人）	比重（%）	数值（亿美元）	比重（%）
核　心	3 188.67	2.00	300.90	2.71	15.55	0.26
非核心	4 695.52	2.94	315.00	2.84	906.31	15.28
相互依存	2 593.04	1.62	161.68	1.46	838.03	14.12
部分	763.84	0.48	86.57	0.78	68.28	1.15
非专用支持	1 338.63	0.84	66.76	0.60	—	—
合　计	7 884.18	4.94	615.91	5.55	921.85	15.54

说明：比重系在全国 GDP、就业人数和出口总额中所占比重。

①②③　参见中华人民共和国国家统计局：《中国统计年鉴 2007》，57、135、726 页，北京，中国统计出版社，2007。

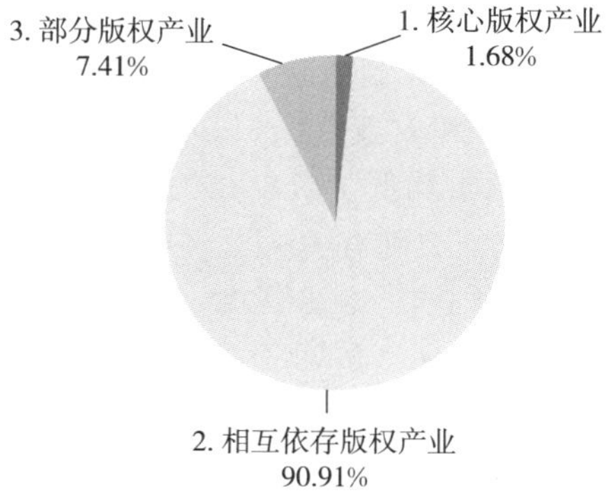

图 4—3　2004 年中国版权相关产业海关商品出口总额构成图

2004 年，非核心版权产业的行业增加值约为 4 696 亿元，占全国 GDP 的 2.9%；就业人数约为 315 万人，占全国单位就业总人数的 2.8%；海关商品出口总额约为 906 亿美元，占全国海关商品出口总额的 15.3%。

（二）2006 年度中国版权相关产业的经济贡献

2006 年中国版权相关产业的行业增加值约为 13 489亿元人民币，占全国 GDP（210 871 亿元①）的 6.4%；就业人数约为 763 万人，占全国单位就业总人数（11 713.2 万人②）的 6.5%；海关商品出口总额约为 1 493 亿美元，占全国海关商品出口总额（9 689.4亿美元③）的 15.4%。见表 4—2 和图 4—4、图 4—5、图 4—6。

表 4—2　　2006 年度中国版权相关产业的经济贡献

分类＼指标	行业增加值		就业人数		商品出口总额	
	数值（亿元人民币）	比重（%）	数值（万人）	比重（%）	数值（亿美元）	比重（%）
核　心	6 471.56	3.06	367.91	3.14	24.94	0.26
非核心	7 017.77	3.33	395.00	3.38	1 467.68	15.15
相互依存	4 068.96	1.93	222.15	1.90	1 363.82	14.08
部　分	1 014.20	0.48	99.26	0.85	103.86	1.07
非专用支持	1 934.61	0.92	73.59	0.63	—	—
合　计	13 489.33	6.39	762.92	6.52	1 492.62	15.40

说明：比重系在全国 GDP、就业人数和出口总额中所占比重。

其中，非核心版权产业的行业增加值约为 7 018 亿元，约占全国 GDP 的 3.3%；就业人数约为 395 万人，占全国单位就业总人数的 3.4%；海关商品出口总额约为 1 468 亿美元，占全国海关商品出口总额的 15.2%。

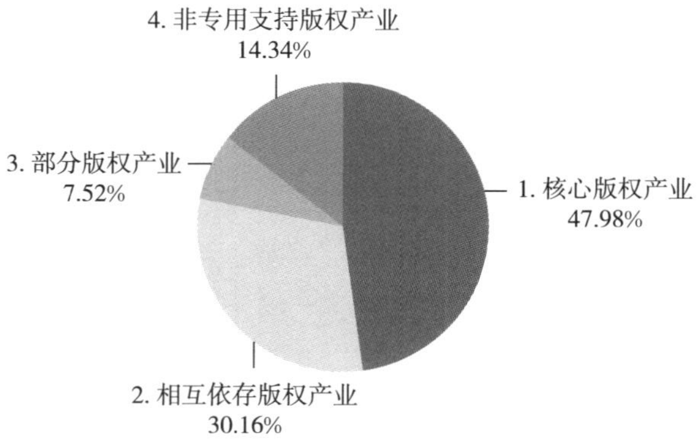

图 4—4　2006 年中国版权相关产业行业增加值构成图

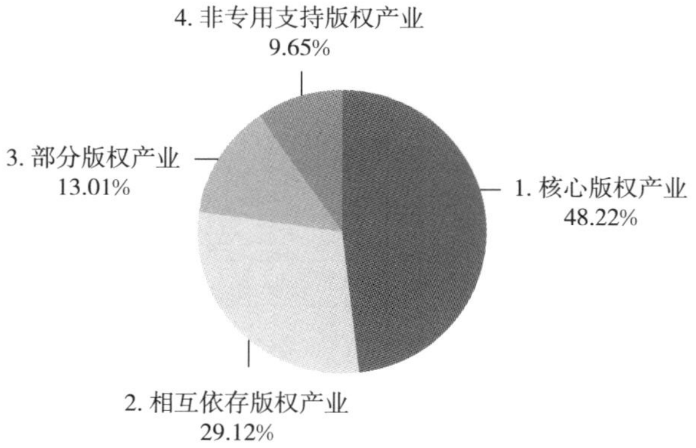

图 4—5　2006 年中国版权相关产业就业人数构成图

（三）版权相关产业与其他行业类别行业增加值的比较

就行业增加值在全国 GDP 所占比重而言，在 2006 年国民经济 21 个行业类别（为尽可能减少重复比较造成的偏差，未包括与版权相关产业关系极

①②③　参见中华人民共和国国家统计局：《中国统计年鉴 2007》，57、135、726 页。

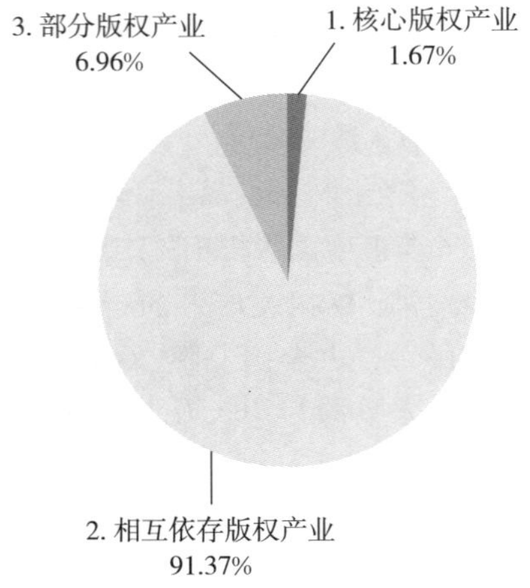

图 4—6　2006 年中国版权相关产业海关商品出口总额构成图

为密切的信息传输、计算机服务和软件业与文化、体育、娱乐业这两个行业类别）中，比重高于版权相关产业的只有制造业（33.6%）、批发和零售业（7.3%）和农业（6.6%）三个类别，其余18个类别的比重均低于版权相关产业；比重高于核心版权产业的类别有10个，包括制造业，批发和零售业，农业，交通运输、仓储和邮政业（5.9%），采矿业（5.7%），建筑业（5.6%），房地产业（4.6%），金融业（4.0%），电力、燃气及水的生产和供应业（3.8%），公共管理和社会管理（3.6%），牧业（3.1%）；另有教育、住宿和餐饮业等10个类别的比重低于核心版权产业。见表4—3和图4—7。

表 4—3　　2004 年和 2006 年中国国民经济各类别行业增加值及其占全国 GDP 的比重

行业大类	2004 年		2006 年	
	数值	比重	数值	比重
第一产业	21 412.7	13.4	24 040.0	11.7
农业	11 827.7	7.4	13 951.9	6.6
林业	905.6	0.6	1 093.0	0.5
牧业	5 953.7	3.7	6 578.2	3.1
渔业	2 081.1	1.3	2 555.9	1.2
农林牧渔服务业	456.9	0.3	558.4	0.3
第二产业	73 904.3	46.2	103 162.0	48.7
采矿业	7 628.3	4.8	12 082.9	5.7
制造业	51 748.5	32.4	71 212.9	33.6
电力、燃气及水的生产和供应业	5 833.3	3.6	8 015.2	3.8
建筑业	8 694.3	5.4	11 851.1	5.6
第三产业	64 561.3	40.4	84 721.4	40.0
交通运输、仓储和邮政业	9 304.4	5.8	12 481.1	5.9
信息传输、计算机服务和软件业	4 236.3	2.6	5 329.2	2.5
批发和零售业	12 453.8	7.8	15 471.1	7.3
住宿和餐饮业	3 664.8	2.3	4 792.1	2.3
金融业	5 393.0	3.4	8 490.3	4.0
房地产业	7 174.1	4.5	9 664.0	4.6
租赁和商业服务业	2 627.5	1.6	3 280.0	1.6
科学研究、技术服务和地质勘查业	1 759.5	1.1	2 409.3	1.1
水利、环境和公共设施管理业	768.6	0.5	944.2	0.4
居民服务和其他服务业	2 481.5	1.6	3 541.5	1.7
教育	4 892.6	3.1	6 179.0	2.9
卫生、社会保障和社会福利业	2 620.7	1.6	3 209.6	1.5
文化、体育和娱乐业	1 043.2	0.7	1 325.2	0.6
公共管理和社会管理	6 141.4	3.8	7 604.6	3.6

数据来源：第一产业各大类增加值来自中华人民共和国农业部网站（http://www.agri.gov.cn/sjzl/baipsh/WB2007.htm#1），数据加总后的数值小于中华人民共和国国家统计局所编《中国统计年鉴》中的数据。其余均来自《中国统计年鉴2006》（中华人民共和国国家统计局编，北京，中国统计出版社，2006），《中国统计年鉴2007》（中华人民共和国国家统计局编，北京，中国统计出版社，2007），《中国统计年鉴2008》（中华人民共和国国家统计局编，北京，中国统计出版社，2008）。

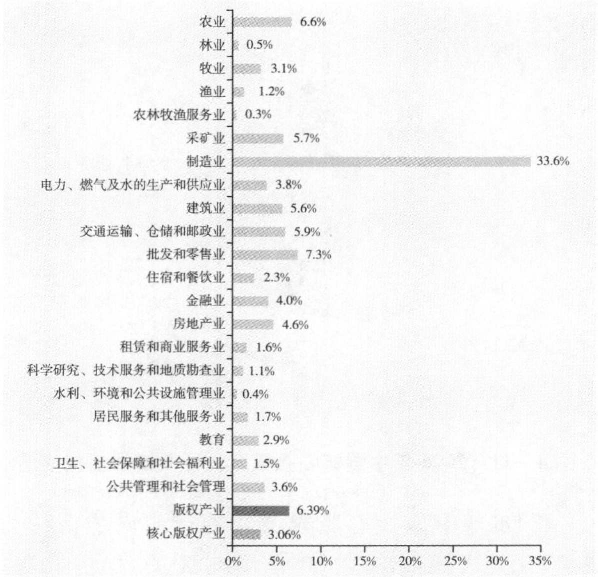

图 4—7　2006 年版权产业与国民经济各类别行业增加值的比较

因此，有理由认为：就行业增加值而言，整个版权相关产业对国民经济的贡献居于各类别前列，核心版权产业的贡献居于中间水平。同时，也应充分注意到版权相关产业与参与比较的 21 个行业大类存在交叉之处。

二、核心版权产业的经济贡献

（一）2004 年中国核心版权产业的经济贡献

表 4—4　　2004 年中国核心版权产业的行业增加值、就业人数和商品出口总额

主要产业组	增加值（亿元人民币）	就业人数（千人）	商品出口总额（万美元）
文字作品	1 230.75	747.21	95 657.60
音乐、戏剧制作、曲艺、舞蹈和杂技	97.01	214.01	22 671.70
电影与录像	51.41	118.85	6.10
广播电视	325.49	302.10	—
摄影	7.94	9.87	218.60
软件和数据库	614.37	889.01	34 522.40
美术与建筑设计、图形和模型作品	616.81	543.30	2 384.40
广告服务	187.03	148.46	—
版权集体管理与服务	57.84	36.20	—
合　计	3 188.67	3 009.02	155 460.74
比　重（%）	2.00	2.71	0.26

表 4—5　2004 年中国核心版权产业的服务贸易出口总额

分　　类	服务贸易出口总额（亿美元）
计算机和信息服务（软件和数据库）	5.46
专有权利使用和特许费（版权）	0.39
广告、宣传	8.49
电影、音像	0.41
合　计	14.75
比　重（%）	2.36

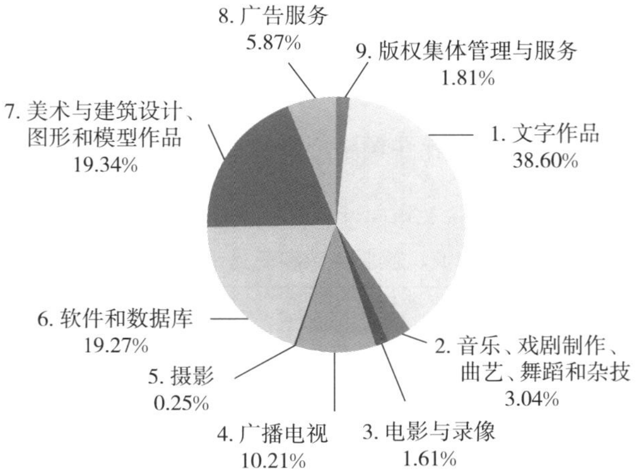

图 4—8　2004 年中国核心版权产业行业增加值构成图

2004 年中国核心版权产业的行业增加值约为 3 189亿元人民币，占当年全国 GDP 的 2.0%；就业人数约为 301 万人，占当年单位就业总人数的 2.7%；海关商品出口总额约为 16 亿美元，占当年全国海关商品出口总额的 0.3%；服务贸易出口总额约为 15 亿美元，占当年全国服务贸易出口总额（624.3 亿美元）的 2.4%；后两者合计，包括商品和服务贸易的全部出口总额约为 30 亿美元，占当年全国全部对外贸易出口总额（6 557.5 亿美元）的 0.5%。

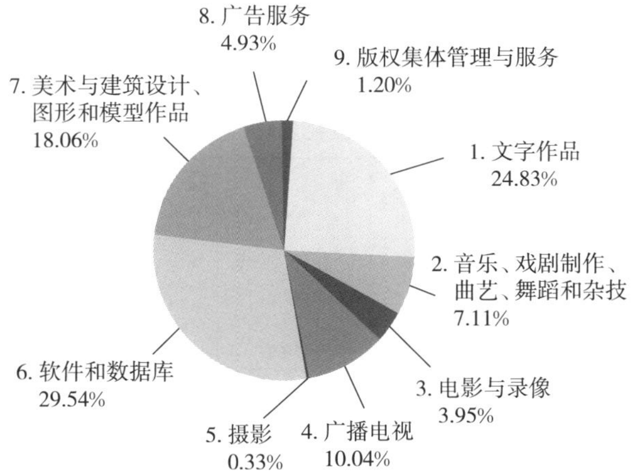

图 4—9　2004 年中国核心版权产业就业人数构成图

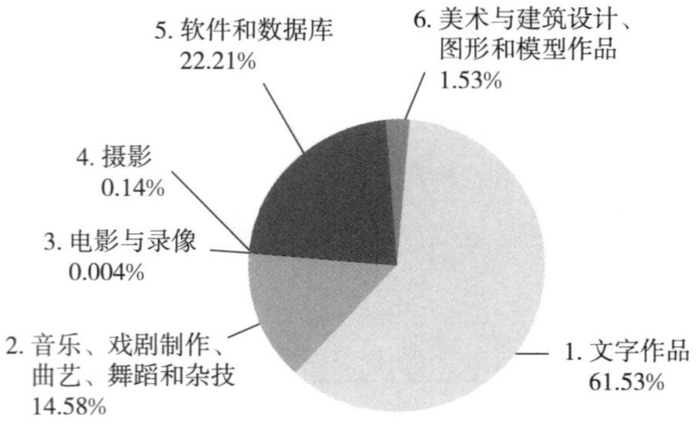

图 4—10 2004 年中国核心版权产业海关商品出口额构成图

（二）2006 年中国核心版权产业的经济贡献

表 4—6 2006 年中国核心版权产业的行业增加值、就业人数和商品出口总额

主要产业组	增加值（亿元人民币）	就业人数（千人）	商品出口总额（万美元）
文字作品	2 216.85	781.56	145 044.70
音乐、戏剧制作、曲艺、舞蹈和杂技	150.36	211.33	15 314.50
电影与录像	80.38	118.26	17.4
广播电视	528.67	307.47	—
摄影	12.90	10.31	95.3
软件和数据库	2 092.90	1 451.18	82 861.70
美术与建筑设计、图形和模型作品	991.78	574.19	6 091.20
广告服务	303.79	180.77	—
版权集体管理与服务	93.94	44.08	—
合　计	6 471.56	3 679.14	249 424.78
比　重（%）	3.06	3.14	0.26

表 4—7 2006 年中国核心版权产业的服务贸易出口总额

分　　类	服务贸易出口总额（亿美元）
计算机和信息服务（软件和数据库）	9.86
专有权利使用和特许费（版权）	0.34
广告、宣传	14.45
电影、音像	1.37
合　计	26.02
比　重（%）	2.83

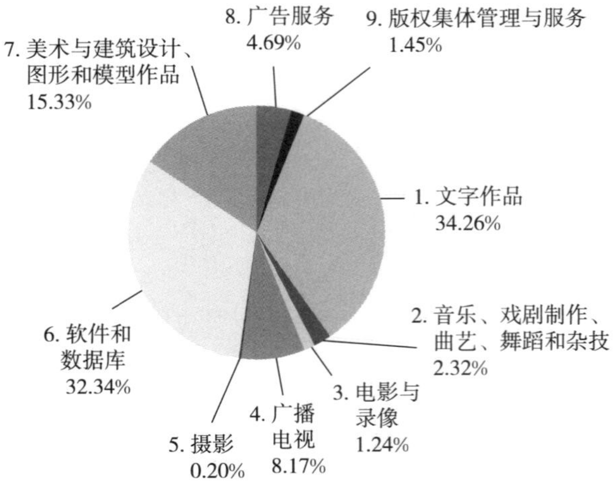

图 4—11 2006 年中国核心版权产业行业增加值构成图

2006 年中国核心版权产业的行业增加值约为 6 472亿元人民币，占当年全国 GDP 总值的 3.1%；就业人数约为 368 万人，占当年单位就业总人数的 3.1%；海关商品出口总额约为 25 亿美元，占当年全国海关商品出口总额的 0.3%；服务贸易出口总额约为 26 亿美元，占当年全国服务贸易出口总额（920.0 亿美元）的 2.8%；后两者合计，包括商品和服务贸易的全部出口总额约为 51 亿美元，占当年全国全部对外贸易出口总额（10 609.4 亿美元）的 0.5%。

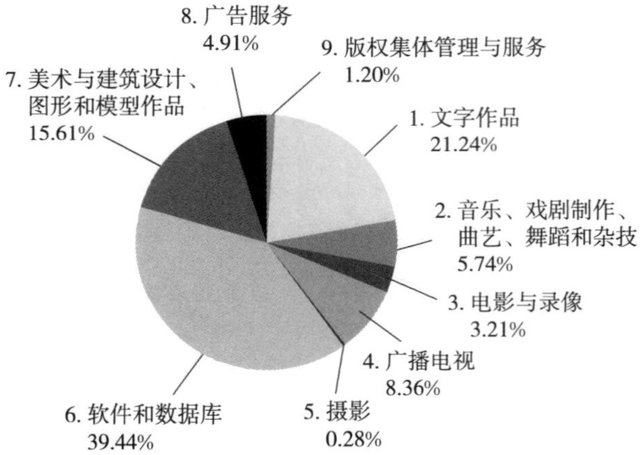

图 4—12 2006 年中国核心版权产业就业人数构成图

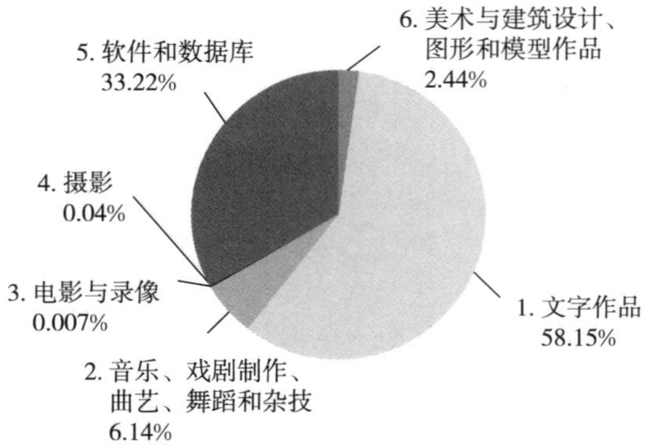

图 4—13 2006 年中国核心版权产业海关商品出口额构成图

三、相互依存的版权产业的经济贡献

（一）2004年中国相互依存版权产业的经济贡献

2004年中国相互依存版权产业的行业增加值约为2 593亿元人民币，占当年全国GDP的1.6%；就业人数约为162万人，占当年总就业人数的1.5%；海关商品出口总额约为838亿美元，占当年全国海关商品出口总额的14.1%。

表4—8　2004年中国相互依存版权产业的经济贡献

主要产业组	增加值（亿元人民币）	就业人数（千人）	商品出口总额（万美元）
电视机、收音机、录像机、CD播放机、DVD播放机、磁带播放机、电子游戏设备以及其他类似设备	712.92	632.06	2 178 598.37
计算机和有关设备	1 716.79	855.63	5 876 827.49
乐器	34.22	36.10	81 032.48
照相机和电影摄影器材	27.46	20.78	160 789.11
复印机	29.87	18.71	33 236.00
空白录音介质	4.09	4.39	32 388.24
纸张	67.70	49.10	17 423.61
合　计	2 593.05	1 616.77	8 380 295.30
比　重（%）	1.62	1.46	14.12

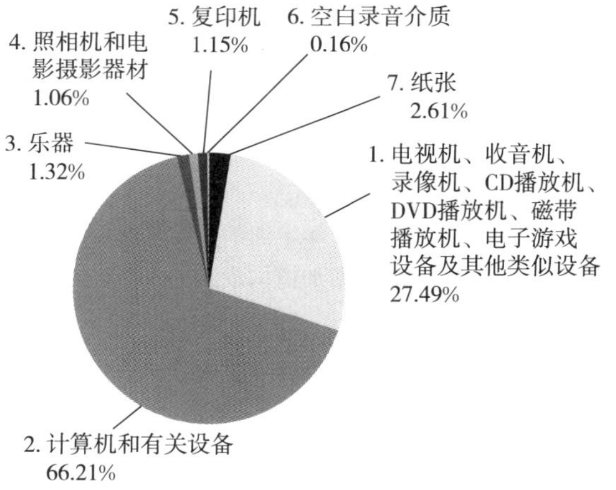

图4—14　2004年中国相互依存版权产业行业增加值构成图

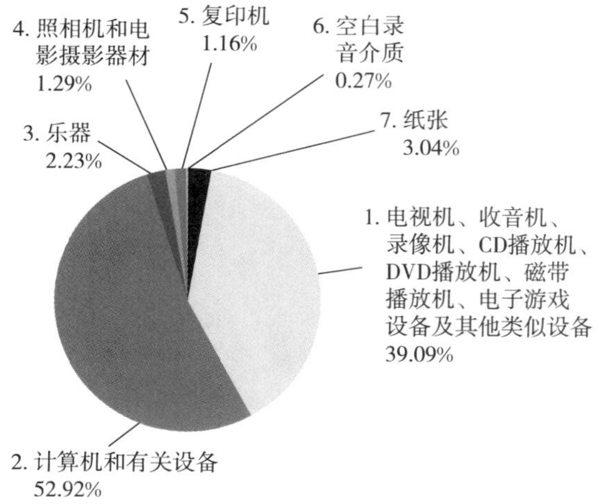

图4—15　2004年中国相互依存版权产业就业人数构成图

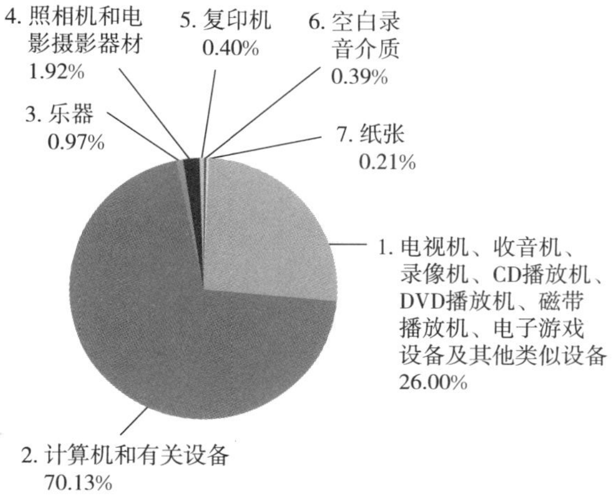

图4—16　2004年中国相互依存版权产业海关商品出口额构成图

（二）2006年中国相互依存版权产业的经济贡献

2006年中国相互依存版权产业的行业增加值约为4 069亿元人民币，占当年全国GDP的1.9%；就业人数约为222万人，占当年单位就业总人数的1.9%；海关商品出口总额约为1 364亿美元，占当年全国海关商品出口总额的14.1%。

表4—9　2006年中国相互依存版权产业的经济贡献

主要产业组	增加值（亿元人民币）	就业人数（千人）	商品出口总额（万美元）
电视机、收音机、录象机、CD播放机、DVD播放机、磁带播放机、电子游戏设备及其他类似设备	1 015.71	776.67	3 618 312.07
计算机和有关设备	2 838.99	1 306.55	9 295 155.24
乐器	43.65	38.41	101 664.88
照相机和电影摄影器材	40.29	23.28	334 223.67
复印机	39.30	18.90	201 767.68
空白录音介质	7.37	4.54	50 080.42
纸张	83.65	53.19	37 015.90
合　计	4 068.96	2 221.54	13 638 219.86
比　重（%）	1.93	1.90	14.08

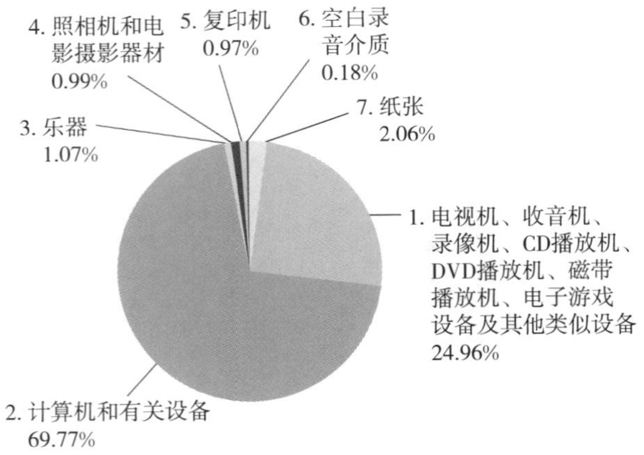

图 4—17　2006 年中国相互依存的版权产业行业增加值构成图

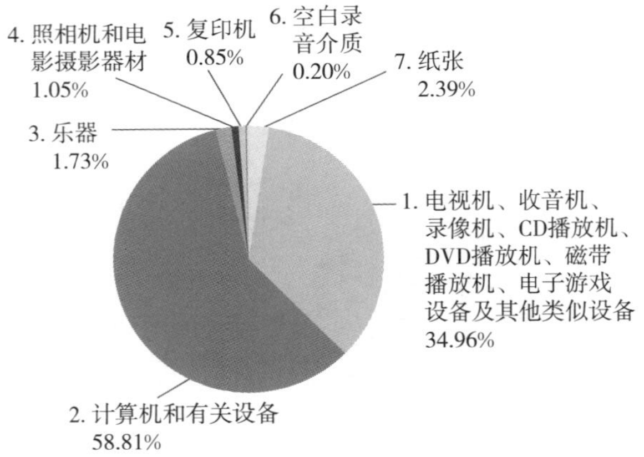

图 4—18　2006 年中国相互依存的版权产业就业人数构成图

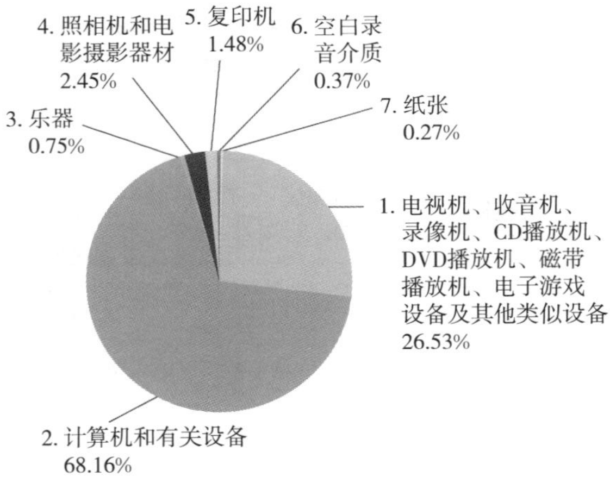

图 4—19　2006 年相互依存的版权产业海关商品出口额构成图

四、部分版权产业的经济贡献

（一）2004 年中国部分版权产业的经济贡献

2004 年中国部分版权产业的行业增加值约为 764 亿元人民币，占当年全国 GDP 的 0.5%；就业人数约为 87 万人，占当年单位就业总人数的 0.8%；海关商品出口总额约为 68 亿美元，占当年全国海关商品出口总额的 1.2%。

表 4—10　2004 年中国部分版权产业的经济贡献

主要产业组	增加值（亿元人民币）	就业人数（千人）	商品出口总额（万美元）
服装、纺织品和制鞋	16.85	21.95	39 796.53
珠宝和硬币	4.41	5.03	17 694.43
其他手工艺品	119.42	176.06	147 334.63
家具	17.64	21.40	35 788.12
家用物品、陶瓷和玻璃	3.17	3.31	6 528.93
墙纸与地毯	1.14	1.58	1 632.75
玩具与游戏用品	72.60	131.60	434 016.09
建筑、工程、调查	521.66	504.60	—
内部装修设计	6.84	—	—
博物馆	0.12	0.17	—
合　计	763.85	865.70	682 791.48
比　重（%）	0.48	0.78	1.15

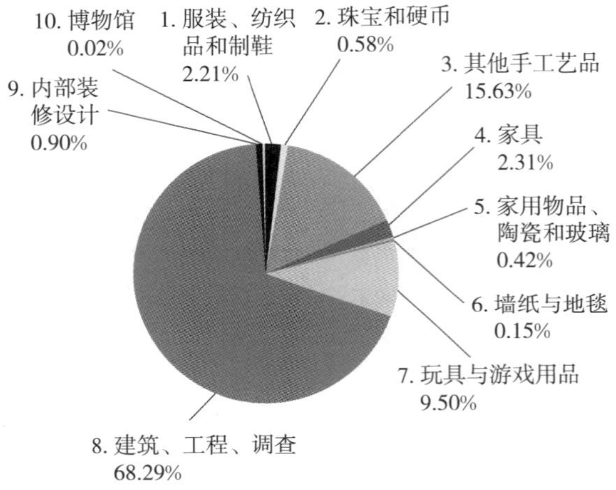

图 4—20　2004 年中国部分版权产业行业增加值构成图

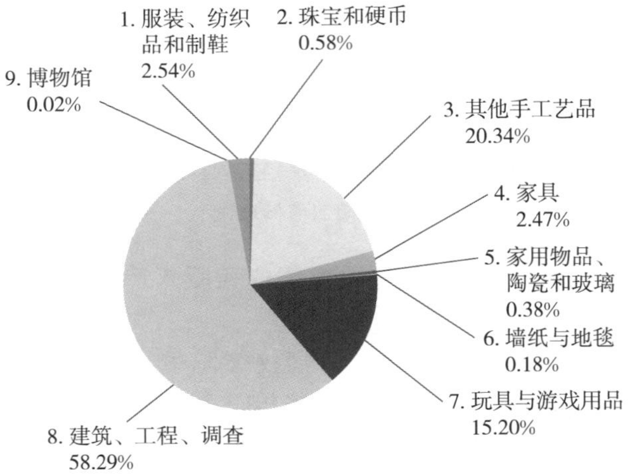

图 4—21　2004 年中国部分版权产业就业人数构成图

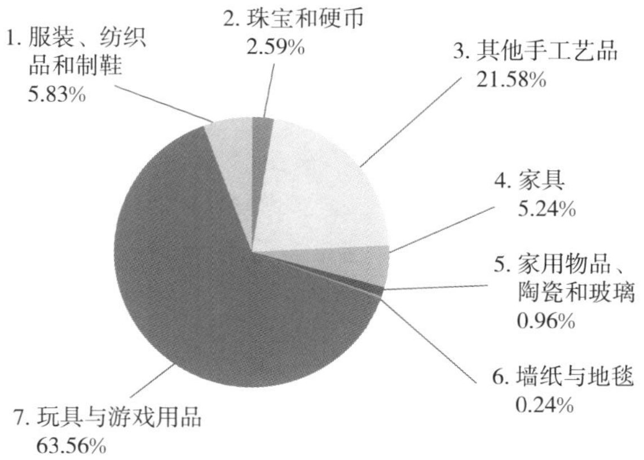

图 4—22　2004 年中国部分版权产业海关商品出口额构成图

（二）2006 年中国部分版权产业的经济贡献

2006 年中国部分版权产业的行业增加值约为 1 014亿元人民币，占当年全国 GDP 的 0.5%；就业人数约为 99 万人，占当年单位就业总人数的 0.9%；海关商品出口总额约为 104 亿美元，占当年全国海关商品出口总额的 1.1%。

表 4—11　2006 年中国部分版权产业的经济贡献

主要产业组	增加值（亿元人民币）	就业人数（千人）	商品出口总额（万美元）
服装、纺织品和制鞋	21.11	23.83	59 506.15
珠宝和硬币	6.03	5.12	23 309.17
其他手工艺品	148.00	191.95	218 390.07
家具	22.26	23.13	76 616.68
家用物品、陶瓷和玻璃	3.91	3.60	8 870.59
墙纸与地毯	1.43	1.71	2 288.87
玩具与游戏用品	89.74	143.84	649 571.69
建筑、工程、调查	711.07	599.22	—
内部装修设计	10.46	—	—
博物馆	0.19	0.17	—
合　计	1 014.20	992.57	1 038 553.22
比　重（%）	0.48	0.85	1.07

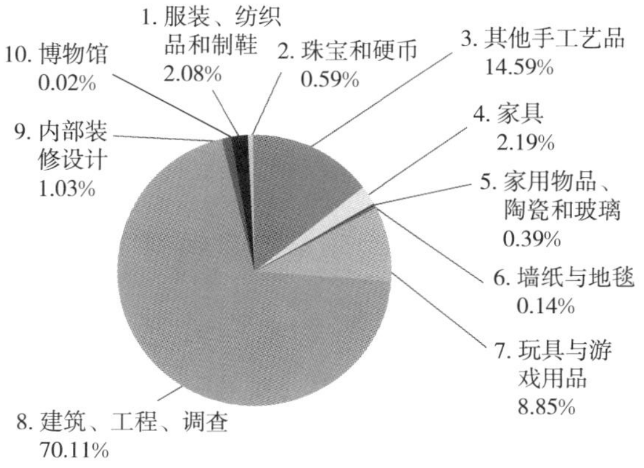

图 4—23　2006 年中国部分版权产业行业增加值构成图

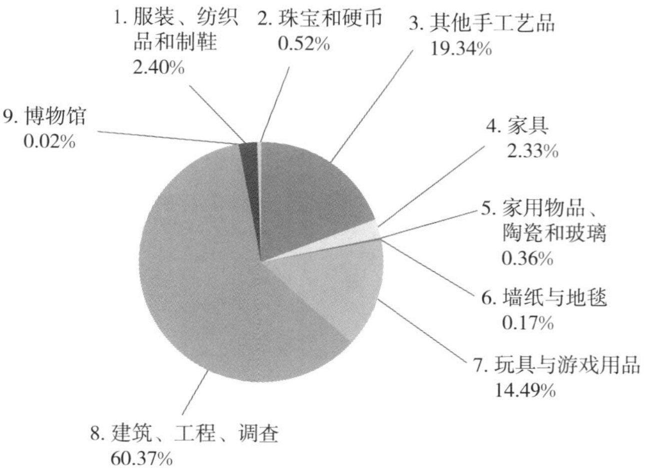

图 4—24　2006 年中国部分版权产业就业人数构成图

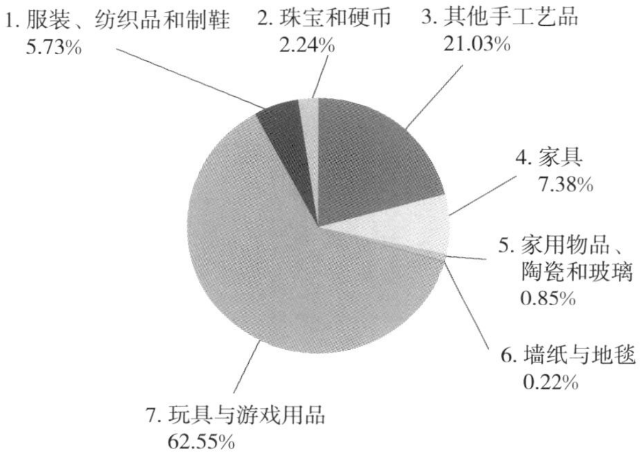

图 4—25　2006 年中国部分版权产业海关商品出口额构成图

五、非专用支持产业的经济贡献

（一）2004 年中国非专用支持产业的经济贡献

2004 年中国非专用支持产业的行业增加值约为 1 339 亿元人民币，占当年全国 GDP 的 0.8%；就业人数约为 67 万人，占当年单位就业总人数的 0.6%。

表 4—12　2004 年中国非专用支持产业的经济贡献

主要产业组	增加值（亿元人民币）	就业人数（千人）
一般批发和零售业	569.35	276.74
交通运输、仓储和邮政业	594.45	350.60
电话和互联网产业	174.84	40.22
合　计	1 338.63	667.57
比　重	0.84	0.60

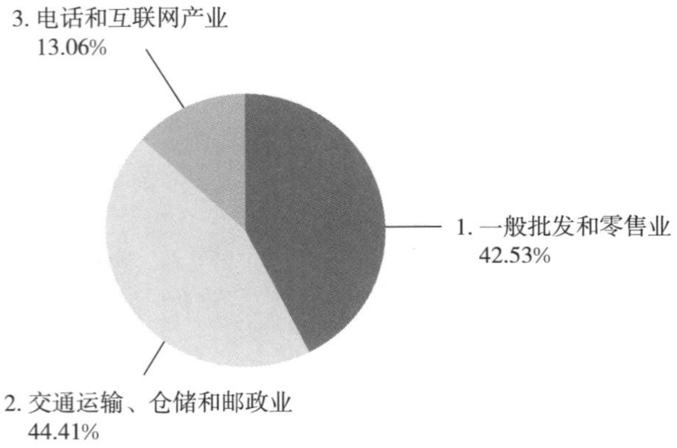

图 4—26 2004 年中国非专用支持产业行业增加值构成图

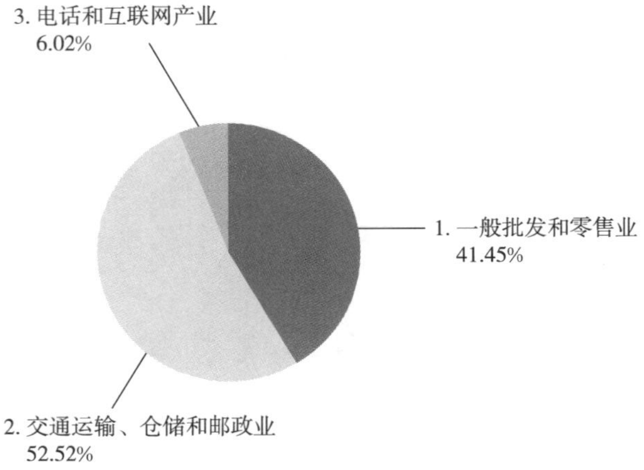

图 4—27 2004 年中国非专用支持产业就业人数构成图

（二）2006 年中国非专用支持产业的经济贡献

2006 年中国非专用支持产业行业增加值为1 935 亿元人民币，占当年全国 GDP 的总值的 0.9%；非专用支持产业就业人数为 74 万人，占当年单位就业总人数的 0.6%。

表 4—13 2006 年中国非专用支持产业的直接经济贡献

主要产业组	增加值（亿元人民币）	就业人数（千人）
一般批发和零售业	894.47	286.74
交通运输、仓储和邮政业	766.30	399.07
电话和互联网产业	273.83	50.13
合 计	1 934.60	735.94
比 重	0.91	0.63

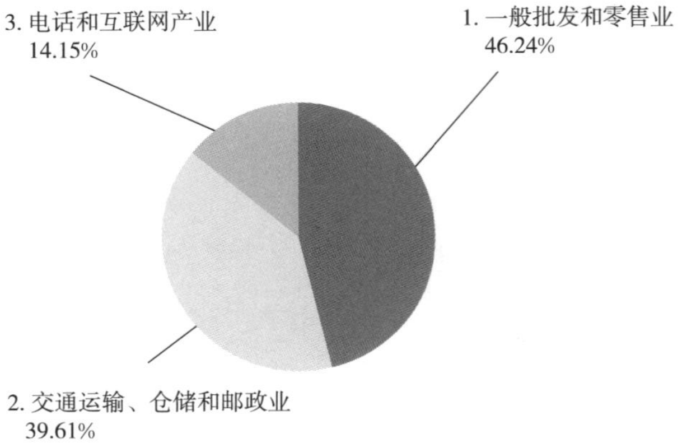

图 4—28 2006 年中国非专用支持产业行业增加值构成图

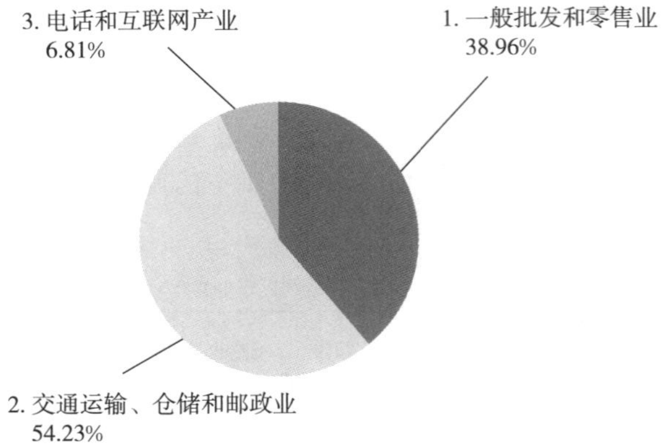

图 4—29 2006 年中国非专用支持产业就业人数构成图

第五章 国际对比

国际对比是此类研究的一个重要目的，但由于各国研究中所使用的概念、研究方法不同以及各国版权法保护范围、程度的差异，使国际对比“举步维艰”①。令人欣喜的是，WIPO《指南》确定了若干通用的指导方针，尽管这些方针不能完全消除上述差异，但为国际对比提供了一定基础。本项研究尽可能全面地收集了其他国家的研究成果及研究方法，以期为此类研究提供借鉴并对中国版权相关产业的规模作出比较正确的估价。

一、各国研究情况概述

如前所述，自 20 世纪 70 年代加拿大和瑞典首

① 参见世界知识产权组织：《版权相关产业的经济贡献调研指南》，12 页。

次进行版权相关产业经济贡献的研究以来，世界上已有30多个国家开展了此类研究。这些研究大方向一致，比如研究对象都集中在按GDP百分比计算的版权相关产业规模、就业人数、对外贸易三个指标上，但研究方法不尽相同，在很多具体问题上都有差异。

（一）现有研究的差异

正如WIPO《指南》所指出的，现有研究的差异"遍及调研目的与用途、指标遴选、应用标准和研究依据等各个方面"，主要体现在以下几个方面。

1. 概念。

WIPO《指南》使用的概念是"版权相关产业"，美国、澳大利亚等国家也使用了这一概念。英国、新西兰等国家将研究对象称为"创意产业"，德国、西班牙称为"文化产业"，芬兰使用的是"文化内容产业"的概念。

这些概念、术语的差异导致了各国调研范围与分类的差异，从而影响到对版权相关产业经济贡献的计量。

2. 范围与分类。

WIPO《指南》将版权相关产业分为核心版权产业、相互依存的版权产业、部分版权产业、非专用支持产业四个类别。新加坡、立陶宛等国家采用了这样的分类。美国早期的研究虽然也将版权相关产业分为四个类别，但是分类方法与WIPO不尽相同，2004年之后才调整为WIPO的分类。欧盟的报告将版权相关产业分为三类，即核心版权产业、版权依存产业、版权相关产业。也有的国家将版权相关产业分为两大类，如加拿大将版权相关产业分为核心版权产业和非核心版权产业。日本直接用产业分类来定义版权相关产业，将版权相关产业分为印刷与出版、电脑软件、广播、传输、广告、音乐、电影、合法剧场、游戏软件、娱乐设备、设计、图书馆和博物馆、作家与艺术家等类别。英国创意产业的分类也采用此种方法，将创意产业分为广告、建筑、艺术与古董市场、工艺品、设计、时尚设计、电影与视频、互动休闲软件、音乐、表演艺术、出版、软件和计算机服务、电视和广播等类别。

需要指出的是，虽然各国的分类差别比较大，但所包含的具体的行业小类仍有很多共通性，这也使不同国家之间的研究具有了比较的可能。

3. 计量方法。

WIPO《指南》采用四个产业组的分类，一个重要原因是在统计经济贡献时，这四类产业所使用的方法是有区别的。核心版权产业的版权因子被认定为100%，经济贡献按100%计入。而其他三类版权相关产业的版权因子则要根据各国的实际情况，通过调查、分析、计算确定。

未采用WIPO分类的国家肯定没有采用这一计量方法。采用WIPO分类的国家的版权因子差异也很大，并且这种差异受研究者的学术背景、信息资源占有量等主观因素的影响很大。以相互依存的版权产业为例，一些国家直接将相互依存版权产业的版权因子认定为100%，如美国、英国、拉脱维亚、匈牙利、墨西哥、牙买加、保加利亚、黎巴嫩、哥伦比亚、克罗地亚；还有一些国家是在调研的基础上对不同的产业组确定了不同的版权因子，如新加坡、菲律宾、马来西亚、罗马尼亚、俄罗斯等国，版权因子的数值在20%～40%之间，差别很大。

4. 统计分类。

在WIPO《指南》中，与版权相关产业分类相对应的国民经济行业分类是国际标准产业分类（ISIC）。由于各个国家的统计体系和标准存在差异，因此，很多已经进行过此项研究的国家所采用的统计标准也不尽相同。比如美国和加拿大所采用的是北美标准工业分类（NAICS），欧盟报告中的大部分国家都采用了欧盟通用工业分类（NACE），新加坡采用的是新加坡标准工业分类（SSIC），日本采用的是日本标准工业分类（JSIC）。

这些不同的国民经济分类标准互有差异，反映出各国经济发展的独特性，但各国在研究中都可以通过微调的方法达到WIPO《指南》所确定的具体的行业分类的范围。

5. 统计年度。

由于所占有的信息资源的差异，各项研究所选取的统计年度也有所不同，这也为国际对比带来难度。如欧盟的研究选取的是2000年度的数据，还有一些国家选取了多年的数据，或连续多年进行研究。如美国先有1977～1990年的研究，随后每年都有新的年度数据。新加坡则选取从1986至2001年中1986、1990、1995、2000、2001等年的统计数据，通过这几个年度数据的对比来反映新加坡版权相关产业的发展状况。

（二）现有研究的结果

为了便于比较，本项研究将现有的研究结果分为两类，一类是基于WIPO方法进行统计的，这些国家的研究结果由WIPO提供，详见表5—1。还有一类是基于其他方法统计的，这些国家的研究结果从已公开的研究报告中获取，详见表5—2。该表的数据选择遵循了以下原则：

有 2004 年度数据的，用 2004 年度数据；没有 2004 年度数据的，尽量选取接近年度的数据。还有一些国家只进行过一次版权相关产业经济贡献的研究，虽然年份相距较远，可比性不大，但为了对各国情况有一整体认识，该表也收录了这些国家的研究结果。

表 5—1　　基于 WIPO 计算方法的国家版权相关产业的经济贡献

国家	年份	对 GDP 的贡献（百分比）					对就业的贡献（百分比）				
		全部	核心	相互依存	部分	非专用支持	全部	核心	相互依存	部分	非专用支持
保加利亚	2005	2.81	1.57	0.62	0.09	0.52	4.30	2.29	0.73	0.27	1.0
牙买加	2005	4.81	1.7	0.74	0.47	1.9	3.03	1.79	0.31	0.23	0.68
黎巴嫩	2005	4.75	2.53	0.71	0.62	0.89	4.49	2.11	0.73	0.70	0.95
墨西哥	2003	4.77	1.55	1.69	0.85	0.68	11.01	3.41	3.65	2.53	1.41
菲律宾	1999	4.82	3.50	0.96	0.04	0.29	11.10	8.81	1.4	0.2	0.6
加拿大	2004	4.5	3.3				5.55	4.11			
匈牙利	2002	6.66	3.96	1.24	0.45	1.00	7.1	4.15	1.25	0.61	1.07
拉脱维亚	2000	4	2.9	1.1	0.28	0.77	4.40	3.7	0.7	0.44	0.75
新加坡	2001	5.67	2.85	1.76	0.09	0.97	5.80	3.64	1.24	0.18	0.74
美国	2004	11.09	6.48	2.13	0.40	2.08	8.53	4.07	2.17	0.26	2.03
	2005	11.12	6.56				8.49	4.03			
澳大利亚	2007	10.30	7.30	2.0	0.40	0.70	8.0	4.97	1.81	0.57	0.65
克罗地亚	2004	4.27	2.99	0.88	0.32	0.07	4.64	3.22	0.93	0.41	0.08
罗马尼亚	2005	5.55	3.55	1.08	0.53	0.39	4.19	2.36	0.58	0.82	0.43
哥伦比亚	2005	3.30	1.90	0.80	0.30	0.40	5.80	1.70	0.70	1.90	1.50
俄罗斯	2004	6.06	2.39	0.76	0.27	2.64	7.30	4.29	0.75	0.56	1.69
乌克兰	2005	2.85	1.54	0.68	0.10	0.54	1.90	1.16	0.46	0.08	0.20
荷兰	2005	5.9	4.0	0.4	0.9	0.6	8.8	6.2	0.6	1.1	1.0

说明：版权相关产业对 GDP 和就业的全部贡献值只计算了核心和相互依存版权产业的数值。

表 5—2　　基于其他计算方法的国家或地区版权相关产业的经济贡献*

国家或地区	年　份	核心版权产业		全部版权相关产业	
		增加值（亿元）	占全国/地区 GDP 比重（%）	增加值（亿元）	占全国/地区 GDP 比重（%）
智　利	1997	—	—	—	2.0
英　国	1990	171.12	3.6	—	—
	2000	1 092.03	7.1	—	8.4
爱尔兰	2000	21.61	2.1	25.91	2.5
法　国	2000	481.10	3.4	618.38	4.4
比利时	2000	67.98	2.7	97.81	3.9
卢森堡	2000	5.47	2.8	6.53	3.3
丹　麦	2000	65.18	3.7	85	4.8
芬　兰	2000	41.67	3.2	81.87	6.3
瑞　典	2000	107.64	4.4	143.74	5.9
奥地利	2000	47.78	2.3	79.36	3.8
德　国	2000	709.80	3.5	1 029.12	5.1
希　腊	2000	16.19	1.3	22.82	1.9
意大利	2000	387.22	3.3	523.48	4.5

续前表

国家或地区	年　份	核心版权产业		全部版权相关产业	
		增加值（亿元）	占全国/地区 GDP 比重（%）	增加值（亿元）	占全国/地区 GDP 比重（%）
葡萄牙	2000	21.77	1.9	25.09	3.1
西班牙	2000	172.21	2.9	240.46	5.1
中国香港	2001	—	—	461.01	3.8
约　旦	2000	0.39	0.7	—	—
埃　及	2000/1	—	0.1	—	—
摩洛哥	1999	1.79	0.5	—	—
突尼斯	2000	—	0.6	—	—

* 该表中的行业增加值摩洛哥以美元计算；比利时、丹麦、芬兰、法国、奥地利、德国、希腊、爱尔兰、意大利、卢森堡、葡萄牙、西班牙和瑞典均以欧元计算；英国 1990 年以英镑计算，2000 年以欧元计算；中国香港、约旦以当地本币计算①。

二、几个有代表性的国家和地区的研究情况

（一）美国②

美国在 1990 年的首份报告中，把版权相关产业分为四类：核心版权产业、部分版权产业、发行业、版权相关产业，此后至 2004 年的报告一直沿用这种分类。在 2004 年及以后的报告中，为了与国际标准相一致，美国采用了 WIPO 的四种分类。

从调研结果看，美国是目前世界上版权相关产业最发达的国家。2004 年美国的版权相关产业的行业增加值为 13 008 亿美元，占美国 GDP 的 11.09%，其中核心版权产业的行业增加值为 7 605 亿美元，占美国 GDP 的 6.48%。2005 年美国的版权相关产业的行业增加值为 13 881 亿美元，占美国 GDP 的 11.12%，其中核心版权产业的行业增加值为 8 191 亿美元，占美国 GDP 的 6.56%。2005 年美国版权相关产业提供就业 1 133 万人，其中核心版权产业提供就业 538 万人。

根据美国的研究，尽管国民经济的行业分类有变化，版权相关产业的分类有调整，美国近几十年的版权相关产业的年增长率还是高于美国 GDP 的年增长率。在行业增加值、出口贸易以及就业贡献三个主要的指标上，美国的版权相关产业已经成为引领美国经济增长的一个关键产业。同时，调研报告也指出，新技术支持的版权产品的新的合法发行渠道、完备的版权法律体系以及严格有效的执法，都是促成美国版权相关产业发展的积极因素。

（二）英国③

英国的研究采用的是不同于 WIPO 和美国的研究体系。英国文化、媒体与体育部创意产业司提供的研究报告所使用的概念是“创意产业”——指源于个体的创造力、技能和天赋，并且通过知识产权的开发和传承而在财富和创造就业方面存在潜力的产业。这些产业主要包括：广告，建筑，艺术与古董市场，工艺品，设计，时尚设计，电影与视频，互动休闲软件，音乐，表演艺术，出版，软件和计算机服务，电视和广播等类别。

同 WIPO 的“版权相关产业”相比，英国的“创意产业”具有以下特点。

1. “创意产业”的范围要比“版权相关产业”的范围更广泛。按照英国对“创意产业”的定义，创意产业是涵盖整个知识产权概念体系的。“创意产业”的分类体系和 WIPO“版权相关产业”的体系也大相径庭。英国按照与创意活动的关联度将国民

---

① 智利原始数据摘自 The Copyright-Based Industries No. 2 Report。

英国、爱尔兰、法国、比利时、卢森堡、丹麦、芬兰、瑞典、奥地利、德国、希腊、意大利、葡萄牙和西班牙数据摘自 The Contribution of Copyright and Related Rights to the European Economy（based on data from the year 2000）。

中国香港数据摘自报告 Baseline Study On HongKong's Creative Industries，Centre for Cultural Policy Research，The University of Hong Kong，September，2003。

约旦、埃及、摩洛哥、突尼斯数据摘自 Performance of Copyright Industries in Selected Arab Countries（WIPO Publiccation No. 916E 2003）。

② Siwek and Furchgott-Roth. Copyright Industries in the U. S. Economy. http：//www. iipa. com（美国国际知识产权联盟网站）.

③ Staying Ahead：The Economic Performance of the UK's Creative Industries. http：//www. culture. gov. uk/reference _ library/publications/3672. aspx/.

经济分成创意产业经济和其他经济，创意产业中又包含文化产业。虽然英国“创意产业”的范围更宽泛，但是由于分类体系的不同，“版权相关产业”所对应的国民经济行业类别并不一定比“创意产业”所对应的国民经济行业类别数量少。

2. 英国“创意产业”研究选取的经济贡献指标与 WIPO《指南》基本一致，都包含行业增加值、就业人数以及出口值等指标。不同之处在于，WIPO 体系中由于设计有“版权因子”，因此在部分版权产业中的经济数据要以一定的比例（版权因子）计入，而创意产业体系中没有这样的概念。

3. 在数据的处理与对比上，英国的报告对创意产业各个类别的状况以及优势与劣势作了比较详尽的分析。这一点，也体现在同样采取创意产业体系研究的中国香港的报告中，即产业研究的特色非常鲜明，数据研究结合了市场分析和对策研究。

按照英国的统计结果，2000 年，英国创意产业的增加值占当年 GDP 的 7.9%；从 1997 至 2000 年间，英国创意产业的年均增长率为 9%，同期英国经济的年增长率为 2.8%。2000 年英国创意产业出口值为 87 亿英镑，占当年所有产品和服务出口值的 3.3%；从 1997 至 2000 年间，英国创意产业的出口值年均增长率为 13%，同期英国所有服务出口值年均增长率为 9%，商品和服务综合出口值年均增长率为 5%。2001 年英国创意产业提供 195 万就业岗位，这其中包含创意产业范围内的 115 万个工作岗位，以及创意产业范围外的估计至少 80 万个创意工作岗位。英国创意产业提供的就业岗位从 1994 年 12 月的 145 万增长到 2001 年 12 月的 195 万，期间的年均增长率为 5%，同期的全国就业增长率为 1.5%。按照英国国内商业登记机构（IDBR）的数据，2001 年创意产业的公司数量大约为 135 000 家，其中大约 2/3 公司集中在两个领域——软件和数字出版（56 000 家），音乐和视觉表演艺术（33 000 家）。英国创意产业的公司数量占 IDBR 总企业登记数的 8%。

（三）加拿大[①]

加拿大的研究没有直接采用 WIPO 的版权相关产业的四类分类法。在加拿大 2004 年报告中，加拿大将版权相关产业分为核心版权产业和非核心版权产业。核心版权产业分为电影与视频，广播与电视，摄影、视觉和图形艺术，出版与文学，广告服务，剧院、音乐，软件与数据库等类别。至于非核心版权产业事实上包括 WIPO 分类中的相互依存版权产业、部分版权产业以及非专用支持产业。

加拿大采用北美标准工业分类（NAICS）作为行业分类标准，NAICS 与 WIPO 的分类存在差异的地方，加拿大都作出了标注和说明。在非核心的版权相关产业的数据处理方面，加拿大没有采取版权因子的研究方法，而是根据对比以及之前的研究，将 2002 年非核心的增加值占总体版权相关产业增加值的份额估计为 35%左右。在统计年度的选择上，加拿大 2004 年报告选取了十年以上的连续年度数据。

在 2004 年提交的调研报告中，2002 年加拿大版权相关产业增加值占当年 GDP 的 5.4%，对经济的贡献超过了农业和渔业。与此同时，版权相关产业的增长率达到 6.5%，几乎是同期加拿大经济增长率 3.3%的两倍。2002 年版权相关产业为加拿大提供 78 万就业岗位。在出口贸易方面，加拿大版权相关产业的出口增幅最大的是在 1998 年，增长达到 23%，此后增幅逐渐回落，但在 2002 年仍有 4%的增长。核心版权产业，尤其是软件与数据库（以及信息服务业）已经成为加拿大经济增长的主要推动力。

从研究的结果来看，加拿大的版权相关产业的规模比美国的要小，版权相关产业的经济贡献在三个主要的指标上都比美国低，版权相关产业的增长率也比美国的低，但是增长的趋势跟美国的类似。在 12 年的连续的数据对比中，加拿大的版权相关产业基本上是一个比较平稳的增长态势。在加拿大的调研报告中，特别选取了美国和澳大利亚的数据与加拿大的数据做对比。整体上加拿大的版权相关产业的经济贡献的三个指标略高于澳大利亚，低于美国；同时在版权相关产业的增长率上也维持同样的格局。

（四）新加坡[②]

新加坡自 2003 年 11 月开始进行版权相关产业的经济贡献调研，是亚洲地区第一个按照 WIPO 的方法体系开展版权相关产业经济贡献调研项目的

① Wall Communications Inc. The Economic Contribution of Copyright-Based Industries in Canada：The 2004 Report，WIPO. National Studies on Assessing the Economic Contribution of the Copyright-Based Industries（WIPO Publication No. 624e 2006）.

② Leo Kah Mun，Chow Kit Boey，Lee Kee Beng，Ong Chin Huat，Loy Wee Loon. The Economic Contribution of Copyright-Based Industries in Singapore：The 2004 Report，WIPO. National Studies on Assessing the Economic Contribution of the Copyright - Based Industries（WIPO Publication No. 624e 2006）.

国家。

新加坡的调研选取从1986至2001年的统计数据，通过年度数据的对比来深入地反映新加坡的版权相关产业的发展状况。通过比较研究，新加坡版权相关产业的出口值在1986～2001年间由71.785亿美元增长到305.147亿美元，年平均增长率为10.1%；版权相关产业的行业增加值从1986年的24.258亿美元增长到2001年的87.299亿美元，年均增长率为8.9%，同期新加坡GDP的年均增长率为7.6%；版权相关产业1986年提供就业人数为55 421人，2001年提供就业人数为118 617人，年均增长5.2%，高于同期全国就业增长率3.5%。根据新加坡2001年的统计数据，当年新加坡版权相关产业的出口值为305亿美元，行业增加值为87亿美元，占当年GDP的5.7%；提供就业118 600人，占新加坡2001年就业人数的5.7%。除以上主要数据有多年的数据和增长率的对比之外，在报告中，新加坡按照WIPO《指南》中关于版权相关产业的分类，对各个类别下的小类也提供了相应年度的数据。

从研究的特点上来说，新加坡2004年提交的研究报告，选取的研究时间的跨度比较大，从1986年到2001年，这中间又分成了1986～1990年、1990～1995年、1995～2000年、2000～2001年几个时间段。在研究的主要参照国家中，新加坡基本上以美国的研究作为参照，在数据对比的国家选择上，新加坡选取了奥地利、比利时、法国、意大利、瑞典、英国以及欧盟作为参照国家。

（五）欧盟①

欧盟将版权相关产业划分为三类，即核心版权产业，版权依存产业，版权相关产业。核心版权产业是创造、生产和发行作品或者其他版权客体的产业，其全部活动都应当被用来衡量版权的经济贡献。版权依存产业又称版权硬件产业，相当于WIPO《指南》中"相互依存的版权产业"。版权相关产业则是部分依赖于受版权保护客体的产业。

欧盟认为，由于在版权相关产业中，版权内容无法与其他部分分离，或者版权内容所占的比例无法精确确定，所以欧盟的研究报告只对核心版权产业和版权依存产业的经济数据进行统计，版权相关产业就排除在统计范围之外。欧盟将核心版权产业分为出版与文学，音乐、剧院产品、歌剧，电影与视频，摄影，视觉与图像艺术，广播和电视，软件与数据库，广告等；版权依存产业分为电视机、收音机、VCR、CD机、磁带录放机及其他设备，广播、电视商品和音乐设备的批发与零售，电脑及相关设备，乐器，摄影摄像器材等类别。

在行业分类的建立方面，欧盟采用了几种分类体系。最主要的是欧盟通用工业分类（NACE），此外还有欧盟经济委员会的产品分类（CPA2002），以及PRODCOM分类等。大部分欧盟国家数据都是采用NACE的统计分类，少部分国家由于统计体系存在较大差异，研究者一般采用直接从该国的国家统计部门索取原始数据再按照通用的框架进行数据处理的方法。

在《欧盟版权与相关权的经济贡献》2003年报告中，列举了15个欧盟成员国的相关数据以及美国、加拿大和日本的数据，这15个国家是奥地利、比利时、丹麦、芬兰、法国、德国、希腊、爱尔兰、意大利、卢森堡、荷兰、葡萄牙、西班牙、瑞典、英国等。各个国家的具体数据不在此赘述。

三、中国版权相关产业调研结果与其他国家的比较

在依据WIPO框架计算出2004年版权相关产业行业增加值的四个国家中，全部版权相关产业行业增加值占全国GDP比重高于中国同期水平的有美国（11.1%）和俄罗斯（6.1%）两国，加拿大（4.5%）和克罗地亚（4.3%）则低于中国同期；但四国核心版权产业增加值所占比重均高于中国同期。

在同样计算出2005年或2007年行业增加值的九个国家中，美国（11.1%）和澳大利亚（10.3%）两国版权相关产业行业增加值占全国GDP比重高于中国2006年水平，荷兰（5.9%）、罗马尼亚（5.6%）、牙买加（4.8%）、黎巴嫩（4.8%）、哥伦比亚（3.3%）、乌克兰（2.9%）、保加利亚（2.8%）七国低于中国，但核心版权产业行业增加值占全国GDP的比重，则有澳大利亚（7.3%）、美国（6.6%）、荷兰（4.0%）和罗马尼亚（3.6%）四国高于中国2006年水平，低于中国的有黎巴嫩（2.5%）、哥伦比亚（1.9%）、牙买加（1.7%）、保加利亚（1.6%）和乌克兰（1.5%）五国。

有理由认为，以行业增加值衡量，中国全部版权相关产业的经济贡献在已同期开展调研的国家中

① Prof. Robert G Picard, Mikko Gronlund, Timo E. Toivonen. The Contribution of Copyright and Related Rights to the European Economy. 20 Oct. 2003.

位居前列，但核心版权产业的经济贡献尚处中游地位，低于发达国家的总体水平。

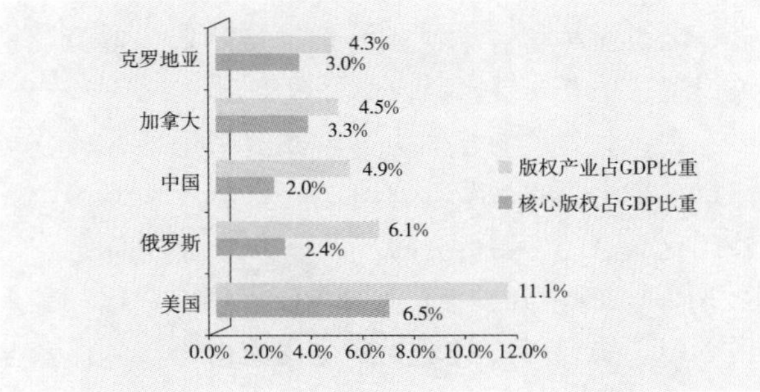

图 5—1　2004 年中国版权相关产业与其他国家版权相关产业的比较

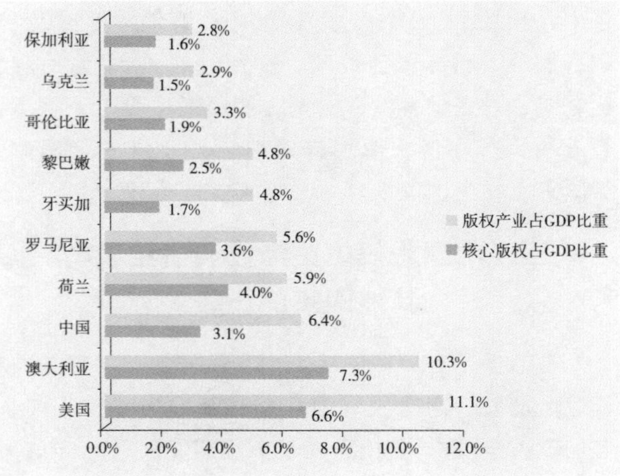

图 5—2　2006 年中国版权相关产业与其他国家版权相关产业的比较

第六章
结　　论

本项研究是中国首次版权相关产业经济贡献的调研，由于缺乏详尽的统计数据，本项研究仅对中国 2004、2006 两个年度版权相关产业的经济贡献进行了量化分析；由于时间、经费、经验的限制，虽然开展了一些实地调研，并在此基础上对中国部分区域和行业进行了初步的定量与定性的研究，但研究的广度与深度都还远远不够。因此，对中国版权相关产业的经济贡献，本项研究只能反映现状而不能反映趋势，只能进行量化分析而不能进行全面的定性描述。但根据本次调研结果，结合其他国家的研究成果，至少可以得出以下结论。

一、中国版权相关产业的总体发展状况

（一）从比重上看，中国的版权相关产业初具规模，版权对国民经济已产生了较为显著的影响

2004 年，中国版权相关产业的行业增加值为 7 884亿元人民币，占全国 GDP 的 4.9%；就业人数 616 万人，占全国总就业人数的 5.6%；商品出口总额 922 亿美元，占全国出口总值的 15.5%。

2006 年，中国版权相关产业的行业增加值为 13 489亿元人民币，占全国 GDP 的 6.4%；就业人数 763 万人，占全国总就业人数的 6.5%；商品出口总额 1 493 亿美元，占全国出口总值的 15.4%。

就行业增加值在全国 GDP 所占比重而言，在 2006 年国民经济 21 个行业门类（为尽可能减少重复比较造成的偏差，未包括与版权相关产业关系极为密切的信息传输、计算机服务和软件业与文化、体育、娱乐业这两个行业门类）中，比重高于版权相关产业的只有制造业（33.6%）、批发和零售业（7.3%）和农业（6.6%）三个门类，其余 18 个门类的比重均低于版权相关产业；比重高于核心版权产业的门类有 10 个，包括制造业，批发和零售业，农业，交通运输、仓储和邮政业（5.9%），采矿业（5.7%），建筑业（5.6%），房地产业（4.6%），金融业（4.0%），电力、燃气及水的生产和供应业（3.8%），公共管理和社会管理（3.6%），牧业（3.1%）；另有教育、住宿和餐饮业等 10 个门类的比重低于核心版权产业。

（二）从增长率上看，版权相关产业的行业增加值年增长率高于 GDP 年增长率，版权相关产业在推动经济增长方面具有重要的作用

如上所述，由于缺乏详尽的统计数据，本项研究仅对中国 2004、2006 两个年度版权相关产业的经济贡献进行了量化分析，因此研究结果尚不能充分、准确地反映中国版权相关产业经济贡献的年增长率。但本项研究的成果及其他国家的研究结果都证明了版权相关产业在推动经济增长方面具有重要的作用。

根据行业统计数据，2004～2006 年间，中国的软件业、印刷业、电子计算机制造业和家用影视设备制造业等行业发展迅猛；美国 2003～2005 年版权相关产业行业增加值的年均增长率为 8.65%，同期 GDP 年均增长率为 3.87%；加拿大 1991～2002 年版权相关产业行业增加值的年均增长率为 6.46%，同期 GDP 年均增长率为 3.27%；新加坡 1986～2001 年版权相关产业行业增加值的年均增长率为 8.9%，同期新加坡 GDP 的年均增长率为 7.6%。这些国家版权相关产业的年均增长率都远远高于 GDP 的年均增长率。

以上数据可以说明，版权相关产业，特别是文

化创意活动、数字和网络技术以及软件开发和服务等是经济活动中最具有活力的领域之一。

（三）与其他国家相比，中国全部版权相关产业对经济的贡献率较高，但核心版权产业还有较大的上升空间

在依据同一框架测算出同一或最邻近年度版权相关产业行业增加值的12个国家中，全部版权相关产业行业增加值占全国GDP比重高于中国的只有美国（2004年和2005年均为11.1%，分别超过中国2004年和2006年水平）、澳大利亚（2007年为10.3%，超过中国2006年水平）和俄罗斯（2004年为6.1%高于中国同期）三国，包括加拿大（4.5%，2004年）、荷兰（5.9%，2005年）等发达国家在内的其他九个国家均低于中国同期或最邻近期的水平。

但如果考虑仅核心版权产业行业增加值占全国GDP的比重，则在上述12个国家中有7个国家高于中国同期或最邻近期水平，低于中国的国家减少到5个。

因此可以说，以行业增加值衡量的中国全部版权相关产业对经济的贡献率较高，但核心版权产业尚处中游地位，与发达国家已达到的水平相比，尚存在较大的发展空间。

同时在服装、纺织品与制鞋，手工艺品，家具，家用物品、陶瓷和玻璃等部分版权产业中，版权因子都偏低，即这些产业因版权而产生的经济贡献较低。调查发现，这些产业大多是劳动密集型企业，对增加就业发挥了很大作用，但很多企业的创新意识不强，相互抄袭模仿、粗制滥造的现象还比较普遍。大多数企业还处于高能耗、高污染、低附加值的“加工厂”地位，通过创新提高产品附加值的意识、能力都还有待加强。

二、中国版权相关产业的发展环境

（一）中国已经建立起比较完善的版权保护制度，为版权相关产业的发展奠定了基础

中国经过30年来的不断努力，以著作权法为核心，以相关法规和国际公约为补充，建立起了一套符合中国国情和国际规则的现代版权法律制度。同时中国著作权的执法机制、服务体系日益健全，全社会的著作权意识逐步提高。正如2001年中国《著作权法》修改之际《人民日报》的评价：它由一部人们陌生的法律，变成了一部社会公众普遍关注的法律；由一部封闭的、曾打着鲜明的计划经济烙印的法律，变成了一部开放的、既与社会主义市场经济发展和科技进步相适应，同时又逐步与世界规范相衔接的法律。版权保护制度的建立与完善，为文学、艺术和科学作品的创作与传播提供了保障，为版权相关产业的发展奠定了法律基础。

（二）各级政府出台了一系列促进版权相关产业发展的政策措施，但版权相关产业还需要更多的引导与扶持

2008年6月，中国政府发布了《国家知识产权战略纲要》，提出要“扶持新闻出版、广播影视、文学艺术、文化娱乐、广告设计、工艺美术、计算机软件、信息网络等版权相关产业发展，支持具有鲜明民族特色、时代特点作品的创作，扶持难以参与市场竞争的优秀文化作品的创作”。各地也先后出台了一些知识产权规划、纲要、政策。但调研发现，各地还缺少统筹运用财政、金融、投资等多种手段促进版权相关产业发展的具体政策，市场主体提高创新能力的积极性还不高，版权相关产业还需要更多的引导与扶持。

（三）版权产业从业人员的版权自律和维权意识还有待提高；版权保护的市场环境还未根本改善，侵权盗版现象还比较严重，影响了版权相关产业的发展

调研发现，核心版权产业中从事作品创作与传播的艺术家、传播者的版权认知程度较高，版权保护意识较强。但部分版权产业中，多数版权相关产业从业人员的版权认知程度较低，当调查人员问及版权的相关问题时很多人不知版权为何物，不知自己生产的产品与版权有何关系；相应地，这些从业者的版权保护意识也很薄弱，对盗版现象较为漠然。这在一定程度上抑制了企业的自主创新能力，影响了版权相关产业的发展。

三、促进中国版权相关产业发展的几点建议

版权相关产业如何更好更快发展是一个重大课题，仅凭该项研究很难得出全面、可行的结论。但通过调研中遇到的一些突出问题至少可总结出以下几点建设性的意见。

（一）完善统计体系，建立版权相关产业专门分类

本项研究遇到的最大困难就是统计分类过粗、数据来源不足。中国GDP核算一直采用三级分类的方法。第一级分类是三次产业分类，第二级分类和第三级分类分别以国民经济行业分类中的门类和大类为基础。GDP核算的第三级分类很粗，无法

细致拆分出与版权相关的产业。只有2004年经济普查年度的GDP核算采用了四级分类法，产业部门分类更加详细，在这一分类基础上才有可能拆分出版权相关产业的相关小类。但全国的经济普查每五年才进行一次，无法满足版权相关产业的统计要求。

正是基于同样的原因，2006年国家统计局才与有关部门共同研究，制定了《国民经济行业分类》的派生分类《文化及相关产业分类》，以改进和完善文化产业统计工作，规范文化及相关产业的口径、范围。

版权相关产业与文化产业虽有部分重合，但仍有较大差异。进行版权相关产业的统计与研究仍有重要意义，本报告对此已经进行了说明，这里不再赘述。因此同样有必要在《国民经济行业分类》中建立版权相关产业的派生分类，为界定、规范我国的版权相关产业提供参考，同时也为建立、完善版权相关产业统计制度以及版权相关产业的研究奠定基础。

（二）加强宣传教育，提高从业人员版权意识

在部分版权产业版权因子的调查中，多数从业者对版权法的保护对象、范围，对权利人的权利内容、维权方式等基本问题模糊不清，导致版权保护的意识、能力较差。这些企业一方面不能充分维护自己的权利，另一方面，侵犯他人权利的情况也时有发生。可以说，在部分版权产业，特别是基层的中小企业中，法律赋予公民的权利还远未深入人心。版权意识尚需启蒙，版权知识尚需普及。

可以说，经过30年的努力，中国已经建立了一套符合中国国情和国际规则的现代版权法律制度。但还没有形成尊重知识、崇尚创新、诚信守法的知识产权文化。版权法律制度还没有为广大公民所熟悉，成为他们确认和保障自身权利，同时尊重和维护他人权利的普遍准则。社会各界还需要共同努力，培育广大公民的现代法律意识，宣传普及版权法律知识，让他们能够真正了解、尊重、运用版权。

（三）制定版权政策，促进区域经济协调发展

调查发现，中国地域广阔、历史悠久，不同地区的版权相关产业也各有特点，一些地区已经通过加强版权宣传与保护促进了当地特色经济的发展，例如，江苏南通的家纺产业、福建德化的陶瓷产业等。多数地方还没有制定适合当地版权相关产业发展的版权政策，版权相关产业在发展特色经济、促进产业结构的调整与优化上的积极作用还未充分显现。建议各地针对当地版权相关产业的特色与优势，完善版权扶持的具体政策，培育地区特色产业，促进区域经济协调发展。

附件1

文化及相关产业分类的有关文件

国家统计局关于印发《文化及相关产业分类》的通知

国统字〔2004〕24号

各省、自治区、直辖市统计局，新疆生产建设兵团统计局，国务院各部门统计机构：

为贯彻落实党的十六大关于文化建设和文化体制改革的要求，改进和完善文化产业统计工作，规范文化及相关产业的口径、范围，我局在与中共中央宣传部及国务院有关部门共同研究的基础上，制定了《文化及相关产业分类》。现印发给你们，请遵照执行。

国家统计局

二〇〇四年四月一日

文化及相关产业分类

一、目的和作用

（一）为贯彻落实党的十六大关于文化建设和文化体制改革的要求，建立科学、系统、可行的文化产业统计，特制定本分类。

（二）本分类为推动我国文化体制改革，发展社会主义文化事业，建立和培育社会主义文化市场，界定和规范我国公益性文化活动和经营性文化活动提供参考与借鉴；为当前的社会主义文化建设、文化管理和文化统计提供科学、统一的范围与定义。

二、范围

（一）本分类在《国民经济行业分类》（GB/T4754—2002）的基础上，规定了我国文化及相关产业的范围，适用于统计及政策管理中对文化及相关活动的分类。

（二）本分类规定的文化及相关产业是指为社会公众提供文化、娱乐产品和服务的活动，以及与这些活动有关联的活动的集合。

（三）文化及相关产业的活动主要包括：

1. 文化产品制作和销售活动；
2. 文化传播服务；
3. 文化休闲娱乐服务；

4. 文化用品生产和销售活动；

5. 文化设备生产和销售活动；

6. 相关文化产品制作和销售活动。

三、分类原则

（一）以党中央、国务院的方针、政策为指导

本分类以党中央、国务院关于文化事业和文化产业的方针政策和改革精神为指导原则。

（二）兼顾部门管理和文化活动的自身特性

本分类在满足反映文化体制改革需要的同时，还兼顾了政府部门管理需要，同时考虑了文化活动的自身特点。

（三）以《国民经济行业分类》为基础

本分类的主要内容来源于《国民经济行业分类》，它是根据文化活动的特点将行业分类中相关的类别重新进行的组合。所以，本分类也是《国民经济行业分类》的派生分类。

四、分类方法

（一）本分类依据分类原则，将文化及相关产业划分为四层。

第一层按照文化活动的重要性分为文化服务和相关文化服务两大部分，分别用第一部分、第二部分表示。

第二层根据部门管理需要和文化活动的特点分为 9 个大类，用汉字数字一、二……表示。

第三层依照产业链和上下层分类的关系分为 24 个中类，用阿拉伯数字表示。

第四层共有 80 个小类，它是第三层所包括的行业类别层，也是文化及相关产业的具体活动类别。该层不设顺序号，在右侧设置代码，为对应的“国民经济行业代码”。

（二）为了科学、完整、准确地反映分类的文化活动，本分类对部分内容作了特殊处理：

1. 在第三层部分中类下设置了过渡层，共有 7 个类别，用带括弧的阿拉伯数字表示；

2. 在第四层部分小类（行业类别）下设置了延伸层，共 38 个类别。延伸层不设代码和顺序号，在相应的类别前用横线“—”表示；

3. 第四层有部分小类（行业类别）的活动不是纯的文化活动，在相应的类别后用星号“*”表示。附件 1 对这些行业中的文化活动做了进一步解释。

五、文化及相关产业分类表

表 A—1　　　文化及相关产业分类②

类别名称	国民经济行业代码
第一部分　文化服务	
一、新闻服务	
1. 新闻服务	
新闻业	8810
二、出版发行和版权服务	
1. 书、报、刊出版发行	
（1）书、报、刊出版	
图书出版	8821
报纸出版	8822
期刊出版	8823
其他出版	8829
（2）书、报、刊制作	
书、报、刊印刷	2311
包装装潢及其他印刷*	2319
（3）书、报、刊发行	
图书批发	6343
图书零售	6543
报刊批发	6344
报刊零售	6544
2. 音像及电子出版物出版发行	
（1）音像制品出版和制作	
音像制品出版	8824
音像制作	8940
（2）电子出版物出版和制作	
电子出版物出版	8825
—电子出版物出版	
—电子出版物制作	
（3）音像及电子出版物复制	
记录媒介的复制*	2330
—音像制品复制	
—电子出版物复制	
（4）音像及电子出版物发行	
音像制品及电子出版物批发	6345
音像制品及电子出版物零售	6545
3. 版权服务	
知识产权服务*	7450
—版权服务	
三、广播、电视、电影服务	
1. 广播、电视服务	
广播	8910
—广播电台	
—其他广播服务	

续前表

类 别 名 称	国民经济行业代码
电视	8920
—电视台	
—其他电视服务	
2. 广播、电视传输	
有线广播电视传输服务	6031
—有线广播、电视传输网络服务	
—有线广播、电视接收	
无线广播电视传输服务	6032
—无线广播、电视发射台、转播台	
—无线广播、电视接收	
卫星传输服务*	6040
3. 电影服务	
电影制作与发行	8931
—电影制片厂服务	
—电影制作	
—电影院线发行	
—其他电影发行	
电影放映	8932
—电影院、影剧院	
—其他电影放映	
四、文化艺术服务	
1. 文艺创作、表演及演出场所	
文艺创作与表演	9010
—文艺创作服务	
—文艺表演服务	
—其他文艺服务	
艺术表演场馆	9020
2. 文化保护和文化设施服务	
文物及文化保护	9040
—文物保护服务	
—文化遗产保护服务	
博物馆	9050
烈士陵园、纪念馆	9060
图书馆	9031
档案馆	9032
3. 群众文化服务	
群众文化活动	9070
—群众文化馆	
—其他群众文化活动	
4. 文化研究与文化社团服务	
社会人文科学研究	7550
专业性社会团体*	9621
—文化社会团体	
5. 其他文化艺术服务	
其他文化艺术	9090

续前表

类 别 名 称	国民经济行业代码
五、网络文化服务	
1. 互联网信息服务	
互联网信息服务	6020
—互联网新闻服务	
—互联网出版服务	
—互联网电子公告服务	
—其他互联网信息服务	
六、文化休闲娱乐服务	
1. 旅游文化服务	
旅行社	7480
风景名胜区管理	8131
公园管理	8132
野生动植物保护*	8012
—动物观赏服务	
—植物观赏服务	
其他游览景区管理	8139
2. 娱乐文化服务	
室内娱乐活动	9210
游乐园	9220
休闲健身娱乐活动	9230
其他计算机服务*	6190
—网吧服务	
其他娱乐活动	9290
七、其他文化服务	
1. 文化艺术商务代理服务	
文化艺术经纪代理	9080
其他未列明的商务服务*	7499
—模特服务	
—演员、艺术家经纪代理服务	
—文化活动组织、策划服务	
2. 文化产品出租与拍卖服务	
图书及音像制品出租	7321
贸易经纪与代理*	6380
—艺术品、收藏品拍卖服务	
3. 广告和会展文化服务	
广告业	7440
会议及展览服务	7491
第二部分 相关文化服务	
八、文化用品、设备及相关文化产品的生产	
1. 文化用品生产	
文化用品制造	241
乐器制造	243

续前表

类　别　名　称	国民经济行业代码
玩具制造	2440
游艺器材及娱乐用品制造	245
机制纸及纸板制造*	2221
手工纸制造*	2222
信息化学品制造*	2665
照相机及器材制造	4153
2. 文化设备生产	
印刷专用设备制造	3642
广播电视设备制造	403
电影机械制造	4151
家用视听设备制造	407
复印和胶印设备制造	4154
其他文化、办公用机械制造*	4159
3. 相关文化产品生产	
工艺美术品制造	421
摄影扩印服务	8280
其他专业技术服务*	7690

续前表

类　别　名　称	国民经济行业代码
九、文化用品、设备及相关文化产品的销售	
1. 文化用品销售	
文具用品批发	6341
文具用品零售	6541
其他文化用品批发	6349
其他文化用品零售	6549
2. 文化设备销售	
通讯及广播电视设备批发*	6376
照相器材零售	6548
家用电器批发*	6374
家用电器零售*	6571
3. 相关文化产品销售	
首饰、工艺品及收藏品批发	6346
工艺美术品及收藏品零售	6547

注：1.“ * ”表示该行业类别仅有部分活动属于文化及相关产业。
2. 类别前加横线“—”表示行业小类的延伸层。

表 A—2　　含有部分文化活动的行业类别

包装装潢及其他印刷	包括的文化活动： 邮票、明信片及其他集邮品的印刷，广告宣传品印刷，扑克纸牌等文化产品的印刷。 不包括： 商标印刷，票证印刷，其他与文化无关的印刷。
记录媒介的复制	包括的文化活动： (1) 音像制品的复制：磁带的复制，录像带的复制，光盘的复制； (2) 电子出版物的复制：软盘的复制、光盘的复制； (3) 其他与文化有关的记录媒介复制。 不包括： 数据的复制，与文化无直接关系的软件复制，与文化无直接关系的资料复制。
知识产权服务	包括的文化活动： 版权服务：版权代理服务，版权鉴定服务，版权咨询服务，海外作品登记服务，涉外音像合同认证服务，著作权使用报酬收转服务，版权贸易服务，其他版权服务。 不包括： 专利服务，商标服务，软件服务，集成电路布图设计代理服务，工商登记代理服务，其他未列明的知识产权服务。
卫星传输服务	包括的文化活动： (1) 卫星广播传播服务：卫星广播传输、直播、覆盖服务，卫星广播接收服务，卫星广播监测服务； (2) 卫星电视传播服务：卫星电视传输、直播、覆盖服务，卫星电视接收服务，卫星电视监测服务。 不包括： 电信卫星传播服务。

续前表

专业性社会团体	包括的文化活动： 文化社会团体服务：与作家有关的社会团体服务，与记者有关的社会团体服务，与艺术家有关的社会团体服务，与演员有关的社会团体服务，与出版有关的社会团体服务，与音像制品有关的社会团体服务，与历史、考古有关的社会团体服务，其他与文化有关的社会团体服务。 不包括： 学术性社会团体服务，专业技术社会团体服务，卫生社会团体服务，体育社会团体服务，环境保护社会团体服务，其他与文化无直接关系的专业性社会团体服务。
野生动植物保护	包括的文化活动： 植物园保护管理活动，动物园管理活动，放养动物园管理活动，鸟类动物园管理活动，海洋馆、水族馆管理活动，其他动物观赏保护活动。 不包括： 动物保护专业机构服务，野生植物保护服务，其他野生动植物保护服务。
其他计算机服务	包括的文化活动： 互联网上网营业场所（网吧）服务。 不包括： 非网吧的计算机使用服务，计算机咨询服务，其他未列明的计算机服务。
其他未列明的商务服务	包括的文化活动： （1）模特服务：各种服装模特公司的活动，各种影视广告模特活动，各种艺术模特活动，其他模特活动； （2）演员、艺术家经纪代理：演员挑选活动，推荐经纪人活动，艺术家、作家经纪人活动，演员、模特经纪人活动； （3）大型活动文化商务服务：文艺晚会策划、组织活动，运动会策划、组织活动，大型庆典策划、组织活动，艺术、模特大赛策划、组织活动，艺术节、电影节等策划、组织活动，展览、博览会策划、组织活动，民族、民俗活动策划、组织服务，其他大型活动文化商务服务； （4）票务服务：文艺演出票务服务，展览、博览会票务服务，其他票务服务。 不包括： 企业中介代理服务，企业活动礼仪服务，企业形象宣传代理服务，代收代缴欠款服务，其他企业商务服务。
贸易经纪与代理	包括的文化活动： 文物、古董拍卖活动，艺术品拍卖活动，其他文化物品拍卖活动。 不包括： 大宗非文化产品的拍卖活动，行政、司法拍卖活动，其他非文化产品的拍卖活动。
机制纸及纸板制造	包括的文化活动： 新闻纸制造，其他印刷和绘图纸制造，书写纸制造。 不包括： 卫生纸制造，包装用纸制造，瓦楞纸及瓦楞纸板制造，其他非文化用纸和纸板制造。
手工纸制造	包括的文化活动： 各种文化纸制造，各种宣纸制造，各种国画纸制造。 不包括： 其他非文化用手工纸制造。
信息化学品制造	包括的文化活动： 电影胶片制造，摄影胶卷制造，感光纸制造，摄影用化学制剂制造，空白录音带制造，空白录像带制造，空白磁盘制造，空白光盘制造，空白唱片制造，其他各种与文化有关的信息化学品制造。 不包括： 电子半导体材料制造，其他与文化无直接关系的信息化学品制造。
其他文化、办公用机械制造	包括的文化活动： 纸张打孔机制造，削铅笔机制造，其他与文化有关的机械制造。 不包括： 票券打孔机制造，其他与文化无关的机械制造。

续前表

其他专业技术服务	包括的文化活动： 工艺美术设计服务，美术图案设计服务，展台设计服务，其他与文化有关的设计服务。 不包括： 工业产品设计服务，包装装潢设计服务，模型设计服务，其他专业设计服务。
通讯及广播电视设备批发	包括的文化活动： 广播设备批发，专用电视设备批发，电影设备批发，广播电视卫星传输设备批发。 不包括： 通讯设备批发。
家用电器批发	包括的文化活动： 家用电视机批发，家用摄像、放像设备批发，家用录音、收音及音响设备批发。 不包括： 与家用视听电器设备无关的家用电器的批发。
家用电器零售	包括的文化活动： 各种家用影视设备零售，各种家用音响设备零售。 不包括： 与家用视听电器设备无关的家用电器零售。

《文化及相关产业分类》编制说明

一、《文化及相关产业分类》的制定背景和意义

为贯彻落实党的十六大关于文化建设和文化体制改革的要求，全面加强社会主义文化建设和深化文化体制改革，整合现有统计资源，充分发挥各部门文化管理的优势，建立科学的文化产业统计体系，全面系统地搜集和整理文化产业统计资料，2003年7月22日成立了由中共中央宣传部牵头，国家统计局、文化部、国家广电总局、新闻出版总署、国家文物局、国家发展改革委、财政部、国家税务总局、国家工商总局等单位参加的"文化产业统计研究课题组"。在各部门的通力合作下，课题组完成了《文化及相关产业分类》（以下简称《文化产业分类》）的研制工作，并建议以国家统计局的名义印发。

《文化产业分类》的制定，为党中央、国务院推行文化体制改革，界定、规范我国的文化事业和文化产业提供了参考，同时也为课题组开展文化产业课题研究和建立、完善文化产业统计制度奠定了基础。

二、《文化产业分类》的制定方法

从广义上讲，文化是指人类创造的一切物质产品和精神产品的总和；狭义上是指语言、文学、艺术及一切意识形态在内的精神产品。《文化产业分类》从国家有关方针政策和课题组的研究宗旨出发，结合我国的实际情况，将其概念界定为：为社会公众提供文化、娱乐产品和服务的活动，以及与这些活动有关联的活动的集合。

根据上述界定，文化及相关产业的范围包括提供文化产品（如图书、音像制品等）、文化传播服务（如广播电视、文艺表演、博物馆等）和文化休闲娱乐（如游览景区服务、室内娱乐活动、休闲健身娱乐活动等）的活动，它构成文化产业的主体；同时，还包括与文化产品、文化传播服务、文化休闲娱乐活动有直接关联的用品、设备的生产和销售活动以及相关文化产品（如工艺品等）的生产和销售活动，它构成文化产业的补充。

为反映党中央关于文化建设和文化体制改革的要求，《文化产业分类》还可组合出文化产业核心层、文化产业外围层和相关文化产业层。

文化产业核心层

（一）新闻服务

（二）出版发行和版权服务

（三）广播、电视、电影服务

（四）文化艺术服务

文化产业外围层

（五）网络文化服务

（六）文化休闲娱乐服务

（七）其他文化服务

相关文化产业层

（八）文化用品、设备及相关文化产品的生产

（九）文化用品、设备及相关文化产品的销售

三、《文化产业分类》的有关问题

（一）公益性文化单位和经营性文化单位

在统计分类中，行业与产业的概念是等同的，英语中都译为"industry"。国际上的有关分类一般翻译为"产业"，而我国相对应的分类叫"行业"。

《文化产业分类》采用社会上普遍认同的"产业分类"名称，既包括了公益性的文化单位，又包括了经营性的文化单位。由于《文化产业分类》是依

据活动的同质性原则划分，没有按照公益性和经营性划分，因此，无法用其划分公益性文化单位和经营性文化单位。

（二）关于“相关文化服务”

为了从产业链的角度观察文化活动，并进一步观察文化对社会经济的推动作用，《文化产业分类》设置了“相关文化服务”分层。“相关文化服务”主要包括以下几个方面的活动：一是制作文化产品的相关活动，即制作文化产品（如图书、音像制品等）所必需的设备和材料的生产经营活动；二是文化传播服务的相关活动，即提供文化传播服务（如广播、文艺创作、文艺表演等）所必需的设备和用品的生产经营活动；三是文化消费活动的相关活动，即文化消费（如看电视、玩电子游艺等活动）所必需的设备和用品的生产经营活动；四是含有较高文化内容的其他相关产品（如工艺品等）的生产经营活动。

根据以上内容，《文化产业分类》将“相关文化服务”归类为：

1. 用品的生产和销售，包括：文具、乐器、玩具、印刷纸张、书写纸张、空白磁带、空白光盘、电影胶片、照相器材、摄影胶卷、游艺器材等的生产和销售活动；

2. 设备的生产和销售，包括：新闻采编设备、广播设备、专业电视设备、电影设备、印刷专用设备、电视机、光碟机、收录机、音响设备等的生产和销售活动；

3. 相关文化产品的生产和销售，包括：工艺品、摄影作品、专业设计等的生产和销售活动。

（三）关于行业小类的处理

1.《国民经济行业分类》是按照活动的同质性原则划分的，但从文化的角度观察，有些行业小类不是纯的文化活动。如行业小类“知识产权服务”，包括专利、商标、版权等服务，只有版权服务属于文化活动。为了在统计和管理中准确区分不属于文化产业的活动，我们在《文化产业分类》中对这类行业作了标记，并在附件中加以说明，

2. 在《国民经济行业分类》中，有些行业划分得较粗，使得按行业划分文化产业时难以反映需单独观察的文化活动。为此，我们在《文化产业分类》的部分小类（即行业小类）下增设了延伸层，以便科学、完整、准确地反映该行业所描述的文化活动。

（四）关于边缘文化活动的确定

在确定文化及相关产业时，有关方面提出将教育、体育和自然科学研究纳入文化产业。我们认为，教育、体育和自然科学研究虽与文化有着紧密的联系，但它们已形成了自己完整的科学体系和分类体系。如果将其纳入文化产业，有可能削弱整体分类的文化特征。因此，《文化产业分类》暂不包括教育、体育和自然科学研究。另外，对公园管理、游乐园、休闲健身娱乐等边缘活动是否纳入文化产业，也存在不同认识。从表面看这些活动与文化的关系不太直接，但它们作为公众可直接参与的旅游娱乐消费，推动了我国文化市场的多元化发展和健康繁荣，反映了公众闲暇时间的分配和精神生活的质量，为此，我们将此类活动纳入文化产业。

附件 2

中国版权相关产业的具体分类

表 B—1　　与国民经济行业分类对应的核心版权产业具体分类

主要产业组	子组	联合国产业分类代码	中国产业分类四位代码行业及简要说明
文字作品	作家作者	9214	9010—文艺创作与表演
	译者	7499	7494—办公服务（包括翻译）
	报纸出版	2212	8822—报纸出版
	新闻社等	9220	8810—新闻业
	杂志/期刊出版	2212	8823—期刊出版
	图书出版	2211	8821—图书出版
	数字出版		含网络期刊、电子图书、游戏出版、新闻出版网站、手机出版等
	问候卡和地图，工商名录和其他印刷品	2219	8829—其他出版

续前表

主要产业组	子组	联合国产业分类代码	中国产业分类四位代码行业及简要说明
文字作品	图书、杂志、报纸和广告材料的印前样、印刷样和印后样	2221 2222	2311—书报印刷 2312—本册印刷 2319—包装装潢及其他印刷 2320—装订及其他印刷服务
	报纸和文学作品的批发和零售（书店、报刊亭）	5139 5239	6343—图书批发 6344—报刊批发 6543—图书零售 6544—报刊零售
	图书馆	9231	9031—图书馆
音乐、戏剧制作、曲艺、舞蹈和杂技	曲作家、词作家、改编者、舞蹈指导、导演、演员和其他人员	9214 9219	9010—文艺创作与表演 9070—群众文化活动 9080—文化艺术经济代理 9210—室内娱乐活动 9290—其他娱乐活动
	音乐录音制品的制作和制造	2230	8824—音像制品出版 8825—电子出版物出版 8940—音像制作 2330—记录媒介的复制
	音乐录音制品的批发和零售（销售和出租）	5139 5233 7130	6345—音像制品及电子出版物的批发 6545—音像制品及电子出版物的零售 7321—图书及音像制品租赁
	艺术和文字创作的表述	9214	9010—文艺创作与表演
	表演及相关机构（订票处、售票处）	9214	9020—艺术表演场所
电影与录像	编剧、导演、演员	9214	9010—文艺创作与表演
	电影和影带的制作和发行	9211	8931—电影制作与发行
	电影放映	9212	8932—电影放映
	影带出租和销售，包括点播	7130 9211	7321—图书及音像制品出租
	相关服务	2230	2330—记录媒介的复制
广播电视	广播和电视制作和播出	9213	8910—广播 8920—电视
	有线电视传输	6420	6031—有线广播电视传输服务
	卫星电视传输	6420	6040—卫星传输服务
	相关服务	9213	6032—无线广播电视传输服务
摄影	摄影	7494	8220—摄影扩印服务
软件与数据库	规划、编程和设计	7221 7229	621—软件业
	批发和零售预装软件（商业程序、视频游戏、教育程序等）	5151	6375—来自计算机、软件及辅助设备批发 6572—计算机、软件及辅助设备零售
	数据库处理和出版	7240 7230	6020—来自互联网信息服务 6190—其他计算机服务 6019—其他电信服务 6120—数据处理

续前表

主要产业组	子组	联合国产业分类代码	中国产业分类四位代码行业及简要说明
美术与建筑设计、图形和模型作品	美术与建筑设计	9214	9010—文艺创作与表演 3133—建筑用石加工 6346—首饰、工艺品及收藏品批发 6547—工艺美术品及收藏品零售 7672—工程勘察设计
	图形和模型作品		7640—测绘服务 7672—工程勘察设计 7673—规划管理 7690—其他专业技术服务 (上述各类包括工程设计图、产品设计图、地图、示意图等图形作品和模型作品)
广告服务	广告代理机构、购买服务(不包括发布广告费用)	7430	7440—广告业
版权集体管理与服务	版权集体管理与服务		

说明：该表的联合国产业分类代码来源于 http://unstats.un.org/unsd/cr(联合国网站)，中国产业分类四位代码行业及简单说明来源于 http://www.stats.gov.cn/tjbz(国家统计局网站)。

表 B—2　与海关统计分类对应的核心版权产业具体分类(四位代码)

主要产业组	品目	说　明
新闻和文学作品	48.20	纸或纸版制的登记本、账本、笔记本、定货本、收据本、信笺本、记事本、日记本及类似品、练习本、吸墨纸本、活动封面(活页及非活页)、文件夹、卷宗皮、多联商业表格纸、页间夹有复写纸的本及其他文具用品；纸或纸板制的样品簿、粘贴簿及书籍封面 本类所取的八位商品编号为： 4820.9000　纸或纸板制的其他文具用品；书籍封面
	49.01	书籍、小册子、散页印刷品及类似印刷品，不论是否单张
	49.02	报纸、杂志及期刊，不论有无插图或广告材料
	49.03	儿童图画书、绘画及涂色书
	49.05	各种印刷的地图、水道图及类似图标，包括地图册、挂图、地形图及地球仪、天体仪
	49.09	印刷或有图画的明信片；印有个人问候、祝贺、通告的卡片，不论是否有图画、带信封或饰边
	49.10	印刷的各种日历，包括日历芯
	49.11	其他印刷品，包括印刷的图片及照片
音乐、戏剧制作、歌剧	49.04	乐谱原稿或印本，不论是否装订或印有插图
电影与录像	37.06	已曝光已冲洗的电影胶片，不论是否配有声道或仅有声道
	85.23	录制声音或其他信息用的圆盘、磁带、固态非易失性数据存储器件、“智能卡”及其他媒体，不论是否已录制，包括供复制圆盘用的母片及母带，但不包括第 37 章(照相及电影用品)的产品
摄影	37.05	已曝光已冲洗的摄影硬片及软片，但电影胶片除外
软件与数据库	98.03	计算机软件(仅用于出口，不包括与产品固化或集成为一体的软件)
视觉艺术与绘画艺术	49.06	手绘的建筑、工程、工业、商业、地形或类似用途的设计图纸原稿；手稿；用感光纸照相复印或用复写纸誊写的上述物品复制件
	97.01	油画、粉画及其他手绘画，但带有手工绘制及手工描饰的制品或品目
	97.02	雕版画、印制画、石印画的原本
	97.03	各种材料制的雕塑品原件

说明：该表依据《中华人民共和国海关统计商品目录(2007 年版)》(海关总署关税征管司、综合统计司编制，北京，中国海关出版社，2007)。

表 B—3　与国民经济行业分类对应的相互依存的版权产业分类

主要产业组	联合国产业分类代码	中国产业分类四位代码行业及简要说明
电视机、收音机、录像机、CD 播放机、DVD 播放机、磁带播放机、电子游戏设备及其他类似设备	3230 5139 5233	4031—广播电视节目制作及发射设备制造 4032—广播电视接收设备及器材制造 4039—应用电视设备及其他广播电视设备制造 4071—家用影视设备制造 4072—家用音响设备制造 4013—通信终端设备制造 2452—游艺及室内游艺器材制造 6349—其他文化用品批发 6374—家用电器批发 6376—通讯及广播电视设备批发 6571—家用电器零售 8313—家用电器修理
计算机和有关设备	3000 5151 7123	4041—电子计算机整机制造 4042—计算机网络设备制造 4043—电子计算机外部设备制造 6375—计算机、软件及辅助设备批发 6572—计算机、软件及辅助设备零售 7314—计算机及通信设备租赁 6110—计算机系统服务 6130—计算机维修
乐器	3692 5139 5233	2431—中乐器制造 2432—西乐器制造 2433—电子乐器制造 2439—其他乐器和零件制造 6349—其他文化用品批发 6549—其他文化用品零售 7329—其他文化及日用品出租
照相机和电影摄影器材	3320 5139 5239 7129	4151—电影机械制造 4152—幻灯及摄影设备制造 4153—照相机及器材制造 2665—信息化学品制造 6349—其他文化用品的批发 6379—其他机械设备及电子产品批发 6548—照相器材零售 7329—其他文化日用品出租 8319—其他日用品修理
复印机	3000 5159	4154—复印和胶印设备制造 8312—办公设备维修 3642—印刷专用设备制造 6379—其他机械设备及电子产品批发 6579—其他电子产品零售
空白录音介质	2429 5152	2665—信息化学品制造 6374—家用电器批发
纸张	2101 5149 5239	2221—机制纸及纸板制造 2222—手工纸制造 2223—加工纸制造 2239—其他纸制品制造 6391—再生物资回收与批发 6341—文具用品批发 6541—文具用品零售

说明：该表的联合国产业分类代码来源于 http：//unstats. un. org/unsd/cr（联合国网站），中国产业分类四位代码行业及简单说明来源于 http：//www. stats. gov. cn/tjbz（国家统计局网站）。

表 B—4　　与海关统计分类对应的相互依存的版权产业具体分类

主要产业组	品目	说　明
电视机、收音机、录像机、CD 播放机、DVD 播放机、磁带播放机、电子游戏设备以及其他类似设备	85.19	声音录制或重放设备
	85.20	磁带录音机及其他声音录制设备，不论是否装有声音重放装置
	85.21	视频信号录制或重放设备，不论是否装有高频调节器
	85.25	无线电广播、电视发送设备，不论是否装有接收装置或声音的录制、重放装置；电视摄像机、数字照相机及视频摄录一体机
	85.27	无线电广播接收设备，不论是否有声音的录制、重放装置或时钟组合在同一机壳内
	85.28	电视接收装置，不论是否装有无线电收音机装置或声音、图像的录制或重放装置；视频监视器及视频投影机
	85.29	专用于或主要用于品目 85.28 至 85.28 所列装置或设备的零件
计算机和有关设备	84.71	自动数据处理设备及其部件；其他品目未列名的磁性或光学阅读机、将数据以代码形式转录到数据记录媒体的机器及处理这些数据的机器。本类所取的八位代码小类如下： 8471.1000　模拟式或混合式自动数据处理设备 8471.3000　重量≤10 公斤的便携数字式自动数据处理设备 8471.4110　巨型、大型及中型数字式自动数据处理机 8471.4120　小型数字式自动数据处理机 8471.4140　其他微型数字式自动数据处理机 8471.4190　未列名数字式自动数据处理设备 8471.4910　系统形式的巨型机、大型机及中型机 8471.4920　系统形式的小型机 8471.4940　系统形式的微型机 8471.4991　系统形式的分散型工业过程控制设备 8471.5010　巨型机、大型机及中型机的数字式处理部件 8471.5020　小型机的数字式处理部件 8471.5040　微型机的数字式处理部件 8471.5090　其他数字式处理部件 8471.6011　液晶显示器 8471.6012　阴极射线管显示器 8471.6019　其他显示器 8471.6031　针式打印机 8471.6032　激光打印机 8471.6033　喷墨打印机 8471.6039　其他打印机 8471.6040　巨型机、大型机、中型机及小型机用终端 8471.6050　扫描仪 8471.6060　数字化仪 8471.6071　键盘 8471.6072　鼠标器 8471.6090　其他输入或输出部件 8471.7010　硬盘驱动器 8471.7020　软盘驱动器 8471.7030　光盘驱动器 8471.7090　其他存储部件 8471.8010　集线器 8471.8020　路由器 8471.8090　未列名自动数据处理设备其他部件 8471.9000　其他磁性或光学阅读机、数据转录及处理机器

续前表

主要产业组	品目	说　明
乐器	92.01	钢琴，包括自动钢琴；拨弦古钢琴及其他键盘弦乐器
	92.02	其他弦乐器（例如，吉他、小提琴、竖琴）
	92.03	键盘管风琴；簧风琴及类似的游离金属簧片键盘乐器
	92.04	手风琴及类似乐器；口琴
	92.05	其他管乐器
	92.06	打击乐器（例如，鼓、木琴、铙、钹、响板、响葫芦）
	92.07	通过电产生或扩大声音的乐器（例如，电风琴、电吉他、电手风琴）
	92.08	百音盒、游艺场风琴、手摇风琴、机械鸣禽、乐锯及本章其他品目未列名的其他乐器；各种媒诱音响器、哨子、号角口吹音响信号器
	92.09	乐器的零件（例如，百音盒的机械装置）、附件（例如，机械乐器用的卡片、盘及带卷）；节拍器、音叉及各种定音管
照相和电影摄影器材	37.01	未曝光的摄影感光硬片及平面软片，用纸、制版及纺织物以外任何材料制成；未曝光的一次成像感光平面软片，不论是否分装
	37.02	成卷的未曝光摄影感光胶片，用纸、纸板及纺织物以外任何材料制成；成卷的未曝光一次成像胶片
	37.03	未曝光的摄影感光纸、纸板及纺织物
	37.04	已曝光未冲洗的摄影硬片、软片、纸、纸板及纺织物
	37.07	摄影用化学制剂（不包括上光漆、胶水、粘合剂及类似制剂）；摄影用未混合产品，定量包装或零售包装，定量包装或零售包装可立即使用的
	90.06	照相机（电影摄影机除外）；照相闪光灯装置及闪光灯泡，但品目 8539 的放电灯泡除外
	90.07	电影摄像机、放映机，不论是否带有声音的录制或重放装置
	90.08	摄像投影仪，但电影用除外；照片（电影片除外）放大机及缩微片机
	90.10	本章其他品目未列名的照相（包括电影）吸引用装置及设备；负片显示器；银幕及其他投影屏幕
	90.11	复式光学显微镜，包括用于显微照相、显微电影及显微投影的
复印机	37.07	摄影用化学制剂（不包括上光漆、胶水、粘合剂及类似制剂）；摄影用未混合产品，定量包装或零售包装，定量包装或零售包装可立即使用的
	84.42	制版用的机器、器具及设备（品目 84.56 至 84.65 的机床除外）；印刷用版（片）、滚筒及其他印刷部件；制成供印刷用（例如，刨平、压纹或抛光）的板（片）、滚筒及石板
	84.43	用品目 84.42 的印刷用版（片）、滚筒及其他印刷部件进行印刷的机器；其他打印机、复印机及传真机，不论是否组合式；上述机器的零件及附件
	84.69	打字机，品目 84.43 的打印机除外，文字处理机
	84.72	其他办公室用机器（例如，胶版复印机、油印机、地址印写机、自动付钞机、硬币分类机、计数及包装机、削铅笔机、打洞机或订书机）
	90.09	装有光学系统的或接触式的感光复印设备及热敏复印设备
空白录音介质	85.23	制成供灌（录）音或录制其他信息用的未录制媒体，但第 37 章的产品除外
纸张	48.01	成卷或成张的新闻纸
	48.02	书写、印刷或类似用途的未经涂布的纸及纸板、未打孔的穿孔卡纸及穿孔纸带纸、成卷或成张矩形（包括正方形），任何尺寸，但品目 48.01 或 48.03 的纸除外；手工制纸及纸板
	48.06	成卷或成张的植物羊皮纸、防油纸、描图纸、半透明纸及其他高光泽透明或半透明纸。本类所取八位代码小类为： 4806.3000　　描图纸

续前表

主要产业组	品目	说　　明
纸张	48.10	成卷或成张矩形（包括正方形）的任何尺寸的单面或双面涂布高岭土或其他无机物质（不论是否加粘合剂）的纸及纸板，但未涂布其他涂料，不论是否染面、饰面或印花。本类所取八位代码小类如下： 4810.1300　成卷的书写、印刷纸及纸板，含机械纤维≤10% 4810.1400　书写用纸，机械纤维≤10%，成张≤435mm×297mm 4810.1900　其他书写、印刷纸及纸板，含机械纤维≤10% 4810.2200　涂布无机物书写、印刷轻质纸，机械纤维>10% 4810.2900　其他涂布无机物书写、印刷纸，机械纤维>10%
	48.11	成卷或成张矩形（包括正方形）的任何尺寸的经涂布、浸渍、覆盖、染面、饰面或印花的纸、纸板、纤维素絮纸及纤维素纤维网纸，但品目 48.03、48.09 或 48.10 的货品除外。本类所取商品编号小类为： 4811.5110　彩色相纸用双面涂塑纸，每平米重>150g
	48.17	纸或纸板制的信封、封缄信片、素色明信片及通信卡片；纸或纸板制的盒子、袋子及夹子，内装各种纸制文具
	59.01	用胶或淀粉物质涂布的纺织物，作书籍封面及类似用途的；描图布；制成的油画布；作帽里的硬衬布及类似硬挺纺织物。本类所取的八位代码小类如下： 5901.1010　涂胶或淀粉的棉或麻织物，作书籍封面等用途 5901.1020　涂胶或淀粉的化纤纺织物，作书籍封面等用途 5901.1090　用胶或淀粉涂的其他纤维制纺织物，书面等用 5901.9010　制成的油画布 5901.9091　棉或麻制描图布、作帽里硬衬布等硬挺纺织物 5901.9092　化纤制描图布、作帽里硬衬布等硬挺纺织物 5901.9099　其他纤维描图布、作帽里硬衬布等硬挺纺织物

说明：该表依据《中华人民共和国海关统计商品目录（2007 年版）》（海关总署关税征管司、综合统计司编制，北京，中国海关出版社，2007）。

表 B—5　　与国民经济行业分类对应的部分版权产业分类

主要产业组	联合国产业分类代码	中国产业分类四位代码行业及简要说明
服装、纺织品和制鞋	1721	1711—棉、化纤纺织加工
		1712—棉、化纤印染精加工
		1722—毛纺织
		1723—毛染整精加工
		1730—麻纺织
		1742—绢纺和丝织加工
		1743—丝印染精加工
		1751—棉及化纤制品制造
		1752—毛制品制造
		1753—麻制品制造
		1754—丝制品制造
		1757—无纺布制造
		1761—棉、化纤针织品及编织品制造
		1762—毛针织品及编织品制造
		1763—丝针织品及编织品制造
		1769—其他针织品及编织品制造
	1810	1810—纺织服装制造
		1820—纺织面料鞋的制造
		1830—制帽
	1920	1921—皮鞋制造
		1922—皮革服装制造
		1924—皮手套及皮装饰品制造
		1931—毛皮鞣制加工
		1932—毛皮服装加工

续前表

主要产业组	联合国产业分类代码	中国产业分类四位代码行业及简要说明
服装、纺织品和制鞋		1942—羽绒制品加工
		2960—橡胶靴鞋制品加工
		3081—塑料鞋制造
	5131	6331—纺织品、针织品及原料批发
		6332—服装批发
		6333—鞋帽批发
	5132	6531—纺织品及针织品零售
		6532—服装零售
		6533—鞋帽零售
珠宝和硬币	3691	4218—珠宝首饰及有关物品的制造
		3491—铸币及贵金属制实验室用品制造
	5139	6346—首饰、工艺品及收藏品批发
	5239	6547—工艺美术品及收藏品零售
		6546—珠宝首饰零售
其他手工艺品		4211—雕塑工艺品制造
		4212—金属工艺品制造
		4213—漆器工艺品制造
		4214—花画工艺品制造
	173	4215—天然植物纤维编织工艺品制造
		4216—抽纱刺绣工艺品制造
		4218—珠宝首饰及有关物品的制造
		4219—其他工艺美术品制造
		4221—制镜及类似品加工
		4229—其他日用杂品制造
		6346—首饰、工艺品及收藏品批发
	5239	6547—工艺美术品及收藏品零售
家具	3610	2110—木质家具制造
		2120—竹、藤家具制造
		2130—金属家具制造
		2140—塑料家具制造
		2190—其他家具制造
	5139	6339—其他日用品批发
		6582—家具零售
家用物品、陶瓷和玻璃	2029	203—木制品制造
		3082—日用塑料杂品制造
	2610	3141—平板玻璃制造
		3142—技术玻璃制品制造
		3143—光学玻璃制造
		3144—玻璃仪器制造
		3145—日用玻璃制品及玻璃包装容器制造
		3146—玻璃保温容器制造
		3147—玻璃纤维及制品制造
		3148—玻璃纤维增强塑料制品制造
		3149—其他玻璃制品制造
		3151—卫生陶瓷制品制造
		3152—特种陶瓷制品制造
		3153—日用陶瓷制品制造
		3159—园林、陈设艺术及其他陶瓷制品制造
		3132—建筑陶瓷制品制造
		3472—搪瓷卫生洁具制造
		3479—搪瓷日用品及其他搪瓷制品制造
	2899	348—不锈钢及类似日用金属制品制造
		3972—照明灯具制造
		6334—厨房卫生间用品及日用杂货批发

续前表

主要产业组	联合国产业分类代码	中国产业分类四位代码行业及简要说明
家用物品、陶瓷和玻璃	5139 5233	6339—其他日用品批发 6539—其他日用品零售
墙纸与地毯	1722 2109 5239	4217—地毯、挂毯制造 2239—其他纸制品制造 6339—其他日用品批发 6346—首饰、工艺品及收藏品批发 6547—工艺美术品及收藏品零售
玩具与游戏用品	3694 5139 5239	2440—玩具制造 2451—露天游乐场所游乐设备制造 2452—游艺及室内游艺器材制造 6349—其他文化用品批发 6549—其他文化用品零售
建筑、工程、调查	7421	建筑业
内部装修设计	7499	4900—建筑装饰业
博物馆	9232	9050—博物馆 9060—烈士陵园、纪念馆

说明：1. 在部分版权产业的四位代码行业类别中，某些小类与版权的关系不大，比如服装、纺织品、玻璃、陶瓷中的一些行业小类，但基于统计数据的限制（有些数据无法准确拆分），同时参照其他国家的测算方法以增加可比性，本项研究未将这些行业小类剔除出去，但在确定版权因子时充分考虑了这一因素，如服装、纺织品的版权因子仅为 0.4%，玻璃、陶瓷的版权因子仅为 0.3%。

2. 该表的联合国产业分类代码来源于 http：//unstats. un. org/unsd/cr（联合国网站），中国产业分类四位代码行业及简单说明来源于 http：//www. stats. gov. cn/tjbz（国家统计局网站）。

表 B—6　　与海关统计分类对应的部分版权产业具体分类

主要产业组	代码	说　明
服装、纺织品和制鞋	39.26	其他塑料制品及品目 39.01 至 39.14 所列其他材料的制品 本类所取商品编号小类为 39262000 塑料制衣服及衣着附件
	42.03	皮革或再生皮革制的衣服及衣着附件
	42.05	皮革或再生皮革制的其他制品
	43.03	毛皮制的衣服、衣着附件及其他物品
	43.04	人造毛皮及其制品
	51.11	粗梳羊毛或粗梳动物细毛的机织物
	51.12	粗梳羊毛或精梳动物细毛的机织物
	51.13	动物粗毛或马毛的机织物
	52.08	棉机织物，按重量计含棉量在 85%及以上，每平方米重量不超过 200 克
	52.09	棉机织物，按重量计含棉量在 85%及以上，每平方米重量超过 200 克
	52.10	棉机织物，按重量计含棉量在 85%以下，主要或仅与化学纤维混纺，每平方米重量不超过 200 克
	52.11	棉机织物，按重量计含棉量在 85%以下，主要或仅与化学纤维混纺，每平方米重量超过 200 克
	52.12	其他机织物
	53.09	亚麻机织物
	53.10	黄麻或品目 53.03 的其他纺织用韧皮纤维机织物
	53.11	其他纺织用植物纤维机织物；纸纱线机织物
	54.07	合成纤维长丝纱线的机织物，品目为 54.04 所列材料的机织物
	54.08	人造纤维长丝纱线的机织物，包括品目 54.05 所列材料的机织物
	55.12	合成纤维短纤纺制的机织物，按重量计合成纤维短纤含量在 85%及以上

续前表

主要产业组	代码	说 明
服装、纺织品和制鞋	55.13	合成纤维短纤纺制的机织物，按重量计合成纤维短纤含量在85%以下，主要或仅与棉混纺，每平方米重量不超过170克
	55.14	合成纤维短纤纺制的机织物，按重量计合成纤维短纤含量在85%以下，主要或仅与棉混纺，每平方米重量超过170克
	55.15	合成纤维短纤纺制的其他机织物
	55.16	人造纤维短线纺制的机织物
	56.02	毡呢，不论是否浸渍、涂布、包覆或压层
	56.03	无纺织物，不论是否浸渍、涂布、包覆或压层
	58.01	起绒机织物及绳绒机织物，但品目58.02或58.06的机织物除外
	58.02	毛巾织物及类似的毛圈机织物，但品目58.06的狭幅织物除外；簇绒织物，但品目57.03的产品除外
	58.03	纱罗，但品目58.06的狭幅织物除外
	58.04	网眼薄纱及其他网眼织物，但不包括机织物、针织物或钩编织物；成卷、成条或成小块图案的花边，但品目60.02至60.06的织物除外
	58.05	“哥白林”、“弗朗德”、“奥步生”、“波威”及类似式样的手织装饰毯，以及手工针绣嵌花装饰毯（例如，小针脚或十字绣），不论是否制成的
	58.06	狭幅机织物，但品目58.07的货品除外；用黏合剂黏合制成的有经纱而无纬纱的狭幅织物（包扎匹头用带）
	58.07	非绣制的纺织材料制标签、徽章及类似品，成匹、成条或裁成一定形状或尺寸
	58.08	成匹的编带；非绣制的成匹装饰带，但针织或钩编的除外；流苏、绒球及类似品
	58.09	其他处未列名的金属线机织物及品目56.05所列含金属纱线的机织物，用于衣着、装饰及类似用途
	58.11	经绗缝或其他方法用一层或几层纺织材料与胎料组合制成的被乳状纺织品，但品目58.10的刺绣品除外
	59.02	尼龙或其他聚酰胺，聚酯或粘胶纤维高强纱质的帘子布
	59.03	用塑料浸渍、涂布、包覆或压层的纺织物，但品目59.02的货品除外
	59.06	用橡胶处理的纺织物，但品目59.02的货品除外
	59.07	用其他材料浸渍、涂布或包覆的纺织物；作舞台、摄影布景或类似用途的已绘制画布
	60.01	针织或钩编的起绒织物，包括“长毛绒”织物及毛圈织物
	60.02	宽度不超过30厘米，按重量计弹性纱线或橡胶线含量在5%及以上的针织物或钩编物，但品目60.01的货品除外
	60.03	宽度不超过30厘米，按重量计弹性纱线或橡胶线含量在5%以下的针织物或钩编物，但品目60.01或60.02的货品除外
	60.04	宽度超过30厘米，按重量计弹性纱线或橡胶线含量在5%及以上的针织物或钩编物，但品目60.01的货品除外
	60.05	经编织物（包括由花边针织机织成的），但品目60.01至60.04的货品除外
	60.06	其他针织或钩编织物
	61.01	针织或钩编的的男式大衣、短大衣、斗篷、短斗篷、带风帽的防寒短上衣（包括滑雪短上衣）、防风衣、防风短上衣及类似品，但品目61.03的货品除外
	61.02	针织或钩编的女式大衣、短大衣、斗篷、短斗篷、带风帽的防寒短上衣（包括滑雪短上衣）、防风衣、防风短上衣及类似品，但品目61.04的货品除外
	61.03	针织或钩编的男式西服套装、便服套装、上衣、长裤、护胸背带工装裤、马裤及短裤（游泳裤除外）
	61.04	针织或钩编的女式西服套装、便服套装、上衣、连衣裙、裙子、裙裤、长裤、护胸背带工装裤、马裤及短裤（游泳服除外）

续前表

主要产业组	代码	说　明
服装、纺织品和制鞋	61.05	针织或钩编的男衬衫
	61.06	针织或钩编的女衬衫
	61.07	针织或钩编的男士内裤、三角裤、长睡衣、睡衣裤、浴衣、晨衣及类似品
	61.08	针织或钩编的女式长衬裙、衬裙、三角裤、短衬裤、睡衣、睡衣裤、浴衣、晨衣及类似品
	61.09	针织或钩编的T恤衫、汗衫及其他背心
	61.10	针织或钩编的套头衫、开襟衫、外穿背心及类似品
	61.11	针织或钩编的婴儿服装及衣着附件
	61.12	针织或钩编的运动服、滑雪服及游泳衣
	61.13	用品目59.03、59.06或59.07的针织物或钩编织物制成的服装
	61.14	针织或钩编的其他服装
	61.15	针织或钩编的连裤袜、紧身裤袜、长统袜、短袜及其他袜类，包括渐紧压袜类（例如，用以治疗静脉曲张的长统袜）和无外绱鞋底的鞋类
	61.16	针织或钩编的分指手套、连指手套及露指手套
	61.17	其他制成的针织或钩编的衣着附件；服装或衣着附件的针织或钩编的零件
	62.01	男式大衣、短大衣、斗篷、短斗篷、带风帽的防寒短上衣（包括滑雪短上衣）、防风衣、防风短上衣及类似品，但品目62.03的货品除外
	62.02	女式大衣、短大衣、斗篷、短斗篷、带风帽的防寒短上衣（包括滑雪短上衣）、防风衣、防风短上衣及类似品，但品目62.04的货品除外
	62.03	男士西服套装、便服套装、上衣、长裤、护胸背带工装裤、马裤及短裤（游泳裤除外）
	62.04	女式西服套装、便服套装、上衣、连衣裙、裙子、裙裤、长裤、护胸背带工装裤、马裤及短裤（游泳服除外）
	62.05	男衬衫
	62.06	女衬衫
	62.07	男式背心及其他内衣、内裤、三角裤、长睡衣、睡衣裤、浴衣、晨衣及类似品
	62.08	女式背心及其他内衣、长衬裙、衬裙、三角裤、短衬裤、睡衣、睡衣裤、浴衣、晨衣及类似品
	62.09	婴儿服装及衣着附件
	62.10	用品目56.02、56.03、59.03、59.06或59.07的织物制成的服装
	62.11	运动服、滑雪服及游泳服；其他服装
	62.12	胸罩、腹带、紧身胸衣、吊裤带、吊袜带、束袜带和类似品及其零件，不论是否针织或钩编的
	62.13	手帕
	62.14	披巾、头巾、围巾、披纱、面纱及类似品
	62.15	领带及领结
	62.16	分指手套、连指手套及露指手套
	62.17	其他制成的衣着附件；服装或衣着附件的零件，但品目62.12的货品除外
	63.01	毯子及旅行毯
	63.02	床上、餐桌、盥洗及厨房用的织物制品
	63.03	窗帘（包括帷帘）及帐幔；帘帷及床帏
	63.04	其他装饰用织物制品，但品目94.04的货品除外
	63.07	其他制成品，包括服装裁剪样

续前表

主要产业组	代码	说　明
服装、纺织品和制鞋	63.08	由机织物及纱线构成的零售包装成套物品，不论是否带附件，用以制作小地毯、装饰毯、绣花台布、餐巾或类似纺织物品
	64.01	橡胶或塑料制外底及鞋面的防水鞋靴，其鞋面不是用缝、铆、钉、塞或类似方法固定在鞋底上的
	64.02	橡胶或塑料制外底及鞋面的其他鞋靴
	64.03	橡胶、塑料、皮革或再生皮革制外底，皮革制鞋面的鞋靴
	64.04	橡胶、塑料、皮革，或再生皮革制外底，用纺织材料制鞋面的鞋靴
	64.05	其他鞋靴
	65.01	毡呢制的帽坯、帽身及帽兜，未楦制成形，也未加帽边；毡呢制的圆帽片及制帽用的毡呢筒（包括裁开的毡呢筒）
	65.02	编结的帽坯或用任何材料的条带拼制而成的帽坯，未楦制成形，也未加帽边、衬里或装饰物
	65.03	用品目 65.01 的帽身、帽兜或圆帽片制成的毡呢帽类，不论有无衬里或装饰物
	65.04	编结帽或用任何材料的条带拼制而成的帽类，不论有无衬里或装饰物
	65.05	针织或钩编的帽类，用成批的花边、毡呢或其他纺织物（条带除外）制成的帽类，不论有无衬里或装饰物；任何材料制的发网，不论有无衬里或装饰物
	65.06	其他帽类，不论有无衬里或装饰物
	68.12	已加工的石棉纤维；以石棉为基本成分或以石棉和碳酸镁为基本成分的混合物；上述混合物或石棉的制品（例如，纱线、机织物、服装、帽类、鞋靴、衬垫），不论是否加强，但品目 68.11 或 68.13 货品除外
珠宝和硬币	71.13	贵金属或包贵金属制的首饰及其零件
	71.16	用天然或养殖珍珠、宝石和半宝石（天然、合成或再造）制成的物品
	71.17	仿首饰
	71.18	硬币
其他手工艺品	39.26	其他塑料制品及品目 39.01 至 39.14 所列其他材料的制品
	44.20	镶嵌木（包括细工镶嵌木）；装珠宝或刀具用的木纸盒子和小匣子及类似品；木制小雕像及其他装饰品；第 94 章以外的木制家具
	58.10	成匹、成条或成小块图案的刺绣品
	46.01	用编结材料编成的缏条及类似产品，不论是否缝合成宽条；平行连接或编结的成片编结材料、缏条或类似的编结材料产品，不论是否制成品（例如，席子、席料、帘子）
	46.02	用编结材料直接编成或用品目 46.01 所列货品制成的篮筐、柳条编结品及其制品；丝瓜络制品
	71.14	贵金属或包贵金属制的金银器及其零件
	83.06	非电动的贱金属铃、钟、锣及类似品；贱金属雕塑像及其他装饰品；贱金属相框或画框及类似框架；贱金属镜子。本类所取八位代码小类为： 8306.2100　镀贵金属的雕塑像及其他装饰品 8306.2910　景泰蓝的雕塑像及其他装饰品 8306.2990　未列名贱金属雕塑像及其他装饰品
	96.01	已加工的兽牙、骨、玳瑁壳、角、鹿角、珊瑚母及其他动物质雕刻材料及其制品（包括塑模制品）

续前表

主要产业组	代码	说 明
家具	94.01	坐具（包括能作床用的两用椅，但品目 94.02 的货品除外）机器零件 本类所选八位代码小类为： 9401.4010　皮革或再生皮革面的能作床的两用椅 9401.4090　其他能作床的两用椅，庭园坐具野营设备除外 9401.5000　藤、柳条、竹及类似材料制的坐具 9401.6110　皮革或再生皮革面的带软垫的木框架坐具 9401.6190　其他带软垫的木框架坐具 9401.6900　其他木框架坐具 9401.7110　皮革或再生皮革面的带软垫的金属框架坐具 9401.7190　其他带软垫的金属框架坐具 9401.7900　其他金属框架坐具 9401.8010　石制的其他坐具 9401.8090　其他坐具 9401.9090　其他坐具零件
	94.03	其他家具及其零件。本类所选商品编号小类为： 9403.1000　办公室用金属家具 9403.2000　其他金属家具 9403.3000　办公室用木家具 9403.4000　厨房用木家具 9403.5010　卧室用红木家具 9403.5091　卧室用漆木家具 9403.5099　其他卧室用木家具 9403.6010　其他红木家具 9403.6091　其他漆木家具 9403.6099　未列明木家具 9403.7000　塑料家具 9403.8010　藤、柳条、竹及类似材料制家具 9403.8091　石制家具 9403.8099　未列明材料制家具
家用物品、陶瓷和玻璃	39.22	塑料浴缸、淋浴盘、洗涤槽、盥洗盆、坐浴盆、便盆、马桶座圈及盖、抽水箱及类似卫生洁具
	39.24	塑料制的餐具、厨房用具、其他家庭用具及卫生或盥洗用具
	39.25	其他处未列明的建筑用塑料制品
	39.26	其他塑料制品及品目 39.01 至 39.14 所列其他材料的制品
	42.02	衣箱、提箱、小手袋、公文箱、公文包、书包、眼镜盒、望远镜盒、乐器盒、枪套及类似容器；旅行包、食品或饮料保温包、化妆包、帆布包、手提包、购物袋、钱夹、钱包、地图盒、烟盒、烟袋、工具包、运动包、瓶盒、首饰盒、粉盒、刀叉餐具盒及类似容器，用皮革或再生皮革、塑料片、纺织材料、钢纸或纸板制成，或者全部或主要用上述材料或纸包覆制成
	44.14	木制的画框、相框、镜框及类似品
	44.15	包装木箱、木盒、板条箱、圆桶及类似的包装容器；木制电缆卷筒；木托板、箱形托盘及其他装载用木板；木制的托盘护框
	44.16	木制大桶、琵琶桶、盆和其他木制箍桶及其零件，包括桶板
	44.17	木制的工具、工具支架、工具柄、扫帚及刷子的身及柄；木制鞋靴楦及楦头
	44.18	建筑用木工制品，包括蜂窝结构木镶板、已拼装的地板、木瓦及盖屋板
	44.19	木制餐具及厨房用具
	69.04	陶瓷制建筑用砖、铺地砖、支撑或填充用砖及类似品
	69.05	屋顶瓦、烟囱罩、通风帽、烟囱衬壁、建筑装饰及其他建筑用陶瓷制品
	69.06	陶瓷套管、导管、槽管及管子配件

续前表

主要产业组	代码	说　明
家用物品、陶瓷和玻璃	69.07	未上釉的陶瓷面砖、铺面砖，包括炉面砖及墙面砖；未上釉的陶瓷镶嵌砖（马赛克）及类似品，不论是否有衬背
	69.08	上釉的陶瓷面砖、铺面砖，包括炉面砖及墙面砖；上釉的陶瓷镶嵌砖（马赛克）及类似品，不论是否有衬背
	69.10	陶瓷洗涤槽、脸盆座、浴缸、坐浴盆、抽水马桶、水箱、小便池及类似的固定卫生设备
	69.11	瓷餐具、厨房器具及其他家用或盥洗用瓷器
	69.12	陶餐具、厨房器具及其他家用或盥洗用陶器
	69.13	塑料及其他装饰用陶瓷制品
	69.14	其他陶瓷制品
	70.03	铸制或轧制玻璃板、片或型材及异型材，不论是否有吸收、反射或非反射层，但未经其他加工
	70.04	拉制或吹制玻璃板、片，不论是否有吸收、反射或非反射层，但未经其他加工
	70.05	浮法玻璃板、片及表面研磨或抛光玻璃板、片，不论是否有吸收、反射或非反射层，但未经其他加工
	70.06	经弯曲、磨边、镂刻、钻孔、涂珐琅或其他加工的品目 70.03、70.04 或 70.05 的玻璃，但未用其他材料镶框或装配
	70.08	多层隔温、隔音玻璃组件
	70.09	玻璃镜（包括后视镜），不论是否镶框
	70.10	玻璃制的坛、瓶、缸、罐、安瓿及其他容器，用于运输或盛装货物；玻璃制保藏罐；玻璃塞、盖及类似的封口器
	70.11	制灯泡、阴极射线管及类似品用的未封口玻璃外壳（包括玻璃泡及管）及其玻璃零件，但未装有配件
	70.13	玻璃器皿，供餐桌、厨房、盥洗室、办公室、室内装饰或类似用途（品目 70.10 或 70.18 的货品除外）
	70.14	未经光学加工的信号玻璃器及玻璃纸光学原件（品目 70.15 的货品除外）
	70.15	钟表玻璃及类似玻璃、视力矫正或非视力矫正眼镜用玻璃，呈弧面、弯曲、凹形或类似形状但未经光学加工的；制造上述玻璃用的凹面圆形及扇形玻璃
	70.16	建筑用压制或模制的铺面用玻璃块、砖、片、瓦及其他制品，不论是否夹丝；共镶嵌或类似装饰用的玻璃马赛克及其他小件玻璃品，不论是否有衬背；花饰铅条窗玻璃及类似品；多孔或泡沫玻璃块、版、片及类似品
	70.17	实验室、卫生及配药用的玻璃器皿，不论有无刻度或标量
	70.18	玻璃珠、仿珍珠、仿宝石或仿半宝石和类似小件玻璃品及其仿制品，但仿首饰除外；玻璃眼，但医用假眼除外；灯工方法制作的玻璃塑像及其他玻璃装饰品，但仿首饰除外；直径不超过 1 毫米的玻璃小珠
	76.12	盛装物料用的铝制桶、罐、听、盒及类似容器，包括软管容器及硬管容器（装压缩气体或液化气体的除外），容积不超过 300 升，不论是否衬里或隔热，但无机械或热力装置。本类别所取商品编号小类为： 7612.9010　　铝制易拉罐及罐体
	81.13	金属陶瓷及其制品，包括碎废料，本类只包含一项八位代码小类： 8113.0000　　金属陶瓷及其制品，包括碎废料
	82.15	餐匙、餐叉、长柄勺、漏勺、糕点夹、鱼刀、黄油刀、糖块夹及类似的厨房或餐桌用具
	83.06	非电动的贱金属铃、钟、锣及类似品；贱金属雕塑像及其他装饰品；贱金属相框或画框及类似框架；贱金属镜子。本类所取的八位代码小类为： 8306.3000　　贱金属的相框、画框及类似框架；镜子
	83.10	贱金属制的标志牌、铭牌、地名牌及类似品、号码、字母及类似标志，但品目 94.05 的货品除外

续前表

主要产业组	代码	说　明
家用物品、陶瓷和玻璃	94.05	其他处未列明的灯具及照明装置，包括探照灯、聚光灯及其零件；装有固定光源的发光标志、发光名牌及类似品，以及其他处未列明的这些货物的零件。本类所取商品编号小类为： 9405.1000　枝形吊灯及天花板或墙壁上的电气照明装置 9405.2000　电气的台灯、床头灯或落地灯 9405.3000　圣诞树用的成套灯具
	96.06	纽扣、揿扣、纽扣芯及纽扣和揿扣的其他零件；纽扣坯
	96.17	带壳的保温瓶和其他真空容器及其零件，但玻璃瓶胆除外。本类所取的八位代码小类为： 9617.0010　带壳的保温瓶
墙纸与地毯	57.01	结织栽绒地毯及纺织材料的其他结织栽绒铺地制品，不论是否制成
	57.02	机制地毯机纺织材料的其他机制铺地制品，未簇绒或未植绒，不论是否制成，包括"开来姆"、"苏麦克"、"卡拉马尼"及类似的手织地毯
	57.03	簇绒地毯机纺织材料的其他簇绒铺地制品，不论是否制成
	57.04	毡呢地毯及纺织材料的其他毡呢铺地制品，未簇绒或未植绒，不论是否制成
	57.05	其他地毯机纺织材料的其他铺地制品，不论是否制成
	48.14	壁纸及类似品；窗用透明纸
	48.15	以纸或纸板为底制成的铺地制品，不论是否切成一定尺寸
玩具与游戏用品	95.03	三轮车、踏板车、踏板汽车及类似的带轮玩具；玩偶车；玩偶；其他玩具；缩小（按比例缩小）的模型及类似的娱乐用模型，不论是否活动；各种智力玩具
	95.04	游艺场所、桌上或室内游戏用品，包括弹球机、台球、娱乐专用桌及保龄球自动球道设备
	95.05	节日（包括狂欢节）用品或其他娱乐用品，包括魔术道具及嬉戏品
	95.08	其他旋转木马、秋千、射击用靶及其他游乐场的娱乐设备；流动剧团

说明：该表依据《中华人民共和国海关统计商品目录（2007年版）》（海关总署关税征管司、综合统计司编制，北京，中国海关出版社，2007）。

表 B—7　　与国民经济行业分类对应的非专用支持产业分类

主要产业组	联合国产业分类代码	中国产业分类四位代码行业及简要说明
一般批发和零售产业	51 52	63　批发 65　零售
一般运输业	60 61 62 630 641	51　铁路运输 52　公路运输 53　城市公共交通 54　水上运输 55　航空运输 57　运输辅助活动 58　仓储 59　国家邮政
电话和互联网产业	6420 7240	601　电信业 602　互联网信息服务

说明：该表的联合国产业分类代码来源于 http：//unstats.un.org/unsd/cr（联合国网站），中国产业分类四位代码行业及简单说明来源于 http：//www.stats.gov.cn/tjbz（国家统计局网站）。

参考文献

中文文献：

［1］世界知识产权组织：《版权相关产业的经济贡献调研指南》，北京，法律出版社，2006。

［2］国家统计局国民经济核算司：《中国经济普查年度国内生产总值核算方法》，北京，中国统计出版社，2007。

［3］国务院第一次全国经济普查领导小组办公室：《中国经济普查年鉴 2004》，北京，中国统计出版社，2006。

［4］中华人民共和国国家统计局：《中国统计年鉴 2005》，北京，中国统计出版社，2005。

［5］中华人民共和国国家统计局：《中国统计年鉴 2006》，北京，中国统计出版社，2006。

［6］中华人民共和国国家统计局：《中国统计年鉴 2007》，北京，中国统计出版社，2007。

［7］中华人民共和国国家统计局：《中国统计年鉴 2008》，北京，中国统计出版社，2008。

［8］海关总署关税征管司：《中华人民共和国海关统计商品目录：2009 年版》，北京，中国海关出版社，2009。

［9］中国印刷及设备器材工业协会、中国印刷年鉴社：《中国印刷年鉴 2005》，北京，中国印刷年鉴社，2005。

［10］中国印刷及设备器材工业协会、中国印刷年鉴社：《中国印刷年鉴 2006》，北京，中国印刷年鉴社，2006。

［11］中国印刷及设备器材工业协会、中国印刷年鉴社：《中国印刷年鉴 2007》，北京，中国印刷年鉴社，2007。

［12］中华人民共和国国家统计局、科学技术部：《中国科技统计年鉴 2006》，北京，中国统计出版社，2006。

［13］中华人民共和国国家统计局、国家发展和改革委员会、科学技术部：《中国高技术产业统计年鉴 2006》，北京，中国统计出版社，2006。

［14］中华人民共和国信息产业部：《2005 中国通信统计年度报告》，北京，人民邮电出版社，2006。

［15］中华人民共和国商务部：《中国服务贸易发展报告 2006》，北京，中国商务出版社，2006。

［16］郑成思：《知识产权法论》，3 版，北京，法律出版社，2003。

［17］郑成思：《版权法（修订本）》，2 版，北京，中国人民大学出版社，1997。

［18］［美］波斯纳：《法律的经济分析》，蒋兆康译，林毅夫校，北京，中国大百科全书出版社，1997。

［19］［美］波斯纳：《法律与文学》，李国庆译，北京，中国政法大学出版社，2002。

［20］［美］唐纳德·威特曼编：《法律经济学文献精选》，苏力等译，北京，法律出版社，2006。

［21］苏力主编：《法律和社会科学》（第一卷），北京，法律出版社，2006。

［22］苏力主编：《法律和社会科学》（第二卷），北京，法律出版社，2007。

［23］苏力主编：《法律和社会科学》（第三卷），北京，法律出版社，2008。

［24］苏力：《波斯纳及其他》，北京，法律出版社，2004。

［25］［美］保罗·戈尔斯坦（Paul Goldstein）：《国际版权原则、法律与惯例》，王文娟译，北京，中国劳动社会保障出版社，2003。

［26］翁定军编著：《社会定量研究的数据处理——原理与方法》，上海，上海大学出版社，2004。

［27］陈向明主编：《在行动中学作质的研究》，北京，教育科学出版社，2003。

［28］［美］艾尔·巴比：《社会研究方法》，丘泽奇译，北京，华夏出版社，2005。

［29］风笑天：《社会学研究方法》，2 版，北京，中国人民大学出版社，2005。

［30］［德］M. 雷炳德：《著作权法》，张恩明译，北京，法律出版社，2005。

［31］陈凤兰、吕静薇主编：《西方版权沿革与贸易》，郑州，河南人民出版社，2004。

［32］张晓明、胡惠林、章建刚主编：《2005 年：中国文化产业发展报告》，北京，社会科学文献出版社，2005。

［33］崔保国主编：《2006 年：中国传媒产业发展报告》，北京，社会科学文献出版社，2006。

［34］郝振省主编：《2006—2007 中国出版业发展报告》，北京，中国书籍出版社，2007。

［35］郝振省主编：《2007—2008 中国出版业发

展报告》，北京，中国书籍出版社，2008。

[36] 新闻出版总署图书出版管理司：《中国图书出版产业报告（2003—2004）》，北京，中国人民大学出版社，2006。

[37] 新闻出版总署图书出版管理司：《中国图书出版产业报告（2005—2006）》，北京，中国人民大学出版社，2008。

[38] 郝振省主编：《国际出版业发展报告（2008 版）》，北京，中国书籍出版社，2008。

[39] 郝振省主编：《2005—2006 中国数字出版产业年度报告》，北京，中国书籍出版社，2007。

[40] 郝振省主编：《2007—2008 中国数字出版产业年度报告》，北京，中国书籍出版社，2008。

[41] 叶朗主编：《2004 中国文化产业年度发展报告》，长沙，湖南人民出版社，2004。

[42] 北京大学文化产业研究所、国家文化产业创新与发展研究基地：《2005 中国文化产业年度发展报告》，长沙，湖南人民出版社，2005。

[43] 北京大学文化产业研究所、国家文化产业创新与发展研究基地：《2006 中国文化产业年度发展报告》，长沙，湖南人民出版社，2006。

[44] 张晓明、胡惠林、章建刚主编：《2007 年：中国文化产业发展报告》，北京，社会科学文献出版社，2007。

[45] 张晓明、胡惠林、章建刚主编：《2008 年：中国文化产业发展报告》，北京，社会科学文献出版社，2008。

[46] 何振虎、张君昌主编：《2005 中国广播电视品牌蓝皮书》，北京，中国广播电视出版社，2006。

[47] 国家统计局普查中心：《2000 中国第三产业统计资料汇编》，北京，中国统计出版社，2000。

[48] 崔保国主编：《2004—2005 年：中国传媒产业发展报告》，北京，社会科学文献出版社，2005。

[49] 李频主编：《中国期刊产业发展报告 No. 1：市场分析与方法求索》，北京，社会科学文献出版社，2005。

英文文献：

[50] Stephen ESiwek. Copyright Industries in the US Economy.

[51] WIPO. National Studies on Assessing the Economic Contribution of the Copyright - Based Industries. WIPO Publication No624e 2006.

[52] Performance of Copyright Industries in Selected Arab Countries: Egypt, Jordan, Lebanon, Moroccl, Tunisia. WIPO Publication No916E 2003.

[53] Japan Copyright Institute Copyright White Paper-A view from the perspective of copyright industries.

[54] The Economic Importance of Copyright. Published by The Common Law Institute of Intellectual Property.

[55] Prof. Robert G. Picard, Mikko Gronlund, Timo E. Toivonen. The Contribution of Copyright and Related Rights to the European Economy.

（注：1. 2007 年初，中国国家版权局与世界知识产权组织（WIPO）合作、委托中国出版科学研究所开展“中国版权相关产业的经济贡献”调研项目。2009 年 11 月，该项目结题，并形成了《中国版权相关产业的经济贡献》调研报告。本卷年鉴摘录了调研报告的主要内容。

2. 调研报告的执笔人如下：引言由赵冰执笔；第一章由赵冰执笔；第二章由赵冰执笔；第三章由赵冰、张晓斌执笔；第四章由张晓斌、王曦、贾靓琨执笔；第五章由赵冰、刘柏良、张晓斌执笔；第六章由赵冰执笔；附录由赵冰、刘柏良执笔；图表由杨国宇绘制。）

加强版权保护对中国南通家纺产业发展的影响

世界知识产权组织　中国国家版权局

一、调研项目内容概要和实施调研的基本情况

（一）调研项目与背景

中国的改革开放，促进了素有“纺织之乡”之称的江苏省南通市民间家纺产品交易的活跃。尤其是在位于通州和海门交界的川姜镇和三星镇，逐步形成了志浩和叠石桥两大连为一体的家纺大市场，成为辐射国内和向世界出口家纺产品的主要基地。这两个市场从自发产生，经历无序经营、恶性竞争、侵权频繁、矛盾多发、低水平重复，导致市场的萎缩停顿直到政府介入管理、引入著作权保护机制，形成“民事”行政、司法保护体制，从而极大地促进了市场的繁荣发展，逐步形成围绕市场的产业发展链，带动了经济的增长和民众的富裕。调研剖析这一过程，是为了更好地了解中国实施知识产权战略对于建立创新型国家、创新型省份，促进版权产业发展，对创新家纺产品品种，提升家纺产品质量，促进产品档次提高，扩大对外贸易交流，推动当地经济发展繁荣带来的积极影响；对帮助国家和相关地区、部门制定积极的版权保护政策，促进相关产业的发展起到举一反三的作用。从而将南通家纺产业版权保护推动产业繁荣、促进地方经济发展的成果向其他领域拓展延伸。

2009年3月26日，中国国家版权局和世界知识产权组织（WIPO）在江苏省南通市联合举行了“世界知识产权组织版权保护优秀案例示范点调研项目专家会议暨合作协议签约仪式”。中国国家版权局版权管理司司长王自强、WIPO创意产业司司长根切夫，合作项目的外方专家美国经济学家联合会首席经济师赛维克、中方专家华东政法大学知识产权学院教授王迁，以及江苏省版权局、南通市有关方面负责人参加了会议和签约仪式。根切夫与王自强分别代表WIPO与中国国家版权局签署了《世界知识产权组织版权保护优秀案例示范点调研项目合作协议》。在协议签署之前，WIPO助理总干事王彬颖女士和根切夫先生于2007年5月初次对南通家纺市场的版权保护情况进行了调研，通过和当地政府官员及管理部门、经营业主座谈，并对两大家纺市场实地考察，将南通家纺市场的版权保护作为案例调研点予以确认。在此基础上，2008年6月王彬颖女士和根切夫先生携聘请的美国专家塞维克先生再次对南通家纺市场版权保护情况进行了全面、深入、细致的考察，确定将南通作为家纺市场版权保护的优秀示范点，开展全面调研。

根据世界知识产权组织创意产业司的具体调研意见，经反复磋商，中国国家版权局组织江苏省版权局、南通市版权局完成了调研提纲的拟订和英语文本的翻译工作，得到WIPO确认。在2009年3月中国国家版权局与世界知识产权组织正式签署项目协议书后，中华人民共和国新闻出版总署（国家版权局）与江苏省版权局、南通市版权局签署科技计划项目合同任务书，正式启动调研工作的全面开展。

这是WIPO首次在全球针对一个国家特定地区的一个行业而进行的版权保护微观调研项目。此项目开展了为期8个月的调研。WIPO给予中国项目研究组总额2万美元的资助，国家版权局专拨30万元人民币支持这项调研。

（二）调研立项的目的和意义

这次调研根据世界知识产权组织和中国国家版权局的要求有条不紊地循序进行。调研目的在于通过个案解剖，研究南通家纺市场围绕产业发展所逐步形成的版权保护体制、机制和具有地方产业特点的基层版权保护组织机构的地位和作用，以及民间自发维权、行政积极监管、司法主动介入的良性互动机制等对南通家纺产业的健康发展所产生的积极影响。研究由此而产生的市场繁荣、产品品质素质提升、促进家纺产业升级、推动当地经济发展、带动人民富裕的良好作用，以期通过调研成果能为南通地区家纺业的发展在战略和政策的制定上提供帮助。同时，中国南通家纺产业的繁荣发展得益于企业自下而上形成的较为完善的版权保护做法，得益于政府对家用纺织品产业“一条龙”式的版权保护制度，它对推动和促进区域经济发展具有极强的说

服力，通过调研将这种通过实践获取的经验上升到理论研究，以便总结出某些带规律性的经验做法，将之推荐给中国其他地区和世界其他国家和地区分享。因为，南通的成功经验不仅可以在中国其他地区进行推广，而且也适用于那些寻求版权保护、促进相关产业发展的广大发展中国家。中国国家版权局与 WIPO 签署此项协议，拓宽了中国版权管理部门与 WIPO 的合作领域，也使双方的合作更具现实的指导意义。

通过对南通的家纺产业两大市场的个案研究，说明知识产权保护，尤其是版权保护，对于促进和保障智力劳动成果的创新，提高家纺产品的层次和档次，强化家纺产品的素质和品质；同时对促进市场规范有序，推动地方经济的繁荣发展，带动产业链的形成，大幅提升社会生产力，造福一方民众能够起到十分积极的作用。

两大市场在改革开放的实践中建立健全了版权保护民事、行政、司法相结合的体制机制。为了保护企业在花布、花型等方面的版权，规范市场秩序，南通市先后在通州的志浩市场和海门的叠石桥市场建立了镇村级版权管理机构，南通市中级人民法院授权通州市法院在志浩市场设立了全国首家知识产权审判巡回法庭，负责审理两大市场的民事侵权案件。通过建立一整套打击盗版、保护创新的工作机制，保证了家纺产业的健康、良性发展，增强了市场抗风险的能力。南通家纺产业的兴旺不仅带动了家纺产品生产、包装、销售、物流、旅游、外贸业的发展，大量解决了当地农民和外来务工者的就业问题，而且吸引了成千上万的智力劳动创业者来到这片热土，这里是设计大军云集之地，也是人才荟萃之地。新颖、时尚、引领家纺潮流的产品，适应了不同国家、不同地区消费人群的需要。

当金融风暴席卷全球，南通家纺市场继续保持了繁荣兴旺的景象，不少业主在国内外家纺用品的交易中取得了不俗的业绩。例如，金太阳、罗莱、蓝丝羽、卓泰、明超、紫阳假日和心愿等公司，2009 年上半年的销售业绩继续保持上升的态势。这些公司已成为集产品研发、设计、加工、营销一体化运作的集团公司。公司具有自己的研发设计团队，既研究开发面料新品种，又结合国际流行色彩不断推出新的花型。金融风暴对公司业绩不仅没有影响，而且由于他们善于找准潜在的巨大商机，因地制宜、因时制宜地调整营销策略，灵活多样地做好产品的研发和销售工作，使自己的销售空间得到了进一步拓展。

南通当地版权保护卓有成效的实践，得到中国国家版权局的高度重视，多次召开会议推广南通经验，浙江、广东、湖南、江西等省先后派员实地调研、考察，在中国国内起到举一反三的积极作用，引发群体效应。2008 年 6 月，世界知识产权组织版权保护优秀案例示范点工作会议在南通召开，南通家纺市场被确定为世界知识产权组织版权保护优秀案例示范点；2008 年 10 月，南通家纺市场因版权保护成绩显著，在国内首获“世界知识产权组织版权创意金奖”单位奖。

中国南通家纺产业的发展繁荣得益于企业自下而上形成的较为完善的版权保护做法，同时也得益于政府对家用纺织品产业“一条龙”式的版权保护制度，它对推动和促进区域经济发展具有极强的说服力，对南通经验进行深度的理论研究，以便把它推荐给中国其他地区和世界其他国家和地区，尤其是那些寻求版权保护、促进相关产业发展的广大发展中国家，具有重要而普遍的现实意义。

（三）项目调研内容

一是通过对南通家纺市场概况的介绍，对发展现状、历程、产品类别等分别做出说明，分析南通家纺市场形成的历史、文化条件与区位地理优势、经济、法律因素造成的影响，对版权保护在其发展过程中所起的作用和取得的成果作出整体的评价。

二是通过对南通家纺市场版权保护的历史回顾和现状分析，说明其市场版权保护自我维权及其行政、司法体制、机制的逐步形成，是在中国现有知识产权尤其是版权保护法律框架内，规范市场经营秩序，打击侵权盗版行为，不断推出创新型产品，提升产品品质，提高市场品牌效应，扩大市场规模，做优做大做强市场，促使产品走向全国，进入世界家纺大流通，融入全球经济一体化的必然选择。阐述家纺产品中花型的著作权保护是基于中国家纺产业发展的实际，强化知识产权保护促进产品品质和形式创新做出的制度性安排。其中包括了专利、商标、商业秘密等的综合保护，扬长避短，优势互补，相辅相成，相得益彰。得出对家纺产品主要依靠著作权法进行保护的结论。

三是重点阐明版权保护与南通家纺市场发展的关系。版权保护体制、机制在形成和发展过程中，对市场业态由初级、中级到高级发展阶段产生不同影响，尤其是市场业态发展到集约化、科学化、规模化、全球化、跨领域、跨地区经营阶段，产业链越是完备越是仰仗于版权保护和知识产权的综合保护措施的完善化。南通家纺产业从劳动密集型产业到现代化的服务贸易，再到知识产权贸易的跨越式发展，证明了中国实施知识产权强国战略所取得的积极成果，尤其是南通家纺经历这次金融海啸的考验，仍然保持持续增长的势头，在内需扩大的同时，外销也成倍增长。通过企业自身强化反盗版措施以及行政、司法手段的综合运用，说明其对于营造良好经营环境、转变经营理念、创新生产经营方式、优化资源配置、广开融资渠道、开拓市场有巨大作用力。展示南通经验对周边省市的示范作用和举一反三的影响力，说明南通家纺版权保护促进发展经验的推广和放大效应。

四是对南通版权保护可以促进家纺产业的繁荣与发展经验的总结。同时，对南通家纺市场的版权保护需要完善之处和对南通家纺市场版权保护经验的宣传推广提出了积极的建议。

（四）调研的思路和方法

这是WIPO首次在全球针对一个国家的特定地区的一个行业而进行的版权保护微观调研项目，涉及到南通家纺市场版权保护乃至涵盖知识产权保护的各个领域，以及从近代纺织业发祥、发展和未来趋势走向，乃至由于版权保护所带来当地经济发展的方方面面，工作范围广泛，调研项目涉及资料浩繁。因此，项目组制定了详尽的调研计划，统筹安排，抓住重点，紧扣主题，分工协作，循序渐进，以竟实效。

一是对历年资料的分析整理。根据中外专家和国家版权局认定的调研提纲，汇集历年来的各类文件、资料，结合市场的最新发展，进行条分缕析的研究，确定调研方式、方法，确定调研时间，制定调研进度表。

二是通过互联网络，采集南通家纺产业形成、发展的历史渊源、自然环境、文化传承，市场形成的背景，相关法律研讨的论文等，在去粗取精、删繁就简的基础上，有选择地将各类资料融合进调研报告的各个专题。

三是制作抽样调查、提取各类数据需要的各种表格，在当地部门的配合下发动各级相关部门如两大市场版权管理、工商管理、税务、统计、行业协会、经营商户、物流、城建规划等部门如实填写，限期上报，供项目组研究、选择、采用。

四是召开各种类型的座谈会，项目组面对面地与当地镇村领导、管理部门、重点家纺企业、设计、物流等部门的代表，进行广泛而细致的交流，根据调研提纲探讨问题，听取介绍，收集资料。

五是选择有代表性、有特色的部门、企业、单位个别走访，深入调查。尤其是对企业经营管理方式、营销策略、产品结构和布局等情况进行调查，了解其通过版权保护，或者知识产权其他领域的综合保护所产生的经济效益，包括历年销售、利润的增长、今后的发展战略等情况。而一般企业和设计单位不愿在公开场合进行宣传，采取个别走访的效果比较好，且在反复讲明调研意义的基础上，尽量让他们提供文字、音像等资料。走访的单位有：两大市场的著名品牌企业、中小型企业、设计室、律师事务所、人民法院、行业协会等有代表性的部门和负责人。

六是现场观摩，参观企业产品展厅、设计室资料库，采集摄影资料，增强直观感觉，丰富报告内容。一般家纺公司的展厅，尤其是外贸出口产品的展厅为了版权保护的需要，是严格禁止摄影的。企业的设计资料更是保密措施严格，严防泄露后给企业造成损失。但是在这次调研中，项目组的意图经说明后，得到了企业的充分理解，前后共拍摄了260多幅各类图片，项目组经筛选无偿使用了部分图片，使报告更加丰富直观。有的企业甚至直接提供了资料光盘，供项目组备选。

七是在中国浙江省调研期间，得到了浙江省版权局、绍兴县商会、柯桥中国家纺城印花布行业协会的密切配合和积极协助，同时经过积极沟通，形成共识，达成默契，极大地促进了两省在反盗版工作中的资源共享，相互理解支持，为今后建立防盗版协作机制奠定了基础。尤其是柯桥印花布行业协会版权办公室，向我们无私提供了协会成立以来的各种资料，为我们撰写这部分内容创造了条件。

八是分工协作，执笔撰写报告初稿。项目组对采集的所有数据、资料、图片，座谈、访谈的材料进行分析研究和梳理，根据调研提纲的要求进行分工，采用分专题分别撰写、集体商量讨论、交叉修改润色、统一体例风格的写作形式，最终形成初稿。在广泛听取意见、反复修改完善的基础上，力求比较全面、准确、生动地反映改革开放以来，南通家纺产业发生发展，走向繁荣有序的轨迹和概貌。重点突出在当地政府领导下，强化版权保护，促进产业发展，逐步形成以通州志浩和海门叠石桥为中心的两大家纺市场，建立健全民间自发维权、行政保护、司法介入相结合的体制机制，极大地促进市场繁荣发展，逐步形成产业发展链，推动当地经济繁荣和人民富裕的总体面貌。

（五）参与项目调研的团队

国家版权局、江苏省版权局、南通市人民政府和相关管理部门对这次调研高度重视，专门成立了以国家版权局版权管理司司长王自强和江苏省版权局局长徐毅英为主席的协调委员会。委员会成员包括了国家和省版权管理部门的负责人以及南通市党政领导和相关部门负责人，负责对调研工作的总体协调和内容把关。

协调委员会下设项目工作组和专家组。项目组包括省、市版权管理部门和南通市、乡镇政府有关负责人。项目工作组在协调委员会的领导下，进行具体调研工作的开展，负责项目的实施。专家组聘请了国际著名知识产权专家、中国社会科学院知识产权研究所高级研究员李明德教授和全国知识产权专业最年轻的博士生导师、华东政法大学王迁教授，作为项目调研在相关知识产权方面的顾问，对调研工作进行指导。

二、南通家纺市场概况

（一）南通家纺市场的发展现状

南通是中国江苏省一个沿海的地级市，位于长江入海口北侧，与上海市和江苏省苏州市隔江相望，是中国近代民族工业的发源地之一，是中国重要的棉产区。轻纺工业在这里已有百余年的发展历史，是南通的“母亲产业”和支柱产业，南通被誉为“纺织之乡”。据不完全统计，2008 年南通市纺织产业总产值达 925.02 亿元人民币，占南通市工业总产值的 17.92%（见图 1）。

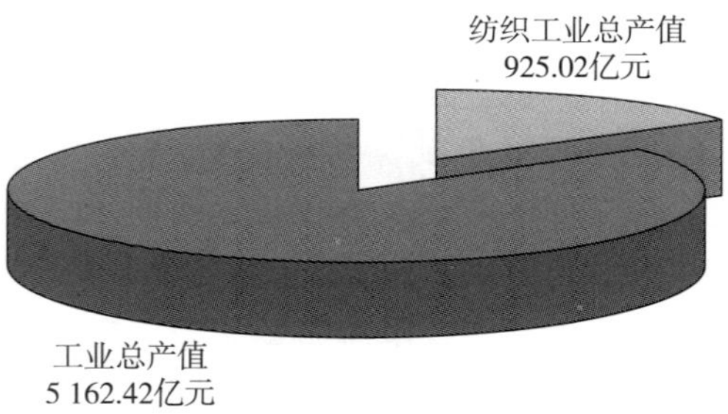

图 1　2008 年南通市纺织工业总产值与工业总产值饼形图

20 世纪 90 年代中期以来，南通家纺产业发展迅猛，尤以家纺产品的生产和输出闻名于世。位于通州市（现南通市通州区）和海门市交界处的川姜镇志浩市场（中国南通家纺城）和三星镇叠石桥市场（叠石桥国际家纺城）现已发展成为中国乃至世界最大的家用纺织品市场，是家用纺织品面料及成品研发、生产、加工、物流、销售、出口的产业基地和产品集散地。目前已形成两大工业园区、两大物流中心和 150 万平方米的专业交易市场，交易市场由面料城、绣品城、家纺城、精品楼、名品广场、交易中心、设计中心等组成，其中包括 1 万多个铺位和2 000多个精品门面。市场周边家纺企业有 5 000 多家，其中规模以上企业[①] 418 家，家庭作坊 2 万多个，加工点遍及周边 3 个县域的 10 多个乡镇，直接从业人员 20 多万人，已形成分工专业化、生产智能化、产品系列化、营销国际化的大生产、大流通格局。

南通家纺市场不仅在中国家纺行业具有重要地位，而且在国际家纺业界具有广泛影响力，其产品覆盖全中国，远销世界 100 多个国家。在 1999 年至 2008 年的 10 年间，南通纺织品出口从 81 789 万美元增长到 407 700 万美元，年均增长 17.4%，其中家纺产品出口从 9 875 万美元增长到 100 700 万美元，年均增长 26.14%（见表 1）。

表 1　1999～2008 年南通市纺织服装、家纺产品出口值统计表　单位：万美元

年份	纺织品出口	其中：服装出口	面料、辅料出口	家纺出口
1999 年	81 789	57 287	14 627	9 875
2000 年	100 908	71 753	16 253	12 902
2001 年	105 378	73 821	15 800	15 757
2002 年	116 990	82 051	16 558	18 381
2003 年	144 270	99 070	18 827	26 373
2004 年	189 380	126 948	23 574	38 858
2005 年	247 310	159 913	33 367	54 030
2006 年	290 813	184 854	38 354	67 605
2007 年	347 635	215 810	44 782	87 643
2008 年	407 700	250 200	56 800	100 700

2008 年，南通两大家纺市场周边的 418 家规模以上家纺企业的产值达到 297.5 亿元人民币，占整个南通市纺织业生产总值的 32.16%。南通家纺产品的知名度和美誉度逐年提高，截至 2009 年，南通家纺行业中有 3 个品牌成为“中国名牌”，3 个商标成为“中国驰名商标”，22 个品牌成为“江苏省名牌”，11 种产品成为“国家免检产品”，1 家企业成为中国大陆唯一的家纺上市企业。通州市志浩市场 1994 年起连续获评“AA 级信用企业”，

① 指年销售收入 500 万元人民币以上的企业。

1995年起连年被评为“江苏省文明市场”，2005年被国家版权局命名为“全国版权保护示范单位”。海门三星镇被中国纺织业协会评为“中国家纺名镇”，叠石桥市场被国务院发展研究中心授予家纺绣品“中国之最”荣誉称号。1996年以来，先后有300多位省部级以上领导莅临市场参观考察并指导工作，其中2009年8月8日国务院总理温家宝来到市场视察，并饶有兴趣地参观了版权保护成果展，听取了当地通过加强版权保护促进家纺产业发展的工作介绍。

（二）南通家纺市场的发展历程

19世纪末，南通籍清末状元、近代著名实业家张謇创办的大生纱厂，是南通动力机器纺织工业的发端。随着大生集团的兴起，南通成为中国民族轻纺工业的发祥地之一。1949年，南通纺织工业有动力纱锭15万枚、动力织机1 500余台，但手工纺织仍占很大比例，纺织产品以单一的棉纱、坯布为主。1949年以后，南通的纺织工业向深度和广度发展。

20世纪50年代后期，创建了印染、针织、毛纺、缫丝、色织、纺织机械和纺织器材等企业；70年代开发了化纤产品，并着重抓纺、织、染生产能力的平衡配套；从80年代初开始，南通纺织工业发展迅猛，纺织行业大力开发高科技含量产品，纺织产品门类拓展到化纤、棉纺、毛纺、丝绸、麻纺的“五纺”俱全，服装用布、装饰用布和产业用布品种俱增，并着重发展服装行业和家纺产业，南通纺织产品开始享誉海内外市场。

南通两大家纺市场正是在这种大背景下产生与发展起来的。20世纪80年代初期，随着改革开放的推进和市场经济的兴起，在南通市区东南约20公里处，通州市川港镇（现为通州区川姜镇）志浩村和海门市三星镇叠石桥村的结合部，一个由当地农民自发组织的布匹和床上用品集市悄然而生，传统家纺产品的简单再生产和民间自发交易行为开始复苏。当时自发形成的地下坯布和床品交易经常遭遇到两地工商管理部门的查处。选择在这一偏处两县

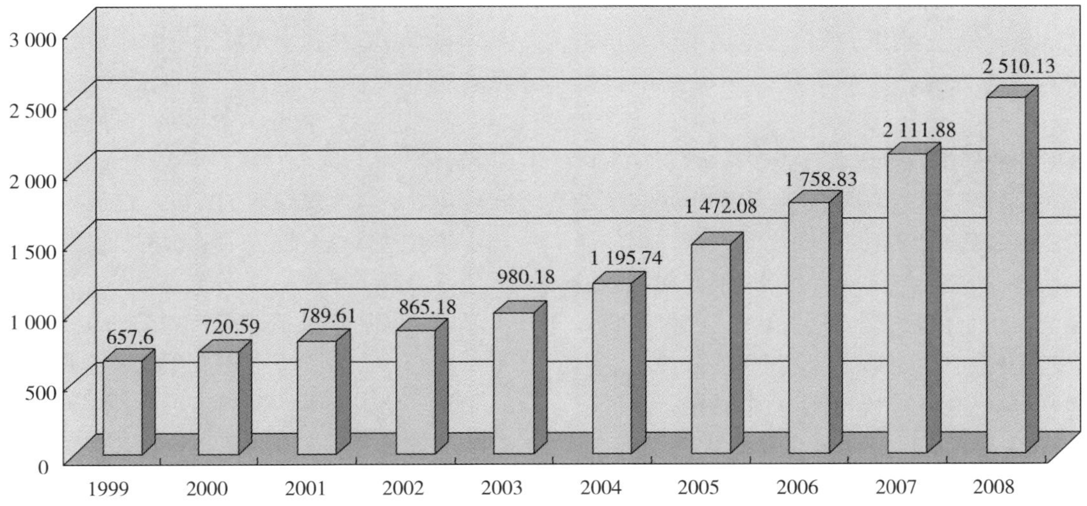

图2　1999～2008年南通市纺织业产值直方图（单位：亿元）

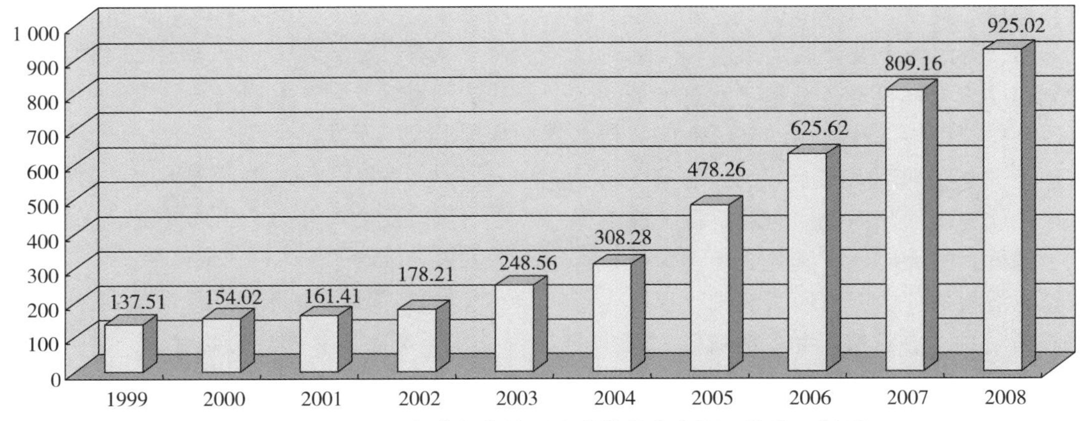

图3　1999～2008年南通市地区生产总值直方图（单位：亿元）

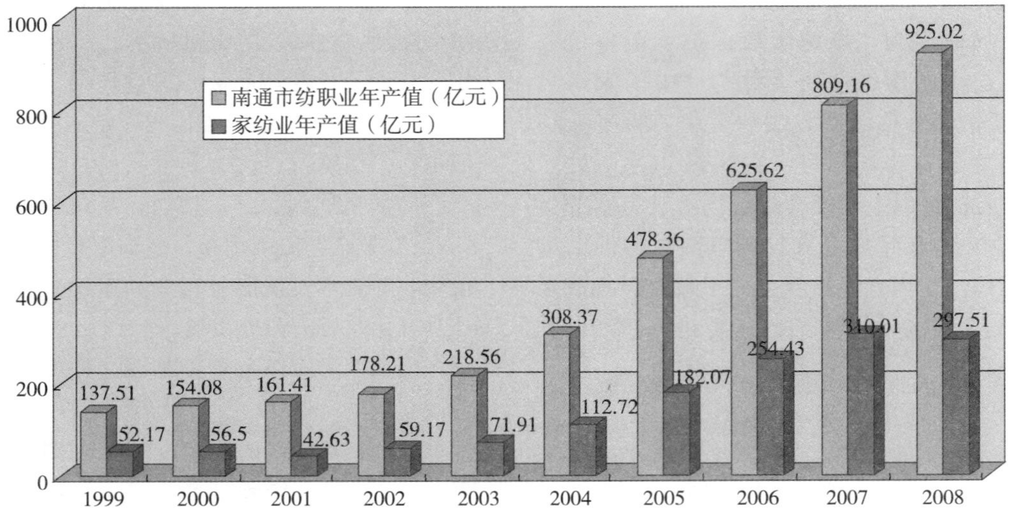

图 4　1999～2008 年南通市纺织业、家纺业产值直方图

说明：（1）1999～2008 年为全市规模以上企业现价总产值。

（2）家纺业年产值（共 418 个规模以上企业），主要以通州、海门两地纺织业为蓝本测算。

东南之隅做市场，是由于这里一河相隔，以一叠石小桥连着分属通州市的志浩村和海门市的叠石桥村两个行政区域，便于利用行政执法的区域性，游击式地逃避打击。如此，这一市场才在夹缝中得以生存。

草创时期的纺织品市场，露天设摊，缺乏管理，无序运作，纷争不断，矛盾突出，为争市场、争花型，侵权盗版事件层出不穷。现代知识产权中的版权理念，在这儿是盲点。20 世纪 90 年代初，政府的富民政策鼓励个体私营经济发展，当地村民自发集资搭建起简易交易大棚，交易条件得以改善。但因志浩和叠石桥分属通州和海门两个县级行政区域管辖，常常因为货源、品种的交叉造成恶性竞争。为了规范秩序，南通市人民政府因势利导提出了两地分工协作、各有侧重、共谋发展的“划行归市”方案。由志浩市场主要经营花布面料，叠石桥市场主要经营寝室用品成品，两个市场专业分工雏形初步形成。通州、海门两市及分属的川港、三星两镇开始有计划、成规模地投资开发组建家纺市场。工商、税务、公安等机构进驻市场，市场管理办公室成立。在历经了 20 余年的发展后，当年的家庭式手工作坊如今已成为现代化的家纺企业集群，这个集市从露天、棚披式的地摊逐渐演变成现在的位于通州正川姜镇志浩村的“中国南通家纺城”和海门市三星镇叠石桥村的“叠石桥国际家纺城”，“两城”相邻，两翼齐飞，相得益彰，享誉中外。两大家纺市场现拥有8 000余家经营户，2008 年市场成交额 401 亿元人民币，占南通家纺年产值的二分之一。当地家纺产业的蓬勃发展，带动了建筑、交通物流、设计研发、金融保险业的兴起。

我们可以从多个角度来看南通家纺市场的发展。从发展模式来看，它历经了自发形成市场、政府划行归市、版权保护介入、市场有序竞争四个阶段。从经营场地上讲，它历经了集市地摊、集资建棚、集资建楼、科学规划四个阶段。在这一发展过程中，川姜镇和三星镇政府先后 6 次对两大市场进行扩建改造，目前正在推进新一轮建设的二期和三期工程开发，功能建筑包括知识产权交易中心、家纺精品展示中心、会展中心、研发中心、五星级酒店和客运物流仓储中心等。两大市场已经呈现强大的集聚效应和规模效应，开始辐射全国市场并引领中国家纺潮流，逐步融入国际家纺经济圈，在世界经济一体化的大背景下，实现全球性的大开放、大流通、大交易的格局，市场经济实力和可持续发展能力不断增强。两大市场由小到大、由弱到强的变迁，伴随着从农耕经济时代简单无序化集贸交易阶段向现代法制规范下有序市场交易阶段的过渡，最终在其周边形成了研发、生产、流通、营销的完整产业链和产业集聚区，极大地促进了生产力的发展，提高了抗风险能力，带动了当地经济、社会和文化的繁荣发展，推动人民生活走向富裕。

（三）南通家纺市场的产品类别和品牌

1. 南通家纺产品的品种。

家纺产品是家用纺织产品的简称，又称之为室内装饰纺织品、纺织装饰品和布艺，种类繁多，囊括了近万个不同质地、不同形式的品种。从使用功能上划分，主要有八大类：（1）艺术类印花布、色布；（2）家具包裹类；（3）挂帷类；（4）床上用装饰织物；（5）墙面装饰织物；（6）壁挂铺饰类；（7）卫生盥洗类；（8）餐厨杂饰类。

随着科学技术的发展和生活水平的提高，人民群众的需求在不断增加，家纺产品的品种还会不断扩大。

家纺产品还可从工艺设计、流程、面料材质、纱支纬密、纹样组合、色彩搭配、工艺流程、款式造型、区域风格、季节系列、生活实用等各个方面进行详细的分类。

南通家纺市场作为全国著名的床上用品及面料的专业市场，汇集了几乎所有的家纺产品，现就家纺面料作简单介绍。

家纺面料产品作为生产资料有各种不同的分类，就染织工艺而言主要有印花系列、素色系列、贡缎系列、小提花系列、大提花系列、色织提花系列等十多个品种；就家纺面料所采用的材质而言，主要有全棉系列、丝棉系列、涤棉系列、真丝系列、莱塞尔系列（以天丝、莫代尔等为代表）、特种材质系列（如彩棉、竹纤维、竹炭纤维、大豆纤维、牛奶纤维等）；被子按填充料分为棉被、羊毛被、羽绒被、多孔真空被等。随着科学技术的发展，已经有越来越多的新材料、新生产工艺正在或即将被用于家纺面料，从而改善家居环境及睡眠质量。

2. 南通家纺产品的品牌化战略。

对南通家纺市场而言，品牌的打造不仅是南通家纺业悠久的文化积淀有效传承的再发展、再创造，而且是南通家纺产品综合素质品质的体现，是市场整体实力的象征。品牌就是价值，就是效益。因此市场众多有实力的公司都注重打造自己的核心品牌，利用丰富的智力资源，打造为公众甚至国际市场认可的品牌，形成自己的品牌竞争力。

在南通，品牌的标识物体现为商标，著名品牌往往是驰名商标，区域品牌往往是地域性商标，南通家纺就总体而言就是一道闪亮的区域标识。就内涵和本质而言，品牌还是区域文化、产品品质和市场管理水平的综合体现，是知识产权的总体表现形式，是先进的科学技术、新颖的外在表现和丰富的文化元素的完美结合体，是家纺业在某个区域和国家总体实力的一面旗帜。

近年来，南通家纺龙头企业已基本完成了原始积累，走上了品牌发展的道路。许多企业的样品陈列室已带有自己独特的风格。金太阳、罗莱、明超家纺就是这些成功案例的实践者，“罗莱”品牌床上用品配套件2005年也由此被评为“中国名牌”。立足于海门叠石桥市场的明超国际贸易有限公司成功登陆上海和香港，在中国20多个省、直辖市、自治区的100多个城市打造明超家纺广场，实行连锁专业化经营，其旗下拥有“梦天姿”、“雅丝丽”、“明超”、“伊布凡·威帝”四大品牌。“雅丝丽”成功在香港注册，2008年11月“梦天姿”获得“中国驰名商标”称号。当“梦天姿”成为批发市场中最具影响力的知名品牌后，该公司又成功创办香港日出晴天纺织品国际有限公司，在香港注册“雅丝丽”品牌，走中高档路线。2007年以来，明超公司在苏、浙、皖一带以每月发展近10家专卖店的速度抢占市场先机，向全国辐射；专供超市的“明超”品牌家纺产品已立足上海、北京等大城市，正与沃尔玛等跨国连锁超市洽谈合作；“伊布凡·威帝”品牌已进入非洲、中东市场。南通两大家纺市场的紫罗兰、凯盛、宝缦、蓝丝羽、雪蕾丽、居梦莱、金太阳、卓泰、心愿、明天、明超等一批品牌已逐渐被消费者所认可、赞誉，在全国同行业中的知名度逐年提高。

南通家纺市场中几乎所有企业都自觉地融入“大家纺”的品牌化发展轨道之中。10年前，南通家纺的企业规模普遍较小，年销售收入5 000万元的是凤毛麟角，而现在超过5 000万元的就有近百家。罗莱家纺公司的年销售额已近10亿元，嘉宇斯、金太阳、紫罗兰、凯盛等一批企业的年销售额也都已超亿元。品牌化战略让企业打了翻身仗，产值以每年20%的幅度增长，让企业真正尝到了甜头。目前全市规模以上家纺企业600余家（其中通州、海门两市418家），销售收入超亿元的企业有10多家。南通家纺市场规模之大、品牌之多、在国内市场份额之高、在国际市场影响之大，为国内家纺行业所公认。

南通家纺业如今不仅实现了产业群集聚，而且实现了品牌集聚。以品牌发展为龙头，进一步推动了企业自主创新能力、自主知识产权保护意识的不断提高，与产业发展相匹配的研发中心和版权交易中心建设已经启动。200多家企业成立新品设计研发机构，部分创牌企业将设计研发中心设在了邻近的国际化都市——上海，有的还在国外成立了研发中心，借鉴世界各地家纺产业的优秀创意和设计，南通家纺行业的设计水平正走向新颖化、专业化、规模化的战略制高点。

（四）南通家纺市场形成的条件与因素

1. 地理优势。

在中国的版图上，处于沿海经济带与长江经济带T型结构交汇点的城市只有两个，一个是国际大都市上海，另一个就是在长江北岸与其隔江相望的南通。南通“据江海之会、扼南北之喉”，与上海有着相似的地理区位优势，被称为“北上海”。南通面临海外和内陆两大经济辐射扇面，境内拥有江岸线和海岸线共364.91公里，素有“江海明珠”、“扬子第一窗口”之美誉。

南通属北亚热带季风气候区，气候温和，四季分明，雨水充沛，海洋性气候明显。南通全市总面积8 001平方公里，耕地712万亩。土地面积中除水域面积和狼山低丘群外，均为海拔5米左右的平原，水域面积和平原面积所占比率之大为全国少见。全市总人口786.3万人，为中国人口密度最高的地区之一。南通是中国最早的14个沿海对外开放城市之一，下辖5县（市）3区和1个国家级经济技术开发区。

南通的交通十分便利，北接广袤的苏北大平原，通过铁路与欧亚大陆桥相连。从长江口出海可通达中国沿海和世界各港。溯江而上，可通往苏、皖、赣、鄂、湘、川六省。苏通长江公路大桥的建成①，使南通进入了上海1小时经济圈。目前，由南通市的海门、启东直通上海崇明岛的崇海、崇启两座跨江大桥已经开工建设。南通水资源极为丰富，通扬运河、新通扬运河、通吕运河、通启运河四大水系为南通的经济发展带来了便利。南通兴东机场直航全国8个城市，上海虹桥机场和浦东国际机场距南通仅1个半小时车程。因具有完备的水、陆、空交通枢纽，南通已经形成了多功能立体交叉的运输网络，被称为拥有“黄金海岸”、“黄金水道”、“黄金通道”的沿海城市。②

2. 历史传统。

清代光绪年间，出自南通海门县的清末状元张謇（1853～1926）辞官归里，在家乡办实业、兴教育，开垦沿海滩涂种植棉花，开办女工传习所传授现代纺织技术，先后引进西方先进设备开办了大生棉纺一厂、二厂、三厂，奠定了南通现代纺织业的基础。张謇对推进南通及邻近地区工农业现代化和教育现代化建立了不朽的功勋，成为中国近代史上一位具有显著业绩与广泛影响的实业家和“艰苦自立”、“力求精进”的教育家。

张謇在厉行科教兴农的基础上，提出了棉铁主义的振兴实业方略，优先发展棉铁工业，振兴民族产业，抵御外货入侵。他深知“棉铁两业，可以操经济界之全权”，重工业强调钢铁，轻工业强调纺织。此时，纺纱织布开始进入家庭作坊，当地几乎“夜夜灯影照织女，户户可闻杼机声，家家绣姑飞针线，棉田若雪接云层”，纺纱织布的传统得以逐步建立和传承。张謇认为，植棉首先要选择优良品种。过去中国农耕一直“墨守旧法”，对于选种、保种、品种改良没有专门的研究机构，有时即使是良种也日趋退化。因此，引种高质量的棉花品种便成为当时十分紧迫的任务，张謇亲自参与，采取科学措施在南通及苏北盐垦区进行棉种的试种、驯化与推广。1914年，中国第二棉作试验场在南通成立，专门进行美棉试种工作并取得成功，张謇因此在培养种棉人才和改良棉种等方面也取得令人瞩目的成就。

经过10多年的努力，美棉终于在通海垦牧公司以及苏北盐垦区推广开来，从而改变了华棉一般只能纺8～12支粗纱（即使质量最优的通州棉也只能纺12～14支纱）的局面，使中国棉纺织工业有了32～42支细纱的原料。据统计，1934年南通、如皋、海门、东台、启东、盐城、阜宁7县植棉总面积4 817 094亩，其中美棉种植面积已达1 939 000亩，占总面积的40.25%。张謇以科学的措施，配套的政策，积极筹措奖励基金来大力发展植棉业，取得了举世瞩目的业绩，南通棉田的开发垦植与纺织业的蓬勃兴起，构成了一派“男耕女织”的田园风光。即便是在新中国成立之前，虽历经战争的硝烟，刚刚勃兴的现代轻纺工业萌芽遭到摧残，民族工业奄奄一息，然而，潜藏于南通民间的传统家纺生产却始终未中断过。20世纪50年代初，毛泽东主席曾评价说：“中国的轻工业不能忘记张謇”③。

3. 经济因素。

近年来，南通市积极探索“依托江海、崛起苏中、融入苏南、接轨上海、走向世界、全面小康”的发展思路，奋力推进跨越发展、科学发展、和谐发展，全市GDP增长率连续3年保持全省首位；利用外资连续4年实现大跨越，跻身全国10强行列；外向经济各项指标连续11年领跑全省；新增私营企业、新增个体工商户和个体工商户总数连续多年列全省第一；城乡居民收入连续3年保持两位数增长，超过全省平均水平；城市环境综合整治定量考核工作连续多年保持全省第一、全国前列，成为国家环境保护模范市。

---

① 跨越长江连接南通市与苏州市的一座双向六车道斜拉索大桥。由于大桥的建成，南通到上海的车程已缩减至1小时以内。

② 参见 http://www.nantong.gov.cn/col/col166/index.html。

③ 马万明、王思明、李群：《论张謇科教兴农及倡导“棉铁主义”的实践》，载《南京农业大学学报》（社会科学版），2001（2）。

据统计，南通全市2008年规模以上工业增加值1 312.80亿元，其中，国有、集体企业22.15亿元，股份制、股份合作企业744.48亿元，外资企业499.21亿元，其他企业46.96亿元。农牧渔业总产值371.46亿元，其中，农业153.89亿元，林牧业产值109.92亿元，渔业产值92.75亿元，农业服务业14.90亿元。经济总量位居江苏省第四①。

南通地区整体经济实力的增强与当地家纺产业的发展形成了互为促进的关系，南通为家纺产业的发展提供了经济环境，家纺产业反过来促进了南通整体经济水平的提高。

4. **法律条件。**

从1978年中国共产党十一届三中全会开始，伴随着改革开放的步伐，中国的法制建设进程大大加快，其中知识产权立法工作开始提上议事日程。很快，中国的第一部《商标法》和《专利法》分别于1982年和1984年获得通过。1986年通过的《民法通则》将知识产权作为一个整体确认为公民和法人的民事权利，并就著作权保护做出了概括性规定。随着国内外形势的变化，中国经济得到迅猛发展，中国融入全球经济一体化的步伐进一步加快，《专利法》和《商标法》的相关内容需要做出相应的修改，1992年和1993年两部法律分别进行了第一次修订。《著作权法》起草工作从1979年便已启动，因其所牵涉的利益十分广泛，在经历了漫长的11年后，该法于1990年获得通过。为配合以上法律的实施，国务院在各法律通过以后，制定了配套的《商标法实施细则》、《专利法实施细则》和《著作权法实施条例》。随着中美和中欧间分别于1999年11月和2000年5月就有关中国加入世界贸易组织谈判的结束，为排除加入世界贸易组织的最后障碍，中国开始加快知识产权法律的修订工作，《商标法》、《专利法》分别于2001年10月和2000年8月完成第二次修订，《著作权法》也于2001年10月完成第一次修订。随后，国务院对相关实施细则与实施条例进行了修订。《专利法》于2008年又进行了第三次修订并实施。

从保护水平看，中国的知识产权立法从理念到概念，主要参考了西方法律体系，达到了诸如《伯尔尼公约》和世界贸易组织与贸易有关的知识产权协议（TRIPs）等国际公约的保护标准。这是中国在改革开放大背景下积极参加相关国际组织、加强与世界各国在知识产权领域交流与合作的直接结果。中国在知识产权立法的过程中，也充分考虑了自身的实际情况，有的方面体现了中国特色。例如，中国在知识产权保护手段上实行行政与司法并行的“双轨制”，在著作权方面，中国《著作权法》为权利人提供了两种保护手段，一是司法途径，即通过诉讼方式追究侵权人的民事责任或刑事责任；二是行政执法途径，即通过著作权行政管理部门依法对侵犯著作权的行为进行行政查处或行政调处。中国知识产权立法，为中国相关产业的发展奠定了法律基础，也为南通家纺产业提供了打破发展瓶颈的最有力武器。在南通家纺市场上，由于花型设计直接关系到产品销售和企业利润，因此，家纺企业十分重视对于花型设计的知识产权保护。在实践过程中，当地在著作权保护的行政体制和司法体制方面进行了不同于中国其他地区的创新性设计，广大企业积极选择采用著作权法对花型设计加以保护。随着当地著作权保护力度的不断加大和广大企业版权意识的整体提高，当地企业的创新力得到了空前的释放，为产业发展注入了强大活力。

三、南通家纺市场对版权保护的自发选择和各级政府的积极引导

（一）南通家纺市场版权保护的历史背景

1. **版权保护制度进入南通家纺市场的由来。**

织布、贩布是通州、海门地区农民的传统产业。20世纪80年代初期，绣品之乡三星镇农民自发形成叠石桥绣品市场，促使毗邻的川姜镇志浩村农民布匹交易开始兴旺。1987年初，志浩村21户农民集资10 500元搭建了1 650平方米的石棉瓦大棚，内设摊点64个，草创了志浩坯布市场。1989年市场扩大到12 000平方米，摊位增加到200个，大部分经营户卖的仍然是单色坯布，花布品种也只有数十个，经营户之间几乎卖的都是同样的花布、单一的花型，价格的恶性竞争，低水平的复制使得花布的质量越做越差，布商无钱可赚，因抄袭翻版而发生的矛盾纠纷层出不穷，市场经营管理秩序混乱，导致市场严重萎缩难以为继。

1996年8月，台湾东帝兴公司登陆南通市场（投资设立了翔升公司），带着已在台湾注册版权的100多个新款花型来到志浩市场，使土生土长的农民布商眼睛为之一亮，他们开始关注花型创新给市场带来的巨大冲击。从台湾引进的100多个花型出

① 参见罗一民：《在南通市纪念改革开放30周年大会上的讲话（摘要）》，见 http：//www.ntjy.net/EducationInfo/jylj/EducationInfo_20081226152206.html。

现在市场即引起轰动。有的花型一天就销出 1 万米，以每米布 5 元钱计算，每款一天经营额高达 5 万元。巨大的经济利益诱使众多布商开始盗版。新花型转瞬间被质次价廉的翻版花型取代，市场上充斥了质次价廉的盗版花布，翔升公司的生意一落千丈。台湾商人开始寻求著作权保护。一个偶然的机会，经南通一家新闻单位记者的指点，台商投诉到刚刚成立的南通市版权局版权管理办公室。这一投诉不仅引起了国家、江苏省版权局的高度重视，也引起了南通市委、市政府的强烈关注。国家版权局明确批复江苏省版权局，印花布花型版权应当视同美术作品的版权加以保护。南通市政府明确指示由市版权局牵头组织、公安、工商会同当地政府统一思想，严格依法办事，联合执法队开进市场，宣传《著作权法》，查缴侵权产品，但遭到农民经营者的顽强抵制和围攻，没收的侵权产品无法运出去，只好封存在市场派出所。

通过对著作权法的反复宣传，对侵权盗版行为的严厉查处，震撼了当地商户，使他们认识到只有建立有序的市场环境，才能促使市场健康繁荣，不断发展壮大，当地商户开始主动寻求版权保护。

2. 版权行政保护的现状与回顾。

1997 年 3 月，通州市川港镇政府成立了由镇长任组长的志浩市场版权管理领导小组，同时组建了全国第一家村级版权管理机构——通州市志浩市场版权管理办公室。办公室受南通市版权局的委托，开展著作权法律法规的宣传教育，进行作品登记的初步审查，受理著作权纠纷调解，组成鉴定小组对侵权作品进行初步认定等。办公室制定了岗位责任、服务承诺、“三公开制度”、“八不准纪律”，以保证群众监督和公平公正执法。志浩市场版权保护措施的加强，促进了家纺业的发展，带动了市场及周边服务业的兴旺发达，搞活了经济，富裕了农民。

在版权行政保护介入市场管理的同时，社会上的黑恶势力也开始插手干预版权管理，一些不法之徒向著作权人收取所谓的“版权保护费”，少则几万、多则达数十万，这些人甚至烧杀打砸，一时间搞得乌烟瘴气。通州市委、市政府下定决心，组织当地公安机关采取“打黑除恶”行动，打掉了所有黑恶势力，法院对涉案罪犯在市场上进行了公开审判，黑恶势力得以清剿，市场恢复了往日的安宁，经营户有了安全感。

志浩市场多年版权保护促进市场有序繁荣发展的事实，使相邻的三星镇党委政府意识到版权保护对于市场做大做强的迫切性，镇政府于 2002 年 10 月，成立了“三星镇版权管理办公室”。至此，通州、海门两大家纺市场版权管理机构建立健全。保护知识产权完成了由自发到自觉的跨越，开始形成村民自发维权和行政保护相配套的格局，两大市场的作品登记和纠纷调处数量呈逐年上升的趋势。

3. 版权司法保护的现状与回顾。

2001 年 10 月，南通市中级人民法院成立了知识产权审判庭，2002 年初，开始介入家纺市场的版权保护工作，2005 年 7 月，经最高法院批准取得部分专利案件的管辖权。2007 年 10 月，经最高法院批准，通州法院又取得了部分知识产权案件的一审管辖权，成为苏中、苏北第一家享有知识产权审判管辖权的基层法院。为应对家纺知识产权对司法保护高效快捷的需求，针对涉及家纺知识产权侵权案件中花型市场生命周期短的特点，法院在立案、取证、保全、审理各环节急需构建快速反应机制。2008 年，在世界第 8 个知识产权日前夕，南通市中级人民法院整合司法资源，通州市人民法院受命在两大市场特设知识产权巡回法庭，专责审理两大市场知识产权纠纷诉讼案件，受理两大市场涉嫌侵权盗版纠纷中诉前禁令和财产保全申请，凡版权办公室调解无果的案件只要起诉，都可以就地立案和审理。

南通市中级人民法院自 2005 年至 2008 年，共受理各类知识产权案件 922 起，其中著作权案件 502 起。家纺类著作权案件 460 起，占著作权案件的 91.6%，审结 457 起，案件审结率 99.3%，有两个案例被《最高人民法院公报》录用，一个案例入选《中国法庭》电教片并获“法槌奖”，多个案例被《中国审判案例要览》和省法院《参阅案例》录用。南通市中级人民法院认真谋划知识产权审判工作发展思路，积极回应经济发展对知识产权司法保护的呼唤，找准工作切入点，通过建立一整套裁判制度、强化五项司法功能、有效衔接五项机制等，探索出南通家用纺织品花型设计知识产权司法保护的新做法，促进了家纺市场的持续健康发展，实现了法律效果和社会效益的统一与双赢。

一是建立一套制度。在充分调研的基础上，于 2005 年制定了切合家用纺织品市场规律和特点的《床上用品花型设计著作权纠纷案件审理规范》。为适应花型设计权利保护快捷、高效的市场需求，在为通州法院积极争取基层法院管辖知识产权案件的基础上，建立南通家纺市场知识产权巡回审判庭，指导通州法院制定了《快速审理家纺知产案件暂行办法》。这套符合花型设计侵权案件特点和权利保护需求的裁判规则和方法，具有较强的针对性和有效性，使家用纺织品花型设计权利得到了更为有效的保护。为优化审判资源配置，统一两大市场的管辖机制，市中级人民法院又于2008年6月经报请省法院同意，将海门三星叠石桥国际家纺城的花型设计著作权案件也统一由知识产权巡回审判庭管辖。

二是强化三大功能。就是强化司法审判的保障功能、教育功能和指引功能。通过强化诉前证据保全这一司法保障功能，加大对各种形式侵权行为的打击力度，形成有效的司法威慑机制；通过发行著作权宣传手册、现场开庭、开设专题电视节目、举办讲座等措施，强化司法教育功能，让著作权法在全体家纺经营者心中生根开花，培养和造就尊重知识产权、维护知识产权的市场氛围；通过提升独创性程度高的花型设计权利保护层次，发出司法建议等，强化司法的指引功能，引导家纺企业走自主研发、做大做强之路。

三是衔接五项机制。就是将司法审判工作与市场版权管理工作有效对接，在保护模式、市场信息、证据采信、调解机制、保护措施五个方面，形成互通对接协调机制。保护模式衔接，就是在对家用纺织品花型设计定性为什么类型的知识产权方面，与版权管理保持同一性，将符合独创性的花型都作为美术作品加以保护。市场信息衔接，就是双方及时交流市场出现的新的侵权方式和新的法律问题，做好法律适用的预先调研工作。证据采信衔接，就是法院对于市场版权管理中形成的有关侵权事实的调查材料，赋予更高的证据效力，优先采信，否定者必须提供足够的相反证据。调解机制衔接，就是把诉讼调解工作与市场版权管理部门的协调工作相互融合，共同化解矛盾。以志浩市场为例，从2003年至2008年底，市场版权办公室调处纠纷861件，而进入司法程序的不到100件；几年来，家纺类知识产权纠纷案件的调解撤诉率达到90%，南通本地家纺经营者之间的花型设计纠纷案件裁判的自觉履行率达100%。保障措施衔接，就是把法院的诉前证据保全措施与市场版权管理部门的先行登记保全、侵权目标锁定等措施相结合，有效解决取证难题。上述各方面的工作衔接，使花型设计的市场版权行政管理与法院的司法审判工作紧密相连、相互配合、良性互动。这一衔接机制的构建，最大限度地发挥了知识产权行政保护和司法保护的各自优势，形成了强大合力。

由于南通知识产权审判工作在省内外影响较大，近年来外地当事人选择南通法院管辖且最终由外地被告（侵权产品生产者）承担责任的案件正在大幅上升，2009年前9个月达73起，占同期案件受理数的22%。

4. 普法宣传与教育的情况。

为提高企业和群众的版权意识，当地政府采取了多种方式宣传著作权法知识。一是集中开展宣传教育专题活动。如组织“世界知识产权日”和“知识产权司法保护行动月活动”，期间通过召开新闻发布会、邀请人大代表和企业负责人举行座谈会和组织经营户进行知识产权法律法规培训等。几年来，仅志浩市场版权管理办公室组织的培训人数即达1.3万人次。二是法院选择典型案例进行现场公开开庭，集中宣判。2006年以来已经组织较大规模庭审观摩10多次，参加旁听人数达400多人次。巡回法庭建立以来，已巡回公开开庭和调解案件115起，既解决了当事人纠纷，又教育了当地经营户。三是利用媒体进行宣传。法院与电视台合作制作“走近知识产权”等20余期专题片；当地报纸《海门日报》开辟了《叠石桥家纺周刊》专栏，综合报道市场信息和版权保护情况。四是发放宣传资料。法院编印了《版权常识100问》3 000多册、《知识产权审判信息》200多份，通过市场版权管理办公室免费向经营户发放；市场版权管理办公室分别编辑《版权与管理》和《三星版权管理》简报并向市场发放，介绍市场版权保护动态、企业维权获得赔偿事件、作品登记友情提醒以及版权法律知识问答等。四是市场版权管理办公室每年表彰版权工作的先进集体和个人，现已表彰“版权管理示范户”16家，“版权管理先进工作者”20人。版权保护知名度的提升，吸引了众多国家级媒体的关注，中央电视台、《人民日报》、《中国知识产权报》和《中国新闻出版报》等到市场深入采访，并大力报道了南通通过版权保护促进产业发展的经验。

全方位的版权普法宣传教育，使当地不少企业和经营户都成了版权法的“行家”，各接受采访的企业家都能对版权问题如数家珍，并明确将版权保护作为各自企业发展的“生命线”。对于一般经营户来说，一提到“版权管理”和花型版权，都是尽人皆知。

（二）对家纺产品提供版权保护的法律依据

1. 家纺产品中花型的版权保护。

（1）《著作权法》对作品及作品类型的规定。《著作权法》第三条规定，“本法所称的作品，包括以下列形式创作的文学、艺术和自然科学、社会科学、工程技术等作品”。具体包括以下九大类：文字作品；口述作品；音乐、戏剧、曲艺、舞蹈、杂技艺术作品；美术、建筑作品；摄影作品；电影作品和以类似摄制电影的方法创作的作品；工程设计图、产品设计图、地图、示意图等图形作品和模型作品；计算机软件；法律、行政法规规定的其他作品。对于任何创作对象，只有属于以上作品种类，才能受到著作权法保护。

对于著作权人对作品所享有的权利，《著作权法》规定了4项人身权和13项财产权，人身权包括发表权、署名权、修改权和保护作品完整权，财产权包括复制权、发行权、出租权、展览权、表演权、放映权、广播权、信息网络传播权、摄制权、改编权、翻译权、汇编权和其他权利。就美术作品而言，由于其自身属性的原因，其作者并非能够享有所有财产权利，例如，美术作品作者并不能享有出租权、表演权、翻译权等，因为《著作权法》已经规定，出租权仅针对电影作品和计算机软件作品，翻译权仅针对文字作品。

（2）有关家纺产品中花型法律地位的争论。中国对纺织品进行版权保护国外曾有过质疑，但中国政府认为，纺织品图案只要符合著作权法中有关作品的要求，即可提供版权保护，这是中国立法上的选择。

一种观点认为，对附有花型的家纺产品作为“实用艺术品”进行保护。对于实用艺术品的定义，中外有多种解释：如世界知识产权组织编写的《版权法与邻接权法词汇》指出，实用艺术品除了必须是艺术品外，还必须是为实际使用而创作的作品；美国最高法院认为，只有为实际使用而创作或创作成功后被实际上付诸使用的艺术作品，才被视为实用艺术品；中国学者认为，实用艺术品是指具有实用性的艺术作品①。因此，不难看出，对于实用艺术品，主要表现为“实用性”和“艺术性”的二者兼备，而不论哪一方占据主导。就南通家纺产品来看，当花型设计师的作品未使用于面料时，只是一幅美术作品，而一旦印染到面料之上，它便与面料结合起来，共同扮演起一件实用艺术品的角色。

但是在《著作权法》修订之前，印花布不被看作是实用艺术品。当时，关于实用艺术品的保护，《伯尔尼公约》第2条第7款规定，成员国得通过国内立法规定，以专门法保护工业品外观设计和实用艺术品，没有专门法的，这类作品必须作为艺术作品受著作权法保护。中国于1992年10月成为《伯尔尼公约》成员国。但1991年刚刚实施的《著作权法》对实用艺术品并不提供保护，为满足加入公约的需要，中国政府于加入公约前出台了《实施国际著作权条约的规定》，规定了对外国人的实用艺术品提供自完成之日起25年的版权保护，而对于将美术作品用于工业制品的，不视为实用艺术品，而是直接对美术作品依著作权法提供版权保护。因此，中国现行著作权法中虽然没有提及“实用艺术作品”的概念，但著作权法一直以美术作品来保护“实用艺术作品”的艺术方面（只要该艺术方面可与实用功能相分离），对于使用功能方面则由工业产权来保护。在南通家纺市场的花型纠纷第一案的法律适用问题上，就是直接以盗版美术作品的事实进行行政处罚的。上海法院在审理龙凤旗袍案中，借鉴了南通中级人民院对同类判例的判决，最后认定涉案旗袍上的龙凤图案为美术作品。因此，对家纺产品的版权保护是中国立法的选择。

在中国，理论与实践对设计花型均确认为属“美术作品”。1991年和2002年的《著作权法实施条例》对“美术作品”做出了完全一致的解释，即“指绘画、书法、雕塑等以线条、色彩或者其他方式构成的有审美意义的平面或立体的造型艺术作品”。虽然表述上完全一致，但如上所述，修订前的《著作权法》对实用艺术品并不提供版权保护，但修订之后便开始将实用艺术品的“艺术”部分作为美术作品加以保护了，也即承认了实用艺术品的版权存在。但不管是在修订之前还是之后，花型设计都可以依当时《著作权法实施条例》的解释来认定为美术作品。

现在看来，印花布花型无疑可作为美术作品而受到版权保护，但当初这一问题被提出来时，答案的寻找过程并非一帆风顺。

1996年3月，台资翔升公司遭遇侵权的事件，向当局提出了关于印花布花型如何保护的问题。为了维护自身的合法权益，该企业首先找到了当地的专利行政管理部门，试图求得专利保护，但鉴于当时的涉案花型并未申请外观设计专利，使专利保护之诉求无果而终。最终以遭受侵权盗版之名向当地版权行政管理部门投诉。南通市版权局接报后，就版权部门对该案是否可以依据《著作权法》做出处理请示省版权局。认识到印花布的花型与传统的文学艺术和科学作品之间的差异，江苏省版权局就此请示国家版权局，但在请示中提出了倾向性意见，认为“布匹上的印花属于美术作品……印花布不是

① 参见李明德、许超：《著作权法》，47页，北京，法律出版社，2003。

实用艺术作品……印染也是一种复制”。国家版权局很快复函，表示“同意你局有关对布匹图案侵权行为的认定，希望你局采取措施及时制止侵权行为”。据此，江苏省版权局通知南通市版权局采取执法行动，在南通市知识产权办公室（当时的协调机构）、版权局、工商局、公安局、当地镇政府以及新闻媒体的参与配合之下，几经周折，最终对侵权人进行了行政处罚，对一家侵权人没收了非法所得，对另一家侵权人没收了侵权印花布1 690米。至此，以版权为主的印花布花型保护之门豁然打开，花型的法律地位和保护方式之争尘埃落定。

（3）花型设计是否符合独创性的要求是能否得到版权保护的关键。花型设计要获得著作权保护，它必须是《著作权法》所规定的九类作品中的一种。根据《著作权法实施条例》第二条的规定①，著作权法意义上的作品，必须达到三个方面的要求：一必须是人类的智力成果；二必须是能够被他人客观感知和复制的外在表达形式；三必须是具有独创性的智力劳动成果。从花型设计的创作过程和表现形式来看，它无疑能够满足前两项要求。最终能否得到著作权法的保护，关键看这一花型设计是否能满足“独创性”要求。

对比《著作权法》对作品的“独创性”要求与《专利法》对授予专利的外观设计的要求之间的差别，我们能够更好地把握一个花型设计是否符合“独创性”标准。首先，从数量的角度考察，独创性并不要求作品必须“独一无二”，因为理论上存在着不同的个体在不同的时空中独立创作出相同作品的可能，此时，每个个体就其所创作的作品各自享有著作权，而不论时间先后。因此，中国的最高人民法院《关于审理著作权民事纠纷案件适用法律若干问题的解释》第十五条规定，“由不同作者就同一题材创作的作品，作品的表达系独立完成并且有创作性的，应当认定作者各自享有独立著作权”；但是《专利法》只对独一无二的外观设计授予专利权，《专利法》第二十三条第一款规定：“授予专利权的外观设计，应当不属于现有设计；也没有任何单位或者个人就同样的外观设计在申请日以前向国务院专利行政部门提出过申请，并记载在申请日以后公告的专利文件中”。其次，在质的方面，《专利法》要求“授予专利权的外观设计与现有设计或者现有设计特征的组合相比，应当具有明显区别”。如上所述，受《著作权法》保护的作品，并不必然与之前存在的作品存在明显区别，而只要是独立创作即可，即使与之前作品完全相同。同时，对作品的“独创性”，“并不意味着（作品）具备高度文学和美学价值，但要求智力创造性不能过于微不足道”②。在南通家纺市场上，当局对一些过于简单的花型不认定为作品，不提供版权保护，因为他们认为这些花型已经简单到其创造性实在微不足道，甚或根本就谈不上丁点的创造性，而只是公有领域一些图形元素的简单排列。

（4）结论：多数家纺产品中的花型应作为美术作品受到保护。不管印花布是否被看作为实用艺术品，其花型均可以离开面料而独立作为美术作品而存在。因此，不管是在《著作权法》修订之前还是之后，印花布、家纺产品上的花型只要达到了独创性要求，便能够受到充分的版权保护。

在纺织品市场上，侵权的主要方式是花型的侵权人在布料上盗印或者盗绣他人享有著作权的花型作品，以挤占花型权利人应得的市场份额。盗印、盗绣的行为，侵犯的是权利人对花型作品的复制权。将附有盗印、盗绣花型的面料或成品在市场上进行销售，侵犯了权利人的发行权。

根据著作权法，侵犯美术作品复制权或发行权的侵权人，应当承担民事责任，包括停止侵权和赔偿损失等。

在侵犯作品复制权或发行权，并且损害到社会公共利益时，权利人在承担民事责任的同时，还要承担行政责任，包括由行政机关责令停止侵权，没收违法所得，没收、销毁侵权复制品，并可处以罚款。在情节严重的情况下，还可以没收主要用于制作侵权复制品的材料、工具、设备等。这里的“情节严重”主要指以下四种情况：一是违法所得数额（获利额）2 500元以上；二是非法经营额在15 000元以上；三是经营侵权制品在250份以上；四是因侵犯著作权曾经被追究法律责任后又侵犯著作权。

当侵犯美术作品复制权、发行权严重到一定程度时，侵权人还要承担刑事责任。根据最高人民法院的司法解释，侵犯复制权、发行权时，涉案复制品达500份以上，或者违法所得30 000元以上、非法经营额50 000元以上时，可以侵犯著作权罪处以3年以下有期徒刑或者拘役，并处或者单处违法所得的1～5倍或非法经营额的0.5～1倍罚金；当涉

① 《中华人民共和国著作权法实施条例》第二条规定：著作权法所称作品，是指文学、艺术和科学领域内具有独创性并能以某种有形形式复制的智力成果。

② 王迁：《知识产权法教程》，42页，北京，中国人民大学出版社，2007。

案复制品在 2 500 份以上，或者违法所得 150 000 元以上、非法经营额 250 000 元以上时，自由刑将达到 3～7 年，并且必须按上述标准判处罚金。最高人民法院的司法解释还规定，对于侵犯著作权犯罪的，既可以由权利人进行刑事自诉，也可以通过检察机关进行公诉。对于著作权犯罪案件，中国的各基层法院均有管辖权。

当前，在南通家纺市场上，尚未出现因盗印他人花型而获罪的刑事案件。在多年行政执法的作用下，当地已经铲除了堂而皇之进行花型盗版的现象，但是在利益的驱使下，仍然存在地下盗印工厂大量盗印他人花型的违法行为，或者将盗印的商品藏匿于居民家中进行地下交易等违法行为，由于行政执法人员无权进入居民家中搜查等，当局正在考虑根据确凿线索对违法盗印行为采取刑事手段予以打击，清理地下盗印行为，对违法分子形成有效威慑，维护当地市场秩序。

2. 对家纺产品专利权的保护。（略）

3. 对家纺产品商标权的保护。（略）

对家纺产品主要依靠著作权法进行保护。总体来看，对家纺产品的保护，著作权法占主导地位，它有不可替代的自身优势和外在优势。专利法对花型的保护是在现有政策下企业的一种技术性选择，专利获取本身并不是企业的纯正目的。在家纺市场上，专利法独特功能的发挥，主要在于纺织品制造技术的创新保护方面，实际上，它确实正在发挥着这种作用，很多企业获得了制造技术方面的发明专利和实用新型专利。对市场一视同仁的商标保护，在家纺产品领域没有、也不可能有引人注目的表现，它只能在自己的领域与层面上体现着自己的价值。

但是，从市场发展战略上来看，要全面提高家纺产品的素质和品质，提升市场的档次和层次，南通家纺产业必然要走知识产权综合保护之路。

（三）南通家纺市场上的版权保护制度建设

1. 行政保护制度。

（1）中国的著作权行政保护制度概要。如前所述，中国著作权法为著作权人提供行政保护措施，这是中国著作权保护的一大特色，世界上只有俄罗斯、老挝等少数国家的著作权法有类似行政保护的规定。根据中国《著作权法》第四十七条规定，对于损害社会公共利益的下列行为，著作权行政管理部门可以责令停止侵权，没收违法所得，没收、销毁侵权复制品，并可处以罚款，罚款数额为非法经营额的 3 倍以下，非法经营额难以计算时，可以处 10 万元以下罚款；情节严重时，还可以没收主要用于制作侵权复制品的材料、工具、设备等。这些侵权行为包括未经著作权人许可而复制、发行其作品。需要指出的是，未经许可以改编的方式使用作品的，只承担停止侵权、赔偿损失等民事责任。

在行政处罚之外，根据中国著作权法规定，著作权纠纷可以调解，当中包括合同纠纷和侵权纠纷。著作权行政管理部门作为政府机关，具有侵权纠纷的调解授权和能力。实践中，著作权行政机关的调解在处理侵权纠纷中发挥着十分重要的作用，大大地节省了有限的司法审判资源。

（2）南通家纺市场行政保护机构的设置。位于通州市川姜镇的中国南通家纺城的志浩市场版权管理办公室和位于海门市三星镇的叠石桥国际家纺城的三星版权管理办公室分别成立于 1997 年和 2002 年。可以说，这两个办公室的设立，在当时是顺应时代潮流应运而生，但是就中国知识产权行政保护发展的历史进程而言，却是具有划时代的意义的事情，因为这是中国第一个村级和第一个乡镇级的版权管理机构。两个版权管理办公室在行政上分别隶属于所在地的镇政府，在业务上接受南通市版权局的指导，受南通市版权局的委托，代理作品著作权登记，接受侵权纠纷投诉，负责侵权行为的初步调查取证，负责侵权纠纷的调解处理工作。

（3）南通家纺市场行政保护机构的职能和作用。版权管理办公室主要有四大职能：一是普法宣传教育，主要是《著作权法》的宣传教育。为使宣传日常化，他们自主编印《版权与管理》简报，开辟了《著作权法知识》、《案例分析》、《经营户心声》、《侵权盗版处理结果》等栏目，深入浅出地宣传法律法规。二是作品登记服务，为申请人办理作品登记手续。一方面认真宣传，详细辅导经营户填写登记材料，把好材料关口；另一方面对登记作品认真初审，辨别真伪、去伪存真，确保作品登记的质量。三是打击侵权盗版。一方面是主动监管，通过深入调查研究，召开经营者座谈会，听取对版权管理工作的意见，并对作品登记大户每月走访一次，主要了解花型创作动态、侵权动向。12 年来，版权管理办公室与大多数经营户签订了不侵权盗版责任状，引导经营户走合法经营的道路。另一方面是严厉打击侵权盗版行为，遏制其蔓延的势头。版权管理办公室专门设立维权投诉箱，公开受理投诉，同时实施《举报侵犯印花布图案著作权有功人员奖励办法》，扩大案情信息来源；在接到投诉后及时查处侵权行为，不管是场内还是场外、白天还是黑夜，随叫随到，24 小时内调查取证，重要案件与公安、工商、税务等部门联合执法，坚决打击，决不手软。四是调解版权纠纷。在调解过程中，工作人员坚持以事实为依据，以法律为准绳，做到“依法治人，以理服人，以情感人”，绝大多数案件都得到了很好解决，版权管理办公室在市场上的威信得到了确立与提高。由于版权管理办公室在处理案件方面积累了大量的经验，当地法院在审理民事纠纷案件时，也确立了与他们的对接关系，并制定了双方《关于家用纺织品著作权保护诉调对接备忘录》，明确了证据采集、保障手段、信息互补和司法支撑等事项。南通市中级人民法院聘请版权管理办公室为该院的特邀调解组织，并在一定范围内承认其调解结果的法律效力，版权管理办公室的权威性得到了进一步提升。

为了保证版权管理办公室工作的规范化运作，在当地政府的领导和市版权局的指导下，版权管理办公室根据市场实际情况，在建章立制上下了很大功夫，建立了一整套行之有效的版权管理制度，主要包括《作品登记制度》、《调查取证制度》、《调解处理制度》、《财务管理制度》、《仓库保管制度》、《档案管理制度》、《服务承诺制度》、《版权纠纷调解纪律》等。同时，还制定了相配套的措施，如办事程序上墙、收费标准公开、个人行为工作纪律公示，保证工作人员做到不循私情、秉公执法，工作中敢于动真碰硬，做到处理纠纷公平公正公开。志浩市场版权管理办公室成立12年来，处理工作人员亲友的侵权案件多起，赔偿损失30多万元。

（4）行政保护所取得的成就。通州志浩市场印花布花型的登记从1997年的553件上升到2008年的2 098件，2009年1～6月作品登记已达1 338件，同比增长30%，12年间共登记作品 17 442件；受理侵权投诉从1997年的75起，上升到2008年的151起，2009年上半年已达75起（已成功调解57起，权利人获赔46.85万元），12年来调解案件纠纷的成功率达85%，赔偿著作权人损失811.05万元，挽回经济损失10.8亿元。在版权管理办公室的直接参与和大力支持下，行政机关行政处罚金额40.1万元，法院判决赔偿经济损失485.7万元。

海门叠石桥市场版权管理办公室自成立以来的7年间，寝室用品登记花型由2002年的8款，上升到2008年的800款，2009年1～6月已达420款，比上年同期增长67%，6年总计5 221款；调解纠纷由2002年的1件，上升到2008年的36件，2009年上半年已达32件（权利人获赔36万元），调解赔偿金额由2002年的0.8万元上升到2008年的32万元。

表2　　2004～2008年两大市场花型情况汇总表

	项目名称	2004年	2005年	2006年	2007年	2008年
志浩市场	经营花型品种（个）	15 000	20 000	30 000	40 000	60 000
	设计研发人员占比%	6.1%	6.6%	7.1%	8.2%	9.3%
	设计作品数量（个）	20 000	30 000	30 000	40 000	40 000
叠石桥市场	经营花型品种（个）	20 000	26 000	30 000	35 000	50 000
	设计研发人员占比%	1%	2%	2.5%	2.5%	3%
	设计作品数量（个）	6 200	8 000	9 000	10 000	12 000

表3　　1997～2007年两大市场作品登记和日常花型版权贸易情况汇总表

项目 \ 年度		1997	1998	1999	2000	2001	2002	2003	2004	2005	2006	2007	2008	合计
志浩市场	作品登记（款）	553	195	866	855	939	1 328	1 573	1 621	1 972	1 574	1 868	2 098	15 442
	日常版权贸易（款）	0	0	0	0	0	0	0	6	6	23	28	590	653
叠石桥市场	作品登记（款）						8	167	811	1 333	1 126	976	1 100	5 221
	日常版权贸易（款）						0	11	16	28	42	29	56	182

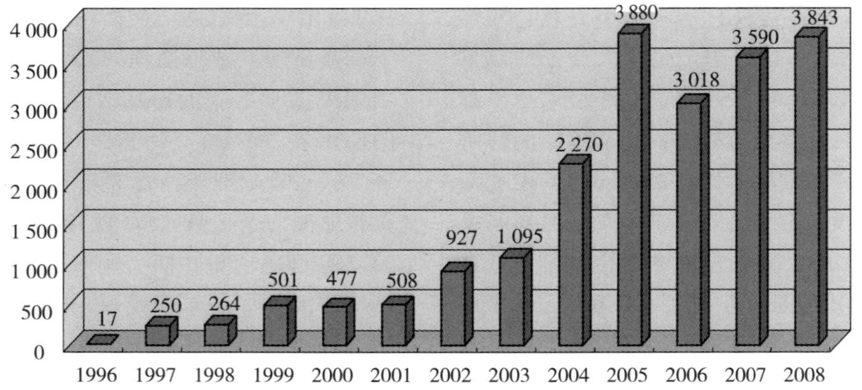

图 5　1996～2008 年全市家纺美术作品登记数量直方图（单位：件）

走进两个市场的版权管理办公室，可以看到墙上张贴的管理制度，琳琅满目的花型图案样本，黑板上显示侵权纠纷调解日程表，由此可见办公室管理的有条不紊，工作任务的紧张繁忙。实践证明，这两个中国最基层的版权管理机构，已经通过自己卓有成效的努力赢得了中外客商的信任和支持。这是两个集政府行政管理、社会中介服务、仲裁调解为一体的基层版权组织，它在国家整个版权管理体制中如何定位，暂且不论。但是不得不承认这是中国起步不久的知识产权制度、管理组织的创新和进步。

版权管理机制、体制、制度的创新，对于规范市场秩序，净化市场环境，促进产品更新，繁荣当地经济，创立品牌效应，参与国内外市场的竞争起到了积极的作用。两个办公室的成功实践，已在中国市场经济的土壤中生根、发芽、开花，结出了丰硕的成果。这些成果，必将融入全球经济一体化的世界性潮流让人类共享。

2. 司法保护。

（1）中国著作权司法保护制度概要。在中国，由于著作权案件的复杂性较一般民事案件高，因此，著作权民事纠纷案件（包括侵权纠纷案件、合同纠纷案件、权属纠纷等所有涉及著作权的民事纠纷）一般由中级以上人民法院管辖。不过，最高人民法院规定，各高级人民法院可以根据本辖区的实际情况，确定若干基层人民法院管辖第一审著作权民事纠纷案件。近年来，知识产权保护工作越来越引起中国政府的高度重视，并制定了《国家知识产权战略纲要》，各地方政府也制定了相关的知识产权保护地方战略，中国知识产权保护力度空前提高。为适应知识产权案件不断增多和保护力度不断加大的新形势，知识产权审判体制建设也在发生着深刻的变化。在最高人民法院的同意和推动下，许多法院开始设立专门的知识产权审判庭，有的已经延伸到基层法院。其中，上海浦东法院是第一家根据自身情况而设立专门知识产权审判庭的基层法院。现在这种基层法院设立知识产权庭的现象开始增多，并主要集中于直辖市所属基层法院。经过几年时间的摸索，各地方已经积累了大量实际工作经验，这种做法已经在全国推广实施。目前，人们已经进一步认识到涉知识产权案件审判工作中专业的特殊性和法律的复杂性。因此，有的地方已经开始尝试知识产权审判的“三审合一”改革，即把涉知识产权的民事、行政、刑事案件均集中由各法院的知识产权审判庭统一审理，合议庭由相关专业法官组成，以提高审判质量。

江苏省的著作权司法审判水平、结案数量和改革进度都一直走在全国的前列，各中级人民法院均有著作权的审判权，并有大量基层法院也被赋予著作权案件审判职能。但是，由于相关案件集中度不足，还没有一个基层法院设立专门的知识产权审判庭。

（2）南通家纺市场司法保护机构的设置。南通市中级人民法院是江苏省最早确立具有知识产权审判职能的中级法院之一。2007 年 11 月，经最高人民法院批准，南通市所辖通州市（现为通州区）人民法院可以审理知识产权案件，成为苏北地区唯一一家拥有知识产权审判管辖权的基层法院。与版权行政管理部门一样，南通法院系统也积极为家纺产业发展提供法律保障，做出了突出成绩。2008 年，南通法院服务家纺产业发展的专项保障机制被最高人民法院誉为“南通经验”。为进一步加强家纺市场的版权保护工作，2008 年 4 月 25 日，通州市人民法院在南通家纺城专门设立了知识产权巡回审判庭，这是全国第一家设在市场的知识产权巡回审判庭。权利人在其知识产权被侵权后，寻求司法保护时，在巡回审判庭就可以办理相关起诉或证据保全申请事宜。同时家纺城的知识产权案件均在巡回审判庭就地调解、开庭。巡回审判庭的设立让这些案件的当事人节省了时间，极大地方便了当事人的诉讼。

南通法院系统自知识产权审判管辖权确立以来，共受理各类知识产权案件 1 048 件，受理案件数逐年攀升，许多审判经验被兄弟法院所效仿，如上海浦东法院在审理一起家纺产品花型著作权案件时，法官在《中国知识产权报》上看到南通法院的经验介绍后，在认定涉案花型是否具有独创性而构成作品方面，便参照了南通法院认为不构成作品一方当事人举证的举证分配原则的做法。通州区自 2008 年设立巡回法庭的一年多时间内，就地立案 27 件，巡回开庭、调解著作权纠纷案件 115 起，使当事人参加诉讼与营业时间的冲突减小到最低限度，有效地保护了花形设计者的著作权，同时降低了司法成本，促进了家纺市场健康有序地发展。

巡回审判庭在工作中，为了适应家纺类知识产权保护的实际需求，实行了以下五项措施：

一是建立快速反应机制，为家纺类著作权提供快捷的司法保护。针对家纺类知识产权案件中证据易灭失的特点，巡回法庭制定了《家纺类知识产权案件快速处理暂行办法》。对于家纺市场经营户提出的证据保全申请，做到“1 小时反应制”，即在接当事人申请后，从立案受理、组织警力，到赶赴保全地点，确保在 1 小时内实施强制措施；实行 24 小时全天候电话联系，节假日也不例外。从 2008 年 5 月至今，已经采取诉前证据保全的 20 起案件中，有 10 起是在接到电话后随即赶到巡回法庭当场立案，当场作出裁定。马上赶赴现场实施的，特别值得一提的是有 4 起证据保全是在晚上或休息日进行的。

二是打破行政区划界线，统辖家用纺织品著作权案件。南通家纺产业集聚地由两个家纺城组成，两个家纺城在行政区划上分属于通州市和海门市管辖。这两个家纺城紧紧相连，事实上已成一体。在巡回法庭设立之前，两个家纺城的知识产权案件分属于通州市人民法院和南通市中级人民法院管辖，对于跨区侵权行为难以发挥巡回审判庭方便、快捷的优势。通州市人民法院急当事人所急，大胆向南通市中级人民法院提出，跨行政区域管辖海门市部分区域内家纺类知识产权案件。经江苏省高级人民法院批准，指定通州市人民法院从 2008 年 7 月 3 日开始管辖被告住所地和侵权行为实施地位于海门市三星镇、天补镇的家用纺织品著作权纠纷案件。通过跨行政区划行使知识产权案件司法管辖权，使两大家纺城的版权保护得到了统一的司法保障。

三是实施家纺类著作权纠纷案件简易程序审理机制，提高办案效率。知识产权案件较之于其他民事、刑事案件更为复杂与专业，因此，上级法院要求知识产权纠纷案件适用合议制的普通程序进行审理。而家纺类花型设计市场周期很短，花型式样流通集中，一旦发生侵权，如不及时遏制，将在很短时间内直接导致正版花型市场优势的丧失。为充分发挥快速反应机制的作用，让经营户得到及时有效的保护，在得到上级法院的肯定和支持后，通州市法院大胆将家纺类著作权纠纷案件适用简易程序进行审理。目前平均办案周期为 15.6 天，较之合议制的普通程序大为缩短，及时有效地打击了侵权盗版行为。

四是聘请美术专家作为特邀顾问，规范法官自由裁量权。在家纺类花型美术作品著作权纠纷案件的审判实践中，涉嫌侵权产品上的花型与权利人的美术作品往往不是完全一样的，该类案件除了直观的相似性判断外，还涉及专业的美术知识，需要法官具有一定的美术专业知识。为使法官侵权判定的自由裁量权更具客观性，法院聘请了苏州大学美术学院的两位教授作为特邀顾问，从专业评判的角度为审判提供依据，约束法官的自由裁量权。通过公正合理的裁判打击侵权和鼓励自主创新。

五是加强司法与其他纠纷解决机制的协调配合，有效化解矛盾。为有效化解当事人之间的纠纷，法院坚持调解优先原则，追求和谐解决纠纷。作为重点，巡回法庭积极推动和实施与家纺市场版权管理办公室的全方位协调配合，双方专门制定了《关于家用纺织品著作权保护相关协调工作的备忘录》，对证据采信、保障手段、信息互补、司法支撑、调判结合等方面的衔接工作作出了具体安排，实现了充分、有效和全流程的对接协作。一方面，版权办积极参与法院诉讼案件的调解、接受委托调解、进行判后息诉调解，有效地促进了案件的调解解决，家纺类知识产权案件的调解撤诉率为 84.85%。另外，值得一提的是，到目前为止，所审结的全部家纺类知识产权案件，败诉方都积极地履行了判决，尚无一例因申请而进入强制执行程序，真正做到了案结事了。另一方面，司法对市场版权办调解工作的强力支撑，树立了市场版权办公室的管理权威。据统计，从 2007 年 11 月到现在，市场版权办公室共调解版权纠纷 243 件，使大量纠纷化解在诉前。

3. 行政与司法保护的衔接情况。

在处理著作权侵权纠纷上，行政保护与民事司法保护各有自身独特优势，权利人在维权时可以根据案情和利益取向而在两者之间选择。

与行政保护相比，司法手段具有基础性、主导性和权威性的特点。司法手段作为解决纠纷的最后手段，对于解决案情比较复杂，事实认定困难等疑难案件有着独特优势，其最终裁判也最具权威性。但是司法程序也存在一定的弊端：一是对于权利人的举证要求较高；二是权利人独立获取证据的难度较大；三是审判时限较长，如果再有上诉二审程序，审理时间更长；四是案件启动来自于诉讼，总是处于被动处理纠纷的地位。

相比于民事司法保护，行政保护的优势在于以下几点：一是行政手段具有法定的主动性。著作权行政案件的启动，除了权利人投诉外，还可以根据知情人举报或者市场检查中发现的线索而主动立案查处。此外，行政执法还可以在只有线索的情况下主动进行调查取证，固定证据。二是查处的及时便捷。行政机关可以根据线索情况立即启动查处程序，能够及时对侵权人或侵权物品采取行政措施，防止证据被人为灭失或者转移。三是程序相对简化。《行政处罚法》所规定的行政处罚程序比较简捷，便于案件的快速处理。国家版权局根据《行政处罚法》制定实施的《著作权行政处罚实施办法》，对在著作权行政案件查处中的特殊性问题进行了特别规定，对一般性程序进行了细化，更有利于案件的快速查处。四是权利人通过行政执法进行维权不需要成本，或者成本较低。因为行政执法所耗费的是公共执法资源，权利人对于投诉行为和执法取证行为不用支付任何费用；由于行政执法的快速反应和做出处理的便捷，所以制止侵权的成本非常低，权利人投诉后侵权行为很快便会停止，对于渴求尽快制止侵权、恢复市场秩序的权利人来说更为合适。五是行政执法部门可以调动其他行政资源，对于整体推进某个行业的正版化有着独特优势。前些年，由于著作权法在中国实施时间较短，民众的版权法认知度不高，版权意识还比较薄弱，强行采取严厉执法措施必将带来民众情绪上的不满，达不到较好的执法效果，因此，执法前的法制宣传教育十分必要。例如，南通市著作权行政管理部门在第一次介入当地印花布市场版权纠纷时，为了行政执法能够顺利进行，当地版权管理部门在政府的统一协调下，派出人员对市场的经营大户和部分市场管理人员做著作权法讲座，发布《关于保护印花布美术图案著作权（版权）的通告》至每个店面和摊位，最后在南通市知识产权办公室、工商局、公安局、当地政府领导和新闻媒体的参与下采取执法行动。即便如此，执法还是受到了大量群众的阻挠，公安机关只好对查获的侵权布匹就地封存在当地派出所，最后对两家侵权商户进行了罚款和没收违法所得的行政处罚。但行政处罚相比民事诉讼的另外一个特点，就是权利人不能直接因行政机关的行政处罚而获得民事损害赔偿。

市场环境下，权利人从自身利益最大化考量，其维权诉求一般可以分为两种：一种是只要侵权人停止侵权、恢复市场秩序即可；另一种是不但要求停止侵权，还要求侵权人就侵权行为给权利人所造成的损失进行赔偿。对于第一种诉求，无疑进行行政投诉最为经济，实践中权利人也惯常采取这种办法。对于第二种诉求，如果是案情简单，事实认定容易，权利人也会选择行政保护的办法，特别是侵权证据通过自身能力难以获取的情况下更是如此。因为在案件查处之后，只要当事双方同意，行政机关会根据著作权法的规定而选择进行调解。行政机关的调解，会对侵权人形成一定的压力，更容易调解成功，因为如果调解不成功，侵权人不但会面临行政处罚，还可能由于之后权利人的司法诉讼而承担民事赔偿责任，行政处罚与民事赔偿的双重负担肯定重于调解之下的直接赔偿。对于侵权人来说，接受行政机关的调解并请求权利人申请撤销行政投诉更为经济，更何况行政机关的调解是在著作权法的基本原则与规定下进行的，它并不会加重侵权人的赔偿责任。此外，行政执法部门的调解不受时间、空间和程序的限制，定纷止争的效率比较高。因此，在行政查处之后，权利人与侵权人均乐于诉诸行政部门主持下的调解，这也是目前版权管理办公室调解成功率高的主要原因之一。但是，对于一些案情复杂，或者并不简单的侵权盗版案件，行政机关便少了处理上的优势。比如侵犯花型作品改编权的案件，根据著作权法的规定，行政管理部门没有行政处罚权。

在南通，由于版权行政保护手段的先行介入，其在执法过程中所积累的经验被后来跟进的民事司法审判所采纳：一是对侵权盗版制品的鉴定。在相当一部分情况下，侵权人并非是对花型的简单复制，而是在原花型基础上做出一定的改动，对于这种改动如何认定，有的要借助专业人士的参与。在南通版权部门的推动下，在当地成立了由工艺美术家组成的专业鉴定委员会，专门针对印花布盗印案件的涉案物品进行鉴定，并通过投票方式认定原作品与涉嫌侵权作品之间的差异，最终由执法部门根据鉴定结果认定是否盗版侵权。这一模式被后来的司法审判所承继，并一直在侵权认定方面发挥着不可替代的作用。二是侵权赔偿数额的确定。法律规定行政处罚的数额为非法经营额的3倍以下，非法经营额难以计算的，可以处10万元以下罚款。行政机关在查处案件过程中，发现花布印染生产上机开印的最少印量为3 000米，低于这个数字无法开印。行政机关根据这一行业规则，在查处案件中，涉案布匹不足3 000米时，统一按3 000米计算非法经营额，这一执法标准在当地被所有商家所认可。因此，行政机关和当地版权管理办公室组织的民事调解都以此为标准。鉴于行政执法所积累的经验，法院在司法审判中也将其作为认定标准对个案进行审理裁判。

在长期实践过程中，著作权行政管理部门与法院系统分工协作，优势互补，相互配合，相互补充，互为照应。法院积极处理复杂疑难案件，为行政机关和版权办公室的调解提供经验，并通过采纳行政部门早已积累成熟的事实认定方式，增强行政执法的权威性；行政部门大力宣传司法审判结果，提高个案在群众中的影响力，增强大家遵守著作权法的自觉性。行政保护和司法保护两种手段的各自优势在市场上都得到了较好地发挥，共同推动着当地版权保护水平的提高，为市场的繁荣发展提供强有力的保障。

4. 行政与司法手段协同打击盗版所获成效的具体表现。

版权管理办公室成立以来，案件投诉数量等总体呈上升趋势。但两大市场近年先后出现投诉率和相关数据下降的现象，如志浩市场和叠石桥市场侵权投诉量分别在2007年和2006年达到峰值，随后出现下降趋势（见表4、表5）。这说明当地版权管理工作已经充分发挥作用，广大企业守法经营意识得到提高，盗版现象开始得到有效遏制。

南通嘉宇斯纺织集团有限公司是在家纺市场上以版权保护为手段迅速壮大起来的企业之一，该公司是一家集开发、加工、营销于一体的现代化家纺面料生产企业，拥有国内的“梦兰”、“梦洁”、“博洋”、“水星”和“南方”等一流品牌的家纺成品生产客户，国外以欧美、中东、东南亚地区和俄罗斯、乌克兰等国的客商为销售对象。2008年实现销售3亿元，其中外销2 181万美元。该企业高度重视创新性投入，目前拥有著作权证书1 800多个、专利30个，公司作品档案室达1 400多平方米，由6名专职工作人员管理，共收集公司成立以来设计的作品画稿和实物样品3万多件。该公司将拥有自主知识产权作为赢取国内外市场的“制胜法宝”。公司成立之初，即在南通投资几百万元组建了两个专业设计室，又在上海成立第三家设计室，聘请了40名专业设计人员。目前公司又建立了“家纺面料创新工程研发中心”，并获得省外经贸厅和省财政厅60万元专项资金支持。公司在经营方面采取了以花型设计为先导的方式，一是在开发花型并掌握版权的情况下，购买坯布委托客商指定的印染厂加工印染后交货给客商；二是直接转让花型著作权。上海的水星家纺每年要向嘉宇斯公司购买花布千万元以上，购买花型版权近10份。该运作模式的优点在于不需要办织布厂、印染厂，只需要较少的研发人员和管理人员即可，即经济学中的“哑铃”模式。

表4　　1997～2007年通州市川姜镇版权管理办版权管理情况汇总表

项目＼年度	1997	1998	1999	2000	2001	2002	2003	2004	2005	2006	2007	2008	合计
投诉（起）	75	85	123	116	122	105	109	141	122	152	186	151	1 487
鉴定作品（款）	0	0	0	20	25	32	40	41	28	72	98	85	441
查封保存布（万米）	28	30	20	35	30	33	36	40	18	16	18	20	324
调解案件（起）	75	85	123	116	122	105	109	141	100	130	166	135	1 362
赔偿损失（万元）	15	18	17	20	48	63	60	53	82	121	132	115	744
销毁网片（张）	50	60	100	115	122	105	109	140	80	110	150	110	1 251
查封图片（万张）	0	0	0	1	3	4	6	8	6	8	10	6	52
行政处罚（万元）	2.5	5	1	2	3	3	4	6	5	2	3	3.6	40.1
司法处理（万元）	0	0	0	0	0	0	2	7.2	12	166	186	112.5	485.7

表 5　　1997～2007 年海门市三星镇版权管理办版权管理情况汇总表

年度／项目	2002	2003	2004	2005	2006	2007	2008	合计
投诉（起）	1	47	108	172	192	65	40	625
鉴定作品（款）	0	0	2	3	7	5	5	22
查封保存成品（案）	1	50	110	180	200	70	40	651
调解案例（起）	1	38	84	160	170	63	36	552
赔偿损失（万元）	0.8	8	21	36	96	56	32	249.8
司法处理（万元）	0	5	18	26.6	80	30	4	163.6

1997 年以来，嘉宇斯公司进行了大量的维权工作。参与了 6 次著作权民事诉讼，其中 4 次是主动维权做原告，2 次做被告；当中 5 次诉讼该公司均以胜诉告终，1 次达成庭外和解并获得 1.5 万元赔偿。除诉讼外，该公司主要通过向当地版权管理办公室投诉来进行维权，13 年共投诉 14 起，通过调解获得赔偿 20 多万元，有 1 家被投诉企业受到南通市版权局行政处罚。为做好维权工作，公司 2005 年设立了知识产权代表，专职处理知识产权案件的诉讼、投诉和调解工作。设立之初，知识产权代表发现市场上有 7 个经营户正在销售盗印其拥有版权的 11 个花型产品，经过向版权管理办公室投诉，最终经调解获得经济赔偿 4.3 万元。几次打盗维权之后，嘉宇斯公司的花型被盗版的现象得到了遏制。

（四）版权保护对南通家纺市场发展所起作用的整体评价

在欣欣向荣的南通家纺市场背后，在琳琅满目的家纺面料及家纺成品背后，在庞大的忠实客户群体背后，有一张看不见的保护伞，那就是家纺产品的版权保护工作。在南通家纺市场上，一直流传着这样一句经典语录：版权保护是家纺市场发展的“生命线”。版权保护工作不断促进家纺企业大力创新的信心和决心，保护了家纺企业的创新成果，引导和保护家纺企业走创新发展之路，符合科学发展观和纺织产业结构调整的宏观决策。反过来，家纺企业和市场的兴旺发达也对版权保护工作提出更高的要求，促进行政、司法部门进一步提升工作水平。

从法律的角度讲，著作权法保护的主体为作者，作者是智力劳动者，他们智力劳动付出的心血和智慧理应受到尊重，他们的智力劳动成果理应受到法律的保护，这样才能保持作品创新的积极性，保持旺盛的创作势头，促使更多适应不同消费群体需求和不同层次审美习性的作品诞生。著作权法保护的客体是作品，作品就是作者从事文学艺术科学独创性智力劳动成果的载体。其特点之一就是可复制性。可复制性也可理解为根据市场需求的生产能力和流通能力，将作品转化为产品和商品，最大限度体现其价值和使用价值。因此，最需要版权保护的作品往往是作者投入智力劳动最多的作品，根据不同人群的不同审美习惯、不同区域和不同的时尚追求，最富有个性地体现时代流行趋势。

同时，家纺产品的高科技原材料所蕴含的科技元素和品质元素，企业的品牌知名度和社会认知度，都需要在相关知识产权制度的保护下实现提升。

（五）小结

南通家纺产业作为有当地特色的传统产业，在中国改革开放的大背景下，在市场经济发展壮大的时代潮流中，只有摆脱手工作坊式小生产制作、无序化经营、低水平重复的小农经济模式，寻求在现代大工业基础上催生的知识产权制度保护下的科学规划，依法经营，依法管理，才能在参与现代市场竞争，逐步融入全球经济一体化进程中做大、做强、做优。可以说南通家纺产业知识产权保护体制机制的完善，尤其是重点选择著作权保护，既是时代发展的需要，又是生产力发展水平的体现。民间谋求产业发展壮大的自发诉求反映了历史发展的必然趋势；政府顺应潮流，因势利导，为著作权保护体制、机制的健全完善积极创造条件，保证了家纺市场的健康有序繁荣发展；行政管理和司法部门在中国现有的法律框架下结合当地实际创造性地开展工作，走体制机制创新之路，不断健全完善体制、机制，注重内在功能的发挥，外在形式的相互衔接、交叉运用，形成整体合力，从而推动了家纺产业的科学发展，走出了一条具有中国特色的社会主义知识产权保护之路。

四、版权保护与南通家纺市场发展的关系

（一）版权保护对家纺市场发展状态的影响

回顾南通家纺市场创立、发展、繁荣的历程，从中寻找版权保护在市场发展各个阶段所发挥的作用，可以看出版权保护在产品创新、升级换代中所处的不可或缺的重要地位和无可替代的制度性安排。20 世纪 80 年代，南通家纺产品刚刚融入商品经济大潮，处于产品形式千篇一律、仅仅满足温饱型需求的低水平发展阶段，“人无我有”的产品创新，带有版权要素的自发萌芽性质。在当时的短缺经济现

实之下，简单的一个形式创新就繁荣了一片市场，如当时的被套装上拉链，改变了原来被套需要手缝的历史。90年代进入市场经济全面发展阶段，家纺产品也进入“人有我廉”阶段，在当时温饱问题已基本解决的市场环境下，南通家纺产品发挥了当地资源聚集、交易成本低、税收政策宽松的优势，保证了价格上的优势。进入2000年后的“人廉我优”阶段，在大工业生产的背景下，工业产权的理念里溶入了更多的文化元素，催生了现代版权意识，版权制度开始逐步引入，有效促进了产品的优化、升级、换代，并通过作品创新进入商品流通领域，创造了更高的生产能力和产品附加值，提升了产品的性价比，创立了一批优质品牌。随着中国加入WTO，南通家纺全面占领国内市场，参与国际市场竞争，产品开始进入“人优我新”的阶段，版权意识、知识产权保护制度全面彰显其在产品创新方面的积极能动作用。“优良的品质”、“优美的形式”、“优质的品牌”来自于知识产权的综合保护，在家纺产品附加值相对较低和市场准入门槛较低的情况下，版权保护为南通家纺提供了立业发展的核心竞争力。在版权保护的有力促进下，南通家纺必然很快进入“人新我精”的下一发展阶段，知识产权保护的前景和施展的空间将更加广阔。

因为版权保护同时也促进品牌保护，做优、做响自己的品牌，关键在于促进企业产品风格的形成，避免同质化竞争产生的低水平重复，因而强调风格的独创性、多样性、新颖性必将为版权保护提出许多值得探讨和深入研究的崭新课题，版权保护的地位和作用必将得到进一步提升。

（二）版权保护之下家纺上下游产业的发展情况

由于南通得天独厚的历史、自然条件，雄厚的轻纺工业基础，家纺产业在政府强化知识产权保护、着力完善版权保护措施的同时，筑巢引凤，不断引进高端创意和设计人才，以两大市场为轴心，逐步形成了经营管理、花型设计、法律咨询服务的人才圈。围绕两大市场，现有100多家设计公司，3 000多人的设计队伍，集中了一批来自全国各地的产品研发设计高端人才，新花型、新面料、新款式不断涌现，成为引领国内家纺流行趋势的风向标。民间作品的交易也十分红火，围绕市场营销每年有2万余款新花型推出，投入生产、转化为产品，进入流通领域。为了构建家纺设计与生产经营共赢平台、促进家纺产业发展，通州市川姜港镇人民政府于2006年6月在志浩市场正式挂牌成立中国南通家纺城版权交易所，2008年9月25～26日镇政府与家纺城管理委员会在家纺城财富中心联合举办了中国南通家纺城首届国际家纺画稿交易会，邀请了150余家国内外知名家纺设计公司和工作室到会参展，家纺城周边近3 000个家纺面料经销商和生产企业到会交易，盛况空前。展会期间，展位费、食宿费用全免，“全国版权保护示范单位”——志浩市场版权管理办公室全程免费服务，开展法律咨询，进行作品登记，保护参展单位画稿版权不受侵犯①。

自2006年以来，南通市人民政府、中国纺织工业协会、中国家纺行业协会连续4年在海门叠石桥市场举办“叠石桥杯·中国民族家纺设计大赛”，吸引了全国优秀的家纺产品研发和设计人员前来参赛，有力推动了南通家纺产业品牌战略的实施，彰显民族家纺产品的特色，集聚了一批优秀人才，展示了一批优秀作品，激发了自主创新能力，打造南通家纺新的核心竞争力，在全国家纺业界产生了积极影响（见表6）。此外，随着版权保护的深入人心，版权市场开始出现一种全新的版权贸易形态——画稿交易。1997年在志浩市场上成立了全国第一家印花布美术图案研究设计所。目前，市场已有专业设计师2 000多人。2008年以前，市场版权管理部门组织了3次小型画稿交易会。在积累经验的基础上，于2008年和2009年在家纺市场举办了两届全国性画稿交易会，参展画稿3万多件，成交3 100多件，成交额250多万元。

南通两大家纺市场在注重版权管理、强化版权保护的长期探索与实践中，推动了相关产业及市场的发展繁荣，促进了当地的经济社会发展与人民富裕。以家纺业为中心，外围形成了纺织机械、印刷包装、染色印花、附材生产的家纺配套产业链。以两大市场为中心，辐射拉动了当地建筑业、房地产业、服务业、物流业（见表7）、旅游业、金融保险业的兴旺发达，形成了良性循环的相关产业发展链。其中有200多个家纺企业先后走出国门，先后在50多个国家建厂开店。除此之外，市场上引入了知识产权代理服务机构和律师事务所30多家，各类金融保险机构20多个。

① 参见http://www.chinajfpp.com/default.php?do=newslist&event=view&ids=1291。

表 6　　2004～2008 年两大市场创作企业数量变化汇总表

市场	项目名称	2004 年	2005 年	2006 年	2007 年	2008 年
志浩市场	专业创作室（个）	15	30	45	60	80
	企业创作室（个）	35	50	70	85	100
叠石桥市场	专业创作室（个）	9	11	15	17	18
	企业创作室（个）	5	6	11	13	25

表 7　　2004～2008 年两大市场物流企业数量变化情况汇总表

项目名称	2004 年	2005 年	2006 年	2007 年	2008 年	备　注
志浩市场交通物流运输企业（个）	19	31	54	62	80	货物直达 31 个省会城市和 217 个地级城市，货车拥有数 3 000 多辆。
叠石桥市场交通物流运输企业（个）	34	38	43	45	45	

近年来，两大市场规模不断扩大，营业场所面临换代升级。目前即将竣工交付的南通家纺城二、三期工程，可增加经营商户 3 000 多家，市场规模将扩大一倍。超大规模的市场集群、丰富的床上用品品种、价廉物美的商品、便捷的交通吸引了周边地区的消费者，上海和苏南各市都开辟了到两大市场的旅游采购专线，市场区域内现有三星级酒店 2 家，数家星级酒店在建。

（三）南通家纺市场版权保护对当地总体经济发展的促进

在版权保护的推动之下，家纺产业正在迅速发展与扩张，聚集效应得到了充分发挥，市场面貌焕然一新，经济总量逐年提高，已经成为南通的支柱产业之一，为当地经济社会发展奠定了腾飞的基础（见表 8、表 9）。

表 8　　2004～2008 年通州市川姜镇社会经济发展数据汇总表

项目名称		2004 年	2005 年	2006 年	2007 年	2008 年
地区生产总值（万元）		239 474	234 920	298 396	361 481	482 836
工业总产值（万元）		813 586	1 326 557	2 016 000	1 911 211	1 880 000
服务业总产值（万元）		82 174	80 700	108 471	143 863	211 947
纺织服装业总产值（万元）		691 540	1 127 700	1 714 000	1 624 700	1 598 400
家纺业总产值（万元）		691 548	1 124 920	1 711 584	1 626 440	1 599 886
纺织机械制造业产值（万元）		5 200	6 000	6 500	7 000	7 200
财政收入	总收入（万元）	4 422	13 927	20 485	29 229	28 350
	一般预算收入（万元）	1 811	5 645	8 126	13 784	12 620

表 9　　2004～2008 年海门市三星镇社会经济发展数据汇总表

项目名称	2004 年	2005 年	2006 年	2007 年	2008 年
地区生产总值（万元）	193 744	302 920	409 307	470 000	502 100
工业总产值（万元）	651 747	1 295 464	1 632 088	2 203 339	2 511 403
服务业总产值（万元）	72 000	89 000	100 000	116 400	140 400
家纺业总产值（万元）	107 100	133 100	156 100	175 200	191 200
纺织机械制造业产值（万元）	3 105	3 278	4 351	7 540	8000
财政收入总收入（万元）	12 500	17 500	19 200	20 100	22 500
一般预算收入（万元）	2 933	6 124	6 506	6 610	8 008

（四）版权保护成为营造良好投资环境和公平竞争环境的重要因素

根据志浩市场版权管理办公室罗列的影响市场发展的诸多因素，对市场经营户进行问卷调查，结果列表如下（见表10）：

表10　　影响市场发展的诸多因素

版权保护	收费合理	环境优美	社会治安	优惠政策	配套设施	交通秩序	经营设施	诚信经营	价格竞争
90%	85%	85%	80%	80%	75%	70%	70%	68%	60%

可以看出，版权保护已经成为影响家纺市场发展诸多因素中最重要的因素。1998年，志浩市场版权管理工作开始步入正轨，对盗版打击的力度越来越强，一些受到处罚的经营户为了规避版权管理而选择了撤离，年初的3个月时间，市场上有20多家经营户转向外省经营，版权管理导致了市场经营户的大量流失，是大家始料未及的，版权管理工作面临了前所未有的压力。然而，半年过去了，这些外出的几十家经营户都无一例外地陆续回到了市场。究其原因，因为在外省的市场，单一的花型，彼此之间抄袭翻版，压价销售，使得经营的利润空间越来越小，根本无利可图。这个事例给了当地政府很大的启示，也坚定了政府把版权管理坚定不移抓下去的决心。

江苏金太阳纺织科技有限公司的发展历程是版权保护下发展壮大的一个典型案例。金太阳纺织科技有限公司是中国南通家纺城的大型骨干企业，集家纺面料设计研发、销售、服务为一体的集团化家纺配套企业；也是国内家纺面料业内最早坚持走品牌化发展之路的企业之一，在国内和国际家纺行业享有较高的知名度和美誉度。该公司将争做“世界优秀面料供应商”作为公司的长期经营目标。

金太阳公司在经营前期，模仿抄袭该公司设计作品的现象屡见不鲜，并越来越猖獗，对公司经营管理造成了极大的困难。随着志浩市场版权管理办公室的成立，加大了对市场侵权盗版行为的查处力度，增强了南通家纺城经营户依法经营的意识，通过不断树立“创新为荣，盗版为耻”的观念，有效净化了家纺市场，为包括金太阳在内的致力于诚信经营、依法经营的企业提供了有力保障。

在志浩市场版权管理办公室的指导和帮助下，金太阳公司建立了企业的专门版权保护机构，并与律师事务所建立了依法打击盗版的合作关系。截至目前，按照《中华人民共和国著作权法》对1 000多件设计作品依法进行了登记，共售让设计作品2 000余份。

金太阳公司利用地处本地市场的便利，如发现盗版，在版权管理办公室的协助下，第一次采取警告撤柜方式，即警示侵权人其所出售的是金太阳公司拥有版权的作品，告诉店主立即撤柜，如有成品，立即自行内部处理；如第二次仍发现盗版产品，则要求店主停止侵权并赔偿经济损失；如发现有屡次盗版的店主，该公司会向市场版权管理办公室投诉，版权管理办公室会帮助公司保全证据，同时组织调解。如店主或者被侵权人不愿意接受调解，公司则通过司法诉讼维护自身的合法权益。

通过以上切实有效的版权保护措施，维护了该公司的合法权益。近年来，金太阳公司每年巡查发现有数百起版权侵权纠纷，投诉的约有200多起，形成诉讼的有100多起，90%以上都以调解结案，纠纷基本上得到妥善解决。

由于版权保护给企业发展带来了公平竞争的良好商业环境，来自日本、韩国、美国等国的国外资本开始与南通家纺市场上的国内企业合资办厂，资本注入逐年增加，合资企业数量逐年提高（见表11）。最早从家纺版权保护中获益的台湾东帝兴公司投资5 000多万元自建、购买营业用房，印花布面料及美术图案不断创新，销售额比前五年翻六番，外贸出口占40%，台商已在这块丰饶的土地上获得了丰厚的报酬。嘉宇斯纺织品有限公司2007至2008年外贸出口额名列通州市前列，近期投资9 000多万元建立成品生产基地。

表11　2004～2008年两大家纺市场外资投资情况汇总表

市场名称	项目名称	2004年	2005年	2006年	2007年	2008年
志浩市场	外资投入（万元）	1 240	2 040	3 890	4 580	6 080
	合资企业（个）	6	10	15	17	20
叠石桥市场	外资投入（万元）	14 000	19 000	20 000	24 000	25 000
	合资企业（个）	13	26	56	66	81

同样由于版权保护所创造的市场环境，两大市场吸引了全国各地大量家纺企业来到南通投资，几年来企业数量增加迅猛（见表12）。

表 12　2004～2008 年两大市场企业数量情况汇总表

市场	项目名称	2004 年	2005 年	2006 年	2007 年	2008 年
志浩市场	家纺企业数量（个）	609	752	965	1 327	1 726
	规模以上家纺企业（个）	49	80	99	112	114
	市场经营户（个）	703	780	1 120	1 205	1 385
叠石桥市场	家纺企业数量（个）	275	593	632	672	715
	规模以上家纺企业（个）	18	22	28	33	52
	市场经营户（个）	2 200	2 300	2 350	2 410	2 511

（五）版权保护成为促进家纺产品创新与销售的重要条件

十多年来版权管理的实践，使当地政府、管理部门和经营者不约而同地认识到，版权管理是家纺产业发展的生命线。版权管理极大地调动了广大创业者进行产品研发和创新的积极性，新产品、新花型层出不穷，极大地提升了市场产品的档次和质量，增强了产品的覆盖面，形成研发、生产、销售完整产业链，提升了市场的品质和素质，使南通家纺业在产品创新和品种研发、销售业绩方面，始终走在时代的前列，成为中国家纺的航母，并融进世界家纺产业潮流。版权管理也极大地带动了当地管理者、经营者思想观念的转变，现代知识产权理念尤其是著作权理念逐步深入人心。现代企业经营理念的普及，智力劳动成果转化为生产力的成功实践，使一批从事简单产品再生产的传统农民布商，进入立足本土展望世界、具有科学理性精神、开拓创新意识的现代企业经营管理者行列。两大家纺市场的专业化分工更加细致、合理，更加贴近市场需求。以志浩市场的金太阳公司为例，该公司就是坚持以终端市场为导向，以成品企业需求为根本，从成品生产商的发展角度出发，提供个性化服务。

该公司在面料开发上，更加贴近终端消费需求，并且符合家纺产品发展趋势。强有力的面料研发能力必须以超前的市场意识和敏锐的艺术触觉为支撑。金太阳作为国内著名的品牌家纺面料专业供应商，面对的顾客群体是广大的成品生产厂商，保持中高档产品是其鲜明个性。由于金太阳一直坚持围绕客户的品牌定位，掌握客户的需求，做出切合客户需求的特色设计，所以经过不到 10 年的发展，已成为罗莱、水星、梦兰、堂皇等众多家纺品牌的战略合作伙伴。金太阳公司拥有全国家纺行业中最大的设计研发团队，旗下拥有 4 个设计研究所，专业从事花型设计、款式设计、品牌策划等；一个新产品开发部，专门研究新材料的运用、面料质地的开发。公司 300 名员工中设计人员就有 120 多名，占了 40%以上。在他们设计出的新产品中，既有印花、提花、绣花等设计图案，也有全棉、丝绸、莫代尔等系列面料，还有最新开发的竹纤维、牛奶纤维、大豆纤维面料等等，品种繁多，琳琅满目。其中，花型设计是最为活跃的部分，均由设计人员以手绘和电脑设计而成，每年推出上万个花型。目前，公司已申请版权、专利 1 000 余款，转让设计作品 2 000多款。近年来，公司先后获得中国国际家用纺织品设计大赛产品设计金、银、铜奖等各种荣誉 20 多个；2007 年，公司荣获中国纺织工业协会“产品创新贡献奖”。层出不穷的新品满足了客户的需求，推动了企业的快速发展，2008 年，公司成功入围“中国纺织服装企业竞争力 500 强”阵营。

金太阳公司丰富的花型图案单独出售的不多，强大的设计能力其实是为了给客户做增值服务，是以花型设计带动家纺面料的销售，并把花型版权授权给客户使用，一个新花型的使用周期一般为 2 年，也给客户版权保护 2 年。此举得到客户的普遍认可，促使金太阳面料销售逐年增长，2008 年国内市场销售增长率仍达到 20%以上。2009 年新年伊始，金太阳在营销上又创新高。为了加强设计作品与市场的对接，2 月 19～26 日，公司举办了“首届金太阳时尚设计大赛与新品发布会”，同期还发布了“2009/2010 金太阳家纺色彩流行趋势”，罗莱、水星、梦兰、堂皇、盛宇等 20 多家国内知名品牌家纺企业应邀来担任评委。评比一结束客商就对钟爱的花型下单，订单量达到 3 000 多万元。

近两年来，金太阳开始把拓展市场的触角伸到国外，实施“内外并举”的新发展战略：在国内市场销售面料，依然“做最大的家纺面料供应商”；在国外市场输出家纺成品，做“金太阳”品牌家纺供应商。2008 年，金太阳外贸发展明显提速，出口额达到 800 万美元。为了进军国际市场，金太阳公司正在按照国际化水准创建高标准的外贸出口工业园区，一期工程已完成厂房建设 33 000 平方米。

总体来看，经过十多年的版权管理，南通家纺市场经营规模不断扩大，经营户不断增加，企业不断做大做强，社会效益和经济效益不断提高。仍以江苏金太阳纺织科技有限公司为例，在战略上，该公司将研发作为公司的核心竞争力，重视自主知识产权和对自主知识产权的保护工作。在版权保护方面经历了三次跨越。

第一次跨越：成立花型设计工作室。2000年，金太阳公司在国内家纺民营企业中首家建立了花型设计工作室，聘请了10来名具有家纺设计经验的专业人员，对志浩市场畅销花型（面料图纹）进行研究，在此基础上通过修改、整合，设计出自己的面料花型。这一阶段，金太阳公司设计的面料花型，虽属于模仿设计阶段，但较好地迎合了客户的需求，产品畅销本地市场。此阶段版权保护意识较为淡薄，只有少部分原创作品进行版权登记。

第二次跨越：成立花型设计所。在尝到了研发设计的甜头后，金太阳公司不断加大研发团队建设力度。2003年，公司将花型设计工作室升格为花型设计所，研发团队超过了40人。这一阶段，金太阳公司在关注南通家纺市场面料销售的同时，添置了大量国内外家纺面料图文资料，充分吸收国际家纺品牌的信息元素，由此步入了创新设计阶段，研发出了金太阳公司独有的系列面料花型，客户遍布全国各地，形成了2亿元左右的年销售规模。此阶段已申请版权登记400多件，转让版权800多件。

第三次跨越：成立家纺设计研究院。为进一步提升企业研发能力，2006年，公司将花型设计所升格为家纺设计研究院，形成了从纱线材料到生产工艺、面料功能的研发，以及花型、款式为主的产品设计功能，检测、试验、打样等一条龙服务，与清华大学、东华大学、苏州大学、鲁迅美术学院、天津美术学院、广州美术学院等十余所高校建立联系，成为高校实习基地，金太阳吸引了大量优秀高校毕业生的加盟，研发团队达到了140多人，研发方向从单一的面料花型拓展到了家纺产业的全程。金太阳公司家纺设计研究院一举成为全国家纺行业规模最大、门类最全的研发设计团队，并被中国家纺协会指定为其唯一的家纺设计研发中心。金太阳面料成为全国家纺行业屈指可数的品牌，产品不仅国内供不应求，还大量出口欧美、日韩、澳大利亚等国家和地区，形成了5亿元左右的年销售规模。此阶段，公司将版权保护工作上升到战略的高度，由公司总经理亲自抓版权工作。此阶段登记版权近800件，转让版权1 000多件。正如该公司总经理所言："我们尝到了在政府大力进行版权保护大环境下的创新经营的甜头！"

在调研中我们发现，该公司每年均推出上千款新花型产品，新产品销售额占比超过60%。同时，该公司重视对客户的个性化及差异化服务，立足客户品牌特质为客户"量身定做"家纺产品，这在其服务的一二类品牌客户中较为常见，此项服务所销售的产品占其总销售额的30%以上。外销占总销售额的35%左右，在金太阳公司，版权保护工作与企业自主创新能力均作为其第一追求，孜孜不倦地进行新品研发、技术革新、品牌培育，从而使得自己的产品、技术或服务始终明显优于竞争对手且不易被模仿，形成独一无二的参与市场竞争的能力，而版权保护工作更使得决策层在经营和投入时得以"运筹帷幄"，"享受"市场的有序竞争。在这样的良性循环下，如金太阳一样有远见的南通家纺企业，都以自己的专有技术、发明创造，引导消费趋势，激发新的市场需求，树立行业标杆，抢占市场"话语权"。

与金太阳公司毗邻的江苏蓝丝羽家用纺织品有限公司成立于2000年3月，是国内家纺行业近年升起的一颗耀眼的新星，公司注册资本2 500多万元，占地面积60亩，建筑面积50 000平方米，拥有技术一流的绣花机、平缝车等设备，形成5个现代化生产车间、两条被子生产线，奠定较大规模的生产格局。公司现有设计研发人员120多名，占总人数的20%。公司在产品开发、设计、生产制造、品牌建立、市场营销方面实行一体化策略。经过几年的发展，蓝丝羽公司成为"中国家纺行业协会常务执行理事"、"中国质量检验协会会员"等行业协会团体成员。

（六）"南通版权保护经验"在其他市场的示范效应

版权保护体制、机制的形成还有效规范了市场秩序，促进外观设计专利、发明专利和商标品牌优势互补，提高了南通家纺产品总体品质，促进了家纺产品外在形式的创新与内在质量的优化，使南通成为国际家纺之都。1997年市场经营的90%是化纤产品，10%是中阔棉产品；到2001年90%以上是全棉、丝棉、真丝产品（其中50%是高支、高密精纺面料），化纤产品只占10%。到2008年，花型已超过80 000款，两大市场也成了中外客商云集的热闹商埠和自发的花型版权交易市场。国内外经营者来的第一件事就是询问著作权保护的情况，川姜镇领导深有感触地说：“版权管理是我们志浩市场发展的生命线，我们只能加强，不会削弱。”三星镇领导说：“在叠石桥市场我们不能保证没有一件盗版产品，但是我们能保证认真受理每一件侵权投诉，对每一起案件都会认真查处。”

目前，两大市场在版权管理工作中出现“两增两降”的良性态势。据两大市场版权管理办公室统计，2008 年共接受经营户登记美术设计图案 2 898 件，同比增长 2%；版权贸易 646 款，同比增长 1 000%；受理投诉 191 起，同比下降 31%；调解版权纠纷 171 起，同比下降 34%。这一现象充分说明，市场版权保护力度的加强、版权管理机制的完善，既保护了市场创新的积极性、激发了社会中潜藏的创造热情，也有效地抑制了侵权盗版行为的发生。

当地保护知识产权的成功实践，还吸引着众多的中外客商来这里落户。国内外众多家纺知名企业纷纷在南通抢滩登陆，国内知名品牌恒源祥、波司登、明超、杉杉、梦洁、鳄鱼、富安娜、红豆等先后落户南通，设立了产销基地。在叠石桥市场名品广场，集聚了几乎所有的中外名牌家纺产品。

南通两大家纺市场版权保护的成功经验，不仅引起了家纺产业同行的兴趣，如浙江绍兴柯桥中国轻纺城就数次来南通进行参观考察；而且也使得省内外的一些大型专业市场接踵而来学习南通经验，如江苏省苏州、连云港市的版权局就先后率领苏州刺绣市场和东海水晶市场管理部门人员来此考察，在学习南通经验的基础上，结合本地民间艺术品版权保护实际，成立了版权管理办公室和作品登记办公室。广东省版权局于 2008 年 4 月组织中山市相关乡镇的管理人员考察学习之后，拟建立灯具市场的版权保护机构，对灯具外观设计进行版权保护。

2008 年 4 月，浙江省绍兴市中国轻纺城成立了印花布行业协会。印花布协会目前拥有当地有影响的家纺企业成员 110 多家。协会专门从南通志浩市场聘请早已退休的原版权管理办公室主任陆士标担任绍兴印花布协会版权办公室主任。陆士标运用自己丰富的基层版权管理经验，与当地政府和协会负责人创立了行业自律、创新维权的版权保护模式。鉴于江浙两省经济体制和发展模式的差异性，他们不是简单照搬南通模式，而是结合浙江个体经济发展的特点，顺应经营者强烈要求保护自身知识产权的呼声，在浙江省版权局和当地政府和司法部门的积极支持下，科学借鉴南通经验，提出“自主创新、自律维权、和谐创业、稳定发展”的版权保护方针。

浙江省版权局、绍兴县人民政府进一步强化了轻纺城的版权保护工作，出台了全国第一部县级政府的《关于知识产权保护办法》，并成立了县知识产权领导小组及其办公室。该办公室设在县工商总会，对协会版权保护工作进行协调指导。浙江省版权局授权协会版权办开展印花布美术作品的版权登记工作，2008 年，会员登记作品 2 000 多款，为会员引进作品画稿 2 000 多款，成交 200 多款。协会版权办还代理会员的维权投诉取证、调解侵权纠纷、协商赔偿数额、剽窃改版界定、代理成员诉讼等服务工作。协会通过普及和宣传著作权法与每一个会员签订《履行行业自律公约，不侵权承诺书》，并反复修订完善了《行业自律公约》，以从业者共同约定遵守的职业道德来制约侵权行为的发生。协会以“停止侵权为主，损失赔偿为辅”的原则，重视从印染厂源头上制止侵权行为的发生，2008 年有 20 多起侵权行为被制止在萌芽状态。经版权办调解，侵权行为被终止，成员之间的损失和感情伤害降低，初步形成了“以创新为荣，以盗版为耻”的社会氛围。

这一模式的成功运作，将使中国家纺产业的基层版权管理服务工作在“南通经验”的基础上，联系本地实际创新工作机制，创新工作方法，更上了一个新的台阶，因其和国际间产业社团自律模式较为接近，其发展的前景将更加宽阔。2009 年 4 月，江苏省版权局、浙江省版权局、上海市版权局共同签署了《长三角地区版权保护协作协议书》，江、浙、沪将在作品登记和联手打击侵权盗版行为等十个方面，全面加强合作。因此，在政府强有力的支持下，江苏、浙江这两个中国经济最强势的省份，在合作加强家纺市场版权保护和服务，联手打击侵权盗版行为方面，将会有更大的合作空间。

据我们所知，目前中国其他省份家纺市场的版权管理基本处于空白状态，市场的侵权盗版行为未得到有效制止，这种现象如不改变，必然成为制约家纺产业健康有序发展的瓶颈。

（七）南通通过版权保护促进经济发展的经验总结

中国实施的改革开放政策，为南通的家纺产业发展提供了良好的市场空间，各级人民政府遵循促进生产力发展、促进生产方式转变、促进人民生活水平提高的方针，不断解放思想，创新工作思路、工作方法，推动市场繁荣，并在加入世贸组织之后，以崭新的姿态融入世界经济一体化的大潮流中。回顾十多年来南通家纺市场发展的历程：经历了从乱到治、从小到大、从弱到强、从粗到精的发展过程。这与南通市各级人民政府和管理部门着力引进和构建符合本地特色的版权保护体制、机制，强力推进家纺行业的版权保护与管理是分不开的。版权保护净化了家纺市场环境，维护家纺企业利益，引导家纺行业走科学发展、自主创新之路，推动家纺产业成为接续南通百年轻纺业的新亮点，成为南通市经济发展新的支柱产业。南通率先走出了一条利用版权保护促进产业发展的新路。概括起来有如下经验：

1. 改革开放促进了思想的解放、生产力的提高、经济的繁荣，人民生活的富裕。

南通家纺产业从民间自发诞生、非规范经营，到政府介入，依法管理、有序运作，不断做大、做强、做优、做精，完全得益于中国各级政府坚持改革开放的思想路线，坚持把经济发展放在首位的方针、政策，以及在实践中的有效贯彻实施。在此基础上，他们打破传统计划经济观念的束缚，实施以市场经济发展为导向的改革目标，结合当地家纺产业发展实际，因地制宜地解放思想，创新工作方法、工作模式和企业经营管理模式，在产业结构不断调整升级的过程中，注重产品形式的研发创新和内在品质的优化提高，全力打造整体产业链，从而促使家纺产品延伸的附加值不断提升，提高了市场的整体素质，在立足于占领中国市场扩大内需的同时，紧随全球经济一体化的时代潮流，融入国际市场，在国际竞争中寻找优势和新的经济增长点，走上了内外共同发展良性循环可持续科学发展的快车道，促使经济高速增长，市场持续繁荣，人民生活水平逐年提高。

2. 知识产权制度的成功引入促进了市场的繁荣和产品的创新。

南通家纺产品版权保护体制、机制成功运作的实践，证明了中国知识产权战略的有效实施和所取得的积极成果。南通市各级人民政府充分发挥政府的扶持和引导作用，将有效的知识产权制度创新转化为对版权产业的扶持和保护。支持创新要素向产品和企业集聚，建立以企业为主体、市场为导向，研发、生产和流通、营销相结合的自主知识产权创造体系，注重创建自己的品牌。引导企业加大产品创新投入，培养高端创意人才，逐步形成以南通家纺市场为轴心的家纺人才集聚群，最大限度地激发智力劳动者结合国内外市场需求实际开发新产品的积极性，率先突破国内市场的同质化低水平竞争，而走个性化产品创新之路，把获取的知识产权人才优势作为开拓市场、提升企业竞争力的重要手段。支持企业通过原始创新、集成创新和引进消化吸收创新，形成拥有自主知识产权的版权产品，并及时将那些创新型个性化产品推向市场，进入国内外流通领域，将知识产权成果转化为生产力，成为中国国内家纺业名副其实的航空母舰，并在参与国际市场竞争中不断更新观念、转变经营方式，增强了自己的经济实力，扩大了规模和影响。

3. 家纺产品的版权保护，为打造中国家纺版权贸易交易平台，创立外向型经济，由服务贸易、货物贸易向知识产权贸易转型创造了条件、奠定了基础。

在经济全球化和区域经济一体化的背景下，全球贸易投资的活跃，给南通家纺产业带来了巨大的商机和业务拓展的空间。南通家纺企业在吸纳国内外资金做大做强市场、做活货物贸易的同时，近几年着力探索利用高端创意人才的集团优势，将智力劳动成果通过服务贸易的形式，开展知识产权贸易，打造版权贸易平台，争取了更多的国际话语权。海门叠石桥家纺市场连续四年举办了“民族家纺设计大赛”，推出了一系列优秀家纺作品，在凸显民族风格的基础上融入了更多的国际和时尚元素，体现了南通家纺产品与时俱进、与世俱进的显著特色。其中，大部分的作品都进入外贸领域，成为国际首选产品。海门明天家用纺织品有限公司因其出色的研发设计能力，成为2010年上海世博会特许生产商。南通嘉宇斯公司2008年实现内外销总额3亿元人民币，其中外销出口2 181.29万美元，约占总销售额的一半。企业的成功就在于依靠自主知识产权占领市场，赢得市场份额。南通市早在1999年就举办了台湾工艺美术大师作品交易会，进行版权贸易尝试。2006年6月，志浩市场挂牌成立了全国第一家农民版权贸易交易所，版权贸易所设立了花型电脑资料库，上万款花型作品供中外客商选购。自2008年开始，通州志浩市场尝试举办国际性的画稿交易会，并一举获得成功。2009年画稿交易会成效更加显著，除原有的花布花型作品参展外，还延伸至动漫设计、软件设计、设计打印机等项目，参展商达75家，采购商达8 000余家，其中，有来自美国、英国、巴西、日本、韩国、约旦等国 30 多位客户前来参加画稿交易。两天的交易会成交额达 150 多万元人民币。事实说明，南通市对家纺产业的版权保护，已经极大地促进了生产要素的跨国、跨地区流动。南通市在建立版权保护体制、机制获取成功后，深入突进，尝试建立国际知识产权贸易的运作形式，全面打造国际性的版权交易平台，形成专业化的外贸中介服务网络，提升家纺产品的核心竞争能力。

4. 版权保护体制机制的建立，必须有切合实际的科学、规范、严密的程序设定，才能逐步在实践中形成版权保护体系，在制度的保障下将版权服务和保护的任务落到实处。

对于印花布、床上用品等家纺产品来说，新颖独创的花型就是产品的生命力。随着市场的不断发展壮大，家用纺织品花型设计这一智力成果，逐渐成为这个产业的核心竞争力。市场上的经销商们常常面临着保护自己花型和盗用他人花型的矛盾，而政府机构也在积极寻求有效途径来规范和治理无序的家纺市场。走过不少弯路之后，双方共同选择了版权管理与保护之路。南通版权保护行政管理部门找准了利用著作权法对家纺花型实施保护与管理这一切入点，家纺行业版权保护与管理工作 13 年持之以恒，形成版权保护与家纺产业联动发展的效应；家纺行业版权管理坚持走民事、行政、司法三位一体的保护之路，行政与司法相对接、相结合，通力合作，形成合力；地方党委、政府高度重视家纺版权保护工作，投入大量人力、物力、财力，加强版权保护机构和队伍建设，在市场黄金区域设置了版权保护办公室和知识产权巡回审判庭，使版权保护的地位和形象得以提升；版权保护必须尊重智力成果，尤其是对于风格独特、引领时尚的作品更要加大保护力度，以调动经营者开发花型的积极性，促使新品种、新花型层出不穷，使设计研发人才不断涌入家纺市场，促进产品品质不断提高，市场层次不断提升，家纺产业持续发展；版权执法必须公正、公平、公开，在法律法规和社会公约面前不徇私情，秉公办事，提高版权行政执法的社会公信力，形成管理人员依法办事（案）的职业操守和经营者合法经营的良好风气；版权保护必须适应市场经济发展的需要，不断拓展工作空间，提升服务管理水平，促进版权贸易的开展，促进家纺产业走出国门，走向世界。

（八）南通家纺市场版权保护在政策方面需要完善之处和建议

1. 南通家纺市场版权保护自身需要完善之处。

基层版权组织的性质、地位必须明确。目前两大市场的乡镇一级版权管理机构，是一种准行政管理部门，限制了行政执法功能的有效发挥。两大市场的版权管理办公室，实际从事的仍然是社会中介服务组织的功能，受理投诉仍然限于双方自愿的民事调解，基于道德约束，而无行政强制性。因此在对于侵权物品查扣收缴方面缺乏依据和力度。面对侵权盗版呈多样化趋势，仅仅依靠南通市版权局有限的执法人员，有远水不解近渴之虞，且不利侵权行为的调查取证。拟由南通市版权局采用委托执法的形式，当地县级人民政府授权两大市场版权管理办公室行使著作权行政执法权。前提是严格审核执法人员，对其进行法制和业务方面的培训，使其具备依法行政的资质。

建议当地人民政府将两大市场的版权管理机构，纳入政府行政管理系列，明确人员、编制、队伍、经费。组建行业协会和版权中介组织，明确职责分工，建立政府依法管理引导，行业自律保护维权，司法积极发挥审判作用相衔接的立体交叉、上下沟通的版权综合管理、服务、保护体制。

2. 国家与地方政策层面需要完善之处。

建设统一高效市场管理体制。全国统一开放的家纺市场，应建立全国统一的执法体系，根据著作权法的要求，结合家纺业特点制定统一的执法标准，形成统一的执法队伍。建议家纺产品的著作权监管应当同出版物、软件、网络的著作权监管一样，受到各级版权管理部门重视，避免出现净化一方、“四顾重兵围”的尴尬局面。目前，异地执法往往受到管理部门业务水准、执法力量、地方保护、部门保护的限制难以有效开展。家纺业的社会环境有待进一步净化。

印染业管理机制亟待加强。印染企业的管理存在盲点，目前印染企业是参照一般轻工企业来管理的，没有像印刷企业那样作为特种行业由新闻出版（版权）部门实施监管，几乎没有任何反盗版的措施加以制约，因而盗版印花布的漂染印制行为难以在源头上杜绝。

建议国家版权部门应切实加强对印染企业的立法监管，将印染业纳入各级版权管理的监管内容，加大对印染企业侵权盗版行为的查处力度。建立企业内部的知识产权制度，对于没有合法来源的涉嫌盗版产品坚决不予印染。在源头上遏制侵权盗版活动的势头。

剽窃抄袭手法翻新鉴定困难。目前对于印花布等家纺产品的花型、造型图案的鉴定，仍然难有统一的标准，往往是凭感觉经验去认定，因此，各专家认定的标准差异很大。尤其是近似图型的模仿、沿袭给市场鉴定人员带来困惑。这些独创性不明显的图型往往是抄袭剽窃的改头换面，容忍其变成产品在市场流通，必然影响到原创作者创新作品的积极性，也使市场产品进入低水平重复、相近相似沿袭的怪圈，影响市场的可持续发展。

作品登记标准不一、重复登记难避免。各省作品登记要求标准不统一，相互信息难以沟通，登记缺少科学性，带有盲目性，抄袭作品混迹其中就难于避免。特别是缺少艺术性的简单花型，出现又多又滥的情况。

建议尽快整合作品登记资源，建立统一的作品登记形式、登记标准、登记内容和各省联网的作品数据库，建立近似相似作品比对资源库平台，尽可能地为行政、司法保护原创作品提供强有力的支撑。

3. 行政保护、司法保护体制机制层面需要完善之处。

地下侵权盗版活动未能有效遏制。围绕通州、海门两大市场涉及通海交界十多个乡镇、数万个农户的家庭作坊式绣品生产加工业仍是孳生侵权盗版家纺产品的源头之一，大部分的盗版品仓库设在农户家中，给调查取证带来相当难度。由于作案手段隐蔽、牵涉地域广泛，受执法人员区域管辖限制，这种农村包围市场的局面使得提高广大农村从事家纺生产人员的守法意识成为今后工作的重点。

建议在村镇基层政权的大力协助下，采取宣传教育和行政、司法手段并用的综合治理方法，遏制侵权盗版活动蔓延的势头。

发挥农村基层政权的积极作用，建立以村委会为责任单位的反盗版机制，将保护知识产权内容纳入乡村政权建设之中，实行一票否决，地下侵权盗版活动猖獗的乡村应追究当地党政领导的责任。在积极探索利用刑事手段打击家纺领域的侵权盗版犯罪行为的同时，全省有关部门加大力度联合推动家纺市场版权等知识产权交易中心的建设，让广大中小企业依法引进版权组织生产，鼓励创意设计企业创新的积极性，使打击盗版的工作真正深入基层。

4. 其他需要完善之处。

建议南通市人民政府利用进行行政区划调整和重新划分的时机，对两大市场进行资源整合，在兼顾地方利益的前提下，对两大市场统一规划开发、统一行政资源和执法力量，避免行政分割，导致利益的不正当竞争，造成资源浪费。科学利用资源，形成核心竞争力，整合力量参与国内外家纺业的竞争，将市场做大做强做优。目前市场大部分外向型企业仅仅满足于当国外市场优质产品的加工企业，真正像金太阳、嘉宇斯、罗莱、明超、明天等企业那样，以品牌和版权进入国际市场的还较少。

建议政府各相关部门着手制定南通家纺市场的品牌战略。国内市场应尽可能发挥政府在融资方面的能动作用，切实解决企业融资难的瓶颈，在抓好新产品开发、生产的基础上，强化产业链末端的打造，促进南通家纺的百城百街百店的打造，形成南通家纺的整体品牌以展示形象，弘扬南通家纺文化，满足不同消费群体的全方位需求，实现家纺产品的利润最大化，实现家纺产品的附加值；在国际上利用南通家纺设计生产优势，集中精力、能力、财力打造产品分销链，形成中国自己在国际上叫得响的家纺品牌，在全球经济一体化的进程中，实现企业升级改造，提高民族家纺产品的国际竞争力，提高应对国际市场风险的能力。

南通家纺业的整体管理水平也有待在科学发展观的指导下，迈上一个新的台阶。家纺产业管理水平参差不齐，产业群两极分化现象较突出。大部分的企业管理还较粗放，缺少科学的计量管理、ERP管理等现代化管理手段，对生产销售各环节的监督管理不到位，资源浪费、成本支出与利润转入失衡现象还较普遍。管理中的问题折射出市场升级和高级管理营销人才缺乏之间的矛盾还较突出。南通虽然有20多万人从事家纺产业，但是高级管理、技术、营销方面的人才相对缺乏。

南通市及海门市、通州区人民政府已开始重视这些问题，正在积极采取有力措施，为培养高端人才、提高市场产业群体的整体素质和管理水平、打造全球第一流的家纺市场创造更多更有利的条件。

（九）对南通经验进行推广的建议

综上所述，南通市通州、海门两大家用纺织品市场，在强化版权管理、促进市场繁荣、推动当地经济发展等方面取得了举世瞩目的成绩，这是毋庸置疑的事实，但是存在的问题仍然不容忽视。随着市场规模的不断扩大，中外客商的纷至沓来，产品交易量的日益增大，市场潜在的巨大商机等也引诱着侵权盗版者的觊觎；随着科学技术的发展，侵权盗版的手法不断翻新，再加上全国统一开放的大市场的形成，各地管理执法水准不一等因素的存在，均给市场管理和执法带来相当难度。

在全国同类市场的版权保护方面，浙江省结合本省实际将南通经验创造性运用到本省家纺产品著作权保护中去，并取得初步成效，展示了后发优势的广阔前景。但是省际之间版权保护的不平衡性，盗版的巨大利益空间依然为侵权盗版产品的流通提供了巨大的市场，南通家纺产品不可能不受其危害。因通州区和海门市行政区划所产生的两大市场在争夺商业资源，给两大市场的实现要素流动、优化资源整合、形成整体合力带来阻碍，所形成的矛盾和纷争由来已久，恶性竞争导致的结果，有可能影响到两大市场的可持续发展。这一问题的妥善有效解决，也将考验南通市各级政府的行政智慧和执政能力。

有些问题带有普遍性，并非一省一地的版权管理部门就能解决。国家有关部门必须从我国版权产业繁荣发展的宏观大局出发，作战略性的思考，统一规划，制定措施，逐步加以解决，从而使我国的版权产业沿着科学发展的轨道与时俱进，开拓新的局面。

建议通过这次对南通家纺市场版权保护情况的调研，进一步加大对南通经验的推广宣传，扩大典型的示范教育作用，使世界知识产权组织的版权保护优秀示范点首先在国内市场生根、开花、结果，促进中国家纺产业的发展。在此基础上，通过世界知识产权组织的宣传推广，将南通经验引入国际社会，全面展示中国改革开放和知识产权保护对经济建设和产业发展带来的积极成果，并对与中国相类似的发展中国家提供有益的启示和可资借鉴的典型。

（注：1. 本文节选自《加强版权保护对中国南通家纺产业发展的影响调研报告》，世界知识产权组织、中国国家版权局著，江苏人民出版社，2010 年 6 月出版。

2. 调研报告执笔人：陆幸生、袁学术、顾翔。）

世界知识产权组织版权保护优秀案例示范点调研项目国内工作组成员名单

协调委员会

主　席：王自强　　国家版权局版权管理司司长
　　　　徐毅英（女）江苏省版权局局长
成　员：许　超　　国家版权局版权管理司巡视员
　　　　傅杰三　　江苏省版权局副局长
　　　　张小平（女）南通市委常委、市委宣传部部长
　　　　杨展里　　南通市人民政府副市长
　　　　陆善平　　南通市人民政府副秘书长
　　　　徐仁祥　　南通市委宣传部副部长

项目工作组

组　长：陆幸生　　江苏省版权局版权管理处处长
　　　　范　平（女）南通市版权局局长
　　　　邓玉华（女）国家版权局版权管理司国际处处长
成　员：曹淞云　　南通市人民政府办公室主任助理
　　　　王　智　　南通市人民政府办公室社会事业处处长
　　　　覃　阳（女）江苏省版权局版权管理处副主任科员
　　　　袁学术　　江苏省版权局版权管理处副主任科员
　　　　张　毅　　南通市版权局新闻出版办公室主任
　　　　顾　翔　　南通市版权局版权管理办公室主任
　　　　吴信林　　南通市委宣传部新闻出版处副处长
　　　　陈剑俊　　通州市川姜镇党委书记
　　　　郭　辉　　海门工业园区管委会主任、三星镇党委书记

项目专家组

　　　　李明德　　中国社会科学院知识产权中心主任
　　　　王　迁　　华东政法大学知识产权学院教授

上海版权产业报告

上海市版权局

一、上海版权产业的经济贡献

（一）上海版权产业的经济贡献概述

1. 2004年上海版权产业的经济贡献。

2004年，上海全部版权产业的增加值为669.51亿元人民币（系乘以版权因子后的数值，下同）①，占当年上海GDP（8 072.83亿元人民币）的8.29%，其中核心版权产业的增加值为358.93亿元人民币，占当年上海GDP的4.45%；上海全部版权产业的从业人数为60.75万人（系乘以版权因子后的数值，下同），占当年上海全社会各行业从业人数（836.87万人）的7.26%，其中核心版权产业的从业人数为42.13万人，占当年上海全社会各行业从业人数的5.03%；上海口岸版权产业相关的海关商品出口额为294.37亿美元（系乘以版权因子后的数值，下同），占当年上海口岸出口贸易总额②的18.25%，其中核心版权产业相关的海关商品出口额为3.32亿美元，占当年上海口岸出口贸易总额的0.21%（如表1、图1、图2、图3所示）。

表1　　2004年上海版权产业的经济贡献③

分类＼指标	产业增加值		从业人数		商品出口额	
	数值（亿元人民币）	比重（%）	数值（万人）	比重（%）	数值（亿美元）	比重（%）
核心版权产业	358.93	4.45	42.13	5.03	3.32	0.21
相互依存的版权产业	261.69	3.24	12.15	1.45	277.40	17.20
部分版权产业	48.90	0.61	6.48	0.77	13.65	0.85
合计（全部版权产业）	**669.51**	**8.29**	**60.75**	**7.26**	**294.37**	**18.25**

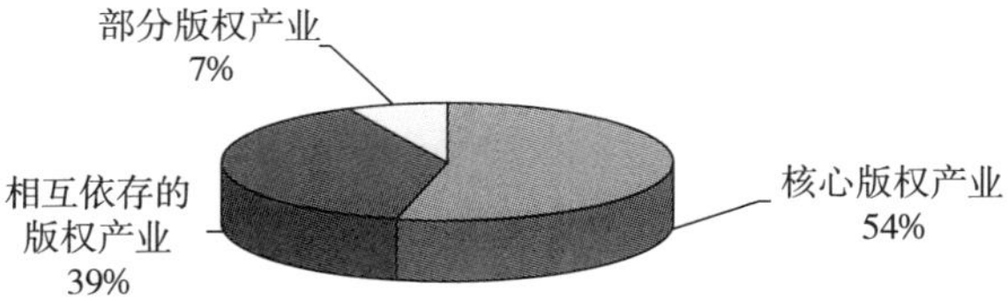

图1　2004年上海版权产业增加值各部分构成比例

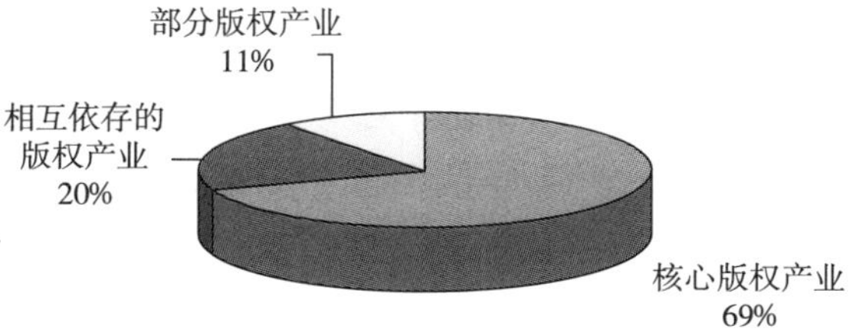

图2　2004年上海版权产业各部分从业人数构成比例

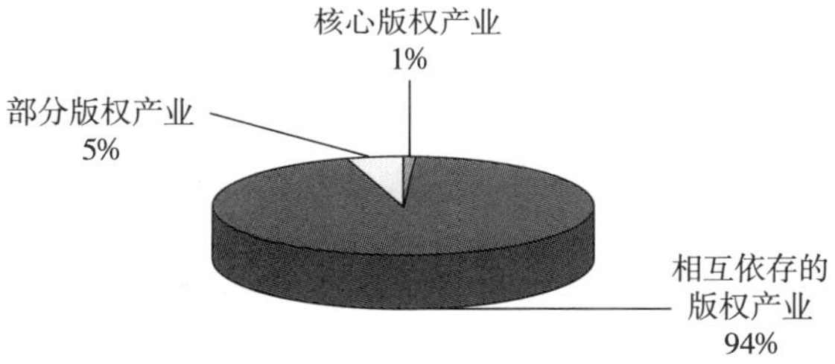

图3　2004年上海口岸版权产业各部分相关商品出口额构成比例

2. 2005年上海版权产业的经济贡献。

2005年，上海全部版权产业的增加值为829.09亿元人民币，占当年上海GDP（9 164.1亿元人民币）的9.05%，其中核心版权产业的增加值为

① 如无特别说明，本报告的产业增加值、从业人数和商品进出口额等数据，均是按其版权成分乘以版权因子后获得的数据；产业增加值和商品进出口额等数据未特别说明为可比价格的，均为当年价格。

② 上海口岸出口贸易总额是指在各地（包括上海）报关，通过上海口岸出口的贸易数据。

③ 需要说明的是，由于四舍五入的原因，有时合计的数值会与前面三类版权产业相关数据相加值存在误差，特此说明。本报告后面的数值如出现类似的情况，原因亦同。

419.70 亿元人民币，占当年上海 GDP 的 4.58%；上海全部版权产业的从业人数为 65.43 万人，占当年上海全社会各行业从业人数（863.22 万人）的 7.58%，其中核心版权产业的从业人数为 45.59 万人，占当年上海全社会各行业从业人数的 5.28%；上海口岸版权产业相关的海关商品出口额为 422.25 亿美元，占当年上海口岸出口贸易总额的 19.88%，其中核心版权产业相关的海关商品出口额为 4.90 亿美元，占当年上海口岸出口贸易总额的 0.23%（如表 2、图 4、图 5、图 6 所示）。

表 2　2005 年上海版权产业的经济贡献

分类＼指标	产业增加值		从业人数		商品出口额	
	数值（亿元人民币）	比重（%）	数值（万人）	比重（%）	数值（亿美元）	比重（%）
核心版权产业	419.70	4.58	45.59	5.28	4.90	0.23
相互依存的版权产业	347.85	3.80	13.35	1.55	401.17	18.88
部分版权产业	61.55	0.67	6.49	0.75	16.18	0.76
合计（全部版权产业）	**829.09**	**9.05**	**65.43**	**7.58**	**422.25**	**19.88**

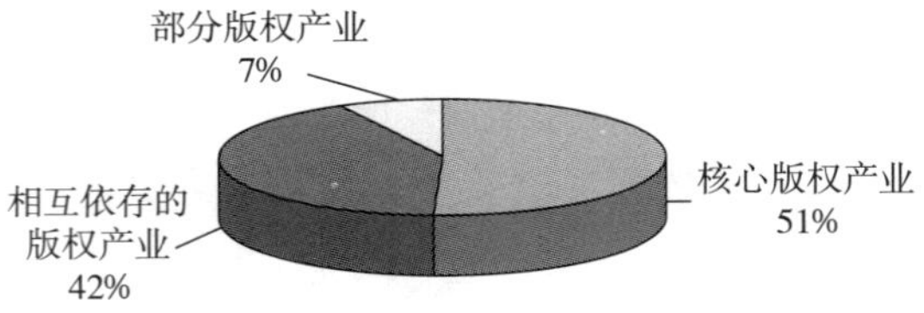

图 4　2005 年上海版权产业各部分增加值构成比例

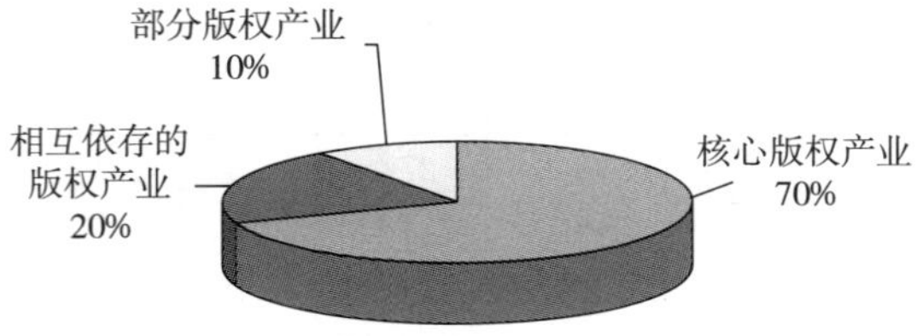

图 5　2005 年上海版权产业各部分从业人数构成比例

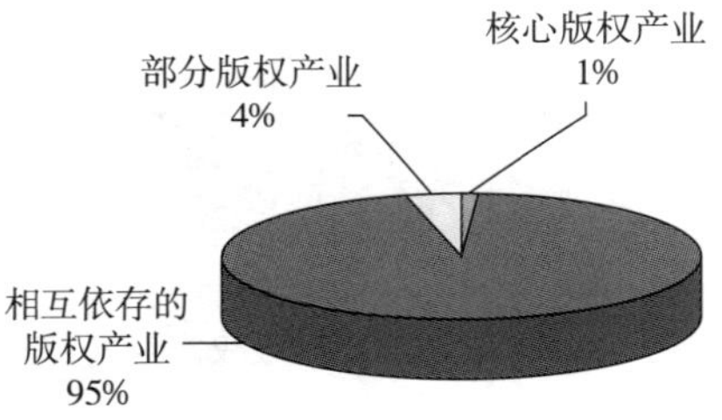

图 6　2005 年上海口岸版权产业各部分相关商品出口额构成比例

3. 2006 年上海版权产业的经济贡献。

2006 年，上海全部版权产业的增加值为 969.38 亿元人民币，占当年上海 GDP（10 366.37 亿元人民币）的 9.35%，其中核心版权产业的增加值为 488.81 亿元人民币，占当年上海 GDP 的 4.72%；上海全部版权产业的从业人数为 70.03 万人，占当年上海全社会各行业从业人数（885.51 万人）的 7.91%，其中核心版权产业的从业人数为 48.34 万人，占当年上海全社会各行业从业人数的 5.46%；上海口岸版权产业相关的海关商品出口额为 530.21 亿美元，占当年上海口岸出口贸易总额的 19.89%，其中核心版权产业相关的海关商品出口额为 4.52 亿美元，占当年上海口岸出口贸易总额的 0.17%（如表 3、图 7、图 8、图 9 所示）。

4. 2007 年上海版权产业的经济贡献。

2007 年，上海全部版权产业的增加值为 1 085.81亿元人民币，占当年上海 GDP（12 188.85 亿元人民币）的 8.91%，其中核心版权产业的增加值为 586.81 亿元人民币，占当年上海 GDP 的 4.81%；上海全部版权产业的从业人数为 76.45 万人，占当年上海全社会各行业从业人数（909.08 万人）的 8.41%，其中核心版权产业的从业人数为 51.57 万人，占当年上海全社会各行业从业人数的 5.67%；上海口岸版权产业相关的海关商品出口额

表 3　2006 年上海版权产业的经济贡献

分类＼指标	产业增加值		从业人数		商品出口额	
	数值（亿元人民币）	比重（%）	数值（万人）	比重（%）	数值（亿美元）	比重（%）
核心版权产业	488.81	4.72	48.34	5.46	4.52	0.17
相互依存的版权产业	405.05	3.91	15.41	1.74	507.33	19.03
部分版权产业	75.52	0.73	6.28	0.71	18.36	0.69
合计（全部版权产业）	**969.38**	**9.35**	**70.03**	**7.91**	**530.21**	**19.89**

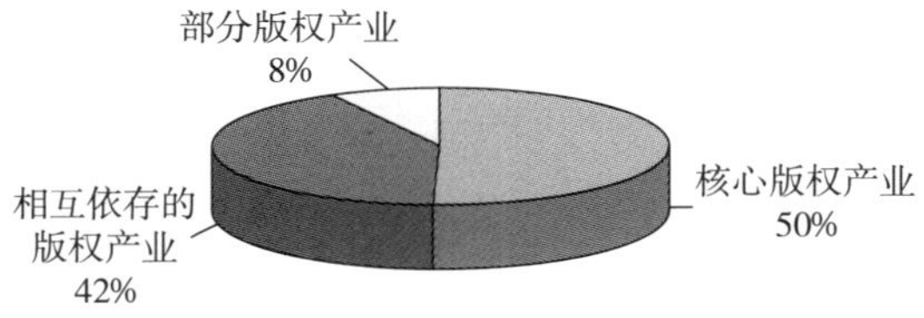

图 7　2006 年上海版权产业各部分增加值构成比例

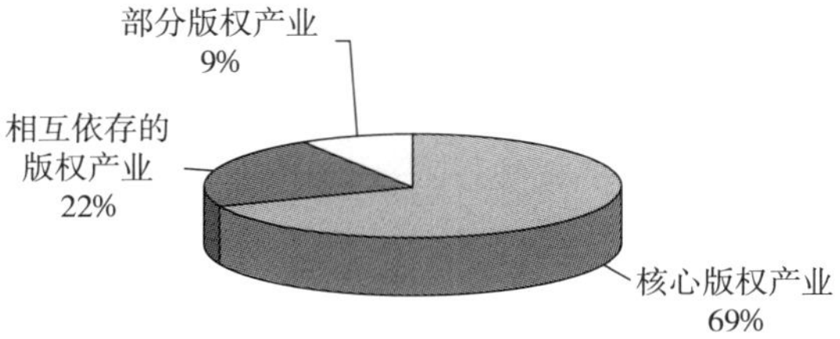

图 8　2006 年上海版权产业各部分从业人数构成比例

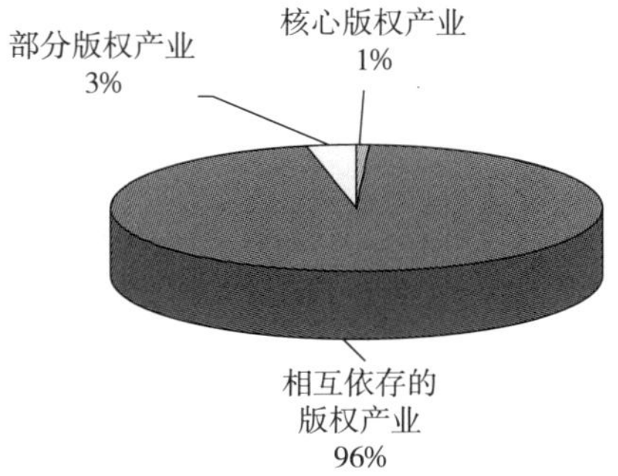

图 9　2006 年上海口岸版权产业各部分相关商品出口额构成比例

为 545.50 亿美元，占当年上海口岸出口贸易总额的 16.61%，其中核心版权产业相关的海关商品出口额为 15.42 亿美元，占当年上海口岸出口贸易总额的 0.47%（如表 4、图 10、图 11、图 12 所示）。

表 4　　2007 年上海版权产业的经济贡献

分类＼指标	产业增加值		从业人数		商品出口额	
	数值（亿元人民币）	比重（%）	数值（万人）	比重（%）	数值（亿美元）	比重（%）
核心版权产业	**586.81**	**4.81**	**51.57**	**5.67**	**15.42**	**0.47**
相互依存的版权产业	**412.95**	**3.39**	**18.58**	**2.04**	**507.64**	**15.45**
部分版权产业	**86.05**	**0.71**	**6.30**	**0.69**	**22.44**	**0.68**
合计（全部版权产业）	**1 085.81**	**8.91**	**76.45**	**8.41**	**545.50**	**16.61**

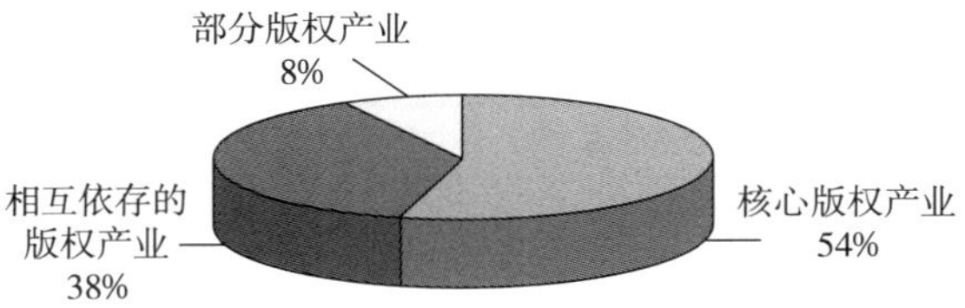

图 10　2007 年上海版权产业各部分增加值构成比例

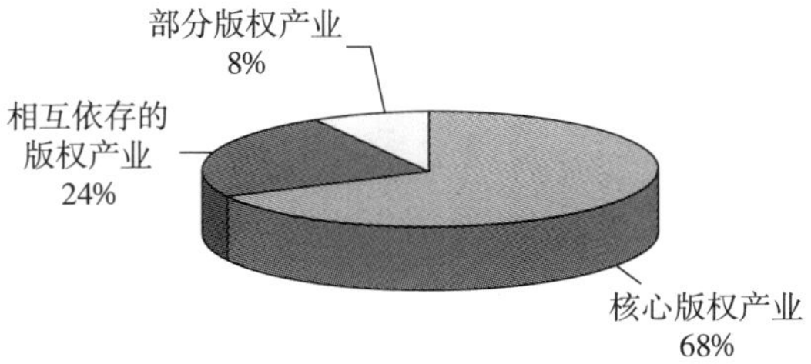

图 11　2007 年上海版权产业各部分从业人数构成比例

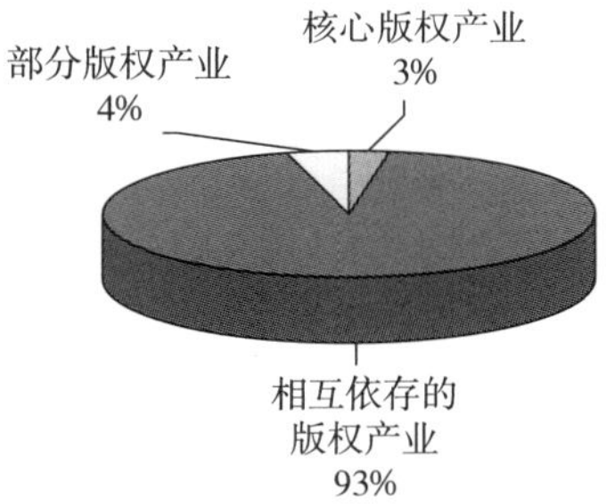

图 12　2007 年上海口岸版权产业各部分相关商品出口额构成比例

（二）上海版权产业对产业增加值的贡献

1. 2004～2007 年上海版权产业的增加值状况。

从 2004 年至 2007 年，上海版权产业的增加值从 669.51 亿元人民币上升到 1 085.81 亿元人民币。其中，核心版权产业的增加值从 358.93 亿元人民币上升到 586.81 亿元人民币，相互依存的版权产业的增加值从 261.69 亿元上升到 412.95 亿元人民币，部分版权产业的产业增加值从 48.90 亿元上升到 86.05 亿元人民币（如表 5、图 13 所示）。

表 5　　2004～2007 年上海版权产业的增加值状况（亿元人民币）

分类＼年份	2004 年	2005 年	2006 年	2007 年
核心版权产业	358.93	419.70	488.81	586.81
相互依存的版权产业	261.69	347.85	405.05	412.95
部分版权产业	48.90	61.55	75.52	86.05
合计（全部版权产业）	**669.51**	**829.09**	**969.38**	**1 085.81**

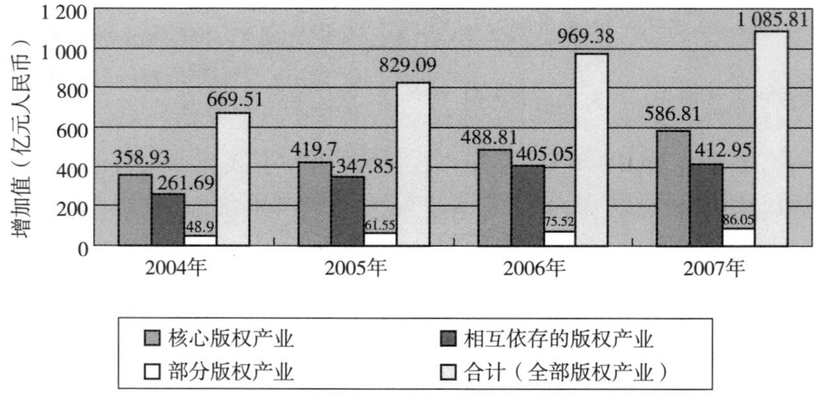

图 13　2004～2007 年上海版权产业的增加值状况

2. 2004～2007 年上海版权产业增加值占 GDP 的比重状况。

从 2004 年至 2007 年，上海版权产业的增加值占当年 GDP 的比重从 8.29%上升到 8.91%。其中核心版权产业的增加值占当年 GDP 的比重从 4.45%上升到 4.81%，相互依存的版权产业的增加值占当年 GDP 的比重从 3.24%上升到 3.39%，部分版权产业的增加值占当年 GDP 的比重从 0.61%上升到 0.71%（如表 6、图 14 所示）。

表 6　　2004～2007 年上海版权产业增加值占 GDP 的比重状况（%）

分类＼年份	2004 年	2005 年	2006 年	2007 年
核心版权产业	4.45	4.58	4.72	4.81
相互依存的版权产业	3.24	3.80	3.91	3.39
部分版权产业	0.61	0.67	0.73	0.71
合计（全部版权产业）	**8.29**	**9.05**	**9.35**	**8.91**

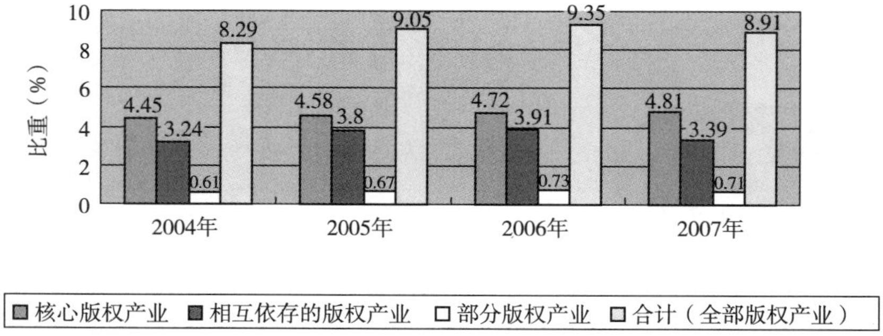

图 14　2004～2007 年上海版权产业增加值占当年 GDP 的比重状况

3. 2005～2007 年上海版权产业增加值的实际增长速度。

从 2005 年至 2007 年，按可比价格计算，上海版权产业增加值的实际增长速度从 17.36%下滑到 6.16%，但是，其中核心版权产业增加值的实际增长速度仍然从 10.84%上升到 13.79%（如表 7、图 15 所示）。

表 7　　2005～2007 年上海版权产业增加值的实际增长速度（%）

分类＼年份	2005 年	2006 年	2007 年
核心版权产业	10.84	10.40	13.79
相互依存的版权产业	25.94	10.33	−3.41
部分版权产业	19.31	16.31	8.01
全部版权产业	17.36	10.81	6.16

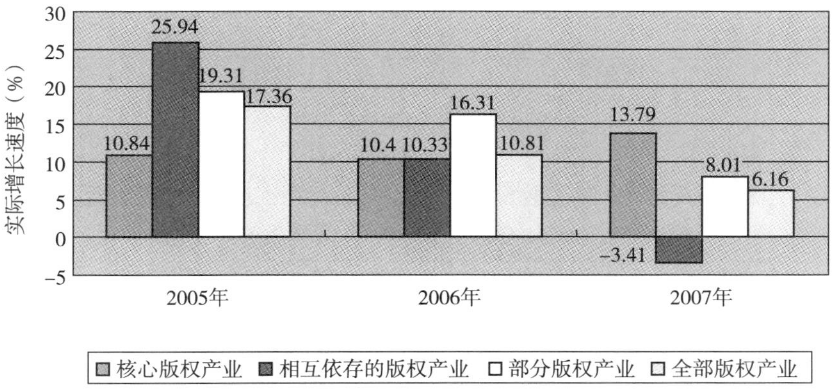

图 15　2005～2007 年上海版权产业增加值的实际增长速度（%）

（三）上海版权产业对从业人数的贡献

1. 2004～2007 年上海版权产业的从业人数状况。

从 2004 年至 2007 年，上海版权产业的从业人数从 60.75 万人上升到 76.45 万人。其中，核心版权产业的从业人数从 42.13 万人上升到 51.57 万人，相互依存的版权产业从业人数从 12.15 万人上升到 18.58 万人，但部分版权产业的从业人数从 6.48 万人下滑到 6.30 万人（如表 8、图 16 所示）。

表 8　　2004～2007 年上海版权产业的从业人数状况（万人）

分类＼年份	2004 年	2005 年	2006 年	2007 年
核心版权产业	42.13	45.59	48.34	51.57
相互依存的版权产业	12.15	13.35	15.41	18.58
部分版权产业	6.48	6.49	6.28	6.30
合计（全部版权产业）	**60.75**	**65.43**	**70.03**	**76.45**

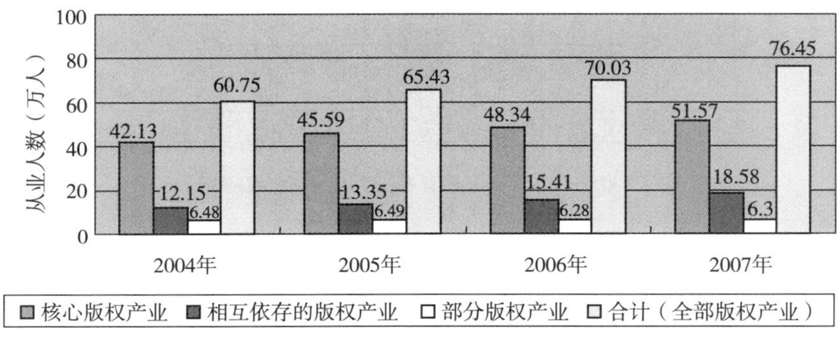

图 16　2004～2007 年上海版权产业的从业人数状况

2. 2004～2007 年上海版权产业从业人数占全社会各行业从业人数的比重状况。

从 2004 年至 2007 年，上海版权产业从业人数占当年全社会各行业从业人数的比重从 7.26%上升到 8.41%。其中，核心版权产业从业人数占当年全社会各行业从业人数的比重从 5.03%上升到 5.67%，相互依存的版权产业从业人数占当年全社会各行业从业人数的比重从 1.45%上升到 2.04%，但部分版权产业从业人数占当年全社会各行业从业人数的比重从 0.77%下滑到 0.69%（如表 9、图 17 所示）。

表 9　　2004～2007 年上海版权产业从业人数占当年全社会各行业从业人数比重状况（%）

分类＼年份	2004 年	2005 年	2006 年	2007 年
核心版权产业	5.03	5.28	5.46	5.67
相互依存的版权产业	1.45	1.55	1.74	2.04
部分版权产业	0.77	0.75	0.71	0.69
合计（全部版权产业）	**7.26**	**7.58**	**7.91**	**8.41**

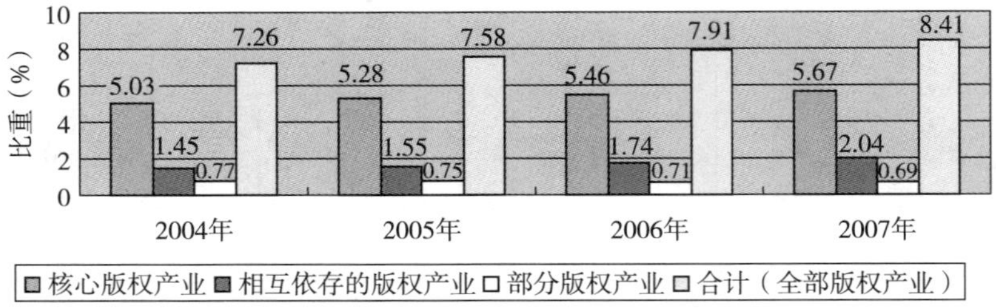

图 17　2004～2007 年上海版权产业从业人数占当年全社会各行业从业人数比重状况

3. 2005～2007 年上海版权产业从业人数的增长速度。

从 2005 年至 2007 年，上海版权产业从业人数的增长速度从 7.70%上升到 9.16%。其中，核心版权产业从业人数的增长速度从 8.23%下滑到 6.67%，相互依存的版权产业从业人数的增长速度从 9.90%上升到 20.56%，部分版权产业从业人数的增长速度从 0.15%上升到 0.41%（如表 10、图 18 所示）。

表 10　　2005～2007 年上海版权产业从业人数的增长状况（%）

分类＼年份	2005 年	2006 年	2007 年
核心版权产业	8.23	6.03	6.67
相互依存的版权产业	9.90	15.43	20.56
部分版权产业	0.15	－3.264	0.41
全部版权产业	7.70	7.03	9.16

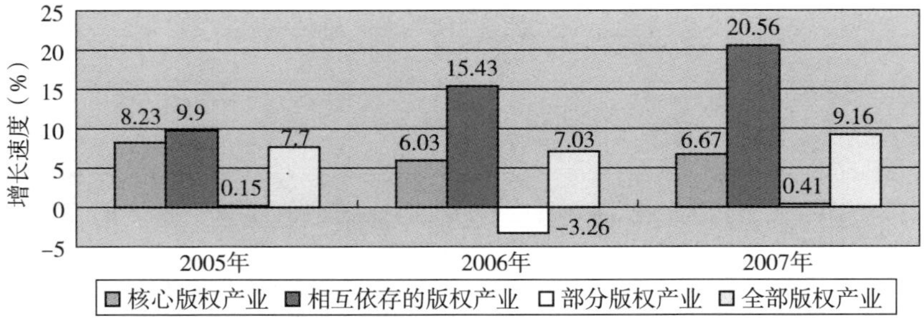

图 18　2005～2007 年上海版权产业从业人数的增长速度

（四）上海口岸版权产业对海关商品出口额的贡献

1. 2004～2007 年上海口岸版权产业相关海关商品出口额状况。

从 2004 年至 2007 年，上海口岸版权产业相关的海关商品出口额从 294.37 亿美元上升到 545.50 亿美元。其中，核心版权产业相关的海关商品出口额从 3.32 亿美元上升到 15.42 亿美元，相互依存的版权产业相关的海关商品出口额从 277.40 亿美元上升到 507.64 亿美元，部分版权产业相关的海关商品出口额从 13.65 亿美元上升到 22.44 亿美元（如表 11、图 19 所示）。

表 11　　2004～2007 年上海口岸版权产业相关海关商品出口额状况（亿美元）

分类＼年份	2004 年	2005 年	2006 年	2007 年
核心版权产业	3.32	4.90	4.52	15.42
相互依存的版权产业	277.40	401.17	507.33	507.64
部分版权产业	13.65	16.18	18.36	22.44
合计（全部版权产业）	**294.37**	**422.25**	**530.21**	**545.50**

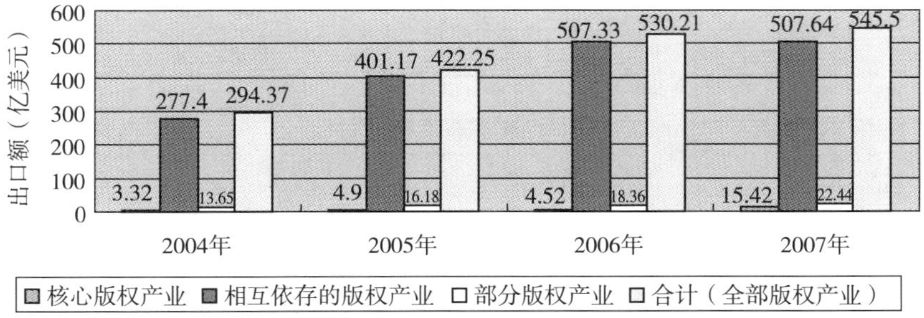

图 19　2004～2007 年上海口岸版权产业相关海关商品出口额状况

2. 2004～2007 年上海口岸版权产业相关海关商品出口额占出口贸易总额的比重状况。

从 2004 年至 2007 年，上海口岸版权产业相关的海关商品出口额占当年上海口岸出口贸易总额的比重从 18.25%下滑到 16.61%。其中，核心版权产业相关的海关商品出口额占当年上海口岸出口贸易总额的比重从 0.21%上升到 0.47%，相互依存的版权产业相关的海关商品出口额占当年上海口岸出口贸易总额的比重从 17.20%下降到 15.45%，部分版权产业相关的海关商品出口额占当年上海口岸出口贸易总额的比重从 0.85%下滑到 0.68%（如表 12、图 20 所示）。

表 12　2004～2007 年上海口岸版权产业相关海关商品出口额占当年上海口岸出口贸易总额的比重状况（%）

分类＼年份	2004 年	2005 年	2006 年	2007 年
核心版权产业	0.21	0.23	0.17	0.47
相互依存的版权产业	17.20	18.88	19.03	15.45
部分版权产业	0.85	0.76	0.69	0.68
合计（全部版权产业）	**18.25**	**19.88**	**19.89**	**16.61**

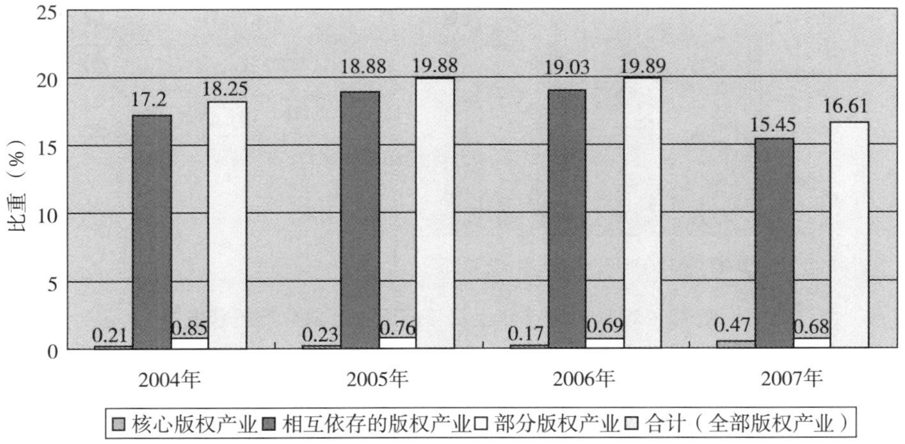

图 20　2004～2007 年上海口岸版权产业相关海关商品出口额占当年上海口岸出口贸易总额的比重状况

3. 2005～2007 年上海口岸版权产业相关海关商品出口额的增长速度。

从 2005 年至 2007 年，按当年价格计算①，上海版权产业相关的海关商品出口额的增长速度从 43.44%下滑到 2.88%，主要是其中相互依存的版权产业相关的海关商品出口额的增长速度从 44.62%下滑到 0.06%。但是，核心版权产业相关的海关商品出口额的增长速度仍然从 47.72%大幅上升到 241.05%，部分版权产业相关的海关商品出口额的增长速度从 18.55%大幅上升到 22.22%（如表 13、图 21 所示）。

表 13　2005～2007 年上海口岸版权产业相关海关商品出口额的增长状况（%）

分类 \ 年份	2005 年	2006 年	2007 年
核心版权产业	47.72	−7.74	241.05
相互依存的版权产业	44.62	26.46	0.06
部分版权产业	18.55	13.47	22.22
全部版权产业	43.44	25.57	2.88

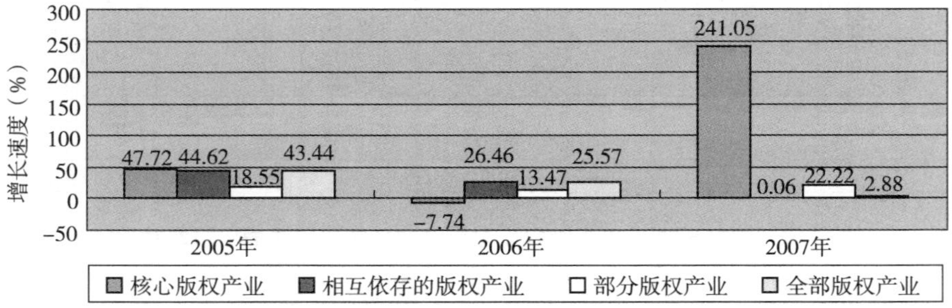

图 21　2005～2007 年上海口岸版权产业相关海关商品出口额的增长速度

二、上海版权产业的现状分析

（一）上海版权产业保持了比较稳定的持续增长和发展

在 2004～2007 年，上海版权产业在整体上保持了比较稳定的增长和发展，版权产业的总产出、产业增加值和从业人数均持续增长，核心版权产业增加值在上海 GDP 中的比重以及版权产业从业人数在上海各行业从业人数中的比例均逐年提升，这表明上海版权产业，尤其是核心版权产业在上海经济发展中的产业地位日益提升，在贡献就业方面作用日益显著。

1. 从总产出的增长情况来看。

上海核心版权产业的总产出从 2004 年的 1 204.28亿元增加到 2007 年的 2 260.81 亿元，在四年间增长了接近一倍，成绩突出。按当年价格计算，2007 年的增长速度更是高达 32.69%（如图 22 所示）。

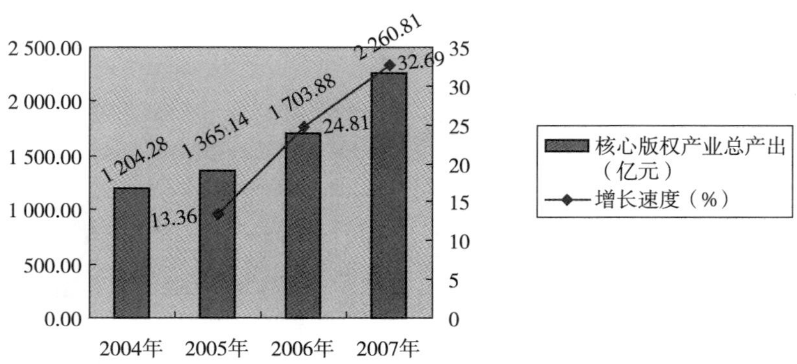

图 22　2004～2007 年上海核心版权产业总产出状况

① 因数据来源的原因，版权产业相关的海关商品出口额采用的货币计量单位是美元，人民币的可比价格系数不适用，因此，这里计算海关商品出口额的增长速度是按当年价格计算，而非按可比价格计算。

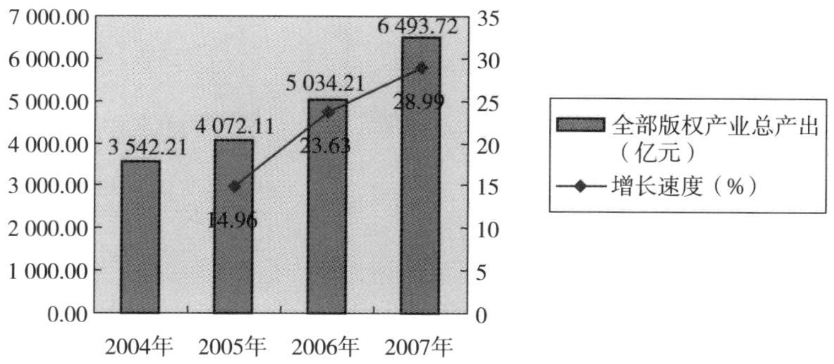

图 23　2004～2007 年上海全部版权产业总产出状况

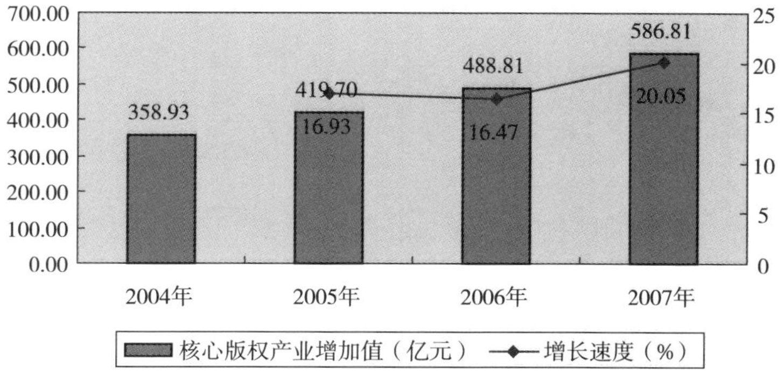

图 24　2004～2007 年上海核心版权产业增加值状况

上海全部版权产业的总产出也同样保持了比较快的增长态势，按当年价格计算，2005～2007 年的增长速度均超过 14%，2007 年的增长速度更是接近 29%，在 2007 年其总产出已经接近 6 500 亿元（如图 23 所示）。

2. 从产业增加值的增长情况来看。

近年来，上海核心版权产业的增加值一直保持向上攀升的态势，从 2004 年的 358.93 亿元，增加至 2007 年的 586.81 亿元。相应地，上海核心版权产业增加值按当年价格计算一直保持了 16%以上的增长速度（如图 24 所示），按可比价格计算也一直保持了两位数的增长速度（如图 25 所示），显示出上海核心版权产业一直保持着蓬勃发展和比较活跃的态势。虽然上海全部版权产业增加值的增长速度在近几年一直处于下行的趋势，但产业增加值仍然保持着上扬的趋势，至 2007 年其产业增加值已经接近 1 100 亿元。

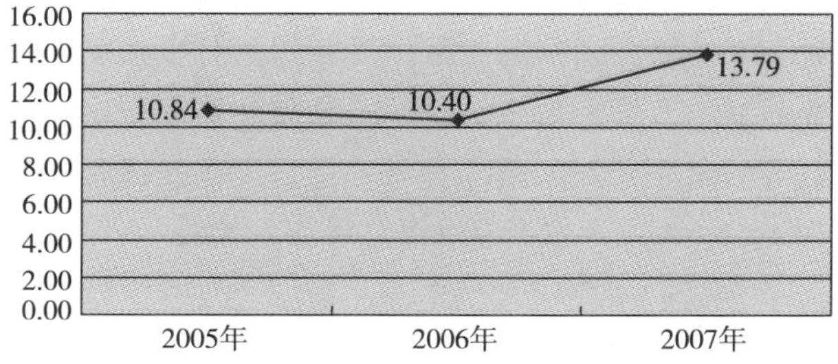

图 25　2005～2007 年上海核心版权产业增加值实际增长速度（%）

3. 从产业增加值的比重情况来看。

近年来，上海核心版权产业的增加值在 GDP（国内生产总值）中的比重逐年增加。在 2004 年，上海核心版权产业增加值在当年上海 GDP 中的比重为 4.45%，而到 2007 年上升到了 4.81%（如图 26 所示），表明上海核心版权产业的产业地位日益重要。全部版权产业的增加值占当年上海 GDP 的比重也从 2004 年的 8.29%上升到 2007 年的 8.91%（如图 27 所示）。

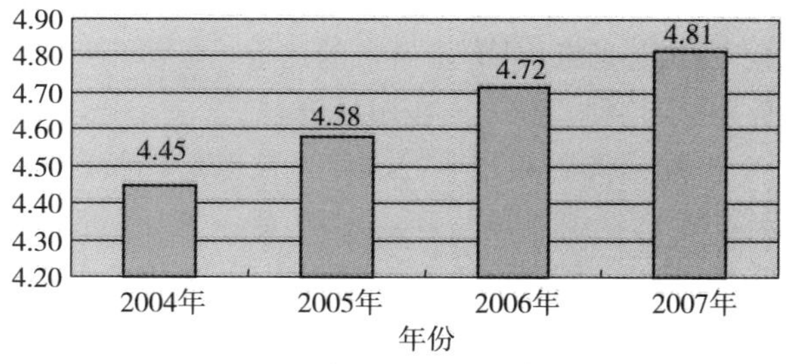

图 26　2004～2007 年上海核心版权产业增加值占 GDP 的比重（%）

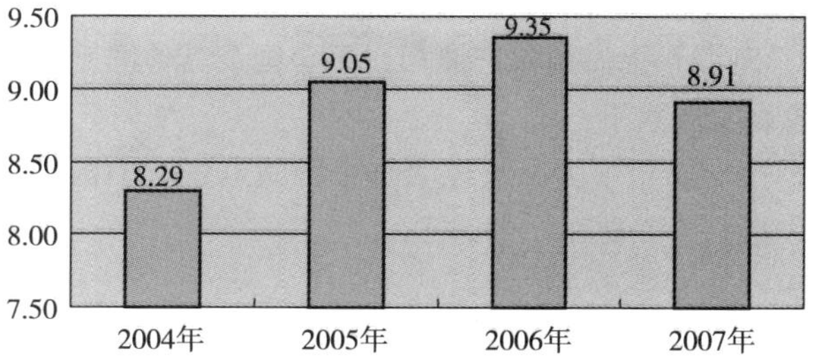

图 27　2004～2007 年上海全部版权产业增加值占 GDP 的比重（%）

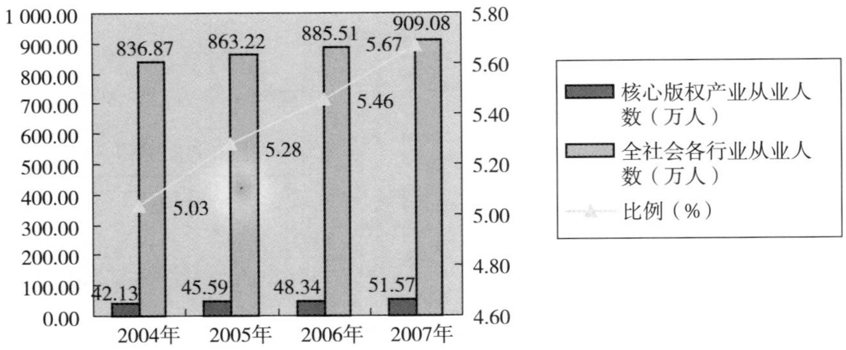

图 28　2004～2007 年上海核心版权产业从业人数占全社会各行业从业人数的比例

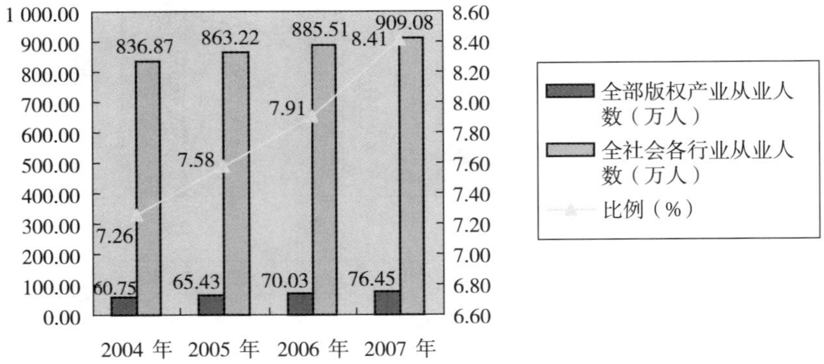

图 29　2004～2007 年上海全部版权产业从业人数占全社会各行业从业人数的比例

4. 从从业人数来看。

上海核心版权产业的从业人数一直处于向上增长的趋势，从 2004 年的 42.13 万人上升到 2007 年的 51.57 万人。与此同时，上海核心版权产业从业人数在上海全社会各行业从业人数中所占的比例逐年上升，从 2004 年的 5.03% 上升到 2007 年的 5.67%（如图 28 所示），普遍高于同期上海核心版权产业增加值在 GDP 中所占的比重，显示出核心版权产业在拉动就业方面作用显著。

上海全部版权产业的从业人数也保持了比较稳定的增长，到 2007 年，其从业人数已经达到 76.45 万人。同时，上海全部版权产业从业人数在上海全社会各行业从业人数中的比例也在逐年提高，2007 年上海全部版权产业从业人数在上海全社会各行业从业人数中的比例已经提高到 8.41%（如图 29所示）。

（二）上海版权产业相比于全国及其他国家处在较高发展水平

2009 年中国出版科学研究所的报告《中国版权产业的经济贡献》公布了我国 2004 年和 2006 年两个年度版权产业的经济贡献，根据该报告披露的数据，2004 年全国核心版权产业增加值为 3 313 亿元人民币，占当年 GDP 的 2.08%；2006 年全国核心版权产业增加值为 6 385.6 亿元人民币，占当年 GDP 的 3.01%。2004 年全国核心版权产业的就业人数为 313.1 万人，占当年总就业人数的 2.82%；2006 年全国核心版权产业的就业人数为 381.2 万人，占当年总就业人数的 3.25%①。

按中国出版科学研究所确定的核心版权产业统计项目和统计方法，对上海核心版权产业进行基本相同的统计分析，可以发现，2004 年上海核心版权产业增加值为 357.35 亿元人民币，占当年上海 GDP 的 4.43%；2006 年上海核心版权产业增加值为 496.95 亿元人民币，占当年上海 GDP 的 4.79%。按当年价格计算，2006 年上海核心版权产业增加值比 2004 年增长了 39.07%。2004 年上海核心版权产业的就业人数为 40.69 万人，占当年上海总就业人数的 4.86%；2006 年上海核心版权产业的就业人数为 46.51 万人，占当年上海总就业人数的 5.25%。

① 参见中国出版科学研究所：《中国版权相关产业的经济贡献》（初稿），2009-07。需要说明的是，全国核心版权产业增加值和就业人数的相关数据只是《中国版权相关产业的经济贡献》（初稿）中的初步测算，正式数据应当以中国出版科学研究所或官方正式发布的为准（中国出版科学研究所正式发布的《中国版权相关产业的经济贡献》一文参见本书 P. 257——编者注）。

两相对照，可以发现，上海核心版权产业的增加值在上海GDP中所占的比重大大高于全国核心版权产业在GDP中所占的比重（如图30所示），上海核心版权产业贡献的就业人数在比例上同样大大高于全国核心版权产业（如图31所示）。

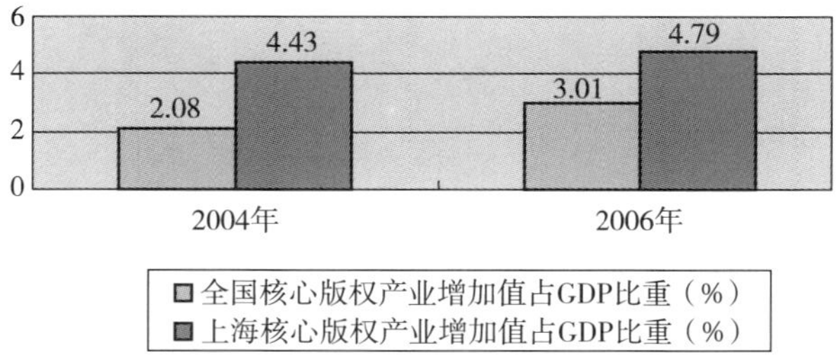

图30　2004和2006年上海与全国核心版权产业增加值占GDP比重的对比

说明：按中国出版科学研究所的统计标准。

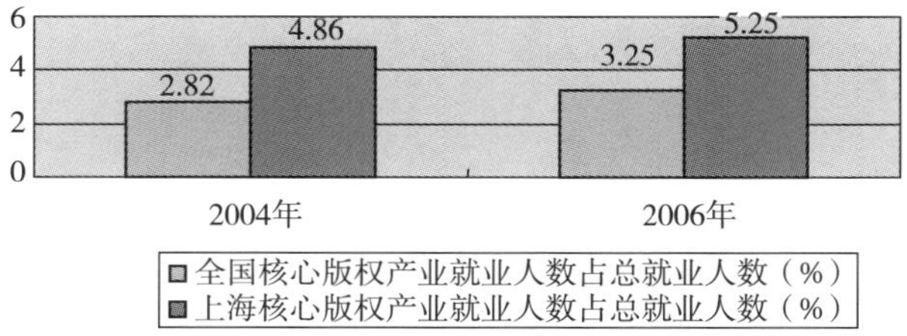

图31　2004和2006年上海与全国核心版权产业就业人数占总就业人数比重的对比

说明：按中国出版科学研究所的统计标准。

2009年11月26日，世界知识产权组织创意产业部主席迪米特·甘特雪夫在参加第四届中国北京国际文化创意产业博览会主题论坛时表示，根据世界知识产权组织最新的调查报告，全球版权产业对GDP的贡献大概是5.6%，对就业的贡献是5.8%。[①] 而目前上海版权产业对上海GDP的贡献近年来保持在9%左右，2007年对就业的贡献已经达到8.41%，均明显高于世界平均水平。

具体比较来看，按照本报告的统计标准，将上海版权产业增加值占上海GDP的比重与其他国家进行对比[②]，可以发现，2004年上海全部版权产业与核心版权产业的增加值占当年上海GDP的比重，虽然比美国要低，但高于俄罗斯、新加坡和加拿大（如图32所示）。

2005年上海全部版权产业与核心版权产业增加值占当年上海GDP的比重，虽然比美国、澳大利亚要低，但高于韩国、芬兰、罗马尼亚、黎巴嫩、牙买加、克罗地亚、哥伦比亚、乌克兰、保加利亚（如图33所示）。可见，与上述对版权产业的经济贡献进行统计的国家相比[③]，上海版权产业对GDP的经济贡献明显处于较高的水平。

（三）上海核心版权产业的发展潜力高于非核心版权产业

在全部版权产业内部，核心版权产业相对于非核心版权产业，其对版权的依赖程度最高。相应地，核心版权产业的知识含量也比较高、创新程度也比较强，产业带动性也比较大，可以反映出版权产业的真正竞争力。从以下几个方面来看，上海核心版权产业的发展潜力高于非核心版权产业。

1. 从产业数据分析来看。

在上海版权产业各大类中，核心版权产业的增加值在规模上更占优势，其次是相互依存的版权产业，最后才是部分版权产业。其中，核心版权产业的增加值比相互依存的版权产业与部分版权产业的增加值之和还要多一些（如图34所示）。

通过对比产业增加值增长速度，可以发现，上海核心版权产业相对于非核心版权产业，具有更强的产业活力。从产业增加值增长速度的数据分析来看，与核心版权产业增加值近年来所保持的比较稳定的增长速度相比，非核心版权产业自2005年以来呈现出增长放缓的趋势。按当年价格计算，在2007年核心版权产业增加值20.05%的增长速度远远高于非核心版权产业1.95%的增长速度（如图35所示）。

① 参见张舵、李亚红：《世界知识产权组织官员：中国版权产业GDP6.5%》，见http://www.sipo.gov.cn/sipo2008/mtjj/2009/200911/t20091130_482830.html，2009-11-30。

② 其他国家版权产业占GDP比重的数据主要来源于：中国出版科学研究所：《中国版权产业的经济贡献》（初稿），2009-07；Copyright Industries in the U.S. Economy（the 2003—2007 report），Released in 2009；PWC，The Economic Contribution of Australia's Copyright Industries，Released in 2008；2007 WIPO STUDY OF THE ECONOMIC CONTRIBUTION OF THE COPYRIGHT-BASED INDUSTRIES IN BULGARIA，Released in 2007；《2004年加拿大版权产业发展概况》，见http://www.canadianheritage.gc.ca/progs/ac-ca/progs/pda-cpb/pubs/copyright/EconomicImpactofCanadian_e.pdf；崔秉九：《05年韩国版权产业总产值1 860亿韩元》，见http://www.ipr.gov.cn/iprgj/gbhj/yz/hg/xwdt/520892.shtml，2008-10-28。

③ 英国没有采用与WIPO相同的版权产业统计体系，其关注的是创意产业，在2005年英国的创意产业已占英国GDP的8.2%（参见《英国创意产业概观》，见http://www.wretch.cc/blog/bddakao0630/294447，2009-12-20）。虽然创意产业与版权产业具有较高的重合度，但毕竟差异较大，这里不作对比。

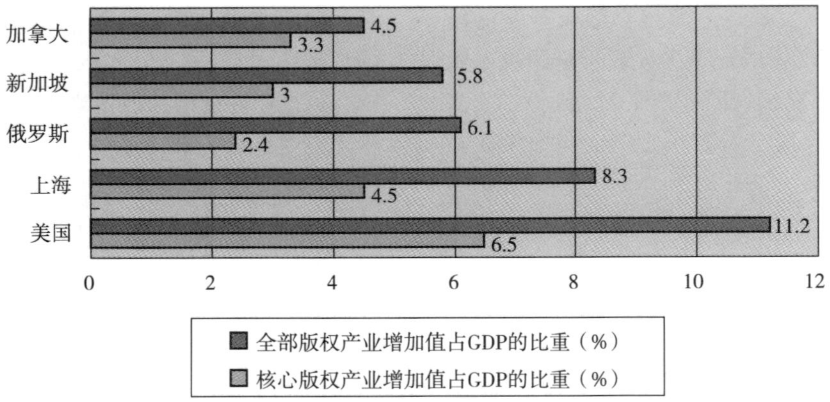

图 32　2004 年上海与其他国家就版权产业增加值占当地 GDP 比重的对比

说明：上海的比重按本报告的统计标准。

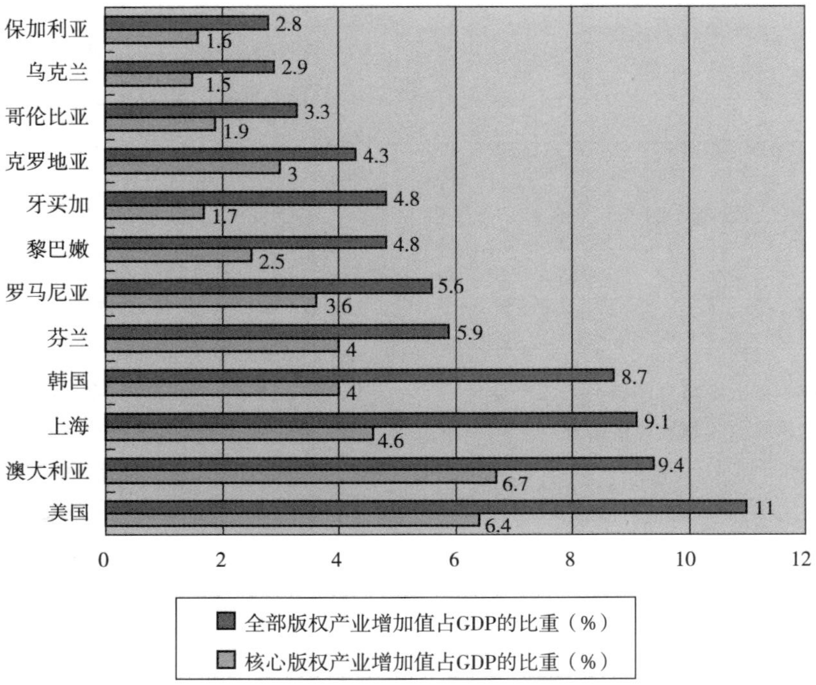

图 33　2005 年上海与其他国家就版权产业增加值占当地 GDP 比重的对比

说明：上海的比重按本报告的统计标准。

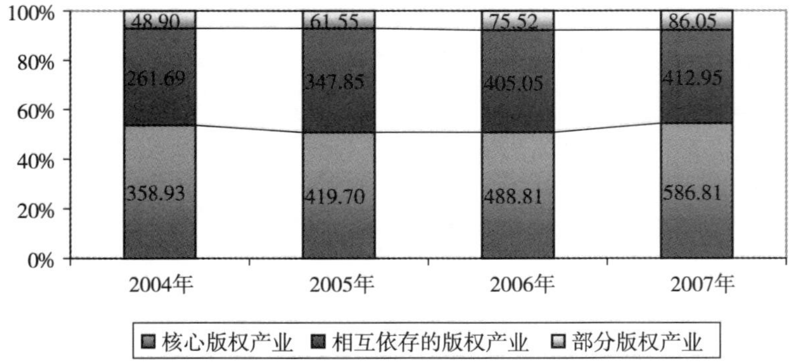

图 34　2004～2007 年上海版权产业各大类的产业增加值状况（亿元）

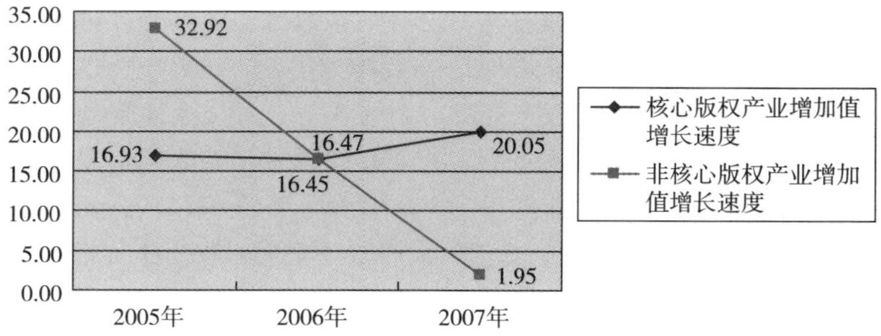

图 35　2005～2007 年上海核心与非核心版权产业增长速度比较

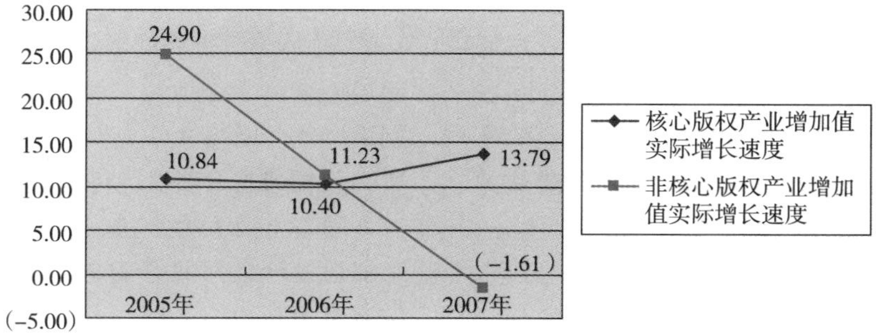

图 36　2005～2007 年上海核心与非核心版权产业实际增长速度比较

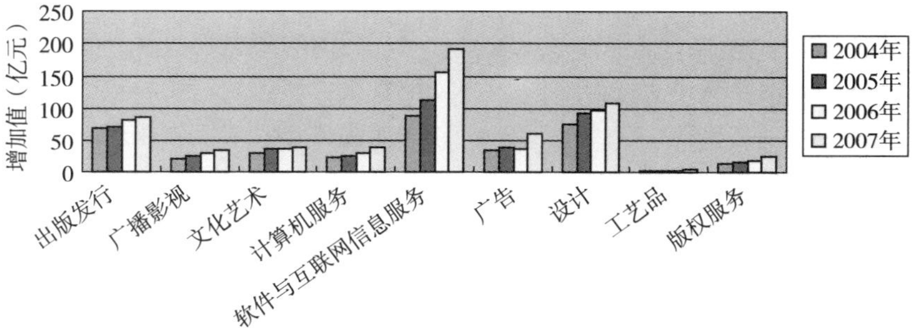

图 37　2004～2007 年上海上海核心版权产业各部分增加值状况

如果按可比价格的实际增长速度来看，核心版权产业的实际增长速度从 2005 年 10.84%上升到 2007 年 13.79%，但非核心版权产业的实际增长速度却从 2005 年 24.90%大幅下降至 2007 年的 −1.61%（如图 36 所示）。

2. *从产业发展趋势来看。*

上海核心版权产业包括出版发行、广播影视、文化艺术、计算机服务、软件与互联网信息服务、广告、设计、工艺品、版权服务等 9 个类别；而在上海非核心版权产业中，相互依存的版权产业包括广播设备与家用电器、照相和电影摄影器材、复印设备与录制介质、乐器制造、电子计算机及辅助设备、电信设备与服务、造纸及纸制品等 7 个类别，部分版权产业包括纺织，服装与皮革，家具，文化用品，玩具与游艺器材制造，家庭用品、玻璃与陶瓷，珠宝与硬币，商业服务，规划与测绘，教育与社会组织，文化娱乐活动等 11 个类别。

两相比较，可以发现，上海核心版权产业与文化科技、文化创意、互联网络等关系密切，可持续发展潜力巨大。而非核心版权产业，尤其是部分版权产业中的许多产业属于传统行业，发展潜力有限。加之国家正在振兴文化产业，上海正在大力发展创意产业、打造设计之都，因此，从产业发展趋势来看，核心版权产业的发展潜力将高于非核心版权产业。

（四）上海核心版权产业的优势产业比较突出

从上海核心版权产业的 9 个类别来看，近年来产业增加值数额处于前几位的是软件与互联网信息服务业、设计业、出版发行业和广告业（如图 37 所示）。以 2007 年为例，软件与互联网信息服务业的产业增加值为 192.54 亿元人民币，占当年上海核心版权产业增加值总额的 32.81%；设计业的产业增加值为 108.80 亿元人民币，占当年上海核心版权产业增加值总额的 18.54 %；出版发行业的产业增加值为 86.85 亿元人民币，占当年上海核心版权产业增加值总额的 14.80%；广告业的产业增加值为 60.05 亿元人民币，占当年上海核心版权产业增加值总额的 10.23%。

其中，软件与互联网信息服务业、设计业两项的产业增加值之和在 2007 年上海核心版权产业增加值总额中的比重已经超过了 50%，而软件与互联网信息服务业、设计业、出版发行业和广告业四项产业增加值之和占据了 2007 年上海核心版权产业增加值总额的 3/4（如图 38 所示）。因此，软件与互联网信息服务业、设计业、出版发行业和广告业的产业优势比较突出，是上海核心版权产业不可或缺的重要支柱。

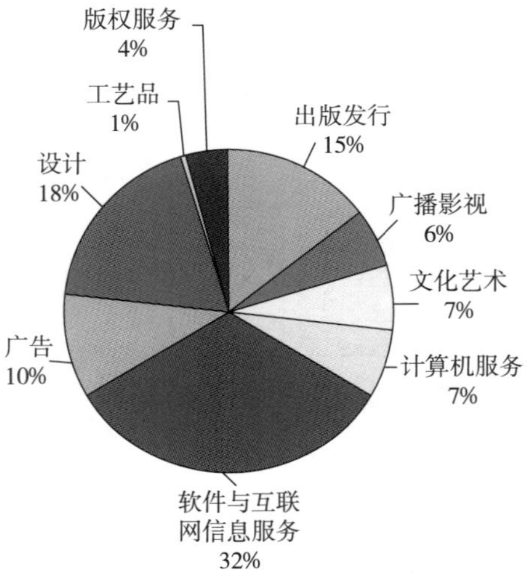

图 38　2007 年上海核心版权产业各部分增加值比重情况

（五）上海新兴的核心版权产业发展比较迅速

随着信息产业的高速发展和互联网络的广泛运用，以软件服务、计算机服务、数字出版、网络游戏等为代表的新兴产业迅速发展，成为新兴的版权产业形态，并极大地带动了上海核心版权产业的发展。以软件与互联网信息服务为例，其产业增加值从 2004 年的 90.37 亿元，大幅攀升到 2007 年的 192.54 亿元，按当年价格计算，其近三年来的增长速度均超过了 22%（如图 39 所示）。

此外，根据上海版权局的调查分析，2008 年上海数字出版销售收入总值初步估计在 117.5 亿元左右（未计入网络广告收入），约占全国数字出版业的 1/5。总体上，上海的数字出版与北京、广东等地一起居于全国领先地位。而在一些新兴产业领域，如网络游戏、网络文学、网络视听等，上海在全国数字出版领域具有明显优势。

随着上海大力推进文化创意产业的发展，随着上海对设计之都的打造与经营，以及上海张江国家数字出版基地的运行，上海新兴的核心版权产业将会得到更大的发展空间，也具有更大的发展潜力。

（六）上海口岸版权产业相关的海关商品出口优势比较明显

我国的图书版权对外贸易长期存在逆差，在其他版权贸易领域，我国包括上海也未必存在优势或明显优势，但是与版权产业相关的海关商品出口却具有明显的优势。表面上这与我们通常的想象或印象不相符，但是，这里讲的版权产业相关海关商品出口优势并不是版权出口优势，因为版权产业相关海关商品出口最终体现为与版权相关的产品出口，即书籍、软件产品、相机、复印机、纸张、服装、玩具等等。我国作为制造大国，以及服务外包的重要国家，即使与这些产品相关的版权来自进口，但最后形成的产品（包括外方委托或授权我国企业制造的）可能又会经过海关对外出口。换言之，相比较而言，目前国外输入我国的或许更多是版权而不

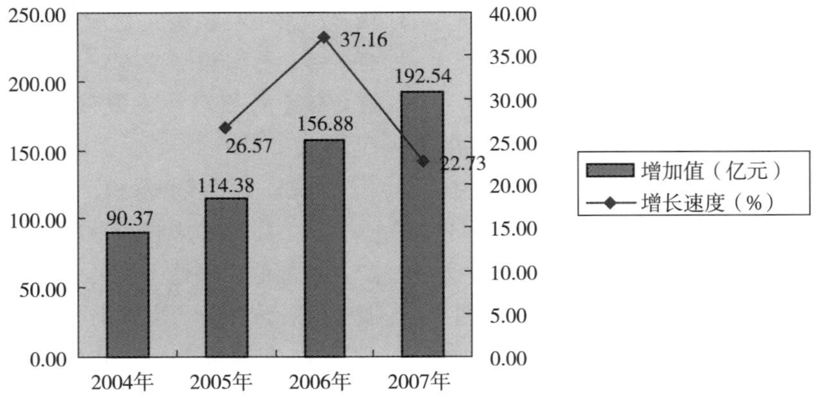

图 39　2004～2007 年软件与互联网信息服务的产业增加值状况

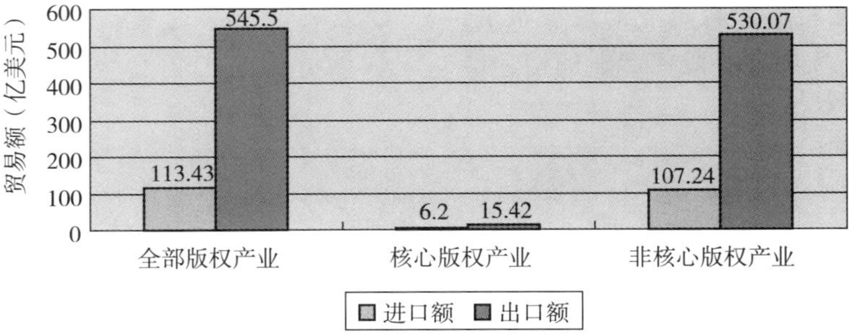

图 40　2007 年上海版权产业相关的海关商品进出口贸易额比较（亿美元）

是版权产业相关的商品；我国输出国外的或许更多是版权产业相关的商品，而不是版权。因此，从海关统计数据来看，我国版权产业具有明显的海关商品出口优势。

通过比较 2004～2007 年上海口岸进出口数据[①]（不限于上海企事业单位）中与版权产业相关的海关商品进出口贸易数据（均乘以版权因子），可以发现，版权产业相关的海关商品出口优势比较明显。

首先，从海关商品进出口贸易额来看，上海口岸版权产业相关的海关商品出口额总体上远远大于海关商品进口额。以 2007 年为例，全部版权产业相关的海关商品进口额为 113.43 亿美元，而其海关商品出口额则为 545.50 亿美元，接近海关商品进口额的五倍。其中，核心版权产业相关的海关商品进口额为 6.20 亿美元，而其海关商品出口额则为 15.42 亿美元；非核心版权产业（包括相互依存和部分版权产业）的海关商品进口额为 107.24 亿美元，而其海关商品出口额则为 530.07 亿美元（如图 40 所示）。

2004 年和 2006 年，我国版权产业相关海关商品出口额分别为 923.3 亿美元和 1 489.8 亿美元。而同期上海口岸版权产业相关海关商品出口额分别为 294.4 亿美元和 530.2 亿美元，分别占全国版权产业相关海关出口额的 31.89%和 35.59%。可见，上海口岸是我国版权产业相关商品出口的重要口岸。

其次，从海关商品进出口贸易的增长速度来看，上海口岸版权产业相关的海关商品出口增长速度总体上高于海关商品进口增长速度。在 2005～2007 年，上海口岸全部版权产业商品进出口贸易的增长速度都经历了下降的过程，但总体来看，按当年价格计算，全部版权产业相关的海关商品出口贸易的增长速度一直高于进口贸易的增长速度（如图41 所示）。

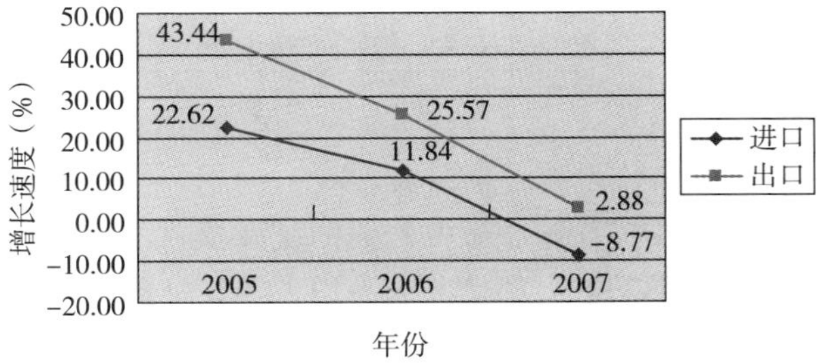

图 41　2005～2007 年上海全部版权产业相关的海关商口进出口贸易额增长速度

分别从核心版权产业和非核心版权产业来看，按当年价格计算，其上海口岸的海关商品出口额的增长速度都大大高于进口额的增长速度（如表 14 所示）。

表 14　2005～2007 年上海口岸核心与非核心版权产业相关的商品进出口增长速度比较（%）

分类 \ 年份		2005 年	2006 年	2007 年
核心版权产业	海关商品进口额增长速度	28.94	−22.03	47.60
	海关商品出口额增长速度	47.72	−7.74	241.05
非核心版权产业	海关商品进口额增长速度	22.32	13.57	−10.74
	海关商品出口额增长速度	43.39	25.96	0.83

三、上海版权产业的提升空间

（一）上海版权产业与发达国家相比仍有较大的发展潜力

在版权产业最为发达的美国，无论其核心版权产业的增加值，还是其核心版权产业增加值在 GDP

① 上海口岸进出口数据是指在各地（包括上海）报关，通过上海口岸进出口的贸易数据。

中的比重，均高于我国核心版权产业的发展水平。从 2003 年至 2007 年，美国核心版权产业的增加值已经从 7 000.5 亿美元上升到 8 891.3 亿美元（如图 42 所示）。

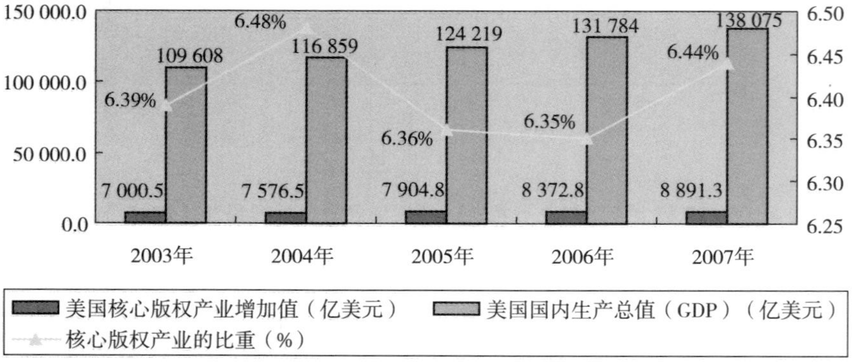

图 42　2003～2007 年美国核心版权产业状况

虽然中美在核心版权产业的统计项目上并不完全一致，但基本上都借鉴或沿用了 WIPO 的统计标准，因此，仍然可以大致作出一个比较。而比较 2004 年和 2006 年中美两国同期核心版权产业的增加值，可以发现两者差距十分巨大，美国核心版权产业增加值分别为 7 576.5 亿美元和 8 372.8 亿美元，中国核心版权产业增加值分别为 3 313 亿人民币和 6 385.6 亿人民币。从核心版权产业增加值占 GDP 的比重来看，在 2006 年，美国核心版权产业增加值占 GDP 的比重为 6.35%，是中国核心版权产业增加值占 GDP 比重 3.01%的的 2.11 倍，是上海核心版权产业增加值占 GDP 比重 4.72%的 1.35 倍。[①] 如果以美国为标准，我国核心版权产业，包括上海核心版权产业仍然存在较大的差距，当然这也意味着上海核心版权产业具有巨大的上升空间和发展潜力。

（二）近年来上海版权产业的发展速度还需要进一步提升

近年来上海版权产业的增加值一直保持着相对稳定的增长，其增长速度总体上也保持了向上的态势。按当年价格计算，上海核心版权产业增加值一直保持了高于 16%的增长速度（如图 43 所示），其占当年上海 GDP 的比重也比较高，甚至高于全国和许多国家的发展水平。但是，按可比价格计算，上海核心版权产业的实际增长速度在近年来尚不及上海 GDP 的实际增长速度（如图 44 所示）。而上海全部版权产业的实际增长速度也从 2005 年的 17.36%降至 2007 年的 6.16%（如图 45 所示）。

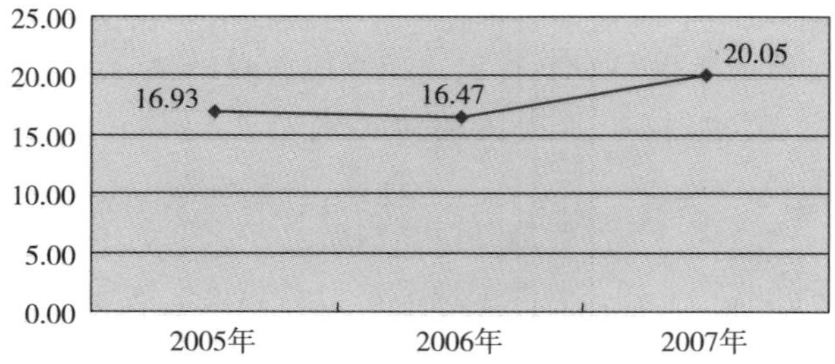

图 43　2005～2007 年上海核心版权产业增加值增长速度（%）

与国外相比，2007 年美国核心版权产业增加值同比实际增长 7.26%，全部版权产业增加值同比实际增长 7.91%，远远高于同期美国 GDP2.03%的增长率。2002 年加拿大版权产业增加值的增长率达到 6.5%，几乎是同期加拿大经济增长率 3.3%的两倍。从 1986 年到 2001 年新加坡版权产业增加值年均增长率为 8.9%，也高于同期新加坡 GDP7.6%的年均增长率。因此，从这个角度看，上海版权产业尤其是核心版权产业的增长速度还具有上升的巨大发展空间。

从经济贡献率来看，虽然上海版权产业的增加值在上海 GDP 中的比重持续上升，但是，作为衡量版权产业在拉动上海 GDP 增长方面的重要性的指标，上海全部版权产业对 GDP 的经济贡献率（经济贡献率＝（版权产业增加值占上海 GDP 的比重×版权产业增加值的实际增长率）÷上海 GDP 的实际增长率）一直处于快速下降的态势，已经从 2005 年的 14.15%下降到 3.84%（如图 46 所示）。

① 中国核心版权产业增加值占 GDP 的比重是按中国出版科学研究所的统计标准计算的，上海核心版权产业增加值占 GDP 的比重是按本报告的统计标准计算的。

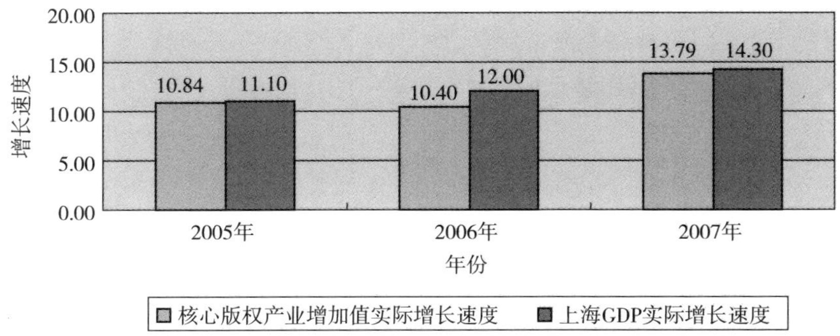

图 44　2005～2007 年上海核心版权产业增加值与上海 GDP 实际增长速度对比（%）

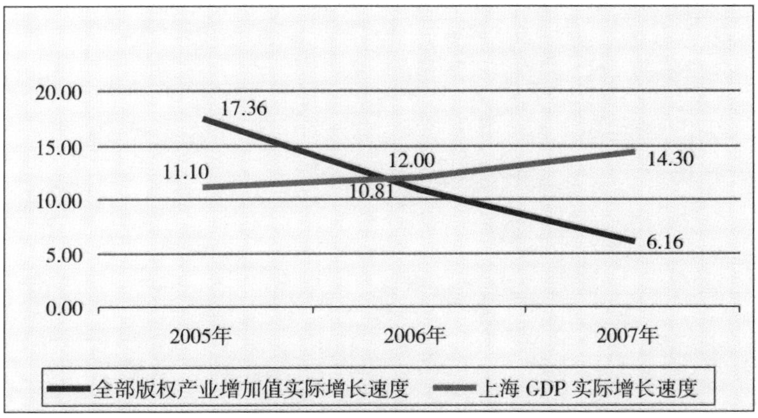

图 45　2005～2007 年上海全部版权产业增加值与上海 GDP 实际增长速度对比（%）

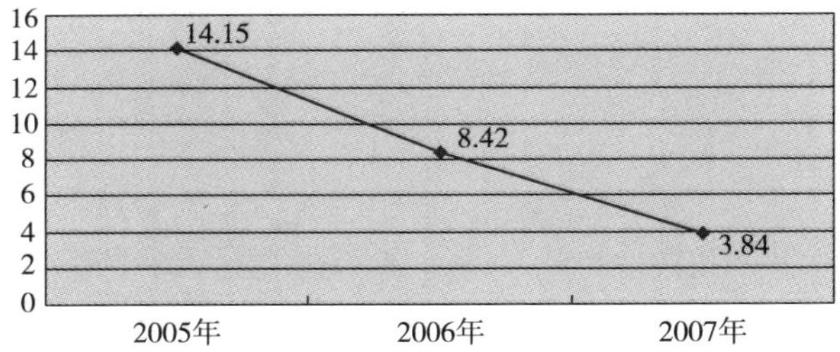

图 46　2005～2007 年上海全部版权产业的经济贡献率（%）

根据经济贡献率的计算公式，如果版权产业的实际增长率高于上海 GDP 的实际增长率，并且高出的数值越大，那么版权产业的经济贡献率就会越高，并且会高于其占 GDP 的比重的数值。相反，如果版权产业的实际增长率低于上海 GDP 的实际增长率，并且低出的数值越大，那么版权产业的经济贡献率就会越低，并且会低于其占 GDP 的比重的数值。上海全部版权产业的经济贡献率之所以急速下降，正与其实际增长率远远低于上海 GDP 存在直接关系。

上海核心版权产业的经济贡献率虽然在 2006 年下降之后，在 2007 年又保持了上升，但其经济贡献率一直维持在 5%以内（如图 47 所示），并且低于其占上海 GDP 的比重，这也与其实际增长速度略低于上海 GDP 的实际增长速度有关。可见，上海版权产业虽然保持了较快的增长，但其近年来的发展速度仍然需要提升，尤其是核心版权产业的发展速度更需要不断提升。

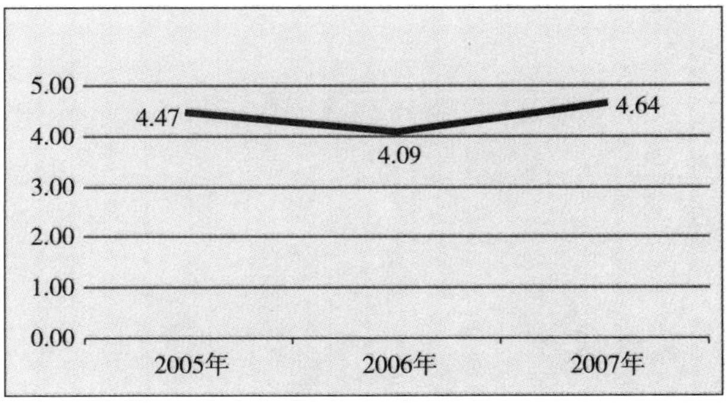

图 47　2005～2007 年上海核心版权产业对上海 GDP 的经济贡献率（%）

典型案件选编

DIAN XING AN JIAN XUAN BIAN

[**编者按**]　本栏目刊登三部分内容：1. 由最高人民法院于2010年4月21日公布的“2009年中国法院知识产权司法保护十大案件”和“2009年中国法院知识产权司法保护50件典型案例”中，涉及著作权的民事案件12起；2. 由国家版权局公布的“2009打击网络侵权盗版专项行动十大典型案件”；3. 2009年各省、自治区、直辖市版权行政管理部门在执法行动中查处的部分侵权盗版典型案件。

2009年中国著作权司法保护典型案件

一、徐州市淮海戏剧王音像有限公司诉新沂电视台及第三人丁相宇、刘汉飞、张银侠侵犯著作权纠纷上诉案〔江苏省高级人民法院（2009）苏民三终字第0250号民事判决、江苏省徐州市中级人民法院（2009）徐民三初字第28号民事判决〕

【案情摘要】　原告淮海戏剧王公司诉称其以类似摄制电影的方法拍摄了琴书作品《十把穿金扇》，被告新沂电视台未经许可播放该作品侵犯其享有的著作权，请求判令被告停止侵权，赔偿经济损失100 000元。被告辩称，原告并非涉案琴书作品的著作权人，涉案曲艺作品的著作权人系第三人刘汉飞、丁相宇、张银侠、王道兰等，上述著作权人仅同意原告对其演唱的曲艺作品录音，并未许可其对作品进行改编、配像等。被告的播放征得了第三人的授权。请求判令驳回原告的诉讼请求。第三人丁相宇、刘汉飞、张银侠请求参与诉讼并称，其三人创作并演唱了包括《十把穿金扇》在内的二十多部曲艺作品，对此享有著作权。新沂电视台播放涉案作品已经其三人许可。原告未经许可，在其演唱的琴书作品中配以表演伴像，并制作为录像制品出版发行，构成侵权，请求确认涉案作品的著作权归属于其三人。

【判决结果】　本案经一审、二审法院审理，支持了原告的诉讼请求。法院认为，围绕古书《十把穿金扇》的创作形成了两种类型的作品：一是由丁相宇对古书进行整理并由其和王道兰以扬琴调演唱创作完成的琴书《十把穿金扇》，属于曲艺作品；二是由原告在丁相宇和王道兰演唱的曲艺作品《十把穿金扇》的基础上，聘请专门的戏曲演员和导演，配合演唱进行扮相和表演，并辅之以专业的灯光、服饰、道具、摄像等设备，对戏曲演员难以表演的部分直接拍摄丁相宇和王道兰现场说唱，最终通过后期的编辑，将戏曲演员的表演与丁相宇、王道兰的说唱有机组合起来，制作成VCD碟片即电视琴书《十把穿金扇》，该作品属于以类似摄制电影的方法创作的作品。第三人刘汉飞、张银侠并未提供证据证明其参与了该作品的创作活动，故不应享有对该作品的著作权。

根据第三人丁相宇与原告签订著作权许可使用合同之前即知晓原告使用其演唱的琴书拍摄电视琴书，但其一直未提出异议，且其本人实际参与了部分镜头的拍摄工作的事实，应当认定丁相宇已经以行为表明其同意原告使用其琴书作品拍摄电视琴书。因此原告系涉案电视琴书《十把穿金扇》的著作权人，被告未经原告许可播放涉案作品的行为侵犯了原告的著作权。一审法院判决：被告停止对涉案作品的播放行为；赔偿原告包括合理开支在内的经济损失10 000元；驳回第三人的诉讼请求。二审法院维持原判。

【典型意义】　根据著作权法规定，电影作品和以类似摄制电影的方法创作的作品的著作权归制片者享有。本案原告能否就其摄制的电视琴书《十把穿金扇》主张著作权，涉及电视琴书《十把穿金扇》制作过程是否符合著作权法的上述规定，且取得了相关权利人的许可。法院在审理本案的过程中，首先对原告摄制电视琴书《十把穿金扇》的创作过程进行分析，得出其系以类似摄制电影的方法创作的作品，并认定原告对该作品享有著作权。对于原告在摄制作品的过程中，是否取得了相关权利人许可问题，一般情况下，有无明确的书面许可使用合同是认定有无许可关系的重要证据，但不是唯一证据。法院根据相关权利人实际参与摄制，并参与涉案作品宣传广告的录制等事实，认定本案原告取得了第三人的许可，被告及第三人的抗辩理由不能成立，判决被告承担侵权责任是正确的。

二、上海地创网络技术有限公司、上海万格科学器材有限公司诉北京万户名媒科技有限公司、北京万户名媒科技有限公司上海分公司侵犯计算机软件著作权纠纷案〔上海市浦东新区人民法院（2008）浦民三（知）初字第453号民事判决〕

【案情摘要】 原告将涉案软件授权案外人使用于指定网站，后案外人将该专用网站交由其控股的被告管理，许可使用合同到期后，被告仍在指定网站上使用涉案软件，原告诉称被告未经许可使用涉案软件的行为构成侵权。

【判决结果】 法院认为，虽然原告与案外人订立的合同中约定不得出租、出借、转让和销售该软件产品，但案外人系在合同有效期内将网站整体移交给被告使用，其并未擅自复制系争软件，故在合同期限届满前被告在经营管理该网站的过程中使用系争软件的行为已获得许可，不构成侵权。在许可使用期限届满后，两原告认为两被告继续使用系争软件，是采用技术手段破解了系争软件的序列号所致，但两被告予以否认。对此法院认为，两被告的辩称有违案外人与原告在许可协议中关于序列号使用情况的约定，也不符合常理。因被告未能举证证明其在使用过程中是系统出错导致其在到期后仍能正常使用软件，故采纳原告的意见，即两被告在许可期限到期后，为了能继续使用软件，采用技术手段破解了软件的序列号。两被告的行为，侵犯了两原告对系争软件享有的著作权，理应立即停止侵权行为并依法承担赔偿责任。判决被告赔偿原告损失10 000元、合理费用3 346元。

【典型意义】 本案的意义在于如何理解合同中关于不得出租、出借、转让和销售该软件产品的约定，以及对破坏技术措施的认定。法院在该案中认为，网站的整体移交并不存在软件的复制行为，不属于出租、出借、转让和销售软件的情况，仍是当事人履行合同的行为。在对破坏技术措施的认定上，法院合理地分配了举证责任，做出了正确的认定。

三、中国友谊出版公司诉杨海林、浙江淘宝网络有限公司侵犯著作权纠纷上诉案〔北京市第二中级人民法院（2009）二中民终字第15423号民事判决〕

【案情摘要】 原告诉称第一被告在第二被告提供的网络交易平台上销售的涉案图书系盗版图书，侵犯了其依法享有的专有出版权。

【判决结果】 一审法院认为，第一被告销售盗版图书且未能说明图书来源，侵犯了原告的专有出版权；第二被告未尽到审核第一被告资质的义务，与第一被告构成共同侵权。二审法院认为，第二被告从事提供网络交易平台的服务，该服务具有商品繁多、卖家众多的特点，第二被告仅负有审核卖家主体资质和采取补救措施的义务。第二被告审核了第一被告的个人卖家姓名和身份证，已经尽到审核义务。对于第一被告销售商品的价格是否畸低，第二被告并无能力予以审查，且其履行了及时删除相关信息的义务，故第二被告的行为未构成侵权。判决第一被告赔偿原告经济损失2 000元；驳回原告的其他诉讼请求。

【典型意义】 随着网络电子商务的兴起，通过网络进行商品交易已成为常态。权利人以侵犯著作权为由，起诉网络交易平台服务提供者、网络支付服务提供者的诉讼时有发生。本案二审法院根据网络服务商提供网络交易平台服务的特点，认为提供网络交易平台的服务者仅负有审核卖家主体资质和在知道卖家存在侵犯著作权的行为后即时采取必要措施的义务，如网络服务商在尽到上述义务后，不承担侵犯著作权的赔偿责任，判令由卖家承担赔偿责任。该判决结果既考虑了著作权人利益的保护，又考虑到了正常的网络交易秩序的维护，其结果适当。

四、（美国）微软公司诉北京思创未来科技发展有限公司侵犯计算机软件著作权纠纷上诉案〔北京市高级人民法院（2009）高民终字第4462号民事判决、北京市第一中级人民法院（2009）一中民初字第4083号民事判决〕

【案情摘要】 微软公司是Microsoft Windows XP Professional（微软Windows XP专业版）、Microsoft Office Professional Edition 2003（微软Office 2003专业版）的软件著作权人。2008年10月16日至11月6日间，微软公司在思创未来公司分三次共购买个人台式计算机12台，主机中预装有微软Windows XP专业版和微软Office 2003专业版软件。微软公司起诉思创未来公司侵犯其软件著作权。

【判决结果】 一审法院认为，微软公司对Windows XP专业版、微软Office 2003专业版软件享有计算机软件著作权，其著作权受我国《计算机软件保护条例》的保护。思创未来公司出售给微软公司的计算机主机中预装有上述软件，且无证据证明其复制、发行上述软件得到了微软公司的许可，思创未来公司关于其销售的仅为计算机配件而非整机以及系销售人员个人行为的抗辩理由不能成立。因此，其行为侵犯了微软公司对上述软件享有的复制权和发行权，应当承担相应的法律责任。本案中，微软公司并未提供证据证明其因侵权行为所遭受的损失或者思创未来公司因侵权所获得的利益。在证据保全过程中，法院亦未取得思创未来公司的销售记录及财务账册等相关证据用以计算赔偿数额。因此，本案可以在法律规定的50万元以下确定赔偿数额。微软公司主张权利的两个计算机软件为应用较为广泛的操作系统和应用软件，其购买的12台计算机中均预装了上述软件，说明思创未来公司的侵权行为具有一定的普遍性和连续性，在确定赔偿数额时应予着重考虑。思创未来公司作为具有一定规模的公司，应当建立健全的财务制度，但其未在法院指定的期限内提供相关销售记录及财务账册，其应承担消极举证的法律后果。法院在综合考虑微软公司主张权利的软件性质、思创未来公司侵权行为的性质和情节、企业规模以及消极执行证据保全裁定等因素的基础上，酌情确定赔偿数额。微软公司为诉讼支付调查费人民币99 952.92元、律师费人民币50 000元、公证费人民币18 000元、用于购买计算机的取证费人民币43 409元，以上共计人民币211 361.92元。其中公证费、取证费系为本案诉讼的必要支出，予以支持，但对调查费和律师费不予全额支持。综上，一审法院判决：思创未来公司立即停止侵权行为，赔偿微软公司经济损失人民币35万元及诉讼合理支出人民币111 409元，驳回微软公司的其他诉讼请求。二审法院维持原判。

【典型意义】 类似本案被告的侵权行为在现实生活中较为普遍。本案的典型意义除了确认被告侵权行为成立，还在于赔偿数额的确定。本案被告在不到一个月的时间内，分三次向原告出售的12台计算机均预装了盗版软件，由此可以认定其侵权行为具有连续性和普遍性，侵权情节严重。因被告未提交规范的财务账册，根据证据规则的相关规定，对其适用不利推定。法院综合考虑上述因素，最终确定35万元这样一个比较高的赔偿数额。另外，一审法院还就本案做出了民事制裁决定书，将12台预装有侵权软件的计算机予以收缴，体现了知识产权司法保护的力度。

五、北京慈文影视制作有限公司诉中国网络通信集团公司海南省分公司侵犯著作权纠纷再审案

〔最高人民法院（2009）民提字第17号民事判决、海南省高级人民法院（2006）琼民二终字第29号民事判决、海南省海口市中级人民法院（2006）海中法民三初字第2号民事判决〕

【案情摘要】 慈文公司拥有电影《七剑》在大陆地区的著作权。慈文公司提交的上海市静安区公证处（2005）沪静证经字第4758号公证书显示：2005年9月19日，进入海南网通公司的网站www.hai169.com，点击首页上的“影视频道”，进入“影视天地”（IP地址221.11.132.112），在“搜索”栏中输入“七剑”，依次点击“搜索”、“详情介绍”、“在线观看A面”、“在线观看B面”可以看到有关该电影的介绍及整部电影作品。点击“在线观看A面”后出现的画面中显示：北京慈文影视制作有限公司、宝蓝电影制作公司、华映电影有限公司联合出品。慈文公司以侵犯信息网络传播权为由起诉。

【判决结果】 一、二审法院均认为，海南网通公司在本案中提供的是链接服务，慈文公司起诉后已断开链接，不应承担赔偿责任，驳回慈文公司的诉讼请求。

最高人民法院提审认为，通过点击海南网通公司网站首页上的“影视频道”，即可在进入的页面上进行操作观看电影《七剑》。进入的网页上虽然有“影视天地”的名称，但该网页上没有显示任何对应的域名或者网站名称等信息可以表明该网页属于第三方所有。该网页的IP地址亦不能证明该网页另属其他主体所有，故上述证据显示播放电影《七剑》的网页属于海南网通公司。海南网通公司如欲证明该网页仅是其链接的第三方网站，应提交相应的证据。因该网页的IP地址位于海南网通公司管理的地址段范围内，海南网通公司能够提供该证据。在海南网通公司未提供相关证据的情况下，其关于仅提供链接服务的抗辩不能得到支持，其应对该网页上播放慈文公司享有著作权的电影作品的侵权行为承担相应的法律责任。即使该网页确属第三方主体所有或实际经营，因该“影视频道”与海南网通公司网站“主页”、“新闻频道”、“文学频道”等并列，海南网通公司将该网页内容作为其内容频道向公众提供，其对该频道上的内容亦有一定程度的审核义务，至少应对该网站的实际所有者或经营者的主体资质进行一定的审核。本案中海南网通公司至今称其并不知晓该网页的实际经营主体，其未尽到最低程度的注意义务，对该网页上出现的侵权行为亦应承担连带责任。综上，原审法院对海南网通公司仅提供链接服务、得知侵权后断开链接即不承担侵权责任的认定不当，应予以纠正。海南网通公司应对侵犯慈文公司信息网络传播权的行为承担停止侵权、赔偿损失等民事责任。故判决撤销原两审判决，海南网通公司赔偿慈文公司经济损失人民币8万元（包括为诉讼支出的合理费用）。

【典型意义】 链接是网络环境下经常使用的技术，这也决定了在相关案件中，网络服务提供者经

常会提出“其系提供链接服务而非提供内容服务”的抗辩。由于提供该两种服务的行为性质的不同，导致了对网络服务提供者是否应承担侵权责任的判断标准的不同。本案中，被链接网页从形式上看是网络服务提供者网站主页的一个内容频道，该网页上没有任何信息可以显示其属于第三方所有，仅有的一个IP地址也未能指向除网络服务提供者之外的任何第三人，这种情况下，权利人已经完成了其证明谁是侵权人的举证责任，网络服务提供者如提出其仅提供链接服务的抗辩理由，应由其承担举证责任。在其举证不能的情况下，可视为其是侵权内容的提供者并由此承担相应的侵权责任。

六、朱德庸诉辽宁东北网络台侵犯著作权纠纷案〔辽宁省沈阳市中级人民法院（2009）沈中民四初字第97号民事判决〕

【案情摘要】 朱德庸创作了24幅以迎奥运为主题的《德庸社体育报道》系列漫画作品，于2005年开始先后发表于《北京晚报》，并在腾讯网上登载。2008年9月朱德庸的委托代理人通过公证取证证明，进入抚顺新闻网可看到“朱德庸体育漫画迎奥运［组图］”，共6幅，作品上方显示：2008年8月5日，13：15 抚顺新闻网。另查明，抚顺新闻网在辽宁省通信管理局未作登记与备案，现使用的ICP备案号与东北新闻网的ICP备案号相同。东北新闻网为辽宁东北网络台主办。进入东北新闻网首页后，点击“抚顺”可直接进入抚顺新闻网首页。且抚顺新闻网所使用的二级域名（nen. com. cn）与东北新闻网所使用的二级域名相同。

【判决结果】 一审法院认为，朱德庸对其创作的24幅以“迎奥运”为主题的漫画系列作品享有著作权。公众通过互联网登录抚顺新闻网，可以浏览“朱德庸体育漫画迎奥运［组图］”，该作品已被网络传播。因抚顺新闻网使用了东北新闻网的ICP备案号，且从进入抚顺新闻网的路径、使用的域名和庭审情况看，东北网络台完全知晓和认可抚顺新闻网使用其ICP备案号，而根据《互联网信息服务管理办法》的规定，每一个许可证号与其主办单位是对应的，同时被告未提供任何证据证明其并非实际主办单位，因此可以确认该网站的主办者为本案被告。本案中被告的行为并非是对原告作品进行的正面介绍与评论，并非合理使用行为。因原告在国内有一定的知名度，且被告在奥运期间予以网上传播，因此确定被告赔偿原告经济损失6 000元。原告所支出的公证费、差旅费属合理费用，应由被告承担。综上，法院判决：被告辽宁东北网络台赔偿原告朱德庸经济损失6 000元及合理费用944元。

【典型意义】 由于互联网的特点，导致相关案件中确认侵犯信息网络传播权主体较为困难。法院根据涉案相关证据认为，虽然本案实施侵权行为的抚顺新闻网没有登记和备案，但其使用的是被告主办的东北新闻网的ICP备案号，且通过东北新闻网首页点击可进入抚顺新闻网，抚顺新闻网使用的二级域名与东北新闻网相同，据此认定被告系抚顺新闻网的主办者，并判决被告承担侵权责任是适当的。

七、北京网尚文化传播有限公司诉银川阳光无限网络有限公司侵犯著作财产权纠纷案〔宁夏回族自治区银川市中级人民法院（2009）银民知初字第41号民事判决〕

【案情摘要】 中国电影集团公司、北京保利博纳电影发行有限公司、香港天翔制作有限公司、韩国泰元娱乐有限公司作为联合出品方，于2008年3月拍摄完成电影《见龙卸甲》。2008年3月22日，韩国泰元公司、香港天翔公司出具授权书，将该影片在中国内地地区的信息网络传播权等权利，独家专有授权给保利博纳公司，同时授予其转授权。2008年4月3日，保利博纳电影公司出具授权书，将上述权利转授予网尚公司。2008年4月7日，中国电影集团公司出具授权书，授权保利博纳公司独家拥有涉案影片在中国内地地区信息网络传播权（包括但不限于网络）的发行、出版、播映和维权权利。原告起诉称，被告未经其同意，私自在其开办经营的网吧，向不特定的公众提供涉案影片的播放服务，侵害了原告的权益。请求判令被告立即停止侵权；公开向原告赔礼道歉；赔偿原告经济损失30 000元、合理开支920元。

【判决结果】 法院认为，原告在权利人授权的期限内，独占享有涉案影片在中国内地地区的信息网络传播权。被告未经许可，向不特定的社会公众提供有偿在线播放服务，侵犯了原告对涉案影片享有的信息网络传播权，应依法承担停止侵害、赔偿损失的民事责任。因原告未能证明其实际损失或被告的违法所得，故适用法定赔偿原则。综合考虑涉案电影作品的类型、知名度、畅销度，原告为制止侵权行为所支付的合理开支，被告侵权行为的性质、后果及其主观过错程度等因素，酌情确定被告赔偿原告经济损失6 000元。鉴于赔礼道歉一般适用于人身权利受到侵害的情形，因本案不涉及人身权，故不判决被告向原告赔礼道歉。判决：（1）被告停止侵权行为；（2）被告赔偿原告损失6 000元；（3）驳回原告其他诉讼请求。案件受理费573元，由被告负担。

【典型意义】 本案裁判的意义在于原告通过受让取得的信息网络传播权受著作权法保护，被告未经许可通过其经营的网吧向公众传播涉案影视作品，系侵犯原告信息网络传播权的行为，法院判令其依法承担侵权的民事责任正确。

八、吴思欧等诉上海书画出版社、江苏省苏州市新华书店侵犯著作财产权纠纷案〔江苏省高级人民法院（2009）苏民三终字第0101号民事判决、江苏省苏州市中级人民法院（2006）苏中民三初字第0126号民事判决〕

【案情摘要】 现代绘画大师、书画鉴定家吴湖帆留世有大量书画文字作品。吴湖帆生育有二子二女，分别是吴孟欧、吴思欧、吴述欧、吴德文。其中，吴孟欧、吴述欧、吴德文已过世。上述三子女各自的继承人中，吴孟欧之妻亦已过世，子女四人，分别是吴小威、吴小纯、吴小通、吴小进。吴述欧之妻许厚娟，子女三人，分别是吴元方、吴元京、吴元文。吴德文之夫已过世，育有一子程仁。吴湖帆过世时，未留有遗嘱。其所留画作有形及无形资产，均未进行分配。2005年6月11日，吴思欧在苏州市新华书店购得上海书画出版社出版的《吴湖帆书画集》。吴小威、吴小纯、吴小通、吴小进四人授权律师于2005年10月30日致函该出版社，要求其提供作品出处及合法来源，但该社未予答复。吴思欧等以出版社未经授权，非法出版涉案作品，侵犯了其合法权益，新华书店对其出售的图书未尽必要的审核，应承担连带责任为由诉至法院。请求判令：出版社停止侵权，在全国性媒体《法制日报》、人民网、新华网及《扬子晚报》、《新民晚报》上公开赔礼道歉；出版社赔偿吴思欧等损失30万元，新华书店停止侵权，并承担连带赔偿责任。

【判决结果】 一审法院认为，出版社在出版《吴湖帆书画集》过程中，对吴湖帆作品的著作权之继承人概况应当是清楚的，但出版社仅是与吴元京签订了版权授权合同。尽管吴元京自述为“吴湖帆家属代表”，但吴元京仅为吴述欧之子、吴湖帆之孙，并非吴湖帆作品的第一顺序继承人，在授权当时并不享有吴湖帆作品的任何权利，亦未获得吴湖帆作品著作权财产继承人的一致授权。因此，其无权对外签订版权许可合同。该合同因授权人不适格，依法应认定无效。对此，出版社负有主要责任，依法应承担停止侵害、消除影响及赔偿损失等民事责任。关于赔偿金额的计算，应根据查明侵权行为因由、方式、范围，侵权出版物码洋，参考当前书画作品版权许可稿酬标准，并综合考虑原告方为制止侵权费用支出，综合予以酌定。关于赔礼道歉诉讼主张，该侵权责任承担方式系针对著作权人身权利受侵害后对作者本人的弥补，且本案中并不存在侵害著作权人身权利的行为内容，不适用赔礼道歉。新华书店举证证明了其图书发行来源渠道及过程，依法不再承担侵权民事责任。据此判决：（1）出版社立即停止出版发行《吴湖帆书画集》；（2）出版社赔偿吴思欧等5万元；（3）驳回吴思欧等其他诉讼请求。出版社不服提起上诉。

二审法院另查明，2007年4月24日，上海市闵行区公证处出具的（2007）沪闵证字第1771号公证书记载：吴述欧本人于2006年9月8日确认其同意上海书画出版社出版《吴湖帆书画集》，并陈述当时由戴小京同志具体联系，我们也提供了一些吴湖帆的作品供拍照制作；因为我年事已高，之后的具体出版工作由我的儿子吴元京负责联络协助。

二审法院认为，本案中因出版社提供的证据只能证明其出版行为得到了继承人之一吴述欧的同意，不能证明其亦得到其他继承人的许可或者其已对吴述欧的授权手续尽到合理的审查义务，故出版社出版涉案《吴湖帆书画集》侵犯了除吴述欧之外的其他继承人依继承法享有的著作财产权，依法应承担停止侵害、赔偿损失的民事责任。一审判决认定，出版社侵犯了所有继承人依法享有的著作财产权不当，应予纠正。考虑到出版社涉案出版行为并不构成对吴述欧著作财产权的侵犯，亦不构成对吴述欧继承人的侵权，故吴述欧的继承人即许厚娟、吴元方、吴元京、吴元文不应纳入赔偿对象。关于赔偿数额，考虑到出版社的出版行为并不侵犯吴述欧及其继承人的著作财产权、出版社的过错程度、参考书画作品版权许可稿酬标准，并综合考虑权利人为制止侵权支出的合理费用，二审判决将一审判决确定的5万元赔偿数额酌减为4万元。

【典型意义】 法院在审理涉及众多继受著作权人提起的侵犯著作权纠纷诉讼案件时，往往涉及非常复杂的诉讼主体资格审查问题。本案法院做出的判决，特别是二审判决在一审判决的基础上，进一步厘清了较为复杂的相关民事法律关系，包括对涉案合同的效力及其合同当事人法律责任的认定，事实清楚，适用法律正确。该案对于今后相关法院审理此类案件具有借鉴意义。

九、宋氏企业公司诉珠海出版社、上海新华传媒连锁有限公司侵犯著作财产权纠纷案〔上海市黄浦区人民法院（2007）黄民三（知）初字第75号民事判决〕

【案情摘要】 20世纪50、60年代，真善美出版社代表人宋今人通过与涉案作品的作者熊耀华（笔名古龙）签订著作权让与合同取得涉案作品著作权。后涉案作品中除《湘妃剑》外的5部作品的著作财产权人变更为独资企业真善美出版社的出资人宋德令。1995年12月，珠海出版社因未经许可擅自出版涉案作品，与真善美出版社签订协议书，承认侵权，并保证不侵犯真善美出版社著作权等。1996年12月，原告通过与宋德令、真善美出版社签订合同取得包括涉案6部作品在内的武侠小说的著作权。2006年至2007年间，原告在新华公司下属的上海书城购得珠海出版社出版的《古龙作品集》各一套，其中包含涉案6部作品。原告将两被告诉至法院，请求判令：珠海出版社立即停止侵权、销毁侵权产品，公开赔礼道歉，赔偿经济损失人民币5 326 000元、因制止侵权而支出的合理费用人民币30 000元，新华公司对此承担连带赔偿责任。

【判决结果】 法院经审理认为，原告通过受让获得涉案作品的著作财产权受法律保护。被告未经许可，复制、发行涉案作品，应承担侵权责任。因原、被告均未能就原告的损失或被告的违法所得进行有效举证，法院根据作品的类型、知名度、被告的过错、侵权产品的数量、侵权行为的持续时间，即原告为制止侵权行为的合理开支等因素确定赔偿数额。被告新华公司因提供了所销售图书的合法来源，依法承担停止销售侵权产品的民事责任，不承担赔偿责任。本案不涉及人身权，对原告赔礼道歉的诉讼请求不予支持。责令销毁侵权产品系著作权行政管理部门行政执法中采取的行政处罚措施，并非民事责任的承担方式，对原告该项诉讼请求亦不予支持。判决两被告停止侵权；珠海出版社赔偿原告经济损失及合理开支总计人民币400 000元。

【典型意义】 原告通过受让取得的著作权依法应受法律保护。本案被告珠海出版社在与真善美出版社签订协议书，了解涉案作品著作权属于真善美出版社所有的情况下，又与他人签订涉案作品的出版合同，未尽到合理的审查义务，应对其侵权行为承担责任。在原告的损失或被告的获利均无证据证明的情况下，法院综合考量各种因素并确定赔偿数额适当。对于销售商新华公司，因其提供了销售涉案图书的合法来源，判令其依法承担停止销售侵权产品的民事责任，不承担赔偿责任也是正确的。

十、毕淑敏诉淮北市实验高级中学（简称实验中学）侵犯著作权纠纷上诉案〔安徽省高级人民法院（2009）皖民三终字第0014号民事判决、安徽省淮北市中级人民法院（2008）淮民三初字第2号民事判决〕

【案情摘要】 毕淑敏是小说《红处方》的作者。实验中学未经毕淑敏许可，且未署作者姓名，通过其网站向不确定的网络用户提供《红处方》的浏览、下载服务。原告将实验中学诉至法院，请求判令：实验中学停止侵权，公开赔礼道歉，赔偿经济损失及合理维权支出。

【判决结果】 一审法院认为，毕淑敏提交的公证证据显示，其公证过程系由非公证人员操作计算机完成，且公证书没有留存关于实验中学网站《红处方》阅读、下载操作的核心页面，无法显示从该网站上阅读、下载《红处方》的完整过程。实验中学抗辩其网站的数字图书馆需输入用户名和密码才能进入，经庭审演示得以印证。实验中学作为公益性教育机构，使用毕淑敏已发表作品的行为不具有违法性，属合理使用，不应承担侵权责任。毕淑敏不服提起上诉。二审法院认为，公证书记载了侵权文件的属性，可以看到侵权作品在实验中学服务器的具体位置，能够作为认定本案事实的证据；不能以公证时由毕淑敏的委托代理人操作计算机、部分页面未打印当然地否认公证书的效力。实验中学提供的公证书所证明的事实，与毕淑敏提供的公证书证明的事实并非同一时间点，不足以推翻毕淑敏提供的公证书的效力。实验中学的行为不构成合理使用，侵犯了上诉人的著作人身权和财产权。因毕淑敏未能就其损失进行有效举证，法院根据作品的类型、知名度、实验中学的过错、侵权行为的持续时间，及毕淑敏为制止侵权行为的合理开支等因素确定赔偿数额。二审判决：撤销一审判决；实验中学停止侵权，向毕淑敏赔礼道歉、赔偿损失26 000元。

【典型意义】 在没有相反证据予以推翻的情况下，公证书依法可以作为认定事实的根据。仅以公证时计算机为非公证人员操作、部分页面未打印而否认公证书的证明力证据不足。本案被告虽为公益性教育机构，但其提供涉案作品的行为并非为教学目的而合理使用，二审法院根据查明的事实，判令其承担相应的民事责任是正确的。

十一、黄天源诉内蒙古大学出版社、广西壮族自治区外文书店侵犯著作权纠纷上诉案〔广西壮族自治区高级人民法院（2009）桂民三终字第48号民事判决、广西壮族自治区南宁市中级人民法院（2008）南市民三初字第48号民事判决〕

【案情摘要】 黄天源是《法语交际口语手册》一书的作者，该书由上海外文教育出版社于2002年11月出版。《实用法语会话900句》一书由内蒙古大学出版社于2007年11月出版，广西外文书店销售了该书。黄天源以两被告出版发行的涉案图书抄袭其《法语交际口语手册》为由诉至法院，请求判令：内蒙古大学出版社停止侵权，停止出版、发行和销售其侵权图书，并收回、销毁市场上所有待售侵权图书；公开赔礼道歉；赔偿黄天源经济损失10万元；广西外文书店停止销售侵权图书，并赔偿黄天源维权支出15.8元。

【判决结果】 一审法院认为，黄天源的作品系中文对照法语日常用语的汇编作品，黄对其享有著作权。经对比，涉案两部作品在体例编排、体系结构上并不相同。故黄天源提供的现有证据不足以证明被诉侵权图书抄袭了其作品，其诉讼请求不予支持。黄天源不服提起上诉。二审法院认为，黄天源编著的《法语交际口语手册》，是用于传授法语语法及常用口语的教学用书，该书按照"功能表达"和"情景表达"两种不同的表达方法，有意识地选择和设置了多个主题，并围绕相应主题设计了大量的句子，用法语和中文表示出来，无论是题材的选择和编排，还是主题内容的设置、文字的组织和运用，包括具体语句的翻译等方面，都投入了大量的智力劳动，形成了具有独创性的作品。内蒙古大学出版社出版的《实用法语会话900句》与黄天源编著的《法语交际口语手册》对比，除了部分主题内容和场景的选择完全一致外，所使用的句子有200句完全相同，占内蒙古大学出版社出版的作品的四分之一，且法语、中文翻译相同；在相同的句子中，除了一些日常用语的表达外，反映作者精心设计的句子的细节，如钱物的数字、球队的名称、比赛的比分、电影和歌星的名字等也完全相同，甚至黄天源作品的错漏与特殊表达也完全相同。抄袭的内容中既有日常用语的一般表达，也有作者精心设计的主题和句子，但都属于黄天源享有著作权的《法语交际口语手册》的部分内容，可以认定抄袭。内蒙古大学出版社出版抄袭他人作品、侵害他人著作权的作品，未能提供证据证实其已尽合理的审查义务，且拒绝向法庭提供其与侵权作品作者签订的出版合同，也拒绝提供侵权作者的身份及信息，侵权故意明显，应当承担停止侵权、消除影响、赔礼道歉的民事责任。因双方均未提供内蒙古大学出版社的获利及黄天源的实际损失，二审法院综合本案侵权作品抄袭的数量、内蒙古大学出版社的过错情况，酌情判赔50 000元。黄天源没有向法院提供广西外文书店明知或应知其销售的《实用法语会话900句》系侵犯他人著作权的证据，广西外文书店的行为不存在过错，不应当承担赔偿责任，但应当承担停止销售侵权图书的责任。

【典型意义】 本案内蒙古大学出版社出版的《实用法语会话900句》是否构成侵权，涉及该书是否存在抄袭他人作品的内容。二审法院准确地把握了对抄袭侵权行为的认定标准，经过比对，认定该书存在抄袭他人享有著作权的作品中的内容，因内蒙古大学出版社拒绝提供侵权作者的信息及出版合同等，故法院判令该社承担停止侵权、消除影响、赔礼道歉并赔偿损失的民事责任是正确的。

十二、北京长地万方科技有限公司诉深圳市中佳讯科技有限公司、凯立德欣技术（深圳）有限公司、深圳市凯立德计算机系统技术有限公司、佛山市劲力汽车用品有限公司南海分公司侵犯著作权纠纷案〔广东省高级人民法院（2008）粤高法民三终字第290号民事判决、广东省佛山市中级人民法院（2007）佛中法民知初字第219号民事判决〕

【案情摘要】 长地万方公司的第四版《"道道通"导航电子地图》（以下简称《道图》）于2006年8月16日向国家测绘局提出地图审核申请，2006年8月17日获得"地图审核批准书"。凯立德公司编制的被诉产品《凯立德全国导航电子地图（362城市）》（以下简称《362图》）于2006年12月21日向国家测绘局提出地图审核申请，2007年2月1日获得"地图审核批准书"。长地万方公司于2007年7月25日在劲力公司公证购买了中佳讯DH-105GPS导航器2台，价格2 500元/台，包装盒标示有中佳讯公司名称，内装有被诉产品《362图》光盘，光盘显示的版权与制作人为凯立德欣公司，并附有凯立德欣公司的凯立德移动导航系统用户手册、GPS导航终端使用手册和保修卡，上面均盖有劲力公司业务专用章。劲力公司确认上述产品系其向中佳讯公司定购。长地万方公司将凯立德公司等四被告诉至法院，请求判决：停止侵权、赔礼道歉、赔偿经济损失及合理维权支出。凯立德公司开庭时提出反诉。

【判决结果】 一审法院认为，当事人增加、变更诉讼请求或者提起反诉的，应当在举证期限届满前提出。凯立德公司未在举证期限内提出反诉，故对该反诉不合并审理，凯立德公司可另行起诉。长地万方公司第四版《道图》于 2006 年 8 月 16 日由中国地图出版社向国家测绘局提出地图审核申请，据此，长地万方公司第四版《道图》最迟于 2006 年 8 月 16 日已创作完成。长地万方公司作品的完成时间和出版时间早于被诉作品。长地万方公司与凯立德公司均经营电子地图产品，凯立德公司有接触其产品的条件和可能性；经将被诉侵权的《362 图》产品与长地万方公司享有著作权的第四版《道图》进行对比，两者在 12 个方面存在相同或相似。凯立德公司提供的证据不足以证明被诉产品《362 图》系其自行创作，其行为属抄袭，应依法承担相应的侵权责任。中佳讯公司生产、销售装有侵权产品《362 图》的“中佳讯”GPS 导航仪，劲力公司销售该产品，也构成侵权。按凯立德公司和凯立德欣公司生产、销售侵权产品时间、市场占有率以及销量计算，凯立德公司和凯立德欣公司到目前为止直接侵权获利数额至少在 1 000 万元以上。据此判决：凯立德公司、凯立德欣公司、劲力公司、中佳讯公司立即停止侵犯长地万方公司第四版《道图》著作权的生产、销售行为，销毁其尚未出售的侵权产品《362 图》；凯立德公司、凯立德欣公司向长地万方公司公开赔礼道歉；凯立德公司、凯立德欣公司赔偿长地万方公司经济损失 1 000 万元；驳回长地万方公司其他诉讼请求。

二审法院认为，导航电子地图以地图学为基本原理，用数字形式把地图各要素以及它们之间的相互关系有机组织、存储于计算机内的电子数据库文件之中，以多媒体手段来展示城市、乡村、旅游景点等对象的综合信息。具有独创性的电子导航地图应当作为地图作品予以保护。本案中，长地万方公司提交了第四版《道图》的“地图审核批准书”、第四版《道图》正式出版物。在没有相反证据的情况下，可以认定长地万方公司对第四版《道图》享有著作权。长地万方公司第四版《道图》出版时间为 2006 年 8 月。凯立德公司《362 图》于 2006 年 12 月 21 日创作完成，2007 年 2 月 1 日后出版。作为同业竞争者，凯立德公司可以通过公开渠道获得长地万方公司第四版《道图》。虽然电子地图中的具体地理信息是客观存在的，但对于地理信息的筛选、取舍以及表达方式，会体现不同作品的独创性。不同企业制作的电子地图不可能存在上述大量的不同类别的雷同，更不能在被诉侵权作品中出现请求保护作品的版本号“暗记”。本案中《362 图》与第四版《道图》出现的雷同，明显超越了常理，显然不属独立创作之巧合。在两者之间有若干不合理雷同的情况下，凯立德公司未提供任何独立创作《362 图》的证据，故认定凯立德公司《362 图》抄袭、剽窃了长地万方公司第四版《道图》。《362 图》的著作权人为凯立德公司，长地万方公司公证购买的被诉产品《362 图》标示的版权与制作人为凯立德欣公司，但凯立德公司、凯立德欣公司的法定代表人均为张文星，凯立德公司网站也对凯立德公司、凯立德欣公司存在关联关系进行宣传。据此认定，凯立德欣公司、凯立德公司共同创作、销售了侵权产品《362 图》，实施了共同抄袭、剽窃行为，构成共同侵权，依法应当承担连带责任。中佳讯公司生产、销售装有侵权产品《362 图》的 DH-105GPS 导航器，劲力公司销售装有侵权《362 图》的 DH-105GPS 导航器，依法均构成侵权。本案中，因赛迪顾问公司未以证人身份参加一、二审诉讼，该公司的统计分析是否权威、科学、客观、真实，长地万方公司没有提交其他证据予以佐证，一审法院依据该公司的统计数据，得出凯立德公司和凯立德欣公司侵权获利数额至少在 1 000 万元以上的结论，依据不足。鉴于本案长地万方公司的实际损失以及凯立德公司和凯立德欣公司侵权获利具体数额均不能确定，综合考虑长地万方公司作品制作投入的人力、物力巨大，市场利润率较高；凯立德公司和凯立德欣公司侵权性质恶劣、侵权时间长达一年零五个月；凯立德公司自称在 2006～2007 年连续 5 个季度在 GPS 后装导航电子地图市场销售占有率达到 50.1%，其销售量已占据全国市场的一半以上；凯立德公司和凯立德欣公司拒不提供有关侵权产品的财务账册；凯立德公司系重复侵权，主观过错明显等情况，确定凯立德公司和凯立德欣公司赔偿长地万方公司经济损失 100 万元，合理维权费用821 870元。

【典型意义】 具有独创性的电子导航地图应当作为地图作品予以保护。虽然电子导航地图中的具体地理信息是客观存在的，但不同的制作者可以就相关地理信息进行筛选、取舍，并以各自不同的表达形式进行地图作品的创作。一般情况下，不同企业制作的电子地图产品，不可能存在大量的信息包括“暗记”雷同或相同。法院根据查明的事实，认定凯立德欣公司、凯立德公司共同创作、销售了侵权产品，实施了共同抄袭、剽窃行为，构成共同侵权，依法应当承担相应的连带责任正确。

2009打击网络侵权盗版专项行动十大典型案件

一、"A199"网站影视作品侵权案

2009年4月，版权执法人员在网上日常检查中发现"A199"网站内存有大量的侵权盗版影片和淫秽色情电影，并还在不断上传中。根据在网络上提取的侵权证据，版权、公安执法人员赶赴侵权行为发生地，将犯罪嫌疑人黄某抓获。经查，该网站自2008年6月开办以来，陆续上传各类侵权盗版、淫秽色情电影2 000余部，并在各个论坛上对该网站进行宣传，在业界享有一定的知名度。目前，黄某已被公安机关刑事拘留，案件正在进一步查处中。

二、"中国宽带影视"网站影视作品侵权案

版权执法人员在网络日常检查中发现，某网吧内架设有"中国宽带影视"网站的服务器。经查，该网站域名为"www.zgvod.net"，网站内载有《功夫之王》、《甜涩性爱》等大量影视作品供在线放映和下载，而且其中包含《金瓶梅》等大量淫秽色情电影，该网站上还有大量的色情图片，并提供其他色情网站的网络链接。目前，本案已移送公安机关予以查处。

三、"天线视频"网站影视作品侵权案

根据群众举报，"天线视频"网站上存在大量未经授权的中外影视作品，其中电影达3 800余部、电视剧达370余部，并且以每天10部以上的速度增加。经查，该网站未经授权播放的影视节目中半数以上的点击数量在500次以上，其中有部分影视节目点击数量达几十万次。该网站虽未通过传播影视作品直接向用户收取费用，但其在绝大部分影视节目中均嵌入贴头广告，获取巨额利益。目前，此案已移送公安机关进一步查处。

四、"一点智慧"软件作品网络盗版案

2009年4月，版权部门在日常鉴定工作中发现，"一点智慧"工程造价软件涉嫌盗版江苏新店软件公司研发的《新点软件（一点智慧）》，并通过www.ahsjms.net和www.anhuisoft.net等两个网站销售"一点智慧"盗版软件。版权、公安部门共同组成专案组，一举抓获销售侵权盗版软件的犯罪嫌疑人汪某和蒋某，当场查获盗版软件100余张、作案工具笔记本电脑1台、涉案赃款6万余元；并根据查获的案件线索，查获犯罪嫌疑人汪某私刻的新点软件有限公司公章和业务章各1枚、销售台账20本、新点盗版软件光盘200余张、加密锁55个、刻录机1台、电脑1台等涉案物品。根据销售台账提供的信息，已查实经济往来发生额累计达200余万元。目前，该案已移送检察机关提起诉讼。

五、"霓裳小轩"网站文学作品侵权案

2009年10月，中国作家协会发现，"霓裳小轩"网站未经权利人许可，传播中国作家协会130余名知名作家的1 000余部作品，通过注册收费和广告收入牟利，严重侵犯了相关作家的著作权，造成恶劣影响。目前，此案已移送公安机关进一步查处。

六、"O2SKY"网站音乐作品侵权案

2009年7月28日，中国音乐著作权协会和韩国音乐著作权协会联合投诉www.o2sky.com网站在互联网上大量提供韩国音乐作品供用户免费试听、下载，严重侵犯了韩国著作权人的合法权益。经查，该网站未经授权提供98 258首歌曲、200余部影视作品（其中韩国歌曲89 667首、韩国MTV3 020部）的在线收听、收看服务，通过收取会员费和广告费，获得非法收入70万元左右。目前，办案人员已扣押3台服务器、8台电脑主机及账本等证据，并于10月28日移送公安机关进一步查处。

七、淘宝网上销售《朱镕基答记者问》盗版图书案

2009年9月，陆某、曾某、葛某等7个卖家通过8个淘宝网店销售《朱镕基答记者问》盗版图书170本。版权部门责令淘宝网删除盗版图书销售的相关链接，处分相关责任人并加强版权管理；对陆某作出"责令停止侵权行为，并处罚款1 500元"的决定，对曾某作出"责令停止侵权行为，没收违法所得 23.85 元，并处罚款 1 000 元”的决定，对葛某作出“责令停止侵权行为，没收违法所得 5.4 元，并处罚款 100 元”的决定。对其他当事人分别作出停止侵权行为、警告等处罚或教育疏导处理。

八、名仕公司游戏私服侵权案

通过网络日常检查，公安、版权执法人员发现名仕公司未经许可经营游戏私服一条龙网站 49 个及大量网龙私服链接，严重侵犯网龙公司游戏著作权。公安、版权执法人员根据前期侦查，一举端掉私服窝点，当场抓获陈某等 16 名犯罪嫌疑人，扣押涉案电脑 71 台、涉案银行卡 7 张，关闭经营私服网站和私服链接，查明涉案金额近百万元；同时根据查获的案件线索，抓获盗窃网龙公司游戏源程序代码犯罪嫌疑人戴某，切断了侵权源头，瓦解了“游戏私服一条龙”产业链。2009 年 11 月，案件经法院判决如下：主犯陈某判处有期徒刑 1 年，其他 5 个从犯判处有期徒刑 11 个月。

九、“天堂蚂蚁”游戏私服侵权案

2009 年 4 月，根据群众举报，蚂蚁网站（http：//ttsiji. com）涉嫌制作销售游戏外挂非法牟利，侵犯盛大公司网络游戏“永恒之塔”的著作权。经查，蚂蚁网站通过淘宝网、QQ 群、网页宣传等方式兜售该外挂程序，非法经营额达 300 多万元。办案人员先后抓获主要涉案犯罪嫌疑人 11 个，暂扣非法所得 260 多万元。后经检察机关批准，逮捕 6 人，公安机关取保候审 5 人。目前本案已移送起诉 6 人，法院正在进一步审理中。

十、“5151PK”网站游戏私服侵权案

2009 年 8 月，接群众举报，“5151PK”网站使用非法软件程序，侵犯腾讯公司相关游戏的著作权并造成腾讯公司巨大经济损失。经查，“5151PK”网站的主办单位为杭州某公司。该公司通过利用非法外挂软件程序进行非法打币，每天非法打币、销售《地下城和勇士》的游戏金币折合人民币达 20 余万元，严重侵害了腾讯公司和游戏消费者的合法权益。在江苏、浙江公安部门协作配合下，现已抓获犯罪嫌疑人 10 名，捣毁 2 个非法生产游戏币窝点，缴获近 1 000 台用于非法生产游戏币的电脑及服务器，查明该团伙非法生产销售腾讯公司旗下的《地下城和勇士》和《寻仙》两款游戏的游戏币价值人民币 2 000 多万元。目前，该案正在向检察机关移送起诉。

（注：上述案件由国家版权局于 2010 年 1 月 20 日在 2009 全国打击网络侵权盗版专项行动新闻发布会上公布。）

2009年地方版权行政执法典型案件

天　津　市

天津“6·03”批销盗版音像制品团伙网络案

2008年6月，有关部门调查人员发现，天津市场上销售的标注“AAA”的盗版音像制品及其他盗版音像制品，主要来自于广州的一个叫付伟的盗版光盘批发商。近几年，付伟伙同其妻任艺以及“小林”等人，向包括天津在内的多个城市批发盗版光盘，日出货量达数万片。鉴于案情重大、涉及面广，为彻底打掉这一团伙，天津方面及时将有关情况向国家主管部门进行了汇报。全国“扫黄打非”办、公安部、文化部等将此案定名为“天津‘6·03’批销盗版音像制品团伙网络案”。天津市委、市政府高度重视此案的查办工作，成立了由天津市公安、文化、出版、版权等部门组成的“6·03”案件专案组，集中精兵强将，全力侦破此案。公安机关各警种通力合作，辗转广州、天津两地，经过3个多月缜密侦查，掌握了犯罪团伙的基本情况。9月21日，专案组出动6个抓捕小组，组织80多名干警，兵分两路实施抓捕。截至9月27日，“6·03”案件主要案犯付伟、任艺、林育辉、范星毅等11人全部落网，同时查获盗版光盘30余万张、淫秽光盘1 000余张，查扣汽车6辆、电脑8台、移动硬盘1个、银行卡40张、存折15本，以及账本、通讯录、对账单、订货单等大量涉案物品，锁定了犯罪证据。

案件破获后，专案组随即组织相关人员迅速展开审讯案犯、调查取证等工作。专门成立“案件鉴定工作协作组”，先后与88个出版单位或权利人取得联系，获取侵权证据，检察机关提前介入，提早开展调查取证工作，为办案争取了时间。

3月20日，天津市西青区人民检察院对被告人提起公诉，指控被告人付伟、赵玉偿犯有侵犯著作权罪、非法经营罪、贩卖淫秽物品牟利罪，被告人林育辉等9人犯有侵犯著作权罪、非法经营罪，并举证请求依照法律予以处罚。

4月1日，天津市西青区人民法院依法组成合议庭，对“6·03”案件进行开庭审理，法庭上被告人对犯罪事实供认不讳。

4月10日，天津市西青区人民法院依法对“6·03”案件11名涉案人员进行一审宣判（2009青刑初字第187号）：付伟犯侵犯著作权罪、贩卖淫秽物品牟利罪，数罪并罚，判处有期徒刑7年，并处罚金105 000元；范星毅犯侵犯著作权罪，判处有期徒刑5年，并处罚金60 000元；林育辉犯侵犯著作权罪，判处有期徒刑4年，并处罚金50 000元；王艳犯侵犯著作权罪，判处有期徒刑4年，并处罚金30 000元；赵玉偿犯侵犯著作权罪、贩卖淫秽物品牟利罪，数罪并罚，判处有期徒刑3年6个月，并处罚金31 000元；任艺犯侵犯著作权罪，判处有期徒刑3年6个月，并处罚金40 000元；赵玉灿犯侵犯著作权罪，判处有期徒刑3年，并处罚金30 000元；张军犯侵犯著作权罪，判处有期徒刑3年，并处罚金10 000元；李永梅犯侵犯著作权罪，判处有期徒刑3年，并处罚金10 000元；郑玉花犯侵犯著作权罪，判处有期徒刑3年，并处罚金10 000元；付涛犯侵犯著作权罪，判处有期徒刑1年，并处罚金5 000元。一审宣判以后，在有效上诉期内被告人均未提起上诉，该案已经结案。

（天津市版权局）

河　北　省

一、“河北宠物网”侵权案

2009年6月中旬，河北省版权局收到台湾人柯清水通过电子邮件发来的投诉材料，称“河北宠物网”未经其许可，非法大量盗用其作品（包括拍摄的图片、科研成果的文字资料等）。接到投诉后，省版权局执法人员登录涉案网站进行了初步核实，并及时与投诉人进行了联系，通知其补充了相关证据，并给予立案。在对案件跟踪和查处过程中，执法人员对数量众多的侵权网页进行了证据固定，同时函告通信管理部门提供侵权网站的相关信息。在掌握充分证据后，7月10日，省版权局执法人员对涉案网站的负责人进行了询问，其承认了侵权事实。鉴于侵权人开办网站是出于个人爱好，网站开办时间不长且认错态度良好，依据《著作权法》第四十七条、《著作权法实施条例》第三十六条、《信息网络传播权保护条例》第十八条和《著作权行政处罚实施办法》第四条，省版权局执法人员对侵权责任人给予了口头警告、责令关闭侵权网站和罚款 1 000 元的行政处罚。

二、淘宝网站 5 家网上书店销售盗版《朱镕基答记者问》图书案

2009 年 9 月 16 日，接到国家版权局查处淘宝网 105 家涉嫌销售盗版《朱镕基答记者问》的网上书店的紧急通知后，河北省版权局执法人员立即对省内涉案的 5 家网上书店进行了调查。河北省和石家庄市 6 名执法人员依照网上涉案书店提供的联系地址，对石家庄市南三条金茂图书市场进行了突击检查，发现涉案的文海书店经营范围已变更为销售文具，现场没有发现涉案图书；涉案的特价书店，其书店负责人与网上提供的信息一致，但在该店内没有发现涉案图书或其他盗版图书，该店在淘宝网上开设有网上书店，曾经发布过销售涉案图书的虚假信息，但并没有实际销售行为；涉案的 gaoxihai88 店销售涉案图书信息系店主在网上自己发布的，实际上也未发生实际销售行为；涉案的华夏特价图书大世界书店和文馨书城因信息不完整，且没有登记备案，故未找到该网店的具体地址。执法部门对已找到的涉案书店做出口头警告，要求其撤销已发布的虚假信息，保证今后不再发布类似信息并销售非法盗版图书。

三、“极速中文网”非法转载文学作品案

2009 年 10 月上旬，河北省版权局接到南京大众书网图书文化有限公司投诉，称“极速中文网”未经授权，擅自转载其拥有版权的文学作品。经上网初步核实后，省版权局将案件线索交于衡水市版权局。衡水市版权局执法人员迅速采取行动，依法查处了该网站，并做出关闭侵权网站、没收涉案服务器、罚款 1 000 元的行政处罚。

四、邯郸市“6·01”侵犯著作权案

2009 年 6 月 1 日，邯郸市公安局、文化局根据新闻出版总署《关于对商务印书馆举报材料的处理意见》的要求，依法对曹某（男，54 岁，河北永年县人）所经营的永年县胶印厂进行查处，邯郸市公安局治安警察支队将其立为“6·01”侵犯著作权案。经查，自 2008 年 12 月以来，该厂搬迁至邯郸市劳教所院内，组织生产技术人员并以劳教人员为劳务工，非法印刷装订《新华字典》、《牛津高阶英汉双解字典》等 6 种出版物，共计 56 292 册，先后销售到上海等 9 个省市。邯郸市公安局治安警察支队通过此次查处行动，共捣毁非法印刷窝点 1 个，查获非法出版物储存窝点 3 个，查处参与非法印刷的厂家 6 个；查扣印刷机 1 台、装订配套设备 15 台，查获收缴盗版《新华字典》、《现代汉语词典》、《牛津高阶英汉双解词典》等非法出版物成品 11 000 余册，以及大量的书皮、散装书页、包装箱和专用纸两余吨；抓获犯罪嫌疑人 28 人，其中刑事拘留 24 人（逮捕并起诉 10 人），采取其他强制措施 4 人。此案于 2009 年 9 月 11 日移送至邯郸市检察院审查起诉。

五、平乡一中盗印教科书案

2009 年 9 月 14 日，邢台市版权局根据举报，对平乡县一中学生使用的教材进行了调查，发现平乡一中高三年级学生使用的《语文》、《数学》、《英语》、《地理》、《语文阅读》等教科书均系盗印，数量达 2 000 余册。9 月 23 日，版权局执法人员将涉案的非法盗印教科书予以证据先行登记保存。经查，涉案非法教科书系从本校文印室盗印，以每 4 页纸 5 分钱的价格卖给学生，违法收入金额约 6 000 元。依据《著作权法》第四十七条、《著作权法实施条例》第三十六条的规定，邢台市版权局对平乡一中做出没收 2 000 余册非法盗印教科书、罚款 15 000 元的行政处罚。

六、唐山书刊市场三家书店经营盗版《司马彦字帖》案

2009 年 8 月 30 日，唐山市版权局接到书法家司马彦先生书面举报，称发现唐山书刊市场有销售盗版《司马彦字帖》现象，严重侵犯了作者和出版单位的合法权益。唐山市版权局接到投诉后，立即展开拉网式排查，对唐山书刊市场 60 家经营单位的门市及库房进行突击检查，分别在古今书店、编辑家书店、宏缘书店查获《司马彦字帖》2 090 册、87 册和 8 册，执法人员当即采取证据先行登记保存措施。经与作者和出版单位核实，以上《司马彦字帖》均系盗版出版物。唐山市版权局正式立案调查，查明古今书店于 2009 年 7 月从北京金台路图书批发市场某书店购进该书 2 100 册（没有进货凭证），已经卖出 100 册，获利 50 元；编辑家书店于 2009 年 7 月从北京金台路图书批发市场某书店（没有店名和门牌号）购进该书 90 册（没有进货凭证），已经卖出 3 册，获利 1.5 元；宏缘书店于 2009 年 8 月初从北京金台路图书批发市场某书店购进该书 8 册，尚未卖出。以上三家书店均未向书刊市场管理办公室履行售前审读手续。9 月中旬，唐山市版权局依据《著作权法》第二条、第四十七条和《著作权法实施条例》第三十六条规定，给予涉案书店没收盗版出版物和罚款处罚，其中对古今书店罚款 8 000 元，对编辑家书店罚款 5 000 元，对宏缘书店罚款 2 000

元。唐山市版权局及时将查处情况通报给了司马彦先生。

七、"追读网"侵权案

2009年2月16日，接到河北省版权局关于查处"追读网"侵权案的线索后，石家庄市版权局成立了办案小组，与鹿泉市版权局、鹿泉市公安局、石家庄市电信局联合行动进行调查，发现"追读网"网站是一家非法传播网络文学作品的网站。该网站于2008年8月至2009年2月期间，未经著作权人授权，利用小说系统批量工具非法转载并传播网络文学作品5 000部，非法所得600元，其行为违反了《著作权法》第四十七条第一款之规定。根据《著作权法实施条例》第三十六条和《著作权行政处罚实施办法》第四条第五款之规定，石家庄市版权局给予"追读网"如下行政处罚：(1) 责令停止侵权行为；(2) 没收涉案服务器1台、惠普手提电脑1部；(3) 没收违法所得600元；(4) 罚款1 800元。

八、北京万通嘉业科技有限责任公司侵权案

2009年3月12日，根据著作权人举报，石家庄市版权局执法人员对北京万通嘉业科技有限责任公司石家庄分公司销售的软件进行了调查。经查，2008年8月至2009年2月期间，北京万通嘉业科技有限责任公司未经当事人授权，非法使用著作权人研发的软件内容，违法所得600元。石家庄市版权局依照《著作权法》第四十六条第五款、《著作权法实施条例》第三十六条和《中华人民共和国行政处罚法》第四条第一款以及《行政处罚自由裁量权执行标准》第一章第八条第二款之规定，给予当事人如下行政处罚：(1) 责令停止侵权行为；(2) 没收违法所得600元；(3) 罚款1 200元。

九、"EB网"侵权案

2009年2月16日，接到河北省版权局关于"EB网"侵权案的案件线索后，石家庄市版权局带领新华区版权局和新华区东焦派出所公安人员，对"EB网"进行了调查。经查，该网站是一家非法传播网络文学作品的网站，成立于2008年11月25日。2008年11月至2009年3月，该网站未经著作权人授权，非法传播网络文学作品1 000余部。石家庄市版权局依照《著作权法》第四十七条第一款、《著作权法实施条例》第三十六条之规定，对"EB网"给予如下行政处罚：(1) 责令停止侵权行为；(2) 罚款1 000元。

十、蒋某侵犯著作权人美术作品案

2009年5月初，保定市文化市场稽查队接到蠡县润利手套厂举报，称该县大百尺镇百中村村民蒋某仿冒该厂注册的《玛利亚产品标牌》美术作品（作品登记号，03—2009—F—0069号）。5月8日，保定市文化市场稽查队执法人员到达蒋某家中，在其家内发现有《玛利亚产品标牌》美术作品，该美术作品与蠡县润利手套厂注册的《玛利亚产品标牌》美术作品一致。经调查了解，蒋某未经蠡县润利手套厂授权许可，仿冒蠡县润利手套厂注册的《玛利亚产品标牌》美术作品的违法事实清楚。依据《著作权法》第四十七条规定，保定市版权部门做出以下行政处罚：(1) 没收蒋某家中的《玛利亚产品标牌》美术作品及产品；(2) 罚款1 500元。

十一、平泉县龙品书屋经营盗版教辅案

2009年3月12日，承德市版权局接到举报，称平泉县黄土梁子中学一家名为龙品书屋的校内书店销售盗版教辅《名师A计划》和《中考考什么》，承德市版权局立即组织执法人员到该校进行调查，发现这两本图书的进货渠道不正规，图书印刷质量低劣。在事实面前，龙品书屋店主承认了其销售盗版教辅图书的行为。承德市版权局依据《著作权法》第四十七条规定，对龙品书屋做出罚款6 000元、没收2 400余册盗版教辅图书的行政处罚。

十二、承德市邮政局邮政报刊零售分局违规经营盗版图书案

2009年11月20日，有电话举报称，承德市邮政局南营子营业厅内有大量图书销售，承德市版权局立即组织执法人员对该营业厅内经营的图书进行了检查。通过对邮政局报刊零售分局负责人和相关人员的调查询问，查清该批图书的进货渠道不明，邮政局报刊零售分局负责人也承认这批书为盗版出版物。承德市版权局依据《著作权法》第四十七条规定，对承德市邮政局邮政报刊零售分局做出罚款5 000元、没收12箱盗版图书的行政处罚。

（河北省版权局）

山　西　省

一、山西省福客楼KTV音乐著作权侵权案

2009年2月，山西省版权局受理山西天合文化传播有限公司（中国音像著作权集体管理协会收取卡拉OK版权使用费的山西代理服务机构）投诉，称位于太原市万柏林区的福客楼大酒店KTV拥有近100个包间，拒不缴纳卡拉OK版权使用费。省版权局接到投诉后高度重视，多次进行调查和调解，但福客楼大酒店拒不缴纳卡拉OK版权使用费。省版权局遂支持涉案音乐作品著作权人，通过律师事务所向太原市中级人民法院提起诉讼。太原市中级人民法院于2009年6月20日对福客楼KTV音乐著作权侵权案做出判决。在被告人太原市万柏林区福客楼大酒店在法律规定时间内拒不执行判决义务的情况下，省版权局又协调太原市中级人民法院于2009年12月22日做出强制执行裁定，并已执行。

二、诈骗销售盗版图书案

2009年4月，山西省版权局不断接到一些受诈骗单位举报，称有不法分子冒充国家行政机关工作人员销售盗版图书，影响十分恶劣。在向举报单位调查取证后，省版权局当即立案。鉴于犯罪团伙销售盗版图书数量较大，省版权局及时向太原市公安局小店分局通报了案情，双方抽调办案人员成立了专案组。经过详细摸排、走访、调查，专案组掌握了大量的案件线索，先后于2009年7月28日，9月5日、24日，抓获诈骗销售盗版图书犯罪嫌疑人康曹军、张赵岗等8人，并当场没收盗版图书总计88套363册，涉案金额达50余万元。

三、吕梁高专校园网网络侵权案

吕梁市版权局在打击网络侵权盗版专项行动中发现，“吕梁高专影视网站”未经授权，擅自下载、链接350部纪录片、550部影视片，供本校校内师生员工及家属浏览观看，已构成网络侵权盗版行为。依据《著作权法》及《信息网络传播权保护条例》的相关规定，吕梁市版权局责令该网站进行整改，责令其删除侵权盗版影视作品，没收涉案服务器1台，罚款5 000元。

四、“吕梁信息港”网络侵权案

吕梁市版权局在打击网络侵权盗版专项行动检查中，查出吕梁联通公司所办“吕梁信息港”网站未经著作权人授权，擅自下载、链接影视作品1 360余部，供上网者浏览并提供下载服务。经调查，该公司仅能提供500余部影视作品的合法授权，其余860部作品已构成侵权。吕梁市版权局对其做出如下行政处罚：（1）责令删除未能提供授权的860部影视作品；（2）罚款5 000元。

五、秦城学区小学非法购买盗版教辅案

2009年12月22日，忻州市版权局接到群众举报，称秦城学区小学存在订购盗版教辅现象。接到举报后，忻州市版权局和忻州市文化市场稽查大队迅速行动，联合开展调查工作。经查证，秦城学区小学为一至六年级的学生订购盗版教辅4 760册。忻州市版权局对秦城学区小学做出如下行政处罚：（1）责令其停止违规行为；（2）没收盗版教辅材料4 760册；（3）罚款20 000元。

六、“运城视听网”侵权盗版案

2009年9月18日，运城市版权局接到举报，称“运城视听网”存在侵权现象。运城市版权局执法人员立即进行调查并向山西省版权局报告，经过省、市版权部门的共同努力，查证“运城视听网”网站于2009年6月起提供运城电视台部分节目的在线观看服务，所提供的视听作品均无合法授权，网站也为无备案的非法网站。山西省版权局2009年打击网络侵权盗版专项行动专案组依法对当事人做出行政处罚：（1）责令其关闭非法运营网站；（2）罚款5 000元。

七、“中国运城网”侵权盗版案

2009年运城市版权局通过网络监控发现，“中国运城网”（www.0359net.com）提供影视作品在线观看服务。经过省、市版权局共同调查，查证“中国运城网”网站系运城数字人工作室开办，提供国内外影视作品的在线观看服务，所提供的影视作品均无合法授权。省版权局依法对“中国运城网”做出如下行政处罚：（1）责令“中国运城网”停止侵权，删除侵权内容，消除影响；（2）罚款10 000元。

八、临汾育才书店和日新书店销售盗版案

2009年，临汾市版权局在对全市图书市场进行全面检查时，查出育才书店和日新书店存在严重的经营盗版图书现象，遂当即将书店查封，经过研究决定对两家书店给予如下处罚：（1）将两家书店依法予以取缔；（2）没收盗版出版物；（3）分别罚款13 000元。

九、太原市迎泽区快马货运服务部运输盗版图书案

2009年9月24日，太原市版权局在日常执法检查中，查出迎泽区快马货运服务部存放大量盗版图书。太原市版权局和太原市出版物市场稽查大队立即开展行动，经查证，盗版图书系快马货运服务部负责运送的货物，共285件、8万多册。太原市版权局对此做出没收全部盗版图书的行政处罚。

十、“征途”游戏私服案

2009年11月30日，太原市版权局接到举报，称在太原出现“征途”游戏的私服。市版权局执法人员在太原市公安局和太原市出版物市场稽查大队的配合下，迅速查出了违法侵权服务器的准确地址。经过缜密摸排调查，查证当事人非法私设“征途”游戏服务器供玩家娱乐，严重侵犯了上海巨人网络公司对“征途”游戏的著作权。太原市版权局依法对当事人做出如下处罚：（1）没收涉案服务器；（2）没收非法所得1 700元。

（山西省版权局）

内蒙古自治区

一、旭日音像店销售侵权盗版音像制品案

2009年，呼和浩特市新城区荣星市场的旭日音像店涉嫌销售侵权盗版音像制品，涉案场所内存有涉嫌侵权盗版音像制品共计37种456张。经依法调查取证，确认456张涉案音像制品全部为侵权盗版音像制品。自治区版权管理部门对旭日音像店依法做出如下行政处罚：（1）依法吊销“文化经营许可证”；（2）罚款5 000元；（3）没收456张侵权盗版音像制品。

二、赤峰市“知春软件”侵权盗版案

2009年3月，内蒙古赤峰市知春软件公司存在复制、出售“全国职称计算机考试模拟题库”盗版软件的行为，一共刻录了1 000余张，出售500余张，获利15 000多元。赤峰市红山区文化局对知春软件公司依法做出警告并处25 000元罚款的行政处罚。

三、航宇书店销售盗版教材案

2009年5月，内蒙古赤峰市版权管理部门对红山区的航宇书店进行检查，发现店内销售的《邓小平理论》、《马克思主义哲学原理》、《英汉翻译教程》等15种自考教材全部为侵权盗版出版物。赤峰市红山区文化局对航宇书店依法做出警告并处10 000元罚款的行政处罚。

四、金多来印刷厂盗印图书案

2009年9月，内蒙古赤峰市红山区文化市场管理办公室执法人员进行市场例行检查，发现金多来印刷厂存有大量盗印图书，其中已印制好的图书2 000册，半成品图书900余册，书皮1 000余张及未装订散页900余张，每本书工本费2元，预收定金2 000元。依据《著作权法》、《出版管理条例》的相关规定，红山区文化市场管理办公室依法对金多来印刷厂做出了警告并处20 000元罚款的行政处罚。

五、某中学使用盗版教辅图书案

2009年9月，内蒙古赤峰市红山区文化市场管理办公室查处某中学从非正规发行渠道订购教辅用书《优化设计》1 200册，之后积极与该教辅的出版社联系并要求派人协助调查，出版社负责人证实该中学所使用的教辅用书《优化设计》系盗版图书。红山区文化局根据《著作权法》等法律法规的相关规定，依法对该中学做出了警告并处20 000元罚款的行政处罚。

六、飞图音像窝藏销售盗版光盘案

2009年10月13日，内蒙古赤峰市红山区文化市场管理办公室通过前期暗访摸底，对一个无证批发盗版音像制品窝点——飞图音像进行突击检查，当场查缴盗版光盘5 000余张。通过核实销售单据发现，该窝点自2009年年初以来，定期或不定期向赤峰市内各旗县区批发各种盗版光盘，且形成了一定规模的盗版音像制品销售网络。根据《著作权法》等法律法规的规定，红山区文化局对飞图音像依法做出了警告并处10 000元罚款的行政处罚。

七、巴彦淖尔市邮政局商业函件服务中心等非法发行书刊案

2009年6月19日～7月27日，巴彦淖尔市新闻出版（版权）局开展了报刊市场专项整治工作，依法对市邮政局商业函件服务中心、联德商贸有限责任公司、临河华夏广告有限责任公司、临河仲示信息网络科技有限责任公司、临河中霸广告有限责任公司、星光文化传媒有限公司等6家单位设立的出版物出版、发行机构进行检查。通过现场检查，执法人员发现这6家单位只有工商部门核发的广告批准文号，均未取得新闻出版部门核批的版号和出版物准印证，且名下出版的刊物登载小说、故事、生活类文章超出了广告批号允许刊登的内容。执法人员依法对6家单位的负责人进行询问调查，确认了他们的违法事实。根据调查取证结果，巴彦淖尔市新闻出版（版权）局依据《出版管理条例》第五十五条，做出收缴非法出版物42 000张（册），并给予6家公司18 000元罚款的行政处罚。

（内蒙古自治区版权局）

吉　林　省

一、延吉市O2SKY网站侵权案

案件详情，参见本栏目“2009打击网络侵权盗版专项行动十大典型案件六”（P. 369）。

二、延吉市IMDJ网站侵权案

2009年7月28日，中国音乐著作权协会代表音乐著作权人和韩国音乐著作权协会投诉，称延吉市www.imdj.net网站大量提供韩国音乐作品供用户免费试听、下载，严重侵犯了韩国著作权人的合法权益。国家版权局版权司版权执法处将此案移交给吉林省版权局，要求立案严肃查处。

执法人员通过对中国联合网络通信有限公司延边州分公司增值业务中心调查取证，查明网站www.imdj.net的服务器是李永俊托管在网通延边州

分公司的，其公司位于延吉市新兴街。执法人员通过网页截图方式进行了证据保存，并对取证全程做了录像存留。

10月15日，省版权局执法人员会同延边州版权局、延吉市版权管理部门及延吉市公安局网络安全保卫大队组成了专案组，专案组兵分两路：一路直奔网通公司，切断服务器，防止侵权人远程删除侵权内容或者取走服务器；一路直奔该网站负责人李永俊的公司，控制侵权人，防止其外逃。在网通公司，执法人员发现该网站服务器大部分已经转移。执法人员当场依法扣押了价值3万余元的服务器5台。

经过周密调查，执法人员找到服务器托管登记人李永俊和公司员工李美善。经过讯问，二人交代该网站法定代表人是李升华，现在北京，李永俊是合伙人。网站的主要经营项目有音乐、影视收听收看、信息广场发布广告、小游戏、BBS论坛等项目。网站的音乐、影视节目都没有合法授权。歌曲约有几万首，会员有20万～30万人，网站每天的点击率4万～5万人次，影视包月费为8元。在询问过程中，李永俊和李美善拒不配合调查，也不提供服务器密码。其他具体情况两个人都没有交代清楚，只有法人李升华知道详情，但李升华本人已去向不明。执法人员依法扣押的5台服务器中，3台无相关内容，1台无硬盘，1台设有密码无法打开。由于当事人不配合，对该网站进一步调查取证已无法进行。但专案组所收集的证据已能够证明该网站的侵权行为成立。鉴于该案侵权行为严重，当事人拒不配合调查，根据相关法律规定，该案于10月28日正式移送当地公安机关立案处理。

三、天成文化传播有限公司非法复制、发行盗版音像制品案

2009年2月25日，吉林市版权局向吉林省版权局报告，吉林市天成文化传播有限公司长期从事非法复制、发行盗版音像制品的违法行为，侵权行为严重，请求省版权局协助查处。吉林省版权局领导高度重视，与吉林市版权局、吉林市公安局内保分局联合组成专案组，对案件开展联合查处。执法人员对吉林市天成文化传播有限公司进行了执法检查，当场扣押刻录机1台，刻录电视剧母碟111包，盗版电视剧206部，碟片3 031张，快递单据595张，公司名章、法人名章、公司财务章各1枚，记账凭证6本（2006年8月～2007年12月），往来业务账本6册。

经过初步调查，吉林市天成文化传播有限公司于2006年4月成立，法人代表是于洪波。公司主要进货渠道是在网上订购或在北京、广东、沈阳等地专卖店购买电视剧影碟，然后进行大量复制，再把复制的盗版光碟卖给全国县级以上电视台播放。从开出的正规发票上可以看出，从2006年8月开始，该公司先后为全国县级以上130多家电视台提供非法复制的盗版电视剧影碟，每集以5～20元人民币卖给电视台，并以设计费名义开出正规发票。其中，浙江省余姚电视台有43笔往来业务，江西省萍乡市新宇广播电视数字传媒有限公司有33笔往来业务。根据已开的正规发票累计显示，仅2006年8月～2007年12月期间涉案金额就达196 014元。

由于该案涉案金额较大、影响较坏，省版权局指示将该案移送给当地公安机关处理。吉林市主管副市长尹伊君对此案也做出了专门批示，要求严肃查办。后因涉案权利人数量较多，公安机关无法逐一与权利人核实是否经过授权，因而检察机关无法起诉，案件改为由版权管理部门进行行政处理。吉林市版权局给予吉林市天成文化传播有限公司罚款30 000元、没收所有侵权复制品及侵权工具的行政处罚。

四、东丰县销售盗版教辅案

2009年8月27日，有群众举报东丰县三味书屋、正大书店经营贩卖盗版图书，包括学生教辅读物，数量较多，性质恶劣。接到群众举报后，吉林省版权局立即组成由吉林省版权局版权管理处处长李长江带队的专案组。8月28日早，专案组执法人员对三味书屋和正大书店进行了查处。在两个书店内均发现大量盗版教辅书籍和小说。据统计，每个书店盗版图书都在5 000册以上。两个书店的负责人对侵权盗版行为供认不讳。依照《著作权法》的相关规定，版权管理部门给予三味书屋、正大书店责令立即停止侵权行为、没收侵权盗版书籍及相应的行政处罚。

五、扶余县某书商销售盗版教辅案

2009年8月25日，扶余县文化新闻出版和体育局接到群众举报，称扶余县五家站镇宾乐旅店内有经营盗版教辅读物的窝点，且数量巨大。扶余县文化新闻出版稽查大队接此举报后，迅速向吉林省版权局做了汇报。省版权局了解案情后，认为这是一起严重的有组织贩卖盗版教辅读物案件。省版权局执法人员立即与扶余县版权管理部门组成专案组，对该案进行全力侦查。经执法人员对扶余县五家站镇宾乐旅店现场检查，当场查获小学一至六年级盗版教辅读物12 000余册，价值超过10万元人民币。

执法人员当即对所有涉案的教辅读物予以收缴。此次查获贩卖盗版小学教辅读物的数量巨大，系扶余县恢复县制以来最大侵权盗版教辅读物案。执法部门给予没收12 000余册盗版教辅读物及相应的行政处罚。

六、公主岭市温州城销售盗版光碟案件

2009年8月，省版权局接到群众举报，称公主岭市温州城有销售盗版光碟和书刊的窝点。接到举报后，吉林省版权局组成检查组，对公主岭市温州城图书、音像电子制品市场进行了执法检查。在腾飞音像店、辉煌音像店、鸣天音像店、寒光风采等销售窝点，当场收缴盗版音像制品20 000多件。据查，该销售窝点位于公主岭市区较为繁华的温州城里，由多家店铺构成，成了盗版光碟在公主岭市的集散地，在当地造成极为恶劣的影响。由于腾飞音像店、辉煌音像店、鸣天音像店、寒光风采销售盗版光碟数量巨大，影响恶劣，吉林省版权局分别给予没收盗版光碟及相应的行政处罚。

（吉林省版权局）

黑龙江省

一、“3·07”特大侵权盗版案

2009年3月7日，根据举报人举报，哈尔滨市南极街一个3层的库房内存有大量侵权盗版及非法出版物。接到举报后，黑龙江省版权、公安和工商等部门采取联合执法行动，一举端掉了张丽杰储存销售盗版和非法出版物的黑窝点，查扣各类出版物1 501种、189 617册，其中侵权盗版出版物达22种、6 827册。

为了保证公安机关顺利开展下一步工作，执法行动结束后，省版权局及时制作了《涉嫌犯罪案件移送审批表》、《移送相关证据审批表》等相关法律文书，按时限要求将案件移送公安机关进行立案处理；又先后6次向公安机关补充了《关于移送相关证据的函》等法律文书，前后制作法律文书达20份、1 000余页，保证了公安机关及时立案并开展侦查工作。

哈尔滨市公安局治安支队作为本案的具体承办部门，于3月24日将本案主犯张丽杰、肖锋夫妇抓获。经突审，两个犯罪嫌疑人供出分布于北京和湖北的供书上线。3月27日，专案组在北京将犯罪嫌疑人崔玉国抓获，并查获了其储存盗版和非法出版物的仓库。同日，另一组民警在武汉将犯罪嫌疑人黄贤斌、杨艳华夫妇抓获。经查，崔玉国自2008年9月以来，先后供给张丽杰盗版《新概念英语》、《标准日本语》等语言教育类书刊1.1万余册（盘），非法获利6.8万元。3月31日，专案组二次赴京，将犯罪嫌疑人史树新、陈强抓获，同日将一非法印刷厂厂长张国录、李春宝抓获。4月8日，专案组将供给张丽杰淫秽色情书刊的刘春雁抓获。

4月20日，哈尔滨市公安局向哈尔滨市人民检察院提请对上述10人批准逮捕。4月29日，哈尔滨市人民检察院做出批示，对张丽杰、刘春雁、黄贤斌、史树新、张国录、李春宝、肖锋、杨艳华等8人以涉嫌销售侵权盗版出版物、非法经营罪、销售淫秽物品牟利罪等罪名批准逮捕。犯罪嫌疑人崔玉国印制、出版他人享有著作权的作品，侵犯他人著作权，涉嫌侵犯著作权罪，批准逮捕。陈强不涉嫌犯罪，不予逮捕。

二、“西山影院”网络侵权盗版案

2009年9月27日，黑龙江省版权局版权处接到国家版权局版权司执法处电话通知，以及电传转来的中央电视台电影频道节目中心的投诉，称备案号为黑ICP0902995的“西山影院”网站，存在涉嫌非法传播《建国大业》、《天安门》、《开国大典》等影视作品的重大侵权行为。对此，黑龙江省版权局领导高度重视，指示要全力及时查处。省版权局协调通信、公安等部门组成专案组，迅速展开调查。当日，省版权局会同省通信管理局现场查证“西山影院”网站的ICP备案信息，查明了“西山影院”备案网站服务器地址、接入服务提供者、备案人等情况，并及时报告国家版权局。

9月29日，省版权局专案组人员专程到备案人张杰居住地佳木斯市所辖的富锦市，会同佳木斯市新闻出版（版权）局、佳木斯市公安局网监支队、富锦市公安局进一步核查。查明“西山影院”在黑龙江省通信管理部门进行ICP登记时提供的相关信息为虚假信息。10月2日，省版权局将查证情况向国家版权局作了初步汇报，并及时将该网站相关信息转告浙江省版权管理部门，经多次及多方协商，浙江省通信管理部门关闭了该网站。

三、友谊高级中学盗版教材案

2009年9月8日，双鸭山市版权局接到友谊县高级中学涉嫌使用盗版教材的举报后，成立“友谊县9·08专案组”进驻友谊县高级中学，查证关于该中学使用盗版教材的举报信息。据友谊县高级中学供认，从2007年开始，友谊县高级中学在哈尔滨书商张汝平处以定价的6.5折购进《语文读本》、《通用技术》、《地理图册》、《地理填充册》、《历史图册》、《历史填充册》等8种高中教材后，按实际定价卖给学生以赚取中间差价。经专案组调查认定：2007～2009年，友谊县高级中学共在张汝平处购进盗版教材22 352册，涉案金额208 823.50元，非法获利73 088.25元。

根据《著作权法》和《著作权法实施条例》的相关规定，双鸭山市版权局对友谊县高级中学依法处以没收盗版教材8 794册、非法所得73 088.25元，罚款10万元的行政处罚。同时责令并监督友谊县高级中学出资到县新华书店购买同品种正版教材8 794册为学生进行免费调换，以保证学生正常使用。

（黑龙江省版权局）

上海市

一、宏图三胞被判赔70万元

2009年11月，知名电脑零售企业上海宏图三胞被上海浦东法院判赔70万元，理由是非法预装、销售微软公司软件。该公司也曾因非法预装奥多比公司软件而被起诉，后经法院调解进行了赔偿。这一案件对于整饬电脑零售领域知识产权环境有着重要意义，同时，彰显了我国软件版权保护工作力度正在不断加强。

上海宏图三胞被处罚，这只是2009年以来打击侵犯软件版权系列行动中的最新动作。这些涉及企业用户软件侵权、网络侵权以及非法预装等侵犯软件版权行为的企业和个人受到严厉惩处，无疑对猖獗的软件盗版者起到警示作用。

二、侵犯新华社社办报刊金融资讯类文字作品著作权案

2008年12月，新华社向上海市版权局投诉，称上海市某投资管理公司未经权利人许可在其运营的理财网站及各类理财终端上大量转载新华社享有著作权的文字作品。经查，2008年下半年至2009年初，被投诉人未经权利人许可，长期通过其经营的理财网站及各种理财终端，大量转载新华社依法享有著作权的新华网以及《上海证券报》、《经济参考报》等新华社社办报刊的金融资讯类文字作品。

上海市版权局根据《著作权法》第四十七条、《著作权法实施条例》第三十六条、《信息网络传播权保护条例》第十八条之规定，对被投诉人做出责令停止侵权及罚款20 000元的行政处罚。

（上海市版权局）

江苏省

一、南京中译图书有限公司发行盗版图书案

2009年9月15日，江苏省版权局版权管理处根据苏州大学出版社投诉，对涉嫌销售盗版苏大版图书的南京中译图书发行公司进行执法检查，现场查获大量盗版图书和部分销售记录。经公安机关审查，所获证据显示该案适用著作权刑事犯罪条款查处有困难，建议由省版权局做出行政处理。根据权利人的调解和赔偿损失的请求，最终以侵权人中译图书有限公司赔偿权利人苏州大学出版社31万元结案。

二、海安县飞龙音像店非法经营盗版音像制品案

经长时间蹲点守候，海安县飞龙音像制品经营部贩卖非法音像制品案于2009年4月19日被海安县文化（新闻出版）局执法人员成功告破，当场查获淫秽光盘882张，盗版光盘5 000多张。案件调查终结后，海安县文化（新闻出版）局依法做出处罚决定：（1）没收非法音像制品5 017张；（2）罚款10 000元；（3）吊销“音像制品经营许可证”；（4）移送公安机关。6月4日，海安县人民法院以侵犯著作权罪，判处海安县飞龙音像制品经营部业主朱某有期徒刑2年。以该罪种判罪量刑，首开南通市判例先河。同案犯淮安籍张某以贩卖淫秽物品牟利罪，被判处有期徒刑3年。

三、南通新世纪音像店销售盗版音像制品案

2009年2～4月间，曾海波多次购进盗版音像光碟在其经营的南通市新建路2号新世纪音像店内销售。4月14日，南通市崇川区文化局执法人员在其店内查获待售的非法音像制品2 908张。经南通市版权局鉴定，上述光碟均为侵权盗版制品，崇川区文化局依法做出行政处罚：（1）没收违法经营音像制品2 908张；（2）没收用于违法经营的电脑主机及显示器一台；（3）罚款10 000元。因情节严重，侵权案件移送公安机关。崇川区人民法院后作出刑事判决：曾海波以侵犯著作权罪，被判处有期徒刑3年，缓刑4年，并处罚金20 000元。

四、扬州卞荣国、瞿龙飞非法运营“传奇世界”私服案

2008年12月10日，盛趣信息技术（上海）有限公司举报，网络游戏“传奇世界”在扬州出现多个服务器（均为“私服”）进行非法运营。接到举报后，扬州市文化综合执法支队立即派出执法人员于2008年12月11日赴上述服务器所在地——扬州市电信局

东大楼四楼IDC机房执法检查，确认涉案服务器是江苏盐城人卞荣国、瞿龙飞托管的。12月15～16日，执法人员对卞荣国、瞿龙飞进行调查询问，卞荣国、瞿龙飞对非法运营“传奇世界”私服一案供认不讳。2009年1月14日，扬州市文化综合执法支队对本案调查终结，认为卞荣国、瞿龙飞未经权利人许可擅自制作“传奇世界”私服并非法运营的行为，违反了《信息网络传播权保护条例》第十八条第一款的规定，对卞荣国、瞿龙飞处以如下行政处罚：（1）责令停止侵权行为；（2）罚款10 000元。

五、扬州陈健非法运营“传奇世界”私服案

扬州市文化综合执法支队接到群众举报，称IP地址为61.147.120.116，61.147.112.251，61.147.112.252的服务器非法运营“传奇世界”游戏，经与盛趣信息技术（上海）有限公司核实，上述服务器系未经权利人许可擅自非法运营“传奇世界”游戏的私服。2009年7月8日，支队执法人员对上述服务器所在地——扬州市运河西路237号电信局东大楼四楼IDC机房进行了执法检查，确认上述服务器是江苏盐城人陈健托管的。7月14日，执法人员对陈健进行调查询问，陈健对非法运营“传奇世界”私服一案供认不讳。7月20日，支队对本案进行调查结案，认为陈健未经权利人许可擅自制作“传奇世界”私服并非法运营的行为，违反了《信息网络传播权保护条例》第十八条第一款之规定，对陈健处以如下行政处罚：（1）停止侵权行为；（2）罚款2 000元。

六、扬州李叶成非法运营“天龙八部”私服案

扬州市文化综合执法支队接到权利人投诉，IP地址为222.189.237.78，222.189.239.204，222.189.237.186，222.189.239.51，222.189.239.108的服务器未经权利人许可，非法运营“天龙八部”游戏，接报后，支队执法人员于2009年7月10日，对上述服务器所在地扬州市运河西路237号电信局东大楼四楼IDC机房进行了执法检查，发现上述服务器连接互联网正在运行，经确认上述服务器运行内容确为“天龙八部”游戏。执法人员现场切断了上述服务器与互联网的连接，并对侵权服务器进行了证据登记保存。7月24日，执法人员对江阴普尔信息技术有限公司职员、扬州IDC机房负责人、服务器使用人李叶成的受委托人——宋哲进行询问调查，并检查了上述服务器的托管合同，确认服务器是福建人李叶成以租用和托管的形式使用的，李叶成对未经权利人许可非法运营游戏“天龙八部”私服一案供认不讳。8月1日，支队对本案进行调查结案，认为李叶成未经权利人许可擅自制作“天龙八部”私服并非法运营的行为，违反了《信息网络传播权保护条例》第十八条第一款的规定，对李叶成处以如下行政处罚：（1）停止侵权行为；（2）罚款2 000元。

七、连云港金日音像店销售盗版音像制品案

2009年3月10日，连云港市连云区文化局行政执法人员在日常检查中，发现连云区金日音像店在经营场所货架上、收银台处有《妙手神偷》、《13勇士》、《少年刑警》等大量涉嫌盗版音像制品200余张。执法人员当即对上述物品进行了证据登记保存，填写了连云港市连云区文化局《现场检查记录》，对现场进行了拍照取证。案件调查终结后，连云区文化局依法对当事人做出如下行政处罚：（1）没收盗版音像制品200张；（2）罚款10 000元。

八、淮安市非法经营网游案

2009年8月，淮安市公安局、版权局从一起受害人价值4 000余元的游戏被盗案件入手，剖析疑点，顺线追查，根据销售游戏金币网站上留下的27个虚拟身份信息，与网上信息进行海量数据分析，排摸出涉案公司的组织体系、涉案成员构成，并组织50余人的抓捕组，赶赴浙江杭州等地将涉案的许某等10名犯罪嫌疑人全部抓获归案，成功摧毁了杭州康德公司和钦永公司非法经营网游“地下城与勇士”金币产业链，捣毁了2个非法生产腾讯公司游戏币窝点，查扣作案电脑1 000余台。在短期内将该起案件成功侦破，为受害人腾讯公司避免了大量经济损失。

（江苏省版权局）

浙 江 省

一、淘宝网上销售《朱镕基答记者问》盗版图书案

案件详情，参见本栏目“2009打击网络侵权盗版专项行动十大典型案件七”（P.369）。

二、“炎黄互动”网站侵权案

2009年10月15日，浙江省版权局接国家版权局移转函，称“炎黄互动”网站涉嫌侵权。10月20日，省版权局执法人员赶赴金华市，与当地版权行政执法人员一起，前往“炎黄互动”网站所有人金华市维特网络信息有限公司现场调查。该公司负责人承认网站播放了侵权影片《火线追凶系列》、《女神捕系列》，并马上配合管理部门删除了侵权影片。10月29日，该公司向省版权局上报了网站整改报告。金华市文化广电新闻出版局对该公司做出停止侵权行为、罚款 4 000 元的行政处罚。

三、"八宝音乐"网站侵权案

湖州市文化广电新闻出版局根据当事人举报，查实杭州锐科漫德信息科技有限公司开设的"八宝音乐"网站未经权利人许可，擅自将权利人拥有版权的音乐作品通过互联网向公众传播，其行为已构成侵权，并且损害了公共利益。据此，湖州市文化广电新闻出版局对该公司做出责令停止侵权，罚款 15 000 元的行政处罚。

四、"天龙八部"网络游戏案

绍兴市文化广电新闻出版局接北京畅游时代数码技术有限公司投诉，称宁波揽众网络有限公司未经同意，私设服务器，侵犯了该公司的著作权。经绍兴市文化广电新闻出版局查实，宁波揽众网络有限公司在多次接到当事人"要求删除或断开链接侵权网络内容的通知"后，未采取措施断开链接或删除侵权内容，侵犯了北京畅游时代数码技术有限公司"天龙八部"网络游戏软件的著作权，且损害了公共利益。因此，绍兴市文化广电新闻出版局对该公司做出停止侵权行为、罚款 20 000 元的行政处罚。

五、"四而书屋"淘宝网店侵权案

2009 年 12 月 1 日，根据淘宝网提供的线索，浙江省版权局向湖州市文化广电新闻出版局交办了淘宝网卖家 tamgche（店铺名：四而书屋）涉嫌销售盗版图书的案件，并对湖州市文化市场行政执法支队的查处工作进行了具体指导。经湖州市文化市场行政执法支队查实，唐某某在淘宝网上开办"四而书屋"发行书籍，但不能证明其发行的书籍有合法来源，属未经著作权人许可发行其作品，侵犯了著作权人的合法权益，且损害了公共利益。12 月 25 日，湖州市文化广电新闻出版局按照著作权法的有关规定，对侵权行为人做出了责令停止侵权行为、没收侵权书籍 41 册、罚款 10 万元的行政处罚。

六、九峰小学校园网站侵权案

宁波市文化广电新闻出版局接到群众举报，查实宁波市北仑区九峰小学校园网未经权利人许可，以从网站下载、自行购买音像制品进行复制等方式获取《喜羊羊与灰太狼》、《外星人 ET》等作品上传至网站的"在线影院"栏目，以免费方式向公众传播。11 月 26 日，宁波市文化广电新闻出版局对宁波市北仑区九峰小学做出责令停止侵权行为、罚款 10 000元的行政处罚。

七、搜网公司侵犯"天龙八部"网络游戏案

温州市文化广电新闻出版局接北京畅游时代数码技术有限公司投诉，称台州市搜网网络技术有限公司未经同意，私设服务器，侵犯了该公司的著作权。经温州市文化广电新闻出版局查实，台州市搜网网络技术有限公司在多次接到当事人"要求删除或断开链接侵权网络内容的通知"后，未采取措施断开链接或删除侵权内容，侵犯了北京畅游时代数码技术有限公司"天龙八部"网络游戏软件的著作权，且损害了公共利益。因此，温州市文化广电新闻出版局对该公司做出没收违法所得 4 600 元、罚款 10 000 元的行政处罚。

八、张兹横、王东波侵犯著作权案

2009 年 6 月 30 日，义乌市文化市场行政执法大队执法人员对义乌市江东街道九联地横头村张兹横租用的仓库实施检查，发现张兹横未经权利人许可，擅自复制、销售"铠甲勇士"系列产品。据此，义乌市文化广电新闻出版局对张兹横做出责令停止侵权、没收侵权产品 7 260 个、罚款 1 万元的行政处罚。7 月 16 日，义乌市文化市场行政执法大队执法人员对义乌市廿三里街道活鱼塘村王东波租用的玩具加工厂实施检查，发现王东波未经著作权人许可，擅自复制、销售"草莓女孩"系列产品。义乌市文化广电新闻出版局对王东波做出责令停止侵权、没收侵权产品 1 796 个、罚款 10 000 元的行政处罚。

（浙江省版权局）

安　徽　省

一、太和非法刻录盗版光盘案

2009 年 9 月 11 日，太和县版权局接到群众举报，称太和县原墙名智电脑培训学校付某某以开办电脑培训学校为掩护，私刻盗版光盘并在网上销售。县版权局于当日 18 时 10 分进入原墙名智电脑培训学校检查，现场发现已刻录完成的音像制品 3 000张，空白刻录盘 3 600 张，用于光盘刻录的电脑 2 台，打印的光盘内容目录约 300 张，DVD 刻录光驱 1 台，销售单据 2 本，其他记录本 1 本，音像制品销售宣传广告 2 幅，执法人员对上述物品当场予以证据登记保存。省版权局随即派员赴太和县对查扣的 3 996 张光盘进行随机抽样鉴定，确定均为盗版制品。根据对当事人付某某的询问和对现场查扣销售单据的统计，其销售盗版 VCD 为 1 元/盘、DVD 为 1.6 元/盘，合计销售额为 29 180 元，2 996 张光盘都是其用电脑刻录制成的。该案已移送公安机关。

二、"10·28"盗版图书案

蚌埠市文化市场综合执法支队根据举报，经过两个多月的艰苦摸排、跟踪、踩点、蹲守，终于在蚌埠市东升派出所辖区曙光七巷内找到了两个批发盗版书刊商的仓库。按照蚌埠市版权局的统一部署，2009年10月28日，文化市场综合执法支队集中全体稽查人员，在蚌埠市公安机关的配合下，对两个盗版书仓库进行突击搜查，当场查获各类盗版书刊50 000余册、联想电脑1台以及摩托罗拉V3手机1部，有力打击了盗版书刊经营猖獗的现象。此案已移送公安机关。

三、"一点智慧"软件作品网络盗版案

案件详情，参见本栏目"2009打击网络侵权盗版专项行动十大典型案件四"（P.369）。

四、"创新考典"盗版教辅案

2009年2月中旬，安庆市版权局接到群众举报，称辖区内某中学使用的教辅图书涉嫌盗版。市版权局十分重视这一举报线索，抽取了该中学相关教辅图书样品。通过鉴定发现，一本名为《创新考典》的教辅图书为盗版出版物，在该校共发现500余册。经立案调查，该盗版教辅系学校向外地游商购买。安庆市版权局对该中学做出没收全部盗版教辅图书、罚款34 200元的行政处罚。

五、"机战"网络游戏私服案

2009年7月，安徽省版权局接到举报，称在安徽区域内存在侵权的"机战"网络游戏私服及用于私服宣传之用的发布页。省版权局经过数据分析整理和网上搜索，确认被举报网站侵权事实存在，并锁定了7个用于经营私服业务使用的服务器IP地址和相关的网页证据，迅速查实了侵权IP所在的2家IDC服务公司。执法人员快速出击，依法对2家IDC服务公司下达了行政处罚决定书，责令其立即关闭侵权IP地址，停止内容提供者的侵权行为。在执法人员的现场监督下，7个用于经营私服业务的服务器IP地址被当场关闭。

六、"征服"网络游戏私服案

2009年10月，安徽省版权局根据举报，对涉嫌侵权的"征服"网络游戏私服立案查处。经查明，该网站的服务器接入口位于宣城市某公司内部，为3台已闲置半年的服务器，通过对服务器内的3个硬盘进行鉴定，确定其中存储有侵权游戏程序。省版权局据此做出警告、责令停止侵权和没收安装存储侵权制品设备的行政处罚。

七、"魔域"网络游戏私服案

2009年11月，安徽省版权局根据举报，对"魔域"网络游戏私服案件进行调查。查明该游戏私服的服务器接入商位于铜陵市，涉案服务器有2台。经对涉嫌存储侵权信息的2个服务器硬盘进行证据先行登记保存和鉴定，确认2个硬盘中确实存储有侵权"魔域"网络游戏程序。版权部门据此做出警告、责令停止侵权和没收安装存储侵权制品设备的行政处罚。

八、"7·03"侵犯著作权案

2009年6月下旬，安徽省公安厅治安总队、省版权局接到举报，反映合肥市的安徽振翼文化传播有限公司涉嫌侵犯著作权。经查实，宋晓光以营利为目的，私自印刷安徽省投资集团教育图书有限公司在安徽省内拥有独家代理发行权的中、小学《安全教育》、《法治教育》读本，并以"安徽振翼文化传播有限公司"名义进行销售，违法所得数额巨大。2010年，宋晓光被合肥市包河法院一审判决如下：犯侵犯著作权罪，判处有期徒刑5年，并处罚金100万元；犯伪造企业、事业单位印章罪，判处有期徒刑1年；决定执行有期徒刑6年，罚金100万元。

九、阜阳市网吧安装盗版软件案

2009年，阜阳市版权局接到举报，称阜阳市两家网吧私自下载安装破解版的上海网众无盘网吧系统管理软件。接到举报后，阜阳市版权局一方面向省局版权处领导及时汇报，一方面立即组织执法人员，对两家网吧进行查处，并在技术人员配合下将这两家网吧所使用的涉嫌盗版的软件进行证据保全，通过网络将相关的数据上传给上海网众信息技术有限公司，请该软件的著作权人对这两家使用的软件进行认定。经查，网吧经营业主存在未经著作权人许可，故意删除或者改变软件著作权人的权利管理电子信息的行为。阜阳市版权局对其做出没收安装存储侵权制品设备的行政处罚。

十、池州东至大宗盗版音像制品案

2009年12月24日，池州市东至县版权局接到举报，称一辆长途客车有夹带盗版音像光碟的嫌疑。该局执法人员立即赶赴现场，当场查缉盗版音像制品9箱，光碟共计16 800余张。这是该县查获不法商贩利用长途客车夹带盗版音像制品数量最多的一起案件，市版权局据此做出没收侵权复制品的行政处罚。

（安徽省版权局）

福　建　省

一、"原始国度"私服侵权案件

2009年，福建省版权局接到广东数据通信网络有限公司的投诉，称其独家代理运营的韩国CCR公司网络游戏“国度·Rfonline”，被“原始国度”网站私自架设服务器进行运营活动，侵犯了权利人的合法权利。省版权局经过调查发现，该私服网站是2008年3月份非法设置的，其经营者为陈叶铭，他通过江西南昌的“无忧网”建立私服信息发布和登入、注册平台“原始国度”网站（www.rf911.cn），将私设的服务器放置在自己的住所。该私服网站设置了两台服务器，另加一个后台管理服务器，游戏分为两个区运作。陈叶铭通过销售游戏装备非法牟利。在确认陈叶铭的侵权行为后，福建省版权局对其处以没收违法所得28 550元、没收服务器3台、罚款28 550元的行政处罚。

二、“霸气征服”私服侵权案件

2009年6月，福建省版权局接到福州天晴数码游戏公司投诉，对设在泉州电信IDC机房的“霸气征服”私服进行了查处。经查，该私服是他人租用福州人林益在泉州酷龙网络有限公司托管的服务器架设并运行的，运行时间近2个月，该服务器的所有人林益并不知道租用人的具体用途和运行内容。对此，省版权局做出了没收2台服务器的行政处罚。

三、“品书屋”侵权转载案

2009年9月，福建省版权局接“逐浪网”投诉，称“品书屋”（http：//www.pinshu5.com）网站在未经其授权许可的情况下，私自转载了与“逐浪网”签约的多部作品，损害了“逐浪网”及其签约作者的著作权。经核查，该网站当事人不在厦门，他租用了厦门电信的虚拟空间服务器从事文学作品的网络传播。在检查中发现该网站除了被投诉的作品明显侵权以外，还有较多作品没有注明作者信息和来源，部分作品还涉嫌侵权转载。省版权局对当事人做出了责令停止侵权的行政处罚，并关闭了该网站。

四、网站侵权转载《厦门掌故》一书案

2009年10月，厦门市版权局接到《厦门掌故》一书著作权人叶时荣举报，称“集美大学城毅学院论坛”、“月光软件站”、“网易Rabio博客”等6家网站论坛或博客上有数十篇文章未经其许可，复制并传播了《厦门掌故》一书中的许多章节内容，严重侵犯其著作权。厦门市版权局在接到举报后，对网站侵权文章和所提供的书稿进行了比对，确认均为侵权转载。厦门市版权局对网站所从事的传播行为及其归属地等进行了分析，考虑到论坛类网站的负责人仅是网络服务提供商，没有对其施以行政处罚，而是通过电子邮件、电话等形式通知网站管理员尽快予以删除。

（福建省版权局）

山东省

一、莒县“八万高清影视网”非法传播电影作品案

2009年，日照市版权局根据举报，对莒县“八万高清影视网”（8wvod.cn，曾用域名为10wvod.cn）进行了查处。经查，“八万高清影视网”为非法设立的“三无”网站，当事人孙某从2008年7月份开始，从网上非法下载电影1 200余部，通过网页嵌入式广告代码点击收费和向网吧收取年费的方式牟取经济利益。网站从运营至被查封，孙某共获纯利3万元。日照市版权局依照国家著作权法律法规的有关规定，对其做出了关闭网站、没收涉案服务器7台、并处罚款20 000元的行政处罚。

二、“飞碟视频学习网”销售盗版软件案

2009年，济南市版权局根据北京东奥时代教育科技有限公司举报，与济南市公安局网监支队密切配合，对“飞碟视频学习网”进行了立案查处。经查，涉案人王某利用捡来的身份证，于2007年5月开办了“飞碟视频学习网”，从网络上下载权利人课件，而后复制成盗版光盘在互联网上进行销售，非法销售获利7 000余元。济南市版权局依照国家著作权法律法规的有关规定，依法对其做出没收涉案电脑主机2台、彩色打印机2台、刻录机2台，罚款20 000元的行政处罚。

三、“360教育网”销售盗版图书、光盘案

2009年3月10日，济南市版权局接到由济南市“扫黄打非”办转来的北京某科技发展有限公司举报济南市“360教育网”侵权案件后，与济南市公安局网监支队成立侦破小组，对租设在济南市七里山路26号的“360教育网”进行了突击检查。经查，该网站是由一名外地来济的张姓青年创办的，张某为使自己的网站吸引读者，从而增加销售收入，在未履行备案手续、无经营许可和发行职业资格的情况下，擅自利用互联网销售盗版图书、光盘。张某对其侵权事实供认不讳，济南市版权局执法人员当场将其网站关闭，收缴了涉案的计算机等物证，并依法对其做出了罚款5 000元的行政处罚。

四、“喜影网”销售盗版软件案

2009年，青岛市版权局根据举报，对“喜影网”（http：//www.xiying.com）未经权利人许可，复制并通过网络销售信捷影楼三剑客软件案进行了查处。经查，侵权人郭某，系吉林桦甸人，在青岛市黄岛开发区香江路轻骑大厦21－F租住，并在同一地点从事个体经营“郭中达电脑软件服务中心”和“喜影网”，主要业务是为影楼提供后期制作，并销售影楼制作模板和素材。2008年10月，郭某从“淘宝网”购得信捷影楼三剑客软件，然后自行刻录复制并在其网站上公开传播销售，已销售软件一套。郭某对其侵权事实供认不讳。青岛市版权局依照国家著作权法的有关规定，对其做出责令停止侵权、没收非法复制的信捷影楼三剑客软件130盘、罚款1 000元的行政处罚。

五、“中国宽带影视”网站侵权案

东营市版权局行政执法人员在日常检查中发现，位于东营市广饶县稻庄镇西水磨村的宏达网吧内架设有某网站的服务器。经查，该网站名为“中国宽带影视”，域名为“www. zgvod. net”，网站内载有《功夫之王》、《甜涩性爱》等大量影视作品供在线放映和下载，其中还有《金瓶梅》、《处女地》、《空房诱奸》等大量淫秽色情电影及大量色情图片，并提供其他色情网站的网络链接。东营市版权局通过网站IP地址定位查询后，进一步确定了该网站的服务器位于东营市广饶县境内，并通过国家信息产业部备案查询系统锁定了该网站的负责人宋立永。经进一步调查后认定，该网站未经权利人许可，以营利为目的，非法向公众提供影片的在线放映和下载服务，并涉嫌淫秽色情电影传播。根据国家有关法律规定，东营市版权局将此案移送至东营市公安机关查处。

六、“嘉祥教育网”非法传播电影作品案

2009年，济宁市版权局根据群众举报，联合嘉祥县新闻出版局对涉嫌传播侵权影视作品的“嘉祥教育网”进行了查处。经查，“嘉祥教育网”的天天影院栏目（http：//www. jx. jinedu. cn/movi/），未经权利人许可，通过网络非法存储、传播《猫和老鼠》等30部影片，侵犯了著作权人的权利。济宁市版权局依照国家著作权法的有关规定，对其做出责令停止侵权行为、关闭该网站的天天影院栏目、罚款1 000元的行政处罚。

（山东省版权局）

河　南　省

一、郑州市“1·10”盗版图书窝点案

2009年1月，郑州市版权局接到群众举报，称位于郑州市区城乡接合部的数个村庄内有存放和批发盗版图书的黑窝点。郑州市版权局立即组织人员展开调查。经过执法人员数天的蹲点守候和秘密跟踪，基本掌握了不法分子的活动规律和存放盗版图书窝点的具体地址，并取得了大量确凿的涉案证据。1月10日，在当地公安机关的配合下，连续端掉了位于郑州市中原区须水镇小京水村、柿园村、后仓村等多个城边村中的6个盗版图书存放仓库，现场查获盗版图书100多个品种、10万余册，总码洋292万元。经查实，涉案的6个黑窝点均属一人所有，当事人承认现场查扣的图书均为盗版，并对其从事经营盗版图书的违法行为供认不讳。郑州市版权局执法人员依法收缴了全部涉案盗版图书，并将此案移送公安机关立案查处。2009年9月，犯罪嫌疑人刘庆江被判处有期徒刑1年，缓刑2年，并处罚金70 000元。

二、安阳市先锋捷达印刷包装有限公司侵权盗版案

2009年1月，安阳市版权局执法人员在对安阳先锋捷达印刷包装有限公司的例行检查中发现，该公司的印刷车间内存放有《传统秘典》印刷半成品散页共87.7令纸、《喜羊羊与灰太狼》等卡通故事书的散页封面4万余张以及部分PS版面。公司对其印刷的出版物不能提供任何有效授权证明以及合法手续。执法人员立即异地封存了全部涉嫌盗版的印刷品。后经省出版物鉴定中心鉴定，所有涉案印刷品均为盗版。安阳市版权局就此案展开调查。经查，安阳先锋捷达印刷包装有限公司是2009年投产的一家中外合资企业，为追求企业利益，在未取得任何合法授权的情况下，该公司非法印刷他人的版权作品，侵犯了他人的合法权益。安阳市版权局依法没收了所有涉案盗版印刷品，并对该公司处以200 000元的行政罚款。

三、河南始创广告有限公司摄影作品侵权案

2009年4月，河南省版权局接到投诉，称河南关山国家地质公园非法使用他人摄影作品用于商业广告宣传。接到投诉后，省版权局立即组织力量对本案展开调查。经查，河南关山国家地质公园是新乡辉县市关山旅游开发有限公司投资开发经营的旅游景区。该公司为扩大景区的影响，与河南始创广告有限公司合作经营，由该广告公司单独出资在郑州市区对该景区进行商业宣传，并承担营销过程中一切法律责任，景区门票销售收入由双方按比例分成。河南始创广告有限公司在未取得合法授权的情况下，非法使用他人的摄影作品用于广告宣传。广告形式涉及互联网、郑州市区户外巨幅广告牌、公交车站灯箱等多种形式，室外巨幅广告载体遍布郑州市区内多条主要街道和火车站等繁华区域以及进出郑州市区的主要路口，造成的社会影响较大。由于涉案金额较大，根据相关规定，河南省版权局将案件移送公安机关立案查处。

四、武文良盗印图书案

2009年8月3日，濮阳市版权局根据群众举报，对武文良非法盗印图书案件进行立案调查。经查，濮阳县人武文良未经审批，私自租用濮阳市郊的民房开办印刷厂，从事盗印正规出版社图书的不法活动。执法人员现场暂扣了印有“北京大学出版社”、“中国政法大学出版社”等6家出版社名称的成品图书23个种类，总计61 724册。经鉴定，涉案出版物全部为盗版图书。濮阳市版权局查扣了全部涉案图书，协同有关部门取缔了该黑印刷窝点，并依法将此案件移送公安机关立案查处。

五、冯峰网上销售盗版图书案

2009年7月，郑州市版权局成功查处了一个在市区居民房内利用网络销售盗版图书的黑窝点。当事人冯峰涉嫌利用“淘宝网”上的“学习考试书屋”从事销售盗版图书的活动。在执法人员检查现场时，当事人冯峰未能出示出版物经营许可证及图书发行委托书等相关证件，执法人员现场暂扣了《建设工程技术与计量》等涉嫌盗版图书共计177种，10 843册，涉及全国25家出版单位，总码洋47.04万元。经鉴定，现场所查获的图书均为盗版图书。郑州市版权局依法收缴了所有涉案图书，并将该案件移送当地公安机关立案查处。

（河南省版权局）

湖　北　省

一、“3000OK”网站侵犯著作权案

2009年10月15日，黄石市公安局网监支队破获了一起涉案金额近千万元的网络侵权案件，取缔了“www.3000ok.com”、“www.3000ok.net”两家侵权网站，打掉了汪雄兵侵犯著作权犯罪团伙，逮捕了汪雄兵、潘建等犯罪嫌疑人，收缴银行卡15张，作案用电脑5台，维护了上海盛大网络公司等企业的合法权益。

二、湖北华誉电气制造公司侵犯工业产品著作权案

2009年10月16日，湖北万洲电气集团有限公司向襄樊市版权局投诉湖北华誉电气制造有限公司侵犯该公司享有版权的WP型静止式进相器、WYQ型液体电阻起动器产品说明书、线路图、产品外观模型的工业产品版权。襄樊市版权局会同襄樊市公安局樊城分局组成联合办案小组，经艰苦调查取证，证实：湖北华誉电气制造有限公司复制侵权产品说明书3 432份，销售侵权产品收入1 300 222.22元，造成万洲公司经济损失达9 442 370.52元，涉嫌侵权犯罪。樊城公安分局于11月9日对涉案人员王某、张某、欧某实施刑事拘留，12月20日经检察机关批准予以逮捕，以侵犯著作权罪提起诉讼。

三、襄樊“9·04”盗版教材案

2009年9月4日，襄樊市版权局根据湖北少儿出版社举报，会同襄樊市公安局组成专案小组，行程上万里，跨越湖北、河南、山东、江苏、安徽五省，查明宜城书刊社征订发行盗版教材12 690册的事实。襄樊市版权局依法对12 690册盗版教材全部收缴，并对宜城书刊社做出了行政处罚决定。公安机关于9月17日、10月10日分别对3个犯罪嫌疑人实施刑事拘留。检察机关以侵犯著作权罪提起诉讼。

四、武汉翔宇书刊发行有限公司侵犯著作权案

2008年8月，湖北省版权局向公安机关移送了武汉市翔宇书刊发行有限公司涉嫌侵犯著作权案。同年9月5日，武汉市公安局根据省公安厅要求正式受理并进行调查。该案涉及盗版书籍48种、118 547册。经过一年多时间的侦查，公安机关于2009年9月22日将武汉翔宇书刊发行有限公司法人代表董在敏抓获。同年10月14日，又将另一犯罪嫌疑人武汉市林大科普教育印刷厂厂长林爱平抓获。经审查，犯罪嫌疑人董在敏、林爱平对其侵犯著作权犯罪行为供认不讳。此案已于2009年12月移送检察机关审查起诉。

五、“3·05”盗版制品案

2009年3月5日，武汉市洪山区文体局接到庙山检查站报告，一陈姓鄂州人车上带有盗版电子出版物。区文体局会同公安机关连夜突审，顺藤摸瓜，终在民意三路地下室查缴盗版电子出版物8万余盘套，其中涉嫌淫秽光碟500余件、3 932张，抓获犯罪嫌疑人王涛、王会早。2009年6月，经依法审判，主犯王涛被判有期徒刑8年6个月，同案犯王会早被判有期徒刑5年6个月。

六、杨莲英销售盗版音像制品案

2009年12月18日，武汉市公安局江汉分局经侦大队查获杨莲英非法经营案。抓获杨莲英时，当场收缴盗版音像制品45 000余张。查明自2008年8月以来，杨莲英在楚宝街1～5号销售盗版及非法音像制品50余万盘，获利50 000余元。

七、“6·10”盗版光盘案

2009年6月10日，武汉市执法人员发现肖蒙在珞珈电脑城4107室批发盗版音像制品，当场查获盗版音像制品3万余张，其中涉嫌淫秽光碟301盘。2009年11月，经依法审判，当事人肖蒙被判处拘役5个月，并处罚金10 000元。

八、“133音乐网”侵权案

2009年8月，国际唱片业协会向湖北省版权局投诉，称“133音乐网”未经权利人许可擅自通过信息网络向公众传播其音乐作品。初步查证后，省版权局派员到网站服务器所在地潜江市进行实地调查取证。在省版权局指导下，潜江市新闻出版局迅速采取行动，依法扣缴了“133音乐网”的服务器。网站开办人李某承认了侵权行为。潜江市新闻出版局依据《著作权法》、《著作权法实施条例》相关规定，关闭了“133音乐网”，没收服务器1台，罚款50 000元。

九、黄石市广告、印刷单位使用盗版Corel Draw软件案

2009年5月，世界知名的软件企业Corel公司就黄石市部分广告、印刷企业使用盗版软件向湖北省版权局投诉，省版权局将此投诉移交黄石市版权局办理。黄石市版权局对涉嫌使用盗版Corel Draw软件的12家广告、印刷单位逐一进行检查，查明12家企业共安装46套盗版Corel Draw软件。11月25日，黄石市版权局依据《著作权法》、《著作权法实施条例》相关规定，对华康印务、康翔广告等8家单位做出责令停止侵权行为，分别罚款1 000～6 000元的行政处罚，罚款合计21 000元。

十、“严记书店”销售盗版《英才教程》案

2009年1月12日，荆州市版权局根据湖北世纪英才文化发展有限公司举报，对“严记书店”大量销售盗版《英才教程》系列教辅图书进行调查，在该书店仓库及店内扣押涉嫌盗版《英才教程》系列图书12种、7 081册。经鉴定，均为盗版图书，合计码洋102 513.80元。因当事人严某涉嫌犯罪，荆州市版权局依照相关规定将此案移送公安机关查处。

（湖北省版权局）

湖　南　省

一、“巴陵宽频影院”非法传播影视作品案

2009年6月12日，岳阳市版权局版权管理科执法人员在网上巡查过程中，发现域名为www.0730vod.net的网站，即“巴陵宽频影院”，涉嫌非法在线传播影视作品。版权管理科立即会同公安部门对此案进行调查。经技术人员分析，该网站IP地址在江苏省，但其物理地址在岳阳电信公司机房。6月13日，版权管理科执法人员在市电信公司的配合下，对电信公司的机房进行检查，现场发现“巴陵宽频影院”有5台服务器托管在电信公司机房。经查：“巴陵宽频影院”负责人为刘辉，该网站于2009年3月创办，主要业务是为网吧提供在线影视服务。当事人承认假冒淮海宽频授权资料，并交代了具体赢利模式。当事人称其网站主要是为网吧提供在线影视服务，通过短信充值方式牟利，该网站共上传《神话》、《投名状》、《狱中龙》等400余部影片，均无合法授权，先后为指南针等47家网吧提供了在线影视服务，非法所得17 600元。

6月29日，岳阳市版权局依据《信息网络传播权保护条例》第十九条之规定，对当事人刘辉做出没收非法所得17 600元、没收服务器5台和罚款15 000元的行政处罚。

二、“星星影院”网站侵犯影视作品著作权案

2009年9月2日，娄底市版权局版权科接到举报电话，反映观看“星星影院”提供的影片有模糊不清现象，执法人员敏感地意识到“星星影院”有问题，马上搜索到影院的网页，发现影院网站里有《机器侠》、《非常完美》等一些最新上映的电影和电视剧，有些甚至是和电影院、电视台同步上映、更新。经过调查，“星星影院”创办于2006年3月，取得了“网络文化经营许可证”，年底开始收取注册费用，90元/年，半年费用为50元，在娄底已经发展注册会员30多人。影院隶属于中国商翼网，网络服务器放置在浙江温州。“星星影院”的负责人为吴志峰，他承认，影院网站中有10%的电影、电视剧没有取得网络传播授权书。他认识到了自己的行为违法，表示接受处罚，请求版权部门考虑自己是下岗职工的实际情况，从轻予以处罚。娄底市版权局依照《著作权法》第四十七条第一项以及《著作权法实施条例》第三十六条、《信息网络传播权保护条例》第十八条第一项的规定，对“星星影院”网站处以没收违法所得并处罚款12 000元的行政处罚。

三、邵东振华中学盗版图书案

2009年12月，邵阳市“扫黄打非”办接到省“扫黄打非”办《关于严查邵东县振华中学发放使用盗版教科书的函》。12月28日，由副局长姚军峰牵头，副局长兼市“扫黄打非”办主任陶新耀组织新闻出版（版权）部门的执法人员赴邵东县振华中学，对该中学发放使用盗版教科书的情况进行了认真调查。通过调查核实，振华中学2009年第二学期自行复印了高二年级的教材：语文（必修5）、数学（必修5）、英语（必修5）、思想政治·生活与哲学（必修4）共计2 400册。邵阳市新闻出版局对此做出如下行政处罚：（1）没收盗版教材2 400册；（2）罚款45 000元。

四、创世纪公司非法复制计算机软件案

2009年3月，株洲市版权局对电脑预装行业展开专项行动，执法人员对市各大电脑市场安装软件情况进行了全面清查，发现株洲创世纪电脑公司未经授权非法为网吧等单位复制安装计算机软件且数量较大，执法人员在现场进行了调查取证，将固定的证据委托微软中国有限公司进行鉴定，确认属于未经授权擅自安装和使用微软软件，共计复制应用软件和系统软件200余份。株洲市版权局依据《计算机软件保护条例》和《著作权法》对创世纪电脑公司做出停止侵权行为、罚款等行政处罚。

五、"世纪影院"网站侵犯电影作品著作权案

2009年5月8日，郴州市文化市场稽查支队稽查人员在燕泉路对七剑、百乐门等网吧内的正版软件使用情况、合法电影网站市场占有情况进行检查时发现，他们在使用一家名叫"世纪影院"（www.Y0735.com）的电影网站，并向该网站推广人员何新民（化名李全）交纳了每月100元左右注册费。经过现场检查和后续调查发现，"世纪影院"网站是何新民假借李全的名义，于2006年10月聘请一名技术人员和财务人员开办的，开办过程中没有到相关部门办理任何证照和手续，建立"世纪影院"电影网站的视频点播平台的程序和软件是从网站上下载或到市场上购买的软件安装完成的，电影网站所上传的400余部影片也是他们私自从互联网上下载的。从2006年10月开始先后在郴州市100多家网吧进行推广，共收取电影网站注册收视费4万多元。

郴州市版权局和郴州市文化市场稽查支队多次对该案进行集体讨论研究，明确了何新民开设的"世纪影院"电影违反《著作权法》，未经著作权人许可擅自使用他人作品的事实。考虑到当事人在办案过程中认错态度良好，能够积极配合，主动关闭该电影网站，上缴非法所得，并对善后事宜进行积极处理，没有造成严重后果。按照《著作权法》和《著作权法实施条例》的规定，对当事人作如下处罚决定：（1）责令停止侵权行为；（2）没收违法所得40 000元；（3）罚款120 000元；（4）没收主要用于制作侵权复制品的服务器主机和电脑各1台。

六、衡山"10·28"盗版图书案

衡阳市衡山县版权局接到群众举报，得知一书商在该县开云实验中学推销的《大赢家·中学英语听力考前冲刺》一书涉嫌为盗版出版物。经调查，当事人王卫兵2004年到衡阳市开展《学英语》报和《科技新报》的发行业务，2006年开始发行教辅读物《大赢家·中学英语听力考前冲刺》。2006年至2008年在该县共发行此书4 000多册，在衡阳地区发行17 000多册。县版权局感到案情重大，立即向衡阳市版权局、衡阳市"扫黄打非"办汇报，市局、市"扫黄打非"办对此案高度重视，决定立即成立衡山"10·28"盗版图书案专案组，负责侦办此案。

为侦破此案，专案组兵分三路：一路再次深入衡阳市耒阳、衡南等七县一区19所学校进行调查，在历时12天的调查中，走访调查36名教师、260多名学生，从25名学生手中收集当事人发行的侵权教辅读物《大赢家》25本；另一路重点对衡山县岳云中学、杨家湾中学、观湘中学进行再次取证；第三路加紧对当事人王卫兵进行审讯。最终查实，当事人王卫兵为山西英格教育书报刊发行有限公司（以下简称英格公司）在衡阳市范围内公开发行非法图书《大赢家》23 213本，涉案金额232 130元。

衡山县版权局对当事人英格公司处以120万元的罚款，对当事人王卫兵移送公安机关进行处置，并依法将非法出版、印刷单位移交给山西省当地新闻出版（版权）部门进行处理。

七、怀化宏达书社发行侵权盗版图书案

2009年7月20日，怀化市版权局执法人员在怀化市河西开发区海联物流中心进行日常巡查时，发现一物流公司内堆放了大量可疑出版物。执法人员通过对雪峰书市图书经营单位的走访，了解到在物流公司内发现的出版物系宏达书社专营。办案人员以例行巡查为名对宏达书社进行检查，果然发现与物流公司内一致的少量出版物样品。

7月21日12时许，嫌疑人宁孟玉押送着满载出版物的农用车驶出了海联物流，待农用车驶入中湘小苑一门面仓库开始卸载时，版权局执法人员突然出现，出示执法证件进行现场检查，对所有涉案图书种类进行了现场拍照、抽样取证及其他证据收集工作。鉴于涉案图书数目巨大，经市版权局领导批准，进行了就地证据先行登记保存。

7月24日，经省版权局鉴定，该批涉案图书中的《新课标 新阅读 教材全解》为侵权盗版图书。在大量的事实证据面前，宁孟玉对其发行侵权盗版图书的事实供认不讳。怀化市版权局依法对宏达书社做出了没收侵权盗版图书400册、罚款40 000元的行政处罚。

八、怀化职业技术学院侵犯影视作品著作权案

2009年9月14日，根据群众举报，怀化市版权局执法人员对怀化职业技术学院电子阅览室进行检查，发现在图书馆网络服务器中储存有《侦探》等影视作品共计481部，经执法人员调查，服务器中的影视作品系怀化职业技术学院网络中心工作人员在网络下载和从DVD中复制，上传到学校图书馆网站，供在校学生在线观看。

怀化市版权局依据《著作权法》第四十七条第一项和《著作权法实施条例》第三十六条的规定，给予怀化职业技术学院责令停止侵权行为以及罚款20 000元的行政处罚。

九、长沙富智投资管理有限公司非法预装计算机软件案

2009年5月6日，有群众电话举报岳阳市第一职业中专从长沙富智投资管理有限公司集中采购的计算机设备中储存有非法复制的计算机软件。接到举报后，岳阳市版权局高度重视，立即召开会议进行研究部署，并成立了以市版权局陈胜根副局长为组长的专案小组。5月13日，岳阳市版权局执法人员对岳阳市第一职业中专从长沙富智投资管理有限公司采购的111台计算机中安装的软件进行现场检查，发现这些计算机中安装了Office Word 2003等软件，当即进行证据保存，并对当事人下达了“岳阳市版权局询问通知书”。5月18日，长沙富智投资管理有限公司委托李远来岳阳市版权局接受调查。据李远介绍，2009年3月，经岳阳市政府采购办批准，岳阳市第一职业中专通过公开招标集中采购计算机112台、服务器1台，长沙富智投资管理有限公司中标。公司在111台计算机中复制安装了未经著作权人授权的计算机软件Office Word 2003软件111套。岳阳市版权局为防止当事人逃避法律责任，转移货款和销毁证据，依据《中华人民共和国政府采购法》第十三条之规定，于5月18日分别向岳阳市第一职业中专、岳阳市政府采购办下达了《关于协助调查长沙富智投资管理有限公司非法复制安装计算机软件的函》，要求岳阳市第一职业中专、岳阳市政府采购办积极配合版权行政管理部门调查处理工作，并暂停向长沙富智投资管理有限公司支付岳阳市第一职业中专采购设备的货款。

5月26日，岳阳市版权局依据《计算机软件保护条例》第二十四条之规定，对当事人做出如下行政处罚：（1）责令当事人删除盗版软件，停止侵权行为；（2）处以80 000元罚款。

十、“天龙八部”网游私服案

2009年11月初，长沙市版权局接到著作权人北京畅游时代数码技术有限公司、厦门市美亚柏科信息股份有限公司的投诉，反映长沙市区域内存在侵犯其著作权的“天龙八部”、“魔域”、“机战”等网络游戏私服的情况。

长沙市版权局立刻根据举报材料提供的信息进行网上调查核实，随后通过长沙电信部门，查到侵权私服均存放于长沙电信的麓谷IDC机房内。市版权局执法人员于11月5日、11日两次前往机房，对17台服务器内涉嫌侵权的所有网络游戏进行了调查、核实、取证，将涉嫌侵权的17台服务器进行了先行登记保存。

后经查实，当事人王冬、冉剑于2009年9月租赁了网络运营商长沙电信的17台服务器，交由长沙电信的麓谷IDC机房代管，并在17台服务器上开设“天龙八部”、“魔域”、“机战”等游戏私服，于10月开始对外提供游戏服务。

在查清侵权事实后，鉴于该私服运行时间不久，登陆该私服的游戏用户较少，违法情节较轻，且当事人认错态度良好，长沙市版权局决定对其从轻处罚。根据《信息网络传播权保护条例》第十九条规定，长沙市版权局于2009年12月7日对当事人做出行政处罚：立即停止侵权，删除私服游戏软件，罚款10 000元。

十一、美景宾馆侵犯影视作品著作权案

2009年10月10日，由常德市版权局、常德市公安局联合组成的打击网络侵权盗版专案组对美景宾馆有限责任公司进行突击检查，市公安局对网点进行监控，市版权局对美景宾馆的五楼机房进行现场勘验，发现该宾馆私架电影服务器一台，储存有包括《易中天品三国》等300部作品。专案小组对宾馆的负责人谢和山作了询问笔录，谢和山承认该宾馆的违法事实，并交代以上影片系从网络下载和购买DVD复制，均未经过著作权人的授权。10月12日，市版权局下达了听证申请告知书、行政处罚有关事项告知书。10月20日，市版权局对美景宾馆下达了行政处罚决定书。

十二、美德文体书苑销售盗版图书案

2009年3月，永州市版权局接到版权所有人长江出版社的书面举报，称永州市祁阳县黎家坪镇一些学校出现大量盗版图书《中考夺金总动员》，举报人出具了出版社正版的《中考夺金总动员》和投诉函。永州市版权局执法人员立即进行了调查取证。经过版权局出版物鉴定人员的仔细鉴定，认定该教辅图书为盗印的非法出版物，并对此展开了立案调查。

3月16日，永州市版权局稽查支队执法人员在版权局副局长黄柏林的带领下，赴祁阳县黎家坪镇一中进行了调查。经查，黎家坪镇“美德文体书苑”的伍得良曾到该校推销《中考夺金总动员》教辅资料，种类有语文、数学、英语、化学、政治等五种，在老师的推介与动员下，该校的学生自行去“美德文体书苑”购买了图书，总计 300 余册。之后执法人员对“美德文体书苑”进行了突击检查，现场没有发现《中考夺金总动员》。3 月 17 日，永州市版权局稽查支队执法人员对伍得良进行了询问，他承认了发行盗印教辅图书的违法事实。永州市版权局根据《著作权法》第四十七条、《著作权法实施条例》第三十六条之规定对“美德文体书苑”处以如下行政处罚：罚款 10 000 元，没收其发行到学校的盗版教辅 300 余册，并责令退回学生全部购书款。

十三、《健康必读》盗版刊物案

2008 年 10 月，岳阳县新闻出版（版权）局执法人员在检查出版物市场时，发现《健康必读·旧事》疑似盗版刊物，经抽样送省新闻出版局鉴定，发现确系盗用湖南省《健康必读》刊号的非法出版物。2009 年 5 月 11 日，长沙《健康必读》杂志社致函版权局，建议严厉查处盗版刊物《健康必读·旧事》一案。经调查，盗版刊物《健康必读·旧事》的制作发行人为四川成都的杨晓丽。

5 月 7 日，岳阳县新闻出版（版权）局和岳阳市新闻出版（版权）局执法人员组成联合调查组，远赴四川成都调查取证。在四川省新闻出版物市场稽查总队的配合下，基本查清了杨晓丽盗用《健康必读》刊号编印《健康必读·旧事》20 余种，并通过各省代理书商销往全国各地的违法事实，其中湖南省的发行量为 7 500 册，5 月 20 日，岳阳县新闻出版（版权）局将案件移送岳阳县公安局查处。

6 月 19 日，岳阳县公安局对杨晓丽的非法经营行为进行刑事立案侦查。公安、新闻出版（版权）局执法人员先后四次赴四川成都调查取证与布控，在成都公安机关配合下，7 月 16 日将杨晓丽抓获，对其予以刑事拘留，并取缔了其位于成都市红星路一段 9 号庆铃楼 515 室的盗版经营场所，没收非法所得 20 万元。

十四、万紫千红宾馆侵犯影视作品著作权案

2009 年 12 月 18 日，武陵区版权局与市公安局联合执法，在对万紫千红宾馆进行检查中，发现该宾馆私架电影服务器一台，复制并通过信息网络向公众传播电影作品 142 部。12 月 21 日，武陵区版权局对宾馆的负责人作了询问笔录，该宾馆负责人承认该宾馆的违法事实，并交代以上影片系从网络下载和购买 DVD 复制，均未经过著作权人的合法授权。

12 月 25 日，武陵区版权局下达了听证申请告知书、行政处罚有关事项告知书。12 月 28 日，武陵区版权局对万紫千红宾馆下达了行政处罚决定书：（1）停止侵权行为；（2）罚款 10 000 元。

十五、“英雄天龙”网游私服案

2009 年 9 月 25 日，根据举报和投诉，石门县版权局稽查人员对当事人刘水英非法运营的“英雄天龙”网站进行调查取证，发现自 2009 年 6 月初以来，未经“天龙八部”版权拥有者授权，刘水英在非法获得服务器安装程序之后，私自架设服务器，制作游戏充值卡，运营他人享有著作权的互联网游戏。石门县版权局通过电信、公安、邮政等相关部门配合，获得了刘水英非法经营的相关证据。9 月 26 日，对当事人作了询问笔录，当事人对违规事实供认不讳。通过询问与调查，发现刘水英自 2009 年 6 月初以来，以出售装备和销售会员卡的形式获利达 8 000 元，1 000 余人曾向其购买过装备或会员卡，违法情节严重。石门县版权局对刘水英处以如下行政处罚：责令关闭网站，停止侵权行为；罚款 10 000 元。

十六、新华印刷厂非法编印教辅资料案

2009 年 11 月 12 日，湘乡市新闻出版局接到教育部门举报，称新华印刷厂涉嫌非法编印学生教辅资料。接到举报后，湘乡市新闻出版局稽查大队联合教育部门，立即赶赴印刷厂进行调查取证，在该厂厂房车间内未发现非法出版物，但在厂房外丢弃的一张教辅资料废纸引起了执法人员的高度警惕。执法人员分为二组，一组继续对该厂进行仔细检查，另一组执法人员对该厂周边居民进行了走访，寻找线索，最终在距离该厂 500 米外的一间民房仓库内查获了大量的学生教辅盗版印刷品，有的是已经打好包装的成品，还有正待装订的半成品。执法人员当场取得了影像资料，并将全部非法出版物予以证据先行登记保存，工厂负责人最终承认了非法编印教辅资料的事实。湘乡市新闻出版局对其做出责令停止侵权行为、罚款 13 000 元的行政处罚。

（湖南省版权局）

广 东 省

一、首例物流单位制售盗版光盘案

2009 年 2 月，深圳市“扫黄打非”办协调市文化市场行政执法总队、市公安局治安巡警支队联合打掉一个制售非法光盘特大团伙，这是我国首次打掉以“物流”单位为掩护的制售盗版光盘团伙。执法人员现场查扣非法光盘 31 万余张（淫秽光盘1 000余张），刑事拘留犯罪嫌疑人20人，行政拘留1人，查扣汽车2辆，电脑、刻录机、传真机13台，银行卡、存折20张（本）及账本、账单、进出货物单据等涉案物品。经核查发现，这个涉嫌犯罪团伙月经营额高达150万余元。目前，此案正在进一步审理中。

二、雷石世纪等公司KTV点播系统侵权案

2009年7月3日，广州市文化市场综合行政执法总队接到中国音乐著作权协会投诉，称北京市某世纪科技有限公司广州分公司、北京某科技有限公司广州办事处侵犯其著作权。接到投诉后，总队迅速立案，执法人员立即开展前期调查。7月8日，总队执法人员来到北京某天地电子技术有限公司广州办事处进行调查，在现场播放由某世纪科技有限公司所开发的点歌器内的歌曲，某世纪科技有限公司承认点歌器内的歌曲没有得到权利人的授权和许可。此后，执法人员逐一到某世纪科技有限公司销售产品的广州地区其他娱乐场所进行细致调查、比对、确认。同日上午12时，执法人员查处了位于番禺区鸿成花园鸿业楼1205房的北京某科技有限公司广州办事处。在检查中，现场负责人未能出示VOD系统中相关歌曲的著作权授权许可等材料，并承认未经著作权人授权或许可，侵犯录音录像著作权的事实。执法人员对部分涉嫌侵犯著作权的设备进行了登记保存。

根据《著作权法》第四十七条第一项，广州市文化市场综合行政执法总队对某世纪科技有限公司做出如下行政处罚：(1) 责令停止侵权行为；(2) 删除非法复制的录音录像制品歌曲；(3) 罚款30 000元。鉴于北京某科技有限公司广州办事处在调查后已自行关门结业，根据广州市文化市场管理工作领导小组办公室《对“关于执法过程中无主物品界定办法的请示”的批复》的意见，将登记保存的存有侵权复制品的硬盘20个视作无主物品没收处理。

三、群英精密橡塑等公司软件侵权案

2009年6月2日，广州市文化市场综合行政执法总队接到权利人关于广州某精密橡塑有限公司、广州某冷冻机械制造有限公司、广州某包装机械股份有限公司三家公司未经权利人许可，使用Pro/Engineer、AutoCAD等盗版软件的投诉。根据投诉，广州市文化执法总队立案后，成立专案组对投诉材料进行梳理归整，在核实投诉材料后，执法人员立即到上述三家公司进行调查。到达现场后，执法人员表明身份准备入场检查，但三家公司都不配合执法人员调查，甚至拒绝执法人员检查办公区域电脑设备。执法人员耐心予以劝说，最后协调公安、工商、城管等部门联合现场调查取证，核实三家公司的设计部门都存在使用侵权盗版Pro/Engineer、AutoCAD等软件的行为。

根据《计算机软件保护条例》第二十四条第一项、第三项的规定，广州市文化市场综合行政执法总队对三家单位处以如下行政处罚：(1) 责令停止侵权行为，删除非法安装复制的Pro/Engineer、AutoCAD等软件；(2) 各罚款20 000元。

四、“合辉华泰”等网站销售盗版图书案

2008年12月23日，广州市文化市场综合行政执法总队接到举报，反映“合辉华泰网”（www.hhhttts.com）、“黄金屋出租书批发”（www.hjwo.com）两个网站涉嫌无证销售非法出版物。接到举报后，总队迅速立案，随即进行远程取证、长期线索收集和调查工作。根据这两个网站的销售书目、销售价格、网站经营时间和网站点击率，经验丰富的执法人员敏感地意识到网站涉嫌长期无证销售非法出版物，涉案金额较大。根据这一情况，广州文化执法总队多次与广州市公安局网监分局进行沟通合作，成立联合办案专案组，查明两个网站维护人的登记资料、具体地址、业务联系记录和进货销售金额等详细资料。

为了充分取得该案犯罪嫌疑人的犯罪证据，专案组从四个方面采取行动：一是认真送鉴。将举报人从“合辉华泰网”等两个网站订购的633册图书，送广州市出版物鉴定中心鉴定，确定该批图书共计314个品种全部为非法出版物。二是查明地址。市网监分局通过调查经营者陈增武在网上的活动，初步确定其办公场所地址、仓库地址和住宅地址。三是现场确认。专案组办案人员多次到仓库地址、办公地址和住宅地址进行现场调查，并通过社区居委会确认了犯罪嫌疑人陈增武本人及其住宅地址；通过街道派出所和出租屋管理中心实地调查了仓库地址和办公地点。四是掌握活动动态。根据两个网站的订书方式、付款方式、送货方式、用于联系的QQ上网时间、邮寄出版物的地点和方式等信息，初步掌握陈增武的活动方式。经过耐心细致的调查，在准备充足、证据充分的情况下，2009年10月，专案组实施抓捕行动，抓获了一名反侦察能力很强的犯罪嫌疑人同伙，收缴涉案非法出版物4 000余册。据初步调查，该网站销售非法出版物经营额已达80多万元。目前，涉案的主要嫌疑人陈增武仍在公安机关的追捕当中。

五、“爆丸”侵权案

2009年7月，汕头市版权局接到加拿大斯平玛斯特有限公司的代理人北京捷鼎知识产权代理有限责任公司的投诉，称澄海某塑胶工艺厂侵权生产销售“爆丸”系列玩具。汕头市版权局经过调查得知，“爆丸”系列玩具是经国家版权局登记的享有著作权的作品，其权利人是加拿大斯平玛斯特有限公司。汕头市文化市场综合执法大队召开了案情分析会，指定专人负责办理此案。办案人员认真履行职责，积极与投诉人联系，多方搜集案件线索。之后，权利人先后又搜集了 4 家侵权生产销售“爆丸”产品的厂家资料向执法大队举报。8 月 5 日，汕头市文化市场综合执法大队执法人员对位于汕头市澄海区莲下镇下村的汕头市澄海区某玩具厂进行突击检查，现场查获侵权玩具产品“爆丸小子”（散装）400 个和侵权外包装印刷品 300 个。8 月 28 日，执法人员对位于汕头市澄海区凤新二路的陈某群玩具加工厂进行突击检查，现场查获侵权“爆丸”系列玩具产品 9 000 多个。9 月 7 日，执法人员对位于汕头市澄海区广益街道龙田居委会大路西 39 号的汕头市澄海区某塑胶玩具厂进行突击检查，现场查获侵权“爆丸”系列玩具产品 2 160 多个。11 月 4 日，执法人员对位于汕头市澄海区莲下镇槐南工业区的汕头市澄海区某乐飞塑胶玩具厂进行突击检查，现场查获侵权“爆丸”系列玩具产品 14 520 个。

上述被查获的 4 家玩具厂生产的“爆丸”玩具产品，其外观形象、设计理念与投诉人的玩具产品基本相同，4 家玩具厂都没有相关产品的版权证明，也没有著作权人授权生产销售的证明材料，已构成了侵犯他人著作权的侵权事实。根据《著作权法》第四十七条第一款及《著作权法实施条例》第三十六条的规定，汕头市版权局分别对上述 4 家生产销售侵权玩具的玩具厂作出行政处罚，责令停止生产销售侵权玩具产品，对查获的侵权玩具产品进行了销毁并处行政罚款。

12 月 10 日，北美十大玩具制造商之一的加拿大斯平玛斯特有限公司一行 4 人专程来汕头，向汕头市版权局送上感谢信和上书“维权卫士、执法先锋”大字的牌匾，对汕头市版权局公正、果断、迅速、有效的工作作风大加赞许，对汕头市版权局维护版权权利人利益、坚决打击侵权盗版行为表示感谢。

（广东省版权局）

广西壮族自治区

一、南宁“5·22”储存销售盗版淫秽光盘案

2009 年 4 月 22 日，根据全国“扫黄打非”工作小组办公室发来的案情通报，广西壮族自治区版权局领导与公安厅领导研究决定，由自治区版权局、自治区“扫黄打非”办与公安厅治安总队牵头，组织南宁市公安局巡警支队进行布控、侦探。5 月 22 日，自治区版权局联合自治区“扫黄打非”办、公安厅组织了 140 多名公安干警，以及南宁市“扫黄打非”办、版权局和南宁市 6 城区“扫黄打非”、新闻出版、版权、文化等部门的 100 多名执法人员同时采取行动，全面彻底地对南宁民族商场进行突击检查，一举查获 17 家涉嫌发行盗版光盘及淫秽色情光盘的经营单位，共查缴各类非法音像制品 414 791 件。其中，涉嫌盗版音像制品 399 653 件，涉嫌淫秽色情音像制品 15 138 件，抓获嫌疑人 22 人。根据现场掌握的证据，公安部门第二天便对 5 个嫌疑人进行行政拘留，对 2 个嫌疑人实行刑事拘留。此次联合查处“南宁‘5·22’储存销售盗版淫秽光盘案”行动，是近年来广西版权部门指挥协调并参与联合行动的一次成功案例，得到了国家有关部门和自治区领导的充分肯定，为全区打击侵权盗版行动起到了较好的示范作用。

二、钦州市劳朝维非法制作盗版光盘案

2009 年 1 月 5 日，钦州市版权局接到举报，称租住在灵山县檀圩镇粮所宿舍的一名劳姓男子在出租屋内刻录、制作大量盗版和淫秽光盘。自治区版权局执法人员会同钦州市版权局对案件进行了认真分析研究，制订联合查处的方案并向当地公安机关进行了案情通报。1 月 20 日，自治区版权局、钦州市版权局联合钦州市公安局治安支队联合行动，分组在灵山县城和檀圩镇跟踪调查布控，当天下午在灵山县檀圩镇粮所旧宿舍 98 号劳朝维的租住处将犯罪嫌疑人劳朝维和其女友方旋旋（又名方紫倩）抓获，当场在其租屋内查扣了用于制作、刻录盗版光碟和淫秽光碟的 LG1-8 刻录机 1 台、电脑 1 台、打印机 1 台，以及音响等制作工具和非法制作、复制的音像成品碟共 3 623 张。其中，淫秽光碟 257 张，从他处购入的涉黄淫秽光碟 249 张，歌曲、钦州采茶剧、故事片等 3 117 张，空白光碟、光盘标签、PP 双面袋等包装 3 600 套。经依法传讯犯罪嫌疑人劳朝维和方旋旋，初步了解到劳朝维自 2008 年 5 月份从南宁市购回刻录机、电脑、空白光碟、标签、PP 双面包装袋等制作原材料后，即开始非法制作、复制、刻录盗版和淫秽光盘，然后自己运到市场摆摊销售，非法牟利。2008 年 7 月份与方旋旋（又名方紫倩）认识后，方旋旋做其帮手，主要工作是从网上下载歌曲，然后交由劳朝维复制、刻录成盗版音像制品拿到市场进行销售。

2009年1月21日，犯罪嫌疑人劳朝维被钦州市公安局刑事拘留，3月初被检察机关审查起诉，7月1日被灵山县人民法院一审判处有期徒刑3年6个月。

三、北海市“7·06”销售盗版光盘案

2009年7月6日，北海市版权局和市公安局治安支队的执法人员和民警对合浦县解放路伟程电器店进行执法检查，共查获各类涉嫌盗版的DVD、VCD、CD等音像光盘约152 436张，淫秽色情影碟2 060张。依照法律规定，执法人员当场对以上光盘进行了证据登记保存。经公安人员连夜审讯，店主许梅兰对贩卖淫秽影碟及涉嫌盗版光盘的事实供认不讳。此案是近年来北海市查处的数量最大的一起经营涉嫌盗版、淫秽音像制品案件，淫秽和涉嫌盗版光盘数量多，且集制作、批发、销售于一体。经司法部门审理，许梅兰被合浦县人民法院判处有期徒刑3年，缓刑3年，并处罚金10 000元。

四、南宁市灵丰印刷厂涉嫌盗印出版物案

2009年1月21日，有群众电话举报南宁市西乡塘区北湖村一队的南宁市灵丰印刷厂存有大量盗印出版物。1月22日，自治区版权局、自治区“扫黄打非”办组织南宁市新闻出版局、版权局稽查人员并联系南宁市公安局前去核查。当日上午，在当地群众的指引下，执法人员在北湖村一队王屋村搭建租赁的大棚厂房里，找到了该厂的印刷车间和仓库。经核对，南宁市灵丰印刷厂没有印刷、装订出版物资格。在接力出版社、教育科学出版社、广西民族出版社、广西教育出版社的配合下，执法人员对涉嫌盗印的出版物进行了清点，确认南宁市灵丰印刷厂涉嫌盗印上述出版社出版物共计322 806册，散页501令，半成品10 000册，PS版1 125张，胶片1 125张。执法人员依法将涉案图书以及PS版、胶片、电脑主机和主要印刷设备等进行异地保存，并对该经营场地进行了查封。

依照《刑法》第二百一十七条规定，以及《最高人民法院、最高人民检察院关于办理侵犯知识产权刑事案件具体应用法律若干问题的解释》第五条规定，南宁市灵丰印刷厂涉嫌盗印出版物的行为，已触犯《刑法》，对此，行政机关将案件依法移送司法机关查处。因案犯在逃，公安机关正在缉捕之中。

（广西壮族自治区版权局）

海　南　省

一、海口市非法音像制品地下窝点案

2009年7月13日，海南省文化市场稽查总队查处了位于海口府城镇新城路21号腾园阁（原琼山藤竹厂办公楼）内二楼的一个非法音像制品地下窝点，共收缴非法盗版光盘82 500张，其中淫秽色情光盘6 500张。执法人员在清点中发现，其光盘包括热播电视剧、流行音乐、少儿教育片、琼剧等盗版品种和各类淫秽色情光盘，包括网上曾经热传的菲律宾“艳碟门”事件的淫秽光碟。由于案情重大，已构成犯罪，该案被移送海口市琼山公安分局立案侦查。

二、儋州市非法盗版教辅图书案

2009年9月23～24日，海南省文化市场稽查总队、省公安厅治安总队、省“扫黄打非”办、儋州市公安局、南方出版社、省新华书店等单位人员，先后到儋州市那大四中、长坡中学、东成中学等学校进行检查时，查获盗版教辅材料《新课程学习指导》（南方出版社出版）3万多册。随后，儋州市公安局成立专案组，从查获的教辅材料入手，经过深入侦查，先后在海口市抓获犯罪嫌疑人耿中武、邵文峰，共追缴盗版教辅《新课程学习指导》8万多册。10月25日，省文化市场稽查总队突击检查了这些盗版教辅读物的承印单位海口市龙华区永兴源印刷厂，现场查获《中华实用医学研究》、《耶稣论人生》、《新课程学习指导》等盗版书刊3 560册。

（海南省版权局）

重　庆　市

一、“79文学网”侵权盗版案

2009年初，重庆市版权局接到重庆市政府系统公开电子信箱转交的投诉，称渝中区杨建经营管理的网站“79文学网”（www.79wx.net）未经权利人许可，在该网站上传播大量文学作品，侵犯了权利人文学作品的信息网络传播权。市版权局于2009年1月12日对此依法立案查处。

1月13日，市版权局对该网站涉嫌侵权网页进行了证据固定。2月12日和13日，对杨建和电信机房网管做了笔录。经查，杨建未经权利人许可，在其经营管理的网站www.79wx.net（IP地址：222.178.150.29，备案号：渝ICP备05002466号）上传《坏蛋是怎样炼成的2》、《文理双修》、《犬神传》、《都市风水师》、《雷罚》等网络文学作品，供网站的注册会员和其他网民在线阅读，其行为已构成《著作权法》第四十七条、《信息网络传播权保护条例》第十八条规定的侵权行为，侵害了文学作品著作权人的合法权益，损害了社会公共利益。2月

26日，重庆市版权局给予“79文学网”关闭网站的行政处罚。

二、“89文学网”侵权盗版案

2009年1月6日，重庆市版权局接到江苏省“逐浪网”的投诉，称杨建经营管理的网站“89文学网”（www.89wx.com）未经权利人许可，在该网站上传播大量文学作品，侵犯了权利人文学作品的信息网络传播权。市版权局于2009年1月12日对此依法立案查处。

1月13日，市版权局对该网站涉嫌侵权网页进行了证据固定。2月12日和13日，对杨建和电信机房网管做了笔录。经查证，杨建未经许可，在其经营管理的网站www.89wx.com（IP地址：222.178.150.29）上传“逐浪网”独家签约的《文理双修》、《犬神传》、《都市风水师》、《雷罚》等网络文学作品，供网站注册会员和其他网民在线阅读，其行为已构成《著作权法》第四十七条、《信息网络传播权保护条例》第十八条规定的侵权行为，侵害了文学作品著作权人的合法权益，损害了社会公共利益。2月26日，重庆市版权局给予该网站罚款15 000元的行政处罚。

（重庆市版权局）

四　川　省

一、“3·12”凉山州喜德县中学发行盗版教辅案

2009年，四川省凉山州版权局经调查核实发现，凉山州喜德县中学在2008年年底向个体书商李小宁订购的教辅材料《川行中考》（语文、数学、英语、物理，每种数量330册，共计1 320册，总码洋52 569元），经陕西师范大学出版社鉴定，均为盗印的非法出版物。根据《著作权法》第四十七条第一款第一项的规定，凉山州喜德县中学的上述行为侵害了陕西师范大学出版社的著作权，应承担相应的侵权责任。凉山州版权局根据《著作权法》第四十七条第一款第一项、《出版物管理条例》第五十五条、第五十六条和《出版物市场管理规定》第四十四条的规定，决定对凉山州喜德县中学做出下列行政处罚：责令停止侵权行为；没收非法出版物《川行中考》（语文、数学、英语、物理）1 320册及违法所得10 513.80元；罚款262 845.00元。同时，中共喜德县纪委给予喜德县中学校长吴家强党内严重警告处分，给予分管教务的副校长安嵬党内警告处分。

二、泸州市龙马潭飞逸网吧侵犯著作权案

2009年11月19日，有群众举报泸州市龙马潭区飞逸网吧影视节目可能存在侵权行为，泸州市新闻出版（版权）局接到举报线索后，立刻派执法人员对该网吧进行现场检查。经查发现，该网吧服务器内存储《秘密防御》、《变形金刚2》、《夺命手机》等69部影视作品，并可在网吧30台终端机上点击在线观看。经执法人员的现场取证和对网吧法定代表人李顺明的调查，证实泸州市龙马潭区飞逸网吧使用上述影视作品均未经合法授权。根据《著作权法》第四十七条第二款第四项、《著作权法实施条例》第三十六条之规定，泸州市新闻出版（版权）局决定对泸州市龙马潭飞逸网吧做出如下行政处罚：（1）责令停止侵权行为；（2）罚款600元。

三、“新天空完美三区”私设网络游戏服务器案

四川省版权局经调查核实，2008年12月至2009年4月，陈实未经北京完美时空网络技术有限公司许可，通过私自架设服务器开办的“新天空完美三区”（IP地址：61.188.39.80），复制、传播北京完美时空网络技术有限公司拥有著作权的《完美世界2》网络游戏。依据《信息网络传播权保护条例》第十八条第一款第一项的规定，陈实的上述行为侵害了北京完美时空网络技术有限公司的著作权，应承担相应的侵权责任。根据《信息网络传播权保护条例》第十八条第一款的规定，省版权局决定给予陈实下列行政处罚：责令停止侵权行为；没收涉案服务器1台。

四、“天籁村音乐”网站侵犯著作权案

四川省版权局经调查核实，2008年9月至2009年10月，龚节毅未经国际唱片业协会会员许可，通过其开办的“天籁村音乐”网站（http://www.6621.com）上传、传播国际唱片业协会会员拥有著作权的《天水·围城》等10 000余首音乐作品，并利用在线试听等方式盈利。依据《信息网络传播权保护条例》第十八条第一款第一项的规定，龚节毅的上述行为侵害了国际唱片业协会会员的著作权，应承担相应的侵权责任。省版权局根据《信息网络传播权保护条例》第十八条第一款第一项，对龚节毅的侵权行为做出如下行政处罚：（1）责令停止侵权行为；（2）没收涉案服务器7台；（3）罚款30 000元。

五、销售“百变机兽”系列玩具侵权复制品案

四川省版权局经调查核实，2009年5～6月，李先芳未经广州市星杰玩具有限公司许可，销售“百变机兽”系列玩具侵权复制品共计768件，价值3 000元。依据《著作权法》第四十七条第一款第一项的规定，李先芳的上述行为侵害了广州市星杰玩具有限公司的著作权，应承担相应的侵权责任。根据《著作权法》第四十七条第一款第一项的规定，省版权局决定给予李先芳如下行政处罚：（1）责令停止侵权行为；（2）没收侵权复制品共计624件；（3）罚款1 000元。

六、“6·11”销售侵权音像制品案

2009年6月11日，成都市成华区文广新局在成华公安分局的协助下，根据群众举报，在成都市驷马桥路一仓库内查获大批盗版、淫秽光碟共计30余万张。“6·11”贩卖盗版、淫秽光碟案发生后，省、市、区新闻出版和公安部门抽调精干力量成立了“6·11”专案组。

经查实，段小红、彭莎莎、符方平、何贵良、黄成芳、李秀芳、刘明勤、吴得发等8人未经权利人许可，销售盗版音像制品且数量巨大，根据《刑法》第二百一十八条的规定，其行为已经构成犯罪。根据国务院《行政执法机关移送涉嫌犯罪案件的规定》的相关规定，成华区文广新局于2009年6月以成华文广新移字［2009］01号函移交成都市成华区公安分局，追究涉案人的刑事责任。

七、“8·19”销售侵权音像制品案

2009年8月19日，在省“扫黄打非”办的组织协调下，四川省出版物市场稽查总队和省公安厅治安总队、金牛区公安分局治安大队干警联合行动，在成都市火车北站东二路5号院和城隍庙商筑大厦二楼查获5个大型非法光盘批销窝点，现场抓获涉案人员3人，查获盗版及非法音像制品和淫秽色情光盘3 000多个品种、48万余张，其中涉嫌淫秽色情光盘3 400余张。

经查实，马文涛、陈俊华、蒋鹏、高成明、林旭凯、贝明强等6人未经权利人许可，销售盗版音像制品且数量巨大，根据《刑法》第二百一十八条的规定，其行为已经构成犯罪。根据国务院《行政执法机关移送涉嫌犯罪案件的规定》的相关规定，四川省版权局于2009年8月以川新出函［2009］105号将此案移送成都市金牛区公安分局，追究涉案人的刑事责任。

八、南充十中使用盗版教辅案

2009年2月18日，根据群众举报，南充市版权局对南充市第十中学高一年级所使用的教辅《高中同步测控优化设计》系列进行了检查，提取了样书。经鉴定，现场所提取的《高中同步测控优化设计》（数学、物理、化学、政治、历史、语文）六种12册样书均为盗版出版物。该书系南充十中于2009年1月9日向南充行知书店定购，折扣为4折，每种数量为590册，共计3 540册，总码洋69 620元。

由于南充十中的行为违反了《著作权法》第四十七条第一项的规定，根据《著作权法实施条例》第三十六条之规定，南充市版权局对南充十中做出如下行政处罚：（1）立即停止侵权行为；（2）没收侵权复制品《高中同步测控优化设计》3 540册；（3）处以违法经营额1倍的罚款，共计69 620元。

九、双流县欣益装订厂侵犯著作权案

2009年2月3日，双流县文化体育和新闻出版局执法人员根据群众举报，在对双流县欣益装订厂进行执法检查时，发现该厂的装订车间正在装订盗版四川人民出版社出版的《创新作文四．五．六年级》等45个品种侵权图书成品和半成品，共计24 500册。根据《著作权法》第四十七条第一款第一项、《著作权法实施条例》第三十六条之规定，双流县文化体育和新闻出版局决定对双流县欣益装订厂做出如下行政处罚：（1）责令停止侵权行为；（2）没收侵权图书成品和半成品24 500册；（3）责令侵权人赔偿权利人10 000元。

十、微软投诉四川迅捷侵犯软件著作权案

2008年12月10日，微软（中国）有限公司及委托人四川泽坤律师事务所向四川省版权局投诉四川迅捷投资管理集团有限公司在经营中安装并使用了未经授权的微软Office 2003专业版办公软件。12月24日，经省版权局调查核实，四川迅捷投资管理集团有限公司确有在使用的计算机上安装未经授权的微软Office 2003专业版办公软件的侵权行为。依据《著作权法》第四十七条和《计算机软件保护条例》第二十四条的规定，四川迅捷投资管理集团有限公司上述行为侵害了微软（中国）有限公司软件的著作权，应承担相应的侵权责任。

按照国家版权局等九部委《关于推进企业使用正版软件工作的实施方案》的相关规定和要求，并应当事双方的请求，2009年6月10日，四川省版权局对微软（中国）有限公司和四川迅捷投资管理集团有限公司两家行政调解，达成如下协议：（1）被投诉人在全面执行双方协商达成的微软软件采购合同之后，被投诉人（含分、子公司及全资控股公司）在当前规模下的微软软件授权问题得到解决。（2）被投诉人完成软件正版化采购后，投诉人将不再追究被投诉人之前的侵权责任。（3）将双方达成的微软软件采购合同，被投诉人分、子、全资控股公司名单及工商营业执照复印件作为本调解协议的附件。

在执行完双方当事人达成的协议后，微软（中国）有限公司及委托人四川泽坤律师事务所向省版权局请求撤销了对四川迅捷投资管理集团有限公司的行政投诉。

（四川省版权局）

贵 州 省

宋帮琴销售盗版音像制品案

2009 年初，贵阳市文化市场稽查支队执法人员在对街面销售盗版光盘的游商进行例行检查时，发现了一条批销非法光盘地下窝点的重要线索。2009 年 3 月 13 日，贵阳市文化市场稽查支队对该窝点采取行动，现场查获涉嫌盗版光盘 10 万多张、含有淫秽内容的光盘 1 万余张，抓获涉案人员 16 人。经过清点鉴定，确定在该窝点查获的 6 180 张光盘为淫秽音像制品、132 158 张为盗版音像制品。

贵阳市文化市场稽查支队当即将此案移送贵阳市公安局治安支队进行立案侦查。经查，贵州毕节人宋帮琴自 2009 年初以来租赁民房，大肆向贵州省内各地批发各种盗版光盘，形成了一定规模的非法光盘销售网络。2009 年 3 月 14 日，贵阳市公安局以涉嫌贩卖淫秽物品对宋帮琴、宋玉印进行行政拘留；3 月 19 日，贵阳市公安局以涉嫌贩卖淫秽物品牟利罪对宋帮琴进行刑事拘留。

4 月 28 日，经贵阳市人民检察院批准，犯罪嫌疑人宋帮琴由贵阳市公安局执行逮捕。6 月 23 日，贵阳市公安局侦查终结，移送贵阳市人民检察院审查起诉。6 月 30 日，贵阳市人民检察院转至云岩区人民检察院审查起诉。8 月 4 日，云岩区人民法院根据公诉机关提交的事实、证据，以及被告人供述、17 名证人证言等确认：被告人宋帮琴以牟利为目的贩卖淫秽物品6 180张，其行为已构成贩卖淫秽物品牟利罪，依照《刑法》第三百六十三条之规定，以贩卖淫秽物品牟利罪判处宋帮琴有期徒刑 3 年，并处罚金 3 000 元。

（贵州省版权局）

云 南 省

一、“6・10”正方音像盗版光盘案

2009 年 6 月 10 日，昆明正方音像店因长期发行侵权盗版音像制品的违法行为，被云南省出版物市场稽查总队联合云南省公安厅查处，并当场从其店内查获侵权复制品 48 901 盘。其行为已涉嫌犯罪，云南省出版物市场稽查总队已将该案移送司法机关追究其刑事责任。

二、“9・08”Q 起点音像店销售盗版、淫秽光盘案

2009 年 9 月 8 日，云南省出版物市场稽查总队通过联合布控，联合昆明市五华、盘龙两区稽查队对昆明市 Q 起点音像店位于昆明市内的 7 个音像销售店进行统一检查，现场从其民院店、春之城店内查获侵权盗版音像制品 1 598 盘，淫秽色情音像制品 1 634 盘。此案已移送当地公安机关进行处理。

（云南省版权局）

甘 肃 省

一、兰州市“1・12”案

2009 年 1 月 12 日，兰州市文化市场行政执法支队根据长时间调查掌握的线索，一举捣毁位于兰州市城关区段家滩 260 号的一个贩卖盗版图书窝点，现场查获涉嫌非法出版物 83 个品种，3 700 余册，总码洋达 14 万余元，并当场抓获涉嫌贩卖盗版图书的犯罪嫌疑人朱珍伟、雷进朴，犯罪嫌疑人对其违法事实供认不讳。此案于当日被移送兰州市公安局治安管理支队治安行动大队处理。

二、兰州市“5・13”案

兰州市文化市场行政执法支队专案组派执法人员经过连续多日的摸排调查，确定了一起涉嫌窝藏销售非法政治类及淫秽色情类书刊案件的涉案人员住所及存书库房地址。2009 年 5 月 13 日清晨，支队专案组在得到涉案人再次出现的线索后，果断出击，分兵两路，一组人员埋伏在涉案人住所附近，一组人员埋伏在其存书库房周围。由于涉案地点位于兰州市城乡接合部，道路崎岖狭窄且四通八达，为执法人员布控造成很大困难，为此支队调集城关、七里河大队骨干力量赶往现场，对所有路口、小道进行控制，防止涉案人外逃。两组人员全部到位后立即实施查处行动，中午 12 时，执法人员兵分六路进行合围，终于将追缉两年的涉案人韩英俊抓获，并一举捣毁了其存书的库房。经过近一个小时的清点，在不到 20 平方米的库房内，共藏匿着 86 个品种 5 800余册非法政治类及淫秽色情类书刊。此前支队就曾查处过韩某的另一存书据点。这两处共查处非法政治类、淫秽色情类出版物近 8 000 余册，是甘肃省 2009 年以来查处的最大窝点。

三、武威市民勤四中使用盗版教辅案

2009 年 7 月 6 日，在接到甘肃省“扫黄打非”办转来的“武威市民勤四中使用侵权盗版教辅”的举报后，武威市“扫黄打非”办迅速对民勤四中使用侵权盗版教辅事件展开了调查。经调查得知，因学生要求购买《高中同步测控优化设计：物理（高

二上册)》一书，学校同意由学校资料审核小组审核后，根据学生需要的数量进书，由学生自愿购买。学校资料审核小组与山东某书商取得了联系，并收到他邮寄来的样书。经资料审核小组审核确定后，学校通知书商发来了1 600册书，每本定价26元，共计码洋4.16万元，这些书全部被学生买走。执法工作人员将抽检的200本书带回进行鉴定，鉴定结果全部属于盗版书。执法工作人员二次到民勤四中进行查收，并要求学校与书商联系给学生换发正版书，但书商一直联系不上。学校负责人承认，书发到学校后，学校没有进行认真查验，没有发现供货商在发货中调包提供侵权盗版书。鉴于民勤四中学校的行为侵犯了著作权人的合法权益，根据《著作权法》、《出版物市场管理规定》和《中小学教辅材料管理办法》以及甘肃省“扫黄打非”工作小组办公室的有关文件精神，经武威市“扫黄打非”办研究决定，对民勤四中做出如下处罚：罚款10 000元；对民勤四中在全市教育系统进行通报批评。

四、武威市古浪一中使用盗版教辅案

2009年9月16日，接到甘肃省“扫黄打非”办转来“武威市古浪一中使用侵权盗版教辅”的举报后，武威市“扫黄打非”办迅速对古浪一中使用侵权盗版教辅事件展开了专门调查。经查，古浪一中配发给学生《2010语文高考核按钮·考点各个击破》一书共1 800册，每本定价56元，共计码洋10.08万元，此书由武威博识书城供货。武威博识书城于2004年8月份开办，书店法人代表陈建萍。据调查，《2010语文高考核按钮·考点各个击破》一书由代课语文老师负责审核确定后，学校与武威博识书城签订了购书协议。执法工作人员立即通知武威博识书城负责人到古浪一中进行核对。武威博识书城负责人将举报人提供的正版书与学生用的书核对后，确认部分书确实与正版书有区别。在接到通知后，武威博识书城负责人及时与供货商进行了联系，但一直联系不上。他们承认，博识书城在进货后没有进行认真查验，直接将书发到古浪一中，因此没有发现供货商在发货中混有侵权盗版书。根据《著作权法》、《出版物市场管理规定》和《中小学教辅材料管理办法》以及甘肃省“扫黄打非”工作小组办公室的有关文件精神，经武威市“扫黄打非”办研究决定，对武威博识书城和古浪一中做出如下处罚：责令武威博识书城限期停业整顿，经市文化新闻出版局审核合格后重新开业；责令武威博识书城立即将学生手中的侵权盗版书换为正版书；对武威博识书城罚款15 000元；对古浪一中罚款10 000元，并在全市教育系统进行通报批评。

（甘肃省版权局）

青 海 省

西域钱柜KTV侵权案

2009年4月10日，青海省版权局接到中国音像著作权集体管理协会的投诉，称西宁西域钱柜在未经授权，且未支付版权使用费的情况下，以营利为目的，非法播放其依著作权人授权管理的《不想长大》、《两只蝴蝶》、《家在东北》、《大海啊，故乡》等多首音乐电视作品，严重侵犯了著作权人的合法权益。省版权局于4月13日向西域钱柜送达了《关于涉嫌侵犯著作权进行调查的通知书》，要求其负责人携带有关证明材料于4月17日前到省版权局接受调查。经过调查发现，西域钱柜在点歌机中使用涉案音乐电视作品进行KTV经营，但未征得著作权人许可，也未向著作权人支付报酬，其行为构成侵权。据此，青海省版权局于4月28日依照《著作权法》第四十七条第一款第一项的规定，给予了责令停止侵权、警告的行政处罚。

（青海省版权局）

版

规章文件

GUI ZHANG WEN JIAN

权

2009年主要规章文件

中华人民共和国侵权责任法（节选）

（2009年12月26日第十一届全国人民代表大会常务委员会第十二次会议通过）

目　录

第一章　一般规定

第一条　为保护民事主体的合法权益，明确侵权责任，预防并制裁侵权行为，促进社会和谐稳定，制定本法。

第二条　侵害民事权益，应当依照本法承担侵权责任。

本法所称民事权益，包括生命权、健康权、姓名权、名誉权、荣誉权、肖像权、隐私权、婚姻自主权、监护权、所有权、用益物权、担保物权、著作权、专利权、商标专用权、发现权、股权、继承权等人身、财产权益。

第三条　被侵权人有权请求侵权人承担侵权责任。

第四条　侵权人因同一行为应当承担行政责任或者刑事责任的，不影响依法承担侵权责任。

因同一行为应当承担侵权责任和行政责任、刑事责任，侵权人的财产不足以支付的，先承担侵权责任。

第五条　其他法律对侵权责任另有特别规定的，依照其规定。

第二章　责任构成和责任方式

第六条　行为人因过错侵害他人民事权益，应当承担侵权责任。

根据法律规定推定行为人有过错，行为人不能证明自己没有过错的，应当承担侵权责任。

第七条　行为人损害他人民事权益，不论行为人有无过错，法律规定应当承担侵权责任的，依照其规定。

第八条　二人以上共同实施侵权行为，造成他人损害的，应当承担连带责任。

第九条　教唆、帮助他人实施侵权行为的，应当与行为人承担连带责任。

教唆、帮助无民事行为能力人、限制民事行为能力人实施侵权行为的，应当承担侵权责任；该无民事行为能力人、限制民事行为能力人的监护人未尽到监护责任的，应当承担相应的责任。

第十条　二人以上实施危及他人人身、财产安全的行为，其中一人或者数人的行为造成他人损害，能够确定具体侵权人的，由侵权人承担责任；不能确定具体侵权人的，行为人承担连带责任。

第十一条　二人以上分别实施侵权行为造成同一损害，每个人的侵权行为都足以造成全部损害的，行为人承担连带责任。

第十二条　二人以上分别实施侵权行为造成同一损害，能够确定责任大小的，各自承担相应的责任；难以确定责任大小的，平均承担赔偿责任。

第十三条　法律规定承担连带责任的，被侵权人有权请求部分或者全部连带责任人承担责任。

第十四条　连带责任人根据各自责任大小确定相应的赔偿数额；难以确定责任大小的，平均承担赔偿责任。

支付超出自己赔偿数额的连带责任人，有权向其他连带责任人追偿。

第十五条 承担侵权责任的方式主要有：

（一）停止侵害；

（二）排除妨碍；

（三）消除危险；

（四）返还财产；

（五）恢复原状；

（六）赔偿损失；

（七）赔礼道歉；

（八）消除影响、恢复名誉。

以上承担侵权责任的方式，可以单独适用，也可以合并适用。

第十六条 侵害他人造成人身损害的，应当赔偿医疗费、护理费、交通费等为治疗和康复支出的合理费用，以及因误工减少的收入。造成残疾的，还应当赔偿残疾生活辅助具费和残疾赔偿金。造成死亡的，还应当赔偿丧葬费和死亡赔偿金。

第十七条 因同一侵权行为造成多人死亡的，可以以相同数额确定死亡赔偿金。

第十八条 被侵权人死亡的，其近亲属有权请求侵权人承担侵权责任。被侵权人为单位，该单位分立、合并的，承继权利的单位有权请求侵权人承担侵权责任。

被侵权人死亡的，支付被侵权人医疗费、丧葬费等合理费用的人有权请求侵权人赔偿费用，但侵权人已支付该费用的除外。

第十九条 侵害他人财产的，财产损失按照损失发生时的市场价格或者其他方式计算。

第二十条 侵害他人人身权益造成财产损失的，按照被侵权人因此受到的损失赔偿；被侵权人的损失难以确定，侵权人因此获得利益的，按照其获得的利益赔偿；侵权人因此获得的利益难以确定，被侵权人和侵权人就赔偿数额协商不一致，向人民法院提起诉讼的，由人民法院根据实际情况确定赔偿数额。

第二十一条 侵权行为危及他人人身、财产安全的，被侵权人可以请求侵权人承担停止侵害、排除妨碍、消除危险等侵权责任。

第二十二条 侵害他人人身权益，造成他人严重精神损害的，被侵权人可以请求精神损害赔偿。

第二十三条 因防止、制止他人民事权益被侵害而使自己受到损害的，由侵权人承担责任。侵权人逃逸或者无力承担责任，被侵权人请求补偿的，受益人应当给予适当补偿。

第二十四条 受害人和行为人对损害的发生都没有过错的，可以根据实际情况，由双方分担损失。

第二十五条 损害发生后，当事人可以协商赔偿费用的支付方式。协商不一致的，赔偿费用应当一次性支付；一次性支付确有困难的，可以分期支付，但应当提供相应的担保。

第三章　不承担责任和减轻责任的情形

第二十六条 被侵权人对损害的发生也有过错的，可以减轻侵权人的责任。

第二十七条 损害是因受害人故意造成的，行为人不承担责任。

第二十八条 损害是因第三人造成的，第三人应当承担侵权责任。

第二十九条 因不可抗力造成他人损害的，不承担责任。法律另有规定的，依照其规定。

第三十条 因正当防卫造成损害的，不承担责任。正当防卫超过必要的限度，造成不应有的损害的，正当防卫人应当承担适当的责任。

第三十一条 因紧急避险造成损害的，由引起险情发生的人承担责任。如果危险是由自然原因引起的，紧急避险人不承担责任或者给予适当补偿。紧急避险采取措施不当或者超过必要的限度，造成不应有的损害的，紧急避险人应当承担适当的责任。

第四章　关于责任主体的特殊规定

第三十二条 无民事行为能力人、限制民事行为能力人造成他人损害的，由监护人承担侵权责任。监护人尽到监护责任的，可以减轻其侵权责任。

有财产的无民事行为能力人、限制民事行为能力人造成他人损害的，从本人财产中支付赔偿费用。不足部分，由监护人赔偿。

第三十三条 完全民事行为能力人对自己的行为暂时没有意识或者失去控制造成他人损害有过错的，应当承担侵权责任；没有过错的，根据行为人的经济状况对受害人适当补偿。

完全民事行为能力人因醉酒、滥用麻醉药品或者精神药品对自己的行为暂时没有意识或者失去控制造成他人损害的，应当承担侵权责任。

第三十四条 用人单位的工作人员因执行工作任务造成他人损害的，由用人单位承担侵权责任。

劳务派遣期间，被派遣的工作人员因执行工作任务造成他人损害的，由接受劳务派遣的用工单位承担侵权责任；劳务派遣单位有过错的，承担相应的补充责任。

第三十五条 个人之间形成劳务关系，提供劳务一方因劳务造成他人损害的，由接受劳务一方承担侵权责任。提供劳务一方因劳务自己受到损害的，根据双方各自的过错承担相应的责任。

第三十六条 网络用户、网络服务提供者利用网络侵害他人民事权益的，应当承担侵权责任。

网络用户利用网络服务实施侵权行为的，被侵权人有权通知网络服务提供者采取删除、屏蔽、断开链接等必要措施。网络服务提供者接到通知后未及时采取必要措施的，对损害的扩大部分与该网络用户承担连带责任。

网络服务提供者知道网络用户利用其网络服务侵害他人民事权益，未采取必要措施的，与该网络用户承担连带责任。

第三十七条 宾馆、商场、银行、车站、娱乐场所等公共场所的管理人或者群众性活动的组织者，未尽到安全保障义务，造成他人损害的，应当承担侵权责任。

因第三人的行为造成他人损害的，由第三人承担侵权责任；管理人或者组织者未尽到安全保障义务的，承担相应的补充责任。

第三十八条 无民事行为能力人在幼儿园、学校或者其他教育机构学习、生活期间受到人身损害的，幼儿园、学校或者其他教育机构应当承担责任，但能够证明尽到教育、管理职责的，不承担责任。

第三十九条 限制民事行为能力人在学校或者其他教育机构学习、生活期间受到人身损害，学校或者其他教育机构未尽到教育、管理职责的，应当承担责任。

第四十条 无民事行为能力人或者限制民事行为能力人在幼儿园、学校或者其他教育机构学习、生活期间，受到幼儿园、学校或者其他教育机构以外的人员人身损害的，由侵权人承担侵权责任；幼儿园、学校或者其他教育机构未尽到管理职责的，承担相应的补充责任。

第五章　产品责任

第四十一条 因产品存在缺陷造成他人损害的，生产者应当承担侵权责任。

第四十二条 因销售者的过错使产品存在缺陷，造成他人损害的，销售者应当承担侵权责任。

销售者不能指明缺陷产品的生产者也不能指明缺陷产品的供货者的，销售者应当承担侵权责任。

第四十三条 因产品存在缺陷造成损害的，被侵权人可以向产品的生产者请求赔偿，也可以向产品的销售者请求赔偿。

产品缺陷由生产者造成的，销售者赔偿后，有权向生产者追偿。

因销售者的过错使产品存在缺陷的，生产者赔偿后，有权向销售者追偿。

第四十四条 因运输者、仓储者等第三人的过错使产品存在缺陷，造成他人损害的，产品的生产者、销售者赔偿后，有权向第三人追偿。

第四十五条 因产品缺陷危及他人人身、财产安全的，被侵权人有权请求生产者、销售者承担排除妨碍、消除危险等侵权责任。

第四十六条 产品投入流通后发现存在缺陷的，生产者、销售者应当及时采取警示、召回等补救措施。未及时采取补救措施或者补救措施不力造成损害的，应当承担侵权责任。

第四十七条 明知产品存在缺陷仍然生产、销售，造成他人死亡或者健康严重损害的，被侵权人有权请求相应的惩罚性赔偿。

第十二章　附　　则

第九十二条 本法自 2010 年 7 月 1 日起施行。

广播电台电视台播放录音制品支付报酬暂行办法

（2009 年 5 月 6 日国务院第 62 次常务会议通过，
2009 年 11 月 10 日国务院令第 566 号公布，
自 2010 年 1 月 1 日起施行）

第一条 为了保障著作权人依法行使广播权，方便广播电台、电视台播放录音制品，根据《中华人民共和国著作权法》（以下称著作权法）第四十三条的规定，制定本办法。

第二条 广播电台、电视台可以就播放已经发表的音乐作品向著作权人支付报酬的方式、数额等有关事项与管理相关权利的著作权集体管理组织进行约定。

广播电台、电视台播放已经出版的录音制品，已经与著作权人订立许可使用合同的，按照合同约定的方式和标准支付报酬。

广播电台、电视台依照著作权法第四十三条的规定，未经著作权人的许可播放已经出版的录音制品（以下称播放录音制品）的，依照本办法向著作权人支付报酬。

第三条 本办法所称播放，是指广播电台、电视台以无线或者有线的方式进行的首播、重播和转播。

第四条 广播电台、电视台播放录音制品，可以与管理相关权利的著作权集体管理组织约定每年向著作权人支付固定数额的报酬；没有就固定数额进行约定或者约定不成的，广播电台、电视台与管理相关权利的著作权集体管理组织可以以下列方式之一为基础，协商向著作权人支付报酬：

（一）以本台或者本台各频道（频率）本年度广告收入扣除 15%成本费用后的余额，乘以本办法第五条或者第六条规定的付酬标准，计算支付报酬的数额；

（二）以本台本年度播放录音制品的时间总量，乘以本办法第七条规定的单位时间付酬标准，计算支付报酬的数额。

第五条 以本办法第四条第（一）项规定方式确定向著作权人支付报酬的数额的，自本办法施行之日起 5 年内，按照下列付酬标准协商支付报酬的数额：

（一）播放录音制品的时间占本台或者本频道（频率）播放节目总时间的比例（以下称播放时间比例）不足 1%的，付酬标准为 0.01%；

（二）播放时间比例为 1%以上不足 3%的，付酬标准为 0.02%；

（三）播放时间比例为 3%以上不足 6%的，相应的付酬标准为 0.09%到 0.15%，播放时间比例每增加 1%，付酬标准相应增加 0.03%；

（四）播放时间比例为 6%以上 10%以下的，相应的付酬标准为 0.24%到 0.4%，播放时间比例每增加 1%，付酬标准相应增加 0.04%；

（五）播放时间比例超过 10%不足 30%的，付酬标准为 0.5%；

（六）播放时间比例为 30%以上不足 50%的，付酬标准为 0.6%；

（七）播放时间比例为 50%以上不足 80%的，付酬标准为 0.7%；

（八）播放时间比例为 80%以上的，付酬标准为 0.8%。

第六条 以本办法第四条第（一）项规定方式确定向著作权人支付报酬的数额的，自本办法施行届满 5 年之日起，按照下列付酬标准协商支付报酬的数额：

（一）播放时间比例不足 1%的，付酬标准为 0.02%；

（二）播放时间比例为 1%以上不足 3%的，付酬标准为 0.03%；

（三）播放时间比例为 3%以上不足 6%的，相应的付酬标准为 0.12%到 0.2%，播放时间比例每增加 1%，付酬标准相应增加 0.04%；

（四）播放时间比例为6%以上10%以下的，相应的付酬标准为0.3%到0.5%，播放时间比例每增加1%，付酬标准相应增加0.05%；

（五）播放时间比例超过10%不足30%的，付酬标准为0.6%；

（六）播放时间比例为30%以上不足50%的，付酬标准为0.7%；

（七）播放时间比例为50%以上不足80%的，付酬标准为0.8%；

（八）播放时间比例为80%以上的，付酬标准为0.9%。

第七条 以本办法第四条第（二）项规定的方式确定向著作权人支付报酬的数额的，按照下列付酬标准协商支付报酬的数额：

（一）广播电台的单位时间付酬标准为每分钟0.30元；

（二）电视台的单位时间付酬标准自本办法施行之日起5年内为每分钟1.50元，自本办法施行届满5年之日起为每分钟2元。

第八条 广播电台、电视台播放录音制品，未能依照本办法第四条的规定与管理相关权利的著作权集体管理组织约定支付报酬的固定数额，也未能协商确定应支付报酬的，应当依照本办法第四条第（一）项规定的方式和第五条、第六条规定的标准，确定向管理相关权利的著作权集体管理组织支付报酬的数额。

第九条 广播电台、电视台转播其他广播电台、电视台播放的录音制品的，其播放录音制品的时间按照实际播放时间的10%计算。

第十条 中部地区的广播电台、电视台依照本办法规定方式向著作权人支付报酬的数额，自本办法施行之日起5年内，按照依据本办法规定计算出的数额的50%计算。

西部地区的广播电台、电视台以及全国专门对少年儿童、少数民族和农村地区等播出的专业频道（频率），依照本办法规定方式向著作权人支付报酬的数额，自本办法施行之日起5年内，按照依据本办法规定计算出的数额的10%计算；自本办法施行届满5年之日起，按照依据本办法规定计算出的数额的50%计算。

第十一条 县级以上人民政府财政部门将本级人民政府设立的广播电台、电视台播放录音制品向著作权人支付报酬的支出作为核定其收支的因素，根据本地区财政情况综合考虑，统筹安排。

第十二条 广播电台、电视台向著作权人支付报酬，以年度为结算期。

广播电台、电视台应当于每年度第一季度将其上年度应当支付的报酬交由著作权集体管理组织转付给著作权人。

广播电台、电视台通过著作权集体管理组织向著作权人支付报酬时，应当提供其播放作品的名称、著作权人姓名或者名称、播放时间等情况，双方已有约定的除外。

第十三条 广播电台、电视台播放录音制品，未向管理相关权利的著作权集体管理组织会员以外的著作权人支付报酬的，应当按照本办法第十二条的规定将应支付的报酬送交管理相关权利的著作权集体管理组织；管理相关权利的著作权集体管理组织应当向著作权人转付。

第十四条 著作权集体管理组织向著作权人转付报酬，除本办法已有规定外，适用《著作权集体管理条例》的有关规定。

第十五条 广播电台、电视台依照本办法规定将应当向著作权人支付的报酬交给著作权集体管理组织后，对著作权集体管理组织与著作权人之间的纠纷不承担责任。

第十六条 广播电台、电视台与著作权人或者著作权集体管理组织因依照本办法规定支付报酬产生纠纷的，可以依法向人民法院提起民事诉讼，或者根据双方达成的书面仲裁协议向仲裁机构申请仲裁。

第十七条 本办法自2010年1月1日起施行。

著作权行政处罚实施办法

（2009 年 4 月 21 日国家版权局第 1 次局务会议通过，
2009 年 5 月 7 日国家版权局令第 6 号公布，
自 2009 年 6 月 15 日起施行）

第一章 总　则

第一条 为规范著作权行政管理部门的行政处罚行为，保护公民、法人和其他组织的合法权益，根据《中华人民共和国行政处罚法》（以下称行政处罚法）、《中华人民共和国著作权法》（以下称著作权法）和其他有关法律、行政法规，制定本办法。

第二条 国家版权局以及地方人民政府享有著作权行政执法权的有关部门（以下称著作权行政管理部门），在法定职权范围内就本办法列举的违法行为实施行政处罚。法律、法规另有规定的，从其规定。

第三条 本办法所称的违法行为是指：

（一）著作权法第四十七条列举的侵权行为，同时损害公共利益的；

（二）《计算机软件保护条例》第二十四条列举的侵权行为，同时损害公共利益的；

（三）《信息网络传播权保护条例》第十八条列举的侵权行为，同时损害公共利益的；第十九条、第二十五条列举的侵权行为；

（四）《著作权集体管理条例》第四十一条、第四十四条规定的应予行政处罚的行为；

（五）其他有关著作权法律、法规、规章规定的应给予行政处罚的违法行为。

第四条 对本办法列举的违法行为，著作权行政管理部门可以依法责令停止侵权行为，并给予下列行政处罚：

（一）警告；

（二）罚款；

（三）没收违法所得；

（四）没收侵权制品；

（五）没收安装存储侵权制品的设备；

（六）没收主要用于制作侵权制品的材料、工具、设备等；

（七）法律、法规、规章规定的其他行政处罚。

第二章 管辖和适用

第五条 本办法列举的违法行为，由侵权行为实施地、侵权结果发生地、侵权制品储藏地或者依法查封扣押地的著作权行政管理部门负责查处。法律、行政法规另有规定的除外。

侵犯信息网络传播权的违法行为由侵权人住所地、实施侵权行为的网络服务器等设备所在地或侵权网站备案登记地的著作权行政管理部门负责查处。

第六条 国家版权局可以查处在全国有重大影响的违法行为，以及认为应当由其查处的其他违法行为。地方著作权行政管理部门负责查处本辖区发生的违法行为。

第七条 两个以上地方著作权行政管理部门对同一违法行为均有管辖权时，由先立案的著作权行政管理部门负责查处该违法行为。

地方著作权行政管理部门因管辖权发生争议或者管辖不明时，由争议双方协商解决；协商不成的，报请共同的上一级著作权行政管理部门指定管辖；其共同的上一级著作权行政管理部门也可以直接指定管辖。

上级著作权行政管理部门在必要时，可以处理下级著作权行政管理部门管辖的有重大影响的案件，也可以将自己管辖的案件交由下级著作权行政管理部门处理；下级著作权行政管理部门认为其管辖的案件案情重大、复杂，需要由上级著作权行政管理部门处理的，可以报请上一级著作权行政管理部门处理。

第八条 著作权行政管理部门发现查处的违法行为，根据我国刑法规定涉嫌构成犯罪的，应当由该著作权行政管理部门依照国务院《行政执法机关移送涉嫌犯罪案件的规定》将案件移送司法部门处理。

第九条 著作权行政管理部门对违法行为予以行政处罚的时效为两年，从违法行为发生之日起计算。违法行为有连续或者继续状态的，从行为终了之日起计算。侵权制品仍在发行或仍在向公众进行传播的，视为违法行为仍在继续。

违法行为在两年内未被发现的，不再给予行政处罚。法律另有规定的除外。

第三章 处罚程序

第十条 除行政处罚法规定适用简易程序的情况外，著作权行政处罚适用行政处罚法规定的一般程序。

第十一条 著作权行政管理部门适用一般程序查处违法行为，应当立案。

对本办法列举的违法行为，著作权行政管理部门可以自行决定立案查处，或者根据有关部门移送的材料决定立案查处，也可以根据被侵权人、利害关系人或者其他知情人的投诉或者举报决定立案查处。

第十二条 投诉人就本办法列举的违法行为申请立案查处的，应当提交申请书、权利证明、被侵权作品（或者制品）以及其他证据。

申请书应当说明当事人的姓名（或者名称）、地址以及申请查处所根据的主要事实、理由。

投诉人委托代理人代为申请的，应当由代理人出示委托书。

第十三条 著作权行政管理部门应当在收到所有投诉材料之日起十五日内，决定是否受理并通知投诉人。不予受理的，应当书面告知理由。

第十四条 立案时应当填写立案审批表，同时附上相关材料，包括投诉或者举报材料、上级著作权行政管理部门交办或者有关部门移送案件的有关材料、执法人员的检查报告等，由本部门负责人批准，指定两名以上办案人员负责调查处理。

办案人员与案件有利害关系的，应当自行回避；没有回避的，当事人可以申请其回避。办案人员的回避，由本部门负责人批准。负责人的回避，由本级人民政府批准。

第十五条 执法人员在执法过程中，发现违法行为正在实施，情况紧急来不及立案的，可以采取下列措施：

（一）对违法行为予以制止或者纠正；

（二）对涉嫌侵权制品、安装存储涉嫌侵权制品的设备和主要用于违法行为的材料、工具、设备等依法先行登记保存；

（三）收集、调取其他有关证据。

执法人员应当及时将有关情况和材料报所在著作权行政管理部门，并于发现情况之日起七日内办理立案手续。

第十六条 立案后，办案人员应当及时进行调查，并要求法定举证责任人在著作权行政管理部门指定的期限内举证。

办案人员取证时可以采取下列手段收集、调取有关证据：

（一）查阅、复制与涉嫌违法行为有关的文件档案、账簿和其他书面材料；

（二）对涉嫌侵权制品进行抽样取证；

（三）对涉嫌侵权制品、安装存储涉嫌侵权制品的设备、涉嫌侵权的网站网页、涉嫌侵权的网站服务器和主要用于违法行为的材料、工具、设备等依法先行登记保存。

第十七条 办案人员在执法中应当向当事人或者有关人员出示由国家版权局或者地方人民政府制发的行政执法证件。

第十八条 办案时收集的证据包括：

（一）书证；

（二）物证；

（三）证人证言；

（四）视听资料；

（五）当事人陈述；

（六）鉴定结论；

（七）检查、勘验笔录。

第十九条 当事人提供的涉及著作权的底稿、原件、合法出版物、作品登记证书、著作权合同登记证书、认证机构出具的证明、取得权利的合同，以及当事人自行或者委托他人以订购、现场交易等方式购买侵权复制品而取得的实物、发票等，可以作为证据。

第二十条 办案人员抽样取证、先行登记保存有关证据，应当有当事人在场。对有关物品应当当场制作清单一式两份，由办案人员和当事人签名、盖章后，分别交由当事人和办案人员所在著作权行政管理部门保存。当事人不在场或者拒绝签名、盖章的，由现场两名以上办案人员注明情况。

第二十一条 办案人员先行登记保存有关证据，应当经本部门负责人批准，并向当事人交付证据先行登记保存通知书。当事人或者有关人员在证据保存期间不得转移、损毁有关证据。

先行登记保存的证据，应当加封著作权行政管理部门先行登记保存封条，由当事人就地保存。先行登记保存的证据确需移至他处的，可以移至适当的场所保存。情况紧急来不及办理本条规定的手续时，办案人员可以先行采取措施，事后及时补办手续。

第二十二条 对先行登记保存的证据，应当在交付证据先行登记保存通知书后七日内作出下列处理决定：

（一）需要鉴定的，送交鉴定；

（二）违法事实成立，应当予以没收的，依照法定程序予以没收；

（三）应当移送有关部门处理的，将案件连同证据移送有关部门处理；

（四）违法事实不成立，或者依法不应予以没收的，解除登记保存措施；

（五）其他有关法定措施。

第二十三条 著作权行政管理部门在查处案件过程中，委托其他著作权行政管理部门代为调查的，须出具委托书。受委托的著作权行政管理部门应当积极予以协助。

第二十四条 对查处案件中的专业性问题，著作权行政管理部门可以委托专门机构或者聘请专业人员进行鉴定。

第二十五条 调查终结后，办案人员应当提交案件调查报告，说明有关行为是否违法，提出处理意见及有关事实、理由和依据，并附上全部证据材料。

第二十六条 著作权行政管理部门拟作出行政处罚决定的，应当由本部门负责人签发行政处罚事先告知书，告知当事人拟作出行政处罚决定的事实、理由和依据，并告知当事人依法享有的陈述权、申辩权和其他权利。

行政处罚事先告知书应当由著作权行政管理部门直接送达当事人，当事人应当在送达回执上签名、盖章。当事人拒绝签收的，由送达人员注明情况，把送达文书留在受送达人住所，并报告本部门负责人。著作权行政管理部门也可以采取邮寄送达方式告知当事人。无法找到当事人时，可以以公告形式告知。

第二十七条 当事人要求陈述、申辩的，应当在被告知后七日内，或者自发布公告之日起三十日内，向著作权行政管理部门提出陈述、申辩意见以及相应的事实、理由和证据。当事人在此期间未行使陈述权、申辩权的，视为放弃权利。

采取直接送达方式告知的，以当事人签收之日为被告知日期；采取邮寄送达方式告知的，以回执上注明的收件日期为被告知日期。

第二十八条 办案人员应当充分听取当事人的陈述、申辩意见，对当事人提出的事实、理由和证据进行复核，并提交复核报告。

著作权行政管理部门不得因当事人申辩加重处罚。

第二十九条 著作权行政管理部门负责人应当对案件调查报告及复核报告进行审查，并根据审查结果分别作出下列处理决定：

（一）确属应当予以行政处罚的违法行为的，根据侵权人的过错程度、侵权时间长短、侵权范围大小及损害后果等情节，予以行政处罚；

（二）违法行为轻微并及时纠正，没有造成危害后果的，不予行政处罚；

（三）违法事实不成立的，不予行政处罚；

（四）违法行为涉嫌构成犯罪的，移送司法部门处理。

对情节复杂或者重大的违法行为给予较重的行政处罚，由著作权行政管理部门负责人集体讨论决定。

第三十条 著作权行政管理部门作出罚款决定时，罚款数额应当依照《中华人民共和国著作权法实施条例》第三十六条、《计算机软件保护条例》第二十四条的规定和《信息网络传播权保护条例》第十八条、第十九条的规定确定。

第三十一条 违法行为情节严重的，著作权行政管理部门可以没收主要用于制作侵权制品的材料、工具、设备等。

具有下列情形之一的，属于前款所称“情节严重”：

（一）违法所得数额（即获利数额）二千五百元以上的；

（二）非法经营数额在一万五千元以上的；

（三）经营侵权制品在二百五十册（张或份）以上的；

（四）因侵犯著作权曾经被追究法律责任，又侵犯著作权的；

（五）造成其他重大影响或者严重后果的。

第三十二条 对当事人的同一违法行为，其他行政机关已经予以罚款的，著作权行政管理部门不得再予罚款，但仍可以视具体情况予以本办法第四条所规定的其他种类的行政处罚。

第三十三条 著作权行政管理部门作出较大数额罚款决定或者法律、行政法规规定应当听证的其他行政处罚决定前，应当告知当事人有要求举行听证的权利。

前款所称“较大数额罚款”，是指对个人处以两万元以上、对单位处以十万元以上的罚款。地方性法规、规章对听证要求另有规定的，依照地方性法规、规章办理。

第三十四条 当事人要求听证的，著作权行政管理部门应当依照行政处罚法第四十二条规定的程序组织听证。当事人不承担组织听证的费用。

第三十五条 著作权行政管理部门决定予以行政处罚的，应当制作行政处罚决定书。

著作权行政管理部门认为违法行为轻微，决定不予行政处罚的，应当制作不予行政处罚通知书，说明不予行政处罚的事实、理由和依据，并送达当事人；违法事实不成立的，应当制作调查结果通知书，并送达当事人。

著作权行政管理部门决定移送司法部门处理的案件，应当制作涉嫌犯罪案件移送书，并连同有关材料和证据及时移送有管辖权的司法部门。

第三十六条 行政处罚决定书应当由著作权行政管理部门在宣告后当场交付当事人。当事人不在场的，应当在七日内送达当事人。

第三十七条 当事人对国家版权局的行政处罚不服的，可以向国家版权局申请行政复议；当事人对地方著作权行政管理部门的行政处罚不服的，可以向该部门的本级人民政府或者其上一级著作权行政管理部门申请行政复议。

当事人对行政处罚或者行政复议决定不服的，可以依法提起行政诉讼。

第四章 执行程序

第三十八条 当事人收到行政处罚决定书后，应当在行政处罚决定书规定的期限内予以履行。

当事人申请行政复议或者提起行政诉讼的，行政处罚不停止执行。法律另有规定的除外。

第三十九条 没收的侵权制品应当销毁，或者经被侵权人同意后以其他适当方式处理。

销毁侵权制品时，著作权行政管理部门应当指派两名以上执法人员监督销毁过程，核查销毁结果，并制作销毁记录。

对没收的主要用于制作侵权制品的材料、工具、设备等，著作权行政管理部门应当依法公开拍卖或者依照国家有关规定处理。

第四十条 上级著作权行政管理部门作出的行政处罚决定，可以委托下级著作权行政管理部门代为执行。代为执行的下级著作权行政管理部门，应当将执行结果报告该上级著作权行政管理部门。

第五章 附 则

第四十一条 本办法所称的侵权制品包括侵权复制品和假冒他人署名的作品。

第四十二条 著作权行政管理部门应当按照国家统计法规建立著作权行政处罚统计制度，每年向上一级著作权行政管理部门提交著作权行政处罚统计报告。

第四十三条 行政处罚决定或者复议决定执行完毕后，著作权行政管理部门应当及时将案件材料立卷归档。

立卷归档的材料主要包括：行政处罚决定书、立案审批表、案件调查报告、复核报告、复议决定书、听证笔录、听证报告、证据材料、财物处理单据以及其他有关材料。

第四十四条 本办法涉及的有关法律文书，应当参照国家版权局确定的有关文书格式制作。

第四十五条 本办法自2009年6月15日起施行。国家版权局2003年9月1日发布的《著作权行政处罚实施办法》同时废止，本办法施行前发布的其他有关规定与本办法相抵触的，依照本办法执行。

国家版权局废止第三批规章、规范性文件的决定

（2009 年 4 月 21 日国家版权局第 1 次局务会议通过，
2009 年 5 月 7 日国家版权局令第 7 号公布，自公布之日起生效）

2002 年及 2003 年，国家版权局先后以第 2 号令和第 4 号令分两批集中废止了 36 件著作权规章、规范性文件。为进一步实施《中华人民共和国著作权法》，保障著作权行政管理秩序，国家版权局组织了第三次规章、规范性文件集中清理工作，现决定废止 13 件规章、规范性文件。现予公布，自公布之日起生效。

国家版权局决定废止的第三批规章、规范性文件目录

序号	文号	文件名称	发布日期
1	国权〔2000〕19 号	关于同意试行《制作数字化制品著作权使用费标准（试行）》和《制作数字化制品许可合同（式样）》的批复	2000. 6. 16
2	国家版权局公告第 7 号	关于《计算机软件著作权登记办法》有关条款的修订	2000. 5. 26
3	国权联〔1996〕1 号	著作权涉外代理机构管理暂行办法	1996. 4. 15
4	权办字〔1994〕第 37 号	关于答复地方著作权行政管理部门查处涉外侵权行为问题的函	1994. 7. 21
5	权办字〔1994〕第 38 号	关于《对侵犯著作权行为行政处罚的实施办法》的更正通知	1994. 7. 7
6	（92）权办字第 22 号	关于对《书籍稿酬暂行规定》第四条第（四）项的解释	1992. 5. 23
7	机械电子工业部公告	计算机软件著作权登记办法	1992. 4. 6
8	（90）权字第 6 号	关于作者原稿是否应退还作者的意见	1990. 5. 5
9	（89）权字第 31 号	国家版权局关于已故作者稿酬继承问题的复文	1989. 8. 28
10	（89）权字第 29 号	关于版权贸易合同审批管辖问题的复函	1989. 8. 8
11	（87）权字第 3 号	关于修订本稿酬支付问题的答复	1987. 1. 26
12	（86）出权字第 37 号	国家版权局关于对音像制品付酬问题的函	1986. 7. 18
13	（86）权字第 14 号	国家版权局关于使用已发表的作品出版音像制品向版权所有者付酬原则的复函	1986. 3. 20

关于印发 2009 年全国新闻出版（版权）局长暨党风廉政建设工作会议版权工作报告和 2009 年版权工作要点的通知

国权〔2009〕1 号

各省、自治区、直辖市版权局，新疆生产建设兵团版权局，各副省级城市版权局，解放军总政治部宣传部版权局：

现将柳斌杰同志在 2009 年全国新闻出版（版权）局长暨党风廉政建设工作会议上的书面工作报告《深入学习实践科学发展观 全面推进版权工作六大体系建设 在时代的高起点上开创版权工作新局面》和《2009 年版权工作要点》，印发给你们，请结合本地区、本部门实际，认真学习领会，切实抓好贯彻落实，努力开创我国版权工作新局面。

二〇〇九年二月二日

2009 年版权工作要点

2009 年版权工作的基本思路是：以邓小平理论、“三个代表”重要思想为指导，深入贯彻落实科学发展观，高举旗帜，围绕大局，服务人民，改革创新，按照“提高自主创新能力，建设创新型国家”的要求，解放思想，转变观念，认真贯彻实施《国家知识产权战略纲要》，进一步推进版权六大工作体系建设，在新的历史起点上推动版权保护工作再上新台阶。

一、以科学发展观为指导，进一步推进版权制度建设，认真贯彻落实《国家知识产权战略纲要》

1. 根据我国版权保护现状和版权工作中长期目标，按照“总体布局、突出重点、全面推进、科学管理”的原则，研究制定贯彻落实《国家知识产权战略纲要》的实施意见，加大版权保护力度，完善公共服务机制，大力扶持版权产业发展。

2. 继续完善版权法律制度建设，结合版权保护和版权产业发展实际，修改颁布《作品自愿登记管理办法》、《著作权质押合同登记办法》，制定出台《合同登记备案办法》等相关规章和政策，为版权保护和推动版权产业发展提供制度保障。

3. 继续做好重大项目的研究、调研工作，完成“中国版权相关产业的经济贡献”、“世界知识产权组织版权产业优秀案例示范点”调研项目。组织运行国家数字版权监管平台一期工程，加快启动数字版权监管平台二期项目建设，充分利用技术手段，提高版权监管效率。

二、切实加强版权行政执法和社会监管，营造良好的版权保护市场环境

4. 按照“强化监管、突出重点、加强指导、力争突破”的原则，加大对重点地区、重点领域和重点环节的执法力度，坚持日常监管和专项治理相结合，突出办理大案要案，着力打击损害公共利益的侵权盗版行为，维护良好的版权产业发展市场环境。

5. 加强互联网版权执法力度，重点部署打击网络侵权盗版专项治理行动，整合力量，集中资源，加大力度，突出新亮点，取得新突破。进一步完善网络监管平台建设，积极探索并建立在网络环境下版权执法由短期集中行动向常态实时监管转变的新机制。

6. 坚持“有计划、分步骤”的原则，积极稳妥地推进企业使用正版软件工作，明确 2009 年度推进企业使用正版软件的阶段性目标，开展第二批“企业软件正版化示范单位”评选工作。

7. 强化版权执法协调机制，进一步加强与“扫黄打非”和文化综合执法部门的分工合作，巩固与公安、电信等有关部门的执法机制，整合行政资源，形成执法合力，提高版权行政执法效率。

8. 加强对基层版权执法部门的业务指导，加大对基层版权执法人员的业务培训力度，提高基层执法人员的法律知识和业务水平，增强基层在新技术条件下的版权执法能力。

9. 继续发挥举报奖励机制的作用，充分调动社会力量参与打击侵权盗版的积极性。认真做好 2009 年版权行政执法有功集体、有功个人的评选，以及奖励举报侵权盗版有功单位和个人的工作。

三、加强版权服务体系建设，促进版权产业发展

10. 积极配合文化、广播电视、新闻出版、工业信息等行业主管部门建设文化创意园区、动漫创作基地、影视创作基地、数字出版基地和软件开发园区等版权相关产业集群，增强我国版权相关产业的自主创新能力和市场竞争力。

11. 加强版权公共服务体系建设，不断完善版权质押、作品登记和合同登记备案制度，提高政府部门的版权公共服务水平，促进版权产业有序发展。

12. 构建版权社会服务体系，支持版权行业协会和版权中介组织的发展，大力扶持著作权集体管理组织制度建设，完成“中国电影著作权（集体管理）协会”的审批工作，构建使用作品的畅通渠道，切实保护权利人、作品使用者和社会公众的合法权益。

13. 大力推动版权贸易，完善版权运用的市场机制，加强版权贸易的基础性建设，支持建立并完善常态、成熟、高效的版权贸易平台。支持并参与“北京国际图书博览会”、“法兰克福国际书展”等重大版权交易活动；举办第二届“北京国际版权博览会”，为文学、艺术和科学作品的传播与运用创造良好条件。

四、深入开展版权宣传教育活动，提高全社会的版权保护意识

14. 继续做好“4·26 知识产权宣传周”的相关工作，通过多种渠道、多种形式，采取生动活泼、通俗易懂的方式，宣传版权保护对提高民族自主创新能力、建设创新型国家的重要作用，增强宣传教育活动的影响力，提高公众的版权保护意识。

15. 开展“版权保护在中国”——建国 60 周年版权保护大型系列宣传活动，为国庆营造良好氛围；举办全国青少年版权保护读书活动暨版权保护知识竞赛活动；开展对文字、音乐等作品权利人、使用者以及广大公众的宣传教育活动；举办“全国版权代理人培训班”；组织开展中心城市分管市长的版权保护研讨培训活动。

16. 积极推动版权保护示范城市、示范单位、示范园区和版权贸易基地的创建工作，树立版权保护先进典型，推广版权保护先进经验，以点带面，推动各地区、各行业深入开展版权保护工作，促进版权产业发展。

五、加强版权国际交流与合作，切实维护国家利益

17. 认真研究国际金融危机对国际版权保护形势的影响，防止以美国为首的发达国家贸易保护主义抬头，为化解危机、转移矛盾，在国际上打知识产权牌，把矛头指向中国。要未雨绸缪，沉着应对来自发达国家的挑战，化解纠纷，减缓冲突，为扩大对外开放与拓展对外经贸关系创造良好的外部环境。

18. 妥善应对世界贸易组织（WTO）有关版权保护问题，配合国家有关部门做好知识产权争端案的相关工作，认真做好 WTO 对我国进行的过渡性审议和贸易政策审议有关版权议题的准备和应对工作。

19. 继续关注世界知识产权组织（WIPO）框架下的版权议题，重点关注民间文艺版权保护、广播电视组织版权保护及发展与知识产权议题等与我国利益紧密相关的问题，深入研究，充分准备，利用国际版权保护多边渠道积极反映我国立场和声音。进一步加强与 WIPO 的合作，办好“2009 国际知识产权高层论坛”等合作项目。

20. 积极应对亚太经合组织（APEC）框架下有关版权问题的挑战，坚持在国际公约和国内法保护水平范围内积极参与有关磋商与谈判，切实维护国家利益，团结发展中国家的力量，应对发达国家推行知识产权强保护的图谋。

21. 继续推动版权双边交流与合作，配合相关部门继续做好中美战略经济对话、中美商贸联委会框架下的版权工作；落实“中国国家版权局与美国专利商标局、美国版权局战略合作备忘录”有关内容；认真应对中欧、中日、中澳等双边知识产权磋商工作，妥善处理涉外版权问题，切实维护国家利益。

关于举办“全国青少年版权保护读书活动暨版权保护知识竞赛”的通知

国权办〔2009〕13号

各省、自治区、直辖市版权局：

2008年4月，国家版权局、共青团中央印发了《关于开展“创新与未来——青少年版权保护主题教育”活动》的通知。通知下发后，各地版权行政管理部门和团组织已在全国各地陆续启动主题教育活动。根据活动方案的安排，国家版权局组织编写了青少年版权保护知识读本——《版权保护小卫士》，并决定将该读本作为青少年版权保护主题教育活动的重点推荐读物，于2009年“4·26知识产权宣传周”期间举办“全国青少年版权保护读书活动暨版权保护知识竞赛”，在青少年中掀起普及版权保护知识的新高潮。

各省、自治区、直辖市版权局要高度重视，结合各地青少年版权保护主题教育活动，成立相应工作机构，统一协调，精心组织，积极动员青少年踊跃参加，共同组织好竞赛活动。各地还可以结合竞赛活动在本地区、本系统组织开展青少年喜闻乐见、生动活泼的宣传教育和普及活动。具体组织实施工作请各地版权行政管理部门组织确定。

各地要将本地“创新与未来——青少年版权保护主题教育活动”全国青少年版权保护知识竞赛的方案和活动组织情况及时报国家版权局。活动完毕后，国家版权局将对组织本次活动的有关单位给予表彰。

附件：“全国青少年版权保护读书活动暨版权保护知识竞赛”参赛须知

二〇〇九年四月三十日

“全国青少年版权保护读书活动暨版权保护知识竞赛”参赛须知

一、主办单位

国家版权局

二、竞赛时间

2009年“4·26知识产权宣传周”期间

三、竞赛规则

（1）本次竞赛采用答题卡书面答题形式，以单项选择题的形式共出50道题，每题2分，合计100分。

（2）答题者应用钢笔、圆珠笔、签字笔在答题卡上将正确答案涂黑。请参赛个人及参赛单位组织者将答题卡寄至活动组委会办公室（地址：北京市朝阳区东四环南路55号《中国新闻出版报》，全国中小学生版权保护知识竞赛办公室，邮编：100122。

（3）答题卡上须写明答题者本人真实姓名、学校名称、联系地址、邮政编码、联系电话等。每位参赛者只允许提交一张有效答题卡，否则视为无效答案。

（4）竞赛答题的有效期限截止到2009年9月10日，以邮戳时间为准，过期作废。

（5）获奖者将从全部答对者中随机抽取产生。竞赛获奖名单将由组委会发文公布，并同时在国家版权局网站及《中国新闻出版报》等相关媒体公布。

四、奖项设置

（1）个人奖：设一等奖100名；二等奖500名；三等奖1 000名；所有奖项均发放荣誉证书及奖品。

（2）组织奖。根据各地版权局、团委、中小学校对竞赛活动的组织情况及参赛人员答卷的综合成绩和参赛人数评选，对获组织奖者颁发证书和奖牌。

五、竞赛参考书目及其他

《中华人民共和国著作权法》、《中华人民共和国著作权法实施条例》、《著作权集体管理条例》、《信息网络传播权保护条例》、《版权保护小卫士》读本。

竞赛相关事项的解释权归主办方所有。

关于加强图书馆著作权保护工作的通知

国版联〔2009〕1号

各省、自治区、直辖市版权局、文化厅（局）、教育厅（教委）、“扫黄打非”办公室：

为认真贯彻落实党中央、国务院关于保护知识产权的战略部署，加大知识产权保护力度，有效维护著作权人合法权益，促进文学艺术、科学作品的合法传播，依法进一步加强对图书馆使用和传播作品行为的管理，更好地发挥图书馆传播知识、传承文化、启迪智慧、保障人民群众基本文化需要的重要作用。特通知如下：

一、各地要加强著作权法律法规宣传教育，进一步提高图书馆著作权保护意识。图书馆要严格遵守《中华人民共和国著作权法》、《中华人民共和国著作权法实施条例》、《信息网络传播权保护条例》等法律法规，除法律法规明确规定的例外情况，未经著作权人许可，不得擅自复制或通过信息网络传播他人享有著作权的作品。

二、各地文化、教育行政部门要组织所属图书馆开展自查，发现存在未经许可复制传播行为的，要及时予以纠正。同时，图书馆要依照著作权法律法规，按照“先授权、后传播”的作品使用原则，建立完善合法使用作品的工作制度和有效机制，清除侵权盗版隐患，杜绝未经许可复制或通过信息网络传播他人作品的行为。各地要及时将自查自纠情况通过上级主管部门报国家版权局。

三、各地版权、文化、教育行政部门及“扫黄打非”办公室要对当地图书馆的作品使用情况进行联合抽查、检查。对发现存在未经授权复制或通过信息网络传播他人作品违法行为的，版权行政部门要依法严肃处理。

四、各地文化、教育行政部门要对图书馆著作权保护工作加强日常监管，指导图书馆建立著作权管理行业自律机制，增强守法诚信意识，自觉杜绝未经许可复制或通过信息网络传播他人作品的行为。

图书馆事业是社会主义文化建设的重要组成部分，是党和政府向人民群众提供公共文化服务，保障人民群众基本文化权益的重要途径。各地版权、文化、教育行政部门及“扫黄打非”办公室要积极配合，密切协作，不断提高图书馆的管理水平和著作权保护水平，进一步推动图书馆事业健康、有序发展。

国家版权局

文化部

教育部

全国“扫黄打非”工作小组办公室

二〇〇九年十月二十八日

关于发布《国家版权监管平台客户端设备使用管理规定》的通知

国版办字〔2009〕38号

各省、自治区、直辖市新闻出版局（版权局）：

为保证国家版权监管平台正常运行，规范客户端设备的使用与管理，提高版权执法与管理的效率，新闻出版总署（国家版权局）制定了《国家版权监管平台客户端设备使用管理规定》，现予印发，请在工作中认真执行。

二〇〇九年十一月四日

国家版权监管平台客户端设备使用管理规定

第一条 为保证国家版权监管平台正常运行，提高版权执法与管理的效率，新闻出版总署（国家版权局）决定为各省、自治区、直辖市版权行政部门统一配置国家版权监管平台客户端设备。为规范客户端设备的使用与管理，特制订本规定。

第二条 各省、自治区、直辖市国家版权监管平台客户端设备包括：PC机2台，激光打印机、扫描仪和数码摄像机各1台。

第三条 国家版权监管平台客户端设备由新闻出版总署（国家版权局）版权管理司向新闻出版总署统一领用，并以借用形式提供给各省、自治区、直辖市新闻出版局（版权局），供其在版权执法、版权管理工作中使用，以充分发挥国家版权监管平台的最大效用。

第四条 国家版权监管平台客户端设备由新闻出版总署（国家版权局）统一采购，设备供应商按要求向各省、自治区、直辖市新闻出版局（版权局）供货后向总署办公厅出具供货证明，总署办公厅按照固定资产管理规定统一进行核算管理。

第五条 各省、自治区、直辖市新闻出版局（版权局）应履行设备借用手续，填写《国家版权监管平台客户端设备借用单》一式三份，新闻出版总署（国家版权局）版权管理司、办公厅和借用单位各持一份。

第六条 借用单位应指派专人负责管理客户端设备，填写《国家版权监管平台客户端设备管理人员备案表》并报新闻出版总署（国家版权局）版权管理司备案。管理人员变更应办好设备交接手续，并及时补报变更备案手续。

第七条 借用单位及客户端设备管理人员应按照固定资产管理的有关规定，管理和使用客户端设备，做好设备的日常维修维护工作。客户端设备只能用于运行国家版权监管平台相关工作，不得转为他用。

第八条 客户端设备在使用过程中出现故障，可在当地的售后服务点维修。当地无法维修的，可转新闻出版总署（国家版权局）统一维修。

第九条 借出的设备损坏或丢失由借用方按规定予以赔偿。

第十条 客户端设备的收回事宜由新闻出版总署（国家版权局）另行通知。

第十一条 客户端设备使用、管理的有关解释工作由新闻出版总署（国家版权局）办公厅、版权管理司负责。

关于开展2009年企业软件正版化督导检查工作的通知

权司〔2009〕122号

______推进企业使用正版软件工作领导小组办公室：

为认真贯彻落实国务院关于保护知识产权的总体要求，根据国家版权局、工业和信息化部、商务部、财政部、国资委、全国工商联、银监会、证监会、保监会《关于推进企业使用正版软件工作的实施方案》（国权联〔2006〕2号）、《2009年推进企业使用正版软件工作计划》，经推进企业使用正版软件工作部际联席会议（以下简称“部际联席会议”）研究决定，于12月21日至31日期间开展2009年企业软件正版化督导检查工作。请你省（区、市）推进企业使用正版软件工作领导小组（以下简称“工作领导小组”）组织好对本地企业软件正版化工作的督导检查。

一、督导检查工作内容

1. 贯彻落实九部委《实施方案》（国权联〔2006〕2号）文件的总体情况，主要做了哪些工作，取得了哪些经验，牵头部门所起到的作用，各组成部门的协调情况等；

2．2009年企业软件正版化工作进展情况和采取的具体措施；

3. 对列入年度完成使用正版软件阶段性目标的企业进行检查验收；

4. 对有权利人投诉或公众举报的企业进行抽查、检查；

5. 对2010年工作的建议。

二、督导检查工作方式

1. 部际联席会议办公室将派出4个联合工作组，赴黑龙江、吉林、陕西、四川、上海、浙江、河南、安徽等地进行督导检查；其他省（区、市）的督导检查工作由当地工作领导小组组织实施。

2. 督导检查工作要采取听取工作汇报、现场抽查相结合的方式，选择2至3家企业进行检查验收，深入企业现场抽查若干机器，包括服务器、终端

PC，查阅相关文件、软件授权协议、合同文本等资料，对存在问题的企业责令限期整改。

三、督导检查工作要求

1. 黑龙江、吉林、陕西、四川、上海、浙江、河南、安徽等地工作领导小组要协助联合工作组做好督导检查工作。

2. 其他省（区、市）工作领导小组要成立督导检查工作组，组织实施好本地督导检查工作，并于1月10日前将书面检查工作报告并附相关表格，上报部际联席会议办公室，同时将电子文件发送指定电子邮箱。

联系人：张德军、张文锦

电　话：010-83138746、83138747

传　真：010-83138743

电子邮箱：zhangdejun@ncac. gov. cn

推进企业使用正版软件工作部际联席会议办公室

国家版权局版权管理司

二〇〇九年十二月十六日

关于印发《全国版权示范城市、示范单位和示范园区（基地）管理办法》的通知

国版字〔2009〕18号

各省、自治区、直辖市版权局，解放军总政治部宣传部版权局：

为全面贯彻落实《国家知识产权战略纲要》，充分发挥版权在推动经济发展、文化繁荣方面的积极作用，提升自主创新能力，促进并规范版权示范城市、示范单位和示范园区（基地）健康发展，更好地为经济建设服务，国家版权局制定了《全国版权示范城市、示范单位和示范园区（基地）管理办法》，现予以印发，请各地认真执行。

附件：全国版权示范城市、示范单位和示范园区（基地）管理办法

二〇〇九年十二月二十九日

全国版权示范城市、示范单位和示范园区（基地）管理办法

第一条　为贯彻落实《国家知识产权战略纲要》，充分发挥版权示范城市、示范单位和示范园区（基地）在诚信守法、依法经营、带动版权相关产业发展方面的示范作用，提升城市、单位和园区（基地）自主创新能力，促进经济、文化、科技和社会发展，推动版权保护工作更好地为经济建设服务。特制定本办法。

第二条　全国版权示范城市，是指能够有效实施著作权法律法规，版权保护措施得力，市场运作规范，版权相关产业在其经济发展中占有重要地位，智力成果创造、运用、保护、管理能力强，在全国有示范效应的城市（不含直辖市）。

全国版权示范单位和园区（基地），是指在智力成果的创作与传播、产业发展、守法维权、教学科研等方面取得优异成绩，并在全国有示范效应的企事业单位、经营市场、科技园区和产业集群。

第三条　鼓励创建全国版权示范城市及申报示范单位和园区（基地）的宗旨是，通过对为本地区带来巨大经济效益和社会效益的示范典型的表彰、奖励和宣传，进一步提高公众及法人的版权保护意识，推动版权保护工作更好地为经济建设服务。

第四条　申报全国版权示范城市必须具备以下条件：

（一）重视版权保护工作，将版权保护工作纳入城市国民经济和社会发展的议事日程。

（二）注重版权保护组织和队伍建设，有健全的司法审判、行政管理、社会服务等组织机构和干部队伍。

（三）具有形成规模的新闻出版、广播影视、文学艺术、文化娱乐、广告设计、工艺美术、计算机软件、信息网络等版权相关产业的产业带、产业集群或产业园区，有鼓励和扶持版权相关产业发展的政策。

（四）建立了版权产业统计制度，作品登记和软件登记数量每年递增，并在本省居于领先。

（五）保护知识产权、打击侵权盗版措施得力，

市场规范有序，没有侵权盗版复制品销售集散场所。

（六）政府部门带头使用正版软件和其他正版产品，积极推进本地区企事业单位使用正版软件工作。

（七）具有完善的版权宣传和培训机制，以及良好的版权保护氛围。

第五条 申报全国版权示范单位和园区（基地）必须具备以下条件：

（一）有健全的版权保护制度，设立版权管理机构，配备专职人员，有较为完善的版权保护运行机制，在全国具有推广价值。

（二）具有自主创新能力，注重智力成果的创造、运用、保护和管理，在智力成果的创作、传播、使用领域具有示范效应。

（三）遵法守规、诚信经营，不生产、不传播、不使用侵权盗版复制品。

（四）有较完善的版权保护宣传和培训机制，其员工具备版权保护意识，单位和园区（基地）内部有良好的版权保护氛围。

第六条 凡符合本办法第四条、第五条申报条件的城市、单位和园区（基地），均可以向国家著作权行政管理部门提出申请。

第七条 全国版权示范城市申报者，副省级城市应由所在地人民政府在征求省级著作权行政管理部门意见后向国家著作权行政管理部门提交书面报告；副省级以下城市由所在地人民政府按照程序向省级著作权行政管理部门申请，由省级著作权行政管理部门向国家著作权行政管理部门提交书面报告。报告要载明理由和所具备的基本条件。

第八条 全国版权示范单位和园区（基地）的申报者应向所在地县、市著作权行政管理部门提交书面申请，载明理由和所具备的基本条件，经所在地县、市著作权行政管理部门初步审查确认后，向所在地省级著作权行政管理部门提交书面报告，所在地省级著作权行政管理部门对申请报告进行复审后报国家著作权行政管理部门。

第九条 全国版权示范城市，实行自愿申报、创建考核、期满授牌和监督管理的程序。全国版权示范城市的申报分为两个阶段进行，一是按照本办法第七条的规定，向国家著作权行政管理部门提出申请创建，经国家著作权行政管理部门同意后，开展创建全国版权示范城市活动，创建期为两年。二是创建期满后，国家著作权行政管理部门将组织有关专家对其创建工作进行考核，符合条件的，授予全国版权示范城市称号，由国家著作权行政管理部门颁发牌匾和证书并通过媒体向社会公告。对于不符合授牌条件的，保留创建资格两年，两年仍达不到授牌条件的，取消创建资格。

第十条 全国版权示范单位和园区（基地），实行自愿申报、考核授牌和监督管理的程序。示范单位和园区（基地）向国家著作权行政管理部门提出申请，国家著作权行政管理部门将组织有关专家对其进行考核，符合条件授予全国版权示范单位和园区（基地）称号，由国家著作权行政管理部门颁发牌匾和证书并通过媒体向社会公告。

第十一条 对获得全国版权示范称号的城市、单位和园区（基地），国家著作权行政管理部门将在执法资源、公共服务建设等方面给予政策支持，建议其所在地人民政府给予物质奖励。

第十二条 国家著作权行政管理部门和地方著作权行政管理部门要加强对全国版权示范城市、单位和园区（基地）的监督检查。国家著作权行政管理部门可以对履行创建义务的示范城市、地方著作权行政管理部门可以对地区内示范单位和园区（基地）的工作进行定期考核。

第十三条 被授予示范称号的城市应于每年3月底前将上一年度有关制度建设、政策实施、强化保护、产业创新、宣传培训等工作取得的成绩，报送国家著作权行政管理部门并抄送省级著作权行政管理部门备案；示范单位和园区（基地）应于每年3月底前将上一年度有关守法维权、制度建设、规范管理、诚信经营等工作取得的成绩，报送所在地省级著作权行政管理部门并抄报国家著作权行政管理部门。

第十四条 如发现有不符合示范城市、单位和园区（基地）条件的，由国家著作权行政管理部门撤销示范称号并通过媒体向社会公告。

第十五条 本管理办法试行前已获得示范城市、单位和园区（基地）称号的，自本管理办法发布之日起，应在3个月内根据本管理办法的要求到国家著作权行政管理部门进行重新确认。

第十六条 本办法由国家著作权行政管理部门负责解释。

第十七条 本办法自2010年1月1日起施行。

2009年规范性文件索引

关于提交2008年国家知识产权战略实施工作总结及《2008年中国保护知识产权行动计划》落实情况的函（2009年1月11日·国权办〔2009〕1号）

关于《关于商请共同主办WIPO跨区域知识产权高级论坛的函》的复函（2009年1月14日·国权〔2009〕3号）

关于同意成都市申请创建全国版权示范城市的批复（2009年2月4日·国权〔2009〕4号）

关于印发《2008年推进企业使用正版软件工作总结》、《2009年推进企业使用正版软件工作计划》的通知（2009年2月4日·国权办〔2009〕5号）

关于同意授予北京国际版权交易中心为“国家版权贸易基地”的复函（2009年2月5日·国权〔2009〕8号）

关于对《外交部、工业和信息化部、司法部、商务部、工商总局、版权局、知识产权局、新闻办、贸促会关于加强企业境外参展知识产权工作的通知》（代拟稿）的意见的复函（2009年2月10日·国权〔2009〕2号）

关于对《2009年国家知识产权实施战略推进计划（征求意见稿）》修改意见的复函（2009年2月17日·国权办〔2009〕6号）

关于同意主办“版权创造财富”走进版权大型文艺晚会的复函（2009年3月12日·国权办〔2009〕10号）

关于国家享有著作权的作品确权前的保护与管理问题的函（2009年3月13日·国权〔2009〕7号）

关于同意广交会为“全国展会版权示范单位”的批复（2009年4月16日·国权〔2009〕10号）

关于同意青岛市申请创建全国版权示范城市的批复（2009年4月21日·国权〔2009〕11号）

关于举办“2009BIBF北京国际版权贸易研讨会”的通知（2009年5月7日·国版办字〔2009〕1号）

关于同意中国电影版权保护协会转变为著作权集体管理组织并更名为“中国电影著作权协会”的函（2009年6月5日·国版字〔2009〕3号）

关于同意中国电影版权保护协会转变为著作权集体管理组织并更名为“中国电影著作权协会”的批复（2009年6月5日·国版办字〔2009〕15号）

关于《国家版权局废止第三批规章、规范性文件的决定》的备案报告（2009年6月12日·国版字〔2009〕4号）

关于开展“2009（第二届）全国大学生版权征文活动”的通知（2009年6月23日·国版办字〔2009〕19号）

关于同意举办中国国际版权博览会的批复（2009年7月7日·国版字〔2009〕6号）

关于推进企业使用正版软件工作情况的报告（2009年7月8日·国版字〔2009〕7号）

关于征求《著作权法》修改方案意见的函（2009年7月30日·国版办字〔2009〕24号）

关于明确中国文字著作权协会“法定许可”使用费收转职能的复函（2009年7月30日·国版办字〔2009〕25号）

国家版权局关于表彰奖励2008年度查处侵权盗版案件有功单位及个人的决定（2009年8月12日·国版发〔2009〕1号）

关于报请国务院审核并建议提请全国人大常委会审议修改《中华人民共和国著作权法》有关条款的请示（2009年9月3日·国版字〔2009〕12号）

关于征求《关于加强图书馆著作权保护工作的通知》意见的函（2009年10月16日·国版办字〔2009〕34号）

关于拟与香港海关签署“打击网络盗版合作互助安排”的报告（2009年12月4日·国版字〔2009〕16号）

关于对商请共同开展世博会知识产权保护专项行动的复函（2009年12月29日·国版办字〔2009〕49号）

关于对商务部办公厅请审阅WTO对华贸易政策审议秘书处报告意见的复函（2009年12月30日·国版办字〔2009〕48号）

（注：本栏目文件由新闻出版总署办公厅文秘处档案室提供。）

版权

表彰评奖

BIAO ZHANG PING JIANG

表　彰

◆ 全国表彰

破获“3·03”案有功集体和个人受表彰

2009年4月27日，全国“扫黄打非”办在江苏南京市召开表彰大会，奖励侦破、查办徐州“3·03”制售非法报纸团伙网络案的有功人员，对作出突出贡献的3个有功集体和9名有功个人予以表彰和共计10.5万元的奖励。

全国“扫黄打非”工作小组决定授予江苏省“扫黄打非”工作领导小组办公室、徐州市公安局治安警察支队、徐州市新闻出版局为徐州“3·03”制售非法报纸团伙网络案有功集体称号，各颁发奖金2万元；授予江苏省新闻出版局（版权局）局长徐毅英、江苏省公安厅副厅长秦军、徐州市新闻出版局局长单兴强、徐州市公安局治安警察支队案查大队副大队长张岳、徐州市新闻出版局新闻出版处处长郭兴元、徐州市公安局治安警察支队案查大队一中队队长赵厚良、徐州市新闻出版局新闻出版检查所所长吴宪、徐州市公安局治安警察支队案查大队民警刘建、公安部治安局一处副处长徐永等9名同志为徐州“3·03”制售非法报纸团伙网络案有功个人称号，各颁发奖金5 000元。

表彰奖励2008年度查处侵权盗版案件有功单位及个人

2009年8月12日，国家版权局下发了《关于表彰奖励2008年度查处侵权盗版案件有功单位及个人的决定》（国版发〔2009〕1号），对在2008年度查处侵权盗版案件工作中作出突出贡献的奥运反盗版工作组等173家有功单位、马跃等166名有功个人给予表彰和奖励。

《表彰决定》指出，2008年全国各级版权行政管理部门及相关执法部门，以党的十七大和十七届三中全会精神为指导，深入学习实践科学发展观，进一步加大版权执法力度，相继开展了奥运反盗版、打击计算机软件预装领域盗版、打击网络侵权盗版等专项治理行动，始终保持对打击侵权盗版活动的高压态势，维护著作权人的合法权利，为北京奥运会的成功举办、树立我国知识产权保护国际形象、维护市场秩序、促进产业发展营造了良好的社会环境。

根据《举报、查处侵权盗版行为奖励暂行办法》的规定，国家版权局决定对在2008年查处侵权盗版案件工作中作出突出贡献的奥运反盗版工作组等173家有功单位、马跃等166名有功个人给予表彰和奖励。

希望获得表彰和奖励的有功单位和有功个人珍惜荣誉，再接再厉，取得新的业绩。希望全国版权执法部门及相关部门、广大版权执法人员及相关执法人员，以受表彰的有功单位和有功个人为榜样，高举保护知识产权旗帜，开拓进取、与时俱进，创新工作方法、完善工作机制，坚持专项治理与日常监管相结合，以良好的工作作风和昂扬的精神状态，扎实推进查处侵权盗版案件工作，切实提高我国的版权保护水平，以优异的工作成绩向新中国成立60周年献礼。

2008年度查处侵权盗版案件有功单位获奖名单

特等奖（1家）

1. 奥运反盗版工作组

一等奖（22家）

1. 上海市版权局版权管理处
2. 河北省版权局版权管理处
3. 黑龙江省大庆市公安局治安支队
4. 山东省威海市公安局经侦支队
5. 山东省即墨市“扫黄打非”办公室
6. 浙江省绍兴市文化市场行政执法支队

7. 江苏省淮安市公安局淮阴分局
8. 江苏省苏州市公安局信息网络安全监察处
9. 安徽省版权局版权管理处
10. 福建省莆田市公安局治安支队
11. 广东省广州市公安局网络警察支队四大队
12. 湖北省襄樊市版权局
13. 四川省版权局版权管理处
14. 四川省泸州市公安局网监支队
15. 广西壮族自治区贺州市版权局
16. 公安部经济犯罪侦查局知识产权处
17. 公安部治安管理局娱乐场所和特种行业管理处
18. 公安部公共信息网络安全监察局案件侦查处
19. 工业和信息化部电信管理局市场管理处
20. 新闻出版总署反非法和违禁出版物司信息处
21. 人民邮电出版社
22. 文物出版社

二等奖（63 家）

1. 北京市版权局版权执法处
2. 北京市公安局治安总队行动支队
3. 北京市公安局经侦处三大队、北京市公安局公交总队预审处
4. 北京市公安局宣武分局治安支队行动队
5. 北京市文化市场行政执法总队执法二队三科
6. 上海市公安局文保分局刑侦大队
7. 上海市公安局浦东分局经侦支队
8. 重庆市版权局
9. 河北省沧州市版权局
10. 河北省任丘市版权局
11. 河北省唐山市版权局
12. 山西省版权局打击网络侵权盗版专项行动专案组
13. 山西省太原市版权局
14. 山西省吕梁市文化新闻出版局版权科
15. 内蒙古自治区版权局
16. 山东省版权局版权管理处
17. 山东省济南市新闻出版（版权）局
18. 山东省青岛市版权局
19. 吉林省版权局版权管理处
20. 吉林省长春市版权局版权电子出版物管理处
21. 吉林省长春市公安局经侦支队
22. 吉林省吉林市版权局
23. 辽宁省沈阳市文化市场行政执法总队
24. 辽宁省葫芦岛市公安局经侦支队
25. 安徽省“精英数据”网络侵权案专案组
26. 江苏省徐州市版权局
27. 江苏省镇江市版权局、镇江市公安局京口分局治安大队
28. 浙江省金华市文化广电新闻出版局新闻出版处
29. 江西省版权局版权管理处
30. 江西省“华亿宽带网”案专案组
31. 福建省厦门“5·22”盗版地图批销案专案组
32. 福建省晋江市版权局
33. 广东省广州市“1·03”教辅资料侵权案专案组
34. 广东省珠海市文化市场综合行政执法大队
35. 广西壮族自治区版权局版权管理处
36. 广西壮族自治区贵港市版权局
37. 河南省版权局版权管理处
38. 河南省郑州市文化市场管理办公室
39. 河南省郑州三和印务有限公司案专案组
40. 河南省上蔡县文化局
41. 河南省开封市公安局禹王台分局经侦大队
42. 湖北省版权局
43. 湖北省武汉市公安局江汉分局经侦大队
44. 湖北省武汉市江汉区文体局
45. 湖北省武汉市硚口区文体局、武汉市文化文物稽查支队
46. 湖南省常德市版权局
47. 海南省文化市场稽查总队
48. 四川省成都市公安局成华分局经侦大队
49. 四川省成都市版权局
50. 四川省成都市文化局
51. 四川省成都市金牛区版权局、金牛区公安分局人民北路派出所
52. 四川省成都市成华区文化广电新闻出版（版权）局
53. 四川省广安市新闻出版局
54. 四川省达州市公安局网监支队
55. 陕西省版权局
56. 贵州省贵阳市“9·18”专案组
57. 贵州省安顺市西秀区版权局
58. 新疆维吾尔自治区塔城地区文化市场稽查队
59. 西藏自治区版权局版权管理处
60. 新闻出版总署印刷发行管理司印刷复制处
61. 高等教育出版社
62. 中国人民大学出版社
63. 人民音乐出版社

三等奖（87 家）

1. 北京市西城区文化委员会行政执法队
2. 北京市顺义区文化委员会行政执法队
3. 天津市版权局

4. 上海市测绘院
5. 上海海关法规处知识产权科、
   浦东国际机场海关旅检处旅检二科
6. 上海市通信管理局信息安全处
7. 重庆市通信管理局信息安全处
8. 河北省通信管理局市场监管处
9. 河北省石家庄市版权局
10. 河北省泊头市版权局
11. 河北省邢台市版权局
12. 河北省承德市版权局
13. 河北省秦皇岛市版权局
14. 山西省版权局版权管理处
15. 山西省忻州市文化市场稽查大队
16. 山西省运城市文化新闻出版局新闻出版科
17. 山西省晋中市文化新闻出版局版权科
18. 山西省临汾市文化新闻出版局新闻出版科
19. 吉林省新闻出版局印刷复制处
20. 吉林省镇赉县文化新闻出版和体育局市场稽查大队
21. 辽宁省版权局版权法规处
22. 辽宁省通信管理局市场监管处
23. 辽宁省丹东市文化市场稽查支队
24. 辽宁省辽阳市文化市场行政执法支队
25. 黑龙江省哈尔滨市版权局
26. 黑龙江省齐齐哈尔市文化市场稽查支队
27. 黑龙江省双鸭山市文化市场稽查支队
28. 黑龙江省佳木斯市文化市场稽查支队
29. 山东省淄博市版权局
30. 安徽省“1·03”图书盗版案专案组
31. 安徽省通信管理局网络信息安全管理处
32. 江苏省版权局
33. 江苏省新闻出版局印刷处（音像处）
34. 江苏省扬州市文化综合执法支队
35. 江苏省东海县文化市场稽查队
36. 浙江省版权局
37. 浙江省杭州市文化广电新闻出版局出版（版权）管理处
38. 浙江省宁波市文化市场行政执法总队
39. 浙江省衢州市文化广电新闻出版局
40. 江西省文化市场稽查总队
41. 福建省通信管理局
42. 广东省版权局版权管理处
43. 广东省通信管理局网络与信息安全处
44. 广东省处理非法转播奥运赛事案件工作组
45. 广东省广州市文化市场综合行政执法总队
46. 广东省湛江市文化市场综合行政执法大队
47. 广东省惠州市文化市场综合行政执法大队
48. 广东省中山市文化市场综合行政执法大队
49. 广东省珠海市工商局拱北分局吉大工商所
50. 河南省洛阳市版权局
51. 河南省平顶山市文化市场管理办公室
52. 湖北省襄樊市公安局网监支队
53. 湖北省荆门市版权局
54. 湖北省钟祥市新闻出版局
55. 湖南省长沙市版权局
56. 湖南省株洲市版权局
57. 湖南省益阳市新闻出版局
58. 湖南省岳阳市版权局
59. 湖南省怀化市版权局
60. 湖南省衡阳市版权局
61. 湖南省邵阳市版权局
62. 湖南省郴州市版权局
63. 广西壮族自治区柳州市版权局
64. 贵州省出版物市场稽查队
65. 四川省出版物稽查总队
66. 四川省宜宾市新闻出版局
67. 四川省南充市新闻出版版权局
68. 四川省西昌市新闻出版局
69. 四川省甘孜藏族自治州版权局
70. 四川省乐山市新闻出版局
71. 四川省成都市版权局稽查大队
72. 四川省广元市文化出版稽查大队
73. 四川省绵阳市文化稽查大队
74. 云南省公安厅治安总队、
   云南省版权局版权管理处、
   云南省出版物市场稽查总队、
   云南省“扫黄打非”办公室
75. 陕西省公安厅治安管理局二处
76. 陕西省西安市版权局版权管理处
77. 陕西省榆阳区文化市场稽查大队
78. 甘肃省版权局版权管理处
79. 宁夏回族自治区版权局
80. 宁夏回族自治区文化市场行政执法总队固原市支队
81. 宁夏回族自治区公安厅治安管理总队
82. 新疆维吾尔自治区版权局版权管理处
83. 新疆维吾尔自治区乌鲁木齐市新闻出版（版权）局
84. 新疆维吾尔自治区克拉玛依市城市管理行政执法局
85. 机械工业出版社
86. 译林出版社
87. 北京语言大学出版社

2008 年度查处侵权盗版案件有功个人获奖名单

一等奖（16 名）

1. 马　跃　北京市公安局
2. 王　骞　上海市版权局
3. 张新双　黑龙江省大庆市公安局
4. 刘　波　吉林省辽源市版权局
5. 熊　焰　江西省庐山区版权局
6. 方　深　福建省厦门市版权局
7. 李　晶　江苏省苏州市公安局
8. 郭秀文　广东省版权局
9. 吕克宁　湖北省襄樊市公安局
10. 周　鑫　广西壮族自治区版权局
11. 韩志宇　北京市版权局
12. 王志广　公安部经济犯罪侦查局
13. 许剑卓　公安部公共信息网络安全监察局
14. 陆建文　工业和信息化部电信管理局
15. 杨梦东　新闻出版总署反非法和违禁出版物司
16. 张有利　新闻出版总署版权管理司

二等奖（52 名）

1. 刘　涛　北京市公安局
2. 王兴民　北京市宣武区文化委员会
3. 张利东　上海市公安局徐汇分局
4. 孟　玲　重庆市版权局
5. 杨　江　重庆市公安局
6. 张宝仁　河北省沧州市文化市场稽查大队
7. 郭伯纯　河北省任丘市版权局
8. 张国会　河北省邢台市版权局
9. 狄月清　山西省版权局
10. 郭桂红　山西省太原市版权局
11. 高迎新　山西省吕梁市文化新闻出版局
12. 胡敬庭　内蒙古自治区版权局
13. 姜俊玉　吉林省版权局
14. 郝英男　黑龙江省哈尔滨市公安局
15. 尚洪涛　黑龙江省绥化市公安局
16. 蒋洪军　黑龙江省大庆市公安局
17. 佟显庆　辽宁省版权局
18. 齐　菁　山东省青岛市版权局
19. 宁继勇　山东省济南市公安局
20. 夏永清　山东省威海市版权局
21. 赵　骑　安徽省六安市版权局
22. 陈晓萱　安徽省滁州市版权局
23. 黄　磊　江苏省启东市公安局
24. 李二付　江苏省淮安市公安局淮阴分局
25. 吾晓红　浙江省版权局
26. 张　军　江西省南昌市版权局
27. 张　民　福建省福州市版权局
28. 魏夏松　广东省深圳市公安局
29. 陆智杰　广东省广州市文化市场综合行政执法总队
30. 李少华　广东省珠海市公安局拱北口岸分局
31. 庞惠静　河南省版权局
32. 姜自立　河南省上蔡县文化局
33. 吴世儒　河南省商城县新闻出版局
34. 周　伟　湖北省武汉市公安局江汉分局
35. 陈辉保　湖北省武汉市江汉区文体局
36. 徐世国　湖北省黄冈市版权局
37. 伍千喜　湖南省常德市版权局
38. 瞿美村　湖南省益阳市新闻出版局
39. 邓　静　湖南省郴州市版权局
40. 许志汉　湖南省株洲市版权局
41. 张德光　海南省文化市场稽查大队
42. 高　斌　四川省版权局
43. 江志勤　四川省广安市公安局
44. 邱　斌　四川省乐山市新闻出版局
45. 肖　梅　四川省成都市版权局
46. 史砚浩　四川省成都市金牛区公安分局人民北路派出所
47. 左　丽　陕西省版权局
48. 方　武　贵州省出版物市场稽查队
49. 张俊武　新疆维吾尔自治区塔城地区新闻出版局
50. 吕　伟　公安部经济犯罪侦查局
51. 虞　震　公安部公共信息网络安全监察局
52. 王　松　新闻出版总署反非法和违禁出版物司

三等奖（98 名）

1. 王新平　北京市公安局
2. 张　权　北京市文化市场行政执法总队
3. 刘东辉　北京市文化市场行政执法总队
4. 张　清　北京市文化市场行政执法总队
5. 陈燕丽　天津市版权局
6. 瞿太和　上海市版权局
7. 戴　斌　上海市通信管理局
8. 傅祖康　上海市公安局文保分局
9. 陶天行　上海市长宁区文化市场行政执法大队

10. 吴宏达　上海反地图盗版联盟
11. 李冬群　河北省版权局
12. 宗宏亮　河北省通信管理局
13. 王丽峰　河北省石家庄市版权局
14. 苏秀敏　河北省秦皇岛市版权局
15. 屈海奎　河北省唐山市版权局
16. 吴　巍　河北省承德市文化市场稽查队
17. 杨彬义　山西省忻州市文化市场稽查大队
18. 谢惠生　山西省临汾市文化新闻出版局
19. 王志兵　山西省晋中市文化新闻出版局
20. 庞亚民　内蒙古自治区版权局
21. 张　宁　吉林省长春市公安局
22. 顾继勇　吉林省长春市公安局
23. 冯长丽　吉林省长春市新闻出版局
24. 陈　哲　吉林省长春市新闻出版局
25. 刘继生　吉林省延吉市文化新闻出版和体育局
26. 康　彤　吉林省吉林市版权局
27. 田大鹏　辽宁省版权局
28. 韩殿宽　辽宁省通信管理局
29. 苏　丹　辽宁省通信管理局
30. 张靖弢　辽宁省沈阳市文化市场行政执法总队
31. 任东晖　辽宁省沈阳市文化市场行政执法总队
32. 刘家利　辽宁省鞍山市文化市场综合行政执法队
33. 王　伟　辽宁省抚顺市文化市场行政执法稽查队
34. 黄　松　黑龙江省文化厅文化市场稽查总队
35. 柳占林　黑龙江省哈尔滨市版权局
36. 赵忠庆　黑龙江省哈尔滨市公安局
37. 马铁男　黑龙江省佳木斯市文化市场稽查支队
38. 马　林　黑龙江省佳木斯市新闻出版局
39. 王焕礼　黑龙江省鸡西市新闻出版版权局
40. 李　源　黑龙江省齐齐哈尔市文化市场稽查支队
41. 平振江　山东省莱芜市版权局
42. 许明峰　安徽省通信管理局
43. 刘同巨　安徽省淮南市版权局
44. 杨四好　安徽省六安市版权局
45. 汪光多　安徽省芜湖市文化市场行政执法大队
46. 徐　飞　江苏省版权局
47. 郭兴元　江苏省徐州市版权局
48. 唐海宁　江苏省扬州市文化综合执法支队
49. 方绍华　浙江省金华市文化行政综合执法支队
50. 严　皓　浙江省宁波市鄞州区文化市场执法大队
51. 郑　平　浙江省衢州市文化行政综合执法支队
52. 金奇烽　浙江省绍兴市文化市场行政执法支队
53. 李　群　江西省通讯管理局
54. 李光发　江西省宜春市版权局
55. 李　涛　江西省萍乡市版权局
56. 凌立华　广东省版权局
57. 温雄德　广东省深圳市公安局
58. 柳绵功　广东省深圳市版权局
59. 瞿政祥　广东省广州市版权局
60. 魏宁平　广东省珠海市文化市场综合行政执法大队
61. 程　浩　广东省中山市文化市场执法大队
62. 陈　森　广东省广州市萝岗区版权局
63. 刘德华　广东省惠州市文化市场综合行政执法大队
64. 邓焯烟　广东省广州市花都区文化市场综合行政执法大队
65. 韦海忠　广东省广州市萝岗区文化市场综合行政执法大队
66. 周保安　河南省郑州市版权局
67. 张文书　河南省郑州市新闻出版局
68. 阎　伟　河南省洛阳市新闻出版局
69. 成旭华　河南省平顶山市文化市场管理办公室
70. 李群英　河南省周口市版权局
71. 张中堂　河南省开封市“扫黄打非”办公室
72. 刘向红　河南省安阳市“扫黄打非”办公室
73. 刘延军　河南省郑州市出版物市场稽查大队
74. 魏　涛　湖北省武汉市公安局江汉分局
75. 彭广全　湖北省襄樊市版权局
76. 李　立　湖北省黄梅县新闻出版局
77. 方继武　湖北省武汉市文化文物稽查支队
78. 姚晶华　湖北省武汉市文化文物稽查支队
79. 李明翔　湖南省长沙市版权局
80. 刘军舟　湖南省长沙海关驻黄花机场办事处
81. 文　晖　湖南省永州市版权局
82. 安　卓　四川省出版物稽查总队
83. 粟　红　四川省眉山市新闻出版局
84. 李　健　四川省绵阳市新闻出版局
85. 华江虹　陕西省西安市版权局
86. 杜治良　陕西省咸阳市新闻出版局
87. 李　立　陕西省榆林市榆阳区文化市场稽查大队
88. 李海峰　甘肃省武威市文化出版局
89. 梁　辉　甘肃省版权局
90. 张秀年　宁夏回族自治区版权局
91. 杨　洋　宁夏回族自治区文化市场行政执法总队固原市支队
92. 买玉龙　宁夏回族自治区文化市场行政执法总队银川市支队

93. 李月梅　新疆维吾尔自治区乌鲁木齐市新闻出版（版权）局
94. 艾陆营　新疆维吾尔自治区出版物市场稽查队
95. 赵祥博　新疆维吾尔自治区乌鲁木齐市文化市场稽查大队
96. 索朗玉诊　西藏自治区版权局
97. 凌深根　中国建筑工业出版社
98. 田　军　人民出版社

“2009 CPCC 十大中国著作权人年度评选”揭晓

2009 年 12 月 17 日，由中国版权保护中心主办的“2009 CPCC 十大中国著作权人年度评选”揭晓，中国电影集团公司等 8 个法人和关峡、郝亚宁两位自然人获此殊荣，并于 2009 年 12 月 17 日在 2009 CPCC 中国版权服务年会开幕式上举行了颁奖典礼。

评选活动本着公开、公正、公平的原则进行，凡是在中国版权保护中心进行了作品版权登记并取得著作权登记证书的著作权人，均可报名参加此次评选活动。评选严格按照《评选章程》有关规定，以参评著作权人的版权保护意识、作品价值和社会影响力为评选依据。本次活动以文化产权为纽带，营造有利于版权经济价值高效实现的社会氛围，激发著作权人的创造力，提升全社会的版权意识。

“2009 CPCC 十大中国著作权人”名单

中国电影集团公司
湖南电广传媒股份有限公司节目分公司
广东原创动力文化传播有限公司
海信集团有限公司
中视体育娱乐有限公司
上海盛大网络发展有限公司
深圳腾讯计算机技术有限公司
广州金蟾软件研发中心有限公司
关　峡　国家交响乐团团长
郝亚宁　北京动漫游戏产业联盟会长、北京联盟影业投资有限公司董事长

“2009 CPCC 十大中国著作权人”简介

中国电影集团公司

在祝福祖国六十华诞中，有这么一抹影像不容遗漏，它用强大的演出阵容、骄人的票房成绩向祖国母亲献礼。它是中国商业巨片的摇篮，它锐意创新，打造经典，仅 2009 年就有包括《建国大业》、《南京！南京！》、《赤壁》等超过 10 部大片票房过亿。经济危机严重影响下的美国电影行业大幅萎缩，它却以雄厚的创新实力及独到的版权管理理念，带领着国产商业电影逆势上扬。

湖南电广传媒股份有限公司节目分公司

堪有“最具实力的国营电视剧制作机构”的称号。现在它选择以版权助力，激活品牌价值。金融危机下，它依托“电广传媒”机制，整合资源优势，启动品牌、版权等无形财产的新引擎，它是经济危机下挖掘版权价值实现逆势上扬的典范，更体现着湘军电视人的不断开拓创新的精神。

广东原创动力文化传播有限公司

广东原创动力文化传播有限公司是一家集影视制作、卡通动漫创作于一体的专业影视制作公司。公司由一群有丰富经验、年轻而高素质的创作及制作精英组成。拥有创作、设计、制作、发行的开拓实力，致力发展、制作中国新一代的原创卡通片、影视栏目、电视连续剧及电影。

一部国产动画片赢得了上亿元的票房，中国的电影圈正在讲述一个“狼与羊”的传奇故事，这是一个令所有人快乐的故事，不仅仅是喜爱它的小朋友们，还包括制造快乐的人们，这就是原创的魅力，这也是版权的胜利！当迪斯尼将进驻上海的时候，我们有理由相信，在不远的将来，我们的小羊和小狼也将酣睡在世界各国小朋友的枕边。

海信集团有限公司

被中宣部、国务院国资委推举为全国十大国企

典型。它以创新的禀赋，开中国“信芯”之先，它是坚持“技术立企”，并用版权制度加以保护，打造企业核心竞争力的成功典范。在应对国际金融危机中，它通过不断加强知识创新，实施企业版权管理战略，建立了一整套的版权保护和激励机制，从而实现了企业核心竞争力和市场占有率的双赢。

中视体育娱乐有限公司

成功打造出了“WMA中国武术职业联赛”，它是把宝贵的中华传统武术文化作为版权资源进行开发、利用并获得极大成果的典型范例。“WMA中国武术职业联赛”已成为中国第一档真正具备完善、成熟的版权产业链的职业联赛，更是中国唯一一个拥有自主知识产权并打入国际市场的品牌赛事。

上海盛大网络发展有限公司

我国领先的互动娱乐媒体企业，它积极响应国家的号召，大力开发推广“绿色游戏文化”。在全球金融危机背景下，它深知版权是网游等创意产业的生命线。其自主创新与版权管理和保护相结合的战略，正在帮助企业重新铺建一条通向网络迪斯尼的康庄大道。

深圳腾讯计算机技术有限公司

数以亿计的网民们由于它的产生和发展，改变了沟通方式和生活习惯。

广州金蟾软件研发中心有限公司

它在移动数字阅读的应用开发方面独树旗帜，正在改变着国人的阅读方式。它拥有自主知识产权的EPOST资讯运营平台使得淘宝模式延伸入数字出版产业，成为将技术创新、数字出版、版权管理三者进行完美结合的典范。

关峡：国家交响乐团团长

我国杰出的作曲大师、国家一级作曲，他用激情燃烧的音符振奋着所有国人的灵魂，他用优美华彩的乐章娓娓描绘着古老的东方文明，在维也纳等世界艺术殿堂上开启了亚欧歌剧交流的新时代，向世界阐述着古老而又现代的中华人文精神，他是外国人眼中最杰出的艺术家，他也是身体力行的版权公益大使。

郝亚宁：北京动漫游戏产业联盟会长、北京联盟影业投资有限公司董事长

被业界称之为“武林外传”之父，热播连续剧《武林外传》的品牌塑造、开发，在他的布局安排下衍生产品以“排山倒海”之势席卷文化市场各个领域，也因此他被称为文化产业的“跨界先生”。他是用版权激活品牌价值的传奇缔造者，也是充分挖掘版权金矿的勇敢掘金人。

“2009年中国版权产业评选”揭晓

2009年11月20～21日，由国家版权局指导、中国版权协会主办的2009中国版权年会北京举行。同时揭晓“2009中国版权产业评选”结果，评选出11名“2009中国版权产业风云人物”、16家“2009中国版权产业最具影响力企业”，并举行颁奖仪式。

“2009中国版权产业风云人物”获奖名单

陈一丹	腾讯公司创始人、深圳市版权协会会长
冯俊科	北京市新闻出版局（版权局）党组书记、局长
冯小刚	著名导演
韩三平	国家一级导演，中国电影集团公司董事长（兼北京电影制片厂厂长）
姜　昆	全国政协委员、表演艺术家
李栓科	《中国国家地理》杂志社社长兼总编辑
汪继祥	中国科学出版集团原董事长
王兴东	中国电影文学学会会长
解海龙	中国摄影著作权协会总干事、中国摄影家协会副秘书长、北京广角摄影学会会长
杨红樱	儿童文学作家、成都《青年作家》杂志社副编审
张继钢	解放军艺术学院院长

（注：以上名单按汉语拼音字母排序）

“2009中国版权产业风云人物”简介

陈一丹　腾讯公司创始人，深圳市版权协会会长。腾讯公司的市值超过了300亿美元，是全球市值第三大互联网公司。陈一丹先生作为腾讯公司的首席行政官，是公司核心管理人员和知识产权总负责人。他领导并积极推动腾讯自主研发及各类版权作品的开发应用和保护，推出QQ即时通讯聊天工具、网络游戏、虚拟形象增值服务、QQ影音播放器等具有全球影响力的作品，为腾讯公司的发展奠定了坚实的基础。

陈一丹先生热心公益事业，腾讯成立了中国互联网首家慈善公益基金会——腾讯慈善公益基金会，并建立了腾讯公益网（gongyi. qq. com），专注于辅助青少年教育、贫困地区发展、关爱弱势群体和救灾扶贫工作。

冯俊科　1953年出生，1972年12月参加工作。曾任中共北京市委研究室综合处副处长、处长，市委研究室副主任、市委副秘书长（正局级）。2003年3月任北京市新闻出版局（版权局）党组书记，2007年1月任党组书记、局长。他为北京市版权产业发展和北京奥运会版权保护工作作出重要贡献。

冯小刚　1958年出生，先后在北京军区文工团、北京电视艺术中心等单位工作。他导演的主要作品有：《编辑部的故事》、《大撒把》、《甲方乙方》、《不见不散》、《没完没了》、《非诚勿扰》、《集结号》、《大腕》、《手机》、《关中刀客》、《风声》、《夜宴》、《天下无贼》等。

荣获奖项：2004年第十届北京大学生电影节最受欢迎导演奖，2008年影响世界华人大奖，2008年第二届华鼎奖·中国影视导演公众形象调查第一名，2009年第27届中国电影金鸡奖最佳导演奖，2009年第13届中国电影华表奖优秀导演奖，2009年新中国60年文艺界十大影响力人物。

韩三平　国家一级导演，中国电影集团公司董事长（兼北京电影制片厂厂长）。中国电影制片人协会理事长、国际电影制片人协会副主席，北京市电影家协会副主席，享受国务院特殊津贴，荣获第11届中国电影华表奖优秀出品人奖，中央电视台2008年年度经济人物。

他曾导演《毛泽东的故事》、《避难》、《走出地平线》、《建国大业》等多部作品，近年来组织创作并担任《无极》、《云水谣》、《投名状》、《长江七号》、《赤壁》、《南京！南京！》、《梅兰芳》、《建国大业》等450余部电影故事片的出品人、总制片人、导演，组织拍摄了《汉武大帝》、《大明宫词》、《像雾像雨又像风》、《橘子红了》、《苦菜花》、《朱元璋》、《贞观之治》、《大清风云》、《红楼梦》等120余部4 000余集电视剧，并担任出品人、总制片人、总监制、总策划。

2009年联合黄建新导演拍摄的《建国大业》，市场反响强烈，目前全国票房已达4.2亿人民币。

姜　昆　1950年出生，全国政协委员、表演艺术家。他曾任中国广播说唱团团长，中国艺术研究院曲艺研究所所长，中国曲艺家协会分党组书记、副主席，中华青年联合会常委，中华曲艺学会会长等职务。代表作品《错走了这一步》、《老奶奶看排球》、《虎口遐想》、《电梯风波》、《着急》、《学唱歌》、《照相》等。

作为曲艺界的领军人物，他一向重视曲艺著作权的保护工作。在他担任中国曲协分党组书记期间，亲自主抓成立了中国曲艺家协会权益保障工作委员会。这是继音乐、摄影、文字、电影之后的又一家全国性的由著作权人发起成立的著作权服务机构。

李栓科　《中国国家地理》杂志社社长兼总编辑。他曾从事南极、北极和青藏高原地区的科研工作，是中国首次北极科考的队长。10年的青春岁月，他在野外度过，坚守在单一而艰苦的科学岗位上，他也曾是中科院地理所最年轻的研究员。1997年他来到当时处于低谷的《地理知识》杂志社，开始办一本中国人的国家地理杂志。杂志经改版、更名，迅速获得成功，单期发行量突破100万。他与《中国国家地理》已经成为中国传媒界的一个标杆、一个传奇。

汪继祥　1945年出生，湖北省红安县人，中国科学出版集团原董事长，第十届全国政协委员，曾获第五届“全国百佳出版工作者”称号。

他在主持科学出版社工作的14年间，该出版社总体经营规模保持快速增长势头，出版社资产总额增长15倍、净资产增长24倍、年利润总额增长40倍、年净利润增长33倍、工资总额增长

10倍，共为国家纳税4.29亿元。2008年中国科学出版集团被授予“全国文化体制改革优秀企业”光荣称号，成为中央文化体制改革的先进代表；集团输出科技书刊项目数量位居科技出版单位的首位，成为“国家文化出口重点企业”和“北京市版权贸易先进单位”；首届中国出版政府奖集团获奖数量名列出版社前茅；国家科学技术学术著作出版基金项目、“十五”国家图书重点出版规划项目等数量位居第一，综合竞争力位居科技类出版社之首。

王兴东 1951年出生，辽宁大连市人。中国电影文学学会常务副会长、会长，中国电影家协会理事，中国电视家协会理事，中国少数民族作家学会会员，中国夏衍电影学会理事，北京电影学院客座教授。1990年被评为一级编剧，1997年12月被中国文联评选为首届德艺双馨中青年艺术家，享受国务院特殊津贴，第九届、十届、十一届全国政协委员。他在创作中坚持现实主义方法，每一部原创剧本都经过无数次的实地调查、采访撰写而成，将深入生活视为创作所必须的科学活动。他的剧作注重叙事结构的均整安排，叙事节奏张驰有致，在人物塑造方面突出生活化的小细节，显得真实可信。他编写的电影文学剧本有《白桦林中的哨所》、《飞来的仙鹤》、《狼犬历险记》、《我只流三次泪》、《陆军见习官》、《蒋筑英》、《天国逆子》、《留村察看》、《离开雷锋的日子》、《建国大业》等20多部，作品多次在国内国际获奖。

解海龙 中国摄影著作权协会总干事、中国摄影家协会副秘书长、北京广角摄影学会会长。

1992年获中国摄影家协会“开拓杯”组织工作金像奖，参与《中国三峡》大型画册出版工作且有23幅作品入选并获第二届中国“国家图书奖”。1996年获中国新闻摄影学会特殊贡献奖。1997年获中国摄影家协会特别荣誉奖。1998年获中国文联、中国摄影家协会德艺双馨优秀会员称号。2008年被推荐为第29届奥运会火炬手。2008年《大眼睛》入编荷赛出版的《回顾》杂志。2009年被北京市残联授予“助残公益大使”。

杨红樱 成都人，儿童文学作家。现为成都《青年作家》杂志社副编审。

她创作了长篇童话《胖猪笨笨》、《度假村的狗儿猫儿》、《那个骑轮箱来的蜜儿》，科学童话《神犬探长》、《再见野骆驼》，短篇童话集《寻找快活林》、《鼹鼠妈妈讲故事》、《骆驼爸爸讲故事》，非常小说《男生日记》、《女生日记》、《五三班的坏小子》、《漂亮老师和坏小子》、《瞧，这群俏丫头》、《瞧，这帮坏小子》等；“淘气包马小跳”系列、“笑猫日记”系列作品深受中小学生喜爱。以上多种作品畅销全球，已出版英语、法语、意大利语、西班牙语、韩语等版本。曾获“冰心儿童图书奖”、“海峡两岸童话一等奖”等十余个奖项。

2008年被四川省委宣传部授予“德艺双馨文艺工作者”的光荣称号，被中央宣传部评为全国宣传文化系统“四个一批”人才，被中央精神文明建设指导委员会评为“第一届全国未成年人思想道德建设先进工作者”。

张继钢 解放军艺术学院院长，少将军衔。中国当代著名编导家，国家一级导演，研究生导师；中国文联第八届全国委员，中国特殊艺术委员会主席，中国舞蹈家协会副主席。

他创作舞蹈作品420多部，代表作有《千手观音》、《黄土黄》、《解放》等。历任国际、国家级大型晚会总导演60多次，1996～2005年连续十年出任“双拥晚会”总导演，担任北京2008奥运会开、闭幕式副总导演，残奥会开、闭幕式执行总导演，担任庆祝中华人民共和国成立六十周年大型音乐舞蹈史诗《复兴之路》总导演。

他曾获得“2005中国十大魅力英才”、“2008中国八大文化人物”、“中国骄傲第8届中国时代十大新闻人物”、“庆祝新中国成立60周年 中华之魂十大功勋人物”、“伴随新中国成长山西著名人物”等称号。

“2009中国版权产业最具影响力企业”获奖名单

安徽出版集团有限责任公司
北大方正集团有限公司
北京金山软件有限公司
高等教育出版社
广东原创动力文化传播有限公司
汉王科技股份有限公司
河南日报报业集团
湖南卫视

华夏电影发行有限责任公司
俏佳人传媒股份有限公司
人民网
人民邮电出版社
上海文广新闻传媒集团
央视网
中国出版集团公司
中国残疾人艺术团

（注：以上名单按汉语拼音字母排序）

“2009 中国版权产业最具影响力企业”简介

安徽出版集团有限责任公司

安徽出版集团成立于 2005 年 11 月，是全国第一家集团组建同时完成转企改制的大型文化企业。集团拥有全资和控股子公司 11 家，其中上市公司 1 家。业务涉及出版传媒、印刷包装、光盘生产、物资供应、国际经贸、医药商贸、投资管理等。目前，集团综合实力及主要经营发展指标均进入全国同行前列，已发展成为国内品牌优秀、资源丰富、实力较强、发展较快的大型文化企业。

四年来，集团始终强化主业发展，推进品牌创新，使得一大批精品书、获奖书、畅销书脱颖而出。集团销售收入、利润及版权贸易增幅连续三年位居同行业前列。集团先后荣获中宣部、新闻出版总署等部门授予的荣誉称号 30 多项，如“全国文化体制改革优秀企业”、“首届全国文化企业 30 强”、“国家文化出口重点企业”等。

风雨兼程，励精图治，与时俱进，开拓创新。安徽出版集团将依托大文化，抢占大市场，实现大发展，树立新形象，放眼全世界，广交朋友，扩大交流，努力把集团建设成为主业突出、品牌优秀、特色鲜明、竞争力强的国际化出版产业集团。

北大方正集团有限公司

北大方正集团有限公司由北京大学于 1986 年投资创办，是中国著名的 IT 企业，名列国家首批 6 家技术创新试点企业之一，500 家国有大型企业集团之一，2008 年电子信息百强企业综合排序第三，北京企业百强第九。

方正集团是具有很强版权保护意识的创新型企业，长期重视版权保护工作，在产品开发的同时，积极利用版权保护手段保护智力成果，通过办理版权登记保护权利人的合法权益，并综合利用版权保护来推动公司业务。在版权工作方面，取得了显著的成果和业绩。2005 年，所属方正电子公司被评为“全国版权保护示范单位”，同年 11 月，方正阿帕比数字版权保护系统（Apabli DRM）荣获我国信息产业界的最高奖项——“重大技术发明奖”，2008 年，方正电子公司入选“2008 CPCC 十大中国著作权人”，方正创始人之一的陈堃銶教授当选“2008 中国版权产业风云人物”。

北京金山软件有限公司

自 1989 年将第一款办公软件产品 WPS1.0 投放市场以来，金山软件目前已经成为中国最知名的软件企业之一、中国领先的应用软件产品和互联网服务供应商。金山软件在珠海、北京、成都、大连、深圳五地分设研发中心，2005 年成立日本合资公司。公司目前主要涉及软件和网游两大核心业务，开发了 WPS Office、金山词霸、金山毒霸、剑侠情缘、封神榜等众多知名产品。2007 年 10 月 9 日，金山软件在香港联交所主板上市，股份编号 3888。在金山公司 2 000 多名员工中，从事研发相关工作的超过总体的 60%。

高等教育出版社

高等教育出版社（集团）是教育部直属的以出版高等教育、职业教育、成人与社会教育等各级各类教育教学用书为主的大型综合性出版社，在中国单体出版社竞争力排名中位列第一，是唯一入围全球出版 50 强的中国出版机构。该出版社年出版物 7 000余种，销售册数超过 1.3 亿册，出版主业销售码洋超过 24 亿元人民币。

1954 年成立以来，高等教育出版社（集团）出版了一大批颇具影响的优秀图书、音像制品和电子出版物，其中 1 000 余种产品分获中国出版政府奖、中华优秀出版物奖、“五个一工程”奖等各种国家和省部级奖励，荣获“全国优秀出版社”等荣誉称号。

此外，高等教育出版社（集团）2007 年版权输出品种名列国内单体出版社第一，产品以 16 个语种版本销往世界 30 多个国家和地区，初步形成了国际汉语、电子期刊、学术图书、数字化教学资源和教学仪器等四大国际业务板块。2008 年凭借在版权产业发展和版权保护方面做出的突出贡献，荣获“世界知识产权组织创意金奖·单位奖”，成为唯一获奖的国内出版机构。

广东原创动力文化传播有限公司

广东原创动力文化传播有限公司是一家集影视制作、动漫创作于一体的专业影视制作公司。由一群有丰富经验、年轻而高素质的创作及制作精英组成。拥有创作、设计、制作、发行、人偶音乐剧创作演出及专利授权的实力，致力发展、制作中国新一代的原创卡通。

在大量优秀作品的支持下，原创动力成功推出国内首个原创动画电视栏目——《动漫火车》，节目包括：爆笑幽默卡通片《宝贝女儿好妈妈》、《小宋当家》、《羊羊运动会》及长篇益智趣味卡通片《喜羊羊与灰太狼》，在全国各省市区超过60家电视台热播，更荣获由国家广电总局颁发的国家动画片最高奖——“优秀国产动画片一等奖”，及其他众多奖项。

公司创作的首部动画电影《喜羊羊与灰太狼之牛气冲天》总票房超过9 000万元，刷新了国产动画片票房纪录。

原创动力将永远坚持中国的原创精神，努力开创具有民族文化内涵、新鲜幽默并富有娱乐性的卡通动画及影视作品。

汉王科技股份有限公司

汉王科技股份有限公司成立于1998年，以多年的科研成就为底蕴，在国家“八五”、“九五”、“863”、自然科学基金等重点项目的支持下，率先研究、开发、应用、推广多元智能人机交互技术与产品，不仅从真正意义上解决了中国人的输入问题，更保证了中国人与世界信息文明的共同进步，从而成为激励民族高科技产业奋发图强的一面旗帜。

汉王科技志存高远，双向驱动，两翼齐飞，面向未来，高瞻远瞩，立足于模式识别领域，专注手写、语音、OCR、生物特征等识别技术的研究和推广，拥有多项国际领先的核心技术和自主知识产权；面向市场，运筹帷幄，以行之有效的行业推广和遍及全国200多个城市的销售与服务网络，全面引导中国人工作、生活的数字化与智能化。

“忠诚敬业，永争第一”是汉王的精神，不断创新是汉王的主题。

河南日报报业集团

河南日报报业集团（河南日报社）是以中共河南省委机关报——《河南日报》为旗帜和核心，组建起来的一家报刊种类齐全、宣传力量强大、经济实力雄厚、产业结构合理的社会主义现代化报业集团。现拥有《河南日报》、《河南日报》（农村版）、《大河报》、《大河文摘报》、《大河健康报》、《河南商报》、《河南法制报》、《期货日报》、《今日消费》、《河南手机报》，《漫画月刊》、《新闻爱好者》、大河网等十报两刊一网站，以及河南瑞奇房地产开发有限公司、河南报业新闻物资贸易有限公司、河南大河锦江饭店有限责任公司、河南日报达利广告有限公司等18家经营性公司实体，形成了广告、发行、印刷、物贸、酒店、房地产等多个支柱产业。2005年集团总收入不到7亿元，但到2008年完成经营收入17亿元，实现利润1.8亿元，利润率位居全国省级党报集团前列。2009年前三季度，在金融危机影响和全国报业经营普遍下滑的情况下，集团完成经营收入14亿元，同比增长4%；实现利润1.1亿元，同比增长8%；资产总额增至17.66亿元，同比增长17%。

湖南卫视

从1997到2009年湖南卫视已经上星播出12年。年广告总收入从1亿元飙升至20亿元，年节目生产能力从500多个小时增加到6 000多个小时，覆盖人口从6 500万到8.8亿，除完整覆盖中国大陆以外，还部分覆盖了北美、亚洲、澳大利亚等国家和地区。

2009年6月16日，世界品牌实验室发布2009年“中国500最具价值品牌排行榜”，湖南卫视以品牌价值63.31亿元排名总榜第126位，位居中国娱乐电视品牌价值榜第一名。

湖南卫视收视表现稳居中国第一阵营，与CCTV旗下的几个强势频道比肩而立。截至目前，湖南卫视已经连续7年稳居全国上星频道收视前6强，持续80个月位列全国省级卫视收视冠军。

在内容制作上，音乐选秀活动《快乐女声》系列，自制剧《还珠格格》系列，王牌综艺栏目《快乐大本营》、《天天向上》、《智勇大冲关》等，不断创造并引领中国电视潮流。从活动中培养出的近百位歌手艺人，已经成为华语乐坛最强大的中坚力量。

目前，湖南卫视拥有近20支电视节目制作团队，并有着享誉全国的名主持、名编剧、名导演、名制片人和上百位明星艺人。旗下相关产业也已渐成规模：快乐生活快乐购、天娱传媒、华夏影视、金鹰网、湖南卫视国际频道，在新型业态、影视制作、艺员经纪等方面收获颇丰。

华夏电影发行有限责任公司

华夏电影发行有限责任公司（简称华影公司）是经国家广播电影电视总局批准，由国内具有实力的19家国有电影单位参股投资的股份制有限责任公司，注册资本6 000万元，于2003年8月8日正式挂牌成立，面向全国发行国产和进口影片。

华影公司把发展作为第一要务，致力于把公司建设成规范有序、机制灵活、主业突出、主导市场、诚信经营、品牌名优的国内一流电影发行公司。作为联结影片和市场的桥梁和纽带，华影公司竭诚为制片、院线、影院和广大观众服务，积极开拓市场，宣传推介各类影片，满足市场多样化需求，扩大市场占有率。目前已与全国各院线和千余家影院建立了良好的业务合作关系，并拥有一支专业的电影发行团队和电影市场监察队伍。

在中国电影产业不断发展、国际竞争力不断提升的大潮中，华影公司将以良好的观众意识、市场意识、服务意识为业界同仁提供专业化、规范化的影片发行服务，努力为中国电影的大繁荣、大发展贡献力量。

俏佳人传媒股份有限公司

俏佳人传媒股份有限公司前身为广州俏佳人文化传播有限公司，成立于1994年，是一家从事电视传媒业务、影视专题拍摄、原创动漫及其衍生产品、网络新媒体、文化交流以及演艺事业于一体的综合性文化传媒企业。总部设在北京，在广州、上海、成都、香港、美国洛杉矶、德国法兰克福等多个城市设有分支机构。投资拍摄了上万小时的节目，内容涵盖中国人文历史、电影电视、中华武术、实用教学、民俗风情、美食文化等各个方面，旨在向海内外传播优秀的中国文化。

俏佳人传媒在中国文化产品出口方面取得了极为宝贵的经验和十分骄人的成绩，产品出口遍布欧美、东南亚及港澳台地区。俏佳人传媒以国际化的市场运营方式，在海外建立了集电视播放、成品销售、网上成品销售和租赁、新媒体、教育市场发行、图书馆采购于一体的庞大营销网络。“俏佳人”是中国音像业“明星发行品牌”，被国家四部委联合命名为国家文化出口重点企业，获国家文化产业示范基地等多项荣誉称号。

人民网

人民网，创办于1997年1月1日，是世界十大报纸之一《人民日报》建设的以新闻为主的大型网上信息交互平台，也是国际互联网上最大的综合性网络媒体之一。作为国家重点新闻网站的排头兵，人民网坚持“权威、实力，源自人民”的理念，以“权威性、大众化、公信力”为宗旨，以“多语种、全媒体、全球化、全覆盖”为目标，以“报道全球、传播中国”为己任。2008年6月20日，胡锦涛总书记在视察人民网时指出，“人民网创办10多年来，大力宣传党的主张，积极引导社会舆论，热情服务广大网民，发挥了独特作用。”

人民邮电出版社

人民邮电出版社是工业和信息化部主管的大型专业出版社。多年来，该社对外版权贸易工作一直保持较大的发展规模。2007年引进出版图书及音像、电子出版物369种，输出31种；2008年引进出版图书及音像、电子出版物477种，输出27种；2009年（截至2009年9月）引进出版图书及音像、电子出版物235种，输出48种。先后获新闻出版总署“全国图书对外版权贸易先进单位”、国家版权局“2008年度查处侵权盗版有功单位一等奖”、2008年“北京市新闻出版创意成果奖”（版权贸易十佳单位）等荣誉。

上海文广新闻传媒集团

上海文广新闻传媒集团是一家集广播、电视、报刊、网络为一体的多媒体集团。近年来不断加强广播电视节目版权的管理、保护和开发，利用版权保护来提升自主创新、创造财富的能力。2008年集团版权经营总收入已达到3.7亿元。

2002年，传媒集团总裁黎瑞刚提出“两个转变”的战略构想，其实践探索对传媒集团产业改革产生了巨大影响。2004年，传媒集团成立了专门从事版权经营、销售发行的上海五岸传播有限公司，为集团构建了规范的版权销售和市场环境运营体系。经过多年的版权经营，传媒集团于2008年8月成立了国内地方媒体中首家从事版权管理职能部门——版权中心。它的建立为集团构建了一整套长效、科学和系统化的版权管理机制。集团通过对节目版权的“有效保护”和“市场运营”，逐步实现了从简单的节目信息使用，向系统版权管理乃至市场化版权经营开发的转变，为企业的发展创新注入了竞争力。

上海文广新闻传媒集团不断探索创新，建立科学的、系统化的节目版权管理机制，加强节目版权管理，创建自己的版权品牌，积极参与市场竞争，促进广播电视版权产业迅速健康发展。

央视网（2009年12月已更名为中国网络电视台）

中国网络电视台（China Network Television，简称CNTV，原名央视网）是中国国家网络电视播出机构，是以视听互动为核心、融网络特色与电视特色于一体的全球化、多语种、多终端的网络视频公共服务平台。

中国网络电视台将充分发挥电视平台和网络平台的双平台的优势，建设成为我国具有公信力和权威性的网络视频互动传播平台，对国际国内重大政治、经济、社会、文化、体育等活动和事件以网络视听的形式进行快速、真实的报道和传播；同时着力为全球用户提供包括视频直播、点播、上传、搜索、分享等在内的，方便快捷的“全功能”服务，成为深受用户喜爱的公共信息娱乐网络视频平台。

中国网络电视台以“参与式电视体验”为产品理念，在对传统电视节目资源再生产、再加工以及碎片化处理的同时，着力打造网络原创品牌节目，鼓励网友原创和分享。注重用户体验，不断完善服务体系，让网友在轻松体验高品质视听服务的同时，更多地参与到网络互动中来。中国网络电视台于2009年12月28日正式开播，域名为www.cntv.cn。首期上线的内容包括首页、客户端、新闻台、体育台、综艺台、爱西柚（播客台）及爱布谷（搜视台）。从2010年开始，中国网络电视台还将陆续上线包括电影、电视剧、纪录片、财经、探索、健康、气象、家居、旅游、教育、民族、音乐等系列内容服务，在互联网信息时代，为用户贴身定制多样性、全方位的网络视听互动服务。

中国出版集团公司

中国出版集团公司是经国务院批准成立的大型出版发行机构，由14家子公司以及80余家全资及控股公司组成，囊括了中国最悠久、最著名的出版机构。现有员工6 000余人，总资产65亿元人民币，年销售收入40亿元人民币。每年出版图书及报刊、电子音像制品1万余种，在全国零售市场占有率持续稳居第一，每年进出口各类出版物20余万种。拥有海外机构27家，海外业务遍及130多个国家和地区。

中国残疾人艺术团

诞生于1987年的中国残疾人艺术团，以创造特殊艺术、发展文化生产力、传播中华文明、增进社会和谐为主旨。

他们创造了特殊艺术经典，推出综艺荟萃的《我的梦》系列作品，节目涵盖独唱、重唱、合唱、表演唱，民族乐队、西洋乐队、电声乐队演奏，民族舞、芭蕾舞、拉丁舞、现代舞以及特色舞蹈，精缩舞剧、京剧、手语诗等诸多艺术门类。

他们将美奉献给世界，每年在10多个国家演出150多场，至今已出访五大洲60多个国家，为人们送上艺术享受、心灵启迪和情感震撼。

他们将爱传递给人间，不仅自立于社会，还开展大量公益慈善活动和义演，并用节俭下来的演出收入设立“我的梦”和谐基金。两年来，已捐款534万元人民币，资助四川地震灾区、左权老区、南方雪灾地区、天津SOS儿童村、台湾台风灾区，捐款44万美元资助国际公益慈善项目。

艺术团以艺术与心灵的完美融合屹立于世界文化之林，被誉为“美与人性的使者”，“全球六亿残疾人的形象大使、人类特殊艺术的火炬”，被联合国机构指定为“联合国教科文组织和平艺术家”。

◆ 地方表彰

吉　林　省

版权保护工作先进集体名单

1. 长春市版权局
2. 长春市朝阳区文化体育局
3. 长春市南关区文化体育局
4. 长春市经开区社会发展局
5. 吉林市版权局
6. 永吉县文化新闻出版和体育局
7. 磐石市文化市场管理所
8. 延吉市社会文化市场管理办公室
9. 安图县社会文化市场管理办公室
10. 图们市文化新闻出版和体育局
11. 四平市文化市场稽查支队
12. 伊通满族自治县文化市场管理办公室
13. 梨树县新闻出版管理所
14. 通化市文化出版市场管理处
15. 集安市文化市场管理办公室
16. 柳河县文化市场管理办公室
17. 白城市版权局
18. 白城市文化出版市场稽查支队
19. 松原市文化市场稽查支队

20. 长岭县文化新闻出版和体育局
21. 辽源市版权局
22. 辽源市文化市场稽查支队
23. 白山市文化市场管理处
24. 长白山管委会社会管理办公室

版权保护工作先进个人名单

1. 于启莹　长春市版权局吉林省版权局
2. 李　伟　长春市双阳区文化市场稽查大队队长
3. 高晓颖　长春市高新区社会事业管理局
4. 孙慧明　长春市汽车产业开发区社会事业管理局
5. 董广伟　德惠市文化市场稽查大队副队长
6. 杨　彬　吉林市版权局
7. 赵汝田　吉林市龙潭区文化新闻出版和体育局局长
8. 王焕志　桦甸市文化市场管理所所长
9. 张德胜　蛟河市文化新闻出版和体育局局长
10. 孙龙虎　延边朝鲜族自治州版权局版权处处长
11. 沈武光　延吉市社会文化市场管理办公室主任
12. 金永浩　和龙市社会文化市场管理办公室主任
13. 朴文勇　珲春市社会文化市场管理办公室主任
14. 张国栋　延吉市社会文化市场管理办公室稽查大队副队长
15. 孟宪勇　四平市文化市场稽查支队
16. 刘桂平　四平市铁东区文化市场稽查大队队长
17. 刘　杰　公主岭市文化新闻出版和体育局局长
18. 王　利　通化市文化出版市场管理处科长
19. 刘学国　辉南县文化市场管理所所长
20. 刘尚东　通化市二道江区文化新闻出版和体育局主任
21. 孙国繁　白城市版权局版权科科长
22. 赵　雨　白城市文化出版市场稽查支队支队长
23. 宁宣东　辽源市版权局文化市场科科长
24. 单秉林　辽源市版权局版权科
25. 高文升　松原市文化市场稽查支队
26. 李鹏举　前郭县文化市场稽查大队队长
27. 张喜群　扶余县文化市场稽查大队队长
28. 杜　泽　白山市文化市场管理处书记
29. 陈丽红　长白山管委会社会管理办公室

首批授予“无盗版示范单位”企业名单

1. 吉林银行
2. 中国光大银行长春分行
3. 招商银行股份有限公司长春分公司
4. 中国石油天然气股份有限公司吉林石化分公司
5. 中国太平洋人寿保险股份有限公司吉林省分公司
6. 中国人民财产保险股份有限公司吉林省分公司
7. 中国太平洋财产保险股份有限公司吉林省分公司
8. 中国平安人寿保险股份有限公司吉林省分公司
9. 中国人寿保险股份有限公司吉林省分公司
10. 启明信息技术股份有限公司
11. 鸿达高新技术集团有限公司
12. 百脑汇（长春）实业有限公司
13. 吉林省海天网络科技有限公司
14. 长春四达高科技有限公司
15. 长春工程学院设计研究院
16. 吉林省山水瑞通网络科技有限责任公司
17. 集安市经济开发区彗星软件科技有限公司
18. 吉林省信托投资有限责任公司
19. 中钢集团吉林铁合金股份有限公司
20. 长春阳光北联电脑有限公司
21. 长春易申软件有限公司
22. 长春塔奥金环汽车制品有限公司
23. 长春嘉诚网络工程有限公司
24. 长春吉大工易软件有限公司
25. 吉林省建筑设计院有限责任公司
26. 长春吉大正元信息技术股份有限公司
27. 吉林大仝数码科技股份有限公司
28. 长春天成科技发展有限公司
29. 延边创业软件开发有限公司
30. 延吉市德高科技开发有限公司

江　苏　省

2009 年度版权人物

1. 王广祥　获江苏省版权保护突出贡献奖
2. 李　晶　获国家版权局表彰的 2008 年度查处侵权盗版案件有功个人一等奖

山　东　省

“正版产品经营示范单位”名单

济　南　济南市新华书店
济南小不点文化艺术发展有限公司
济南读书乐尔图书发行中心
山东布克图书有限公司

青　岛　青岛市新华书店（集团）有限责任公司
利群集团青岛利群商厦有限公司
青岛颐高数码科技有限公司

淄　博　淄博海尔兄弟教育产品有限公司

枣　庄　枣庄新大书店
滕州银座商城有限公司
东　营　东营区玉堂图书店
东营区明珠书店
潍　坊　潍坊新源音像有限公司
奎文区博雅书店
奎文区远东书店
济　宁　邹城市新华书店
泗水县新华书店
金乡县新华书店
山东金榜苑文化传媒有限责任公司
嘉祥县城区学者书店
济宁盛世光明软件技术有限公司
泰　安　泰安市新华书店
肥城市新华书店
东平县新华书店
宁阳县新华书店
泰安乡村季风科技文化发展有限公司
泰安泰山零点经贸有限公司
威　海　乳山市新华书店
荣成市益友书店
威海市邮政局报刊销售中心
文登市文华音像批销中心
威海京威书店
日　照　日照市新华书店
东港区与你同行书店
海曲爱书人图书音像店
日百商业有限公司新玛特购物广场
东港区港城书社
莱　芜　莱芜市三味书屋
山东正顺图书发行有限公司
临　沂　郯城县新华书店
沂水县新华书店
费县新华书店
山东鸿儒文化集团有限公司
德　州　齐河县新华书店
禹城市新华书店
夏津县新华书店
聊　城　临清市新华书店
冠县新华书店
滨　州　滨州市新华书店
滨城区新书书城
无棣县席殊书屋
菏　泽　菏泽市新华书店
菏泽亿维信息产业有限公司

“版权兴业示范单位”名单

青岛第六印染厂有限公司
山东周村烧饼有限公司
淄博华光瓷业有限公司

河　南　省

2009年度河南省新闻出版（版权）管理先进单位名单

1. 郑州市文化广电新闻出版（版权）局
2. 洛阳市文化广电新闻出版（版权）局
3. 平顶山市新闻出版（版权）局
4. 新乡市新闻出版（版权）局
5. 濮阳市新闻出版（版权）局
6. 许昌市新闻出版（版权）局
7. 南阳市新闻出版（版权）局

四　川　省

2009年四川省版权局版权处荣获奖项：

2008年度全国查处侵权盗版案件有功单位一等奖

全国青少年版权保护读书活动暨版权保护知识竞赛组织奖

2009年四川省版权局版权处个人荣获奖项：

高　斌　2008年度全国查处侵权盗版案件有功个人二等奖

徐　漫　2009年四川省“扫黄打非”工作先进个人

第二届全国大学生版权征文获奖作品揭晓

2009年11月20日，第二届全国大学生版权征文活动颁奖仪式在2009中国版权年会上举行。“全国大学生版权征文”活动自2008年开展以来，受到高校的普遍欢迎和重视，学生参与版权学术研究、关注版权保护事业的热情越来越高涨，为此，国家版权局2009年继续开展了以“青春 使命 华章——当代大学生法眼看版权”为主题的“全国大学生版权征文”活动。经过专家评委反复比较权衡，最终评出一等奖8名、二等奖20名、三等奖40名、优秀作品奖60名、组织奖13名。国家版权局副局长阎晓宏等领导出席颁奖仪式，并向获奖学生颁发证书。

第二届全国大学生版权征文获奖人名单

一等奖（8名）

华　劼　刘佳欣　孙湘滢　王　杰　王敏思
吴　娟　夏姗姗　姚　芸

二等奖（20名）

陈　芳　丁春燕　方　深　何秋珠　黄汉章
黄永太　蒋金利　刘　利　卢　亮　鲁　力
马碧玉　温小宝　翁　霞　谢　琳　徐升权
杨朝军　杨宜坚　张　璇　赵文文（周　平
雷　蕾　张卓琦）

三等奖（40名）

白　龙　陈钰玲　范　俪　胡　超　焦和平
解岳中　瞿昊晖　康添雄　雷方琼　李　雷
李　嬛　李　杨　李梦园　梁燕君　林　华
（林凯川　韦思达）刘　静　刘　扬　刘彬华
刘笑含　吕炳斌　聂　颖　潘永涓　任利光
苏如飞　孙道萃　谭乃文　汤菁丽　田　琳
王　涛　王伴伴　王琪玥　王文怡（温　博
李金洋）　谢国敏　徐小奔　姚鹤徽（张　明
程试捷　陈　默）张正怡　周　翔

优秀作品奖（60名）

包　宇　陈惠敏　陈倩婷　陈清歆　陈志阳
程　沉　慈壮生（董东晓　黎美杏）凡咏齐
冯　婧　冯　文　高　镇　高以成　葛嘉琴
何海斌　何卿源　洪丹娜　黄　琦　黄　翔
贾红梅　贾丽丽　李　宇　李金雷　李慎可
刘建云　刘少敏　刘晓西　刘永红　龙　跃
卢莎莎　倪宇婷　欧阳明子　钱曙伦　邱　姮
石丹丹　史世超　宋佳璐（锁福涛　李　颖
何秋珠）田雪松　王　琴　王博阳　王莘子
吴　杨　邢璧琳　徐　明　薛广文　杨小珍
余慧晶　俞　慧　曾治友　张　静　张　梦
张　平　张　祺　张　媛（张　捷　朱　静
郑　扬）郑广芳　郑先彬　周天娇　朱俊杰

组织奖（13名）

北京航天航空大学　北京印刷学院　重庆理工大学
华东政法大学　华南理工大学　暨南大学　上海大学
西南政法大学　湘潭大学　浙江工商大学
中国政法大学　中南财经政法大学　中南民族大学

（注：获奖名单中括号内为合作作者、按汉语拼音字母排序）

版权

学术论坛

XUE SHU LUN TAN

2009年著作权法研究综述

李　洁　孟兆平　程　艳

一、研究概览

2009年，学者对著作权法理论和实践中出现的问题沿袭之前的路径继续展开研究，并根据情势的发展关注以下的热点问题：

（一）国际金融危机背景下的产业发展与金融融资

在国际金融危机的大背景下，2009年7月22日，国务院常务会议通过《文化产业振兴规划》。而之前文化部及国家统计局规范性文件对文化产业进行了不同的界定：文化部在《关于支持和促进文化产业发展的若干意见》中将文化产业界定为“从事文化产品生产和提供文化服务的经营性行业”；国家统计局对“文化产业”的界定则是“为社会公众提供文化娱乐产品和服务的活动，以及与这些活动有关联的活动的集合”。根据该规划，国家将重点推荐如下文化产业：文化创意、影视制作、出版发行、印刷复制、广告、演艺娱乐、文化会展、数字内容和动漫等。在产业发展过程中，著作权法中各项制度将为文化产品的生产和传播提供法律上的保障。本年度著作权法研究的关键点之一即在于对权利利用的研究，特别是对著作权金融融资方面的研究不断深入。

（二）《侵权责任法》视野下的网络著作权保护

网络环境下著作权保护在本年度亦是理论研究和实践层面关注的热点问题，除理论研究的不断深入外，国内外亦以此为主题召开了多次会议。自20世纪90年代以来，网络技术的出现和普及深刻地改变了著作权客体生产、复制、传播的途径和速度，由此而形成了一系列网络著作权法律问题，如网络著作权的归属、网络环境下著作权的权利限制、ISP的法律责任等。立法积极回答实践中提出的问题，我国先后颁布了一系列规范性法律文件，如《著作权法》、《信息网络传播权保护条例》、最高人民法院《关于审理涉及计算机网络著作权纠纷案件适用法律若干问题的解释》。从2009年著作权法的研究来看，学术界继续关注相关规范性法律文件在司法实践中产生的各类问题，如“避风港”的适用条件、网络服务提供者注意义务的判定、网络服务提供者的责任认定、网络技术新应用而产生的著作权责任认定。而作为民事普通法的《侵权责任法》的出台进一步引发了对《侵权责任法》第三十六条（“互联网专条”）的热议。“互联网专条”用三个条款对网络用户、网络服务提供商的侵权法律责任进行了规定，具体到网络环境下著作权保护的角度，关注的焦点是第三款中关于网络服务提供商注意义务的规定，即“知道”的具体含义。

二、学术会议

（一）国际会议

本年度与著作权法相关的国际会议主要有：

1. 2009年3月10日于日内瓦召开的“利用知识产权（IP）资产进行融资——‘知识产权融资’”会议。会议审查了不同国家和不同产业，包括版权、专利和商标领域的产业，当前在知识产权融资方面的一些做法，并着重探讨如何完善法律和金融规则以帮助权利人最大限度地利用其知识产权资产的价值①。

2. 2009年12月1～3日于墨西哥坎昆召开的第五届打击假冒商品与盗版行为国际会议。会议的主题是解决当前金融危机所产生的威胁，并重点关注打击全球假冒商品和盗版行为的切实解决方案②。

3. 2009年6月17日于北京召开的第五届中韩版权研讨会。中韩版权研讨会是中国国家版权局与韩国文化体育观光部的合作项目，已经连续举办四届。本次会议围绕著作权法律的完善修改、数字网络环境下的中韩著作权合作模式等主题进行了研讨③。

4. 2009年12月1日于北京召开的中日著作权实

---

① 参见 http：//www. iprcn. com/view _ xz. asp？ idname＝2149。

② 参见 http：//www. ccapcongress. net/Cancun. htm。

③ 参见 http：//www. ccopyright. com. cn/cms/ArticleServlet？ articleID＝3962。

务研讨会。研讨会的主题为“中日著作权交易与合作模式探索”。会议围绕著作权交易及版权开发保护等展开讨论①。

5.2009 年 12 月 18 日于北京召开的中美互联网版权保护前沿和热点问题论坛。论坛是为落实 2008 年 10 月 25 日由中国国家版权局、美国专利商标局与美国版权局共同签署的《版权战略合作备忘录》而召开的。会议对当前互联网版权保护的前沿和热点问题展开讨论，旨在解决互联网发展给版权保护带来的新问题②。

（二）国内会议

本年度国内与著作权法相关的学术会议主要有：

1.2009 年 6 月 29 日于北京召开的国家数字版权研究基地揭牌仪式暨“数字版权保护困境与对策”论坛。在该次会议上，国家版权局在北京大学揭牌设立国内首家数字版权研究基地。基地的主要任务在于创建数字版权的法律政策研究平台，关注国际数字版权保护动向及国际组织发展动态，积极参与数字版权保护国际规则的研究。同时会议发布了“版权自助协议”（Self-Help Copyright Agreement），该协议构造了多种可供选择的数字版权授权模式，目的在于为互联网时代的著作权保护和著作权交易提供范本，为我国解决数字版权保护问题提供可资借鉴的思路③。

2.2009 年 10 月 29～30 日于上海召开的中国法学会知识产权法研究会 2009 年会。该会议是国内知识产权领域最重要的会议，本次会议对网络环境中的版权保护进行了深入讨论④。

3.2009 年 11 月 11～12 日于厦门召开的两岸四地版权法律制度研讨会。此次研讨会是两岸四地学界首次在同一框架内讨论各区域版权法律制度。研讨会对当前困扰版权司法、行政执法的新问题，以及对新技术、新媒介下的版权保护、民间文学艺术作品的版权保护、合理使用及补偿金制度的引入、著作权集体管理组织的运作等多个热点、难点议题进行了深入探讨⑤。

4.2009 年 11 月 18 日于武汉召开的著作权保护发展趋势国际研讨会。会议聚焦于网络发展给著作权保护带来的挑战，并积极探讨寻找解决网络著作权问题的合理方案⑥。

5.2009 年 11 月 30 日于台北召开的两岸著作权论坛。两岸著作权论坛于 2008 年创办并在四川成都举行首次会议。会议探讨了如何解决数字技术的迅猛发展对两岸版权法律制度带来的挑战⑦。

三、学术论著

（一）论著一览表

表一　　**著　作**（以出版日期为序）

序号	书　　名	作　　者	出 版 社	出版日期
1	WTO 框架下中国知识产权行政保护	邓建志	知识产权出版社	2009 年 1 月第 1 版
2	版权法中私人复制问题研究：从印刷机到互联网	张今	中国政法大学出版社	2009 年 1 月第 1 版
3	多维视角下我国知识产权的形式保护研究	莫洪宪、贺志军	中国人民公安大学出版社	2009 年 1 月第 1 版
4	知识产权运用与保护研究（第 1 卷）	张广良	知识产权出版社	2009 年 1 月第 1 版
5	知识产权制度与经济增长：机制·实证·优化	单晓光、许春明等	经济科学出版社	2009 年 2 月第 1 版
6	知识产权制度与经济增长关系的实证研究	许春明	知识产权出版社	2009 年 2 月第 1 版
7	知识产权保护与企业创新	孙赫	上海三联书店	2009 年 2 月第 1 版
8	中国知识产权刑法保护国际化研究	刘科	中国人民公安大学出版社	2009 年 2 月第 1 版

① 参见 http://www.ncac.gov.cn/cms/html/205/2079/200912/695747.html。
② 参见 http://ip.people.com.cn/GB/141383/177175/。
③ 参见 http://www.pkunetlaw.cn/imagenews.aspx? i_id=16。
④ 参见 http://news.tongji.edu.cn/show.aspx? id=25687。
⑤ 参见 http://www.xwcbj.xm.gov.cn/xxzx/zwxx/200911/t20091116_327408.htm。
⑥ 参见 http://www.iprcn.com/view_xz.asp? idname=2627。
⑦ 参见 http://www.ncac.gov.cn/cms/html/205/2079/200912/693434.html。

续前表

序号	书　　名	作　　者	出 版 社	出版日期
9	知识产权战略——知识产权资源在经济增长中的优化配置	陈昌柏	科学出版社	2009 年 2 月第 2 版
10	计算机软件的知识产权保护	应明、孙彦	知识产权出版社	2009 年 3 月第 1 版
11	遗传资源、传统知识与知识产权	薛达元等	中国环境科学出版社	2009 年 3 月第 1 版
12	知识产权基本问题研究	吴汉东等	中国人民大学出版社	2009 年 3 月第 2 版
13	知识产权证券化制度研究	董涛	清华大学出版社	2009 年 4 月第 1 版
14	邻接权研究	孙雷	中国民主法制出版社	2009 年 4 月第 1 版
15	制度与问题——知识产权的政府管理	刘玉安	上海三联书店	2009 年 4 月第 1 版
16	技术发展与版权扩张	易健雄	法律出版社	2009 年 5 月第 1 版
17	知识产权法的辩证法思考	肖光、肖霈桦、刘伟元	花城出版社	2009 年 5 月第 1 版
18	知识产权战争对策	王晓先、林敏	暨南大学出版社	2009 年 5 月第 1 版
19	软件知识产权保护制度研究	董雪兵	浙江大学出版社	2009 年 6 月第 1 版
20	激励与接入：版权制度的经济学研究	朱慧	浙江大学出版社	2009 年 6 月第 1 版
21	知识产权法	张玉敏、张今、张平	中国人民大学出版社	2009 年 6 月第 1 版
22	版权交易制度研究	来小鹏	中国政法大学出版社	2009 年 7 月第 1 版
23	版权法	郑成思	中国人民大学出版社	2009 年 7 月第 1 版
24	著作权法	李明德、许超	法律出版社	2009 年 7 月第 2 版
25	知识产权法教程	王迁	中国人民大学出版社	2009 年 7 月第 2 版
26	系统科学视野下的知识产权	杨雄文	法律出版社	2009 年 8 月第 1 版
27	传统知识保护的权利设计与制度构建：以知识产权为中心	丁丽瑛	法律出版社	2009 年 8 月第 1 版

表二　　编　著（以出版日期为序）

序号	书　　名	作　　者	出 版 社	出版日期
1	中国知识产权管理报告 NO. 1	范晓波	中国时代经济出版社	2009 年 1 月第 1 版
2	知识产权民事诉讼热点专题研究	张广良	知识产权出版社	2009 年 1 月第 1 版
3	完善知识产权执法体制问题研究	中国社会科学院知识产权中心、中国知识产权培训中心	水利水电出版社	2009 年 1 月第 1 版
4	知识产权法	王崇敏、李建华	吉林大学出版社	2009 年 1 月第 1 版
5	知识产权法学	吴汉东	北京大学出版社	2009 年 2 月第 4 版
6	知识产权基础教程	王兵	清华大学出版社	2009 年 3 月第 1 版
7	影响中国的 100 个知识产权案例	田力普	知识产权出版社	2009 年 4 月第 1 版
8	中国知识产权指数报告	王正志	知识产权出版社	2009 年 4 月第 1 版
9	纪念改革开放 30 周年暨中国知识产权发展论坛论文集	杨铁军	知识产权出版社	2009 年 6 月第 1 版
10	知识产权法	吴汉东	北京大学出版社	2009 年 6 月第 2 版

续前表

序号	书　　名	作　　者	出 版 社	出版日期
11	知识产权法实施中的疑难问题	刘春霖等	中国人民公安大学出版社	2009 年 7 月第 1 版
12	知识产权制度基础理论研究	吴汉东	知识产权出版社	2009 年 8 月第 1 版
13	现代知识产权法	曲三强	北京大学出版社	2009 年 8 月第 1 版
14	知识产权法	刘春田	中国人民大学出版社	2009 年 8 月第 4 版
15	防止知识产权滥用法律机制研究	费安玲	中国政法大学出版社	2009 年 9 月第 1 版

表三　　译　著（以出版日期为序）

序号	书　　名	作　　者	译 校 者	出 版 社	出版日期
1	版权文化——知识产权的政治经济学	[美] 罗纳德·V·贝蒂格	沈国麟、韩绍伟 译	清华大学出版社	2009 年 1 月第 1 版
2	亚洲知识产权与传播	[澳] P.N. 托马斯、J. 瑟韦斯	高蕊 译	清华大学出版社	2009 年 1 月第 1 版
3	版权法与因特网	[匈] 米哈依·菲彻尔	郭寿康、万勇、相靖 译，郭寿康、万勇 校	中国大百科全书出版社	2009 年 1 月第 1 版
4	版权法导论	联合国教科文组织	张雨泽 译，郭寿康 审校	知识产权出版社	2009 年 1 月第 1 版
5	知识产权价值评估基础	[美] 韦斯顿·安森	李艳 译	知识产权出版社	2009 年 3 月第 1 版
6	知识产权许可协议	[德] 约·帕根贝格、迪特里希·拜尔	谢喜堂 译	上海科学技术文献出版社	2009 年 7 月第 6 版
7	数字权益管理：传媒业与娱乐业中数字作品的保护与盈利	[美] 塔瑟尔	王栋 译	人民邮电出版社	2009 年 11 月第 1 版
8	创意产业中的知识产权——数字时代的版权和商标	[美] 卢茨厄	王娟 译	人民邮电出版社	2009 年 11 月第 2 版

（二）论著评述

1. 著作权基础理论与著作权运用研究相得益彰。

《著作人身权研究》一书以著作人身权理念的历史演进为开端，对著作人身权的权利性质“人身权利说”、“财产权利说”进行反思，认为著作权制度的规范设计“不仅需要考虑著作权人权益保护的功能，还需要考虑其他权利主体权益保护的功能”。该书诠释了现行法著作人身权的权利体系，并对侵犯著作人身权的侵权与法律责任进行了探讨。

“人们奋斗所争取的一切，都同他们的利益有关”①。《版权文化——知识产权的政治经济学》一书将传播政治经济学的理论运用到版权领域，通过对版权机制的控制研究，揭示了版权如何“在资本增值循环的过程中，成为创造财富的工具”。作者从提炼决定知识产权起源的决定性因素出发，以历史唯物主义的观点剖析了在版权起源的历史叙述中，资本主义和印刷媒介被强调为决定力量②。该书揭示了资本的运作力量如何在新传播技术与娱乐版权系统的博弈中施加了影响，提出了与通常所认识的知识产权的功能相左的观点，并且对如何防止知识产权的资本扩张加以探讨。

面对网络技术以及知识产权国际化所带来的挑战，版权交易过程中所涉及的利益冲突问题更加突出，版权交易制度的理论和实践更应受到重视。如何

① 《马克思恩格斯全集》，第 1 卷，82 页，北京，人民出版社，1956。

② 参见 [美] 罗纳德·V·贝蒂格：《版权文化——知识产权的政治经济学》，沈国麟、韩绍伟译，11～12 页，北京，清华大学出版社，2009。

能使版权交易顺利进行并实现版权价值的最大化，成为著作权实务研究的重要领域。《版权交易制度研究》、《版权与图书外贸》等著作的问世，弥补了该领域的空白。《版权交易制度研究》是一个兼具理论思维和实践探究的课题成果，该书以著作财产权的变动为线索，以著作财产权本身具有商品性得出其交易的正当性和必然性的命题。围绕该命题，作者对著作财产权交易的主体、客体、交易方式进行阐述，又以权利义务平衡理论主张应对著作财产权的交易行为加以限制。版权评估对著作财产权交易的公平、合理起着不可或缺的作用，从法律视角关注影响版权评估的法律因素。该书还涉及了著作财产权交易中的代理制度，其作为著作财产权变动的桥梁，发挥着重要作用。而《版权与图书外贸》一书则在国际贸易的视阈内分析法律规范对版权流转的保障作用。该书介绍展示了作为版权产业及图书版权贸易重要基础的版权法律制度的基本知识与最新进展，研究了中国文化走出去及国家实施知识产权战略大背景下我国图书及版权贸易的发展进程、存在问题及发展策略，探讨了版权贸易的基本流程、基本制度、相关理论及操作实务。

2. 著作权经济学研究蔚然成风。

法的经济分析的主要贡献之一就是简单化①。在经济分析的视野里，知识产权制度是人类追求效益价值最大化的产物。《激励与接入：版权制度的经济学研究》一书提到“激励”就是版权法必须以维护作者权利为核心，确立作者在版权法中的主导地位，用以激励作者的创作活动。“接入”就是公众对版权作品中的思想和表达的获得和使用。从经济学的视角看，激励与接入之间存在着一个悖论。本书探讨了在版权作品市场中运用经济学方法研究版权制度的可行性。具体而言，讨论了版权制度本身所蕴含的创作者、传播者与使用者的利益均衡问题，并尝试解决所谓的激励与接入的两难困境，实现对创作者激励的同时达到对使用者的接入。另一部以经济学理论阐释知识产权制度的著作是《知识产权制度与经济增长关系的实证研究》。本书以新经济增长理论为基础，以所构建的知识产权保护强度指标体系为测定依据，得出一国或地区的知识产权保护强度是由立法和执法强度所决定的。还从实证角度分析了知识产权制度对我国技术创新、技术扩散的影响及对我国经济增长的贡献率。该书分析了我国知识产权制度未能充分发挥作用的原因，提出了完善知识产权制度的政策建议。

3. 网络世界的“著作权之争”方兴未艾。

著作权制度自诞生之日起，就在不断接受并适应着新技术带来的挑战。这种对新技术很强的变通性与适应性正是版权制度几百年来长盛不衰并稳步发展的生命力所在②。版权保护作者利益、维护公众权利的合理使用，其边界从来就不是固定不变的，而是随着技术发展不断地调整。《版权法中私人复制问题研究：从印刷机到互联网》一书基于“私人复制行为的普遍性和复制权的基础地位”，认为“私人复制涉及版权理论的核心并且几乎触及版权法所有的制度”。复制与复制权“是版权法研究中一个必经通道和富有学术价值的议题”。作者对版权与传播技术的互动关系进行了梳理，得出版权制度随着技术的进步而发生重大变革和创新，指出技术对版权制度所起的决定性作用，探讨了私人复制权及其限制的理论根源，以现有的版权侵权制度、补偿金制度以及权利管理制度对网络环境下私人复制的不合理性进行矫正，评价了在网络技术背景下，各国的立法和司法的运作机制，并对我国著作权法相关制度的建立和健全提出了建议。

“互联网时代知识产权方面最重要的思想家”劳伦斯·莱斯格的《免费文化——创意产业的未来》中译本于2009年10月问世。莱斯格认为网络时代著作权的斗争缘起于互联网的诞生模糊了传统法律管辖的自然界限，导致“法律的实际控制力越来越宽泛”，必须“了解传统，在合适的背景中考察眼下的这场争论”。莱斯格对“盗版”的法律解读同样是依从历史的逻辑，得出“电影、唱片、广播、有线电视等媒体的重要组成部分都脱胎于所谓的‘盗版’”的结论。作者认为“网络不应该成为‘偷盗’他人作品的工具，但是法律也不应当成为作者获取报酬的方式”。在新的传播技术与著作权的卫士们的斗争中，“法律必须改变，在保证作者权益的同时，允许市场以最有效的方式生产和传播文化内容”。

4. 著作权行政与司法保护实践研究并重。

与世界上绝大多数国家知识产权执法体系主要以法院为主导不同，我国自建立知识产权制度以来，行政保护和司法保护“双轨制”就成为一大特色。研究我国知识产权制度行政保护的“去与留”以及如何实施是我们当前特别需要考虑的问题。《WTO框架下

① 参见［美］威廉·M·兰德斯、理查德·A·波斯纳：《知识产权法的经济结构》，金海军译，12页，北京，北京大学出版社，2005。

② 参见郑成思主编：《知识产权——应用法学与基本理论》，355页，北京，人民出版社，2005。

中国知识产权行政保护》、《完善知识产权执法体制问题研究》等论著都对我国实施知识产权行政保护的必要性进行了论证，开创性地研究了知识产权跨区域的行政执法机制等具体理论和实践问题。

著作权司法保护的研究成果依旧丰硕。《著作权案例评析》、《知识产权审判指导》、《知识产权民事诉讼热点专题研究》、《知识产权司法解释理解与运用》、《知识产权案例评述与诉讼技巧》等著作的问世，为我国著作权司法保护体系的完善及著作权案件审判质量的提高指出了方向。

四、观点概要①

（一）基础理论

1. 权利正当性。

有学者以竞争法思维阐释了知识产权法的二元目的和实现途径。直接目的是激励开发，保护开发者的支配利益，最终发展目的在于实行全面的内部法律规制来维系成果信息开发与利用的竞争秩序。知识产权法需要借助民法和反垄断法的力量来形成外部纠偏机制②。关于公有领域，有学者指出，“父子”理论和“地产”学说支撑着版权机制，但这两个理论导致了今天版权的失范，带来公共领域的衰退和消亡③。有学者指出，从公有领域角度理解知识产权法，知识产权的非理性扩张构成对公有领域信息繁荣的危害，危及知识产权制度激励个人向社会提供更多更好知识、信息的宗旨④。同样地，有学者指出，近年来知识产权的发展背离良性初衷，走向非理性扩张、失衡的异化之路⑤。为协调当前作者和未来作者的利益，版权法的出路是应引入“公共领域”的概念，使其和“独创性”理论协同运作，实现作者之间作品创造的代际平等⑥。利用公共领域的理论来衡平版权过度保护之倾向，并使后者在接受前者价值规制的前提下良性地运转和发展是完全可欲的⑦。

2. 权利属性。

有学者认为，在需要将传统知识等客体纳入知识产权保护的形势下，对知识产权“法益论”的解释能够包容并超越“私权论”，而更具合理性⑧。作为知识产权对象的信息应是控制论意义上的信息，知识产权的诸多困境源于信息的主客观双重属性⑨。对于知识产权的支配权属性，有学者认为，知识产权对象的不可占有与权利实现的第三人介入等特性决定了知识产权并非支配权，主张“传播权”可成为知识产权权利束的“束点”⑩。

3. 权利价值。

有学者认为，版权制度是政策选择的结果，应该关注版权立法背后的政策衡量与博弈过程，关注追求竞争优势的产业界和政府的利益诉求和行动⑪。亦有学者指出，版权的基本价值指版权赋权规则的价值。版权制度所具有的是一个层次性的价值体系，版权制度作为工具力图在作品传播的参与者间作出公平分配⑫。还有学者强调知识产权制度价值评价的主体视角，认为在不同历史时期，权利人、公众和国家对于知识产权制度产生不同的价值评价，国家在现代知识产权法的发展和价值立场上的作用日趋明显⑬。

（二）版权制度

1. 权利客体。

有学者对著作权权利客体制度进行反思，指出著作权制度是以文字作品为对象而发展起来的，当新的作品类型被纳入制度范畴时，原有的解释可能漏洞百

① 本文选取的期刊论文主要从“中国知网”（http：//www. cnki. net/）学术文献总库获取。（1）在来源期刊上，笔者选取了《中文社会科学引文索引 2010—2011 年来源期刊目录》中 21 种法学期刊（包括《法学研究》、《中国法学》、《法商研究》、《政法论坛》、《中外法学》、《法律科学：西北政法大学学报》、《现代法学》、《法学》、《法学评论》、《法制与社会发展》、《环球法律评论》、《比较法研究》、《行政法学研究》、《知识产权》、《法学杂志》、《法学论坛》、《法学家》、《当代法学》、《华东政法大学学报》、《政治与法律》、《中国刑事法杂志》）。此外，为增加论文涵盖量，笔者还选取了《电子知识产权》、《中国商标与专利》、《中国版权》、《科技与法律》作为来源期刊。（2）在期刊发表时间限定上，确定的时间范围是 2009 年 1 月 1 日～12 月 31 日。（3）在关键词选取上，笔者限定的是全文含有“知识产权”、“著作权”或“版权”。笔者搜集整理符合上述条件的全部期刊论文后，对观点综述部分予以论述。

② 参见杨志敏：《论知识产权法的目的及其实现途径》，载《电子知识产权》，2009（7）。

③ 参见黄汇：《版权“隐喻”与公共领域的式微》，载《电子知识产权》，2009（7）。

④ 参见李杨：《传统知识保护的“公共领域”困境解读》，载《电子知识产权》，2009（5）。

⑤ 参见孙璐：《知识产权的异化及良性回归》，载《法学杂志》，2009（5）。

⑥ 参见黄汇：《版权法“独创性”理论的困境与出路》，载《电子知识产权》，2009（9）。

⑦ 参见张玉敏、黄汇：《版权法上公共领域的合理性》，载《西南民族大学学报》，2009（8）。

⑧ 参见李海昕：《知识产权法益论——包容与超越》，载《电子知识产权》，2009（2）。

⑨ 参见张玉敏、易健雄：《主观与客观之间——知识产权“信息说”的重新审视》，载《现代法学》，2009（1）。

⑩ 参见何鹏：《知识产权传播权论——寻找权利束的“束点”》，载《知识产权》，2009（1）。

⑪ 参见肖志远：《版权制度的政策蕴含及其启示》，载《法学》，2009（10）。

⑫ 参见宋慧献：《利益分配的工具：版权制度的价值论分析》，载《知识产权》，2009（5）。

⑬ 参见肖尤丹：《知识产权制度价值的主体性反思》，载《知识产权》，2009（5）。

出。因此有必要对著作权客体进行类型化分析①。对于思想和表达区分原则，有学者认为，传统的思想—表达二分以及实用性区分原则难以适用于非传统意义上的作品，著作权法需要重构，应充分考虑作品种类差异与著作权法统一保护的冲突，赋予传统意义上的作品强保护，对新兴的“准作品”以弱保护②。另有学者则对思想与表达的合并原则作了探讨，认为合并原则关注的是作品的表达性成分和作品表达体现的思想是否难以区分，或者表达性成分很有限以致他人的相同或相似的表达不构成侵权③。有学者以我国《著作权法》第十三条的修订为背景，对合作作品的构成加以分析，认为应当规定合作作品必须不可以分割使用，可以分割使用的结合作品应该另行规定④。另有学者对计算机病毒作为著作权客体进行论证，认为应赋予其开发者以相应的著作权权利保护，但这种著作权保护是有限的⑤。有学者对意大利 OKBABY 公司诉慈溪佳宝有限公司侵犯著作权纠纷案的判决进行评价，指出将实用艺术作品纳入美术作品进行保护存在诸多弊端⑥。还有学者指出，计算机软件、数据库、多媒体作品等数字作品首先要确定的就是数字作品的独创性标准——“小硬币标准”⑦。

2. 权利主体。

有学者对《著作权法》第十七条加以分析，认为应当加以完善，允许委托人和受托人通过合同约定将委托作品转变为单位作品或法人作品，并对委托人的身份和可以转变为单位作品的种类作出一定限制⑧。有学者对摄影作品的著作权原始主体和继受主体进行了讨论⑨。

3. 权利类型。

有学者指出，著作财产权是各种著作利用权能，而著作人格权则是一系列著作辅助权能，其功能在于为作者充分地行使著作使用权创造条件或提供保障，最终形成一个以著作使用权为中心，以公益辅助权和私益辅助权为两翼的完整的著作权权能体系⑩。有学者认为，发表权不是人身权或财产权，也不是两者的简单组合，而是兼有人身利益和财产利益的独立权利⑪。针对我国剧本保护的现状，有学者指出，正确界定保护作品完整权与改编权的关系，是协调编剧与剧本使用者之间利益冲突的关键⑫。

4. 权利利用。

不少学者对版权的金融运用作了研究。如有学者指出，版权证券化中的版权及相关权利转让法律问题对版权证券化的成败至关重要⑬。有学者介绍总结欧洲知识产权证券化的经验和国际发展趋势，提出了中国知识产权证券化的对策⑭。还有学者分析了国内知识产权质押贷款模式的利弊，对银行、政府机关、中介服务机构等参与主体进行了角色对比分析，提出了一种市场化的可推广的知识产权质押融资模式的基本思路⑮。有学者指出知识产权质押融资的主要瓶颈，认为我国应该建立知识产权质押融资国家担保制度来有效分散风险⑯。还有学者介绍了知识产权信托，认为信托可以成为推动知识产权运用进程的一种方式，而开展信托需要界定知识产权的市场竞争价值，解决其中特有的法律问题⑰。有学者介绍了国外知识产权保险的发展现状，指出知识产权保险的复杂性⑱。在知识产权出资方面，有学者指出，以知识产权出资的

---

① 参见杨明：《文字作品 v. 美术作品：对几个基本理论问题的反思》，载《中外法学》，2009（2）。

② 参见王忠诚：《著作权客体制度的现实反思与未来变革》，载《电子知识产权》，2009（5）。其他对思想—表达二分法进行探讨的论文还有李俊：《版权法中的思想与表达二分法的含义》，载《法制与社会》，2009（6），等等。

③ 参见冯晓青：《著作权法中思想与表达二分法之合并原则及其实证分析》，载《法学论坛》，2009（2）。

④ 参见卢海君：《合作作品的构成——以我国〈著作权法〉第13条的修订为背景》，载《知识产权》，2009（11）。

⑤ 参见何红锋、李宝悦：《对于计算机病毒应受到著作权法保护的思考》，载《政治与法律》，2009（1）。

⑥ 参见张嘉容、罗先觉：《关于我国实用艺术作品保护的反思——兼评意大利 OKBABY 公司诉慈溪佳宝有限公司侵犯著作权纠纷案的判决》，载《电子知识产权》，2009（12）。

⑦ 参见吴宏毅：《数字作品的“小硬币标准”》，载《法学杂志》，2009（1）。

⑧ 参见孙新强：《委托作品著作权原始归属之辨析》，载《法学》，2009（3）。

⑨ 参见贾璋炜、何岗：《摄影作品的著作权主体》，载《四川教育学院学报》，2009（2）。

⑩ 参见王坤：《论著作权的权能体系》，载《商丘师范学院学报》，2009（10）。

⑪ 参见毕荣建：《论发表权》，吉林大学2009年博士论文。

⑫ 参见冯宏声：《保护作品完整权与改编权的博弈》，载《中国知识产权报》，2009-05-22。

⑬ 参见董京波：《版权证券化中的版权及相关权利转让问题研究》，载《知识产权》，2009（3）。

⑭ 参见肖海、朱静：《借鉴欧洲经验开展中国知识产权证券化的对策》，载《知识产权》，2009（9）；《知识产权证券化的国际发展趋势及中国发展策略》，载《电子知识产权》，2009（12）。

⑮ 参见周丽：《我国知识产权质押融资典型模式之比较分析——基于法律社会学的分析视野》，载《电子知识产权》，2009（11）。

⑯ 参见宋伟、胡海洋：《知识产权质押贷款风险分散机制研究》，载《知识产权》，2009（7）。

⑰ 参见金春阳：《信托在知识产权运用中的地位与作用》，载《电子知识产权》，2009（12）。

⑱ 参见林小爱：《知识产权保险的特殊性研究》，载《知识产权》，2009（1）。

是知识产权而非知识产品，但并非所有知识产权都能成为出资标的物，需要从理论和实务角度多方面进行审查①。有学者针对信息网络传播权模式许可制度不足，提出了完善方案②。有学者总结归纳各国对作品未知使用权的转让和许可的相关规定后，对我国制度构建提出了看法③。还有学者对著作权集体管理组织版权使用费标准争议解决机制进行了探讨④。

5. **权利滥用及权利限制。**

有学者从激励与接近之平衡、宪法与公共利益、以交易成本和古典经济学为基础的经济学分析等角度对合理使用的正当性加以研究⑤。有学者指出，在新技术革命的冲击下，协调作者权利和社会利益的著作权限制制度是公众权利和作者利益冲突并激化的原因所在⑥。有学者在概述我国著作权权利限制制度的基础上阐述了制度特点及其在网络环境下的立法完善⑦。有学者认为有必要从合理使用与法定许可两方面对信息网络传播权予以完善⑧。还有以杨德衡案为例，对临摹作品合理使用的适用条件进行分析⑨。有学者认为，数字化时代著作权制度对技术措施的保护破坏了个人私益和公共利益的平衡⑩。有学者对版权默示许可制度进行讨论，建议在网络环境下从法律上将实践中形成的默示许可确立为一种法定权利限制⑪。

6. **权利保护。**

有学者以“中美知识产权保护与执行案”为例，对TRIPs协定执行条款的解释和适用进行阐述⑫。有学者对著作权法中的违法作品进行讨论，通过三步测试法对“内容违法即无著作权”的规则予以衡量，认为需要通过各种手段明确内容违法的范围⑬。还有学者从侵权行为法角度结合著作权理论，对“滑稽模仿”侵权责任规则原则和认定侵权行为标准作初步分析⑭。对平行进口问题，有学者以反垄断法规制视角进行了分析⑮，有学者从独占许可角度加以解读。⑯ 有学者对知识产权中的惩罚性赔偿进行了探讨⑰，还有学者以中美知识产权争端为视角，对我国知识产权刑事定罪标准进行了讨论⑱。

7. **网络环境下的权利保护。**

网络环境对著作权权利保护提出了新的要求，学者多有讨论。有学者在分析网络环境下著作权审判中遇到的网络服务提供者侵权构成的要件、信息网络传播行为的判断、网络服务提供者的过错标准及其判断等问题的基础上，提出了解决网络环境下著作权问题的思路⑲。在视频分享网站侵权问题上学界亦多有讨论⑳。有学者分析了P2P服务提供者间接侵权责任认定，认为当P2P服务提供者在主观上存在明知或应知的过错时，应依法承担共同侵权的民事责任㉑。有学者梳理间接责任立法程度较高的美国法判例，对替代责任、帮助侵权与“索尼”原则等进行阐述，认为引诱侵权对责任人“意图”的清晰界定可以完善间接

① 参见刘春霖：《知识产权出资标的物研究》，载《法商研究》，2009（2）。
② 参见梅术文：《信息网络传播权默示许可制度的不足与完善》，载《法学》，2009（6）。
③ 参见尹腊梅、纪萍萍：《论作品未知使用权的转让与许可》，载《知识产权》，2009（9）。
④ 参见曹世华：《著作权集体管理组织版权使用费标准争议解决机制探讨》，载《电子知识产权》，2009（1）。
⑤ 参见冯晓青：《著作权合理使用制度之正当性研究》，载《现代法学》，2009（4）。
⑥ 参见芦保成：《著作权的限制与反限制》，载《法制与社会》，2009（8）。
⑦ 参见李娟：《试论我国知识产权权利的限制——以著作权为视角》，载《仲裁研究》，2009（2）。
⑧ 参见杨异：《信息网络传播权的权利限制》，载《知识产权》，2009（3）。
⑨ 参见张剑：《临摹作品合理使用的适用条件浅析——以杨德衡案为例》，载《电子知识产权》，2009（11）。
⑩ 参见王涛：《论数字化时代下著作权制度对技术措施的保护》，载《法制在线》，2009（5）。
⑪ 参见吕炳斌：《网络时代的版权默示许可制度——两起Google案的分析》，载《电子知识产权》，2009（7）。
⑫ 参见胡建国：《〈TRIPs协定〉执行条款的解释和适用——以“中美知识产权保护与执行案”为例》，载《法商研究》，2009（4）。
⑬ 参见董皓、顾敏康：《我国著作权法中的违法作品问题》，载《法学》，2009（3）。
⑭ 参见张玉春、林文：《版权“恶搞”侵权规则原则与认定标准的适用》，载《知识产权》，2009（9）。
⑮ 参见严桂珍：《反垄断法对限制平行进口行为的规制》，载《政法论坛》，2009（5）。
⑯ 参见马乐、刘亚军：《平行进口法律规制的再思考——以知识产权独占许可为视角》，载《当代法学》，2009（2）。
⑰ 参见钱玉文、骆福林：《论我国知识产权法中的惩罚性赔偿》，载《法学杂志》，2009（4）。
⑱ 参见杨帆：《论我国知识产权刑事定罪标准——以中美知识产权争端为视角》，载《知识产权》，2009（4）。
⑲ 参见陈锦川：《关于网络环境下著作权审判实务中几个问题的探讨》，载《知识产权》，2009（11）。
⑳ 参见王宏丞、曹丽萍、李东涛：《论视频分享网站侵权案件中的焦点问题》，载《电子知识产权》，2009（4）；孙建红：《视频分享网站传播影视作品的著作权问题与思考》，载《电子知识产权》，2009（5）；芮松艳：《视频分享网站的侵权责任认定——由华夏树人诉优酷网案着手》，载《电子知识产权》，2009（4）；梅术文、温博：《探析“避风港”规则主观要件——以视频分享网站为视角》，载《电子知识产权》，2009（11）。
㉑ 参见祝建军、谭明华：《P2P服务提供者间接侵权责任的认定——以电影〈七剑〉作品著作权侵权纠纷案为例》，载《知识产权》，2009（1）。

责任的判断标准①。另有学者则对数字环境下间接侵权责任制度的局限性进行讨论，认为数字时代的著作权制度必须具有新的思路与立法范式②。还有学者认为，我国现行网络服务提供商版权责任受西方国家法律文化影响，我国不应简单移植西方制度③。还有学者对"垂直搜索"引擎的著作权侵权问题进行探讨，认为在评论构成作品时，"垂直搜索"行为无法被认定为合理使用，而是对来源网站作品著作权的侵权④。有学者以美国 Cartoon Network LP，LLLP v. CSC Holdings，Inc. 案为启示，对远程存储的直接侵权责任进行解读⑤。此外，"避风港"原则仍然是学者关注的重要内容，或认为法律追究网络搜索引擎服务商版权侵权责任应当使用过错责任原则⑥，或认为立法为网络搜索服务商"进港"避风设定了条件与例外，但这并不是审查义务的设定规则与共同侵权判断规则⑦，或对"明知"、"有理由知道"和"应知"等帮助侵权基本概念进行分析⑧。

（三）研究方法

1．法哲学。

有学者从网络版权的特殊性出发，提出我国网络版权立法的原则和方向，并对版权立法模式的选择提供建议⑨。有学者从法理学角度对知识产权法定原则在知识产权法中的地位进行了探讨⑩。还有学者认为影视作品领域中署名权纠纷多发的现象是版权经济时代著作人身权异化的结果⑪。

2．历史学。

有学者指出，著作权制度在后现代转型中不断受到各种源自对于著作权文化认识差异而导致的诘问。从微观角度出发研究著作权的历史，能更清楚地明晰著作权制度的本体价值。"小历史"的研究方法应当被知识产权研究的学者更加重视⑫。有学者考察了中国古代的版权意识运动，认为在明代，封建统治者，民间学者和作者、编者、出版者三方的利益对抗十分激烈，成为中国古代版权发展的一个重要转折点⑬。还有学者对《清议报》时期梁启超的版权思想进行介绍⑭。

3．经济学。

有学者从经济学角度对 Copyright 及 Copyleft 制度进行了比较分析，认为 Copyleft 满足了网络社会知识集体生产的需求，是对 Copyright 的超越与补充；两者都是人们在利益最大化原则下对知识产品产权形式的理性选择，并将长期共存⑮。有学者从新制度经济学角度评价我国著作权集体管理制度的不足，并提出相关优化对策⑯。也有学者从新制度经济学角度对软件版权保护制度进行分析⑰。从经济学角度讨论版权保护相关问题，对盗版问题进行分析，从垄断与版权保护和"贴现"与版权保护的角度提出版权保护相关建议⑱。

（作者单位：北京大学法学院）

---

① 参见熊琦：《著作权间接责任制度的扩张与限制——美国判例的启示》，载《知识产权》，2009（11）。
② 参见王太平、姚鹤徽：《论数字时代著作权间接侵权责任制度适用的有限性及出路》，载《电子知识产权》，2009（1）。
③ 参见曲三强、杨华权：《网络服务商版权责任的适用基础》，载《电子知识产权》，2009（4）。
④ 参见王迁：《"垂直搜索"的著作权侵权问题研究——兼评"大众点评网诉爱帮网案"及"携程网诉趣拿网案"》，载《电子知识产权》，2009（11）。
⑤ 参见孙雷：《从 RS-DVR 案看远程存储服务提供者的直接侵权责任》，载《知识产权》，2009（9）。
⑥ 参见周应江、谢冠斌：《论网络搜索引擎服务商的版权侵权责任》，载《科技与法律》，2009（3）。
⑦ 参见史学清、汪涌：《避风港还是风暴角——解读〈信息网络传播权保护条例〉第 23 条》，载《知识产权》，2009（3）。
⑧ 参见刘家瑞：《论我国网络服务商的避风港规则——兼评"十一大唱片公司诉雅虎案"》，载《知识产权》，2009（3）。
⑨ 参见胡天成：《我国网络版权立法的法理思考》，载《南京审计学院学报》，2009（4）。
⑩ 参见李强：《知识产权法定原则适用的几个基本问题》，载《科技与法律》，2009（6）。
⑪ 参见刘辉：《著作人身权异化的法社会学分析——版权经济时代的一种思考》，载《经济与法》，2009（8）下。
⑫ 参见肖尤丹：《著作权文化转型与微观历史研究方法》，载《政法学刊》，2009（2）。
⑬ 参见李曙豪：《中国明代版权意识矛盾运动的激化》，载《韶关学院学报》，2009（7）。
⑭ 参见陈立新：《〈清议报〉时期梁启超的版权思想》，载《编辑学刊》，2009（6）。
⑮ 参见聂盛：《Copyright 与 Copyleft 的经济学分析》，载《科技与经济》，2009（2）。
⑯ 参见马海群、戚增媚：《从新制度经济学视角探析我国著作权集体管理制度的优化》，载《图书馆学研究》，2009（5）。
⑰ 参见章帆、刘建萍：《关于软件产权的制度经济学研究》，载《科技与法律》，2009（2）。
⑱ 参见周晓斌：《基于经济学分析的反盗版问题探讨》，载《营销学苑》，2009（11）。

2009年版权（著作权）论文摘编

［编者按］　本论文摘编根据2009年全国公开出版的报刊上登载的论文编辑而成，资料来源于“中国知识资源总库”。论文摘编分成三部分：一是著作权法概述，二是著作权的权利主体、客体及其内容，三是著作权的管理与救济。

◆ 著作权法概述

版权“隐喻”与公共领域的式微

黄　汇

公共领域在版权法上的式微并非源于作为现象的规则本身，而恰是发轫于其构建的基础，即首先是源于塑造该规则的理论和观念的大厦。自18世纪中叶以来，作为支配着版权机制两个重要的理论支柱，或者说预示着版权合理性的两个重要的“隐喻”，才导致了今天版权的失范，从而带来了公共领域的持续衰退和不断消亡。这两个隐喻，一个就是所谓的“父子”理论，另一个就是所谓的“地产”学说。“父子”理论将作品比喻成了作者之子，而“地产”学说则将作品比拟成了土地等不动产。这两个“隐喻”的存在决定了我们思考版权的方式，也因此带来了“版权”向“公共领域”的扩张，致使后者在公众的视野中逐渐走向衰退，甚至是消亡。

版权“父子”理论之存在，引致了版权法上公共领域的衰退。原因在于：首先，“父子”隐喻将人类的文学和艺术的创作视为生物学意义上的单性繁殖，忽视了人类过往文化的集合体——公共领域对作者创作的贡献与价值。其次，“父子”理论忽视了创作活动应当是生生不息的规律。最后，在“父子”理论的支配下，由于作者被视为了是对作品具有独特贡献的唯一来源主体，版权机制就没有通过一个合理有效的公共领域机制来回馈公众和其他作者的必要了。

“地产”理论把一部作品比作个人所有的私人土地，而针对归属不同的私有土地之间具有明确实体界限的问题，版权借助于“独创性”的概念来加以区分。“地产理论”对版权法上公共领域侵蚀的消极价值，不仅表现在版权保护时间的延长上，还体现在因地产比喻中和作品生产相比拟的土地劳作等活动，它既不像“作品”生产那样，要强调对过去的依赖，也不像“作品”那样有生命的未来。这就使版权的财产属性被进一步地绝对化。由于它不再强调劳动的创造性贡献，而只注重劳动和对象之间产生了第一联系，并使其脱离了“自然的状态”就可以了。如此一来，即使是不体现创作性的数据库以及那些未经“新颖性”审查而原本属于公共领域的计算机程序等要素，也都开始成为可以获得版权保护的对象。

总之，“父子”理论和“地产”理论合为一体时，就产生了这样一个更为可怕的观点：作者对其作品的财产权甚至比普通的土地权更为绝对，因为作者不是像发现土地那样发现了作品，而是纯粹凭空地创造了作品。实际上，在网络环境下，技术措施可以使作品获得比“地产”更为绝对的保护就是前述结论的最好例证。

经过对这两个隐喻的分析，迈向版权和公共领域生态和谐之版权法理念重组的新方向是应彻底地和历史上这两个重要的版权隐喻相割裂，并发展出一种新的体现知识生态协同循环的理论来取而代之。

（摘自《电子知识产权》，2009（7））

版权的未来

易健雄　蒲　奕

一、重构版权制度的现有设想

在调整传统版权制度以适应数字技术的发展方面，国内外学者提出了一些重构版权制度的初步设想，大致如下：（1）“激励机制”模式。从版权法是为了促进知识的传播而给作者以必要激励的目的出发，美国“知识产权与新兴信息基础设施委员会”提倡建立一种新的不依赖于控制复制的“激励机制”。（2）“商业利用权”模式。美国学者李特曼认为公众有个一般的认识，即版权法对商业行为与非商业行为是区别对待的，以此为基础，可将版权设计为对作品进行商业开发利用的权利。(3)“接触控制权”模式。美国学者金斯伯格教授提出：“接触控制权”是指控制公众成员“体验”作品的方式的权利。这种权利既不同于复制权，也不同于公开表演权。(4)“传播权或利用权”模式。世界知识产权组织版权与电子商务顾问帕尔莫特预测将来单一的权利模式——统一的传播权或利用权将取代今天的权利束。

二、对调整版权制度的设想

本文认为，要想版权保护在高度技术化的社会中不偏离其原有目的——促进创新、增进公益，必须坚持版权法定主义，并适当调整目前的版权体系。

（一）坚持版权法定主义

笔者认为，从中国的具体国情出发，中国首先应在有关权利配置的外交谈判中尽可能为自己争得比较有利的国际地位，其次在履行国际义务时，应在达到国际义务标准的前提下，坚持知识产权法定的原则，对知识产权作严格的解释，版权也不例外。同时，坚持版权法定主义原则，还体现在司法实践中应从严把握版权的边界。法院优先考虑的不是个案的创造者或者投资者如何最大限度地收回投资，而是如何维持知识产权法所创设的公共领域的开放。只有当充分的证据显示，不对创造者提供基本的保护，将导致不可避免的市场失败并最终损害社会公众利益时，法院才可以考虑适用原则条款提供适当的救济。

（二）适当调整目前的版权体系

本文只是以版权的目的为出发点，借鉴他人思想中的闪光点，为增强版权对新技术的适应力而提出一条可能的思路，具体包括：取消复制权在版权体系中的基础地位，确立传播权在网络环境中的基础地位，遏制技术措施对公共领域的圈禁。

当今社会已是名副其实的信息社会，信息技术还在发展，参与到网络世界的人也越来越多。数字技术将更深刻地影响版权制度。笔者相信，经过调整后，传统版权与数字版权制度将融合成一个有机整体，这一有机整体能够适用新技术的挑战。在开放精神的制约、共存之下，版权将与技术、市场、伦理等其他元素相互配合、各司其职，很好地促进知识，增进公共利益。未来的版权将更谦和，版权的未来会更好。

（摘自《电子知识产权》，2009（1））

版权法上公共领域的合理性

张玉敏　黄　汇

公共领域的理论在很大程度上是人们为了反思版权之不足而提出来的。公共领域既是版权创造的前提和基础，也是版权发展的终极目的和价值依归。因此，从版权法外来找寻公共领域生成的合理性是完全必要的。

一、版权法上公共领域的自然正当

版权法上公共领域的保留理论，它并不限于确定版权保护的边界，以及在具体的案件中用于确定版权保护与不保护之争议的内容；相反，它是一个人类以此为基石，建立整个著作权法理论大厦的基础。因此，在版权法上保留一个广阔的、不受私人财产权染指之公共领域的存在，既是版权机制历史逻辑的必然要求，也是一个合乎自然正当版权体制建构的前提所需。

二、版权法上公共领域的经济合理

在版权法上保证一个弹性而富有活力之公共领域的存在，是完全有着其经济合理性的。首先，原本只有进步的知识放在公共领域为人类所共享，自然的进程也才会最终确保人类知识的进步与发展；其次，就创作活动而言，每一个创作活动实际上都是有他自己的底价的；最后，知识产品所具有的不同于有形物品消费需求的特点，将作品的一部分价值——作品经首次销售之后被反复使用的价值，放置在一个广阔公共领域内供人们免费利用就显得非常必要。

三、版权法上公共领域的宪政妥当

版权法上公共领域的合理性，还可以从宪政的维度获得证明，而该种论证路径主要是通过民主政治的媒介来得到证立的。版权法上公共领域的存在，对民主政治实现的意义主要体现在以下方面：第一，根据民主政治的理念，每一个政治公民都有权自由地发表言论，从而以一种自治的方式来参与民主协商和民主对话的进程。第二，根据民主政治的价值预设，我们不但需要人们可以自由地发表其言论，并且，我们还需要有更多更好质量的言论，并使这些言论展开自由地竞争，以促进一个良好公共舆论的形成和人们对问题的“真理”性认识。最后，版权法上公共领域之所以是必要的，还在于民主政治对国家权力制约方面所体现出来的依赖。

从版权法外来找寻公共领域的正当性根据，它不仅为作为一种规则现象的公共领域在版权法上的存在找到了学理支持；同时，它还有力地增强了我们在利用“公共领域”的修辞工具来遏止版权不适度扩张时的逻辑力量和证成性色彩。并使我们认识到，利用公共领域的理论来衡平版权过度保护之倾向，并使后者在接受前者价值规制的前提下良性地运转和发展是完全可欲的。

（摘自《西南民族大学学报》（人文社科版），2009（8））

版权制度的政策蕴含及其启示

肖志远

政策是由政治家即具有立法权的人制定而由行政人员执行的法律和法规。国内外的学者大多认同法律和公共政策之间具有某种内在联系，二者都面临解决社会利益分配的问题，法律手段是解决利益分配的手段之一。结合主权国家的公共政策和法律都具有维护公共利益、实现社会治理目标的共性来看，版权制度具有丰富的政策蕴含。

首先，主权国家在加入版权国际公约时，依据国情对公约中部分涉及公共利益的规定进行保留，这是国家在版权保护与公共政策选择上的一种表现。如美国对有关版权国际公约的态度可以说明，国家选择是否加入国际版权公约和加入何种国际版权公约是国家公共政策的选择结果，并不完全是出于保护版权权利人私权的考虑。

其次，主权国家版权制度直接表明其公共政策取向。在法律体系中，版权法的整体公共政策取向往往是由上位法宪法决定的，版权法自身的制度设计也体现了这一政策取向。在一些国家，宪法对公共利益的维护是直接通过其开篇规定或具体条文表述出来的。其目的是通过保护知识产权人的权利来维持一个社会赖以进步的公共领域，降低公众的学习成本和提供新作品的创作源泉，最终促进整个社会的文化和经济发展。还有不少国家的版权法直接规定了立法目的，将保护版权人的利益和社会公共利益放在一起进行表述，其暗含的逻辑关系是：维护社会公共利益是版权制度的目的，而保护版权人的利益则仅仅是实现目的的手段和方式。

再次，主权国家基于政策考量设置权利限制条款。版权法上的权利义务构造较为集中地体现了国家文化政策取向下的权利边界和国家政策的作用范围。从各国版权立法和司法实践的情况来看，版权权利限制主要通过思想和表达二分法的制度设计、合理使用制度等途径来实现。

最后，版权法基于政策取向规定权利排除领域。法律直接规定某些作品不受版权法保护，或是借助其他法律规范排除部分作品行使发行权。

版权制度的政策蕴含带给我们的启示是：在国家语境下，版权制度并非孤立的存在，而是社会治理政策的一个组成部分。在从社会经济条件变迁到随之引发的法律制度变革的过程中，存在着政策这样的一个重要过渡形态。版权制度被赋予政策含义，作为实现更高社会目标的一个工具，这为理解不同时期的各国版权制度提供了一条重要线索。在国家立法层面上，不存在纯粹意义上作为私权的版权和完全致力于保护私权的版权法，它是一个经过政策选择后的结果。因此，在关注版权立法修改成果的同时，还应该关注版权立法背后的政策衡量与博弈过程，关注追求市场竞争优势的企业和产业界的利益诉求，以及追求国家竞争优势的政府的行动。

（摘自《法学》，2009（10））

德国著作权法限制制度解释方法变迁初探

孙　晔　李　鑫

一、德国著作权法限制制度的解释方法及其变迁

德国法院在著作权法限制制度的司法解释方面一直恪守限缩性解释规则。联邦法院在电子新闻剪辑的判决中创造性地运用了新的解释方法——附加限缩性前提条件的扩展性解释。该判决以扩展性解释的方式将电子新闻剪辑这一有异于传统新闻剪辑的新兴事物纳入了德国著作权法第 49 条第 1 款的范畴，即认定以电子新闻剪辑的方式使用作者的作品属于法定许可使用的范畴，从而填补了法律制度的漏洞。同时，为了防止对电子新闻剪辑的滥用以及由此给著作权人的利益带来的消极影响，电子新闻剪辑必须符合下列前提条件下才能够享有和传统的新闻剪辑一样的特权：一是电子新闻剪辑只允许在企业或者机构内部使用或传播。二是被使用的作品只能以图片数据或者数据的形式被传播。这种组合性的解释方法体现了深深根植于德国法律思想中的逻辑哲学和制衡观念。

二、德国著作权法限制制度解释方法变迁的成因

德国著作权法限制制度解释方法的背后实际上蕴含着多重因素，它的变迁也不断地透露出全球化、区域一体化对一个国家的法律影响日益深刻和重大。由于德国规则主义的至上性导致法律适用陷入僵局，唯有在法律解释上寻找著作权法适用的新的生命力，而德国自身的法律体系也使得这种解释的推进必须是谨慎的和循序渐进的，在解释的过程中就必须考

虑到多方面的影响对德国著作权法乃至对德国整个社会所产生的可能性影响。德国著作权法限制制度解释方法变迁的因素也即是法官在进行法律解释时必须加以参照的标准。从全球范围来讲，两大法系相互借鉴和融合，美国的“因素主义”模式因有利于克服德国“规则主义”过于刚性以致难以实施的缺憾而开始被逐渐采纳；而作为欧共体的重要成员，共同体的指令在德国法体系中具有适用上的优先性，因此对于共同体指令的转化也推动着其著作权法限制制度解释方法的变迁。如果说前两者可以视为变迁的外部性因素的话，那么著作权法自身的特点则成为推动其相关解释方法变迁的内部性因素。因为任何一部法律最终都要落实到对法律利益的平衡上来，而不同时期法律对于利益保护的侧重也是会发生变化的。如何使法律因应社会发展的需要，最大限度地实现社会公平？除了尽可能实现立法的完备外，法官如何对法律进行解释无疑将成为关键因素。联邦法院通过对扩展性解释添加限缩性前提条件的法律方法，有效地避免了新的解释方法可能给著作权人带来的不利益或过分苛求。

三、对我国的启发与借鉴意义

中国著作权法限制制度采用的是大陆法系国家的规则主义，和德国一样，都呈现为一种严格的封闭状态。它们不具有广泛的适用性，特别是在数字技术、网络技术飞速发展的今天，这种刚性的立法模式往往存在无法适应传播技术发展水平、缺乏现实针对性的缺憾。面对信息化社会给此种立法模式所带来的困境，德国司法界采取的应对措施无疑会对弥补这种法律传统在中国司法实践中所导致的缺憾具有积极的借鉴意义。

（摘自《法律方法》，2009（8））

奠定现代文明社会的重要基石

刘春田

知识产权战略的实施，可以为我国推进创新型国家建设提供重要的基础。本文认为，实施知识产权战略，应当把握好：

一、理性认识知识产权战略的本质，正确处理它和建设创新型国家战略的关系

知识产权制度是建设创新型国家的必要条件。完善成熟的知识产权制度，以及高效成功的知识产权战略，是建设创新型国家的法律保障和政策基础，构建新秩序、保障国家长治久安的根本大计，堪称创造者的独立宣言、经济宪章。以专利法、著作权法和商标法为主体的知识产权制度实践，对确立和完善工业文明社会的财产和相关社会经济制度，发挥了至关重要的作用。因此，知识产权战略，本质上是法律建设和政策调整，是社会环境建设，归根到底，是制度建设，是软实力建设，属上层建筑领域的事。故而，建立完善、成熟、高效的知识产权制度，应当是知识产权战略的一项首要任务。

二、知识产权战略的核心任务是构筑新的社会秩序，实现价值观的变革

知识产权战略试图建立的，是一套帮助中国实现现代化的价值观和社会新型秩序，要解决的是人与人的利益关系，不是人和物、人和自然的关系。不宜动辄把知识产权战略描述为工程。同时，知识产权战略，是制度变革，也是价值观的变革，它既有转变观念、移风易俗，也有换位思考、利益割舍。目前，我国社会关系体系的建设和发展尚不够成熟，国家既无优良的法治传统，公众又缺乏近代法律文化的陶冶，这是我们无可选择的历史前提。战略是长远的任务，绝非朝发夕至。要笃信不疑，路是一步一个脚印走出来的。

三、尊重经济规律，尊重法律，用市场经济的思维与方法实施知识产权战略

目前我国知识产权法制不够完善的主要原因，是市场经济发展不健康。知识产权作为私权，一旦被法律认可，就本能地排斥计划体制。现代法治社会，私权是基础、是目的，公权力是辅助、是手段。按照这种模式，知识产权的权利人，既是权利的主体，也是私权行为的主导。任何与知识产权有关的公权力部门，法律上都处于辅助和服务的地位。这一关系结构和法律定位，是处理所有知识产权问题的基础和出发点，也是知识产权战略制定与实施的基础与前提。

四、知识产权战略是一个动态的、在实施中不断调整、不断完善的运行机制

知识产权战略的出现，是知识产权制度发展运动的必然结果，是杰出的创举。知识产权法是分别由单行的法律构成，和传统财产制度一样，也表现为被动地、单独地起作用的法律机制。因此，从基础、全局、长远计，创造一种与知识产权制度相匹配的“知识产权战略”机制，更好地发挥知识产权的功能，乃是知识产权制度发展到一定阶段的必然要求。制定符合本国国情的知识产权发展战略，是一种创造。中国的知识产权战略，在不断探求知识产权本质与功能的基础上，通过在实践中调整、完善，应当有一个理想的未来。

（摘自《中国版权》，2009（4））

思想与表达二分法的符号学分析

谭　玥

一、思想与表达二分法的历史成因

思想与表达二分法是著作权制度的基本原理，其含义是著作权法不保护作品的思想或情感，只保护作品的表达。这一原理为各国立法、实践及国际公约普遍接受。人类思想史上，在著作权法的形成之初，思想与表达二分法的构建无疑具有历史进步性。它一方面要求著作权法的倡导者必须平衡私人利益和公众利益，另一方面它强调了权利的对象必须是可再现的和可重复的。

二、思想与表达二分法的局限性

思想与表达二分法是著作权制度的理论基石。然而，因为著作权法的思想与表达二分法是针对“作品”这一母项所作的划分，在此二分法中的“思想”与“表达”之间也并不存在矛盾关系，所以无论在学术理论界还是司法实务界始终面临着一个不解的难题：如何区分思想与表达，即如何划出思想与表达之间的界线。在“尼科尔诉环球电影公司”一案中Hand法官首创了区别思想与表达的抽象检验法。这一方法认为，将作品的表达不断抽象的过程就是逐渐接近作品的思想的过程，法官在这一过程中的某一时刻叫停以划定两者之间的界限。然而，作品的多样性和复杂性以及法官的个人主观性使得划分思想与表达的标准始终难以确定和统一。

三、思想与表达不可分的符号本质

作品作为用语言文字构成的符号系统，根据符号学理论对作品中思想与表达之间的关系进行分析表明，作品的符号性决定了思想与表达不可分，作品是思想与表达结合的整体，表达脱离思想而单独存在将不再具有作品的意义。著作权法制度最初设立思想与表达二分法的目的在于维护私权与公共利益的平衡。然而，将思想与表达划分的理念有悖于事物的第一性，必然导致实践中的难以操作。著作权法应该顺应事物的第一性，从思想与表达结合的整体来认识作品。

四、思想与表达之间的联系

知识产权法需要选择一种新的知识财产认识论来支持其对制度的调整。以符号学的理论来认识知识财产与知识产权法，认为知识财产的价值在于其自身背后留下的踪迹的观点具有逻辑上的一致性。知识财产的符号认识论使得知识产权法关注的焦点从思想与表达之间的区别转变为思想与表达之间的联系。利用符号学原理我们发现，作品的价值不在于作为作者思想情感之流露的表达是否能够体现作者的个性与风格，而在于将作品视为一个完整的闭合体，以及它与其他作品相比所呈现的差异性。

（摘自《南昌大学学报》（人文社科版），2009（7））

网络环境下的版权热点问题与思考

吴汉东

问题一：搜索引擎服务商“主观认知”标准的判定争议

《信息网络传播权保护条例》（以下简称《条例》）第二十三条对搜索引擎服务商的间接侵权责任进行了明确规定。问题的关键在于，对其中“避风港”条款的理解尚存在争议，尤其对于书中“应知”与“明知”的判断标准问题。本文认为，应从三个层面入手理解搜索引擎主观认知要件：一是在具体的侵权判断中，主观过错的要求应仅限于具体的直接侵权行为，而不是搜索引擎技术本身；二是从传统侵权法“合理的管理人”的角度出发，服务商应当对搜索结果具有一定审核义务，但审核义务的范围应进行严格解释；三是“应知”标准的理解实质上涉及到对“红旗原则”的理解问题，应对“红旗原则”的内在含义有正确的认识，避免作过于宽泛的解释。

问题二：新兴网站存储空间技术的替代责任适用难题

《条例》第二十二条主要借鉴DMCA，对网络存储服务商的责任进行了规定。在具体适用与理解时应注意：其一，对于服务商的主观认知标准的判断，需要结合网络存储空间服务商的具体商业模式来判断是否需要承担更高的注意义务标准；其二，关于替代责任的适用问题在当前司法实践中需要明确认定。本文认为，服务商与服务对象紧密结合，形成合作分成关系，则服务商对服务对象上传的作品必然要负有更高的注意义务，且一旦作品出现版权问题，可以认为是直接侵权。

问题三：P2P技术条件下引诱侵权的借鉴与否及最终用户责任的认定困难

我国当前的法律体系内，并没有针对P2P的专门规定。就我国当前大多P2P服务商的商业模式而言，并不限于适用“引诱侵权”规则。而且，在

P2P网络个人用户版权责任问题上，在新的技术条件下，现行法中列举式的合理使用规定已无法适应新形势的发展。

问题四：现行数字图书馆运营模式下的版权侵权危机出现

对于图书馆将作品数字化使用的问题，实质上涉及到当前数字图书馆的合理使用问题。数字图书馆的版权问题，实质上涉及版权人、服务商和社会公众三方利益群体，其中特别要关注社会公众获取信息的权利问题，应强调法益优先与利益平衡原则。

问题五：作品技术保护措施反限制的公共利益考量及范围扩张

技术措施的保护应注意：一是技术保护措施的规定中应加入社会公众利益的考量因素；二是技术保护措施应扩大限制范围，并防止滥用。

总而言之，网络技术的出现和应用，打破了旧的利益格局，变革着传统的法律体系。针对上述网络时代的版权保护难题，笔者建议应从以下四个方面加以应对：第一，现行立法与司法实务应建立技术创新者与权利人之间的利益平衡机制。第二，现行知识产权法应进一步完善技术创造者责任规避机制。第三，应建立多方利益主体合作共赢的长效机制。第四，网络产业的技术服务商应建立适当的风险防范机制。

（摘自《中国版权》，2009（1））

我国非物质文化遗产保护的困境与出路

孙昊亮

非物质文化遗产的保护是人们近年来十分关注的问题。人类的社会性、文化性和历史性决定了非物质文化遗产的内涵对人类有举足轻重的意义。非物质文化遗产的保护，主要存在私权化、国际化、产业化等困境。

一、非物质文化遗产保护的私权化困境

非物质文化遗产保护的私权化冲动有着深刻的经济、社会根源。但是，非物质文化遗产与知识产权制度的本质冲突导致了知识产权制度虽然可以成为保护非物质文化遗产的重要手段，却无法担负起全面保护非物质文化遗产的重任。所以，我们不得不探讨另外一个重要问题，那就是非物质文化遗产的所有内涵是否性质相同或者性质基本相同，是否可以纳入一种保护模式之中。笔者认为对非物质文化遗产的解构非常重要，去其枝蔓才能更清晰地认识其本质，并找到相应的保护方式。

二、非物质文化遗产保护的国际化困境

非物质文化遗产的“传承性”和“群体性”决定了其保护往往更多涉及的是一个国家、民族甚至全人类的利益。这就意味着国际保护是非物质文化遗产保护的重要内容，甚至是主要内容。目前，学者们对非物质文化遗产的国际化保护，多从国家主权或者文化补偿的角度出发。笔者认为，非物质文化遗产的国际化保护不是为了过去，而是为了未来；不是单赢而是共赢。国际化是一个为了各个国家未来之共同利益而共同保护的过程，而不是对已经存在的非物质文化遗产实现权利的过程。

三、非物质文化遗产保护的产业化困境

在某些非物质文化遗产带来的巨大经济利益驱使下，非物质文化遗产的产业化成为保护者最为关心的问题。事实上，非物质文化遗产的产业化本身就是一个几乎无法完成的难题。首先，非物质文化遗产的产业化与非物质文化遗产的保护宗旨本身背道而驰。其次，非物质文化遗产的广泛性决定了产业化不可能适用于绝大多数非物质文化遗产。再次，非物质文化遗产的保护主要是对濒危文化的抢救，而非强势文化的产业化。

四、我国非物质文化遗产保护的出路

（一）政府保护为主导。所谓政府主导，就是政府利用所拥有的权力，通过制定政策、宣传推广等方式保护非物质文化遗产。

（二）社会组织和民间团体保护为补充。非物质文化遗产来源于民间、存在于民间，社会组织和民间团体可以充分发挥其在非物质文化遗产传承、发展中的重要作用。

（三）知识产权制度的私权保护为重要组成部分。如果为了将非物质文化遗产的全部内容纳入知识产权保护体系之中，而对知识产权传统理论进行根本性的修改则是得不偿失的。所以，知识产权制度的私权保护可以成为非物质文化遗产保护的重要组成部分，但相当一部分保护功能只能以公权保护的方式得以实现。

（摘自《法学杂志》，2009（8））

著作权法中思想与表达二分法之合并原则及其实证分析

冯晓青

一、合并原则的基本原理及其在司法实践中的运用

思想与表达的合并原则又称为思想表达识别的

例外原则。它只存在于特定的表达形式中，即表达与思想难以区分，甚至必须被认为混合在思想中。合并原则关注的是作品的表达性成分和作品表达体现的思想是否难以区分，或者表达性成分很有限以致他人的相同或相似的表达不构成侵权。合并原则在著作权司法实践中具有适用价值。

二、合并原则的实证分析：以计算机用户界面为例

计算机用户界面是计算机技术发展的产物。在这个界面上计算机操作者以图表表示档案、文件和程序等。用户界面环境下的保护对分析标准化与著作权保护以及相应的思想与表达二分法问题具有一定意义。就用户界面来说，标准化已经成为一种趋势。对标准化的用户界面的政策考虑是，为了激励用户界面开发者的积极性，需要给予适当的保护，但为了促进革新和技术进步又不能对其给予过多保护，在保护范围和内容上应有所限制。这可以 Lotus Development Corp. v. Borland International，Inc. 案为例加以说明。在该案中，洛图斯的菜单层面系统是否享受著作权保护是争议的焦点。该案被告力图引进自己的系统，但发现用户已经习惯性地使用原告的菜单层面系统，并且在不使用原告洛图斯的用户界面时将不能使用自己的更高级的程序。审理该案的美国第一巡回法院在该案中假定洛图斯的用户界面在它被固定时获得了保护。通过考虑市场力因素和思想表达合并原则，法院没有纠缠于著作权保护期限是否届满的问题。第一巡回法院主张，通过扩展著作权的保护到洛图斯的菜单层面系统，它将会保护程序的特征，而该特征是与思想可以进行比较的“操作方法”。该案表明在标准化问题上融进思想与表达二分法原则，可以通过适当减弱著作权保护水平而实现权利人与其竞争者及用户的利益平衡。对用户界面的著作权保护有利于激励研究开发人员从事用户界面开发的积极性。用户界面的标准化可以使开发者获得丰厚的市场回报，但也使竞争者进入不利的境地。在这种情况下，需要确认固定在那一作品中的最初表达部分或全部进入公共领域。这样做的好处是，保障下一代软件的开发者能够使用以前存在的作品，用户也能够更可靠地使用更高级的程序。

总之，当计算机的用户界面成为工业标准时，如果将这种用户界面仍当成是作品，那么这种作品的表达方式将是唯一的或者是很有限的。其受保护将对计算机行业的发展不利。当然，在成为工业标准后，这种标准可能会产生自然的垄断，而自然的垄断则可能导致潜在的滥用，此时以竞争法律加以规制就成为必要。

（摘自《法学论坛》，2009（3））

著作权合理使用制度之正当性研究

冯晓青

著作权“合理使用”制度是各国著作权制度中对著作权限制的主要内容。“合理使用”是指在一定条件下不经著作权人的许可，也不必向其支付报酬而对作品所进行的使用。合理使用制度体现了著作权法保护作者和其他著作权人的利益以及促进知识与信息广泛传播的双重目的。其正当性可以从多方面加以认识。

一、合理使用正当性之一：以激励与接近之平衡为视角

在制度安排上，以合理使用为核心的权利限制机制是建构激励与接近平衡范式的根本保障。激励与接近之间的平衡始终是协调著作权利益的杠杆。

二、合理使用正当性之二：以宪法和公共利益为视角

从宪法方面看，合理使用不是表现为对著作权的限制，而是在著作权法中实实在在地确立了合理接近著作权作品的权利，这一权利直接或者间接地受到宪法保护。在将合理使用视为一种宪法性权利时，需要在著作权人的法定权利与公众获得知识、阅读和视听的宪法性权利之间实现平衡；而且在平衡点的掌握上倾向于合理使用的宪法性权利。这种宪法性权利与宪法确立的公民的基本权利与自由密切相关。

从公共利益方面看，对作者表达的保护在合理使用框架下给不同利益主体使用作品带来收益，实现文化繁荣的公共利益就建立在这种对公众使用作品利益保障的基础之上。通过确立合理使用原则来避免过度的著作权保护或者著作权保护不足，满足了公共利益的要求。

三、合理使用正当性之三：以经济学为视角

在经济学看来，著作权法中的合理使用体现了著作权法实施的社会成本和收益间的平衡。从成本的角度看，授予著作权会产生与垄断相关的社会成本，这种成本在很大程度上转化为作品的使用者承担不经著作权人许可不得使用作品的义务。当然，实施成本还包括制止侵权的成本、著作权行政管理的成本等。从收益的角度看，它表现为著作权法激励了作者进行智力创作，增加了社会知识共有物的含量，并通过其一系列制度设计促进了思想、知识、信息的广泛传播，从而促进了社会科学文化事业的发展。这种成本与收益之间的平衡离不开著作权法的制度设计，其中合理使用占据了核心位置。对于著作权作品的用户或者说使用者来说，随着近些年来对著作权限制其他形式的严格控制，他们更依赖于通过合理使用原则解决对作品的利用问题。

四、网络环境下著作权合理使用之正当性

在网络环境下，著作权合理使用制度仍然有其存在的合理性。因为网络空间著作权的范围和用户使用作品的范围都相应地得到了很大拓展。权利扩张后权利限制也相应地被扩大了。关键是要针对网络空间不同著作权来确定对应的、适中的权利限制，特别是合理使用。我国颁布实施的《信息网络传播权保护条例》对合理使用的规定即是这种体现。

（摘自《现代法学》，2009（7））

著作权文化转型与微观历史研究方法

肖尤丹

一、挑战：来自实践的另类诘问

著作权制度在后现代转型中不断受到各种源自对于著作权文化认识差异而导致的诘问。在社会实践层面上，世界范围内的“反版权运动”和“商业版权保护主义”之间的斗争，伴随着著作权制度全球化、一体化浪潮日趋极端化。著作权法不再是简单的、超脱于日常生活的技术性法律条文，而法律模式更多的处于定型和塑型十字路口的选择之中，向左还是向右？

二、批判：经济分析方法与法律工具主义的缺陷

针对著作权制度本体意义上的诘问，著作权法制和学术研究通常从外部结构来迂回回答。通常借鉴的就是经济分析方法和法律工具主义。但纵观目前的著作权法模式和研究方法，对于终极诘问的回答似乎都很难让人满意，在强调平衡的同时实际上法律已经倒向了另一方。

三、反思：历史分析方法的重新定位

为了回应对于著作权制度存在的反思和诘问，应当首先去了解著作权的过去、现在和未来的发展脉络，从历史的角度去重新理解著作权制度。因为著作权的传统深深影响着著作权发展的现在和未来模式。无论是网络时代数字化技术对于著作权法制的冲击，还是全球化和信息经济带来的挑战，实际上都只是著作权发展中遭遇的无数矛盾和冲突的一环。历史对于著作权制度而言不仅仅是过去的事实，更多的是一种对现在的正确解读的开始。

四、尝试：一种微观历史研究方法的引入

目前的主流研究方法一味地强调著作权制度的现代性和客体性，而忽视对于这一新兴法律制度的深入的历史研究，难以回应那些挑战其本体意义的质疑。著作权制度的诸多困惑在于需要将现有概念回溯到历史中，同时又由于历史时期的不同文化背景和变化的概念规则使得问题的考究变得非常的复杂。著作权制度时至今日还尚在变动不拘之中，无论是权利客体的拓展，还是权利内容的扩张乃至权利限制的变动，这一切都将导致对于著作权历史的梳理和反思可能将是“削足适履”的危险尝试。但这种明确的风险又促动着对著作权历史研究方式的反思和探索，如何选择适当的视角和切入模式成为了首要问题。而从微观的角度出发研究著作权的历史，似乎能更清楚地明晰著作权制度的本体价值。“小历史”的研究方法应当被知识产权研究的学者更加重视。

（摘自《政法学刊》，2009（4））

自主知识产权概念辨析

林秀芹

一、现有关于自主知识产权的主要定义方法及其评析

目前，政府文件和学界界定自主知识产权的方法有如下几种：（1）从知识产权主体的角度界定；（2）从知识产权客体的角度界定；（3）从客体质量的角度界定；（4）从公权的角度界定。然而，上述定义不统一，都存在某种程度上过宽或过严的偏颇。在建立创新型国家的背景下，自主知识产权成为我国现阶段资源配置的重要依据，是政府提供财政资助、金融支持和税收减免的重要依据。因此，从法解释学的角度对自主知识产权进行界定，有助于形成具有可操作性的规则。

二、自主知识产权概念的界定原则

根据法解释学和国际私法的基本原理，结合自主知识产权这一概念提出的背景和目的，可以按照下列几个原则界定“自主知识产权”概念：（1）“自主知识产权”当为“自有知识产权”。自主知识产权的概念应该采取最近属加种差概念和以用途限制上位概念的方法进行定义。自主知识产权的定义主要在于明确种差“自主”或用目的即“自主”限制上位概念“知识产权”。因此，“自主”的界定是自主知识产权概念界定的关键，而“自主”首先应该为“自有”，即自主知识产权所有者的国籍是中国。对于如何确定法人的国籍，我国应当灵活地综合运用多种标准，可以兼采资本控制说、实际控制主义和住所地主义三个标准。（2）不应限制知识产权的取得途径。“自主知识产权”应当包括中国自然人和法人自主研发获得的知识产权和通过购买或企业并购等方式取得的知识产权。(3)“自主”应解释为可以控制与支配。“自主”含义为独立并不受制于人，因此，自主知识产权的客体应当是中国的法人或者自然人可以控制、自主支配的智力成果，仅仅是通过许可获得知识产权的使用权不是自主知识产权。中国法人或自然人通过联合研发或委托研发获得的部分使用权或所有权（未达到控制地位），也不属于“自主知识产权”。(4)“核心技术”、“重大发明”等不确定概念不应成为概念内容。为能经济地实现该概念的目的，定义中不应包括不确定的概念。因此，“核心技术”、“重大发明”等表明知识产权质量的弹性概念不宜明确列为界定“自主知识产权”的标准。(5)坚持属概念“知识产权”的本质特性。“知识产权”作为自主知识产权的属概念已经公认为私权概念，而且该种私权的理念已经深入人心，并通过 TRIPs 协议等国际条约确定下来。而自主知识产权作为知识产权的种概念，不应该突破知识产权的本质属性，因而不应在“自主知识产权”概念中引入公权因素，以免造成混淆。

综上，本文认为“自主知识产权”应当界定为：中国人（自然人、法人）最终控制的知识产权，包括专利权及非专利技术、著作权、商标权、植物新品种权等。

（摘自《厦门大学学报》（哲社科版），2009（1））

知识产权传播权论

——寻找权利束的“束点”

何　鹏

一、问题的提出：“词不达意”的知识产权权能表述

无论是立法还是学理研究，知识产权的权能表述均存在词不达意、体系混乱等问题。例如，在著作权法领域，著作权的各项权能不具有普适性，而且各项权能之间还界限不清，逻辑关系混乱。问题的根源在于对“知识产权支配权”的认识，知识产权究竟赋予权利人何种“法律的力”，这一问题仍值得我们进一步研究。

二、寻根探源：知识产权之支配权观

知识产权对象的“不可占有”与知识产权权利实现的“第三人介入”等特性，决定了知识产权并非支配权。大陆法学者均将其纳入支配权之范畴的原因主要有三：其一，民法既有的理论体系使大陆法学者形成了“路径依赖”。然而，传统民法理论的产生、发展过程与知识产权制度的产生、发展过程并不一致，传统的民法理论体系以人身权、物权、债权、继承权为其主体内容，体系之架构乃以上述权利为假想模型，知识产权乃是后来之物，因此，以“旧观点”看待“新事物”，以“旧框架”容纳“新制度”，自不免捉襟见肘。其二，“支配”这一概念十分抽象，若单从字面含义来看，其弹性极大、包容力极强，因此，知识产权藏身于中也并不显山露水。其三，从学者们给出的支配权的特征来看，“排他性”往往列于其中，但“排他性”实为绝对权之特征。由于“直接支配”、“享受利益”等表述之模糊、抽象，因此，学者们在判断知识产权是否支配权时极易把视线转移到“排他性”这个所谓的特征上来。而知识产权的义务人乃是不特定之第三人，其当然属于绝对权，自然满足“排他性”特征，如此一来，知识产权便得以登堂入室成为支配权之一员了。

三、寻找权利束的“束点”：知识产权传播权之提炼

通过历史考察可知，知识产权从诞生之日起便肩负着保护权利人市场利益的使命。若以“抽象物”作为知识产权的对象，那么，知识产权人对于“抽象物”所享有的“法定利益”并非“面面俱到”，而仅仅是及于“市场利益”。此点正是知识产权与物权之差别所在，亦是知识产权决绝于支配权之“分水岭”。而市场利益的损益离不开传播行为，因而“传播权”可成为知识产权权利束的“束点”。

为了引入“传播权”概念，笔者拟将“传播”概念之形成分成两阶段进行。第一阶段，考察“传播”作为“非法律科学”事先已定型之概念内涵；第二阶段，以知识产权“维护权利人的市场利益”这一目的为指导，将在非法律科学领域已“事先定型”之“传播”概念进行“目的性的变形”。由此推导出“传播权”的内涵是：权利人享有的向不特定第三人以再现“权利对象”的方式进行传播的权利。

（摘自《知识产权》，2009（1））

◆ 著作权的权利主体、客体及其内容

避风港还是风暴角

——解读《信息网络传播权保护条例》第二十三条

史学清　汪　涌

我国《信息网络传播权保护条例》（以下简称

《条例》）第二十三条作为网络搜索服务商侵权责任的限制规则，目的本意在于限制网络搜索服务商可能面临的版权侵权赔偿责任。虽然立法为网络搜索服务商“进港”避风设定了条件与例外，但这并不是审查义务的设定规则与共同侵权判断规则。

一、避风港规则下网络搜索服务商的审查义务

通知删除制度表明，网络服务商并不负有主动审查网络信息合法性的义务。网络服务提供商收到合格通知后，只需删除侵权信息或断开链接，并不需要对涉嫌侵权信息进行任何审查与判断，且不合格通知并不导致删除或断链的后果。

二、通知删除：网络搜索服务提供商免责条件

按照《条例》规定，网络搜索服务商免责的唯一条件就是收到权利人通知后立即断链，该通知“应当”包含要求删除或者断开链接的涉嫌侵权作品等的名称和网络地址、构成侵权的初步证明材料。不符合《条例》规定要件的通知，应被视为未发出通知，不能作为对抗网络搜索服务商援引避风港规则免责的理由。

三、但书：避风港规则的限制

我国《条例》第二十三条的避风港规则与DMCA对应条款512条（d）存在明显的不同，其中最容易引起误解的是该条的但书：“但是，明知或应知所链接的作品……侵权的，应当承担共同侵权责任”。作者认为，《条例》第二十三条规定的避风港规则与DMCA的立法本意应该一致，但书应是免责规则的限制或例外，而不应被理解为网络搜索服务商侵权判断规则。

四、第二十三条规定的内在逻辑关系

作者认为，《条例》第二十三条适用逻辑顺序应该是：权利人根据版权侵权判断规则证明网络搜索服务商行为构成侵权，而后由网络搜索服务商证明其满足避风港规则的要求。在此之后，权利人才需要举证推翻网络搜索服务商援引避风港规则的理由，比如其收到合格通知未履行删除义务，或存在其他明知或应知情形。

五、“明知或应知”的判断标准

目前很多学者认为，《网络司法解释》中的“明知”与《条例》中“明知或应知”同为网络搜索服务商侵权判断依据，二者是相互补充的关系。但笔者认为如该理解成立，如果能证明网络搜索服务商存在“明知或应知”，权利人会直接追究其侵权责任而不会发送通知；如果不能证明，权利人就发送通知，以打击侵权或追究网络搜索服务商的责任。此种情形下，网络搜索服务商就成了权利人打击侵权的工具。所以，如果混淆《条例》与《网络司法解释》中的“明知（或应知）”的关系，“避风港”将会被异化为网络搜索服务商的“风暴角”。因此，准确理解和把握避风港规则是正确适用的前提，从而避免将立法为网络搜索服务商提供的“避风港”异化为“风暴角”，背离立法本意。

（摘自《知识产权》，2009（3））

创意保护的法律路径

任自力

一、创意的内涵与认定标准

本文认为，创意是与作品、商业标志、专利技术、商业秘密等传统知识产权保护对象存在紧密联系，又具有其独立价值和内涵的一种新兴的知识产品。

关于创意的认定标准，迄今各国并无统一的观点。一般认为，创意应具备一定的新颖性和具体性，但在新颖性和具体性的衡量标准上存在不同的认识。首先，新颖性主要侧重于对一个创意来源的考察，它强调一个创意应当是由某人独立孕育产生，而非显而易见、众所周知或从其他地方获取的。美国法院评估一个创意是否具有新颖性时存在两种标准：绝对新颖性标准和相对新颖性标准。其次，具体性是指创意应当被完整地构思出来，并能被固定或记录下来。美国法院在具体性标准上也存在两种观点：一种是立即实施标准，即创意必须“能够立即被使用、不需要任何额外的修饰”，或者“应成熟到不做任何修改即可以立即实施”。另一种是一定的可操作性标准，此观点对具体性的要求较为宽松，认为创意只要具有一定程度的可操作性即可，无须成熟到可立即实行。

二、创意法律保护的权利基础分析

关于创意保护的权利基础，主要有财产权理论、合同理论、不当得利理论和保密关系理论，并相应地存在着财产法、合同法、准合同法、商业秘密或反不正当竞争法、著作权法等不同的创意保护路径。另有部分法院和学者尝试将创意的保护归入一种新的知识产权法律领域，并将既有的散布于多个法律部门中的创意保护内容统称为创意提供。这些理论、保护方法及其实践经验对于包括中国在内的其他国家或地区具有重要的借鉴价值。

三、中国创意保护的法律实践及其困境剖析

在中国，创意的法律保护还是一个新生事物，相关理论研究与实践经验都相当匮乏。目前我国当事人在创意被侵害时主要寻求的是知识产权法的保护。其中，著作权法被利用的频率最高，反不正当竞争法中的商业秘密条款也具有一定的适用空间，专利法和商标法则很少被适用。在知识产权法之外，诚实信用等民法基本原则在部分案件中也曾被用作保护创意的依据。从创意法律保护的实际效用上看，上述保护模式均明显力不从心，创意真正获得法律保护的概率非常低。但随着中国创意产业的迅猛发展，如何为创意提供周延、适当的法律保护，已成为法学理论与实务界共同面临的一个紧迫课题。

四、中国创意保护的法律路径

我国有关创意保护的理论研究与司法实践均处于初创阶段，应从三个方面构建创意保护的法律制度：在法律性质上，将创意界定为一种独立的知识财产；在保护范围上，坚持创意判断上的相对新颖性和具体性标准；在保护模式上，确立以著作权法为主导、以合同法等法律为补充的系统保护机制。

（摘自《法学研究》，2009（4））

从美国的演绎作品版权保护看我国《著作权法》相关内容的修订

卢海君

一、美国版权法对演绎作品的界定及对我国的启示

美国版权法对演绎作品的界定采取的是“具体列举＋抽象概括”的模式，不仅具体列举了实践中已经可以加以总结的演绎作品的形式，而且用“改写”、“改变”和“改编”三个具有高度概括意义的词汇将除上述明确列举之外的在已有作品的基础之上创作出新的作品形式都概括进演绎作品的范畴，具有相当程度的“周延性”。为了尊重实践发展对版权法律制度的要求，我国在第二次修订《著作权法》时，应当对演绎作品作出明确的定义，借鉴美国版权法有关演绎作品定义的相关规定，采取“具体列举＋ 抽象概括”的立法模式。

二、美国版权法对演绎作品可版权性要件的规定及对我国的启示

基于演绎作品的版权保护不对基础作品的版权地位造成不良影响的考量，美国版权司法实践中发展出“实质性区别标准”、“可区别性变化标准”等演绎作品是否具备原创性的判断标准。而我国是大陆法系国家，法院的判决在我国不能够起到“法源”的作用，加之我国现行的著作权法律制度没有对演绎作品的可版权性要件作出明确的规定，这样会导致在司法实践中，对具备何种条件的演绎作品赋予版权保护发生认识和执行上的困难，不利于正确处理原有作品的作者和演绎作者之间的利益关系。因此，需要在《著作权法》第二次修订时，对演绎作品的可版权性要件作出明确的规定，宜采“可区别性变化标准”作为演绎作品的可版权性标准，并且认可在涉及公共利益的场合，高超的艺术技巧可以产生具有原创性的演绎作品。在确定演绎作品的版权保护范围时，还应当考虑合并原则的应用。

三、美国版权法对非法演绎作品之法律地位的规定及对我国的启示

为了平衡已有作品的作者和演绎者之间的利益关系，借鉴美国版权法相关规定的合理内核，我国《著作权法》可规定：如果演绎者未经版权人的许可使用其作品创作了演绎作品，法律上推定这种演绎作品不具有可版权性；但如果演绎者的行为后来得到已有作品作者的追认，版权法的这种推定被推翻，演绎作品可以获得可版权性。

四、修订我国《著作权法》相关内容的建议

我国《著作权法》修订中应当对演绎作品作如下规定：演绎作品指的是通过改写、改变、改编等方式在已有作品基础之上创作的一切具有新的表达形式的作品，这些作品包括但不限于通过改编、翻译、注释、整理已有作品而产生的作品。只有在演绎作品相较于基础作品具备可区别性变化的时候，演绎作品才能够受到著作权法的保护，这种变化应当超出仅是微小的限度。

（摘自《政治与法律》，2009（12））

关于民间文学作品的著作权保护

郭　禾

从1990年起，我国《著作权法》第六条就规定：“民间文学艺术作品的著作权保护办法由国务院另行规定”，然而时至《著作权法》颁布近20年后的今日，关于保护民间文学艺术作品著作权的行政法规仍未出台，并且我国司法实践中真正意义上的关于民间文学作品的著作权纠纷仅有关于《乌苏里船歌》一例。

根据世界知识产权组织相关文件，所谓民间文学作品，是指由身份不明但被推定为某特定国家国民的，从该国族群的特有传统形式演变而来的文学或艺术作品；该作品世世代代为该土著族群中的身份不明者创造、传承、发展。由此可知，民间文学作品具有民族特点，且作者不明，长期以口耳相传的方式继承和发展而未被固化。我国作为一个多民族国家，有着丰富的民间文学资源。仅从这一点出发，利用著作权保护民间文学作品似对我国有利。但细致地分析，则可发现这与我国的长期利益不符，且在制度设计上缺乏正当性，也不符合解决目前民间文学传承问题的需求。

首先，中国作为一个文明古国应当对世界有所影响，但若采用著作权这种私权保护模式来保护民间文学作品，势必会在一定程度上妨碍中国传统文化的传播。其次，著作权制度作为知识产权制度的一种，其目的在于鼓励创新，但保护民间文学作品的做法显然是在鼓励人们躺在先人的身上吃祖宗饭。再次，从我国国内有关民间文学作品保护的调研情况看，保护制度的需求主要不是反映在著作权保护模式上。因为民间文学作品的传承要求更多的人了解并能使用它，而知识产权制度则是禁止他人随意使用。

当然，民间文学作品著作权保护问题的提出并非无源之水。非洲国家率先提出了民间文学作品的知识产权保护问题。很快这一提议得到了诸多发展中国家的响应，世界知识产权组织以及国际社会中一些学者也随后跟进，并进一步提出了传统文化表达形式、传统知识等概念。发展中国家试图以此作为与发达国家在知识产权谈判中的一个砝码。然而，这一砝码的分量与那些现代技术相比显然是微不足道的。它无法从根本上改变国家间在知识产权问题上的根本格局。故而，以著作权方式保护民间文学作品仅仅是国际谈判中的一个技术层面上的问题。

相应地，国际社会中的另一种立法模式，即非物质文化遗产的保护模式则更能满足现实的需求和社会的整体利益。我国已在国家和地方层面上认定了一大批非物质文化遗产，并指定了相关的传承人。这种模式采取给予传承人一定的经济支持的方式鼓励人们学习、使用那些即将失传的非物质文化遗产。至于某些能够通过市场方式实现其利益的民间文学，国家根本就不需要给予其专门保护，尽可让其在市场中成长。因此，我认为，国家没有必要就民间文学作品著作权保护问题制定专门的行政法规。

（摘自《光明日报》，2009-12-02）

合作作品的构成

——以我国《著作权法》第十三条的修订为背景

卢海君

一、合作作品界定的两种立法例

合作作品的界定有两种立法例，我国著作权法规定合作作品包括不可分割使用的合作作品和可以分割使用的合作作品；美国、德国、我国台湾地区的著作权法规定合作作品必须不可以分割使用。

二、不可分割使用语境下合作作品的构成

对于不可以分割使用的合作作品而言，其构成需要具备一定的要件。首先，需要作者具有成为合作作者的意图，即作者在创作作品时必须有就自己的作品同“他人”的作品结合成为合作作品的意图。该意图既可以明确予以表示，也可以从相关行为中予以推断，成为合作作者的意图并不需要创作者在创作合作作品时即知道合作作者是谁。另外，还需合作作者具有实质性的创作行为。一般而言，实质性的创作行为是对作品的形式作出贡献的行为，仅仅提供抽象性的思想并不能够使该思想的提供者成为合作作者。然而，在思想的提供者对作品的创作进行了具体的指导以至于思想和指导的提供对合作作品的创作作出了“实质性贡献”时，该人也可以成为合作作者。可以分割使用的合作作品无须满足成为合作作者意图这一要件。

三、不可分割使用和可以分割使用语境下合作作品的构成及问题

合作作品界定的两种立法例的优劣可以通过考察我国立法的实际效果得出。从我国《著作权法》第十三条以及《著作权法实施条例》有关合作作品的规定看，在有关合作作品的规范中并不见合作作品构成的有关规定，而美国等国都明确规定了合作作品的构成要件。即使合作作品立法的目的在于合理分配作者之间的利益，这种权利归属的调配之前提也是对何种作品构成合作作品有个明确的规定，而我国的著作权法制度不存在这样的规定，如此可能会导致司法的不一致，可能对作者的正当利益造成冲击。其次，我国著作权法中的合作作品包含不可分割使用和可以分割使用两种情形。根据上述分析，该两种情形的构成要件并不一样，而我国著作权法将此两种情形放在一起进行规定，容易造成司法实践中将两者的构成要件混同，从而导致不良后果。再次，不可分割使用的合作作品与可以分割使用的合作作品的权利归属并不相同，我国著作权法对其也有明确规定。即使我国著作权法以其权利归属为着眼点来规定合作作品，也没有理由将两者放在一起进行规定。综合上述，我国有关合作作品立法模式的立法相较于美国、德国和我国台湾地区的立法，具有不合理性。应当参照我国台湾地区有关著作权的规定，规定合作作品必须不可以分割使用，可以分割使用的合作作品另行规定。

（摘自《知识产权》，2009（11））

论我国网络服务商的避风港规则

——兼评“十一大唱片公司诉雅虎案”

刘家瑞

《信息网络传播权保护条例》（以下简称《条例》）及其避风港规则是我国版权立法上的重大进展，适用避风港规则的雅虎案也引起了版权界的极大关注。

一、避风港是免责条款，还是归责条款

网络服务商避风港的法律性质为免责条款，不是对网络服务商版权责任的最终确定，而仅仅是为网络服务商提供了新的抗辩理由。《条例》中的前三项避风港基本上体现了免责条款的性质，网络服务商在符合“自动接入传输”、“系统缓存”或“信息存储”避风港的所有要件的情况下，将不承担任何赔偿责任。但《条例》中的第四项避风港“搜索链接”却与前三项有着明显不同，实质上不是免责条款，而是归责条款。“搜索链接”避风港的解读不应参照与其行文完全不同的前三项避风港，而只能按照该条款的本意：当事人主观过错（明知或应知）将导致侵权责任，无论其是否符合通知删除程序。

二、“红旗标准”是免责要件，还是归责要件

作为避风港要件的“红旗标准”也可相应被视为免责要件，而不是归责要件。因此，对避风港合理的解读是：网络服务商只有同时符合“红旗标准”和其他所有免责要件，才可以免除因“应知”产生的帮助侵权责任；因“明知”和“有理由知道”产生的帮助侵权，由于本身不符合“红旗标准”，在任何时候都不能获得避风港免责；即使当事人违反“红旗标准”或其他避风港免责要件，法院在最终认定侵权时，仍然要逐一考察所有侵权构成要件以及避风港之外的免责条款。

三、对避风港规则的完善

《条例》可在以下几个方面完善避风港规定：（1）除了针对各类网络服务商分别规定的免责条件，所有网络服务商为了获得避风港保护，还应当进一步符合两个共同条件，包括支持标准技术措施的使用，以及向网络用户公告并且合理执行针对反复侵权人终止网络服务的管理政策。（2）“搜索链接”避风港应当提供与“信息存储”避风港类似的免责条款。（3）如果任何类型的网络服务商不符合避风港的要求，应当适用统一的归责要件来判断其是否构成帮助侵权，即是否在明知、有理由知道或应知的情况下，继续为直接侵权行为提供网络服务。（4）避风港应当对侵权通知（以及反通知）的内容作出灵活的格式要求，而不是僵化的实体性要求。（5）避风港应明确规定任何虚假陈述者必须承担对其他当事人所造成的全部损失，情节严重者以伪证罪论处。（6）版权人侵权通知如果不符合避风港要求，在判断避风港免责要件时不得予以考虑；但对于本身已经不符合避风港的网络服务商，在判断帮助侵权时仍然可以考虑该通知对“知悉”状态的影响。（7）当网络服务商收到网络用户反通知时，应当给予版权人一定的宽限期；如果版权人在宽限期内向法院提起侵权诉讼或申请临时禁令，网络服务商应当保持删除或断开状态，直到法院作出相反判决或裁决。

（摘自《知识产权》，2009（3））

论著作权法中专有使用权的性质和效力

周樨平

一、专有使用权的性质——基于民法理论的分析

民法理论给我们提供的启示就是，基于合同在他人之物上所享有的使用收益的权利，是否需要将其物权化或是赋予其物权效力完全取决于现实的需要。与债权相比，物权的效力、内容和保护方法均强于债权。专有使用权基于约定而产生，从本源上讲，专有使用权是债权，但立法者可以基于现实的需要将之绝对权化或赋予其绝对权的效力，这些必须通过立法加以明确规定，同时绝对权的设定应当辅之以公示制度，否则对于第三人利益之保护以及交易安全均会产生不利的影响。

二、专有使用权的效力——基于实例的考察

从效力的角度来衡量专有使用权的性质，一般的专有使用权是具有某些绝对权效力的债权，其绝对权效力体现在对未经许可的第三人具有排他效力，这种排他效力并不需要公示的支持。专有出版权具有完全的绝对权效力，但是在专有出版权不是法定而是约定的情况下，专有出版权的绝对权效力应当有公示制度的支持，并且专有出版权作为绝对权的内容和效力应当由法律明确规定。

三、我国专有许可使用制度的完善

（一）应当规定专有许可使用登记获得绝对权效力

如果有公示制度，被许可人可以提前预知自己的权利是否可以得到保障，从而避免损失。从另一个角度说，专有使用权人对使用许可进行登记，可以最大程度地避免著作权人重复授权的状况，即使遇到重复授权，专有使用人不仅可以要求著作权人承担侵权责任，同时可以要求在后的被许可人承担侵权责任，从而更好地维护自己的权利。所以，规定专有使用权的登记制度有利于保障专有使用人和善意第三人的权利，维护交易安全。

（二）应当在著作权法中明确规定专有使用权

著作权的利用是著作权法应当规范的重要内容，著作权利用制度不仅包括对合同的规范，更应对许可使用权作全面规定。所以，现有的“著作权许可使用和转让合同”一章可以改为“著作权许可使用和转让”，其中应当对专有使用权的获得、登记、效力、内容等作全面规定。

（三）专有出版权的特殊规定

专有出版权是专有使用权的一种，但具有特殊性，与其他专有使用权相比，专有出版权具有明确的绝对权属性，但其绝对权效力的获得也应通过公示。现在著作权法将其规定在邻接权一章中显然对明确其权利属性不利，应当将其纳入著作权许可使用的章节，并应对其权利内容、对著作权的制约作明确规定。

（摘自《河北法学》，2009（7））

论著作人身权的功能

柳励和

一、著作人身权的法理基础

著作权法理论的哲学基础不同，人们对其权利性质的理解就不同。英美法系的著作权法以洛克的“劳动价值论”为基础，注重对著作权商业价值的利用，便将著作权定位为单纯的财产权，并不包括著作人身权的内容。基于这一理念，英美法系各国著作权法一般允许著作权的自由流转，当然，这并不等于不保护作者的人身权。如果著作权人的人身权受到了侵害，可以通过普通法中的人身权制度来保护，如作者的姓名遭到他人假冒，可以提起侵权之诉求。大陆法系的著作权法则以黑格尔为代表的“人格价值论”为基础，将著作权区分为著作财产权和著作人身权两部分。当人格理论运用到作者权领域时，作品被视为作者创造性人格的表达，并且在这些作品中，继续体现了作者的人格。损害了体现作者人格的能力的行为具有可诉性。

二、著作人身权的价值分析

大陆法系著作权法赋予著作权人以著作人身权的价值体现为：在作者希望通过创作作品获得物质利益的情况下，保护作者的著作人身权同时也就意味着保护了作者的著作财产权。因为作品如果不发表，其著作财产权便无从谈起；如果作者不署名发表自己的作品，其行使自己的著作权则存在很大困难。这两项权利都与著作财产权有着内在的联系。作者之所以要保护自己的作品完整性，其目的在于避免使自己的作品受到歪曲，避免其学术价值受到非正常因素的袭扰。一旦作品的学术价值受到袭扰，则其读者必然会减少，读者的减少实际上也就意味着著作权人的财产权会受到损害。

三、著作人身权中的利益关系

保护作者利益是著作权立法的核心目的，作品一经创作，法律则赋予其著作权。对作者著作权的保护，从民事法律关系上来说，其主要的义务主体为读者和出版商。出版商的义务为积极义务，而读者的义务为消极义务。其中，出版社的积极义务主要表现在应当在作品上正确地为作者署名，或者应作者要求，为作者提供著作权证明文件等；读者的消极义务则主要表现为不得以作为的形式侵害作者的著作权。

四、著作人身权的双重功能

著作财产权的功能具有单一性，即著作财产权的功能在于保护作者的财产利益，确保作者希望通过创作作品而获得物质利益的愿望得以实现；而著作人身权的功能则具有双重性，存在着一个如何使作者利益和读者利益平衡的问题。理论上对著作人身权是否可以转让问题的争议，也便由此引起。笔者认为，从保护作者权利的功能来看，法律没有必要禁止著作人身权的转让，而从保护读者利益的视角来分析，则有限制（禁止）著作人身权转让的必要。

（摘自《学术论坛》，2009（2））

论著作人身权的性质

柳励和

一、著作人身权的词义辨析

在著作权法理论研究中，“著作人身权”、“著作人格权”和“作者的精神权利”三个不同的概念在相互混用。笔者倾向于在“著作人格权”和精神权利之间选择，抛弃“著作人身权”的说法。因为“著作人身权”的概念意味着既有著作人格权，又有著作身份权，而实际上著作权中的非财产性权利要么是“人格权”，要么是“身份权”，并不是人格权和身份权混合的“人身权”。就著作人格权和作者精神权利而言，笔者认为以作者精神权利作表述更为准确。

二、作者和作品之关系的哲学思考

对于作者和作品的关系问题，在哲学上有人格价值论、劳动价值论和后现代主义哲学三种不同的理论。这三种理论对于作品与作者关系的不同理解将直接影响到著作（人身）权性质的认定，而著作（人身）权性质的认定无疑会对著作权人以及相关人利益的保护产生一定的影响。按照人格价值论的哲学理论，作品反映作者人格，是作者人格的体现，所以著作人身权的性质当然应当认定为人格权，对著作人身权的侵害实际上也就是对作者人格利益的侵害。按照劳动价值论的哲学理论，作品是作者的劳动成果，与作者人格没有必然的联系，著作权也因此只是单纯的财产权，对著作权的侵害也就是对著作权人财产权利的侵害。按照后现代哲学思潮的主张，作品虽然由作者所创造，但作品一旦创造完成后，作者便被宣告“死亡”，作品的意义与作者没有必然联系，也就意味着作者的著作人身权没有存在的基础，即著作人身权不可能被认定为人格权。可见，在这三种哲学理论中，只有人格价值论才会得出著作人身权为人格权的结论。

三、著作人身权性质的实证分析

我国《著作权法》将著作人身权的内容概括为四项权能，即发表权、署名权、修改权和保护作品完整权。本文按照《著作权法》的规定，对著作人身权的权利性质进行实证分析，认为作者通过创作作品而产生的精神上的满足感，即为法律赋予作者著作人身权之现实源泉。保护法律赋予作者著作人身权的目的在于保护作者的学术声誉或者其他声誉。学术声誉或者其他声誉是作者通过创作作品而建立起来的，是作者一种精神上的感觉，与作者人格之间并无直接联系。侵犯著作人身权的实质即是侵犯作者的学术声誉或者其他声誉，给作者带来精神上的损害。因此，著作人身权的实质乃是一种精神上的权利。

（摘自《贵州社会科学》，2009（7））

论作品创作委托人的单方解约权

易健雄

一、委托创作合同的性质

委托创作合同不属于我国《合同法》第三百九十六条所规定的委托合同，其本身与受委托创作的作品的著作权归属之间并无必然联系。若合同只涉及委托创作而无涉于受委托创作的作品的著作权归属，该合同即属于承揽合同中的定作合同；若合同中还约定了受委托创作的作品的著作权归属，则该合同属于混合合同———其中部分属于承揽合同内容，部分属于以承揽合同内容为基础的著作权转让合同内容。在处理委托创作合同纠纷时，除了适用《合同法》总则部分规定以外，还可以适用《合同法》第十五章关于承揽合同的规定以及《著作权法》的相关规定。

二、作品创作委托人是否享有单方解约权

《合同法》第二百六十八条规定：“定作人可以随时解除承揽合同，造成承揽人损失的，应当赔偿损失。”其法理依据在于：承揽合同系为了满足定作人自身的特殊要求而订立，从其成立生效到履行完毕往往需要一定时间。在这段时间内，定作人出于自身原因或客观情势变化，可能不再需要承揽合同约定的工作成果了。如果定作人不能单方解除合同的话，就只能援引《合同法》总则中有关合同解除之规定，与承揽人协商解除合同。如双方无法达成一致，则定作人就会被拘束在“法锁”里，继续履行合同直至承揽工作完成。这种履行只会扩大定作人的损失，造成资源浪费，并无实际意义。从承揽人的角度讲，其面对的一般是众多的定作人，其中个别定作人解除合同，对承揽人的影响相对较小，而对定作人的影响则相对较大。权衡两者的利益冲突，赋予定作人单方解除合同权并非完全不公平，何况对承揽人还有后续补救措施。因此，法律赋予了定作人享有随时解除合同的权利。委托创作合同在原则上也属于承揽合同，故作品创作委托人享有单方解约权。

三、作品创作委托人行使单方解约权的条件

虽然作品创作委托人依法享有单方解约权，但并不意味着委托人可随意解除委托创作合同。为了平衡委托人与受托人之间的利益关系，不使单方解约权成为委托人侵害受托人利益的工具，法律规定委托人行使单方解约权时必须满足以下条件：（1）必须在受托人完成工作成果之前行使；（2）必须通知受托人；（3）必须赔偿受托人的信赖利益损失。综上所述，作品创作委托人在受托人完成作品创作之前，可以赔偿受托人信赖利益损失为代价，单方解除双方的委托创作合同，但须将解除合同的意思表示及时通知受托人，否则视其为未行使单方解约权，不发生合同解除之效果。

（摘自《法学杂志》，2009（6））

浅析美国2008年孤儿作品议案

黄旭春

无法确认权利人的作品被称为“孤儿作品”。这类作品让善意使用人无法进一步利用，有抑制创作之嫌，也是一种社会资源的浪费；但若放任这类作品被任意利用，与现有的著作权体系之根本又有巨大冲突。尽管孤儿作品制度的建立在我国尚无端倪，但此议题在世界范围内已引起关注，如2008年，美国议院提出了新议案，该议案包含了孤儿作品应适用的范围以及对孤儿作品救济的限制制度。

一、孤儿作品的范围

结合我国著作权法情况，确定孤儿作品范围的两个前提是：（1）作者无法确定的作品。（2）作者已发表的作品。

二、现有保护手段的利弊

各国保护善意使用人利益的手段大体分为三种：（1）行政性的强制授权，即由行政机关强制授权符合法定条件的善意使用人利用作品。此种方法最大化了善意使用人的权益。但这种手段有三项缺陷：首先，对合理努力的定义和标准不明确。其次，可能造成与国际协议不符。其三，善意使用人缴纳定额补偿金或版税即可享有强制授权带来的利益，这隐藏着不公平之患。（2）协会代表授权，即由民间性质的协会代表作者实施著作权。民间协会可以授权的范围非常广泛，但此类民间协会在中国无论从作品范围、力量强度来说都不够担当重任。（3）折中型手段。折中方法在欧盟普遍提倡。数字图书馆高级专家组下的版权小组提出为孤儿作品建立权利许可中心和数据库。成员国鼓励权利人授权权利许可中心，中心代表权利人授予作品使用许可，同时国内的协会建立许可政策、标准及费用。这种折中方法结合了两者的优势，较为合理，但对司法要求和硬件要求亦比较高。

三、美国议案的可行性

美国议案采用限制救济制度，侵权人即使尽到合理努力无法确定作者，仍然改变不了其侵权本质，仍应为作者提供救济。但根据某些作品的特殊性，可对救济方式进行一定的限制，包括对赔偿的限制和对禁止令的限制。美国议案的可行性方案可供我国借鉴。首先，该制度对使用人的侵权性质的定性非常清晰，与合理使用和法定许可分开，亦符合我国著作权法的现有分类。其次，限制制度的分类适用合理。禁止令适用于非营利使用者，合理赔偿适用于营利使用者。这样分类符合弱化营利者风险的目的，同时也平衡了作者和使用者的利益。再者，演绎作品的作者对演绎作品仍然享有著作权，符合我国著作权法的思想。但同时，一些标准问题，如“合理努力”或“勤力搜索”，仍有待多方协议或司法协助制度解决。孤儿作品派生出的演绎作品亦需要再次权衡利益。对此必须经过缜密的研究，在借鉴国际先进经验的基础上结合本国的著作权法制环境确定合理的利用制度，以免损害著作权人的私益或者公共利益。

（摘自《电子知识产权》，2009（7））

委托作品著作权原始归属之辨析

孙新强

无论是大陆法还是英美法，都坚持著作权由作者原始取得原则。在英美法上获得作者身份的途径有两条：一是参加作品的创作，依据“创作人为作者原则”而成为作者；二是未参加作品创作的人在法定条件下可依据“视为作者原则”被视为法律上的作者，即被拟制为作者。我国《著作权法》第十七条允许委托人通过合同约定著作权归属之规定则十分独特，可作两种截然相反的“合理”解释，一些学者认为通过合同可以原始取得著作权。

但对美国版权法有关委托作品规定的正确解读表明，在大陆法国家，委托作品系不同于雇佣作品的另一类作品，适用“创作人为作者原则”；在英美法国家，虽然有些委托作品可以有条件地转化为雇佣作品，但对于不能转化为雇佣作品的委托作品，则仍然实行“创作人为作者原则”。依据这一原则，只有受托人有资格成为作者并享有原始版权。在这一点上，大陆法与英美法并无实质不同。

我国《著作权法》第十七条为何规定得如此模糊，如此容易引起歧义，这与一些学者对英美版权法尤其是美国版权法的误解有关。因为这些学者只看到了美国版权法上委托人因与受托人订立合同而原始取得版权的表面现象，误以为合同约定的是“版权的归属”；同时他们还忽视了美国法上的相应规定。事实上，正是作品性质的变化和相应的法律规定的共同作用，才导致了“视为作者原则”的启动和适用。美国版权法上的这种繁琐规定看似令人眼花缭乱，但逻辑清晰，最终原始取得版权的仍是作品的作者，尽管其并非创作人。与美国版权法不同，我国《著作权法》并未作出委托作品可以转化为单位作品或法人作品的规定。因此，委托作品不具备适用这一只适用于单位作品的“视为作者原则”的条件。

解决我国《著作权法》第十七条在解释上的悖论的唯一方法，是参照美国版权法对该条文进行完善，允许委托人和受托人通过合同约定将委托作品转变为单位作品或法人作品，从而导致我国《著作权法》第十一条规定的“视为作者原则”的适用。这样，委托人便可以“单位”的身份被视为“作者”，从而作为“作者”大大方方地原始取得著作权。当然，对于委托人的身份和可以转变为单位作品的种类应当施加一定的限制，如委托人不得是公民等。否则，一人委托另一人写作学术论文，同时订立将作品转变成“单位作品”的合同，却也可以堂而皇之地取得包括署名权在内的整个著作权，这岂不同样荒谬？

（摘自《法学》，2009（3））

WTO“中美知识产权争端”：美国赢得了什么？

——评专家组对我国《著作权法》第四条的裁决

王 迁

2009年1月26日，世界贸易组织（WTO）公布了关于“美国诉中国知识产权保护与执法措施案”的专家组报告。3月20日，因中、美双方都决定不提起上诉，该专家组报告获得WTO争端解决机构会议审议通过。中国在WTO经历的首次知识产权争端至此尘埃落定。在“中国《著作权法》第四条第一款是否违反《伯尔尼公约》和《与贸易有关的知识产权协定》（TRIPs协议）”的问题上，专家组得出了不利于中方的结论。然而，仔细研读专家组的报告就不难发现：专家组不但拒绝考虑美国针对中国《著作权法》第四条第一款提出的多项指称，而且专家组没有支持美国对“禁止出版传播的作品”的范围所作出的不当解释。同时，专家组认定我国《著作权法》第四条第一款违反《伯尔尼公约》第五（一）条的理由也值得商榷。笔者认为：专家组的这一结论是建立在扩大解释和适用《伯尔尼公约》第五（一）条基础上的，关键问题在于其没有正确地认识到：该条的核心是要求“国民待遇”。更为重要的一点是，专家组针对中方的不利裁决并不会对我国著作权保护机制造成实质性影响。因为，即使《著作权法》第四条第一款被删除，内容根本违法作品的作者们有了“受著作权法保护”的权利，《著作权法》之外的其他法律、法规也仍然会禁止这样的作品出版、传播的。所以，专家组的裁决并不会对我国目前对电影和音像制品等采取的上市前许可或审查机制产生任何影响。这项裁决可能产生的唯一效果，就是使违法作品的作者通过司法程序阻止他人出版、传播其被禁作品。如上文所述，它不但没有给违法作品的作者带来任何额外利益，而且也不会为绝大多数作者所实际利用。美国USTR所极力吹嘘的“重要胜利”，不过是掩盖其在这次争端中“惨败”的遮羞布而已。

从另一个角度来看，保留《著作权法》第四条第一款也并无太大意义。《著作权法》第四条第一款将“依法禁止出版、传播的作品”排除出受著作权法保护的范围，其初衷可能是为了防止非法作品的作者取得受法律保护的“权利”。但我国《著作权法》所规定的各项专有权利，均为“排他权利”，也即禁止他人实施某种行为的权利，而不是确认作者有为某种行为的自由。换言之，作者创作完成作品之后，能否自行对作品进行复制、发行、表演和网络传播等，与《著作权法》并无关系，而是完全取决于其他法律的规定。因此，在WTO专家组裁决我国在《著作权法》第四条第一款问题上败诉的情况下，删除这一款并不会对我国的公共利益造成损害，因此是立法者应当认真考虑的选择。

（摘自《华东政法大学学报》，2009（4））

文字作品v. 美术作品：对几个基本理论问题的反思

杨 明

一、两则案例引起的思考

2007年，漫画作者何平和中央电视台记者胡某分别起诉教育部国家考试中心侵犯著作权，两案的事实和理由基本类似：原告认为，自己的作品被无署名地使用在了高考试卷之中，这是对其著作权的侵犯。而法院最后的判决也基本一致，认为被告的行为属于合理使用，并不构成侵权。但是法院在判案过程中并没有对两案作品的性质进行区别。这两个案件提醒了我们，著作权客体的类型化分析具有重要意义，对作品本身进行定性分析、明确其类型，对于解决司法实践中的具体问题是何等重要，它甚至可以说是一切著作权具体制度——包括权利的产生、内容、行使、限制等诸多方面的始点。

二、文字作品与美术作品的对比

（一）“思想—表达”二分法究竟在解释什么

笔者认为，在文学作品上，“思想—表达”二分法适用困难，而美术作品却不存在这样的困难，“思想”与“表达”能够很清楚地区分开来。原因在于，文字作品的价值在于内容而非表现形式。美术作品的价值则在于外部表现形态（美学价值）而非内容。

（二）文字作品与美术作品的“独创性”应如何解读

作品独创性的内涵也与著作权法对不同类型之作品的保护方法密切关联，文字作品的独创性是表达了作者独特的观点（内容），而美术作品的独创性则是独立完成艺术创作活动（作者个性的展现）。

（三）貌合神离——文字作品与美术作品的复制问题

所谓复制，是将作品固定在有形的物质媒介上，使得作品可以为他人直接或间接地接触。独创性的内涵决定了构成复制的判断标准；就文字作品与美术作品而言，其独创性是不同的，因而二者在复制的问题上——构成复制的判定、是否有区分原件与复制件的必要，也存在着较大的差异。笔者认为，临摹、绘画均为创作行为而非复制，因此，其作者并不构成对在先之艺术作品的合理使用，我国《著作权法》第二十二条第一款第十项的规定应将“临摹、绘画”予以删除，以免让人产生错误的认识。当然，从结果上看，将此处的“临摹、绘画”作为合理使用来对待，与将之视为单独的创作行为并没有什么本质的不同，但本文旨在揭示概念的确切内涵，使美术作品的基本理论（独创性、复制等基础性问题）与具体制度在逻辑体系上保持统一。

著作权制度的历史告诉我们，它是以文字作品为对象而发展起来的，著作权基本原理的解析也是针对文字作品的。因此，当新的作品类型不断被纳入制度范畴时，原有的解释难免漏洞百出，美术作品与文字作品的对比即为典型。有鉴于此，对著作权客体进行类型化分析的意义逐渐凸显出来，紧紧围绕“著作权究竟要保护什么”来区分不同类型的作品，继而对前述基本原理分别进行阐释，以图在司法过程中正确适用之。

（摘自《中外法学》，2009（2））

我国著作权法中的违法作品问题

董　皓　顾敏康

我国《著作权法》对违法作品的否定态度十分坚决，其第四条第一款规定：“依法禁止出版、传播的作品，不受本法保护。”这意味着不仅内容违法的作品，而且程序上违法的作品都不被授予著作权，并且程序与内容之间存在相互影响的关系。

一、违法作品是否仍受著作权法保护

从国内著作权法的角度来看，中国著作权法的立法基础决定了著作权属于一种法定权利而非自然权利。在这一性质的决定性作用下，授予哪些作品著作权完全取决于立法者的选择。因此，“违法作品即无著作权”在现行国内法层面具有合法性。从国际著作权法的角度来看，中国所加入的著作权国际公约以“作品自创作完成时自动产生版权”为原则，因此我国著作权法上有关“程序违法即无著作权”的规定，显然与该原则相冲突，缺乏正当性。

二、运用“三步测试法”检视“内容违法即无著作权”的规定

“三步测试法”是指在判断各国国内法是否违反国际知识产权条约的时候，以三个标准来作出评价，即国内法对知识产权的限制和例外规定应局限于：特定的特殊情形；不与作品的正常利用相冲突；不应不合理地损害权利持有人的正当利益。通过“三步测试法”对“内容违法即无著作权”的规则予以衡量后，可以发现问题的关键是：并非不能在立法中否定内容违法的作品的著作权，而是需要通过各种手段明确内容违法的范围，使其符合TRIPs协议第13条中“特定的特殊情形”的要求。

三、“超国民待遇”的出现及解决方案

中国著作权法中“作品违法即无著作权”的含糊规定导致了超国民待遇的产生，有必要探索出一套既符合国际公约，又有益于国内法治发展的制度改革方案：（1）明确程序违法的作品自创作完成时即产生有消极的著作权。即在任何作品被判定为内容违法之前，无论是否满足行政机关有关出版发行的程序性规则，著作权人都有权禁止他人复制、发行或通过其他方式传播作品。（2）当程序违法的作品因为侵权行为而受到著作权人追诉的时候，侵权人可选择直接赔偿或立即向法院指定的机构提存赔偿金，但如果选择后者，其赔偿金中必须包括额外的法定孳息。（3）对作品内容管制制度进行改革，改变简单禁止的粗糙立法，采用分级制度，划定不同类别作品的传播范围，将大部分作品从模糊的标准中解放出来。同时，应该以事后的司法审查制度代替事前的行政审查制度，将内容的合法与否与著作权的行政保护相分离，避免作品因无法确定其合法与否而处于权利不确定状态。（4）赋予违法作品著作权，使其传播者受到双重的限制：公法上的禁止和惩罚与私法上著作权人的权利主张，增加遏制违法内容作品传播的力量。(5) 如果我国《著作权法》第四条第一款的确暂时无法取消，也应将其开放式的援引性表述修改为封闭式的确定性陈述，以符合 TRIPs 协议中“特定的特殊情形”的要求。

(摘自《法学》，2009 (3))

知识产权出资标的物研究

刘春霖

在以知识产权出资时，用作出资的是知识产权而非知识产品，但并非所有知识产权都能成为出资标的物。从理论角度考察，知识产权出资标的物的适格要件应当包括：(1) 确定性。知识产权出资标的物之“确定性”应当包括如下几层含义：首先，知识产权出资标的物要求特定化。其次，知识产权出资标的物应是既有权利。再次，知识产权出资标的物应符合“有效性”要求。(2) 有益性。知识产权对人类社会的发展具有有益性，否则法律制度便不可能对其提供保护。但是，此处所指的有益性乃是指用作出资的知识产权对接受其出资的企业利润最大化目标的实现可能产生的作用，而非一般意义上的有益性。(3) 可转让性。知识产权出资人应对该项知识产权享有独立支配的权利，限制转让之知识产权不能作为出资标的物。以共有知识产权出资的，应在其他共有人同意的情况下方能视为有效出资。(4) 货币估价的可能性。无论以何种形式的非现金财产出资，都必须对其进行评估并将其折算为现金。具有货币估价的可能性也是知识产权出资标的物的一个必要条件。

从实务的角度考察，以著作权出资为例，需要对权利内容、特征与客体分别审查。首先，并非所有著作权内容都可成为出资标的物。著作人身权不能作为出资标的物。著作财产权作为出资标的物时，实践中更常见的是企业根据企业的经营性质，选择接受某件作品著作财产权中的一两项财产权出资。其次，著作权的两个主要特征对著作权作为出资标的物具有重要影响。一是著作权因作品的创作完成而自动产生的特点要求在以著作权作为出资标的物时，应当首先办理该著作权的登记，以尽可能减少著作权作为出资标的物的风险。二是著作权突出对人身权的保护，在以著作财产权出资时双方当事人也必须就特定作品的人身权事先做好约定，以避免纷争。最后，实践中并非各种作品著作权都可作为出资标的物，实践中可能成为常例的著作权作为出资标的物往往体现在一些功能性作品上。

知识产权的资本化不只是一种经济现象，更是一种法律现象。一方面，从法律的角度考察知识产权出资标的物的适格要件，包括对确定性、有益性、可转让性和货币估价的可能性的逐一分析，旨在提供一个总的法律选择的标准，为知识产权出资各方提供一个谈判的前提。另一方面，针对诸如著作权、专利权和商标权等不同的知识产权出资标的物，分别从其法律特性上的差别分析对知识产权资本化的影响，则旨在为特定知识产权出资提供具体的个性思路，为知识产权出资各方启迪思维。

(摘自《法商研究》，2009 (2))

◆ 著作权的管理与救济

版权合理使用制度的多维视角

陆　美　刘志刚

一、公平与效率兼顾：法律价值的集中体现

作为版权人权利特殊限制的一种形式，合理使用体现了法学和经济学价值观的辩证统一，集中体现了版权制度追求的公平与效率兼顾的法律价值。因而，准确界定权利人、传播者和使用者三者的权利范围，在版权合理使用制度调整过程中强调公平但不放弃对效率的追求，寻求权利人个体利益与公共利益协调的机制，这是检验合理使用制度是否符合公平与效率的价值目标，能否消除利益主体之间冲突的重要标准。

二、知识传播的公共属性：合理使用制度产生的基本前提

知识的公共产品属性以及信息传播的公共属性是合理使用制度产生的基本前提。因为知识作为一种特殊商品，具有公共产品的属性。知识产品的公共属性意味着社会公众在基于智力成果所进行的活动中，享有获取和利用知识的权利和自由。社会作为一个整体，允许在一定条件下不经版权人许可而使用公共知识产品，比严格保护版权作品所获得的利益要大得多。

三、公共利益优先：合理使用制度的价值目标

公共利益通常指全社会的共同利益。在版权法领域，公共利益主要相对于版权人的私人利益而言，包括信息传播者与社会公众传播和使用作品的利益。公共利益优先的原则确认了合理使用的公共利益目

标。版权法中的合理使用制度为版权人针对信息传播中的公共利益提供了一个利益平衡的手段，确认了包含在版权中的思想或者信息对于社会利益的作用。合理使用制度的设立不会对版权法中激励创作和有利传播的法律目标有负面影响，反而方便了公众对智力作品的利用。当然，面对数字技术的挑战，我们需要防止把任何作品都归于公共领域而不适当地追求公共利益的倾向。

四、数字时代版权扩张的回应

版权制度的发展经历了版权法创立初期的印刷环境，20世纪的模拟信息时期，再到如今的数字时代。随着科学技术尤其是传播技术的发展，版权制度经历了从封闭到融合，从差异走向整合的过程，在数字时代逐渐呈现出权利保护的强化趋势。面对数字时代的版权权利扩张，合理使用制度同样应当作出积极回应。国际版权公约和各国版权法针对数字环境重建合理使用原则的实践表明，数字技术的发展并没有将合理使用制度逼向绝境，也许恰恰相反，合理使用制度将在数字技术的推动下焕发出新的更大的活力。

（摘自《图书馆学研究》，2009（3））

电视版权交易：可供深度开发的“厚利润区”

——兼析电视版权交易路径选择

罗　锋

一、电视节目版权交易现状认识与分析

与图书版权贸易相比，电视节目版权贸易捉襟见肘，这阻碍了一个合理、完善的传媒产业价值链的建构，进而不利于民族文化的传播、交流与传媒产业核心竞争力的培植。

二、版权贸易与产业价值链建构

“价值链理论”为我们提供了一个对电视产业进行观照的视角。电视业竞争也不仅限于内容制作单一环节，节目版权交易亦是其价值创造的基本活动之一，围绕节目版权交易展开的销售链条对媒介最终能创造多大价值同样有着举足轻重的影响。如英国电视节目《谁想成为百万富翁》作为电视节目模版，以版权交易方式被ABC引入美国后迅速创造了一个全新的“黄金时段”。随后该节目模版在全球56个国家成功售出版权。正是由于版权贸易使得此节目遍及包括中国在内的全球传播平台，几乎每一个主要国际市场上都能寻到其版本经“本土化”后的不同表现模式。

三、节目版权交易平台搭建

电视节展基本上承担了当下电视版权交易的主要职能。就规模与影响力而言，目前国内的影视节目交易市场呈现中国国际影视节目展、上海电视节和四川电视节三足鼎立态势。中国国际影视节目展由中国广播电影电视节目交易中心举办，作为中央电视台版权节目的全球总代理和中国电视节目外销联合体的唯一版权代理交易中心，依托央视背景及其身后的行政资源，节展具有相当的影响力。上海电视节与四川电视节作为中国影视节目进出口主渠道及国际交流平台的作用和地位在其演变过程中获得了越来越强烈的认同。虽然相比西方功能完备、运作理念成熟、具有深远国际影响力的交易节展，上述各电视节展存有诸多不足，但当下最有可能提供交易平台的仍将是传统的三大电视交易节展，不过，未来网络交易平台构建倒是给我们提供了无穷的想象力。

四、难以承受之重的版权交易

无论版权交易的经济功能，还是电视产业价值链的建构所需，抑或民族文化传播使然，电视节目版权交易都将不可避免地在传媒产业化过程中从幕后走到台前，成为电视界必须面对的课题。如前文所述，版权交易必须依赖于与之相应的庞大工业体系支撑，尤其需要健康、完善、平衡的产业结构和良好的版权保护意识，加之数字化又给电视节目版权交易提出了新的必须面对的课题，这些恰恰构成了当下版权产业“难以承受之重”。我们现在所能做的是在不断提升节目自身品质、增强节目营销力度的同时，通过最有可能践行版权交易功能的交易节展来带动版权交易其他环节的勾连与发展，从而实现构建完整的电视产业链的目的。

（摘自《现代传播》（中国传媒大学学报），2009（1））

个人授权模式的兴起与著作权集体管理制度的变革

赵　宾

完善、有效的著作权管理是权利人从其享有的法定权利中得到实际利益的前提。由权利人直接管理著作权的“个别管理”模式的局限性，催生了集体管理，而这种制度在模拟技术时代取得了普遍的成功与广泛认可。然而，面对创作主体普及化、作品形态混合化、传播方式数字化、利用手段多元化的新形势，传统集体管理组织的著作权资源配置和协调功能显得捉襟见肘。相反，基于数字技术的个人授权模式得以兴起，并对著作权集体管理制度形成冲击。

但是，个人授权模式取代不了集体管理授权模式，个人授权自身存在的局限性，正是著作权集体管理的优势所在。主要表现为三个方面：一是技术障碍和著作权集体管理的数字化改造。个人授权模式高效率运作的基础是有力的技术保障。但是，在绝大多数情况下，由权利人自己开发管理其作品著作权的技术是权利人力不能及的，而集体管理组织在这方面却有得天独厚的优势，它能够大量投入，并开发出高质量的著作权管理系统。二是专业素质不高与著作权集体管理的专门化。著作权交易是一项专业性很强的工作，需要从业者具备法律、经济、外语、技术等多方面的综合知识和相关经验。集体管理组织是从事著作权交易的专门机构，配置有具备相关知识与实践经验的专业人才，可以覆盖到因为个人能力所限而所虑不周的问题。三是维权成本的高昂和著作权集体管理的经济性。网络导致作品公共性和外部效应增加，个人维权的成本相对提高。集体管理组织矫正作品外部性对权利人利益带来的损害的机制包括批量处理授权的经济性、降低个人对作品监管的难度等。

国际实践表明，通过创新，把著作权集体管理制度适用于网络环境，将会使其在著作权资源配置和作品供求关系调节中发挥更加重要的作用，这对我国相关制度的变革具有积极的启示意义。我国著作权集体管理制度的变革包括：一是法律制度创新。为了应对数字技术的挑战，我国著作权集体管理制度要作出新的完善。二是技术应用创新。“数字化著作权管理系统”是实现数字著作权集体管理最重要的标准，数字环境下要真正发挥集体管理的优势，就必须充分利用数字技术的支撑建立完备的著作权管理系统。三是市场构建创新。著作权集体管理活动应由市场调节，为了保证市场信息的真实可靠及有效及时的传播，就要建设完备的市场体系。四是功能开发创新。集体管理组织应该更全面、更深刻地认识自己的地位和社会作用，既要对本身的组织管理活动进行完善，又要通过角色转变，切入个人授权模式、服务个人授权模式、推动个人授权模式，使个人授权与集体管理授权都得到双赢的发展。

（摘自《河南社会科学》，2009（5））

关于网络环境下著作权审判实务中几个问题的探讨

陈锦川

随着网络业的迅速发展，法院受理的涉及网络的著作权纠纷越来越多。网络环境下著作权纠纷呈现出新的特点和矛盾，本文在分析网络环境下著作权审判中遇到的网络服务提供者侵权构成的要件、信息网络传播行为的判断、网络服务提供者的过错标准及其判断等问题的基础上，提出了解决问题的思路。

一、关于网络服务提供者侵权构成的要件

判断 ISP 是否侵犯他人信息网络传播权以及其他的著作权，应从行为、后果、行为与后果的因果关系和过错四个方面去分析。具备这四个要件的，构成侵权并承担侵权的民事责任。

二、关于信息存储空间、搜索引擎、链接等服务提供者免责的条件

该免责条件包括：(1) 在接到权利人的通知书后，根据本条例规定断开与侵权文件的链接；(2) 对所链接的文件是否侵权主观上不明知或者不应知。由被告对免责条件承担举证责任。

三、关于搜索引擎、链接、信息存储空间服务提供者侵权行为的性质

我国相关民事法律没有确立直接侵权、间接侵权制度，应当适用共同侵权制度来调整网络服务提供者利用其设施、技术来帮助、教唆网络信息传播的行为。

四、关于信息网络传播行为的判断

随着网络技术的发展和商业模式的多样化，网络服务的类型趋于多样化和复杂化。因此服务提供者的身份可能是多种多样的，难以以服务类型为标准确定网络服务提供者的性质。故目前倾向于不对网络服务提供者进行分类，而是根据其具体行为的性质进行分类和归责。

五、关于网络服务提供者的过错标准及其判断

网络服务提供者的过错形态包括“明知”和“应知”，即故意和过失。虽然在法律上、实务中对网络服务提供者过错的判断存在难度，但是民法理论已为过错的判断提供了一个基本的准则，即：判断行为人有无过错，要看行为人对其行为的不良后果是否能够和应当预见，要以行为人的预见能力和预见范围为基础，又要区别通常预见水平和专业预见水平等情况。因此，在涉及网络服务提供者的过

错判断上，司法实务中需要做的是，遵循上述准则，结合案件的具体情况。

六、关于系统缓存服务提供者的法律责任

《条例》第二十一条是对提供系统缓存服务的网络服务提供者免责的规定。但是，对该条内容的理解和适用，在实践中仍存在争议。如“百度案”涉及的快照服务与仅提供查询、定位功能的搜索引擎服务性质完全不同，属于“复制”和“上载”作品，已构成在网络上传播作品的行为。

七、关于P2P软件平台服务的法律调整

网络服务提供者为以P2P传输方式实现侵权作品在互联网上的传播提供平台服务的，属于我国著作权法意义上的复制和信息网络传播行为，构成对他人著作权的直接侵犯。其侵权构成要件是：（1）存在着对他人的直接侵权行为；（2）通过其服务参与、帮助了侵权信息的传播；（3）其主观上有过错。对通过P2P软件平台服务提供帮助侵权的，我国民事法律已经提供了明确的法律根据，应当依据《民法通则》第一百三十条规定和最高人民法院《解释》第三条规定来规范。

（摘自《知识产权》，2009（11））

国际学位论文开发机构版权解决模式及其借鉴

陈传夫　唐　琼　吴　钢

从国际上主要学位论文开发机构的实践着手，分析其学位论文开发服务中版权问题的解决模式，并以此为基础，为我国相关机构开发利用学位论文提出如下建议：

一、学位论文开发机构应与大学签署合作协议

大学在学位论文开发建设中发挥着重要作用。一方面，大学通过其版权政策，能够协助开发机构获得学位论文作者的授权，并在论文提交过程中发挥督促、监督和组织的作用，从而避免与单个作者联系授权存在的耗费时间长、成本高、效率较低等问题。另一方面，许多大学本身就是学位论文开发的主体。我国学位论文开发机构可根据实际情况，参考借鉴国外机构做法，制定相应措施加强与大学的合作。

二、以获得作者授权为前提开发学位论文

学位论文开发机构无论其商业或公益属性，均应获得论文作者授权。可与作者签署非专属授权许可，作者保留对论文处置的一切权利，可自行选择论文公开的范围、时间，根据作者选择的学位论文使用限制开展服务。为加强与作者的合作，获得更多授权，一方面，学位论文开发机构应采取多种宣传教育方式，帮助作者了解学位论文涉及的版权问题、电子学位论文提交流程等知识。另一方面，针对我国学位论文数量激增、学术质量普遍下降的现象，建立经过评价的优秀博硕士学位论文数据库对于信息资源的共享和利用更有意义。

三、建立合理的报酬支付模型

我国学位论文开发机构可参照UMI、BLDSC等机构的报酬支付方式，划定一个起付标准，若学位论文每年传递、下载或出售数量在此标准以上，可按照一定比例支付报酬。

四、妥善处理第三方版权问题，加强用户管理

为妥善解决第三方版权问题，我国学位论文开发机构可在授权协议中要求作者保证本人为论文作者，若论文涉及第三方版权内容，可采取两种方式解决：一种是版权问题未解决的论文不予收录，即必须获得第三方版权材料所有人和论文合作者等的发布、传播论文的书面许可，该许可必须与论文一同提交，要求作者承担以后可能出现的权利诉讼责任及相关费用等；一种是对论文中涉及第三方版权的内容实行限制获取，直至版权问题解决。同时，加强用户管理、尽到版权声明与注意义务也应成为学位论文开发机构重视的问题。这是对作者权利的尊重，也有利于开发机构规避终端用户侵权行为带来的风险。

五、优化公益性学位论文开发的市场机制

版权制度具有重要的经济价值。在保护相关权利人知识产权的同时，为充分发挥学位论文的社会效益和经济效益，需要引入市场机制加以推动。因此，我国应当加强商业性与公益性服务方式的建设，并且在这两种方式之间建立起一种有效的合作机制，促进学位论文资源的开发利用。

（摘自《大学图书馆学报》，2009（2））

海量数据的版权保护问题探究

潘继财

一、典型案例分析

近年来，海量数据服务商因著作权问题引发的纠纷呈上升态势，国内几大数据信息服务商几乎都遭遇过著作权的侵权，纷纷成为被告被诉至法庭。

目前，怎样平衡权利拥有者和使用者之间的利益，法律规范和现实的司法判例仍没有很好的解决办法，类似诉讼仍在不断发生，无形中加大了社会成本，在权利人受到侵害的同时，亦限制了行业的发展，给最终的信息使用者造成了不便。

二、版权的保护与授权

以营利为目的的信息服务商应该为取得版权付费，但对于海量数据而言，取得授权是极其困难的，支出的成本是巨大的。而由于交易成本过高势必减少交易量，在著作权人和数字信息企业之间呈现了否定的平衡，以不交易为终结。这对任何一方都是不利的：版权产业得不到发展，企业得不到发展甚至倒闭，权利人得不到收益，作品得不到有效传播，用户使用不到方便快捷的信息资源。过高的授权成本势必导致多方皆输的结果。

三、解决办法及建议

（一）改进现行的集体管理制度

著作权的集体管理是指由一定的社会组织对著作权人不便自己行使的权利进行的统一管理活动。我国现行的《著作权集体管理办法》规定，集体管理组织仅能管理会员（即向其授权的著作权人）的著作权，但在我国集体管理组织尚不健全的背景下，即使将来成立了各类相应的集体管理组织，其会员数目的代表性也一时难以满足海量数据的著作权许可要求，因此法律可以给予特别优待，设计延伸性集体管理制度，使某一作品领域的特定集体管理组织能代表该领域的所有著作权人，与数字化信息服务商签订著作权许可使用合同。

（二）建立特别许可制度

所谓特许性法定许可，指在现行著作权法上的一般法定许可的范围之外，经过国家著作权行政部门或其指定的组织审查批准后，特别允许极少数具有一定资金实力和信用保障的使用人，可以不经著作权人的许可，而使用其已发表的作品，但应当向著作权人支付适当报酬，并尊重其权利。特许性法定许可有效降低了使用人在需要海量作品时的交易成本，而且著作权报酬的支付可以委托中国著作权报酬收转中心转付，以促进包括海量数据服务商在内的大型数据、数字图书馆在摆脱著作权困境之后健康地发展，从而为社会提供更多的信息资源。

（三）建立行规共赢发展

海量数据服务商经过几年的发展已具有了一定的规模，但该行业的发展并不规范，缺少行规、标准，竞争激烈且无序，特别是在资源源头的争夺上，不时出现恶性竞争的情况。因此在现行法律下，只有建立行规，有序竞争，不断完善著作权集体管理组织和制度，才能根本解决海量数据的版权保护和授权问题。

（摘自《电子知识产权》，2009（7））

建筑作品的范围及复制侵权的认定

尹志强

一、建筑作品范围

在我国的司法实践和理论研究中，对建筑作品与美术作品的关系，建筑作品是否包括建筑设计图和建筑模型等仍然存在不同意见。

（一）建筑作品与美术作品

我国对建筑作品的认识经历了从隶属美术作品到独立，再到限定范围的过程。将建筑作品与美术作品相区别的原因在于：凡“美术作品”都给予创作者很大的自由创作空间；而建筑作品的设计图以及建筑物本身的外形所表现出来的外观虽包含有艺术创造的成分，但须遵循严格的科学技术要求和规定，设计者不能在建筑作品上进行主观随意的创作。

（二）我国建筑作品的应然范围

就建筑作品侵权角度而言，笔者以为我国建筑作品的范畴应包括建筑物本身、建筑设计图和建筑模型。在实践中，三者关联程度密切。从我国侵权的相关实例来看，对三种作品的侵权尽管有发表、传播的意图，但多数情况下，侵权人是通过对上述三种作品的抄袭，将别人的独特性艺术成果复制到自己的建筑作品上，或是用于宣传自己的建筑作品。从最终意义上看，对三者的侵权行为多数情况下指向的是建筑设计，因而尽管建筑物本身、建筑设计图和建筑模型都各自包含有自己的艺术创造内容，甚至在某些时候发生断裂，这并不妨碍它们在侵权行为上的关联性。

二、建筑作品复制侵权的认定

复制是建筑作品侵权行为中最常见的，也是最严重的侵权方式。建筑作品复制侵权内容的认定标准为：(1) 复制须为对建筑作品独创性的复制。在建筑物的复制中，行为人复制的建筑物须具有独创性的外观，而对于建筑设计图的复制，也应限于建筑设计图中具有创造性的表达形式。设计图中所包含的绘图规则属纯粹的技术性要求，对其复制不属于对其独创性的侵害。同样的道理，对于建筑模型的侵权行为也限于对模型作品的独创性部分的抄袭。如果行为人只是使用了权利人制作模型同样的材料，采用了同样的制作工艺等，行为人可能侵害了权利人的商业秘密或专利等工业产权，但并不构成对建筑作品版权的侵害。(2) 侵权作品须与建筑作品相同或实质上相同。这是认定建筑作品侵权的最根本的要件。认定这种“相同或实质上相同”必须明确，首先，侵权作品与建筑作品具有相同的质与量。只要与建筑作品具有独创性的部分存在相同或实质相同，就构成侵权。然而，认定侵权作品与建筑作品相同或实质相同的标准是比较困难的。所以，在司法实务中，建筑作品侵权纠纷必须引入专家论证程序，通过有资质的建筑设计专家的判断认定是否为复制侵权。

（摘自《知识产权》，2009 (1)）

论数字时代著作权间接侵权责任制度适用的有限性及出路

王太平　姚鹤徽

一、著作权间接侵权责任制度：著作权法对技术发展的回应及其面临的困境

数字技术打破了传统著作权制度的内在平衡。为恢复著作权制度中的内在平衡，法院创立了间接侵权理论，从而得以追究数字技术和互联网服务提供者的间接侵权责任，给予著作权人经济上的合理补偿。实践中，法院为了保护著作权人的利益，在无法适用传统的帮助侵权规则情况下，只能扩张帮助侵权规则，即只要怂恿或劝说第三人利用其提供的工具和装置从事侵权行为，不论其有无“实质性帮助”都要为其引诱行为承担责任。但由于没有对如何适用这一新原则提供指导，“引诱原则”反而模糊了帮助侵权的认定标准。由此，间接侵权规则陷入困境，无法自圆其说。

二、著作权间接侵权责任制度的实际运行效果

间接侵权责任制度之所以在新技术发展面前陷入困境，根本原因在于没有找到如何平衡著作权人和技术服务提供者之间利益的有效机制。在间接侵权责任制度下，不管是以技术服务者最终承担责任来补偿著作权人损失，还是以不保护著作权来支持某项技术的发展，都难说是解决两者矛盾的合理途径，且该制度还暴露出了规则确定性程度较低、可预测性较差、经济效率偏低的缺陷。因此，其适用是有限的。

三、数字技术时代著作权间接侵权责任制度的价值定位及出路

无论于有形交易市场还是无形网络空间，间接侵权责任制度仍有适用的余地，但是要特别强调应当以利益综合平衡的整体协调观来看待技术发展与著作权保护的关系问题，评估间接侵权责任制度运用对新技术发展的效应、对著作权人的激励效应，同时确保对社会公众信息自由获取与传播和表达自由的维护。但是在著作权法所设定的实现社会科技文化和教育整体进步的最终目标的指导下，间接侵权责任制度不是著作权人维护自己利益的灵丹妙药，也不是解决技术发展与著作权保护之间矛盾的终极方案。相反，和其他的整体协调著作权人和技术开发者、社会公众之间利益的政策相比，它处于一种补充性的地位，在面对技术的开发和运用方面它应当有严格清晰的适用条件，法院不能随意进行不适当的解释和扩大，只有完全符合间接侵权的构成要件才能够追究技术开发者的侵权责任，这样做可以确保间接侵权责任制度发挥指导技术开发者技术发展方向的作用，防止法院迫于著作权方的压力而随意行使自由裁量权判决技术开发者败诉，窒息新技术的发展。

（摘自《电子知识产权》，2009 (1)）

评“万方案”判决对学位论文授权声明的解释

李　琛

在“博硕士起诉北京万方数据股份公司”的系列案件中，法院作出了两种不同的判决：一种认为万方公司取得了授权、原告败诉，另一种则认为万方公司未经许可、构成侵权。这两种判决的差异，源自所涉学位论文所附的“授权声明”的内容差异。这种授权声明由学校预先印制、学生签字并且必须在答辩之前随同论文一并提交，其内容是允许学校在一定范围内使用论文。法院把学位论文所附的授权声明视为著作权许可协议，并且认可了声明中诸如“用不同方式在不同媒体发表、传播学位论文的全部或部分内容”的含混条款的效力，这是导致“案情类似、判决迥异”的关键原因。

一、学位论文授权声明的目的与解释

协议的解释受制于协议的目的。授权声明的目的是为了执行学位论文交存制度而明晰执行方式的一种约定，以避免在执行中导致权利纠纷。由于所约定的利用方式是非商业性的、仅限于图书馆的保存与借阅之所需，因此使用的无偿性、条款的格式

化才获得了正当性，该约定并不同于一般的交易性许可。因此，鉴于我国高校的学位论文授权声明源自同一个法律基础、出自同一种正当性，除非学校与学生另行建立了特别的交易关系，凡以格式条款形式订立的无偿授权声明均应作同一种解释，即合乎论文交存制度之目的的解释，而不应当出现“案情类似、判决迥异”的情形。

二、“模糊授权”与体系解释

在原告败诉的案件中，授权声明中除正常的符合论文交存制度之旨的条款外，还增加了一条含糊不清的一揽子“授权”。法院只是单纯地依据字面含义认定学校对外许可的行为有效。但从体系解释的角度来看，这种模糊授权的效力是令人质疑的。体系解释的结论应是：“可以采用不同方式在不同媒体发表、传播学位论文的全部或部分内容”若按字面解读，应属无效。若对其进行目的限定，则不得超出《学位条例暂行实施办法》的允许范围。无论采何种解读，都无法认定作者允许学校对第三人进行商业性授权。

三、判决的导向与授权声明的规范化

高校学位论文授权声明的差异，反映出规范化与非规范化的差异。由于现有判决未能对授权声明进行细致的目的探究与体系解释，在事实上造成了一种不合理的结果：非规范化操作的高校因此获利且不承担法律责任。这有可能形成不良导向，促使高校通过授权声明不当攫取学生利益，而学生毫无选择余地。因此，教育管理部门应当及早规范学位论文授权声明的内容。如果学校希望对学位论文进行商业性利用，应当另行与学生订立合同，平等交易，不得以此作为答辩条件。学校对学生利益的周详照顾，就是最平实的知识产权教育。

（摘自《中国版权》，2009（2））

P2P 服务提供者间接侵权责任的认定

——以电影《七剑》作品著作权侵权纠纷案为例

祝建军　谭明华

P2P 作为一种新的网络传播技术，促进了信息的传播，但也带来了复杂的 P2P 网络著作权侵权问题。电影《七剑》作品著作权侵权纠纷案是我国首例 P2P 网络服务提供者承担侵犯著作权责任的案例。对该案例审判经验进行总结，对今后审理 P2P 网络服务商著作权侵权之类型化案件具有很强的借鉴意义。

一、网络传播行为还是帮助网络传播行为

P2P 服务提供者没有直接实施网络传播作品的行为，当有 P2P 用户利用 P2P 软件非法传输作品时，P2P 服务提供者在客观上帮助了该 P2P 用户实施著作权侵权行为。因此，在本案中通过网络上传电影《七剑》的行为不是被告所为，而是使用 POCO 软件的某 P2P 用户，是该 P2P 用户直接实施了传播电影《七剑》的网络传输行为，被告只是为 POCO 软件用户传播电影《七剑》的行为提供了网络技术支持。

二、直接侵权还是间接侵权

P2P 网络运营商不可能构成直接侵犯著作权的行为。但当 P2P 软件用户利用 P2P 技术实施了侵犯他人著作权的行为时，如 P2P 网络运营商对该“直接侵权行为”实施了引诱、教唆和帮助，则将被认定为间接侵权行为，应承担相应的法律后果。

三、间接侵权责任的认定

判断 P2P 网络运营商构成间接侵权责任的构成要件为：(1) 有直接侵权行为存在；(2) 客观上参与、帮助了直接侵权行为；(3) 有过错。而认定 P2P 网络运营商主观上有过错主要有以下两种标准：一是明知。明知是指 P2P 网络运营商明确知道 P2P 用户通过 P2P 软件实施侵犯他人著作权的行为，但仍不采取措施以消除侵权后果。二是应知。应知是指根据 P2P 网络运营商的预见能力和预见范围，如果其应当预见到 P2P 软件用户存在实施侵犯他人著作权的行为，但由于其未尽到“合理理性人”的谨慎和注意义务，导致损害后果发生或扩大的，就应当认定该 P2P 网络运营商存在过错。在本案中，POCO 软件之 P2P 用户存在未经许可，将原告《七剑》电影作品在 P2P 系统中进行非法传播的直接侵权行为，而被告的 POCO 软件技术在客观上帮助了该 P2P 用户非法传输作品，被告作为一家专业网站，本应知道该 P2P 用户侵权行为的存在，但却未尽理性人应有的注意义务，从而导致该侵权行为发生或损害扩大的后果，其在主观上存在过错。据此可以认定，被告的行为符合间接侵权/共同侵权的构成要件，应依法承担间接侵权/共同侵权的民事责任，人民法院依法判决被告承担停止侵权、赔偿损失、赔礼道歉的民事责任是正确的。

本案的判决表明，面对众多的互联网用户侵犯版权的行为，法律让网络服务商与版权人一道来共同阻止网络侵权行为的发生。网络服务商作为网络看门人，其应以“合理理性人”的注意标准来履行该义务，否则将承担相应的法律责任。

（摘自《知识产权》，2009（1））

软件侵权损害赔偿的经济分析

张 蓉

一、过失的经济分析

《计算机软件保护条例》的第二十三条和第二十四条规定了对软件权利人权利的侵权行为。认定某一行为是不是对软件权利人的侵权时，要看这种行为是否有过失。在过失的认定上是侵权人违反了其合理注意义务。对于这里合理注意的标准，法律采用的是将潜在侵权人的预防行为与一个理性的人在相同的情况下加以比较。并且，在认定软件著作权侵权行为时，需要选择一种成本低而且能够证明过失和因果关系的证据原则。理论界和司法实践中比较认可的是“实质性相似加接触”原则，即只要能够证明侵权人曾接触过被侵权人享有著作权的作品，并且被控侵权的软件与被侵权的软件存在同一或者实质性相似，就可以认定有过失和因果关系的存在。这是在技术上判定是否构成侵犯软件著作权的一条原则。在证明实质性相同时，需要进行专家鉴定。

《计算机软件保护条例》第三十条规定：“软件的复制品持有人不知道也没有合理理由应当知道该软件是侵权复制品的，不承担赔偿责任；但是，应当停止使用、销毁该侵权复制品。如果停止使用并销毁该侵权复制品将给复制品使用人造成重大损失的，复制品使用人可以在向软件著作权人支付合理费用后继续使用。”软件本身作为技术含量很高的知识产品，具有很强的易逝性，由软件复制品持有人提供证明困难很大。所以，在实践中对《条例》第三十条的适用应该严格限制。这样的规定显然是将软件著作权保护提升到一个新的高度。

二、补偿性损害赔偿金

目前，在我国《著作权法》中，损害赔偿仅限于对财产损害的赔偿。对于侵犯著作权等知识产权的行为，我国法律适用的是全部赔偿原则。本文认为，在软件侵权案件中，应当主张惩罚性损害赔偿金。惩罚性赔偿金是作为惩罚被告的一种方式而给予原告的损害赔偿金，它使受害人在诉讼中获得超过其实际损失的赔偿金，而侵权人则要支付比其造成的直接损失数额更大的赔偿金。惩罚性赔偿金对于制止知识产权侵权来说是极为必要的方式。因为提高潜在的侵权人的预防成本会减低侵权概率。对于软件这种权利人极难控制是否会发生侵权行为的客体，因为控制成本将会很高，所以法律在侵权行为发生前就给予一种可预见的救济是极为必要的，有利于减少预防软件侵权行为发生的成本。惩罚越高，其威慑力就越强，侵权概率就会越低。所以，应在《条例》或《著作权法》中规定侵权人所承担的惩罚性赔偿金。但在司法实践中使用惩罚性赔偿金时必须非常谨慎，惩罚性赔偿的水平应当足以抵消加害人从过错中得到的非法利益或者遵守法律付出的额外成本。

（摘自《法学杂志》，2009（6））

网络版权保护的趋势与发展

——兼论合理使用的抗争

乔 生

自互联网横空出世，传统意义的作品经数字化为人们所应用，遂有了网络版权与合理使用之争。而随着信息网络在世界各地的迅速延伸，更由于网络经济杠杆的作用，版权巨头，尤其是音像业、软件业、版权组织以及网络服务商，在传统版权向网上延伸之后，相继通过种种可能采取的技术手段，及对国际立法、国内司法施加影响，来左右舆论，以提高网络版权保护水平，挤压合理使用范围的趋势日趋明显，且卓有成效。

但网络版权的私权保护，尽管在各国表现不同，大多经历了探索——扩张——衡平三个阶段。尽管这三个阶段在各国的时间长短不一，但每当网络版权的私权保护绝对化，或呈特权化、特殊化趋势的时候，国家立法部门，往往都运用公权力对之进行规制，给“合理使用”以一席之地。在中国，尽管有舆论认为“版权法已有的规定，用于规范网上世界作品使用，禁止侵犯版权行为，已经基本够用”，但为规范网络信息传播，最高人民法院出台了与计算机网络著作权纠纷案件相关的司法解释，但并没有真正解决网络特殊条件下版权的合理使用问题，各地法院关于网络版权的保护，总体上仍呈“就高不就低”的趋势。这种倾向甚至严重影响着我国《信息网络传播权保护条例》的草拟。

本文认为，未来网络版权保护的趋势与发展主要体现为以下三个方面：首先，网络版权的公权制约与私权扩张的较量，将在呈现更加激烈的场面后得以缓和，不过其表现形式，在经济、政治、文化背景不同的国家，不尽相同。其次，随着音像业及数据库业的发达，国际社会对网络版权的保护愈发重视，然而版权保护的国别性会越发明显。最后，随着世界经济一体化的增强和网络互联的国际化，发展中国家应当清醒地认识到，在各国网络保护水平相距甚远，许多国家仍然缺乏严格意义的保护体系的情况下，“一体化”的实质，是发达国家保护体系及规制的国际化与“化”国际。当前各发展中国家亟待完成的，不是对网络版权保护规则的国际化，而是对网络版权保护规则的系列化、条理化。特别是对一些新的版权形式的保护，要通过司法实践的总结，予以细化和完善。

（摘自《法学杂志》，2009（2））

网络服务商版权责任的适用基础

曲三强　杨华权

一、美国和欧盟关于网络服务商的版权责任以及适用

网络服务商在不同情形下所应当承担的法律责任是不同的。ICP 直接提供内容或参与内容服务，如果是通过网络自行实施侵犯他人版权的行为，其该侵权行为并不因其主体的特殊性而具有特殊性，而是与一般的网络使用者的侵权行为无异，应承担直接侵权责任，除非法律另有规定。对此美国和欧盟等国家的认识基本一致。美国和欧盟有关网络服务商的版权责任制度的有效运转，一方面主要遵循了过错原则，从而能获得普遍的认可和遵从；另一方面也与其对法律的信仰和尊重的法律传统紧密相关。同时，配合这项制度实施的其他制度也是不可缺少的。如美国的网络服务商制度是长期司法实践的积累和总结，除了帮助侵权责任和替代责任之外，还有许多制度配合其运行，如惩罚性赔偿、禁令等制度。

二、我国网络服务商的版权责任及其适用

我国在 2000 年起施行的《最高人民法院关于审理涉及计算机网络版权纠纷案件适用法律若干问题的解释》首先对网络服务商的版权责任作了规定，后在 2006 年起施行的《信息网络传播权保护条例》也对此作了与美国大致相同的规定。但该制度在制度建设和司法推行等方面均存在问题。首先，我国网络服务商的版权制度是在相关侵权责任制度很不健全和缺乏长期的司法实践的情况下建立的，可以说是一种强行法律移植的结果。在此前提下，此项制度的实施效果还有待于进一步的观察。其次，法律工具主义贯穿了中国近百年来的知识产权发展历史，知识产权是私权的观念并没有得到充分的尊重。在这种环境下，要树立法律至上、把权力让渡给法律、将法律视为保护自己权益的工具的观念还有很长的路要走。最后，我国网络服务商的版权责任制度虽然已经建立，但其真正运行所需要的其他制度尚付阙如或者不完善。

三、结语

我国的网络服务商制度是西方化的，但在实践中出现了许多法律规避和违法现象。这表明我们更应当重视研究和发展中国社会中已有的和经济改革以来正在出现和形成的一些规范性的做法，重点研究中国的问题，应针对性地结合中国的语境建立和完善我们自己的法律制度，而不是简单地移植西方法律制度。法律也是一种文化知识。“移植规则的深层含义在于移植文化，也即规则和制度的移植必须要有文化的支持。”但文化移植非常困难，所以，我们更应当重视研究中国本身的问题，并结合中国实际情况培植相应的知识产权文化，培养尊重知识产权的权利意识，强调法律作为一种预期秩序的信仰，完善配套制度。否则，强行移植的法律制度就只虚有其表。

（摘自《电子知识产权》，2009（4））

网络环境中版权直接侵权的认定

王　迁

在网络环境中版权直接侵权的认定方面，存在着“服务器标准”和“用户感知标准”之争，其关键分歧在于对作品设置深层链接是否可能构成直接侵权。笔者认为：认定网络环境中对“信息网络传播权”直接侵权的法律标准，应当是“服务器标准”，“用户感知标准”在法理上是难以成立的。即只有将作品上传至向公众开放的服务器的行为，才是受“信息网络传播权”控制的“网络传播行为”，也才有可能构成对“信息网络传播权”的直接侵权。

一、“服务器标准”符合“信息网络传播权”的立法原意

两者比较，“服务器标准”符合“信息网络传播权”的立法原意，因为只有将作品上传至向公众开放的服务器，才能使作品处于“能够为公众获得的状态”，而对该作品设置链接只是扩大了作品传播范围，并非新的传播行为。

二、采用“服务器标准”不会导致“信息网络传播权”与“复制权”的重合

有一种观点认为，如果采用“服务器标准”，将导致“信息网络传播权”和“复制权”的重合。笔者认为，这一观点混淆了“复制权”与“信息网络传播权”之间的界限。采用“服务器标准”不仅不会导致“复制权”和“信息网络传播权”的重合，而且还印证了“复制权”和“信息网络传播权”的区别所在：前者控制的是单纯的复制行为，而后者控制的是由上传导致的作品处于可为公众所获得的状态。

三、采用“服务器标准”能最大限度地维系利益平衡

如果根据“用户感知标准”将设置深层链接界定为“网络传播行为”，则该行为将直接受到“信息网络传播权”的控制。在美国等国，如果未经许可设链构成直接侵权，设链者将向权利人承担法定赔偿责任。而在我国，设链者将被推定为具有主观过错，且设链者很难通过证明自己已尽到合理注意义务而推翻这一推定，因此也要向权利人承担赔偿责任。这将导致各种类型的深层链接提供者遭受毁灭性的打击，实际上将在法律上宣告深层链接这一技术的死刑。在采用“服务器标准”的情况下，设置深层链接（包括单纯提供针对特定类型文件的自动搜索服务）由于不涉及将作品上传至服务器的行为，并不构成对“信息网络传播权”的直接侵权。只有设链者具有主观过错才构成间接侵权。因此，“服务器标准”包容了网络搜索技术的发展和合法应用，且权利人的合法利益可以通过间接侵权规则得到合理的维护，不会因采用“服务器标准”而受到损害。

总之，与“用户感知标准”相比较，“服务器标准”更为合理。它能够包容网络搜索技术的发展，有利于维系网络环境中的利益平衡，同时也得到了多数国家司法实践的认同。因此，在理论上和司法实践中承认“服务器标准”对于网络环境中著作权的合理保护十分必要。

（摘自《东方法学》，2009（2））

网络时代的版权默示许可制度

——两起Google案的分析

吕炳斌

网络时代版权保护制度正在发生衍变。在版权许可问题上，一种新的许可方式——“默示许可”正在潜然兴起。学界曾对默示许可在网络版权制度中的地位有所质疑，基于法无明文规定等理由认为默示许可不是网络环境下版权的一种权利限制，只能作为一种“自我限制”。但是，随着网络技术的发展，默示许可正在成为一种实践，尤其是Google等搜索引擎在搜索、索引、缓存网站时适用的就是“默示许可”。

本文先对与Google相关的两起涉及默示许可的重要案例进行评析。美国通过Field vs. Google案确立了搜索引擎的默示许可原则，并且发展了默示许可原则，采取了两个标准：知晓使用；鼓励使用。但可惜的是，法院的分析尚没有明确将知晓使用和鼓励使用这两个因素分开讨论，如何才能满足各个因素也不得而知。Google数字图书馆案再次涉及Google复制、搜索图书时是否可适用默示许可的问题。在经历了三年之久的诉讼程序之后，Google与出版商、作者达成和解协议，Google对其图书馆计划进行了调整，其中一个重要方面是版权许可方式由默认许可制度改为明示许可制度；并且根据该案和解协议，Google数字图书馆也将走上商业化运作之路。商业化数字图书馆早就存在，Google的优势在于其搜索能力强大、用户众多，Google搜索性图书馆之夭折实在令人叹息。

面对网络的开放性、自由性与版权的排他性、封闭性之间的冲突，从技术、法律、社区规则之间的张力入手，承认网络社区的“自生自发秩序”，在网络搜索引擎领域的法律中可以全方位引入“默示许可”制度。默示许可制度与合理使用制度都是版权侵权的抗辩理由，传统上常用的是合理使用抗辩，但在网络环境下，面临着版权的封闭性和网络的开放性之间的冲突，默示许可制度必将成为一种重要的版权许可模式和侵犯版权的抗辩理由，应被法律确立为与合理使用并列的版权权利限制。在承认默示许可制度的前提下，搜索引擎服务就可以没有任何法律障碍了，Google的搜索性数据图书馆也就可以明确地合法化了。当然，作为一种与传统版权法的法理不符的例外，默示许可制度的适用应该有一定的限制。有些领域还是要坚持明示许可，比如对于转载文章而言，仍然应该以明示许可和事前许可为原则。

（摘自《电子知识产权》，2009（7））

信息存储空间提供者的版权侵权责任

——以“土豆案”为视角

雷艳珍

信息存储空间提供者的版权侵权责任是信息时

代新传播技术冲击传统版权制度的激烈表现之一。2008年7月，《信息网络传播权保护条例》颁布后第一起关于信息存储空间提供者的版权侵权纠纷落下帷幕，上海市高级人民法院对“土豆案”作出终审判决，驳回上诉人（原审被告）的上诉，要求其停止侵害原告的信息网络传播权，并赔偿原告经济损失5万元。“土豆案”是信息社会中，科技与法律激烈碰撞的典型案例，也是如何适当适用《信息网络传播权保护条例》这一部应对新传播技术对传统版权制度带来冲击的法律的典型案例。本文以“土豆案”为视角，分析了信息存储空间提供者版权侵权的责任形态、责任构成，并审视了新技术与版权制度的未来发展方向。

一、信息存储空间提供者的侵权责任形态

“土豆网”属于网络服务提供者的一种，是信息存储空间提供者。它只为用户提供网络空间、平台，供用户上载、存储信息，并不进行主动收录，因此，一般来讲，对网络存储空间提供者没有适用直接责任的余地。网络存储空间提供者的侵权责任主要围绕着间接责任展开。目前在我国，版权侵权的间接责任是通过民法中的共同侵权理论来解决的。2006年最高人民法院颁布的关于网络著作权的解释是在著作权法中适用民法中的共同侵权理论的直接表现。

二、信息存储空间提供者的侵权责任构成

就帮助侵权的客观要件而言，离开信息存储空间提供者提供的空间和平台，直接侵权无从发生。因此，信息存储空间提供者无疑是一个“合格”的“帮助者”。从帮助侵权的主观要件而言，在版权法领域，对存储空间提供者的共同侵权行为应坚持“主观说”，以行为人的主观过错为其承担共同侵权责任的前提。在信息存储空间提供者主观认识状态的认定上，帮助侵权的成立要求行为人认识到直接侵权行为的存在，但只要这种认识构成“常识性认识”即可，并不要求其成为“实际认识”，以防止行为人蓄意无视直接侵权行为的发生。

三、展望：信息存储空间提供者未来的发展之路

利用新技术来消除技术发展带来的弊端也许是最佳选择。无论是替代责任、帮助侵权还是在Grokster案中创立的引诱侵权规则，这些纯粹的法律规则，都无法一劳永逸地解决新技术发展对版权制度带来的冲击。新技术总会凸显出法律的滞后性，但法律规则的调整不应对价值中立的技术作出否定的价值判断，技术发展带来的问题完全可以由技术的进一步发展来解决。或许我们会有新的问题出现，但科技、法律应当呈现相互促进的良性局面，矛盾正是推动科技、社会进步的动力。

（摘自《法治研究》，2009（2））

在网上张贴“结婚照”是否侵犯著作权？

——关于一则案例的实证分析

曹新明

网络在给人们的生活、工作、学习和娱乐带来许多方便和愉悦的同时，也给法律带来了许多新的问题，尤其是给著作权制度带来了挑战。习惯上，人们将在印刷出版物上登载作品作为一种发表形式，而否定在网上张贴作品是一种发表形式。在网上擅自张贴他人享有著作权的摄影作品而引发的纠纷中，不仅原告没有主张对其发表权的侵犯，而且法院还认为为了陈述事实将他人尚未发表的作品张贴在网上是合理的。对此问题，本文从作品与普通商品、作品与作品载体、网上张贴作品的性质等方面进行讨论，以帮助现实问题的解决。

本文所举案例中的原告应当以被告未经许可擅自发表其摄影作品为由起诉，指控被告侵犯其发表权，而不是起诉被告侵犯其名誉权。关于被告是否侵犯原告名誉权的问题，法院的判决是正确的，其理由是被告并没有捏造或者歪曲事实对原告进行诬蔑、诽谤，而是实事求是地陈述了原告所拍摄的结婚照的瑕疵，自己对此不满意。

然而，受诉法院却画蛇添足地对被告将摄影作品张贴于网络上的行为进行裁判，认为被告不构成侵权。单纯从著作权角度考量，被告的行为构成了对原告著作权的侵犯，构成对发表权的侵犯。当然，如果原告指控被告侵犯其著作权或发表权，则需要增加一项举证程序，即须由原告举证证明该摄影作品的著作权归其所有，而不是归被告，也不是归该摄影作品的拍摄者。只要原告主体适格，其主张被告侵犯著作权或发表权的主张就成立；如果诉讼主体不适格，也不败诉。至于被告侵犯原告著作权或发表权应当承担何种法律责任，则应当考虑被告将该摄影作品张贴网络的目的，不是为了谋取不当利益，不是为了恶意诽谤或者歪曲该作品或者作者，而是为了陈述事实，因此，不必承担赔偿损失的责任。事实上，被告的行为也没有造成原告的经济损失。当然，原告可以请求被告将其摄影作品从网络上删除或者赔礼道歉。

总之，结婚照片上的当事人或者其他照片上的当事人，对摄影经营者所拍摄的照片不满意的，可以通过与影楼进行协商解决，也可以向法院起诉，但不得擅自将摄影作品张贴在网上，因为摄影作品的著作权归属于影楼，未经著作权人许可擅自将他人享有著作权的摄影作品张贴于网上，就可能侵犯他人的著作权。

（摘自《知识产权》，2009（5））

著作权集体管理组织版权使用费标准争议解决机制探讨

——由两起案例引发的思考

曹世华

一、建立版权使用费标准争议解决机制的必要性

著作权集体管理组织版权使用费标准问题，不仅关系到著作权人与作品使用人之间的利益平衡，而且涉及市场竞争的公平性。著作权财产权自身的价值特征和著作权集体管理组织的市场优势地位决定了建立版权使用费标准争议解决机制的必要性。

二、版权使用费标准争议解决机制的比较与借鉴

各国版权使用费标准的争议解决机制通常有三种模式：（1）由普通民事法庭解决争议；（2）由专门设立的特殊法庭或仲裁机构处理争议；（3）由行政主管机关裁定使用费标准。上述模式各有优劣：第二种模式能以较快的速度及较少的费用解决使用费标准的争议。此外，考虑到有些国家特殊的政治、经济和法律条件，第三种模式也是可行的。而第一种模式虽然符合权利的专有特性，但其缺点是法庭程序通常冗长耗时，且不符合权利联合管理所涉及的特定利益。分析以上不同类型的版权使用费标准争议解决机制可以获得如下启示：虽然不同模式之间存在着明显的差异，但是，其目的都是为了对集体管理组织的定价行为进行干预，以防止集体管理组织的权利滥用和价格垄断。尽管著作权的集体管理本质上属于私权自治的范畴，然而版权使用费标准却不可以任由市场机制来决定。

三、对我国相关制度的检讨与建议

目前，我国立法中没有专门的版权使用费标准争议解决机制的设计，而且此类争议也不能在现有的民事纠纷解决机制中加以解决，有必要从比较和借鉴国际上较为成熟的相关理论与制度入手，结合我国的实际，对我国的相关立法加以检讨，并在此基础上，进行必要的制度改革和创新。

本文认为，可以考虑在国家版权局之下设立专门的复审机构——“版权审议委员会”。该委员会的主任可由国家版权局局长兼任，委员会可以由有关机构和组织的代表、有关专家学者，以及版权局有关业务人员组成。有关机构和组织的代表可以包括国家新闻出版总署、国家发改委、工业和信息化部、司法部以及消费者协会的代表；有关专家学者可以包括知识产权、信息管理、会计学等方面的专家学者。使用人对经审批后公告的版权使用费标准有异议的，版权局应当听取异议人和被异议人陈述事实和理由，经调查核实后，作出裁定。集体管理组织或者使用人对该裁定不服的，都可以向“版权审议委员会”申请复审，由“版权审议委员会”作出复审裁定。当事人对“版权审议委员会”的复审裁定不服的，可以向人民法院起诉。人民法院应当通知对方当事人作为第三人参加诉讼。这样的制度安排，不仅考虑了版权使用费标准争议的复杂性和专业性，而且赋予了争议双方均等、充分的救济手段，具有明显的合理性和可操作性。

（摘自《电子知识产权》，2009（1））

著作权间接责任制度的扩张与限制

——美国判例的启示

熊　琦

一、替代责任、帮助侵权与索尼原则：间接责任的法律构造

著作权领域的间接责任制度来自于美国的普通法，其主要由替代责任、帮助侵权与索尼原则构成，并在新的判例中不断丰富完善。为了平衡实现间接责任人与直接责任人之间的责任分配，在替代责任与帮助侵权的构成要件中，都会在不同程度上涉及到对间接责任人“意图”的考量。Sony案确立的实质性非侵权用途要件是对前述两种间接责任类型的限制。Sony案旨在对技术提供商提供安全港，防止单纯将技术功能与主观意图挂钩，以实现权利保护与技术发展之间的平衡。

二、“非法意图”与“故意无视”：间接责任的扩大适用

在与P2P相关的一系列判决中，美国法院对间接责任中“非法意图”扩张解释，排除了索尼原则的正确适用。虽然P2P软件的日新月异削弱了著作权法所保护的经济利益，但法院对替代责任与帮助侵权的过分扩张，没有解决 P2P 软件带来的侵权问题，反而使服务商与著作权人陷入技术比拼，且从长远来看给新技术的发展带来了立法上的极大不确定性。

三、回归传统的归责原则：Grokster 案对引诱侵权的贡献

Grokster 案中明确了独立于替代责任与帮助侵权的“引诱侵权”，使其建立在新的“意图”标准之上，并对非法意图作了详细限定。新的引诱侵权制度能清晰地将以意图为基础的间接责任与传统的替代责任和帮助侵权相区分，法院无须再冒着阻碍传播技术进步的风险来扩张替代责任和帮助侵权，也很好地理顺了其与 Sony 案实质性非侵权用途的关系。

四、立法借鉴：我国间接责任制度的归责原则

我国相关立法还没有间接责任制度，无法满足现阶段我国著作权产业发展的需要。为了及时吸收先进国家对于新技术的立法经验，实现我国著作权产业的跨越式发展，我国应借制定侵权责任法之机，借鉴美国引诱侵权制度在 P2P 软件提供商间接责任判定方面的优势，并在我国著作权法修订过程中加以反映。因此，在解释“教唆与帮助”时，应借鉴美国引诱侵权中的“明确表示”或“有其他步骤”助长侵权行为的要件，一方面既能避免在条文中增加“应知”，从而导致网络服务商的注意义务无限增加，避免重复美国间接责任制度在发展过程中已走过的弯路，另一方面又能严格阻止网络服务商任何主动性的帮助行为，使网络间接责任始终建立在对商业模式的控制上，使技术中立原则得以存续。

（摘自《知识产权》，2009（11））

著作权重复移转纠纷案件审理中的疑难问题

张冬梅

所谓著作权重复移转，指的是著作权人以转让或以专有许可的方式通过合同将其享有的著作权移转给受让人或被许可人后，仍以权利人的身份与他人签订合同，将同样的权利重复进行转让或以专有许可的方式进行授权，导致各个受让人或被许可人及其各自的继受主体之间因著作权归属产生确权、侵权纠纷。近年来，因著作权重复移转所引发的著作权纷争时有发生，对该类纠纷如何处理，理论界颇有争议，实务中做法不一。

一、对著作权重复移转纠纷导致确权以及侵权纠纷应从何处着手

正确处理此类案件的着眼点并不在于建立著作权移转公示制度的必要性，而应当着眼于国际上著作权保护的总体趋势以及我国著作权法的立法精神尤其是对著作权实行自动保护的原则，立足于目前的法律规定，对此类纠纷涉及的权利归属作出正确的界定。

二、著作权重复移转纠纷中著作权归属的确定

著作权重复移转行为与民法意义上的一物多买虽然具有表面上的相似性，但在是否具有违法性方面存在本质区别。区别的根源在于民法上的物权变动模式与著作权法上的权利移转模式的根本不同。因此，笔者认为，著作权重复移转纠纷不仅涉及维护和保障在后受让人的交易安全问题，而且首先涉及著作权重复移转行为是否具备合法性、是否应当予以法律保护的前提问题，应当正确认识著作权重复移转行为与保障善意受让人或被许可人的交易安全之间的关系。综合上述分析，依据转让或授权的顺序确认在先者取得著作权，在法理上更有说服力。

三、著作权重复移转中善意受让人的行为定性及责任承担

在审判实践中，因著作权重复移转产生的纠纷包括在后的受让人或被许可人有过错和无过错两种情况，争议比较大的是在后受让人或被许可人无过错的情况。笔者认为，首先，善意受让人或被许可人虽无过错，但其行为构成侵权，应当停止侵权。因为著作权是绝对排他的权利，排除任何人的侵害，任何人均负有不得侵害和妨害的义务。其次，善意受让人或被许可人无过错，无须赔偿损失或返还利润。因为我国著作权法及其审判实践是承认对善意第三人的信赖保护原则的，在后受让的主体作为善意受让人或被许可人已经依据合同付出了相应对价的情况下，不能再判决其赔偿在先受让的损失或返还其所得利润，只需停止使用即可。在后受让人可以依照合同向转让人追偿。

（摘自《人民司法》，2009（9））

（本专栏论文由卫绪华摘编）

2009年版权（著作权）论文索引

［编者按］ 本索引根据2009年全国公开出版的报刊上登载的论文选编而成，资料来源于“中国知识资源总库”。每个专题的论文，报纸按发表时间的先后为序，期刊按句首第一个字的汉语拼音为序；每篇论文按标题、作者、报名（刊名）、日期（期号）排列。

·报　　纸·

一、版权理论研究

知识产权及其相关概念的探讨/冯晓青/中国高新技术产业导报，2009-02-23

《马文的战争》引发原创作者与演绎作者的权利之争/索来军/中国新闻出版报，2009-03-19

从“编剧维权”提案看原创作品版权保护/柳栋/中国知识产权报，2009-03-20

模仿秀中的著作权问题透视/赵常忠/中国艺术报，2009-03-20

具有独创性的网站页面属于作品/孙海龙、姚建军/人民法院报，2009-04-10

网络环境下著作权的法律保护/孔嘉/光明日报，2009-04-21

网络服务提供者侵权责任辨析/陈惠珍/中国知识产权报，2009-05-15

从“学术测谎仪”看著作权合理使用中“量”与“质”的甄别/段维/中国新闻出版报，2009-05-21

保护作品完整权与改编权的博弈/冯宏声/中国知识产权报，2009-05-22

解开网络定时播放行为的版权谜团/刘军华/中国知识产权报，2009-06-12

戈兰案会判决美国违反国际版权条约吗？/知观/中国知识产权报，2009-06-17

金融危机背景下国家知识产权战略的实施/梅术文、林凯川/中国新闻出版报，2009-07-02

录音录像制作者享有信息网络传播权/钱翠华/人民法院报，2009-07-17

新闻作品网络转载版权难题探究/赵宇楠/中国知识产权报，2009-07-31

入围作品所有权不等同于著作权/刘世杰/北京商报，2009-08-03

商标权与著作权冲突的认定与处理（一）/吴新华/中国知识产权报，2009-08-21

摄影作品著作权与他人权利的冲突与解决/吴伟光/中国艺术报，2009-09-25

如何科学解读著作权许可意思表示/何震、李培民/人民法院报，2009-10-15

非物质文化遗产资源的保护模式/过铁军、唐海山/江苏经济报，2009-11-11

网络环境下作品转载法定许可探究/杨力/中国知识产权报，2009-11-13

实用艺术受著作权保护需达到美术标准/胡嫚/中国知识产权报，2009-11-18

非物质文化遗产应如何保护知识产权/冯晓青、谢蓉/光明日报，2009-11-27

谷歌数字图书馆产业化的版权博弈/简彪/中国文化报，2009-11-27

保护版权，也要促进文化进步/李剑/河北日报，2009-11-27

3G时代如何保护知识产权？/李亚红、张舵/人民日报，2009-11-30

关于民间文学作品的著作权保护/郭禾/光明日报，2009-12-02

数字图书馆版权授权模式合法性与合理性判析/骆电、胡梦云/人民法院报，2009-12-17

二、版权保护与管理

网络著作权侵权 虚拟世界现实纠纷/陈惠珍/人民法院报，2009-01-04

商业使用盗版软件构成侵权/蔡伟/人民法院报，2009-01-08

亚细亚天空下的网络著作权保护/周鑫/中国知识产权报，2009-01-09

擅自在报刊上发表他人摄影作品构成侵权/孙海龙、

姚建军/人民法院报，2009-01-16

探索电视节目模式著作权保护新机制/郑政蓉/中国知识产权报，2009-01-16

中欧版权保护的“三异两同”/袁学术/中国新闻出版报，2009-01-22

访谈类作品版权归属难题待破解/温馨/中国知识产权报，2009-02-13

普通工业产品不受我国著作权法保护/钱翠华/国际商报，2009-02-13

“中国 WTO 知识产权第一案”专家组报告解析/金海军/法制日报，2009-02-25

网络侵权损害赔偿难题期待破解/王倩/中国知识产权报，2009-03-06

困扰网络视频行业的版权迷局/柏慧/中国知识产权报，2009-03-13

著作权登记为什么不是强制性的？/索来军/中国新闻出版报，2009-04-02

谷歌欲破音乐搜索版权之困/舟穆/中国知识产权报，2009-04-08

原创音乐著作权保护遭遇多重尴尬/杨傲多/法制日报，2009-04-10

现行著作权登记办法存在哪些问题/索来军/中国新闻出版报，2009-04-16

盗版与反盗版角力的反思/何敏/法制日报，2009-04-24

教学应用软件引著作权纠纷/刘珊/中国知识产权报，2009-04-29

字体的知识产权保护现状与发展趋势/张玉瑞/中国知识产权报，2009-05-27

“未经著作权人许可”的司法认定/朱海燕、冯宏声/检察日报，2009-06-16

拨开建筑作品著作权纠纷迷雾/赵建国/中国知识产权报，2009-07-15

交通银行：探索版权担保贷款新模式/喻剑、俞文益/经济日报，2009-08-16

著作权执法的“双轨制”与维权选择（上）/朱永德/中国电影报，2009-09-03

破解网络时代电影作品版权保护困局/张望/中国知识产权报，2009-09-04

著作权执法的“双轨制”与维权选择（中、下）/朱永德、么敏/中国电影报，2009-09-10、09-17

“谷歌数字图书馆”的版权之争/方祥生/光明日报，2009-09-14

网络内容服务商侵犯他人著作权探析/陈军/江苏经济报，2009-09-30

垂直搜索引擎著作权之争未破题/王晓雁/法制日报，2009-10-15

卡拉 OK 版权维权开启“保全先行”之路/王红梅/中国新闻出版报，2009-10-15

法庭交锋：公务员是否对自己的作品拥有著作权/陈家财/法治快报，2009-10-20

谷歌“和解协议”倒逼网络版权保护/吴学安/经济参考报，2009-10-27

如何确定网络侵犯影视作品著作权案件的赔偿标准/杨德嘉/中国艺术报，2009-10-30

互联网“版权擂台”引人深思/王斯敏/光明日报，2009-11-03

版权保护模式应由事后纠纷处理转向事前利益分配/方圆、钦坤/中国新闻出版报，2009-11-05

网络传播权的侵权认定与免责/师安宁/人民法院报，2009-11-22

音集协概括性收费不合法理/劳力/法制日报，2009-11-25

音集协对 K 歌收费不能“一网打尽”/李克杰/检察日报，2009-11-25

缴费标准成版权收费争议焦点/黄伟/中国知识产权报，2009-12-02

“断网条款”真能抑制盗版行为吗？/李海涛/法制日报，2009-12-08

解析音乐版权国际管理/吕丹布恩/中国新闻出版报，2009-12-10

版权保护扫除苏绣产业发展障碍/沈建洪/中国知识产权报，2009-12-11

版权瓶颈卡死 BT 下载/方圆/中国新闻出版报，2009-12-17

2009 中国版权十大事件/方圆/中国新闻出版报，2009-12-18

中国原创动漫版权保护受关注/陆昕/光明日报，2009-12-21

三、版权产业及贸易

借“他山之石”拓展版权贸易空间/吴赟/中国知识产权报，2009-03-27

制度建设推动美国版权产业发展/罗涛/中国知识产权报，2009-05-08

加强知识产权保护 培育文化创新产业/吴汉东/中国社会科学报，2009-07-01

电影版权产业的发展和保护/朱永德/中国电影报，2009-08-06

刺绣产业链上的著作权如何界定/刘世杰/北京商报，2009-09-14

两岸版权贸易趋势展望/朱力南、周思明、余潇/福建日报，2009-11-02

借力数字版权保护优化3G产业环境/冯俊科/中国知识产权报，2009-12-18

韩国版权制度助推“韩流”涌动/罗涛/中国知识产权报，2009-12-25

·期　　刊·

一、著作权法概述

版权影响世界/柳斌杰/中国版权（北京），2009（6）

版权的未来/易健雄、蒲奕/电子知识产权（北京），2009（1）

版权制度的政策蕴含及其启示/肖志远/法学（上海），2009（10）

对民间文学艺术知识产权保护的理论分析/于洪燕/法律适用（北京），2009（5）

奠定现代文明社会的重要基石/刘春田/中国版权（北京），2009（4）

非物质文化遗产保护立法的宪政考量/高轩/法商研究（武汉），2009（1）

非物质文化遗产保护的理性回归/刘云升/河北师范大学学报（哲学社会科学版）（石家庄），2009（3）

国际变革大势与中国发展大局中的知识产权制度/吴汉东/法学研究（北京），2009（2）

国际知识产权制度的发展潮流与中国知识产权制度的发展道路/吴汉东/法制与社会发展（长春），2009（6）

公共政策视阈下的知识产权利益集团运作机制研究/刘华、孟奇勋/法商研究（武汉），2009（4）

竞争法视野的知识产权问题论纲/王先林/中国法学（北京），2009（4）

建构和谐网络著作权生态的制度路径/肖尤丹/电子知识产权（北京），2009（4）

利益分配的工具：版权制度的价值论分析/宋慧献/知识产权（北京），2009（3）

论中国著作权刑事立法的缺憾暨完善/吴荣金/浙江社会科学（杭州），2009（7）

论知识霸权——以国家知识产权战略的制定和实施为视角/齐爱民/苏州大学学报（哲学社会科学版）（苏州），2009（2）

论知识产权的公共政策性/王太平/湘潭大学学报（哲学社会科学版）（湘潭），2009（1）

论非物质文化遗产保护中的传统文化表达/张曼/电子知识产权（北京），2009（7）

历史之考察与未来之建构——介评张今教授之《版权法中私人复制问题研究——从印刷机到互联网》/卢海君/电子知识产权（北京），2009（9）

理与势：晚清版权保护政策的两难选择/冯秋季/河南社会科学（郑州），2009（5）

苹果 iTunes 网上音乐商店：版权制度的未来模式？/王博阳/电子知识产权（北京），2009（6）

浅议网络环境下著作权概念及与传统著作权的对立统一/孔嘉/内蒙古社会科学（汉文版）（呼和浩特），2009（4）

《清议报》时期梁启超的版权思想/陈立新/编辑学刊（上海），2009（6）

思想与表达二分法的符号学分析/谭玥/南昌大学学报（人文社会科学版）（南昌），2009（4）

我国民族民间传统文化保护的立法背景与思路/叶盛荣、李旭莲/知识产权（北京），2009（2）

我国网络著作权制度发展路径研究（1999～2009）/肖尤丹/中国出版（北京），2009（2）

网络环境下的版权热点问题与思考/吴汉东/中国版权（北京），2009（1）

信息技术发展与版权制度走向/裘安曼/中国版权（北京），2009（2）

有关清末著作权律的两个问题/翟志宏/河南师范大学学报（哲学社会科学版）（新乡），2009（1）

主观与客观之间——知识产权“信息说”的重新审视/张玉敏、易健雄/现代法学（重庆），2009（1）

自主知识产权概念辨析/林秀芹/厦门大学学报（哲学社会科学版）（厦门），2009（1）

知识产权与公共领域在反隐性市场上的利益平衡/袁真富/法学（上海），2009（9）

知识产权法制三十年/张玉敏/法学杂志（北京），2009（2）

知识产权制度的中国特色与国际化之思辨/曹新明/法制与社会发展（长春），2009（6）

知识产权对象中存量知识、增量知识的区分及其功能/王坤/浙江社会科学（杭州），2009（7）

知识产权资本化主客体之辨析/刘俊、黄国华/求实（南昌），2009（12）

知识产权法定主义的缺陷及其克服——以侵权构成的限定性和非限定性为中心/李扬/环球法律评论（北京），2009（2）

知识产权法的域外效力辨/蒋进/求索（长沙），2009（2）

知识产权传播权论——寻找权利束的“束点”/何鹏/知识产权（北京），2009（1）

中国知识产权法制建设的评价与反思/吴汉东/中国法学（北京），2009（1）

著作权法中思想与表达二分法之合并原则及其实证分析/冯晓青/法学论坛（济南），2009（2）

著作权保护的现代发展：从侵权限止到交易励进/叶姗/河北法学（石家庄），2009（4）

著作权文化转型与微观历史研究方法/肖尤丹/北方法学（哈尔滨），2009（4）

二、著作权的对象

版权制度下的“孤儿作品”问题/周艳敏、宋慧献/出版发行研究（北京），2009（6）

创意保护的法律路径/任自力/法学研究（北京），2009（4）

创意表达的认定及立法建议/王晓先/求索（长沙），2009（10）

从美国的演绎作品版权保护看我国《著作权法》相关内容的修订/卢海君/政治与法律（上海），2009（12）

从民间文学艺术保护的客体谈特别权利保护/孟祥娟/中国版权（北京），2009（6）

对于计算机病毒应受到著作权法保护的思考/何红锋、李宝悦/政治与法律（上海），2009（1）

独创性的司法判断/李玉香/人民司法（北京），2009（13）

《2006 年孤儿作品法案》议案及《2008 年孤儿作品法案》议案/韩莹莹/环球法律评论（北京），2009（1）

固定后的口述作品/杨述兴/电子知识产权（北京），2009（4）

建筑作品的范围及复制侵权的认定/尹志强/知识产权（北京），2009（1）

具有实用功能的工业品不属于作品/孙海龙、姚建军/人民司法（北京），2009（16）

具有独创性的网站页面属于作品/孙海龙、姚建军/人民司法（北京），2009（10）

罗马法上对绘画和写作作品持不同态度之分析/吴程远/求是学刊（哈尔滨），2009（5）

论民间文学艺术法律保护对象的选择/高以成、周利民/中南林业科技大学学报（社会科学版）（长沙），2009（2）

论民间美术的法律保护/姜华、宋晓梅/法学杂志（北京），2009（4）

论民间故事的著作权法保护/牟延林、张磊/江汉论坛（武汉），2009（8）

论计算机软件的知识产权法律保护/赵同娜、唐芳、景旭光/河北师范大学学报（哲学社会科学版）（石家庄），2009（5）

论《著作权法》第 4 条之修改/吕炳斌/中国版权（北京），2009（6）

论“无声音乐”的著作权法保护/任自力/中国版权（北京），2009（1）

浅析美国 2008 年孤儿作品议案/黄旭春/电子知识产权（北京），2009（7）

强化创意的版权保护/吴国平/科技与法律（北京），2009（6）

视频分享网站传播影视作品的著作权问题与思考/孙建红/电子知识产权（北京），2009（5）

实用艺术作品法律保护之管见/任燕/河南省政法管理干部学院学报（郑州），2009（6）

失效的外观设计专利不再受著作权法保护/钱翠华/人民司法（北京），2009（14）

司法实践中的新闻作品著作权保护初探/李茜、李德睿/政治与法律（上海），2009（10）

数字作品的“小硬币标准”/吴宏毅/法学杂志（北京），2009（1）

搜集整理神话传说形成的作品受著作权法保护/卢国伟、项林/人民司法（北京），2009（4）

晚清及民国时期教科书版权立法述论/刘桂芳、洪港/图书情报工作（北京），2009（23）

未经许可创作的演绎作品仍受著作权法保护/陈惠珍/人民司法（北京），2009（12）

文字作品 v. 美术作品对几个基本理论问题的反思/杨明/中外法学（北京），2009（2）

我国著作权法中的违法作品问题/董皓、顾敏康/法学（上海），2009（3）

WTO“中美知识产权争端”：美国赢得了什么？——评专家组对我国《著作权法》第 4 条的裁决/王迁/华东政法大学学报（上海），2009（4）

香水著作权保护问题刍议/何隽/中国版权（北京），2009（2）

演绎作品著作权的司法保护/陈锦川/人民司法（北京），2009（19）

药品配伍检索表是否受著作权法的保护——评沈建平、宗希乙诉天津科学技术出版社等侵犯著作权纠纷案/佟姝/中国版权（北京），2009（5）

三、著作权的主体和内容

职务作品与法人作品辨析——以蒋少武诉沈阳机电装备集团公司案为切入点/丛立先/中国版权（北京），2009（1）
著作权权利性质定位之价值分析/柳励和/求索（长沙），2009（9）
专有出版权刍议/陈邦武/中国出版（北京），2009（6）
作品出租权法律制度研究/武继华/兰州学刊（兰州），2009（1）

四、著作权的利用和转移

版权证券化中的版权及相关权利转让问题研究/董京波/知识产权（北京），2009（2）
从日本设定出版权的规定看著作权双重转让的法律效力/王福珍/中国出版（北京），2009（6）
地方出版业图书版权贸易发展的对策性分析——以河北出版业版权贸易情况为例/邵红/出版发行研究（北京），2009（11）
电视版权交易：可供深度开发的“厚利润区”——兼析电视版权交易路径选择/罗锋/现代传播（中国传媒大学学报）（北京），2009（1）
发达国家文化创意产业发展模式研究/张养志/国外社会科学（北京），2009（5）
国外版权法新变化对我国电子文献传递立法保护的启示/陈清文/图书馆工作与研究（天津），2009（7）
国际学位论文开发机构版权解决模式及其借鉴/陈传夫、唐琼、吴钢/大学图书馆学报（北京），2009（2）
Jacobsen v. Katzer 案评述：中美版权制度差异对开源协议性质的影响及启示/董皓、唐磬/中国版权（北京），2009（3）
近两年国外数字图书馆资源建设中的著作权问题研究进展/余倩/图书馆建设（哈尔滨），2009（1）
科技图书再版著作权主体的合理变更浅议/陶峰/出版发行研究（北京），2009（5）
论作品未知使用权的转让与许可/尹腊梅、纪萍萍/知识产权（北京），2009（5）
论未来作品著作权的转让/钟瑞栋、王根长/甘肃政法学院学报（兰州），2009（2）
论著作权法中专有使用权的性质和效力/周樨平/河北法学（石家庄），2009（7）
美国图书馆复制文献的著作权规则/陈红/图书馆工作与研究（天津），2009（6）
美国版权战略对我国文化产业发展的启示/韩洁、谭予涵、谭霞、王芳、王敏/重庆工商大学学报（社会科学版）（重庆），2009（1）
评“万方案”判决对学位论文授权声明的解释/李琛/中国版权（北京），2009（2）
期刊全文数据库的版权使用制度探析/彭祝斌/出版发行研究（北京），2009（10）
期刊出版商版权协议对我国机构知识库发展的影响/于佳亮、马建霞、吴新年/图书情报工作（北京），2009（12）
浅谈版权声明之若干版权问题/董彪、冯哲/出版发行研究（北京），2009（5）
日本动漫图书的产业化经营战略对我国版权业的启示/徐屹然/科技与出版（北京），2009（3）
授权抑或抢权：期刊社应当如何尊重著作权——从某大学学报编辑部论文著作权专有许可使用和独家代理授权书谈起/詹启智/科技与出版（北京），2009（9）
数字图书馆视角的著作权授权模式整合研究/马海群、周丽霞/图书情报工作（北京），2009（21）
特色数据库多元化版权策略研究/刘葵波/图书情报工作（北京），2009（11）
图书馆全文数据库建设与利用中的版权问题/王小平/图书馆工作与研究（天津），2009（1）
完善版权法律法规 推动版权产业发展/沈仁干/中国版权（北京），2009（6）
网络时代的版权默示许可制度——两起 Google 案的分析/吕炳斌/电子知识产权（北京），2009（7）
网络版权的贬值及措施/王中/电子知识产权（北京），2009（6）
为我国图书版权贸易把脉/张宏/编辑学刊（上海），2009（3）
文字作品继受著作权人取得授权时应注意的几个问题/刁云芸/中国版权（北京），2009（2）
我国图书版权输出的困惑与生机/胡峰/求索（长沙），2009（5）
我国版权产业存在的问题与完善/来小鹏/中国出版（北京），2009（7）
学位论文版权使用授权声明的失当与规范/吴蜀红/大学图书馆学报（北京），2009（4）
学术论文评价中“过度引用”质疑/李法惠/出版发行研究（北京），2009（12）
学位论文著作权归属与授权机制研究/张琦/情报杂志（西安），2009（B06）
“一揽子协议”难解版权隐忧/武景红/科技与出版（北京），2009（9）
知识产权出资标的物研究/刘春霖/法商研究（武

汉），2009（2）

中国音像业标准化版权价值评估的构建/郑雯/中国出版（北京），2009（10）

著作权重复移转纠纷案件审理中的疑难问题/张冬梅/人民司法（北京），2009（9）

五、著作权的限制

版权法上公共领域的合理性/张玉敏、黄汇/西南民族大学学报（人文社科版）（成都），2009（8）

版权穷竭若干问题初探/盘艳斌/金卡工程（经济与法）（广州），2009（3）

版权“隐喻”与公共领域的式微/黄汇/电子知识产权（北京），2009（7）

版权之权利限制应适度/周春慧/电子知识产权（北京），2009（7）

Copyleft思潮：对网络著作权扩张的反思/温晓红/现代传播（中国传媒大学学报）（北京），2009（2）

德国著作权法限制制度解释方法变迁初探/孙晔、李鑫/法律方法（威海），2009（8）

合理使用制度对网络著作权的再平衡/姬金凤/长春大学学报（长春），2009（3）

简论著作权的合理使用与侵权行为认定/赵燕敏/赤峰学院学报（汉文哲学社会科学版）（赤峰），2009（11）

解构和发展：网络条件下合理使用制度的反思和设计/肖尤丹/科技与法律（北京），2009（4）

临摹作品合理使用的适用条件浅析——以杨德衡案为例/张剑/电子知识产权（北京），2009（11）

美国版权滥用规则——一种可以借鉴的版权滥用限制制度/刘丽娟/中国版权（北京），2009（1）

朋友还是敌人：版权与公共文化服务/刘永红/中国出版（北京），2009（1）

侵犯版权的“公共领域抗辩”——以“马仕明诉重庆市九龙坡区政府案”为分析对象/康添雄、余思融/中国版权（北京），2009（6）

3G手机冲击了著作权的合理使用——日本著作权法修改新动向/王福珍/中国版权（北京），2009（4）

试论图书馆与著作权法价值目标的契合/吉宇宽/图书馆工作与研究（天津），2009（10）

数字图书馆著作权公众使用的法律障碍/郑国辉/法治论丛（上海政法学院学报）（上海），2009（2）

搜索引擎技术语境下的合理使用分析/陈明涛/科技与法律（北京），2009（6）

图书馆在著作权利益平衡机制中的角色与责任/吉宇宽/图书情报工作（北京），2009（7）

为介绍作品少量引用作品内容可以构成合理使用——评吴锐诉北京世纪读秀技术有限公司侵犯著作权纠纷案/陈文煊/中国版权（北京），2009（4）

我国著作权合理使用立法存在问题分析/李雪松、张丽萍/科技创新导报（北京），2009（1）

信息网络传播权的权利限制/杨异/知识产权（北京），2009（2）

信息网络传播权与信息网络获取权利益平衡论析/吴高/图书情报工作（北京），2009（5）

网络版权保护的趋势与发展——兼论合理使用的抗争/乔生/法学杂志（北京），2009（2）

网络时代著作权合理使用制度的利益平衡/王希/广西社会科学（南宁），2009（10）

中外网络环境下著作权限制制度的比较及启示/梁健惠/广州大学学报（社会科学版）（广州），2009（7）

著作权法中“合理使用”与公共利益研究/冯晓青、谢蓉/河北法学（石家庄），2009（3）

著作权的限制制度/李德春/法制与社会（昆明），2009（5）

著作权的限制与反限制/芦保成/法制与社会（昆明），2009（24）

著作权合理使用制度之正当性研究/冯晓青/现代法学（重庆），2009（4）

著作权技术保护措施之批判、反思与正确定位/姚鹤徽、王太平/知识产权（北京），2009（6）

著作权合理使用制度的司法运用——以“政协提案”著作权侵权纠纷案为例/祝建军/中国版权（北京），2009（1）

六、著作权的管理、保护及司法实践

案例指引不同版本的同一书号图书引发的侵权责任/曹丽萍/人民司法（北京），2009（2）

版权保护、数字权利管理与商业模式创新/张今、卢亮/学术交流（哈尔滨），2009（8）

版权“恶搞”侵权归责原则与认定标准的适用/张玉春、林文/知识产权（北京），2009（5）

“避风港规则”在视频分享网站版权侵权认定中的适用/胡开忠/法学（上海），2009（12）

博客服务商（BSP）的自律性与博客著作权保护/赵宾/河南师范大学学报（哲学社会科学版）（新乡），2009（5）

“垂直搜索”的著作权侵权问题研究——兼评“大众点评网诉爱帮网案”及“携程网诉趣拿网案”/王迁/电子知识产权（北京），2009（11）

出版社与作者共同侵权行为的认定及连带责任/张立锋/出版发行研究（北京），2009（9）

出售QQ号码是否侵犯计算机软件著作权——评我国首例因出售QQ号而引发的侵犯计算机软件著作权纠纷案/祝建军/电子知识产权（北京），2009（8）

从“《疯狂的石头》案”看网络服务提供商侵权责任认定/游闽键/东方法学（上海），2009（1）

从RS-DVR案看远程存储服务提供者的直接侵权责任/孙雷/知识产权（北京），2009（5）

从网络侵权案件谈网络著作权问题/宋鱼水/新闻与写作（北京），2009（3）

电影版权保护要打持久战/许超、尹鸿、刘春田、曹建/当代电影（北京），2009（8）

动漫产业中的版权保护问题及应对措施/穆青/中国版权（北京），2009（2）

对目前我国著作权集体管理的几点认识——从制度到组织的检视与完善/刘大勇/法制与社会（昆明），2009（4）

“恶意软件”问题的法律规范——以一起著作权及不正当竞争案为分析基点/冯刚/知识产权（北京），2009（2）

“恶搞”奥运标志行为的法律分析——网络环境下的戏仿作品著作权侵权问题研究/王磊/信息网络安全（上海），2009（2）

2008年北京市高级人民法院著作权案例要点及评析（上、下）/陈锦川/中国版权（北京），2009（2、3）

发达国家网络版权司法保护的现状与趋势/王迁/法律适用（北京），2009（12）

发展我国著作权集体管理制度的若干问题——以卡拉OK版权费风波为样本的分析/董榕萍/成都大学学报（社会科学版）（成都），2009（3）

非物质文化遗产法律保护体系的构建/张杰、陈剑光/法律适用（北京），2009（11）

非物质文化遗产知识产权法保护应三思而后定/吴安新、来文彬/江汉论坛（武汉），2009（4）

非物质文化遗产的知识产权保护新探/袁晓波、崔艳峰/学术交流（哈尔滨），2009（7）

非物质文化遗产保护模式研究/曹新明/法商研究（武汉），2009（2）

复制汇编作品题录摘要刊登的行为构成侵权/陈珍惠/人民司法（北京），2009（6）

改革开放30年十大经典著作权案例分析（上、中、下）/李顺德/科技与出版（北京），2009（3、4、5）

高校著作权争议及其解决/高松元/中国社会科学院研究生院学报（北京），2009（5）

公益诉讼与传统知识的知识产权保护新思路/余翔、孙彩虹/河北法学（石家庄），2009（6）

关于我国实用艺术作品保护的反思——兼评意大利OKBABY公司诉慈溪佳宝有限公司侵犯著作权纠纷案的判决/张嘉容、罗先觉/电子知识产权（北京），2009（12）

关于网络环境下著作权审判实务中几个问题的探讨/陈锦川/知识产权（北京），2009（6）

关于涉及视听作品著作权纠纷的几个问题（上）/陈锦川/中国版权（北京），2009（6）

关于网络著作权侵权纠纷案件法律适用的调研/浙江省高级人民法院课题组/法律适用（北京），2009（12）

国际法视野下非物质文化遗产知识产权保护模式选择——以国民待遇为视点的探讨/周安平、陈云/知识产权（北京），2009（1）

海峡两岸侵犯著作权犯罪的立法比较及完善/曾明生/江西社会科学（南昌），2009（9）

海量数据的版权保护问题探究/潘继财/电子知识产权（北京），2009（7）

“黑屏”涉及的著作权保护问题/荀红/人民司法（北京），2009（3）

机构知识库版权现状、风险及对策研究/吴高/图书情报工作（北京），2009（12）

集体管理：信息技术与著作权制度的相谐之点/罗向京/河北法学（石家庄），2009（9）

计算机网络著作权纠纷正当当事人之判断/陈东坡/法治论丛（上海政法学院学报）（上海），2009（1）

近年我国编剧著作权维权状况述评/郑晓红/中国出版（北京），2009（3）

近年国内网络著作权侵权研究综述/欧阳爱辉、谭泽林/上海商学院学报（上海），2009（2）

论以权利价值为中心的著作权法定赔偿制度/张以标/电子知识产权（北京），2009（3）

论数字时代著作权间接侵权责任制度适用的有限性及出路/王太平、姚鹤徽/电子知识产权（北京），2009（1）

论我国网络服务商的避风港规则——兼评“十一大唱片公司诉雅虎案”/刘家瑞/知识产权（北京），2009（2）

畲族非物质文化遗产法律保护研究——以浙江景宁畲族自治县为考察对象/洪伟/浙江社会科学（杭州），2009（11）
试论博客著作权法律问题/刘悦/中国出版（北京），2009（Z2）
试论电子书的版权保护/史明明/金卡工程（经济与法）（广州），2009（5）
试析欧盟《布鲁塞尔民商事管辖权规则》有关涉网知识产权案件管辖权问题的实践/孙尚鸿/比较法研究（北京），2009（5）
试析网络时代著作权的保护/王洁/湖南社会科学（长沙），2009（4）
视频分享网站合作经营的版权问题研究/包宇/电子知识产权（北京），2009（4）
视频分享网站的侵权责任认定——由华夏树人诉优酷网案着手/芮松艳/电子知识产权（北京），2009（4）
视频分享网站版权侵权案件审理的原则/吴汉东、胡开忠/中国版权（北京），2009（6）
视频分享网站版权之痛/周春慧/电子知识产权（北京），2009（4）
数字版权保护技术在国家标准网络发行服务系统中的应用/王希林、王伟思、马志远/科技与出版（北京），2009（11）
数字图书馆发展与版权保护的若干途径/周建强/图书馆工作与研究（天津），2009（9）
探析“避风港”规则主观要件——以视频分享网站为视角/梅术文、温博/电子知识产权（北京），2009（11）
提供 P2P 网络服务：侵犯著作权罪帮助犯的刑事责任解析/秦天宁、谢杰/科技与法律（北京），2009（4）
外国人作品的著作权保护——（美国）科奇公司诉广州华尼有限公司等侵犯著作权纠纷案评析/李燕蓉/科技与法律（北京），2009（5）
完善我国报业版权保护的法律思考/来小鹏/中国版权（北京），2009（2）
网站提供存储空间的版权侵权责任承担/亓蕾、姚金菊/人民司法（北京），2009（12）
网络服务提供者承担共同侵权责任的条件/徐清霜/人民司法（北京），2009（6）
网络服务商帮助型共同侵权与意思联络型共同侵权的区分——电影《天黑请闭眼》著作权侵权纠纷案评析/叶若思、祝建军/科技与法律（北京），2009（4）
网络传播授权的翻译与解释——北京星传影视文化传播有限公司诉上海新华电信网络电视有限公司侵犯著作财产权纠纷案评析/王静/科技与法律（北京），2009（5）
网络定时播放视频行为的司法认定探究/杨静/电子知识产权（北京），2009（4）
网络服务商版权责任的适用基础/曲三强、杨华权/电子知识产权（北京），2009（4）
网络环境下著作权审判实务中的几个问题/陈锦川/法律适用（北京），2009（12）
网络版权的国际保护及其对于我国的借鉴/张静/中国出版（北京），2009（16）
网络时代的版权产业和版权保护问题/吴汉东/法人杂志（北京），2009（1）
网络时代的版权保护问题及对策建议/吴汉东/青年记者（济南），2009（4）
网络版权保护现状与几点建议/成晓娜、郝文江/信息网络安全（上海），2009（2）
网络著作权侵权的相关法律问题浅析/刘海涛/决策咨询通讯（成都），2009（1）
网络搜索引擎引发的著作权侵权纠纷及其判断/冯晓青、谢蓉/信息网络安全（上海），2009（2）
网络著作权法律保护现状及建议/张国权/经济师（太原），2009（4）
网络链接著作权间接侵权的法律责任与限制/王峰、王世娟/山西省政法管理干部学院学报（太原），2009（1）
网络服务提供商的知道标准判断问题研究——重新认识“红旗标准”/江波、张金平/法律适用（北京），2009（12）
网络服务提供者著作权侵权责任辨析/陈惠珍/东方法学（上海），2009（1）
网络环境下著作权纠纷的新发展/陈锦川/中国版权（北京），2009（1）
网络服务提供者帮助侵权的判定原则/章立萍/东方法学（上海），2009（1）
网络环境中版权直接侵权的认定/王迁/东方法学（上海），2009（2）
网络免费午餐还能维持多久——百度案的后继探索/陆臻/编辑学刊（上海），2009（6）
未经许可商业使用正版光盘中的图片构成侵权/孙巾淋/人民司法（北京），2009（4）
“未经著作权人许可”的司法认定——谈著作权法五十二条与刑事审判中的推定法则/朱海燕、冯宏声/中国版权（北京），2009（4）

我国互联网著作权侵权免责事由研究/林萍、焦泉/南京邮电大学学报（社会科学版）（南京），2009（1）

我国民间文学艺术的特别权利保护模式/黄玉烨/法学（上海），2009（8）

我国民间文学艺术法律保护模式的选择/严永和/知识产权（北京），2009（3）

我国非物质文化遗产保护的困境与出路/孙昊亮/法学杂志（北京），2009（8）

我国著作权保护的新课题/范家巧/科技与出版（北京），2009（2）

我国非物质文化遗产知识产权保护的障碍及其解决/曾荇/河南师范大学学报（哲学社会科学版）（新乡），2009（5）

我国网络作品著作权的司法保护及其完善/李健/信息网络安全（上海），2009（2）

我国不存在真正意义上的P2P软件侵权案/何笃丰/电子知识产权（北京），2009（5）

相同历史题材作品间的侵权认定——评书《千古功臣张学良》著作权纠纷案评析/杨德嘉/科技与法律（北京），2009（6）

小议数字化时代图书版权纠纷——图书数字化也要经过出版者的许可/何治安/中国出版（北京），2009（1）

信息网络时代版权保护制度两大变革/吕炳斌/广西政法管理干部学院学报（南宁），2009（2）

信息网络传播行为与网络服务提供行为的区分及侵权认定/芮松艳/法律适用（北京），2009（4）

学术论文中“适当引用”的法律思疑/冯雪姣/出版发行研究（北京），2009（1）

音乐作品著作权集体管理及其利益平衡/李刚/科技与法律（北京），2009（4）

在线数字化作品著作权集体管理平台构想/周荣庭、马可敬、郑彬/科技与出版（北京），2009（11）

在网络环境下侵犯著作权探析/李军/保山师专学报（保山），2009（2）

在网上张贴“结婚照”是否侵犯著作权？——关于一则案例的实证分析/曹新明/知识产权（北京），2009（3）

正确判断网络服务提供者的性质与责任——电视剧《奋斗》著作权网络侵权纠纷案评析/冯刚/科技与法律（北京），2009（4）

中美知识产权案评述及可上诉问题探讨/张乃根/世界贸易组织动态与研究（上海），2009（4）

中国数字音乐版权利益管理机制探讨/祝欣/中国出版（北京），2009（4）

著作权侵权案件中权属的认定——女子十二乐坊著作权纠纷案评析/张雪松/科技与法律（北京），2009（1）

著作权侵权案件中事实推定的运用——破解软件序列号侵犯软件著作权纠纷案评析/杜灵燕/科技与法律（北京），2009（3）

著作权公示制度探析/何焕锋/山东社会科学（济南），2009（11）

著作权侵权损害赔偿责任研究/葛声波/西南民族大学学报（人文社会科学版）（成都），2009（9）

著作权合同的解释规则——以刘美丽诉万方数据库侵犯著作权纠纷案为例/邓宏光/中国版权（北京），2009（6）

著作权案件中对有瑕疵的经公证的电子证据的认定/李冰青/电子知识产权（北京），2009（6）

著作权法对香水气味的保护——荷兰最高法院对法国Lancôme香水诉荷兰Kecofa香水侵犯著作权案判决评析/孙宁/河北法学（石家庄），2009（3）

著作权人发出要求删除链接的通知时应提供明确的网络地址——从技术角度浅谈《信息网络传播权保护条例》第14条第1款第2项/袁伟/电子知识产权（北京），2009（7）

著作权侵权损害赔偿责任探略/柳励和/广西社会科学（南宁），2009（6）

著作权间接责任制度的扩张与限制——美国判例的启示/熊琦/知识产权（北京），2009（6）

著作财产权之金钱救济的比较法研究/张今、林燕滨/中国版权（北京），2009（5）

著作权战略的几个问题/项一莎/出版发行研究（北京），2009（12）

著作权集体管理组织版权使用费标准争议解决机制探讨/曹世华/电子知识产权（北京），2009（1）

转让QQ号码在著作权法中的定性——兼评“腾讯公司诉王友金、淘宝公司案”/王迁/法学（上海），2009（10）

自力救济，还是权利滥用？——评微软“黑屏事件”/苏喆、朱婷婷、焦明明/知识产权（北京），2009（2）

作品数字化引发版权纠纷的思考——从郑成思教授诉书生公司著作权侵权案谈起/于雯雯/中国律师（北京），2009（12）

（卫绪华）

2009年版权相关图书简介

［编者按］ 本栏目的内容是从新闻出版总署信息中心提供的2009年全国正式出版的有关版权方面的书目中，摘录的部分版权或与版权相关的图书，并对其作一内容简介。

知识产权、版权法理法条相关解释文件、教材

《版权法》（第1版），郑成思著，北京：中国人民大学出版社，2009。

本书阐述版权法法理法条。

《现代知识产权法》（普通高等教育精编法学教材），曲三强主编，北京：北京大学出版社，2009。

本书对中国知识产权发展的历史与现状进行了系统的介绍，内容包括：知识产权总论、著作权法、专利法、商标法、知识产权国际保护、竞争法与知识产权等。

《知识产权法》（3版），吴汉东主编，北京：法律出版社，2009。

本教材编写体例十分成熟：以“总论—著作权—专利权—商标权—其他知识产权—国际保护”为明晰体系。在此框架下，全书以现行知识产权法和相关国际公约为基线，知识产权法之概貌和精要展现无余：既有知识产权法基本理论、基本范畴和基本概念的阐述，又有各知识产权制度的专题介绍；同时，国际知识产权制度、国际公约及相关立法的变动、本国立法以及司法中出现的新问题、学界前沿性研究成果等皆列其间。

《知识产权法》（21世纪中国高校法学系列教材），张玉敏等著，北京：中国人民大学出版社，2009。

知识产权是私权，知识产权法是民法的组成部分，民法的基本原理、原则和基本制度对知识产权法具有指导意义。作为具有独特调整对象的民法的一个部分，相对于物权法、债权法而言，知识产权法又有自己突出的特点。本教材采用了总、分结构。总则部分通过对调整对象、基本概念和基本原则的阐述，引导读者将民法的思维引入知识产权法的学习和研究，在强调共性的同时亦充分重视其个性。分则各编与总则相互呼应，学生应自觉运用总则的知识指导分则的学习。

《知识产权法》（面向21世纪课程教材）（2版），吴汉东主编，北京：北京大学出版社，2009。

本书力图将知识产权领域的国际公约与国内立法有机结合，同时反映理论界的学术通说以及最新研究成果，在系统地阐述基本概念、基本原理与基本制度的基础上，注重提供分析与解决知识产权问题的方法。现代知识产权制度起源于西方国家，是工业革命的产物之一，同时它也促进了技术变革、经济增长与社会发展。这一制度的形成与社会作用为学习和研究知识产权制度提供了多维视角，即从经济、技术和制度相结合的角度来整体性地理解知识产权法律制度。基于此学术理念，同时结合我国加入WTO的时代背景，本书采取总论和分论相结合的体例，完整而系统地阐释了知识产权的一般原理、著作权法、专利法、商标法、集成电路布图设计、知识产权国际公约等理论知识。

《知识产权法》（高等学校法学精品教材系列）（2版），丁丽瑛主编，厦门：厦门大学出版社，2009。

本书是“高等学校法学精品教材系列丛书”之一，也是法学专业十四门主干课程之一。本书共分六编：第一编为“知识产权总论”，着重论述知识产权法的概念、原则和历史沿革等；第二编为“著作权法”，详细阐述了著作权法的基本内容；第三编为“专利法”，详细阐述了专利法的基本内容；

第四编为“商标法”，详细介绍了商标法的具体内容；第五编为“其他知识产权保护制度”，介绍了除上述法律之外的知识产权保护制度；第六编为“知识产权的国际保护”，介绍了知识产权国际保护的具体内容。

《知识产权法》（2版），郑友德主编，北京：高等教育出版社，2009。

本书内容包括绪论、著作权法、专利法、商标法、反不正当竞争法、新型知识产权、知识产权的国际公约共七章，在内容上力求对现行知识产权法作全面准确的阐述，在体系和结构上力求有所创新。

《知识产权法》，刘春田主编，北京：法律出版社，2009。

本书作者刘春田教授是国内知识产权法名家，引领该学科研究与教学之前沿。本书共分六部分，在系统地介绍了知识产权法总论、著作权法、专利法和商标法之后，又介绍了知识产权国际公约，对知识产权的国际保护也进行了较为详细的介绍。

《知识产权法》，郭庆菊主编，长春：吉林人民出版社，2009。

本书共分五章，介绍了知识产权法基础理论、著作权法、商标法、专利法、其他知识产权法律制度及知识产权的国际保护等内容。

《知识产权法》（21世纪法学系列教材/曾宪义、王利明主编）（4版），刘春田主编，北京：中国人民大学出版社，2009。

本书系统地阐述了知识产权法的基本制度与有关知识产权的主要国际公约以及知识产权保护的法律体系。

《知识产权法》，冯晓青主编，武汉：武汉大学出版社，2009。

本书内容涵盖了知识产权法基础理论、著作权法、专利法、商标法、其他知识产权以及知识产权的国际保护等。

《知识产权法备考与拓展》（高等学校法学课程学习宝典/朱崇实总主编），刘宁编著，厦门：厦门大学出版社，2009。

本书内容包括：知识产权总论、著作权法、专利法、商标法、其他知识产权保护制度、知识产权的国际保护等。

《知识产权法教学法规》（面向21世纪教学配套法规应试版），教学法规中心编，北京：中国法制出版社，2009。

本书内容包括：著作权法、专利法、商标法、其他、国际公约·条约。

《知识产权法新解》，杨志敏著，成都：四川大学出版社，2009。

本书分为五篇，内容包括：知识产权法总论、著作权法、专利法、商标法、其他知识产权法律制度。

《知识产权法新论》，程艳萍编著，贵阳：贵州民族出版社，2009。

本书包括：知识产权法概论、著作权法、专利法、商标法、其他知识产权保护制度、知识产权的国际保护共六编内容。

《知识产权法学》（普通高等教育“十一五”国家级规划教材21世纪法学系列教材·民商法系列）（4版），吴汉东主编，北京：北京大学出版社，2009。

本书采取总论和分论相结合的体例，阐释了知识产权的一般原理、著作权法、专利法、商标法、集成电路布图设计、知识产权国际公约等理论知识。

《知识产权法学概论》，李玉香著，北京：知识产权出版社，2009。

本书从知识产权的概念、性质、特征入手，对我国知识产权的法律体系、法律关系、取得程序、资本化、限制以及管理和保护等基本理论进行了探讨。

《著作权法》（2版），李明德、许超著，北京：法律出版社，2009。

本书阐述著作权的概念、客体、内容，权利的限制与保护期限，权利的获得与归属，权利的转让与许可，邻接权，著作权的集体管理，著作权的侵权与救济，计算机软件的保护，国际著作权条约等问题。

《知识产权基础教程》（全国工程硕士专业学位教育指导委员会推荐教材），王兵主编，北京：清华大学出版社，2009。

本教材讨论了知识产权的概念、特点、种类和知识产权法律制度的功能，知识产权对象的范围和特点，知识产权的归属，知识产权权利内容及其限制，知识产权的获得、维持和保护，知识产权的许可、转让和资本化，知识产权的行政管理和基层管理，知识产权的国际保护等。

《知识产权法》，胡良荣主编，镇江：江苏大学出版社，2009。

本书以知识产权法的基本原理和基本制度为核心内容，包括知识产权法总论、著作权法律制度、专利权法律制度、商标权法律制度、其他知识产权法律制度等部分。

《法律适用手册：知识产权法分册》，须建楚主编，上海：上海社会科学院出版社，2009。

本书是上海市法学会主持编辑的系列工具书“法律适用手册”之一。它采用了一种全新的编辑视角和方式，对截止到 2005 年 9 月的知识产权领域的法律、法规和司法解释进行了系统的整理和归纳。

《经济法·知识产权法：法律版》（2010 年国家司法考试一本通），刘东根、尹正友主编，北京：法律出版社，2009。

本书围绕国家司法考试，结合必读法律法规，形成法条、命题题眼、历年试题和强化模拟题四位一体的考前复习材料。内容包括：经济法篇、知识产权法篇。

《商法·经济法·知识产权法》（司法考试名师讲义）（2009 全新版），张海峡著，北京：法律出版社，2009。

本书收录了 2009 年商法、经济法、知识产权法必读法律法规，内容提要及体系表，重点讲解辨析考试要点及难点。

知识产权、版权理论研究

《创新型国家与知识产权法律制度》，张丽娜著，长春：吉林大学出版社，2009。

本书从知识产权的理论视角出发，对中国知识产权制度的历史进行了全面回顾，剖析了现行中国知识产权制度的特点和缺陷，同时对中国知识产权制度的发展和完善提出了具体的建议和措施，尤其强调了未来民法典和知识产权制度的衔接问题，以及国家知识产权战略纲要对中国知识产权制度的促进和影响。

《网络著作权合理使用制度研究》，温晓红著，北京：石油工业出版社，2009。

本书主要研究网络环境下著作权合理使用的制度问题，对从事网络出版的相关人员、作者和管理者能提供著作权制度方面的帮助。全文分为五章，分别介绍了著作权合理使用制度概述、数字网络环境与作品使用、数字网络环境对著作权合理使用制度的挑战、思想共享思潮对网络著作权扩张的反思，以及思想共享理念的实践。本书适用于网络出版人员、网络作品著作权人以及相关部门的管理者阅读。

《系统科学视野下的知识产权》，杨雄文著，北京：法律出版社，2009。

本书内容包括：知识产权法研究的问题和基本方法、知识产权法研究的系统科学理论基础、知识产权法体系的构建、知识产权制度正义性等。

《知识产权保护的理论与制度分析》，吕炳斌、张影著，哈尔滨：黑龙江人民出版社，2009。

本书研究了知识产权保护的理论与制度分析，包括知识产权的保护原则、自然法下的产权保护、信息网络时代与版权保护等问题。

《知识产权制度与经济增长：机制、实证、完善》，单晓光等著，北京：经济科学出版社，2009。

本书以新经济增长理论为基础，采用宏观经济学、计量经济学和法学的研究方法，对知识产权制度与经济增长的内在关系进行深入分析，为实施国家知识产权战略提供了一定的理论和实证依据。

《著作人身权研究》，柳励和著，北京：团结出版社，2009。

本书共分为六章，对著作人身权的概念、起源与发展、性质与功能、与其他民事权利的区别、著作人身权的转让制度、著作人身权的法律救济等问题进行了探讨。

《知识产权制度基础理论研究》，吴汉东主编，北京：知识产权出版社，2009。

本书对知识产权制度的基础理论进行了归类和模块化的安排，按照范畴论、变迁论、价值论、体系论和救济论的顺序对内容依次展开研究。

《知识产权领域反垄断研究》，高健著，济南：山东友谊出版社，2009。

本书的构建采用反垄断法的体系，内容包括滥用市场支配地位、垄断协议、经营者集中等。

《跨国合约论：兼论政府管制对知识产权保护的影响》（经济学论丛），周燕著，北京：北京大学出版社，2009。

从2002年开始，中国成为了世界上最大的FDI流入国，并且取代美国成为最具吸引力的外国直接投资目标国。本书运用价格理论旨在解释：为什么跨国公司会选择不同的市场进入模式；当政府管制股权比例时，市场主体会作出什么反应；而这些反应将带来什么结果。交易费用是解释这些问题的关键所在。本书扩展了国际上流行的“威廉姆森式交易费用”涵盖的范围，运用更一般的交易费用理论——“张五常式交易费用”对独资合资问题进行分析，并且意外地发现，政府对外商投资实行的“独资/股比”管制政策，看似与知识产权毫无关系，却获得了保护知识产权的效果。

《知识产权基本问题研究（总论）》（21世纪法学研究生参考书系列）（2版），吴汉东等著，北京：中国人民大学出版社，2009。

本书研究了知识产权法的基础理论，既有对知识产权的概念、性质等基本范畴的分析，也有对知识产权制度的历史沿革、学理基础、价值目标等基本问题的研究。

《邻接权论研究》，孙雷著，北京：中国民主法制出版社，2009。

本书分为七章，内容包括邻接权的概述、表演者权、录音制品制作者权、广播组织权、技术措施和权利管理信息、邻接权的例外与限制、邻接权保护国际条约。

《知识产权代理》，李健主编，北京：知识产权出版社，2009。

本书涉及的主要问题包括：知识产权代理总论，商标代理概论，商标注册业务中的代理，商标异议和商标异议复审中的代理，注册商标争议程序中的代理，商标国际注册中的代理，商标转让、许可和质押中的代理等。

《知识产权法的辩证法思考》，肖光、肖霈桦、刘伟元著，广州：花城出版社，2009。

本书共分四编，内容包括：著作权法的辩证法思考、专利法的辩证法思考、商标法的辩证法思考以及其他知识产权法的辩证法思考。

《知识产权法前沿问题研究》（第2卷），冯晓青主编，北京：中国大百科全书出版社，2009。

本书以目前知识产权领域的理论前沿、热点问题和实践中新出现的问题为研究对象，涵盖了著作权、专利权、商标权、商业秘密等四个领域。分“理论前沿”、“技术变革与法律”、“热点聚焦”、“立法探讨”、“判解研究”、“域外视窗”六个栏目。

《激励与接入：版权制度的经济学研究》（法律经济学博士文丛），朱慧著，杭州：浙江大学出版社，2009。

版权法本质上就是在创作者与使用者之间建立一种基本的激励与接入的均衡关系。本书主要探讨在版权作品市场中运用经济学方法研究版权制度的可行性。具体而言，本书讨论版权制度本身所蕴涵的创作者、传播者与使用者的利益均衡问题，并尝试解决所谓的激励与接入的两难困境，实现对创作者激励的同时达到对使用者的接入。

《基因资源知识产权理论》（中国软科学研究丛书），吴立增、黄秀娟、刘伟平著，北京：科学出版社，2009。

本书从经济学角度分析研究了基因资源知识产权的界定、利益分配、保护制度等问题，形成了基因资源知识产权的基本理论框架。

《知识产权制度与经济增长机制研究》，许春明著，北京：知识产权出版社，2009。

本书以新经济增长理论为基础，揭示知识产权制度作用于经济增长的内在机制，为研究知识产权制度与经济增长的关系奠定了理论基础。

《知识产权与图书馆权利的协调与平衡》，陈伟、汪琼著，北京：化学工业出版社，2009。

本书着重分析了国内外研究现状，分别从图书馆权利和知识产权制度的视角深入阐述双方存在的意义，通过分析双方矛盾之所在，提出协调两者的合理化建议；同时对国际知识产权及图书馆权利的相关法律制度进行合理罗列。

《知识产权法政策学论丛》（2009 年卷），李扬主编，北京：中国社会科学出版社，2009。

本书共收录九篇论文，包括《专利法的政策杠杆》、《智慧财产法政策学初探》、《对知识产权战略的法学认识》、《修理、更换、回收利用是否构成专利权侵害》、《驰名商标司法认定中存在的问题及解决》等。

《知识产权法研究》（第 7 卷），王立民、黄武双主编，北京：北京大学出版社，2009。

本书分“版权专题”、“专利权专题”、“商标权专题”和“综合研究”四部分，主要探讨了新技术对版权制度的冲击、版权理论的伦理分析、专利权质权法律制度研究、商业标记权利冲突、传统医药专利保护在现行知识产权制度中的障碍等问题，并对相关案例进行了研究。

《知识产权许可协议》，［德］约亨·帕根贝格（Jochen Pagenberg）、［德］迪特里希·拜尔（Dietrich Beier）著，谢喜堂译，上海：上海科学技术文献出版社，2009。

本书以对专利、实用新型、专有技术、软件许可证合同进行评述的形式展开，书中收集了最常见的工业产权开发类型以及代表性的合同格式文本。

《国际知识产权法律制度研究》（海南高校理论文库/陈传汉、颜东主编），张丽娜著，北京：华文出版社，2009。

本书从个案和理论两个角度，探讨了国际知识产权相关法律的起源、沿革、制定和推广，对不同国家的知识产权法律进行了比较和分析，介绍了我国知识产权法律的产生、发展、立法现状、存在的问题及成因，分析了我国保护知识产权的现状，论述了我国保护知识产权的必要条件、基础条件和基本思路。

《基于产业差异的知识产权创新激励效应分析》，文豪著，北京：中国财政经济出版社，2009。

本书构建了一个产业创新的三维分析框架，分析产业技术和市场特征对知识产权的创新激励作用，并对中国的知识产权政策实践进行实证检验。

《WTO 争端解决机制若干问题研究》（绿草文丛）（2 版），黄萍著，呼和浩特：远方出版社，2009。

本书论述了 WTO 争端解决机制的若干问题。对这些问题的了解和把握，将有利于中国在面临争端时采取必要的措施争取主动。

《版权交易制度研究》，来小鹏著，北京：中国政法大学出版社，2009。

本书运用民法理论研究版权交易制度及立法、司法实践中的重点和难点问题。作者运用制度经济学、历史分析、比较分析以及实证分析等研究方法对版权交易的正当性、合理性进行了深度分析。

《首都文化创意产业发展中的版权贸易研究》，张养志、吴亮编著，上海：华东师范大学出版社，2009。

本书对首都文化创意产业发展中的版权贸易作了深入研究。内容包括：文化创意产业与版权贸易，版权产业与版权贸易，版权贸易的古典贸易理论分析，首都版权贸易的实证研究等。

《北京版权贸易与版权产业发展研究》，张志林、张养志主编，北京：印刷工业出版社，2009。

本书作为北京社科规划项目的研究成果，以大版权观念和全球化视野，全面梳理了北京地区版权贸易的现状、问题和发展建议。

《四川版权产业发展战略及对策研究》，四川省版权局、四川省人民政府研究室著，成都：四川人民出版社，2009。

本书为四川版权产业发展战略及对策研究项目的课题成果，它是对四川版权产业发展的系统研究。一方面从总体上分析了四川版权产业发展的现状、存在的问题和制约因素，并根据国内外版权产业发展的基本经验和四川的基础条件，提出了四川版权产业发展的指导思想、基本思路、战略重点和对策措施；另一方面，它又分别对九个版权相关行业的发展现状、特点、问题、环境条件等进行了研究，提出了发展思路和对策建议。

《版权产业的发展战略研究》，楼荣敏著，上海：上海科学技术文献出版社，2009。

本书系统总结了上海版权产业的发展历程，对今后的发展提出了独特的见解和可操作的办法。

《防止知识产权滥用法律机制研究》，费安玲主编，北京：中国政法大学出版社，2009。

本书共分两篇，主要内容包括：知识产权滥用概述、知识产权滥用的表现形式与成因、防止知识产权滥用之正当性之理论探讨、防止知识产权滥用的制度建设理念等。

《知识产权权利属性研究》（民商法论丛），肖志远著，北京：北京大学出版社，2009。

本书内容包括知识产权私权属性的分析框架与初步结论。结论验证（一）：对第一部版权法的考察，结论验证（二）：对第一部专利法的考察，结论验证（三）：对晚近知识产权类型的考察——数据库制作者权等。

版权主体、内容研究

《农村知识产权与农业现代化》，李晓玲著，兰州：甘肃文化出版社，2009。

本书系《农家书屋文库·法律系列》之一，以“问答体”的写作形式，辅以生动的案例，向农民读者系统介绍农村知识产权的基本常识，以及知识产权在农业现代化中的重要作用。

《农民与知识产权》，袁峥嵘编著，兰州：甘肃文化出版社，2009。

本书包括：农民与知识产权、农民与著作权、农民与专利权、农民与商标权、农民与植物新品种权五编内容。

《农业知识产权教程》，何忠伟、隋文香主编，北京：知识产权出版社，2009。

本书主要介绍了农业领域的知识产权类型，知识产权的获得、应用与保护。

《区域知识产权战略·辽宁篇》，胡权林、胡嘉禄著，北京：知识产权出版社，2009。

本书根据辽宁省知识产权战略的制定和实践，总结了知识产权战略研究和战略纲要制定工作。

《遗传资源、传统知识与知识产权》（生物多样性与传统知识丛书），薛达元等著，北京：中国环境科学出版社，2009。

本书包括遗传资源及相关传统知识的概念、生物多样性公约有关遗传资源与传统知识议题的进展、中国遗传资源及相关传统知识保护战略等七章内容。

知识产权、版权的保护

《多维视角下我国知识产权的刑事保护研究》，莫洪宪、贺志军著，北京：中国人民公安大学出版社，2009。

本书是在关注和探索知识产权的刑事保护过程中所形成的新的研究成果。除刑法规范研究外，还从犯罪学、刑事政策学等视角展开探讨。从多维视角对当代中国知识产权刑事保护问题进行全方位分析，有利于丰富本领域的研究。

《计算机软件的知识产权保护》，应明、孙彦著，北京：知识产权出版社，2009。

本书从理论和实务两方面介绍和讨论了计算机软件的知识产权保护问题。第一章首先介绍了国际社会对计算机软件保护制度的探索以及笔者对于建设我国计算机软件知识产权制度框架的建议。第二章至第四章分别讨论了对计算机软件实施著作权保护、专利保护以及商业秘密保护的法律基础。第五章至第七章针对软件行业在计算机软件的研发、流通和使用实务中常常遇到的知识产权保护问题进行了分析和探讨。

《生物技术、信息技术的知识产权保护》，张玉瑞著，北京：中国社会科学出版社，2009。

本书内容包括：美国有关各界围绕 eBay 案对禁

令制度发表的深刻意见，以及最高法院最后的处理结果；美国、欧盟知识产权许可反垄断审查的具体规定；欧洲议会之欧盟软件专利指令；日本、美国专利局计算机软件专利审查实践等；美国、欧洲、日本专利局有关生物技术的协作研究成果以及它们的生物技术专利审查实践等。

《苏州市知识产权发展与保护状况》，苏州市人民政府知识产权联席会议主编，苏州：苏州大学出版社，2009。

本书主要介绍了苏州市知识产权教育、宣传、保护等状况，指出知识产权是企业竞争和经济社会发展的武器之一。

《云南省对东盟国家贸易知识产权保护对策研究》，李义敢、许惠然等编著，昆明：云南民族出版社，2009。

本书客观论述了加强云南对东盟国家贸易知识产权保护的重要意义，系统阐述了东盟各国的知识产权制度及知识产权保护状况，深入分析了云南对东盟国家出口产品的知识产权保护情况等。

《中国版权保护政策研究》，李明山主编，开封：河南大学出版社，2009。

本书分为上中下三编，共十八章，内容包括：旧中国版权保护政策的历史演变、版权保护政策法律化的完成与贯彻实施、新时期版权行政管理政策等。

《知识产权保护与企业创新》，孙赫著，上海：上海三联书店，2009。

本书从发展中国家的视角，通过过程创新模型，建立了对发展中国家知识产权保护的经济效应进行分析的系统的理论框架。

《中国知识产权刑法保护国际化研究》（京师刑事法学博士文库），刘科著，北京：中国人民公安大学出版社，2009。

本书研究了创新型国家建设与中国知识产权刑法保护国际化，国际公约，若干国家和地区知识产权刑法保护比较，中国知识产权刑法保护国际化原则及其贯彻等问题。

《中医药传统知识产权的法律保护》，宋晓亭主编，北京：知识产权出版社，2009。

本书研究了建立我国传统知识法律保护制度的重要性和可行性，并在我国中医药传统知识立法保护问题上作了有益的探索和建议。

《种业知识产权保护研究》，张劲柏、侯仰坤、龚先友主编，北京：中国农业科学技术出版社，2009。

本书针对种子市场中知识产权侵权这一问题，在基础理论与实践模式研究两个层次上进行了一定的探索，特别在商业秘密保护、知识产权保护组织建设方面进行了一定的开拓性研究。

《企业知识产权战略与法律保护制度》，杨志祥著，长沙：中南大学出版社，2009。

本书分为十六章，内容包括：企业自主创新与知识产权保护、企业专利战略、商标权法律保护制度、地理标志法律保护制度、知识产权侵权行为的无过错责任归责原则等。

《传统知识保护的权利设计与制度构建：以知识产权为中心》（厦门大学法学学术文库），丁丽瑛著，北京：法律出版社，2009。

本书从传统知识保护对象的界定入手，对传统知识采用广义的定义方法；从需要、价值、权利三方面，分析传统知识利益形成、转化的正当性基础，阐述该利益向权利转化的制度条件和权利体系，证成传统知识财产权，释明传统知识保护的目标、思路与模式，提出传统知识保护议题下我国现行知识产权法的利用和改造方案，并构架传统知识之上的特别权利保护制度。全书以利益平衡为主轴，加入传统知识保护与知识产权制度的融合这一润滑剂，最终落脚于传统知识保护的制度构架。

《软件知识产权保护制度研究》（法律经济学博士文丛），董雪兵著，杭州：浙江大学出版社，2009。

本书探讨了在软件产业中用经济学方法研究知识产权保护制度问题的可行性；讨论和比较了软件的各种知识产权保护制度，进而分述具体的软件的版权保护制度和专利保护制度；讨论了累积创新与版权保护的关系，专利期限政策与专利保护的关系；考察了 TRIPs 协议下的软件保护问题等。

《民间文学艺术的知识产权保护论》，严永和著，北京：法律出版社，2009。

本书分为八章，内容包括民间文学艺术的内涵界定、民间文学艺术知识产权保护的正当性、民间文学艺术的知识产权保护模式、民间文学艺术知识产权保护的现行法审查等。

知识产权、版权的管理

《知识产权管理与运用若干问题研究》，乔永忠著，北京：知识产权出版社，2009。

本书共分六编，内容包括：国家知识产权战略及其实施绩效评估、国家财政资助发明创造的知识产权、专利维持时间与专利质量、专利创造性标准运用、专利及其制度运用、世界专利活动趋势与中药专利管理。

《现代物流企业知识产权管理》，徐康平等著，北京：中国物资出版社，2009。

本书分为十章，内容包括绪论、物流企业专利技术管理、物流企业商标管理、物流企业著作权管理、物流企业商业秘密管理、物流企业知识产权战略管理等。

《数字权益管理：传媒业与娱乐业中数字作品的保护与盈利》（传媒典藏·新媒体经营与法律系列丛书），[美] 塔瑟尔（Tassel, J. V.）著，王栋译，北京：人民邮电出版社，2009。

数字权益管理不同于一般意义上的数字版权保护。版权保护仅仅是保护版权所有者的利益，而数字权益管理则是管理和保护整个数字产品价值链中所有参与者的权益，是指在数字作品的整个生命周期中标定、描述、监督、执行和管理其相应数字权益的一系列软、硬件技术和服务。

《企业知识产权管理实务：案例与实践》（公司投资与管理高级法律顾问丛书），据存旭主编，北京：中国法制出版社，2009。

本书介绍了企业知识产权管理实务中所遇到的问题及相关的应对方法。

《知识产权管理基础》（知识产权管理师专业水平考试指定教材），田文锦主编，北京：中国财政经济出版社，2009。

本书内容包括：知识产权管理概论、专利权管理、商标权管理、著作权管理、其他知识产权管理、知识产权的全球视野。每章前面附有知识目标、技能目标、教学重点；每章中间插有案例或相关阅读等资料。

《企业知识产权管理实务》，汪琦鹰、杨岩著，北京：中国法制出版社，2009。

本书内容包括：知识产权、知识产权管理、知识产权人才管理、知识产权信息管理、知识产权国际公约、美国的知识产权制度等。

《制度与问题：知识产权的政府管理》，刘玉安著，上海：上海三联书店，2009。

本书主要是从政府的知识产权管理制度、政府知识产权管理制度的运行机制、政府知识产权管理体制三个方面进行论证和论述。力图通过制度经济学的相关理论，运用中外对比、案例分析、理论联系实际等方法对主题进行探讨，既较深入地剖析了一些问题存在的原因，又有针对性地提出了一些具有建设性的主张，企望对中国的知识产权问题和制度建设能有所裨益。

《知识产权管理》（安徽省高等学校“十一五”省级规划教材），宋伟主编，合肥：中国科学技术大学出版社，2009。

本书将知识产权管理分为企业知识产权管理、知识产权公共管理和知识产权管理国际化三个板块，其中每个板块又细分为若干部分。

《现代知识产权管理》，马海群、文丽、周丽霞等编著，北京：科学出版社，2009。

本书从管理学的视角阐述知识经济与网络环境下知识产权管理的时代意义与内涵，详细分析知识产权的法制管理、政策管理、文化管理、行政管理、经济管理、技术管理、信息管理的机制与理论，以实证方式构建国家知识产权战略管理、企业知识产权策略管理的框架。

版权产业、贸易及战略实务

《版权产业创新》，北京市新闻出版局、北京市版权局编，北京：科学出版社，2009。

本书汇编了北京市版权局、人民出版社、中国人民大学出版社、中华书局、外语教学与研究出版社等众多出版单位领导人的精彩文章。作为成功出版单位的领导人，对于版权产业的创新和图书出版业的科学发展，每位作者都提出了独到、精确和实用的见解，并结合自身出版社的特点，对未来发展提出了宏伟的展望。

《企业知识产权战略实务》，王瑜、丁坚、滕云鹏著，北京：知识产权出版社，2009。

本书是一本指导实务工作的操作手册。书中以《国家知识产权战略纲要》为基线，根据其规划的“创造、运用、保护和管理”四个方面，构筑本书的基本框架体系，其中包括开发（创造）体系、运营（运用）体系、管理体系、防护（保护）体系。

《企业知识产权战略与实施方案制作指引》，彭文胜、刘逸星著，北京：法律出版社，2009。

本书包括企业知识产权战略基础理论、企业知识产权战略操作实务、企业知识产权战略与实施经典案例等三篇。

《知识产权战略与实务》（第5辑），于泽辉主编，北京：法律出版社，2009。

本书主要内容有：专利侵权诉讼中的合同抗辩、关于专利不授权客体的浅述、技术转让合同中善意第三人利益保护的可行性分析等。

《山东知识产权战略政策与实践》，李爱民主编，济南：山东友谊出版社，2009。

本书分为两部分。上编包括政策规定和领导讲话，主要介绍了山东省实施知识产权战略的宏观部署及重要政策措施；下编包括实施知识产权战略的做法和经验。

《知识产权贸易》，詹宏海编著，上海：上海大学出版社，2009。

本书从法学与经济学结合的角度，介绍知识产权贸易的种类和一般过程。全书共分为十二章，主要内容包括技术贸易、版权贸易、特许经营及知识产权商品的平行进口等，重点是知识产权贸易领域中的新发展。

《版权贸易实务指南》，［德］彼得拉·克里斯蒂娜·哈特（Petra Christine Hardt）著，宋含露等译，上海：上海人民出版社，2009。

本书内容包括：版权的购买、版权的保护、版权的销售、未来展望等。

《WTO争端解决与中国》（第一卷）（上海WTO事务咨询中心系列丛书），龚柏华主编，上海：上海人民出版社，2009。

本书共包括五部分内容：中国参与WTO争端解决机制实践述评；“中国——影响汽车零部件进口措施案”；“中国——影响知识产权保护和实施的措施案”；WTO争端解决上诉机构2008年度活动概述；有关WTO争端解决文献目录汇集。

《知识产权战争策略》，王晓先、林敏编著，广州：暨南大学出版社，2009。

本书在系统介绍知识产权法律知识的同时，结合典型的案例阐析了知识产权问题在具体运用中的方法等，该书具有指导性和实用性，是中国企业如何维护自己权益的法律顾问。

《知识产权法实施中的疑难问题》（“十一五”国家重点图书出版规划项目），刘春霖等编著，北京：中国人民公安大学出版社，2009。

本书内容包括：知识产权法总论、著作权法实施中的疑难问题、专利法实施中的疑难问题、商标法实施中的疑难问题、反不正当竞争法实施中的疑难问题、网络知识产权法实施中的疑难问题。

技术变革与数字版权

《技术发展与版权扩张》（西南知识产权博士文库），易健雄著，北京：法律出版社，2009。

本书分为八章，内容包括印刷特权与书商版权，《安妮法》，从文学产权到版权，超越复制，版权在美国，模拟技术与版权扩张，数字版权，版权的未来等。

《数字版权管理技术原理与应用》，冯明、唐宏、陈戈等编著，北京：人民邮电出版社，2009。

本书对数字版权管理技术的相关基础知识、技术以及协议标准进行了介绍，对数字版权管理的技术原理进行了详细分析，并分别描述了DRM在3G移动、IPTV、PC流媒体、电子书等领域的应用，最后讨论了DRM的相关法律法规。

《创意产业中的知识产权：数字时代的版权和商标》（新媒体经营与法律系列丛书），［美］卢茨科尔（Lutzker，A.P.）著，王娟译，北京：人民邮电出版社，2009。

本书对数字时代美国版权法和商标法进行了解读，并引用了许多现实生活中的经典案例，解释了美国知识产权方面具体的法规政策及其应用情况，讲解了关于版权和商标如何进行购买和出售等方面的知识。

《技术创新与知识产权联动》，周寄中、赵远亮、叶治明著，北京：科学出版社，2009。

本书为两编。第一编论述了具体产业医药产业中企业的技术创新和知识产权之间的联动关系；第二编是从中国内地与中国台湾企业在知识产权管理和技术创新绩效之间相关程度的比较来论证上述观点。

知识产权、版权资料汇编（文集、手册、报告、公告、读本）

《纪念改革开放30周年暨中国知识产权发展论坛论文集》，杨铁军主编，北京：知识产权出版社，2009。

本书精选了67篇文章，内容包括我国专利、商标、版权、司法、社会服务组织领域资深专家对发展历程的回顾和今后发展的建议等。

《深入学习实践科学发展观　大力推动知识产权事业又好又快发展》，田力普主编，北京：人民出版社，2009。

本书第一部分是重要讲话，收录了国家知识产权局局长田力普的文章《深入学习实践科学发展观大力推动知识产权事业又好又快发展》；第二部分是局长调研报告，收录了国家知识产权局六位局领导的调研报告；第三部分是机关调研报告，撰稿者为国家知识产权局各司局；第四部分是落实科学发展观情况与思路。

《权利是如何实现的》，李雨峰著，北京：法律出版社，2009。

本书是一部以“权利是如何实现的”为主题的关于知识产权、特别是著作权的论文集。论述了知识产权立法模式的选择、所有权与著作权的竞合、近代中国著作权法的产生等。

《中国高校知识产权报告（2008）》，教育部科技发展中心编，北京：高等教育出版社，2009。

本书全面收集整理了我国高校自1985年以来，特别是2008年度知识产权方面的有关数据、资料，客观、完整地反映了我国高校当前知识产权产出、保护、转让与实施状况，展现了我国高校知识产权整体工作概况和我国高校服务社会所作出的创造性贡献，并就高校所关注的相关问题进行了分析、研讨。

《中国加入马德里商标国际注册体系20周年座谈会文件汇编》，中华人民共和国国家工商行政管理总局商标局编，北京：中国工商出版社，2009。

本书收集了周伯华局长与弗朗西斯·加利总干事互致的贺信、领导讲话、座谈会实况照片、认定马德里商标国际注册十强企业的通报、表彰推动马德里商标国际注册先进单位的通报、座谈会交流材料及马德里商标国际注册知识。

《中国侵权责任法学者建议稿及其立法理由》，［德］布吕格迈耶尔、朱岩著，北京：北京大学出版社，2009。

本书分为三部分，内容包括中国侵权责任法学者建议稿条文，中国侵权责任法的历史、现状与当前立法核心任务，中国侵权责任法学者建议稿立法理由。

《中国知识产权蓝皮书》，吴汉东主编，北京：北京大学出版社，2009。

本书以实证为基点，以数据和事实为依据，以大事要事、焦点热点为重心，以为涉及知识产权的各行业提供参考资料和提升公众的知识产权意识为依归，汇集了知识产权名家之精品，全面总结了2007～2008年国内知识产权理论研究与实践现状，科学预测了未来发展趋势。

《中国知识产权统计年报》（2008），杨铁军主编；国家知识产权局编，北京：知识产权出版社，2009。

本年报由国家知识产权局汇编，汇集了我国知识产权领域的年度统计数据，全面反映我国知识产权领域每年的发展状况。本年报涵盖专利、商标、版权、计算机软件、集成电路布图设计、农业植物新品种、林业植物新品种、海关知识产权保护、知识产权司法保护等方面的内容。

《中国知识产权指数报告》，王正志主编，北京：知识产权出版社，2009。

本书对中国知识产权各项指数指标进行排名和分析，论述中国知识产权发展中存在的主要问题，并对中国知识产权的发展提出政策建议。

《中华人民共和国国家知识产权局公报》（2009年第一期（总第1期）），国家知识产权局办公室编，北京：知识产权出版社，2009。

本书主要刊载内容为：全国人民代表大会及其常务委员会通过的涉及知识产权的法律；国务院发布的涉及知识产权的法规和法规性文件；国家知识产权局发布的规章、公告、重要文件、统计数据以及其他需要公告的事项。

《中华人民共和国国家知识产权局公报》（2009年第二期（总第2期）），国家知识产权局办公室编，北京：知识产权出版社，2009。

本书内容与上书同。

《中华人民共和国国家知识产权局公报》（2009年第三期（总第3期）），《中华人民共和国国家知识产权局公报》编辑部编辑，北京：知识产权出版社，2009。

本书内容与上书同。

《中国企业出国参展知识产权保护指南．法国分册》，方立维编著，北京：中国工商出版社，2009。

本书内容包括：法国知识产权保护法律概述、法国专利登记和准许程序概述、法国商标制度概述、商标侵权、著作权等。

《中国企业出国参展知识产权保护指南．德国分册》，方立维编著，北京：中国工商出版社，2009。

本书分为五章，内容包括：德国知识产权保护法律概述、德国知识产权主管机关概述、德国对专利侵权的处理、德国展会知识产权执法概述、案例解析。

《中国企业出国参展知识产权保护指南．意大利分册》，方立维编著，北京：中国工商出版社，2009。

本书内容包括意大利知识产权法律体系、意大利专利及商标申请、意大利设立专门部门管理争议与诉讼等。

《〈河南省知识产权战略纲要〉辅导读本》，郭民生主编，北京：知识产权出版社，2009。

本书多角度介绍了河南省知识产权战略纲要的制定背景、制定内容、制定意义及实施方案，充分阐述了在河南省实施知识产权战略对保护地方特色物种、产业和促进经济发展等方面具有的重大意义。

《深圳市知识产权局深圳市版权局年报》（2008），肖杰安主编，深圳：深圳报业集团出版社，2009。

本书介绍深圳市知识产权局、深圳市版权局2008年度工作业绩及法律法规制定情况。

《智慧之光：青少年知识产权与创新教育读本》，薛国光主编，北京：知识产权出版社，2009。

本书深入浅出地介绍了知识产权基础知识和发明创造常识，是面向中小学生开展知识产权教育和创新教育的普及读物。

《国家知识产权局视觉识别系统》，国家知识产权局编，北京：知识产权出版社，2009。

本书是为统一国家知识产权局在国际知识产权交流与合作以及国内知识产权行政等相关活动中的形象标志所特别制定的规范。

《全国工商行政管理系统贯彻落实〈国家知识产权战略纲要〉、大力推进商标战略实施工作会议文件汇编》，国家工商行政管理总局商标局编，北京：中国工商出版社，2009。

本书汇集了全国工商系统推进商标战略实施工作会议上的领导讲话、文件、各地工作经验介绍材料和有关图片的集结、汇总。

《成都市新闻出版（版权）业2008年发展报告书》，成都市新闻出版（版权）局编著，成都：成都时代出版社，2009。

本书由成都市新闻出版（版权）局负责整理编写，由前言、出版篇、印刷篇、发行篇、版权篇、扫黄打非篇、抗震救灾篇、行政效能篇、成果篇和展望篇共10个篇章组成，为首份覆盖成都全行业的新闻出版（版权）业的年度发展报告书。

知识产权、版权方面的司法、执法实践

《知识产权办案实用小全书》，《办案实用小全书》编写组编，北京：中国法制出版社，2009。

本书收录了有关知识产权的地方性文件在内的各级有效的重要法律文件，内容分为实体法篇、程序法篇和地方性文件篇三部分。

《知识产权经典判例》，王振清主编；北京市高级人民法院知识产权庭编，北京：知识产权出版社，2009。

本书中的60件案例是从2006年北京市法院审结的各类知识产权纠纷案件中精选出来的，涵盖了该年度全部新类型、疑难复杂和具有广泛社会影响的案件。

《知识产权司法解释理解与适用》（最高人民法院司法解释解读系列），沈德咏主编；最高人民法院研究室编，北京：法律出版社，2009。

本书收录了截止到2009年10月最高人民法院发布的知识产权司法解释、司法解释性文件、司法工作规范性文件的正式文本。

《中国知识产权审判研究》（中国审判理论研究丛书），钱锋主编，北京：人民法院出版社，2009。

本书精选了65篇研究成果，主要内容分为：研究动态、审判研究、统计分析与类案调研、案例研究四个部分。

《侵犯知识产权犯罪案件侦查》（普通高等教育“十一五”国家级规划教材），任克勤主编，北京：群众出版社，2009。

本书主要是在对知识产权刑事保护制度、侵犯知识产权违法犯罪状况作概括性描述的基础上，着眼于我国现行刑法规制下的侵犯知识产权犯罪案件的一般规律性特征、侦查办案难点与技巧，展开系统性分析与梳理，并结合侵犯知识产权犯罪侦查实践中典型、疑难实例加以阐释、分析。

《侵犯知识产权罪立案追诉标准与司法认定实务指南》（中国法律适用文库——“十一五”国家重点图书出版规划项目），魏东主编，北京：中国人民公安大学出版社，2009。

本书面向公安民警、检察官、法官、律师等从事刑事司法实践工作的读者编写，每个罪名均按照“概念与罪名渊源”、“犯罪构成要件”、“立案追诉标准适用指南”、“司法认定实务指南”、“刑事责任”五个部分编写。本书突出实务，注重理论研究与司法实践相结合，归纳整理并具体解决刑事执法和司法实践中的各种热点、难点、疑点问题，为刑事执法和司法实践提供参考。作者在论述时不仅融入了对刑事法律、司法解释等文件的解读、理解和适用，而且通过案例的形式对一些疑难问题进行分析、阐释。本书内容全面，资料翔实，实用性强。

《浦东法院知识产权审判文选：2005～2008》，丁寿兴主编，北京：知识产权出版社，2009。

本书汇集了2005～2008年期间浦东法院知识产权法官对在知识产权审判中出现的新问题进行的深入的研究与探讨。

《知识产权审判指导》（中国审判指导丛书）（2009年·第1辑（总第13辑）），奚晓明主编；最高人民法院民事审判第三庭编，北京：人民法院出版社，2009。

本书包括：知识产权审判政策与精神、法律法规、司法解释及批复、案例评析、地方法院知识产权审判、最高人民法院裁判文书选登六个部分内容。

《知识产权审判指导》（中国审判指导丛书）（2009年·第2辑（总第14辑）），奚晓明主编；最高人民法院民事审判第三庭编，北京：人民法院出版社，2009。

本书包括知识产权审判政策与精神、司法解释及批复、地方法院知识产权审判规范性文件、理论研究、地方法院知识产权审判专题调研、案例评析、

裁判文书选登等栏目。

知识产权、版权案例研讨

《法治·人性：赵连玉律师知识产权案例文书选》，赵连玉著，珠海：珠海出版社，2009。

本书收集了赵连玉律师多年来代理知识产权案件的部分法律文书。每篇文书，藏着一部真实的故事、一部讲述因知识财富而发生的侵权和维权的斗争故事。

《影响中国的100个知识产权案例》，田力普编，北京：知识产权出版社，2009。

本书以最高人民法院公布的改革开放30年来最具典型意义的100个知识产权案例为基础，针对每个案例分“案情简介”、“争议焦点”、“法院判决”、“案例评析”、“法条链接”五部分内容加以阐释，从而促进读者正确理解知识产权法律制度，提高民众知识产权意识，并最终推动知识产权文化建设。

《云南知识产权案例精选》，木向宏主编，北京：知识产权出版社，2009。

本书精选了28个云南省法院系统审理的知识产权案件和10个云南省知识产权局系统执法的知识产权行政执法案件，对它们从法律和法理方面进行系统的论述。

《知识产权案件热点问题研究》（知识产权法官论坛），冯刚著，北京：知识产权出版社，2009。

本书深入剖析了知识产权案件审理中的热点和疑难问题，内容涵盖了著作权、网络知识产权、工商业标识以及新类型知识产权等方面。

《知识产权权益纠纷》（教你打官司丛书），王光宗、李木杰著，太原：山西教育出版社，2009。

本书采用以案说法的形式，以通俗易懂的方式向读者宣讲法律知识，传播法制理念，让百姓明白自己有哪些权益是受法律保护的，应当怎样运用法律武器维护自己的合法权益。

《知识产权审判典型案例评析》，马平、茹作勋主编，兰州：兰州大学出版社，2009。

本书评析各种知识产权审判案例，内容包括著作权、商标权、专利权、植物新品种、技术合同、商业秘密、反不正当竞争和其他。

《智慧的较量：知识产权案例评述与诉讼技巧》（广东律师系列丛书之四），广东省律师协会编，北京：法律出版社，2009。

本书按照专利法、商标法、著作权法和反不正当竞争法的顺序，精选了近两年来在上述领域比较有影响的典型案例，按照案情实录、裁决结果、律师点评的结构进行评述，并就办理此类案件的技巧进行总结。

《朱妙春律师知识产权名案精选》，朱妙春编著，上海：上海三联书店，2009。

本书按专利、商标、版权、商业秘密、不正当竞争及网络软件等六个章节编排，介绍了作者在工作中遇到的大量真实案例。

《著作权案例评析》，齐相潼、孙文科主编；中国版权保护中心、新闻出版总署人事司编；方新定等编写，上海：上海辞书出版社，2009。

本书集中介绍了与作品出版活动直接相关的著作权与著作权法知识，收有70个案例，每个案例都由“案情简介”、“请你回答”、“评点解析”三部分组成。

《著作权纠纷新型典型案例与专题指导》（判例与专题评点丛书），蒋强、李自柱、吴江著，北京：中国法制出版社，2009。

本书根据纠纷类型划分为若干专题，每个专题先精选近年来司法实践中的典型判例，在此基础上全面阐述著作权纠纷所涉及的审判依据、法律要义、裁判思路、司法实践中的重点和难点。

《天下没有免费的午餐：文艺作品知识产权诉讼案例辨析》，上海文艺知识产权司法鉴定中心编，上海：上海人民出版社，2009。

本书收录的20个案例，内容涉及电影、电视、文学、戏剧、小品、音乐、歌曲、美术、手机短信和网络小说各主要文化艺术门类，撰稿者们没有满足于案由、案情的介绍，而是立足反思，从不同侧面剖析侵权发生的原因。

《知识产权诉讼案例与代理技巧》（知识产权保护前沿系列），华诚律师事务所编著，北京：法律出版社，2009。

本书从诉讼代理人视角，以提升商务律师业务素质为归宿，通过介绍知识产权、公司等案件的代理过程，总结代理经验，分享代理体会。

其　他

《媒体与名誉侵权》，陈晓彦著，重庆：西南师范大学出版社，2009。

本书采用法社会学的方法，对中国司法实践中的名誉侵权与言论自由进行了考察。作者认为中国名誉权法律的设计本身没有对言论的钳制和惩罚设置，具体司法实践对名誉权官司的处理，主要目的是用来保护名誉权和为名誉损害提供救济。本书的出版将有助于国内外的读者了解我国公民所享有的宪法权利言论自由的状况。

《中国数据库法律保护制度研究》，孙洁著，北京：中国计量出版社，2009。

本书内容主要包括数据库法律保护概述、中国数据库法律保护的司法实践、世界数据库特殊权利保护的借鉴及网络环境下数据库法律保护的发展对策等八部分。本书是在作者承担的浙江省哲学社会科学发展规划课题“我国数据库法律保护制度发展与完善”的基础上完成的。

《民间文学艺术的法律保护》，杨勇胜著，长春：吉林大学出版社，2009。

本书论述了民间文学艺术的法律保护既是一个世界性的课题，也是中华民族优秀民间艺术源远流长的关键。

《地理标志的保护与管理》，李祖明著，北京：知识产权出版社，2009。

本书分为七章，内容包括：地理标志概述、相关国际公约对地理标志的保护、我国地理标志资源及法律保护现状、地理标志保护的例外、地理标志与相关制度的比较、地理标志的经营与管理等。

《地理标志法律保护制度研究》，田芙蓉著，北京：知识产权出版社，2009。

本书系统梳理了地理标志概念演进历史，厘清了地理标志、原产地名称和货源标记三者之间的历史和逻辑关系，分析了地理标志的权利归属与判定因素，从实体和程序两个方面研究了地理标志保护的构成要件，从制度变迁、制度内容和案例分析等方面对目前世界上三种主要地理标志法律保护制度进行了比较研究。

《传统知识保护的法理学研究》，卫欢著，贵阳：贵州人民出版社，2009。

本书共分五章，内容包括：传统知识的基本理论，保护传统知识的必要性，传统知识法律保护的正当性，传统知识法律保护的基本原则之一：尊重传统社区，传统知识法律保护的基本原则之二：体现正义。

2009年版权相关图书索引

书　　名	第一著作责任者	出版者	定价（元）
现代物流企业知识产权管理	徐康平著	中国物资出版社	33
数字权益管理：传媒业与娱乐业中数字作品的保护与盈利	[美]塔瑟尔（Tassel，J. V.）著，王栋译	人民邮电出版社	38
知识产权基本原理及实践	熊英著	知识产权出版社	30
知识产权基础教程	王兵主编	清华大学出版社	40
企业知识产权管理实务：案例与实践	琚存旭主编	中国法制出版社	45
知识产权管理基础	田文锦主编	中国财政经济出版社	29.8
知识产权法	胡良荣主编	江苏大学出版社	48
企业知识产权管理实务	汪琦鹰、杨岩著	中国法制出版社	32
著作人身权研究	柳励和著	团结出版社	24.8
知识产权	王伟军主编	北京交通大学出版社	44
知识产权制度基础理论研究	吴汉东主编	知识产权出版社	50
知识产权领域反垄断研究	高健著	山东友谊出版社	22
跨国合约论：兼论政府管制对知识产权保护的影响	周燕著	北京大学出版社	28
企业知识产权战略与法律保护制度	杨志祥编著	中南大学出版社	32
知识产权管理	朱雪忠主编	高等教育出版社	32.5
地理标志法律保护制度研究	田芙蓉著	知识产权出版社	49
知识产权基本问题研究	吴汉东等著	中国人民大学出版社	80
知识产权权利冲突研究	徐辉鸿著	吉林大学出版社	20
民间文学艺术的法律保护	杨勇胜著	吉林大学出版社	20
遗传资源、传统知识与知识产权	薛达元、崔国斌著	中国环境科学出版社	60
制度与问题：知识产权的政府管理	刘玉安著	上海三联书店	23
知识产权代理	李健主编	知识产权出版社	45
邻接权论研究	孙雷著	中国民主法制出版社	32
地理标志的保护与管理	李祖明著	知识产权出版社	20
传统知识保护的权利设计与制度构建：以知识产权为中心	丁丽瑛著	法律出版社	35
知识产权法的辩证法思考	肖光、肖霈桦著	花城出版社	26
知识产权与民法关系之研究	蒋万来著	中国社会科学出版社	32
企业知识产权战略与实施方案制作指引	彭文胜著	法律出版社	48

续前表

书　　名	第一著作责任者	出版者	定价（元）
知识产权法前沿问题研究（第2卷）	冯晓青主编	中国大百科全书出版社	38
技术发展与版权扩张	易健雄著	法律出版社	30
软件知识产权保护制度研究	董雪兵著	浙江大学出版社	25
激励与接入：版权制度的经济学研究	朱慧著	浙江大学出版社	25
基因资源知识产权理论	吴立增、黄秀娟、刘伟平著	科学出版社	45
挑战知识产权：自由软件运动的经济学研究	周翼著	格致出版社	28
民间文学艺术的知识产权保护论	严永和著	法律出版社	26
企业知识产权战略理论与实践探索	李培林著	知识产权出版社	28
知识产权滥用研究	武长海著	知识产权出版社	26
知识产权管理	宋伟主编	中国科学技术大学出版社	40
知识产权	萧延高、范晓波主编	科学出版社	38
知识产权权利属性研究	肖志远著	北京大学出版社	28
论剽窃	[美]波斯纳（Posner，R.）著，沈明译	北京大学出版社	29
知识产权制度与经济增长机制研究	许春明著	知识产权出版社	22
知识产权制度对城市竞争力的影响	蒋玉宏著	知识产权出版社	20
知识产权与图书馆权利的协调与平衡	陈伟、汪琼著	化学工业出版社	48
知识产权法政策学论丛（第1卷）	李扬主编	中国社会科学出版社	32
知识产权法研究（第7卷）	王立民选编	北京大学出版社	30
知识产权战略与实务（第5辑）	于泽辉主编	法律出版社	32
数字版权管理技术原理与应用	冯明等编著	人民邮电出版社	33
中国企业海外知识产权纠纷典型案例评析	田力普主编	知识产权出版社	72
智慧之光：青少年知识产权与创新教育读本	薛国光主编	知识产权出版社	10
知识产权年刊．2008年号	吴汉东主编	北京大学出版社	30
中国企业出国参展知识产权保护指南．德国分册	方立维编著	中国工商出版社	30
中国企业出国参展知识产权保护指南．法国分册	方立维编著	中国工商出版社	30
中国企业出国参展知识产权保护指南．意大利分册	方立维编著	中国工商出版社	30
公民维权“巧帮手”．知识产权篇	戴骅骝、戴志强主编	中国民主法制出版社	30
法律适用手册．知识产权法分册	须建楚主编	上海社会科学院出版社	45

续前表

书　　名	第一著作责任者	出版者	定价（元）
经济法·知识产权法	尹正友、刘东根主编	法律出版社	40
中华人民共和国国家知识产权局公报（2009 年第 3 期）	国家知识产权局办公室编	知识产权出版社	5
知识产权法	吴汉东主编	法律出版社	36
知识产权法备考与拓展	刘宁编著	厦门大学出版社	24
中华人民共和国国家知识产权局公报（2009 年第 1 期）	国家知识产权局办公室编	知识产权出版社	10
知识产权办案实用小全书	《办案实用小全书》编写组编	中国法制出版社	47
知识产权法	张玉敏等著	中国人民大学出版社	40
知识产权法	吴汉东主编	北京大学出版社	33
知识产权法教学法规	教学法规中心编	中国法制出版社	20
知识产权法	丁丽瑛主编	厦门大学出版社	36
知识产权法	冯晓青主编	武汉大学出版社	29
中华人民共和国国家知识产权局公报（2009 年第 2 期）	国家知识产权局办公室编	知识产权出版社	5
苏州市知识产权发展与保护状况	苏州市人民政府知识产权联席会议主编	苏州大学出版社	8
法治·人性：赵连玉律师知识产权案例文书选	赵连玉著	珠海出版社	28
知识产权法教程	王迁著	中国人民大学出版社	45
知识产权法	郑友德主编	高等教育出版社	14.9
知识产权法	刘春田主编	中国人民大学出版社	45
现代知识产权法	曲三强著	北京大学出版社	49
知识产权法	郭庆菊主编，钦国巍、于春华编著	吉林人民出版社	38
知识产权法简明教程	张艳丽主编	知识产权出版社	20
知识产权法总论	齐爱民著	北京大学出版社	45
知识产权法实务教程	侯仰坤编著	知识产权出版社	25
知识产权法	张玉敏主编	中国人民大学出版社	35
中华人民共和国国家知识产权局公报（2009 年第 4 期）	国家知识产权局办公室编	知识产权出版社	5
知识产权法新论	程艳萍编著	贵州民族出版社	32
知识产权法学	吴汉东主编	北京大学出版社	38
传统知识保护的法理学研究	卫欢著	贵州人民出版社	25
防止知识产权滥用法律机制研究	费安玲主编	中国政法大学出版社	29
中国知识产权审判研究	钱锋主编	人民法院出版社	79

续前表

书　　名	第一著作责任者	出版者	定价（元）
知识产权法学概论	李玉香著	知识产权出版社	26
区域知识产权战略．辽宁篇	胡权林、胡嘉禄著	知识产权出版社	78
多维视角下我国知识产权的刑事保护研究	莫洪宪、贺志军著	中国人民公安大学出版社	28
计算机软件的知识产权保护	应明、孙彦著	知识产权出版社	35
企业知识产权战略实务	王瑜、丁坚、滕云鹏著	知识产权出版社	20
生物技术，信息技术的知识产权保护	张玉瑞著	中国社会科学出版社	40
知识产权战争策略	王晓先、林敏编著	暨南大学出版社	25
中国知识产权指数报告	王正志主编	知识产权出版社	35
种业知识产权保护研究	张劲柏主编	中国农业科学技术出版社	45
知识产权保护的理论与制度分析	吕炳斌、张影著	黑龙江人民出版社	25
创新型国家与知识产权法律制度	张丽娜著	吉林人民出版社	20
中国知识产权蓝皮书（2007～2008年卷）	吴汉东主编	北京大学出版社	44
中国高校知识产权报告：2008	教育部科技发展中心编	高等教育出版社	43
系统科学视野下的知识产权	杨雄文著	法律出版社	25
农业知识产权教程	何忠伟等主编	知识产权出版社	25
中国数据库法律保护制度研究	孙洁著	中国计量出版社	38
深入学习实践科学发展观　大力推动知识产权事业又好又快发展	田力普主编	人民出版社	25
知识产权管理与运用若干问题研究	乔永忠著	知识产权出版社	20
知识产权法	刘春田主编	法律出版社	30
知识产权法实施中的疑难问题	刘春霖等编著	中国人民公安大学出版社	39
现代知识产权管理	马海群等编著	科学出版社	43
中医药传统知识产权的法律保护	宋晓亭主编	知识产权出版社	28
知识产权法新解	杨志敏著	四川大学出版社	35
建设创新型国家背景下的知识产权保护	吕炳斌著	知识产权出版社	25
中小企业知识产权战略与方法	王黎萤著	知识产权出版社	35
中国企业自主知识产权能力建设研究	夏清华著	武汉大学出版社	26
知识产权法专题判解与学理研究丛书（商标侵权专题判解与学理研究）	冯晓青主编	中国大百科全书出版社	60
知识产权法专题判解与学理研究丛书（综合卷）	冯晓青主编	中国大百科全书出版社	60

续前表

书　　名	第一著作责任者	出版者	定价（元）
中国知识产权司法保护（2009年）	奚晓明主编	中国传媒大学出版社	46
知识产权法专题判解与学理研究丛书（不正当竞争及其他知识产权侵权专题判解与学理研究．第1分册）	冯晓青主编	中国大百科全书出版社	60
中国知识产权刑法保护国际化研究	刘科著	中国人民公安大学出版社	25
知识产权制度与经济增长：机制、实证、完善	单晓光等著	经济科学出版社	26
知识产权保护与企业创新	孙赫著	上海三联书店	20
纪念改革开放30周年暨中国知识产权发展论坛论文集	杨铁军主编	知识产权出版社	68
历史的抉择　伟大的实践：国家知识产权局30年	田力普主编	知识产权出版社	100
知识产权审判典型案例评析	马平、茹作勋主编	兰州大学出版社	32
知识产权经典判例（4）	北京市高级人民法院知识产权庭编	知识产权出版社	58
知识产权司法解释理解与适用	最高人民法院研究室编	法律出版社	32
云南知识产权案例精选	木向宏主编	知识产权出版社	25
农民与知识产权	袁峥嵘编著	甘肃文化出版社	21
农村知识产权与农业现代化	李晓玲著	甘肃文化出版社	21.9
影响中国的100个知识产权案例	《影响中国的100个知识产权案例》编委会编	知识产权出版社	70
知识产权案件热点问题研究	冯刚著	知识产权出版社	28
朱妙春律师知识产权名案精选	朱妙春编著	上海三联书店	50
知识产权权益纠纷	王光宗、李木杰著	山西教育出版社	21
知识产权热点问题的法律剖析：失误、风险与对策	王素娟主编	知识产权出版社	25
知识产权保护在中国	斯伟江等著，李丹译	法律出版社	50
知识产权案件判析	徐杰主编	人民法院出版社	48
上海法院知识产权裁判文书精选（1994～2008）	应新龙主编	知识产权出版社	100
智慧的较量：知识产权案例评述与诉讼技巧	广东省律师协会编	法律出版社	35
中华人民共和国知识产权法律法规全书（含相关政策）	法律出版社法规中心编	法律出版社	77
著作权法	李明德、许超著	法律出版社	32
版权法（全二册）	郑成思著	中国人民大学出版社	80

续前表

书　　名	第一著作责任者	出版者	定价（元）
中国版权保护政策研究	李明山主编	河南大学出版社	50
网络著作权合理使用制度研究	温晓红著	石油工业出版社	30
表演者权利研究	原晓爽著	法律出版社	28
著作权案例评析（增订版）	齐相潼、孙文科著	上海辞书出版社	20
著作权纠纷新型典型案例与专题指导	蒋强、李自柱、吴江著	中国法制出版社	39
中国侵权责任法学者建议稿及其立法理由	[德] 布吕格迈耶尔、朱岩著，吕布译	北京大学出版社	39
中国知识产权高等教育论	刘鸿锋主编	知识产权出版社	20
中国知识产权统计年报（2008）	国家知识产权局主办	知识产权出版社	28
商法·经济法·知识产权法	张海峡著	法律出版社	48
侵犯知识产权犯罪案件侦查	任克勤主编	群众出版社	29
侵犯著作权犯罪的认定与处理	聂洪勇著	法律出版社	35
侵犯知识产权罪立案追诉标准与司法认定实务指南	魏东主编	中国人民公安大学出版社	25
著作权诉讼证据实务操作指引	李雪宇等著	知识产权出版社	35
浦东法院知识产权审判文选：（2005～2008）	丁寿兴主编	知识产权出版社	36
知识产权审判指导（2009年）（第1辑）（总第13辑）	奚晓明主编，最高人民法院民事审判第三庭编	人民法院出版社	38
知识产权审判指导（2009年）（第2辑）（总第14辑）	奚晓明主编，最高人民法院民事审判第三庭编	人民法院出版社	38
天下没有免费的午餐：文艺作品知识产权诉讼案例辨析	上海文艺知识产权司法鉴定中心编	上海人民出版社	25
知识产权诉讼案例与代理技巧	华诚律师事务所编著	法律出版社	50
山东知识产权战略政策与实践	李爱民主编	山东友谊出版社	46
《河南省知识产权战略纲要》辅导读本	郭民生主编	知识产权出版社	18
深圳市知识产权局深圳市版权局年报（2008）	肖杰安主编	深圳报业集团出版社	118
云南省对东盟国家贸易知识产权保护对策研究	李义敢等著	云南民族出版社	38
知识产权许可协议	[德] 帕根贝格著，谢喜堂译	上海科学技术文献出版社	35
创意产业中的知识产权：数字时代的版权和商标（第2版）	[美] 卢茨科尔（Lutzker，A. P.）著，王娟译	人民邮电出版社	40
国际知识产权法律制度研究	张丽娜著	华文出版社	25
创新、模仿、知识产权和全球经济增长	庄子银著	武汉大学出版社	78

续前表

书　　名	第一著作责任者	出版者	定价（元）
基于产业差异的知识产权创新激励效应分析	文豪著	中国财政经济出版社	25
名牌战略与知识产权法律保障制度研究	杨军著	知识产权出版社	28
技术创新与知识产权联动	周寄中著	科学出版社	35
知识产权贸易	詹宏海编著	上海大学出版社	30
WTO 争端解决机制若干问题研究	黄萍著	远方出版社	600
WTO 争端解决与中国第 1 卷	龚柏华主编	上海人民出版社	80
版权交易制度研究	来小鹏著	中国政法大学出版社	30
版权贸易实务指南	[德] 哈特（Hardt，P. C.）著，宋含露等译	上海人民出版社	20
首都文化创意产业发展中的版权贸易研究	张养志编著	华东师范大学出版社	30
北京版权贸易与版权产业发展研究	张志林主编	印刷工业出版社	32
全国工商行政管理系统贯彻落实《国家知识产权战略纲要》、大力推进商标战略实施工作会议文件汇编	国家工商行政管理总局商标局编	中国工商出版社	50
成都市新闻出版（版权）业 2008 年发展报告书	成都市新闻出版（版权）局编著	成都时代出版社	68
版权产业创新	北京市新闻出版局编	科学出版社	60
四川版权产业发展战略及对策研究	四川省版权局、四川省人民政府研究室著	四川人民出版社	38
版权产业的发展战略研究	楼荣敏著	上海科学技术文献出版社	25
国家知识产权局视觉识别系统	国家知识产权局编	知识产权出版社	260

（注：1. 以上书目为截至 2009 年 12 月 31 日上报的 CIP 数据，定价为印前的价格；
2. 资料由新闻出版总署信息中心 CIP 处提供。）

国际版权信息

GUO JI BAN QUAN XIN XI

［编者按］　本栏目从各网站和报刊上收集了2009年国际有关版权方面的重大事件，旨在反映国际版权界的部分动态。内容分成三部分：一是版权立法和版权管理，二是重大版权案件，三是版权业界动态。本栏目按时间顺序排列。

◆ 版权立法和版权管理

版权立法

阿根廷签署法令支持导演收取版税

2009年2月19日，阿根廷总统克里斯蒂娜·费尔南德斯·德基什内尔（Cristina Fernández de Kirchner）签署了一项有关本国导演版税的法令。该法令确认导演是视听作品的作者之一，导演有权通过集体管理组织收取他人使用其作品所支付的版税。在签署仪式上，费尔南德斯认为此法令是“对经年累月为阿根廷民族文化发展作出贡献的人的认可”。

阿根廷早在2004年修改知识产权法典时就确认了导演与剧作者、制片人为视听作品的合作作者。2月19日签署的法令明确规定，应向所有导演（包括电视节目的导演）支付版税，并授权集体管理组织行使此项权利，这使得2004年的修改内容有望从理论层面转向现实操作层面。由于存在因执法不足或不力，使用者运用其政治影响以避免支付版税的现象，这项举措进一步确立了导演的法律地位，因而显得尤为重要。

阿根廷导演协会（简称DAC）是阿根廷最早的导演联盟。随着2004年知识产权法典的修改，该协会已转变成为代作者收取版税的协会。此项法令签署后，DAC已经着手准备颁发作品使用许可证书，以收取并分配版税。

（资料搜集、编译：李英洪。原文来自CISAC，Written by：Amanda Mac Blane，for CISAC。

资料来源：http：//www.cisac.org/CisacPortal/listeArticle.do？numArticle＝968&method＝afficherArticleInPortlet）

韩国实施新的侵犯著作权处罚办法

韩国修订后的《关于隐匿犯罪收益的规制及处罚的法律》于2009年3月实施，规定对通过侵犯他人著作财产权或非法复制计算机程序的方法获得的犯罪收益全部予以没收。

修订后的法律在没收犯罪收益的范围上，除“重大犯罪”之外，增加了著作权法上的侵犯著作财产权犯罪和计算机程序保护法上的非法复制等侵犯程序著作权犯罪；处罚方式增加了剥夺因上述犯罪所获得的全部收益。

新修订的法律规定，不仅侵犯著作权所获得的财产会被没收和追缴，隐匿、窝藏犯罪收益的事实被发现的，还要被判处5年以下有期徒刑或3 000万韩元以下罚金。但是，对于施行日以前发生的侵犯著作权犯罪不适用修订后的法律。

（资料搜集、编译：金在泓、张浩。

资料来源：http：//www.lawtimes.co.kr/LawNews/News/NewsContents.aspx？kind＝& serial＝44490）

欧盟通过法案将音乐家收取著作权许可费期限延长至70年

2009年4月，欧盟议会最终以377票赞成、178票反对、37票弃权投票通过了一项法案，将音乐家就其录音制品收取许可费的期限从50年延长至70年。该法案否决了之前将该期限延长至95年的提议。这就意味着对于在20世纪50年代录制的音乐作品，录制者还可继续收取约20年的许可费。这一妥协结果受到大多数欧盟国家的拥护，尤其是英国。2008年，欧盟内部市场专员查理·麦克格里维（Charlie McCreevy）第一次提出95年的保护期时，英国就明确表示反对。

该法案包括允许表演者收取更大比例的著作权许可费的修正案。修正案还规定，如果唱片公司在录音制品发表50年后未能将其推向市场，则表演者可终止唱片公司许可权并将其收归已有。法案还规定唱片公司应将版权延期所获得的额外收入的20%纳入音乐家协会基金。

一些上了年纪的明星如克利夫·理查德（Cliff Richard）、保罗·麦卡特尼（Paul McCartney）及罗杰·道雷（Roger Daltrey）已为延长欧洲音乐表演收费期限争取了很多年。在未来几年中，他们的很多表演将过保护期，例如甲壳虫乐队的第一首打击乐“Love Me Do”将于2012年保护期届满。

然而，这种保护期延长并不是自动延长的，表演者必须与唱片公司和许可机构重新进行谈判以获得延长。修正案禁止唱片公司通过先前的协议，在延长的20年保护期中获得额外的版税收入。

欧盟新投票通过的这一法案目的在于延长音乐家就其录音制品收取许可费的期限，不应与音乐作品的作者及其继承人拥有的作者死后70年的保护期限相混淆。新法案还需通过成员国的国内立法才能真正生效。

（资料搜集、编译：郑芳。

资料来源：http：//www.ipworld.com/ipwo/doc/view.htm？id=218147&searchCode=N）

韩国通过“三振出局”法案

2009年4月1日，韩国国会通过了反盗版法，这项法律的通过就发生在法国未能通过其“三振出局”法案（three-strikes）几天之后。韩国反盗版法将允许关闭那些拒绝清除侵犯他人著作权的内容的网页，那些允许用户发布违法内容的网页在两次警告之后仍未删除侵权内容的，将会被关闭6个月。同时，如果用户上传侵权内容的，其账号也会被取消。

在法国，立法者拒绝了总统萨科齐关闭那些长期进行盗版服务的网页链接的计划。据了解，萨科齐政府提出的“三振出局”法案最初看来获得通过是没有问题的，但在最后投票的过程中，许多议员都表示对此不感兴趣，一些持反对意见的社会主义党对该法案进行了猛烈抨击。

“三振出局”法案在法国的失败揭示了政府在采取具体措施反对网络盗版现象时面临的困难。在英国，政府一直要求网络服务提供商和内容提供者自己想办法解决此问题，没有予以立法，但在实施中收效甚微。新西兰政府不久前也中止了一项备受争议的议案，该议案要求网络服务提供商关闭那些涉嫌侵权的网页。

韩国反盗版法是迄今为止世界第一部规定关闭侵权网络链接的立法。

（资料搜集、编译：张海弟。

资料来源：http：//www.ipworld.com/ipwo/doc/view.htm？id=217097&searchCode=N）

欧盟通过计算机程序法律保护新指令

《2009年欧盟议会和理事会计算机程序法律保护指令》（以下简称新指令），序号为2009/24/EC，于2009年4月23日公布，并于2009年5月25日正式生效。

新指令在修订过程中严格参考了欧盟理事会、欧洲经济与社会委员会的意见。该指令包含3部分：前言，正式文本和附件。在前言部分，重点介绍了新指令出台的背景：计算机软件的开发需要投入极大的人力、物力和财力，但对其的复制则非常容易，因此权利人极易受到侵害。同时，计算机软件业对欧盟的工业发展起着关键性作用，有必要在立法上对其作出明确的规定。之前欧盟各成员之间的法律规定存在相当的差异，不利于欧盟内部统一市场的建立，新指令有助于在欧盟内部统一计算机程序的保护规则。此外，前言部分还提出了对于软件保护的一些原则性规定，如保护实质性的准备工作，以原创性作为保护标准，只保护表达方式不保护思想内容，以及促进不同软件的协调使用等。

正文包含12个条款，前3条指出欧盟要求各成员国将计算机程序作为文学作品加以保护（与1991年保护指令一致），规定计算机程序只要是原创性的就可得到保护，并对汇编作品、雇佣作品的权利主体加以详细规定。值得一提的是，指令在成员国法律有规定的情形下认可法人可以拥有作者身份。第5条和第6条分别对侵权行为和合理使用的范围作了规定。第7条规定了特殊保护措施，指出行为人在知道或应当知道的情况下，不得移除和破坏计算机软件自身的保护措施，并要求各成员国应规定具体的扣押措施。第8条规定指出新指令规定的权利不应与软件权利人的其他权利如商标权或专利权相冲突。第9至12条对指令实施的补充性条款如通告、对先前法律的撤销以及执行措施进行了规定。附录对一些术语进行了解释。

该指令是欧盟在1991年指令的基础上进行的修订，重点细化规定了多种侵权行为的类型（第6条），并且一直在立法上倾向于促进不同软件间的协调使用，这有助于协调权利人与公众的利益平衡，值得其他国家借鉴。

（资料搜集、编译：侯磊。

资料来源：http：//www.out-law.com/page-10；http：//eur-lex.europa.eu/LexUriServ/LexUriServ.do?-uri=OJ：L：2009：111：0016：0022：EN：PDF）

欧盟拟建立统一的版权许可制度

2009年5月下旬，欧盟消费者事务委员麦格雷纳·库内瓦（Meglena Kuneva）和信息事务委员维维尼娜·雷丁（Viviane Reding）向欧盟议会提交了名为“数字议程”的报告。该报告建议建立通行于欧盟27个成员国的版权制度，以改变目前欧盟各国版权制度不成体系的状态。

根据该项报告，欧盟将建立一种新的版权许可制度。这种许可将允许人们根据标准条款在欧盟任何成员国购买和使用享有版权的作品。

报告称：“作品通过网络进行传播已经变得越来越普遍，但目前的版权许可制度仍局限于一国范围内的许可使用，这导致欧盟的许多消费者不能随时随地合法地通过各种媒介使用他人享有版权的作品。因此，我们应该建立一种可以使消费者利用来自欧盟任何国家的数字化信息（例如音乐、游戏、电影和书）的版权许可制度，为网络作品的跨国许可制度的建立开辟道路。”

报告还指出，零售商很少在欧盟各成员国之间就音乐作品及其他受版权保护的作品进行跨国交易，因为各国往往由半自治性质的集体组织具体执行本国的版权制度，它们所收取的版税和管理费用等各不相同。

另外，上述两位委员还提出了一项关于协调各国规制以个人使用为目的复制他人享有版权保护的作品的议案。

资料搜集、编译：张海弟。

资料来源：http：//www.ipworld.com/ipwo/doc/view.htm？id=219123&searchCode=N）

日本新修改著作权法力促作品数字化

2009年6月，日本正式通过著作权法修正案，该修正案定于2010年1月开始施行。此次修改旨在限制著作权人的权利，促进作品数字化。同时要创造一个使用作品的安全环境，抑制作品的非法传播。

此次修改鼓励充分利用网络加大作品的利用，规定了未经权利人许可使用而不构成侵权的几类情形，包括：为保障和促进国内信息检索服务，如系网络信息检索服务必需，则可以不经著作权人的同意，收集、整理、分析信息，展示检索结果。但是，如果权利人已经在网络上表明不得收集该信息则不能收集。作品使用人经过了相当的努力仍然无法找到作品权利人的情况下，可以通过文化厅厅长的裁定而使用作品，修订法将这种情况扩展到适用于邻接权人（如表演者等）无法联系的情况，使过去播放的电视节目可以在网络上重现。国立国会图书馆为防止原作的灭失、毁损、污损，可以将所藏图书电子化，而以电子化的方式向公众提供所藏资料。网络销售美术作品、摄影作品，可以不经权利人同意而登载商品的图样。还有，为通过计算机从作品中抽离出语言、声音、图像等方面的信息进行统计、分析而在必要限度内复制作品，为提高传输效率而进行信息存储，以及计算机内部进行技术处理时而进行缓存等等，这些行为都不构成侵权。

日本原著作权法仅将版权内容发布方作为管制对象，为了保护正规的下载业务，此次修改将下载用户也列入了规范对象，但对此未设罚则，但违犯者可能会被追究赔偿等民事责任。修订法除禁止销售盗版光盘外，还禁止在网上销售盗版产品及发布此类广告。

此次修改还规定了防止违法传播作品的措施，包括明知是盗版作品，仍然利用网络等做广告而许诺进行销售的，构成侵权。明知著作权侵权的事实，仍然通过自动传输方式下载数字化的录音、录像作品，构成侵权，属于私人复制的例外。为消除残障人士获取信息时的障碍，修订法允许特定非营利组织法人（NPO法人）等无需经过许可为电影等加入字幕或手语视频，以确保残疾人获取和利用信息的机会。

（资料搜集、编译：杜颖、刘燕南。

资料来源：http：//www.bunka.go.jp/chosakuken/21_houkaisei.html；http：//www.cdnews.com.tw/cdnews_site/docDetail.jsp？coluid=109&docid=100799407）

日本公布2009年知识产权保护推进计划

2009年6月24日，日本公布了2009年知识产权保护推进计划。该计划以2009年4月6日制定的“第三期知识产权战略基本方针”为基础，为强化全球化知识产权竞争力，从促进技术更新强化知识产权战略、推进全球化知识产权战略计划、推动产业软实力的增长、确保知识产权的安定性和预见性以及针对使用者需求构建知识产权制度五个方面进行整体推进。其中，加强著作权全球范围内的保护、打击海外假冒盗版产品成为计划的重点之一。

该计划从八个方面对加强著作权全球范围内的保护、打击海外假冒盗版产品出台了具体措施：一是加快与各国缔结“假冒盗版产品的防止扩散条约”，以2010年达成条约、提高国际社会对该条约的关注度为目标，相关各省厅加强合作、共同努力。二是针对侵犯著作权的现象加强应对措施。在中国等侵权行为发生地，开展一系列改善制度和加强管理的活动，包括删除网络环境下的著作权侵权内容

(如共享视频网站上的侵权内容等)、矫正地方保护主义等。同时注重获得从官方到民间的各种支持，诸如派遣官民考察团以及获得海关等行政机关的合作支持。三是强化海关关税的管理体制。通过搜集侵权物品进出口管理的相关信息、提高海关工作人员的专业性，强化海关管理。四是强化警察的管理。通过强化与国外管理机关的信息共享、提高警察的搜索能力，加强对警察的管理。五是提高国民对假冒盗版产品的认识。一方面，通过和民间组织合作，相关部门相互配合，开展“消灭假冒盗版产品的宣传活动”，培养国民抵制假冒盗版产品的意识；另一方面，从 2009 年开始，加强青少年对网络环境下侵犯著作权问题的认识。六是努力杜绝侵犯著作权行为。一方面，依据侵害事实，针对如何规制避开著作权保护技术措施的行为、如何认定著作权保护措施破解者的法律责任，就制定使著作权人能便捷地获得民事救济的相关规定等问题展开研讨；另一方面，相关部门要支持著作权人团体组织的自力救济行为。另外，支持著作权人团体和电力电信行业联合起来，实施诸如对使用 winny 等文件共享软件侵犯著作权的文件上传者发送警告信等维权行为。七是强化对海外网络著作权侵权的应对。从 2009 年度开始，各相关部门将联合日本文化产品海外流通促进机构（简称 CODA）共同有效应对海外网络著作权侵权行为。八是加强对网络环境下侵犯著作权行为的管制。

(资料搜集、编译：杨玥。

资料来源：http：//www. kantei. go. jp/jp/singi/titeki2/090624/2009keikaku. pdf)

法国“三振出局”法案有望 2010 年实施

2009 年 10 月，法国宪法委员会第二次审议作出决定，政府可以在法院监督及对法案的认可后，进一步推进“三振出局”法案的制定。

2009 年 6 月，法国上一个“三振出局”草案因赋予行政当局剥夺公民自由接入互联网的权力，被认定为违宪。根据法国宪法，剥夺公民自由的权力只能赋予司法机关。新草案创设了一个新的机构，由该机构向非法下载用户发出警告信，经两次警告仍不停止非法下载的用户将在未来一年内被强行切断网络连接并处以罚款。

法国文化部部长密特朗称，审议机关将于 2009 年年末审核通过这一法律草案，并有望在 2010 年实施。

(资料搜集、编译：逢杨。

资料来源：http：//www. ipworld. com/ipwo/doc/view. htm? id = 233884& searchCode = S&searchPage = basic _ search&queryString = France&value=IP+World+News)

德国拟修改版权法　规定报纸可向搜索引擎收费

2009 年 10 月，据媒体报道，德国默克尔政府拟对现行的版权法律进行修改，以保护传统纸媒出版商的利益。按照拟议中的条款，报社可向谷歌、雅虎等搜索引擎收取内容使用费，这一改革在德国引发了“干扰互联网自由精神”的争议。

德国政府此举旨在让谷歌等互联网公司和传统的纸媒出版商保持更平等的竞争地位。德国媒体一直指责谷歌等非法盗取其劳动成果，在未提供利润分享的基础上建立了自己的商业模式。默克尔政府在一份文件中提到：“互联网不应该成为一个没有版权的地带。”

德国一些媒体巨头对政府进行了游说，支持新版权法的媒体包括杂志出版商 Hubert Burda Media、德国《图片报》和《Die Welt》的东家阿克赛尔·施普林格公司。

德国文化部部长伯纳德·纽曼主导修改的版权法内容，将赋予纸媒出版商所谓的“邻接权”，目前唱片公司和电影公司享有这一权利，这使得他们可以在更广泛领域谋求版权回报。分析人士表示，根据新法律，如果谷歌等新闻“聚合商”使用了媒体的内容，媒体可以收取内容使用费。

政府这一举动在德国引发了广泛争议，反对人士认为新法律与互联网的开放和自由精神相悖，认为德国政府是屈从于传媒界的压力。德国知名博主马克斯·贝克达尔（Markus Beckedahl）撰文指出，政府的计划对于社会没有任何价值，只对那些从“媒体的民主化”看到了威胁的出版商有价值，因为德国媒体没有利用互联网创建成功的商业模式。

鉴于过去纳粹时期的经历，德国政府很少直接对陷入经营困局的传媒实施救援和干预。在盗版问题上，德国并未学习英国和法国对屡教不改的盗版者实施断网，而是鼓励版权机构和网络服务商通过协商解决问题。

(资料搜集、编译：郑芳。

资料来源：http：//www. ipr. gov. cn/xwdt/gjxw/zf/563950. shtml)

欧盟议会撤回对文件共享者的诉求

2009 年 10 月，欧盟议会不得不撤回其向法院提起的一项诉求，该项诉求的内容是，当文件共享者收到他们已经侵权的法律意见后，由法院监督切断他们的网络连接。该项诉求被撤回的原因在于部长理事会和欧盟委员会正在实行一项电信改革的一揽子计划，这项改革保障网络用户在被切断网络连接前获得听证的权利。部长理事会和欧盟委员会希望该项改革计划获得通过，但是如果他们不接受议会的关于欧盟版权指令的修正案，这个计划就必然会受到阻碍。

争议所涉各方将于11月4日参加调解，并且必须于12月30日前达成一个妥协方案。来自欧盟议会方面的消息称，议会因为原来文本存在法律问题，已经放弃修正案138条的内容，并且选择适用一项新的文本。该消息还称，议会已经得到了其法律服务机构的法律意见，认为修正案138条超出了欧盟的权利能力范围，不可能得到法律上的承认。一些版权所有人和包括法国、英国在内的一些国家则希望可以断开被诉侵权者的网络连接。而修正案则称，如果没有法院作出的权威的在先判定，是不可以断开他们的网络连接的。此消息还称，“这是一项国内市场的立法，所以委员会不能超越其权利范围来告诉他们如何组织他们的司法体系。所以，议员们正在寻找一种更加具有法律可行性的方式。”

议会将通过新提出的条款来推动调解议程，希望在达到目的的同时又不违反欧盟的法律。议会称：“任何易于导致限制基本权利和自由的措施只限于在特殊情况下使用，而且必须被控制在有充分的程序性保护的条件下，这要符合《欧洲人权公约》的规定，包括有效的司法保护和法定程序。”“结果应当是任何人的网络接入在被切断之前都必须纳入到法定程序中来，而不管这种结果是经法院、特别法庭或者是行政机构作出的。”

调解将会包括内阁、议会和委员会三方，如果三方能够于11月30日之前达成协议，那么他们就必须把最后的折中方案在2010年2月前获得各自组织内部的批准。如果不能在三方之间达成协议，那么整个电信改革一揽子计划将被废止，欧盟委员会也必须再次启动立法进程。

（资料搜集、编译：李苏凤。

资料来源：http：//cyberlaw. org. uk/2009/10/26/eu-parliament-drew-back -from-file-sharer-demands-over-legal-uncertainty/）

英国《数字经济议案》支持“三振出局”

自英国政府和网络服务提供商及唱片业协会于2008年签署具有突破意义的谅解备忘录以来，英国有关网络著作权的争论和拟定措施都备受外界关注。由英国商业、创新和技能部以及文化、传媒和体育部联合草拟的针对网络著作权保护的《数字经济议案》于2009年11月19日在上议院进行了宣读，若该议案获得国会通过，网络服务提供商（简称ISP）将负有对被控侵权用户施加惩罚措施的强制性义务。

根据议案，一旦著作权人在网络上发现侵权文件，便可向ISP提交著作权侵权报告，随后ISP应对非法共享文件者采取从警告通知到最后断网的逐级递增的惩罚方式。代表网络服务提供商利益的英国企业联合会表示，政府应对网络非法共享的相关建议有些忧虑过度。英国网络提供商协会（简称ISPA）秘书长尼古拉斯则称，尽管政府相关立法措施迅速跟进，但对于解决深层问题无济于事。与其盲目地一味关注执法问题，不如就如何改革许可权框架征询权利持有人的意见，从而使消费者以合理的方式在网络上获取自己需要的版权作品。

此外，该议案还涉及改进著作权许可制度从而“解禁”大量无法确定权利人的无署名作品。

（资料搜集、整理：郑芳。

资料来源：http：//services. parliament. uk/bills/2009-10/digitaleconomy/stages. html；http：//www. opsi. gov. uk/acts/acts2010/ukpga _ 20100024 _ en _ 1＃pb1-l1g1）

新西兰拟进一步完善版权法第92A条款修正案

2009年12月17日，新西兰司法部长西蒙·鲍尔（Simon Power）表示，政府赞成采取三次警告的程序来应对通过计算机网络进行的非法复制，这包括予以断网作为惩罚。而政府之前采取的措施则被取消了，因为这些措施被互联网用户认为过于残酷，会导致人们被网络服务商不公正地切断连接。

鲍尔于当日发布了一项文件，该文件概括了新立法内容的要点。1994年新西兰版权法第92A条款此后将进行审议。该文件指出，版权持有人将可以请求网络服务商向侵权者发出停止侵权行为的警告。第一次警告将告知网络用户侵权行为的存在及其非法性，随后会发出两次警告。如果经过三次警告，侵权行为仍然继续，权利持有人可以向版权审理委员会寻求不超过15 000美元的赔偿。具体赔偿额将根据侵权行为对权利持有人造成的实际损害来确定。

如果侵权行为严重并且持续存在，权利持有人可以向法院申请一系列救济，包括冻结该用户账户长达不超过6个月的期限。用户可以发出反警告，如果他们认为自己不应受到惩罚可以要求听证。

鲍尔认为，三次警告是该程序的关键。冻结账户应该适用于侵权行为严重的情况，而且用户同样拥有对抗权利人诉求的机会。

此前，一度被推迟实施的新西兰 1994 年版权法第 92A 条款修正案经过修改取得了较多支持。修改后的该条款保留了原修正案规定的允许版权所有人追诉侵权人设置三阶段程序。第一阶段为版权所有人向互联网服务商发出要求侵权用户停止侵权的通知，由互联网服务商向被指侵权的用户转发该通知；第二阶段是如果 9 个月内发现该用户再次侵权的，版权所有人可以向版权审理委员会申请令状，要求互联网服务商提供该用户的姓名；第三阶段是版权所有人可以通知该用户已经向管理当局提出了针对他们的侵犯版权的指控并与用户调解，也可以由版权审理委员会裁定侵权人赔偿损失，并且要求网络服务商终止该用户的网络连接。第 92A 条款修改主要体现在：增加了中立机构处理版权所有人的投诉，并且加重了版权所有人证明侵权行为发生的证明责任。

尽管做出新的修改，人们对此仍存争议。有人认为，终止用户的网络连接与其侵犯版权的行为不符合比例原则。音乐版权管理者代表则认为没有内容产业支撑，互联网也将会成为空壳，因此支持第 92A 条款的规定。

（资料搜集、编译：王敏。

资料来源：http：//www.nzherald.co.nz/technology/news/article.cfm? c _ id = 5&objectid = 10584649&pnum = 3；http：//www.stuff.co.nz/business/industries/2600744/Copyright-law-still-rile-sOh）

版权管理

世界知识产权组织在雅加达共同探讨知识产权管理之道

2009 年 2 月 3 日至 4 日，世界知识产权组织（简称 WIPO）区域研讨会在雅加达举行，会议主要讨论了计算机在知识产权领域的作用。

本次研讨会由世界知识产权组织、印度尼西亚知识产权总局（the Directorate General of Intellectual Property Rights）法律与人权部、日本专利特许厅联合举办。与会者分别来自孟加拉国、文莱、柬埔寨、伊朗、老挝、马来西亚、缅甸、尼泊尔、巴基斯坦、巴布亚新几内亚和菲律宾等国家。

研讨会着重就信息技术对于促进知识产权发展的重要性这一议题进行了深入的讨论，主要内容包括：（1）阐述了无纸化知识产权局的概念，尤其是针对利用计算机处理知识产权方面的问题进行了深入的讨论；（2）通过计算机的使用，扩大各知识产权机构的服务范围，以加强其作用；（3）在知识产权业务中利用计算机使当地企业能够获取包括在线申请在内的各项服务；（4）建立和使用数字信息，使知识产权部门能够适应迅速变化的计算机领域的发展。

这次研讨会还探讨了开源软件（Open Sources Software）运动，以及在知识产权部门之间使用计算机来促进区域网络的建立等其他较为重要的议题。

（资料搜集、编译：杜倩、李晨。

资料来源：http：//www.ipbhutan.gov.bt）

英国知识产权局拟设专门机构以遏制数字盗版

2009 年 3 月 16 日，英国知识产权局（简称 UKIPO）发布了旨在建立应对数字版权相关问题的“权利代理机构”的议案。这个处于构想中的机构将由版权人建立和管理，主要负责促进数字市场的创新，减少甚至阻止在线盗版。

这个拥有多达 50 个成员、250 万英镑经费的“权利代理机构”是英国政府“数字英国”一揽子计划中的一环。除此之外，数字英国一揽子计划的内容还包括反对非法 P2P 文件共享的立法计划。

由于消费者可以轻松地通过 P2P 获得免费资源，所以他们渐渐失去了付费获取资源的自觉性。该“权利代理机构”的目标是在网络内容提供、包装以及销售的层面上促进整个数字市场价值链的整体转变。

建立数字内容市场以及改变这个市场的商业运作模式是这个机构的真正任务。英国知识产权局特别希望这个机构能成为结算机构，“使交易更加便捷”。目前看来，新企业要获得权利许可是非常困难的，它们需要获得多种层次的许可。例如英国 BBC 广播公司为了 iPlayer 业务已经进行了长达 5 年的协商。

除减少这些对话协商之外，“权利代理机构”还致力于权利许可的标准化和数字权利管理，同时还考虑建立一个自发性的权利登记数据库。英国知识产权局指出，一旦网络服务提供商和搜索引擎提供商们可以从网络资源利益中分一杯羹，他们就会加入反盗版的阵营。

与“胡萝卜＋大棒”政策相似，这个机构除了“管理”的功能，还有“打击”的功能——打击通过

P2P 方式的版权侵权是这个“权利代理机构”的第二项主要工作，制定反对未授权 P2P 文件共享的“实施规则”也迫在眉睫。

目前，知识产权局设想的“打击”措施是“网络协议锁闭”（protocol blocking）或者网络服务提供商在进行一些警告通知之后再切断侵权者的网络连接。但是这都需要经过英国电信监管部门（简称 OFCOM）的批准。

英国和欧洲的网络服务提供商协会对这一举措并不很感兴趣，他们表示，“相比于政治上的新奇做法，他们更喜欢确定性的规则，网络服务提供商需要将政治上的目标转化成技术上的现实。”

（资料搜集、编译：刘明华、李臻。

资料来源：http：//www. ip-watch. org/weblog/2009/03/18/ukipo-copyright-owners-and-internet-providers-please-regulate-yourselves/）

德国政府要求 ISP 屏蔽互联网儿童色情内容

由德国联邦家庭事务、老年公民、妇女及青年部（Federal Ministry of Family Affairs，Senior Citizens，Women and Youth，BMFSFJ）发起，德国数个部委正在制定旨在阻止德国个人电脑上儿童色情内容的具有预防性的“过滤制度”的法律草案，该草案要求网络服务提供商屏蔽其网络上含有儿童色情内容的网站。目前，司法部部长已经公布了一个特别法草案。经济部部长指出，他们正在审查德国的《电信法》，此法规定了电信媒体内容提供商的权利和义务，关闭被政府部门列出的儿童色情网站的义务应在此法中规定。

BMFSFJ 部长在德国议会中呼吁：“保障儿童的权利远远高于无阻碍的大众传播。”他热心地推进与德国电信（Deutsche Telekom）、Arcor or Lund1 Internet 等大型因特网服务提供商达成私人协议。八大网络服务提供商与其在德国的主要合作伙伴德国互联网服务商协会 Eco 和 BITKOM 公司，商讨了与 BMFSFJ 的“契约式解决方案”。

司法部部长齐普里斯（Brigitte Zypries）以及一些基督教民主党和绿党对此提出了警告。他们认为这种解决方案存在四个主要问题：第一，这侵犯了公民的基本权利；第二，必须考虑对可能出现的错误（过滤）的相关责任承担的政策；第三，缺乏法律依据。按照德国法律规定，网络服务提供商和政府采取这种“预防性行动”的对象只限于处理恐怖活动的事务；第四，这种“过滤机制”只能对德国境内的服务器有制约作用，德国政府无权要求境外的服务器履行这项义务。

德国政府的这一举措受到了来自业界和非政府组织的一些批评。德国电信产业协会的主席 August-Wilhelm Scheer 指出了技术专家一再提到的问题——屏蔽并不能完全阻止进入，只是使之困难一些。Eco 主席 Michael Rotert 说，目前建立在域名基础上的屏蔽很容易绕过。德国非政府组织 FITUG 警告说利用反儿童色情之机建立的屏蔽系统，会被利用来屏蔽掉其他东西。斯堪的纳维亚国家和其他国家的屏蔽名单显示，大部分被屏蔽的网站并非是儿童色情网站。德国应该将更多的努力放在起诉检控上，并扪心自问为什么很多被斯堪的纳维亚国家屏蔽系统屏蔽的服务器都来自德国。

（资料搜集、编译：刘明华、李臻。

资料来源：http：//www. ip-watch. org/weblog/2009/03/30/germany-opts-for-isp-filtering-of-child-pornography-ngos-warn-of-unintended-impact/）

日本网络知识产权检控率十年增长近 2 倍

2009 年 3 月 26 日，日本警察厅公布了关于“杜绝假名牌和盗版”的资料，根据资料显示，2008 年侵犯知识产权的犯罪检控案件为 385 件，比前年相比减少了 12.7%，检举人数 710 人，与同期相比减少了 6.1%，2005 年为 492 件 805 人，2006 年 493 件 783 人，虽然开始有减少的趋势，但是依然以较高比例在发展。

检控事件明细中，有关假名牌事件等违反商标法的共有 246 件，盗版等违反著作权法的共 115 件，其他为 24 件。另外，在 385 件检控案件中利用网络犯罪就有 174 件（特别是其中 142 件是利用互联网拍卖），也就是 45.2%的侵犯知识产权案件是利用网络手段完成的。

该资料记载了从 1999 年至 2009 年 10 年间利用网络实施侵犯知识产权犯罪的变化过程。1999 年的犯罪检控案件数为 153 件，其中利用互联网的违法行为为 24 件，具体为违反著作权法 13 件，违反商标法 3 件，其他 8 件。其比例占总检举数的 15.7%，这表明网络侵权行为在 10 年间增长了近 2 倍。

（资料搜集、编译：刘燕南。

资料来源：http：//internet. watch. impress. co. jp/cda/news/2009/03/27/22927. html）

英国拟修改版权法庭规则加速小型案件审理

2009 年 4 月 9 日，英国知识产权局发布了关于修改版权法庭规则加速小型案件审理和节省审理费用的建议。版权法庭是专门解决用户和著作权集体管理组织之间给予许可协议或者许可组织拒绝许可等纠纷的机构。这一改革方案是由英国知识产权局和科技发展特别委员会提议和推荐的，旨在节省审理时间，并加快作出裁决。英国知识产权局称这种特别法庭的运作模式将采取类似法院在民事诉讼程序中的审理方式。

该文件称："参与方支持将版权法庭的审理规则与民事程序审判规则相结合，并希望能通过改进小型案件审理程序来确保简易案件避免不必要的花费及延迟。"为此，将建立一种新的纠纷解决机制，对于标的较小、事实清楚的案件，将适用简化程序。英国知识产权局表示，如果一个案子事后被认为是一个复杂案件，可以随时将它转为普通程序审理。

该文件中还称："知识产权局认同特别委员会的看法，即有必要赋予被许可人或将来的被许可人（包括小企业）能够进行有效且独立的申诉的权利，上述草案中的双重审判格局（简易程序及普通程序）即符合这一要求。"

知识产权局还提议，案件是否提交版权法庭审理应由授权组织决定而不是仅由使用者决定。这项提议的实施必须另行商讨，因为这涉及法律的变更。

（资料搜集、编译：郑芳。

资料来源：http：//www. ipo. gov. uk/press-release-20090409. htm； http：//www. theregister. co. uk/2009/04/15/smaller _ copyright _ cases _ get _ quick _ hearings/）

世界知识产权组织版权与邻接权常设委员会（SCCR）第十八次会议在日内瓦召开

2009 年 5 月 25 日至 29 日，世界知识产权组织版权与邻接权常设委员会（SCCR）第十八次会议在日内瓦召开。

此次会议是根据 SCCR 第十七次会议的决议召开的。SCCR 第十七次会议主题是音像表演者和广播组织者的网络传播权问题，会议决议在 SCCR 第十八次会议上继续讨论以下三方面的问题：权利的限制和例外、音像表演者的保护和广播组织的保护。SCCR 第十八次会议对以下问题作出决议：

（1）关于权利的限制和例外。

委员会重申了要致力于解决有关权利的限制和例外的突出问题的承诺。委员会承诺将继续毫不迟延地开展工作，解决包括影响盲人和有其他阅读障碍的人接触受版权保护的作品的多层面的问题。这已成为委员会当前工作的中心议题。

委员会对巴西、厄瓜多尔、巴拉圭三国关于权利的限制和例外的提议表示赞赏，该提议涉及的是世界盲人联盟（WBU）提出的条约草案。委员会决定，成员国将继续在国家水平上商讨这些议题并报告可能的解决方法。这项提议连同其他提议和来自委员会成员的文稿，将于下一次 SCCR 会议进行讨论。

委员会对利益相关者平台（the stakeholders' platform）的中期报告表示欢迎，并鼓励秘书处在 SCCR 第十九次会议上继续开展该平台的相关活动。设立该平台是为了帮助残疾人接触受版权保护的作品。该平台在世界知识产权组织的资助下已于 2009 年 1 月和 4 月召开了两次会议，将主要的利益相关者包括版权权利人代表和阅读障碍人群代表召集到一起，探讨促进阅读障碍人群接触适合其阅读的作品形式。委员会要求秘书处确保各国的有效参与，并筹集资金支持来自发展中国家和最不发达国家的利益相关者的参与。秘书处应该尽最大努力在发展中国家组织一次该论坛的会议。

关于权利的限制和例外，委员会将对成员国进行问卷调查。调查问卷涉及的领域包括以下方面：教育研究、图书馆和档案馆、残疾人条款以及版权领域涉及的数字技术，包括与社会、文化和宗教有关的权利的限制和例外。

（2）关于音像表演者的保护。

委员会重申了加强对音像表演的国际保护的承诺，要求秘书处筹备一份关于对音像表演保护问题的主要观点的背景文件，并在日内瓦组织一次委员会全体成员间的非正式、开放式的磋商会议，商讨如何走出目前的僵局。

（3）关于广播组织的保护。

委员会要求秘书处从社会经济角度对未授权使用广播信号进行研究，该研究一方面要包括越权使用广播信号的影响和有效保护广播组织者的必要性，另一方面要以有助于对将来的 SCCR 第二十次会议的讨论为目的。委员会重申了继续从事为广播组织者提供以信号为基础的保护工作的意愿，这与 2007 年世界知识产权组织成员国大会的要求是一致的。

委员会邀请秘书处根据成员国和区域组织的要求组织召开区域性的和国家级的研讨会，讨论条约草案的保护目标、保护范围和保护对象。

据悉，第十九次 SCCR 会议将对上述三个议题继续开展讨论。

（资料搜集、编译：刘明华。

资料来源："SCCR to Expedite Work in Favor of Reading Impaired"，http：//www.wipo.int/pressroom/en/articles/2009/article_0012.html；"Conclusions of the 18th session of the SCCR"；http：//www.wipo.int/meetings/en/doc_details.jsp?doc_id=123192）

德国互联网审查议案遭抗议

2009年6月18日，德国议会将对一项关于互联网审查的议案进行投票。家庭事务部部长Ursula von der Leyen主张建立网络审查机制以屏蔽网站儿童色情内容。这在德国立即引起强烈而持久的抗议，抗议者组织了有史以来参与人数最多的请愿书签名活动（6周内有13万人签名），同时建立了一个名为"Zeichnemit.de"的网站来帮助非专业人士参与请愿书签名活动。超过500人参加政府的官方发布会来表达自己的意见，一些抗议者携带标语到部长出席的场合示威，号召公众捍卫德国的信息自由。

网民并不仅仅是反对政府方案，同时也提出了有建设性的处理儿童色情问题的意见，包括不引入审查机制且避免损害宪法保障的自由，例如审查机制工作组仅仅通过其他国家在维基百科上发布的黑名单识别相关网站，之后以向国际网络内容服务商发送邮件提醒的方法，就在12小时内移除了60个包含儿童色情内容的网站。他们认为，德国政府没有把时间和精力放在移除网络上的非法内容本身，反而选择了设立审查机制这样一个简单却危险的方法。反对者担心的是，一旦此议案实施，基础的审查设施也将会被用来审查包括赌博网站、伊斯兰教主义者网页，以及音乐工业热切期望移除的海盗湾和点对点下载网站等，而这些网站本身并非一定违法。

（资料搜集、编译：李苏凤。

资料来源：http：//www.edri.org/edri-gram/number7.12/germany-internet-censorship）

世界知识产权组织与演员和音乐人携手推进表演者权益保护

2009年9月23日，世界知识产权组织、国际音乐家联盟（简称FIM）和国际演员联盟（简称FIA）共同签署协议，加大对演员及音乐人所作的显著贡献的认可。协议由世界知识产权组织总干事弗朗西斯·加利、国际音乐家联盟主席阿歌特·G·荷兰特和国际演员联盟主席约翰·史密斯共同签署，主要是为了帮助提高发展中国家表演者的地位。

该协议主要从发展和文化多元化的角度强调了知识产权、劳动以及文化工作者之间的特殊关系。强调将联合组织活动，加强表演者之间的联络并提高他们的经济和法律地位，同时也使人们进一步认识到向表演者提供支持的必要性。特别是在发展中国家，演员和音乐人在知识经济的迅速发展中扮演着重要角色。人们相信，这个协议将激励和促进发展中国家对表演者的权利保护，使这种保护达到国际水平。

由于在从表演者的权利向制作者的权利转换的问题上无法达成共识，关于视听表演作品保护的相关条约的谈判陷入僵局。从那时开始，世界知识产权组织为了充分收集材料，促进相关信息的交流以及深入了解表演者的立场，组织召开了大量的国际会议。2009年9月，WIPO成员国会议在瑞士日内瓦举行，会议同意就这一问题展开讨论，目前这一事项仍在世界知识产权组织大会的讨论中。

（资料搜集、编译：袁之咏。

资料来源：http：//www.wipo.int/pressroom/en/articles/2009/article_0039.html）

欧盟考虑赋予图书馆数字化复制的权利

欧盟于2009年10月19日发布了名为《知识经济时代的版权》的报告。该报告指出，欧盟很可能将引入一项著作权法的例外性规定，以赋予图书馆将书籍进行数字化复制的权利。图书馆曾主张其需要拥有此项权利，但出版商却对此持反对态度。欧盟委员会已对著作权法框架下的图书数字化的问题进行了广泛咨询和调查，并称图书馆、大学和出版商、作者之间在如何实现数字化的问题上存在着很大的分歧。

欧盟委员会对欧洲数字图书馆工程（简称Europeana）表示深切关注，因为该项目很可能被谷歌图书扫描这种外国的商业项目所代替。委员会的咨询调查报告结果显示，图书馆和出版商存在根本分歧。报告称："概括地说，两种不同的观点已经产生，图书馆、档案馆和大学站在公共利益的角度，提倡更为宽容的著作权法律制度"；"出版商、著作权集体管理组织和其他权利所有者则主张，传播知识和给用户提供更快、更有效的获得作品的最好方式就是许可协议"。

委员会称，对于图书馆和大学来说，主要在于他们对数以亿计的作品进行数字化需要征得各权利人许可的成本问题，他们需要一个讲求成本效益的方法。欧盟委员会表示将会研究通过集体许可来解决这个问题，同时也考虑通过立法来豁免图书馆数字化作品的行为。报告还指出："图书馆和学术机构认为特定的例外性规定对于知识经济的意义更为重大，他们更赞成用制定法来规定一系列‘公共利益’的例外，从而方便大众获得知识；著作权的范围也应当通过立法来规定。”“出版商、著作权集体管理组织和其他权利人则认为，同样令人满意的结果也可以通过订立合同来实现，以满足新技术发展的需要。制定法上的例外规定会破坏经济回报率和助长所谓的‘搭便车’行为。”

欧盟负责信息事务的委员维维尼娜·雷丁(Viviane Reding) 女士表示欧盟正在和谷歌进行有力的竞争。她说：“图书数字化的努力已经在全球范围内启动，欧洲应当抓住这个机会成为引领者，确保图书数字化在充分尊重欧洲多元文化的前提下，符合欧洲版权法。如果我们行动迅速，欧盟有关图书数字化的措施将比谷歌所设想的解决方法更早地具备可操作性，并更有利于竞争。”

图书数字化所面临的另一个重要问题就是如何对待“孤儿作品”。欧盟委员会称这将需要更进一步研究解决办法，但是著作权的例外性规定也不失为一个选择。报告称，“可能的解决方式包括，尤其是在对‘孤儿作品’相互承认方面具有法律约束力的独立的方式，可以是 2001 年 5 月 22 日欧洲议会和欧盟理事会的《关于协调信息社会中版权和邻接权若干方面的第 2001/29/EC 号指令》的例外性规定，也可以是对于‘孤儿作品’予以跨国性相互承认的指南。”

（资料搜集、编译：李苏凤。

资料来源：http：//www.out-law.com/page-10462）

欧盟批准“WIPO 互联网条约”

2009 年 12 月 14 日，欧盟批准加入《WIPO 版权条约》和《WIPO 表演和录音制品条约》。上述两条约建立了数字时代版权保护的基本标准，因此又被称为“WIPO 互联网条约”。

世界知识产权组织总干事弗朗西斯·加利对此表示欢迎。他认为，欧盟在促进互联网的使用与网络内容的发展上起着重要作用，欧盟对上述条约的批准将对欧洲乃至世界数字环境下创造力的发展产生积极影响。这是欧盟成员国首次一致加入有关版权及相关权利的条约。

欧盟于 2001 年颁布的《欧盟版权指令》采纳了于 1996 年制定的上述“WIPO 互联网条约”中的大部分条文。目前欧盟 27 个成员国均已将《欧盟版权指令》用以指导国内立法和实践。

“互联网条约”为新技术环境下诸如作品的交互传输、著作权人专有权利的限制等问题提供了更加平衡的保护体系，同时促进了有助于作品发行与使用的新技术的发展。

“WIPO 互联网条约”于 1996 年 12 月通过，2002 年开始生效。目前已有 88 和 86 个国家分别成为其中《WIPO 版权条约》和《WIPO 表演和录音制品条约》的成员国。

（资料搜集、编译：郝卓然。

资料来源：http：//www.wipo.int/pressroom/en/articles/2009/article _ 0059.html）

WIPO 有关传统知识和民间文艺保护取得有限进展

世界知识产权组织（WIPO）知识产权、遗传资源、传统知识及民间文学艺术政府间委员会（简称 IGC）于 2009 年 12 月举行第十五次会议。会上，世界知识产权组织成员国就传统知识和民间文艺的相关议题展开磋商，并取得了有限进展。

有关传统知识保护的论坛已持续了近 10 年，但成员间就一些关键问题，如是否应达成一份具有约束力的法律性文件等问题存在重大分歧。许多发展中国家就在未来一段时间内以文件磋商的形式制定法律文件达成了共识，认为这将为遗传资源、传统知识和民间文艺提供有效保护，并由非洲国家集团于 2009 年早些时候向大会提交了这一意见。欧盟在其提交的一份建议书中也表态称，并不排斥达成一份具有约束力的法律文件，但是欧盟与包括美国、瑞士在内等国同时认为，目前为这一问题设定目标是不成熟的，应当在更深入了解这一问题后决定对传统知识提供何种保护。

本次会议仍未能达成一份有法律约束力的文件，但意见双方对传统知识和民间文艺的表现形式、滥用传统知识和民间文艺的法律制裁等问题展开了讨论，据 IGC 主席 Juan José Gómez Camacho 称，这是 IGC 在陷入僵局近 5 年后，首次对传统知识保护中包括上述议题在内的实体性问题展开讨论。会上来自中国、印度、蒙古、印度尼西亚等国的与会人员就本国对于传统知识和民间文艺的保护以及在该领域的发展趋势做了介绍，来自尼日利亚、泰国等国的与会人员和 WIPO 官员还在演讲中呼吁各国充分认识到传统知识和民间文艺保护问题的紧迫性，与当地社群和相关个人建立密切联系，采取包括法律手段在内的各种切实可行的方式来对传统知识和民间文艺及其相关权利进行充分保护。尼日利亚知识产权学会主任 John O. Asein 还在大会上介绍了尼日利亚和非洲在传统知识保护方面的法律框架以及实行过程中遇到的困难与挑战。非洲地区知识产权组织（简称 ARIPO）与非洲知识产权组织（简称 OAPI，前法国殖民地中的官方语言为法语的国家组成的保护知识产权的一个地区性联盟）在非洲地区传统知识和民间文艺表达保护问题上起着关键作用。但是，尼日利亚从国际和国内法律框架下的实践中也发现了一些问题，比如在传统知识和民间文艺的概念界定上，律师、人类学家与相关利益群体对此有不同意见。此外，部落或社群能否充当民间文学的作者也存在争议。尼日利亚本国相关法律在传统知识的使用豁免问题上，并没有区分国内使用者和国外使用者，这不利于传统知识和民间文艺在本国国民中的合理使用。John O. Asein 先生最后特别指出，在传统知识和民间文艺保护问题上，任何法律框架和保护机制的建立都应遵循以下几条原则：承认社群对其传统知识和民间文艺表达的权利；禁止未经授权而获取传统知识和传统文化表达著作权的行为；保护措施应反映出社群的价值理念与期望；促进本土习惯法和原有保护措施在此问题上发挥作用；在保护传统知识的同时，注重对于社群的经济建设和可持续发展；为社群提供法律援助，促使其通过传统知识产权体系保护其传统知识的权利；促进传统知识在本国国民中的使用与发展。

相关链接

2006 年 4 月，IGC 召开的第九次会议达成的《保护传统文化表现形式/民间文艺表现形式：经修订的目标与原则》草案中，传统文化表现形式保护的客体可以分为口头、音乐、行动、有形物四类表现形式，包括史诗、诗歌、民间传说、歌曲、器乐、舞蹈、戏剧、仪式、雕刻、服饰、建筑形式等。

（资料搜集、编译：郝卓然。

资料来源：http：//www.ip-watch.org/weblog/2009/12/14/wipo-traditional-knowledge-meeting-stalls-but-begins-to-breach-% E2% 80% 98trust-gap% E2% 80% 99/； http：//www.ip-watch.org/weblog/2009/07/03/wipo-members-seek-deal-to-negotiate-on-traditional-knowledge-protection/； http：//www.wipo.int/edocs/mdocs/tk/zh/wipo _ grtkf _ ic _ 9/wipo _ grtkf _ ic _ 9 _ 4.pdf)

◆ 重大版权案件

美国《儿童在线保护法》被宣告违宪

1998 年，为保护未成年人免受网络淫秽信息侵害，美国国会通过了《儿童在线保护法》（简称 COPA）。然而自诞生之日起，这部法案就因违宪问题而频频引发争议。以美国公民自由同盟（简称 ACLU）为代表的反对者和以美国司法部为代表的支持者围绕着该法案的合宪性问题争执不休，诉讼辗转于各级法院之间，该法案谋求生效之路可谓艰辛。2009 年 1 月 21 日，美国联邦最高法院最终宣布该法案违宪，结束了它长达十几年的流浪之旅。

根据《儿童在线保护法》规定，任何商业网站，如果发布“对未成年人有害的内容”，负责人将面临 6 个月的监禁以及高达 5 万美元的罚款。美国民权组织和其他机构认为，此法案违反了《美国第一宪法修正案》对于成年人言论自由的保护，遂由美国公民自由同盟向费城法院提交诉状，起诉该法案违宪，并由此引发了之后的一系列诉讼。

在联邦地区法院和巡回上诉法院先后作出否决该法案的判决后，美国司法部先后于 2002 年、2004 年和 2009 年三次上诉于美国最高法院。美国最高法院于 2004 年第二次作出裁决，发回重审，并要求当事人双方围绕该法是否对公民言论自由限制最小进行辩论（因为美国自由同盟主张网站使用的过滤系统已经足以封锁大部分内容不健康的网站，无需采用法律手段规范网络言论）。案件发回后，联邦地区法院就该案再次进行了审理，并在 2007 年下达判决书认定：使用过滤技术规范言论的效果优于法律，再次否决了该法案。司法部不服，上诉到联邦上诉法院，上诉法院支持地区法院判决。司法部又不服，第三次上诉到联邦最高法院。2009 年 1 月，联邦最高法院在没有进行任何解释的情况下，驳回了司法部的最后辩护，宣布该法案违宪。

美国公民自由同盟的申诉理由主要有四点：

（1）该法侵害了《美国宪法第一修正案》所保护的成年人的言论自由权利。

（2）该法的规定过于宽泛，用词模糊，不准确，其结果很可能会大大地限制成年人言论自由。

（3）该法并不是以限制最小的方式来实现政府所要追求的目的。他们认为互联网过滤技术的发展，完全有可能消除或者大大减少对儿童有害的信息。既然可以通过互联网过滤技术实现政府所要追求的目标，就不必以大大牺牲人们言论自由的方式（即利用该法）来推行政府政策。

（4）该法适用范围有限，仅仅规范网络运营商。换句话说，该法仅能规范网站上的色情内容，而不能规范在线论坛、P2P 文件共享、新闻群组、虚拟色情游戏以及网络电话视频上的色情内容。

（资料搜集、编译：师小炯、宋廷徽。

资料来源：Ashcroft v ACLU，No. 00-1293 等）

美国法院判决“恢复外国作品版权”违宪

2009 年 4 月 3 日，美国科罗拉多州联邦地区法院法官路易斯·巴布科克对戈兰诉霍尔德（Golan v. Holder）案作出一审判决：“恢复外国作品（指外国公民或生活在国外的美国公民，其作品不在美国首次出版）在美国的版权违反了美国宪法第一条修正案。”此判决可能使美国置于相当尴尬的境地：如果上诉法院维持该判决，美国将无法履行《伯尔尼公约》及《与贸易有关的知识产权协议》（简称 TRIPs 协议）所规定的义务。

该问题产生于美国不断修改的版权法规定。美国 1909 年及 1976 年版权法规定，一件外国作品的版权要在美国受到保护，必须及时在美国版权局登记注册，并按规定发布版权公告，否则将不受保护。1909 年美国版权法规定版权保护期限是 28 年，28 年到期后，权利人可以申请续展，再获得 28 年的保护。1976 年版权法延长了版权保护期：“对个人作品，保护期限至作者死后 50 年；法人作品则延长至首次出版后 75 年。”在海外创作的作品经常因满足不了这些程序要求（登记，公告，延期等）而无法获得或者更新在美国的版权保护，这就导致了大量外国作品在起源国还受到版权保护时，在美国却不受保护。1988 年，美国颁布了《伯尔尼公约执行法》，正式加入了《伯尔尼公约》。根据《伯尔尼公约》第 18 条：“如果外国作品在起源国未过保护期限，则新的缔约国应在本国给予同样的版权保护。”这就是说，1988 年以后，对于一些已在美国进入公有领域的外国作品，美国政府也应在版权法上予以保护，即所谓的“恢复外国作品版权”。但是由于《伯尔尼公约》没有强制实施机制，美国实际上并没有遵守公约规定。

这种情况在 1994 年发生了变化。这一年美国通过了《乌拉圭回合协议法案》。该法案是为了执行乌拉圭多边贸易谈判所取得的成果而由美国国会制定的。当时，世界贸易组织成立并签署了 TRIPs 协议。该协议要求各个签约国须达到知识产权保护的最低标准，包括《伯尔尼公约》所规定的保护条款。如果违反 TRIPs 协议，世界贸易组织争端解决程序会对违约国进行严厉的贸易制裁。

为了避免受到制裁，《乌拉圭回合协议法案》第五百一十四条强制恢复已进入公有领域的外国作品的版权。该条规定：“如果已进入公有领域的外国作品在 1996 年 1 月 1 日前仍受其本国版权法保护，美国版权法应予以同样保护。”这就触犯了很多以前可以免费使用这些外国作品的人（这些人被称为信赖方）的利益，因为他们必须支付版税才能继续使用外国作品。于是，他们就向法院提起了诉讼，请求法院宣告该法律规定无效。

该案共有 6 名原告，身份分别是交响乐指挥、教师、演奏家、交响乐作品出版商和电影档案人员、电影发行商。他们主张《乌拉圭回合协议法案》第五百一十四条违反了美国宪法的规定。他们认为：第五百一十四条将已进入公有领域的作品恢复版权，侵犯了宪法第一修正案赋予他们的言论自由权。

科罗拉多州联邦地区法院法官路易斯·巴布科克受理了该案。经过一审审理，他认为原告的主张不成立，该法并不违宪。原告不服，上诉至第十巡回上诉法院。

上诉法院审理后认为，根据美国宪法第一条第八款第八项的规定，国会有制定版权法的权力，但是该立法权力并不是无限的，不能被滥用，不能超越版权保护的“传统界限”，即：“一旦作品进入公有领域，就不再受版权法保护，大众就可以自由免费使用。大众自由免费使用作品的权利属于宪法第一修正案所规定的言论自由权。版权保护的期限应该止于公有领域，而不是始于公有领域。”上诉法院认为《乌拉圭回合协议法案》将本处于公有领域的作品重新纳入私有领域，改变了版权保护的“传统界限”，影响了原告根据美国宪法第一修正案所应享有的言论自由权，并损害了公有领域应有的价值。因此，法院撤销了一审判决，发回重审，并指示一审法院要审查该法案的合宪性。

案件发回后，巴布科克法官再次受理了该案，并于 2009 年 4 月 3 日作出判决，宣告原告胜诉，《乌拉圭回合协议法案》第五百一十四条违宪。

巴布科克法官认为，第五百一十四条使公共领域的外国作品重获保护，必然损害了那些原先可以自由免费使用这些作品的信赖方的利益，即言论自由利益。虽然根据判例，政府为了实现重大利益，可以限制公民的言论自由，但是不能超出必要限度，如果超过必要限度，则可能违宪。

巴布科克进一步分析说，虽然《伯尔尼公约》要求对外国作品恢复版权保护，但这只是一个原则性的规定。实际上该公约并没有涉及信赖方利益的保护问题，并不必然要求信赖方重新缴纳版费。《伯尔尼公约》第 18 条第三款规定：“各成员国应当在各自相关范围内决定该原则的适用。”也就是说，各国有权依据其国内法决定是否对信赖方利益予以重新限制。他说，像其他伯尔尼公约签约国，如英国、澳大利亚就允许信赖方永久使用外国作品，在世界贸易组织争端解决机制框架内也一直没被起诉。

由此，巴布科克认为，国会本可以对信赖方的利益不予限制，允许信赖方继续自由免费使用这些外国作品，但是国会并没有这样做，而是为了遵守所谓的公约而牺牲了人民的言论自由。因此，国会的做法超出了必要限度。法院最终判决《乌拉圭回合协议法案》第五百一十四条违宪。

对于这个判决还存在很多争议。美国政府和一些版权专家认为《伯尔尼公约》不允许信赖方永久无偿使用外国作品，而另外一些专家则认为《伯尔尼公约》允许这样做。观察家们大都认为美国政府会上诉，如果第十巡回上诉法庭维持该判决，那么美国将违反《伯尔尼公约》和 TRIPs 协议，并可能会遭受贸易制裁。

（资料搜集、编译：师小炯。

资料来源：http：//blog. sina. com. cn/s/blog _ 4cb1acf401000cag. html； http：//www. copyright. cornell. edu/public _ domain/； http：//www. lessig. org/blog/Golan%20order. pdf）

美一妇女非法下载歌曲被罚巨额赔偿金

2009 年 6 月，明尼苏达州明尼亚波利斯联邦法院认定汤马斯·雷塞特（Jammie Thomas-Rasset）故意侵犯版权，必须赔偿唱片业协会 192 万美元。法律专家指出，汤马斯·雷塞特可能通过申请破产来避免缴交唱片业协会的损害赔偿金。

汤马斯·雷塞特曾被指控非法共享 1 700 余首歌曲，法官最终判决其中 24 首歌为非法共享，她为每首歌需要支付高达 8 万美元的赔偿金。原告是华纳音乐（简称 WMG）、威望迪（简称 VIVD. Y）旗下环球音乐、百代，以及索尼（简称 SNE）旗下的索尼音乐四大唱片公司。

2007 年，美国唱片业协会首先控告汤马斯·雷塞特非法共享 1 700 首歌曲。这位妇女在 2007 年 10 月一审败诉，当时陪审团判她赔偿 22.2 万美元，但后来联邦地方法院法官戴维（Michael David）以“不成比例”、“欺人太甚”为由推翻了判决。

媒体对此发表评论，认为唱片业协会的做法明显过了头。音乐家莫比（Moby）在博客当中写道：“因为人们听了音乐而惩罚他们是错误的，这不是保护音乐行业的正确方法。”华盛顿电脑及通讯行业协会主席布莱克（Ed Black）也对此发表了声明，指责罚款的数额是“荒谬的”，并强调“我们的版权法管得太宽了，正在被滥用，这种滥用甚至完全不顾常识。”

很多专家都认为美国版权法的一些规定已经过时。加利福尼亚大学法学院教授萨缪尔森（Pamela Samuelson）曾表示，在美国的版权法下，每件作品的最低赔偿金额是 750 美元，最高可以达到 15 万美元，如此巨大的赔偿额度变化缺乏严格的指导，导致了一些实际赔偿金额的确定“往往是武断的，彼此矛盾的，不合人道的，有时毫无疑问是过分的”。

有媒体评论，这一判决也很可能会成为版权法改革的先声——它已经暴露了现有版权法的重大缺陷。这一案件之所以令人震惊，不仅仅在于赔偿金额的巨大，更在于它可能刺激美国版权法的改革。

然而，值得注意的是，尽管民众的呼声中大多是同情汤马斯·雷塞特的，但奥巴马政府表示法院在此次案件上的裁决是正确的，代表了“宪法的声音”。

（资料搜集、编译：周文婷。

资料来源：http：//news. cnet. com/8301-1023 _ 3-10268199-93. html）

美《防止数字化侵权及强化版权赔偿法》可能违宪

2007 年 8 月 7 日，美国唱片业协会起诉一位大学生乔尔·泰拉贝尔（Joel Tenenbaum），指控他利用 P2P 文件共享服务非法下载并传播歌曲，并依据《防止数字化侵权及强化版权赔偿法》主张巨额法定赔偿金。2009 年 7 月，陪审团作出裁决：泰拉贝尔利用共享软件恶意下载并传播了 30 首音乐，应当赔偿唱片业协会 67.5 万美元，平均每首歌曲的赔偿金为 2.25 万美元。

乔尔·泰拉贝尔的代理人、哈佛大学法学院教授查尔斯·尼森（Charles Nesson）声称《防止数字化侵权及强化版权赔偿法》违宪。因为这一法案所规定的法定赔偿金过高，明显不合理（如依据该法，针对恶意侵权者，每个侵权行为的法定赔偿额可以高达 15 万美元，也就是说，下载一首音乐最高可能赔偿 15 万美元）。这样的高额惩罚性赔偿金使该法实质上成为一部刑法。美国唱片业协会作为一个私人机构，利用民事诉讼程序要求法院执行刑事法律（指《防止数字化侵权及强化版权赔偿法》）以寻求高额赔偿，这有违宪法。他辩称：法定赔偿原本是在实际损失难以确定的情况下才使用的，而《防止数字化侵权及强化版权赔偿法》却允许自由选择适用，偏离了最初的立法目的。他还认为该法违反了美国宪法第十四修正案所规定的正当程序条款，即法律禁止对一个人的赔偿额度远高于其实际损失。为了支持自己的说法，他利用 BMW v. Gore，517 U.S. 559 案作为重要论据，即当被告实施侵权行为，不知自己可能会因此承担很高的赔偿额时，给予原告过高的赔偿则有违宪法。

但是也有观点认为泰拉贝尔案却有些不同，在此案中可以推定泰拉贝尔在侵权时知道自己可能承担巨额赔偿，因为该赔偿额度明确规定于法律中。

尼森后来又大胆提出，利用 P2P 服务下载音乐属于"合理使用"。他表示，法定损害赔偿并不适用于 P2P 非商业用户，因为这种音乐下载方式并没有对版权所有者造成实际损害，或者说实际损害无法证明，这是因为"个人不以营利为目的复制音乐，在结果上无法被证明对版权持有人造成真正的损害"。他认为，法律为版权所有者提供了寻求法定损害或实际损失两种赔偿方式，而这两种赔偿方式本质上是一致的，既然版权所有者的实际损失无法证明，那么实际损失即为零。实际损失为零，法定损害赔偿也将不复存在。

尼森的上述辩护理由被本案的主审法官逐一撤销，不予采纳。甚至在临近正式开庭前，该法官还禁止尼森"合理使用"的辩护，命令他不要在陪审团面前主张泰拉贝尔的行为属于合理使用。

2009 年 7 月，陪审团作出裁决：泰拉贝尔利用共享软件恶意下载并传播了 30 首音乐，应当赔偿唱片业协会 67.5 万美元，平均每首歌曲赔偿 2.25 万美元。尼森已向媒体表示准备上诉。

相关链接

一般认为，未经授权、利用文件共享服务平台上传或者下载音乐是侵犯著作权的行为。其中，上传音乐属于非法传播，下载音乐属于非法复制。2000 年 3 月，美国总统克林顿签署了《防止数字化侵权及强化版权赔偿法》，根据该法案，著作权人有权向侵权人主张侵权损害赔偿。侵权损害赔偿额有两种计算方式：一种是著作权人可以向侵权人主张其因侵权所遭受的实际损失加上侵权人的盈利所得之和，另外一种是无需计算实际损失或者对方盈利所得，而是直接请求法定赔偿额。根据情节轻重，每个侵权行为的法定赔偿额从 750 美元到 3 万美元不等，对于恶意侵权者，每个侵权行为的法定赔偿额可以高达 15 万美元。该法规定的高额法定赔偿额度引发了很大争议。

（资料搜集、编译：师小炯、宋廷徽。资料来源：http：//wcco.com/topstories/music.piracy.downloading.2.370684.html；http：//www.schneier.com/blog/archives/2008/11/riaa_lawsuits_m.html；http：//thomas.loc.gov/cgi-bin/query/z?c106：h3456.enr：）

美国法院禁止 Real Networks 公司销售 DVD 复制软件

美国旧金山市联邦地区法院法官帕特尔（Marilyn Hall Patel）于 2009 年 8 月对 Real DVD 侵权案做出判决，禁止 Real Networks 出售其 DVD 复制软件和任何使用该技术的未来产品，裁定 Real Networks 的这种复制技术侵犯了好莱坞制片商的版权，并违反 Real Networks 公司与电影公司签订的许可协议。

2008 年 11 月，美国电影协会（The Motion Picture Association of America）对美国 Real Networks 公司提起诉讼。许可好莱坞版权保护技术的数码视盘拷贝控制协会（DVD Copy Control Association，DVD CCA）随后加入了诉讼，声称 Real Networks 违反了其 DVD 拷贝控制许可（DVD-CCA license）。Real Networks 则向旧金山市联邦地区法院提交了反诉书，称美国六大电影公司和 DVD CCA 违反了美国反垄断法的相关规定，并导致消费者无法"合理使用"相应工具来备份他们所购买的 DVD 光盘内容，同时极力阻止具有竞争力的 DVD 光盘技术和产品投放市场。

Real Networks 公司的 DVD 复制软件能拷贝电影 DVD 到计算机硬件上。不同于现有的其他软件，它可以在不解除或更改 CSS 密码的基础上从 DVD 上拷贝副本。而帕特尔法官的决定意味着 Real Networks 公司的这种软件将被禁止出售。虽然 Real DVD 防止了内容的分发散播，但是帕特尔法官裁定该软件仍然违背了 DVD 拷贝控制许可——该许可禁止任何未经版权持有人允许的复制。此外，帕特尔法官裁定 Real DVD 违反了《数字千年版权法案》（Digital Millenium Copyright Act，DMCA）。

"Real DVD 允许对已受版权保护的 DVD 内容制作副本，这种做法违反了它与数码视盘拷贝控制协会（DVD CCA）的 CSS（内容扰乱系统，实际上是一种程序，使 DVD 影碟只能被授权的 DVD 播放机解码和播放）许可协议，并规避了一项技术措施，该项技术措施能控制受版权保护的 DVD 内容被使用或复制。"帕特尔法官在其判决书的第 57 页中如是说。

在审判过程中，Real Networks 称，消费者有权为他们购买的电影或电视节目做备份。法官同意此观点，但指出 Real Networks 无法证明消费者将 Real

DVD使用于合法目的。对此，判决书指出："消费者为个人拥有的DVD保存备份，应该算合理使用，但联邦法律禁止制造或销售能让消费者进行拷贝的装置或工具。最重要的是，这类工具也无法区别DVD拷贝是供私人使用或另做他用。"

Real Networks公司声称其对裁决很"失望"，但表示未决定是否提出上诉。与此同时，DVD CCA表示其"对帕特尔法官在这一问题上彻底周到的审查和深思熟虑的决定表示感谢"。"DVD CCA代表了个人计算机、家用电子产品和内容产业以及DVD消费者的利益，致力于对上述产品的有效使用，以实现在家中和其他地方高质量的娱乐"，该集团在一封电子邮件中声明。"要实现这样的娱乐，取决于是否有一套有效的指导方针，而这套指导方针适用于这些行业中的所有参与者。"

非营利性消费者权益组织——电子前沿基金会（The Electronic Frontier Foundation，EFF）表示，合理使用是消费者复制数字内容供个人使用的合法权利，帕特尔法官的裁决是对合理使用的强制限制，这在一定程度上造成了困扰。电子前沿基金会认为："帕特尔法官裁决的核心，在于她对DVD CCA许可协议的解释，由于这些协议的大部分仍然保密，很难评估其推理的价值。""不过，她确实做了一个令人不安的建议，即一旦当你规避了'访问控制'等技术措施，比如在DVD上的加密时，合理使用始终都不能成为一种抗辩。"

EFF接着指出，"对那些热衷于推出DVD配套产品的创新者来说，这一裁决很可能会传递出可怕的信息"。此外，如今网络上免费、无需授权的DVD转换软件（DVD Rippers）广泛可得，因此这一判决并不太可能见效。"换句话说，正如我们以前所说的，这一案件无关'盗版'，恰恰是好莱坞利用《数字千年版权法案》来控制DVD创新速度和种类，以防止合法购买DVD的消费者受到损害。"

帕特尔法官是唱片业协会诉文件共享网站Napster一案的主审法官。2000年，她判决Napster应对其网站上享有版权的材料负有监管责任，这项具有里程碑意义的判决在上诉中得到维持。也正是这项判决最终导致了Napster网站的倒闭。

2009年5月，Real Networks反诉MPAA的6家电影公司和DVD CCA，认为后者共谋封锁正当复制电影DVD的合法方法，涉嫌垄断。其诉讼请求指出，6家电影公司和DVD CCA达成协议，排除任何人使用对其使用的复制方法形成竞争的任何企业的产品。而且该协议仅在上述企业间达成，不是通过各家电影公司授予版权。帕特尔法官驳回了Real Networks针对电影行业涉嫌垄断的上诉。她援引了允许企业联合起来确保实现合法收入的判例，进而指出，MPAA和DVD CCA被允许联合起来抵制它们认为非法的复制行为。她还对Real Networks发出了临时禁令，禁止其在上一诉讼终审判决前出售Real DVD。

（资料搜集、编译：周文婷。

资料来源：http：//www.informationweek.com/news//personal _ tech/drm/showArticle.jhtml?articleID = 219200431；http：//www.electronista.com/articles/10/01/11/real.allegedly.brought.on.trouble.itself/）

法官在Usenet案认定被告鼓励消费者使用侵权

美国纽约南区法院作出裁决，支持美国唱片业协会（RIAA）在与Usenet.com网站的版权案中的权益。

2007年10月，RIAA正式起诉Usenet.com，指控对方鼓励消费者每月付出19美元以获得版权音乐的行为侵犯了原告的版权。纽约南区法院的法官Harold Baer作出裁决，他认为Usenet.com网站的行为构成了"直接的、帮助性的和替代性侵权"。

和Napster及Grokster案一样，被告援引Beta Max案和《数字千年版权法案》法案，以自己所提供的服务有实质性非侵权用途，并且自己只是提供服务而未上传盗版作品为理由，寻求避风港规则的庇护。主审法官Baer认为本案不适用索尼案"实质性非侵权用途"免责原则。索尼案"实质性非侵权用途"原则的精髓是：索尼的录影机（VCR）产品既可用于非侵权用途，也可用于侵权用途，尽管索尼明知会有一部分使用者将作侵权用途，但只要没有证据证明索尼为了提高利润而鼓励消费者将产品用于侵权，就不能认定索尼侵权。而本案中，有证据显示被告采取了措施鼓励直接侵权。这一判决可能对未来的类似案件产生深远影响。在1999年的Napster案中，Napster公司利用其开发的P2P技术为用户提供MP3格式文件交换服务，任何人到Napster公司的网站上下载"Music Share"软件并安装到自己的电脑上后，就可以在上网时登陆到Napster公司的网络系统上，并可以免费注册为Napster公司的用户。Napster的服务器上没有放置MP3文件，Napster仅仅扮演了一个MP3搜寻引擎的角色，其网站服务器应用户的搜索请求会展示一个文件列表，并提供到存储该相关MP3文件实质内容的是Napster用户的个人计算机上的链接，结果被美国唱片工业协会诉侵权。法院判决认为，Napster须为其所提供的服务负版权辅助侵权的责任，Napster对其使用者的侵权行为，有能力加以监督且Napster直接从中获得经济利益，所以也须负版权辅助侵害的责任。此外，法院认为Napster不适用DMCA关于网络服务提供商的免责规定。

本案不寻常之处还在于主审法官认定Usenet.com存在很多不当行为。根据证据规则，原告和被告双方需要交换信息，美国唱片行业协会提供了证据，而Usenet.com公司在很多情形下却销毁了相关证据或者未能提供证据。

（资料搜集、编译：周文婷、李云柯。

资料来源：http：//news.cnet.com/8301-1023_3-10276607-93.html；http：//www.informationweek.com/news//personal_tech/drm/show Article.jhtml?articleID = 219200431；http：//www.electronista.com/articles/10/01/11/real.allegedly.brought.on.trouble.itself/）

德国联邦最高法院判定GEMA颁发广告音乐许可违法

2009年11月，根据德国联邦最高法院对德国音乐作品演出权与机械复制权协会（简称GEMA）作出的一项判决，联邦最高法院的法官们认为，不仅在该案件中，GEMA给广告公司颁发音乐许可协议的行为是错误的，而且到目前为止，GEMA颁发此类许可协议的模式总体来说都是不合法的。

在广告中使用作品是一种特殊的使用方式，德国著作权法第31条第5款中对此有所规定（即当使用权许可并没有对使用类型作出明确说明时，应按照双方当事人订立合同的目的来确定该许可所包括的使用类型。前款规定也适用于判断是否发生了普通的使用权许可或者排他性使用权许可、相关使用权与禁止权的范围以及对使用权作出了哪些限制的问题），但在GEMA许可协议的第1条第h项中没有强调这一点。同时，协议第1条第k项下的第1点规定，许可他人在广告制作中使用某一作品的权利由版权所有人保留。综合这两点来看，GEMA在授权广告公司使用音乐作品时并没有征求版权所有者的意见。

GEMA在一份新闻稿中解释说，长期以来，在广告界颁发许可协议有两种方式，一种是版权所有人直接授权在广告中使用自己的音乐作品，另一种是通过GEMA进行授权。许可必须分别进一步获得版权所有人的同意，GEMA在其他声明中也对此进行过澄清。

GEMA在新闻稿中评论说，联邦最高法院的判决结果是在反对一种长期以来被所有参与者认可的处理模式。在找出其他的解决方式之前，协会不可能继续在广告领域进行版权管理，即使声明自己变为第三方也无法改变现状。GEMA的负责人指出，相关各方应该共同协作，找到未来如何在广告领域有效订立作品使用许可协议的方法。但GEMA在签订许可协议过程中角色的变化，可能只对它旗下会员的音乐作品比较重要，其他与GEMA签订过互惠协议的国外协会不会受到该判决结果的影响。

（资料搜集、整理：郑芳。

资料来源：http：//www.ipr.gov.cn/xwdt/gjxw/zz/585814.shtml）

“海盗湾”四名创办人被判监禁惹争议

瑞典最大的网络盗版案“海盗湾”案于2009年4月份审结宣判，四名被告Peter Sunde、Gottfrid Warg、Fredrik Neij和Carl Lundström因违反了瑞典版权法被判处1年监禁和约360万美元的罚款。法院在审理过程中查明，成立于2003年的“海盗湾”网站为一家可供下载、资源十分丰富的网络共享网站，该网站通过BT下载模式为网络用户提供版权作品的下载链接。作为“海盗湾”创办人的本案四名被告为网络盗版行为提供了辅助，他们运营的网站拥有数以千计的音乐、电影、视频游戏以及其他资源的非法下载链接。对于上述指控，被告在审判中抗辩称，网站不应该为网络上的文件传输承担责任，因为在网站上并没有存储任何受版权保护的资源，并且在网站上也并没有真正发生文件传输行为。从法院的审判结果来看，这一抗辩理由并没有被采纳。

判决宣布后，四被告均表示会继续上诉，其主要理由是，该案主审法官Tomas Norström以及某几位原告方代理律师参加了瑞典的两个版权组织，而这些组织旨在维护唱片公司版权利益的立场直接影响了法官及律师的主观判断，由此会造成审判不公。不过，据瑞典地方法院公布的调查结论称，虽然该案的主审法官参加了版权组织，但其目的仅在于学术上的交流，这一身份不会对审理案件的公正性产生不良影响。虽然该法院的这一调查结果并非具有最终效力的结论，但这一结论将对最高法院的最终认定产生相当程度的影响。除此上诉理由之外，被告之一Sunde还认为，他的身份仅仅是网站的发言人，并没有参与网站的具体运营工作，他同时认为，对版权人的损害数额的计算方法并不合理，对损害结果的认定过高。

关于版权制度的争论正处愈演愈烈之势，“海盗湾”案的判决结果标志着众多媒体公司在维护自身版权利益道路上取得了第一阶段的重大胜利。这让本已经陷于世界各国针对电影、音乐以及其他数字作品网络侵权行为的激烈争论之中的瑞典走到了风口浪尖。一部分专家认为，“海盗湾”案让人们意识到网络上音乐、电影、软件等非法共享情况的泛滥，同时也让人们认识到保护作品版权的重要性。与此同时，瑞典法院的判决为各国打击网络盗版的司法行动树立了样本，将对其他各国反盗版执法行动的推进产生积极作用。比如，在瑞典判决宣布之后不久，意大利也准备在其管辖区内启动针对“海盗湾”网络侵权行为的诉讼程序。如果进展顺利，意大利将成为第一个在瑞典境外追究“海盗湾”创办人刑事责任的国家。

不过，也有评论对瑞典“海盗湾”案在其他国家的示范意义产生质疑。该观点认为，针对当前主流网络搜索引擎提供免费下载服务的反盗版执法不能简单套用瑞典“海盗湾”的判例。“海盗湾”案的关键在于用户通过该网站搜索到的资源本身就是侵犯了他人享有版权的文件，而通过如谷歌等主流搜索引擎下载的资源绝大多数均为获得授权的作品，即便有少许个别盗版现象存在，网站也能在最短时间内采取切断链接等控制手段，因此至多采取民事赔偿的方式，无须动用刑事制裁的手段。

“海盗湾”案的另一方面影响还体现在对某些政党发展的助推作用上：帮助一个致力于推动免费共享版权作品合法化的政党——瑞典海盗党，赢得一个欧洲议会成员的席位。组建海盗党的目的就在于阻止知识和文化的垄断。“海盗湾”案的出现让人们意识到，版权制度的危机已经迫在眉睫，而这一危机爆发于欧洲议会选举前一个月的时机，也恰为海盗党赢得欧洲议会席位起到了推波助澜的作用。海盗党的组建意在表达瑞典抵制版权运动的政治呼声，该党最初主张废除版权对个人行为的约束，现在随着对网络隐私保护需求的日益高涨，逐渐发展出台了在该基础之上的一系列相关政策。根据该党的基本原则，一切非商业性的复制和使用都应该是完全免费的，共享文件和P2P传输应当受到鼓励而非刑事制裁，文化和知识是宝贵的财富，它们的价值因更多人的分享而得以提升，而网络就是现有的支持共享的最好载体。

瑞典一公司就被要求切断与“海盗湾”连接提起上诉

2009年9月，瑞典一家互联网服务提供商Black Internet决定就法院关于要求其切断与“海盗湾”网站服务器连接的判决提起上诉。2009年8月，该公司被斯德哥尔摩法院判令切断与“海盗湾”网站服务器的连接，否则将面临最高每日50万克朗的罚款。Black Internet公司首席执行官Victor Möller此前曾表示服从法院判决，不会提起上诉，然而经过慎重考虑后该公司又改变主意。Victor Möller在接受采访时称，法院的判决存在争议，作为被告，他们需要法院就判决给出清晰、合理的论证。Victor Möller同时表示，该案的审理结果将影响所有互联网服务提供商未来的发展方向，因此不能仅仅出于诉讼成本的考虑而草率接受判决。

瑞典高等法院二审驳回Ephone案原告诉求

2009年10月，瑞典高等法院对互联网服务提供商Ephone不服一审判决而提起的上诉进行了审理，二审推翻了一审法院作出的关于“要求Ephone披露涉嫌网络侵权用户IP地址”的判决。Ephone案是《欧盟知识产权执行指令》自2009年4月1日生效以来依指令审理的第一案，瑞典也是第一个承认该指令具有本国法效力的欧盟国家。《欧盟知识产权执行指令》赋予版权人要求网络服务提供商披露涉嫌侵权网络用户包括IP地址在内的详细信息的权利，一审法院依据此规定支持了原告要求Ephone披露涉嫌侵权电脑的IP地址的诉讼请求。高等法院推翻一审判决的理由是，原告未提供证据证明被告电脑所存储资源可以被全体公众访问。主审法官则认为，构成网络侵权的要件之一是被诉侵权的文件资源必须能够与公众分享。原告不服二审判决，表示将诉至瑞典最高法院。

“海盗湾”上诉程序或延至2010年夏季

瑞典上诉法院2009年10月20日宣布，原定于11月9日开庭的“海盗湾”上诉案将推迟至2010年夏季，原因是瑞典最高法院对二审两位法官Ulrika Ihrfelt和Kristina Boutz中立地位的调查要到2010年2月才有望公布结果。

自“海盗湾”一审宣判后，有关主审法官因其版权保护组织成员身份而可能影响公正审判的质疑屡见报端。2009年4月，本案被告就曾以一审法官Tomas Norström加入版权保护组织为由提起上诉，要求更换法官重新审理。进入二审后，审判人员的调动也数度影响着审判进程。2009 年 9 月，原定的上诉审陪审员 Fredrik Niemelä 被宣布取消本案的陪审员资格，原因也涉及该陪审员的公正立场问题。据调查，该陪审员持有音乐软件商 Spotify 的股份，舆论由此认为这将导致其偏向保护版权人的利益。而此番再度推迟二审开庭日期，同样是由于两位主审法官参加了版权保护组织，这种成员身份是否会影响审判的公正性还有待最高法院给出最终裁决。

挪威法院驳回禁止链接“海盗湾”网站的诉求

2009 年 11 月，挪威一家法院否决了娱乐行业提出的要求网络服务提供商 Telenor 阻断其用户链接到文件分享网站——“海盗湾”的请求。法院称网络服务提供商并不需要对其用户的非法下载行为负责。

法院在判决中称：“Telenor 及包括私人公司在内的其他网络服务提供商，可能应当就某网页或者服务是否应被屏蔽做一个评估。”“通常情况下，这个评估应由相应的主管机构来做，并且在法院看来，在现在的情形下，将这一责任分配给私人公司也是不合适的。”

代表版权人利益的群体组织曾于 2009 年 2 月份向网络服务提供商 Telenor 发出了一封警告信，试图强迫其屏蔽“海盗湾”网站。然而，Telenor 坚持认为，要求网络服务提供商为保护版权而对任何个人网页采取行动是没有法律依据的。

2008 年，国际唱片业协会（IFPI）在丹麦赢得了一份判决，迫使因特网服务提供商 Tele2 断开了“海盗湾”的链接。Telenor 则辩称挪威的法律不能按丹麦的适用。

（资料搜集、编译：逄杨、李苏凤、张贤佳。

资料来源：http：//www. ipworld. com/ipwo/doc/view. htm? id = 226638&searchCode = N；http：//www. afterdawn. com/news/archive/18635. cfm；http：//www. afterdawn. com/news/archive/19408. cfm；http：//www. afterdawn. com/news/archive/20004. cfm；http：//www. ipworld. com/ipwo/doc/view. htm?id=232660&searchCode = N；http：//www. zeropaid. com/news/87133/pirate-bay-trial-delayed-until-next-summer/；http：//www. wired. com/threatlevel/2009/09/piratebaysaga/；http：//www. ipworld. com/ipwo/doc/view. htm? id = 235084 &searchCode = N；http：//www. afterdawn. com/news/archive/18194. cfm；http：//www. wired. com/threatlevel/2009/06/pirate-party-wins-eu-parliament-seat/（2009-7-5）；http：//www. bdo. uk. com/bdo-stoy-hayward/live/news-archive/2009/4/3/the-pirate-bay-founders-facing-jail. html （2009-7-5）；http：//torrentfreak. com/italian-pirate-bay-trial-in-the-making-090502/（2009-7-5））

谷歌数字图书馆事件及其引发的全球争议

（一）谷歌数字图书馆事件

2001 年，谷歌的两位创始人布林和佩里提出，互联网的讯息只占人类讯息的一小部分，更多的知识是以纸质的形式传播的，应该将它们搬到网上去。这是谷歌数字图书馆计划的最初构想。

2004 年 12 月，谷歌启动了一项名为“数字图书馆”的浩大工程，公司计划用十年时间将全球公共和大学图书馆的藏书通过批量扫描技术转化为电子书籍，以方便人们搜索和阅读。迄今为止，谷歌已完成了对 1 000 多万册图书的扫描工作。

谷歌副总裁玛丽莎·梅耶尔曾把这个项目称为“登月”计划，这种比喻被业界认为是恰当的——与谷歌工程师所擅长的将网页编入索引和对网页进行排名运算不同，图书数字化工程绝对具有挑战性。全球书目数据库里列出并被收藏的有 3 200 万册图书，分布在全球 25 000 家图书馆内，要对这些装订好的书本进行逐页人工扫描，所耗费的精力可想而知；另外，有人曾按照一本 300 页的图书数字化需要 30 美元计算，完成这个项目可能需要耗费近 10 亿美元，这同样是令人震惊的数字。

谷歌传播文化的初衷固然无可厚非，但这一做法却引发了全球出版界的广泛争议，因为谷歌未经授权便将图书进行数字化的工作是对版权的严重侵犯。2005 年，这一计划遭到美国出版商协会及多个出版商和组织的阻击，谷歌因此官司缠身。2005 年，美国作家协会和出版商协会等组织共同发起针对谷歌的集体诉讼，认为谷歌扫描绝版图书并收录到谷歌在线数字图书馆的行为侵犯版权。

经过 3 年的纠葛，谷歌与美国作家协会和出版商协会于 2009 年 10 月达成庭外和解，签订和解协议。根据和解协议，谷歌同意支付 1.25 亿美元以化解悬而未决的索赔案，同时设立独立的图书版权登记机构，负责分配数字图书的销售收入和广告盈余，以回馈相关出版商和作者。图书版权登记机构还将识别所谓无主图书的版权所有人，并提供补偿。和解协议同意在美国开放数百万种绝版书籍的访问权，并为作者和出版商提供发布与控制其著作访问权的新方法。不过谷歌同时表示，希望能够与全球其他国家的人以及他们的代表机构直接合作，以达成类似的协议，使他们的著作能够在世界范围得到共享。但是，尽管谷歌就此问题作出了表态，目前美国及全球范围内关于谷歌和作者之间的版权诉讼仍然没有停息。

2009年5月，作为13.9万家图书馆代表的三家机构（美国图书馆协会、大学和研究院图书馆协会、研究院图书馆协会）向纽约州南区联邦地方法院提出了请求，要求负责审查和解协议的法官陈卓光确保谷歌公司不会侵犯借阅其数字图书的读者的隐私权；要求其确保谷歌公司制定的数字图书价格不超出许多图书馆的接受范围。

上述三家机构表示，他们并不反对该和解协议，这一和解协议可能会催生一个包含有数百万册图书的数字图书馆，然而，由于没有竞争，这一和解协议可能带来一些负面影响，诸如危及公平获得信息、读者隐私权保护以及知识自由等图书馆的基本价值。这一和解协议规定，谷歌公司将向每家图书馆提供一台免费终端服务器，但图书馆不能打印或复制谷歌公司的数字图书。如果想通过更多的终端访问数字图书，图书馆则需要付费。

谷歌方面称，实施数字图书馆项目是出于公益考虑，希望能拓展人类知识的疆界，并不打算用它来赚钱。谷歌图书首席设计师丹·克兰西说，谷歌从来没有试图从这个项目中谋利，谷歌也从来没有给他们下达过盈利的指标。

但是事实上，谷歌已经开始尝试一些盈利模式。2009年9月17日，谷歌与快速印书机制造商美国按需图书公司签署了一项协议。根据该协议，谷歌将向对方供应200万册版权过期图书。据英国《金融日报》透露，这些图书标价8美元左右，谷歌将从中获得1美元的收益，按需图书公司分得1美元，零售商留3美元，剩下的是相关成本费用。

有人认为，让长期被人遗忘的著作重见天日是一件相关各方皆大欢喜的好事：出版商和作者有机会利用本已无法产生利润的图书继续赚钱；公共和大学图书馆借此摆脱冷冰冰的书架而进入数字时代。美国一些公益机构则表示，此举将有利于公众通过互联网查找各类图书资料，在一定程度上促进了公众享受更公平的教育机会。

不过，也有不少专家对这项工程表示担忧，他们认为由一家商业化的公司来操作这件事情是不合适的。哈佛大学图书馆馆长罗伯特·达顿就质疑说，谷歌的数字化图书计划将不能确保大众能免费借阅，数字图书馆将沦为某些机构借助公共资源盈利的工具，他认为应由非营利性团体来负责这个项目。

（二）围绕谷歌数字图书馆事件产生的争论

1. 一部分美国律师和作者反对谷歌和解协议。

2009年8月，一位名叫Scott E. Gant的作家向法院提交了反对意见，要求法院拒绝谷歌的和解协议，这位作家同时也是一家著名的华盛顿律师事务所的合伙人。他在接受采访时表示，作为一项商业交易，该协议须经过正常的商业过程，需要双方的谈判，并要保证双方的知情权。但谷歌及其合作伙伴却试图强行通过这项协议，使数以百万计的版权持有人难以知道这项协议的发生。不同于先前的其他反对意见，Gant先生并不仅仅着眼于政策问题和解决方案修改，他认为这项协议使谷歌不必进行单独谈判，就能获得大量图书的商业权利，这事实上是滥用了集体诉讼的程序。他同时指出协议不能充分补偿作家且未能进行充分的通知，因此并不能代表所有受影响的作者。法律专家指出这是目前为止对谷歌协议最具有攻击力的反对意见。

对该和解协议提出异议的主体，主要包括全国作家联盟、记者和作者协会、加利福尼亚大学教师代表和威廉莫里斯娱乐公司文学分部（William Morris Endeavor Entertainment Agency）。同时，该协议也有大量的支持者，他们认为协议双方应该继续推动该协议，并坚持认为该协议不会造成垄断。其他一些未涉案的组织，如加利福尼亚独立学院和大学协会、美国盲人联合会等也支持该协议。

尽管还没有见到Gant先生的申请，但协议双方对他的观点进行了反驳，他们认为协议是对集体诉讼规则的正当使用，作家协会公平地代表了所有的作者，并且那些作品可能被纳入谷歌数据库的作家都已经得到了适当的通知。“对于这么有趣的一个大事件，自然会有许多不同的观点，甚至会产生批评意见，这毫不奇怪”，谷歌的产品管理顾问Daphne Keller表示。“权利持有人有百分之百的控制和选择权。”美国出版商协会前主席、兰登书屋母公司贝塔斯曼集团北美地区的联合主席Richard Sarnoff指出，“如果任何人不希望自己的作品被谷歌营销或展示，谷歌将在48小时内从其网站上撤下这些作品。”

Gant先生指出：“在网络时代，新闻界的转变和法律的重塑，使我们都成了记者”，并表示自己向法院提起的申请是他自己的行为，而不是代表他的公司。他坚持集体诉讼从未旨在建立像谷歌案那样的和解协议。

法律学者指出，就像谷歌案的解决方案所表现的那样，集体诉讼已被用于机构和行业的改组与重塑。“这是一个有趣的挑战，但法院将如何回应是不确定的。”斯坦福大学法学院教授 Deborah R. Hensler 如是说。

尽管不完全反对该解决方案，威廉莫里斯娱乐公司还是建议它的客户选择不要参加该项协议，理由是这项协议给已经绝版但仍处于版权保护期的作品设立了没有谈判余地的转让费条款。美国作家协会对此争辩说，作者有权在任何时候对该条款重新谈判。

《感谢你抽烟》以及《消失的妈妈和爸爸：一部回忆录》的作者 Christopher Buckley，表示不参与该解决方案。他对谷歌和美国作家协会宣称的“协议将有助于给绝版作品注入新的活力”表示怀疑。他认为，书籍是否再版极大程度上取决于作品本身。他对这个协议是否能够增加公共利益表示怀疑。他说，“每当我听到资本主义所宣扬的崇高目的，都要忍不住检查一番我的钱包。”

针对这些新的质疑，即：对作者来讲该协议是否公平，在线阅读时人们的阅读习惯很有可能被追踪，这项协议到底能否保护读者的隐私权，谷歌是否因此不正当地获得了商业化绝版书籍的专有权利，等等，美国司法部已经开始了反垄断调查。

（资料搜集、编译：李云柯。

资料来源：http://www.nytimes.com/2009/08/19/technology/internet/19google.html? _r=1&dbk）

2. 欧洲数字图书馆“Europeana”制衡谷歌数字图书馆。

欧洲国家一直对美国技术和文化垄断保持高度警惕，且已作出实质性反击。2008 年 11 月，欧洲 19 所国家图书馆共建的欧洲数字图书馆“Europeana”正式投入使用，其目的是“对谷歌及美国的信息资源垄断进行‘欧洲人的反击’”。

2009 年 8 月，欧盟委员会召开了一个咨询会，讨论如何最好地经营欧洲数字图书馆“Europeana”。欧洲委员会负责信息社会与媒体事务的委员维维尼娜·雷丁（Viviane Reding）说：“书籍的数字化是一个艰巨的任务，但它可以为欧洲及欧洲之外的无数公民开启文化之窗。这就是为什么我欢迎成员国的文化机构不断地丰富欧洲的数字图书馆。遗憾的是，仅有 5%的数字化书籍能够在‘Europeana’获得，这是一个危险的信号。”

欧洲数字图书馆当时馆藏信息和资料 200 万件，而 9 个月时间藏品已经增加了一倍以上。欧洲数字图书馆所提供的来自欧盟各成员国图书馆和文化机构的书籍、地图、绘画、照片、电影和报纸等信息和资料已达 460 万件，计划到 2010 年增加到 1 000 万件。

由法国国家图书馆牵头的欧洲 19 所国家图书馆负责人，在巴黎发表联合共建欧洲数字图书馆的声明中说，鉴于谷歌图书馆有可能加强美国压倒性的话语权，必须对谷歌的信息资源垄断进行“欧洲人的反击”，从而让人们了解欧洲的智慧、历史以及文化科学遗产，对抗谷歌的“文化入侵”。这说明，欧洲数字图书馆就是为了制衡谷歌的数字图书馆而生。

为了制衡，欧洲数字图书馆项目制定了很有针对性的计划，提出到 2010 年，可供查阅的作品数将达到 1 000 万件。该数字图书馆还主打欧洲最为自豪的文化艺术牌，其数字化的目标以文化艺术遗产为主，项目包括了书籍、音乐、电影、报纸、相片、博物馆物品等等。这些内容大多来自欧洲各国的一流博物馆、图书馆、档案馆和音像资料馆，其中包括法国罗浮宫和荷兰阿姆斯特丹皇家博物馆等。

但是，由于版权对书籍公开的限制，而且欧盟成员国目前实行不同的著作权法，所以欧洲数字图书馆的收集量还非常小。

从 2009 年至 2011 年，欧盟将拨款 250 万欧元资助欧洲数字图书馆，占图书馆总预算的 80%，其余的 20%由成员国及其文化机构资助。欧洲数字图书馆的办公地点设在海牙的荷兰国家图书馆，由欧洲数字图书馆基金会管理。

谷歌的数字图书馆规模越来越大，其所涵盖的藏书范围已经超出了美国本土。最初，谷歌只是宣称联手美国纽约公共图书馆以及哈佛大学、斯坦福大学、密歇根大学和牛津大学的图书馆，而今美国加州大学、威斯康星大学，甚至连一所西班牙大学的图书馆都积极主动地加入了这项计划。

在谷歌图书馆计划快速进展的同时，欧洲数字图书馆却遭遇着经费和技术等多重难题，多少显出了力不从心的疲态。有专家指出，欧洲数字图书馆的社会资金来源有限，单纯依靠多国政府补贴将不足以支持其抗衡谷歌的发展速度。而馆内收录法文内容过半，也将影响该资源库的未来发展。但谷歌数字图书馆从一开始就避免了这两方面问题。欧洲数字图书馆究竟能在多大程度上稳固欧洲文化阵地，能否应对谷歌的挑战，还是一个未知数。

此外，数字图书馆的综合性和尖端性为业界所公认。从大量信息的存储到面向对象的分布式管理，从模式识别到知识内容检索，再到人机界面技术的处理，数字图书馆几乎涵盖了计算机网络技术的所

有需要解决的问题，

（资料搜集、编译：郑芳。

资料来源：http：//www. china. com. cn/book/txt/2009-09/09/content _ 18491924. htm）

3. **新西兰部分作家呼吁警惕谷歌垄断。**

谷歌未经作者同意擅自数字化数十位新西兰作家的作品，使得新西兰作家必须决定是否加入谷歌和解协议。新西兰作家协会奥克兰分会秘书长 Adrian Blackburn 认为，谷歌的数字图书馆是一个美国大企业先发制人的垄断，未经作者同意而对其作品进行数字化，是傲慢的商业力量的展示，但对作者来说，有一定补偿总比没有好，作者加入和解协议还能在一定程度上控制自己作品的使用。但是他担心谷歌会凭借垄断地位改变协议确立的条件。

新西兰作家 Lynley Hood 指责谷歌正在盗窃新西兰的珍品，她有 3 本书已被谷歌数字化。Lynley Hood 指出，版权比金钱对作者更重要，作品是作者创造性的自我展示，而谷歌有能力让和解协议的规定变得更快，使得协议条件对谷歌更宽松。作家协会执行官 Maggie Tarver 相信政府会采取措施保护新西兰作者的知识产权。她认为接受和解协议意味着新西兰在帮助谷歌建立垄断的数字图书馆；不接受和解协议则使新西兰的作者保留了起诉谷歌违反版权法的权利，但是这会使个体作者获得的收益远低于成本，是不切实际的。由于和解协议允许谷歌对尚未在美国出版发行的外国作品进行数字化，这让谷歌能够在美国供应大量的书籍而不会产生侵权问题。Tarver 还担心谷歌和解协议会妨碍正在起步的电子书市场的发展，因为谷歌数字图书馆已经有效地去除了竞争。她呼吁新西兰作者应当保持谨慎。

新西兰作家协会代理人、互联网法律专家 Rick Shera 认为谷歌数字图书馆已经是世界上最大的书籍存储库，这将对图书馆、出版商和分销商带来潜在的威胁。Rick 建议新西兰的作者除非真的认为加入谷歌和解协议会提高销售量，否则不要加入。

Lynley Hood 获得了经济发展部的 George Wardle 的回复，回复称，政府能够对谷歌数字图书馆的问题施加影响的机会是有限的，但他们将继续关注事态的发展。

维多利亚大学出版社的出版商 Fergus Barrowman 认为谷歌对作品进行数字化能够提高作品的市场占有，作者本身的版权地位没有被动摇。出版顾问 Martin Taylor 则认为参加和解协议的作者只能得到很少的版税，他倾向于不参加和解协议，他认为权利人对在线图书的权利太小了，谷歌数字图书馆会形成事实上的垄断。

（资料搜集、编译：于光。

资料来源：By Geoff Cumming View as one page 4：00 AM Saturday Aug 22，2009；http：//www. nzherald. co. nz/nz/news/article. cfm? c _ id = 1& objectid=10592332）

4. **欧洲出版商反对和解协议。**

欧洲图书出版商担心他们将因此失去作品版权，他们所拥有的那些藏身于美国大学图书馆里的数百万份欧洲作品，都将卷入谷歌雄心勃勃的图书扫描计划。根据和解协议，除非版权所有者决定不参与协议，否则谷歌将有权向美国互联网用户提供图书的大部分内容，而欧洲及其他地区的读者会被禁止访问。谷歌将在美国向互联网用户销售在线阅读全部图书的权限，收益与出版商共享。

和解协议条款在欧洲引发了一场轩然大波。德国、法国、奥地利等欧洲国家的作者和出版商几乎群起攻之，有的要求欧盟出面与谷歌交涉，有的直接将状纸递进美国法院。一些欧洲出版协会认为，谷歌提出每本图书支付 60 美元，远远低于国际市场版权交易的标准，对此他们不能接受。

法国出版业联合会（SNE）表示，根据该协议，除非版权所有者决定不参与协议，否则所有绝版图书都将自动纳入谷歌的数字图书馆，因此协议对美国之外的出版商尤其不利。

北欧出版协会则发表一项措辞强烈的反对声明，表示谷歌在美国的协议将架空欧洲版权所有人掌控其作品的权利，使该协会成员在协议中无法获得发言权。

Internet Archive 首席执行官 Peter Brantley 表示，如果协议获得批准，将移除《伯尔尼公约》中至高无上的国外作者和出版商的权利。Brantley 表示，这项协议根本是在帮助谷歌扩大其在线图书馆。

欧洲出版商联盟的 Anne Bergman 在一封发给美国《时代》杂志的电邮中说："这很明显是对欧洲的版权所有者的歧视。"

谷歌则申辩称，其美国图书搜索服务"遵守了国际版权法"，"决不会对美国以外的作者和出版商的版权构成挑战"。谷歌还表示，如果愿意，版权所有者将拥有"广泛的控制权……彻底终止在线显示"，或者从谷歌希望围绕数字图书建立的新商业模式中获利。

（资料搜集、编译：郑芳。

资料来源：http：//news. ccidnet. com/art/11099/20090814/1857321 _ 1. html）

5. 谷歌向欧洲出版商妥协，欧洲欲统一各国版权制度。

欧盟听证会将于 2009 年 9 月 7 日在布鲁塞尔举行，之前谷歌突然向其欧洲的批评者们表现出妥协姿态：一是承诺只扫描 150 年以前的欧洲图书，因为那些图书已过了版权保护期。二是对那些版权尚未过期、被译成英文的欧洲图书，谷歌将征得版权所有者同意后再将这些图书收进数字图书馆。

谷歌曾致信给 16 名欧盟出版商代表表示，谷歌同意安排两名非美国籍代表加入图书版权登记处理事会。由谷歌出资成立的图书版权登记处，是 2008 年 10 月达成的 1.25 亿美元集体诉讼和解协议的一部分。该机构主要负责执行谷歌此前达成的和解协议。此外，谷歌还承诺，在收录欧洲作品之前首先征求欧洲出版商的意见。

在大多数欧洲国家，版权保护直至作者死后 70 年才会失效。这意味着，若未事先征得版权所有人同意，大多数图书，无论是那些仍在出版的，还是那些已经绝版但仍受版权保护的（后面这类所占比例更大）都不能出现在谷歌的服务器上。

在欧洲，谷歌在每个国家面临的版权法各不相同，在欧盟层面也没有统一的标准。根据版权法规定，欧洲的互联网用户将无权查阅在美国扫描的书籍，反之亦然。

此外，在德国已丧失版权的作品在法国可能依然受到保护，因此无法构建一个单一的泛欧洲搜索引擎，供互联网用户查阅欧洲的书籍，而只能推出一个覆盖 1869 年前所出版书籍的搜索引擎。

这种情况已引起了欧盟委员会的担忧。一方面，那些心系单一市场原则的人担心各国规定的不同会有碍合作。另一些人则担心，以数亿本书籍的数据库为后盾，谷歌会在电子图书领域拥有强大的领先优势，从而将欧洲企业挤出这个新兴市场。

另一方面，由于意识到可能需要数十年时间才能在整个欧洲建立协调一致的版权法规则，有人担心欧洲各国繁琐的法律规定将意味着只有美国文化才能实现数字化，从而导致互联网上欧洲知识的缺失。

对此，欧盟将举行听证会讨论如何应对该问题，并考虑是否要通过立法来规范图书的数字化。出席听证会的将有出版商、作者、图书管理员、可能扫描图书的机构以及其他利益相关者。名义上，此次听证会将讨论欧盟对于谷歌和解协议的回应。

支持者希望欧盟正式支持谷歌和解协议，并制定出类似的泛欧洲法律，以促进欧洲文化遗产的数字化。反对者则指出，单由一家美国公司担任欧洲文化保管者的角色存在危险。许多人强烈要求，由政府资助的数字化项目欧洲数字图书馆“Europeana”应该得到更多资金支持。

目前，谷歌已经在美国出台了新的图书搜索隐私保护政策，包括：在特定情况下搜索图书不需要注册谷歌账号，允许用户删除购书记录等。

然而，对欧洲出版商来说，这做得还不够，“这只不过是个没多大作用的公关手段”，德国书商和出版商协会的 Christian Sprang 说，“我认为谷歌不会真的愿意作出让步”。

（资料搜集、编译：逄杨。

资料来源：http://tech.sina.com.cn/i/2009-09-07/08543414893.shtml；http://tech.163.com/09/0907/07/5IJF38B5000915BF.html）

6. 法国国家图书馆与谷歌合作受阻。

继法国里昂市立图书馆与美国谷歌公司的图书数字化合作协议签署之后，法国国家图书馆（BNF）也就类似项目开始了与该公司的合作谈判，并有可能成为“谷歌图书”伙伴名单上的第 30 个成员。这一消息所引发的争论，将问题从是否应当使用美国的数字化技术，推至公立性文化机构与私人企业的合作问题，并最终上升到商业化背景下法国文化何去何从的高度。

如果法国国家图书馆与谷歌的磋商最终能达成合意，谷歌将获准对法国国家图书馆的图书资源进行数字化复制并上传至网络，面向网络用户开放。这是法国国家图书馆对待数字图书馆问题上的一个重大转折，此前，谷歌数字图书馆计划一直被视为法国文化的重大威胁，法国国家图书馆更是充当着反对谷歌这一“文化霸权”的先锋角色。

反对者认为，与谷歌的合作存在两大隐患：其一，将作品置于谷歌的索引之下，有可能对读者产生误导。搜索引擎与图书馆索引不同，通常根据点击率高低对内容进行排序，这一机制将导致经常被浏览的页面浏览次数更多，而不被关注的内容则可能永无出头之日；其二，谷歌之所以愿意提供免费服务，是因其背后有着巨额的广告利润，然而图书的作者和版权的所有人却无法分享到这部分收益。图书馆看似获得了免费服务，实际上却是以无可估量的文化资源损失为代价。

在阐述为何选择谷歌作为合作伙伴时，里昂市立图书馆馆长言之凿凿：首先，谷歌强大的数字化处理能力，为图书处理的安全、质量和效率提供了可靠的保障。较之法国国家图书馆此前每周处理

1 500册图书的效率，谷歌每周 2 000 册的速度可以将里昂图书馆原定的 10 年数字化计划缩短到 6 年。其次，由于数字化成本高昂，谷歌提供的免费服务确实非常诱人。最后，谷歌在全球拥有数以亿计的用户，这有利于藏书为读者所认识和利用，推动图书馆公益性的实现。针对反对者忧虑的版权问题，他也表示，目前合作的图书全部属于可自由使用的无版权作品。

早在 2005 年，法国国家图书馆馆长让-诺埃尔·雅那耐（Jean-Noël Jeanneney）在接受记者采访时曾发出警示：谷歌数字图书馆计划将赋予美国在未来思想领域难以撼动的掌控力。为此，Jean-Noël Jeanneney 曾大力推进法国本土的图书数字化工程“Gallica”，并希望以此与谷歌抗衡。然而，由于预算不足和无法保证政府资金对“Gallica”工程的持续性投入，法国国家图书馆不得不转而与谷歌合作以获得资金保障。Jean-Noël Jeanneney 把与谷歌的合作称为“无法忍受的本末倒置”，并指出谷歌的数字化协议正在受到美国和全欧洲的质疑，其垄断野心同样值得警惕。

与谷歌进行数字图书馆合作的新闻一经报道，立即引起轩然大波，法国上下一片批评之声。8 月 19 日，法国国家图书馆不得不出面就报道内容进行澄清，称其从未打算放弃法国自己的数字图书馆工程“Gallica”，也没与谷歌就合作事宜达成任何实质性协议。与此同时，图书馆新闻发言人也承认，为了更好地推进法国数字图书馆工程，该馆不排除吸引国内外私人资本进行合作，但无论如何都不会违背法国文化部关于在数字化进程中保护法国文化的原则性要求。

8 月 30 日，法国文化部部长密特朗对法国国家图书馆与谷歌公司的图书数字化合作意向紧急作出表态，给双方过于神速的合作进展踩刹车。密特朗表示他将调取一切资料，尽快作出最终决定。他说：“法国国家图书馆的图书属于国家文化遗产，其数字化问题事关重大，不能出任何差错。”他计划用两个月的时间深入调研，并咨询欧洲其他国家尤其是德国的意见。

密特朗的态度很坚决：“国家图书馆必须在文化部制定的政策范围内行事。国家图书馆所做出的任何决定都会产生连锁效应。法国图书遗产的数字化必须绝对遵从独立国家意志，并在保护知识产权的条件下进行。这一点事关身份认同，事关集体记忆，事关某些核心价值，其意义超出简单的技术考虑。不能匆忙地把一切都数字化。”至于巨额的数字化项目费用，他表示政府将会从即将启动的国债项目中筹措资金。

法国文化部的另外两项重点工作，则分别是促进“文化多样性”和“社会文化”的发展。相对其前任阿拉巴奈尔夫人的文化政策，密特朗似乎对“数字化生存”情有独钟。譬如，他认为电子游戏也是一种具有遗产性质、同时拥有鲜活生命力的文化表现形式，国家应当对其给予更多的关注和支持，进一步落实新近通过的《互联网与著作权法案》。同时他还鼓励民众利用公共文化设施，在高调接任文化部长之职后，他对萨科齐总统关注的“保护著作权”、“促进文化产业”和“发展文化民主化”都给予了积极回应。一方面，他充分肯定数字化有利于文化遗产的保护、研究与利用，是信息社会的大势所趋，并积极评价了法国博物馆和图书馆业已进行的数字化项目。另一方面，他也指出，对谷歌应该采取更为开放的态度。在承认并利用其强大功能的同时，建立一个面向世界的、拥有自身检索系统的法国文化门户网站，从而汇集各文化机构原本孤立的数字化成果，使之成为任何搜索引擎都无法回避的、了解法国文化的必经之路。

（资料搜集 、编译：郑芳。

资料来源：http：//www. ipworld. com/ipwo/doc/view. htm？ id = 228212&searchCode = N；htp：//blogs. nature. com/news/thegreatbeyond/2009/08/french _ library _ denies _ google _ s. html；http：//www. google. com/hostednews/afp/article/ALeqM5imp12E990fCnRku-vSKa6-d7XDfg）

7. 欧盟就谷歌数字图书馆计划举行听证会。

欧盟就谷歌数字图书馆计划在布鲁塞尔欧盟总部举行听证会，该听证会从当地时间 2009 年 9 月 7 日上午 10 点一直进行到下午 5 点半，欧盟官员、谷歌驻欧盟的代表以及欧洲出版商理事会等各方人士都出席了听证会。这次听证会的讨论内容包括：谷歌与美国作家协会达成的和解协议的涵盖范围、将涉及的欧洲著作的数量及地位、有关图书版权登记处的设置、付费的定义、对消费者的影响等等。

欧盟事先只安排了 80 名与会者，但听会人数已经远远超过这个数字。谷歌派出的是以数字图书工程部主任丹·克兰西为首的三人团队，而欧盟方面，除了欧盟官员外，一些主要出版商、销售行会以及大学图书馆都派代表出席。

包括欧洲图书销售联盟等在内的一些团体对谷歌的数字图书馆都表示反对，他们认为：谷歌的这份协议一旦获得通过，将取得市场上的垄断地位，这对图书出版业会造成影响；另外一些观点认为，由于谷歌这份协议只适用于美国本土，这对欧洲以及其他地区的读者来说不公平，换言之，美国读者可以看到或下载欧洲的书籍，而欧洲读者却没有这样的条件。

而一些大学或研究机构则对谷歌表示支持，他们认为，谷歌此举对教学、研究以及帮助人们拓展信息渠道具有重要意义，是把图书馆的功能进行了放大。

法国文化部的发言人重申了法国长期以来的立场——谷歌的图书项目对文化多样性是一个威胁，他怀疑谷歌获得这些本质上是由地区或国家贮藏的文化数据库的途径。他认为，谷歌的和解协议给文化多元性构成非常明显的风险，谷歌可以从政治或意识形态方面考量，通过某种评级手段单方面决定不再提供或修改特定作品。此前一周，德国政府已向美国曼哈顿联邦法院递交了相关反对意见。

听证会举行前夕，各方的争论已呈白热化。德国政府认为谷歌是在侵权，亚马逊、微软以及雅虎等多家公司也成立了一个“开放图书联盟”来对抗谷歌，他们声称：谷歌的这份协议一旦获得通过，就将获得数字图书市场的垄断地位；但是与此同时，欧盟负责信息事务的委员维维尼娜·雷丁（Viviane Reding）却公开发表声明支持谷歌，称“欢迎谷歌在挽救绝版图书以及珍本方面所做的努力”，另外，美国的一些作家在上周也前往布鲁塞尔为谷歌提前造势，认为谷歌此举是“赋予了纸质图书第二次生命”。

在各方分歧严重的情况下，这次听证会的结果无疑将对“数字图书”的未来发展发挥重要影响。欧盟委员会将总结与会者提出的意见和建议，向欧洲议会和欧盟理事会提出立法建议，推动欧盟制定相关的新法规。欧盟担心谷歌图书馆计划在美国的发展会造成教育研究领域的“跨大西洋的鸿沟”（transatlantic gap），作为回应，欧盟决定通过版权改革及“公众与私人合作推进图书数字化的方式”来与谷歌数字图书馆计划相抗衡。

（资料搜集、编译：逄杨。

资料来源：http：//news. sina. com. cn/w/2009-09-07/154618598387. shtml；http：//www. edri. org/edri-gram/number7. 15/ec-investigating-google-books；http：//www. edri. org/edri-gram/number7. 17/google-books-eu-hearing；http：//www. nlc. gov. cn/yjfw/2009/0921/article _ 1224. htm；http：//www. guardian. co. uk/business/2009/sep/07/brussels-google-copyright-law-campaign）

8. 美国版权局陈述对于谷歌数字图书馆和解协议的意见。

2009 年 9 月 10 日，在国会第 111 期第一次会议上，美国版权局陈述了美国版权机关对谷歌数字图书解决方案的意见。意见如下：

自 2003 年以来版权机关一直对谷歌数字图书馆热切关注。当时，谷歌向国会图书馆申请扫描其所有图书，使我们第一次得知此项目，国会图书馆提议允许其扫描已进入公共领域的图书，但由于谷歌不接受此条款导致协议未能达成。

2005 年，我们密切关注了由美国作家协会及其成员提起的集体诉讼，以及随后由图书出版者提起的侵权诉讼。案件诉由本身很简单，即谷歌未经版权人许可复制了数以百万计的图书，通过这种对大型图书馆的系统扫描之后，终端读者可以搜索其标题及其他信息。谷歌提示其读者可以搜索图书的“碎片”（即图书中的“片段”），而对于处于公共领域的图书可以整本下载。谷歌的搜索引擎是免费使用的，不过其通过含有版权保护信息的网页嵌入式广告盈利。该诉讼引起并带来一系列的法律问题，例如，中间拷贝、未来市场、数字图书化以及合理使用等。

2008 年秋天，双方宣布达成和解协议以终结冗长的诉讼，这被认为是一个积极的进步。然而，当我们耗时数月与相关专家学者、资深律师座谈并研究其具体内容后，发现该解决方案不但未解决之前诉讼中的争议，反而创造了一种允许其继续扫描图书而不受限制的机制，其中甚至包括额外的不经版权人同意就对其作品进行商业利用的内容。版权局认为该解决方案是对国会图书馆制定的版权政策的侵犯，会影响美国国内外的数百万版权人。我们建议国会对此慎重考虑，因为对数字时代的图书理应确定一个基准。值得注意的是，无论什么样的理由都不能让我们抛弃版权的基本原则。对该解决方案，版权局有以下三点意见：

第一，在现有的解决方案下，双方达成的协议允许谷歌继续以商业利用目的继续扫描整个图书馆，而对于谷歌是否已经开始扫描这些作品（也有可能永远不会扫描这些作品），作品的作者、出版者、权利继承人都无法知悉具体情况。

我们不知道作出这一结论的原因，但这样的结果实际上是赋予了谷歌对更多的图书的控制权，这个规模比原来争论的 700 万册图书多得多。如上文所提到的，该解决方案不只会影响到在美国出版的作品，那些在与美国有条约关系的国家出版的作品也会受到影响。没人能具体指出到底有多少作品受影响，谷歌搜索计划的工程主管 Dan Clancy 估计全世界范围内会有 8 000 万到 1 亿册书籍受到影响。在实践中，这意味着赋予了谷歌一种类似强制许可的权利，谷歌得以继续扫描受版权保护的书籍或“片段”。

继续允许谷歌无限制地扫描数以百万计的图书，实际上相当于通过立法方式赋予其强制许可的权利，而作出这样的决定应当充分考虑受益人与公共目标之间利益的平衡。强制许可传统上一直是国会的权利，其一直慎重批准这种权利，因为本质上这是对版权专有权的侵害，国会一般只会在市场失灵的情况下允许强制许可。但是在没有进行过公开的讨论，没有平衡各方利益的情况下，赋予谷歌（而且只有谷歌）对不特定时期内的书籍进行数字化扫描的解决方案，很难被认为是正当的。

至少，对图书的大规模数字化扫描应当由国会进行利益权衡，在此之前的强制许可都是经过了反复争论，以确保平衡了利益相关者的利益。如何对版权所有者支付许可费，如何对非营利性的组织如图书馆进行补偿，以及如何与国际公约进行协调，这些问题都值得认真探讨。国会应当权衡是否所有的书籍都需要进行实质的审查，是否可以根据其出版日期、出版类型、作者是否健在这些因素。此外，还要考虑美国需要承担的国际义务。

第二，版权局强烈反对解决方案中关于绝版书印刷部分的内容，该部分内容改变了作者、出版者与其他主体对绝版书所拥有的权利，这违反了法律的规定。事实上，一本书没有绝版（即在商业流通中）或者已经绝版（即退出商业流通）对于作品的版权归属并无影响，目前的解决方案相当于授予谷歌使用绝版书的“空白授权委托书”。如果一本书绝版，谷歌可以不经许可就把它纳入新“书店”产品中，包括可以对其进行在线展示（可多达一部作品的 20%）、全文购买服务、捐献服务等。在事后，版权人方可制止谷歌的行动或通过“权利注册”的方式收取许可费。总体来讲，这种方式与版权法的原则相悖，并且使谷歌具有免于被诉的特权。

我们并不是反对为绝版书开拓市场这样一个目标，因为版权的存续期永远比一本书的第一轮出版期长得多，然而谷歌作为一个商业主体可以从再版绝版书中获利，这与国会关于“孤儿作品”的立法是矛盾的，该解决方案实质上赋予谷歌全权委托使用绝版书，这本身违反版权法，即使谷歌宣称其接受版权法限制，然而这相当于允许其先侵权、再去寻求许可，何况在版权领域近年来的集团体讼并不顺利。涉及数百万册图书版权的事不是小事，简单地说，版权局并不想为绝版图书再开拓市场，因为版权法已经把这种权利赋予了版权人。

更有建设性的建议可能是让谷歌参与到委员会的讨论中来，让他们与利益相关者充分协商，以确定权利人究竟在多大程度上应该从“孤儿作品”中获益，无论如何，只有国会才是适宜的主体来决定版权体系中这样重要的议题。

第三，外国利益相关者和外国政府对该解决方案相当关注，因此该问题的解决可能会涉及美国的外交事务。

我们同样很担心，在这些外国作品还没有进入美国市场时就已经涉及了这么多利益问题，一些外国政府与团体也同时意识到了这样一个问题，事实上，他们无法自动被包含到集体诉讼中来，而他们本应对其作品在美国拥有排他的权利。

（资料搜集、编译：李苏凤。

资料来源：http：//www.huffingtonpost.com/pamela-samuelson/the-audacity-of-the-googl _ b _ 255490.html）

9. 德国政府对谷歌提出抗议。

2009 年 9 月 3 日，德国政府对允许谷歌继续扫描并出售版权作品的数字图书馆计划提出了抗议。对于谷歌与美国作家协会和出版商协会达成的协议，德国政府向美国纽约州南区联邦地方法院提出抗议，警告此协议将会对国际著作权法律制度产生影响，并会影响德国作家的权利。

德国认为不应该允许这项协议，因为它将损害德国作者在美国的利益。德国在意见书中说，由于在美国以外也能接触到这项服务，这将影响到其他的图书市场。一旦数据库建立起来，即使是在德国的网络用户也会自由地连接到美国的服务器。换句话说，即使数字图书的数据库完全位于美国境内，德国的搜索请求一样能得到响应。德国的司法部长齐普里斯对德国商报表示说：“我们希望法院拒绝允许这个协议，或者至少将我们德国的作者和出版者排除在协议之外，从而使他们不受其影响”，“这个协议将会赋予谷歌一项权利，而这项权利通过正常的程序是不可能得到的”。他还表示，这项计划违反了修改后的《保护文学与艺术作品伯尔尼公约》以及 1996 年《世界知识产权组织版权条约》，而且威胁到欧洲建立公共数字图书馆的种种努力。

谷歌欧洲版权政策顾问 Antoine Aubert 说：“德国政府向法院提交的意见，其中包含对于我们与美国作家及出版商协议的关切，都是建立在德国法律基础上的。我们不能同意，因为我们这个协议的范围仅仅限于美国，根据美国法律规定，只有美国的读者才能从中受益。”“当然，我们也会考虑所有的意见和建议，并作出回应。我们的主要目的在于将那些难以找到或者已经绝版的书籍重新带回人们的生活中。”

2009年10月12日，据有关媒体报道，德国总理安吉拉·默克尔（Angela Merkel）对谷歌的图书扫描项目表示了担忧，呼吁保护版权所有者的利益。刚刚获得连任的默克尔表示，谷歌的数字图书馆项目给知识产权带来了明显的风险。

在2009年10月法兰克福书展举行期间，默克尔表示：“德国政府的态度很明确，那就是著作权在网络世界同样应该拥有一席之地。在德国，政府很重视对作者著作权的保护。我们反对未经许可而将图书进行扫描，正如谷歌所做的那样。”

（资料搜集、编译：张贤佳。

资料来源：http：//www. out-law. com/page-10351；http：//www. chip. de/news/Urheberrecht-Kanzlerin-Merkel-kritisiert-Google _ 38415719. html）

10. 听证会前，谷歌和解协议饱受质疑。

搜索引擎巨头谷歌与美国作家协会及美国出版商协会达成的庭外和解协议使得谷歌将有权在互联网上显示版权图书的内容，不过在2009年10月美国纽约州南区联邦地方法院对此举行听证会之前，该协议正饱受多方质疑。美国以及欧洲的许多机构和团体对该协议表示强烈反对，认为这将导致谷歌在数字图书市场拥有垄断地位。

电子边界基金会的代理律师冯·罗曼认为这项协议存在重大问题，但现阶段还很难判断最终结果如何。

部分作者和出版商指责谷歌未征得作者本人和出版商的同意就将图书扫描，并通过互联网向用户提供，构成了对著作权和版权的侵犯。尽管那些绝版图书的著作权人可以将其已被谷歌扫描并传播的作品移出谷歌的书库，但是谷歌的行为在许多人看来仍然是非法的。

谷歌已与美国按需印刷公司建立了合作伙伴关系，用户可以使用该公司研发的埃斯普雷索图书印刷机（Espresso Book Machine，EBM）打印出谷歌所提供的近1 500万册图书。EBM的售价为75 000美元，仅在美国、英国和澳大利亚出售。该机器打印和装订图书的成本约为每页纸0.01美元。

谷歌认为，建立数字图书馆使人们有机会接触许多本来无法接触到的孤本和珍贵史料，不仅为研究人员提供了便利，也为发挥史料的科研价值和史料的永久保存作出了重要贡献。

谷歌公司的高级副总裁兼首席法律代表在众议院司法委员会作证时表示“此项协议将使谷歌可以充分利用废弃的书籍，迄今为止我们是唯一一家致力于将那些珍贵的孤本书籍数字化的公司。我们相信人们应当拥有公平、合法的权利来重新审视那些被遗弃的作品”。

但是，根据美国版权局官员玛丽贝思·彼得斯在众议院司法委员会的证词，谷歌与美国作家协会和美国出版商协会达成的协议已经在许多方面违反了美国版权法的相关规定。彼得斯说：“谷歌作为一家商业机构，其首要目标在于盈利，但是其与美国作家协会和出版商协会达成协议，使得谷歌无须事先得到著作权人的授权或支付相应费用，就能复制并传播他人的著作”。

对谷歌提出的解决方案也在进行相关审查的美国司法部担心这份和解协议将导致谷歌在数字图书领域占有绝对优势，成为其他公司涉足这一市场的障碍。他们希望谷歌与相关团体继续谈判，并修改协议，使之符合版权法和反垄断法的要求。

彼得斯担心和解协议将削弱国会在制订与版权相关法律方面的能力，并对国际图书出版业产生严重影响。

亚马逊公司主管全球公关政策的副总裁保罗·麦森纳在众议院作证时也表示该协议将使谷歌在数字图书领域拥有非法垄断地位。

不过，包括美国盲人协会主席马克·毛雷尔在内的许多人却大力支持谷歌建立数字图书馆的计划。马克认为谷歌的此项计划有助于让有视力障碍的用户可以像视力正常的用户一样轻松地阅读这些图书。抛开那些反对该计划的诸如法律和竞争方面的理由，马克表示这项工程将使3 000万条件受限的用户有机会接触到大量的书籍。

彼得斯也并非完全反对该协议，她对于谷歌通过屏幕阅读器和盲文显示等技术向有视力障碍的读者提供大量的绝版图书表示赞赏。她还肯定了谷歌设立独立的图书版权登记机构，负责分配数字图书的销售收入和广告盈余，以回馈相关出版商和作者的做法。

尽管如此，彼得斯强调由于谷歌数字图书馆中部分图书是在欧洲出版的，相同问题同样触犯了大西洋彼岸一些国家的版权法。

事实上，谷歌的计划违反了欧盟许多国家的版权法。欧盟立法与美国存在区别，例如欧盟立法中没有像“公平享用”这样能够使谷歌对其行为进行抗辩的例外原则。

例如在法国，著作权人有权主张谷歌在未获其授权的情况下擅自复制并传播其作品侵权。依据法国有关法律规定，在未经著作权人明确的书面授权的情况下，强行出版著作权人的作品的被视为伪造行为。

在美国，尽管许多团体反对谷歌一揽子解决方案的部分内容，但总体上还是支持这一项目的。民主与技术中心（The Center for Democracy and Technology），电子边界基金会（Electronic Frontier Foundation），美国公民自由联合会（American Civil Liberties Union）等机构都表示支持谷歌建设数字图书馆的计划，不过他们也质疑谷歌可能侵犯读者的隐私。人们在阅读这些数字书籍时，谷歌系统便能侦测用户的阅读习惯以及个人资料，这些数据将面临被滥用的潜在风险。

冯·罗曼称“该协议的大部分内容都没问题，不过尚缺乏对读者隐私的保护条款”。即使增加隐私保护的相关条款，谷歌此项计划仍旧有可能遭遇抵制。他说：“如果这些问题依然存在，我不确定还有多少公共利益团体会冒出来。”

（资料搜集、编译：周文婷。

资料来源：http：//www.ip-watch.org/weblog/2009/09/18/opposition-to-aspects-of-google-book-project-settlement-mounts/）

11. 法院初步批准修订版和解协议。

2009年11月，和解协议双方提交了修订版和解协议，希望借此来平息外界不满。与原协议相比，修订版协议缩小了允许谷歌发行数字图书的数量，限制谷歌的数字图书计划只能使用在美国、英国、澳大利亚和加拿大出版的图书，而之前的协议覆盖全球范围内的数百万册绝版图书。

纽约州南区联邦地方法院法官陈卓光（Denny Chin）于2009年11月19日宣布，已初步批准谷歌同两家美国出版机构提交的修订版和解协议。陈卓光还表示，法院将于2010年2月18日就此举行所谓的“公平听证会”（fairness hearing），届时该修订协议的支持者和反对者将陈述各自观点。

但部分法律专家及出版商表示，该修订协议仍存在大量争议之处，尤其是修订协议规定，对于暂时无人认领版权的数字图书，谷歌将享有免于被潜在版权持有人起诉的权利。

美国司法部一位发言人表示，目前该机构正对谷歌修订版协议加以评估，而对该协议的反垄断调查仍在进行之中。按原定计划，美国司法部将于2010年初对谷歌修订版图书协议正式作出回应。

亚马逊、微软等公司组成的开放图书联盟反对该和解协议。亚马逊和微软也表示有意涉足网络图书出版业务。开放图书联盟发表声明称，“法院初步批准和解协议并不让人感到意外，并不表明法院会最终批准和解协议的条款。”

有分析指出，现在，纽约地方法院的法官不单要衡量和解协议是否对出版商和作者公平，还需考虑整体社会的公众利益是否会受到损害，和解协议案未必能顺利通过。

（资料搜集、编译：侯磊。

资料来源：http：//www.copyright.gov/docs/regstat091009.html）

12. 法国呼吁欧盟各国合作对抗谷歌数字图书馆计划。

2009年11月，法国文化部部长密特朗（Frederic Mitterrand）称，欧盟各成员国要创建一个有关图书数字化的合作项目，对抗谷歌创立大型数字图书馆的计划。

密特朗表示，欧盟各国部长在布鲁塞尔会议上同意创建一家委员会来制定相关计划，“这家委员会将被要求把各国观点集中到一起来起草一份联合方案”。他还表示，图书数字化这项工作不应交给私有公司来做，欧盟各国政府必须出台合适的政策。

在被问及欧盟各国部长是否支持谷歌和解协议的问题时，密特朗称其目前不能就此置评。他表示：“在我看来，这与反对美国毫无关系；但我认为，美国并非一大块‘顽石’，不同的观点必须得到表达，这就是为什么我不希望美国政府在市场面前屈服的原因所在。”

密特朗指出：“像全球文化遗产数字化这样的重要问题，不是哪家私人公司就能定下政策的。”他表示，作为欧盟数字化图书、档案和图片平台的Europeana应在未来扮演更加重要的角色。他还表示，欧盟各国部长希望提高对Europeana的投资。

（资料搜集、编译：逄杨。

资料来源：http：//tech.sina.com.cn/i/2009-11-28/08233632509.shtml）

13. 德国将于2011年启动数字图书馆计划。

2009年12月，为了阻止谷歌扫描全球图书，垄断网络上的知识和侵犯著作权，德国决定倾政府之力将全国的文化遗产数字化，未来将整合成“欧洲数字图书馆”平台的一部分。

德国文化部部长纽曼（Bernd Neumann）表示，“德国数字图书馆”（DDB）是欧洲对谷歌的回应，目的是保护国家的文化认同和保护著作权，“将文化遗产数字化是政府的责任”，他说，“不能让网络上的书本完全、或者是几乎由一家私人的公司掌控”。

纽曼还强调，德国数字图书馆和谷歌不同，未来在扫描前将先询问著作权人，过程“留下记录而且清楚明确”。

这项预计 2011 年启动的庞大计划将包括全德国 3 万多所图书馆、博物馆、档案馆等学术文化机构收藏的图书、文件、图片、乐谱及影音资料，未来将整合到欧洲数字图书馆（Europeana）。

欧洲联盟去年启动的欧洲数字图书馆，目前可找到伦敦大英博物馆、巴黎罗浮宫等文化机构的 460 万笔收藏，明年的馆藏计划扩增到 1 000 万笔以上。

尽管政府相当积极，观察家指出，由于谷歌先下手为强，德国将文化遗产数字化的计划可能败北。《法兰克福广讯报》（Frankfurter AllgemeineZeitung）评论说，德国数字图书馆的计划 2011 年才起跑，在那之前，谷歌一定会加快与出版社谈判的脚步，扩增数字图书馆的内容。

（资料搜集、编译：张贤佳。

资料来源：http：//tech. qq. com/a/20091204/000100. htm）

14. 谷歌被判赔偿法国出版商 30 万欧元。

法国出版商马蒂尼埃集团、法国出版商协会和作家组织法国文人协会（SGDL）于 2009 年 9 月 24 日向法国巴黎大审法院提出起诉，指控谷歌“野蛮地”利用法国文学遗产，要求法院禁止谷歌扫描图书和在线发布这些图书的摘要，要求对谷歌处以1 500 万欧元（约 2 209 万美元）罚金，并且如果谷歌继续侵犯版权，对谷歌处以每天 10 万欧元的罚金。

三位原告称，谷歌 2005 年开始实施的图书扫描计划在没有事先得到批准的情况下创建了一个庞大的在线图书馆。出版商的律师科林（Yann Colin）对法院说，这是野蛮地囤积法国遗产的无法无天的做法。他补充说，数字化是再生产。一旦图书进行了数字化，你就不能撤销它。

科林指出，谷歌法国分公司的案子应该根据法国的法律审理，因为出版商、扫描图书和作者都在法国。出版商们还说，谷歌巨大的利润是“寄生的”，因为这些收入来自于网络浏览者搜索有版权的图书的赞助链接。

谷歌律师奈利（Alexandra Neri）争辩说，谷歌没有创建一个图书馆，而是创建一个搜索服务，让人们更自由地访问信息。他说，谷歌不是慈善组织，而是一个商业公司。但是，这并不意味着谷歌的行为是违法犯罪行为，他争辩说，出版商没有图书的电子版权。

12 月 18 日，法国巴黎大审法院判定谷歌未经许可扫描图书并将图书摘要发布上网的行为侵权，并判决谷歌向法国第三大出版集团马蒂尼埃集团支付 30 万欧元的损害赔偿。

巴黎大审法院的判决认为，从技术上讲，图书数字化是把图书完整地扫描成特定的信息化格式，等同于图书的复制，因此对于受版权保护的图书，应当事先征得图书作者或版权人的许可。法院据此认定，谷歌公司未经人许可，将图书复制并将图书摘要发布上网供用户阅读的做法，已构成侵权行为。因此，判决要求谷歌公司支付马蒂尼埃集团 30 万欧元的损害赔偿，并必须在一个月内停止侵权行为，否则每逾期一日罚款 1 万欧元。

根据马蒂尼埃集团的律师判断，这项判决将使谷歌无法继续合法地使用被数字化的内容。谷歌将被迫重新考虑其图书数字化战略。

谷歌法国分公司当天在得知法院判决后表示将提出上诉。该公司法律事务负责人说，谷歌将很短的图书摘要发布上网并不侵害版权。相反，谷歌图书搜索平台鼓励和方便了网民阅读图书著作，这有助于这些图书的商业化。

谷歌公司律师也坚持认为，谷歌图书搜索平台并非一个图书馆，而是一个文献搜索工具。将图书摘要发布上网，属于引用权，运营商并不需要向著作权人支付费用，因此，不构成侵害版权。同时，谷歌公司的律师还指出，由于谷歌公司的数字化行为是在美国进行的，因此谷歌公司怀疑法国司法部门是否有权就此案进行判决。

（资料搜集、编译：李苏凤。

资料来源：http：//huarenshijie. free. fr/bencandy. php？fid=3&id=9276）

◆ 版权业界动态

非洲音乐创作者在建立泛非联盟上迈出重要一步

2009 年 1 月，来自非洲 16 国的 20 位音乐人齐聚约翰内斯堡参加国际作者作曲者协会联合会（CISAC）及 CIAM 泛非音乐作曲家作词家大会开幕式。此次会议上，非洲创作者积极讨论应如何形成统一阵线以维护他们在地区或国际范围的相关权益。该倡议由挪威音乐家本迪克·霍夫塞斯（Bendik Hofseth）发起，他作为 CISAC 国际音乐创作者理事会主席，一直公开主张加强对作者权利的保护。

此次会议标志着非洲音乐创作者在建立“泛非作曲家作词家联盟”的事务上迈出了重要一步，该联盟将参照欧洲作曲家和作词家联盟模式。后者成立于两年以前，如今已成为欧盟保护著作权的重要游说力量。

会议选举了一个由马达加斯加、马拉维、南非和多哥创作者组成的工作委员会以实施该计划。此外，会议还选举莫桑比克的理查·詹姆斯（Lizha James）和毛里求斯的简·雅克·阿里翁（Jean Jacques Arjoon）分别代表英语国家与法语国家的非洲创作者，参加2009年4月7日、8日在奥斯陆举行的国际音乐创作者理事会大会。

此次CISAC及CIAM泛非音乐作曲家作词家大会由挪威著作权发展协会赞助，并由CISAC非洲事务部支持。据称，拉美与亚洲地区类似的会议也在筹备之中。

（资料搜集、编译：李英洪。

资料来源：CISAC：Written by ：Amanda Mac Blane，for CISAC；http：//www.cisac.org/CisacPortal/listeArticle.do？numArticle＝989&method＝afficherArticleInPortlethttp：//www.cisac.org/CisacPortal/listeArticle.do？numArticle＝989& method＝afficherArticleInPortlet）

国际音乐交易博览会关注“数字音乐权利许可”简化之道

“授予数字音乐权利许可”一直以来是世界上最大的音乐展会——国际音乐交易博览会（MIDEM）的首要议题。在2009年1月18日至21日举行的国际音乐交易博览会上，英国音乐产业和网络服务提供商代表们承诺他们将很快达成协议，同时，英国政府也正在考虑相关规制措施。

这里的“许可”是指允许因特网服务提供商通过它们的网络向宽带用户提供使用和分享音乐的合法权限。目前，“数字音乐权利许可”主要存在程序复杂和价格难以确定两方面的问题。首先，由于许可层次众多，涉及从唱片公司到集体管理机构各种层面，许可工作非常复杂并要耗费大量的时间。其次，许可的价格问题很难确定的，至少按流量收费的方式不易被用户接受，而许可的价格和网络服务提供商的必要投入都需要用户支付费用。

目前人们提供的数字音乐权利许可主要有以下两种模式：

1. 一揽子许可（the blanket license）。

目前，音乐产业的代表提出的“一揽子许可”解决方案得到英国ISP协会秘书长、欧洲ISP协会创始人Nicholas Lansman的支持，他表示，“这可以被视为是一种‘税’。一揽子许可方案，是指每一个宽带用户都需支付一小笔费用作为对版权人和音乐家的补偿。”“一揽子”的不可协商性在于所有连接宽带的用户，不管是否分享了数字音乐文件，都需交纳这笔费用。

来自英联邦曼岛的代表在MIDEM上表示，他们愿意建立“一揽子许可”的试点。由于曼岛已经完全实现了宽带连接，每个用户的“一揽子许可”只需每月交纳1欧元或0.5欧元，这既可以作为私人文件共享的补偿，同时也促使数字音乐提供者提供增值音乐服务。

这种模式存在的问题是，如何向产业链条上的不同权利者分配这些费用。有观察者说，“一揽子许可”可能导致音乐家收入的减少。

2. 欧洲直接管理许可（DEAL）。

环球音乐出版集团主席兼CEO David Renzer与法国集体管理机构SACEM的主席Bernard Miyet联合发表了他们简化许可的声明。目前，主要的出版发行机构和集体管理组织提供一种“欧洲直接管理和许可”（Direct European Administration and Licensing，简称DEAL），这可以为环球出版集团及SACEM联合节目的跨地域在线传播提供更加便利的许可。Renzer宣布说第一批的“欧洲直接管理和许可”涉及诺基亚的“跟随音乐”服务、亚马逊（欧洲）的MP3下载服务和英国在线的音乐提供服务。

音乐产业面对数字音乐盗版，往往采取起诉文件共享者和打击提供、分享音乐的新技术平台两个战略来遏制销售的低迷。但这样一味“打击”的效果并不显著。如果音乐产业和网络服务提供商能早些展开积极的合作，采取许可而非诉讼的方式，音乐产业或许就不会被网络文件分享压制到如此境地。

（资料、编译搜集：刘明华、李臻。

资料来源：http：//www.ip-watch.org/weblog/2009/01/28/licensing-remains-essential-but-elusive-for-digital-music-providers/）

英国音乐人认为普通民众上网下载音乐不违法

2009年3月3日，由140名著名英国音乐家组成的特色艺术家联盟（The Featured Artists' Coalition）认为，普通公众未经授权从互联网上下载音乐不违法。他们力求维护艺术家和歌迷的利益，认为如果没有歌迷，音乐产业将不会存在。但同时又认为像MySpace和YouTube这样的互联网公司在广告中使用音乐作品的，应当付给权利人相应的报酬。联盟成员之一 Bragg 说：“如果英国的唱片业继续追究非法下载 MP3 用户的刑事责任，久而久之，无非是成为贸易保护主义的一个组成部分”。

艺术家表示：“我们要站在观众即消费者一边。我们力图在公平的基础上与歌迷、音乐产业及政府建立新的协议”，“为了达到这一目的，必须由我们自己来掌控我们的未来，真正控制自己的权利，我们的权利就是我们的力量。我们应当努力被关注，力求公平地重塑未来的音乐产业，让它真正代表愿意创作新的音乐以及愿意听到新的音乐的人的利益。”

（资料搜集、编译：郑芳。

资料来源：http：//www.afterdawn.com/news/archive/17240.cfm）

美国独立音乐出版商协会等致函国会提出立法请求

美国独立音乐出版商协会（AIMP）已与美国全国音乐出版商协会（NMPA），美国作曲家、作家和出版商协会（ASACP），美国广播音乐协会（BMI），美国表演权益组织（SESAC），哈利福克斯机构，纳什维尔歌曲作者国际协会（NSAI），教会音乐出版商协会，美国音乐经理人论坛，美国作曲家协会，作曲家和诗人协会一起向美国众议院和参议院致函，就视听音乐作品下载中的表演权（Performing Right for Musical Works in Audio-Visual Downloads）请求立法，并呼吁政府加强版权保护。

该函指出，随着技术的不断发展，表演权和发行权的界限变得模糊不清，上述协会的会员们要求均等的音乐表演版税，包括在线浏览或下载视听节目。强调这一点，是因为某种传播形式的改变并不意味着作曲家就应该被剥夺其获得补偿的权利。对此，美国唱片业协会和上述协会站在同一战线上。

随着互联网宽带服务的范围不断扩大，知识产权盗版行为不断增加，上述协会敦促美国国会通过新的立法，为歌曲作者和音乐出版商提供适当的知识产权和技术保护。

他们表示，音乐产业的衰退和对知识产权的忽视，不仅给音乐出版业，更给美国经济造成了巨大的压力。美国音乐如今比以往任何时候都强调全球化。他们希望通过群体的联合，共同发出最强音，通过保护自己的权利、自己的行业，最终把音乐带到世界各地。

（资料搜集、编译：周文婷。

资料来源：http：//www.aimp.org/legislation/19/AIMP _ Sends _ Legislative _ Letter _ to _ Congress）

日本电视台告网站上传电视节目引发报道自由与著作权之争

日本 Dwango 网站（Nico 动画的母公司）于 2009 年 3 月 11 日向 NHK 等 6 家电视台表示，将删除 Nico 动画网上所有非法上传的视频，并且表示今后一旦发现有侵权上传的电视节目视频，将会立即删除。

对此，网址为 http：//informatics.cocolog-nifty.com/news/的博客评论：只有允许公众自由评论报道，才是真正赋予了“报道自由”意义。最近发生的有关电视台针对 YouTube、Nico 动画网站主张电视节目著作权的事件引起了我们的深思。电视台和报社都有对其节目或报纸主张著作权的权利，但是基于“报道自由”的考虑，应该认可大众自由访问过去电视节目和新闻的权利。过去对报道进行评论的只是一部分媒体工作者和业内人士，只要这部分人能够获得访问权就可以了。但是现在是网络时代，大多数公众都通过博客等方式对报道加以评论，赋予他们访问权是保证“报道自由”的重要因素之一。如果限制其引用过去的报道，则不由得让人怀疑“报道自由”能否实现。应该将“报道自由”和“著作权保护”紧密联系起来，两者兼顾。对此，需要对现行法律加以改进。具体来说，媒体应负有对其发行的内容存档并提供网上访问的义务。如果其没有提供而第三人进行公共传播的，著作权法应该视该行为合法，明确规定著作权人不能对抗该行为。对此，应对法律进行一系列的修订，这应该是今后的信息政策，尤其是网络著作权所要考虑的重点。

（资料搜集、编译：刘燕南、杨玥。

资料来源：http：//informatics.cocolog-nifty.com/news/2008/03/post _ 45a4.html）

加拿大作曲家拟重构文件共享规则

2007 年 11 月，加拿大词曲家协会（SAC）通过的音乐文件共享合法化的建议震惊了音乐界和许多加拿大人。这个建议建立在文件共享不会使权利丧失、诉讼会带来更多的害处、通过技术手段限制复制已经彻底失败的前提上。对于加拿大的词曲作家来说，鼓励通过货币化的方式进行音乐共享是更好的期待。SAC 打算进行 5 美元的共享补偿。作为回报，加拿大词曲家可以免费共享这些音乐用于非商业用途。虽然受到批评，SAC还是坚持这么做。

2009年3月中旬，SAC在多伦多一个公共版权论坛上公布了一个修订后的建议，吸取了之前很多的批评。SAC在修订后的建议中提出，参与共享计划的人将是自愿的，对于是否取消每月5美元费用的问题，则要加拿大版权委员会讨论得出结论，版权会议认为应当在举行公众听证后再决定是否收取费用。如果说此次会议是一种暗示，那就是在暗示其他创作团体也可能加入到SAC的这项行动中来。在创作者团体开始团结起来的同时，调查显示公众对此反对意见很大，需要给予合理的解释。

（资料搜集、编译：王敏。

资料来源：http：//www.thestar.com/sciencetech/article/606488）

YouTube要清除部分网络视频引质疑

2009年3月23日，华纳唱片和YouTube就上传的网络视频达成了一个协议，YouTube要清除其服务器上涉及侵犯华纳音乐版权的内容，即使其之前被认为属于"合理使用"的范畴。对于是否"合理使用"，通常有几点检验方法：考虑其使用目的、使用范围、对被使用作品实际商业利益的影响等。

华纳和谷歌（YouTube的所有者）之间的协议看起来是无论视频内容是什么，只要包含受版权保护的材料，就应当移除，即便是在家庭视频中使用受版权保护的背景音乐。华纳认为，尽管YouTube用户是非商业性使用，但谷歌可以从网站转换中获利以及通过广告获利，因此仍可认为其行为是商业性的。

被认为侵权的视频大多是由公众上传的，因此这一协议引起了人们对"合理使用"标准的重新思考，在这一利益博弈中受伤害的究竟是谁，华纳还是YouTube？事实是，真正受伤害的是公众。

（资料搜集、编译：郑芳。

资料来源：http：//kevincreamer.net/panda/2009/03/23/rights-clash-on-youtube-and-videos-disappear/）

Muziic播放器可能影响YouTube市场利益

Muziic是一种能够改变在线音乐规则的新型数字化技术，它是一款外观类似于iTunes/Winamp/Songbird的桌面播放器，能够方便地创建歌曲列表、搜索歌曲和浏览不同的分类等。Muziic所提供的视频、音乐等资源均来源于YouTube，成为了实质上的YouTube非官方客户端，用户通过它可以不登录YouTube而直接欣赏海量内容。这样，就避免了潜在的版权风险——因为YouTube获得了大量唱片公司的音乐版权，但同时它也完全绕开了YouTube网站及其广告商。

YouTube已对Muziic的内容过滤和结构安排的合法性进行了调查，并表示根据其调查结果，该网站违反了其应用方案界面（API）使用协议。Muziic的工作原理是利用YouTube API，让用户直接在播放器里搜索YouTube上的资源进行播放，而不需登录YouTube网站。但如此一来损害了谷歌的利益（YouTube为谷歌子公司），影响了谷歌的广告收入，并且当用户使用Muziic欣赏视频、音乐时还将产生大量的服务器流量。最终的结果或许是该网站在谷歌的强大压力之下关闭，当然也不排除谷歌通过收购来保留这一备受用户欢迎的应用软件。

（资料搜集、编译：郑芳。

资料来源：http：//www. accessmylibrary.com/coms2/summary_0286-37095700_itm）

CISAC建议克罗地亚旅游部尊重音乐作者权益

2009年4月23日，国际作者作曲者协会联合会（CISAC）对克罗地亚旅游部近日公布的针对旅游业的一项措施非常关注。该措施主张将受著作权保护的音乐作品的公开表演版税减少50%或实行最高限额版税，这不仅让全世界的创作者无法接受，而且也违反了有关作者权利的国际规则。

CISAC主席罗宾·吉柏（Robin Gibb）表示，音乐是其创作者的"私有财产"，创作者有许可他人使用其作品以获得版税的专有权。上述版税主要由克罗地亚作曲家协会以世界创意共同体的名义与使用者协商，是创作者报酬的主要来源。克罗地亚旅游部的提议破坏了著作权制度的经济激励机制，不但会对创意共同体，而且会对其文化发展造成不可逆转的不利影响。

此外，减少版税不见得就一定有利于消费者和游客，也并不能保证创造一个更加廉价的娱乐产业。CISAC认为所谓的行动计划不过是在强势用户（如媒体和宾馆）推动下的另一举措，期望以尽可能便宜的价格使用受著作权保护的音乐作品。目前，世界上250万创作者中的绝大多数入不敷出并且不能增加收入以抵销其开支。

众所周知，创作者是文化多样性的保护神。然而，同样不可忽视的是，创作者以及以创作者为根基的其他活动也是发展经济与增加就业的重要推动力。近年来的经济调查显示，版税收入的增长百分比高于平均国内生产总值的百分比。

CISAC 建议克罗地亚政府重新考虑其旅游行动计划，并尊重创作者的相关权利。

（资料搜集、编译：李英洪。

资料来源：CISAC：Written by ：Robin Gibb，http：//www.cisac.org/CisacPortal/listeArticle.do?numArticle＝987& method＝afficherArticleInPortlet）

英国的消费者保护组织调研报告引发英国版权法争论

2009 年 5 月，英国的消费者保护组织（Consumer Focus）在对 16 个国家的版权法进行调研时，将英国排在最后，居巴基斯坦、泰国、中国和巴西之后。该组织认为英国版权法在平衡权利人和消费者的利益方面最缺乏效率。

Taylor Wessing 律师事务所的知识产权合伙人 Roland Mallinson 说道："调查者着重强调了网络侵权所涉及的重大问题。在网络侵权方面过时而僵硬的立法被认为是其排名低的主要原因，英国版权法领域应当迅速作出回应，以在权利人、互联网产业和公众之间达到利益的平衡。"

现行英国版权法被认为是"对音乐爱好者犯罪"，"在目前的版权法规定下，把一张 CD 里的内容拷到自己的电脑或 iPod 里都是违法的"，消费者保护组织在报告中提道，"超过一半的英国消费者都承认有类似行为而且 3/5 的人认为这种复制行为是完全合法的"。

"英国版权法在本质上与其他国家不同"，报告中提到，"版权被当作财产权来对待，因此版权人有权决定作品以何种方式被使用，这导致了在英国法律中没有关于'合理使用'的规定，仅规定了一些有限制的可实行的行为，没有规定如私人复制例外的条款，私人侵权一般被认为是民事违法，而商业侵权可能构成民事违法或刑事犯罪。"

印度、韩国和中国在该调查中列前三甲，美国排名第四，原因也正是由于其法律关于"合理使用"的部分允许在研究和新闻报道中使用版权作品。

消费者保护组织的主要负责人 Ed Mayo 说："英国的版权法是最古老也是最过时的，到了将版权法修订以同当今社会相适应的时候了"，"现有的法律对我们的听说习惯加上了不合理的枷锁，这会使其在消费者中迅速失去公信力。"

目前英国在文娱体育部的主持下正对版权法体系进行反思，最近该部门出台了一个名为"数字英国"的报告，其内容涉及数字信息权利归属及发行方面的问题。其中一个解决方案是设立数码权利局，借此可以实现对互联网的审查并且在其他平台上实现保护。另一个将影响欧洲的重大改变是英国将被录制的演出的保护期限从 50 年延长到 70 年。

然而，政府迄今为止尚未公布关于设立美国模式的"合理使用"方案。关键性的建议如由 CD 向 MP3 播放器"格式转换"和规定"戏仿权"等都没有被采纳。报告认为，这是政府向既得利益集团妥协。这样的情形让英国陷入了版权法改革的"绝望的失败"。

开放权利联盟（ORG）的执行官 Jim Killock 对 OUT-LAW.COM 的记者说："这是一种缺乏勇气和视野的体现，政府仅考虑大的既得利益集团的利益，但却忽视了只有让版权法更有弹性，才能促进产业的长远发展。"他说："这是一个悖论，法律的严格让这一产业无法发展，相反使他们更加难以表达自己的意见来修改立法。"

（资料搜集、编译：郑芳。

资料来源：http：//www.ipworld.com/ipwo/doc/view.htm? id ＝ 219514&searchCode ＝ N；http：//news.bbc.co.uk/2/hi/business/8000876.stm；http：//www.out-law.com/page-9950）

英国音乐表演者权利协会降低在线音乐许可费

英国主要的音乐权利许可机构英国音乐表演者权利协会（PRS）改变在线音乐的收费方式，提高了许可费的收取比例，但降低了单曲的许可费，对权利人和相对人都产生了巨大影响。

PRS 同广播站、电视频道和网络传播者签订协议，向使用音乐的企业收取版税，并将其中一部分收费分给词曲作者。如拥有 YouTube 网站的公司谷歌必须为在线音乐作品向作者付费。

PRS 决定于 2009 年 7 月 1 日起对在线音乐向企业收费从每首 0.22 英镑降低到 0.085 英镑，但其收费比例从原来的 8%提升到 10.5%。

单曲收费降低受到网络传播者的欢迎。PRS 网络广播部运营经理 Andrew Shaw 认为："数码音乐市场的增长会使许可人和组织成员获益，这对于音乐创作者和音乐爱好者都是有益的。"

此举同样也得到了网络广播者的欢迎。由于提前收费制度的实行，很多网站都易于陷入财政困境，其中也不乏 Pandora 和 YouTube 等知名网站。Pandora 在去年更是陷入了美国版权特别法庭关于提前支付使用费的诉讼，因此版税的降低有利于它们的发展，YouTube 目前已经公布了其在英国的发展计划。

Last.fm 网站的创始人之一马丁·斯特克森（Martin Stiksen）对《金融时报》的记者说："我们欢迎费率降低，在未来的交易中，类似收益共享将是唯一可行的方式。"

（资料搜集、编译：郑芳、侯磊。

资料来源：http://www.newstin.co.uk/tag/uk/124297403）

CISAC 力推国际标准文本编码系统

2009 年 2 月，国际标准组织（ISO）正式发布了文本作品国际标准文本编码系统（ISTC）。该编码系统为以文本为基础的作品如小说、诗歌或学术著作等提供一个独特的识别编号，这使得在出版商、作者、集体管理组织、图书馆、搜索引擎、网络和实体书店等之间的信息交换更为容易。

国际作家和作曲家协会联合会从一开始就参与了国际标准文本编码项目，与 Bowker 公司、尼尔森、国际复制权组织联盟一起成为国际标准文本编码系统国际机构的创始成员，该机构负责推动、协调与监督国际标准文本编码系统的应用与推广。

在 ISTC 正式发布以前，2009 年 1 月，Bowker 和 Nielsen BookData 已被指定为第一批 ISTC 注册机构。这些注册机构被授权向出版者、作者与内容所有人的作品分配编码，并负责整合这些信息以形成统一的数据系统。第一批国际标准文本编码已于 2009 年 5 月分配完毕。

作为国际作家和作曲家协会联合会全球战略的组成部分，该系统对于数字时代识别与交换创造性作品信息具有重要作用，对于图书行业进入互联网时代至关重要。文本作品获取 ISTC 编码后，创作者与代其行使权利的协会能获得对作品利用的所有信息，例如买卖复本、数字拷贝或下载作品音频格式等相关信息。与其他类似的作品标识符（如 ISWC 或 ISAN）相结合，ISTC 能够识别衍生自同一内容的不同作品。例如，互联网搜索可能产生与纸质图书、电子图书、有声书籍等的相关链接；所有文本作品的来源都能由管理元数据里的 ISTC 确认。

国际作家和作曲家协会联合会总干事埃里克·巴蒂斯特（Eric Baptiste）说："ISTC 的发布正是时候，是全球图书供应链发展的里程碑。它使得文本作品作者能自信地应对出版业的数字化，他们能搜集作品的使用信息并从新的收入来源中获益。识别码与管理元数据——如 ISTC——对他们就是打开未来财富之门的一把钥匙。"

随着 ISTC 引入业界，文字作品正处于数字化复兴过程中。亚马逊运用 Kindle 电子书阅读器和 iPhone 应用程序率先扩大其电子图书市场。去年在日本，手机小说销售额达 2.4 亿美元，几乎占日本整个出版市场份额的 5%。

与此同时，谷歌也在实施其雄心勃勃的图书搜索计划，而且世界各地的图书馆也在努力使其所有的图书数字化。ISTC 将在文本作品的数字化过程中明确权属起到关键作用。

值得注意的是，ISTC 将用于欧洲的 ARROW（即可用权利信息和"孤儿"作品）项目。ARROW 将支持欧洲委员会的 i2010 数字图书馆工程，通过明晰"孤儿"作品与绝版作品的权利状态以便数字化并纳入数字图书馆。该项目还力求加强权利人、代理人、图书馆以及用户之间权利信息的互用性。

（资料搜集、编译：李英洪。

资料来源：CISAC：Written by：Amanda Mac Blane，for CISAC。http://www.cisac.org/CisacPortal/listeArticle.do?numArticle=981&method=afficherArticleIPortlet）

亚洲刮起音乐作品联合在线许可风

在数字商业模式的背景下，亚太地区已经在音乐发行商、作曲家作词家协会与唱片公司之间开创了一种新的合作模式，以简化音乐数字化与移动下载服务使用的许可程序。此想法萌芽于 2008 年国际音乐交易博览会音像展，此前环球音乐出版集团（UMPG）与索尼 BMG 音乐娱乐公司（Sony BMG）签署了一个谅解备忘录，双方同意在亚洲对音乐的数字化使用进行联合许可。

该谅解备忘录为视听作品的下载、在线观看收听与订阅服务，以及亚洲 13 国的一系列数字产品确立了固定的版税收费标准。在亚洲，这涵盖了除中国香港、日本与韩国之外的国家与地区，在一些国家或地区，相应的联合许可体系此前已经纷纷建立。UMPG 与 Sony BMG 希望与该地区的所有作家作曲家协会以及其他的音乐发行商、唱片公司共同简化该地区的许可程序。

在该模式的发起者看来，音乐发行商、唱片公司与作者协会的地区性联合是向市场提供合法内容的唯一途径，且这种方式快捷、灵活，应加以推广。通过一揽子的许可确立现在与将来使用作品的收费标准，著作权人能避免耗时的谈判，反过来，这又将促进合法在线娱乐市场的发展并为创作者提供新的收入来源。

2008 年 10 月 31 日，在唱片公司、音乐发行商和马来西亚音乐创作人版权保护协会（MACP）的全力支持与参与下，第一份数字化音乐谅解备忘录在马来西亚签署。数月后，新加坡词曲版权协会（COMPASS）分别与 UMPG 和 Sony BMG 签署了类似的协议。

第一份谅解备忘录由马来西亚音乐创作人版权保护协会、国内国际音乐发行商以及马来西亚唱片工业协会（RIM）三方签署，其为音乐的数字化使用确立了机械表演与现场表演的固定版税税率，并规定了音乐作品的使用者，包括唱片公司与电信公司，应当遵守的版税偿付条款。通过保证使用者对新的数字化使用形式付费，该合作协议将为所有权利人开拓新的收入途径。

在此问题上，国际作者作曲者协会联合会将继续推动与其他国家如中国、印度、印度尼西亚、菲律宾、泰国和越南等国的对话和谈判。在新加坡，COMPASS 除与 UMPG 与 Sony BMG 签署协议外，还与环球音乐集团和环球音乐签署了协议，但鉴于竞争委员会正在进行的反垄断调查，COMPASS 已经决定暂缓这个行业内谅解备忘录的有关事宜。

尽管谅解备忘录常常会冲击现行的市场秩序，但它的稳步发展毕竟为亚洲地区的作词家作曲家协会与作品使用者及其他利益相关者在数字时代开展有力合作提供了一个框架性协议。

（资料搜集、编译：李英洪。

资料来源：CISAC：Written by ：Amanda Mac Blane，for CISAC。http：//www.cisac.org/CisacPortal/listeArticle.do？numArticle＝975&method＝afficherArticleInPortlet）

美国音乐出版者协会等组织为音乐教育者提供一站式许可服务

2009 年 8 月，美国音乐出版者协会（MPA）、全国音乐教育者协会（MENC）、全国音乐教师联合会（MTNA）和哈利福克斯代理公司（HFA）签订了一项具有历史性意义的协议，其内容是创立一个简单易行的一站式许可机制（one-stop licensing system），当教育者想将音乐作品录制到 CD 上，或者其想录制权利人的音乐会进行募捐义卖时，该机制可为这些教育者提供许可上的便利。该机制将不仅包括已经进行商业化录制的作品，也包括未录制作品。

根据该协议，HFA 将为音乐文件在线许可服务创建一个特别的网页，专用于为教育、教堂和机构使用者提供一站式许可服务。MPA、MENC 和 MTNA 在今后几年内将会针对该机制进行一系列的发布、宣传和市场推广活动，以期让教育者、神父或者乐器演奏者了解该许可机制。出版者只需要与 HFA 的一个机构协商即可实施许可，只需向 HFA 提供包含他们适当形式作品的数据库，HFA 就会向出版者支付免佣金的许可费。与此同时，MPA 也会放弃通常会收取的 35 美元的加盟费。同时，HFA 会向使用者收取手续费来弥补放弃向出版者收取佣金的损失。出版者无需成为 HFA 的会员，其义务只限于协助 MPA 提供作品的数据库。

这样一种方法使得教师和学校能通过一站式的服务轻易而合法地得到出版者的许可，获得使用流行乐队、唱诗班、管弦乐队作品的权利。与此同时，出版者也有了一种在创作者、使用者和其自身之间分配收入的新方式，而传统上这部分的市场因为过于复杂而难以合理得到分配。

MENC 和 MTNA 有关负责人表示，他们经常收到成员关于如何向录音录像制品出版者寻求许可的电话，有超过 10 万所学校录制了他们的音乐会而未向出版商付费，虽然他们愿意合法地付费。

（资料搜集、编译：侯磊。

资料来源：http：//mpa.org/news/show/16）

YouTube 音乐视频再度与英国公众见面

2009 年 9 月 3 日，在 YouTube 的母公司谷歌与英国音乐许可费收取机构——音乐表演权协会（PRS）达成分享协议后，长达 6 个月的许可费之争终于宣告终结，英国观众又可以在 YouTube 上欣赏正版音乐视频了。

YouTube 发表了一份声明称：“我们很高兴地宣布，经过磋商，YouTube 与 PRS 达成了彼此都能接受的有关许可费的协议，这是双方都愿意看到的结果。达成新协议后，英国最优秀的音乐都将重返 YouTube 网站。这对于歌手、创作人、音乐爱好者和 YouTube 来说都是好消息。”

2009 年 3 月份，由于 YouTube 的母公司谷歌与 PRS 在版权费用上未能达成一致，YouTube 选择删除数千首音乐录影视频。直到最近 YouTube 同意向 PRS 支付数额不详的版权费，才打破这一僵局。有消息称 YouTube 支付的版权费达数千万英镑。不过，YouTube 需要花上数天才能把已删除的音乐视频重新发布到网站上。

PRS广播及在线常务董事安德鲁·肖（Andrew Shaw）在一篇新闻稿中说："我们很高兴能签订这样一份能够公平地补偿表演者、作曲家和公众的协议"。他补充说这项协议之所以经历那么长时间才达成，是因为YouTube实在是一块"难啃的硬骨头"。

在英国，YouTube是继谷歌以及Facebook之后访问量最多的网站，音乐视频构成其主要内容，YouTube曾经历了一段同这些视频的所有者进行谈判的艰难时光。2008年，谈判失败之后，华纳唱片曾要求YouTube删除所有包含华纳音乐的视频。

据悉，新的协议期限从2009年1月至2012年1月，具体条款暂未公布。

（资料搜集、编译：郑芳。

资料来源：http：//www.ipworld.com/ipwo/doc/view.htm？id=229275&searchCode=N）

美国版权局进一步完善版权保护

2009年，美国版权局致力于推出一系列更为便捷高效的服务措施，例如推出网上查询会计报表服务；关注残障人士在内的弱势群体的利益，扩大他们接触版权作品的途径；提出强制性呈缴文本修正案，推动作品的网络传播。

1. 推出会计报表网上查询服务。

美国版权局发布公告宣布版权许可部门推出了网上搜索服务，使公众能够通过在线搜索，获得会计报表的数据。这些数据将帮助版权人了解有线电视运营商的财务状况，以便保证在美国版权法第111条有关有线电视转播的强制许可中，版权人和有线电视运营商之间取得利益的平衡。这一部门将提供从1992年上半年会计季度至今的会计统计数据。

2. 发布促进盲人和其他残疾人使用版权作品的调查和请求意见公告。

美国版权局和美国专利商标局就有关促进盲人或其他残障人士有权使用版权作品的方案向社会征求意见。由于盲人和其他残障人士无法正常阅读，帮助残疾人，使他们减少负担，努力学习科学文化知识，是广大作者的心愿。因此，相关法律规定将已经发表的作品改成盲文出版可以不经著作权人许可，不向其支付报酬，但应当指明作者姓名、作品名称，并且不得任意修改或者歪曲、篡改作品。此项活动旨在影响美国当前进行的相关立法活动，得到了世界盲人联合会的大力支持。有关团体的观点将发布在联邦注册处公告的附加资料上。

3. 提出强制性呈缴本条款修正案。

美国版权局拟对电子作品的强制性呈缴本制度（mandatory deposit）进行修订，此处所指的电子作品限于仅在美国发表并且只能通过网络获得的作品。这一修正案规定，符合此类条件的电子作品可以免除强制性呈缴要求，除非版权局提出需要呈缴副本或声音复制件的要求。版权局同时也进一步明确了呈缴版本要求的提出以及回复程序，并且将修改仅在网上传播的作品强制性呈缴本的完整副本的定义，建立仅能通过网络获得的连续电子作品最好版本的新标准。目前，美国版权局正就这一修订案征求公众的意见。

（资料搜集、编译：袁之咏、杜倩、李云柯、侯磊。

资料来源：http：//www.copyright.gov/newsnet/2009/380.html）；http：//www.copyright.gov/newsnet/2009/372.html；http：//www.copyright.gov/newsnet/2009/370.html；http：//www.copyright.gov/newsnet/2009/375.html）

国外版权法律制度动态

来小鹏

2009 年对世界各国而言是不平凡的一年，经济危机对传统产业的发展提出了严峻的挑战，而版权事业和版权产业却表现出良好的发展势头并给经济与社会生活带来了巨大变化，版权已经成为推动社会进步的一支重要力量。因此，各国的立法、司法及政府各个层面均高度重视版权的发展问题，尤其以美国、欧盟和日本为代表。

一、立法方面

立法方面的突出特点是各国为适应经济和技术发展的需求，仍在不断加大和完善版权立法。

2009 年 10 月 15 日，美国参议院司法委员会通过了表演权法案，并采纳了对原法案的新修订①。该法案若一致通过，必将改变美国陆地广播组织无须向录音制品的权利人支付播放费用的现状并为法官审理音乐版权纠纷案件提供审判依据。该法案要求广播公司播放其音乐时，音乐家、艺术家和权利人应该获得偿付。奥巴马政府也明确表示支持音乐创作人及唱片公司收取音乐播放费。该法案的目的在于平衡录音表演者和广播公司之间的利益。同时，针对网络侵权行为的泛滥，美国拟采取法国通过的反复盗版侵权的用户将被互联网服务提供商断开网络连接的“三振”法案②。依据该法案，在断开互联网连接之前给予用户三次机会：第一次发现有盗版侵权行为，用户将会通过 email 收到一封警告信；第二次，用户则会收到邮局寄来的信件；如果第三次被发现，互联网服务提供商将会中断他们的互联网连接。可见，就网络侵权问题美国无疑将采取更为严格的反盗版法律。此外，美国针对在美发表的网络电子作品的强制存放问题采取临时措施并于 2010 年 2 月 24 日生效。根据该临时措施，只在网上发布的作品（即那些没有纸质版本的作品）不用在国家版权局强制存放，除非另有要求③。

欧盟及其成员国为进一步加强国际间的合作，于 2009 年 12 月 14 日正式通过了世界知识产权组织（WIPO）两部重要的国际版权条约——《WIPO 版权条约》（WCT）和《WIPO 录音制品和表演条约》（WPPT）。同时，为和美国于 1998 年通过的 95 年保护期限抗衡，欧洲议会常务委员会投票决定将欧洲的知识产权保护期限从现行的 50 年延长到 95 年④。此外，2009 年 4 月，法国国民议会与参议院通过了被认为是“世界上最为严厉的”打击网络非法下载行为的法案，并据此成立了“网络著作传播与权利保护高级公署”，维护公共秩序，保护著作权人的合法权益，打击侵权盗版活动⑤。依据该法案，一旦有人被举报发现非法下载行为，执法部门即可通过电子邮件形式对其警告；如仍不思改，则第二次以挂号信方式予以警告；如不听从警告，法官则可对其进行长达一年的断网惩罚，同时课以1 500欧元的罚款。对那些屡教不改的盗版分子，则加倍处以重金惩罚。

随着时代的发展和全球著作权保护环境的不断变化，2009 年 6 月 12 日，日本议会通过了版权法修正案并于 2010 年 1 月 1 日起正式实施。此次修改主要涉及：一是扩大和充实裁定制度，规范检索服务、通讯过程中或使用机器时的一次性存储以及视听觉障碍者的使用；促进国会图书馆的档案制作等。二是关于违法传输信息的下载，有个人复制适用除外

① 参见中国保护知识产权网，http：//www. ipr. gov. cn/2010-05-06。
② 参见中国保护知识产权网，http：//www. ipr. gov. cn/2010-03-16。
③ 参见美国版权局网站，http：/www. copyright. gov/2010-02-24。
④ 参见中国保护知识产权网，http：//www. ipr. gov. cn/iprgj/gbhj/oz/om/xwdt/521830. shtml。
⑤ 参见姚立：《法国用多部法律监管互联网，非法下载可断网一年》，载《光明日报》，2010-07-25。

的条款。三是对于盗版出让告知行为的规定[①]。此次修法涉及多达38条，为历年历次修法条文数之最。同时，日本音乐著作权协会（JASRAC）偕同计算机软件著作权协会（ACCS）等6大著作权团体表示，今后拟对P2P档案交换软件的不法作为向立法单位提出设立"三振"法等相关法条建议[②]，展示了反盗版的决心。此外，日本物权法修改议案中软件、商业模式等无形资产将有望纳入以"物品"为对象的特许保护对象范围[③]。

二、司法方面

美国最高法院将对一起涉及所谓的首次销售原则应该如何在国际中适用的案件进行裁决。瑞士手表制造商Omega在加利福尼亚州中区地方法院起诉美国折扣零售商Costco。Omega认为Costco销售的带有Omega标志的纹饰侵犯其版权，因为Omega对带有该标识的手表纹饰享有版权。Omega原本是将手表销售给外国经销商，但该外国经销商转而销售给一家纽约的经销商。该纽约经销商随后将这些手表以优惠价格销售给了Costco。问题是Omega能否控制海外销售的手表在美国的分销结果。法院支持了Costco的观点，认为一旦Omega首次授权销售给外国经销商，就是正式放弃了其独家版权。2008年第九巡回法院推翻了该判决，认为这些手表在国外制造并且制造商没有授权销售给美国境内的Costco或者手表进口商，因此不能适用首次销售原则。Costco不服判决上诉到最高法院。最高法院估计会在2010年10月份审理这起案件。该法院的裁决可能牵涉到与权利耗尽有关的其他知识产权领域，或者一旦销售给经销商就失去对该商品交易控制权的法令[④]。

欧盟法院在丹麦报纸行业团体丹麦报纸协会诉丹麦剪报服务商Infopaq一案作出的判决中认为，复制新闻文章的11个单词会被认为是侵犯版权。该服务商对报纸页面进行扫描，并使用软件将该页面转化成文本。如果客户希望监视的预先确定的关键词出现在了文本中，那么该关键词和左右两边各5个词将被保留，而其余的则会被删除。之后，客户会收到这11个单词及其在出版物中的位置和具体日期等详细信息。法院认为Infopaq的部分处理是可以被称作短暂使用的，当把11个单词印到纸上时，复制就变得具有持久性也就不符合法律的例外规定了。欧盟最高法院认为剪报信息服务的复制并销售给客户的行为是非法的[⑤]。该案件涉及了网络环境下作品的暂时性复制和永久性复制所带来的法律问题。

日本多名作家于2009年7月21日向东京地方法院提起诉讼，指控位于名古屋北区的教材出版公司"学书"。"学书"在面向日本中学生发行的116种国语教材中，擅自使用了19位作家的24篇作品。其中还擅自删改了一些作品，侵犯了著作者的权利。原告要求立即停止出版，并且索赔4 200万日元的费用[⑥]。这是日本著作权人所发起的一场集体诉讼，以维护自己的合法权益。

三、政府方面

2009年年底，奥巴马政府表示将借助执法、贸易协定和其他压力强制要求遵守版权法律。美国政府采取的措施之一就是要"复兴"司法部的行动小组以协助检举仿冒和盗版，并且要加大联邦调查局和海关以及边境的执法力度。美国商务部也在积极配合政府，防止人们在世界各地的电影院中非法使用摄像机偷拍电影，并且将推动旨在保护知识产权的全球和双边协议[⑦]。另一重要措施是美国国会批准了3 000万美元的基金，用于美国联邦调查局、联邦检察官以及地方和国家执法补助金打击电影盗版和其他侵犯知识产权行为。资金包括用于国家和地方的互联网高科技盗版犯罪，其中，联邦调查局将获得800万美元以雇佣更多的反知识产权犯罪专家，200万美元将提交给司法部来协助起诉网络盗版者，此外，资金还将用于联邦检察官，州和地方执法以及赠款，以保护美国的就业、打击电影和其他知识产权盗窃[⑧]。

欧盟方面，为了处理近100项计划中的活动和

① 参见甄西：《日本〈著作权法〉修改纵览》，载《出版参考》，2009（31）。
② 参见中文业界资讯站，http：//www.cnbeta.com/2009-12-18。
③ 参见中漫网，http：//www.zhongman.com/2009-01-06。
④ 参见中国保护知识产权网，http：//www.ipr.gov.cn/2010-04-27。
⑤ 参见中国保护知识产权网，http：//www.ipr.gov.cn/iprgj/gbhj/oz/om/xwdt/524279.shtml。
⑥ 参见中国新闻网，http：//www.chinanews.com/2009-07-20。
⑦ 参见中国保护知识产权网，http：//www.ipr.gov.cn/2009-12-17。
⑧ 参见中文业界资讯站，http：//www.cnbeta.com/2009-12-15。

31个有关建立一个真正“数字内部市场”（digitalen Binnenmarkt）的内容与服务方面的法律提案，欧盟委员会希望对此能有一个全面的方案。这就是布鲁塞尔当局“数字化议程”（digitalen Agenda）（欧盟数字化议程.pdf文件）核心关注的问题①。该议程确定了七个优先行动领域，包括一个“新的内部市场”会“将数字时代带来的好处转化为优势”（die Vorteile des digitalen Zeitalters zur Geltung bringen）、“互操作性和标准”（Interoperabilität und Standards）、“提高信任与安全”（Steigerung von Vertrauen und Sicherheit）、“更好地利用欧洲快速和超高速互联网”（besseren Zugang der Europäer zum schnellen und ultraschnellen Internet）等。

日本则考虑是否引进类似于美国版权法的“合理使用”法律条款。2010年初，日本报纸出版商和编辑协会、日本作家协会和其他四个组织分别向日本文化事务机构提交了关于反对放宽出版物的二次使用的报告。该机构的版权小组委员会一直在讨论引进类似于美国版权法的“合理使用”法律条款，该条款允许在未经版权人许可的情况下使用版权素材②。根据日本著作权法的规定，限制版权素材的二次使用包括分发复制品，主要限于私人或教育用途。

从上述国家和地区2009年以来版权法律制度的动态来看，随着技术和经济的不断发展和需求，各国均面临提高自身知识产权创造、运用、保护和管理水平的严峻挑战，鼓励创新、加强版权保护是各国共同的主张和共同面临的任务。尤其是网络环境下的著作权保护问题，更是国际社会共同面临的重大难题。各国无论是立法、司法，还是政府层面所采取的举措，均表明试图寻求从著作权法律制度上规制新技术形势下的侵权盗版问题，进一步加大保护著作权人的合法权益，平衡作者与传播者、使用者之间的利益，促进著作权保护的国际交流与合作。

（作者单位：中国政法大学知识产权法研究所）

① 参见中国保护知识产权网，http：//www.ipr.gov.cn/2010-05-20。

② 参见中国保护知识产权网，http：//www.ipr.gov.cn/2010-01-22。

统计资料

TONG JI ZI LIAO

版权

2009年全国版权合同登记情况统计

（单位：份）

	合　计	图　书	期　刊	音像制品	电子出版物	软　件	电　影	电视节目	其　他
合　计	**14 223**	**12 449**	**292**	**257**	**473**	**393**	**0**	**0**	**359**
北京市	**8 273**	7 709	284	0	56	224	0	0	0
天津市	**260**	208	0	0	3	30	0	0	19
河北省	**29**	27	2	0	0	0	0	0	0
山西省	**18**	17	0	0	0	1	0	0	0
内蒙古区	**39**	39	0	0	0	0	0	0	0
辽宁省	**368**	360	0	0	4	4	0	0	0
吉林省	**292**	292	0	0	0	0	0	0	0
黑龙江省	**112**	112	0	0	0	0	0	0	0
上海市	**1 173**	750	0	240	173	10	0	0	0
江苏省	**600**	509	0	0	6	85	0	0	0
浙江省	**746**	147	0	0	224	35	0	0	340
安徽省	**113**	110	0	0	0	3	0	0	0
福建省	**51**	28	0	16	7	0	0	0	0
江西省	**302**	302	0	0	0	0	0	0	0
山东省	**195**	195	0	0	0	0	0	0	0
河南省	**116**	116	0	0	0	0	0	0	0
湖北省	**135**	135	0	0	0	0	0	0	0
湖南省	**171**	167	4	0	0	0	0	0	0
广东省	**61**	61	0	0	0	0	0	0	0
广西区	**278**	278	0	0	0	0	0	0	0
海南省	**261**	261	0	0	0	0	0	0	0
重庆市	**150**	148	1	1	0	0	0	0	0
四川省	**177**	175	1	0	0	1	0	0	0
贵州省	**0**	0	0	0	0	0	0	0	0
云南省	**54**	54	0	0	0	0	0	0	0
西藏区	**0**	0	0	0	0	0	0	0	0
陕西省	**155**	155	0	0	0	0	0	0	0
甘肃省	**10**	10	0	0	0	0	0	0	0
青海省	**0**	0	0	0	0	0	0	0	0
宁夏区	**12**	12	0	0	0	0	0	0	0
新疆区	**72**	72	0	0	0	0	0	0	0

2009 年全国作品自愿登记情况统计

（单位：件）

	合计	文字	口述	音乐	曲艺	舞蹈	杂技	美术	摄影	建筑	影视	设计图	地图	模型	其他
合　计	**336 086**	**3 509**	**4**	**1 360**	**94**	**47**	**4**	**30 501**	**299 218**	**23**	**291**	**359**	**54**	**40**	**582**
北京市	**303 525**	265	0	74	7	0	0	4 215	298 955	0	1	8	0	0	0
天津市	**0**	0	0	0	0	0	0	0	0	0	0	0	0	0	0
河北省	**362**	55	0	70	0	1	2	231	0	0	2	1	0	0	0
山西省	**139**	39	0	34	0	0	0	59	0	0	1	2	0	0	4
内蒙古区	**217**	44	0	82	0	12	0	0	32	0	0	0	0	31	16
辽宁省	**1 062**	274	0	117	51	26	0	530	4	0	58	0	0	0	2
吉林省	**123**	54	0	59	0	0	1	5	0	0	0	0	0	0	4
黑龙江省	**242**	99	0	90	0	0	0	28	2	0	4	8	4	0	7
上海市	**2 217**	330	0	24	0	0	0	1 632	106	0	16	21	0	0	88
江苏省	**6 077**	177	3	78	26	0	0	5 580	59	23	35	86	1	1	8
浙江省	**6 815**	64	0	35	0	0	0	6 481	12	0	8	67	0	0	148
安徽省	**167**	36	0	6	0	0	0	87	0	0	20	0	0	0	18
福建省	**6 829**	84	0	69	0	0	0	6 623	12	0	34	6	0	0	1
江西省	**300**	76	0	20	4	0	0	200	0	0	0	0	0	0	0
山东省	**1 501**	176	0	14	0	0	0	1 294	0	0	7	10	0	0	0
河南省	**227**	70	0	28	4	0	1	110	0	0	0	2	0	0	12
湖北省	**251**	86	1	4	0	0	0	140	0	0	5	10	0	1	4
湖南省	**392**	147	0	38	0	0	0	198	0	0	2	5	0	0	2
广东省	**3 172**	778	0	78	1	1	0	1 946	10	0	83	71	13	0	191
广西区	**137**	41	0	48	0	0	0	44	2	0	1	1	0	0	0
海南省	**143**	33	0	20	0	0	0	79	0	0	0	4	0	0	7
重庆市	**387**	69	0	12	0	0	0	209	0	0	6	0	36	7	48
四川省	**905**	319	0	41	0	0	0	511	15	0	5	12	0	0	2
贵州省	**42**	13	0	4	0	0	0	7	0	0	1	16	0	0	1
云南省	**240**	53	0	108	0	2	0	71	4	0	0	0	0	0	2
西藏区	**5**	5	0	0	0	0	0	0	0	0	0	0	0	0	0
陕西省	**147**	54	0	9	0	0	0	74	0	0	1	8	0	0	1
甘肃省	**68**	23	0	21	0	0	0	18	0	0	1	2	0	0	3
青海省	**12**	1	0	3	0	1	0	1	0	0	0	0	0	0	6
宁夏区	**47**	21	0	5	0	2	0	16	1	0	0	2	0	0	0
新疆区	**335**	23	0	169	1	2	0	112	4	0	0	17	0	0	7

2009 年全国输出版权汇总表

（单位：种）

	合计	图书	期刊	录音制品	录像制品	电子出版物	软件	电影	电视节目	其他
输出版权总数（项）	**4 227**	3 121	1	80	0	34	0	1	988	2
其中：通过版权中介机构	**22**	18	1	3	0	0	0	0	0	0
版权购买者所在国家或地区名称										
美国	**299**	267	0	0	0	1	0	0	30	1
英国	**241**	220	0	20	0	0	0	0	1	0
德国	**180**	173	0	7	0	0	0	0	0	0
法国	**26**	26	0	0	0	0	0	0	0	0
俄罗斯	**81**	54	0	0	0	0	0	1	26	0
加拿大	**13**	10	0	0	0	0	0	0	3	0
新加坡	**87**	60	0	0	0	0	0	0	27	0
日本	**119**	101	0	17	0	0	0	0	1	0
韩国	**267**	253	0	7	0	7	0	0	0	0
香港地区	**370**	219	0	1	0	5	0	0	145	0
澳门地区	**10**	10	0	0	0	0	0	0	0	0
台湾地区	**737**	680	0	0	0	0	0	0	57	0
其他	**1 775**	1 030	0	25	0	21	0	0	698	1

2009 年全国引进版权汇总表

（单位：种）

	合计	图书	期刊	录音制品	录像制品	电子出版物	软件	电影	电视节目	其他
引进版权总数（项）	**14 659**	13 657	111	274	124	86	249	2	155	1
其中：通过版权中介机构	**866**	743	111	12	0	0	0	0	0	0
原版权所在国家或地区名称										
美国	**4 709**	4 533	0	37	67	8	55	0	8	1
英国	**1 875**	1 847	0	6	5	0	1	0	16	0
德国	**711**	693	0	5	2	2	8	0	1	0
法国	**421**	414	0	0	2	2	1	0	2	0
俄罗斯	**82**	58	0	0	2	11	11	0	0	0
加拿大	**80**	73	0	7	0	0	0	0	0	0
新加坡	**395**	342	0	1	0	6	44	0	2	0
日本	**1 306**	1 261	0	27	5	4	5	0	4	0
韩国	**832**	799	0	6	0	10	17	0	0	0
香港地区	**500**	398	0	50	19	23	5	0	5	0
澳门地区	**0**	0	0	0	0	0	0	0	0	0
台湾地区	**1 573**	1 444	0	104	13	5	6	0	1	0
其他	**1 309**	1 052	0	19	9	15	96	2	116	0

2009 年全国版权输出情况统计

（单位：种）

	合计	图书	录音制品	录像制品	电子出版物	软件	电影	电视节目	其他
合　计	**4 205**	**3 103**	**77**	**0**	**34**	**0**	**1**	**988**	**2**
北京市	**1 484**	1 382	69	0	33	0	0	0	0
天津市	**12**	12	0	0	0	0	0	0	0
河北省	**26**	26	0	0	0	0	0	0	0
山西省	**31**	31	0	0	0	0	0	0	0
内蒙古区	**13**	13	0	0	0	0	0	0	0
辽宁省	**99**	99	0	0	0	0	0	0	0
吉林省	**55**	55	0	0	0	0	0	0	0
黑龙江省	**26**	26	0	0	0	0	0	0	0
上海市	**1 222**	232	1	0	0	0	1	988	0
江苏省	**168**	168	0	0	0	0	0	0	0
浙江省	**124**	124	0	0	0	0	0	0	0
安徽省	**169**	169	0	0	0	0	0	0	0
福建省	**6**	6	0	0	0	0	0	0	0
江西省	**131**	131	0	0	0	0	0	0	0
山东省	**83**	83	0	0	0	0	0	0	0
河南省	**13**	13	0	0	0	0	0	0	0
湖北省	**28**	28	0	0	0	0	0	0	0
湖南省	**121**	114	7	0	0	0	0	0	0
广东省	**48**	48	0	0	0	0	0	0	0
广西区	**144**	144	0	0	0	0	0	0	0
海南省	**7**	7	0	0	0	0	0	0	0
重庆市	**51**	48	0	0	1	0	0	0	2
四川省	**100**	100	0	0	0	0	0	0	0
贵州省	**0**	0	0	0	0	0	0	0	0
云南省	**14**	14	0	0	0	0	0	0	0
西藏区	**0**	0	0	0	0	0	0	0	0
陕西省	**28**	28	0	0	0	0	0	0	0
甘肃省	**2**	2	0	0	0	0	0	0	0
青海省	**0**	0	0	0	0	0	0	0	0
宁夏区	**0**	0	0	0	0	0	0	0	0
新疆区	**0**	0	0	0	0	0	0	0	0

2009年全国版权引进情况统计汇总表

（单位：种）

	合计	图书	录音制品	录像制品	电子出版物	软件	电影	电视节目	其他
合　计	**13 793**	**12 914**	**262**	**124**	**86**	**249**	**2**	**155**	**1**
北京市	**7 989**	7 709	0	0	56	224	0	0	0
天津市	**143**	143	0	0	0	0	0	0	0
河北省	**36**	36	0	0	0	0	0	0	0
山西省	**13**	13	0	0	0	0	0	0	0
内蒙古区	**26**	26	0	0	0	0	0	0	0
辽宁省	**354**	346	0	0	4	4	0	0	0
吉林省	**292**	292	0	0	0	0	0	0	0
黑龙江省	**30**	30	0	0	0	0	0	0	0
上海市	**1 634**	1 304	139	4	20	10	2	155	0
江苏省	**799**	783	0	0	6	10	0	0	0
浙江省	**297**	287	8	2	0	0	0	0	0
安徽省	**110**	110	0	0	0	0	0	0	0
福建省	**23**	23	0	0	0	0	0	0	0
江西省	**100**	100	0	0	0	0	0	0	0
山东省	**195**	195	0	0	0	0	0	0	0
河南省	**142**	142	0	0	0	0	0	0	0
湖北省	**66**	66	0	0	0	0	0	0	0
湖南省	**171**	171	0	0	0	0	0	0	0
广东省	**312**	79	115	118	0	0	0	0	0
广西区	**278**	278	0	0	0	0	0	0	0
海南省	**258**	258	0	0	0	0	0	0	0
重庆市	**153**	153	0	0	0	0	0	0	0
四川省	**77**	75	0	0	0	1	0	0	1
贵州省	**23**	23	0	0	0	0	0	0	0
云南省	**26**	26	0	0	0	0	0	0	0
西藏区	**0**	0	0	0	0	0	0	0	0
陕西省	**155**	155	0	0	0	0	0	0	0
甘肃省	**8**	8	0	0	0	0	0	0	0
青海省	**0**	0	0	0	0	0	0	0	0
宁夏区	**12**	12	0	0	0	0	0	0	0
新疆区	**71**	71	0	0	0	0	0	0	0

2009 年全国图书版权输出地情况统计

（单位：种）

	合计	美国	英国	德国	法国	俄罗斯	加拿大	新加坡	日本	韩国	香港地区	澳门地区	台湾地区	其他
合　计	**3 103**	**267**	**220**	**173**	**26**	**54**	**10**	**60**	**101**	**253**	**219**	**10**	**680**	**1 030**
北京市	**1 382**	108	194	99	9	37	1	25	55	112	38	2	305	397
天津市	**12**	0	0	0	0	0	0	0	0	0	0	0	5	7
河北省	**26**	0	0	0	0	0	0	0	0	0	0	0	23	3
山西省	**31**	0	1	0	0	0	0	0	0	1	0	0	24	5
内蒙古区	**13**	0	1	0	0	0	0	3	3	2	0	0	2	2
辽宁省	**99**	8	1	10	4	0	0	23	5	1	0	0	39	8
吉林省	**55**	10	0	0	0	0	0	0	0	6	0	0	32	7
黑龙江省	**26**	0	0	0	0	0	0	0	0	0	0	0	0	26
上海市	**232**	52	6	12	11	0	0	4	1	44	54	7	24	17
江苏省	**168**	16	8	3	0	6	0	1	6	5	76	0	12	35
浙江省	**124**	14	0	25	0	0	0	1	0	25	3	0	13	43
安徽省	**169**	1	0	0	0	0	4	0	20	10	10	0	30	94
福建省	**6**	0	0	0	0	0	0	0	0	1	4	0	1	0
江西省	**131**	0	0	0	2	0	5	0	1	24	1	0	64	34
山东省	**83**	14	3	1	0	6	0	0	4	0	0	1	30	24
河南省	**13**	0	0	0	0	0	0	0	0	2	0	0	6	5
湖北省	**28**	1	0	1	0	0	0	0	1	9	3	0	8	5
湖南省	**114**	3	1	21	0	4	0	0	1	0	8	0	0	76
广东省	**48**	14	0	0	0	1	0	0	1	5	3	0	1	23
广西区	**144**	8	4	0	0	0	0	0	3	0	6	0	4	119
海南省	**7**	0	0	0	0	0	0	0	0	0	3	0	4	0
重庆市	**48**	2	1	0	0	0	0	0	0	0	1	0	25	19
四川省	**100**	0	0	0	0	0	0	3	0	2	3	0	18	74
贵州省	**0**	0	0	0	0	0	0	0	0	0	0	0	0	0
云南省	**14**	0	0	0	0	0	0	0	0	4	6	0	0	4
西藏区	**0**	0	0	0	0	0	0	0	0	0	0	0	0	0
陕西省	**28**	16	0	1	0	0	0	0	0	0	0	0	10	1
甘肃省	**2**	0	0	0	0	0	0	0	0	0	0	0	0	2
青海省	**0**	0	0	0	0	0	0	0	0	0	0	0	0	0
宁夏区	**0**	0	0	0	0	0	0	0	0	0	0	0	0	0
新疆区	**0**	0	0	0	0	0	0	0	0	0	0	0	0	0

2009年全国图书版权引进地情况统计

（单位：种）

	合计	美国	英国	德国	法国	俄罗斯	加拿大	新加坡	日本	韩国	香港地区	澳门地区	台湾地区	其他
合　计	**12 914**	**4 533**	**1 847**	**693**	**414**	**58**	**73**	**342**	**1 261**	**799**	**398**	**0**	**1 444**	**1 052**
北京市	**7 709**	3 148	1 065	434	165	45	37	282	513	482	227	0	687	624
天津市	**143**	61	18	12	7	0	0	1	13	1	2	0	15	13
河北省	**36**	1	0	0	0	0	0	0	13	10	1	0	10	1
山西省	**13**	5	4	1	1	0	0	0	1	0	0	0	1	0
内蒙古区	**26**	9	7	0	10	0	0	0	0	0	0	0	0	0
辽宁省	**346**	101	21	16	1	0	0	10	95	35	9	0	44	14
吉林省	**292**	66	27	3	4	0	0	0	86	55	0	0	43	8
黑龙江省	**30**	0	0	0	0	0	0	1	6	0	0	0	23	0
上海市	**1 304**	462	260	111	67	0	5	4	150	46	96	0	50	53
江苏省	**783**	168	116	13	48	7	10	40	32	9	7	0	278	55
浙江省	**287**	71	47	3	10	0	0	2	37	32	8	0	7	70
安徽省	**110**	35	19	3	6	0	1	1	4	16	2	0	20	3
福建省	**23**	0	4	0	0	0	0	0	0	0	0	0	18	1
江西省	**100**	19	4	2	7	0	1	0	19	19	5	0	8	16
山东省	**195**	21	31	13	3	0	1	1	54	4	1	0	53	13
河南省	**142**	8	15	8	12	0	0	0	60	0	0	0	34	5
湖北省	**66**	11	13	1	0	2	0	0	2	3	3	0	25	6
湖南省	**171**	35	38	35	17	0	10	0	19	6	3	0	2	6
广东省	**79**	18	6	1	7	0	1	0	5	1	0	0	21	19
广西区	**278**	65	32	3	11	1	1	0	39	48	16	0	40	22
海南省	**258**	100	24	22	1	0	1	0	75	9	0	0	9	17
重庆市	**153**	59	18	0	12	0	0	0	10	10	6	0	34	4
四川省	**75**	27	20	1	0	0	4	0	4	1	4	0	6	8
贵州省	**23**	6	3	1	0	0	0	0	3	0	0	0	6	4
云南省	**26**	2	5	0	3	0	0	0	0	0	8	0	0	8
西藏区	**0**	0	0	0	0	0	0	0	0	0	0	0	0	0
陕西省	**155**	33	50	10	22	3	1	0	5	12	0	0	10	9
甘肃省	**8**	0	0	0	0	0	0	0	6	0	0	0	0	2
青海省	**0**	0	0	0	0	0	0	0	0	0	0	0	0	0
宁夏区	**12**	2	0	0	0	0	0	0	10	0	0	0	0	0
新疆区	**71**	0	0	0	0	0	0	0	0	0	0	0	0	71

（注：本栏目所有数据由新闻出版总署信息中心提供。）

版权

名录

MING LU

版权行政管理部门

国家版权局
局　长：柳斌杰
副局长：阎晓宏
地　址：北京市宣武区宣武门外大街 40 号
邮　编：100052
电　话：010-83138740
传　真：010-83138740
邮　箱：copyright@ncac. gov. cn
网　址：www. ncac. gov. cn

北京市版权局
局　长：冯俊科
副局长：王野霏
地　址：北京市东城区朝内大街 55 号
邮　编：100010
电　话：010-64081100 / 64081892
邮　箱：webmaster@bjcab. gov. cn

天津市版权局
局　长：荣新海
副局长：肖占鹏
地　址：天津市河西区尖山路 82 号
邮　编：300211
电　话：022-28335745
传　真：022-28331888

河北省版权局
局　长：李晓明
地　址：石家庄市和平西路新文里 8 号
邮　编：050071
电　话：0311-67561071
传　真：0311-67561072

山西省版权局
局　长：林玉平
副局长：王吉敏
地　址：太原市建设南路 15 号
邮　编：030012
电　话：0351-4922148
传　真：0351-4922148
邮　箱：sxsbqj@163. com

内蒙古自治区版权局
局　长：杨红岩
副局长：林　华
地　址：呼和浩特市老缸房街 18 号
邮　编：010010
电　话：0471-4935501
传　真：0471-4918201

辽宁省版权局
局　长：马述君
副局长：李世俊
地　址：沈阳市和平区北一马路 108 号
邮　编：110001
电　话：024-23261003
传　真：024-23255549
邮　箱：TDP6666@163. com

吉林省版权局
局　长：胡宪武
副局长：董维仁
地　址：长春市人民大街 4646 号
邮　编：130021
电　话：0431-85644760
传　真：0431-85644760

黑龙江省版权局
局　长：王进敏
地　址：哈尔滨市道里区森林街 68 号
邮　编：150010
电　话：0451-84615103 / 84616590
传　真：0451-84614852
邮　箱：hljbanquanju@163. com

上海市版权局
局　长：焦　扬
地　址：上海市绍兴路 5 号
邮　编：200020
电　话：021-64370176 / 64670303
传　真：021-64332452
邮　箱：bqc@sppa. gov. cn

江苏省版权局

局　长：徐毅英
地　址：南京市高云岭 56 号
邮　编：210009
电　话：025-83364921 / 83359836
传　真：025-83364921 / 83359836
邮　箱：jscopyright@yahoo. com. cn / jscopyright@163. com

浙江省版权局

局　长：钟桂松
副局长：单　烈
地　址：杭州市庆春路 225 号
邮　编：310006
电　话：0571-87163132
传　真：0571-87163133
邮　箱：bqc _ scbj@zj. gov. cn

安徽省版权局

局　长：郭永年
副局长：刘飞跃
地　址：合肥市回龙桥路 1 号安徽新闻出版大厦
邮　编：230063
电　话：0551-2826650
传　真：0551-2822677
邮　箱：wuann@ahpress. gov. cn

福建省版权局

局　长：郭振家
副局长：陈秋平
地　址：福州市东水路 76 号
邮　编：350001
电　话：0591-87532711
传　真：0591-87532711

江西省版权局

局　长：黄　鹤
副局长：池　红
地　址：南昌市阳明路 310 号
邮　编：330006
电　话：0791-6894610
传　真：0791-6894610

山东省版权局

局　长：卢得志
副局长：郭爱玲
地　址：济南市省府前街 1 号
邮　编：250011
电　话：0531-86061783
传　真：0531-86061795
邮　箱：bqc@sdxwcb. gov. cn

河南省版权局

局　长：詹玉荣
副局长：来有功
地　址：郑州市经五路 66 号
邮　编：450002
电　话：0371-69129689
传　真：0371-69129689
邮　箱：hnsbqj@sohu. com

湖北省版权局

局　长：张儒芝
副局长：陈　锋
地　址：武汉市武昌黄鹂路 39 号
邮　编：430077
电　话：027-68892430 / 68892409
传　真：027-68892409
邮　箱：666zhlh@163. com

湖南省版权局

局　长：朱建纲
副局长：黄赞佳
地　址：长沙市营盘东路 38 号
邮　编：410005
电　话：0731-84302558
传　真：0731-84302513

广东省版权局

局　长：朱仲南
副局长：钱永红
地　址：广州市环市东水荫路 11 号
邮　编：510075
电　话：020-37592388
传　真：020-37604405 / 37607671
邮　箱：gdsbqj@21cn. com

广西壮族自治区版权局

局　长：邓纯东
副局长：黄　健

地　址：南宁市金湖路 53 号
邮　编：530028
电　话：0771-5516006 / 5516083
传　真：0771-5516005

海南省版权局
局　长：范晓军
地　址：海口市海府路 59 号
邮　编：570204
电　话：0898-65399213
传　真：0898-65337894
邮　箱：wtt. tuyin@hainan. gov. cn

重庆市版权局
局　长：杨恩芳
副局长：吴绍阶
地　址：重庆市渝北区金山路 8 号科创楼
邮　编：401147
电　话：023-67502723
传　真：023-67502664
邮　箱：cbjxw@163. com

四川省版权局
局　长：周国良
副局长：张世金
地　址：成都市桂花巷 20 号
邮　编：610015
电　话：028-86697076 / 86697083 / 86697093
传　真：028-86697076 / 86697083 / 86697093
邮　箱：cgz8669@sina. com

贵州省版权局
局　长：刘援朝
地　址：贵阳市延安中路 5-9 号
邮　编：550001
电　话：0851-5813428 / 5827842
传　真：0851-5813428

云南省版权局
局　长：杨文虎
副局长：李菊芳
地　址：昆明市环城西路 609 号
邮　编：650034
电　话：0871-4196648 / 4110371
传　真：0871-4110371

西藏自治区版权局
局　长：旺堆次仁
地　址：拉萨市林廓北路 23 号
邮　编：850000
电　话：0891-6826844
传　真：0891-6833531

陕西省版权局
局　长：薛保勤
副局长：吴丰宽
地　址：西安市北大街 147 号
邮　编：710003
电　话：029-87205031 / 87205001
传　真：029-87205004
邮　箱：sxsxwcbj@163. com

甘肃省版权局
局　长：张余胜
副局长：袁爱华
地　址：兰州市庆阳路 292 号
邮　编：730030
电　话：0931-8455793 / 8464480
传　真：0931-8464480
邮　箱：gsbqj@163. com

青海省版权局
局　长：曹　萍
副局长：吴解勋
地　址：西宁市同仁路 10 号
邮　编：810001
电　话：0971-6143650
传　真：0971-6141890

宁夏回族自治区版权局
局　长：朱昌平
副局长：海　军
地　址：宁夏银川市北京东路 139 号
邮　编：750001
电　话：0951-5014264 / 5052642
传　真：0951-5046836

新疆维吾尔自治区版权局
局　长：米吉提·卡德尔
副局长：张新泰
地　址：乌鲁木齐市光明路 121 号

邮　编：830002
电　话：0991-8842809
传　真：0991-8841822
邮　箱：xj30993@163. com

版权社会管理和社会服务机构

中国版权保护中心
主　任：段桂鉴
副主任：张秀平　邹建华　索来军
主任助理：魏　红
地　址：北京市东城区安定门东大街 28 号雍和大厦西楼三层
邮　编：100007
电　话：010-68003887
网　址：www. ccopyright. com

中国软件联盟
负责人：邹　忭
地　址：北京市海淀区学院南路 55 号中软大厦 A 座 4 层 403 室
邮　编：100081
电　话：010-62187306 / 51527173 / 51527172
传　真：010-62187306
邮　箱：csachina@csachina. org

中国互联网协会网络版权工作委员会
主　任：高卢麟
秘书长：石现升
地　址：北京市朝阳区京广中心商务楼二层版权服务大厅
邮　编：100020
电　话：010-59299113
传　真：010-59299112

北京版权保护中心
主　任：薛　峰
地　址：北京市东城区朝阳门内大街 55 号新闻出版大厦
邮　编：100010
电　话：010-64081206 / 64081320
传　真：010-64081206
邮　箱：bcpc@bjcab. gov. cn
网　址：www. bjcopyright. org. cn

北京计算机软件登记中心
主　任：崔玉军
地　址：北京市东城区朝阳门内大街 55 号新闻出版大厦
邮　编：100010
电　话：010-64081391
传　真：010-64081204
邮　箱：bcpc@bjcab. gov. cn

河北省版权保护中心
主　任：张国岚
地　址：石家庄市和平西路新文里 8 号
邮　编：050071
电　话：0311-67561177
传　真：0311-67561176

江西省版权保护中心
副主任：聂文星
地　址：南昌市阳明路 310 号
邮　编：330006
电　话：0791-6894615
传　真：0791-6894652

湖北省版权保护中心
主　任：李晓平
地　址：武汉市武昌黄鹂路 39 号
邮　编：430077
电　话：027-68892463
传　真：027-68892463

重庆市版权保护中心
负责人：王　京
地　址：重庆市江北区洋河一村 78 号国际商会大厦 10 楼
邮　编：400020
电　话：023-67708231
传　真：023-67708230
邮　箱：cpc1604@yahoo. com. cn

著作权集体管理组织

中国音乐著作权协会
主　席：王立平
总干事：屈景明
地　址：北京东单三条 33 号京纺大厦五层
邮　编：100005
电　话：010-65232656
传　真：010-65232657

中国音像著作权集体管理协会
理事长：张振华
总干事：王化鹏
地　址：北京朝阳区呼家楼京广中心商务楼 401
邮　编：100020
电　话：010-66086649
传　真：010-66086475
邮　箱：cavca@cavca. org

中国文字著作权协会
会　长：陈建功
总干事：杨天赐
地　址：北京市朝阳区京广中心商务楼 4 层
邮　编：100020
电　话：010-65978906 / 65978916
传　真：010-65978926
邮　箱：chinacopyright@yahoo. cn

中国摄影著作权协会
会　长：李仁臣
总干事：解海龙
地　址：北京朝阳区呼家楼京广中心商务楼 411
邮　编：100020
电　话：010-65978100
传　真：010-65595720

中国电影著作权协会
理事长：朱永德
秘书长：李国民
地　址：北京市西城区北展北街 5 号楼 5 层
邮　编：100044
电　话：010-62364640 / 62368086 / 62364675
传　真：010-62369799

中国音乐著作权协会上海办事处
负责人：方　芳
地　址：上海市张江路 69 号 6 楼
邮　编：201203
电　话：021-50278138
传　真：021-50278101
邮　箱：ffang98@126. com

中国音乐著作权协会江苏办事处
负责人：李吾川
地　址：南京市高云岭 56 号
邮　编：210009
电　话：025-83371371
传　真：025-83207838-8001
邮　箱：li. wuchuan@jiangsucopyright. org

中国音乐著作权协会贵州办事处
负责人：郑艳平
地　址：贵州省贵阳市青云路 302 号
邮　编：550002
电　话：0851-5953100
邮　箱：jiuyezhenganping@yahoo. cn

中国音乐著作权协会重庆办事处
负责人：王　京
地　址：重庆市江北区洋河一村 78 号国际商会大厦 10 楼
邮　编：400020
电　话：023-67708231
传　真：023-67708230
邮　箱：cpc1604@yahoo. com. cn

中国音像著作权协会湖南办事处
负责人：于耀卿
地　址：长沙市韶山北路维一星城卧虎座 601 室
邮　编：410011
电　话：0731-84897979
传　真：0731-84897733

版 权 协 会

中国版权协会

理事长：沈仁干
地　址：北京市西城区车公庄大街甲 4 号物华大厦五层
邮　编：100044
电　话：010-68003910
传　真：010-68003910

北京版权保护协会

会　长：孙安民
地　址：北京市东城区朝内大街 55 号 1006 室
邮　编：100010
电　话：010-64081076 / 64081075

天津市版权保护协会

会　长：李树仁
秘书长：孙金海
地　址：天津市河西区尖山路 82 号
邮　编：300211
电　话：022-28335745
传　真：022-28335745
邮　箱：tjppb2006@sina.com

河北省版权协会

会　长：李晓明
秘书长：张国岚
地　址：河北省石家庄市和平西路新文里 8 号
邮　编：050071
电　话：0311-67561177
传　真：0311-67561176

山西省版权协会

会　长：李锐锋
秘书长：王葆柯
地　址：太原市建设南路 21 号
邮　编：030012
电　话：0351-4922148
传　真：0351-4922148
邮　箱：sxsbqj@163.com

内蒙古自治区版权保护协会

会　长：高金祥
秘书长：志　民
地　址：呼和浩特市老缸房街 18 号
邮　编：010010
电　话：0471-4935501
传　真：0471-4918201

辽宁省版权保护协会

会　长：瞿　勇
秘书长：杨波久
地　址：沈阳市和平区北一马路 108 号
邮　编：110001
电　话：024-23261003
传　真：024-23255549
邮　箱：TDP6666@163.com

吉林省版权保护协会

会　长：董维仁
秘书长：李长江
地　址：长春市人民大街 4646 号
邮　编：130021
电　话：0431-85644760 / 85642537
传　真：0431-85644760

黑龙江省版权保护协会

会　长：马学良
地　址：哈尔滨市道里区森林街 68 号
邮　编：150010
电　话：0451-84615103
传　真：0451-84614852
邮　箱：hljbanquanju@163.com

黑龙江省反盗版联合会

会　长：陈景文
地　址：哈尔滨市道里区森林街 68 号
邮　编：150010
电　话：0451-84654520
传　真：0451-84614852
邮　箱：hljbanquanju@163.com

上海版权保护协会

会　长：胡大卫
地　址：上海市绍兴路 5 号
邮　编：200020
电　话：021-64370176

传　真：021-64332452

江苏省版权协会
会　长：傅杰三
秘书长：陆幸生（兼）
地　址：南京市高云岭 56 号
邮　编：210009
电　话：025-83207838 / 83371371
传　真：025-83207838-8001（8005）
邮　箱：jsbq@jiangsubanquan. org

浙江省版权协会
会　长：单　烈
秘书长：吾晓红
地　址：杭州市武林路 357 号
邮　编：310006
电　话：0571-85155336
传　真：0571-85062879
邮　箱：bqc _ scbj@zj. gov. cn

安徽省版权保护协会
理事长：徐发成
常务副秘书长：吴安宁
地　址：合肥市回龙桥路 1 号安徽新闻出版大厦
邮　编：230063
电　话：0551-2826965 / 2850733
传　真：0551-2850733 / 2822677
邮　箱：wuann@ahpress. gov. cn

山东省版权协会
会　长：郭建磊
秘书长：陈　钟
地　址：济南市省府前街 1 号
邮　编：250011
电　话：0531-86061783
传　真：0531-86061795
邮　箱：bqc@sdxwcb. gov. cn

河南省版权协会
会　长：刘海程
地　址：郑州市经五路 66 号
邮　编：450002
电　话：0371-69129689
传　真：0371-69129689
邮　箱：hnsbqj@sohu. com

湖北省版权保护协会
会　长：吴汉东
秘书长：刘传生
地　址：武汉市武昌黄鹂路 39 号
邮　编：430077
电　话：027-68892463
传　真：027-68892462

湖南省版权保护协会（湖南省反盗版联盟）
会　长：刘鸣泰
秘书长：刘跃伟
地　址：长沙市营盘东路 38 号
邮　编：410005
电　话：0731-82231655
传　真：0731-82231655

广东省版权保护联合会（广东省版权事务所）
负责人：刘板盛
地　址：广州市环市东水荫路 44 号 2 楼
邮　编：510075
电　话：020-37667333
传　真：020-37638192
邮　箱：gdcopyright@gdpg. com. cn

广西壮族自治区版权保护协会
会　长：于开金
秘书长：石　卫
地　址：南宁市金湖路 53 号
邮　编：530028
电　话：0771-5516071
传　真：0771-5516071
邮　箱：gxbqbhxh@163. com

海南省版权协会
会　长：柳松华
秘书长：吕　军
电　话：0898-65399213
传　真：0898-65337894
邮　箱：1975berlin@163. com

四川省版权保护协会
理事长：李正培
秘书长：徐登明
地　址：成都市大石西路 36 号东楼 3 单元 4 楼 5 号
邮　编：610071

电　话：028-87041970
传　真：028-87041970

贵州省版权保护协会
会　长：吴家萃
秘书长：姚云贵
地　址：贵阳市延安中路 5-9 号
邮　编：550002
电　话：0851-5813428

云南省著作权保护协会
会　长：汤汉清
秘书长：刘水云
地　址：昆明市环城西路 609 号
邮　编：650034
电　话：0871-4110371
传　真：0871-4110371

陕西省版权保护协会
会　长：冀东山
地　址：西安市北大街 147 号
邮　编：710003
电　话：029-87205031
传　真：029-87205031

新疆维吾尔自治区版权协会
会　长：张新泰
秘书长：巴哈古丽
地　址：乌鲁木齐市光明路 121 号
邮　编：830002
电　话：0991-2811832
传　真：0991-8841822
邮　箱：xj30993@163.com

版权代理公司

中华版权代理总公司
总经理：段桂鉴
地　址：北京市东城区安定门东大街 28 号雍和大厦西楼三层
邮　编：100007
电　话：010-68003908
传　真：010-68003541

中国图书进出口（集团）总公司版权部
主　任：李迎庆
地　址：北京市朝阳区工体东路 16 号
邮　编：100020
电　话：010-65086949 / 65866992
传　真：010-65866992
邮　箱：copyright@cnpiec.com.cn

中国出版对外贸易总公司
总经理：朱朝旭
地　址：北京市安定门外安华里 504 号
邮　编：100011
电　话：010-64210403
传　真：010-64214540

中国国际电视总公司
总　裁：李　建
地　址：北京市海淀区羊坊店路 9 号
邮　编：100038
电　话：010-63955778
传　真：010-63955916

九州音像出版公司版权贸易部
负责人：郑祥武
地　址：北京市朝阳区外馆斜街甲 1 号泰利明苑 A 座 510
邮　编：100011
电　话：010-85285399

北京版权代理公司
负责人：刘志伟
地　址：北京市海淀区知春路 23 号量子银座 1403
邮　编：100191
电　话：010-82357059 / 82357056

山西省版权事务所
所　长：吉　平
地　址：太原市建设南路 21 号 C 区 1804
邮　编：030012
电　话：0351-4922117

上海版权代理公司
负责人：王　艳
地　址：上海市张江路 69 号 6 楼

邮　编：201203
电　话：021-50278100
传　真：021-50278101
邮　箱：awang@shcopyright. com

湖北长江崇文国际文化交流股份有限公司
负责人：王　纯
地　址：武汉市洪山区雄楚大道 268 号
邮　编：430070
电　话：027-87679235/87387872

湖南省版权代理公司
负责人：刘跃伟
地　址：长沙市营盘东路 38 号
邮　编：410005
电　话：0731-82231655
传　真：0731-82231655

广西万达版权代理中心
负责人：邓　锟
地　址：南宁市金湖路 53 号
邮　编：530028
电　话：0771-5516127 / 5516044

重庆市版权代理有限公司
负责人：王　京
地　址：重庆市江北区洋河一村 78 号国际商会大厦 10 楼
邮　编：400020
电　话：023-67708231
传　真：023-67708230
邮　箱：cpc1604@yahoo. com. cn

陕西省版权事务中心（陕西版权代理公司）
负责人：沙庆超
地　址：西安市北大街 147 号
邮　编：710003
电　话：029-87205009
传　真：029-87205009
邮　箱：achao969@163. com

国家版权贸易基地

中国人民大学国家版权贸易基地
建设办公室主任：彭　翊
地　址：北京市海淀区中关村大街甲 59 号人民大学文化大厦 2104 室
邮　编：100872
电　话：010-62514333
传　真：010-82509959
邮　箱：intctc@ruc. edu. cn
网　址：www. intctc. com

北京国际版权交易中心
董事长：李　蘅
地　址：北京市朝阳区京广中心商务楼 501 室
邮　编：100020
电　话：010-65974890（总机）
传　真：010-65978017
邮　箱：banquan@e-bq. com
网　址：www. e-bq. com

国际版权交易中心
总经理：殷秩松
地　址：北京市东城区安定门东大街 28 号雍和大厦西楼 1～2 层
邮　编：100007
电　话：010-64097700
传　真：010-84195406
邮　箱：public@cbice. com
网　址：www. cbice. com

全国知识产权学院简介

QUAN GUO ZHI SHI CHAN QUAN XUE YUAN JIAN JIE

北京大学知识产权学院

1986年12月，北京大学成立跨学科的知识产权教学研究中心，直属学校领导，成为国内第一批从事知识产权领域教学研究工作的专门机构。

1993年在香港星光传讯集团董事长黄金富博士的资助下成立北京大学知识产权学院，这是中国高校第一家专门的知识产权学院。学院实行董事会制度，由北京大学领导，挂靠在法学院，并由董事会监督管理。

2009年10月，北京大学知识产权学院由董事会改为理事会管理并实行院长执行制。知识产权学院院长由法学院院长兼任，聘任常务副院长主持日常工作。

学院成立以来在人才培养和科研活动中得到海内外社会各界的广泛支持，也开展了多层次、跨学科、高定位的人才培养活动，为中国知识产权教育与研究作出了突出贡献。

知识产权学院秉承北大兼容并包、开放自由的学术精神，与国际组织、国外大学和同类研究机构保持密切合作，定期举办知识产权国际会议，互派教授讲座，互派访问学者，互相交换博士生、硕士生进行学术研究。

学院的人才培养项目有：

知识产权二学位：1993年开始招收知识产权二学位学生，学制2年，每年30名，2006年停招。

法学（知识产权法方向）双学位：以北京大学非法学院本科2～3年级学生为招生对象，学制2年，每年计划100名，2010年计划招生。

知识产权法学硕士：学制2年，每年4名。

知识产权法律硕士：学制3年，每年50名。

在职知识产权法律硕士：每年50名，学制2～4年。

中国法硕士（知识产权方向）：招收外国学生，学制2年。

北大—海外双硕士：与境外大学联合招生，授予北京大学法学硕士与海外大学L.L.M.或者商学学位。

法学博士：学制4年，每年3名。

重庆知识产权学院

重庆知识产权学院于2007年12月经重庆市教委批准成立，是重庆理工大学下属的二级学院，也是我国西南地区第一家知识产权学院。它是重庆市知识产权局等政府主管部门和部分重点企业创新官产学研联盟新机制的成果。学院成立之初，与人文社会科学学院合署办公。2009年11月，重庆理工大学为了更好地发展知识产权学科，适应西部战略性布局而独立设置重庆知识产权学院，培养和培训知识产权专门人才。

重庆知识产权学院拥有一支充满朝气与活力，敢于开拓和创新，具备理工科、法学、管理学专业知识背景的教师队伍，目前有专职教师20余人，全部具有硕士及以上学位，其中博士和博士后（含在读博士生）8人，教授2人，副教授8人。学院有兼职教授15名，来自于知识产权领域的国家机关、大型企业及相关的科研院所、高等院校。学院知识产权本科专业2005年由国家教育部批准设置，并于2006年首次招收本科生，是国家教育部在中西部地区唯一布点设置的知识产权本科专业。

学院定位为努力建设成为一所特色鲜明、具有示范效应、与国际接轨的官产学研相结合的知识产权学院，使其成为重要的知识产权人才教育基地、知识产权研究基地、知识产权服务中心，为重庆市乃至全国知识产权事业的建设和发展提供智力支撑。

学院人才培养的总体目标是培养既具备理工科基础知识和法学、管理学知识，同时又具备深厚的知识产权专业知识，能在企、事业单位及政府部门从事知识产权工作的高素质复合性应用型专门人才。其具体包括：(1) 商标和版权代理与贸易人才。培养具有一定理工科基础知识和深厚的商标与版权专业知识，能够在商标事务所和版权代理机构从事商标和版权代理与贸易业务的专门人才。(2) 专利代理人才。以

"3+2"专转本培养模式，借助3年制理工科专业学习的背景优势，通过2年知识产权专业训练，培养具有专利知识并熟悉专利代理业务的专利代理人才。

(3) 知识产权管理人才。培养既具有管理学知识又具备知识产权专业知识，能够在企、事业单位及政府部门从事知识产权管理工作的高层次人才。

华东政法大学知识产权学院

华东政法大学知识产权学院成立于2003年11月，定位于知识产权法律和管理的教学和研究，培养知识产权管理和保护复合型人才。学院建设的方针是立足知识产权专业特点，遵循教育规律，走人才培养、科学研究与社会服务三位一体、相互促进的办学道路，坚持知识、能力和综合素质三位一体人才培养方针。

华东政法大学是我国最早设立知识产权本科专业，并具有知识产权本科、硕士、博士和博士后教育体系的学院。知识产权学院自建院以来，依托华东政法大学的法学优势，独立建设和发展知识产权二级学科，形成了独特的知识产权学科和专业定位，将知识产权学科定位于以理工为背景、以法律和管理为支撑、以知识产权为内核的复合型学科，建设知识产权专业。学院自主按照专业需要配备和培育师资，拥有一支具有法学、理工和管理三个背景的教师队伍。学院现有专职教师14名，其中教授6名、副教授2名，博士生导师5名、硕士生导师9名，所有专职教师均具有博士学位。

学院现有知识产权法与知识产权管理两个研究团队，设有版权法、专利法、商标法、知识产权管理四个教研室。学院历来重视推动知识产权研究工作，知识产权研究中心聚集国内一大批知识产权专家学者，每年出版两卷《知识产权研究》刊物，在国内已经有较大影响。

知识产权学院坚持教学、科研与社会实践相结合的方针，积极组织教师从事科研活动。学院已经出版了《专利法》、《商标法》、《版权法》、《电子商务法》等"知识产权专业核心课程系列教材"，已出版学术专著和专业丛书16部，另有10部知识产权专著即将出版；在《法学研究》等各种专业期刊上发表学术论文250余篇；承接国家、地方各级研究课题30余项；主办了"首届内容产业与知识产权国际研讨会"和"技术壁垒与企业知识产权海外战略高层论坛"等国际、国内高层次学术研讨会，与澳大利亚昆士兰科技大学、美国多所大学、台湾政治大学等建立了广泛的联系。教学方面，充分利用地缘优势与学生英语基础较强的优势，与国际知识产权研究的最新前沿相接轨，坚持走教学与研究国际化的道路。学院重视学生研究能力和基本素质的培养，组织本科生与研究生参加各种研究项目，连续两年参加国家版权局组织的全国大学生版权论文竞赛并取得优异成绩。

学院现有上海市教委高水平学科建设项目、特色专业建设项目和中央与地方共建知识产权实验室项目，正在进行之中。2009年知识产权学科成为上海市教委重点学科，华东政法大学知识产权学院正在茁壮成长和发展。

暨南大学知识产权学院

暨南大学知识产权学院成立于2004年9月11日，其前身是2003年3月成立的暨南大学知识产权研究中心。该学院是广东省首家集教学和科研为一体的知识产权学院，也是华南地区第一家知识产权学院。2009年，学院有专职教师10名，其中教授1人、副教授5人、讲师4人；有研究生导师4人，其中博士生导师1人；教师队伍中，博士学位获得者7人。

2005年经教育部批准，学院率先在国内试办"知识产权"本科专业，并于2005年开始招生，其中在校全日制本科生101人；境外就读（澳门班）63人。自2004年起挂靠法学院民商法专业招收知识产权方向研究生，其中在校全日制研究生23人。2009年7月，首届知识产权本科专业学生毕业，其中内招生 7 名，外招生 7 名，就业率 100%。

2009 年，学院获得 1 项国家知识产权局软科学项目“港澳地区专利制度史研究”（SS09-A-11），3 项广东省知识产权局软科学项目，分别是“广东建设知识产权强省理念、思路和主要路径研究”、“知识产权人力资源管理研究”和“TRIPs 协议的负面性及其补救研究”。

2009 年，2008 级郭颖、张家敏、李绮慧三位同学参加全国普通高校信息技术创新与实践活动，其参赛作品“舍盟主页设计”获得创业类计划竞赛类二等奖。2005 级王雨青同学的“论端砚的法律保护”获得暨南大学第四批本科生科技创新工程二等奖。

10 月 27 日，美国商务部部长骆家辉访问暨南大学，林如鹏副校长会见并全程陪同访问。骆家辉部长在短短的 75 分钟内参加了两场活动：与 10 名来自知识产权学院的学生代表进行小组讨论，在学院一楼多功能厅就知识产权保护问题发表题为“创新与创造”的精彩演讲。知识产权学院副院长徐瑄教授对骆家辉的演讲作了扼要点评，随后骆家辉还和现场的同学进行了问答交流，刮起了一阵短暂的“骆式”旋风。

12 月 22 日，学院在专家楼 1 号会议室隆重举行仪式，敦聘香港大学法学院著名知识产权问题专家李亚虹副教授为学校客座教授。

2009 年学院举办了 1 次研修班，2 场学术报告。其中 3 月 23 日至 27 日，由广东省知识产权局和欧洲专利局主办、知识产权学院承办的第二期政府知识产权管理研修班在学校正式开课，研修内容为从知识产权的创造、管理、保护和运用四个角度全新诠释广东省知识产权发展战略。

10 月 14 日，法国巴黎第八大学 Mehrdad VAHABI 副教授来校主讲“从经济学角度谈创造力与破坏力”，知识产权学院师生约 40 人参加。

12 月 22 日，暨南大学客座教授、香港知识产权署谢肃方署长在第二文科楼模拟法庭为 70 多位师生作了题为“Intellectual Capital and Economic Prosperity”的学术报告。

上海大学知识产权学院

创建于 1994 年秋季的上海大学知识产权学院是我国最早建立的两所知识产权学院之一（另一所是北京大学知识产权学院），其前身是始建于 1988 年的“上海工业大学知识产权教学与研究中心”。1998 年，上海大学知识产权学院与 1980 年就已建立的“上海大学文学院涉外经济法系”合并，建立了新的上海大学知识产权学院。2005 年 4 月，原上海大学法学院即上海政法干部管理学院脱离上海大学，独立建制成立上海政法学院。上海大学在知识产权学院基础上成立新的上海大学法学院，同时决定将其中的知识产权学科团队增强扩建为法学院架构中的计划单立、重点建设的“特区型”知识产权学院，继承和增强上海大学熔知识产权法律、管理、经济于一炉的教学与科研特色。

上海大学知识产权学院下设上海大学知识产权研究所和知识产权信息检索与分析中心。2005 年，知识产权学科被批准为上海市高校教育高地建设项目，《知识产权法》课程被批准为上海市重点课程。学院专业教师十余人（其中教授、副教授 5 人），形成了一个团结合作的知识产权教学与研究团体。还聘任了国内外一批知识产权专家、学者为兼职教授。

学院历经十五年酝酿、试验及改进，已经基本形成了本科生、双学科生、硕士研究生、本硕连读生、研究生班、各类进修班等六大类型的六套课程设置及实施的课程体系，积累了相当的经验，已出版和正在出版一系列的相应教材。上海大学知识产权教育的做法及经验引起了国内外有关方面的重视与借鉴。

上海大学知识产权学院自 1994 年开始招收法学专业（知识产权法方向）本科生，强化其知识产权法板块课程而全面讲授知识产权法、专利法、商标法、著作权法、商业秘密法、技术贸易法、计算机知识产权法、网络知识产权法等知识产权法各单行课程，并且适当增加其“无形资产评估”、“知识产权实务”等知识产权管理课程，已经先后毕业十多届学生，均授予法学学士学位。从 1994 年至 2005 年，上海大学知识产权学院采用“法学专业（知识产权法方向）”这种教学模式长达十二年之久，但是近年来上海大学因校内原因已经淡化这一教学模式，2005 年起上海大学法学本科专业招生不再冠以“知识产权方向”。

在上海市政府和学校的支持下，上海大学知识产权学院2004年推出“理工本科/法学双学科/知识产权法硕士”的“2+2+3”的本硕连读知识产权人才培养模式。上海大学知识产权学院每年招收20名左右知识产权“本硕连读”硕士研究生。截至2010年，上海大学知识产权学院已经累计招收100多名具有理工本科背景的知识产权“本硕连读”硕士研究生。

2003年起上海大学在“社会学”博士学位授予点之下招收知识产权研究方向的博士研究生。2006年经国务院学位委员会批准备案，在“管理科学与工程”一级学科及其博士学位授予点之下自设了“知识产权管理”博士学位授予点。

同济大学知识产权学院

同济大学知识产权学院是同济大学于2003年3月成立的一所独立建制的学院，它依托同济大学已经形成的理工科学科和对德（欧）交往的窗口优势，密切跟踪国际知识产权发展的最新动态，以培养社会所需的高层次、复合型的知识产权法律和管理人才为己任。2009年3月，知识产权学院与法律系合并为法学院。学院引进陶鑫良教授为知识产权学院院长。知识产权学院教师11人，其中教授5人、副教授2人、讲师4人，博士8人、博士在读3人。

同济大学知识产权学院聘请了德国马克斯-普朗克学会知识产权法、竞争法和税法研究所所长，国际著名的知识产权专家约瑟夫·施特劳斯教授（Prof. Dr. Dr. h.c. Joseph Straus）为顾问院长；国家知识产权局局长、著名的知识产权专家田力普教授为名誉院长。全国人大法律委员会委员、中国社会科学院知识产权中心主任郑成思教授也曾任学院名誉院长。2009年6月5日，聘请美国联邦巡回上诉法院法官Randall R. Rader先生为客座教授。

同济大学知识产权学院与德国马克斯-普朗克知识产权法、竞争法和税法研究所等国外知识产权教学研究机构建立了稳定的交流合作关系，在学者互访、合作研究、交换图书资料和信息等方面，取得了可喜的成果。知识产权学院还与国家、上海市知识产权管理部门和国内的兄弟院校建立了持续稳定的合作关系。

2009年6月，国家知识产权局批准同济大学知识产权学院为首批专利保护重点联系基地。重点联系基地主要职责是向知识产权局系统提供有关专利执法的咨询意见和信息，参与重要执法问题和疑难案件的研讨论证，促进全国执法人员业务素质的提高，积极传播通过专利保护促进创新发展的经验，共同促进我国专利执法水平的提高。

学院设有“知识产权与知识管理”专业博士点，负责经济法硕士点学科建设，并在全校开设公共选修课“知识产权法”、“专利法”、“科技法”、“知识产权国际保护”；为全校工程硕士开设“知识产权”课程。

西北大学知识产权学院

西北大学是陕西省较早开展知识产权教学与研究的单位之一，在知识产权人才培养方面积累了丰富的经验。2005年11月29日，依托西北大学法学院和西北大学知识产权保护中心，整合校内相关专业的师资科研力量，西北大学知识产权学院正式挂牌成立，这是西北大学适应社会需求在高校知识产权人才培养方面作出的重大举措，同时也填补了陕西省乃至整个西北地区在知识产权专门学院方面设置的空白。西北大学知识产权学院不仅是西北地区首家知识产权学院，也是陕西省高级知识产权人才培养基地。

西北大学知识产权学院是一所以法学院为依托，以知识产权与知识产权法的教学、研究为特色，并与知识产权实践紧密相连的专业学院。学院现设有两个研究中心，即知识产权保护中心和知识产权案例研究中心以及10余个职能部门，现有专职教师40余人，硕士生导师达20余人，其中有博士学位者占85%，同时还聘请了40余名知名学者作为兼职教授，近五年来，共培养研究生近500人次，发表论文300余篇，出版专著22部，获省部级奖励2项，科研项目经费达285.3万元。

学院2009年开始招收知识产权专业本科生，培养知识产权法律复合型人才。除了承担知识产权学院本科教学之外，还承担着全校学生的知识产权通识课程、第二学位知识产权课程以及国家法学专业硕士学位授权点、国际知识产权法研究方向和民商法学专业硕士学位授权点、中国知识产权研究方向硕士研究生的培养任务。在科研方面，学院教师先后主持并承担了“陕西文化产业发展中的知识产权保护”等16项研究课题，其中省部级项目9项，厅局级项目7项；在《中国法学》、《知识产权》、《法商研究》等权威及核心期刊发表《论非物质文化遗产中的传统文化表达》等学术论文30篇；主办或参与举办“国有企业知识产权保护论坛”、“数字化时代的知识产权保护论坛”等10余次大型学术研讨会，邀请了多位国内著名的法学家及知识产权领域的专家到会，在全国法学界产生了较为广泛的影响。

知识产权学院根据西北大学的整体定位和整体战略目标，根据陕西省的经济社会文化发展规划，根据学院的现状和可能发展条件，提出的发展目标是：坚持教学、研究两个中心，坚持与实践紧密结合，形成自己的科研和学科特色，进一步提升师资队伍的水平，培养全面发展、具有创新精神的知识产权复合人才，巩固学院在陕西省内的知识产权教学科研方面的地位，争取在全国更好的发展平台。

厦门大学知识产权研究院

厦门大学知识产权研究院是根据2008年5月国家知识产权局与福建省人民政府签订的《共同推进海峡西岸经济区知识产权发展合作议定书》和省部会商要点的精神，由厦门大学与福建省知识产权局共建成立的集科研、教学、国际交流与社会服务于一身的多功能、高层次的知识产权研究平台和人才培养基地。

厦门大学知识产权研究院自2008年7月30日成立以来，秉承厦门大学“自强不息、止于至善”的校训，充分发挥厦门大学作为综合性大学的学科交叉优势，依托厦门大学法学院、管理学院、经济学院和公共事务学院的科研力量，同时通过自主引进专门的高层次知识产权科研人才，已经初步形成学科优势明显、布局合理且具有较大发展潜力的知识产权人才队伍。

厦门大学知识产权研究院目前有专职和兼职研究人员13人，其中教授8人（含博士生导师4人），并聘请德国马克斯-普朗克学会知识产权法、竞争法和税法研究所所长Reto Hilty教授、慕尼黑知识产权法中心Joseph Straus教授、台湾政治大学智慧财产研究所所长及科技政策与法律研究中心主任刘江彬教授等国际著名学者担任客座或者名誉教授。同时，林秀芹、丁丽瑛、郭懿美等教授在知识产权基础理论、知识产权国际条约、知识产权法律制度、知识产权战略和企业知识产权管理方面取得了丰硕的研究成果，在《新华文摘》、《法学研究》、《现代法学》等重要期刊上发表论文100多篇，出版教材和专著10多部，承担教育部、商务部、司法部、国家知识产权局20多项国家级和省部级课题研究项目以及《福建省知识产权战略纲要》起草工作，并为福建省、厦门市等地区知识产权法规建设和司法工作提供了重要的理论支持。

研究院自成立以来，已经分别设立了知识产权法专业和知识产权管理专业的硕士点、博士点，并建立了全方位、多层次的知识产权人才培养体系，包括知识产权法第二学士学位本科教育、知识产权法和知识产权管理专业的硕士教育和博士培养。此外，研究院积极开展知识产权工程师和管理师的培训工作，承担了福建省、江西省、厦门市、赣州市等省地政府和企业的知识产权培训。

中国人民大学知识产权学院

中国人民大学知识产权学院成立于2009年11月26日，成立当天世界知识产权组织总干事亲致贺电，并派副总干事到会祝贺。该院创始院长为我国知识产权法权威学者刘春田教授。

中国人民大学知识产权学院是在中国人民大学知识产权教学与研究中心的基础上成立的。该中心创建于1986年，是根据世界知识产权组织（WIPO）原总干事鲍格胥的倡导，由原国家教委决定设立的我国最早的知识产权教学和研究机构，是我国高等知识产权教育的开拓者和工作母机。在世界知识产权组织和教育部的支持下，经过二十余年努力，中国人民大学知识产权教学与研究中心已成为我国知识产权高等教育中层次与结构最为完整的教学与研究中心和工作基地，涵盖了博士后研究、博士研究生、硕士研究生、法律硕士、第二学士学位生等具有不同培养目标、不同层级的指导研究和学生培养模式。学院精英荟萃，其中郭寿康教授是我国知识产权界的元老，精通六门外语，是学贯中西、蜚声国际的著名知识产权法专家，早在上世纪70年代就从事知识产权的研究与法制建设，是我国知识产权法制建设的奠基人之一。郭寿康、刘春田教授参加了我国专利法、商标法、著作权法、反不正当竞争法等知识产权法律的起草与修改。郭寿康教授、刘春田教授还多次代表中国政府出席知识产权国际会议，作为专家顾问参加国际知识产权谈判，为WTO中美知识产权争端中方工作组提供咨询服务，为我国知识产权的法制建设发挥了重大作用。郭寿康教授、刘春田教授也是我国知识产权法高等教育的奠基人、开拓者。1985年，刘春田教授在我国第一个开设系统知识产权法课程，并列入本科教学培养计划；1986年，在原国家教委高等教育专业目录制定工作会议上，刘春田教授作为法学学科组的召集人，在与高铭暄教授的共同努力下，国家教委将知识产权法列为法学本科专业，招收第二学士学位生，在我国高等教育体系中正式建立了知识产权法专业；刘春田教授与社科院郑成思教授、北京大学陈美章教授等一起，合作出版了我国第一部高等学校统编教材《知识产权法》，该教材的内容与结构，奠定了我国知识产权法系统研究与教育的基础。

中国人民大学知识产权学院也是我国高校中唯一参加著作权法起草与修改全过程的单位。联合国教科文组织亚太区版权与邻接权教席设于学院，郭寿康教授即为教席主持人。学院与我国知识产权立法、司法与行政职能部门和国内外学术机构建立了广泛的联系，聘任了德国、美国、日本、新加坡等国家的国际知识产权著名专家和国家知识产权局、商标局、版权局、贸促会、最高人民法院、最高人民检察院的专家担任兼职或客座教授。学院出版有系列刊物《中国知识产权评论》和《知识产权判解研究》，出版专著、教材30余部，在《中国社会科学》、《中国法学》等学术刊物发表论文300余篇，近期将出版系列学术著作《新知识产权研究丛书》。学院的不少学术研究成果被立法机关采纳，反映在法律文件和其他规范性文件中。学院多年来还为人民法院以及相关政府管理部门提供专家意见，主持和参与多项国家和部委研究项目，参加并主持了国家知识产权战略重大课题，获得国务院领导好评。

受教育部委托，从2000年起，学院先后与欧盟、世界知识产权组织多次举办全国高等院校知识产权骨干教师高级研修班，多次举办大型国际研讨会。学院出版的知识产权法教材被用作教育部全国法学专业核心课程教材，并获教育部普通高等学校优秀教材一等奖，被高等教育出版社评为百门精品教材之一，为我国法学教育界普遍采用。刘春田教授连续两届被聘为教育部全国高等学校法学学科教学指导委员会委员，并担任教育部“面向21世纪全国高等学校法学专业核心教程教材”《知识产权法教学指导纲要》和《知识产权法》的主编。学院广泛建立和参与了与国内外学术团体的学术交流活动，与世界知识产权组织、联合国教科文组织以及哈佛大学、马普学会、剑桥大学、爱知大学等海外著名研究机构有着密切的人员与学术交流。

为表彰人大知识产权教学与研究中心对中国知识产权研究、教育和法治建设所作出的突出成就，2008年10月，世界知识产权组织将唯一的一项“WIPO创意金奖”颁发给学院。

学院现有研究人员21人，其中专职教学与研究人员9人，教授4人，博士生导师3人，副教授5人。

中国人民大学知识产权学院主要成员：

刘春田，教授，博士生导师，知识产权学院院长，法学院学位委员会主席，知识产权学院学术委员会副主席，国家重点研究基地中国人民大学民商事法律科学研究中心执行主任，国际版权学会会员。兼任中国音乐著作权协会常务理事、中华商标协会副会长、中国知识产权研究会副会长、中国版权协会副会长、中国文字著作权协会副主席、中国法学会知识产权法研究会副会长、国际保护知识产权协会中国分会理事、中国国际贸易仲裁委员会仲裁员。

郭寿康，教授，博士生导师，知识产权学院学术委员会主席，联合国教科文组织亚太地区版权与邻接权教席主持人。兼任中国国际经济法学会副会长，中国国际法学会顾问，中国国际经济法学会顾问，中国版权研究会副会长，对外经济贸易合作部特邀顾问，中国国际经济贸易仲裁委员会委员、仲裁员，世界知识产权组织仲裁中心仲裁员，国际版权学会执委，国际工业产权学会理事，ATRIP创始会员、前执委，澳大利亚Deakin大学商务和法学院教授。

郭禾，教授，博士生导师，知识产权学院副院长，法学院院长助理，中国法制信息港主任。兼任中国知识产权研究会理事、中国法学会知识产权法研究会常务理事、中国版权协会理事、中国国际经济贸易仲裁委员会域名争议解决中心专家组成员。

李琛，教授，中国文字著作权协会理事，著有《知识产权的体系化》等书，并在《中国社会科学》等发表学术论文多篇。

中南财经政法大学知识产权研究中心

中南财经政法大学知识产权研究中心的前身是1988年成立的中南政法学院知识产权教学与研究中心，2000年正式更名为“中南财经政法大学知识产权研究中心”，是国内最早从事知识产权教学与研究的机构之一。2004年11月26日，中心跻身教育部人文社会科学重点研究基地行列。2005年，由中心研究人员承担的《知识产权法学》课程被评为国家级精品课程。2006年5月13日，国家保护知识产权工作组决定依托中心，成立国家保护知识产权工作研究基地，为国家提供知识产权保护的对策研究和咨询服务。2007年，武汉仲裁委员会知识产权仲裁院依托中心成立。同年，知识产权所隶属的民商法学科被批准为国家重点学科。2008年9月，中心“知识产权教学团队”人选国家级教学团队。同年，知识产权司法鉴定所正式挂牌成立。

中心实行主任负责制，中心主任由著名知识产权学者吴汉东教授担任。中心现有专职研究员（教师）22名，其中教授13人（含博士生导师8人），具有博士学位的20人。中心聘有84名来自德国马克斯-普朗克学会知识产权法、竞争法和税法研究所，日本北海道大学，美国德雷克大学，以及北京大学、中国人民大学、中国社会科学院法学研究所、台湾政治大学、东吴大学等国内外著名高等院校和国家机关等实务部门的知识产权学者担任中心的学术顾问、专兼职研究人员。

中心注重培养复合型、交叉型知识产权专门人才，目前已初步搭建了具有鲜明特色的知识产权法学硕士、管理学硕士、法律硕士以及法学博士、管理学博士、博士后的国家级知识产权人才培养平台。

自成立以来，中心已承担国家社科基金重点项目、国家自然科学基金项目、教育部哲学社会科学研究重大课题攻关项目以及国务院法制办、国家知识产权局、国家版权局、司法部等国家级、省部级重大研究课题80余项，出版专著30余部。在《中国社会科学》、《中国法学》、《法学研究》等学术刊物发表论文600多篇，编著“十五”和“十一五”国家规划教材、高等院校法学教材、研究生教材、现代法学教材、非法学类高等教育通识教材及全国自学考试教材、全国领导干部培训和中央党校培训教材、保护知识产权培训教材共计30余部。研究成果曾获全国首届优秀博士论文奖、首届中国法学成果奖二等奖、首届中国出版政府奖图书奖、中国法学教育教学改革实施工程奖一等奖、中国法学教育研究成果二等奖、司法部法学教材与法学优秀科研成果一等奖、教育部人文社会科学研究优秀成果二等奖、全国法学教材与科研成果奖二等奖等奖励30余次。此外，中心还参与了我国“民法典”、《著作权法》、《商标法》、《专利法》以及《信息网络传播权保护条例》等法律、法规草案的起草或咨询论证工作，参加了国家知识产权战略的制定工作。

中心每年至少举办一次“知识产权南湖论坛”，目前已举办七届。中心秉承国际化发展战略，与美国、英国、德国、法国、比利时、韩国、日本、印度、泰国等国的高等院校及学术科研机构保持着密切的联系。中心专职研究员多次出访美国、德国、法国、英国、日本、韩国、瑞士、乌克兰等国，参加各种国际学术会议并发表主题演讲 80 多次。

中山大学知识产权学院

中山大学知识产权学院成立于 2005 年 11 月 13 日，学院集教学与科研于一体，以培养知识产权方向的高级专门人才和提高知识产权的研究水平为主要目的。中山大学知识产权学院与中山大学法学院合署办公，共享师资队伍与教学资源。

学院一方面致力于培养知识产权领域的高层次人才，主要包括博士、硕士以及本科阶段的双学位学生。在未来的发展中，还将开展知识产权项目培训、知识产权教育的国际交流与合作。另一方面，学院注重知识产权研究。学院将与广东省知识产权局紧密合作，逐步建立起广东省知识产权专家人才库，开展知识产权系列讲座和软科学研究，为社会提供知识产权服务。

知识产权学作为一个新兴的边缘学科，涉及到法学、经济学、管理学、信息学等不同的学科领域，与其他学科存在交叉和重叠。知识产权学院将整合不同专业的资源优势，进行多学科交叉教学与研究，形成新的知识增长点，发展独特的应用型学科，培养知识经济和信息化时代下能独立从事知识产权研究、教育和实务的高层次人才。

学院现有教授 16 人，博士生导师 5 人，副教授 24 人。

（注：本栏目按高校首字音序排列。）

索　引

SUO　YIN

本卷年鉴所载内容的主题索引

使用说明

一、本索引采用内容分析索引法编制。除按“纪事”条文形式编排的内容外，年鉴中有实质检索意义的内容均予以标引，以供检索使用。

二、本索引基本上按汉语拼音音序排列。具体排列规则如下：以数字开头的标目排在最前面，汉字标目则按首字的音序、音调依次排列；首字相同时，则以第二个字排序，并依此类推。

三、索引标目后的数字，表示检索内容所在的正文页码。年鉴中以表格、图形反映的内容，则在索引标目后用括号注明（表）、（图）字样，以区别于文字标目。

0～9

A

B

C

D

H

J

O

P

Q

R

S

X

Y

Z

《中国版权年鉴》

《中国版权年鉴》由国家版权局组织编纂、中国人民大学国家版权贸易基地和中国人民大学出版社编辑出版，首卷本于2009年11月面世。本书是我国唯一全面记载中国版权事业发展进程，系统反映中国版权创造、运用、保护和管理基本概貌的大型专业性工具书。本书逐年编纂、连续出版，内容丰富、资料翔实，具有权威性、实用性、资料性和存史价值，被业内称为“版权领域的百科全书”。

荣誉证书

HONORARY CREDENTIAL

编号：鉴评综字008号

在第四届全国年鉴编纂出版质量评比中，《中国版权年鉴》被评为综合特等。

特发此证，以资鼓励。

中国出版工作者协会

二〇一〇年一月

荣获第四届全国年鉴编纂出版质量评比综合特等奖

中国版权年鉴

中国人民大学出版社

"十五"国家重点图书出版规划　21世纪法学研究生参考书系列

知识产权基本问题研究

吴汉东　等著　　118.00元

本书采用教科书的经典体例，反映作者的最新研究成果，研究知识产权法的基础理论和基本制度。二版修订，分为总论与分论两卷。

总论部分补充了"知识产权制度的文化解释"、"知识产权制度的政策科学分析"、"知识产权制度与反垄断法律"、"《生物多样性公约》与知识产权保护"、"《文化多样性公约》与知识产权保护"等问题。分论部分主要考虑网络技术、基因技术、集成电路技术等当代高新技术的影响，着力阐述科技创新与制度创新的关系，对各知识产权制度的最新变革作了内容补充和观点修正。

2007年，本书作为唯一法学类著作，荣获首届中国政府出版奖图书奖；2008年，荣获首届中国法学优秀成果奖二等奖。

"十一五"国家重点图书出版规划

教育部"中国传统法律文化研究"重大攻关项目阶段性成果

百年回眸：法律史研究在中国（四卷本）

曾宪义 主编　　598.00元

本书首次对中国法律史学科自清末到当代一百多年间的大陆及港台地区最具代表性和学术价值的研究成果进行全面梳理，将中国法律史学科产生、演变、发展的历史画卷完全呈现，向世界展示百年来学界研究中国传统法律文化所取得的成果，对我国当代法治建设具有重大意义。

本书分为清末民国卷、当代大陆卷、当代台港卷、目录索引卷。资料丰富、详实，包括近百年间珍贵的法律史图书、史料、图片等，极具收藏价值。

中国百年著作权法律集成

本书汇编组　　98.00元

本书汇编了中国从清末至今有关著作权的法律，从时间阶段看，包括清末、中华民国、革命根据地时期和新中国成立以后；从区际法域看，包括大陆、香港、澳门、台湾著作权（版权）规定，有近百件规范性文件。本书汇编的资料比较全面，某一单独的法律包括最开始的版本、修改的版本，以及现在正在适用的版本。此外，本书对我国大陆法域相关法律中有关著作权的规定进行了节录选摘。

重点书目

- 郑成思版权文集（三卷本）　沈仁干主编　198.00元（平装）298.00元（精装）
- 知识产权法（第四版）　刘春田　42.00元
- 网络版权法　王迁　39.00元
- 知识产权法教程（第二版）　王迁　48.00元
- 知识产权间接侵权研究　王迁　王凌红　45.00元
- 我国知识产权发展战略与实施的法律问题研究　朱谢群　38.00元
- 论侵害知识产权的民事责任　阳平　20.00元
- 私权、公法——知识产权的全球化　[美]苏珊·K·塞尔　25.00元
- WIPO因特网条约评注　[德]约格·莱因伯特等　68.00元

社址：北京中关村大街31号 邮编：100080 电话：010-82501766 62515351（邮购部）62515195 62511173（销售部）
人大社网：www.crup.com.cn　人大教研网：www.ttrnet.com　网上书店：club.crup.cn

中国人民大学出版社

当代世界学术名著

“当代世界学术名著”系列丛书精选近几十年来国外哲学社会科学学术研究领域影响深远的精品力作，是研究者不可绕过的必读之作，是爱书人流连的精神殿堂。丛书涉及经济学、管理学、新闻学与传播学、哲学、历史学、社会学、政治学、教育学、心理学、法学等哲学社会科学的各个领域，首批有百余种优秀著作。

马克思主义经济学与西方经济学比较研究（3卷本）

吴易风 主编　220.00元

马克思主义经济学和西方经济学是两大理论经济学体系。如何以马克思主义为指导，正确借鉴西方经济学，为社会主义市场经济服务，这是我国经济理论必须解决的重大问题。本著作由中国人民大学、北京大学、清华大学和中国社会科学院等十几个教学科研单位的几十位专家共同撰写，对两大理论体系的几乎所有重大理论问题都进行了科学的比较分析，是国内马克思主义经济学与西方经济学研究的最新成果。

康德著作全集（9卷本）

李秋零 主编

伊曼努尔·康德（Immanuel Kant，1724-1804），启蒙运动时期最重要的思想家之一，德国古典哲学创始人。其以“三大批判”为主体的庞大而完整的主观唯心主义体系，给哲学界带来了一场天翻地覆的“哥白尼革命”。

中国人民大学出版社隆重推出的《康德著作全集》（9卷本），以普鲁士王家科学院本（通称“科学院版”）为底本，全部直接从德文译出，原文为拉丁文的则直接从拉丁文译出。译者在翻译过程中参考了各种已有的中文版本，同时也对一些术语提出了自己的独到见解。译者以其在西方哲学、宗教学方面的深厚学养，以及十年如一日的苦心孤诣，对康德翻译与研究作出了重大贡献。

第1卷　前批判时期著作 I （1747–1756）
第2卷　前批判时期著作 II （1757–1777）
第3卷　纯粹理性批判（第2版）
第4卷　纯粹理性批判（第1版）／未来形而上学导论／道德形而上学的奠基／自然科学的形而上学初始根据
第5卷　实践理性批判／判断力批判
第6卷　纯然理性界限内的宗教／道德形而上学
第7卷　学科之争／实用人类学
第8卷　1781年之后的论文
第9卷　逻辑学、自然地理学、教育学

基地简介

中国人民大学国家版权贸易基地是在国家版权局的支持下，由中国人民大学建设的版权相关产业公共服务机构，是中国**第一家**由国家版权局正式授牌的国家版权贸易基地。基地以推进国内版权交易与国际版权贸易为目的，提供版权相关产业与版权贸易专业服务，建设**国家级版权相关产业要素市场**与**版权贸易高端服务平台**。

国家版权贸易基地位于中国人民大学文化科技园，竭诚为您提供有效的版权相关服务。

国家版权贸易基地部分入驻企业

中国人民大学出版社 China Renmin University Press
PEARSON Education
Taylor & Francis (Taylor & Francis Group)
中国人民大学书报资料中心 INFORMATION CENTER FOR SOCIAL SCIENCES.RUC
英国安德鲁·纳伯格联合国际有限公司 ANDREW NURNBERG ASSOCIATES INTERNATIONAL LTD.
新知文创 BRING YOU THE FUTURE
17xie.com 一起写 互动写作和阅读平台
创业家 The Founder
International Digital Video Library 国际数字视频图书馆
蓝狮子读书会 lanshizi.com
JR&OTHERS
KIOMO DESIGN 柯瑞莫工业设计
天窗传景(北京) ENRICH CULTURE
这哲网 thezhe.com
CEATE 欧美国际
PreamSolutions®
踏歌秀 TARGSHOW.COM

中國人民大學 国家版权贸易基地

National Copyright Trade Center at Renmin University of China

重点业务

国家版权交易网

www.copyrightmall.com

国家版权贸易基地主营业务

版权贸易　产业集聚　版权资产评估　行业交流　信息咨询　投融资服务　人才培养

详情请咨询

国家版权贸易基地

地　址：北京市海淀区中关村大街甲59号文化大厦

邮　编：100872

电　话：86—10—62516333

传　真：86—10—82509959

网　址：www.intctc.com

www.copyrightmall.com

E—mail：intctc@126.com

copyrightmall@yahoo.cn

中国人民大學文化科技园

PEOPLE'S EDUCATION PRESS 人民教育出版社

教材版权为本　版权贸易与维护齐飞

2009年，人民教育出版社版权工作，在以往出色业绩的基础上，又有新的突破和提高。

一、国内外版权贸易工作

人教社作为人教版教科书的著作权人（版权人），有权许可或者禁止他人使用人教版教科书编写、制作、出版、销售配合人教版教科书使用的教学辅助产品，并收取著作权使用费。近年来，人教社越来越重视人教版教科书著作权资源的开发、使用和维护。著作权许可工作已成为我社各项工作中的重要组成部分，并成为我社新的经济增长点。2009年国内版权许可工作的重点是向各出版集团授权，与各出版集团共同规范教辅市场，并取得了阶段性的进展。

国外版权贸易2009年平稳发展，不包括港、澳、台地区，向国外输出版权共计33个品种，比去年有了大幅度的提高。以往版权输出的冷门，比如中小学教科书以及教育学论著，2009年也实现了比较大的突破。其中，对日版权输出项目《日本侵华教育全史》获得国务院新闻办8万元的翻译费资助。

二、制止“侵权”与打击“盗版”工作

制止“侵权”，主要指追究未经许可编写、出版、销售配人教版教科书使用的教辅产品的行为。2009年6月和8月，人教社分别在《教育报》和《新闻出版报》上登出维权声明，吹响了坚决维权的冲锋号。通过向侵权产品编写单位、出版单位、销售单位发函的方式，寻求非诉途径解决侵权纠纷，通过向新闻出版执法部门、教育部门发函的方式希望得到教育、新闻出版等行政主管及执法部门的支持。从9月中旬起，先后起诉了8家侵犯了人教社中小学教科书著作权的出版单位。当年和解结案4起，被告均承认其未经许可使用的行为侵犯了人教社的著作权。

打击“盗版”工作围绕人教社的重点图书和重点案件进行，挖源头、抓重点，从维权方式方法上进行积极的探索，达到了预期的目的和效果，并取得突破性进展，成果是近些年来最多的。2009年共出具鉴定书34份，鉴定图书总数334本，磁带或光盘280多张（盘），是2006年鉴定图书总量的三倍（2006年是近5年来最多的）。重大案件和重点图书的维权也有了重大进展，共有三起案件公安机关已经将犯罪嫌疑人逮捕，有两起案件已经移交公安机关，有一起案件正由行政执法部门进行调查取证。2009年是人教社近些年重大案件最多的一年，有三个大案列为全国扫黄办督办的大案。

三、教材选文作者稿酬转付工作

2009年12月人教社与文著协签约，由文著协负责文字作品的稿酬转付业务，以便人教社尽快履行向选文作者支付报酬的义务。

地址：北京市海淀区中关村南大街17号院1号楼
邮编：100081
E-mail:pep@pep.com.cn
电话：010-58758866　400-810-5788
传真：010-58758877

创刊于1955年11月1日的杭州日报，是一份权威亲民、报网合一、区域领先的现代新型城市党报，长期以来忠实地记录杭州城市发展历史，第一时间报道重大新闻事件，第一时间诠释重大新闻事件的全部背景，传播党和政府的权威声音，是党政干部、企业家、知识分子、单位职员、共产党员、城市居民日常生活不可或缺的伴侣。

2007年12月26日，杭州日报传媒有限公司成立，标志着杭州日报从传统的、单一的报纸经营转向现代的、多元的产业经营。通过进一步理顺内部关系，采编经营良性互动，努力调整广告结构、发行结构和收入结构，加强品牌推广，经营业绩实现逆势上扬。旗下的杭州传媒体育会展有限公司、杭州房产传媒有限公司、杭州日报旺财商贸有限公司、杭州健康传媒有限公司、杭州城市通媒体有限公司等子公司相继成立运营，2009年非报业收入在2008年接近零的起点上，一举突破千万元大关，实现了报业多元化经营的全新格局。

2009年3月7日，杭州日报网正式上线开通，杭州日报从此告别传统的、单一的纸质媒体时代，进入报网合一的全新媒体时代。杭州日报网，是杭州日报依托现有采编资源而开发的多媒体、多元化的实时发布终端，是一个与杭州日报高度融合的全新网站。网站真正实践报网合一、网报联动，提供以杭州为中心，辐射国际国内的时政、财经、生活、服务等综合新闻与信息，以视频、博客、论坛等Web 2.0应用为用户提供互动与共动交流空间。杭州日报网的运营模式，颠覆了传统报纸和以往新闻网站的运营模式，报网合一，同一个编辑部、同一批采编人员同时运营两个媒体、两个终端。杭州日报网的推出，是杭州日报报业集团新媒体建设过程中大胆的创新与实践。◢

2009年，杭报人一举夺下了荷赛金奖、中国新闻奖一等奖、全国优秀新闻工作者三个大奖，陈庆港、莫小米、韩斌，他们用镜头记录历史，用纸笔书写人生，他们的名字背后代表着杭报优秀的采编团队。报网合一后的这个团队，迅速开始了全媒体记者队伍建设的征程，一批集文字、图片、摄像、主持等多种技能于一身的全媒体记者已经脱颖而出，报网融合取得历史性突破。

截至2010年8月，杭州日报网单日最高独立IP访问流量已突破55万，单日最高页面点击量已突破150万，已达到世界中型媒体网站规模。◢

華夏能源報

HUAXIA NENGYUAN BAO

简介 Introduction

《华夏能源报》为神华集团报，国内统一刊号CN64–0015，周五刊（日报）对开八版四彩大报。报社为中国企业报协会副会长、中国煤炭记协副主席单位。2005年以来，报纸先后荣获“全国企业报二十佳报纸”、中国煤炭行业“首届十佳报纸”、“中国创新专业报十强”、中国最具企业投放价值专业报、影响中国十大行业媒体 等称号。报纸以“立足神华、服务行业、面向全国”为办报宗旨。随着神华集团的大发展，报社形成了《华夏能源报》、《神华能源》杂志、《神华科技》杂志、《神华安全》杂志、《宁夏安全生产》杂志和《宁煤人》杂志等“一报五刊一网站”的报业发展格局，报刊服务范围不断扩大，服务质量不断提高，深受能源企业员工及家属的喜爱。近年来，报社每年有30多篇新闻作品、论文获省部级以上好新闻奖。报社实行社长负责制，社长1人，总编辑1人，副总编辑2人。报社现有员工81人，采编人员具有高级技术职称17人，中级技术职称23人，初级技术职称46多人。

華夏能源報

强大的企业培育一流的报纸

社长

俞太银

俞太银，1957年生，江苏溧水人，中共党员，高级职称，武汉大学新闻系新闻学专业毕业。1987年2月至1995年10月先后任《石炭井矿工报》编辑、副主任、主任；1995年11月至2000年3月任《宁夏日报》编辑、记者，发行部副主任。1999年2月至今任《华夏能源报》社长，期间成功将《宁夏煤炭报》先后更名为《宁夏能源报》、《华夏能源报》，并策划组织创办了《安全为天》、《宁煤人》杂志，并接办《神华能源》杂志，创办《神华科技》、《神华安全》杂志。现为中国企业报协会副会长、中国煤炭记协副主席。曾获全国优秀新闻工作者、"范长江新闻奖纪念证书"及中国煤炭系统首届"十佳记者"、"金长城传媒2009中国传媒创新年度人物"、中国优秀企业媒体贡献人物、"科赛杯"2008年全国企业报刊新闻奖"最佳总编奖"、全国报业先进经营管理工作者、宁夏首届新闻事业贡献奖。

有30多篇新闻作品、新闻论文获省部级新闻奖，并被国家安全生产监督管理局、国家煤矿安全监察局聘为新闻系列高级专业技术职务评审委员会委员，2002年被收入《中国新闻年鉴》新闻人物，公开出版个人新闻专著《黑色恋歌》。

总编辑

张森林

张森林，1956年生，河北定兴人，中共党员，高级职称，武汉大学新闻系新闻学专业毕业。1981年起先后任《石炭井矿工报》记者、副主任、主任。1997年起任《石炭井矿工报》副社长，期间把《石炭井矿工报》更名为《宁夏煤炭报》，先后任《宁夏煤炭报》、《宁夏能源报》、《华夏能源报》副社长，2006年任报社副社长、党委副书记。2008年2月任《华夏能源报》总编辑。曾获宁夏首届"十佳记者"、中国煤炭记协优秀新闻工作者、全国企业报优秀新闻工作者、西部大开发优秀新闻工作者、中国质量万里行优秀新闻工作者、中国企业报优秀总编辑、金长城传媒中国传媒创新年度人物奖、中国优秀总编奖等荣誉。

有30多篇新闻作品、新闻论文获省部级新闻奖，有的作品收录到新闻作品集和新闻论文集。

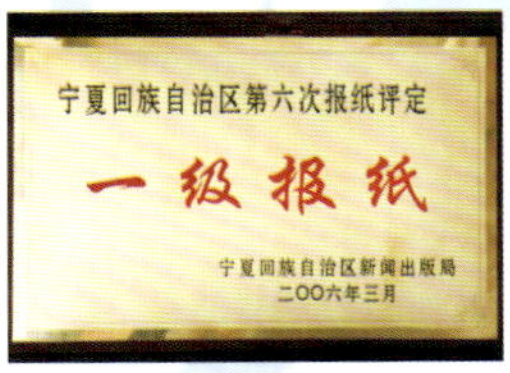

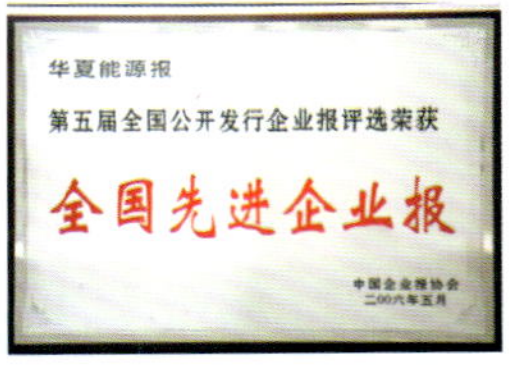

报社地址：宁夏银川市胜利街134号
北京采编室地址：北京市朝阳区建国路18号
广告部：0951—4107872
通联部：0951—4121627
新闻编辑部：0951—4114255
订报热线：0951—4104255

邮　编：750004
北京采编室：010—86010188
专刊部：0951—4121501
记者部：0951—4121713
办公室/传真：0951—4104255
电子邮箱：hxnybs@21cn.com

值此《华夏能源报》创刊40周年之际（1970.5—2010.5），报社全体员工诚谢各级领导、社会各界朋友、新老读者、作者对《华夏能源报》的长期支持、关心与厚爱！

出版法律事务中心

1. 出版法律事务中心主任徐波律师，北京市洪范广住律师事务所高级合伙人。现任北京律师协会传媒与新闻出版法律专业委员会副主任，首届京城十大版权维权律师。兼任中国政法大学研究生院研究生合作导师、清华大学法学院法律硕士联合导师。

2. 出版法律事务中心承办著名台湾作家柏杨先生作品在中国大陆的维权活动。照片为徐涌律师与柏杨夫人郭张香华女士合影留念。

3. 出版法律事务中心承办“第三届中国数字出版博览会——数字出版产业中的法律关系及解决方案”分论坛。

4. 出版法律事务中心主任徐波律师在北京市律师协会举办的律师培训课上为律师讲授出版法律业务及出版业改制中的法律问题。

5. 出版法律事务中心部分律师

地址：北京市朝阳区北辰东路8号汇宾大厦A座6层　100101
联系人：许明明、王涛律师
电话：010-84991300-8053
传真：010-84991304
邮箱：xubolawyer@gmail.com
出版法律事务中心网址：www.chubanlaw.cn
北京市洪范广住律师事务所网址：www.hfgzh.com

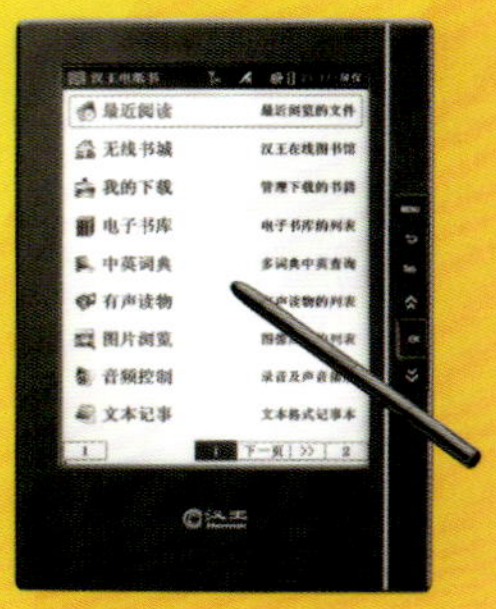

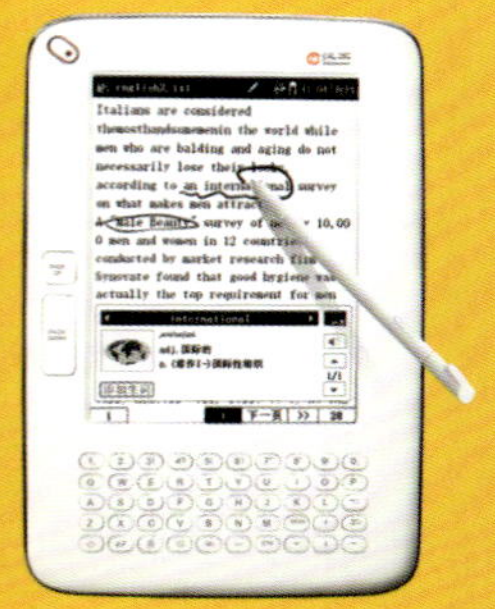

人民出版社
THE PEOPLE'S PUBLISHING HOUSE

東方出版社
THE ORIENTAL PRESS

《幸福书1》

作者：赵辰昕

内容简介： 古往今来，有多少人对幸福下过定义。然而，一千个人心中有一千个哈姆雷特。随着人们生活节奏的加快，生活压力的增大，很多人都说自己不幸福。情况果真如此吗？其实也不一定，关键看你的心态怎样、看问题的角度如何。本书收录了３００条到４００条帮助人们找到人生幸福的隽语，涉及生命、成长、生活阅历、事业、财富、地位、爱情、友情、家庭等方方面面。像《智慧书》一样，是每一个认识字的人手头必备的人生指南、幸福指南。适合每一个人，读者群大，是机构、企业送给员工的最佳小礼物、送给客户和朋友的最佳小礼物。

《天鉴》

作者：罗崇敏

内容简介：《天鉴》是罗崇敏学习、工作、生活的沉思录，也是其奋斗人生的思想写真。写作时间跨度20年，写作地点天上地下不限，内容家事、国事、天下事无所不包，七彩纷呈。思想从政之道，为官之道，用人之道，教育之道，探寻变革之道，求索中国转型之道，构成了本书的主题。"正心、修身、齐家、治国、平天下"在本书中得到了历历再现。《天鉴》所闪烁的灵动智光照亮了作者成功的人生，相信其定是广大读者人生征程为人、为学、为官的镜鉴！

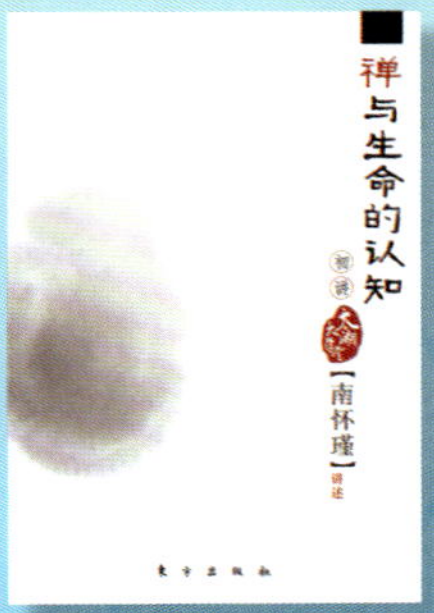

《禅与生命的认知初讲》

作者：南怀瑾

内容简介： 此书是南怀瑾先生第一次在太湖大学堂的演讲辑录。本书对如何修证佛法，尽快在修证之路上取得成就，有诸多独到的个人观点，更有诸多具体实证修行的办法，是南先生很重要的著作。南先生还站在现代生命科学的角度，考察了西藏密宗、禅宗、净土等修行法门，南先生更以密宗上师身份，亲述自己修证之路上的传奇，和诸多实证感受，澄清了修证者在前进之路上的歧途，是志于佛学、修身的读者的福音。

《毛泽东箴言》

作者：中共中央文献研究会 编

内容简介： 毛泽东，一个农家少年，从韶山冲走来，走向中国，走向世界！他的名字已成为中华民族复兴的象征！人们不会忘记他，"巍然勋业兼文采，功过千秋有定论"！他是一座丰碑，永远矗立在中国人民心中！在漫长的战争和建设年代中，毛泽东凭借对中国历史文化的透彻理解，用深入浅出的个性化语言传播重要的道理，在世界范围内产生广泛而深入的影响。本书分"观世"、"正己"、"待人"、"处事"４篇，共３６类３６０条格言，引自《毛泽东选集》第二版、《毛泽东文集》和《建国以来毛泽东文稿》等权威著作，是一部思想性、可读性、教育性极强的大众读物。

《季羡林谈义理》

作者：季羡林著，梁志刚选编

内容简介： 二十年前，季羡林提出许多重要观点，如对文化最宏观的定义，四大文化体系的观点，东方和西方文化"三十年河东，三十年河西"的观点，他对东方独有的"天人合一"理念的"新解"，关于处理好三个关系才能实现和谐的观点等，这是他对上下几千年、纵横数万里的人类文化历时数十年观察与思考的结果，闪烁着东方智慧的光辉。

JiaNG TOON Animation
江通动画

江通动画股份有限公司简介

传播中华文化，弘扬民族精神
出品动画精品，成就动漫旗舰

江通动画股份有限公司成立于2000年，是一家立足少年儿童市场，经营动漫版权内容及动漫品牌的文化创意企业。是国家广电主管部门授牌的“国家动画产业基地”和国家文化主管部门授牌的“国家文化产业示范基地”。经过多年打造，公司构建集电视节目播出、品牌运营推广、动漫图书发行、动漫品牌授权、衍生产品研发、专卖连锁体系建立于一体的完整的动漫产业链。

2010年，公司在继续推出《福星八戒》等民族动画片的同时，进一步拓展业务领域，策划并制作了网上中国2010上海世博会湖北馆实体馆和虚拟馆，并启动加菲猫图书和玩具、功夫熊猫产品、李小龙动漫形象改编等合作开发项目。

公司拥有成熟高效的制片管理体系和经验丰富的导演策划团队，能够为动画片的前、中和后期制作提供服务。同时，公司还拥有Flash、影视特效和3D动画制作实力。公司与欧美知名动画企业建立了广泛的业务合作关系。

超级八戒智能玩具

跳跳鼠车载MP3

文具书包

婴幼玩具

江通玩具　寓教于乐　成就梦想
亲近科技　增长智慧　快乐成长

玩具设计充分体现现代科技和教育理念，赋予玩具巨大的生命活力，使玩具变得情绪化、智能化、教学化，成为儿童不可多得的“智能好伙伴”！

小猪公仔

地址：湖北省武汉市江汉经济开发区江兴路16号江通产业园
邮编：430023
电话：027-59731855
网址：www.jtanimation.com

新曲綫

北京新曲线出版咨询有限公司

New Curves Co., Ltd.

北京新曲线出版咨询有限公司（New Curves Co., Ltd.）成立于 2002 年。多年来，新曲线与麦格劳－希尔教育出版公司、培生教育出版集团、剑桥大学出版社、圣智学习出版集团、威利出版公司等均有良好的合作。其定位于“教育的专业化学术性出版”，在经济学、管理学、心理学和商务英语等领域，致力于国际上优秀教材和学术著作的引进、翻译和出版。“用心雕刻每一本”是新曲线的品质信仰和坚持；“为提高高等教育质量出版一流的好教材，为高端内容在内地的传播提供基因，为培养具有国际竞争力的高素质人才提供智力支持”是新曲线的社会责任和时代使命。

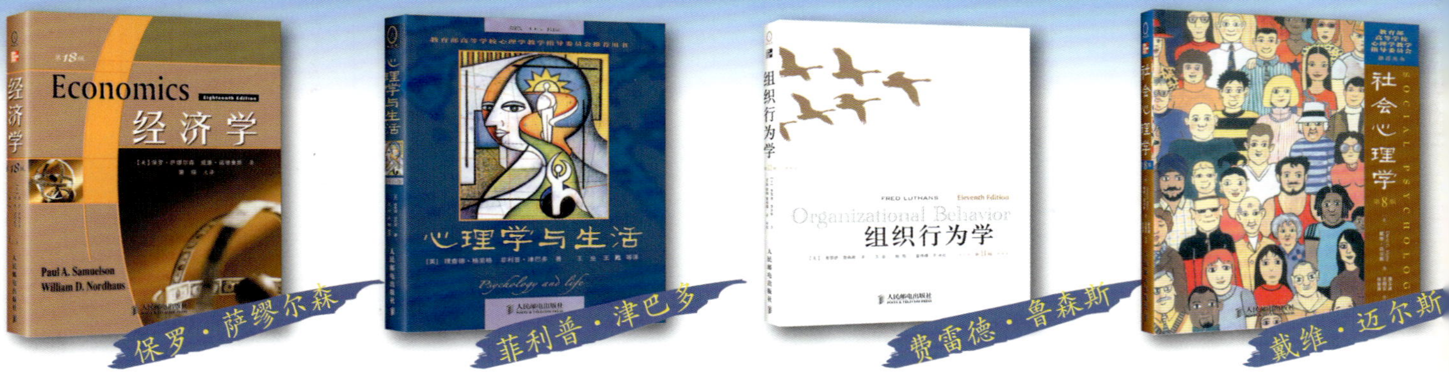

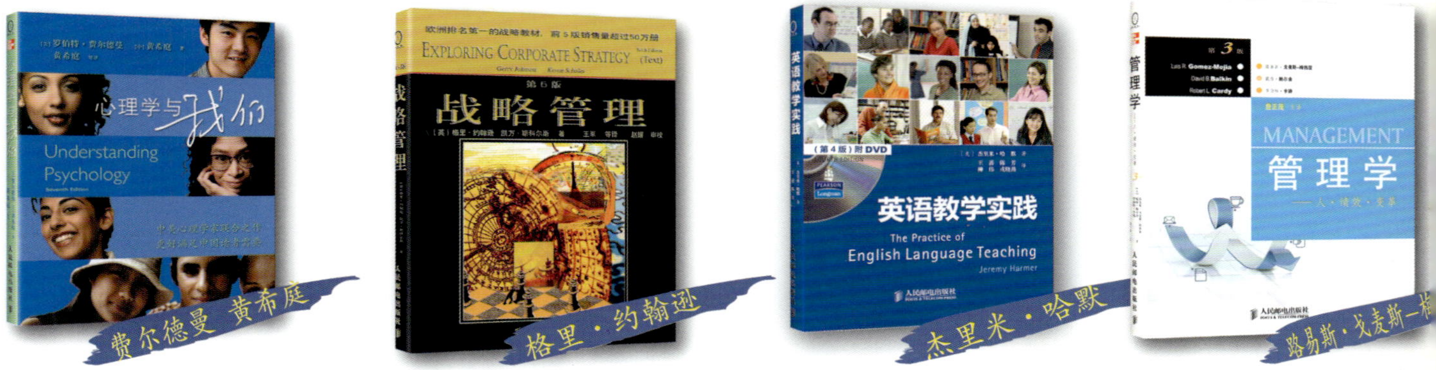

编辑部电话：010-84937150　市场部电话：010-84937152　传真：010-84933816　网址：www.ncc-pub.com

公司地址：北京市朝阳区北苑路傲城融富中心 A 座 1603 室　邮编：100107

美猴王
mei hou wang
中央电视台出品
央视动画有限公司
CCTV ANIMATION INC.
年度大戏 精彩巨献
国庆期间 强档播出
巨虫公园
手工街
MANUAL STREET
Yippee Fruit
神奇土豆国
雪娃
福娃云笙环
开心小镇
快乐小勇士
The Adventures of Little Carp
小鲤鱼历险记
央视动画
中国中央电视台
央视动画有限公司
CCTV ANIMATION INC.